319/ho Foto: ti

Reisetipps A–Z
**Gelderland**

Land und Leute
**Overijssel**

Amsterdam
**Flevoland**

Noord-Holland
**Drenthe**

Zuid-Holland
**Provinz Groningen**

Zeeland
**Friesland**

Noord-Brabant
**Westfriesische Inseln**

Limburg
**Anhang**

Provinz Utrecht
**Atlas**

**Barbara und Hans Otzen**
**Niederlande**

„Die Niederlande, das Kleinod von Europa"

Paul Ludolph Berckenmeyer (1667–1732)

# Impressum

Barbara und Hans Otzen
**Niederlande**

erschienen im
Reise Know-How Verlag, Bielefeld
Osnabrücker Str. 79
33649 Bielefeld

© Peter Rump
**1. Auflage 2009**

Alle Rechte vorbehalten.

**Gestaltung**
Umschlag: G. Pawlak, P. Rump (Layout);
   Caroline Tiemann (Realisierung)
Inhalt: Günter Pawlak (Layout);
   Caroline Tiemann (Realisierung)
Fotos: die Autoren (ot), Caroline Tiemann (ti), Fotostudio Friese (fr),
   Saxifraga (js, pi, jv, mv, wk, hd, sd, siehe Bildnachweis S. 13)
Titelfoto: die Autoren
Karten: Catherine Raisin (Atlas), Thomas Buri
Bildbearbeitung: der Verlag

**Lektorat:** Caroline Tiemann

**Druck und Bindung:**
Fuldaer Verlagsanstalt GmbH & Co. KG

**ISBN 978-3-8317-1794-1**
Printed in Germany

Dieses Buch ist erhältlich in jeder Buchhandlung
Deutschlands, der Schweiz, Österreichs, Belgiens
und der Niederlande.
Bitte informieren Sie Ihren Buchhändler
über folgende Bezugsadressen:
**Deutschland**
   Prolit GmbH, Postfach 9, D–35461 Fernwald (Annerod)
sowie alle Barsortimente
**Schweiz**
   AVA-buch 2000
   Postfach, CH–8910 Affoltern
**Österreich**
   Mohr Morawa Buchvertrieb GmbH
   Sulzengasse 2, A–1230 Wien
**Niederlande, Belgien**
   Willems Adventure
   www.willemsadventure.nl

Wer im Buchhandel trotzdem kein
Glück hat, bekommt unsere Bücher
auch über unseren **Büchershop
im Internet: www.reise-know-how.de**

Barbara und Hans Otzen

# Niederlande

## REISE KNOW-HOW im Internet

# Vorwort

Nach dem äußerst erfolgreichen Band „Hollands Westküste" ist dies der umfangreiche Reiseführer für die kompletten Niederlande. Käse und Tulpen, Strände und Seen, Mühlen und Grachten: das verbindet man – zu Recht – mit unserem westlichen Nachbarland. Doch „Holland", wie das Land nicht ganz korrekt meist genannt wird, hat weit mehr zu bieten: alte Städte mit schönen Häusern an Grachten, beschauliche Dörfer und eine vielfältige Natur, obwohl das Land klein und dicht bevölkert ist. Da sind die herrlichen Strände mit pulverfeinem Sand und schönen Dünen, die Watteninseln, von Kanälen durchzogene Polderwiesen, auf denen Kühe weiden, Heidelandschaften und altes Kulturland mit vielen Hünengräbern. Ganz im Süden liegt welliges Bergland, das nach Belgien hinein in die Ardennen übergeht. Eingebettet in diese Landschaften sind vielerorts Wasserflächen, auf denen sich Segler und andere Wassersportler so richtig wohl fühlen können.

Doch auch die Kultur steht hoch im Kurs. Im „Goldenen 17. Jahrhundert" entstanden in Amsterdam und an vielen anderen Orten der Niederlande großartige Stadtkerne mit prächtigen Renaissancehäusern und herrlichem Giebelschmuck. Es war die Zeit der großen niederländischen Maler wie Rembrandt, Vermeer oder Frans Hals, deren Bilder heute in allen großen Museen der Erde bewundert werden können – am besten natürlich im Rijksmuseum von Amsterdam. Auch die moderne Kunst und Architektur wurde von Niederländern entscheidend mitgeprägt.

Insgesamt ist das kulturelle Angebot der Niederlande ungeheuer vielfältig. Neben Museen von Weltrang spielen Konzerte, Opern und Theater eine zentrale Rolle. Zahlreiche Festivals haben internationale Anerkennung gefunden, doch bietet der niederländische Veranstaltungskalender weit mehr: Lokale Feste, Karneval, Blumenkorsos sowie Käse-, Trödel- und Jahrmärkte begeistern Jung und Alt.

Groß ist das Angebot an Unterkünften, von Hotels über Pensionen, Jugendherbergen, Appartements und Ferienanlagen bis hin zu Campingplätzen. Empfehlungen findet der Leser in jeder Ortsbeschreibung, ebenso wie Tipps zur Gastronomie, zu sportlichen Aktivitäten und kulturellen Highlights. Das Buch bietet für jeden die passenden Informationen: für Naturliebhaber, Erholungssuchende, Sportbegeisterte, Kunstliebhaber, Architekturfreaks, Museumsfans oder auch Schnäppchenjäger. Mit einer Fülle von Tipps und Anregungen möchten wir unseren Lesern zu einem gelungenen Urlaub verhelfen. Die Niederlande sind mehr als nur eine Reise wert!

Barbara und Hans Otzen

# Inhalt

## Praktische Reisetipps A–Z

(unter Mitarbeit von E. H. M. Gilissen)

## Land und Leute

## Ortsbeschreibungen

## Exkurse

# Hinweise zur Benutzung

## Atlasverweise in den Überschriften

In den Ortsbeschreibungen wird in den Überschriften mit einem **Pfeil** ↗ auf den Atlas am Ende des Buches verwiesen, damit sich der Ort auf der Karte schnell finden lässt, z.B. ↗ **XII/A2.** Dabei verweist die römische Zahl auf die Seite im Atlas, Buchstaben und arabische Ziffern geben das Planquadrat an.

## Vorwahlnummern und Internetadressen

Bei größeren Orten steht die Telefonvorwahl am Anfang der Praktischen Tipps. Wird bei Hinweisen auf Adressen außerhalb des Ortsbereiches in der Umgebung keine eigene Vorwahl erwähnt, so gilt die Vorwahl des genannten Ortes. Befinden sich E-Mail- und Internetadressen innerhalb eines Zeilenumbruchs, wird auf Trennstriche verzichtet.

## Abkürzungen

● **ANWB** = *Algemeene Nederlandse Wielrijdersbond* (Allgemeiner Niederländischer Automobilclub)
● **VVV** = *Vereniging voor Vreemdelingenverkeer* (Fremdenverkehrsvereinigung, die örtlichen Touristinformationen)

## Bildnachweis

Fotos von **Saxifraga** (www.saxifraga.nl):
Jan van der Straaten (js)
Piet Munsterman (pi)
Janus Verkerk (jv)
Marijke Verhagen (mv)
Willem van Kruijsbergen (wk)
Hans Dekker (hd)
Sytske Dijksen (sd)

# Kartenverzeichnis

# Praktische Reisetipps A–Z

002ho Foto: ti

311ho Foto: ti

Nicht nur Tulpen und Tomaten –
Kürbisverkauf ab Hof

Für Kinder ideal – Urlaub in
den Niederlanden

Badespaß an der nordholländischen Küste

# Anreise

## Mit dem Auto

Mit dem Auto sind die Niederlande problemlos von allen Teilen Mitteleuropas aus zu erreichen. Aus dem Alpenraum bzw. **Süddeutschland** empfiehlt sich die Fahrt auf der linksrheinischen Autobahn A61 über Koblenz, Venlo (Ortsumgehung noch nicht als Autobahn ausgebaut), Eindhoven und weiter auf der niederländischen A2 in Richtung Rotterdam/Amsterdam. Alternativ kann man die Autobahnen durch Frankreich, Luxemburg (der Abschnitt Metz – Luxemburg ist mautfrei und entsprechend frequentiert) und Belgien benutzen. Über Antwerpen geht es weiter auf der niederländischen A4 in Richtung Bergen op Zoom bzw. auf der A58/A17 in Richtung Rotterdam/Amsterdam.

Aus **Norddeutschland** kommend, bietet sich die Anreise auf der A1/A31 über Oldenburg an. Weiter geht es auf der niederländischen A7 über den Abschlussdamm des Ijsselmeeres bzw. auf der A6 nach Amsterdam. Von Osnabrück kommend, fährt man auf der A30 Richtung Hengelo und weiter auf der niederländischen A1 in Richtung Utrecht, wo es dann auf der A2 nach Amsterdam oder auf der A12 nach Rotterdam weitergeht.

## Flug

Mit dem Flugzeug bietet sich der Anflug zum **Amsterdamer Flughafen Schiphol** an, der mehrfach täglich von den verschiedensten Flughäfen in Deutschland und aus dem Alpenraum angeflogen wird (www.schiphol.nl). Als weitere Möglichkeit kommt der **Rotterdamer Flughafen Zestienhoven** in Betracht, der aber nicht so häufig angeflogen wird (www.rotterdam-airport.nl).

Ein Economy-Rückflugticket von Deutschland, Österreich oder der Schweiz nach Amsterdam oder Rotterdam bekommt man je nach Jahreszeit und Aufenthaltsdauer ab knapp über 100 € (Endpreis einschl. Steuern, Gebühren und Entgelte), in der Hauptsaison kann der Preis über 300 € betragen. Kinder unter zwei Jahren fliegen ohne Sitzplatzanspruch für 10 % des Erwachsenenpreises, ansonsten werden für ältere Kinder die regulären Preise je nach Airline um 25–50 % ermäßigt. Ab dem 12. Lebensjahr gilt der Erwachsenentarif.

Aufgrund der Flexibilisierung der Flugtarife sollte man sich auf jeden Fall nach **Billigangeboten** erkundigen. Linienairlines wie KLM (www.klm.nl), Lufthansa (www.lufthansa.de), Austrian Airlines (www.aua.at) und Swiss (www.swiss.com) haben regelmäßig Angebote, aber auch folgende Airlines können interessant sein:

- **Budget Air:** Von verschiedenen Flughäfen aus dem deutschsprachigen Raum nach Amsterdam. Hier werden Restkontingente von u.a. Lufthansa, Austrian oder auch Swiss verkauft (www.budgetair.com).
- **Easy Jet:** Von Basel-Mulhouse-Freiburg und Genf nach Amsterdam (ww.easyjet.com).
- **Sky Europe:** Von Wien nach Amsterdam (www.skyeuro pe.com).

**Hauptverkehrswege**

50 km

NORDSEE

Groningen E22

Bremen, Hamburg

E22

Amsterdam

Apeldoorn E30

Den Haag  Utrecht E30  Enschede

Arnhem

Rotterdam E19  E35  Reckling-hausen

E31

Eindhoven Duisburg

Dort-mund

Düssel-dorf

Gent  Antwerpen E25

Köln

Brüssel  Aachen

Lüttich  Bonn

Bielefeld, Hannover, Berlin

Frankfurt, München

Freiburg

●**Transavia:** Von Berlin nach Amsterdam, von Salzburg, Innsbruck, Genf und Friedrichshafen nach Rotterdam (www.transavia.com).

**Buchung**

Für die Tickets der Linienairlines kann man bei folgenden zuverlässigen **Reisebüros** meistens günstigere Preise als bei vielen anderen finden:

●**Jet-Travel,** Buchholzstr. 35, 53127 Bonn, Tel. (0228) 28 43 15, Fax 28 40 86, www.jet-travel.de. Sonderangebote auf der Website unter „Schnäppchenflüge".

●**Globetrotter Travel Service,** Löwenstr. 61, 8023 Zürich, Tel. (044) 228 66 66, www.globetrotter.ch. Weitere Filialen, siehe Website.

Am Ankunftsflughafen ist es sinnvoll, sich ein Auto zu mieten, um zum jeweiligen Ziel zu gelangen. Der öffentliche Nahverkehr mit Bus und Bahn ist in den Niederlanden jedoch sehr gut ausgebaut.

●**Buchtipps:** „Fliegen ohne Angst" und „Clever buchen, besser fliegen", beide erschienen in der Praxis-Reihe, REISE KNOW-HOW Verlag, Bielefeld.

## Mit der Bahn

Mit der Eisenbahn ist eine Anreise in die Niederlande recht bequem, ist doch das Eisenbahnnetz trotz vieler Streckenstilllegungen immer noch dicht. Von den Küstenorten sind Den Helder, Zandvoort, Hoek van Holland und Vlissingen mit einem eigenen Bahnanschluss versehen. So dauert beispielsweise die Fahrt mit dem ICE von Frankfurt über Amsterdam nach Zandvoort viereinhalb Stunden und ist schon für unter 40 € zu haben – frühzeitige Buchung und richtige Terminwahl vorausgesetzt.

Für Vielfahrer innerhalb der Niederlande kann sich die „Vordeel-uren-kaart" rechnen. Sie kostet 55 € und ermäßigt Inlandsstrecken um 40 % (ein Jahr gültig). Die Karte selbst ist online unter www.ns.nl zu bekommen, die damit ermäßigten Fahrkarten auch schon außerhalb der Niederlande bei spezialisierten Bahn-Reisebüros (z.B. Gleisnost, s.u.).

Es gibt **Nachtzüge** mit Schlaf-, Liege- oder Ruhesesselwagen von München über Augsburg, von Berlin sowie von Zürich über Karlsruhe nach Amsterdam. Verfügbarkeit vorausgesetzt, reist es sich damit bereits ab 29 € einfache Fahrt über Nacht bis Amsterdam. Im Übrigen wird in den Niederlanden seit Jahren viel an den Gleisen gearbeitet, was regelmäßige Sperrungen, Umleitungen und Transfer auf Busverkehr zur Folge hat. Wer ungern von solchen zeitraubenden Aktionen überrascht wird, kann sich vorab auf der Website www.ns.nl unter „Actuele reisinformatie" erkundigen und seine Reiseplanung danach ausrichten. Diese Informationen bekommt man in der englischsprachigen Version nicht angezeigt.

Es empfiehlt sich die kompetente Beratung durch eine unabhängige Bahnagentur, die einem schnell auf Wunsch auch die Tickets zuschickt:

● **Gleisnost,** Bertoldstr. 44, 79098 Freiburg, Tel. (0761) 38 30 31, www.gleisnost.de.

# Autofahren

Das Straßennetz in den Niederlanden ist hervorragend ausgebaut und in gutem Zustand. Fast alle Landstraßen haben Fahrradwege, der Fahrweg ist also Pkw und Lkw vorbehalten. Selbst Nationalstraßen sind aber oft relativ schmal. Auch alte Autobahnen haben schmalere Fahrspuren als die neueren und noch keinen Seitenstreifen.

Die niederländischen Autofahrer sind diszipliniert. Ordnungswidrigkeiten gegen Verkehrsvorschriften werden streng geahndet. „Knöllchen" sind teuer und werden auch im Ausland, wenn der Besucher wieder zurückgekehrt ist, geltend gemacht. Die **Höchstgeschwindigkeit** auf Autobahnen beträgt 120 km/h, auf Landstraßen 80 km/h und in Ortschaften 50 km/h. Die **Promillegrenze** liegt bei 0,5.

## Parken

Parken in den Städten ist in der Regel extrem teuer, Parkplätze an den Stränden kosten meist mehr als 1 €

pro Stunde, oft mit einer Mindestgebühr ab 4,50 €. Falschparker werden abgeschleppt oder die Räder der ordnungswidrig abgestellten Fahrzeuge mit einer Kralle versehen. Das Abschleppen in Amsterdam kostet fast 150 €, das Entfernen der Kralle 60 €.

Die einzige kostengünstige Art, in den Städten zu parken, sind die Transferium-Angebote, das niederländische **Park & Ride,** zu nutzen. Sie sind auf der Autobahn ausgeschildert und führen zu einem bewachten Parkplatz am Stadtrand, der einen bequemen Bus- oder Straßenbahnanschluss in die Stadt bietet. Das Parkticket kostet in der Regel 5,50 € für 24 Stunden und ist gleichzeitig ein Fahrschein für bis zu vier erwachsene Fahrzeuginsassen zur Beförderung vom Parkplatz in die Stadt und zurück.

### Panne

Bei Pannen ist der **niederländische Automobilclub (ANWB)** mit seiner Pannenhilfe (*wegenwacht*) unter der Tel.-Nr. 088 269 28 88 zur Stelle. Weitere Notrufzentralen der wichtigsten ausländischen Automobilclubs:

- **ADAC,** Tel. (0592) 39 05 60
- **ÖAMTC,** Tel. (0592) 39 04 60
- **TCS,** Tel. (0041) 22 417 22 20 (keine Rufnummer in NL)

### Mietwagen

Mietwagen sind in den Niederlanden zu vergleichbaren Preisen wie zu Hause bei den großen europäischen Anbietern wie auch bei lokalen Firmen erhältlich. Hierfür ist der Nachweis einer mehr als einjährigen Fahrpraxis er-

forderlich, der Fahrer muss mindestens 21 Jahre alt sein. Es reicht der nationale Führerschein für Urlauber aus EU- und EFTA-Ländern. Oft lohnt es sich, den Wagen schon vor Antritt einer Reise in die Niederlande über einen internationalen Anbieter zu reservieren. Dann bekommt man (meistens) die reservierte Marke und kann Preisvorteile nutzen. Die Erfahrung zeigt aber, dass man zumindest außerhalb der Hauptsaison mit Anbietern vor Ort billiger fährt. Informationen: www.avis. de, www.budget.de, www.europcar. de, www.hertz.de, www.sixt.de.

## Behinderte

Die Niederlande sind sehr aufgeschlossen gegenüber den Problemen behinderter Menschen. Es wird viel unternommen, um Rollstuhlfahrern das Leben leichter zu machen. So werden nicht nur Behörden, sondern auch Museen, Schlösser, Burgen laufend behindertengerecht umgebaut. Vor allem Ferienparks und Freizeiteinrichtungen haben sich zunehmend auf Behinderte eingestellt. An Stränden können spezielle **Strandrollstühle** mit Ballonreifen gemietet werden. Unter den Tipps zu den Badeorten ist aufgeführt, wo solche Strandrollstühle verfügbar sind. Nähere Informationen zu diesen Rollstühlen findet man unter www.off theroadwheels.nl.

## Einkaufen

Im Bereich der Nahrungs- und Genussmittel haben die Niederlande einige Besonderheiten und eine große Vielfalt zu bieten. An erster Stelle stehen dabei Käse und sonstige Milchprodukte wie z.B. der berühmte *vla*, ein fast trinkbarer Pudding, und Fisch – und da vor allem der Matjes. Unter dem reichen Angebot an Backwaren gibt es vor allem eine große Auswahl an Keksen. Als alkoholische Spezialität des Landes gilt der Genever. Neben den Geschäften stellen dabei die **Märkte,** die als Wochenmärkte in fast allen größeren Orten abgehalten werden, mit ihrer Betriebsamkeit besonders attraktive Einkaufsstätten dar. Hier bekommt man auch unglaublich preiswert Blumen und Blumenzwiebeln und vieles andere mehr.

Die größte (aber auch teuerste) **Supermarktkette** in den Niederlanden heißt Albert Heijn. Ihre Filialen finden sich in allen größeren Orten, so auch in den Seebädern – meist am Ortsrand. Übrigens: Viele Sonderangebote kann man hier nur dann zum reduzierten Preis erwerben, wenn man über die Kundenkarte von Albert Heijn verfügt. Sie ist problemlos in jedem Geschäft zu erhalten, kostet nichts und verpflichtet zu nichts.

Eine niederländische Besonderheit besteht darin, dass **Spirituosen** nicht in Supermärkten, sondern in Spezialgeschäften *(slijterij)* angeboten werden. Bei den größeren Supermärkten liegt eine *slijterij* meist gleich nebenan.

## Ein- und Ausreisebestimmungen

Besucher aus Deutschland, Österreich und der Schweiz benötigen für einen Aufenthalt von bis zu drei Monaten in den Niederlanden nur einen gültigen **Personalausweis oder Reisepass.** Nicht-EU-Staatsbürger müssen bei der zuständigen niederländischen Botschaft ein Visum beantragen:

- **Deutschland:** Klosterstr. 50, 10179 Berlin, Tel. (030) 20 95 60, Fax 20 95 60 64 41, www.niederlandeweb.de.
- **Österreich:** Opernring 5, 1010 Wien, Tel. (01) 589 39, Fax 58 93 92 65, www.mfa.nl/wen.
- **Schweiz:** Seftigenstr. 7, 3007 Bern, Tel. (031) 350 87 00, Fax 350 87 10, www.nlembassy.ch.

### Zoll

Seit dem Inkrafttreten des **Schengener Abkommens** ist der Reise- und Warenverkehr zwischen den meisten EU-Staaten vereinfacht. Regelmäßige Grenz- und Zollkontrollen entfallen. Dennoch gelten in allen EU- und EFTA-Mitgliedstaaten weiterhin nationale Ein-, Aus- oder Durchfuhrbeschränkungen, z.B. für Tiere, Pflanzen, Waffen, starke Medikamente und Drogen (auch Cannabisbesitz und -handel).

Schiphol, der Amsterdamer Flughafen

**Freigrenzen innerhalb der EU:**

●**Alkohol** (für Personen über 17 Jahre): 90 l Wein (davon max. 60 l Schaumwein) oder 110 l Bier oder 10 l Spirituosen über 22 Vol.-% oder 20 l unter 22 Vol.-% oder eine anteilige Zusammenstellung dieser Waren.

●**Tabakwaren** (für Personen über 17 Jahre): 800 Zigaretten oder 400 Zigarillos oder 200 Zigarren oder 1 kg Tabak oder eine anteilige Zusammenstellung dieser Waren.

●**Anderes:** 10 kg Kaffee und 20 l Kraftstoff im Benzinkanister.

Schweizer Staatsangehörige oder andere Reisende, die nicht im Besitz einer Staatsbürgerschaft eines EU-Landes sind, müssen nach wie vor durch die Grenz- und Zollkontrolle. **Freigrenzen für Nicht-EU-Bürger:**

●**Alkohol** (für Personen ab 17 Jahren): 1 l Spirituosen (über 22 Vol.-%) oder 2 l Spirituo-

sen (unter 22 Vol.-%) oder eine anteilige Zusammenstellung dieser Waren, und 4 l nichtschäumende Weine, und 16 l Bier.

●**Tabakwaren** (für Personen ab 17 Jahren): 200 Zigaretten oder 100 Zigarillos oder 50 Zigarren oder 250 g Tabak oder eine anteilige Zusammenstellung dieser Waren.

●**Anderes:** 10 l Kraftstoff im Benzinkanister; für Flugreisende bis zu einem Warenwert von insgesamt 430 €, über Land Reisende 300 €, alle Reisende unter 15 Jahren 175 € (bzw. 150 € in Österreich).

Auch bei der **Rückeinreise in die Schweiz** müssen Schweizer folgende Freimengen beachten:

●**Alkohol** (für Personen ab 17 Jahren): 2 l bis 15 Vol.-% und 1 l über 15 Vol.-%.

●**Tabakwaren** (für Personen ab 17 Jahren): 200 Zigaretten oder 50 Zigarren oder 250 g Schnitttabak oder eine anteilige Zusammenstellung dieser Waren, und 200 Päckchen Zigarettenpapier.

● **Anderes:** neu angeschaffte Waren für den Privatgebrauch bis zu einem Gesamtwert von 300 SFr. Bei Nahrungsmitteln gibt es innerhalb dieser Wertfreigrenze auch Mengenbeschränkungen.

Für die Mitnahme von Tieren siehe Stichpunkt „Tiere".

# Essen und Trinken

Der traditionelle wirtschaftliche Reichtum der Niederlande hat die Vorliebe seiner Bewohner zu **üppigen Mahlzeiten** gefördert. Selbst in Zeiten des Strebens nach vernünftiger Ernährung wird weiterhin mit viel Fett gekocht. Wo gibt es bessere Fritten als in Holland? Dass sich die Niederländer in ihren Ernährungsgewohnheiten aber sehr wohl umzustellen vermögen, ergibt sich ebenfalls aus ihrer kulturellen Tradition. Dieser weltoffene Menschenschlag hat sich schon immer für alles interessiert, was sich außerhalb des Landes zuträgt, so auch für die Ernährungsgewohnheiten anderer Kulturen. Dies gilt im Besonderen Maße für das Geschehen in den Kolonien. Vor allem die **indonesisch-malaiisch-chinesische Küche** hat Einzug in die holländische gehalten. Dies gilt nicht nur für die in jedem Ort anzutreffenden Chinarestaurants, sondern auch für die täglichen Essgewohnheiten. Saté-Stäbchen und Frühlingsrollen haben so längst festen Bestand in der Alltagsernährung.

## Traditionelle Essgewohnheiten

Traditionell ist aber die Speisenfolge in den Niederlanden geblieben. Dazu gehören bis zu fünf Mahlzeiten am Tag. Schon das **Frühstück** ist reichhaltig – starker Tee und Kaffee, etliche Brotsorten (vor allem Weizenmischbrote), von denen nicht alle über die Grenzen hinaus beliebt sind, Marmelade, Honig und Apfelkraut, Eierzwieback, Käse, verschiedene Fleischwaren wie auch die berühmten Schokoladen- und bunten Zuckerstreusel gehören dazu. Vormittags gibt es oft eine **Kaffeepause.** Zum Kaffee werden kleine Küchlein oder Kekse gereicht.

Relativ früh am **Mittag** setzt man sich zur *koffietafel* zusammen. Im Unterschied zum Mittagessen, das andernorts Hauptmahlzeit ist, besteht die *koffietafel* aus kleineren Einzelbestandteilen mit Brot und Butter, warmen Häppchen und Wurstsorten. Typisch sind die *uitsmijter,* rasch gefertigte belegte Brote oder Brötchen mit Schinken, meist auch Käse und Spiegelei, gern mit einem Salatblatt und Tomaten- oder Gurkenscheiben belegt.

Nachmittags wird **Teestunde** gehalten, dazu gibt es wieder Kuchen und Kekse. *Appelgebak met Slagrom* ist den Autoren dieses Reiseführers der Lieblingskuchen dazu, weil er mit Rosinen und Zimt so lecker schmeckt. Dann folgt als Hauptmahlzeit das **Abendessen,** das bei Familien mit Kindern früh, schon gegen 18–19 Uhr, eingenommen wird. Gern nimmt man einen kleinen Genever, den niederländischen Wacholderbranntwein, vorweg! Zu dieser Mahlzeit gibt es erst

Reisetipps A–Z

# Matjes – Spezialität aus der Nordsee

Nicht Butter oder Käse, Gurken oder Tomaten sind Hollands berühmteste Nahrungsmittel – nein, es ist *Hollands Nieuwe,* der frische Matjes. Die Bezeichnung Matjes leitet sich von *meisje* (= Mädchen) ab. Ein Matjes ist ein junger Hering, der noch nicht gelaicht hat. In jedem Frühjahr vor der Laichperiode fressen sich die Fische ordentlich Fett an. So gefangene Heringe werden noch auf dem Kutter bis auf die Bauchspeicheldrüse (Pankreas) ausgenommen und gesalzen in Fässer gepackt. Dort reifen sie durch das Enzym der Pankreas in wenigen Tagen zum Matjes.

Jedes Jahr im Mai bekommt die holländische Königin ein Fässchen mit *Primtjes,* das sind einjährige Heringe, die nur mit 1,5 % Salz konserviert werden. Diese besonders zarten und milden Jung-Matjes halten sich nur tiefgekühlt.

Matjesheringe werden als Doppelfilets angeboten, von Hand filetiert, sodass die Innenseiten noch rosa schimmern – das ist ein Zeichen für beste Qualität. Gegessen wird der Matjes, indem man das Doppelfilet am Schwanz hochhebt, in klein gehackte Zwiebeln taucht, seinen Kopf in den Nacken legt und einfach abbeißt. Welch ein Genuss!

Mobiler Matjes-Verkaufsstand in Elburg

303ho Foto: tl

# Coffeeshops

In den Niederlanden versucht man durch die Duldung von Coffeeshops als Verkaufsstellen für „weiche" Drogen – Haschisch und Marihuana – die Drogenszene zu entkriminalisieren. Wenn auch nach niederländischem Gesetz Handel und Besitz von Drogen weiterhin gesetzlich verboten sind, so wird die Strafverfolgung solcher Delikte, solange sie sich im harmlosen „Kiffer"-Milieu abspielen, nach der Prioritätenliste der Polizei hintangestellt. Also gilt der Verkauf von Cannabis-Produkten weiterhin als strafbar, aber nicht als strafwürdig. So ist das Betreiben von Coffeeshops an strenge Auflagen, die sogenannten AHOJG-Kriterien, gebunden. Diese bedeuten:

A = *geen affichering,* keine Werbung
H = *geen harddrugs,* keine harten Drogen
O = *geen overlast,* keine Belästigung des Umfeldes

018nt Foto: ot

J = *geen verkoop an jeugdigen,* kein Verkauf an Jugendliche unter 18 Jahren
G = *geen verkoop van grote hoeveelheden,* kein Verkauf größerer Mengen

Auch dürfen Coffeeshops keinen Alkohol ausschenken. Im Übrigen gilt das in den Niederlanden am 1. Juli 2008 in Kraft getretene Rauchverbot in geschlossenen Räumen nur für Tabakerzeugnisse und -beimischungen, aber nicht für reinen Cannabisgebrauch.

Heute konzentrieren sich die Coffeeshops in den großen Städten der Niederlande und an ihren Grenzen. Dies hat längst zu einem Hasch-Tourismus geführt, der von den Niederländern nicht gern gesehen wird.

Eine Maßnahme zur Eindämmung des Drogentourismus sieht ab 2010 vor, dass jeder Coffeeshop-Kunde einen speziellen Ausweis benötigt, um in den Shops einkaufen zu können. Vor allem in der Provinz Limburg (Maastricht) erhofft man sich davon eine Reduzierung der Drogenproblematik, dürfen dann doch mit diesem Ausweis täglich nur noch drei Gramm gekauft werden.

Die Versorgung der Coffeeshops ist ein weiteres Problem, weil es ein lukratives Geschäft für Großzüchter ist, denn die vielen Gewächshäuser in den Niederlanden bieten sich geradezu an für den Cannabis-Anbau. Doch den Großbetreibern ist die niederländische Polizei hart auf den Fersen, sodass manche von ihnen schon nach Deutschland ausgewichen sind, weil sie sich dort sicherer fühlen. Nach wie vor fliegen aber auch Kleinzüchter auf, die in ihren Wohnungen Cannabis-Plantagen angelegt haben.

eine Suppe, dann als Hauptgericht Fleisch oder Fisch mit Kartoffeln oder Reis, Sauce und viel Gemüse als Beilage. Reichlich ist auch der süße Nachtisch. Wasser, Saft und Bier sind die Getränke dazu, Wein ist festlicheren Anlässen vorbehalten.

Natürlich sind diese traditionellen Essgewohnheiten im Aufbruch. Fertigprodukte sind sehr beliebt in niederländischen Haushalten, auch der Gang zur **Imbissstube,** zum Pizzashop oder zum Chinesen für *afhaal* (Gerichte zum Abholen) sind in kaum einem anderen europäischen Land so verbreitet. Die Küche hat sich jedoch auch unter dem Gesichtspunkt vernünftiger Ernährung gewandelt. Die Portionen werden kleiner, es wird auch weniger fett gekocht. Insofern hat sich in den holländischen Küchen die gleiche Internationalisierung vollzogen, die auch in anderen westeuropäischen Ländern vonstatten geht.

## Gastronomie

Die Bandbreite holländischer Gastronomie reicht von der einfachen Imbissbude bis zum Spitzenrestaurant – hier kann man ausgezeichnet traditionell, aber auch international speisen. Vor allem die **asiatische Küche** ist allerorten vertreten, allen voran die indonesische mit der berühmten Reistafel, aber auch die chinesische Küche mit ihren vielen Erscheinungsformen, die malaiische und thailändische.

In den Ferienorten spielt neben traditionellen Restaurants die Schnellgastronomie eine große Rolle. In allen Küstenorten gibt es **Selbstbedienungsrestaurants** mit vorgefertigten Speisen, die man sich selbst zusammenstellen und im Hause oder auch im Ferienquartier zu sich nehmen kann. Diese Selbstbedienungsrestaurants haben – gerade bei Fisch – oft ein erstaunlich breites Angebot und sind entsprechend der Qualität auch nicht ganz billig. Übrigens: Kein Hollandurlaub ist perfekt, wenn man nicht wenigstens einmal **Krabben** gekostet hat. Das Krabbenpulen, bei dem mit einer leichten Drehung Kopf und Schwanzpanzer voneinander getrennt werden, will allerdings gelernt sein.

Urig sind die holländischen **Kneipen,** *Café* genannt, die eher den Eindruck englischer Pubs hinterlassen. Die Biergläser sind klein, doch groß ist oft die Zahl der angebotenen Sorten. Auch kleinere Speisen und Gerichte werden in diesen Cafés angeboten.

Die niederländische Küche wird oft als langweilig und zu fett gescholten. Dieser Eindruck ist ungerechtfertigt, denn immer mehr holländische Gastronomen sind darum bemüht, vor allem die regionalen niederländischen Spezialitäten, wie etwa Fleischgerichte vom Texelschaf, herauszustellen, um nur ein Beispiel zu nennen.

### Strandpavillons

Eine besondere Form der Gastronomie an der holländischen Küste bieten die Strandpavillons. Sie entwickelten sich aus einfachen Kiosken am Strand, an denen man **Getränke, Eis und**

**Pommes Frites** kaufen konnte. Im Laufe der Zeit wurden diese Kioske immer größer und haben nun auch Sitzplätze im Inneren sowie Außenplätze auf **Terrassen,** die mit Glasscheiben gegen Wind und Wetter versehen sind. Um gegen die raue See geschützt zu sein, wurden sie auf feste Pfähle aufgepflockt. Neben Getränken und den obligatorischen Fritten haben sie längst richtige Speisekarten mit einem breiten Angebot an Snacks und **kleinen Gerichten.**

Im Winter werden die meisten Pavillons, von denen es annähernd dreihundert an der holländischen Küste gibt, abgebaut, lediglich die Pfähle bleiben im Sandboden zurück. Manche sind jedoch so stabil gebaut, dass sie über Winter stehen bleiben und ganzjährig geöffnet sind. Einige haben ihr gastronomisches Angebot ausgebaut und ihre Einrichtung verschönert, sodass sie als richtige Restaurants zu bezeichnen sind.

# Fahrradfahren

Kein Land der Erde verfügt über ein so **dichtes Fahrradwegenetz** wie die Niederlande. Baulich getrennte Fahrradwege säumen fast alle Landstraßen, oft sogar mit einem Mittelstreifen versehen. Hinweisschilder mit roter Aufschrift geben die Richtung und die Entfernungen an. Die Radfahrer sind die Könige des Verkehrs – entsprechend verhalten sie sich auch, sodass andere Verkehrsteilnehmer stets achtsam sein sollten. Unter allen sportlichen Freizeitbeschäftigungen steht in den Niederlanden das Radfahren an erster Stelle.

**Fahrradverleihsstellen** gibt es an fast allen größeren Bahnhöfen und in jedem Urlaubsort. Viele Fahrradgeschäfte vermieten auch Räder und weisen mit dem Hinweisschild „Fietsverhuur" auf ihr Angebot hin. Die Tagesgebühr beträgt ca. 5–10 €, die Kaution bis zu 100 €, meist aber etwa 20 €. Die Fahrräder sind überwiegend in gutem und gepflegtem Zustand.

Das Fahrrad als beliebtestes Fortbewegungsmittel der Niederländer kann im regionalen Eisenbahnverkehr in den **Zügen** mitgenommen werden. Die Räder sind entweder bei der Gepäckabfertigung abzugeben oder direkt in den Zug mitzunehmen (nur außerhalb der Hauptverkehrszeit) – dazu müssen die mit einem entsprechenden Aufkleber versehenen Zugtüren benutzt werden. Das Fahrradticket zum Zugticket kostet 6 €.

In Zeeland gibt es eine Reihe von **Fahrradfähren,** die während des Sommers in Betrieb sind und die jeweiligen Inseln des Delta-Gebietes miteinander verbinden (siehe Praktische Tipps zu den einzelnen Orten). Aber auch in anderen Regionen der Niederlande mit den vielen Kanälen, Seen und anderen Gewässern gibt es ein vielfältiges Fahrradfährenangebot – ein typisches Beispiel dafür bietet Amersfoort (siehe dort).

# Feiertage

Am **Königinnentag** *(Koninginnedag)* feiert das ganze Land den Geburtstag und Krönungstag der Königin – mit Kirmes und Flohmärkten allerorten! Der 30. April ist der Geburtstag der inzwischen verstorbenen Königinmutter *Juliane,* doch wurde der Festtag mit der Thronfolge einfach nicht verschoben. Der 1. Mai ist in den Niederlanden kein Feiertag. Am Abend vor dem **5. Mai** wird um 20 Uhr eine Schweigeminute zu Ehren der Toten des Zweiten Weltkriegs eingelegt. Am **Karfreitag** sind die Geschäfte im Allgemeinen geöffnet.

## Offizielle Feiertage

- 1. Januar
- Karfreitag
- Ostermontag
- 30. April: Königinnentag (fällt auf den 29., wenn der 30. ein Sonntag ist)
- 5. Mai: Befreiungstag (Zweiter Weltkrieg)
- Christi Himmelfahrt
- Pfingstmontag
- 25. und 26. Dezember

# Geldfragen

Seit dem 1. Januar 2002 gilt auch in den Niederlanden als Währung der **Euro** (ausgesprochen: *öro*). Schweizer Bürger müssen weiterhin ihr Geld bei Banken umtauschen (1 € = 1,51 SFr, Juni 2009) oder es aus **Geldautomaten** ziehen. Bankautomaten, die auch Karten aus anderen europäischen Ländern akzeptieren, gibt es allerorten. Kredit- und Maestro-(EC-)Karten haben eine hohe Akzeptanz in den Niederlanden, Mastercard ist am weitesten verbreitet.

Die preiswerteste Art der Geldbeschaffung ist die Barabhebung mit der **EC- bzw. Maestro-Karte** vom Geldautomaten (unter Angabe der PIN). Je nach Hausbank wird dafür pro Abhebung eine Gebühr von ca. 1,30–4 € bzw. 4–6 SFr berechnet. Innerhalb der EU-Länder sollte die Barauszahlung per Kreditkarte nach der EU-Preisverordnung nicht mehr kosten als im Inland, aber je nach ausgebender Bank können das bis zu 5,5 % der Abhebungssumme sein (am Schalter in der Regel teurer als am Geldautomaten). Für das bargeldlose Zahlen per Kreditkarte innerhalb der EU dürfen die ausgebenden Banken keine Gebühr für den Auslandseinsatz veranschlagen; für Schweizer wird jedoch ein Entgelt von ca. 1–2 % des Umsatzes berechnet. Bei Diebstahl oder Verlust der Karte siehe Stichpunkt „Notfälle".

## Reisekosten

Sind die Deutschen noch bis in die 1980er Jahre unter anderem deswegen so gern nach Holland gefahren, weil dort Lebensmittel viel billiger waren, so muss man heute feststellen, dass die Preise kaum noch ein Grund zum Holland-Besuch sind. **Lebensmittel** sind keinesfalls mehr billiger, eher etwas teurer. Das hängt auch damit zusammen, dass Discounter in den Niederlanden nicht so weit verbreitet sind wie etwa in Deutschland.

**Benzin** ist inzwischen sogar etwas teuer als in Deutschland, Diesel immer noch etwas billiger.

Hotels, Pensionen, Appartements, Bungalows und Campingplätze kann man in Holland auch nicht mehr als billiger bezeichnen – die Preise entsprechen denen in Deutschland. Restaurants sind in der Regel teurer, aber nicht entsprechend besser. In der Spitzenkategorie wird Spitzenessen zu Spitzenpreisen angeboten – genau wie bei uns!

In der Hotellerie und auf Campingplätzen ist es üblich, in der **Nebensaison** die Preise zu senken. Oft werden auch spezielle Tarife angeboten, so beispielsweise für Wochenenden oder für vier Tage in der Woche. Es lohnt sich immer, sich nach solchen Angeboten zu erkundigen!

### Kurtaxe

Die Badeorte an der Küste erheben von ihren Übernachtungsgästen eine Kurtaxe. Diese Gemeindeabgabe wird über die Vermieter von Zimmern, Appartements, Bungalows etc. eingezogen. Sie beträgt in der Regel 1 bis 2 € pro Tag und Person. Von diesen Geldern werden die touristischen Einrichtungen der Orte in Ordnung gehalten – und der Strand ist frei zugänglich.

# Informationsstellen

In den Niederlanden stehen die Zweigstellen des Niederländischen Fremdenverkehrsamtes **Vereniging voor Vreemdelingenverkeer (VVV)** den Besuchern für Informationen, Fragen und Buchungen zur Verfügung. Die ehemals staatlich finanzierten VVV-Büros müssen ihre Budgets inzwischen zunehmend selbst erwirtschaften. Für Informationsmaterialien werden daher Gebühren erhoben. Die Preise sind erschwinglich, die Materialien hervorragend. Die meisten VVV-Büros haben sich inzwischen zu Verkaufsgeschäften für Souvenirs, Kartenmaterial oder auch Bücher entwickelt. Broschüren liegen in der Regel auch in deutscher Sprache bereit.

●**Niederländisches Büro für Tourismus (NBT),** Postfach 270580, 50511 Köln, Tel. (0221) 925 71 70, Fax 92 57 17 37, www.niederlande.de.

# Internet

Eigentlich alle touristischen Einrichtungen in den Niederlanden sind heute mit einer eigenständigen Website vertreten. **Internetcafés** gibt es in allen größeren Orten. Die nachfolgenden Seiten geben allgemeine Auskünfte über die Niederlande:

● **www.niederlande.de:** Informationen über das Reiseland Niederlande – die Website des Niederländischen Büros für Tourismus (NBT)
● **www.nachbarland-niederlande.de:** Freizeit- und Verbrauchertipps
● **www.kustgids.nl:** Beschreibung aller Küstenabschnitte mit Informationen über Landschaft, Tiere, Pflanzen, Naturschutz und Orte
● **www.koninklijkhuis.nl:** Informationen über das niederländische Königshaus mit Sitz in Den Haag
● **www.niederlande.de:** Die Website des Niederländischen Fremdenverkehrsamtes
● **www.vvv.nl:** Die niederländische Seite der vereinigung der Fremdenverkehrsämter mit allen Provinz- und Ortsämtern
● **www.recreatiezeeland.nl:** Die Website des Niederländischen Fremdenverkehrsamtes der Provinz Zeeland

## Karten

Für den Urlauber in den Niederlanden sind vor allem die Fahrradkarten des Niederländischen Automobilclubs ANWB von Interesse, die in Zusammenarbeit mit den Fremdenverkehrsämtern im Maßstab 1:50.000 herausgegeben werden. Hier sind auch touristische Hinweise auf Museen, besondere Attraktionen, Windmühlen, Campingplätze und vieles andere zu finden. Diese Karten können für 5–7 € im Buchhandel, bei den VVV-Büros und in den Touristengeschäften in den Badeorten erworben werden.

## Mit Kindern unterwegs

Die Niederlande sind ein ausgesprochen **kinderfreundliches** Land. Diese Einstellung hat im besonderen Maße

im Tourismus ihren Niederschlag gefunden. Eines der besten Beispiele hierfür besteht in dem Bemühen der Museen, ihr Angebot auch kindgerecht darzustellen (siehe „Museen"). In Restaurants werden Kinder genauso bedient wie Erwachsene, sie haben meist eine größere Auswahl an Kindergerichten.

Für Familien mit Kindern ist der Urlaub in einem der Ferienparks oder auf einer der großen **Campinganlagen,** vor allem an der niederländischen Küste geradezu ideal. Neben Kinderspielplätzen, Fahrradverleih und Schwimmbädern bieten sie oft Spiel- und Sportmöglichkeiten in teils überdachten Räumlichkeiten und haben ein umfangreiches Animationsprogramm, sodass auch bei schlechtem Wetter für Unterhaltung gesorgt ist. Manche Plätze verfügen über (schallisolierte) Discos und eigene Sportplätze. In den Ferienparks ist Kinderbetreuung selbstverständlich.

## Medien

In den größeren Städten und auch in den Badeorten sind nicht nur in der Saison die überregionalen **deutschen Tages- und Wochenzeitungen** sowie die großen regionalen Tageszeitungen aus dem Rheinland noch am Erscheinungstag erhältlich.

Die niederländische Medienlandschaft ist breit gefächert. Die wichtigsten überregionalen **Tageszeitungen** sind das *Algemeen Dagblad* und das

*Nederlands Dagblad* sowie *De Telegraaf* als typische Boulevardzeitung.

Hotels, Pensionen sowie Appartements sind mit **Kabelfernsehen** ausgestattet, das auch die deutschen überregionalen und viele regionale Programme bietet.

# Medizinische Versorgung

Praktische **Ärzte** und **Apotheken** gibt es in allen größeren Gemeinden. Die landesweite **Notrufnummer** ist 112. Apotheken sind montags bis freitags von 9 bis 18 Uhr geöffnet. Wochenendöffnungszeiten entnimmt man der lokalen Presse. Nicht rezeptpflichtige Arzneimittel kauft man in der **Drogerie.** Ein breites Angebot an homöopathischen Mitteln halten die **Reformhäuser** bereit. In der Apotheke bekommt man fast ausschließlich verschreibungspflichtige Medikamente.

Die **gesetzlichen Krankenkassen** von Deutschland und Österreich garantieren eine Behandlung im akuten Krankheitsfall auch in den Niederlanden, wenn die medizinische Versorgung nicht bis nach der Rückkehr warten kann. Als Anspruchsnachweis benötigt man die **Europäische Krankenversicherungskarte,** die man von seiner Krankenkasse erhält.

Im Krankheitsfall besteht ein Anspruch auf ambulante oder stationäre Behandlung bei jedem zugelassenen Arzt und in staatlichen Krankenhäusern. Da jedoch die Leistungen nach den gesetzlichen Vorschriften im Ausland abgerechnet werden, muss man in der Regel zunächst **die Kosten der Behandlung** selbst tragen. Obwohl bestimmte Beträge von der Krankenkasse rückerstattet werden, kann doch ein Teil der finanziellen Belastung beim Patienten bleiben, also zu Kosten in kaum vorhersagbarem Umfang führen. Aus diesem Grund ist zusätzlich der Abschluss einer **privaten Auslandskrankenversicherung** dringend empfohlen. Diese sollte auch eine zuverlässige Reiserückholversicherung enthalten, denn der Krankenrücktransport wird von den gesetzlichen Kassen nicht übernommen.

**Schweizer** sollten bei ihrer Krankenversicherungsgesellschaft nachfragen, ob die Auslandsdeckung auch für die Niederlande inbegriffen ist. Sofern man keine Auslandsdeckung hat, kann man sich kostenlos bei Soliswiss (Gutenbergstr. 6, 3011 Bern, Tel. (031) 381 04 94, www.soliswiss.ch) über mögliche Krankenversicherer informieren.

**Zur Erstattung** der Kosten benötigt man grundsätzlich ausführliche **Quittungen** (mit Datum, Namen, Bericht über Art und Umfang der Behandlung, Kosten und Medikamenten).

# Museen

Die Niederlande verfügen über ein breites Angebot an Museen, wie es in dieser Dichte und Qualität kaum ein anderes Land aufzuweisen hat. Es fällt besonders auf, wie sehr sich die niederländischen Museen bemühen, ihre Angebote **kindgerecht** darzubieten. Diese Einstellung ist vorbildlich.

Der Eintritt ist relativ hoch – aber dafür wird viel geboten. Selbstverständlich sind Kinderermäßigungen, sehr häufig gibt es auch Seniorenermäßigungen – hierfür ist ein entsprechender Seniorenpass (Pass65) erforderlich. Mit einer **Museumskarte** *(museumkaart)* für 35 € kann man über 400 Museen besuchen.

Die meisten Museen lassen schon eine Stunde vor Ende der Öffnungszeit keine Besucher mehr ein. Informationen über die niederländischen Museen findet man auf der Internetseite www.museum.nl.

# Nachtleben

Vor allem in den Großstädten, allen voran Amsterdam, gibt es ein vielfältiges und schillerndes Nachtleben mit vielen gemütlichen Kneipen – nicht nur in den Universitätsstädten –, Theatern, Kinos, Spielkasinos und Spielhallen sowie in manchen Städten einer ausgeprägten Gay-Szene.

An der Küste sind viele der Familienbadeorte „nachtlebenfrei". Die großen Badeorte, wie etwa Scheveningen mit seinem Kasino, haben ein eher mondänes Nachtleben. Speziell für Disco-Nachtschwärmer ist Renesse bekannt.

# Notfälle

Der allgemeine niederländische **Polizeinotruf** ist 112. Bei **Diebstahl** wendet man sich an die landesweite Hilfsnummer (0900) 88 44. Für Fahrzeugpannen siehe Stichwort „Autofahren".

### Verlust der Geldkarten

Bei Verlust oder Diebstahl der der Kredit- oder Maestro-(EC-)Karten sollte man diese umgehend sperren lassen. Für deutsche Maestro- und Kreditkarten gibt es die einheitliche **Sperrnummer** (0049) 11 61 16 und im Ausland zusätzlich (0049 30) 40 50 40 50. Für österreicherische und schweizerische Karten gelten:

- **Maestro-(EC-)Karte,** (A)-Tel. (00431) 204 88 00; (CH)-Tel. (004144) 271 22 30, UBS: (0041848) 88 86 01, Credit Suisse: (0041800) 80 04 88.
- **MasterCard,** internationale Tel. (001636) 722 71 11.
- **VISA,** Tel. (00431) 71 11 17 70; (CH)-Tel. (004158) 958 83 83.
- **American Express,** (A)-Tel. (004969) 97 97 10 00; (CH)-Tel. (004144) 659 63 33.
- **Diners Club,** (A)-Tel. (00431) 50 13 50; (CH)-Tel. (004158) 750 80 80.

### Ausweisverlust/ dringender Notfall

Wird der Reisepass oder Personalausweis im Ausland gestohlen, muss man dies bei der örtlichen Polizei melden. Darüber hinaus sollte man sich an die nächste diplomatische Auslandsvertretung seines Landes wenden, damit man einen Ersatz-Reiseausweis zur Rückkehr ausgestellt bekommt (ohne kommt man nicht an Bord eines Flugzeuges!). Auch in **dringenden Notfällen,** z.B. medizinischer oder rechtlicher Art, Vermisstensuche, Hilfe bei Todesfällen, Häftlingsbetreuung o.Ä. sind die Auslandsvertretungen in Den Haag bemüht, vermittelnd zu helfen:

- **Deutsche Botschaft,** Groot Hertoginnelaan 18–20, Tel. (070) 342 06 00.
- **Österreichische Botschaft,** Van Alkemadelaan 342, Tel. (070) 324 54 70.
- **Schweizer Botschaft,** Lange Voorhout 42, Tel. (070) 364 28 31/32.

# Öffnungszeiten

Ladenöffnungszeiten werden in den Niederlanden besonders am Wochenende recht flexibel gehandhabt. In der Regel sind die **Geschäfte** dienstags bis freitags von 9 oder 10 Uhr bis 17.30 oder 18 Uhr geöffnet, samstags bis 17 Uhr. Donnerstags haben die **Innenstadtbezirke** und freitags die **Bezirke am Stadtrand** verlängerte Öffnungszeiten bis 21 Uhr.

Am **Montagvormittag** ist „Ruhe" angesagt, frühestens ab Mittag fängt man in den Läden an, die Jalousien wieder hochzuziehen. Dies ist als Entschädigung für den langen Dienst am Samstag sowie Donnerstag oder Freitag gedacht und auch für den Sonntagsdienst. In Großstädten und in der Saison auch in den Küstenstädten sind die Geschäfte auch **sonntags** geöffnet, meist zwischen 12 und 17 Uhr (am 1. Sonntag des Monats in den meisten Städten: *koopzondag*). Das gilt im Übrigen auch für Gartenbaucenter und Baumärkte.

**Supermärkte** öffnen hingegen grundsätzlich nur montags bis samstags um 7.30 oder 8 Uhr und bleiben bis 18 Uhr geöffnet bzw. samstags nur bis 17 Uhr; lediglich große oder sehr zentral gelegene Supermärkte halten werktags ihre Pforten bis 21 oder sogar 22 Uhr geöffnet und samstags bis 20 Uhr. **Bäckereien** sind sonntags geschlossen.

Auch die **Banken** halten den freien Montagvormittag ein. Banken sind in der Regel montags von 13 bis 16 Uhr sowie dienstags bis freitags von 9 bis 16 Uhr geöffnet. Geldautomaten sind rund um die Uhr zugänglich.

# Post

Postämter findet man in den Niederlanden kaum noch. Die Postagenturen befinden sich in Drogerien, Tabakwarenläden oder im Zeitschriftenhandel und sind am orangefarbenen TNT-Post-Symbol mit der Krone zu erkennen. Die Öffnungszeiten entsprechen den allgemein üblichen Ladenzeiten. Das **Porto** für einen Brief bis 20 g oder eine Karte in EU-Länder kostet 0,74 €.

*Auch im Winter kann eine Reise in die Niederlande reizvoll sein*

# Reisezeit

Für einen Städte- und Kulturaufenthalt in den Niederlanden ist immer Saison – die Niederlande haben so viel zu bieten, auch wetterunabhängig, dass immer etwas zu erleben ist.

An der Küste herrscht in den Monaten **Juli und August Hochsaison.** Dann haben nicht nur die niederländischen Schulen Ferien, sondern auch die nordrhein-westfälischen. In diesem Zeitraum sind die Unterkünfte teuer und ausgebucht, die Strände voll, der Tagesablauf in den Badeorten ist trubelig – und die Nächte sind lang. Vor allem Renesse in Zeeland ist in dieser Zeit für seine ausgelassenen jugendlichen Besucher „berüchtigt". Doch wer rechtzeitig vorgesorgt hat, wird „seine" Unterkunft auch finden – und Hollands Strände sind so groß, dass schon in geringem Abstand von den Strandübergängen genug Platz ist. Dies trifft allerdings auf Scheveningen nicht zu.

Wer nicht auf die Schulferien angewiesen ist, wird vor allem die **Vor- und Nachsaison,** also **Mai und September,** nutzen. Im **Juni** sind die Tage am längsten hell, so hat man am meisten von seinem Urlaub. Vor allem kann man sich zum Sonnenbaden an menschenleere Strände legen, denn es kann dann schon angenehm warm werden. Im September ist es zwar nicht mehr so lange hell, aber das Wasser der Nordsee ist noch erträglich „warm". Vor allem aber sind die Badeorte in der Vor- und Nachsaison

nicht so überlaufen, sodass man sich auch kurzfristig ein passendes Quartier suchen kann.

Holland-Enthusiasten schätzen vor allem die Monate **April und Mai,** wenn Krokus, Hyazinthen und Tulpen auf den Feldern entlang der Dünen blühen. Für viele Holland-Besucher ist dies sogar die schönste Jahreszeit.

**Rund ums Jahr** – so heißt heute die Devise für viele Besucher der Niederlande. Das Angebot der Museen, Theater und Konzerthallen etc. ist vielfältig. Aber auch die reinen Urlaubsfanatiker können auf ihre Kosten kommen. In den letzten Jahrzehnten ist eine Vielzahl von **Ferienparks,** nicht nur im Küstenbereich, entstanden, die neben anderen Attraktionen über „tropische" Hallenbäder verfügen. In einem solchen Spaßbad kann einem das Wetter draußen nichts anhaben!

# Sport und Erholung

## Angeln

Ein **Angelschein** wird nur für die Binnengewässer benötigt. Angeln in der Nordsee und im Wattenmeer ist ohne Angeldokumente erlaubt. Für die Binnengewässer benötigt man eine *sportvisakte,* den Angelschein, und eine Angelerlaubnis. Den Angelschein kann man in den Postämtern, bei den VVV-Büros und an sonstigen Verkaufsstellen, die als *verkooppunt sportvisakte* gekennzeichnet sind, erwerben. Er gilt vom 1. Januar bis 31. Dezember eines Jahres. Nähere Angaben findet man auf der Webseite www.sportvisakte.nl/deutsch. Für 10,75 € kann man sich den Angelschein über diese Webseite auch zuschicken lassen.

Die **Angelerlaubnis** wird vom Besitzer der Fischereirechte des jeweiligen Binnengewässers ausgegeben. Meist ist das ein Angelverein oder ein regionaler Angelverband. Im Binnengewässer darf maximal mit zwei Ruten geangelt werden. Weitere Einschränkungen betreffen beispielsweise die Mindestgröße der Fische und Schonzeiten.

## Golf

Golf ist auch in den Niederlanden ein weit verbreiteter Sport. Es gibt eine Vielzahl von Plätzen, auch in Küstennähe. Sie sind unter den Praktischen Tipps zu den Orten aufgeführt.

Relativ neu ist in den Niederlanden die Golf-Variante *Boerengolf*: **Bauerngolf.** Gespielt wird in zwei Mannschaften mit bis zu fünf Personen auf Kuhweiden zwischen den Rindern. Ein solcher Bauerngolfplatz hat zehn Löcher, in die große Holzkugeln mit klobigen Schlägern gespielt werden. Wegkicken ist dabei der Spaß an der Angelegenheit. Die Partei, die mit den wenigsten Schlägen die Löcher getroffen hat, ist Sieger. Das Bauerngolfspiel hat man sich im Ort Lievelde bei der Käserei Weenink in der Region Achterhoek einfallen lassen. Auf dem Weideland dieses Bauernhofes ist Bauerngolf zum ersten Mal gespielt worden.

● **Kaasboerderij Weenink**: Lievelde, Eimersweg 3, Tel. (0544) 37 14 46, www.kaasboerderijweenink.nl, Preis pro Spiel 6,50 €, Kinder bis 12 Jahre 3 €.

## Reiten

Gerade an der Küste ist das Angebot für Reiter besonders vielfältig, kommen viele Besucher doch nicht nur wegen der Strände nach Holland, sondern weil es sich im Bereich der Dünen so wunderbar reiten lässt. Entsprechende Hinweise auf Reitställe sind unter den Praktischen Tipps zu den Küstenorten zu finden.

## Wandern

Trotz der hohen Bevölkerungsdichte führen durch das ganze Land Wanderwege. *Langeafstandswandelpaden* (Fernwanderwege) durchziehen alle ländlichen Regionen der Niederlande. Es gibt über zehn solcher LAW-Paden, die in jeweils mehrere Segmente mit einzelnen Etappen unterteilt sind – darauf kann man die gesamten Niederlande erwandern (Informationen unter www.wandelnet.nl.)

Besonderer Beliebtheit erfreut sich das Wandern in den küstennahen Dünen, Wäldern und Heideflächen. Viele VVV-Büros bieten **geführte Touren** in überraschender Vielfalt an. Oft stehen diese unter einem speziellen Thema, sei es zur Vogelbeobachtung, zu geografischen oder geologischen Besonderheiten, zur Pflanzen- und Tierwelt oder zum Naturschutz.

## Wassersport

Wassersport ist das zentrale Thema für den Urlaub in den Niederlanden – am Strand, auf den Kanälen, auf den Seen. **Surfer** und **Kitesurfer** finden vor allem an den ausgewiesenen Nordsee-Strandabschnitten herausfordernde Reviere. Wer es etwas ruhiger haben möchte, kann auf die Binnenseen ausweichen. Dennoch ist Vorsicht geboten, denn auch hier können Wind und Wellen gefährlich werden. Beliebt ist auch das **Strandsegeln,** für das es gleichfalls ausgewiesene Strandabschnitte gibt.

Trotz der vielen neuen Wassersportarten bleibt das traditionelle **Segeln** immer noch vorherrschend. An der Küste und an den Binnenseen gibt es eine Vielzahl von Yachthäfen mit entsprechender Infrastruktur wie Werften, Zubehörgeschäfte, Segelschulen, Gastronomie und Schiffsversorgung. Besonders reizvoll ist die Silhouette der alten Plattschiffe mit ihren Seitenschwertern, die heute insbesondere für zünftige Gruppenreisen hergerichtet sind – sie tun längst nicht mehr Dienst als Frachtschiffe oder Fischerboote. Übrigens können **Motorboote** mit einer Geschwindigkeit von weniger als 20 km/h in den Niederlanden ohne Führerschein gesteuert werden.

Auch **Tauchen** ist in interessanten Revieren der Niederlande möglich. Hier gibt es eine vielseitige Unterwasserwelt an Pflanzen und Tieren zu entdecken. Besonders günstige Voraussetzungen bieten das Grevelingenmeer und die Oosterschelde, aber auch andere Gewässer sind geeignet. Tauchschulen gibt es inzwischen vielerorts.

● **De Nederlandse Onderwatersport Bond:** 3583 XG Utrecht, Nassaustraat 12, Tel. (030) 251 70 14, Fax (030) 251 07 73, www.onderwatersport.org.

## Sprache

Die **niederländische Sprache** gehört zur Gruppe der germanischen Sprachen. Sie entstand im Wesentlichen aus dem Altfränkischen und hat mit dem Niederdeutschen dieselbe Stufe der Lautverschiebung gemeinsam, weswegen Niederländisch etwas an Plattdeutsch erinnert. Es unterscheidet sich aber durch eigene Diphthonge (Doppelvokale wie z.B. „ij" oder „ou") und die Pluralbildung. Die niederländische Sprache zeigt in vielen Punkten große Übereinstimmung mit der deutschen, unterscheidet jedoch beispielsweise nicht zwischen Maskulinum und Femininum: Sie kennt nur die Artikel *het* (das) und *de.*

Die **Grammatik** ist im Großen und Ganzen unkomplizierter: Das Deklinationssystem ist im Vergleich zum Deutschen stark eingeschränkt, das Kasussystem fast nicht vorhanden: Genetiv und Dativ werden gewöhnlich umschrieben. Der Konjunktiv ist bis auf wenige Reste verschwunden.

Der **Wortschatz** hat viele Wörter bewahrt, die im Deutschen nicht mehr existieren. Groß ist er in den Bereichen Handel und Seefahrt – wen wundert das angesichts der niederländischen Geschichte. Übrigens hat eine Vielzahl von gleich klingenden Wörtern im Niederländischen eine **andere Bedeutung.** Das beste Beispiel hierfür bieten das niederländische Wort *zee,* das im Deutschen „Meer" heißt, und

Reisetipps A–Z

das niederländische Wort *meer,* das im Deutschen „(Binnen)-See" heißt.

Anzumerken bleibt, dass sich **Friesisch** als Kutursprache mit einer eigenen Literatur bis heute in den Niederlanden lebendig erhalten konnte. Darüber hinaus sind viele Niederländer stolz darauf, **Dialekt** zu sprechen – dies trifft insbesondere auf den Süden des Landes in den Provinzen Brabant und Limburg zu.

### Verständigung

Wenn sich die deutsche und die niederländische Sprache auch ähneln, so ist eine direkte Verständigung doch nicht so einfach. Für einen Deutschsprachigen ist die Lektüre niederländischer Zeitungen mit ein wenig Geduld durchaus möglich, bei den Nachrichten im Fernsehen und Radio wird es aber schon schwieriger. Doch das Verständigungsproblem löst sich meist von selbst. An der Küste stellt man sich auf die vielen deutschen Touristen ein. Außerdem sprechen die meisten der so weltoffenen Niederländer neben Deutsch auch **Englisch.**

Im **Anhang** findet sich eine kleine Sprachhilfe Niederländisch.

> ●**Buchtipps:** „Niederländisch – Wort für Wort", Reihe Kauderwelsch. Der handliche Sprechführer bietet eine auf das Wesentliche reduzierte Grammatik und viele Beispielsätze für den Reisealltag. Dazu gibt es den **AusspracheTrainer** auf Audio-CD. In der gleichen Reihe erscheint „**Niederländisch Slang",** beide im REISE KNOW-HOW Verlag, Bielefeld.

*Richtig eng wird es an den Stränden nie*

# Strände und Baden

Eine der Hauptattraktionen der Niederlande besteht in ihrer Küste und den Inseln mit den wunderschönen Stränden und den dahinter gelegenen Dünen. Die Strände sind überall frei zugänglich und überwiegend breit, sie bieten daher viel Platz für Besucher, auch wenn es im Bereich der Strandübergänge der Seebäder in der Hochsaison schon mal eng werden kann – aber es gibt genügend Ausweichmöglichkeiten. Der Sand ist weiß bis hellgelb und feinkörnig. An den **Strandwachen** hängen Fahnen, die Informationen für die Besucher anzeigen:

●Eine **gelbe Fahne** weist daraufhin, dass angesichts der Wetterlage das Baden gefährlich ist.
●Eine **rote Fahne** zeigt an, dass das Baden wegen der Strömung oder des Seegangs verboten ist.
●Eine **weiße Fahne** mit blauem Fragezeichen informiert darüber, dass in der Wache ein Kind eingetroffen ist, dass seine Eltern sucht.

Mit der **„blauen Flagge",** einer internationalen Auszeichnung für saubere und sichere Strände, sind die meisten Strandabschnitte der Niederlande ausgezeichnet. Dazu muss das Badewasser beste Qualität aufweisen, müssen die Strände gesäubert werden, Hygieneeinrichtungen sowie Rettungsposten und Erste-Hilfe-Einrichtungen ausreichend vorhanden sein und entsprechende Informationsveranstaltungen angeboten werden. Für Yachthäfen und kommerzielle Häfen gelten vergleichbare Kriterien.

## Telefonieren

Die **Auslandsvorwahl** der Niederlande ist im internationalen Telefonverkehr 0031. Aus den Niederlanden wählt man 0049 für Deutschland, 0043 für Österreich und 0041 für die Schweiz. Die Ortsvorwahl wird dann jeweils ohne die vorangestellte 0 gewählt, gefolgt von der Anschlussnummer. Telefonnummern in den Niederlanden findet man auf der Website www.telefongids.com.

Telefonzellen werden in dem Maße auch in den Niederlanden überflüssiger, wie sich mobile Telefone weiter verbreiten, dennoch gibt es noch **Karten-Telefonzellen** in den Orten, auch an vielen Strandübergängen. Die Karten können an Bahnhofskiosken und in Geschäften mit entsprechendem Sortiment gekauft werden.

Das Telefonieren mit dem eigenen **Handy** ist in den Niederlanden problemlos möglich. Alle großen deutschen, österreichischen und schweizerischen Telefonanbieter haben Roamingpartner in den Niederlanden, über die die Gespräche abgewickelt werden, allerdings sind die Tarife höher (bei T-Mobile und Vodafone gibt es jedoch gute Angebote, da diese auch in den Niederlanden ansässig sind). Wegen hoher Gebühren sollte man bei seinem Anbieter nachfragen oder auf dessen Website nachschauen, welcher der Roamingpartner günstig ist und diesen per manueller Netzauswahl voreinstellen. Nicht zu vergessen sind die passiven Kosten, wenn man von zu Hause angerufen wird (Mailbox abstellen!). Der Anrufer zahlt nur die Gebühr ins heimische Mobilnetz, die teure Rufweiterleitung ins Ausland zahlt der Empfänger. Wesentlich preiswerter ist es sich von vornherein auf SMS zu beschränken, der Empfang ist dabei in der Regel kostenfrei.

Falls das Mobiltelefon SIM-lock-frei ist (keine Sperrung anderer Provider vorhanden) und man viele Telefonate innerhalb der Niederlande führen möchte, kann man sich eine örtliche Prepaid-SIM-Karte besorgen.

● **Buchtipp:** „Handy global – mit dem Handy im Ausland", Reihe Praxis, REISE KNOW-HOW Verlag, Bielefeld.

## Tiere

Wer **Hund oder Katze mitnehmen** will, muss für das Tier eine ordnungsgemäße Tollwutschutzimpfung vorweisen und einen **EU-Heimtierausweis** (*Pet Passport* genannt) – oder übergangsweise den bisherigen Impfausweis – vorlegen können. Darüber hinaus muss das Tier mit einem **Microchip** oder übergangsweise bis zum 2.7.2011 mit einer lesbaren **Tätowierung** gekennzeichnet sein.

Strenge Regeln gelten für das Ausführen von Hunden. In der Regel besteht **Anleingebot** in den Ortschaften, Bereiche, in denen Hunde frei herumlaufen können, sind gekennzeichnet. Hundekot muss vom Besitzer entfernt werden. Hierfür gibt es an vielen

Stellen sogar Tütenautomaten. Das Mitführen von Hunden an den **Strand** ist genauso streng geregelt. Besonders für die Hauptsaison im Sommer ist festgelegt, an welche Strandabschnitte Hunde (angeleint) zu welchen Tageszeiten mitgenommen werden dürfen und wo ein generelles Hundeverbot gilt. In den Praktischen Tipps zu den Badeorten sind die entsprechenden Regeln aufgeführt.

---

**Hotelkategorien**

In diesem Buch sind die beschriebenen Hotels in folgende **Preiskategorien** unterteilt, dargestellt durch hochgestellte Eurozeichen hinter dem Namen. Die Preise gelten für ein Doppelzimmer pro Nacht mit Frühstück in der Hauptsaison:

| | |
|---|---|
| € | bis 50 € |
| €€ | 50–75 € |
| €€€ | 75–100 € |
| €€€€ | über 100 € |
| €€€€€ | Luxusklasse |

---

# Unterkunft

Vielfältig sind die Unterkunftsmöglichkeiten in den Niederlanden. Die Bandbreite reicht von Luxushotels, wie sie in Scheveningen, Zandvoort oder beispielsweise Noordwijk anzutreffen sind, über „normale" Hotels, Frühstückspensionen und Appartementhäuser bis hin zu Bungalowparks und Campingplätzen.

Die Niederlande sind überwiegend Reiseziel für Individualurlauber, die ihr Quartier nicht pauschal buchen. Hotelbuchungen in den Niederlanden werden aber auch über Reisebüros vorgenommen. Alle örtlichen VVV-Büros vermitteln Unterkünfte in ihrem Zuständigkeitsbereich. Es gibt auch überörtliche Angebotskataloge, so z.B. Bungalow-Vakanties, Hotel-Vakanties und City-Breaks (alle VVV-Vakanties).

### Ferienparks

**Bungalowparks** sind eine für die Niederlande typische Einrichtung, man findet sie an attraktiven Plätzen im Binnenland und vielfach an der Küste. Hier können sich Besitzer wie Mieter frei und wie zu Hause bewegen und haben in der Regel einen kleinen Garten. Die Parks, die in den 1950er bis 1970er Jahren angelegt wurden, sind meist privat, sie bieten keine zentralen Buchungseinrichtungen. Um sich hier einzumieten, hilft der örtliche VVV weiter, der über die Adressen der zur Miete angebotenen Bungalows verfügt. In letzter Zeit haben sich verschiedene **Ferienhausanbieter** Parks mit zentralen Versorgungseinrichtungen zugelegt.

Die **Mietpreise** sind nach Größe, Ausstattung und Saison gestaffelt. Bungalows und Ferienhäuser werden in der Saison in der Regel nur **wochenweise** vermietet. Die Wochenpreise schwanken zwischen 250 und 500 €; qualitativ hochwertige, große Häuser können 1000 € und mehr kosten.

Die Preisstaffel bei **Appartements** bewegt sich in etwa im gleichen Rahmen. Inzwischen gibt es – vor allem in der Nebensaison – auch zunehmend

Angebote für Wochenendmieten (drei Nächte) oder für vier Nächte innerhalb einer Woche. Die Preise sind dann entsprechend angepasst.

Die Anbieter der großen **Ferienparks** in den Niederlanden treten als Reiseveranstalter auf. Zu den führenden Ferienpark-Anbietern zählen:

- **Center Parcs**, Kaltenbornweg 1–3, 50679 Köln, Tel. (0221) 97 30 30 85, www.center parcs.com; an der holländischen Küste vertreten mit Park Zaandvoort und Porte Zélande.
- **Landal Green Parks,** Postfach 1255, 54432 Saarburg, Informationen und Reservierungen Tel. (0180) 570 07 30 (0,12 €/Min.), www.landal.de.
- **Hogenboom Ferienparks,** 1424 PC De Kwakel, Hoofdweg 23, Tel. (0297) 34 13 09, info@hogenboomvakantieparken.nl, www.hollandferien.com.
- **Roompot Vakanties,** Tel. (0190) 47 20 09, www.roompot. nl; auf Zeeland spezialisiert.
- **Molecaten,** www.molecaten.nl; Campingplätze und Ferienparks.

### Jugendherbergen

Welche Jugendherbergen in den Niederlanden dem YHA-Verbund angeschlossen sind, kann man auf der Website des niederländischen **Stayokay** (www.stayokay.com) erfahren.

Hat man einen internationalen Jugendherbergsausweis aus dem Heimatland, schläft man auch bei den niederländischen Jugendherbergen zum günstigeren Tarif, sonst muss man eine Tagesmitgliedschaft erwerben. Die Jahresmitgliedschaft bei den Jugendherbergsverbänden kostet 12–20 € in Deutschland (www.jugendherberge. de), 10–20 € in Österreich (www.oe jhv.or.at) und 22–55 SFr in der Schweiz (www.youthostel.ch). Tipp: Man kann den Ausweis auch als Familie beantragen.

### Camping

Die Niederlande bieten nicht nur an der Küste Campingplätze unterschiedlicher Qualitätsstufen. Unmittelbar hinter den Dünen sind große, mit allem Komfort ausgestattete Anlagen besonders zahlreich, die oft einen eigenen Strandzugang haben. Viele Plätze vermieten fest installierte **Mobil-Homes und Hütten** und verfügen neben den üblichen Serviceeinrichtungen wie Einkaufsmöglichkeiten, Restaurant, Imbiss und Bar über Schwimmbecken/-bad, Spielzentrum und ein umfangreiches Sport- und Unterhaltungsangebot, das bei Familien hoch im Kurs steht. Animation und Kinderbetreuung gehören auf zahlreichen Plätzen zum Programm. Die in den Niederlanden weit verbreiteten, eher einfach ausgestatteten Mini- und Natur-Campingplätze sind unmittelbar an der Küste kaum zu finden. Das Gleiche gilt für Camping auf dem Bauernhof: Diese Einrichtungen finden sich vornehmlich weiter im Hinterland.

In den Sommermonaten und besonders während der niederländischen und norddeutschen Schulferien sind die Campingplätze an der Küste oft bis auf den letzten Platz belegt. Ist man auf diese Zeit angewiesen, lässt sich die **vorherige Buchung** praktisch nicht umgehen.

Die **Übernachtungspreise** auf Campingplätzen schwanken stark in Abhängigkeit von der Saison. Ein gut aus-

074nio Foto: ti

gestatteter Platz kostet pro Stellplatz und Nacht für zwei Personen in der Hochsaison ca. 30 €, ein sehr guter bis an die 40 €. Es können auch Jahresstellplätze gemietet werden. Der Spitzenplatz Napoleon Hoeve in Breskens zum Beispiel vermietet Jahresplätze für ca. 1750 €.

**Wildes Campen** und Übernachten im **Wohnmobil an Straßenrändern** ist in den Niederlanden untersagt und wird mit hohen Geldbußen bestraft. Um das „wilde" Übernachten zu verhindern, sind viele **Strandparkplätze** mit stets geschlossenen Schlagbäumen versehen, unter denen nur Pkw hindurchfahren können.

# Verkehrsmittel

## Bus

Ein dichtes Netz öffentlicher Verkehrsmittel durchzieht das gesamte Land. Da nur wenige Ferienorte an der Küste ans Schienennetz angeschlossen sind, kommt hier dem Busverkehr besondere Bedeutung zu. Er wird von der privaten Firma Connexion betrieben. Die Tarife richten sich nach der Entfernung, die in Zonen eingeteilt ist. Als Fahrausweise werden Streifenkarten *(Nationale Strippenkaart)* verkauft. Für die erste Zone werden zwei Streifen abgerechnet, für jede weitere einer. Eine Karte mit fünfzehn Streifen kostet 7,30 €, mit fünfundvierzig Streifen 21,60 €. Diese Standard-Streifenkarten werden an Bahnhöfen, in Postämtern, Touristinformationen (VVVs) und Tabakläden und oftmals auch im Supermarkt verkauft. Einzelfahrscheine gibt es auch direkt beim Fahrer der Busse und Straßenbahnen zu kaufen, sie sind aber mit 1,60 € (2 Streifen) und 2,40 € (3 Streifen) vergleichsweise teuer.

● **Reiseinformation öffentliche Verkehrsmittel:** Tel. (0900) 92 92 (0,70 € pro Min.), www.9292ov.nl.

## Bahn

Das Eisenbahnnetz der Niederlande ist dicht, aber eben nur im Bereich dicht besiedelter Lebensräume – also weniger in Richtung auf die Küste. Dennoch lohnt es, auf die inländischen **Eisenbahn-Sondertarife** zu se-

05:3ho Foto: ot

hen. Vor allem die *Zomertoer* dürfte von Interesse sein: Im Juli/August kann an drei Tagen innerhalb von zehn Tagen mit diesem Ticket überall gefahren werden; das nicht personengebundene Ticket kostet 45 €. Auch die *Dagkaart* ist attraktiv: Dieses Ticket erlaubt die Benutzung des gesamten Schienennetzes während eines Tages; das Ticket kostet ca. 40 € für einen Erwachsenen.

Siehe auch Stichpunkt „Anreise – Mit der Bahn". Zur **Fahrradmitnahme** in Zügen siehe „Fahrradfahren".

### Taxi

Taxifahren ist in den Niederlanden allgemein sehr **teuer.** Es gibt aber Preisunterschiede und man sollte sich den Preis gleich bei der Reservierung sagen lassen und eventuell ein anderes Taxiunternehmen anrufen. Außerdem gibt es in vielen Städten das sogenannte *treintaxi,* mit dem man **vom und zum Zug** zum verbilligten Tarif im **Sammeltaxi** kutschiert wird. Dies muss man für die Hinfahrt zum Bahnhof telefonisch oder über die Website vorbestellen, bei der Fahrt ab Bahnhof gibt es dort einen Knopf, den man zur Bestellung drückt. Dies lohnt sich aber nur, wenn man allein ist, da der Preis pro Person gilt.

In Amsterdam und anderen niederländischen Städten kann man **kein Taxi herbeiwinken.** Man muss immer zum Taxistand gehen oder telefonisch

Kitesurfer am naturbelassenen Strand von Oostvoorne

bestellen. Wichtig ist auch zu wissen, dass man außer in Amsterdam ein Taxi **etwa zwei Stunden vorher** bestellen sollte, damit zum gewünschten Zeitpunkt überhaupt eines verfügbar ist. Das von zu Hause gewohnte Verfahren ist in den Niederlanden leider nicht üblich: anrufen und zehn Minuten später ist das Taxi da ...

# Versicherungen

Für die **Auslandsreise-Krankenversicherung** siehe Stichpunkt „Medizinische Versorgung".

Egal welche Versicherungen man abschließt, hier ein Tipp: Für alle abgeschlossenen Versicherungen sollte man die **Notfallnummern** notieren und mit der **Policenummer** gut aufheben! Bei Eintreten eines Notfalles sollte die Versicherungsgesellschaft sofort telefonisch verständigt werden!

Ist man in Europa mit einem Fahrzeug unterwegs, ist der **Europaschutzbrief** eines Automobilclubs eine Überlegung wert. Die Notrufnummern der wichtigsten Automobilclubs sind unter dem Stichpunkt „Autofahren – Panne" zu finden.

Ob es sich lohnt, weitere Versicherungen abzuschließen wie eine Reiserücktrittsversicherung, Reisegepäckversicherung, Reisehaftpflichtversicherung oder Reiseunfallversicherung, ist individuell abzuklären. Gerade diese Versicherungen enthalten viele Ausschlussklauseln, sodass sie nicht immer Sinn machen.

# Land und Leute

067ni Foto: ot

004ni Foto: ot

Am Grote Markt in Breda

Wahrzeichen des Landes:
Tulpen und Mühle

Delfter Porzellan

# Geografie

Die Niederlande erstrecken sich einschließlich ihrer Watt- und Wassergebiete über eine Fläche von annähernd 41.500 km². Der Staat zählt 16,1 Mio. Einwohner, womit er eine Bevölkerungsdichte von 485 Einwohnern pro Quadratkilometer aufweist und damit zu den **am dichtesten besiedelten Ländern der Erde** gehört.

40 % der Landesfläche liegt **unter dem Meeresspiegel.** Der niedrigste Punkt der Niederlande befindet sich 6,76 m unter dem Meeresspiegel in der Provinz Zuid-Holland (Nieuwerkerk aan den Ijssel), der höchste ist der **Vaalserberg** mit 323 m – hier liegt das Dreiländereck von Deutschland, Belgien und den Niederlanden.

In den Niederlanden setzt sich die Norddeutsche Tiefebene westwärts fort. Grundsätzlich teilen sich die Niederlande in vier Großlandschaften auf. Die Küstenlinie wird durch einen **Dünengürtel** gebildet, der im Süden durch Flussmündungen und im Norden durch die **Waddeneilanden** (Wattinseln) unterbrochen wird. Im Westen breiten sich landeinwärts eingedeichte, tief liegende Moor-, Seen- und Flusslandschaften, die für die Niederlande so typischen **Polder,** aus. Das östliche Landesinnere ist von welligen **Geestlandschaften** geprägt. Nur im äußersten Südosten verfügen die Niederlande über ein kleines Gebiet an Börde- und Mittelgebirgslandschaften.

Das Erscheinungsbild der **Küste** ist dreigeteilt. Dem nördlichen Küstenabschnitt vorgelagert liegen die fünf großen Waddeneilanden mit einigen kleineren unbewohnten Inseln und Sandbänken dazwischen. Der mittlere Küstenabschnitt ist als Strandwallküste ausgebildet, an der eine weitgehend durchgehende Dünenlinie das Meer vom Land trennt. Der südliche Küstenabschnitt wird von einem Delta gebildet, in dem sich zwischen den Flussarmen von Rhein, Maas und Schelde ausgedehnte Flussinseln mit meerseitigen Dünenkämmen erstrecken.

Da die niederländischen Tieflandgebiete liegen weitgehend unter Meeresspiegel liegen, müssen sie entwässert werden – hierfür taten früher Windmühlen ihren Dienst, heute erledigen dies mechanische Pumpen, die auch **Landtrockenlegungen** in größerem Umfang möglich machten. Das größte Projekt dieser Art wurde im Rahmen des Delta-Projektes nach den verheerenden Ereignissen der Sturmflutkatastrophe des Jahres 1953 mit der Eindeichung und teilweisen Einpolderung der **Zuiderzee** realisiert, die deshalb längst mit Süßwasser gefüllt ist und seither den Namen **Ijsselmeer** trägt. Die Tieflandgebiete sind, wo dies erforderlich ist, durch **Seedeiche,** ansonsten durch Flussdeiche geschützt. Mit **Schleusen** gegen die See gesicherte **Kanäle** durchziehen das gesamte Tiefland und prägen das Erscheinungsbild der Niederlande.

Das Geestland im Osten besteht aus einem tief liegenden, von sandigem Schwemmland bedeckten Gebiet, dessen Oberflächenmaterial von eiszeitlichen Gletschern herangetragen und von nacheiszeitlichen Flüssen abgela-

Land und Leute

gert wurde. Hier sind noch natürliche Flussläufe vorhanden, wohingegen die Flussläufe der Niederungen weitgehend künstlich gestaltet sind. Typische Erscheinungsformen der Geest stellen die **Wald- und Heidegebiete** der Veluwe zwischen Amersfoort und Arnhem oder auch der Kempen in der Provinz Noord-Brabant im Übergang zu Belgien dar. In diese sandigen Landschaften eingebettet erstrecken sich **Moorlandschaften,** von denen der Groote Peel im Übergang der Provinzen Noord-Brabant und Limburg die beeindruckendste ist.

Die Hügel- und Berglandschaften des Südostens stellen als **Ausläufer der Ardennen** einen Teil des erdgeschichtlich alten Rheinischen Schiefergebirges dar – dieser Landesteil mit seinen sanften Hängen wird auch scherzhaft als „Holländische Schweiz" bezeichnet.

## Die Entwicklung der Küstenlandschaften

Die Niederungsgebiete weisen den größten Bevölkerungsanteil des Landes auf und stellen aus wirtschaftlicher wie historischer Sicht das „Herz" der Niederlande dar – in kaum einem anderen Gebiet der Erde wird die Auseinandersetzung mit den Naturkräften des Meeres so deutlich wie hier.

### Eiszeit

Heute grenzen die Niederlande mit ihrer gesamten Küstenlänge an die **Nordsee.** Doch ist dies erst seit ein

paar Tausend Jahren so. Während der letzten Eiszeit, als die schweren Eispanzer über der nördlichen Halbkugel ungeheure Wassermassen banden, lag der Meeresspiegel 130 m unter dem heutigen. Die Nordgrenze der damaligen Landmasse wurde von der Doggerbank gebildet, der Ärmelkanal zwischen Dover und Calais war Landfläche. Über dem gesamten südlichen Teil der heutigen Nordsee breitete sich eine unwirtliche Kaltsteppe aus.

Mit dem Ende der letzten Eiszeit vor etwa 10.000 zogen sich die Gletscher aus weiten Teilen Europas zurück. Ihr Schmelzwasser ließ den Meeresspiegel wieder ansteigen, sodass sich vor etwa 6000 Jahren die Wasser der Nordsee und des Atlantischen Ozeans im Ärmelkanal trafen. Damit konnte sich der warme Golfstrom in die Nordsee ergießen und das Klima erwärmte sich in Mitteleuropa. Nun begannen auch große Teile der skandinavischen Gletscher abzuschmelzen. Von dem ungeheuren Druck der Eispanzer befreit, hob sich der skandinavische Schild mehrere Hundert Meter an, und im Ausgleich dazu senkte sich das Gebiet der heutigen Benelux-Staaten ab. Im Zuge dieser Entwicklung stieg der Meersspiegel weiter an und immer mehr Wasser überflutete die Sandböden der vormaligen Kaltsteppe.

### Strandwälle

Mit dem Einfluss der Gezeiten auf den Golfstrom formten sich die ersten Strandwälle vor der niederländischen Küste und trennten die dahinter liegenden Landmassen vom Meer ab. So bildete sich vor etwa 5000 Jahren ein Küstenverlauf heraus, der schon fast dem heutigen entsprach. In dem durch die Strandwälle geschützten Hinterland staute sich Süßwasser aus Zuflüssen und Regenfällen auf. Ein Abfluss war nur begrenzt gegeben, sodass sich in diesem Stauwasser **Hochmoore** entwickelten, die bald einen großen Teil der westlichen Niederlande einnahmen.

Die ersten Strandwälle konzentrierten sich auf den Küstenverlauf zwischen den heutigen Ortslagen von Scheveningen und Bergen. Hier traten sie in mehreren Formationen landeinwärts bis zu einer Linie zwischen Den Haag und Alkmaar auf. Viele der holländischen Orte wurden auf diesen Strandwällen, die heute als solche kaum mehr zu erkennen sind, errichtet. Bis heute werden diese sandigen Strandwallflächen für den Blumenzwiebelanbau genutzt. Mit der ostwärtigen Verlagerung des Strandwallküstenverlaufs bis zur Zeitenwende verblieben die westlicher gelegenen Wälle als Sandbänke im Meer – daher ist die Nordsee vor der niederländischen Küste auch kaum mehr als 20 m tief. Auf dem Strandwall, der jeweils die Küstenlinie bildete, türmte sich anwehender Sand zu **Dünen** auf – ein Prozess, der bis heute anhält.

Vor zweitausend Jahren, als die Römer in das Gebiet der Niederlande vorgedrungen waren, wurde der Verlauf des Küstenstrandwalls durch die Trichtermündungen von vier großen Flüssen unterbrochen, die im Laufe der folgenden Jahrhunderte das heutige Delta-Gebiet der Provinzen Zuid-Holland und Zeeland ausbildeten. Die Mündung der **Schelde** lag im Bereich der heutigen Oosterschelde, südlich von Scheveningen lag die Mündung der **Maas,** bei Katwijk floss der **Rhein** in die Nordsee und bei Egmond lag die Mündung der **Ur-IJ,** jenem Fluss, der später dem Ijsselmeer seinen Namen gab.

## Watt

Der sichelförmige Verlauf des als Strandwallküste ausgebildeten mittleren Küstenabschnitts zwischen Scheveningen und Bergen wurde vom Golfstrom herbeigeführt. Ab Bergen nimmt der Golfstrom nämlich eine eher nördliche Richtung ein, wendet sich also von der Küste ab, sodass sich ab hier in ihrem weiteren Verlauf bereits das Wattenmeer abzeichnet. In der Tat bewirkten gegenläufige Strömungskräfte dann auch das Aufreißen der weiter nördlich verlaufenden Dünenreihe, und es entstanden nördlich von Petten die voneinander getrennten Düneninseln 't Oghe, auf der später das Fischerdorf Callantsoog errichtet wurde, sowie Huisduinen. Erst am Ausgang des Mittelalters konnte durch Errichtung der Hondsbosschen Zeewering (siehe Ortsbeschreibung Petten) der Küstenverlauf bis Den Helder wieder geschlossen werden.

Der Marsdiep zwischen Den Helder und Texel trennt die südlichere Strand-

Überschwemmte Salzwiesen: die Slufter auf der Wattinsel Texel

wallküste von der Küste der Wattinseln Texel, Vlieland, Terschelling, Ameland und Schiermonnikoog.

## Hochmoore

Während der Römerzeit lag der Meeresspiegel um etwa zwei Meter tiefer als heute. Noch 1000 Jahre später breiteten sich die großflächigen Hochmoore, die sich hinter den Dünenwällen gebildet hatten, über dem Meeresspiegel aus. Etwa ab dem Jahr 1000 begannen die Menschen mit dem **Torfabbau.** Bis dahin waren die Moorflächen kaum besiedelt, doch nun zwang der Bevölkerungsdruck dazu, auch diese für eine landwirtschaftliche Nutzung weniger geeigneten Flä-chen zu kultivieren. Aus dieser Zeit datieren die ersten **Entwässerungsmaß-nahmen** und **Einpolderungen** in den Niederlanden. Der Torf wurde als Brennmaterial benötigt und die vom Torf befreiten Flächen konnten als Weide und in begrenztem Umfang auch ackerbaulich genutzt werden.

Die seit dem Hochmittelalter intensivierte landwirtschaftliche Erschlie-ßung der Hochmoorgebiete hatte verheerende Folgen für die weitere Oberflächengestaltung der Niederlande. Durch Einpolderung und Entwässerung senkte sich das Land ab, so entstand das **„Hohle Land"**, das sich als Begriff in der späteren Bezeichnung für **Holland** – und im deutschen

Sprachgebrauch für die ganzen Niederlande – wiederfindet. Gleichermaßen Land absenkend wirkte der Torfabbau. Nicht nur die Entnahme der Torfoberfläche allein hatte diesen Effekt, sondern zusätzlich die Tatsache, dass sich trocken gelegte Moore von selbst setzen, weil sie sich nunmehr mit dem Sauerstoff aus der Luft verbinden und Kohlensäuregas an die Luft abgeben, wodurch sie sich verdichten.

### Untergehendes Land

Unabhängig von den nacheiszeitlichen Einflussfaktoren auf Meeresspiegelanhebung und Landabsenkung greift auch die sich aus der **Kontinentalverschiebung** ergebende Plattentektonik in das Gefüge aus Landhebung und Landsenkung in Mitteleuropa ein – im Gebiet der Niederlande mit dem Effekt, dass sich die nordwestlichen Gebiete zusätzlich leicht senken, wohingegen sich die südöstlichen Gebiete anheben. Dieser Prozess der auf zweierlei Weise verursachten Landabsenkung im besonders kritischen Küstenbereich hält bis heute an und wird in Zukunft noch nachhaltigere Auswirkungen haben.

Auswirkungen zeigte auch die weitere Klimaentwicklung, die in den letzten 2000 Jahren einen unterschiedlichen Verlauf bot. Im Zuge einer klimatischen Verschlechterung am Ende des ersten Jahrtausends n. Chr. brachen die **Nordseefluten** immer öfter ein, Springfluten überschwemmten die ehemaligen Hochmoorflächen. Bis zum 14. Jh. führten große Wassereinbrüche zur Entstehung der Zuiderzee

als tiefer Meereseinbuchtung – genauso entstanden der Dollart und die dazwischen liegende Lauwerszee. Andere Meereseinbrüche verblieben als **große Wasserflächen,** so die friesischen Seen im Noorderkwartier, das Beemstermeer, das Purmermeer, der Waard, das Schermermeer und in Südholland beispielsweise das Haarlemermeer. Der Kop van Holland, das Gebiet des äußersten Nordens der heutigen Provinz Noord-Holland zwischen Schagen und Den Helder, war gänzlich dem Einfluss der Nordsee preisgegeben. Hier hatte sich eine Gemengelage aus Wattflächen einerseits, die regelmäßig bei Flut überschwemmt wurden und keinen Bewuchs mehr aufwiesen, und andererseits aus Salzwiesen, wie man sie heute noch im Slufter auf Texel sehen kann, ergeben. Kritischer wurde die Situation auch im Delta-Gebiet, denn hier öffneten sich die Flussmündungsbereiche von Rhein, Maas und Schelde immer weiter.

### Schutzmaßnahmen

Insgesamt wurde die Lebenssituation der Menschen in den Niederungsgebieten immer bedrohlicher. Angesichts dieser veränderten Umweltbedingungen musste die hier ansässige Bevölkerung nachhaltige Maßnahmen zu ihrem Schutz ergreifen, denn die seit der Römerzeit zur Absicherung von Wohnstellen aufgeschütteten **Erdhügel,** von denen schon der römische Geschichtsschreiber *Plinius* berichtete,

Von der Nordsee droht stets große Gefahr

hielten nur noch punktuell die Wasserfluten ab, das umgebende Land wurde immer häufiger überschwemmt und war damit auf Dauer ungeeignet für eine landwirtschaftliche Nutzung.

Doch das Wasserproblem kam nicht nur von außen, sondern auch von innen. Auf Dauer erwies sich das **Stauwasser im Hinterland** als noch gefährlicher als das Nordseewasser. Gegen das Stauwasser half nur Entwässerung. Zu diesem Zweck wurden **Gräben** angelegt und mit **Schleusen** versehen, die sich bei Ebbe öffneten, sodass überflüssiges Wasser ablaufen konnte – eine Entwässerungstechnik, die schon von den Römern angewandt wurde. Doch wirkungsvoll blieben diese Maßnahmen der Landsicherung nur, wenn nicht gleichzeitig das

zu entwässernde Gebiet auch gegen von außen eindringendes Wasser geschützt wurde. Hierzu reichten die bisherigen **Deiche,** die zunächst reine Erdwälle von nur geringer Haltbarkeit waren, nicht mehr aus. Im Laufe der Zeit wurden die Deiche mit Hölzern verstärkt, die man durch Schilfmatten miteinander verband, in die man Lehm, Sand und Erde füllte – Steine kamen hierfür erst viel später zum Einsatz, da sie von weither herangebracht werden mussten.

Am beeindruckendsten stellt sich diese neue Kombinationstechnik aus Wasserabwehr und Entwässerung am **Westfriese Omringdijk** (Westfriesischen Ringdeich) dar, der ab dem 12. Jh. als Schutzwall das gesamte Gebiet Westfrieslands zwischen Schagen

02.zni Foto: pi

im Nordwesten, Medemblik im Nordosten, Hoorn im Osten und Alkmaar im Südwesten umschloss – der Westfriesische Ringdeich gilt als größte wasserbauliche Maßnahme des Hochmittelalters!

Besonders prekär entwickelte sich die Situation im **Delta-Gebiet,** wo sich bis zum 15. Jh. durch Sturmfluten einerseits und Flussablagerungen andererseits ein Gitterwerk aus **Inseln und Halbinseln** gebildet hatte, das weitgehend ungeschützt der Unbill der Natur ausgesetzt war. Eine Katastrophe brach mit der **St. Elisabethflut** im Jahre 1421 herein, die weite Landstriche nicht nur im Delta unter Wasser setzte – erst die Sturmflutkatastrophe des Jahres 1953 kann hiermit verglichen werden.

Ein umfassender Schutz von Wohnstätten, Ackerflächen und Weiden konnte nicht mehr nur durch einzelne Menschen geleistet werden. Die Bewohner der Siedlungen schlossen sich zu *buurtgemeenschappen* (Nachbarschaftsgemeinschaften) zusammen, aus denen später die *waterschappen* (Wasserverbände) entstanden, das vielleicht erste demokratische Verwaltungssystem, das die Geschichte kennt. Auch die Rolle der Klöster ist nicht zu unterschätzen, die sich erfolgreich in der Landsicherung betätigten und durch ihren hohen Organisationsgrad die Techniken des Deichbaus und der Einpolderung nachhaltig verbesserten.

## Landgewinnung

Erst mit dem Einsatz von **Windmühlen** war es möglich, von den Maßnahmen der Landsicherung zu jenen der Landgewinnung überzugehen. Windmühlen kamen ab dem 14. Jh. zur Entwässerung zum Einsatz. Sie brachten die erforderliche Energie auf, um auch Flächen unterhalb des Meeresspiegels vom Wasser frei zu pumpen. Solche durch Windmühlen entwässerten **Polder** entstanden beispielsweise ab Mitte des 15. Jh. bei Schagen und im 16. Jh. bei Alkmaar.

Angesichts zunehmender Sturmfluten setzte sich die Erkenntnis durch, dass die Landsicherung im Inland nur durch zusätzlichen Küstenschutz gewährleistet werden konnte. Ein erster planmäßiger Ansatz zum Bau eines **Seedeiches** wurde im 16. Jh. in Petten ergriffen, wo sich rückwärtig zur Düneninsel 't Oghe im Mittelalter die Zijpe als Wattenbucht ausgebreitet hatte – es handelte sich zunächst um die Aufwerfung eines Sandrückens, für den man durch Einbringen von Stöcken in den Strandwalluntergrund die natürliche Dünenbildung durch Flugsand ausnutzte.

Wie bei der Stabilisierung der Binnendeiche wurde dann im Laufe der folgenden Jahrhunderte die Anlage von Seedeichen technisch weiter verbessert. Die meisten Küstendeiche der damaligen Zeit wurden unter der fachkundigen Leitung des Deichbauingenieurs *Andries Vierlingh* (1507–79) erbaut. Spätestens seit dem Delta-Plan, der als Folge der letzten verheerenden Flut 1953 realisiert wurde, schützen nunmehr über elf Meter hohe und an der Basis weit über 100 Meter breite Deiche sowie Sperrwerke an den Mündungsarmen der Flüsse die Niederlande vor zukünftigen Sturmfluten.

Der entscheidende Durchbruch zur nachhaltigen Trockenlegung der Flächen, die im Mittelalter durch Sturmfluten an das Meer verloren gegangen waren, erfolgte aber erst, als durch den Asien- und Amerikahandel reich gewordene Amsterdamer Kaufleute ihr Kapital in Landgewinnungsprojekte steckten. Der Wohlstand der Bürger der holländischen Städte war so groß geworden, dass die Nachfrage nach landwirtschaftlichen Gütern stetig wuchs. Aus der Bewirtschaftung neuer Agrarflächen erhoffte man sich einen noch größeren Gewinn als aus dem Überseehandel. Für die Planung und Realisierung solcher Polderprojekte im Einzugsbereich von Amsterdam zeichnete vor allem der Wasserbauingenieur *Jan Adriaenszoon Leeghwater* (1575–1650) verantwortlich. Unter seiner Leitung wurde durch Errichtung einer Vielzahl von Mühlen bis zum Jahr 1612 das **Beemstermeer** trockengelegt. Dort, wo die Schöpfkraft einer Mühle nicht ausreichte, tiefer liegende Gräben zu entwässern, wurden mehrere Mühlen hintereinander geschaltet. Dieses System kann man heute noch am besten am Kinderdijk in der Provinz Zuid-Holland erkennen.

Als nächste große Polderprojekte nach dem Beemster entstanden 1622 der Polder **Purmer** und 1626 der **Wormer.** Ab 1631 wurde das **Schermermeer** eingedeicht. Pläne für die Trockenlegung des **Haarlemermeers** bestanden auch schon, doch wurde dieses Projekt erst im 19. Jh. realisiert. Schon 1667 gab es Pläne zur Eindeichung der **Zuiderzee,** doch blieb ihre Realisierung dem 20. Jh. vorbehalten. Den endgültigen Anstoß zu diesen Maßnahmen gaben die Überschwemmungen des Jahres 1916. Nach weit über zehnjähriger Bautätigkeit war 1932 nach der Fertigstellung des **Abschlussdeiches** *(Afsluitdijk)* die Zuiderzee vom Meer abgetrennt. Der Noordoostpolder und die beiden Flevolandpolder wurden noch fertiggestellt, auf die Trockenlegung des Markermeeres verzichtete man aber.

Doch das größte Problem, das die Niederlande je mit dem „Blanken Hans" hatten, kam erst noch auf das Land zu. Die **Sturmflut vom 1. Februar 1953** brach vor allem durch die Deiche des Delta-Gebietes. Über 200.000 Hektar Land wurden überschwemmt, 1835 Menschen ertranken, 500.000 wurden obdachlos.

In einer riesigen Kraftanstrengung und in über vierzigjähriger Bauzeit haben die Niederländer inzwischen ihre Küsten so befestigt, dass ihnen keine Sturmflut mehr etwas anhaben kann. Seit der Realisierung des großartigen **Delta-Plans,** mit dem alle niederländischen Küstendeiche auf eine Höhe von über zehn Metern über dem Meeresspiegel gebracht wurden, sichern zusätzlich vier Hauptdämme im Flussmündungsbereich von Schelde, Maas und Rhein mit mehreren Nebendämmen im Hinterland die Küstenlinie im Süden der Niederlande.

Land und Leute

# Der Delta-Plan – wie man Sicherheit und Naturschutz miteinander vereinbart

Die Niederlande liegen zu einem großen Teil unter dem Meeresspiegel und fallen sogar noch weiter ab. Die in letzter Zeit gemessene Landabsenkung beträgt im Schnitt zwanzig Zentimeter pro Jahrhundert. Der Mensch hat diese Problemlage durch den Torfabbau vor allem in den niederländischen Tieflandgebieten noch weiter verschärft. Im Zusammenwirken kosmischer, geografischer, klimatischer und ebendieser menschlichen Einflüsse kann eine Sturmflut ihre allergrößte Kraft entwickeln. Fluten fallen immer dann besonders hoch aus, wenn sich die Anziehungskräfte von Sonne und Mond durch besondere Konstellationen miteinander addieren. Wenn dann zu solch einem Zeitpunkt auch noch ein Orkan die Wellen der Nordsee auf die Niederlande zutreibt, ist die Katastrophe perfekt. Eine solche Springflut trat am 1. Februar 1953 ein. Eine Stunde hielt der Sturm bei Windstärke 12 an, und in der Folge standen ganze Städte und Dörfer unter Wasser, 200.000 ha Acker- und Weideland wurden überschwemmt, fast 2000 Menschen ertranken, ungezählte Kühe, Schafe, Schweine und Pferde kamen dabei um.

Noch im gleichen Jahr setzte die niederländische Regierung die „Delta-Kommission" ein, deren Vorschläge für die Verstärkung der Küstenschutzanlagen vor allem eine Abriegelung der Meeresarme im Delta-Gebiet nach dem Muster des 1932 fertiggestellten Abschlussdeiches am Ijsselmeer vorsahen. Außerdem sollten alle vorhandenen Meeresdeiche auf das sogenannte „Delta-Maß" erhöht werden – fünf Meter über dem normalen Flutmaß bei Hoek van Holland – bei gleichzeitiger entsprechender Erhöhung der Flussdeiche. Als erste Maßnahme dieses Delta-Planes wurde 1958 das Sturmflutwehr in der Hollandse Ijssel, als vorläufig letzte große Maßnahme 1997 das Sturmflutwehr im Nieuwe Waterweg fertiggestellt. Die größte Herausforderung war die Abriegelung der Oosterschelde – dieses Mammutprojekt musste im Laufe seiner Realisierung sogar noch umgestaltet werden, denn die öffentliche Meinung forderte nunmehr die nachhaltige Beachtung von Umweltschutzgedanken bei den weiteren Baumaßnahmen.

Noch unter dem Eindruck der großen Sturmflut des Jahres 1953 war es zunächst

# Landes- und Naturschutz

das vorrangige Ziel der Niederlande gewesen, den Küstenschutz so zu verbessern, dass vergleichbare Katastrophen zukünftig ausblieben. Doch im Laufe der Realisierung der ersten Teilprojekte des Delta-Plans wurden Fragen des Umweltschutzes immer stärker in ihre Ausgestaltung mit einbezogen – nicht zuletzt, weil sich die politischen Entscheidungsträger den Argumenten der Naturerhaltung nicht mehr widersetzen konnten.

Das Delta-Gebiet in Zeeland und im Süden von Zuid-Holland weist eine besonders artenreiche Flora und Fauna auf. Im relativ seichten Wasser gedeihen Algen und Wasserpflanzen besonders gut. Das Meer führt organische Substanzen heran, die Flüsse bringen Mineralien mit sich, was die Region zu einem idealen Laichgebiet für Fische macht, so beispielsweise für Hornhechte, Aale und Heringsarten, aber auch für Schollen und Kabeljau. In den bei Flut regelmäßig überspülten Schlick- und Wattgebieten leben Würmer, Schnecken und Schalentiere, an den Ufern und Deichböschungen Schnecken, Seepocken, Krebse und auch Seesterne – Lebensgrundlage für eine großartige Tierwelt und Futterplatz vor allem auch für Zugvögel. Die Nahrungskette ist hier einfach perfekt!

Kurz vor der Fertigstellung des Oosterscheldedam, der aus dem von den Gezeiten durchspülten, artenreichen, salzigen Meeresarm der Oosterschelde einen „stillen" Süßwassersee gemacht und dessen Flora und Fauna nachhaltig verändert hätte, wurden die Proteste immer lauter. Um die vollständige Entsalzung der Oosterschelde zu vermeiden, entschloss man sich nunmehr, anstelle eines Abriegelungsdammes ein Sturmflutwehr zu errichten, das bei einer Springflut geschlossen werden kann, aber ansonsten den Austausch von Salz- und Süßwasser in diesem so sensiblen Lebensraum ermöglicht. Damit konnte der einmalige Naturraum der Oosterschelde erhalten werden.

Im ständigen Kampf mit den unheilvollen Kräften der Nordsee mussten die Niederländer ihr Land gegen hereinbrechendes und vom Grund heraufdrückendes Wasser schützen. Angesichts der Dichte der Bevölkerung und des wachsenden Wohlstands trat mit der fortschreitenden Industrialisierung der **Konflikt zwischen Ökonomie und Ökologie** immer deutlicher zu Tage. Dennoch sind es gerade die Niederlande, die trotz allen „Platzmangels" in außerordentlicher Weise ihr landschaftliches Erscheinungsbild und ihre Lebensräume für Pflanzen und Tiere zu schützen verstehen. Große Dünengebiete, alte Polderlandschaften, Moor- und Seengebiete und Flüsse sind unter Naturschutz gestellt beziehungsweise als Naturreservate ausgewiesen worden.

Den hohen Stellenwert des Naturschutzes haben sich die Niederländer aber nicht ohne Reibungsverluste erkämpfen können. Viele Maßnahmen des Landesschutzes erfolgten aufgrund von Katastrophen wie Dammbrüchen, Überschwemmungen und Zerstörungen durch eindringende Wassermassen. Da galt es in erster Linie, Not zu mildern, Wiederholungen solcher Katastrophen zu verhindern und Schutzbarrieren für die Zukunft zu bauen. Auge in Auge mit den überschäumenden Fluten des Meeres stand zunächst immer der **Sicherheitsaspekt** für die Menschen und ihren Besitz im Vordergrund.

Land und Leute

Dies war auch noch der Fall, als nach der letzten großen Flutkatastrophe 1953 der Delta-Plan zur verbesserten Küstensicherung realisiert werden sollte. Vorgesehen war die Verkürzung der Küstenlinie durch den Bau von Dämmen an den Meereseinbuchtungen zwischen den Delta-Inseln und eine entsprechende Verstärkung der See- und Binnendeiche. Gegen die Folge der **Entsalzung der Meeresarme** erhob sich bald immer nachhaltigerer Protest von Naturschützern, Wissenschaftlern und auch Fischern, der bald in der ganzen Bevölkerung Unterstützung fand. So entschloss man sich zu einer Konzeptionsänderung und errichtete den Oosterscheldedam: nicht als abriegelnden Deich, sondern als **Sturmflutwehr.** Dadurch konnte das einmalige Ökosystem der Oosterschelde erhalten werden. Auch an anderen Stellen des Delta-Gebietes sorgte man nunmehr für den Erhalt der durch die Nordseetide gestalteten ursprünglichen Wasserführung aus Süß- und Salzwasser – und damit für den **Erhalt wertvoller Naturräume.**

Im Zusammenhang mit der Errichtung des Rotterdamer Außenhafens Maasvlakte wurden Umweltproteste immer stärker artikuliert. Die Pläne der Regierung zu einer nochmaligen Erweiterung des Hafens auf einer vor der Küste liegenden Sandbank (Maasvlakte II) führten bisher zu so starkem Protest, dass zunächst mit keinem Baubeginn zu rechnen ist.

## Technische Höchstleistungen

Dennoch – zu den großartigen Kulturleistungen der Niederländer gehören die Maßnahmen zur Sicherung ihres Landes. Jahrhunderte haben sie benötigt, um weiteren Landverlusten durch Nordseestürme zu widerstehen, einmal wieder gewonnenes Land zu schützen und auch dem Meer neues Land abzutrotzen. Hierzu mussten die Kenntnisse des **Deichbaus,** des **Abpumpens** von Wasser insbesondere in Gebieten unter dem Meeresspiegel sowie auch spezielle **Hausbaukenntnisse** im seichten Untergrund erarbeitet werden. Dabei waren neben dem Erlernen der Techniken der **Wasserwirtschaft** gleichermaßen Kenntnisse über die **Wasserstände** selbst erforderlich. Längst bildet der in Amsterdam gemessene Wasserpegel die Basis für alle Wasserstandsmessungen im Land.

## Nationalparks

Trotz hoher Bevölkerungsdichte ist in den Niederlanden verstärktes Augenmerk auf den **Naturschutz** gelegt worden. Die Definition von Naturgebieten und der Ausweis von Nationalparks bezieht sich nicht nur auf die schützenswerten Küstenlandschaften wie Dünen, Sand- und Gezeitengebiete, sondern auch auf ebenso schützenswerte Landschaften im Inland, darunter vor allem die Wald-, Heide- und Moorgebiete sowie Seen- und Flusslandschaften.

Insgesamt gibt es in den Niederlanden **20 Nationalparks** (Nationale Parken) mit einer Fläche von 800.000 ha. Darunter fallen offene und kleinflächige Landschaften, historische Parzellierungen, landschaftliche Strukturen und in die Landschaft eingebettete Bauformen. Ihre Zielsetzung besteht im Erhalt der natürlichen Landschaftsbedingungen, aber sie sollen auch Erholungsräume für den Menschen bieten, und sie dienen der Ausbildung und der Forschung.

Die ersten Nationalparks in den Niederlanden entstanden in den 1930er Jahren. Es waren die Parks De Hoge Veluwe und Veluwezoom, im küstennahen Gebiet die Nationalparks Schiermonnikoog, Lauwerszee, die Dünen von Texel und die Oosterschelde. Auch de Biesbosch zählt dazu, obwohl weit im Landesinneren liegend – doch entstanden durch die Gewalt der Fluten und Gezeiten. Weitere große Nationalparks entstanden im Binnenland. Auf die Nationalparks wird in den Ortsbeschreibungen eingegangen.

## Naturgebiete

Darüber hinaus gibt es in den Niederlanden 345 Naturgebiete (*Natuurgebieden* bzw. *Natuurmonumenten*), die wegen ihres besonderen ökologischen Wertes für Pflanzen und Tiere, ihrer Entstehungsgeschichte, ihrer Bodenmerkmale und ihrer Bearbeitung oder einfach wegen ihrer landschaftlichen Schönheit unter Schutz stehen. Neben vielen regionalen Naturgebieten ist das größte *Natuurmonument* das Wattenmeer (*Waddenzee*).

Zu den bekanntesten Naturgebieten von Noord-Holland zählt das **Zwanenwater,** eine Sumpf- und Seenlandschaft in den breiten Dünen südlich von Callantsoog. Hier brüten über 80 Vogelarten, darunter eine kleine Kolonie von Löffelreihern. Ein Teil des 580 ha großen Geländes kann auf zwei markierten Wegen erkundet werden, ein Beobachtungsposten gibt Einblick in die Vogelwelt. Unter den hier heimischen Pflanzen sind vor allem Orchideen zu erwähnen (siehe Ortsbeschreibung Callantsoog).

In Zuid-Holland sei als Beispiel eines geschützten Naturgebietes der **Eendenkooi** von Schipluiden südlich von Delft genannt. Mit solchen Entenkojen fing man früher diese Wasservögel. Dazu richtete man an den Ecken künstlicher Teiche sogenannte Pfeifen ein, die mit Reusen überspannt waren. Mit Hilfe gezähmter Lockenten wurden die Vögel während des Vogelzuges angelockt, verfingen sich in den Reusen und konnten dann geschlachtet werden. Heute dient der Eendenkooi nur noch der Beringung von Enten. Der Teich selbst ist Rückzugsgebiet für viele Tiere.

Im küstennahen Bereich von Noord-Brabant wurde die alte Deichlandschaft **West-Brabantse Dijken** nordwestlich von Steenbergen als kulturhistorisch wichtiges Monument unter Schutz gestellt. Die schönsten Deiche sind der Oude Vlietpolderdijk und Kleine Dijk. Am Oude Vlietpolderdijk stehen 250 Kopfweiden und am Kleine Dijk blüht im Frühjahr der Weißdorn und verzaubert die Landschaft mit seinen weißen Blüten (siehe Ortsbeschreibung Bergen op Zoom).

In Zeeland ist beispielsweise der Schlosswald von **Slot Haamstede** un-

Land und Leute

# Die niederländischen Windmühlen

Küstenschutz und Binnenlandentwässerung gingen in der Geschichte der niederländischen Landsicherung schon früh Hand in Hand. Zur Feststellung des Wasserstandes nutzte man schon bald den Normaal Amsterdams Peil (Amsterdamer Pegel), denn immerhin stellten Amsterdamer Kaufleute das Kapital für die ersten kommerziellen Landgewinnungsmaßnahmen bereit. Im Laufe der Zeit erlangte die Messlatte des Amsterdamer Pegels landesweite Bedeutung für die Eindeichung von Poldergebieten und deren Entwässerung.

Erst als der Mensch gelernt hatte, Windenergie über Windmühlen einzufangen und mittels rotierender Bewegungen zum **Wasserschöpfen** einzusetzen, war es möglich geworden, auch unterhalb des Amsterdamer Pegels liegende Flächen dauerhaft zu entwässern. Im Gegensatz zu den steinernen mediterranen Getreidemühlen wurden in Holland ab dem Beginn des 13. Jh. Mühlen aus Holz gebaut. Die planmäßige Trockenlegung von Wasserflächen mit solchen Windmühlen, die zunächst nur aus einer Welle bestanden, an der sich oben die Flügel und unten ein schräg ins Wasser reichender Schöpfmechanismus befanden (Tjasker), begann 1542 mit der Trockenlegung des Dergmeeres bei Alkmaar.

Schon fortschrittlicher waren die **Bockwindmühlen** oder Ständermühlen, bei denen sich der Mühlenkasten mit den Flügeln auf einem Unterbau um eine innere Achse dreht. Mittels eines an der den Flügeln gegenüberliegenden Seite angebrachten „Sterts", der bis auf den Boden reicht, kann der gesamte Mühlenkasten in den Wind gedreht werden, damit die daran angebrachten Flügel in Bewegung kommen. Die Weiterentwicklung stellte die **Wippmühle** (Wippmolen) mit verkürztem Aufbau und pyramidenförmigem Unterbau dar, der auch zu Wohnzwecken genutzt wurde.

Doch den eigentlichen technischen Fortschritt erbrachte *Jacob van Deventer* mit der von ihm 1558 präsentierten **Kappenwindmühle.** Dabei handelt es sich um eine hohe Windmühle mit großem, achteckigem Unterbau, dem eine Haube (kap) mit daran angebrachten Flügeln aufgesetzt ist, die auf einem Kammrad von innen in den Wind gedreht werden kann. Neben diesem in Nordholland weit verbreiteten *Binnenkruier* gibt es auch einen vergleichbaren *Buitenkruier*, bei dem der Drehmechanis-

mus der Haube außen angebracht ist – Mühlen dieses Typs sind vor allem am Kinderdijk zu sehen. Besonders reizvoll an diesen Mühlen ist, dass sie meistens mit Stroh eingedeckt sind.

Einen weiteren Entwicklungsschritt stellte die Perfektionierung der im Prinzip schon am Tjasker angebrachten **Wasserschnecke** durch *Symon Jacobszoon Hulsebos* im Jahre 1634 dar. Mit seinen neuartigen, an den leistungsstarken Kappenwindmühlen angebrachten Schnecken konnte man nunmehr Wasser über drei Meter hoch befördern.

Den Höhepunkt der Entwicklung im Windmühlenbau erbrachten die **Galeriehollander** – dies waren meist in den Städten in Backsteinbauweise für gewerbliche Zwecke errichtete, hohe Getreidemühlen in Form riesiger Kegelstümpfe. Auf halber Höhe war eine kreisförmige Balustrade angebracht, von der aus der Müller die Flügel bediente. Seine Wohnräume und die Getreidespeicher befanden sich in den Untergeschossen, in den oberen Geschossen fanden die Mahl- und Abpackvorgänge statt. Fünf solcher Galeriehollander stehen beispielsweise noch an der Noordergracht in Schiedam bei Rotterdam.

ter Schutz gestellt. Der Baumbestand des großen Parks und Waldgeländes dieses aus dem 13. Jh. stammenden Bauwerks wird heute naturbelassen, umgefallene Bäume werden nicht beseitigt. Hier blühen im Frühjahr Buschwindröschen, Schneeglöckchen und Narzissen, später vor allem das Scharbockskraut. Es brüten der Pirol und der Waldkauz (siehe Ortsbeschreibung Burgh-Haamstede).

Der **Sint-Pietersberg** südlich von Maastricht zwischen den Flüssen Jekers und Maas stellt ein erdgeschichtlich altes Kalkplateau dar. Das vielfältige Erscheinungsbild dieser Landschaft zeigt eine vielfältige Pflanzen- und Tierwelt. Vor allem Fledermäuse haben die in dieses Kalkplateau zur Gewinnung von Baumaterial gegrabenen Gänge als Lebensraum gewählt (siehe Ortsbeschreibung Maastricht).

Von der großartigen Seenlandschaft der Loosdrechte Plassen in der Provinz Utrecht ist der **Wijde Blik,** der nördliche Abschnitt, als besonderes Naturgebiet ausgewiesen. Hier wechseln sich Morast, Wasser und Weideland ab. Dadurch, dass hier früher Bausand gewonnen wurde, ist die Wasserfläche tiefer als in den eigentlichen Loosdrechte Plassen. Die Seefläche friert im Winter nie ganz zu. Davon profitieren Schellenten und Pfeifenten als Wintergäste (siehe Beschreibung Vechtstreek).

Das gelderländische Naturgebiet **Veluwemeerkust** bildet eine Übergangslandschaft zwischen der waldreichen Veluwe und den angrenzenden offenen Gebieten zum Veluwemeer, ein interessantes Feuchtgebiet durch aufdrückendes Quellwasser. Hier sind Orchideen und Sonnentau, Molche und Frösche zu Hause. Das geschützte Gelände konnte durch Flächenankäufe in der Vergangenheit beträchtlich erweitert werden. Heute erlaubt eine Öko-Brücke über die A28 Hirschen und anderen Wildtieren den gefahrlosen Übergang über die Autobahn.

Ein 283 ha großer, sich am Südufer auf dem Gebiet der Provinz Overijssel erstreckender Teil des 1700 ha großen **Zwarte Meer** wurde im Zuge seiner Entstehung durch die Eindeichung 1956 als Naturgebiet ausgewiesen. Die Schilfflächen am Rand werden im Herbst regelmäßig gemäht, um das Vorkommen der sehr seltenen Schachbrettblume zu erhalten. Im Wassergelände liegt das Vogeleiland, schon zu Flevoland gehörig, das nicht betreten werden darf. Hier brüten unter anderem die Rohrdommel, die Rohrweihe, der Rohrsänger und der Purpurreiher (siehe Ortsbeschreibung Zwolle).

Der **Harderbos** auf Flevoland nahe Zeewolde ist ein junges Waldstück, das 1968 zunächst als kommerzieller Pappelwald angelegt wurde. Doch inzwischen bemüht sich die Stiftung Natuurmonumenten darum, aus dieser Monokultur einen Laubmischwald zu machen. Heute brüten hier über 60 Vogelarten (siehe Ortsbeschreibung Zeewolde).

Das **Friese Veen** in Drenthe stellt den Südabschnitt des Peterswoldse Meer südlich von Groningen dar. Hier wächst Feuchtwald, die Ufer des Sees sind mit Schilf bewachsen. Die Wasserfläche entstand zu Beginn des 19. Jh. aus ehemaligen Torfabbaugebieten. Hier befindet sich eine große Kormorankolonie, der Fischadler kommt vor und man hat die Blauflügelige Ödlandschrecke als größte und schönste Heuschrecke der Niederlande entdeckt (siehe Landschaftsbeschreibung Noordenveld).

**Hoeksmeer** ist ein 130 ha großes Naturgebiet in der Provinz Groningen zwischen Garrelsweer und dem Eemskanal. Es dient vor allem dem Schutz von Wiesenvögeln. Die Landschaft bildet eine Mischung aus Weiden, Morast und flachen Wasserflächen. Hier wird erst nach der Brutperiode das Gras geschnitten, sodass sich vor allem der Kiebitz, der Kampfläufer und die Bekassine aus der Familie der Schnepfenvögel heimisch fühlen.

Die Sandbank **Griend** im friesischen Wattenmeer vor Harlingen war einst viel größer. Griend war im Mittelalter bewohnt und besaß neben dem gleichnamigen Dorf ein eigenes Kloster. Heute stehen hier noch das Pfahlgebäude eines Vogelwartes und eine Bake für die Schifffahrt, beide sind von der Fähre nach Terschelling zu erkennen. Inzwischen schützt ein Sanddeich die Insel vor weiterem Landverlust. Immerhin ist die Sandbank noch einige Meter hoch. Sie dient Tausenden von Wasservögeln als Zuflucht bei Hochwasser und als Rastplatz für Zugvögel.

Im Nationalpark Drents-Friese Wold

Auch ist inzwischen die Herzmuschelfischerei um die Insel herum verboten, damit die Vögel genügend Nahrung finden.

## Klima

Das Klima der Niederlande zeigt sich als **gemäßigtes Seeklima** mit milden Wintern und kühlen Sommern. Es wird stark durch den Golfstrom beeinflusst, der die Temperatur ganzjährig ausgeglichen hält. Im Norden ist die Jahresdurchschnittstemperatur etwas niedriger als im Süden. Die Küstenprovinzen im Südwesten, Westen und Norden haben in den Herbst- und Wintermonaten durchgängig milderes Wetter als der Osten oder Nordosten. Im Sommer sind der Osten von Brabant und der äußerste Norden die wärmsten Gebiete der Niederlande.

Der durchschnittlich kälteste Monat ist der Januar, der wärmste der Juli. Im Zuge des Klimawandels hat sich auch die in den Niederlanden gemessene Durchschnittstemperatur leicht erhöht.

Die sonnigsten Teile der Niederlande findet man im Westen von Zeeland, im Nordwesten von Noord-Holland und auf Texel mit durchschnittlich jährlich 1600–1700 Sonnenstunden – der Rest misst durchschnittlich 1500 Sonnenstunden.

In den Niederlanden fallen 790 Millimeter Niederschlag im Jahr. Am nassesten ist es in der Gegend um Apeldoorn mit 900 Millimetern, am tro-

02Sni Foto: ot

*Mittlere tägliche Maximum- und Minimumtemperaturen in °C*

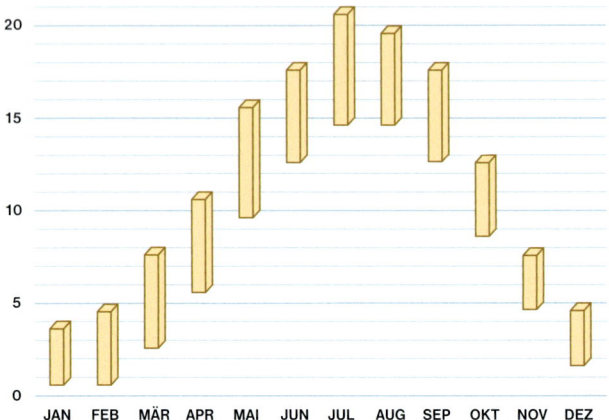

*Luftfeuchtigkeit in Prozent*

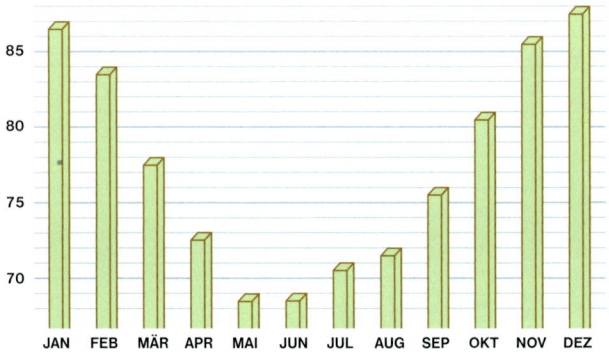

*Regentage pro Monat*

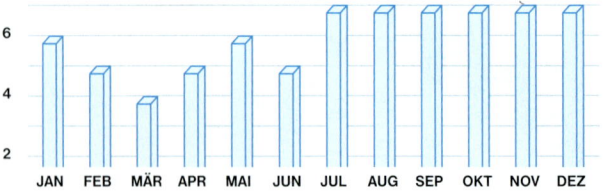

ckensten ist im Herzen von Limburg mit 700 Millimetern.

Speziell das **Küstenklima** zeigt sich an der holländischen und zeeländischen Küste besonders wechselhaft, etwa so wie in Norddeutschland. Hier liegen im Sommer die durchschnittlichen Temperaturen bei 16° bis 17° Celsius. Der Wind kommt meist aus nordwestlichen oder südwestlichen Richtungen, an der Küste regelmäßig mit Geschwindigkeiten um die sechs Meter pro Sekunde. Obwohl es häufig regnet, kann es an der Küste dennoch wunderschöne Sommer geben – immer dann, wenn ein Hoch über Russland mit einem Hoch über den Azoren eine stabile Brücke bildet. Die **Wassertemperatur** der Nordsee steigt allerdings selten über 20° Celsius.

# Flora und Fauna

Die unterschiedlichen Landschaftstypen der Niederlande weisen entsprechend unterschiedliche Lebenswelten auf. Dominierend ist die Wasserwelt – Meer, Küste, Flüsse, Seen, Kanäle und die unterschiedlichsten Feuchtbiotope. Pflanzen und Tiere der inländischen Landschaftstypen unterscheiden sich nicht wesentlich von beispielsweise der Norddeutschen Tiefebene. Deshalb soll an dieser Stelle das Augenmerk den niederländischen Küstenlandschaften gelten.

Die Küstengebiete weisen teilweise extreme Lebensvoraussetzungen auf, sodass sich die Pflanzen- und Tierwelt entsprechend anpassen muss. Da ist zunächst der Flachwasserstreifen in unmittelbarer Küstennähe, dann der Strand selbst, der an einigen Stellen so schmal ist, dass er bei stark auflaufendem Wasser überspült wird. Im Norden breitet sich das Wattenmeer mit seinen Tiden aus, auch im Delta-Bereich sind Wattlandschaften erhalten geblieben, die sich in ständigem Umbruch befinden. Ein Dünenstreifen trennt den Strand vom Hinterland, das durch Deiche geschützt und eingepoldert wurde. Breite Strandwälle werden vor allem für die Blumenzwiebelzucht verwendet.

## Vögel

Die Vogelwelt hat alle diese Küstenlandschaften für sich erobert. Da gibt es sowohl Dauerbewohner als auch Durchzügler, die auf ihrer Reise zwischen den Brutgebieten im Norden und den Winterquartieren im Süden an der niederländischen Küste rasten und sich hier am reichhaltigen Nahrungsangebot satt fressen. Ein typischer Sommerbrutvogel ist die **Brandseeschwalbe.** Sie taucht Ende April/Anfang Mai auf. Das Männchen kokettiert mit aufgestelltem Federschopf und eingezogenem Hals mit einem kleinen Fisch im Schnabel vor den Weibchen, bis er sich für eines entscheidet, ihr den Fisch überreicht und mit einem Brauttanz die „Verlobung" begeht.

Im Gegensatz zu diesen scheuen Vögeln gehen **Austernfischer** sowie **Lach- und Silbermöwen** mit Geschrei im Sturzflug auf Menschen nieder, die

sich ihrem Brutrevier zu sehr nähern. Der Austernfischer ist mit seinem roten Schnabel und den roten Beinen ein besonders prägnanter Vogel. Weitere Brutvögel an der Küste sind beispielsweise **Sandregenpfeifer** und **Zwergseeschwalben.** Die **Flussseeschwalben** und **Küstenseeschwalben** findet man in den Salzwiesen hinter den Dünen. Zu den ganz seltenen Vögeln zählen beispielsweise der **Löffelreiher,** der mit einigen Paaren im Naturschutzgebiet Het Zwanenwater bei Callantsoog brütet, und der **Seidenreiher** als Wintergast an der Küste.

Überall an der Küste gibt es **Vogelbeobachtungsposten,** freiwillige Helfer des niederländischen Vogelschutzbundes notieren die Zugvogelarten und die Zahl der durchreisenden Vögel wie auch des vorhandenen Bestan-

Niederländische Vogelwelt, v.l.n.r.: Graugänse, Rotschenkel, Seidenreiher, Bekassine

des. Viele Fremdenverkehrsvereine der Badeorte bieten im Sommer geführte Vogelbeobachtungs-Wanderungen durch die Dünen an.

## Meerestiere

Die nahrungsreiche Nordseeküste dient zahlreichen Fischarten als Laichgrund. Im Winter ziehen sich viele Fische wieder ins tiefere Wasser zurück. Dann sind die kleinen **Dorsche, Wittlinge** und **Heringe** aus der Kinderstube heraus. **Schollen, Flundern** und **Seezungen** sind manchmal bei ablaufendem Wasser noch „flüchtend" am Sandboden zu beobachten.

Ganz besondere Bewohner der Nordsee sind die **Seehunde.** Dösend liegen sie auf Sandbänken vor der Küste in der Sonne, doch bei ungewohnten Geräuschen oder Bewegungen sind sie schnell wieder im Wasser. Bei den beliebten Fahrten zu Seehundbänken sollte man auf jeden Fall ein Fernglas einstecken.

Im strandnahen Gewässer gibt es vielfältige **Muschelarten,** so die Herzmuschel, die Miesmuschel und die Plattmuschel. Miesmuscheln werden an vielen Stellen in salzigen oder brackigen, den Gezeiten unterworfenen Bereichen auf künstlichen Gestellen gezüchtet – sehr zur Freude der Restaurantbesucher, die sie hier in allen Variationen genießen können.

### Küstennahe Pflanzen

Zu den prägnanten Arten des Pflanzenbewuchses des Küstenstreifens zählt die **Strandqueke.** Sie verträgt es, wenn das Seewasser einmal über sie hinwegspült. **Strandroggen** siedelt sich an, **Strandhafer** und der **Blaue Halm.** In den Salzwiesen stellt der **Queller** eine Pionierpflanze dar. Dort, wo er verwurzelt ist, weht Sand an und die Dünenbildung beginnt. Dies ist an mehreren Stellen der niederländischen Küste im Delta-Gebiet der Fall. Hier sind die Lebensbedingungen auch für

andere Pflanzen günstig, so für **Salzmelde, Strandaster** und **Wiesenrispengras.** Herrlich blühen **Grasnelke, Salz-Schuppenmiere, Tausendgüldenkraut** und **Löffelkraut.**

### In den Dünen

Die Dünen wiederum bilden einen eigenständigen Lebensraum für Pflanzen und Tiere. Neben dem **Strandhafer,** der durch seine tiefe Verwurzelung diese Aufgabe primär übernimmt, sind dies eine Reihe anderer Gräser und Buschpflanzen, so vor allem auch **Heidearten,** die **Wildrose** und verschiedene **Dorn-Arten.** Bei Bergen in Noord-Holland gehen die eher kalkreichen Dünen in kalkärmere über. Im kalkhaltigeren Bereich wachsen **Dünendorn, Liguster** und **Flieder,** Kalk meidende Pflanzen sind eher niedrigwüchsig wie **Heide** und **Moose.**

Da die natürliche Beweidung in den Dünen fehlt, werden gezielt **Rinder,** vor allem schottische Kleinrinderrassen, eingesetzt, um die Verbuschung der Dünen zu verhindern. Im dichten Gestrüpp fühlen sich **Hase** und **Kaninchen** wohl, auch die **Düneneidechse** und die **Wühlmaus.** Ihnen allen stellen **Füchse** nach. In größere Dünengebiete verirren sich manchmal **Rehe.** Auch auf die Wattinseln schaffen es die Rehe – sie müssen durch das Watt gekommen sein.

### Dünenseen

Ganz besondere Biotope bilden die Dünenseen, die teilweise aus Grundwasserblasen gespeist werden. Hier gibt es verschiedene **Orchideenarten,** es wachsen **Weide, Holunder** und **Birke.** Man sieht die typische Flachtümpelflora mit **Schilf, Iris** und **Seerose**

und es gibt Bestände an **Kormoranen, Fischreihern** und sogar **Löffelreihern,** wie etwa im Zwanenwater bei Callantsoog (siehe Ortsbeschreibung Callantsoog).

### Poldergebiete

Die Poldergebiete jenseits der Dünen weisen kleinere und größere Seen auf und sind von Kanälen durchzogen. Hier findet man die ganze Vielfalt der Süßwasserflora und -fauna der gemäßigten Klimazone. Es brüten die verschiedensten Weidevogelarten, so vor allem der **Kiebitz,** von dem die Niederlande den größten Bestand in Europa aufweisen. Diese Wiesenlandschaft ist das Winterquartier für große **Gänsepopulationen.**

# Geschichte

## Frühgeschichte und Antike

### Erste Besiedlung

Die ersten Menschen siedelten im Osten der Niederlande und im Bereich des Utrechtse Heuvelrug, jenem hügeligen Wald- und Heidegebiet im Landesinneren. Sie lebten als **Jäger und Sammler** von Jagd und Fischfang, denn Ackerbau wurde erst mit der Klimaerwärmung möglich. Ab etwa 5300 v. Chr. setzte die Landbewirtschaftung mit **Viehzucht** ein. Die beeindruckenden **Hünengräber** (*hunebedden*) aus riesigen Findlingen, die noch heute in der Provinz Drenthe besichtigt werden können, entstanden in der jungsteinzeitlichen Periode von 3000 bis 2000 v. Chr. Mit der beginnenden Bronzezeit nach 2000 v. Chr. wurden die Menschen unter Grabhügeln bestattet. Nunmehr setzte auch die Besiedlung des Deltas ein. Die ersten **Warften** von Bewohnern im Küstenbereich datieren aus dem 5. Jh. v. Chr. in Friesland bei Leeuwarden.

### Römerzeit

Ab dem Jahr 57 v. Chr. begannen die Römer in das Gebiet der heutigen Niederlande vorzudringen. *Julius Caesar* war es gelungen, den dort siedelnden Stamm der **germanischen Bataver** zu unterwerfen. Mit dem Einzug der Römer begann auch die Geschichtsschreibung über den niederländischen Raum. *Tacitus* berichtet in seinen „Historien" von den Ereignissen des ersten nachchristlichen Jahrhunderts: „...dort lebt ein armseliges Volk auf mit Händen aufgeworfenen Höhen, und darauf haben sie ihre ärmlichen Hütten gebaut. Aus Schilf und Binsen haben sie Netze gefertigt, mit denen sie den Fischen nachjagen, die mit dem abnehmenden Wasser zu entkommen suchen."

In der Römerzeit bildete auch in den „niederen Landen" der Rhein die Nordgrenze des Römischen Reichs – er mündete damals bei Katwijk in die Nordsee. In Utrecht, Valkenburg und Nijmegen errichteten die Römer **Kastelle.** Die Gebiete nördlich des Rheins, wo die **Friesen** im Gebiet der heutigen Provinzen Groningen und Friesland lebten, blieben frei, unterhielten aber intensive Handelsbeziehungen zu den Römern. Im Zuge der Klimaverschlechterung nach der Zeitenwende wurden diese Gebiete immer häufiger überschwemmt, sodass die die Bewohner hier vermehrt künstliche Wohnhügel für ihre Häuser und Höfe errichteten.

## Mittelalter

### Frankenreich

Mit dem Niedergang des Römischen Reichs drangen germanische Franken in die Niederlande vor. Ab dem 5. Jh. übernahmen sie hier unter ihrem Herrscher *Chlodwig,* der sich

Füchse in den Dünen

Land und Leute

zum Christentum bekehren ließ, die Vorherrschaft. Ab etwa 700 konnten die Franken auch die Friesen unterwerfen. Unter **Karl dem Großen** wurden auch die **Sachsen,** die im Nordosten der Niederlande siedelten, besiegt und ihr Gebiet ins Fränkische Reich eingegliedert. Im Zuge der Reichsteilung nach dem Tod Karls des Großen kam das Gebiet der heutigen Niederlande zunächst an **Lothringen,** später bis auf Flandern an das **Ostfränkische Reich.** In diese Zeitspanne fallen die großen **Normanneneinfälle,** die auch die niederländischen Küstengebiete nicht verschonten. In Wieringen bei Den Helder errichteten sie sogar einen ihrer Stützpunkte.

## Grafschaft Holland

Die Auflösungstendenzen der Zentralgewalt im Ostfränkischen und späteren Deutschen Reich ließen die **Regionalfürsten** erstarken. Dieses Machtvakuum nutzten die örtlichen und regionalen Vasallen, um ihre eigene Macht zu verstärken. Die eigentlichen Herrscher waren längst die Grafen von Holland, die Herzöge von Gelderland und Brabant sowie der Bischof von Utrecht. Im Zuge dieser Entwicklung konnten die Grafen von Holland ihr Territorium nach Osten um Teile des Bistums Utrecht und nach Süden um Teile von Zeeland erweitern. Im Jahre 1289 gelang es Graf *Floris V. von Holland,* auch die Westfriesen zu unterwerfen, deren Grafen ihren Sitz in Enkhuizen hatten. 1323 fiel auch ganz Zeeland in den Besitz der Grafen von Holland.

## Burgund

Doch allmählich etablierte sich das mächtige Burgunderreich in **Flandern** und übernahm bald die Oberhoheit über immer größere Teile der heutigen Niederlande. Allerdings konnte sich *Jacoba van Beieren,* die Erbtochter des holländischen Grafen *Wilhelm II.,* noch in Friesland behaupten. Sie verließ ihren zweiten Ehemann, Herzog *Jan IV. von Brabant,* im Streit und heiratete den *Duke of Gloucester,* weil sie auf diese Weise glaubte, ihre Besitzungen besser absichern zu können. Doch lieferte sie gerade damit den Burgundern den Vorwand, nunmehr gänzlich durchzugreifen. Sie unterschätzte den machthungrigen Burgunderherzog *Philipp den Guten,* der sie nunmehr so weit bedrängte, dass sie sich gezwungen sah, ihn als Erben einzusetzen. Ein entsprechender Vertrag wurde im Jahre 1428 in Delft von ihr unterzeichnet, sodass die Grafschaft Holland mit den anderen Besitzungen von Jacoba, wozu unter anderem auch Zeeland gehörte, dem Burgunderreich einverleibt wurden.

## Spanische Niederlande

Als die Tochter des letzten Burgunderherrschers *Maximilian von Österreich* heiratete, fiel das Burgunderreich an die **habsburgische Krone.** Kaiser *Karl V.* regelte mit seinem Erbe die Teilung des Habsburgerreiches. Burgund überließ er 1555 seinem Sohn *Philipp,* der ein Jahr später als **Philipp II.** zum **König von Spanien** gekrönt wurde. Das Gebiet der Niederlande bezeichnete man fortan als die Spanischen Niederlande.

In den Niederlanden wurde die spanische Herrschaft zunehmend als **Unterdrückung** empfunden. Der Steuerdruck stieg, die zentralistische spanische Politik schränkte die schon lange gewonnenen Standesfreiheiten der Niederländer wieder ein, reformatorische Tendenzen wurden blutig niedergeschlagen und die **Inquisition** griff immer stärker durch. Längst war in den Niederlanden das Zeitalter der **Reformation** angebrochen. Die Spanier versuchten dagegen die Protestanten zu unterdrücken, wo sie nur konnten.

**Niederländische Adelige** reichten daraufhin im Jahre 1566 bei den Spaniern eine Bittschrift ein, in der Hoffnung auf eine Verbesserung der Lage. Sie ernteten aber nur Spott und wurden seither als **Geusen** (aus dem Französischen *gueux* = Bettler) verhöhnt. Doch die calvinistischen Adeligen machten sich diesen Ausdruck zu Eigen, und an der symbolhaften Bezeichnung orientierte sich dann auch die unterdrückte Bevölkerung. So kam es zu den später als **Bildersturm** bezeichneten Ereignissen – die Menschen plünderten Kirchen und zerstörten Bilder und Heiligenfiguren.

### Achtzigjähriger Krieg

Um der sich zuspitzenden Situation Herr zu werden, ernannte Philipp II. im Jahre 1559 **Wilhelm, Prinz von Oranien,** zum Statthalter über die Spanischen Niederlande. Tief im katholischen Glauben verwurzelt, versuchte Philipp durch massiven Truppeneinsatz seine Vormachtstellung in den Niederlanden wieder zu stärken. Nun hatten es die Spanier mit einer doppelten Opposition zu tun – jener der **Calvinisten** und jener der Freiheitsliebenden in den Niederlanden. In dieser Situation schloss sich Wilhelm gemeinsam mit den **Grafen von Egmond und Hoorne** dem Widerstand der Geusen an. So begannen im Jahre 1568 die Auseinandersetzungen mit den Spaniern, die 80 Jahre lang währen sollten.

Vor der Übermacht der Spanier konnte sich Wilhelm nur durch die Flucht in seinen Heimatort Dillenburg retten, doch die Spanier wurden der beiden Grafen habhaft und richteten sie hin. Um wieder Ruhe und Ordnung im Lande herzustellen, entsandten die Spanier ein Heer unter dem berüchtigten Herzog *Alba*, ihrem neuen Generalstatthalter der Niederlande. Mit Brachialgewalt konnte sich Alba zunächst durchsetzen. 1570 konvertierte Wilhelm zum Calvinismus und stellte sich an die Spitze der Widerstandsbewegung der Geusen. Am 1. April 1572 konnten die Geusen die Stadt Brielle von den Spaniern zurückerobern – ein erster großer Erfolg der Niederländer im Achtzigjährigen Krieg.

### Oranier

Im Juli 1572 versammelten sich die Vertreter der niederländischen Nordprovinzen *(Staaten van Holland)* in Dordrecht, um den Unabhängigkeitskampf der Geusen zu unterstützen, und bestätigten Wilhelm von Oranien

**Land und Leute**

# Die Wassergeusen – Widerstandskämpfer gegen die spanische Herrschaft

Der niederländische Widerstand gegen die spanische Vorherrschaft formierte sich mit Beginn der zweiten Hälfte des 16. Jh. Stolz bezeichneten sie sich selbst als „Geusen", wobei man zwischen den Waldgeusen und den Wassergeusen unterscheiden muss. Die Waldgeusen kämpften zu Land gegen die Spanier, die Wassergeusen in den Küstenregionen auf dem Wasser.

Zunächst konnten die Niederländer nur wenig gegen die spanische Übermacht ausrichten. Spanische Truppen hielten fast das ganze Land besetzt. Einzelne niederländische Freiheitskämpfer organisierten daher ihren Widerstand von London aus. Doch die Spanier setzten die Engländer derart unter Druck, dass die Niederländer im Frühjahr 1572 das Land verlassen mussten. Sie erhofften sich Zuflucht im brandenburgischen Emden – hier war man offen gegenüber Protestanten. Doch die Kämpfe wurden bei rauer See an die holländische Küste im Bereich der Insel Voorne abgedrängt. Daraufhin beschlossen die Widerstandskämpfer, Brielle als größte Stadt der Insel, in der schon seit fünf Jahren spanische Truppen stationiert waren, zu erobern. Dies gelang den Wassergeusen am 1. April des Jahres 1572 im Handstreich, nachdem sie das nördliche Stadttor durchbrochen hatten.

Zimperlich waren die Wassergeusen aber nicht. In der Nähe von Brielle fiel ihnen eine Reihe katholischer Geistlicher in die Hände, die sie, nachdem diese nicht „freiwillig" zum reformierten Glauben konvertieren wollten, kurzer Hand umbrachten. In der außerhalb von Brielle gelegenen Bedevaartskerk wird heute dieser Glaubensopfer gedacht. Die Toten, die die Wassergeusen bei der Eroberung von Brielle unter ihren Kameraden zu beklagen hatten, setzten sie in der örtlichen Grote Kerk bei.

in seinem Amt als Statthalter – in diesem politischen Akt liegt der Ursprung der **niederländischen Königsdynastie** der Oranier begründet.

Doch auch die Geusen blieben nicht von den religiösen Gegensätzen der Zeit verschont. Sie zerstritten sich und die sieben Provinzen des niederländischen Nordens riefen für sich 1581 die **Republik der Vereinigten Niederlande** aus. Nachdem Wilhelm von Oranien 1584 ermordet worden war, trat sein Sohn *Moritz von Oranien-Nassau* die Nachfolge an. Er behaup-

tete sich im Widerstand gegen die Spanier und konnte einen zwölfjährigen Frieden (1609–21) mit ihnen schließen.

## Goldenes Zeitalter und Kolonien

In der zwölfjährigen militärischen Ruhephase widmeten die Niederländer ihre ganze Kraft der wirtschaftlichen Entfaltung. Das 17. Jh. wird daher auch als das Goldene Zeitalter der Niederlande bezeichnet. Wohlstand breitete sich aus, **Kunst und Architektur** erlebten eine ungeheure Blüte.

Den Frieden mit den Spaniern nutzten die Niederlande auch, um ihre Position auf den Weltmeeren auszubauen. 1596 gelangten die ersten holländischen Schiffe nach Java. 1602 wurden die **Vereinigte Ostindische Kompanie** (VOC – Verenigde Oostindische Compagnie) und 1621 die **Westindische Kompanie** (WIC – Westindische Compagnie) gegründet.

Anfang des 17. Jh. steuerten immer mehr niederländische Ostindienfahrer **Java** an. An der Mündung des Ciliwung-Flusses, wo zuvor schon Portugiesen am javanischen Hafenplatz Sunda Kelapa ein Fort angelegt hatten, errichteten die Niederländer 1619 das Fort Batavia, nahmen den Hafenplatz in Besitz und nannten die hier von ihnen gegründete Stadt nach dem Fort – heute heißt die Stadt Djakarta.

1624 drangen die Niederländer in **Portugiesisch-Brasilien** ein, wo sie sich bis 1654 halten konnten. 1625 entstand **Neu-Amsterdam** (New York) als Niederlassung in Nordamerika und 1634 wurde **Curaçao** als wichtigste Antilleninsel durch die WIC erobert. Von ausschlaggebender Bedeutung für diese Aktivitäten waren die holländischen Kaufleute aus dem reichen Amsterdam und den anderen Hafenstädten an der Zuiderzee – so vor allem aus Hoorn. Die Provinz Holland war mit Abstand die wichtigste unter den sieben Provinzen der Vereinigten Niederlande.

## Neuzeit

### Unabhängigkeit

Das Ende des Achtzigjährigen Krieges, der im übrigen Europa als **Dreißigjähriger Krieg** zu Ende ging, brachte den Niederländern die so lange ersehnte Freiheit. Im Frieden zu Münster (1648) erkannte Spanien die Unabhängigkeit der Niederlande an, die nunmehr auch formell aus dem Heiligen Römischen Reich Deutscher Nation ausschieden. Die Staatshoheit lag bei den **Ständen** (Staaten) und bei der Versammlung der niederländischen **Provinzen** (Generalstaaten), die ausübende Gewalt bei den von den Oraniern gestellten **Statthaltern.**

Das Konfliktpotenzial zwischen hoheitlicher und ausübender Gewalt war von Anfang an gegeben. Schon Moritz von Oranien-Nassau hatte seine Probleme mit dem „Raadspensionaris" Johann von Oldenbarnevelt, dem höchsten „beamteten" Vertreter der holländischen Stände – eine Art Staatssekretär. So hilfreich dieser ihm auch bei der Aushandlung des zwölfjährigen Friedens mit den Spaniern war, geriet er doch in Auseinandersetzungen mit ihm. Moritz ließ ihn 1618 einkerkern und im nächsten Jahr in Den Haag hinrichten.

Der Konflikt schwelte weiter. Sein Nachfolger Wilhelm II. versuchte 1650, sich durch einen Anschlag auf Amsterdam durchzusetzen. Der Versuch misslang und fortan führte **Johan de Witt** als Raadspensionaris faktisch – und mit strenger Hand – auch die Regierungsgeschäfte.

# Das Königshaus der Oranier

Die Verbindung zwischen den Niederlanden und dem Hause **Nassau,** später **Oranien-Nassau,** entstand im Jahre 1403, als Graf *Engelbert I. von Nassau* die begüterte Niederländerin *Johanna von Polanen* aus Breda heiratete. Schon bald gehörte der Bredaer Zweig des Hauses Nassau zu den wichtigsten Adelsgeschlechtern der Niederlande. Die burgundischen Landesherren übertrugen ihnen immer wichtigere Ämter. Durch geschickte Heiratspolitik kamen sie auch in den Besitz weiterer Ländereien in Ost- und Südfrankreich, darunter das souveräne Fürstentum Orange.

Ab 1544 führte *Wilhelm von Nassau* (1533–84), der später als **Wilhelm von Oranien** bekannt werden sollte, die Geschicke des Hauses und als **Statthalter der Spanier** die Provinzen Holland und Zeeland. Er setzte sich dann an die Spitze des niederländischen Freiheitskampfes gegen die Spanier und legte so den Grundstein für die Bande zwischen den Niederlanden und dem Haus Oranien-Nassau. 1584 fiel Prinz *Wilhelm I.* in Delft einem Attentat zum Opfer. Nachfolger als Statthalter und Heerführer wurde zu-nächst sein Sohn Prinz *Moritz* (1567–1625) und danach dessen Halbbruder, Prinz *Friedrich Heinrich* (1584–1647). Beide waren erfolgreiche Feldherren, die zahlreiche Festungen in den östlichen und südlichen Niederlanden eroberten.

Die politische Situation erzwang einen statthalterlosen Zeitabschnitt nach dem Westfälischen Frieden im Jahre 1648. Der englisch-französische Angriff gegen die Niederlande brachte 1672 eine Wende. Unter dem Druck des Volkes erhielt **Wilhelm III.** (1650–1702) noch umfassendere Befugnisse als seine Vorfahren, und es gelang ihm tatsächlich, die feindliche Koalition zu sprengen. Dank seiner Erfolge konnte sich Wilhelm III. als Statthalter eine Machtposition erwerben. Nach seinem Tod erfolgte eine zweite statthalterlose Zeit bis 1747, an deren Ende Prinz **Wilhelm IV.** (1711–51) zum ersten **Statthalter aller Provinzen der Republik** ernannt wurde. Unter dem Druck eines drohenden Angriffs von Seiten Frankreichs wurde das **Statthalteramt für erblich erklärt,** und zwar sowohl in männlicher als auch in weiblicher Linie.

Mit dem Einmarsch französischer Truppen in die Republik der Niederlande im Jahre 1795 endete auch das Statthaltersystem, das längst **monarchische Züge** angenommen hatte. Beim Sturz *Napoleons* hielt sich der amtierende Prinz *Wilhelm von Oranien* in England auf. Er reiste in die Niederlande, wurde dort im November 1813 von der Bevölkerung begeistert empfangen und übernahm die Regierungsverantwortung als souveräner Herrscher. Bei der Neuordnung Europas durch den Wiener Kongress wurden 1815 die Niederlande mit den ehemaligen Österreichischen Niederlanden zum **Königreich der Niederlande** mit **Wilhelm I. als König** zusammengefügt. Die Integration der Nördlichen Niederlande und der Südlichen Niederlande (das heutige Belgien) gelang allerdings nicht auf Dauer und führte zur Bildung des selbstständigen Königreichs Belgien, das 1839 von Wilhelm I. anerkannt wurde.

Der zweite König der Niederlande regierte bis zu seinem Tod im Jahre 1849. Im europäischen Revolutionsjahr 1848 gab er den Reformwünschen der liberalen Opposition nach. Er stimmte einer **Verfassung** zu, die die Macht des Königs zugunsten des **Parlaments** stark einschränkte. Sein ältester Sohn und Nachfolger, *Wilhelm III.* (1817–90), konnte dies nicht mehr rückgängig machen. Nach seinem Tod folgte ihm auf dem Thron seine Tochter *Wilhelmina* (1880–1962), für die Königin *Emma von*

1890 bis 1898 die Regentschaft übernahm. In die fünfzigjährige Regierungszeit von **Königin Wilhelmina** fielen zwei Weltkriege und die Dekolonisation Indonesiens. Für ihr standhaftes Auftreten im Londoner Exil in den Jahren 1940 bis 1945 wurde ihr in den Niederlanden wie im Ausland viel Respekt gezollt.

Aus Wilhelminas Ehe mit Herzog *Heinrich von Mecklenburg* war 1909 eine Tochter, Prinzessin **Juliana,** hervorgegangen, die nach Wilhelminas Abdankung von 1948 bis 1980 regierte. Sie lebte bis März 2004 und wurde unter großer Anteilnahme in der Familiengruft der Oranier in der Nieuwe Kerk in Delft beigesetzt. Prinzessin **Beatrix** folgte 1980 ihrer Mutter nach und wurde damit die vierte Königin in Folge. 1966 heiratete sie den deutschen Diplomaten *Claus von Amsberg*. Nach anfänglichen Vorbehalten gegen die Ehe der niederländischen Königin mit einem Deutschen konnte der Prinzgemahl durch sein kluges Verhalten große Anerkennung bei der Bevölkerung gewinnen. Er verstarb nach langer Krankheit im Oktober 2002.

Mit ihrem Mann und den aus der Ehe hervorgegangenen Söhnen *Willem-Alexander* (1967), *Johan Friso* (1968) und *Constantijn* (1969) wohnte die Prinzessin bis zu ihrer Inthronisierung im Jahr 1980 auf Schloss Drakensteyn in der Nähe von Schloss Soestdijk. Danach zog die Familie ins Schloss Huis ten Bosch in Den Haag, ihre Arbeitsstätte ist im restaurierten Haager Stadtpalais Noordeinde. In einem Haus unmittelbar neben dem Palais wohnt **Kronprinz Willem-Alexander** zusammen mit seiner Frau, Prinzessin Máxima und ihren drei Töchtern. Die Thronfolge ist bei den Oraniern also sogar über Willem-Alexander hinaus garantiert.

## Seekriege gegen England

In die Zeit von de Witt fiel die Auseinandersetzung mit der aufstrebenden Seemacht England. In drei aufeinander folgenden Seekriegen (1652–54, 1665–67, 1672–74) mussten die Niederlande letztlich ihre Vormachtstellung an die Engländer abtreten. Dennoch war ihnen ein großes Kolonialreich mit Besitzungen in Mittel- und Südamerika, Südafrika, Hinterindien und Südostasien verblieben, das auch weiterhin für Reichtum im Lande sorgte. In dieser Zeit beabsichtigte de Witt, die Statthalterschaft praktisch ganz zu beseitigen. Er setzte 1667 das *Eeuwig Edikt* (Ewiges Edikt) durch, mit dem die Macht der Oranier in Holland ausgehebelt werden sollte.

## Kriege gegen Frankreich

Doch das Glück verließ de Witt. Konnte er zunächst einen französischen Vormarsch nach Holland mit Hilfe Schwedens und sogar Englands noch stoppen, gelang ihm dies beim zweiten Vorstoß *Ludwigs XIV.* im Jahre 1672 nicht mehr – die Seekriegspolitik gegen England hatte das Land militärisch ausgeblutet. Die Vorgänge führten zum Sturz de Witts und zur Wahl *Wilhelms III. von Oranien* zum Generalstatthalter auf Lebenszeit. De Witts Bruder *Cornelis de Witt*, Bürgermeister von Dordrecht, wurde zu Unrecht der Verschwörung gegen Wilhelm III. bezichtigt und in der Gevangenpoort in Den Haag eingekerkert. Als Johann de Witt dort seinen Bruder besuchen wollte, wurden beide von der aufgebrachten Volksmenge gelyncht. Unter

Land und Leute

Wilhelm III. konnten sich dann die Niederlande in den Kriegen 1672–78, 1688–97 und 1701–13 erfolgreich gegen Frankreich zur Wehr setzen.

Wilhelm III. hatte keine Erben. Sein Titel „Prinz von Oranien" ging daher an den Statthalter von Friesland über. Dessen Sohn *Wilhelm IV.* wurde 1747 erster Statthalter der gesamten Niederlande.

### Königreich der Niederlande

1795 marschierten französische Revolutionstruppen in den Niederlanden ein. Unter der französischen Besatzung wurde das niederländische Staatsgebilde in die sogenannte **Batavische Republik** umfunktioniert. Einen Landungsversuch alliierter russisch-englischer Truppen bei Groote Keeten in Noord-Holland im Jahre 1799 konnten die französischen Truppen nach wochenlangen verlustreichen Kämpfen abwehren. Als **Napoleon** an die Macht kam, ernannte er seinen Bruder *Louis Bonaparte* als **Lodewijk** zum **König von Holland.** 1810 dankte Louis Bonaparte ab, die Niederlande wurden bis 1813 in das französische Empire eingegliedert. Auf Beschluss des **Wiener Kongresses** wurden 1815 die nördlichen und die südlichen Niederlande (das heutige Belgien) einschließlich des Fürstbistums Lüttich wieder zusammengefügt, und man ernannte *Wilhelm V. von Oranien* als **König Wilhelm I.** zum Herrscher über beide Landesteile. So erfolgreich Wilhelm I. auch wirtschaftlich vorausschauend agierte, führte doch sein wenig glück-

310bo Foto: ot

liches politisches Taktieren ab 1830 zur Loslösung der südlichen Landesteile, die sich zum **Königreich Belgien** formierten.

## Weltkriege und Nachkriegszeit

### Deutsche Besatzung

Im Ersten Weltkrieg blieben die Niederlande neutral. Im Zweiten Weltkrieg marschierten deutsche Truppen 1940 überraschend in das Land ein und hielten es bis 1945 besetzt. Von den 160.000 jüdischen Niederländern überlebten nur 30.000, auch wurden Sinti und Roma deportiert und kamen in den **Konzentrationslagern** um.

Die deutsche Besatzungszeit mit all ihren Schrecken für die niederländische Bevölkerung bedeutete für das **deutsch-niederländische Verhältnis** eine schwere Belastung. Die Ereignisse sind nicht vergessen, aber die Aussöhnung zwischen beiden Völkern ist längst gelungen – sicherlich auch durch die Entwicklung hin zum europäischen Gedanken, für den die Niederlande eine wichtige Vorreiterrolle spielten und immer noch spielen.

### Sturmflut

Einen tiefen Einschnitt in die Nachkriegsgeschichte brachte die Sturmflut von 1953. Trotz allen technischen Fortschritts blieb die Unberechenbarkeit

Ein englischer Panzer als Mahnmal zur Erinnerung an den Zweiten Weltkrieg in Westkapelle – hier begann am 1. November 1944 die Befreiung der Niederlande von der deutschen Besatzung

der Nordsee bis in die jüngste Vergangenheit eine große Gefahr für die Niederlande, so wie es bei vorangegangenen Jahrhundertfluten immer wieder der Fall gewesen war – es wurden weite Teile des unter dem Meeresspiegel liegenden Landes überschwemmt. So war es auch in der Nacht zum **1. Februar 1953,** als vor allem das Delta-Gebiet überschwemmt wurde und allergrößten Schaden an der Küste, auf den Delta-Inseln und in den Poldern anrichtete.

### Aufgabe der Kolonien

In der Nachkriegszeit mussten die Niederlande ihr Kolonialreich weitgehend aufgeben. 1949 wurde Indonesien in die Selbstständigkeit entlassen, 1954 wurden die Niederländischen Antillen dem Königreich angegliedert, 1975 wurde Niederländisch-Guayana unter der neuen Bezeichnung Surinam selbstständig und 1986 erhielt Aruba im Königreich der Niederlande einen Sonderstatus.

### Europa

In dem Maße, wie sich die Niederlande aus der Kolonialära zurückzogen, engagierten sie sich verstärkt in Europa – hier liegt eindeutig die große politische und wirtschaftliche Chance dieses relativ kleinen Küstenstaates, der einen weit überdurchschnittlichen Beitrag zur Entwicklung der europäischen Kultur geleistet hat. 1952 waren die Niederlande an der Gründung der Europäischen Gemeinschaft für Kohle und Stahl (EGKS) zusammen mit Belgien, Luxemburg, Frankreich, Italien

**Land und Leute**

## Toleranz in Gefahr – das Ende des bunten Miteinanders der Kulturen?

Die Niederlande als weltoffenes Handelsland sind für ihre Toleranz bekannt. Hier können Menschen aller Einstellungen und aller Hautfarben friedlich miteinander leben – vor allem in Amsterdam, jener holländischen Stadt, die für ihr buntes Miteinander der Kulturen und Lebensauffassungen bekannt ist. Doch diese heile Welt ist nie so ganz heil gewesen, denn der Anschein trügt. **Soziale Brennpunkte** gibt es vor allem auch in den Vorstädten der Metropolen des Landes, doch sie fielen lange nicht so sehr auf, schien doch das einvernehmliche Miteinander zu funktionieren. Wie auch in anderen Ländern Europas finden hier immer mehr radikal-islamische Gruppen zueinander. Sie haben kein rechtes Fortkommen in den Niederlanden und sehen ihre Zukunft in der islamistischen Heilslehre.

Dann trat **Pim Fortuyn** mit seiner rechtsorientierten Partei auf die politische Bühne, zeitweilig Hochschullehrer an der Erasmus-Universität von Rotterdam und erklärter Gegner der von ihm befürchteten Islamisierung der Niederlande, auch in Umweltfragen reaktionär konservativ. Seine plakativen Auffassungen kamen bei größeren Teilen der Bevölkerung an, andere Gruppen lehnten ihn strikt ab. Als Fortuyn am 6. Mai 2002 sein letztes Interview bei Radio Hilversum gab, wurde er nach Verlassen des Gebäudes von einem Umwelt-Aktivisten **niedergeschossen.** Die ganzen Niederlande – unabhängig von der Frage politischer Auffassungen – waren davon schockiert, dass so etwas in ihrem Land möglich war. Das hohe Gut der freien Meinungsäußerung war in Gefahr.

Gleichermaßen betroffen waren die Niederländer aber auch davon, dass einzelne (herausragende?) Personen in den Niederlanden das Recht der freien Meinungsäußerung so weit ausnutzten, dass damit das in den Niederlanden doch recht auskömmliche Miteinander der politischen Auffassungen und Kulturen bedroht war. Jedenfalls straften die Wähler die Partei Pim Fortuyns *(LPF – Lijst Pim Fortuyn),* die zuvor im Parlament vertreten war, in der Neuwahl des Jahres 2003 so weit ab, dass sie keinen Sitz mehr im Parlament erhielt. Auch aus den Nachfolgeparteien der LPF konnte sich kein Politiker mehr profilieren, bis auf die *Partij voor de Vrijheid* von *Geert Wilders,* der bei den Parlaments-

und Frankreich beteiligt, aus der dann 1958 die **Europäische Wirtschaftsgemeinschaft** (EWG) hervorging. Die Wirtschaftsunion der BENELUX-Länder trat 1960 in Kraft und war vorbildlich für die weitere Entwicklung der EWG zur **Europäischen Union** (EU). Von entscheidender Bedeutung auf diesem Weg war die Unterzeichnung des **Maastrichter Vertrages** im Jahre 1992 durch die Regierungschefs der damals zwölf europäischen Mitgliedsstaaten, der die Grundlage für die europäische Wirtschafts- und Währungsunion legte. Diese europaorientierte Grundhaltung hinderte die Niederländer aber nicht daran, am 1. Juni 2005 den Vertrag über eine europäische Verfassung mit einer großen Mehrheit von 61,6 % abzulehnen.

wahlen von 2006 gerade noch sechs Sitze im Parlament erlangen konnte.

Noch stärker als von der Ermordung Pim Fortuyns wurde die niederländische Bevölkerung vom **Mord an Regisseur Theo van Gogh** erschüttert. Zugegebenermaßen war van Gogh in seinen Meinungsäußerungen provokativ und zynisch, auch beleidigend sowohl gegen Juden als auch gegen Muslime, zugegebenermaßen hat er die in seinem Land herrschende Toleranz weit überstrapaziert. Für Islamisten hatte er spätestens mit seinem Filmprojekt „Submission" („Unterwerfung") den Bogen überspannt. Diesen Film hatte er in Zusammenarbeit mit der Islam-Kritikerin und ehemaligen Muslimin **Ayaan Hirsi Ali** gedreht. Er handelt von vier islamischen Frauen, die über ihre Missbrauchserfahrungen sprechen. Ihre Gesichter sind verschleiert, ihre durchsichtig bekleideten Körper sind mit fünf Suren aus dem Koran beschrieben, die die Frau zur Unterwerfung unter ihren Ehemann auffordern, und von Schlägen und Striemen durch Peitschenhiebe gezeichnet. Die Fernsehausstrahlung im Sommer 2004 führte zu heftigen Reaktionen in der muslimischen Gemeinde, woraufhin Hirsi Ali wegen mehrfacher Morddrohungen zeitweilig unter Polizeischutz gestellt wurde, nicht jedoch van Gogh. Am 2.11.2004 erschoss und erstach der in den Niederlanden aufgewachsene, 26 Jahre alte Amsterda-mer marokkanischer Abstammung *Mohammed Bouyeri* den Filmregisseur.

Doch damit war noch nicht das Ende der Provokation gekommen. 2007 produzierte der Abgeordnete *Geert Wilders* einen neuen antiislamischen Kurzfilm über den Koran mit dem arabischen Titel „Fitna" („Heimsuchung"), dessen Ausstrahlung 2008 die niederländischen Fernsehstationen verweigerten. Damit war endgültig die Polarisierung der niederländischen Gesellschaft erfolgt. Zu lange war das Thema der Integration von an die 10 % der Bevölkerung mit Migrationshintergrund unter den Teppich gekehrt worden.

Wilders Forderungen, das „faschistische Buch" Koran zu verbieten, einen Einwanderungsstopp für Muslime zu verhängen und den Bau weiterer Moscheen im Lande zu untersagen, finden inzwischen in den Niederlanden große Unterstützung. Laut einer repräsentativen Umfrage von 2008 sagten 56 % der Niederländer, es sei der größte Fehler der Geschichte gewesen, so viele Muslime ins Land zu lassen. 57 % sehen den Islam als die größte Bedrohung der Zeit. Doch letztlich wollen die Niederländer ihr eigenes Kulturgut der freien Meinungsäußerung nicht verlieren – „auch wenn sich die Lust an der Beleidigung schlecht mit dem Stolz auf die eigene Toleranz vertragen mag", wie die FAZ schreibt.

## Das Königshaus

Nicht unerheblich trägt das niederländische Königshaus mit seiner **hohen Reputation beim Volk** zum sozialen Ausgleich im Lande bei. Die Mitglieder der Dynastie der Oranier zeichnen sich weitgehend durch vorbildliches Verhalten aus. **Königin Beatrix** ist seit 1980 im Amt und führt ihre Amtsgeschäfte mit großer Umsicht. Ihr mittlerweile verstorbener deutscher Ehemann *Claus von Amsberg,* gegen den zunächst heftig protestiert worden war, konnte durch sein ausgeglichenes Wesen viel zur deutsch-niederländischen Versöhnung in der Nachkriegszeit beitragen. Große Trauer löste der Tod der Königinmutter *Juliana* im März 2004 aus, die 1980 zugunsten ihrer Tochter abgedankt hatte. Die

Thronfolge ist durch Prinz *Willem-Alexander* und seine drei Töchter *Catharina-Amalia, Alexia* und *Ariane* gesichert.

Dennoch wurde das traditionell ungezwungene Verhältnis zwischen dem Königshaus, speziell auch zwischen Königin Beatrix und der niederländischen Bevölkerung, einer schweren Belastungsprobe unterzogen, als am Königinnentag des 30. April 2009 bei schönstem Wetter ein **Attentat** auf den Paradebus der königlichen Familie in Apeldoorn verübte wurde. Noch geschockt von dem Attentat, dem sechs unbeteiligte Personen zum Opfer fielen, sagte Beatrix unter dem Eindruck der Ereignisse im Fernsehen: „Was als prächtiger Tag begonnen hat, ist in einem schrecklichen Drama geendet", und machte deutlich, dass sich an ihrer volksnahen Politik auch in Zukunft nichts ändern werde.

# Bevölkerung und Religion

In den Niederlanden wohnen auf einer Fläche von 41.528 km$^2$ **16,6 Millionen Menschen.** Bezogen auf die Landesfläche sind dies 484 Einwohner pro Quadratkilometer – Nordrhein-Westfalen weist 530 Einwohner und die Bundesrepublik insgesamt 231 Einwohner pro Quadratkilometer auf. Die Hälfte der niederländischen Bevölkerung konzentriert sich auf das Städtezentrum zwischen Amsterdam und Rotterdam, dessen kreisförmige Gestalt mit dem *Groene Hart* (Grünen Herz) in der Mitte auch gern als *Randstad* (Randstadt, Saumstadt) bezeichnet wird.

Die Niederländer sind statistisch gesehen die **größten Menschen der Erde** – niederländische Männer sind durchschnittlich 1,83 m und niederländische Frauen 1,72 m groß.

## Ethnische Zusammensetzung

Über vier Fünftel der in den Niederlanden lebenden Menschen sind niederländische Staatsbürger. Dazu kommt ein Bevölkerungsanteil von 8,8 % aus dem westlichen Ausland, von dem die Deutschen mit 381.000 Personen den größten Anteil stellen, gefolgt von den Belgiern mit 112.000 Personen. Die größte Gruppe der Zuwanderer, die 2,4 % der Bevölkerung ausmachen, wird von 390.000 Indonesiern gestellt, gefolgt von 310.000 Menschen türkischen Ursprungs, 335.000 Menschen aus Surinam, 330.000 Personen marokkanischen Ursprungs und 130.000 Personen aus den Niederländischen Antillen. In den Niederlanden wohnen auch noch 10.000 bis 20.000 Sinti und Roma.

## Religionszugehörigkeit

Der größte Teil der Niederländer ist inzwischen als **konfessionslos** zu bezeichnen. So kommt es, dass in den **calvinistisch geprägten Niederlanden** die größte Gruppe der Religionszugehörigen mit einem Bevölkerungsanteil von 29 % von den **Katholiken** gestellt wird, gefolgt von den **Protestanten** mit knapp 21 % und Personen **muslimischen Glaubens** mit 5,8 %.

Der Norden der Niederlande ist traditionell eher protestantisch, der Süden eher katholisch. Kirchensteuer wird in den Niederlanden nicht erhoben.

# Wirtschaft

Das kaufmännische Geschick der Niederländer hat ihrem Land zu großem Wohlstand verholfen. Nicht umsonst wird das 17. Jh., das Zeitalter des ersten großen Reichtums, als das *Gouden Eeuw* (Goldenes Jahrhundert) bezeichnet, eingeleitet durch die Gründung der VOC *(Verenigde Oostindische Compagnie)* im Jahre 1602. Doch mit der Industrialisierung, die nach dem Zweiten Weltkrieg das ganze Land erfasste, setzte ein erneutes wirtschaftliches Wachstum ein, das das **Durchschnittseinkommen** der Niederländer weit **über den europäischen Durchschnitt** anhob. Wesentlich dazu beigetragen hat der günstige wirtschaftliche Standort in Europa, der sich anlässlich der 2004 erfolgten Osterweiterung der Gemeinschaft noch weiter verbessert hat.

Nicht zuletzt aufgrund fortschrittlicher sozialpolitischer Maßnahmen hält sich die **Arbeitslosigkeit** im Lande weit niedriger als in den meisten anderen Mitgliedsländern. Dieses gern als **Poldermodell** bezeichnete Erfolgsmodell hat aber dennoch unter der wirtschaftlichen Stagnation der letzten Jahre gelitten. Unkenrufe sprachen bereits vom „Untergang des Poldermodells", aber wenn man betrachtet, in welchem Umfang in den Niederlanden in moderne Industrien und Dienstleistungsunternehmen investiert wird, kann dieses Land, dessen Arbeitslosenzahlen auch in der **Finanz- und Wirtschaftskrise** der Jahre 2008 und 2009 im europäischen Vergleich unterdurchschnittlich blieben, nach der wirtschaftlichen Erholung wieder zuversichtlich in die Zukunft blicken.

## Landwirtschaft

Wenn auch die Landwirtschaft nur noch 4 % zum Bruttosozialprodukt beiträgt, so leistet sie nach wie vor einen wichtigen Beitrag im wirtschaftlichen Geschehen des Landes. In kei-

**Provinzen der Niederlande**

50 km

BELGIEN

DEUTSCHLAND

| | | | |
|---|---|---|---|
| 1 | Noord-Holland | 7 | Gelderland |
| 2 | Zuid-Holland | 8 | Overijssel |
| 3 | Zeeland | 9 | Flevoland |
| 4 | Noord-Brabant | 10 | Drenthe |
| 5 | Limburg | 11 | Groningen |
| 6 | Utrecht | 12 | Friesland |

Land und Leute

nem anderen Land der Erde hat sich vor allem die Viehzucht so früh so marktorientiert verhalten. Wichtige Einpolderungsprojekte in Holland fanden ihre Rentabilität schon im 17. Jh. in der Erweiterung der Weideflächen. Neben dem **Ackerbau** mit großflächigem Kartoffelanbau und der **Blumenzwiebelzucht** stellen vor allem die **Milchwirtschaft** mit Käseproduktion sowie der **Gemüseanbau,** meist in Unterglasproduktion, die wichtigsten Bereiche. Die hohe Produktivität ihrer Landwirtschaft hat die Niederlande zum drittwichtigsten Exporteur von Agrarprodukten nach den USA und Frankreich in der Welt gemacht.

## Bodenschätze

Neben Industrie, Dienstleistungssektor und Landwirtschaft steuern auch Bodenschätze zum Wirtschaftswachstum der Niederlande bei. Vor allem die **Erdgasfunde** in der Provinz Groningen und im niederländischen Teil der Nordsee liefern einen wichtigen Beitrag zur Energieversorgung. In zwischen werden in den Niederlanden an die 80 Milliarden Kubikmeter Erdgas gefördert, womit das Land an achter Stelle in der Welt steht.

# Architektur

Im Zuge der geschichtlichen Entwicklung der Niederlande hat das künstlerische Schaffen im Lande immer eigenständigere Formen angenommen. Besonders auf den Gebieten der Malerei und der Architektur haben Niederländer seit dem ausgehenden Mittelalter richtungsweisende Werke geschaffen, deren Einfluss nach wie vor weit über die Landesgrenzen hinausreicht.

Aus **prähistorischer Zeit** sind einzig die *Hunebedden* im Osten der Niederlande verblieben. Es handelt sich um **Hünengräber der Megalithkultur,** die teilweise gewaltige Ausmaße haben. Die größeren, bis zu sieben Me-

Die St. Servatiusbasilika in Maastricht – Beispiel für die Architektur der rheinisch-maasländischen Romanik

ter langen Dolmen bestehen aus senkrechten Tragsteinen mit mehreren Deckplatten. Über 50 solcher Hünengräber sind bis heute in der Provinz Drenthe vorhanden.

Aus **römischer Zeit** gibt es praktisch **keine Hinterlassenschaften.** Mit dem beginnenden Mittelalter waren die Niederlande Teil des Heiligen Römischen Reiches Deutscher Nation und insofern auch kulturell darin eingebunden – das Niederrhein- und das Maasgebiet bildeten damals eine kulturelle Einheit. Aus **karolingischer Zeit** sind vor allem noch die Westwerke der Liebfrauenkirche und der St. Servatiuskirche in Maastricht und die Valkhofkapelle in Nijmegen, die dem Achteckbau des Aachener Doms nachempfunden ist, erhalten.

## Romanik

Im Übergangsstil zur Romanik wurde die **Pieterskerk in Utrecht** errichtet. Als wichtigster romanischer Profanbau gilt der **Rittersaal in Den Haag.** Zu den großartigen romanischen Sakralbauten zählen die ehemalige Abteikirche **St. Amalbergakerk in Susteren** und die Abteikirche **Rolduc in Kerkrade.** Auch die Pfeilerbasilika **St. Pankratius in Heerlen** und vor allem der **Dom zu Utrecht** sind weitere Beispiele romanischer Baukunst in den Niederlanden. Einen besonderen Charakter zeigen die Dorfkirchen in Friesland und Groningen, die im Kern noch romanisch sind, aber zunehmend gotische Elemente aufweisen – deshalb spricht man auch vom romano-gotischen Stil.

## Gotik

Die Gotik drang von Frankreich wie auch etwas später von Deutschland aus in das Gebiet der Niederlande ein. Die sich daraus entwickelnde niederländische Gotik war zunächst durch eine Beschränkung in der Formenvielfalt gekennzeichnet, wie beispielsweise bei der **Pieterskerk in Leiden.** Erst in spätgotischer Zeit nahm die Formenvielfalt zu und es entstanden auch großartige profane Prachtbauten, wie etwa die noch erhaltenen alten **Stadthäuser in Gouda und Middelburg.**

Ein besonderer Kirchenbaustil entwickelte sich im Süden der Niederlande mit der **Brabanter Gotik,** die sich stark an französische Vorbilder hielt. Bedeutend ist die Schnitzkunst dieser Epoche, die vor allem in den Brabanter Schnitzaltären ihren Niederschlag fand. Hauptwerke stellen die **Grote Kerk in Breda** und die **St. Janskathedraal in 's Hertogenbosch** dar. Mit der Hochgotik werden die Kirchen zunehmend mit Steingewölben versehen – auch hierfür bietet die St. Janskathedraal ein schönes Beispiel.

## Renaissance

Auch die Renaissancearchitektur setzte in den Niederlanden erst später ein als beispielsweise in Frankreich – hier wie auch in Italien schlug sie sich vor allem im Schloss- und Palastbau nieder. Die eher bürgerlich geprägten Niederlande fanden deshalb eigenständige Ausdrucksformen, die sich vor allem im **Wohnhausbau** zeigen. Die Trennung des niederländischen Nordens vom spanisch verbliebenen

Land und Leute

Süden des damaligen Landes führte zu einer eigenständigen kulturellen Weiterentwicklung. Der holländisch-niederländische Renaissancestil besticht vor allem durch seine Formenvielfalt an Fassaden und Giebeln – einer der frühesten Vertreter ist der Stadtbaumeister *Lieven de Key* in **Haarlem.**

## Barock

Mit dem Goldenen Zeitalter, das den Niederlanden so großen Wohlstand brachte, setzte der durchgreifende gesellschaftliche und kulturelle Umbruch im Lande ein. Die reformatorische Bewegung des Calvinismus hatte im Kampf gegen das katholische Spanien immer mehr Anhänger unter den Niederländern gefunden und wurde zur Triebkraft im Kampf um die Unabhängigkeit. Es war das Zeitalter des Barock, das in der niederländischen Architektur seine eigenständige, eher schlichte, „klassizistische" Variante fand. Musterbeispiele dieser Architekturepoche sind das **Königsschloss Huis ten Bosch** sowie das **Mauritshuis in Den Haag** und die vielen stattlichen Bürgerhäuser in den Altstädten. Die typischen **Grachtenhäuser** in den holländischen und seeländischen Städten entstanden in dieser Zeit und prägen bis heute nachhaltig das Bild niederländischer Stadtkultur. Auch viele der prächtigen **Rathäuser** entstammen dieser Epoche. Die ersten **refor-**

Brabanter Gotik: die Sint-Janskathedraal in 's-Hertogenbosch

**mierten Kirchen** dieser Zeit zeigen ein eigenständiges Erscheinungsbild, oft mit Kuppeln bekrönt.

## Rokoko und 19. Jahrhundert

Das 18. Jh. war auch in den Niederlanden vom Rokoko gekennzeichnet, das vor allem in der Fassadenornamentik in Erscheinung trat. Im 19. Jh. stand die niederländische Architektur stark unter dem Einfluss des französischen Klassizismus. Bedeutendes Beispiel dieser Epoche ist der **Justizpalast von Leeuwarden.** Im weiteren Verlauf des Jahrhunderts erfolgt der Übergang zum Historismus, dessen bedeutendster Vertreter *P.J.H. Cuypers* ist. Seine **neugotischen Kirchenbauten** zeichnen sich durch klare Linien aus, seine eigentliche Bedeutung liegt aber in den von ihm im Stil des 16. Jh. gehaltenen Bauwerken wie etwa dem **Rijksmuseum in Amsterdam.** In dieser Zeit entstanden auch die ersten architektonisch interessanten Industriebauten, von denen das ehemalige **Dampfpumpwerk De Cruquius bei Haarlem,** das in ein Museum umfunktioniert wurde, das bekannteste ist.

## Moderne

Der Übergang zur Moderne wird vom Architekten *Hendrik Petrus Berlage* eingeleitet. Sein rationeller Baustil zeigt sich vor allem an der 1897 geschaffenen **Amsterdamer Börse.** Das einsetzende 20. Jh. löste dann völlig neue künstlerische Impulse aus. In der Architektur beschritten die Mitglieder der **Amsterdamer Schule** mit skulptureller Baukörpergestaltung neue Wege. Berühmt wurde die von dem Maler *Piet Mondrian* (1872–1944) mitbegründete Baugruppe **De Stijl,** die die Ästhetik der Außen- und Innengestaltung in konstruktivistischen Formen erneuerte, eine Stilrichtung, die deshalb auch als „Neues Bauen" oder „Funktionalismus" bezeichnet wird. Das prägnanteste Beispiel dieser Zeit ist das von *Gerrit Rietveld* 1924 geschaffene **Schröderhaus in Utrecht.**

Die großartigste architektonische Leistung bietet der Wiederaufbau der im Zweiten Weltkrieg weitgehend zerstörten **Innenstadt von Rotterdam.** Hieran hatten die Architekten *J.H. van den Broek* und *Jacob Berend Bakema* entscheidenden Anteil. Es realisierte sich die sogenannte **Zweite Moderne** der niederländischen Architektur, die

den Gesichtspunkt besserer Wohnqualität in den Mittelpunkt rückte. So wurde in Rotterdam die erste Fußgängerzone Europas eingerichtet. An vielen Stellen der Stadt entstanden hypermoderne Gebäude, so im Bahnhofsviertel, am Schouwburgplein, an der Waterfront, am Willemsplein und im neu geplanten Stadtviertel südlich der Nieuwe Maas. Wichtig war den Architekten die Mitbeteiligung der zukünftigen Mieter an den Entwürfen zu den Bauten. Berühmt sind die nachts angestrahlten drei Boompjes-Hochhäuser an der Waterfront, extravagant die Kubuswohnungen am Oude Haven. Eine großartige Brücke ist die vom Architekten *Ben van Berkel* konzipierte Erasmusbrug über die Nieuwe Maas mit ihrem abknickenden Pylon, die den

Land und Leute

032rm Foto: ot

Blick über den Wilhelminaplein auf den Durchbruch der Häuser am Kop van Zuid frei gibt.

## Zeitgenössische Architekten

Auch aktuell nimmt die niederländische Architektur erheblichen Einfluss auf die weltweite Entwicklung. Seit den 1990er Jahren sind so innovative niederländische Architekten wie **Aldo van Eyck** und **Herman Hertzberger** mit ihrer Ausrichtung des Strukturalismus hervorgetreten. Unter den Gegenwartsarchitekten hat vor allem **Rem Koolhaas** internationales Ansehen mit seinem zeitgenössischen, auf urbanistischen Erfahrungen beruhenden Stil gewonnen. Viele seiner Schüler sind gleichermaßen auf der internationalen Bühne tätig, so die Büros **MVRDV, Mecanoo, Erick van Egeraat** oder **Neutelings-Riedijk.** Im Übrigen sei auch auf **Piet Blom** hingewiesen, dessen **ökologisches Bauen** richtungsweisend ist – bekannt wurde er durch seine eigenwilligen Baumhäuser.

# Malerei

Im ausgehenden **Mittelalter,** als die Niederlande noch keinen selbstständigen Staat bildeten, war die Malerei stark **flämisch beeinflusst.** Kirchliche Motive waren vorherrschend. Als Hauptvertreter trat **Hieronymus Bosch** (1450–1516) auf, der sich aber nicht nur thematisch schon der Neuzeit nähert. Rätselhaft stellt er im Übergang des 15. zum 16. Jh. Sünde und Versuchung dar, Themen wie „Der Heuwagen" und „Der Garten der Lüste" waren eindeutig nicht mehr für den Altar gedacht, sondern an das weltliche Publikum gerichtet, denn neben kirchlichen Auftraggebern gehörten Erzherzog *Philipp der Schöne* als Herrscher der Niederlande und sein Hof zu seinen Abnehmern.

**Jan van Scorel** (1495–1562) gilt als Begründer der italienisch beeinflussten **holländischen Malerei,** die für den Norden der Niederlande maßgeblich war, wohingegen der weiterhin spanisch beeinflusste Süden sich als Flämische Kunst weiter entwickelte, auf die Rubens später einen starken Einfluss ausübte. Jan van Scorel bildete sich zunächst in Nürnberg unter dem Einfluss *Dürers* und dann während eines langen Italien-Aufenthaltes, von dem er 1525 zurückkehrte und nunmehr in Holland seinen Einfluss geltend machte.

Mit dem zunehmenden Wohlstand traten auch wohlhabende Bürger als Erwerber von Gemälden auf. Über die Malerei entschied nunmehr der Markt, bürgerliche Motive waren gefragt. So entwickelte sich die **holländische Stilllebenmalerei** als eigenständiges Genre mit Tierbildern, Früchtebildern, Frühstücksmotiven und Blumenarrangements. Daneben dominierten in der holländischen Malerei des 16. Jh. **Landschaftsdarstellungen,** für die vor allem **Pieter Bruegel d.Ä.** (1525–69) mit seinen Darstellungen des Landlebens berühmt wurde.

Das **Goldene Jahrhundert** brachte den Höhepunkt holländischer Malerei.

Die Hauptvertreter dieser Epoche waren **Rubens** (1577–1640) und **Rembrandt** (1606–69), **Frans Hals** (1585–1666) als Porträtmaler und **Vermeer van Delft** (1632–75), dessen berühmtestes Bild das um 1665 entstandene „Das Mädchen mit dem Perlenohrring" ist. Sie widmeten sich weltlichen Themen, entstammten ihre Auftraggeber doch fast ausschließlich bürgerlichen Kreisen. Ein Großteil ihres Schaffens waren Gruppenporträts (z.B. die „Nachtwache" von Rembrandt), Interieur- und Architekturbilder, Stillleben und Genrebilder sowie Landschafts- und Schiffsdarstellungen.

Beliebt waren bei niederländischen Malern auch Seemotive, wobei sich vor allem **W. van de Velde d. J.** und **S. de Vlieger** diesem Sujet widmeten. Viele Schüler dieser so begabten Maler sind fast genauso berühmt geworden, etwa der Landschaftsmaler **Philipps Koninck** und **Jan van Goyen.** Unvergleichlich sind die Winterlandschaften von **Aert van der Neer,** die Gebäudemalereien von **Job und Gerrit Berckheyde,** die Interieurszenen von **Gerard ter Borch,** die Bauernszenen von **Adriaen van Ostade,** die nostalgischen Szenen von **Jan Stehen** und die Tischarrangements von **Pieter und Willem Claesz.** Die Blütezeit der niederländischen Malerei endete im letzten Viertel des 17. Jh.

Im 18. Jh. entstanden in den Niederlanden kaum Bilder von Weltgeltung. Das änderte sich im 19. Jh. **Vincent van Gogh** (1853–90) bereitete mit seinen den Expressionismus vorwegnehmenden Gemälden wie wenige andere Künstler seiner Zeit den Boden für die moderne Kunst. Dem Expressionismus und Fauvismus standen **Kees van Dongen** (1877–1969) und **Jan Sluyters** (1881–1957) nahe.

**Piet Mondrian** (1872–1944) und **Theo van Doesburg** begründeten 1917 in Leiden die Künstlergruppe **de Stijl,** zusammen mit Designern und Architekten, von denen **Gerrit Rietveld** der berühmteste werden sollte. De Stijl stand unter dem Einfluss des Kubismus. Man wollte sich vollständig von den Darstellungsformen traditioneller Kunst abwenden und sich in neuer, abstrakter Formensprache mit wenigen elementaren Prinzipien der bildnerischen Gestaltung und der Reduktion auf Primärfarben ausdrücken. Der Bildhauer, Maler und Architekt **Georges Vantongerloo,** ebenfalls Mitglied von de Stijl, war 1931 Mitbegründer der internationalen Gruppe **Abstraction-Création.** Dem abstrakten Expressionismus schloss sich **Willem de Kooning** in den USA an.

Richtungsweisend für die Nachkriegskunst war die 1948 gegründete Gruppe **CoBrA,** eine Abkürzung für Copenhagen, Brüssel und Amsterdam. Ihre Gründungsmitglieder strebten eine Verbindung des Surrealismus, Expressionismus und der abstrakten Arbeitsweise mit den Stilmitteln der informellen Kunst an. Stilelemente der Volkskunst und naive Elemente wie in Kinderzeichnungen wurden von ihnen mit abstrakt-figurativen Farb- und Formgebungen versehen.

Land und Leute

# Literatur

In den letzten Jahren haben die Übersetzungen von Werken niederländischer Schriftsteller stark zugenommen, was das gesteigerte Interesse an niederländischer Literatur widerspiegelt. Im Wesentlichen handelt es sich dabei um moderne Romane.

Insgesamt kann man in den Niederlanden auf eine Jahrhunderte während Literaturtradition zurückblicken. Wie auch bei der Kunst war das Gebiet der heutigen Niederlande im Mittelalter bis zur Unabhängigkeit dem **flämischen Kulturkreis** zuzuordnen. Im Goldenen Jahrhundert entwickelte sich ein von der Reformation geprägter **Humanismus.** Es ist das Zeitalter der Renaissance, die sich auf die antiken Quellen der europäischen Kultur besinnt. Diesen Einfluss der klassischen Dichter zeigen die „Nederlandsche Histooriën" von **Pieter Corneliszoon Hooft,** in zwei Bänden 1642–54 erschienen. Hooft hat auch Hirtenspiele und Dramen geschrieben.

Als Schilderer des Volkslebens trat **Gerbrand Adriaenszoon Bredero** (1585–1618) mit Lustspielen und Possen hervor. Er war gleichermaßen bedeutend als Lyriker. Doch gilt **Joost van der Vondel** (1587–1679) als klassischer Vertreter der Epoche, der durch seine biblischen Dramen, das Drama „Gijsbrecht van Aemstel" (1637) und seine Lyrik berühmt wurde.

Nach einer Schaffenspause im 18. Jh. traten erst wieder im 19. Jh. niederländische Literaten hervor. Als klassische Erzählsammlung gilt die „Camera obscura" (1839, erweitert 1851) von **N. Beets.** Fantasiereich und vielseitig gebildet waren die Werke von **Willem Bilderdijk** (1756–1813). Der romantischen Periode zuzurechnen ist **Eduard Douwes Decker,** dessen Roman „Max Havelaar", der 1860 unter dem Pseudonym Multatulki erschien, scharfe Kritik an der niederländischen Kolonialpolitik beinhaltete. Dieser Epoche zuzurechnen sind auch der Satiriker **P. Paaltjens, J. van Lennep** als Verfasser historischer Romane sowie **Anna Louisa Bosboom-Toussaint** und **J. F. Oltmans.**

In den 1880er Jahren hatte die literarische Bewegung „Tachtigers" großen Einfluss. Eine herausragende Rolle nehmen in dieser Zeit die Werke von **Louis Couperus** mit seinen meisterhaften Schilderungen der konventionellen niederländischen Gesellschaft ein. Mit naturalistischen Romanen taten sich **C. Scharten, Marga Antink, Top Naeff** und **Ina Boudier-Bakker** hervor. Besonders erwähnenswert ist in diesem Zusammenhang das realistische Fischerdrama „Die Hoffnung auf Segen" (1901) von **H. Heijermans.**

Das 20. Jh. begann mit vielfältigen Strömungen der niederländischen Literatur. Neuromantiker wie **P. N. van Eyck, A. Roland-Holst, J. C. Bloem** und **M. Nijhoff** und nach dem Ersten Weltkrieg Expressionisten wie **P. A. van Ostaijen, H. Marsman** und vor allem **F. Bordewijk** als Romanautor sind hier zu erwähnen.

Die niederländische Literatur machte nach dem Zweiten Weltkrieg eine Erneuerungsbewegung durch. Vor allem galt es, die traumatischen Ereignisse der deutschen Besatzungszeit zu verarbeiten. Hauptvertreter der ersten Nachkriegsperiode waren **L. J. Swaanswijk, H. Claus** und **W. F. Hermans.** Vor allem dessen 1949 erschienener Roman „Die Tränen der Akazien" zeigt die Vielseitigkeit der Ereignisse, die Frage nach Schuld, Kollaboration und Widerstand und vor allem die Suche nach neuen Lebenszielen in der Nachkriegszeit auf.

Erst sehr viel später löste man sich aus dem Bann des historischen Traumas. So bricht beispielsweise der Schriftsteller **Harry Mulisch** mit seinem Roman „Das steinerne Brautbett" (1959) mit gängigen Pauschalurteilen über „die Deutschen" und bietet eine differenzierte Darstellung des Nachbarlandes und seiner Bewohner. Fasziniert vom „Phänomen Deutschland", entstanden eine Romantrilogie von **Louis Ferron** und Prosastücke des Malers und Schauspielers **Armando.**

Zu den bekanntesten niederländischen Schriftstellern zählt heute vor allem **Cees Noteboom** (geb. 1933), der den literarischen Durchbruch mit seinem Roman „Rituelen" (1980, deutsch 1985 „Rituale") erzielte, aber auch als Reiseschriftsteller und Journalist erfolgreich ist. Er hat sich, befreit vom Trauma, mit dem Thema Deutschland auseinandergesetzt. Von Anfang 1989 bis Juni 1990 lebte er in Berlin und hielt seine Eindrücke vom deutschen Einigungsprozess in seinen „Berliner Notizen" (1990) fest.

Wie sehr sich die Beziehungen zwischen Deutschland und den Niederlanden inzwischen normalisiert haben, kommt in den Büchern des 1944 in Maassluis geborenen **Maarten t'Hart** zum Ausdruck. Am eindrucksvollsten stellt er seine Romanfiguren in „Das ganze Wüten der Welt" und „Die Netzflickerin" dar, in denen die geografische Nähe zur Küste am Nieuwe Waterweg eine große Rolle spielt. In dem 2008 erschienen Roman „Ein Junge aus Amsterdam" greift **Heere Heeresma** noch einmal das Thema der deutschen Besatzungszeit auf, indem er seine eigene Kindheit schildert – ein sehr hintergründiges Buch!

# Ortsbeschrei-
# bungen

022ho Foto: ot

048ho Foto: ot

Die Küste Zeelands: Dünen im äußersten
Westen von Zeeuws-Vlaanderen

Leuchtturm auf der Insel Texel

Der Pier von Scheveningen mit
seinen „Satelliten"

# Amsterdam

## Die Hauptstadt

↗ XI/C1

Amsterdam ist als Hauptstadt der Niederlande auch größter Anziehungspunkt des Landes. Die von Giebelhäusern gesäumten Grachten verkörpern sinnbildlich holländischen Wohlstand und holländische Lebensart. International pulsiert das Leben in dieser toleranten Stadt, deren Straßenbild von Menschen aus aller Herren Länder geprägt wird.

Die weltoffene Handels- und **Kulturstadt** braucht den Vergleich mit anderen Metropolen Europas und der Welt nicht zu scheuen. Hier gibt es neben den international berühmten Museen Theater- und Konzertsäle von Weltruf, man findet Diamantschleifereien, Antiquitätengeschäfte, Trödelmärkte – auch die **Gastronomie** bietet trotz der vielfach gescholtenen holländischen Küche Spitzenleistungen. Die chinesische Küche steht auf höchstem Niveau. Cafés, Kneipen, Bars und die Hausboote auf den Grachten machen das Flair dieser einmaligen Stadt aus. Einen besonderen Reiz üben die zahlreichen Coffeeshops aus, in denen neben alkoholfreien Getränken Haschisch und Marihuana in kleinen Mengen für den persönlichen Verbrauch verkauft werden dürfen.

Blick auf die Sint-Nicolaaskerk
an der Oude Zijde

# Stadtgeschichte

Dort, wo die **Amstel** einst in die Zuiderzee mündete (heute in das Ijsselmeer), haben der Legende nach friesische Fischer den Ort am Deich *(dam)* der Amstel gegründet. Die erste Erwähnung erfolgte 1275 durch den holländischen Grafen *Floris V.,* als er der Ansiedlung Handelsprivilegien in Form von Zollrechten einräumte. Um das Jahr 1300 erhielt Amsterdam Stadtrechte und kam, bislang zum Bistum Utrecht gehörend, 1327 auch formell an die **holländischen Grafen.** Durch seine günstige Lage konnte sich Amsterdam zwischen dem Oudezijds Voorburgwal und dem Neuezijds Voorburgwal als damaligen Verteidigungswällen rasch entwickeln – am

Damrak legten die Boote an. Bis Ende des 14. Jh. waren die ersten Wälle bereits bebaut und der Oudezijds Achterburgwal und der Oudezijds Voorburgwal als neue Verteidigungswälle angelegt, der Zeedijk grenzte die Stadt nach Norden ab.

Lukrativ war das **Geschäft** mit Getreide, Wolle, Flachs und Holz aus dem Nord- und Ostseeraum gegen Tuche und handwerkliche Artikel aus Flandern, die über die Amstel angeliefert wurden. Hinzu trat der eigenständige **Heringshandel.** Doch längst war Amsterdam weit mehr als nur ein Stapelplatz. Aus den vielen Rohstoffen, die hier gehandelt wurden, machten findige Handwerker Produkte, die zunehmend Absatz im Fernhandel fanden. Eine erneute Stadterweiterung

*Amsterdam*

008ni Foto: ot

dehnte die Stadt über den Kloveniers-burgwal bis zum Singel aus.

Inzwischen hatte sich die weltpoliti-sche Lage zugunsten der Stadt geän-dert. *Jacoba van Beieren* hatte ihr Erbe an der Grafschaft Holland an den Burgunderherzog abtreten müssen. Über diesen Weg kam Holland an die **habsburgische Krone.** Kaiser *Karl V.* überließ seinen burgundischen Besitz 1555 seinem Sohn *Philipp,* der ein Jahr später als *Philipp II.* zum König von Spanien gekrönt wurde. Im Zuge der beginnenden religiösen Auseinander-setzungen mit den zunehmend protes-tantischen Niederlanden wollte Phi-lipp II. mit aller Macht seine katholi-schen Bestrebungen durchsetzen. Doch die weltoffene Stadt Amsterdam war nicht nur an Produkten aus aller Herren Länder, sondern gleicherma-ßen an neuen Ideen interessiert. Zu-nächst blieb man kaisertreu, was dem Handel besser bekam, sodass die neu-en Glaubenslehren noch keine allzu große Rolle in der Stadt spielten. Auch als *Wilhelm von Oranien* 1570 zum Calvinismus konvertierte und sich an die Spitze der Widerstandsbewegung der Geusen stellte, blieb man in Ams-terdam abwartend und paktierte wei-ter mit den Spaniern.

Als der von den Spaniern entsende-te Statthalter *Herzog von Alba* 1576 Antwerpen besetzte, nahm Amster-dam viele **protestantische und jüdi-sche Flüchtlinge** von dort auf. Ant-werpen blutete kommerziell aus, Ams-terdam konnte viele der Wirtschafts-beziehungen Antwerpens überneh-men – womit die eigentliche Blütezeit

der Stadt begann. Auch politisch ori-entierte sich Amsterdam um und schloss 1579 Frieden mit der **Utrech-ter Union.** Unversehens wurden die katholischen Amtsträger abgesetzt, die Stadt wurde nunmehr **calvinistisch** regiert. Amsterdam spielte in den Ge-neralstaaten der Sieben Provinzen nun die führende Rolle.

Schon zu Beginn des Goldenen Jahrhunderts platzte Amsterdam aus allen Nähten. Die Stadt war inzwi-schen zum **wichtigsten Handelsplatz Europas** geworden. Im Osten hatte sich das neue Hafenviertel bis zur Ou-de Schans etabliert. Hier blühte das **Schiffsbaugewerbe,** das vom 1512 er-richteten Montelbaanstoren geschützt wurde.

Wieder waren es Veränderungen der weltpolitischen Lage, die Amster-dam zu erneutem Handeln zwangen. War bisher der Zwischenhandel mit Ostasien über Portugal abgewickelt worden, so war dieser Weg ab 1580 verschlossen, weil *Philipp II.* sein Land mit Portugal vereinigte und ab 1585 Spanien keinen Handel der Niederlan-de mehr mit Portugal zuließ. Amster-dam musste eigene **Wege nach Ost-asien** suchen, denn der Gewinn aus dem Gewürzhandel überstieg alle an-deren wirtschaftlichen Aktivitäten, die bislang schon die Amsterdamer Kauf-leute reich gemacht hatten. So landete *Cornelis Houtmann* 1596 in Java und kam ein Jahr später schwer beladen mit seinem Schiff nach Amsterdam zurück.

Danach breitet sich das **Kolonial-reich der Niederlande** überall auf der

Erde aus und zur besseren wirtschaftlichen Ausbeute der Überseegebiete wurden in Amsterdam 1602 die *Verenigde Oostindische Compagnie* für die asiatischen Besitzungen und 1621 die *Westindische Compagnie* (WIC) für die karibischen und afrikanischen Besitzungen gegründet.

Ab 1610 verbreiterte man den **Singel,** die innere Gracht. Anschließend wurden um den inneren Altstadtkern ringförmig die drei Hauptgrachten **Herengracht, Keizersgracht und Prinsengracht** ausgehoben, die mit ihren prächtigen Wohn- und Lagerhäusern bis heute das Stadtbild prägen. Ihre Giebel sind meist zu kleinen Kunstwerken gestaltet. In einem nochmaligen Erweiterungsschritt erhielt Amsterdam einen Festungsgürtel, von dem heute noch die äußere **Singelgracht** zeugt.

Auch Kunst und Handwerk kamen in Amsterdam im Goldenen Jahrhundert zu höchster Blüte. **Rembrandt** hatte seit 1630 sein Atelier in Amsterdam. Geflüchtete Hugenotten aus Frankreich entwickelten textiles Kunsthandwerk, dessen Stoffe, Hüte und Spitzen weltweit gehandelt wurden. Nach der Vereinnahmung Lissabons durch die Spanier flüchteten portugiesische Juden nach Amsterdam, die hier das **Diamantschleiferhandwerk** etablierten und die Stadt zur Diamantenmetropole der Welt machten. Mit der sich ausweitenden Schifffahrt entwickelte sich Amsterdam zu einem **Zentrum der Kartografie.** Den kommerziellen Überbau schafften die **Amsterdamer Bank** als eines der führenden europäischen Kreditinstitute und die erste **Börse,** deren Zentrale 1608–11 vom Architekten und Baumeister *Hendrick de Kayser* errichtet wurde.

Im 18. Jh. musste Amsterdam seine Vormachtstellung im Welthandel vor allem an die Seemacht England abtreten, auch wenn die Stadt weiterhin Weltfinanzzentrum blieb. Am Ende dieses Jahrhunderts war Amsterdam, auch durch mehrere verlorene Kriege gegen England, sehr geschwächt. Als **Napoleon** die Niederlande besetzte und die Kontinentalsperre gegen England ausrief, bedeutete dies einen nachhaltigen **Niedergang für Amsterdam.**

Nach der Befreiung der Niederlande von der französischen Okkupation konnte sich das Land wirtschaftlich erholen. *Wilhelm I.* erhob als erster König der Vereinigten Niederlande Amsterdam zur **Hauptstadt,** das Parlament erhielt aber seinen Sitz in Den Haag. Der wirtschaftliche Nutzen aus den Kolonien brachte erneut Wohlstand, aber die Niederlande und Amsterdam blieben im wirtschaftlichen Weltgefüge zweitrangig. Die von England ausgehende industrielle Revolution fruchtete erst zögerlich in den Niederlanden.

Die Handelsschiffe waren inzwischen so groß geworden, dass sie nicht mehr über die Zuiderzee bis Amsterdam gelangen konnten, der Seehandel kam weitgehend zum Erliegen. Um das zeitraubende Umladen der für Amsterdam bestimmten Waren auf kleinere Schiffe zu vermeiden, wurde zu Beginn des 19. Jh. der

Amsterdam

Noordhollandskanaal von Den Helder nach Amsterdam gegraben – was auch nicht mehr als eine Übergangslösung war. Erst 1876 erhielt Amsterdam mit dem Durchstich des **Noordzeekanaal** wieder eine zeitgemäße Anbindung ans Meer. Längst waren aber andere Häfen bedeutender geworden, in den Niederlanden vor allem Rotterdam. Trotzdem nahm die Betriebsamkeit weiter zu. Grachten in der Innenstadt wurden zugeschüttet, um den Verkehr aufzunehmen, neue Stadtteile entstanden außerhalb der Altstadt.

Im Ersten Weltkrieg blieben die Niederlande neutral, dennoch schränkten sich die wirtschaftlichen Möglichkeiten Amsterdams durch das weltweite Kriegsgeschehen ein. In den 1920er Jahren ging es wieder bergauf, gefolgt von der Weltwirtschaftskrise und erneuter Expansion bis zum Zweiten Weltkrieg. Nazi-Deutschland missachtete die Neutralität der Niederlande, **deutsche Truppen** marschierten 1940 ein und besetzten das ganze Land. Die niederländische NAZI-Bewegung (*Nationaal-Socialistsche Beweging – NSB*), diente als Handlanger für die Deutschen und nach einem Aufstand in Amsterdam am 11. Februar 1941 gegen die NSB kam es zur ersten großen Razzia im jüdischen Viertel der Stadt. In der Folge wurde ein Generalstreik in Amsterdam ausgerufen, der als Februarstreik in die Geschichte einging. Im Zuge der deutschen Vergeltungsmaßnahmen erfolgte die systematische **Deportation** vor allem der Juden aus Amsterdam. Nur wenige, wie *Anne Frank,* konnten versteckt werden,

viele wie sie wurden aber verraten. Der Hungerwinter 1944/45 war besonders schlimm für die Amsterdamer, die praktisch von allen Versorgungswegen abgeschnitten waren.

Nach dem Zweiten Weltkrieg konnte sich Amsterdam recht schnell erholen. Die Stadt wuchs durch Industrialisierung und den Zuzug vieler Menschen aus den ehemaligen Kolonien und später aus dem Mittelmeerraum. So entwickelte Amsterdam ein eigenständiges Flair, das in den 1960er bis 1980er Jahren auch durch **Protestbewegungen** der Studenten, durch **Hausbesetzer** und durch harsches Reagieren der Polizei gekennzeichnet war. Multi-Kulti, Toleranz und Kultur sind die heutigen Attribute Amsterdams – die Stadt ist nicht nur Hauptstadt, sondern auch bedeutendste Stadt der Niederlande.

# Sehenswertes

## Zentrum – Oude Zijde

Der älteste Teil Amsterdams entstand zwischen dem 13. und 15. Jh. im Osten des ursprünglichen Laufs der Amstel. Heute beinhaltet es Damrak, Dam, Rokin, Kloveniersburgwal, Nieuwmarkt, Gelderskade und Prins Hendrikkade. Warmoesstraat und Nes bildeten ursprünglich den östlichen Deich der Amstel, den Zeedijk. Die wichtigsten Grachten sind der Oudezijds Vorburgwal, der Ouezijds Achterburgwal und zur Entwässerung der Ij

# Hausbau im Venedig des Nordens

Die Grachtenhäuser Amsterdams bilden ein geschlossenes Bauensemble, das große Anziehungskraft ausübt. Aufgrund des morastigen Untergrunds errichtete man die Häuser auf Rammpfählen, die man bis zu 13 m in den Untergrund einschlug. Diese Grachtenhäuser wurden als Wohn-, Kaufmanns- und Lagerhäuser genutzt. Wegen der hohen Grundstückspreise entlang der Grachten, die vor allem für den Warentransport genutzt wurden, entstanden schmale Bauten mit meist nur drei Fensterachsen. Reiche Bürger konnten sich doppelte Parzellen leisten, die sechs Achsen hatten. In der Regel wurden die Grachtenhäuser wegen ihrer geringen Breite sehr tief nach hinten gebaut.

Das Souterrain der Grachtenhäuser wurde in der Regel von den Dienstboten bewohnt. Die unteren Geschosse waren meist dem Gewerbe vorbehalten. Darüber oder im hinteren Teil des Hauses folgten die Zimmer der Wohnung. Darüber wiederum befanden sich Speicherräume, die durch Luken in der Fassade und Hebebalken im Giebel zugänglich gemacht wurden. Ware zog man an der Fassade über ein an einer Rolle laufendes Tau hinauf.

Die Fassade erhielt als Aushängeschild eine mehr oder weniger reiche Verzierung, wobei dem Giebel besonderes Augenmerk galt. Gotische Treppengiebel wurden noch bis ins 17. Jh. hinein gebaut. Unter den späteren Giebelformen ist der Schnabelgiebel der schlichteste – seine schrägen Kanten folgen dem Verlauf des Satteldachs. Im Zuge der Renaissance entwickelte sich der Halsgiebel, den vor allem der Architekt *Philips Vingboons* vielfach variierte. Bei dieser Giebelform verläuft die Fassade in der Mitte gerade nach oben, während die Seiten von Hausteinreliefs eingenommen werden. Diese Giebelvoluten wurden im Barock weiter ausgearbeitet und mit Reliefs versehen. Parallel entstand der Glockengiebel, bei dem die Fassade im Giebelbereich konkav einschwingt und mit seitlichen Hausteindekorationen gemäß dem Zeitgeschmack im Stil von *Ludwig XIV.–XVI.* versehen sind.

Als sich zum Ende des 18. Jh. der Klassizismus durchzusetzen begann, wurden eher Fassaden mit horizontalem Abschluss durch Gebälk oder Balustrade errichtet. Vielfach zeigen die Fassaden in der Mitte eine kleine Erhöhung für eine Skulptur oder als Dekorationsform, hinter der sich die Spitze des Daches verbirgt.

Amsterdam

009ni Foto: ot

Verschiedene Giebelformen

der Oudezijds Kolk. Hier in der Altstadt hatten sich viele Klöster etabliert, die alle mit der Reformation aufgelöst wurden – nur noch Straßennamen erinnern daran.

## Am Bahnhof

Ein Altstadtbummel durch Amsterdam beginnt an der **Centraal Station,** dem Hauptbahnhof. Das mächtige, von *P.J.H. Cuypers* entworfene Gebäude wurde 1881–89 auf drei eigens dafür angelegten künstlichen Inseln in der Ij errichtet. Von hier überquert man die Open Haven Front, um links auf der Prins Hendrikkade zunächst auf die **Sint-Nicolaaskerk,** 1887 neubarock erbaut, zu stoßen. Daran schließt sich der **Schreierstoren** an. Dieser 1480 als Teil der alten Stadtbefestigung erbaute Turm erhielt seinen Namen nach den hier tränenreich Abschied nehmenden Seemannsfrauen, wenn ihre Männer wieder auf große Fahrt gingen. An der Oudezijds Kolk entlang geht es zum Zeedijk, einer der ältesten Straßen Amsterdams.

## Museum Amstelkring

Am **Oudezijds Voorburgwal** steht die Oude Kerk. Eine Vielzahl Häuser mit schönen Giebeln säumt die Gracht. Das 1662 errichtete Haus Nr. 40 *Ons' lieve Heer op Solder* barg früher eine versteckte katholische Hauskirche – die Katholiken mussten sich in der protestantischen Zeit vorsichtig verhalten. Heute ist in dem Gebäude das Museum Amstelkring untergebracht.

●**Museum Amstelkring:** Oudezijds Voorburgwal 40, Tel. 624 66 04, www.museum amstelkring.nl, Besichtigung des rückwärtigen Kirchenraums und aller Gemeindeeinrichtungen, Mo–Sa 10–17 Uhr, So und feiertags 13–17 Uhr, 1.1. und 30.4. geschlossen, Eintritt 7 €, Senioren 5 €, Kinder 1 €.

## Oude Kerk

Die Oude Kerk, die 1306 errichtete **älteste Kirche der Stadt,** war einst dem heiligen Nicolaus, dem Schutzpatron der Bäcker, geweiht. Der gotische Bau weist kunstvolle Glasfenster, Chorbänke und Grabmäler auf. Die Barockorgel stammt aus dem Jahr 1724. Der Turm wurde in der Renaissancezeit erhöht und mit einer verzierten Haube versehen. Von oben bietet sich ein herrlicher Blick über Amsterdam.

●**Oude Kerk:** Oudekerksplein 23, Tel. 625 82 84, www.oudekerk.nl, Mo–Sa 10.30– 17.30 Uhr, So 13–17.30 Uhr, 1.1., 30.4, 25.12. geschlossen, Eintritt 7 €, Senioren, Studenten, Kinder 5 €, Turmbesteigungen im Rahmen von Gruppenführungen April bis Okt. Sa und So 13–17 Uhr, Eintritt 6 €.

## Rotlichtviertel

Um die Oude Kerk zwischen Warmoesstraat und Oudezijds Voorburgwal breitet sich das traditionelle Rotlichtviertel aus, auch *Rose Buurt* genannt. Hier befindet man sich auf den Walletjes. Es reihen sich Amüsierbetriebe, Sexshops, Peepshows, Nachtclubs und Kneipen aneinander – dazwischen bieten sich die Damen in ebenerdigen Schaufenstern an. Im nahe gelegenen **Sexmuseum** und im **Erotisch Museum** wird auf seriöse Weise die Geschichte des ältesten Gewerbes dargelegt.

● **Sexmuseum:** Damrak 18, Tel. 622 83 76, www.sexmuseumamsterdam.nl, Zutritt ab 16 Jahren, täglich 10–23.30 Uhr, Eintritt 5 €.
● **Erotisch Museum:** Oudezijds Achterburgwal 54, Tel. 624 73 03, www.eroticmuseum.com, auf vier Etagen alles zum Thema, Mo-Do 11–1 Uhr, Fr und Sa 11–2 Uhr, 31.12. 11–20 Uhr, Eintritt 5 €.

## Universität

Weiter südlich befindet sich zwischen Oudezijds Voorburgwal und Kloveniersburgwal die Universität. Vom Achterburgwal führt der Weg durch die Gasthuispoort aus dem Jahr 1603, die Zugangspforte zum ehemaligen Krankenhaus, in den Gebäudekomplex. Etwas weiter führt die Oudemanshuispoort in den Innenhof der Universität. Hier findet im überdachten Teil ein interessanter **Buchmarkt** statt. Gegenüber am Oudezijds Voorburgwal steht die **Agnietenkapelle,** die heute das **Universitätsmuseum** beherbergt.

● **Universiteitsmuseum de Agnietenkapel:** Oudezijds Voorburgwal 231, Tel. 525 33 39, www.uva.nl, vielseitige Sammlung mit Exponaten zur Geschichte der Universität, Mo–Fr 9–17 Uhr, Eintritt 3,50 €.

## Archäologisches Museum

Dort, wo Oudezijds Voorburgwal und Oudezijds Achterburgwal am Grimburgwal zusammentreffen, steht das *Huis aan de drie Grachten,* ein exponierter Renaissancebau mit Treppengiebel aus dem Jahr 1610. Einst war es eine Schenkung an ein Nonnenkloster. Hier begrenzte der Grimburgwal die Stadt nach Süden. Am rechtwinklig anschließenden Turf-markt, wo früher dieses Brennmaterial umgesetzt wurde, steht das großartige archäologische Museum der Stadt (Allard Pierson Museum) mit einer umfangreichen Sammlung **antiker Kunstwerke.** Auch das Gebäude ist interessant. Es bestand ursprünglich aus neun Einzelhäusern, die der Architekt *Vingbooms* 1814 hinter einer klassizistischen Fassade zusammenführte.

● **Allard Pierson Museum:** Oude Turfmarkt 127, Tel. 525 25 56, www.allardpiersonmuseum.nl, Di–Fr 10–17 Uhr, Sa, So und feiertags 13–17 Uhr, 25.12., 1.1., Oster- und Pfingstsonntag sowie 30.4. geschlossen, Eintritt 5 €, Kinder 4–17 Jahre 2,50 €.

## Waalse Kerk und Haschmuseum

Der Rückweg durch die Oude Zijde führt durch den Oudezijds Achterburgwal. Etwas zurückversetzt steht am Walenpleintje die Waalse Kerk. Das 1409 gebaute Gotteshaus diente ursprünglich als Kirche des Paulusbrüderklosters. Nach der Reformation wurde der Bau der frankophonen wallonischen Kirche übertragen, jenen Protestanten, die wegen ihres Glaubens aus Frankreich und Belgien vertrieben wurden. Bis heute findet hier sonntags ein Gottesdienst in französischer Sprache statt. Die Orgel stammt vom Orgelbauer *Christian Müller.* Die Akustik ist so gut, dass die Kirche auch zu Musikaufnahmen genutzt wird.

Ein Stück weiter am Oudezijds Achterburgwal lädt das Haschmuseum mit Exponaten rund um die Cannabispflanze zu einem Besuch ein.

● **Hash Marihuana Hemp Museum:** Oudezijds Achterburgwal 148, Tel. 623 59 61,

Amsterdam

www.hashmuseum.com, 11–23 Uhr, 25.12., 1.1. und 30.4. geschlossen, Eintritt 6 €.

### Essen und Trinken

● **blauw aan de waal** €€€: Achterburgwal 99, Tel. 330 22 57, ein enges Gässchen führt zu dieser kulinarischen Oase in den Walletjes (Rotlichtviertel), der Innenhof gehörte früher zum Bethanienkloster. Hervorragende französische Küche, guter Service, So Ruhetag, 25.12. bis 1.1. geschlossen.

● **De Compagnon** €€€: Guldehandsteeg 17, Tel. 620 42 25, www.decompagnon.nl, zum Damrak durchgehendes, schmales Restaurant über vier Ebenen, burgundische Küche, großartige Weinkarte, So und feiertags Ruhetag, letzte Juliwoche und erste Augustwoche geschlossen.

● **Kam Yin** €: Warmoesstraat 6, Tel. 625 31 15, große surinamesische und chinesische Gerichte zu kleinen Preisen mitten im Rotlichtviertel.

● **Dwaze Zaken:** Prins Hendrikkade 50, Tel. 612 41 75, www.dwazezaken.nl, Künstlercafé im Art-Déco-Stil, Live-Musik, Di–Sa 12–24 Uhr, So bis 18 Uhr.

● **De Jaren Café:** Nieuwe Doelenstraat 20–22, Tel. 625 57 71, Treffpunkt der Amsterdamer, italienisches Flair mit Terrasse an der Amstel, 10–23 Uhr, Fr und Sa bis 24 Uhr, Küche ab 17.30 Uhr.

### Einkaufen

● **Noordermarkt:** Stationsplein, gute Adresse für Schnäppchenjäger, speziell für Secondhand-Kleidung, Schuhe, Schmuck, Möbel, Mo–Sa 9–15 Uhr, im Sommer bis 16 Uhr.

● **Bücher:** Boekenmarkt Oudemanshuispoort, Tel. 552 40 74, www.hollandsemarkten.nl/markten/, antiquarische Bücher, Lehrbücher, Musik, Mo–Sa 9–17 Uhr.

## Zentrum – Nieuwe Zijde

Auf der westlichen Seite des ursprünglichen Flusslaufs der Amstel entstand im Zuge der ersten Ausweitung der Amsterdamer Innenstadt die Nieuwe Zijde. Die Begrenzung wird von Damrak, Dam, Rokin, Singel und Prins Hendrikkade gebildet.

Vom Hauptbahnhof kommend, fällt zunächst der Blick über das Hafenbecken des **Damrak** mit den Anlegeplätzen für Grachtenrundfahrten auf die **Börse** (Beurs). Dieser im Stil der Neuen Sachlichkeit bis 1903 durch den Architekten *Berlage* errichtete Bau war wegbereitend für die moderne Architektur in den Niederlanden. Im weiteren Verlauf des Damrak gelangt man zum **Dam,** jenem Platz, an dem sich die Amsterdamer Stadtregenten ihren Magistrat und das Stadtgericht errichteten.

### Koninklijk Paleis

Der Königliche Palast wurde 1648–1655 nach den Entwürfen *Jacob von Campens* aus dem teuren Bentheimer Sandstein auf Tausenden von Pfählen anstelle des abgebrannten gotischen Vorgängerbaus errichtet. Die künstlerische Ausstattung wurde vom Antwerpener Bildhauer *Artus Queelinius d.Ä.* vorgenommen. Sein Relief am Hauptgiebel zeigt Amsterdam als Herrscherin der Meere. An der Seite auf dem Gebäude steht Atlas, der die Welt trägt. Der **Gerichtssaal** und der mit Marmor ausgekleidete und mit allegorischen Gemälden der Rembrandt-Schüler *Ferdinad Bol* und *Govert Flinck*

*Amsterdam*

ausgestattete **Bürgersaal** können besichtigt werden.

Als 1806 *Louis Bonaparte,* der Bruder des französischen Kaisers, zum König der Niederlande ernannt wurde, übernahm er zwei Jahre das Amsterdamer Magistratsgebäude als Königliches Palais und richtete es mit Empire-Möbeln ein. *Wilhelm I.,* 1814 zum niederländischen König gekrönt, gab als neuer Eigner das Gebäude an die Stadt zurück. Offiziell wurde das Palais 1936 Staatseigentum, es wird von der königlichen Familie zu Repräsentationszwecken und offiziellen Anlässen genutzt. Hier dankte Königin *Wilhelmina* 1948 zugunsten ihrer Tochter *Juliana* ab, hier heirateten 1966 *Beatrix* und Prinz *Claus.*

● **Koninklijk Paleis:** Dam, Tel. 620 40 60, www.koninklijkhuis.nl, zu besichtigen, sofern keine offiziellen Anlässe vorliegen, dazu temporäre Gemäldeausstellungen, Juni bis Aug. täglich 11–17 Uhr, Sept. bis Dez. und Februar bis Mai Di–Do 12.30–17 Uhr.

### Nieuwe Kerk

Seitlich am Dam erhebt sich mit dem Haupteingang am Nieuwezijds Voorburgwal die Nieuwe Kerk. 1385 wurde mit dem Bau als gotischer Bischofskirche begonnen, er zog sich bis 1540 mit der Vervollständigung des nördlichen Seitenschiffs und schon mit Stilelementen der Renaissance hin. Nach dem Brand von 1645 verzichtete man auf die Errichtung des vorgesehe-

Kutsche vor dem Königlichen Palast

nen Turmes. Trotz Zerstörungen durch die Bilderstürmer weist die Kirche noch eine prächtige Innenausstattung auf. Sehenswert sind die von *Albert Jansz. Vinckenbrink* geschnitzte Kanzel, an der er 20 Jahre arbeitete, der Orgelprospekt, das Chorgitter und nicht zuletzt das Grabmal von *Admiral de Ruyter*. Heute dient die Nieuwe Kerk auch als Inthronisationskirche der niederländischen Könige.

●**Nieuwe Kerk:** Dam, Tel. 638 69 09, www.nieuwekerk.nl, täglich 10–17 Uhr, Eintritt 3 €, Senioren, Studenten, Schüler 2,50 €.

## Madame Tussaud's

An der Ecke des Dam findet sich das Scenerama Madame Tussaud's. In dieser Dependance des Londoner **Wachsfigurenkabinetts** sind historische und aktuelle Szenen aus den Niederlanden in Wachs dargestellt.

●**Madame Tussaud's:** Dam 20, Tel. 523 06 23, www.madametussauds.com, täglich 10–17.30 Uhr, teilweise bis 19.30 Uhr, Eintritt 19,95 €, Kinder 5–15 Jahre 14,95 €.

## Historisches Museum

Vom Dam zweigt die Kalverstraat als Haupteinkaufsstraße und Fußgängerzone südwärts ab, über die man zum Historischen Museum gelangt. Dieses ist im ehemaligen Bürgerwaisenhaus aus dem 17. Jh. mit seinen Innenhöfen, getrennt nach Knaben und Mädchen, untergebracht. Anhand archäologischer Funde und anderer Exponate wird hier die **Stadtgeschichte Amsterdams** von ihren Anfängen an dargelegt, so über die Frühzeit, als Amsterdam Pilgerstätte war, über die spa-

nische Zeit, die Zeit der Handelskompanien, die Franzosenzeit bis in die Gegenwart. Besonders attraktiv ist die verglaste Passage mit den großen Schützengildendarstellungen.

●**Amsterdams Historisch Museum:** Nieuwezijds Voorburgwal 357, Eingang Kalverstraat 92, Tel. 523 18 22, www.ahm.nl, Mo–Fr 10–17 Uhr, Sa, So und feiertags 11–17 Uhr, 1.1., 30.4., 25.12. geschlossen, 31.12. nur bis 16 Uhr, Eintritt 8 €, Kinder 5–18 Jahre und Studenten 4 €, Senioren 6 €.

## Beginenhof

Vom Historischen Museum führt ein Durchgang zum Begijnhof. Ab dem 14. Jh. wurden in Amsterdam solche **Wohnhöfe** von reichen Kaufleuten gestiftet, in denen ledige oder verwitwete Frauen Unterkunft fanden, die ihr Leben Gott widmen wollten, ohne in ein Kloster einzutreten. Der **Beginenorden** war ein Orden meist allein stehender Frauen, die sich der Armenfürsorge und Krankenpflege widmeten. Die ältesten Häuser dieses um einen Innenhof errichteten Beginenhofes fielen den Stadtbränden zum Opfer, nur ein hölzernes Gebäude von 1475 ist noch im Hof erhalten. Die letzte Beginenordensfrau starb 1971. Heute stehen 40 Backsteinhäuser mit Renaissancegiebeln, meist noch privat von älteren Damen bewohnt, um diesen gepflegten Hof mit einer Parkanlage, zwei Kirchen und gepflegten Vorgärten – ein Ruhepol inmitten der hektischen Innenstadt Amsterdams.

●**Begijnhof:** Gedempte Begijnensloot, Tel. 625 88 53, tagsüber zurückhaltender Besuch möglich, Gruppen unerwünscht.

## Spui

Hinter dem Beginenhof gelangt man zum Spui, wo sich einst die alte Stadtgrenze Amsterdams befand. Hier hatte die Studentenrevolte der 1960er Jahre einen ihrer Ausgänge um das **Standbild Het Lieverdje,** eine Bronzestatue des Bildhauers *Carel Kneulmann* aus dem Jahr 1960, eine Symbolfigur des Amsterdamer Straßenjungen mit gutem Herz darstellend. Um dieses Standbild entstand die „Provo"-Bewegung, die mit Aktionen und Happenings die Amsterdamer Autorität herausforderte.

Am Spui steht auch die 1633 gebaute **Oude Lutherse Kerk,** die wochentags als Aula der Universität dient. Die Bätz-Orgel aus dem Jahr 1886 wird wegen ihrer Klangfülle gern für Konzerte genutzt.

● **Oude Lutherse Kerk:** Singel 411, Ecke Spui, www.luthersamsterdam.nl.

### Essen und Trinken

● **Haesje Claes** €€€: Spuistraat 275, Tel. 624 99 98, www.haesjeclaes.nl, in mehreren miteinander verbundenen historischen Häusern, mit kleiner Terrasse, einheimische Küche, 30.4. sowie 25., 26. und 31.12. geschlossen.
● **Restaurant d'Vijff Vlieghen** €€€: Spuistraat 294–302, Tel. 530 40 60, www.thefiveflies.nl, Restaurant mit moderner niederländischer Küche in fünf miteinander verbundenen ehemaligen Pfandleihhäusern aus dem 17. Jh., täglich ab 17.30 Uhr geöffnet.

### Einkaufen

● **Postzegelmarkt:** Markt nicht nur für Briefmarken-, sondern auch für Münz- und Postkartensammler, Nieuwezijds Voorburgwal 280, Mi und So 11–16 Uhr.

# Nieuwmarkt, Waterlooplein und Haven

## Nieuwmarkt

Die Viertel östlich der ehemaligen St. Anthoniespoort wurden zu Beginn des 17. Jh. in die Stadt einbezogen. Dazu riss man bis 1613 die östliche Stadtmauer ein. Die 1488 als einziges erhaltenes Amsterdamer Stadttor gebaute **Antoniespoort** wurde nun als **Stadtwaage** (*Waaggebouw*) genutzt. Hier fanden verschiedene Zünfte Räumlichkeiten, so etwa die Mediziner, die im Turm in einem Seziersaal öffentlich Medizinunterricht erteilten. Dieser Seziersaal ist durch Rembrandts Gemälde „Anatomische Vorlesung des Dr. Deyman" weithin bekannt. Heute steht dieses ehemalige Tor mit seinen achteckigen Türmen imposant auf dem Nieuwmarkt.

Der Nieuwmarkt wurde unmittelbar nach dem Abriss der alten Stadtmauer um die Stadtwaage angelegt. Zunächst boten hier die Händler nach Branchen getrennt ihre Waren an. Bis heute werden auf dem Platz **Märkte** abgehalten. Um den Platz wurden Bürgerhäuser gebaut, an denen man sehr schön die unterschiedlichen Amsterdamer **Giebelformen** erkennen kann. Im Zweiten Weltkrieg wurde der Nieuwmarkt von den Nazis als Sammelplatz für Juden zur Deportation genutzt. Nach dem Krieg entwickelte sich um den Nieuwmarkt ab den 1970er Jahren das Amsterdamer **Chinesenviertel** mit fernöstlicher Ausstrahlung. Anfang der 1980er fanden auch hier Protestkundgebungen statt.

Amsterdam

Heute gruppieren sich rund um den Platz gemütliche **Kneipen und Lokale.** In den angrenzenden Straßen gibt es viele chinesisch-indonesische Geschäfte und Restaurants.

## Zuiderkerk

Der Weg zum Waterlooplein führt zunächst zur Zuiderkerk, die als erste protestantische Kirche 1603–11 durch *Hendrik de Keyzer* errichtet wurde und 1614 ihren markanten **Turm** erhielt. Der Unterbau des Turms, dessen dekorative ionische Säulen mit dem Turmhelm aus Holz schon manieristisch wirken, ist quadratisch und wird dann achteckig nach oben geführt. Gleichermaßen bemerkenswert sind die rechteckigen Fenster des lichtdurchfluteten Kirchenschiffs mit den fast gleich hohen Seitenschiffen, das heute als **Informationszentrum des Stadtplanungsamtes** dient. Das Glockenspiel ertönt jeden Sonntag zwischen 16 und 17 Uhr. Einen besonders schönen Blick auf den Turm der Zuiderkerk hat man von der **Raamgracht** mit ihren reizvollen Häusern und Wohnbooten.

●**Zuiderkerk Infomatiecentrum:** Zuiderkerkhof 72, Tel. 552 79 87, www.zuiderkerk.amsterdam.nl/informatiecentrum, zeigt Exponate und Videos zum Bauen, Wohnen und zur Stadtentwicklung Amsterdams, mit Buchladen, Mo–Fr 9–16 Uhr, Sa 12–16 Uhr, rollstuhlgeeignet, Turmbesteigung April bis Sept. Mo–Sa 12–15.30 Uhr, Aufstieg 6 €, Kinder 2,50 €, Information Tel. 689 25 65.

## Judenviertel und Rembrandthaus

Über die St. Antoniesbreestraat geht es in Richtung Waterlooplein, hinter dem sich das historische Judenviertel Amsterdams erstreckt. Hier hatten sich die Juden im Zuge der weiteren östlichen Stadterweiterung ab Ende des 16. und Beginn des 17. Jh. niedergelassen. Diese Stadterweiterung vollzog sich bis über die Oude Schans hinaus, wo sich schon lange Schiffszimmerleute und Werften angesiedelt hatten.

Im Judenviertel hatte sich auch *Rembrandt* niedergelassen. Er wohnte hier 1639–58 in der Jodenbreestraat 4–6. Sein stattliches Haus ist heute als Museum eingerichtet. Er lebte weit über seine Verhältnisse, 1660 musste er sein Haus verkaufen, seine Gläubiger versetzten alles Inventar, insofern ist das Museum „nur" noch mit **Möbeln** aus seiner Zeit eingerichtet. Im Museum sind fast alle **Radierungen** Rembrandts zu sehen.

011ni Foto: ol

● **Museum Het Rembrandthuis:** Jodenbree-straat 4, Tel. 520 04 00, www.rembrandthuis. nl, täglich 10–17 Uhr, 1.1. geschlossen, Eintritt 8 €, Senioren und Studenten 5,50 €, Kinder 6–15 Jahre 1,50 €.

## Moses-en-Aäronkerk

Am Ende der Jodenbreestraat steht die Moses-en-Aäronkerk, die ihren Ursprung in einer Franziskanerkirche hatte. Nach der Reformation mussten Katholiken ihre Gottesdienste in sogenannten versteckten Kirchen (schuilkerken) abhalten. Eine solche Kirche bestand hier bis 1649 im Haus des Moses und im benachbarten Haus des Aäron. Daraus entstand zunächst eine dem heiligen Antonius von Padua geweihte Kirche, die 1759 aufwendig dekoriert wurde. 1837 wurde die Kirche dann im neo-klassischen Stil neu errichtet. Der Standort dieser katholischen Kirche im jüdischen Viertel zeigt, wie stark diese beiden Religionen in Amsterdam schon immer miteinander verwoben waren.

## Waterlooplein

Der Waterlooplein war früher der Marktplatz des jüdischen Viertels, bis heute wird hier wochentags ein großer **Floh- und Trödelmarkt** abgehalten. Den eigentlichen Waterlooplein nimmt das neue Rathaus mit der Staatsoper ein – daher der Name **Stopera.** Doch eher leitet sich die Bezeichnung auch von stopp de opera

ab, denn das architektonisch zweifelsohne interessante Gebäude des Architekten Wilhelm Holzbauer stieß zunächst auf Ablehnung. Es bietet jedoch eine faszinierende Kulisse an der Amstel und von innen einen herrlichen Ausblick.

In der Passage zwischen Oper und Rathaus zeigt eine Glassäule den Normaal Amsterdams Peil NAP (Amsterdamer Normalpegel) an.

## Portugiesische Synagoge

Die Nordostecke des Waterlooplein geht in den Meester Visserplein mit der Portugiesischen Synagoge über. Sie wurde 1675 für die große Gemeinde reich gewordener jüdischer Flüchtlinge aus Portugal gebaut und war zu ihrer Entstehungszeit die größte Synagoge der Welt, errichtet durch Elias Bouwman. Tonnengewölbe decken den Innenraum ein. Die Innenausstattung hat den Naziterror weitgehend unbeschadet überstanden.

● **Portugees-Israëlietische Synagoge (Esnoga):** Mr. Visserplein 3, Tel. 624 53 51, www. esnoga.com, April bis Okt. So–Fr 10–16 Uhr, im Winter Fr 10–14 Uhr, Eintritt 6,50 €, Senioren und Studenten 5 €, Kinder 10–17 Jahre 4 €.

## Joods Historisch Museum

Am benachbarten Mijerplein befindet sich das **Museum für jüdische Geschichte,** untergebracht in einem Gebäudekomplex aus vier aus dem 17. und 18. Jh. stammenden Synagogen der Osteuropäischen Juden. Das Museum erläutert die jüdische Kultur, es stellt Werke jüdischer Künstler und re-

Die Zuiderkerk

ligiöse Dokumente aus. Dazu kommen Gegenstände aus dem alten und modernen jüdischen Leben sowie Unterlagen zur Geschichte der Juden in den Niederlanden von 1600 bis zur Gegenwart.

● **Joods Historisch Museum:** Nieuwe Amstelstraat 1, Tel. 531 03 10, www.jhm.nl, werktäglich 11–17 Uhr, 1.1., 30.9. und 1.10. geschlossen, behindertengerecht, Eintritt 7,50 €, Senioren und Studenten 4,50 €, Kinder 13–17 Jahre 3 €.

### Diamantschleiferei

Altes jüdisches Handwerk ist noch in der Diamantschleiferei **Gassan Diamonds** in der Nieuwe Uilenburgerstraat, die vom Waterlooplein über die Jodenbreestraat abzweigt, präsent. Ein weiteres Traditionsunternehmen der Diamantschleiferei ist die Koninklijk Asscher Diamant Maatschapij in der Toolstraat im angrenzenden Stadtteil De Pijp (s.u.).

● **Gassan Diamonds:** Nieuwe Uilenburgerstraat 173–175, Tel. 622 53 33, www.gassan diamonds.com, geführte Besichtigungen täglich 9–17 Uhr.

### Montelbaanstoren

Der 1512 gebaute Montelbaanstoren ganz im Norden des Viertels war einst Teil der Stadtbefestigung, um das Quartier der Zimmerleute und Schiffbauer zu beschützen. 1606 erhielt der Turm einen Uhrenaufsatz, doch die umliegenden Anwohner nannten ihn *malle jaap* (dummer Jakob), weil das Schlagwerk nie genau ging. Heute hat hier das Amt für Wasserwirtschaft seinen Sitz.

### Scheepvaarthuis

Auf der anderen Seite der Waalseilandsgracht geht es auf der Binnenkant zum Scheepvaarthuis (Schifffahrtshaus). Der als Bürogebäude für Schifffahrtsgesellschaften errichtete Bau ist ein Paradebeispiel für die Architektur der **Amsterdamer Schule.** Er wurde 1913–16 von *Johan Melchior van der Mey* errichtet. Die kristallartigen Brechungen bringen den Bau in die Nähe des deutschen Expressionismus, die Pilastergliederung in jene des Klassizismus. An vielen Stellen, so an der Decke der Eingangsnische, wird deutlich, dass der Backstein das Betonskelett nur verklinkert. Van der Mey nannte dies, auf den Stil *Berlages* anspielend, umgekehrten Rationalismus.

### NEMO

Jenseits des alten Oosterdok (Osthafen) erhebt sich an der Einfahrt zum Ijtunnel das Gebäude des **Technologiezentrums** NEMO des italienischen Architekten *Renzo Piano*. Giftgrün im Anstrich, sticht dieser Bau wie ein Schiffsbug ins Wasser. In dem Gebäude widmet man sich der Vermittlung gesellschaftlicher, technischer und naturwissenschaftlicher Erkenntnisse und Phänomene.

Vor dem NEMO-Gebäude ankert das **VOC-Schiff „Amsterdam",** ein Nachbau eines Ostindienfahrers aus dem 18. Jh. Die originale „Amsterdam" hatte auf ihrer Jungfernfahrt 1749 vor der englischen Küste Schiffbruch erlitten. Im Sommer werden auf dem Schiff für Besucher historische Szenen nachgestellt.

•**Science Center NEMO:** Oosterdok 2, Tel. 531 32 33, www.e-nemo.nl, Di–So 10–17 Uhr, Mo nur während der Schulferien sowie Ostern und Pfingsten geöffnet, 30.4., 25.12. und 1.1. geschlossen, Eintritt ab 4 Jahre 11,50 €, Senioren und Studenten 6,50 €, Kombi-Karte mit VOC-Schiff 13,50 €.

## Schifffahrtsmuseum

Hinter dem NEMO befindet sich im alten Amsterdamer Zeemagazijn das Niederländische Schifffahrtsmuseum. Die Sammlung von Modellen, Karten, Navigationsinstrumenten und Schiffsausrüstungen ist die umfangreichste der niederländischen Marine. Dazu zähen auch einige historische Schiffe.

•**Nederlands Scheepvaartsmuseum:** Kattenburgerplein 1, Tel. 523 22 22, www. scheep vaartsmuseum.nl, Di–So 10–17 Uhr, im Sommer auch Mo, Neujahr, 29.4. und Ostersonntag geschlossen, Eintritt 10 €, Kinder 4–17 Jahre 5 €.

## Werftmuseum 't Kromhout

Auf der anderen Seite der Nieuwevaart befindet sich in einer der ältesten Werften Amsterdams das Werftmuseum 't Kromhout. Eine Sammlung von teilweise noch funktionierenden alten **Schiffsmotoren** zeigt die historische Entwicklung und kulturelle Bedeutung dieser Maschinen für die Schifffahrt. Die Werft selbst stammt aus dem 17. Jh., hier repariert und restauriert man noch heute alte und moderne Schiffe, sodass der besondere Reiz dieses Museums in der Kombination aus historischen Exponaten und aktivem Handwerk liegt.

•**Werfmuseum 't Kromhout:** Hoogte Kadijk 147, Tel./Fax 627 67 77, www.machinekamer. nl/museum/, Di 10–15 Uhr, Eintritt frei.

## Plantage

Östlich ans alte Judenviertel schließt sich die großartige **Parklandschaft** der Plantage an, ein stadtnahes Erholungsgebiet. Im 19. Jh. ließen sich hier vor allem reiche jüdische Bürger nieder und es wurden Gärten angelegt. Aus dem Medizinalgarten an der Nieuwe Herengracht entwickelte sich der heutige **Botanische Garten** mit großem Gewächshaus an der Gracht, der 4000 heimische und exotische Pflanzen präsentiert.

Aus einem kleinen Waldstück entstand der **Wertheimpark.** Seit 1977 steht hier ein **Auschwitz-Monument,** entworfen vom Schriftsteller und bildenden Künstler *Jan Wolkers.* Das Monument besteht aus zerbrochenen Spiegeln, die den Himmel reflektieren und den geschundenen Zustand des Himmels seit Auschwitz symbolisieren.

Im hinteren Teil der Plantage entstanden der **Zoologische Garten Artis** und später das Aquarium, ein Freizeitpark mit mehr als „nur" Tieren, es finden sich Biotopdarstellungen, vor allem der holländischen Dünenlandschaft.

Gegenüber dem Haupteingang zum Zoo steht das Plancius-Gebäude, das Ende des 19. Jh. für den jüdischen Gesangsverein errichtet wurde und heute das **Widerstandsmuseum** beherbergt, das sich vor allem mit dem Aufstand gegen die deutsche Besatzung befasst. Inzwischen wurde ein spezielles Kindermuseum angefügt.

•**Hortus Botanicus Amsterdam:** Plantage Middenlaan 2a, Tel. 625 90 21, www.dehor tus.nl, Mo–Fr 9–17 Uhr, Sa 10–17 Uhr, So

**Amsterdam**

elegant eingerichtet, täglich durchgehend geöffnet, Außenterrasse.

● **Eetcafe De Groene Olifant:** Sarphatistraat 510, Tel. 620 49 04, www.degroeneolifant.nl, traditionelles Café, möbliert im Stil des Jahres 1800, Bar unten, private Atmosphäre oben, bietet Snacks und kleine Gerichte, So–Do 11–1 Uhr, Fr und Sa bis 2 Uhr.

### Einkaufen

● **Flohmarkt:** Waterlooplein, Schnäppchen aller Art: Secondhand-Kleidung, CDs, DVDs, Kunstdrucke, indische Stoffe etc., es lohnt sich zu feilschen, Mo–Sa 8.30–17.30 Uhr.

## Singel

Der Singel ist die innerste Gracht des Grachtengürtels, er umschloss die Altstadt im 15. Jh. und umgibt heute im Oval den Stadtkern von der Ij bis zum Muntplein, wo er in die Amstel mündet. Ab 1585 wuchs die Stadt über den Singel hinaus, er wurde dann verbreitert und bebaut.

und feiertags 10–17 Uhr, Dez./Jan. bis 16 Uhr, Juli/Aug. bis 19 Uhr, 1.1., 30.4. und 25.12. geschlossen, Eintritt 7 €, Kinder 5–14 Jahre, Studenten und Senioren 3,50 €.

● **Artis:** Plantage Kerklaan 38–40, Tel. 523 34 00, www.artis.nl, ganzjährig 9–17 Uhr, im Sommer bis 18 Uhr, Juni bis Aug. Sa bis Sonnenuntergang, Eintritt 17,70 €, Kinder 3–9 Jahre 14,50 €, Senioren 16,50 €.

● **Verzetsmuseum:** Plantage Kerklaan 61, Tel. 620 25 35, Di–Fr 10–17 Uhr, Sa–Mo 11–17 Uhr, 1.1., 30.4. und 25.12. geschlossen, Eintritt 6,50 €, Kinder 7–15 Jahre, Studenten und Senioren 3,50 €.

### Essen und Trinken

● **Restaurant Café in de Waag:** Nieuwmarkt 4, Tel. 422 77 72, www.indewaag.nl, im historischen Ambiente der alten Waage von 1488,

Montelbaanstoren

### Ronde Lutherse Kerk

Am Ausgang des Singel zur Ij wurde 1671 die Ronde Lutherse Kerk gebaut. Im 17. Jh. waren so viele Lutheraner nach Amsterdam gekommen, dass ein größerer Kirchenneubau erforderlich wurde. 1667 erhielt die lutherische Gemeinde dann die Genehmigung für die Errichtung dieser zweiten Kirche, die 1668–71 durch *Adriaan Dortsman* erbaut wurde. Der Rundbau realisiert die Idee eines protestantischen Zentralbaus, in dem von der Kanzel statt vom Altar gepredigt wird. Seine Kuppel wird von einem kleinen Türmchen gekrönt. 1822 wurde die Kirche von einem Feuer zerstört, deren Wiederaufbau im darauf folgenden Jahr durch *T.F. Suys* und *J. de Greef* erfolgte. Heute dient sie als Kongress- und Konzertsaal.

## Häuser am Singel

Der Singel weist eine Reihe weiterer attraktiver Punkte auf. Die **Torensluis** ist eine breite Bogenbrücke über den Singel an der Oude Leliestraat. **Haus Zeevrugt** (Nr. 36) wurde 1763 als stattliches Kaufmannshaus mit einer Darstellung des Merkurius im Treppengiebel gebaut. Das große **Oude Veerhuis De Swaen** (Nr. 83–85) aus dem Jahr 1652 bekam seinen Namen nach seinem ersten Besitzer. Das **Huis Met de Neuzen** (Nr. 116) aus dem Jahr 1752 fällt durch seinen Giebel mit drei Männerköpfen mit großen Nasen auf. **De Dolphijn** aus dem Jahr 1602 (Nr. 140–42) ist ein weiteres typisches Grachtenhaus. Es hat einen doppelten Treppengiebel als Beispiel für den in Amsterdam anzutreffenden Häusertypus des *dubbele huis*. Singel 166 ist weltberühmt als das **schmalste Haus** Amsterdams mit nur einer Fensterbreite. Die **Singelkerk** (Nr. 452) ist das Anfang des 17. Jh. erbaute Gotteshaus der Mennoniten, das auch für Konzerte genutzt wird. Das Haus **Singel 412,** um 1650 erbaut, gilt als gelungenes Imitat der Architektur von *Philips Vingboons* (1607–78), dem berühmten klassizistischen Baumeister. **Het Buishuis** (Nr. 423) fällt durch seine eigenwillige Fassadengestaltung auf. Der Giebel dieses 1606 gebauten Hauses wurde vom Architekten und Bildhauer *Hendrick de Keyser* entworfen.

## Muntplein

Den Abschluss des Singel bildet der Muntplein. Hier erhebt sich der **Munttoren,** 1480–87 als Stadttor mit zwei Türmen und einem Wachhaus dazwischen errichtet. Es war eines der drei wichtigsten Tore der mittelalterlichen Stadtbefestigung. Nach dem Brand von 1618 wurde nur noch der Westturm wieder aufgebaut. Der Sockel erhielt 1619–20 einen achteckigen Aufsatz, die zierliche Spitze wurde von *Hendrick de Keyser* entworfen.

## Blumenmarkt

Zu den am meisten besuchten Attraktionen gehört der Blumenmarkt am Singel. Zwischen Rokin und Leidsestraat wird der Besucher von der Blütenpracht schier erdrückt. Die Blumenstände selbst schwimmen auf dem Wasser, die Auslagen nehmen den halben Bürgersteig ein.

● **Blumenmarkt:** Blumen, Samen, Blumenzwiebeln und seltene Pflanzen wie die schwarze Tulpe, täglich 9.30–18 Uhr.

## Essen und Trinken

● **Het Tuynhuis** €€€€: Reguliersdwarsstraat 32, Tel. 627 66 03, www.diningcity.com/ams/tuynhuys, mit schöner Innenterrasse, täglich wechselnde Karte, Sa und So vormittags geschlossen.
● **Le Pêcheur** €€€€: Reguliersdwarsstraat 28, Tel. 624 31 21, www.diningcity.com/ams/le pecheur, Fischrestaurant mit rückwärtiger Terrasse, So geschlossen.
● **Sichuan Food** €€€: Reguliersdwarsstraat 35, Tel. 626 93 27, www.derestaurantsite.nl/res taurant/sichuanfood, chinesische Spitzenküche, 30.4. und 31.12. geschlossen.
● **Sampurna** €€: Singel 498, beim Blumenmarkt, Tel. 625 32 64, www.sampurna.com,

Amsterdam

bekannt für seine authentische indonesische Küche.

● **Kobalt Café:** Singel 2, unmittelbar am Kopfende des Singel, bekannt für gute, preiswerte Gerichte, mit Außentischen inmitten des Trubels, So–Do 7–1 Uhr, Fr und Sa bis 3 Uhr, Terrasse bis 2 Uhr.

## Herengracht

Die prächtigsten Paläste an der Herengracht findet man im *Gouden Bocht* (Goldenen Bogen) zwischen der Leidsestraat und der Vijzelstraat ganz im Süden. Zu den monumentalen Stadthäusern zählen das Haus **De Hond** (Nr. 59) von 1659 und das Haus **De Coningh van Denemarken** (Nr. 120) aus dem Jahr 1615.

### Theatermuseum

1613 erteilte *Michael de Pauw* dem Architekten *Philips Vingboons* den Auftrag, ihm an der Herengracht ein großzügiges Haus zu errichten (Nr. 168). Es ist das erste Haus, das einen **Halsgiebel,** der für spätere Amsterdamer Bauten so typisch werden sollte, trägt. Hundert Jahre später wurde das Haus umgestaltet und mit reichlich Deckenund Wandmalereien sowie Stuck versehen. Heute ist es der Sitz des Niederländischen Theaterinstituts. Durch eine Korridortür gelangt man in zwei Räume des Nachbarhauses. Dieses ist das 1617 errichtete **Bartolottihaus,** entworfen von *Hendrick de Keyser*. Ein Teil der Einrichtung stammt aus der Stilepoche von *Louis XIV*. Besonders sehenswert ist auch der Barockgarten. Beide Häuser zusammen beherbergen das Amsterdamer Theatermuseum.

Die Sammlung präsentiert die Geschichte des niederländischen Theaters anhand von Kostümen, Modellen, Zeichnungen, Postern, Fotos und Marionetten.

● **Theatermuseum:** Herengracht 168, Tel. 551 33 00, www.tin.nl, Mo–Fr 11–17 Uhr, Sa und So 13–17 Uhr, Eintritt 4,50 €.

### Bibelmuseum

Weiterhin besonders sehenswert an der Herengracht ist das 1618 gebaute Kaufmannshaus Nr. 203, das Haus De Witte Leli (Nr. 274) von 1618, das Huis van Brienen (Nr. 284) von 1728 und das Haus Sonnenberg (Nr. 284) von 1655.

Im **Cromhouthuizen** von 1660–62 ist das Bibelmuseum untergebracht. Die Exponate zeigen das Ringen der Juden, Christen und Moslems um Jerusalem, aber auch die Gemeinsamkeiten der drei Religionen.

● **Bijbels Museum:** Herengracht 366–368, Tel. 624 24 36, www.bijbelsmuseum.nl, Mo–Sa 10–17 Uhr, So 11–17 Uhr, 1.1. und 30.4. geschlossen, Eintritt 7,50 €, Kinder bis 18 Jahre 3,75 €.

### Häuser an der Herengracht

Das Haus Nr. 412 wurde von *Philips Vingboons* 1664–67 ganz im Stil des holländischen Klassizismus errichtet. Ein dreiachsiger Mittelrisalit prägt die Fassade. Garten und Gartenhaus wurden von *G. Belin la Garde* gestaltet.

Prächtig anzuschauen ist das Haus **De Vier Heemskinderen** (Nr. 394) an der Ecke Leidsegracht aus der Zeit um 1671. Der Giebel ist noch original aus der klassizistischen Epoche. Das **Huis** van Deutz (Nr. 450), benannt nach einer Kölner Kaufmannsfamilie, entstand 1663. Weitere bedeutende Kaufmannshäuser sind das **Huis Sweedenrijk** (Nr. 462) von 1672, das **Huis de Vicq** (Nr. 476) von 1670 und das **Huis aan de Bocht** (Nr. 475) aus den Jahren 1731–33. Hier, am exklusivsten Teil der Herengracht, hatte sich der Kaufmann *de Neufville* ein Haus bauen lassen, das die französisch beeinflusste Wohnkultur im 18. Jh. zeigt.

Das **Huis met de Kolommen** (Nr. 502) war die Amtswohnung des Bürgermeisters, zunächst vom Kaufmann *Paulus Godin* 1671/72 gebaut. Der Eingang ist als Säulenportal ausgebaut, zur Gartenseite gibt es einen von Säulen getragenen, schmalen Balkon. Im ersten Stock werden Empfänge gegeben, die Räume darüber sind als Residenz die Privaträume des Bürgermeisters.

## Museum Willet-Holthuysen

Das Museum Willet-Holthuysen ist in einem weiteren der Herrenhäuser (Nr. 605) an der Herengracht untergebracht. Das Ehepaar *Abraham Willet* (1825–88) und *Louisa Holthuysen* (1824–95) hinterließ das Haus der Stadt samt Kunstsammlung und Einrichtung mit der Auflage, es als Beispiel Amsterdamer Wohnkultur der Öffentlichkeit zugänglich zu machen.

● **Museum Willet-Holthuysen:** Herengracht 605, Tel. 523 18 22, www.willetholthuysen.nl, Mo–Fr 10–17 Uhr, Sa und So 11–17 Uhr, 1.1., 30.4., 25.12. geschlossen, 5., 24. und 31.12. bis 16 Uhr, Eintritt 5 €, Senioren 3,50 €, ermäßigt 2,50 €, Kinder unter 5 Jahren frei.

## Essen und Trinken

● **Indrapura:** Rembrandtplein 42, Tel. 623 73 29, www.indrapura.nl, zählt zu den bekanntesten indonesischen Restaurants Amsterdams, vielseitige Reistafeln.
● **'t Arendsnest, Dutch Beer Café:** Herengracht 90, Tel. 421 20 57, www.arendsnest.nl, großartige holländische Bierbar, 150 Biersorten im Angebot, davon 15 aus dem Fass, gemütliche Atmosphäre, So–Do 16–24 Uhr, Fr und Sa bis 2 Uhr, 25. und 26.12. geschl.

## Einkaufen

● **Thorbeckeplein Kunstmarkt:** Thorbeckeplein, organisiert durch die Stichting Kunstkring Thorbecke, im Angebot Bilder, Zeichnungen, Skulpturen im direkten Kontakt mit den Künstlern, April bis Okt. So 10–15 Uhr.

# Keizersgracht

Die Keizersgracht ist die mittlere der drei Grachten, die im Zuge der im 17. Jh. durchgeführten Stadtwerweiterung entstanden. Sie ist die breiteste Amsterdamer Gracht und wurde nach Kaiser *Maximilian* benannt. Viele ihrer Häuser wurden von den Architekten *Philips Vingboons* und *Adriaan Dortsman* entworfen.

Unter den prächtigen Herrenhäusern sei auf das Haus **De Rode Hoed** (Nr. 102) aus dem Jahre 1630 hingewiesen. Darin war eine katholische „Untergrund"-Kirche untergebracht, der Saal im Haus wird heute für Veranstaltungen genutzt.

Das **Huis met de Hoofden** (mit den Köpfen, Nr. 123) von 1622 fällt durch seine gegliederte Backsteinfassade mit dem prächtigen Giebel auf. Die Figuren an der Fassade stellen antike Gottheiten dar.

Amsterdam

nem Portal und das **Felix Meritis Haus** (Nr. 324) von 1787 mit der mächtigen Säulenfassade, gegenwärtig ein Zentrum für Kunst und Wissenschaften.

Der **Claes Reiniershofje** (Nr. 334–46), schon 1618 entstanden, ist einer der typischen Amsterdamer Hofbauten. Der ehemals katholische Hof hieß früher „Liefde is het Fundament".

Im Huis Marseille (Nr. 401) aus dem Jahr 1665 ist heute das **Museum für Fotografie** und in den Van-Raey-Häusern (Nr. 672–4) aus dem Jahr 1671 das **Museum Van Loon** untergebracht. Der erste Bewohner des Hauses war *Ferdinand Bol*, Rembrandts berühmtester Schüler. Später kam das Haus in den Besitz der Familie *van Loon*, deren Vorfahr Mitbegründer der Ostindischen Kompanie war. Die Einrichtung ist ursprünglich geblieben und kann besichtigt werden.

Auch das Haus **Geelvink-Hinlopen** (Nr. 518) aus dem Jahr 1687 ist zu besichtigen. Es besteht aus einem Herrenhaus, einem schönen Barockgarten und einem Kutschenhaus zur Prinsengracht. Vier zeitgenössisch eingerichtete Zimmer stehen offen, die Bibliothek, die Rode Kamer, die Blauwe Kamer und die Chinese Kamer.

Das **Comanshuizen** (Nr. 177) wurde durch den klassizistischen Baumeister *Jacob van Campen* 1625 errichtet. Beim Umbau 1931 wäre es beinahe zusammengebrochen. Das **Haus de Hoop** (Nr. 209) aus dem 17. Jh. erhielt 1738 seine üppig gestaltete Front. Weiterhin sehenswert sind die Häuser **Saxenburg** (Nr. 224) aus dem Jahr 1765, **De Koopermole** (Nr. 225) aus dem Jahr 1746 mit besonders schö-

● **Museum voor Fotografie:** Huis Marseille, Keizersgracht 401, Tel. 531 89 89, Di–So 11–18 Uhr, 1.1., 30.4. und 25.12. geschl., Eintritt 5 €, Studenten 3 €, Kinder bis 17 Jahre frei.
● **Museum Van Loon:** Keizersgracht 672, Tel. 624 52 55, www.museumvanloon.nl, Mi–Mo 11–17 Uhr, Eintritt 6 €, Kinder 6–18 Jahre 4 €.
● **Museum Geelvinck Hinlopen Huis:** Keizersgracht 633, Tel. 639 07 47, www.museum geelvinck.nl, Fr–Mo 11–17 Uhr, Eintritt 6 €.

Die Westerkerk

## Westerkerk

Die Westerkerk im Nordwesten der Stadt am Westermarkt zwischen Keizersgracht und Prinsengracht ist der berühmteste Sakralbau von *Hendrick de Keyser.* Die Kirche im Renaissancestil entstand 1620–31. Nach dem Tod de Keysers im Jahr 1621 übernahm sein Sohn den Weiterbau. Großartig ist der Turm, der dem Mittelschiff an der Westfront vorgesetzt ist. Er trägt die Kaiserkrone, welche von Kaiser *Maximilian I.* stammt – ein katholisches Geschenk an die protestantische Stadt! In der Kirche wurde **Rembrandt** in einem Armengrab begraben. Auch sein Sohn *Titus* liegt hier, darüber hinaus weitere Maler wie *Nicolaes Berchem, Gillis Claesz. De Nondecoeter* und *Melchior de Hondecoeter.*

Die großartige **Orgel,** die sich harmonisch in das Innere einfügt, wurde 1686 eingebaut und in den folgenden Jahrhunderten erweitert, unter anderem von *Christian Vater,* einem Schüler *Arp Schnitgers.*

● **Westerkerk:** Prinsengracht 281, Tel. 624 77, www.westerkerk.nl, Gottesdienst So 10.30 Uhr, werktags April bis Sept. 11–15 Uhr zu besichtigen, Orgelkonzerte von April bis Mitte Okt. Fr 13 Uhr, Eintritt frei, Turmbesteigung April bis Okt. Mo–Sa 10–17.30 Uhr, Führungen halbstündlich, Eintritt 6 €.

## Essen und Trinken

● **Takens:** Runstraat 17d, Tel. 627 06 18, im Stil eines Vorstadthauses, bietet klasssiche Küche, interessante Weinkarte, abends geöffnet, 24.12.–7.1. geschlossen.

## Prinsengracht

Die Prinsengracht ist die äußerste der drei Grachten, die im 17. Jh. um die Innenstadt gebaut wurden. Ganz im Norden des Grachtengürtels weist das Eckhaus (Nr. 2) zur Brouwersgracht einen ausgesprochen schönen Treppengiebel auf. Das auch **Papeneiland** genannte Haus hatte früher einen Tunnel zu der auf der anderen Grachtseite gelegenen katholischen „Untergrund"-Kirche.

## Noorderkerk

Wenig südlich erhebt sich am Noordermarkt die Noorderkerk, ein Sakralbau von *Hendrick de Keyser* auf basilikalem Grundriss, erbaut 1620–23. Sie diente als protestantisches Gotteshaus für die Bewohner des neuen Grachtengürtels und des sich anschließenden Joordan. Die Kirche wird bis heute als Gotteshaus der Reformierten Gemeinde benutzt.

● **Noorderkerk:** Noordermarkt 48, Tel. 626 64 36, www.noorderkerk.org, Mo, Do u. Sa 11–13 Uhr, Mi 11–15 Uhr, So 13.30–17 Uhr.

## Anne Frank Huis

Das Anne Frank Huis (Nr. 263) aus dem Jahr 1635 mit dem Hinterhaus von 1740 steht nahe der Westerkerk. Seit 1960 ist das Haus als **Museum** eingerichtet, das jährlich von mehr als einer Million Menschen besucht wird. Hier hatte sich die jüdische Familie *Frank* versteckt gehalten, wurde aber im August 1944 an die deutsche Besatzung verraten und ins Konzentra-

Amsterdam

tionslager verbracht. Anne Frank starb im Konzentrationslager, ihr Tagebuch hat die ganze Welt erschüttert.

●**Anne Frank Huis:** Prinsengracht 263, Tel. 556 71 00, www.annefrank.org, Mitte März bis Mitte Sept. täglich 9–21 Uhr, Juli/Aug. bis 22 Uhr, ansonsten 9–19 Uhr, an Jom Kippur (Großer Versöhnungstag) geschlossen, Eintritt 7,50 €, Jugendliche 10–17 Jahre 3,50 €.

## Hausbootmuseum

Eine besondere Attraktion stellt das Hausbootmuseum „Hendrika Maria" dar, zehn Minuten zu Fuß vom Anne Frank Huis entfernt. Es zeigt stellvertretend für die 2500 Hausboote in Amsterdam das Leben in einer solchen Unterkunft. Das Wohnschiff aus dem Jahr 1914 ist mit einer authentischen Schifferwohnung mit Alkoven, Wohnzimmer, Küche und Bad ausgestattet.

●**Hausbootmuseum:** Prinsengracht 296, Tel. 427 07 50, www.woonbootmuseum.nl, März bis Okt. Di–So 11–17 Uhr, Nov. bis Feb. Fr–So 11–17 Uhr, Ostermontag und Pfingstmontag geöffnet, 1.1., 30.4., 25., 26. und 31.12. geschlossen, Eintritt 3,25 €, Kinder bis 152 cm 2,50 €.

## Amstelkerk

Zwischen Prinsengracht 1047 und 1049 steht die Amstelkerk. Sie wurde 1670 als Provisorium auf dem damals noch brach liegenden, sumpfigen Amstelfeld als schlichte, turmlose weiße Kirche errichtet, die von außen etwas an einen Stall erinnert. Später wollte man sie durch eine Kirche aus Stein ersetzen, aber dazu kam es nie. Die **hölzerne Kirche** wurde von *P.J. Hamer* nach Entwurf *Hendrik Springers* 1840 neogotisch umgebaut. Heute

wird sie für Gottesdienste, Ausstellungen und Veranstaltungen genutzt.

## Magere Brug

Die Magere Brug wurde 1672 als Verbindung über die Amstel zu den östlich weiterführenden Grachten gebaut. Sie liegt im Süden der Stadt zwischen Keizersgracht und Prinsengracht. Als große Touristenattraktion wird diese **Holzbrücke,** die noch mit der Hand zu bedienen ist, angestrahlt.

# Jordaan

Das heutige **Szene-Viertel** Jordaan erstreckt sich westlich der Altstadt und des Grachtengürtels zwischen Prinsen- und Singelgracht von der Brouwersgracht im Norden bis zum Leidseplein im Süden. Das Viertel, einst der Garten Amsterdams – *le jardin,* woraus später *Jordaan* wurde –, war der Wohn- und Arbeitsplatz für kleine Handwerker und Bedienstete. Die kleinräumigen Straßenzüge mit dichter, einfacher Bebauung weisen darauf hin, dass hier weniger begüterte Amsterdamer ihr Zuhause hatten. Es war auch ein Viertel für Immigranten, vor allem für Hugenotten, die nach der Bartholomäusnacht 1572 in Frankreich nach Holland flüchteten.

Im Zuge der Industrialisierung wurde der Jordaan zum richtigen Armenviertel Amsterdams. Ende des 19. Jh. nahmen sich Sozialgesellschaften der ausgegrenzten Bevölkerung an, nach dem Zweiten Weltkrieg begannen dann die eigentlichen Sanierungen.

Amsterdam

Damit wurde das Viertel für Intellektu-
elle, Künstler und Lebenskünstler, für
Alternative und Grüne interessant. So
ist das Viertel heute ein uriges Knei-
penviertel mit schönen Restaurants,
flippigen Geschäften, viel **Kunst und
Kultur.** Dem bekanntesten Sohn des
Viertels, dem Schriftsteller, Pädagogen
und Sozialreformer *Theo Thijssen*
(1879–1943) hat man ein kleines **Museum** gewidmet (s.u.).

An die Entstehungsgeschichte des
Jordaan erinnern die vielen *hofjes,* die

als Stiftungen in ihren Räumlichkeiten
Armen Unterkunft boten. Ein Beispiel
bildet **Het Lindenhofje** in der Linden-
gracht 94–112, im Jahre 1616 als Kin-
derhospiz gestiftet und bis heute in
dieser Funktion für chronisch kranke
Kinder offen. Zu den schönsten *hofjes*
der Stadt zählt der **Karthäuserhof** in
der Karthuizerstraat 21–131. Er wurde
1650 auf dem Gelände des früheren
Karthäuserklosters gebaut. Im Gegensatz zu den anderen *hofjes* war es eine
staatliche Anstalt, ein ausgedehnter
Komplex, der Witwen und ledige Müt-
ter mit ihren Kindern beherbergte.
Heute werden die Räume als Sozialwohnungen vermietet.

Ganz im Süden des Jordaan-Viertels
zeigt **Het Hofje van de Weduwe Roo-**

Die Magere Brug wird manuell bedient

sen in der Eerste Passeerdersdwarsstraat 124–30 ein ganz besonderes Erscheinungsbild. Der Hof besteht aus vier nebeneinander stehenden Häusern ohne Innenhof, die Mitte des 18. Jh. gebaut, aber erst 1820 für ihren sozialen Zweck zusammengelegt wurden. In Ermangelung kleiner Gärten haben sich die Bewohner Minigärten vor ihren Häusern angelegt.

Besonders schön sind die Häuser an der **Brouwersgracht,** wo früher die Bierbrauer wohnten. Das Drei-Treppengiebel-Haus in der Bloemgracht 87–91 fällt besonders auf. Wegen des Drillingsgiebels wird es auch **Drie Hendricken** genannt. Der Renaissancebau aus dem Jahr 1642 ist seit 1929 im Besitz der Vereniging Hendrick de Keyser. Die Giebelsteine sind mit Darstellungen des Stadtmannes, des Landmannes und des Seemannes versehen.

Der Jordaan ist auch das Amsterdamer **Atelierviertel.** Über 20 Künstler haben hier ihren Sitz. Beispielhaft sei das Atelier des Malers *Hennie van der Vegt* in der Tuinstraat 133 genannt, das früher ein Pferdestall der Bavaria-Brauerei war.

●**Theo Thijssen Museum:** Eerste Leliedwarsstraat 16, Tel. 420 71 19, www.theothijssen museum.nl, Do–So 12–17 Uhr, Eintritt 2 €.

## Leidseplein

Der südliche Abschluss des Jordaan wird vom Leidseplein gebildet. Hier ist immer viel los. Auf dem ganzen Platz stehen Tische und Stühle, im Winter wird eine Eisbahn aufgestellt. Man findet hier und im Umfeld Restaurants, Cafés, Discotheken, Kinos, Kneipen und das Holland Casino. Am Platz steht das Stadttheater, die **Stadsschouwburg.** In der nahe gelegenen Weteringschans findet sich das **Paradiso,** ein Musik-Zentrum in einem verlassenen Kirchengebäude, und an der Lijnbaansgracht **De Melkweg,** ein Kultur- und Medienzentrum, das seit den 1960er Jahren Furore macht (siehe „Nachtleben").

### Essen und Trinken

●**Hard Rock Café:** Max Euweplein 57–61, Tel. 523 76 25, www.hardrock.com, Live-Musik in Rock'n'Roll-Atmosphäre, freitags DJ-Abend, Gastronomie der höheren Preisklasse, Terrasse am Wasser, So–Do 12–24 Uhr, Fr und Sa bis 1 Uhr.

●**Toussaint Café:** Bosboom Toussaintstraat 26, Tel. 685 07 37, www.bosboom-toussaint. nl, gemütliches Café-Restaurant in einem ruhigen, gehobenen Wohnviertel, 5 Minuten vom Leidseplein entfernt, Kerzen erhellen den Gastraum, gemäßigte Preise.

●**Café de Jordaan:** Elandsgracht 45, Tel. 627 58 63, typisches, geselliges Café im Herzen des Jordaan, kleine, traditionelle Gerichte, freundliches Publikum, 10–1 Uhr, Fr und Sa bis 3 Uhr.

### Einkaufen

●**Antikmarkt De Looier:** Einer der wenigen überdachten Märkte der Stadt, Spezialitäten: Antiquitäten, Krimskrams, Möbel, Schmuck, Besteck; Elandsgracht 109, Di–Sa 11–17 Uhr.

●**Noordermarkt:** Schnäppchen aller Art wie Secondhand-Kleidung, Schuhe, Schmuck, Möbel, die meisten Anbieter kommen aus dem Jordaan, Mo–Sa 9–15 Uhr, im Sommer bis 16 Uhr.

## Singelgracht und Museumsviertel

Die Singelgracht wurde um 1660 als Außengracht mit Stadtwällen ausgebaut. Es war der äußere Verteidigungsgürtel der Stadt, mit **Bollwerken** versehen, die der Singelgracht einen ausgebuchteten Verlauf bescherten. Auf den Bollwerken standen Mühlen, von denen noch De Gooyer an der Zeeburgerstraat im Osten Amsterdams erhalten ist. An der Innenseite zog sich die Lijnbaansgracht entlang, so benannt, weil hier die Seilzieher ihrem Handwerk nachgingen.

Als der äußere Festungsgürtel Amsterdams angelegt wurde, zeichnete sich schon das Ende des Goldenen Jahrhunderts ab. Die Stadt blieb dann zwei Jahrhunderte innerhalb dieser Grenze bestehen und dehnte sich erst wieder – dann umso heftiger – mit der Industrialisierung über die Singelgracht hinaus aus.

Das Museumsviertel südwestlich der Altstadt jenseits der Singelgracht birgt die größten künstlerischen Schätze der Niederlande. Hier findet der Besucher die berühmtesten Museen des Landes. Außerdem steht am Museumsplein das **Concertgebouw,** ein mächtiges neoklassizistisches Bauwerk aus dem Jahr 1888 von *P.J.H. Cuypers,* der auch Elemente der Neorenaissance und Neogotik einbrachte.

## Rijksmuseum

Das Rijksmuseum verfügt über verschiedene Abteilungen, die jede für sich gesehen internationales Niveau vorweisen. Großartig ist die Abteilung der **niederländischen Malerei** des 15. bis 17. Jh. Hier sind alle großen Meisterwerke des Goldenen Jahrhunderts – z.B. die „Nachtwache" von *Rembrandt* – vertreten. Weitere Abteilungen zeigen Bildhauerei und Kunstgewerbe, Kupferstiche, Malerei des 18. und 19. Jh., Kostüme sowie Exponate zur asiatischen und niederländischen Geschichte. Bis 2012/13 wird die komplette Renovierung des Rijksmuseums abschnittsweise beendet sein.

● **Rijksmuseum:** Stadhouderskade 42, Tel. 674 70 00, www.rikjksmuseum.nl, mit Museumsladen und Restaurant, täglich 9–18 Uhr, Fr bis 20.30 Uhr, 1.1. geschlossen, Eintritt 10 €, Kinder unter 18 Jahren frei.

## Vincent van Gogh Museum

Das Vincent van Gogh Museum ist in einem Gebäude von *Gerrit Rietveld* untergebracht, ganz dem expressionistischen Zeitgeist „De Stijl" verhaftet. Außergewöhnlich ist die Kollektion von **200 Gemälden und 600 Zeichnungen** – das ist die Hälfte aller Bilder, die *van Gogh* gefertigt und von denen er kaum eins verkauft hat, dazu Briefe und andere persönliche Hinterlassenschaften. Zusätzlich werden Werke seiner Zeitgenossen gezeigt.

● **Vincent van Gogh Museum:** Paulus Potterstraaat 7, Tel. 570 52 00, www.vangogh museum.nl , mit Museumsladen, Restaurant und Bibliothek, täglich 10–18 Uhr, Fr bis 22 Uhr, Eintritt 12,50 €, Jugendliche 13–17 Jahre 2,50 €, Kinder frei.

## Stedelijk Museum

Das Städtische Museum für moderne Kunst hat einen großen Bestand an

*Amsterdam*

**Kunstwerken** von *Cézanne* bis zu den aktuellsten Künstlern. Daneben werden immer wieder Aufsehen erregende Sonderausstellungen durchgeführt. Das 1895 errichtete Museumsgebäude wurde 1954 erstmals und bis 2009 nochmals grundlegend renoviert.

● **Stedelijk Museum:** Paulus Potterstraat 13, Tel. 573 27 37, www.stedelijk.nl, täglich 11–17 Uhr, 1.1. geschlossen, Eintritt 12,50 €, Jugendliche 13–17 Jahre 2,50 €, Kinder frei.

### Essen und Trinken

● **Van Vlaanderen** €€€€: Weteringschans 175, Tel. 622 82 92, nahe der Singelgracht gelegenes, elegantes, prämiertes Restaurant, französisch-mediterrane Küche, Di–Sa abends, letzte drei Juliwochen und nach Weihnachten geschlossen.

● **Eetcafe De Toog:** Nicolaas Beetsstraat 142, Tel. 618 50 17, einige Hundert Meter westlich des Leidseplein, Bar im Erdgeschoss, Wohnzimmeratmosphäre im Obergeschoss, kleine Karte, 16–1 Uhr, Fr/Sa bis 2 Uhr.

## Parkanlagen

Amsterdam ist viel grüner als man gemeinhin glaubt. Um das Zentrum liegen einige beliebte Parks. Der **Vondelpark** ist der bekannteste und meistbesuchte Amsterdamer Park. Er erstreckt sich als Landschaftsgarten des ausgehenden 19. Jh. auf einer Fläche von 47 ha im Südwesten der Stadt. Im Park befinden sich mehrere Cafés, ein Teehaus und ein Open-Air-Theater.

Der **Rembrandt Park** zieht sich im Westen der Stadt entlang der Autobahn hin. Hier wechseln sich Grünflächen mit Waldarealen und ausgedehnten Wasserflächen ab.

Der **Oosterpark** im Osten der Stadt wird heute multikulturell genutzt. Er ist so gestaltet, dass plötzliche Sichtachsen unvermittelte Ausblicke ermöglichen. Vor allem Surinamesen, Indonesier, Inder und Muslime suchen hier Ruhe und Erholung.

Der **Amsterdamse Bos** erstreckt sich südlich von Amsterdam über eine Fläche von 940 ha. Er wurde in den 1930er Jahren als Naherholungsgebiet angelegt. Das ehemalige Torfabbaugebiet wurde im Sinne eines englischen Landschaftsgartens mit Wald-, Wiesen-, Wasser- und Sportflächen und kleinen künstlichen Hügeln gestaltet. Eine besondere Freude bereitet das Kirschenareal im Frühjahr, wenn hier über 400 verschiedene Kirschbaumarten blühen (siehe „Amstelveen" im Kapitel „Noord-Holland").

- ●www.vondelpark.tv
- ●www.rembrandtpark.org
- ●www.amsterdam.info/parks/oosterpark
- ●www.amsterdamsebos.nl

## Museen

●**Filmmuseum:** Vondelpark 3, Tel. 589 14 00, www.filmmuseum.nl, großes Filmarchiv, Restaurierung alter Filme, Schwerpunkt experimenteller Film, mit Bibliothek, Filmsaal und Museumsladen, Mo–Fr 9–22 Uhr, Sa und So bis 22.15 Uhr, behindertengerecht.

●**Tropenmuseum:** Linnaeusstraat 2, Tel. 568 82 00, www.tropenmuseum.nl, zwischen Oosterpark und Mauritskade, Exponate zur Kultur der Tropen mit Schwerpunkt Niederländisch Indien / Indonesien, Sonderausstellungen, Bibliothek, Museumsladen, Café, 10–17 Uhr, 5., 24. und 31.12. bis 15 Uhr, 1.1., 30.4., 5.5. und 25.12. geschlossen, Eintritt 7,50 €, Kinder 6–17 Jahre 4 €.

## Einkaufen

●**Dappermarkt:** Amsterdams günstigster Markt, genauso „multikulti", wie es im nahe gelegenen Oosterpark zugeht; Kleidung, Drogerieartikel, Lebensmittel; Dapperstraat, Mo–Sa 9–16 Uhr.

# De Pijp

Der Amsterdamer Stadtteil De Pijp erstreckt sich südlich des Zentrums. Er ist Ende des 19. Jh. als Arbeiterviertel entstanden und wird heute von Menschen unterschiedlichster Herkunft bewohnt. Lange, schmale Straßen gaben dem Viertel seinen Namen (*pijp* = Pfeife). Den Südteil haben der Architekt *Berlage* und seine Nachfolger ganz im Sinne des Stils der Amsterdamer Schule überwiegend in **Backsteinarchitektur,** in Abwendung vom vorangegangenen Stil des Historismus, geplant. Speziell die Bauten für die Wohnungsbaugesellschaft De Dageraad an der Takstraat, gebaut 1919–22 von *M. de Klerk* und *P.L. Kramer,* zeigen interessante Details. Viele Straßen des Viertels sind nach niederländischen Malern benannt, so die Albert-Cuyp-Straat, die an den Landschaftsmaler

Typisches Hausboot

*Aelbert Jacobsz. Cuyp* (1620–91) erinnert. Hier findet der größte Amsterdamer **Markt** statt.

Zahlreiche Cafés in De Pijp sind Studententreffpunkte. Einen besonderen Anziehungspunkt bildet die **Heinekenbrauerei,** die besichtigt werden kann. De Pijp weist mit der **Asscher Diamant Maatschapij** in der Toolstraat auch ein Traditionsunternehmen der Diamantschleiferei auf. Hier wurde der „Amsterdamer Schliff" erarbeitet, mit dem die größten Diamanten der Welt, viele davon für das englische Königshaus, geschliffen wurden.

● **Heineken Brauerei:** Stadhopuderskade 78, Tel. 523 96 66, www.heinekencorp.com, Brauereibesichtigung mit Probe, Di–So 10–18 Uhr (ab 18 Jahre), Eintritt 5 €.
● **Koninklijk Asscher Diamant Maatschapij,** Tolstraat 127, Tel. 679 13 11, www.as scher.com.

## Hafenviertel Westerdok

Reizvoll ist das alte Westerdok, zu dem man vom Haarlemmerplein durch eine Bahnunterführung gelangt. Man folgt der Sloterdijkstraat in östlicher Richtung über die malerische weiße Hebebrücke **Sloterdijkbrug,** um zum **Prinseneiland** zu gelangen. Hier im westlichen Becken des alten Amsterdamer Hafens wurden im frühen 17. Jh. die drei Inseln Bickers-, Realen- und Prinseneiland künstlich aufgeschüttet. Das jahrhundertealte Flair eines Hafenviertels mit alten Lagerhäusern, aber auch kleinen Werften, auf denen Schiffe repariert und instand gehalten werden, hat sich erhalten.

In den Hafenbecken schaukeln **Wohnboote und Kähne,** wie man das auch von anderen Grachten Amsterdams kennt. Ein besonders schönes Fotomotiv bildet der Zandhoek auf **Realeneiland** mit seinen schmucken Giebelhäusern angesichts der Kulisse mit den vielen Tjalken, den alten Küstensegelschiffen, die hier am Kai festmachen. Kein Wunder, dass sich im Westerdok auch viele **Künstler** niedergelassen haben, die inzwischen ihre Ateliers für Besucher öffnen (s.u.).

Westlich des eigentlichen Westerdok ist im **Westerparkgebiet** ein weiteres Wohnviertel durch den Architekten *Michel de Klerk* im Stil der Amsterdamer Schule errichtet worden. Es sollte Wohnraum für die Beschäftigten im neuen Hafenviertel schaffen. In einem Wohnblock, der wegen seiner Erscheinungsform **Het Ship** genannt wird, ist ein Museum eingerichtet worden. Gezeigt wird das Konzept der Sozialwohnungen des Wohnblocks.

● **Kunstroute Open Ateliers Westelijke Eilanden** (Offene Ateliers): Seit 1985 jährlich am Pfingstwochenende öffnen Künstler auf dem Bickerseiland, Prinseneiland und Realeneiland ihre Ateliers für die Öffentlichkeit, veranstaltet durch die Kunststichting De Eilanden, Prinseneiland 103, Tel. 330 48 42, www.oawe.nl.
● **Museum Het Ship:** Spaarndammerplantsoen 140, Tel. 418 28 85, www.hetship.nl, mit Lunchroom, Mi–So 13–17 Uhr.

### Essen und Trinken

● **De Gouden Reael** €€: Zandhoek 14, Tel. 623 38 83, www.goudenreael.nl, Restaurant in einem alten Gebäude aus dem Jahr 1648, abends geöffnet, Mo und Di Ruhetag.

## Moderne Architektur

Auch in Amsterdam hat die moderne niederländische Architektur ihren Niederschlag gefunden. Es begann mit der 1902 fertig gestellten **Börse**. Das Glasdach des Backsteinbaus wird von einer sichtbaren Stahlkonstruktion getragen. Die Arbeiterwohnungen **De Dageraad,** errichtet in den 1920er Jahren, sind ein Musterbeispiel der Amsterdamer Architekturschule. Außergewöhnlich ist die 1997 fertig gestellte **WoonZorgComplex,** Seniorenwohnungen im Stadtentwicklungsgebiet Van Eesteren, in dem die einzelnen Wohnungen nicht in das Gebäude hinein, sondern aus ihm heraus gebaut wurden.

Zu weiteren Höhepunkten moderner niederländischer Architektur in Amsterdam zählen das Wohngebäude **Aquartis** am Entrepotdok, die Gebäude des **Cultuurpark Westergasfabriek** (Haarlemmerweg 8–10), die 2004 fertig gestellte Vision zukünftigen Wohnens **Living Tomorrow** (De Entree 300), das farblich abgesetzte **Hubertushuis** von 1980 in der Plantage Middenlaan 33–35, eingesetzt zwischen zwei Bauten aus dem 19. Jh., die zur Unterbringung sogenannter „gefallener Frauen" dienten, weiterhin das 2003 gebaute, verglaste Restaurant **De Twee Cheetas** im Tiergarten im Osten der Stadt mit seinen verschiedenen Geschossniveaus, die außergewöhnliche Glas- und Stahlkonstruktion des **ING House** aus dem Jahr 2000 (Amstelveenseweg 500) und nicht zuletzt der 1994 fertig gestellte Büro-Wohnkomplex **Rembrandttoren** am Omval, der Landzunge in der Amstel südlich des Amstelstadions, zurzeit das höchste Gebäude der Stadt.

# Praktische Tipps

## Info

- **Tel.-Vorwahl:** 020
- **VVV Amsterdam:** 1012 AB, Stationsplein 10, Tel. (0900) 400 40 40, Fax 625 28 69, www.amsterdamtourist.nl.

## Anfahrt und Parken

Empfehlenswert ist das **Park&Ride-System** der Stadt. Von drei großen, stadtnahen P&R-Parkplätzen kann man mit öffentlichen Verkehrsmitteln in die Innenstadt gelangen. Die Fahrscheine erhält man am P&R-Kiosk auf diesen Parkplätzen. Die Tagesgebühr kostet 5,50 € (inkl. Hin- und Rückfahrtticket für den Fahrer und einen Begleiter, wenn man die benutzten und entwerteten Fahrscheine nach Rückkehr wieder am P&R-Kiosk vorzeigt, ansonsten kostet die Parkgebühr allein 19 €). Das P&R-System kann bis zu vier Tage genutzt werden. Folgende P&R-Parkplätze bieten sich an:

Von Norden und Westen kommend **P&R Sloterdijk:** Anfahrt über die A10, Ausfahrt S102 (Basisweg) zum Piarcoplein hinter der Sloterdijk Station oder vom Haarlemerweg, Ausfahrt Station Sloterdijk (Radarweg). Von hier geht es mit dem Zug oder Bus Nr. 48 ins Zentrum, mit der Straßenbahnlinie 12 zum Van Gogh Museum.

Von Süden **P&R Olympisch Stadion:** Anfahrt über die A10, Ausfahrt S108, in die Stadt mit den Straßenbahnlinien 16 und 24.

Von Osten **P&R Transferium ArenA:** Anfahrt über die A10, Ausfahrt A9/A2, dann Ausfahrt Ouderkerk (der Parkplatz befindet sich unter der Arena). Von hier aus geht es mit der U-Bahn 54 oder mit Bus und Bahn von der Bijlmer Station in die Stadt.

Amsterdam

## Ankunft mit der Bahn

Empfehlenswert insbesondere für einen **Tagesausflug** ist die Anreise mit der Bahn. Der Hauptbahnhof (Centraal Station) liegt in der Innenstadt, von hier kann man zu Fuß die wichtigsten Sehenswürdigkeiten der Altstadt erreichen.

## Schnellboot von Ijmuiden

Halbstündlich ab Velsen bei Ijmuiden an der Nordsee, Zuid Pont Plein, nach Amsterdam De Ruijterkade (Rückseite Hauptbahnhof) und zurück, einfache Fahrt Erwachsene 4 €, Kinder 4–11 Jahre 2,50 €, Fahrräder 2 €, Information: Fast Flying Ferries, Velsen Noord, 3e Rijksbinnenhaven 1, Tel. 51 97 28, www.rederijnaco.nl.

## Ankunft am Flughafen

● **Luchthaven Schiphol,** Tel. (0900) 01 41 (0,40 €/Min.), vom Ausland 0031 (20) 794 08 00, www.schiphol.nl. Alle gängigen Mietwagenanbieter sind am Flughafen vertreten, Öffnungszeiten im Schiphol Plaza 6.30–23 Uhr, www.schiphol.nl/rentacar. Zwischen Schiphol und allen umliegenden Orten verkehren Stadt- und Regionalbusse, Information Tel. (0900) 92 92 (0,70 €/Min.), www.9292ov.nl.

## Fahrradverleih

Das Fahrrad ist das wichtigste Verkehrsmittel der Niederländer, vor allem in den Städten. Besonders empfehlenswert ist es für einen Tagesbesuch in Amsterdam, mit der Bahn anzureisen und sich an der Centraal Station ein Fahrrad zu mieten.

● **MacBike:** Station Amsterdam Centraal (Oostzijde), Stationsplein 12.

● **Amstel Rijwielshop Centraal:** Station Amsterdam Amstel, Fietspoint Amstel, Julianaplein 1.

## Grachtenrundfahrten

Zahlreiche Reedereien bieten Rundfahrten an; die Ticketpreise liegen zwischen 8 € und 12,50 €, Kinder 7,50–10 €.

● **Holland International:** Prins Hendrikkade 33a, Tel. 622 77 88, Abfahrt Prins Hendrikkade (dem Hauptbahnhof gegenüber), Dauer 1 Std., Route: Prins Hendrikkade – Singel – Beulingsloot – Herengracht – Amstel – Zwanenburg – Oude Schans – Het IJ – Prins Hendrikkade.

● **Kooy:** Rokin 125, Tel. 623 38 10/623 41 86, Abfahrt Oude Turfmarkt (gegenüber Rokin 125), Dauer 1 Std., Route: Nassaukade – Herengracht – Brouwersgracht – Singel – Haven – Oudezijdsvoorburgwal.

● **Lovers,** Weteringschans 24, Tel. 622 21 81/625 93 23, Abfahrt: Prins Hendrikkade (gegenüber Nr. 25–27), Dauer 1 Std., Route: Prins Hendrikkade – Singel – Beulingsloot – Herengracht – Amstel – Oude Schans – IJ (um den Hauptbahnhof herum) – Prins Hendrikkade.

● **Meyers:** Steiger 4–5, Tel. 623 42 08, Abfahrt: am Damrak, Landungsbrücke 5, Dauer 1 Std., Route: Damrak – Haarlemmersluis – Singel – Beulingsloot – Herengracht – Amstel – Nieuwe Herengracht – Oosterdok – IJ – Damrak.

● **Noord-Zuid:** Stadhouderskade 25, Tel. 679 13 70, Abfahrt: Stadhouderskade 25 (gegenüber Parkhotel), Dauer: 1½ Std., Route: Stadhouderskade – Prinsengracht – Keizersgracht – Herengracht – Singel – Leidsegracht – Singelgracht – Haven – Amstel – Stadhouderskade.

● **Plas:** Damrak 3, Tel. 624 54 06/622 60 96, Abfahrt: Damrak Landungsbrücken 1, 2 und 3, Dauer 1 Std., Route: Damrak – Singel – Herengracht – Nieuwe Herengracht – Haven – Damrak.

## Unterkunft

● **NH Doelen** €€€€: 1012 CP, Nieuwe Doelenstraat 24, Tel. 554 06 00, Fax 622 10 84, www.nh-hotels.com, im Herzen von Amsterdam an der Amstel (Oude Zijde) in einem prächtigen Haus, das auf das 17. Jh. zurückgeht, Zimmer im englischen Stil, mit Tavernen-Restaurant.

● **Ibis Stopera** €€€: 1011 LZ, Valkenburgerstraat 68, Tel. 531 91 35, www.accor-hotels.com, Systemhotel nahe Waterlooplein mit funktional eingerichteten Zimmern.

●**Nicolaas Witsen** €€: 1017 ZH, Nicolaas Witsenstraat 4–8, Tel. 623 61 43, Fax 620 51 13, im Süden nahe Singelgracht, praktisch eingerichtet, verschiedene Zimmertypen.

●**Canal House** €€€€: 1015 CX, Keizersgracht 148, Tel. 622 51 82, Fax 624 13 17, www.canalhouse.nl, 2009 nach Renovierung wieder eröffnetes Hotel, stilvoll eingerichtetes Haus aus dem 17. Jh., komfortable Zimmer.

●**Mercure Arthur Frommer** €€€€: 1017 TV, Noorderstraat 46, Tel. 622 03 28, www.arcor-hotels.com, in einer Häuserzeile in einer ruhigen Nebenstraße der Prinsengracht, zentral gelegen, standardmäßig eingerichtete Zimmer, Parkmöglichkeit.

●**Dikker & Thijs Fenice Hotel** €€€€: 1017 KE, Prinsengracht 444, Tel. 620 12 12, Fax 625 89 86, www.dtfh.nl, klassizistisches Gebäude dicht am Leidseplein, eigener Bootsanleger, Parkhaus.

●**Wiechmann** €€€: 1016 HX, Prinsengracht 328–332, Tel. 626 33 21, Fax 626 89 62, www.hotelwiechmann.nl, elegantes Hotel, das drei Häuser an der Gracht einnimmt.

●**Jugendherberge:** Stayokay Vondelpark, 1054 GA, Zandpad 5, Tel. 589 89 96, Fax 589 89 55, www.stayokay.nl, über 500 Betten, umfassende Ausstattung, alle Zimmer mit Dusche/WC, ab 22 €/Person.

## Nachtleben

●**Bimhuis:** Piet Heinkade 3, Tel. 788 21 50, www.bimhuis.nl, Hochburg der Jazzszene mit über 300 Konzerten jährlich, mit Bimhuis-café und Restaurant.

●**Disco Escape:** Rembrandtplein 11, Tel. 622 11 11, www.escape.nl, größte Disco der Niederlande mit Club, Studio, Café und Lounge, Do 23–4 Uhr, Fr und Sa 23–5 Uhr, So 23–4.30 Uhr.

●**Melkweg:** Lijnbaansgracht 234a, Tel. 531 81 81, www.melkweg.nl, Rock und Pop, Theater, Tanz und Kino, Fotografie und Medienkunst im Kulturzentrum in der alten Molkerei.

●**Paradiso:** Weteringschans 6–8, Tel. 626 45 21, www.paradiso.nl, Spitzenadresse für Konzerte bekannterer Bands im Hauptsaal, kleinere Konzerte in den Nebensälen, an den Wochenenden Club-Nights mit internationalen DJs.

●**Spielcasino:** Holland Casino Amsterdam, Max Euweplein 62, Tel. 521 11 11, www.hollandcasino.nl/amsterdam, Roulette, Black Jack, Poker, Spielautomaten etc., täglich 12–3 Uhr, Restaurant 13–2 Uhr.

Amsterdam

Lokal in der Damstraat

# Noord-Holland

## Nordholländische Küste

Die Festlandküste der niederländischen Provinz Noord-Holland wird von einem lang gezogenen **Dünenstreifen** gebildet, dessen Unterbrechung zwischen Petten und Camperduin durch die Hondsbossche Zeewering, einen mit einer Asphaltdecke versehenen **Deich,** geschlossen wird. Im Norden schließt der Dünenstreifen bei Den Helder ab und setzt sich dann auf Texel fort, einer der niederländischen Wattinseln, die verwaltungsmäßig zur Provinz Noord-Holland gehört. Sie wird im Kapitel „Westfriesische Inseln" beschrieben.

## Den Helder

VI/B1

Das **Marsdiep** trennt als tiefe Meerenge das nordholländische Festland von der Insel Texel. Südlich dieser Meerenge hatte sich um das 8. Jh. die Insel Huisduinen als große, sichelförmige Sanddüne gebildet, die westlich vor der heutigen Festlandlinie lag. Ab dem 12. Jh. entstand auf der Insel eine kleine Fischersiedlung, die sich im Zuge der Dünenverschiebung ostwärts verlagerte und um 1500 den Namen Den Helder erhielt. Aus diesem Fischerort stammen viele der berühmten holländischen Walfängerkapitäne wie auch manche ihrer Bootsführer, Harpuniere und Trankocher. Einige der **Walfängerhäuser** stehen noch im Ort. In der zweiten Hälfte des 18. Jh. wurde ein erster Deich zum Schutz von Den Helder angelegt, der nach dem Bau des Abschlussdeichs der Zuiderzee erheblich verstärkt werden musste, weil veränderte Strömungen die Dünen abzutragen begannen.

Im 18. Jh. wurde dann auf der Wattenseite von Den Helder mit dem Bau eines **Hafens für die Kriegsmarine** begonnen. Als *Napoleon* Ende des 18. Jh. in Holland einmarschierte, erkannte er die strategische Bedeutung dieses Standorts, den er als „Gibraltar des Nordens" bezeichnete. Er ließ die Stadt mit einem Ring aus fünf durch Wallanlagen verbundenen **Bastionen** befestigen. Die Fertigstellung des Noordhollands-Kanaal, der Schiffsverbindung von Amsterdam nach Den Helder, brachte weiteren wirtschaftlichen Aufschwung für die Stadt.

Im Zweiten Weltkrieg erlitt Den Helder durch Bombardements allergrößte Schäden. Die Stadtmitte wurde nördlich vom Bahnhof neu aufgebaut und ist heute als Fußgängerzone das quirlige **Einkaufszentrum** am Kop van Holland, wie die Nordspitze der Provinz Noord-Holland genannt wird.

Von der alten Düneninsel Huisduinen sind noch die Grafelijkheidsduinen und die **Donkere Duinen** verblieben. Letztere sind teilweise bewaldet und Naherholungsgebiet von Den Helder – ein kleiner **Streichelzoo** macht sie für Kinder attraktiv.

## Sehenswertes

Das **Marinemuseum** von Den Helder hält die große Tradition der holländischen Seegeschichte genauso wach wie die jährlich hier stattfindenden Flottentage. Es können u.a. ein 150 Jahre altes Rammschiff, ein Minenle-ger und ein U-Boot besichtigt werden. Darüber hinaus gibt es ein **Seenotrettungs-Museum.** Das Gelände der alten Reichswerft, die von König *Wilhelm I.* ausgebaute **Oude Rijkswerf Willemsoord** mit ihren noch aus napoleonischer Zeit stammenden, von neoklassizistischen Arsenalen gesäumten Hafenbecken, wurde mit viel Aufwand in den maritimen Erlebnispark „Cape Holland" umgewandelt. Hier findet sich ein Nachbau der „Prins Willem", des 1662 im Indischen Ozean untergegangenen größten Schiffes der Holländisch-Ostindischen Kompanie. In den Arsenalen sind alte Werkstätten wieder hergerichtet worden, das Trockendock und mehrere Museumsschiffe können besichtigt werden.

**Fort Kijkduin** als nordwestlichste Bastion der napoleonischen Festungsanlagen ist restauriert und zum Museum mit einem **Seeaquarium** ausgebaut worden. Beim Fort erhebt sich Den Helders 64 Meter hoher **Leuchtturm,** im Volksmund „De lange Jaap" genannt.

● **Marinemuseum:** Hoofdgracht 3, Tel. 65 75 34, www.marinemuseum.nl, Mo–Fr 10–17 Uhr, Sa, So und Feiertage 12–17 Uhr, Nov.–April montags sowie 25./26.12. und 1.1. geschlossen, Eintritt 4,50 €, Senioren 4 €, Kinder 5–15 Jahre 2,30 €.
● **Nationaal Reddingmuseum Dorus Rijkers** (Seenotrettungsmuseum): Willemsoord 60G, Tel. 61 83 20, täglich 10–17 Uhr (So und feiertags 13–17 Uhr), 25.12. geschl., behindertengerecht, Eintritt 5 €, Senioren 4,50 €, Kinder 5–15 Jahre 4 €.
● **Oude Rijkswerf Willemsoord:** Weststraat 1, Tel. 61 61 00, www.willemsoord.nl, mit **Attractiepark Cape Holland,** www.cape-holland.nl, Tel. 0900-0200 (0,20 € pro Min.), 2.–8.1., 18.2.–26.2., 15.4.–3.9., 14.–29.10. und

Noord-Holland

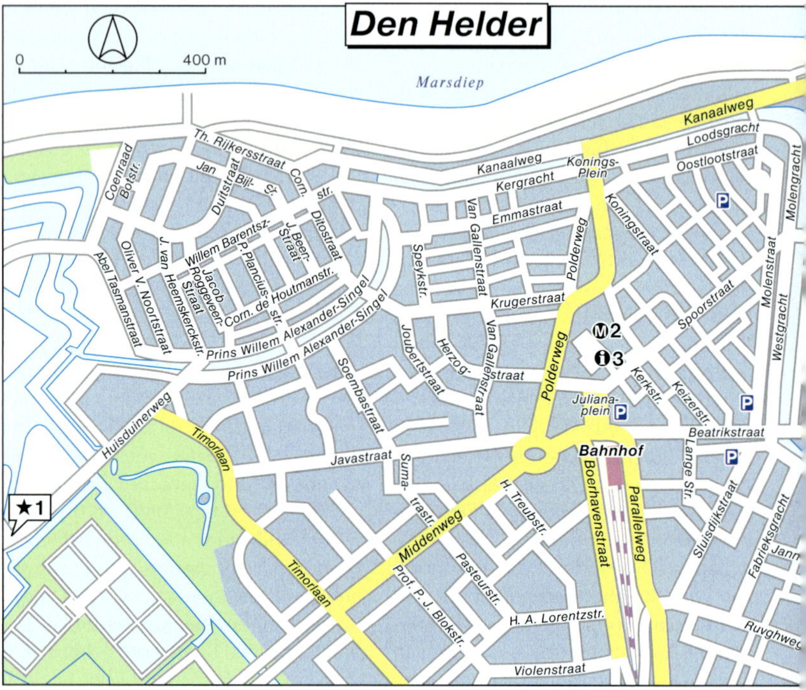

## Den Helder

0 ____ 400 m

*Marsdiep*

★ 1 Fort Kijkduin
Ⓜ 2 Nationaal Reddingsmuseum Dorus Rijkers
🛈 3 Information
Ⓜ 4 Marinemuseum
🕓 5 Lands End
⚓ 6 Fährhafen nach Texel
★ 7 Oude Rijkswerf Willemsoord
🕓 8 North Palace
Ⓜ 9 Käthe Kruse Poppenmuseum

23.12.–31.12. tgl. 10–17 Uhr, 4.9.–13.10. nur Sa und So geöffnet. Eintritt 12,25 €, Kinder 3–11 Jahre und Senioren 10,50 €.
● **Fort Kijkduin:** Admiraal Verhuellplein 1, Tel. 61 23 66, www.fortkijkduin.nl, Führungen April–Okt. täglich 11, 13 und 15 Uhr (in den Schulferien nur am Wochenende), sonst täglich 13 Uhr, Privatführung 18,15 €.

### Info

● **Tel.-Vorwahl:** 0223
● **VVV Den Helder:** 1781 HH, Bernhardplein 18, Tel. 62 55 44, Fax 61 48 88, www.kopvan noordholland.nl.
● **VVV Julianadorp:** 1788 BN, Van Foorestweg 37, Tel. 64 56 62, Fax 64 69 42, www. kopvannoordholland.de.

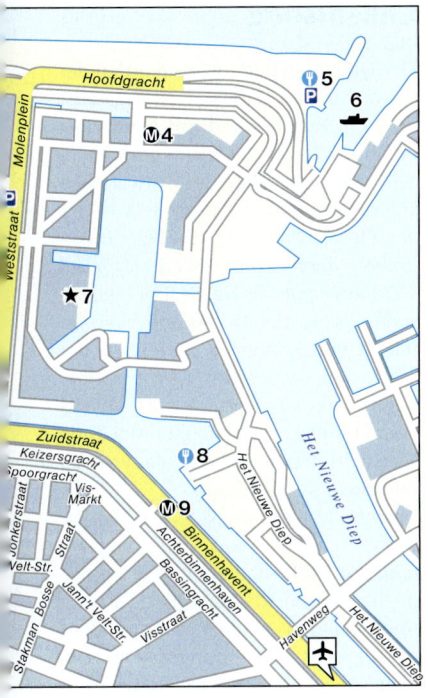

*(Kartenausschnitt Den Helder mit folgenden Beschriftungen: Hoofdgracht, Molenplein, Weststraat, Zuidstraat, Keizersgracht, Spoorgracht, Vis-Markt, Jonkerstraat, Vishstraat, Velt-Str., Stakman Bosse, Jennt Velt-Str., Visstraat, Bassingracht, Achterbinnenhaven, Binnenhavent, Havenweg, Het Nieuwe Diep; Markierungen 5, 6, M4, ★7, 8, M9)*

## Strand

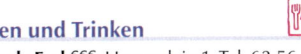

● Im Gebiet **Den Helder/Julianadorp:** breit, feinsandig, nicht überlaufen, qualitativ hochwertig (blaue Flagge für Badestrand Huisduinen und Julianadorp); Angeln und Surfen in den angegeben Teilen zugelassen; vier Strandübergänge, davon Huisduinen und Duinoord rollstuhlgeeignet; Strandpavillons; FKK am Strandaufgang Falda links von Strandpfahl 9.

## Essen und Trinken

● **Lands End** €€€: Havenplein 1, Tel. 62 56 28, Fax 68 49 31, www.landsend.nl, exponierte Lage am Fährhafen, weite Aussicht über das Meer, mit Sommertersasse, angeschlossener Hotelbetrieb €€€.

● **Restaurant C'est la Vie** €€€ und **Brasserie Beatrix:** Huisduinen, Tel. 62 40 00, Fax 62 73 24, www.goldentulipbeatrixhotel.nl, angeschlossener Hotelbetrieb €€€ mit Hallenbad.
● **North Palace:** Het Nieuwe Diep 19, Tel. 61 88 55, www.northpalace.nl, schwimmendes Chinarestaurant (Mo geschlossen).
● **De Yperhof** €€: Julianadorp, Van Foreestweg 15a, Tel. 64 15 78, www.deyperhof.nl, Familienrestaurant.

## Unterkunft

Südlich von Den Helder liegt das ehemalige Bauerndorf Julianadorp, das sich zu einem attraktiven Wohn- und Urlaubsort mit anspruchsvollen Unterkünften entwickelt hat. Hier gibt es gepflegte Bungalow-Parks, gehoben ausgestattete Ferienhäuser, gastronomische Einrichtungen, Schwimmbäder, Tennisplätze und einen Golfplatz. Seeseitig findet man den Badeplatz De Zandloper mit Campingplätzen und weiteren Bungalow-Parks.
● **Residence Juliana:** 1780 AM Julianadorp, Tel. 64 86 48, Fax 64 86 83, www.avac.nl, Appartementanlage, gehobener Standard.
● **Landal Beach Resort Ooghduyne:** 1787 PS Julianadorp, Ooghduyne 1, Tel. 64 01 00, Fax 64 21 00, ooghduyne@landal.nl, Appartements und Bungalows mit gehobenem Standard.
● **Camping 't Noordersandt:** 1787 Julianadorp, Noordersandt 2, Tel. 64 12 66, Fax 64 56 00, www.noordersandt.com, weitläufiger Platz mit gehobenem Standard.

## Aktivitäten

● **Reiten:** Manege Bruin, Huisduinen, Zeeweg 1, Tel. 61 40 94.
● **Golf:** Golfclub Ooghduyne, Ooghduyne 1, Tel. 64 01 25.

## Veranstaltungen

● **Flottentage:** jährlich Anfang Juli.
● **Wochenmarkt:** samstags im Zentrum.
● **Juttersmarkten:** weithin bekannter Krammarkt dienstags zwischen Ende Juni und Ende August in der gesamten Innenstadt.

## Fährverkehr

● Fähren nach Texel siehe dort.

Noord-Holland

# Groote Keeten  ♐ VI/B1

Der **De Duinstrock** genannte Dünenabschnitt zwischen Julianadorp und Groote Keeten ist fast neun Kilometer lang und wenig besucht. In Groote Keeten ist der Strand besonders breit. Auf der Düne steht einsam ein Appartementhaus. Ein schmaler Dünenstreifen zieht sich landeinwärts als nördlicher Ausläufer der ehemaligen Düneninsel **'t Oghe.** Auf diesem Streifen führen der Helmweg und parallel der Achterweg entlang, wo sich Bungalow-Parks und andere Ferienunterkünfte finden.

## Strand

● Besonders breit, feinsandig, nicht überlaufen, qualitativ einwandfrei (blaue Flagge), FKK Strandpfahl 8.4 bis 9.4, Strandpavillon, Leinenzwang für Hunde Mai bis 1. Okt 9–19 Uhr; nördlich liegt ein Militärgelände, hier Strandsperrungen bei Schießübungen.

## Essen und Trinken

● **De Vijverhut** €€: Helmweg 9, Tel. (0224) 58 14 21, www.devijverhut.nl, Restaurant, Partyzentrum, Tanz, Veranstaltungen, tägl. geöffnet bis 4 Uhr, Buspendeldienst in die umliegenden Orte, Ticket 6 €.

## Unterkunft

● **Bungalow-Park Sandepark:** 1759 NW, Achterweg, Tel. (0224) 58 40 40, Fax 58 15 40, www.sandepark.nl, gepflegte Anlage aus den 1960er Jahren.
● **Camping Callasande:** 1759 NX, Voorweg 5A, Tel. (0224) 58 16 63, Fax 58 25 88, www.calla sande.nl, mit Hallenbad, April bis Oktober.

## Aktivitäten

● **Reiten:** Manege Noot, Zwarteweg 1, Tel. (0224) 64 12 87.

# Callantsoog  ♐ VI/B1

Der typischste Badeort im Norden der Provinz Noord-Holland ist Callantsoog, ein **Familienbad mit Flair.** Einst befand sich der Ort auf der Düneninsel 't Oghe. Im Zuge der Ostwärtsverlagerung der Meeresküste wurde das alte Dorf Callantsoog von Dünen vergraben, dann von der Allerheiligenflut 1570 überspült. Einzig die 1491 gegossene Glocke der Dorfkirche blieb erhalten und konnte in den Turm der 1581 neu errichteten Kirche eingehängt werden. Diese etwas abseits vom Dorfplatz in den Dünen stehende **Kirche** bestimmt bis heute das Erscheinungsbild des Ortskerns.

Heute gibt es hier alles, was der Badegast braucht – vom Café über Frittenbude, SB-Restaurant und Dorfkneipe bis hin zu Restaurants und Boutiquen. Doch ein Bauernhaus steht noch – es ist das der Tante Jaantje, das inzwischen als **Museumsbauernhof** Auskunft gibt über die bewegte Geschichte des Dorfes und seiner Bewohner, der Landwirtschaft und der Strandräuberei (s.u.).

Nördlich des Ortskerns erhebt sich die **Seinpostduin** als höchste Düne der Umgebung. Früher konnte man sie erklimmen, inzwischen ist im Rahmen des Dünenschutzes der Zugang verboten. Fast einen genauso schönen Ausblick hat man aber vom **Strandübergang De Seinpost.** Darunter liegen die Gebäude des einst traditionsreichsten Hotels des Ortes, das sich nach der Düne De Seinpost nennt, längst aber zu einem attraktiven Ap-

# Naturreservat Het Zwanenwater

⤢ VI/B2

Fast 600 m² groß ist das Dünengebiet, das südlich von Callantsoog über St. Maarten bis Petten reicht. Seine abwechslungsreiche Landschaft aus Dünen, eingebetteten Seen und Teichen sowie Sumpf- und Schilfgebieten, durchsetzt von Weiden, Heidefeldern und kleinen Wäldern ist einmalig auf der ganzen Welt. Hier gibt es eine vielfältige Pflanzen- und Tierwelt – im Sommer blühen gar **Orchideen.** Das Gelände hat vor allem große Bedeutung als Brut- und Durchzugsgebiet für **Vögel.** An die siebzig Brutvogelarten hat man schon gezählt, un-

ter anderem den so seltenen Löffelreiher. Große Teile des Geländes werden abgegrast, um eine Verbuschung zu verhindern.

Das Gelände unmittelbar südlich des Zuidschinkeldijk bei Callantsoog ist als Naturreservaat Het Zwanenwater ausgewiesen und auf zwei **Wanderrouten** von 2 und 4,5 km Länge um das Eerste Water freigegeben. An diesem See stehen zwei Vogelbeobachtungshütten, in denen Besucher durch aufgestellte Fernrohre in aller Ruhe die Vögel beobachten können.

● **Information:** Vereniging Natuurmonumenten, 1243 ZS 's-Graveland, Noordereinde 60, Tel. 035 65 59 933; vor Ort: VVV Callantsoog. Eintritt Erwachsene 1,50 € (am Kartenautomat). Hunde, joggen und radfahren verboten, geöffnet im Sommer täglich 7–21 Uhr, ansonsten ab Einbruch der Dunkelheit geschlossen.

Im Zwanenwater bei Callantsoog

Noord-Holland

023ho Foto: ot

partementhaus umgebaut ist, in dessen Garten eine Reihe von Bungalows vermietet wird.

### Dünenlandschaft

Unmittelbar südlich von Callantsoog verbreitern sich landeinwärts die Dünen ganz erheblich – auch hierin spiegelt sich die mittelalterliche Unterbrechung der Dünenreihe des Norderkwartier wider, in deren Folge die Düneninseln 't Oghe und Huisduinen entstanden. Dieses als **Zwanenwater** bezeichnete Dünengebiet zählt mit seinen beiden Dünenseen, dem **Eerste Water** und dem **Tweede Water,** zu den ökologisch interessantesten Dünengebieten der ganzen Niederlande. Teilbereiche sind auf vorgeschriebenen und hervorragend mit Informationstafeln versehenen Wegen für Besucher begehbar (s. Exkurs).

### Info

- **Tel.-Vorwahl:** 0224
- **VVV Callantsoog:** 1759 HA, Jewelweg 8, Tel. 58 15 41, Fax 61 48 88, info@vvv-knh.nl, www.vvvkopvannoordholland.nl.

### Strand

- Breit, gepflegt, qualitativ einwandfrei (blaue Flagge), FKK südlich zwischen Pfahl 14.500 und 16.800, Leinenzwang für Hunde Mai bis 1. Okt. 9–19 Uhr, vier Strandpavillons.

### Essen und Trinken

- **Dorpszicht** €: Dorpsweg 2, am Ende des Dorfplatzes, Tel. 58 16 59, durchgehend geöffnet, Fisch-, Fleisch- und Grillgerichte.

### Unterkunft

- **Strandhotel Landgoed de Horn** €€: 1759 GX, Previnaireweg 4a, Tel. 58 12 42, Fax 58

25 18, www.strandhoteldehorn.nl, gepflegtes Haus in den rückwärtigen Dünen von Callantsoog, ruhig gelegen, großer Garten.
- **De Seinpost:** 1759 GG, Dorpsweg 23, www.deseinpost.nl, unmittelbar hinter den Dünen gelegene, komfortable Ferienwohnungen, direkter Dünenzugang, Vermietung über Familie de Weerd (2-Personen-Appartements), Tel. (0594) 51 36 52 (nach 18 Uhr), oder Familie Hazeloop (2-Personen-Appartements), Tel. (072) 5 12 51 22 (nach 18 Uhr).
- **Camping De Nollen:** 1759 JD, Westerweg 8, Tel. 58 12 81, Fax 58 20 98, www.denollen.nl, gehobener Standard.
- **Camping Tempelhof:** 1759 DJ, Westerweg 2, Tel. 58 15 22, www.tempelhof.nl, komfortabler Platz mit Hallenbad.

### Museum

- **Tante Jaantje:** Museumsbauernhof, Dorpsplein 33, Tel. 58 22 28, Mitte Juni bis Mitte Sept. 15–17 Uhr, Juli/Aug. bis 21 Uhr, Eintritt 1,50 €, Kinder 0,50 €.

# Sint Maartenszee    ♪ VI/B2

Das Dorfgebiet von Sint Maarten erstreckt sich südlich von Callantsoog. Auf dem Weg westwärts zu den Dünen passiert man zunächst **Sint Maartensbrug,** gegründet zur Zeit der Eindeichung der Zijpe, dann folgt **Sint Maartensvlotbrug,** benannt nach einer Schwimmbrücke über den Noord-Hollands-Kanaal. **Sint Maartenszee** ist ein reiner Urlaubsort, unmittelbar an den breiten Dünen des Zwanenwater gelegen. Optisch stören die Gebäude des Reaktors, die inmitten der Dünen stehen – dafür sind die Dünen hier umso schöner!

## Het Wildrijk

Zwischen Sint Maartensvlotbrug und Sint Martenszee erstreckt sich das **Naturschutzgebiet** Het Wildrijk, ein im 17. Jh. angelegtes Waldstück, in dem im Frühling wilde Hyazinthen üppig blühen. Quellwasser aus der Süßwasserblase unterhalb der breiten Dünen sorgt für die Bewässerung. Doch durch die Anlage von Blumenfeldern rings um Het Wildrijk trocknete der Baumbestand zunehmend aus. Um diesen historischen Wald zu erhalten, hat man die Zuflüsse renaturiert.

● **Het Wildrijk:** St. Maartenszee, Korte Bosweg 47, Informationen über Führungen beim VVV, allgemeine Informationen Tel. (0226) 39 20 64 bzw. durch Kantoor van Het Noord-Hollands Landschap, 1901 EJ Castricum, Dorpsstraat 65, Tel. (0251) 36 27 30.

### Info

● **Tel.-Vorwahl:** 0224
● **VVV Prospektservice St. Maartenszee:** 1753 EC St. Maartensvlotbrug, Hotel-Café-Restaurant 't Karrespor, Rijksweg 39, www.vvvkopvannoordholland.nl.

### Strand

● Besonders breit, feinsandig, nicht überlaufen, qualitativ einwandfrei (blaue Flagge), FKK s. Callantsoog, Leinenzwang für Hunde Mai bis 1. Okt 9–19 Uhr, zwei Strandpavillons.

### Unterkunft

● **Bungalowpark Campanula:** 1753 KK, Belkmerweg 62, Tel. 56 15 02, Fax 56 37 89, www.bungalowpark-campanula.nl, mit Hallenbad, geöffnet vom 2. Jan. bis 12. Dez.
● **Camping De Lepelaar:** 1753 BA St. Maartenszee, Westerduinweg 15, Tel. 56 13 51, www.campingdelepelaar, großer Platz in den Dünen, mittlerer Standard.

● **Camping St. Maartenszee:** 1753 BA St. Maartenszee, Westerduinweg 30, Tel. 56 14 01, www.campingsintmaartenszee.nl, gehobener Standard.

### Aktivitäten

● **Spielparadies De Goodvis:** Zeeweg 91, Tel. 56 16 71, Freizeitpark, Eintritt Kinder 5 €, begleitende Erwachsene frei.

## Petten    ♫ VI/A-B2

Am südlichen Ende des breiten Dünengürtels von Callantsoog liegt das Dorf Petten. Es wurde von zwei Sturmfluten im 17. und 18. Jh. weggespült. Im Zweiten Weltkrieg wurde der Ort von der deutschen Besatzung zerstört. Der neue Ort am Südende der Pettemerduinen ist heute stark auf den **Fremdenverkehr** ausgerichtet.

Ende des 16. Jh. bildete der schmale Streifen der **Pettemerduinen** die westliche Küstenbefestigung des neuen Polders De Zijpe. Erst vor etwa 200 Jahren entstand davor ein neuerer Dünenwall, der seither die direkte Verbindung zum Seedeich Hondsbossche Zeewering darstellt. Heute lädt die reizvolle Landschaft der Pettemerduinen zum Spazierengehen ein.

● **De Pettemerduinen:** öffentlich zugänglich, Informationen: Besucherzentrum Het Zandsoor, Schoorl, Oorsprongweg 1, Tel. 072 509 33 52.

### De Dijk te Kijk

Am Strandparkplatz steht der **Ausstellungsraum** De Dijk te Kijk mit informativen Darstellungen zu den Entwicklungen an der holländischen Küs-

Noord-Holland

te von den Deichbrüchen in der Antike über die Anstrengungen zur Rückgewinnung der Landflächen bis hin zum heutigen Tourismusbetrieb.

●**De Dijk te Kijk:** Strandweg 4, Tel. 38 14 55, www.hollandskwartier.nl, nach Wiedereröffnung 2009 täglich geöffnet April bis Okt., Eintritt frei.

### Vogelschutzgebiet De Putten

Am Südende des Deiches Hondsbossche Zeewering sind im vereinigten Harger- und Pettemerpolder einige **Wasserflächen** verblieben, die noch vom Deichbau stammen. Hier grub man Mitte des 19. Jh. nach Lehm, um die Deichkrone zu befestigen. In den Gruben sammelt sich Brackwasser, ein ideales Biotop für Kleingetier, das Vögeln als Nahrung dient. Längst sind die Gruben erweitert und zum Vogelschutzgebiet De Putten ausgestaltet worden, das für Besucher nicht zugänglich ist. Das Areal kann aber von **Beobachtungsstellen** am Hondsbosscheweg und vom Deich gut eingesehen werden.

●**De Putten,** Teil des Naturgebietes Hargeren Pettemerpolder, www.natuurmonumenten.nl, vielseitige Ausstellung über den Küstenschutz in Nordholland, täglich geöffnet April bis Okt., 10–17 Uhr, www.museumhetsterkenhuis.nl. Information: Vereniging Natuurmonumenten, 1243 ZS 's-Graveland, Noordereinde 60, Tel. 035 65 59 933; vor Ort: VVV Callantsoog (s. dort).

### Info

●**Tel.-Vorwahl:** 0226
●**VVV Petten:** 1755 NZ Petten, Zijperweg 1a, Tel. 38 13 52, Fax 38 13 93, petten@vvv-knh.nl, www.vvvkopvannoordholland.nl.

### Strand

●Nördlich von Petten, breit, feinsandig, nicht überlaufen, qualitativ einwandfrei (blaue Flagge); Leinenzwang für Hunde von Mai bis Sept. 9–19 Uhr.

### Unterkunft

●**Hotel Petten aan Zee** €€€: 1755 NS, Hofstraat/Singel 33, Tel. 38 14 05, Fax 38 31 24, www.hotelpettenaanzee.nl, Hotel mit Restaurant und Café im Ort.
●**Recreatiepark De Watersnip:** 1755 KK, Pettemerweg 4, Tel. 38 14 32, Fax 38 32 97, www.watersnip.nl, komfortabler Bungalowpark und Campingplatz.
●**Camping Corfwater:** 1755 LA, Strandweg 3, Tel. 38 19 81, Fax 38 33 71, www.corfwater.nl, in den Dünen nahe dem Pettener Strand, behindertengerecht.

# Camperduin und Schoorl ♫ VI/A-B2

Der mächtige Deich der Hondsbossche Zeewering geht südlich von Camperduin in die **Schoorlse Duinen** über, den breitesten Dünengürtel Nordhollands. Die von einem weit verzweigten **Wander- und Radwegenetz** (Info: Tel. 509 33 52) durchzogene, abwechslungsreiche Landschaft weist Wälder und Heideflächen auf, Bachläufe füllen kleine Teiche im Gelände.

Am Strandübergang von Camperduin steht die „Statue des unbekannten Strandräubers". Etwas weiter gibt es eine Zufahrt zum großen Parkplatz

Am Strand von Petten

von **Hargen aan Zee.** Die Straße nach Bergen führt am östlichen Rand der Schoorlse Duinen entlang, immer wieder Blicke in die Polderlandschaft zur Linken und die Dünen zur Rechten freigebend. An der Straße stehen vorbildlich restaurierte alte Stolphäuser und viele schöne Villen reicher Anwohner wie auch begüterter Amsterdamer.

Der nächste Ort hinter Camperduin ist **Groet** mit einem kleinen Rathaus aus dem Jahr 1639, dem wahrscheinlich kleinsten Renaissancerathaus der Niederlande. Die Weiße Kirche, die reformierte Kirche des Ortes, stammt aus dem Jahr 1738.

Nach Groet folgt **Schoorl,** ein historisch alter Ort, der schon 868 in Utrechter Kirchenbüchern vermerkt ist.

Das Rathaus stammt aus dem Jahr 1601. Heute ist Schoorl vornehmlich Badeort mit einem Strandzugang (nur für Fußgänger und Radfahrer) durch die breiten Dünen nach **Schoorl aan Zee.** Hier gibt es vom Campingplatz über Pensionen und Hotels bis hin zu Luxusappartements alle Arten von Ferienunterkünften.

## Info

● **Tel.-Vorwahl:** 072
● **VVV Schoorl:** 1871 EA, Duinvoetweg 1, Tel. 581 31 00, Fax 509 49 28, www.vvvschoorl.nl.

## Strand

● Südlich von Camperduin, breit, feinsandig, nicht überlaufen, qualitativ einwandfrei, behindertengerechte Strandübergänge in Camperduin und Hargen aan Zee, Strandpavil-

Noord-Holland

311ho Foto: t

lons in Hargen aan Zee und Schoorl aan Zee, Strandrollstühle am Paviljoen Minkema bei Camperduin, Tel. 509 14 32, FKK bei Pfahl 30, 100 m links vom Strandpavillon.

## Unterkunft

● **Jan van Scorel** €€€: 1871 ED Schoorl, Heereweg 89, Tel. 509 44 44, Fax 509 24 41, www.janvanscorel.nl, Appartementhotel mit Hallenbad.
● **Strandhotel Camperduin** €€€: 1871 GL Camperduin, Heereweg 395, Tel. 509 14 36, Fax 509 41 66, www.strandhotel-camperdu in.nl, ruhig gelegen an den Dünen, strandnah, Restaurant für Hotelgäste.
● **Carpe Diem:** 1873 GD Groet, Heereweg 210, Tel. 509 13 23, Fax 509 43 15, www. bungalowparkcarpediem.nl, Bungalowpark mit ordentlichem bis gehobenem Standard unmittelbar hinter den Dünen.
● **Bungalowpark Jamarco:** Voorweg 47, Schoorl, Tel. 509 14 92, Fax 509 40 73, zweckmäßige Einrichtungen.

## Museum

● **Getreidemühle:** Ronde Stenen Korenmolen, Schoorl, Molenweg 15, Tel. 509 25 92, Besichtigung Sa 10–16 Uhr, Eintritt frei.

## Aktivitäten

● **Het Speelbos:** Bezoekerscentrum Schoorl, Oorsprongweg 1, Tel. 509 33 52 (VVV). Spielen im Sand, Dünenklettern etc.
● **Reiten:** Duinmanege van Poelenburgh, Duinweg 129, Tel. 509 21 49, www.poelen burgh.nl, bietet Dünenreiten, Jugendunterkunft etc.

# Bergen ♫ VI/B2

Bergen ist der attraktivste Ort hinter dem großen nordholländischen Dünengürtel, der an dieser Stelle eine Breite von über fünf Kilometern erreicht. Hier erstreckt sich bis Wijk aan Zee das **Noord-Hollands Duinreservaat,** das in diesem Dünengürtel eingerichtete Naturschutzgebiet. Nördlich von Bergen aan Zee bietet das Dünengebiet **De Kerf** ein großartiges Naturschauspiel. Hier hatten Springfluten im vorigen Jahrhundert mehrfach tiefe Breschen in den Strand geschlagen, die man damals schloss, aber 1997 aufgrund eines neuen Naturverständnisses wieder öffnete. So entstand in den Dünen ein Becken, das einige Male im Jahr mit Seewasser aufgefüllt wird, sodass sich darin ein artenreiches **Brackwasserbiotop** – ähnlich wie De Slufter auf Texel – bilden konnte.

● **Noord-Hollands Duinreservaat:** täglich von Sonnenaufgang bis Sonnenuntergang geöffnet, Eintritt 2,25 €, Eintrittskarten bei den VVVs oder an Automaten an den Eingängen zum Gelände.

### Sehenswertes

Die Siedlung Bergen ist über 1000 Jahre alt. Ihr Ortskern entwickelte sich rund um die aus dem 15. Jh. stammende **Kirchenruine** – ein Brand im Jahre 1574 mitten im Achtzigjährigen Krieg hatte sie zerstört, nur der Chor wurde wiedererrichtet. Um die Kirche herum stehen einige reizvolle Häuser.

Ende des 19. Jh. begann in Bergen der Badebetrieb, der wegen der

Schönheit des Ortes und seiner Dünen vor allem wohlhabende Feriengäste anzog. Die Schönheit des Lichts und der Landschaft zog Künstler in ihren Bann. Zwischen den beiden Weltkriegen entwickelte sich die „Bergener Schule", deren Maler die Kunstgeschichte der Moderne maßgeblich beeinflussten. Ihre Werke sind im **Kranenburgh-Museum** (s.u.) ausgestellt. Noch heute ist Bergen Künstlerkolonie, und die alljährlich im Sommer stattfindenden **Kunstmärkte** sind weit über die Grenzen des Ortes hinaus bekannt. Zahlreiche **Galerien** finden sich im Zentrum der Stadt.

Von großer architektonischer Bedeutung ist die Siedlung in **Park Meewijk** zwischen der Sturcklaan, dem Meerweg und dem Lijtweg. Hier konnten 1917 verschiedene Architekten der Amsterdamer Schule ihre modernen Vorstellungen vom Villenbau realisieren.

Bergen strahlt heute ein ganz besonderes Flair als **Badeort** aus. Liebenswert sind die Cafés, Kneipen und Boutiquen. Es gibt keine Campingplätze, dafür umso mehr Hotels, Pensionen und Appartements der gehobenen Kategorie. Von Baumalleen gesäumte Straßen mit hochherrschaftlichen Villen prägen das Bild des Ortes.

## Info

- **Tel.-Vorwahl:** 072
- **VVV Bergen:** 1861 JX, Plein 1, Tel. 581 31 00, Fax 581 61 40, www.vvvbergen.com.

## Essen und Trinken

- **Parkhotel** €€€: 1861 GC Bergen, Breelaan 19, Tel. 589 78 67, Fax 589 74 35, www.park

hotelbergen.nl, im Zentrum von Bergen mit Garten, das Restaurant bietet klassische holländische Küche und kleine Gerichte, populäre Terrasse.
- **Onder de Linde** €€€: Prinsesselaan 22, Tel. 581 21 08, täglich wechselnde Karte, französisch-europäische Küche, mit Garten, Mo geschlossen, www.restaurant-onderdelinde.nl, internationale Weinkarte.
- **De kleine Prins** €€€€: Oude Prinsweg 29, Tel. 589 69 96, gegenüber der Kirche, französische Küche, nur à la carte, Mo und Di geschlossen.

## Unterkunft

- **Duinpost** €€: 1861 EA Bergen, Kerkelaan, Tel. 581 21 50, Fax 589 96 96, www.duin post.com, familiäres Hotel, Zimmer z.T. mit Balkon, Terrasse und Garten, kein Restaurant.

## Museen

- **Museum Kranenburgh:** Hoflaan 26, Tel. 589 89 27, www.museumkranenburgh.nl, Gemäldemuseum, Di–So 13–17 Uhr, 1.1. und 25.12. geschlossen, Eintritt 7 €, Jugendliche 13–18 Jahre und Senioren 5 €.
- **Gemeentemuseum Het Sterkenhuis:** Oude Prinsweg 21, Tel. 589 70 28, www.mu seumhetsterkenhuis.nl, 26.4. bis 26.10., Di–Sa 10–17 Uhr, Juli/Aug. auch So 10–17 Uhr, Eintritt 2 €, ermäßigt, 1,50 €.

## Aktivitäten

- **Hallenbad:** De Beck, Molenweijdtje 2, Tel. 589 49 33.
- **Reiten:** Berger Rijschool, Schapenlaan 15, Tel. 589 42 77.
- **Kindertheater:** Poppentheater Carola Jonker, Doorpstraat 2, Tel. 581 20 30, Vorstellungen Do und So 15–16 Uhr.

## Einkaufen

- **Wochenmarkt:** samstags im Zentrum.
- **Kunstmarkt:** Mitte Juli bis Ende Aug. freitags 17–22 Uhr an der Kirche.

## Bergen aan Zee  ⬧ VI/A2

Bergen aan Zee wurde 1906 als Strandbad gegründet. Von Bergen führt der Weg durch die prächtige Baumallee der Eeuwige Laan, vorbei am Gelände des 't Oude Hoef, dem Landsitz der ehemaligen Herren von Bergen, in dem heute die Volkshochschule untergebracht ist, und in der Verlängerung über den Zeeweg durch die Dünen zum Strand. Bergen aan Zee bietet alle Einrichtungen eines typischen Seebades der nordholländischen Küste.

Eine besondere Attraktion stellt das **Meerwasseraquarium** dar. Hier kann man Fische, Krustentiere, Muscheln und ein riesiges Walskelett bestaunen, das von einem 1997 auf der Insel Ameland gestrandeten Pottwal stammt.

● **Zee Aquarium:** V.d.Wijckplein 16, Tel. 581 29 28, www. zeeaquarium.nl, April bis Sept. 10–18 Uhr, sonst 11–17 Uhr, Eintritt 8,50 €, Senioren 7,50 €, Kinder 3–12 Jahre 6,50 €.

### Info

● **Tel.-Vorwahl:** 072
● **VVV Bergen aan Zee:** 1865 AP, V.d.Wijckplein 8, Tel. 581 31 00, Fax 581 61 41, www.vvvbergenaanzee.nl.

### Strand

● Breit, feinsandig, nicht überlaufen, qualitativ einwandfrei, Hundeverbot Mai bis Sept. 9–19 Uhr, Hauptstrandübergang rollstuhlgeeignet, vier Strandpavillons, Strandrollstühle Pavijloen Zuid, FKK Pfahl 32.250 bis zur Südgrenze Schoorl.

### Unterkunft

● **Nassau-Bergen** €€€: 1865 AP Bergen aan Zee, V.d.Wijckplein 4, Tel. 589 75 41, Fax 589 70 44, www.hotel-nassau.nl, auf den Dünen mit Außenschwimmbad.
● **Hotel Meyer** €€€: 1865 AR Bergen aan Zee, Jacob Kalffweg 8, Tel. 581 24 88, Fax 589 61 92, www.hotelmeyer.nl, unmittelbar am Ortszentrum.
● **Huize Glory:** 1865 BM Bergen aan Zee, Elzenlaan 2–4, Tel. 581 37 41, Fax 589 81 52, www.huizeglory.nl, Appartements in einer ehemaligen Sommerresidenz inmitten der Dünen, gebaut von einem Architekten der Amsterdamer Schule.

### Einkaufen

● **Bauernkäse:** Kaasboerderij De Franschman, Herenweg 5, Tel. 581 82 46, Käseherstellung und Verkauf, geöffnet Di–Sa 9–17 Uhr (Juli/Aug.), ansonsten nur Sa.

### Veranstaltungen

● **Bergen Jazz & Sail Festival:** Traditionelles Jazz- und Aktionsfestival jeweils am 1. Septemberwochenende, hier treten die bekanntesten holländischen Musiker auf, Informationen unter www.bergenjazz.nl.

# Alkmaar  ⬧ VI/B2

Nachdem Hoorn im sogenannten Goldenen 17. Jahrhundert die führende Stellung unter den Städten der nordholländischen Halbinsel innehatte, übt heute Alkmaar die Funktion des **wirtschaftlichen Zentrums** dieser Region aus. Erstmals wird *Alcmere* im 9. Jh. erwähnt, die Stadtrechte wurden 1254 verliehen. 1573 hielt Alkmaar den marodierenden spanischen Truppen stand. Das folgende Jahrhundert brachte dem Ort seine Blütezeit. Aus dieser Epoche stammt das weitgehend erhaltene Bauensemble der Altstadt, bestehend aus über **400 denkmalgeschützten Gebäuden.**

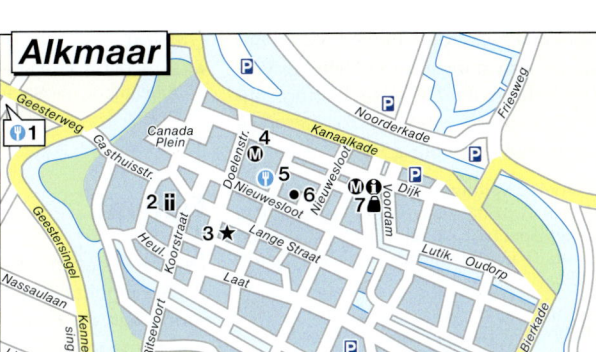

| | | | | |
|---|---|---|---|---|
| ◐ | **1** | Restaurant 't Stockpaardje | ◐ | **5** Restaurant Bios |
| ⅱ | **2** | Sint Laurenskerk | ● | **6** Hoct van Sanvoy |
| ★ | **3** | Stadthaus | ◐Ⓜ | **7** Information mit Käsemuseum, |
| Ⓜ | **4** | Städtisches Museum | ⬛ | Käsemarkt |

Noord-Holland

Die schönsten Giebelhäuser findet man an der Mient, nahe dem Vismarkt (Fischmarkt) und auch an der Oudegracht. An der Gracht zur Waag steht ein Haus aus dem 16. Jh., in dessen Holzgiebel eine spanische Kanonenkugel aus der Belagerungszeit des Jahres 1573 prangt.

Das Zentrum Alkmaars bildet der **Kaasmarkt,** auf dem bis heute in den Sommermonaten der Käsemarkt mit den berühmten Käseträgern zelebriert wird. Das Wahrzeichen der Stadt ist das **Waaggebouw** am Kaasmarkt, die als amtliche Waage umgebaute ehemalige Kapelle des Heiliggeistspitals mit einem Glockenturm aus dem 17. Jh. und einem prächtigen Renaissancegebäude anstelle des ehemaligen Chors.

Alkmaar hat noch viel mehr zu bieten, so die spätgotische **Grote Sint Laurenskerk** mit dem berühmten Chorgemälde des Jüngsten Gerichts von *Cornelis Buys,* dem „Meister von Alkmaar", das **Renaissancestadthaus** an der Langestraat, der Haupteinkaufsstraße, den **Hoef van Sanoy,** die Residenz des Gouverneurs des Prinzen von Oranien in einem ehemaligen Mariamagdalenenkloster – und nicht zuletzt die **Museen** (s.u.).

## Gemüseauktion Broeker Veiling

Die älteste Gemüseauktion auf dem Wasser findet 8 km nördlich von Alkmaar staat. Die **beladenen Boote der Gemüsebauern** der von Wasserflächen durchzogenen Umgebung wurden bis 1973 in den überdachten Auktionssaal gefahren – heute können Besucher privat für sich mit Hilfe der Versteigerungsuhr Gemüse kaufen, anschließend besuchen sie die Gemüsefelder der Umgebung.

- ●**Broeker Veiling:** Broek op Langedijk, Tel. (0226) 31 37 08, www.broekerveiling.nl. Geöffnet April bis Okt. tgl. 10–17 Uhr (Sa und So ab 11 Uhr), behindertengerecht, Eintritt 5 €.

### Info

- ●**Tel.-Vorwahl:** 072
- ●**VVV Alkmaar:** 1811 JP, Waagplein 2, Tel. 511 42 84, Fax 511 75 13, www.vvvalkmar.nl.

### Essen und Trinken

- ●**Bios** €€€: Gedempte Nieuwesloot 54a, Tel. 5 12 44 22, www.restaurantbios.nl, in einem Gebäude aus dem 17. Jh., das zwischendurch auch ein Kino beherbergte, großer Speisesaal, internationale Küche, Ende Aug./Anfang Sept. geschlossen.
- ●**'t Stockpaardje** €€: Vrouwenstraat 1, Tel. 512 88 70, www.stockpaardje.nl, Bistro im Zentrum, aktuelle Speisekarte, Di und Mi Ruhetag.

### Museen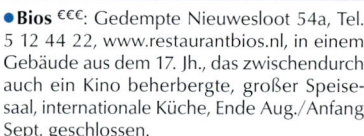

- ●**Holländisches Käsemuseum:** im Waaggebouw, Waagplein 2, Tel. 511 42 84, www. cheesemuseum.com; April bis Okt. und in den Weihnachtsferien Mo–Sa 10–16 Uhr, Fr ab 9 Uhr, Eintritt 2,50 €, Kinder 1,50 €, behindertengerecht.
- ●**Städtisches Museum:** Canadaplein 1, Tel. 511 07 37, geöffnet Di–Fr 10–17 Uhr, Sa und So 13–17 Uhr, Eintritt 3,50 €, Kinder 1,70 €.

### Aktivitäten

- ●**Grachtenrundfahrt:** 45 Minuten, Abfahrt Mient (Nähe Waaggebouw), an Käsemarkttagen alle 20 Minuten ab 9.30 Uhr, Mai bis Aug. täglich zur vollen Stunde ab 11 Uhr, April, Sept., Okt. Mo–Sa jede volle Stunde (abhängig vom Wetter) ab 11 Uhr, Information Tel. 511 77 50.

### Einkaufen

- ●**Käsemarkt:** 1. Freitag im April bis 1. Freitag im September jeweils freitagmorgens 10–12.30 Uhr.

# Egmond  ♫ VI/A-B2

Drei Orte tragen den Namen Egmond – *De Egmonden* setzen sich aus Egmond aan de Hoef, Egmond-Binnen und Egmond aan Zee zusammen.

Den Ursprung von **Egmond aan de Hoef,** ein ganz von Blumenzwiebelfeldern umgebener Ort hinter den Dünen, bildete eine Mitte des 10. Jh. gebaute Abtei, die zu Beginn des Achtzigjährigen Krieges 1573 genauso zerstört wurde wie das Schloss des Ortes. Die Abtei wurde später neu aufgebaut. Das Schloss hatten die Geusen zerstört, damit es nicht als Kastell den Spaniern in die Hände fiele – es ist bis heute Ruine geblieben. Die Schlosskapelle wurde aber wieder hergerichtet. Reizvoll sind die alten Häuser am Slotweg bei der Schlossruine.

Wenig südlich, ebenfalls am Ostrand der Dünen, erstreckt sich **Egmond-Binnen.** Hier stand schon um 700 eine Kirche, die Franken errichteten eine Stellung gegen die Normannen und Mitte des 10. Jh. gründeten Mönche eine Benediktinerabtei. Die aus dem 12. Jh. datierenden, prächtigen Abteigebäude wurden 1572 durch die Geusen zerstört. Der heutige Gebäudekomplex der Abtei stammt aus dem Jahr 1935. Egmond-Binnen verfügt über einen Dünenübergang zum Strand, der für Autos nicht zulässig ist.

## Egmond aan Zee

Egmond aan Zee ist wie viele der holländischen Badeorte aus einer alten Fischersiedlung hervorgegangen. Einige der alten **Fischerhäuser** stehen noch am **Leuchtturm,** dem Wahrzeichen der Stadt. Er wurde nach *Jan van Speyk* benannt, einem Kanonenbootskapitän, der sich mitsamt Boot und Besatzung 1831 lieber in die Luft sprengte, als sich den Antwerpener Soldaten im Zuge der Kämpfe um die Loslösung Belgiens von den Niederlanden zu ergeben.

Heute ist Egmond aan Zee ein **familienfreundliches Seebad** am feinen holländischen Sandstrand, das für Urlauber alle nur erdenklichen Einrichtungen bereithält. Es gibt zwei kleine Museen, die über die Geschichte des Ortes und die Seefahrt Auskunft geben (s.u.).

## Info

● **Tel.-Vorwahl:** 072
● **VVV Egmond aan Zee:** 1931 AN, Voorstraat 82a, Tel. 581 31 00, Fax 506 50 54, www.vvvegmond.nl.

## Strand

● Breit, feinsandig, nicht überlaufen, qualitativ einwandfrei, Hundeverbot Mai bis Sept. 9–19 Uhr, vier Strandpavillons, Strandrollstühle für Behinderte Hotel Golfzang, FKK zwischen Pfahl 35 und 33 (Egmond aan Zee) sowie zwischen Pfahl 42 und 44 (Egmond-Binnen aan Zee).

## Essen und Trinken

● **La Châtelaine**€€€: Smidstraat 7, Egmond aan Zee, Tel. 506 23 55, www.lachatelaine.nl, rustikale Atmosphäre, Di und Mi geschlossen, Betriebsferien im Januar, zwei Studios zu vermieten.

## Unterkunft

● **Hotel Bellevue** €€€: 1931 CJ Egmond aan Zee, Strandboulevard A7, Tel. 506 10 25, Fax 506 11 16, www.bestwestern.nl, Zimmer mit Blick aufs Meer; mit Restaurant, bietet Sonderarrangements.
● **De Golfzang** €€€: 1931 CN Egmond aan Zee, Boulevard Lr. De Vassy 19, Tel. 506 15 16, Fax 506 22 22, www.golfzang.nl, an der Strandpromenade mit Restaurant.
● **Jugendherberge Klein Rinnegom:** 1935 AJ Egmond, Herenweg 118, Tel. 506 22 69, Fax 506 70 34, www.stayokay.com.
● **Camping De Woudhoeve:** 1934 PR Egmond, Driehuizerweg 8, Tel. 506 95 55, Fax 506 95 59, www.woudhoeve.nl, Strandbad-Camping an den Dünen mit eigenem Quellwassersee, gehobener Standard.

## Museen

● **Museum Abdij van Egmond:** Egmond-Binnen, Abdijlaan 26, Tel. 506 14 15, Abteikirche 7–20.45 Uhr geöffnet.
● **Museum van Egmond:** Egmond aan Zee, Zuiderstraat 7, Tel. 506 91 64, www.museumvanegmond.nl, Juni–Aug., Di–So 14–15 Uhr, Di–Do auch 19–21 Uhr, Sept. und Okt. 14–16 Uhr, Nov.–Anfang April 14–17 Uhr, Eintritt 2 €, Kinder 1 €.
● **Museum Prins Hendrik Stichting:** Egmond aan Zee, Voorstraat 41, Tel. 506 12 24, Di–So 9–17 Uhr, Eintritt frei. Traditionelles Handwerks-, Folklore- und Ethnologiemuseum in der Prins Hendrik Stiftung, einem 1875 gegründeten ehemaligen Altersheim für pensionierte Seeleute. Gezeigt werden u.a. 80 Miniaturschiffe, die im Laufe der Jahre durch die Bewohner selbst hergestellt wurden.

## Aktivitäten

● **Reiten:** Manege Groot, Egmond aan de Hoef, Herenweg 154, Tel. 506 19 07.
● **Hallenbad:** Zwem-, Sport- en Recreatiecentrum De Watertoren, Egmond aan Zee, Watertorenweg 36, Tel. 506 31 96.

Noord-Holland

## Einkaufen

- **Kerzen:** Kaarsenmakereij St. Adelbertabdij, Egmond-Binnen, Vennewatersweg 27, Tel. 506 27 86, Mai bis Aug. täglich geöffnet.
- **Kunstmarkt:** Mitte Juni, Egmond aan de Hoef.
- **Wochenmarkt:** Donnerstagvormittag Egmond aan Zee.

# Castricum aan Zee  ↗ VI/A3

Eine alte, aus dem 12. Jh. stammende **Tuffsteinkirche** weist auf die lange Geschichte von Castricum hin, das heute mit dem kleineren **Bakkum** eine Einheit bildet.

Der Badeplatz Castricum aan Zee ist kein eigentlicher Ort, sondern bietet mit Restaurant, Café, Pavillons und Strandeinrichtungen alles, was sich der Tagesbesucher wünscht – aber insgesamt ist dieser Strand wenig überlaufen. An der Straße nach Castricum aan Zee liegt das Besucherinformationszentrum **De Hoep,** das einen interessanten Eindruck von der Dünenlandschaft vermittelt (auch für Kinder attraktiv).

- **Bezoekerscentrum De Hoep:** Johannisweg 2, Tel. 66 22 35, täglich 10–17 Uhr, Eintritt frei.

## Limmen

Im nahe gelegenen Ort Limmen lohnt der Besuch des **Hortus Bulborum.** Hier blühen im Frühjahr über 2500 verschiedene Tulpen, Narzissen, Hyazinthen und andere Arten von blühenden Zwiebelgewächsen. Der Garten widmet sich vor allem dem Erhalt alter Arten. So stammen hierher die älteste Tulpenart aus dem Jahre 1595 und die älteste Narzissenart von 1603.

- **Hortus Bulborum:** Limmen, Zuidkerkelaan 23a, Tel. (0251) 23 12 86, www.hortus-bulborum.nl, Anfang April–Mitte Mai Mo–Sa 10–17 Uhr, So 12–17 Uhr, Eintritt 2,50 €, Senioren 1,75 €, Kinder unter 12 Jahre frei.

## Info

- **Tel.-Vorwahl:** 0251
- **VVV/ANWB Castricum:** 1901 EM, Dorpsstraat 54, Tel. 65 20 09, Fax 67 23 63, www.castricum.nl.

## Strand

- Breit, feinsandig, nicht überlaufen, qualitativ einwandfrei, Surfen möglich, FKK an Pfahl 47, Hundeverbot von Mai bis Sept. bis 20 Uhr, behindertengerechter Strandaufgang, Strandrollstühle am Strandpaviljoen Albatros, Tel. 65 35 24.

## Essen und Trinken

- **Apicius** €€€€: Bakkum, Van der Mijleweg 16, Tel. 67 67 60, www.restaurantapicius.com, kreative Küche, große Weinkarte, Mo und Di sowie je 14 Tage im Feb. und Okt. geschlossen.
- **Le Moulin** €€€€: Castricum, Dorpsstraat 96, Tel. 65 15 00, klassische französische Küche, nur abends geöffnet, Mo und Di geschl.

## Unterkunft

- **Jugendherberge:** Konigsbosch, 1901 ME Bakkum, Heereweg 84, Tel. 65 22 26, Fax 67 00 27, www.njc.org/bak kum.
- **Appartementen De Posthorn:** 1901 KA Castricum, Oldenbarneveldweg 1, Tel. 505 44 20.
- **Camping Bakkum:** 1901 NZ Castricum aan Zee, Zeeweg 31, Tel. 66 10 91, Fax 66 10 89, www.kennemerduincampings.nl, schön in den Dünen gelegen, zweckmäßige Einrichtungen, geöffnet April bis Sept.

## Aktivitäten

●**Kart-Baan:** Limmen, Rijksweg 162a, Tel. (072) 505 39 20, www.kartworldlimmen.nl, Fahrten ab 5 €.

# Heemskerk und Beverwijk ⚓ VI/A-B3

Der alte Ort **Heemskerk** geht auf das 11. Jh. zurück. Sehenswert sind die ursprünglich romanische Kirche mit dem Kirchenschiff als Saalbau aus dem Jahre 1628 und dem hohen Ziegelsteinturm. Die katholische Pfarrkirche, die Laurentiuskerk, ist ein auffälliger historisierender Bau. Die Assumburg von Heemskerk ist ein Bau aus dem 15. Jh., der im 17. Jh. modernisiert wurde. Am nördlichen Ortsrand liegt Château Marquette, einst ein Herrensitz, der auf das 15. Jh. zurückgeht und im 18. Jh. seine heutige Gestalt erhielt.

Von Heemskerk aus kommt man über die Dünen an den **Strand.** Man kann über den Zwarteweg, einen Dünenpfad, der nicht für Autos zulässig ist, auch den Strand von Castricum erreichen.

**Beverwijk** schließt sich südlich an Heemskerk an und bildet mit diesem Ort eine Einheit. Sehenswert ist vor allem die große gotische, dreischiffige Ortskirche mit ihrem 65 Meter hohen Turm, der nach einem Brand 1913 eine neue Spitze erhielt. Die äußerlich schlichte Kirche birgt eine reiche Innenausstattung, so die schöne Kanzel aus dem 17. Jh., die Gitter und auch die Rokoko-Orgel.

## Beverwijkse Bazaar

Die große Kaufkraft der Region hat einen überdachten Markt mit mehr als 3000 Ständen und Marktgeschäften entstehen lassen. Der Beverwijkse Bazaar gilt als der größte im ganzen Land.

●**Beverwijkse Bazaar:** Büro Montageweg 35, Beverwijk, Tel. 26 26 66, www.debazaar.nl, Eintritt zum Zwarte Markt (großer Basar, Computermarkt und China Town) Sa und So 2 €, Kinder bis 12 Jahre frei (nur in Begleitung eines Erwachsenen), Orientalischer Markt Sa und So frei, geöffnet Sa und So 8.30–18 Uhr, China Town Fr–So 10–22 Uhr.

## Info

●**Tel.-Vorwahl:** 0251
●**VVV Beverwijk:** 1940 AL, President Kennedyplein 1, www.beverwijk.nl.
●**VVV Heemskerk:** 1960 AA, Bachstraat 6, Tel. 25 67 77, www.heemskerk.nl.

## Strand

●Breit, feinsandig, nicht überlaufen, qualitativ einwandfrei. Strandpavillon Zeezicht, Tel. 65 28 55, www.strandpaviljoenzeezicht.nl, direkt am Leuchtturm; zwei weitere Strandpavillons.

## Unterkunft, Essen und Trinken

●**De Jonge Halewijn** €€€: Duinwijklaan 46, Tel. 22 08 59, www.halewijn.nl, angenehme Atmosphäre, mit Kastanienterrasse, So und Mo geschlossen.
●**De Vergulde Wagen** €€€€: 1969 LE, Rijksstraatweg 161, Tel. 23 24 17, Fax 25 35 94, www.deverguldewagen.nl, Restaurant seit 1905, herrliche Sommerterrasse, internationale Küche, angeschlossener Hotelbetrieb.
●**Jugendherberge:** 1967 NG, Slot Assumburg, Tolweg 9, Tel. 23 22 88, Fax 25 10 24, www.njhc.org/heemskerk.

![](O30Pro Foto: .ot)

## Museen

- **Museum Kennemerland:** Beverwijk, Westerhoutplein 1, Tel. 21 45 07, www.museum kennemerland.nl, Regionalmuseum, geöffnet Anfang Juni bis Anfang Sept. Mi, Sa und So 14–17 Uhr, im Winter Sa und So 14–16.30 Uhr, feiertags geschlossen, Eintritt 2 €.
- **Fort Veldhuis:** Heemskerk, Genieweg 1, Tel. (075) 687 46 78, Luftkriegsmuseum in einem Fort des Amsterdamer Verteidigungsrings (Stelling van Amsterdam) aus dem Jahr 1893, www.arg1940-1945.nl/pages/museum/museum01.htm, Tel. 23 06 70, geöffnet Mai–Sept. 10–17 Uhr, Eintritt 2,50 €, Kinder 8–12 Jahre 1,50 €.

## Aktivitäten

- **Golf:** Heemskerke Golf Club, Communikatieweg 18, Tel. 25 00 88, 18-Loch-Platz.

# Wijk aan Zee ⤢ VI/A3

Jenseits der Dünen von Beverwijk liegt das reizvolle Seebad Wijk aan Zee. Um den großen, historischen Dorfanger gebaut, kann der Ort auf eine lange Geschichte zurückblicken, wie die alte Ortskirche zeigt. Sie geht im Kern auf einen spätgotischen Bau aus dem 15. Jh. zurück. Ihr Portal zeigt noch einen romanischen Rundbogenfries.

Trotz allen Ferienrummels hat sich das Seebad seinen dörflichen Charakter bewahren können – was auch die Nähe des riesigen, hinter den Dünen liegenden Fabrikkomplexes des Corus-

Stahlwerks mit seinen hohen Schloten fast vergessen lässt.

Der **Strand** dehnt sich südwärts bis zur Pier des **Nordseekanals** aus, wo man surfen und Katamaran fahren kann. Hier reihen sich etliche Strandpavillons aneinander, sodass die Versorgung mit Getränken und vor allem Pommes Frites gesichert ist. Nördlich erstreckt sich das Nordholländische Dünenreservat.

Nach dem Vorbild des dänischen Dorfes Tommerup wurde Wijk aan Zee 1999 zum „Cultureel Dorp van Europa" (Europäisches Kulturdorf) erklärt und wartet seither mit einem umfangreichen **Kultur- und Veranstaltungsprogramm** auf. Im gleichen Jahr entstand ein berühmter **Skulpturenpark,** der Beeldenpark „Zee van Staal", in den Dünen vor der Kulisse der Stahlfabrik (Reyndersweg, an der Zufahrt zum Pier). Hier schufen Künstler aus elf Ländern gewaltige Gebilde, die einen eigenwilligen, surrealistischen Kontrast zu dem Fabrikkomplex schaffen.

## Info

- **Tel.-Vorwahl:** 0251
- **VVV Wijk aan Zee:** 1949 CL, Verlengde Voorstraat 5, Tel. 37 42 53, Fax 37 54 64, www.wijkaanzee.info.

## Strand

- Breit, feinsandig, außerhalb des Ortskerns nicht überlaufen, qualitativ einwandfrei, Abschnitt beim Pier zum Surfen und Katamaran

Fahren freigegeben, FKK Pfahl 50 bis 51, Hundeverbot Mai bis Sept. bis 19 Uhr, behindertengerechter Strandaufgang via Relweg, Strandrollstühle Strandpavillon Hoopers. 15 Strandpavillons, darunter Strandpaviljoen de Instuif, Tel. 37 46 65, www.instuif.nl, sonntags Live-Musik.

## Unterkunft

- **Residentie Zeeduin** €€€€: 1949 EC, Relweg 59, Tel. 37 61 61, Fax 37 61 00, ww.zeeduin. nl, hoch auf den Dünen gelegen, Strand- und Meerblick, Zimmer mit Kochnische, angeschlossenes Restaurant.
- **Het Hoge Duin** €€€: 1949 BD, R. Aertsweg 50, Tel. 37 42 02, www.hethogeduin.nl, Familienhotel, auf einer Düne gelegen, Strand- und Meerblick, angeschlossenes Restaurant.
- **Camping De Banjaert:** 1494 CC, Burgemeester Rothestraat 53a, Tel. 37 43 18, www.camping-banjaert.nl, Naturplatz im rückwärtigen Ortsteil in den Dünen, geöffnet April bis September.

**Noord-Holland**

Dünen und Strand von Wijk aan Zee

# Nordholländische Halbinsel

Große Flächen des nördlich von Amsterdam gelegenen Teils von Noord-Holland waren lange mit Wasser bedeckt. Hier hatte das Meer bis ins Mittelalter hinein große Flächen dauerhaft überschwemmt. Erst als der Mensch mit dem Deichbau begann, wurden diese Gebiete wieder dem Meer entrissen. Der Westfriesische Deich, an dem ab dem 12. Jh. gearbeitet wurde, stellt eine frühe Meisterleistung der Landsicherung dar. Planmäßige Einpolderungen gab es ab dem 17. Jh. Nacheinander wurden in den Jahren 1612–35 das Beemstermeer, das Purmermeer, das Wormermeer und das Schermermeer trocken gelegt. Den Abschluss bildete erst die Trockenlegung des Wieringermeers in den 1920er Jahren.

Die wichtigsten **Hafenstädte** der aufstrebenden Niederlande lagen am **Westufer der Zuiderzee** – dies waren Medemblik, Enkhuizen, Hoorn, Edam und Amsterdam, dessen Hafen bis zur Fertigstellung des Nordsee-Kanals ebenfalls von der Zuiderzee aus angesteuert wurde. Mit der Fertigstellung des Abschlussdeiches der Zuiderzee 1932 war die internationale Seefahrtstradition dieser Hafenstädte – bis auf Amsterdam mit dem neuen Zugang – endgültig abgeschlossen. Dafür bieten diese reizvollen alten Städte nunmehr die schönsten Yachthäfen am neu entstanden Ijsselmeer.

# Medemblik  ⤢ VII/C2

Medemblik am **Ijsselmeer** zählt zu den sehenswerten Städten an der **ehemaligen Zuiderzee,** die durch den indirekten Zugang zur Nordsee – ohne der Unberechenbarkeit des Meeres direkt ausgesetzt zu sein – mit Handel sowie Fisch- und Walfang reich wurden. Der Sage zufolge soll hier bereits im 7. Jh. eine Burg gestanden haben. Erstmals urkundlich vermerkt wird Medemblik im Jahre 960 im Güterverzeichnis der Utrechter Martinskirche.

## Burg

1288 errichtete Graf *Floris V.* anstelle der alten Burg **Kasteel Radboud** als Zwingburg gegen die gerade von ihm unterworfenen Westfriesen. Die erhaltenen Reste wurden mustergültig renoviert.

● **Kasteel Radboud:** Oudevaartsgat 8, Tel. 54 19 60, www. kasteelradboud.nl, Burgbesichtigung Mai–Mitte Sept. Mo–Sa 11–17 Uhr, So 14–17 Uhr, im Winter nur So geöffnet, Ostersonntag und 1.1. geschlossen, Eintritt 4 €, Kinder bis 13 Jahre 2 €.

## Hafen

Der 1632 als Binnenhafen angelegte Pekelharinghaven bot den Schiffen Schutz, was Medemblik als Standort für Handelsschiffe noch interessanter machte. Doch in dem Maße, wie sich die lukrativen Kolonialhandelswege von der Zuiderzee weg verlagerten, versandete der Hafen zunehmend, wurde dann allerdings Ende des 19. Jh. als Yachthafen neu gestaltet.

## Giebelhäuser

Die Giebelhäuser der Stadt zeugen noch vom vergangenen Reichtum ihrer Bürger. Am Westerhaven, am Oosterhaven sowie in der Nieuwstraat steht noch eine Vielzahl solcher Schmuckstücke, so auch das 1613 gebaute heutige **Bäckereimuseum.** Sehenswert sind neben der spätgotischen **Bonifazius-Hallenkirche,** in deren Nähe das **Weeshuis** (Waisenhaus) mit Rokokoportal steht, unter anderem das **Koggehaus,** im Kern aus dem 17. Jh., sowie die **Waage** aus der gleichen Zeit mit später vorgesetztem Giebel.

● **De Oude Bakkerij:** Nieuwstraat 8, Tel. 54 50 14, www. deoudebakkerij.nl, Mitte Feb. bis Okt. Di–So 12–17 Uhr, in den Schulferien auch Mo, Nov./Dez. nur Sa und So, Eintritt 4 €, Kinder und Senioren 2,50 €.

## Dampfmaschinenmuseum

Das Dampfpumpenwerk aus dem 19. Jh. am Oosterdijk, das bis 1976 noch für die Entwässerung der umliegenden Polder betrieben wurde, gibt einen interessanten Einblick in die historische und moderne Polderpumpentechnik.

● **Nederlands Stoommachinenmuseum:** Oosterdijk 4, Tel. 54 47 32, www.stoomma chinenmuseum.nl, Anfang Febr. bis Anfang Nov. Di–So 10–17 Uhr, Ende Juli bis Ende Aug. auch Mo, Eintritt 4,80 €, Kinder 4–12 Jahre 2,40 €.

## Kleinbahn

Mit einer Museumseisenbahn kann man inzwischen wieder von Medemblik nach Hoorn fahren.

● **Museumstoomtram Hoorn-Medemblik:** Tel. (0229) 21 48 62, www.museumstoom tram.nl, verkehrt April bis Okt., einfache Fahrt 8 €, Kinder 4–11 Jahre 6 €.

## Info

● **Tel.-Vorwahl:** 0227
● **VVV Medemblik:** 1671 BH, Kaasmarkt 1, Tel. 511 42 84, Fax 54 28 52, www.vvvme demblik.nl.

## Unterkunft

● **Het Wappen van Medemblik** €€€: 1671 AA, Oosterhaven 1, Tel. 54 38 44, Fax 54 23 97, www.tulipinnmedemblik.nl, Hotel mit großzügigen Zimmern im Hafenbereich, angeschlossenes Restaurant €€€.

# Enkhuizen ⊿ VII/C2

Enkhuizen am Ijsselmeer war einst Sitz der westfriesischen Grafen, bis Graf *Floris V. von Holland* ganz Westfriesland unterwarf. Die Altstadt ist ellipsenförmig angelegt und mit **Verteidigungsanlagen** aus der Mitte des 16. Jh. umgeben. Wie die anderen Hafenstädte an der Zuiderzee hatte Enkhuizen im „Goldenen 17. Jh." seine glorreiche Zeit. Ganz am äußersten Zipfel Westfrieslands gelegen, fuhren von hier aus die Handelsschiffe in die Kolonien, um mit reicher Fracht zurückzukehren. So ist die Hauptachse der Stadt, die Westerstraat, mit schönen **Giebelhäusern** gesäumt. Wie in Hoorn das Hoofdtoren, so schützt in Enkhuizen das **Drommedaris** genannte Torgebäude aus dem Jahr 1540 den Hafen. Sehenswert sind auch die **Westerkerk,** eine gotische Hallenkirche, mit der gegenüber liegenden **Westfriesischen Münze,** die **Zuiderkerk** mit dem schönen Glockenspiel, das **Rathaus** aus dem Jahre 1686 und das ehemalige **Stadtgefängnis** mit seiner Fassade aus dem frühen 17. Jh.

### Zuiderzeemuseum

Außergewöhnlich ist das Zuiderzeemuseum von Enkhuizen. Es besteht aus einem Binnenmuseum, das in ehemaligen Lagerhäusern der Ostindischen Kompanie aus dem 17. Jh. untergebracht ist und sich der holländischen Schifffahrt widmet, sowie einem riesigen **Freilichtmuseum,** in dem mehr als 130 historische Bauwerke aus über dreißig Ortschaften rund um die Zuiderzee zusammengetragen und wiederaufgebaut wurden. In den Häusern, die fast alle betreten werden können, führen „Schauspieler" in Trachten das Alltagsleben der damaligen Zeit vor. Man kann zuschauen, wie geschmiedet, Wäsche gewaschen und Hering geräuchert wird, „echte" Läden verkaufen allerlei Produkte. Auch im Binnenmuseum erhält man auf sehr anschauliche Weise Einblick in den Alltag der Seeleute. Das Museum allein lohnt den Ausflug ins sehenswerte Enkhuizen und ist auch für Kinder eine große Attraktion.

● **Zuiderzeemuseum:** Wierdijk 12–22, Tel. 35 11 11, www.zuiderzeemuseum.nl, April bis Okt. 10–17 Uhr, Eintritt 12,50 €, Senioren 12 €, Kinder 4–12 Jahre 7,50 €, Familienkarte 27 €, Ende Okt. bis Ende März wochentags Eintritt zum Park frei, die Geschäfte haben dann geschlossen, die Museumsfähre fährt nicht an Wochenenden, in den Schulferien gelten normale Eintrittspreise.

### Info

● **Tel.-Vorwahl:** 0228
● **VVV Enkhuizen:** 1601 EM, Tussen Twee Havens 1, Tel. 31 31 64, Fax 31 55 31, www.vvvenkhuizen.nl.

### Essen und Trinken

● **De Drie Haringhe** €€€: Dijk 28, Tel. 31 86 10, regionale Küche in einem Lagerhaus aus dem 17. Jh., mit Blick auf das Drommedaris, geschlossen in der Osterwoche, 1. Woche im Oktober und Mo im Winter.

### Unterkunft

● **De Koeport** €€: 1601 AS, Westerstraat 294, Tel. 31 49 66, Fax 31 90 30, Familienhotel mit komfortablen, ruhigen Zimmern, benannt nach dem alten Stadttor, angeschlossenes Restaurant €€€ mit großer Weinkarte.

### Aktivitäten

● **Sprookjeswonderland:** Kooizandweg 9, Tel. 31 78 53, www.sprookjeswonderland.nl, geöffnet Anfang April bis Okt. und in den Winterferien 10–17.30 Uhr, Eintritt 7 € ab 2 Jahre, Senioren 6 €. Kinderfreizeitpark in einem großen Erholungsgebiet am Enkhuizener Zand.

Drommedaris – der Torturm von 1540 in Enkhuizen ist heute ein Kulturzentrum

# Hoorn

♫ VII/C2

Hoorn war einst als Handelsmetropole der *Verenigde Oostindische Compagnie (VOC)* und Hauptstadt Westfrieslands die bedeutendste nordholländische Stadt an der früheren Zuiderzee. Von hier fuhren die stolzen Segelschiffe um das Kap der Guten Hoffnung wie auch um Kap Hoorn – die Südspitze Südamerikas verdankt den Seeleuten aus dieser Stadt ihren Namen. Im **Hafen** von Hoorn spürt man die großartige Vergangenheit auf Schritt und Tritt. Wohlstand und Einfluss strahlen die eindrucksvollen Häuser der Händler und Schiffseigner, die Admiralitätsgebäude, Lagerhäuser, Schleusen und Hafenbecken aus.

Den Mittelpunkt der Stadt bildet der **Rode Steen,** der ehemalige Käsemarkt mit dem Westfriesischen Museum, untergebracht in dem Gebäude des ehemaligen Staatenkollegs mit großartiger Barockfassade, das 1623 über den Gewölbekellern einer ehemaligen Probstei errichtet wurde. Auf der anderen Seite des Platzes mit dem Standbild von *Jan Pieterszoon Coen,* dem Gründer Batavias, steht die **Stadtwaage** von 1609. Die schönsten Fassaden der Bürgerhäuser aus dem 16. und 17. Jh. findet man an der Grote Oost, der Nieuwstraat und am Hafen an der Veermanskade. Der **Hoofdtoren** schützt als mächtiger Turmbau den Zugang zum Hafen, die **Oosterpoort** den Zugang aus Richtung Enkhuizen.

Noord-Holland

025ho Foto: ti

## Museen und Galerien

Neben dem **Westfriesischen Museum** mit seinen Exponaten zur Geschichte der Stadt Hoorn, seiner Bewohner und des Seehandels gibt es noch das **Museum des 20. Jh.** in einer alten Käselagerhalle am Hafen und nicht zuletzt das **Spielzeugmuseum,** das nicht nur für Kinder interessant ist.

Hoorn ist auch als Kunst- und Antiquitätenstadt bekannt. Hier gibt es ein breites Angebot an Galerien und Ausstellungsräumen vor allem am Grote Oost sowie in den Seitenstraßen Schoolsteg und Breestraat.

●**Westfries Museum:** Rode Steen 1, Tel. 28 00 28, www.wfm.nl, Mo–Fr 11–17 Uhr, Sa und So 14–17 Uhr, geschlossen 1.1., 30.4., 25.12 und 3. Mo im August, Eintritt 3,50 €, Senioren und Jugendliche 1,50 €.
●**Museum van de Twintigste Eeuw,** Bierkade 4, Tel. 21 40 01, www.museumhoorn.nl, Di–Fr 10–17 Uhr, Sa und So 12–17 Uhr, 1.1., 30.4., 25. und 26.12. geschlossen, Eintritt 4 €, Kinder 4–16 Jahre 2 €.

## Spanbroek

Auf dem Weg nach Hoorn ist in Spanbroek bei Opmeer das **Friesische Museum** sehenswert. 2006 wurde es umbenannt in Scheringa Museum voor Realisme. Es ist ganz den niederländischen Magischen Realisten gewidmet: Malern wie *Carel Willink, Pyke Koch, Raoul Hynckes* und *Wim Schumacher.*

●**Scheringa Museum voor Realisme:** Spanbroekerweg 162, Tel. (0226) 35 11 11, Mo–So 10–17 Uhr, Ostersonntag und Neujahr geschlossen, Eintritt 5 €, Kinder 4–14 Jahre und Senioren 3,50 €.

## Info

●**Tel.-Vorwahl:** 0229
●**VVV Hoorn:** 1621 JC, Veemarkt 4, Tel. 511 42 84, Fax 21 50 23, www.vvvhoorn.nl.

## Essen und Trinken

●**L'Oasis de la Digue** €€€: De Hulk 16, Tel. 55 33 44, www.loasis.nl, ansprechendes Restaurant in einer alten Pumpstation am Ijsselmeer mit weitem Blick über Land und See, Di geschlossen.
●**Hendrickje Stoffels** €€€: Tel. 21 04 17, Oude Doelenkade 5, am Binnenhaven, Restaurant im Stil einer Brasserie, klassische Küche, französisch-spanische Weinkarte, geschlossen 1. Juliwoche und 2. Januarhälfte, Mi und Do Ruhetag, nur abends.

## Unterkunft

●**Petit Nord** €€€: 1621 JE, 53, Kleine Noord, Tel. 21 27 50, Fax 2 57 45, kleines Hotel in Bahnhofsnähe, angeschlossenes asiatisches Restaurant €€ in modernem Dekor.

# Edam ⤢ VII/C3

Der kleine und beschauliche Ort Edam, weltbekannt durch seinen Käse, war einst ein bedeutender Handels- und Hafenplatz an der früher offenen Zuiderzee. Hier wurden Schiffe für die niederländische Marine gebaut. Doch längst vor der Fertigstellung des Abschlussdeiches 1932, der aus der offenen Zuiderzee ein Binnenmeer machte und dem Seehandel sowie dem Küsten-Hochseefischfang ein endgültiges Ende bereitete, war der Seezugang nach Edam verlandet.

Im 12. Jh. siedelten Bauern und Fischer am kleinen Fluss Ye und errichteten hier einen Damm. Im 13. Jh. wird

die Siedlung am Yedam erstmals als Edam urkundlich erwähnt. 1357 erhielt Edam das Stadtrecht, verbunden mit dem Recht, einen Kanal zwischen dem Purmermeer und der Zuiderzee anzulegen. Die Gezeiten spülten diesen Kanal zu einem idealen Hafenbecken aus. So konnte sich die einstige Bauern- und Fischersiedlung zu einer bedeutenden **Hafenstadt** entwickeln. Doch für den Kanal wurde eine Schleuse erforderlich, was dazu führte, dass die Werften ihren Standort nach Zaandam verlagerten. Edam verlor an wirtschaftlicher Bedeutung. Aus der Blütezeit des 17. Jh. hat sich jedoch ein einmaliges Bauensemble von Häusern erhalten.

Am Damplein steht das ehemalige **Rathaus** mit einem Uhrturm aus dem 18. Jh. Gegenüber befindet sich das **Edams Museum** im ältesten Haus des Ortes von 1540 mit einem spätgotischen Giebel. Die Große oder **St. Nikolauskirche** aus dem 15. Jh. ist eine der größten Kirchen Hollands und hat wunderschöne Bleiglasfenster aus dem 17. Jh. Im schiefen Turm der vormaligen „Kirche zu Unserer Lieben Frau" ist das Glockenspiel der Stadt eingebaut.

● **Edams Museum:** Damplein 8, Tel. 37 26 44, www.edamsmuseum.nl, Mitte April–Okt. Di-Sa 10–16.30 Uhr, So 13–16.30 Uhr, Himmelfahrtstag und 5. Juni geschlossen, Eintritt 3 €, Kinder bis 5 Jahre frei, 6–17 Jahre 1,50 €.

### Käse

Edamer ist ein Schnittkäse, der aus leicht entrahmter Milch hergestellt wird. Seine Konsistenz entspricht in etwa der des Gouda, er wird aber in Kugelform angeboten und mit einer Wachsschicht geschützt. Für den Export wird rotes Wachs verwendet, auf dem niederländischen Markt wird Edamer mit einer gelben Wachsschicht verkauft.

Der Käsehandel hat sich in Edam bis heute erhalten – im Juli und August wird mittwochvormittags am **Kaasmarkt** vor dem bunt bemalten Gebäude der Käsewaage (Kaaswag) der **Käsemarkt** abgehalten.

● **Kaaswag:** Kaasmarkt, Tel. 37 28 42, April bis Okt. 10–17 Uhr, Käsemarkt 10.30–12.30 Uhr, www.edamerkaasmarkt.nl.

### Info

● **Tel.-Vorwahl:** 0299
● **VVV Edam:** 135 BK, Damplein 1, Tel. 35 51 25, Fax 37 42 36, www.vvv-edam.nl.

### Essen und Trinken

● **De Fortuna** €€€: 1135 AV, Spuistraat 3, Tel. 37 16 71, Fax 37 14 69, www.fortuna-edam.nl, Restaurant im Brasserie-Stil, nur Abendessen, angeschlossener Hotelbetrieb in Maisonetten am Kanal entlang.

# Volendam ⚓ VII/C3

Am Nordende der kleinen Gouwzee, einer Ausbuchtung im südwestlichen Ijsselmeer, liegt Volendam, eine im 12. Jh. entstandene Fischersiedlung. Hier legen bis heute Fischkutter an, aber der Ort ist inzwischen völlig vom Tourismus überrollt worden. Verwinkelt ist die kleine Altstadt hinter dem

*Noord-Holland*

Deich, ihre verklinkerten und mit Holzgiebeln versehenen Häuser wurden auf Pfählen errichtet. Die malerische Häuserfront am Hafen ist längst in eine Kette von Souvenirläden umgewandelt worden. Doch das Hauptinteresse der Besucher gilt der **Tracht** der katholischen Bewohner. Das kleine **Heimatmuseum** zeigt diese Tracht, die von den Volendamern noch gern getragen wird – und sei es nur des Geschäftes wegen.

●**Volendams Museum:** Zeestraat 41, Tel. (0299) 36 92 58, täglich 10–17 Uhr, 1. und 5.9. sowie zur Kirmeszeit geschlossen, Eintritt 1,75 €, Kinder 1 €.

## Info

●**VVV Volendam:** 1131 AA, Zeestraat 37, Tel. (0299) 36 37 47, Fax 36 84 84, www.vvvvolendam.nl.

## Essen und Trinken

●**Van Den Hogen** €€: 1131 EV, Haven 106, Tel. (0299) 36 37 75, Fax 36 94 98, familiäres Restaurant, gutbürgerliche Küche mit lokalem Einschlag, angeschlossen kleiner Hotelbetrieb mit 5 Zimmern und Blick auf den Yachthafen.

## Unterkunft

●**Spaander** €€€: 1131 EP, Haven 15, Tel. (0299) 36 35 95, Fax 39 96 15, www.bestwestern.nl, hervorgegangen aus einer alten Herberge am Hafen, einzelne Zimmer mit Balkon und Blick aufs Ijsselmeer; angeschlossenes Restaurant, das bekannt ist für seine Aalgerichte.

## Einkaufen

●**Trachten:** Today's, Souvenirs, Haven 31, Tel. (0299) 36 87 78.

●**Käse:** Kaasboerderij „Alida Hove", Zeddeweg 1, südwestlich der Altstadt, Tel. (0299) 36 58 30, www.henriwillig.com.

### Fähre

● **Marken-Express:** Personenfährverbindung zwischen Volendam und Marken, www.markenexpress.nl, März bis Sept. alle halbe Stunde, Information: Reederei Veerman en Co., Volendam, Schoklandstraat 111, Tel. 36 33 31, in Marken: Tel. (0299) 60 13 27.

## Marken ⤢ VII/C3

Im 12. Jh. brach eine Sturmflut in das Hinterland der Zuiderzee ein und hinterließ Marken als Insel, auf der sich zunächst Bauern und dann auch Fischer ansiedelten. Seit 1957 verbindet ein Damm das Festland mit der Insel, sodass nunmehr die Besucher Marken auch mit dem Auto erreichen können, was den Touristenstrom enorm anschwellen ließ.

Die Bevölkerung ist calvinistisch geprägt. Durch die frühere insulare Abgeschiedenheit hat sich hier ein eigenständiges Brauchtum erhalten und ein eigener Baustil entwickelt, geprägt durch die auf Wurten errichteten, mit grün gestrichenen Giebeln und weiß abgesetzten Fenster- und Türrahmen versehenen **Holzhäuser.** Berühmt sind auch hier die farbenfrohen **Trachten** der Bewohner.

Das Dorf Marken besteht aus den beiden Ortsteilen Havenburt (Hafen-

viertel) und Kerkburt (Kirchenviertel). Auf kleinen Wegen zwischen den Häusern kann man das pittoreske Bauensemble genießen. Im **Marker Museum,** einer ehemaligen Aal- und Heringsräucherei, findet man alle für diese Häuser so typischen Einrichtungsgegenstände.

● **Marker Museum:** Kerkbuurt 44, Tel. (0299) 60 19 04, www.markermuseum.nl, April–Okt. Mo–Sa 10–17 Uhr (Okt. ab 11 Uhr), So 12–16 Uhr, Eintritt 2,50 €, Kinder bis 12 Jahre 1,25 €.

## Zaandam und Zaanse Schans ⤢ VI/B3

Im holländischen „Goldenen 17. Jh." entstand nördlich von Amsterdam an der Zaanse Schans ein regelrechtes historisches Industriegebiet. Die nötige Energie wurde von mächtigen **Gewerbemühlen** geliefert, von denen heute noch über zehn ein pittoreskes Bild an der Zaan bieten. Nach dem Zweiten Weltkrieg baute man hier historische Wohn- und Gewerbehäuser aus der Region wieder auf. Diese typischen grünen Holzhäuser mit schönen Schnitzereien an den Giebeln sind bewohnt, die Mühlen und Gewerberäume in Betrieb. Besondere Beachtung verdienen die **Sägemühlen,** mit denen das Holz für den an der Zuiderzee florierenden Schiffbau zugeschnitten werden konnte (hier standen einst bis zu 60 Sägemühlen), das **Museum der Zaanse Schans** und nicht zuletzt der **Käsebauernhof.** Darüber hinaus wer-

Am Hafen des Ijsselmeer-Städtchens Volendam

*Noord-Holland*

den unter anderem eine **Holzschuh-werkstatt** (täglich 8–18 Uhr, behindertengerecht), ein **Bäckereimuseum** (März–Okt. täglich außer Mo 10–17 Uhr, Nov.–Feb. nur So 11–17 Uhr, Eintritt 1 €), eine **Senfmühle,** eine **Zimmerwerkstatt,** eine **Ölmühle** (März bis Sept. täglich 9.30–16.30 Uhr, Eintritt 2 €), ein **Museumsladen** (10–13 Uhr und 14–17 Uhr, Sa, So und feiertags 11–13 Uhr und 14–16 Uhr), eine **Sandsteinschleifmühle** und eine **Schiffswerft** gezeigt.

Im Ortsteil **Zaandam** traf im Jahre 1697 der spätere russische Zar *Peter der Große* ein, um das Schiffbauerhandwerk zu erlernen. Das Haus, in dem er damals wohnte, wurde schon vor über 100 Jahren renoviert und ist heute als **Csaar Peterhuisje** der Öffentlichkeit zugänglich.

### Info

- Tel.-Vorwahl: 075
- **VVV Zaandam:** 1506 CJ, Gedempte Gracht 76, Tel. 616 22 21, Fax 670 53 81, www.zaanseschans.nl.
- **Zaanse Schans:** 1509AW Zaandam, Schansend 1, Tel. 616 82 18, www.zaanse schans.nl.

### Essen und Trinken

- **De Hoop Op d'Swaarte Walvis** €€€€: Kalverringdijk 15 (auf der Zaanse Schans), Tel. 616 56 29, www.dewalvis.nl, Spitzenrestaurant in einem ehemaligen Weisenhaus aus dem 18. Jh., täglich wechselnde Gerichte.

### Museen

- **Zaans Museum:** Zaandam, Schansend 7, Tel. 616 28 62, www.zaansmuseum.nl, täglich 9–17 Uhr, Ostersonntag und Neujahr geschlossen, Eintritt 4,50 €, Kinder bis 17 frei, Senioren 2,70 €.

- **Kaasmakerij De Catharina Hoeve:** Zaandam, Zeilenmakerspad 5, Tel. 621 58 20, täglich 9–18 Uhr, Eintritt frei.
- **Czaar Peterhuisje:** Zaandam, Krimp 23, Tel. 616 03 90, Di–So 13–17 Uhr, Ostersonntag und Neujahr geschlossen, Eintritt 2 €, Kinder 4–12 Jahre 1 €.

## Süd-Kennemerland

Der nordholländische **Dünenstreifen** mit seinem unmittelbaren Hinterland wird als Kennemerland bezeichnet, der Teil südlich des Nordsee-Kanals als das Zuid-Kennemerland.

## Ijmuiden     ⚓ VI/A3

Ijmuiden ist eine **Hafen- und Industriesiedlung,** die im Zuge des Baus des **Noordzee Kanaal** entstand. Geprägt von Schleusen und Schloten, weist der Ort keine touristischen Sehenswürdigkeiten auf. Nördlich des Kanals entstand der Hüttenkomplex Hoogovens. Ijmuiden ist einer der großen Fischereihäfen der Niederlande. Zum Vorhafen zählen das große Fischerei- und das Heringsbecken. Während der Besetzung im Zweiten Weltkrieg haben die Deutschen am Kanalausgang umfangreiche Betonbefestigungsanlagen errichtet und Wohngebiete abgerissen, um freies Schussfeld aufs Meer zu haben.

Angesichts der industriellen Umstrukturierung möchte sich Ijmuiden als **Seebad** profilieren. Am Südpier

des Kanals hat sich der Strand durch Anwehungen auf über einen Kilometer Breite ausgeweitet – eine ideale Voraussetzung für Strandaktivitäten. In diesem Bereich wurde der große Yachthafen **Seaport Marina** mit Appartementgebäuden, Hotels und Restaurants angelegt, eine weitere Maßnahme, um aus Ijmuiden einen modernen und mondänen Strandort zu machen.

Hinter dem feinsandigen Strand breitet sich das Dünengebiet der **Zuid-Kennemerduinen** in einer Breite von fünf Kilometern als Nationalpark bis über Bloemendaal aan Zee hinaus aus. Das Gebiet ist von Rad- und Wanderwegen durchzogen, kleine Seen bieten Wasservögeln Lebensraum.

●**Nationalpark Zuid-Kennemerland** (Kennemerduinen): Tel. (023) 541 11 11, geöffnet von Sonnenaufgang bis Sonnenuntergang, Eintritt 1 €, Kinder 0,30 €, Hunde nicht erlaubt.

### Velsen

Der Ursprung der heutigen Gemeinde Ijmuiden ist im Dorf Velsen im Hinterland des Dünengürtels zu suchen, der an dieser Stelle durch den Noordzee Kanaal unterbrochen wird. Hier bewegt man sich auf historischem Boden. Um das Jahr 700 errichtete der Missionar *Willibrordus* in Velsen eine erste Kapelle, die als eine der fünf Mutterkirchen der Grafschaft Holland gilt. Die Holzkapelle ersetzte man im 11. Jh. durch ein steinernes Gebäude, von dem Mauerteile in das Kirchengebäude aus dem 12. Jh. übernommen wurden. Der Tuffsteinturm dieser Kirche steht heute noch. Der Ostteil des Kirchenschiffes der heute reformierten **Engelmunduskirche** stammt aus dem 18. Jh., der spätgotische Südgiebel noch von 1600. Ein Sarkophagdeckel aus dem 12. Jh. wurde in das Tympanon des 14. Jh. eingebaut.

Im Ortskern von Velsen sieht man noch eine Reihe historischer Häuser mit schönen Giebeln. Das Dünengebiet von Velsen war für die reichen Amsterdamer Kaufleute ein bevorzugter sommerlicher Wohnplatz. Insofern findet man hier eine Reihe von **Landhäusern** *(Buitenplaatsen)* aus dem 17. und 18. Jh. in frei zugänglichen, wunderschönen Parks, so die Landhäuser Velserbeek und **Beeckesteijn.**

●**Museum Beeckesteijn:** Velsen-Zuid, Rijksweg 136, Tel. 56 72 60, www. beeckestijn.nl, eingerichtetes Landhaus aus dem 18. Jh. mit zeitgenössischem Landschaftsgarten, berühmte Fächersammlung, Wechselausstellungen, 1. So im Monat kostümierte Führungen, April bis Oktober So 14 Uhr Gartenführungen, geöffnet Mi–So und feiertags 10–17 Uhr. Home and Garden, die größte Gartenmesse der Niederlande, findet Ende Mai in Beeckestijn statt.

### Info

●**Tel.-Vorwahl:** 0255
●**VVV Zuid-Kennemerland:** 1971 HB Ijmuiden, Zeeweg 189/191, Tel. 51 56 11, Fax 52 42 26, www.vvvzk.nl.

### Strand

●**Ijmuiden aan Zee:** breit, an der Südmole des Noordzee Kanaal über 1 km, feinsandig, acht Strandpavillons, darunter Paviljoen Zuidpier, Tel. 51 42 22, www.zuidpier.nl, ganzjährig geöffnet, im Winter Mi und Do geschlossen, Zugang für Behinderte geeignet.

Noord-Holland

## Essen und Trinken

● **Imko's** €€: Halkalde 9c, Tel. 51 75 26, Fischrestaurant im Fischereihafen mit Terrasse, samstagmittags und Mo geschlossen.

## Unterkunft

● **Holiday Inn Seaport Beach** €€€€: 1976 EG, Kennemerboulevard 250, Tel. 56 69 99, Fax 56 69 00, info@holidayinn-ijmuiden.nl, am Strand mit Garten, Hallenbad, Restaurant €€€€, Konferenzräumen etc., Zimmer mit Balkon und Sicht auf Meer und Yachthafen.
● **Augusta** €€€: 1975 DD, Oranjestraat 98, Tel. 51 42 17, Fax 53 47 03, www.augusta.nl, in einem Art-Déco-Haus.
● **Camping De Duindoorn:** 1976 BZ Ijmuiden, Badweg 40, Tel. 51 50 52, www.duindoorn.nl, geöffnet April bis September.

## Museen

● **Besucherzentrum Noordzee Kanaal in Zicht:** Noordersluisweg 20, Tel. 51 91 12, geöffnet Di–Fr 11–16 Uhr, 1. So im Febr., April, Juni, Aug., Okt. und an speziellen „Themen-Sonntagen" 11–16 Uhr, Dez. und erste Hälfte Jan. geschlossen. Exponate und Wissenswertes zum Nordseekanal und zu seinen gewaltigen Schleusen.
● **Zee- en Havenmuseum:** Havenkade 55, Tel. 53 80 07, www.zeehavenmuseum.nl, Exponate und Informationen zur Geschichte der Seefahrt am Nordseekanal, geöffnet Mi, Sa, So 13–17 Uhr, Eintritt 4 €, Kinder bis 12 Jahre und Senioren 2 €.

## Fähre

● **Schnellboot nach Amsterdam:** halbstündlich ab Velsen, Zuid Pont Plein, nach Amsterdam De Ruijterkade (Rückseite Hauptbahnhof) und zurück, einfache Fahrt Erwachsene 4 €, Kinder 4–11 Jahre 2,50 €, Fahrräder 2 €, Information: Fast Flying Ferries, Velsen Noord, 3e Rijksbinnenhaven 1, Tel. 51 97 28, www.rederijnaco.nl.

# Bloemendaal  ⚓ VI/A3

Der Dünengürtel, der sich südlich von Ijmuiden ausbreitet, setzt sich in gleicher Breite über Zandvoort hinaus fort. Bei Bloemendaal erhebt sich als höchste Düne der **Kopje van Bloemendaal** 45 m hoch. Hinter den Dünen stellen die Orte Bloemendaal und Overveen Haarlemer Vororte mit hoher Wohnqualität inmitten einer prächtigen Garten- und Landschaftsarchitektur dar.

In Overveen findet man das Besucherzentrum des **Nationalparks Zuid-Kennemerland.** Hier kann man stundenlang durch die Dünen laufen. Das ursprüngliche Landschaftsbild und die Flora und Fauna dieser Dünenregion ist am besten im Botanischen Garten des **Thijsse's Hof** im Wald von Bloemendaal zu sehen. Gleichermaßen sehenswert ist der Garten des Landgutes **Elswout** in Overveen, der Ende des 18. Jh. dort angelegt wurde, wo man vorher über Jahrhunderte Sand für die Bauindustrie abgegraben hatte.

● **De Zandwaaier:** Informationszentrum des Nationalparks Zuid-Kennemerland, Overveen, Eingang Tetterodeweg, geöffnet Di–So 10–17 Uhr.
● **Thijsse's Hof:** Bloemendaal, Mollaan 4, Tel. 526 27 00, Botanischer Garten im Wald von Bloemendaal, Eintritt frei.
● **Landgoed Elswout:** Overveen, Elswoutlaan, Tel. 524 03 60, Garten geöffnet von Sonnenaufgang bis Sonnenuntergang, So 12–18 Uhr High Tea in der Orangerie, Eintritt 0,50 €, Kinder 0,30 €.

## Bloemendaal aan Zee

Durch die Dünen gelangt man nach Bloemendaal aan Zee, einem Badeort,

# Amsterdams Zugang zum Meer – der Noordzee Kanaal

Dort, wo einst der Ur-Ij entlangfloss, plante man in der zweiten Hälfte des 19. Jh. die Anlage eines großen Kanals, um Amsterdams Hafen mit einer direkten Verbindung zur Nordsee zu versehen, denn der Noord-Hollands Kanaal konnte die immer größer werdenden Seeschiffe nicht mehr aufnehmen. Westlich vom alten Dorf Velsen durchschnitt man hierfür die hohen Dünen und setzte je einen drei Kilometer in die Nordsee hinausragenden Pier nördlich und südlich des Kanalaustritts ins Meer. Landeinwärts baute man riesige Schleusen, um den Amsterdamer Hafen vor dem Tidenhub zu schützen. Die doppelte Südschleuse (Zuidersluizen) war mit der Fertigstellung des Kanals im Jahre 1867 auch dem Schiffsverkehr übergeben worden. Schon 1896 musste dann die viel größere Mittelschleuse (Middensluis) gebaut werden. 1930 entstand die 400 Meter lange Nordschleuse für Schiffe bis 80.000 Tonnen Tragfähigkeit. Die Wasserflächen nördlich und südlich des Kanals wurden eingepoldert. Mehrere Eisenbahn-Autotunnel unterqueren den Kanal, damit er kein Verkehrshindernis darstellt – trotzdem sind die Staus auf den Autobahnen um Amsterdam und den Flughafen Schiphol berüchtigt!

Der Hafen von Ijmuiden an der Mündung des Noordzee Kanaal

Noord-Holland

034ho Foto: ot

der vor allem jüngere Besucher anzieht. Von dem Zeeweg genannten Strandzugang gibt es mehrere Zugänge zum Nationalpark Zuid-Kennemerland. Der Badestrand ist relativ breit, viele Pavillons bieten Erfrischungen und Mahlzeiten an, hinter dem Strand gibt es mehrere Restaurants. Von Bloemendaal aan Zee führt eine Straße südwärts am Strand entlang bis Zandvoort.

## Info

- **Tel.-Vorwahl:** 023
- **VVV:** siehe Ijmuiden

## Strand

- Relativ breit, feinsandig, FKK nördlich von Parnassia ab Strandpfahl 59.5, Hunde ganzjährig ab Parnassia bis zum FKK-Strand zugelassen, an den anderen Abschnitten von Mitte Mai bis Mitte Sept. verboten, Pferde 9–18 Uhr am gesamten Strand verboten, Drachensteigen zwischen Pfahl 53 und Pfahl 61.75 zugelassen.

## Essen und Trinken

- **Café-Restaurant de Zonnehoek:** Bloemendaal aan Zee, Zeeweg 98, Tel. 573 21 58, www.bloemendaalaanzee.com, direkt am Strand, ganzjährig geöffnet.

## Unterkunft

- **Résidence:** 2051 EC Bloemendaal aan Zee, Zeeweg 100–110, www.residenceblomendaalaanzee.com, ansprechendes Hotel mit Appartements direkt am Strand.
- **Camping Bloemendaal:** 2051 EC Bloemendaal aan Zee, Zeeweg 72, Tel. 573 21 78, campingbloemendaal@planet.nl, in den Dünen an der Zufahrt nach Bloemendaal aan Zee, geöffnet Ende März bis Sept.
- **Camping de Lakens:** 2051 EC Bloemendaal aan Zee, Tel. 0900 38 46 226, Fax (0251) 75 64 72 393, www.kennemerduin campings.nl, inmitten der Dünen mit direktem Zugang zum Strand, April bis Okt.

# Zandvoort  ⤢ X/B1

Zandvoort zählt zu den **großen Badeorten** an der holländischen Küste. Ein großzügig angelegter **Boulevard** kennzeichnet seine Seefront mit ihrem feinsandigen Strand. Hinter dem Ort erstreckt sich der breite Dünengürtel, der zum Wandern oder Reiten einlädt. Der Ort verfügt über alles, was sich der Badegast wünscht – bis hin zum **Nachtleben,** das es in den nördlicher gelegenen Seebädern weniger oder gar nicht gibt. So strahlt Zandvoort eine geradezu ansteckende Dynamik aus. Hier gibt es mondäne Hotels, Pensionen, Appartements und Ferienhäuser, Boutiquen, Restaurants, Bars, auch ein Kasino.

Markant zeigt sich der **Circus Zandvoort** in seiner modernen Architektur, ein Vergnügungszentrum mit Kino und Theater (s.u.), dessen Name sich an den berühmten, nördlich des Ortes in den Dünen gelegenen **Circuit Park Zandvoort** anlehnt. Diese Autorennstrecke, auf der bis 1985 noch Formel-1-Rennen ausgetragen wurden, hat Zandvoort bekannt gemacht.

Der Wiederaufbau nach dem Krieg bescherte den Zandvoortern den prächtigen **Boulevard,** der sich über eine Länge von fünf Kilometern entlang des Strandes erstreckt. Dahinter entstanden die neuen Gebäude mit Hotels, Wohnungen und Geschäften, darunter der 70 Meter hohe Hotelturm.

Das Wahrzeichen von Zandvoort ist allerdings sein **Leuchtturm** geblieben. Es sind auch noch einige Straßenzüge des alten Fischerdorfes im Zentrum er-

halten. Die **reformierte Kirche** aus dem 19. Jh. hat noch den anmutigen, schlanken Turm des Vorgängerbaus aus dem 15. Jh. Im Inneren gelangt man durch ein Marmorportal von 1728 in die Grabkapelle von *Paulus Loot*, eines Amtmanns von Zandvoort. Die Kanzel stammt aus dem 17. Jh., die Säulen des Orgelprospektes wurden dem vor der Küste untergegangenen Schiff „Alba" entnommen.

In der Rotonde nahe dem Strand in der Höhe des Holland Casino ist ein **Piratenmuseum** (Mu-Zee-um) untergebracht, in dem gezeigt wird, was das Meer so alles an Strandgut zu bieten hat. Das **Zandvoorter Museum** hat seinen Sitz im ehemaligen Kommunalaltersheim und zeigt Exponate zur Geschichte des Ortes und zum Wohnstil des beginnenden 20. Jh.

●**Mu-Zee-um:** De Rotonde, Tel. 571 22 21, www.juttersmuseum.nl, Mi 13.30–16 Uhr, Sa und So 12–16 Uhr, Eintritt frei.
●**Zandvoorts Museum:** Zwaluëstraat 1, Tel. 574 02 80, Mi–So 13–17 Uhr, www.zandvoortsmuseum.nl, geschlossen 1.1., 30.4., 25., 26. und 31.12., Eintritt 1,15 €, Kinder 0,45 €.

## Info

●**Tel.-Vorwahl:** 023
●**VVV Zuid-Kennemerland,** Büro Zandvoort: Schooplein 1, Tel. 571 79 47, Fax 571 70 03, www.vvvzk.nl, www.info-zandvoort.nl.

## Strand

●Langgestreckt, feinsandig, ausreichend breit, qualitativ einwandfrei (blaue Flagge für Textilstrand), FKK 500 m südlich vom Boulevard Paulus über eine Länge von 3 km; Hunde im Winter erlaubt, Mitte Mai bis Mitte September verboten, Ausnahme: Segelverein Zandvoort südlich vom Wasserturm am Boulevard bis zum FKK-Strand; Pferde März bis Sept. verboten, Ausnahme: Sondergenehmigungen für Reitschulen; lenkbare Drachen nur von Okt. bis Febr. zugelassen, Strandrollstühle am Strandpaviljoen The Strand (Nr. 5), Boulevard Paulus Loot, Tel. 571 61 19, und im CenterPark, Vondellaan 60, Tel. 572 00 00.
●**25 Strandpavillons,** darunter: Skyline 13, Boulev. Barnaart 12a, Tel. 57 14 25, www.skyline13.nl, in der Hochsaison am Wochenende Live-Musik; Sandy Hill 25, Boulev. Barnaart 25, Tel. 571 20 47, www.sandyhill.nl, acht Barbecues, Mitte März bis Mitte Sept., abschließbare Boxen für Surfbretter; Maritime Club Strandpaviljoen 9, Boulev. P. Loot, Tel. (0655) 78 85 36, Kinderprogramme, veranstaltet Beach-Volleyball-Turniere.
●**Amsterdamse Waterleidingduinen:** Dünengebiet südlich von Zandvoort, Tel. 523 35 84, www.pwn.nl, geöffnet von Sonnenaufgang bis Sonnenuntergang, Hunde nicht zugelassen, Eintritt 1 €, Kinder gratis.

## Essen und Trinken

●**Beaulieu** €€: Bentveld (3 km in Richtung Heemstede), Zandvoortselaan 263, Tel. 524 00 29, www.restaurant-beaulieu.nl, geöffnet Di–Sa, bekannte Adresse für gutes Essen, bei schönem Wetter wird im Garten serviert.

## Unterkunft

●**Palace Hotel** €€€: 2042 TA, Burg van Fenemaplein 2, Tel. 571 29 11, Fax 572 01 31, palace@bestwestern.nl, www.bestwestern.nl, Hotel im Hotelturm mit Restaurant, Bar und Terrasse am Meer.
●**Hoogland** €: 2042 AV, Westerparkstraat 5, Tel. 571 55 41, Fax 571 42 00, www.hotelhoogland.nl, Familienbetrieb im Schatten des Leuchtturms.
●**Zuiderbad** €: 2042 AD, Tel. 571 26 13, Fax 571 31 90, www.hotelzuiderbad.nl, Zimmer im 2. Stock mit Balkon und Meerblick, Restaurant mit Terrasse, geschlossen Anfang Jan. bis Ende Febr. sowie Mitte Nov. bis Ende Dezember.
●**CenterPark:** 2041 JB, Trompstraat 2, Tel. 574 11 00, Fax 574 11 03, www.centerparcs.

Noord-Holland

com, Bungalowpark mit tropischer Schwimmhalle.

● **Camping de Branding:** Boulevard Barnaart 30, Tel. 571 30 35, Fax 571 92 83, www.campingdebranding.nl, an der Strandstraße nach Bloemendaal aan Zee, geöffnet April bis Okt.

### Discos

● **Chin-Chin:** Halterstraat 29, Tel. 571 40 95.
● **Feestcafé Shooters:** Halterstraat 56a, Tel. 551 38 55.
● **Seasons Zandvoort:** Dorpsplein 2, Tel. 571 43 47.

### Aktivitäten

● **Holland Casino Zandvoort:** Badhuisplein 7, Tel. 574 05 74, www.hollandcasino.nl, Roulette, Black Jack, Spielautomaten, geöffnet 12–3 Uhr, Eintritt 3,50 €.
● **Circus Zandvoort:** Gasthuisplein 5, Tel. 571 86 86, www.circuszandvoort.nl, Unterhaltung für die ganze Familie.
● **Golf:** Kennemer Golf- und Countryclub, Kennemerweg 78, Tel. 571 28 36, www.kennemergolf.nl, 27-Loch-Platz, für Gäste offen; Open Golf Zaandvoort BV, Duintjesweg 3, Tel. 571 57 43, 18-Loch-Platz, täglich geöffnet 9–21 Uhr.
● **Reiten:** Manege Rückert, Heimansstraat 25, Tel. 571 28 85, www.manegeruckert.nl, Manege, Reitkurse, Ausritte; Manege en Pensionstal Sandevoerde, Keesomstraat 15, Tel. 571 58 94, begleitete Ausritte.
● **Hallenbad:** Subtropisch Zwembad, Hallenbad des CenterParc, ganzjährig 10–21 Uhr (siehe oben).
● **Circuit Park Zandvoort:** Burg v. Alphenstraat, Tel. 574 07 40, www.cirquit-zandvoort.nl, Autorennstrecke mit verschiedenen Rennveranstaltungen, kann auch privat befahren werden.

# Haarlem  ♫ X/B1

Östlich der Dünen des Nationalparks Zuid-Kennemerland erstreckt sich Haarlem, eine der alten und geschichtsträchtigen **Kulturstädte** Hollands. Außerdem ist Haarlem das Zentrum der holländischen **Blumenzwiebelzucht.** Im 16. Jh. waren bereits die ersten Tulpenzwiebeln aus der Türkei nach Europa gelangt. Auf den kalkigsandigen Böden der Strandwälle um Haarlem setzte im 17. Jh. der Blumenzwiebelanbau so richtig ein. Zahlreiche Dünen trug man ab, um mehr Platz für die Zwiebelproduktion zu schaffen. Schon vor hundert Jahren war die Haarlemer Blumenschau „Flora" weit über die Stadtgrenze hinaus bekannt, die bis heute unter der Bezeichnung **Floriade** im Frühjahr abgehalten wird.

Haarlem wurde bereits im 10. Jh. gegründet. Die Grafen von Holland bauten sich den Ort zu ihrer Residenz aus und gaben ihm 1245 die Stadtrechte. Schnell wuchs die Stadt über ihre Befestigungsanlagen hinaus, von denen noch das Stadttor Amsterdamse Port vom Ende des 15. Jh. östlich des Flusses Spaarne erhalten ist. Zu Beginn des großen niederländischen Befreiungskrieges belagerten spanische Truppen im Winter 1572/73 die Stadt, die sich schließlich nach sieben Monaten ergeben musste. Erst 1577 gelang es den Niederländern, Haarlem wieder zu befreien. Dann brachte das Goldene Zeitalter die Blütezeit – die Stadt konnte sich wirtschaftlich in außerordentlicher Weise entwickeln

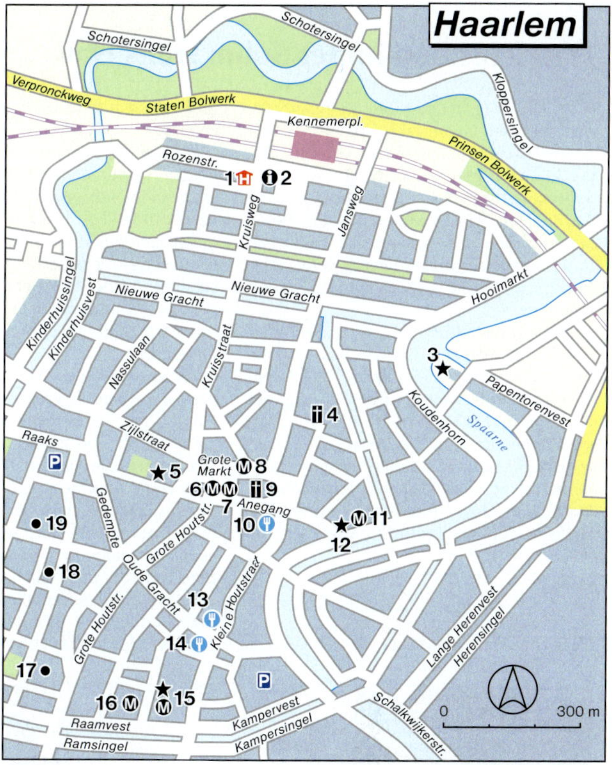

**Haarlem**

Noord-Holland

| | | | |
|---|---|---|---|
| 🏠 | **1** | Lion d'Or | |
| ⓲ | **2** | Information | |
| ★ | **3** | De Adriaan | |
| � ⅱ | **4** | Waalse Kerk | |
| ★ | **5** | Rathaus | |
| Ⓜ | **6** | Verweyhal | |
| Ⓜ | **7** | Fleischhalle | |
| Ⓜ | **8** | Fischhalle | |
| ⅱ | **9** | St. Bavokerk | |
| ⓲ | **10** | Haarlem aan Zee | |
| Ⓜ | **11** | Teylers Museum | |
| ★ | **12** | Stadtwaage | |
| ⓲ | **13** | In den Gevulde Broodmand | |
| ⓲ | **14** | Peter Cuyper | |
| ★ | **15** | Sint-Elisabeths Gasthuis und | |
| Ⓜ | | ABC Architektur Museum | |
| Ⓜ | **16** | Frans Hals Museum | |
| ● | **17** | Provenierhofje | |
| ● | **18** | Brouwershofje | |
| ● | **19** | Hofje van Loo | |

# Haarlems berühmter Sohn: Frans Hals

Frans Hals wurde um 1580–85 in Antwerpen geboren. Einige Jahre später ließ sich die Familie in Haarlem nieder. Er erhielt seine künstlerische Ausbildung von dem Spätmanieristen *Karel van Mander*. 1610 wurde Hals in die Malergilde Haarlems aufgenommen, er entwickelte sich zum berühmtesten Porträtmaler seiner Zeit. *Rubens* und *van Dyck* zählten zu seinen Freunden.

Lebensecht sind Hals' Gruppenbilder der Stände, wie zum Beispiel das 1616 gemalte „Festmahl der Offiziere der Sankt-Georgs-Schützengilde". Nicht minder berühmt sind seine Einzelporträts und Darstellungen aus dem Volksleben. Gern porträtierte er Bauern, Soldaten, Fischer oder Dirnen als robuste Gestalten voller Lebenskraft. Seine Bilder strahlen heitere Beweglichkeit und leuchtende Farbigkeit aus, die im Laufe seiner Schaffenszeit von helleren zu insgesamt dunkleren Tönen wechselten.

Frans Hals' Spätwerk wird ab 1640 datiert. In seiner letzten Schaffensphase gelingt es ihm, sich vom vormals repräsentativen Porträtstil zu lösen und einen weiterentwickelten Stil der individuellen Charakterisierung der porträtierten Personen zu schaffen. Dieser künstlerische Ansatz wurde später von den holländischen Realisten des 19. Jh. und den Impressionisten wieder aufgegriffen.

Als Vorsteher der Malergilde und als Mitglied der Rhetorikgesellschaft genoss Frans Hals hohes Ansehen weit über die Stadt hinaus. Doch übertriebener Lebensgenuss führte ihn in die Alkoholabhängigkeit. Frans Hals starb verarmt am 26. August 1666 in einem Altmännerheim, dessen Vorsteherinnen er noch 1664 porträtiert hatte – eines seiner Meisterwerke. In jenem Altmännerhaus ist heute das Frans Hals Museum von Haarlem untergebracht, das einige der wenigen erhaltenen Bilder aus dem reichen Schaffen des Malers zeigt.

Auf der linken Seite:
das Frans Hals Museum

und wurde zu einem **Zentrum holländischer Malerei** – in Haarlem war *Frans Hals* als berühmtester Maler der Stadt tätig.

### Sehenswertes

Das Goldene Zeitalter verschaffte Haarlem auch einen Bauboom ohnegleichen. Die vom Stadtbaumeister *Lieven de Key* errichteten Bauten wie das Rathaus oder die Fleischhalle stellen architektonische Meisterwerke dar. Bis heute konnte sich Haarlem seinen städtischen Charme mit den vielen **Grachten** erhalten. Eine große Zahl denkmalgeschützter Bürgerhäuser säumen mit ihren reizvollen Fassaden und Giebeln die Kanäle und Straßen. Wohnhöfe sind ein besonderes Merkmal der Stadt. Weit reicht der Blick von der Dachterrasse der **Verweyhal** (so benannt nach dem impressionistischen Maler *Kees Verwey*) über die Dünen einerseits und zum Haarlemmermeer andererseits, das nach über 200-jährigen Bemühungen 1852 endlich eingedeicht und trockengelegt werden konnte – damit war die Überschwemmungsgefahr bei Sturmfluten für Amsterdam und für Haarlem selbst gebannt.

Das Zentrum Haarlems bildet der **Grote Markt.** Hier steht die als Grote Kerk bezeichnete **St.-Bavokerk** aus dem 15. Jh. mit hohem Vierungsturm. Eindrucksvoll ist das Sterngewölbe aus Zedernholz über dem kurzen Mittelschiff und dem langen Chor. Zur wertvollen Innenausstattung zählen das geschnitzte Chorgestühl, das Chorgitter aus Messing, die Kanzel mit dem gotischen Deckel und die große Orgel aus dem 18. Jh. mit ihren 5000 Pfeifen.

Die **Fischhalle** (*Vishal*) aus dem 18. Jh. steht an der Nordfassade der Grote Kerk, die wie die **Fleischhalle** (*Vleeshal*) am Grote Markt aus dem Jahr 1604 als Zweigstelle des **Frans-Hals-Museums** dient. Dessen Hauptsitz befindet sich in dem umfunktionierten, ebenfalls vom Stadtbaumeister Lieven de Key Anfang des 17. Jh. errichteten ehemaligen Altmännerhaus (*Oudemannenhuis*).

Das **Rathaus** (*Stadhuis*) ist in dem ehemaligen Jagdschloss der Grafen von Holland aus dem 14. Jh. mit dem im 20. Jh. restaurierten Turm untergebracht. Die Um- und Erweiterungsbauten mit Schweifgiebel und einer Loggia über der Freitreppe tragen ebenfalls die Handschrift von Stadtbaumeister Lieven.

Zu den vielfältigen weiteren Sehenswürdigkeiten zählen die von Lieven de Key an der Spaarne errichtete **Waag** (Stadtwaage), die **Waalse Kerk** als älteste Kirche der Stadt nördlich des Grote Markt, das ehemalige **Sint-Elisabeths Gasthuis,** ein einstiges Hospital gegenüber dem Altmännerhaus mit dem Zuid-Kennemerland-Museum, dem ABC Architekturmuseum und einem Fotoarchiv, weiterhin die **Hoofdwacht,** ein Patrizierhaus aus dem 13. Jh. am Grote Markt, sowie nicht zuletzt die Kathedrale **Basiliek St.-Bavo,** eine um die Wende zum 20. Jh. außerhalb des Stadtkerns erbaute, riesige, neugotische Kirche mit reicher Schatzkammer. Zu den wichtigsten Wohnhöfen zählen der **Prove-**

Noord-Holland

nierhofje aus dem Jahr 1592, der **Brouwershofje** aus dem Jahr 1472 und der **Hofje van Loo** von 1489.

## Spaarndam

Nur wenige Kilometer nordöstlich von Haarlem kommt man nach Spaarndam, einem malerischen Ort, dessen kleine Häuser mit ihren alten Giebeln dicht gedrängt zu beiden Seiten des Deiches stehen. Die reformierte Ortskirche stammt aus dem 17. Jh. Schleusen stellen die Verbindung zwischen Spaarne und Ij her. Auf einer der Schleusen steht ein Denkmal für *Hans Brinker,* einen Jungen, der einer Legende nach seinen Finger eine ganze Nacht lang in ein Leck des Deiches steckte und damit dessen Durchbruch verhinderte – und so Haarlem vor einer Überschwemmung bewahrte. Der pittoreske **Hafen** des Ortes erinnert noch an dessen Vergangenheit als Fischersiedlung mit Zugang zum **Haarlemmermeer.**

## Info

●**Tel.-Vorwahl:** 023
●**VVV Haarlem:** Stationsplein 1, Tel. 0900 616 16 00, Fax 534 05 37, www.vvvzk.nl.

## Essen und Trinken

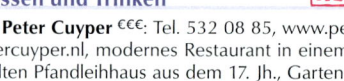

●**Peter Cuyper** €€€: Tel. 532 08 85, www.petercuyper.nl, modernes Restaurant in einem alten Pfandleihhaus aus dem 17. Jh., Gartenterrasse nach hinten, geschlossen Ende Juli/ Anf. Aug., 27.12.–4.1., So und Mo Ruhetag.
●**Haarlem aan Zee** €€: Oude Groenemarkt 10, Tel. 531 48 84, Fischrestaurant mit Garten, geschlossen 24.12., 31.12. und 1.1.
●**In den Gevulde Broodmand** €: Kleine Houtstraat 66, Tel. 532 334 62, reizvoller Tee-Salon mit Geschenkladen.

●**Het Stille Water** €€: Spaarndam, Oostkolk 19, Tel. (023) 537 13 94, www.stillewater.nl, in einem Haus aus dem 18. Jh. an einer malerischen, von Kastanien gesäumten Schleuse, mit Garten, geschlossen Mi, Mo von Okt. bis März und Ende Dez.

## Unterkunft

●**Lion d'Or** €€€€: 2011 LC, Tel. 532 17 50, Fax 532 95 43, www.hotelliondor.nl, moderne Zimmer in einem 150 Jahre alten Gebäude nahe dem Bahnhof, mit Restaurant.
●**Haarlem Zuid** €€€: 2035 LC, Toekanweg 2, Tel. 536 75 00, Fax 536 79 80, www.hotelhaarlemzuid.nl, außerhalb gelegen, ein Hotel der Valk-Gruppe, mit Restaurant.
●**Jugendherberge:** Stayokay Haarlem, 2024 CL, Jan Gijzenpad 3, Tel. 537 37 93, Fax 537 11 76, www.stayokay. com/haarlem.
●**Camping De Liede:** 2015 KA, Lie Oever 68, Tel. 535 86 66, Fax 540 46 13, östlich der Stadt, ganzjährig geöffnet.

## Museen

●**Frans Hals Museum:** Hauptmuseum Groot Heiligland 62, Tel. 51 57 75, www.franshalsmuseum.nl, mit den Außenstellen in der alten Vleeshal und der Verweyhal am Grote Markt, Di–Sa 11–17 Uhr, So 12–17 Uhr, Eintritt 10 €, Kinder unter 12 Jahre frei, 13–18 Jahre 2,50 €, 19–24 Jahre 7,75 €.
●**Archäologisches Museum:** Grote Markt 18k, Tel. 542 08 88, Mi–Sa 13–17 Uhr, Eintritt frei.
●**ABC Architekturmuseum:** Groot Heiligland 47, Tel. 534 05 84, www.architectuurhaarlem.nl, städtebauliche Exponate zu Haarlem, Di–Sa 12–17 Uhr, So und an Feiertagen 13–17 Uhr, Eintritt frei.
●**Corrie ten Boomhuis:** Barteljorsstraat 19, Tel. 531 08 23, www.corrietenboom.com, jüdisches Versteck während der deutschen Besetzung, Di–Sa 10–17 Uhr, So und an Feiertagen 13–17 Uhr, Eintritt frei.
●**Historisches Museum Zuid-Kennemerland:** Groot Heiligland 47, Tel. 542 24 27, www.hmzk.nl, Regionalmuseum, Di–Sa 12–17 Uhr, So 13–17 Uhr, Eintritt 4 €, Senioren 2 €, Kinder frei.

Noord-Holland

0.18ho Foto: of

**Die Fleischhalle am Grote Markt**

● **Teylers Museum:** Spaarne 16, Tel. 531 90 10, www.teylersmuseum.nl, Gemäldesammlung, ältestes Museum Haarlems vom Ende des 18. Jh., benannt nach dem Stifter, dem Textilfabrikanten *Teyler,* Di–Sa 10–17 Uhr, So 12–17 Uhr, Eintritt 7 €, Kinder 6–18 Jahre 2 €.

● **Natuur- en Milieucentrum Huis ter Kleef:** Kleverlaan 9, Tel. 511 50 50, Gartenanlage, tropisches Gewächshaus, Tierweide und Spielwiese, Wechselausstellungen zu Naturthemen, Mo–Fr 13–16.30 Uhr, So 14–16 Uhr, Eintritt frei.

## Aktivitäten

● **Linnaeushof:** Bennebroek (südlich von Harlem), Rijksstraatweg 4, Tel. 584 76 24, www.linnaeushof.nl, Freizeitpark, der sich selbst als größten Spielplatz Europas bezeichnet, mehr als 350 Spielgeräte, Minigolf, Ende März bis Ende Sept. 10–18 Uhr, Eintritt 9,50 €, Senioren 8 €.

● **Bootsfahrten:** Woltheus Cruises, Spaarne 11a, Tel. 535 77 23, www.woltheuscruises.nl,

Grachtenrundfahrten von April bis Okt. täglich 10.30, 12, 13.30, 15 und 16.30 Uhr.

● **Golf:** Haarlemmermeerse Golfclub, Spiengweg 745, Tel. 558 90 00, halböffentlicher 27-Loch-Platz mit 9-Loch-Übungsbahn.

● **Schwimmen:** Boerhaavebad, Boerhaavebad 1, Tel. 538 81 00, www.boerhaavebad.nl, ganzjährig Mo–Fr 12–17.30 Uhr, Sa und So 10–15.45 Uhr, Sa 19–21.45 Uhr Disco.

### Veranstaltungen

● **Blumenkorso:** Samstag Ende April von Noordwijk nach Haarlem über Sassenheim, Lisse (Keukenhof), Hillegom und Heemstede; am Folgetag sind die blumengeschmückten Prunkwagen in Haarlem ausgestellt; Information: Bloemencorso van de Bollenstreek, 2160 AC Lisse, Tel. (0252) 42 82 37, Fax 42 47 96, www.bloemencorso.info.

# Amstelland und Meerlande

Das Amstelland umfasst das Gebiet beiderseits der Amstel, die heute in Amsterdam ins Ijsselmeer mündet. Südlich schließen sich die Meerlanden als Gebiet mit vielen Seen an, die als Naherholungsgebiet der dicht besiedelten Umgebung genutzt werden.

Das Amstelland wurde im frühen Mittelalter kultiviert. Als älteste Niederlassung tritt Oudekerk aan de Amstel im 11. Jh. in Erscheinung. Hier wurde vor allem Torf als Brennmaterial gestochen. So entstand wohl im 13. Jh. die Torfsiedlung Amstelveen. Durch den Bau eines Dammes an der Amstel konnte sich an der Mündung der damalige Fischerort Amsterdam entwickeln.

Heute sind die wichtigsten Städte in den Regionen Amstelland und Meerlanden Aalsmeer, Amstelveen, Haarlemmermeer und Uithoorn.

# Amstelveen ⚓ XI/C1

Amstelveen war ursprünglich ein kleines Torfbauerndorf, das jedoch wegen der günstigen Lage südlich von Amsterdam im 20. Jh. stark gewachsen ist. Wohlhabende Kaufleute bauten hier im 16. und 17. Jh. ihre Gutshöfe. Von den drei Landgütern, die sich auch heute noch am Ufer der Amstel befinden, ist der **Wester-Amstel Park** der Öffentlichkeit zugänglich.

Amstelveen weist einige schöne Parkanlagen, darunter den **Amsterdamse Bos** auf, ein Wald- und Erholungsgebiet, das mit seinen vielen Teichen und Seen zwischen Amstelveen und Amsterdam liegt. Jährlich finden hier mehrere Ruder-Regatten statt.

In der Stadt befindet sich das **Co-BrA-Museum** mit Exponaten der Künstlerbewegung des Nachkriegsjahrzehnts aus Kopenhagen, Brüssel und Amsterdam. Hier werden Werke von *Appel, Constant, Corneille, Brands, Rooskens* und *Alechinksy* ausgestellt, dazu finden regelmäßig Wechselausstellungen statt.

● **Bezoekerscentrum Amsterdamse Bos,** Tel. 545 61 00, Bosbaanweg 5, Amstelveen, www.amsterdamsebos.amsterdam.nl, Exponate zu Flora und Fauna der Region, Wechselausstellungen, täglich 12–17 Uhr, Eintritt frei.

● **Bosmuseum,** Koenenkade 56, Amsterdamse Bos, Tel. 676 21 52, Waldmuseum, in dem man sehen kann, wie der Amsterdamse Bos entstanden ist, täglich 10–17 Uhr.

● **CoBrA-Museum:** Sandbergplein 1, Tel. 547 50 50, www.cobra-museum.nl, Di–So 11–17 Uhr, 25.12., 1.1. und 30.4. geschlossen, Eintritt 7 €, Jugendliche bis 18 Jahre 3 €, Senioren 4 €, Kinder frei.

## Info

- **Tel.-Vorwahl:** 020
- **VVV Amstelveen:** 1181 ZM, Stadsplein 102, Tel. 641 41 26, Fax 647 94 76, www.hollandsmidden.nl.

## Essen und Trinken

- **De Jonge Dikkert:** Amsterdamseweg 104a, Tel. 643 33 33, www.jongedikkert.nl, aktuelle Küche, serviert im Anbau einer originalen Mühle aus dem 17. Jh., Mitglied der Vereinigung Jeunes Restaurateurs d'Europe, mit Außenterrasse, 24. und 31.12. geschlossen.

# Hoofddorp ⟋ X/B1

Hoofddorp liegt im Einzugsbereich der Pendler nach Amsterdam und Haarlem. Im Mittelpunkt befindet sich das Oude Raadhuis, das heute ein kleines Theater beherbergt. Interessant ist das **Historische Museum Haarlemmermeer.** Hier wird die junge Geschichte des Haarlemmermeerpolders seit der Trockenlegung 1852 dargestellt. Die Umgebung von Hoofddorp weist noch viel Grün auf, Wandern und Fahrradfahren sind im Haarlemmermeerschen Wald möglich.

Besonderes Augenmerk verdient **De Heimanshof,** ein Landschaftsgarten mit Tropenhäusern, in dem Insekten, kleine Tiere und Vögel in natürlicher Umgebung erlebt werden können.

- **Historisch Museum Haarlemmermeer:** Kruisweg 1403, Tel. (023) 562 04 37, www.historisch-museum-haarlemmermeer.nl, April bis Okt. Di–So 13–17 Uhr, ansonsten Sa und So 13–17 Uhr, Eintritt 1,50 €.
- **De Heimanshof:** Bezoekerscentrum „De Kijkdoos", Wieger Bruinlaan 1–7, werktags 9–16 Uhr, erster Sa/So im Monat 14–17 Uhr.

## Essen und Trinken

- **Marktzicht** €€€: Marktplein 31, Tel. (023) 561 24 11, bietet traditionelle holländische Küche in der Nähe des Flughafens Schiphol, 25., 26., 31.12. und 1.1. geschlossen.

# Aalsmeer ⟋ XI/C1

Alsmeer liegt im Übergang zum „Grünen Herz" der Niederlande – nach Süden hin breiten sich die Weiden bis zum Horizont aus. Der Ort wurde 1133 erstmals urkundlich erwähnt. Mit der Pflanzenzucht begann man hier im 17. Jh. Heute ist Alsmeer der weltweit wichtigste Ort des internationalen Blumenhandels. Bei der größten **Blumenauktion** der Welt werden Pflanzen in die ganze Welt exportiert. Die Versteigerung erfolgt anhand der in der Halle vorbeiziehenden, mit Blumen beladenen Wagen der Anbieter. Von einer Besuchergalerie aus kann man das Treiben beobachten.

Der jährlich stattfindende **Blumencorso** präsentiert dem Publikum blumengeschmückte Prunkwagen.

- **Bloemenveiling Aalsmeer (VBA):** Legmeerdijk 313, Tel. (0297) 39 21 85, www.vba.nl, geöffnet Mo–Fr, Versteigerungszeit ab 6 Uhr bis spätestens 13 Uhr, Eintritt 5 €, Kinder 6–12 Jahre 3 €.
- **Bloemencorso:** 1. Wochenende im Sept., 9 Uhr Abfahrt Aalsmeer, ca. 16 Uhr Ankunft Amsterdam, Koninklijk Paleis, Vortag Besichtigung der ca. 20 Festwagen ab 16 Uhr in Aalsmeer.

Noord-Holland

## Gooi und Vechtstreek

Im Südosten der holländischen Provinz Noord-Holland erstreckt sich die Übergangslandschaft von der Vecht-Gegend zum Gooi-Land (*Gooi en Vechtstreek*). Die Vecht ist ein kleiner Fluss, der in Utrecht entspringt und in Muiden ins Ijsselmeer mündet. Die Schleuse in Muiden reguliert die Wasserstände, sodass sich im Hinterland große Wasserflächen erhalten konnten. Diese Gewässer bilden schöne Naherholungsgebiete für die Bevölkerung der umliegenden Städte.

Ostwärts geht die Landschaft über in die höher gelegene Sandregion des Gooi-Landes mit seinen Heideflächen, Wiesen, Wäldern, Sümpfen und Seengebieten. Dies war eine weitere, von der reichen Amsterdamer Kaufmannschaft bevorzugte Gegend, um ihre Sommerhäuser zu errichten. Hauptort ist Hilversum, doch viele weitere Orte wie Weesp, Naarden, Bussum, Huizen und Laren sind einen Besuch wert.

Die stadtnahe Erholungslandschaft Vechtstreek an der Vecht bietet so unterschiedliche Sehenswürdigkeiten wie das Weesper Porzellan oder das Schloss in Muiden – und die Loosdrechter Seenplatte mit ihren reizvollen Orten ist nicht weit.

## Weesp                                       ↗ XI/C1

Weesp, zwischen Vecht und dem heutigen Amsterdam-Rijnkanaal gelegen, erhielt 1335 vom Grafen *Wilhelm V. von Holland* die Stadtrechte. Die Stadt lag immer im Streit mit der Provinz Utrecht, weshalb sie militärisch stark befestigt wurde. Nach erfolgloser Belagerung durch die Franzosen wurde die Stadtbefestigung 1672 erneuert. Heute bestehen noch die Wälle, Bastionen und zwei Festungswerke. Das Rathaus mit dem Heimatmuseum stammt aus den Jahren 1772–76.

Bekannt ist Weesp vor allem durch sein Porzellan – hier entstand 1759 nach dem Vorbild Meißens die erste **Porzellanmanufaktur** der Niederlande, deren Produktion allerdings ab 1774 in Loosdrecht fortgesetzt wurde. Das **Heimatmuseum** zeigt eine außergewöhnliche Kollektion von Weesper Porzellan aus dem Besitz des Rijksmuseum Amsterdam.

In Weesp gab es früher viele Mühlen. Drei davon stehen noch, darunter die **Kornmühle de Vriendschap.**

● **Gemeentemuseum Weesp:** Nieuwstraat 41, Tel. (0294) 49 12 45, www.weesp.nl, Di–Do 13.30–16.30 Uhr, Anfang Juni bis Anfang Sept. auch So, Eintritt 2 €, ermäßigt 1 €.
● **Korenmolen De Vriendschap:** Utrechtseweg 11A, Tel. (0294) 41 70 24, www.weesperwieken.nl, Sa 10–14 Uhr, Eintritt frei.

Das Ufer der Vecht in Weesp

## Essen und Trinken

● **Meyers CuliCafe** €€: Nieustad 84, Tel. (0294) 415 64 63, www.meyersculicafe.nl, gemütliches Café-Restaurant im Zentrum an der Gracht mit frischer saisonaler Küche, erste Märzwoche und Okt. geschlossen, Mo Ruhetag.

# Muiden  ↗ XI/C1

Muiden an der Vecht-Mündung wird von der Silhouette des **Muidener Schlosses** beherrscht. Wuchtig steht der Backsteinbau mit seinen runden Ecktürmen innerhalb von Wassergräben. Der Ort war wie Weesp zwischen den Provinzen Holland und Utrecht umkämpft. 1280 ließ Graf *Floris V. von Holland* das Muiderslot erbauen. Anfang des 17. Jh. war das Schloss im Besitz von *Pieter Corneliszoon P.C. Hooft,* der hier einen Künstlerkreis unterhielt. Nach seinem Tod verfiel das Schloss und wurde erst 1878 restauriert und als Museum eingerichtet. Gebrauchsgegenstände, Möbel und Gemälde geben ein Bild vom Leben im Schloss während des Goldenen Jahrhunderts.

Muidens Lage am Ijsselmeer ließ nach dem Zweiten Weltkrieg den Wassersporttourismus an Bedeutung gewinnen.

● **Rijksmuseum Muiderslot:** Herengracht 1, Tel. (0294) 25 62 62, Mo–Fr 10–17 Uhr, Sa und So 12–18 Uhr, Nov.–März Sa und So 12–17 Uhr, Falknervorführungen Mo–Fr 11 und 16 Uhr, Sa und So 12.30 und 17.30 Uhr, Eintritt 8,50 €, Kinder 4–12 Jahre und Senioren 6 €, Führungszuschlag 2,50 €.

**Noord-Holland**

001 ni Foto: ct

## Essen und Trinken

●**De Doelen** €€€: Sluis 1, Tel. (0294) 26 32 00, www.restaurantdedoelen.nl, rustikales Restaurant an den Schleusen, klassische Gerichte, umfangreiche Weinkarte, mit Gartenterrasse.

# Hilversum     ⚐ XI/D1

Die weitläufige Villenstadt Hilversum, umgeben von Wäldern und Grünflächen, ist als Radio- und TV-Stadt das **Medienzentrum der Niederlande** und geprägt durch die kubistischen Bauten des expressionistischen Architekten *Willem Marinus Dudok* (1884–1974). Das von ihm entworfene Rathaus entstand um 1930, überragt von seinem hohen Turm. Hier ist das **Museum Hilversum** untergebracht, dessen Exponate über die herrliche Gooi-Landschaft informieren (s.u.).

Hilversum galt in den Zeiten des Kalten Krieges wegen seiner ausgewogenen Berichterstattung als einer der wichtigsten Rundfunkstandorte überhaupt. Die Medienstadt geriet in den Blickpunkt der Weltöffentlichkeit, als hier 2002 der niederländische Rechtspopulist *Pim Fortuyn* vor der Rundfunkanstalt von einem muslimischen Extremisten erschossen wurde.

## Info

●**Tel.-Vorwahl:** 035
●**VVV Hilversum:** 1211 BX, Kerkbrink 6, Tel. 629 28 10, Fax 629 25 15, www.vvvhollands midden.nl.

## Essen und Trinken

●**Joffers** €€€: Vaartweg 33, Tel. 621 45 56, nur eine Scheibe trennt die Küche vom Gast-

raum. Hier kann man schon mal eine der niederländischen TV-Größen speisen sehen. So Ruhetag.
●**De Uitdagang** €€€: Albertus Perkstraat 3, Tel. 624 93 13, kleines Restaurant zwischen Fußgängerzone und Rathaus, saisonale Küche, Mitte Juli bis Mitte Aug. geschlossen.
●**Robert** €€: Spanderslaan 1, Tel. 624 56 95, www.restaurantrobert.nl, am Rande des Spanderswoud gelegenes Bistro-Restaurant, rustikal mit Sommerterrasse, Sa mittags, So und Mo geschlossen.

## Unterkunft

●**Tulip Inn Hilversum** €€€€: 1217 LA, Koninginneweg 30, Tel. 623 24 44, Fax 623 49 76, www.tulipinnhilversum.nl, nahe dem Media Park gelegenes Kettenhotel der gehobenen Klasse mit angenehm eingerichteten Zimmern.

## Museen

●**Museum Hilversum:** Kerkbrink 6, Tel. 629 28 26, www.museumhilversum.nl, Dudok-Dependance, Dudokpark 1, Museum für Stadt- und Regionalgeschichte, archäologische Funde, Exponate zur Gooi-Landschaft, in einem separaten Zimmer Ausstellungsstücke zum Architekten Dudok. Geöffnet Di–Sa 11–17 Uhr, So 12–17 Uhr, Dudok-Dependance im Rathaus Mi und So 12–16.30 Uhr, Eintritt 4 €, Schüler und Studenten 2 €, Kinder bis 12 Jahre frei, behindertengerecht.
●**Museum Bild und Ton** *(Beeld en Geluid):* Media Park, Sumatralaan 45, Tel. 677 55 55 bzw. 677 34 34, www.portal.beeldengeluid. nl. Exponate zur Geschichte audio-visueller Medien, zu Film, Musik etc., direkte Verknüpfung mit den Archiven des Instituts, Di–So 10–21 Uhr, 1.1., Ostersonntag geschlossen, an Feiertagen nur bis 19 Uhr, Eintritt 11 €, Kinder 6–15 Jahre 7,50 €, darunter frei, teilweise für Rollstuhlfahrer zugänglich.

## Veranstaltungen

●**Gijsbrecht Zomer Festival:** Straßenmarkt in der Gijsbrecht van Amstelstraat, Fr und Sa Mitte September.

# Naarden

⤢ **XI/D1**

Da es an der Zuiderzee Überschwemmungsprobleme gab, wurde Naarden im ausgehenden Mittelalter befestigt – was nicht verhinderte, dass die Stadt 1572 von den Spaniern und 1673 von den Franzosen eingenommen wurde. Bis heute sind die sternförmigen **Stadtwälle** mit den sechs Bastionen erhalten. Sehenswert sind darüber hinaus die gotische **Grote Kerk** mit dem bemalten Tonnengewölbe und hohem Turm, das **Spaanse Huis** mit einem Reliefstein zum Massaker des Jahres 1572 sowie das **Renaissance-Rathaus** mit einem schönen Treppengiebel aus dem Jahr 1601.

Das **Comenius Museum** ist dem berühmten, in Tschechien geborenen und dort aus Glaubensgründen verfolgten Pädagogen, Theologen und Philosophen *Johann Amos Komensky* (genannt *Comenius*) gewidmet, der einige Zeit in Naarden gelebt hat und hier beerdigt wurde. Neben dem Museum können auch das Mausoleum des Theologen in einer nahe gelegenen spätgotischen Klosterkapelle und die große Museumsbibliothek eingesehen werden.

Das **Niederländische Festungsmuseum** mit Kasematten, Gängen und Kanonen ist in einer der Stadtbastionen untergebracht. Sogar der Ausbau zu einem Teil des Westwalls während der deutschen Besatzung ist noch zu erkennen.

Ab dem späten 19. Jh. bauten sich wohlhabende Amsterdamer ihre Wohnhäuser in Naarden. Das Villenviertel ist längst mit dem von Bussum zusammengewachsen.

● **Comenius Museum:** Kloosterstraat 33, Tel. 694 30 45, www.comeniusmuseum.nl, Mi–So 12–17 Uhr, Ostersonntag, 31.12. und 1.1. geschlossen, Eintritt 3,50 €, Kinder bis 12 Jahre frei, Senioren 2,50 €, Führung 25 €.
● **Het Nederlands Vestingmuseum:** Westwalstraat 6, Tel. 694 54 59, ww.vestingmuseum.nl, im Sommer Di–Fr 10.30–17 Uhr, Sa, So und feiertags 12–17 Uhr, Mo Gruppenbesuch möglich, Nov. bis Mitte März So 12–17 Uhr, Eintritt 5,50 €, Kinder 5–12 Jahre 3 €, Militär und Veteranen 2,50 €.

**Noord-Holland**

002nl Foto: ot

Die Grote Kerk in Naarden

## Info

- **Tel.-Vorwahl:** 035
- **VVV Naarden:** 1411 RC, Adriaan Dortsmanplein 1-B, Tel. 694 28 36, Fax 694 34 24, www.vvvnaarden.nl.

## Essen und Trinken

- **Paul Fagel – Het Arsenaal** €€€: Kooltjesbuurt 1, Tel. 694 91 48, www.paulfagel.nl, französische Küche, kontrastreiches Innendekor, 25.12. bis Anfang Januar geschlossen, So und Mo Ruhetag.
- **Chef's** €€: Cattenhagenstraat 9, Tel. 694 88 03, beliebtes Restaurant im Bistro-Stil, rückwärtige Sommerterrasse im Schatten der Grote Kerk.

## Unterkunft

- **NH Naarden** €€€€: 1411 AA, Ijsselmeerweg 3, Tel. 695 15 14, Fax 695 10 89, www.nh-ho tels.nl, ruhig gelegenes, modernes Hotel nahe der A1, Ausfahrt 8, Suiten im Nachbarbau, angeschlossenes Restaurant €€€ mit Terrasse.

# Laren

↗ XI/D1

Laren war einst ein Bauerndorf, geprägt von Schäfern und ihren Herden, die die umliegenden Heideflächen abgrasten. Schön ist Ortskern mit dem Dorfplatz und der aus dem 15. Jh. stammenden Dorfkirche. Um den Platz gibt es nette Restaurants. Die Umgebung mit Wald und Heide lädt zu Wanderungen und Radtouren ein.

Längst ist Laren wie viele andere Orte im Gooi Wohnstadt wohlhabender Amsterdamer Bürger. Aber schon um 1880 hatten Künstler der *Haagse School* (Haager Schule) das idyllische Dörfchen entdeckt. Diese impressionistische Gruppe um die Maler *Albert*

*Neuhuys* und *Anton Mauve* wird als *Larense School* (Larener Schule) bezeichnet. Der amerikanische Kunstsammler und Maler *William Henry Singer* ließ sich 1901 in Laren nieder; in seiner Villa entstand später das **Singer Museum.** Es zeigt niederländische und französische Gemälde, u.a. der Larener Schule, aus dem 19. und 20. Jh., außerdem beherbergt es einen Musiksaal, ein Theater und einen Skulpturengarten. Auch *Max Liebermann* hat zwischen 1874 und 1914 manchen Sommer in Laren gewohnt und gearbeitet.

- **Singer Museum:** Oude Drift 1, Tel. (035) 539 39 39, www.singerlaren.de, Di–So 11–17 Uhr, feiertags 11–17 Uhr, 25.12. und 1.1. geschlossen, Eintritt 11 €, Senioren 10 €, Kinder bis 12 Jahre frei.

## Huizen und Blaricum

Die malerischen Nachbardörfer Huizen und Blaricum sind einen Abstecher wert. Huizen mit seinem alten Hafen erstreckt sich entlang des Gooi-Meeres, einem südlichen Arm des Ijsselmeers. Blaricum schließt sich südlich an. Der Dorfkern besticht noch durch seine gepflasterten Straßen.

# Zuid-Holland

## Südholländische Küste

Der breite Dünengürtel an der niederländischen Nordsee setzt sich in der Provinz Zuid-Holland bis Hoek van Holland fort, nur unterbrochen vom Hafen von Scheveningen – der Dünengürtel wird hier aber zunehmend schmaler. Dieser zur Küste liegende Teil der Provinz Zuid-Holland wird auch als **Holland Rijnland** bezeichnet, weil hier der Ur-Rhein in die Nordsee mündete. Das sich südlich von Den Haag anschließende Hinterland ist das Westland.

## Noordwijkerhout    ↗ X/B1

Im Dünenhinterland zwischen Haarlem und Leiden breitet sich das Zentrum des holländischen Blumenzwiebelanbaus aus. Inmitten dieser Region liegt der reizvolle **Badeort** Noordwijkerhout unmittelbar am inneren Dünenrand, weithin bekannt für seine malerische **Witte Kerkje** (Weiße Kirche) aus dem 13. Jh. Der innere Dünenrand ist bewaldet, wurde aber durch den Abbau des kalkhaltigen Dünensandes arg in Mitleidenschaft gezogen. Doch man hat aus der Not eine Tugend gemacht und hier ein großes Erholungsgebiet mit dem **Oosterduinse Meer** geschaffen. Eine Vielzahl von Campingplätzen und Bungalowparks zieht die Besucher an. Es gibt zwei Dünenübergänge zum Meer, einmal den zentralen Duindamseslag für Fußgänger und Fahrradfahrer und zum Zweiten die nördlicher führende Fahrstraße, den Langervelderslag, mit einem großen Parkplatz und Snackbars.

Zuid-Holland

## Info

- **Tel.-Vorwahl:** 0252
- **VVV Winkel Noordwijkerhout:** 2211 GC, Dorpsstraat 10, Tel. 37 20 96, Fax 34 28 98, noordwijkerhout@hollandrijnland, www.hollandrijnland.nl, www.nordwijkerhout.nl.

## Strand

- Breit, feinsandig, qualitativ einwandfrei (blaue Flagge), nicht überfüllt, vier Strandpavillons.

## Unterkunft, Essen und Trinken

- **'t Wapen van Noordwijkerhout** €€: 2211 CG, Dorpsstraat 14, Tel. 37 23 89, www.nov.nu/wapen.htm, altholländisches Restaurant mit Hotel/Pension im Zentrum, mit Kinderspielplatz.
- **Hotel & Restaurant de Witte Raaf** €€€: 2204 AR, Duindamseweg 7, Tel. 36 11 00, Fax 36 11 11, www.duinparkwitteraaf.nl, ansprechendes Hotel mit **Restaurant In de Tuin** €€€ am Dünenrand mit großer Gartenterrasse, dazu großer Bungalowpark.
- **Bungalowpark Sollasi:** 2211 ZC, Duinschooten 12, Tel. 37 44 60, Fax 37 77 28, www.sollasi.nl, an den Dünen, mittelgroßer Park.
- **Bungalow- en Caravanpark De Wijde Blick:** 2211 XM, Schulpweg 60, Tel. 37 22 46, Fax 37 07 72, www.bungalowparkdewijdeblick.nl, Dünennähe.
- **Camping „de Wulp":** 2204 AN, Kraaierslaan 25, Tel. 37 28 26, Fax 34 18 07, www.dewulp.nl, am Dünenrand.
- **Jugendherberge:** Stayaway Noordwijk, 2204 BC, Langevelderlaan 45 (Noordwijkerhout), Tel. 37 29 20, Fax 37 70 61, www.stayokay.com/noordwijk.

## Aktivitäten

- **Reiten:** Bakker, Schulpweg 62, Tel. 37 26 68; Smit, Schulpweg 129, Tel. 37 27 63.

# Noordwijk  ⬀ X/B1

Noordwijk hat zwei Ortskerne: Nordwijk Binnen und Noordwijk aan Zee. Wenn hier die Badesaison noch nicht angefangen hat, erstrahlt die gesamte Umgebung von Noordwijk in einem farbenprächtigen Blütenmeer. Inmitten des Blumenzwiebelanbaugebietes sind die Felder voll von **Krokus, Hyazinthen und Tulpen.**

**Noordwijk aan Zee** war früher ein Fischerdorf, seine reformierte Kirche stammt aus dem Jahr 1647. Im Jahre 1883 bekam der Ort seine ersten beiden Hotels. Der Leuchtturm am Koningin Wilhelmina Boulevard wurde 1922 errichtet. Doch ist aus der früheren Zeit nicht viel geblieben, weil die Deutschen im Zweiten Weltkrieg einen großen Teil der Bebauung abrissen, um die Küste besser verteidigen zu können. Das Seebad Noordwijk aan Zee konnte sich dann aber nach dem Krieg dynamisch entwickeln. Der inzwischen beidseitig verlängerte Boulevard säumt als Strandpromenade die Dünen. Nach Norden ist dies der mondäne Koningin Wilhelmina Boulevard, nach Süden der eher familiäre Koningin Astrid Boulevard. In der Mitte steht in kaltem Prunk das klotzige Huis ter Duin, das Grand Hotel des Ortes. Ansonsten reihen sich an den Boulevards Hotels, Appartementhäuser und Restaurants aneinander. Darüber hinaus verfügt Noordwijk aan Zee über eine große Kapazität an Kongresseinrichtungen. Dennoch hat der Ort seinen Charakter als familiäres Seebad nie ganz verloren.

**Noordwijk Binnen** strahlt noch etwas von seinem Dorfcharme aus. Die alten Straßen werden von kleinen Häusern gesäumt, die teilweise noch Renaissance-Giebel aufweisen. Das **Heimatmuseum** des Ortes ist in einem Bauernhaus aus dem Jahre 1625 untergebracht. Der Turm der **reformierten Ortskirche,** ein dreischiffiger, gotischer Kreuzbau, stammt aus dem 13. Jh., das Schiff wurde wahrscheinlich nach dem großen Brand von 1450 gebaut. Der Taufstein ist eine Arbeit des 15. Jh., das geschnitzte Gestühl entstand 1636.

●**Museum Boerderij Oud-Noordwijk:** Jan Kroonsplein 4, Tel. 361 78 84, www.g-o-n.nl, Heimatmuseum, Schiffsmodelle etc., Mitte April bis Mai Di–So 14–17 Uhr, Juni bis Mitte Sept. Mo–Sa 14–17 Uhr, Mitte bis Ende Sept. Di–So 14–17 Uhr, Eintritt 2 €, Kinder 1 €.

### Space Expo

Südlich des alten Dorfkerns von Noordwijk hat die Raumfahrt einen ihrer zentralen Stützpunkte. Hier steht das **Europäische Zentrum für Weltraumforschung und -technologie (ESTEC),** das mit seinen tausend Beschäftigten für die europäische Raumfahrt verantwortlich ist, vor allem für Satellitenprojekte. Sein Informationszentrum **Space Expo** steht Besuchern offen.

●**Space Expo:** Keplerlaan 3, Tel. (0900) 87 65 43 21, www.space-expo.nl, Di–So 10–17 Uhr, in den Schulferien auch Mo, Eintritt 9 €, Kinder 6 €.

### Info

●**Tel.-Vorwahl:** 071
●**VVV ANWB Noordwijk:** 2200 BE, De Grent 8, Tel. (0900) 202 04 04 (0,45 €/ Min.), 361 93 21 (Reservierungen), Fax 361 69 45, www.vvvnoordwijk.nl, www.holland rijnland.nl.
●**Noordwijk Regio Congresbureau:** De Grent 8, 2200 BE, Tel. 362 38 87, Fax 361 69 45, www.congress.beachofamsterdam.nl.

### Strand

●13 km lang (blaue Flagge), viel besucht in der Saison, nach außen hin mehr Platz; Hundeverbot von Mai bis Aug. vor den Boulevards von Aufgang 1 bis Pfahl 80.5, ansonsten Leinenzwang ab Pfahl 75 nordwärts 500 m und ab Pfahl 78 nordwärts 500 m; vollständiges Pferdeverbot; Strandrollstühle April bis Sept. beim Paviljoen De Klink, Strandaufgang 19, Alexander Beach, Strandaufgang 11 und Beach End; FKK zwischen Pfahl 79.5 und 78 sowie zwischen 74 und 71.5; Drachensteigen nur ab Pfahl 83.25 südwärts.

Fünf **Strandpavillons,** darunter: De Zeemeeuw, Kon. Wilhelmina Boulevard 35, am Leuchtturm, bietet Barbecue-Feste und „tropische Nächte"; Zuiderbad, Strandrestaurant am Kon. Astrid Boulevard mit dem historischen Zuiderbad, einem windgeschützten Kabinenviereck, Liegefläche und privatem Strandübergang, Tel. 362 05 51, www.zuider bad.nl; De Zester, Kon. Astrid Boulevard, Tel./Fax 362 05 67, vermietet auch Strandliegestühle und Sonnenschirme; Koele Costa, Fluitekruid 16, Tel. (0620) 43 11 18, Barbecues für bis zu 100 Personen.

### Essen und Trinken

●**Bij Raggers** €€€: Koningin Wilhelmina Boulevard 16a, Tel./Fax 361 48 75, www.bijrag gers.nl, mit Terrasse, französische Küche, modern eingerichtet.
●**Tong AH** €€: De Grent 36, Tel. 361 29 82, gehobenes chinesisch-indonesisches Restaurant im Zentrum mit großer Speisekarte.
●**Villa De Duinen:** 2202 CE, Oude Zeeweg 74, Tel. 364 89 32, Fax 364 71 49, www.villa deduinen.nl, moderne Brasserie in einer Villa im Stil des Bäderjugendstils hinter den hinteren Dünen, mit Hotel €€€.

Zuid-Holland

## Unterkunft

●**Huis ter Duin** €€€€€: 2202 BK, Tel. 361 92 20, Fax 361 94 01, www.huisterduin.com, Grand Hotel des Ortes mit allen erdenklichen Einrichtungen, unmittelbar am Strand gelegen, mit **Restaurant Latour** €€€€, Café und Terrassenrestaurant, Anfang Jan. geschlossen, Mo und Di Ruhetag, Zimmer verschiedener Kategorien, seeseitig mit Meerblick, bietet Veranstaltungen wie Jazzkonzerte, klassische Musik, Spezialitätenwochen.

●**Hotel Sonnevanck:** 2202 BE, Kon. Astrid Boulevard 50–51, Tel. 361 71 74, Fax 361 11 00, www.sonnevanck-strandhuis.nl, in bester Lage mit weitem Meerblick, daneben angeschlossenes **Appartementhaus Strandhuis** €€, mit Lift, beide Häuser etwas renovierungsbedürftig.

●**Camping Club Soleil:** 2204 AN, Kraaierslaan 7, Tel. (0252) 37 42 25, Fax 37 64 50, www.clubsoleil.nl, gehobener Familienplatz mit Hallenschwimmbad (Rutschbahn), Sonnenbank und beheiztem Kinderbad, Erholungsraum, Terrasse und Restaurant, Sonnen- und Spielwiese, Streichelzoo, Babyraum, Laden, April bis Sept. geöffnet.

●**Camping Jan de Wit:** 2204 AK, Kapelleboslaan 10, Tel. (0252) 37 2485, www.campingjandewit.nl, Mitte März bis Sept.

## Nachtleben

●**Bar-Disco The Champ:** De Grent 20, Tel. 361 76 80.

## Aktivitäten

●**Golf:** Noordwijkse Golfclub, Randweg 25, Caddiemaster Tel. 373 37 63, www.noordwijksegolfclub.nl; Golf Centrum Noordwijk, Van Berckelweg 38, Tel. 364 65 43, 9-Loch-Platz.

●**Segeln:** Yachthaven Noordwijk, van Berckelweg 46, Tel. 361 63 87.

●**Reiten:** Barnhoeve, Schoolstraat 71, Tel. 361 21 95; Manege Het Langeveld, Langeveld-

*Auch Dahlien werden auf den Feldern um Lisse gezogen*

derlaan 39, Tel. 37 54 29; Meeuwenoord, Northgodreef 200, Tel. 361 26 08.

## Einkaufen

●**Gewürze:** Noordwijks Kruidenwinkeltje, Pickéstraat 46, Tel. 361 28 39, Di und Fr 13.30–17.30 Uhr, Sa 9–13.Uhr, bietet 300 verschiedene Kräuter.

●**Dahlien:** Dahliakwekerij Lindhout Omata, Herenweg 105, Tel. 361 55 67, 150 verschiedene Sorten, täglich nur im Sept. geöffnet.

# Lisse ⚓ X/B1

Lisse liegt einige Kilometer landeinwärts von Noordwijkerhout inmitten von **Blumenfeldern,** deren üppige Blüten im Frühjahr Heerscharen von Besuchern anziehen. Der Name der Stadt leitet sich ab von der Güterliste *(lijst)* des Utrechter Domstifts vom Ende des 8. Jh. ab. Um 1250 stiftete Graf *Wilhelm II. von Holland* hier eine Kapelle, Ausgangspunkt einer sich Ende des 15. Jh. entwickelnden Gemeinde. Aus dieser Zeit stammt auch die einschiffige reformierte Kirche mit dem

Tuffsteinturm. Die Bevölkerung lebte ursprünglich von der Torfstecherei, später vom Gemüseanbau und seit dem 20. Jh. überwiegend von der Blumenzwiebelzucht.

## Tulpenmuseum

Das örtliche **Museum de Zwarte Tulp** (Museum der schwarzen Tulpe), das über die Geschichte der Blumenzwiebelzucht informiert, ist in einem alten Haus im Zentrum untergebracht. Einen besonderen Eindruck hinterlässt die dargestellte Behausung einer Arbeiterfamilie aus der Anfangszeit des Zwiebelbooms.

● **Museum De Zwarte Tulp:** Grachtenweg 2a, www.museumdezwartetulp.nl, Di–So 13–17 Uhr, Eintritt 3 €, Kinder/Senioren 2 €, deutsche Führungen, Erdgeschoss behindertengerecht, 25. und 26.12., 31.12. und 1.1., Pfingstsonntag und -montag, letzter Do im Sept. geschlossen.

## Keukenhof

Auf dem bei Lisse gelegenen Keukenhof findet alljährlich im Frühjahr die größte und schönste **Blumenschau** der Welt statt. Im beginnenden 15. Jh. war das Gelände bevorzugtes Jagdgebiet der Gräfin *Jacoba van Beieren* und ihres Gefolges, das hier das Wild für die Küche des Hofes von Schloss Teylingen beim nahe gelegenen Sassenheim erlegte – deswegen „Keukenhof" (Küchenhof). Im 17. Jh. stand hier ein Landhaus, das im 19. Jh. in ein neugotisches Kastell verwandelt wurde. Das heutige Gelände wurde unter Einbeziehung seiner alten Bäume im **Stil englischer Landschaftsgärten** gestaltet und hebt sich von den umgebenden rechteckigen Blumenfeldern ab. 1949 richtete man die „Nationale Bloemententoonstelling Keukenhof" ein, die inzwischen von annähernd einer Million Besuchern jährlich aufgesucht wird, um die Blütenpracht von über sieben Millionen Blumen zu bewundern. Darüber hinaus stehen den Besuchern vier Pavillons für Sonderschauen zur Verfügung. Im Koningin-Beatrix-Paviljoen wird eine permanente **Orchideenschau** gezeigt. Im Herbst wird ein großer **Blumenzwiebelmarkt** abgehalten.

**Schloss Keukenhof** ist ein 1642 von einem ehemaligen Kommandeur der Vereenigde Oostindische Compagnie (VOC) errichtetes großzügiges Wohnhaus, das er aus den Gewinnen des Gewürzhandels mit den Molukken finanzierte. Heute kann das Gebäude besichtigt werden.

● **Keukenhof:** Stationsweg 166 a, Tel. (0252) 46 55 55, www.keukenhof.nl, behindertengerecht, Ende März bis Anfang Mai 8–19.30 Uhr, Eintritt 12,50 €, Senioren 11,50 €, Kinder 5,50 €, Parken 5 €; Zomerhof: Aug. bis Mitte Sept., Eintritt 7,50 €.
● **Kasteel Keukenhof:** Keukenhof 1, www.kasteelkeukenhof.nl, Führungen Mo 14 Uhr und 15.30 Uhr, Reservierungen Tel. 75 06 93, Mitte Dez. Weihnachtsmarkt.

## Info

● **Tel.-Vorwahl:** 0252
● **VVV ANWB Lisse:** 2161 HM, Grachtenweg 53, Tel. 41 42 62, www.lisse.nl.

## Unterkunft, Essen und Trinken

● **De Vier Seizoenen** €€€: Heereweg 224, Tel. 41 80 23, www.restaurantdevierseizoenen.nl, Restaurant im Zentrum am Hauptplatz mit

**Zuid-Holland**

# Die Tulpe – ein Import aus dem Orient

Wenn eine Blume zu einem Symbol für ein Land werden kann, dann ist es die Tulpe für die Niederlande. Dabei ist das aus dem Vorderen Orient stammende Zwiebelgewächs keineswegs als Erstes in die Niederlande gelangt. Die Tulpe war längst schon in Wien und auch in Frankfurt angekommen, wo der berühmte Botaniker *Clusius,* mit bürgerlichem Namen *Charles d'Écluse,* Ende des 16. Jh. wirkte. Im Jahre 1593 ging er nach Leiden an die Universität – mit Tulpenzwiebeln im Gepäck.

Es waren dann die Niederländer, die auf den geeigneten Böden der küstennahen Strandwälle die Pflanzen zu höchster Farbenpracht züchteten. Schnell wurden für besonders prächtig blühende Tulpen Höchstpreise bezahlt, mancher Züchter konnte mit Zwiebeln das Vielfache eines Handwerkers verdienen. Allerdings brach der Markt schon bald zusammen – zu fantastisch waren die Preise in die Höhe gegangen, die „Tulpomanie" endete 1637 im Marktkollaps.

Doch die Niederländer sind zu geschäftstüchtig, als dass sie nicht wüssten, dass auf Dauer eben doch Geld mit Blüten zu verdienen ist. Längst hat sich der Markt ausgeweitet, neben Tulpen sind es Krokus, Narzissen, Gladiolen und viele andere Zwiebelblütenpflanzen, die in den Niederlanden gezüchtet und in großem Stil produziert werden. Die Krokusblüte beginnt schon im März, es folgen Narzissen und dann Tulpen – die bunten Felder erstrecken sich von Den Helder südwärts entlang der gesamten Küste. Wahre Meister der Pflanzenzucht sind die Holländer auch bei Lilien und Dahlien geworden.

Am besten ist die Farbenpracht im **Keukenhof bei Lisse** zu bewundern. Um das ganze Jahr über Gewächse anbieten zu können, werden auch alle anderen Blütenpflanzen hier gezüchtet. Überall auf den Wochenmärkten werden vom Frühjahr bis in den Herbst hinein die farbenprächtigen Blumen und ihre Zwiebeln zum Verkauf angeboten.

Sommerterrasse, 2. Hälfte Febr. und Juli geschlossen, Di Ruhetag.
● **Het Lisser Spijshuis** €€: Hereweg 234, Tel. 41 16 65, www.spijshuis.nl, in einem kleinen Haus in der Altstadt, das an eine englische Boutique erinnert, saisonale Küche, mit Weinladen, Sa, So und Mo Ruhetag.
● **Golden Tulip** €€€: 2161 AG, Hereweg 10, Tel. 43 30 30, Fax 43 30 10, www.goldentulip lisse.nl, komfortabel, großer Garten mit Pool.

## Aktivitäten

●**Wassermühlenfahrten:** Abfahrt Kanaalstraat, März bis Mai spezielle Blumenfahrten, Information: Rederij van Hulst, Burg. Ketelaarstraat 42 a, Tel. (071) 301 01 33, www.rederijvanhulst.nl.

## Veranstaltung

●**Blumenkorso** (siehe Haarlem): am Donnerstag und Freitag vor dem Blumenkorso kann man den Helfern beim Schmücken der Prunkwagen in der Klinkenberghalle in Sassenheim (De Leeuw Flowerbulb Group) zusehen, Do 12–22 Uhr, Fr 10–22 Uhr, Eintritt 4 €.

# Katwijk ⤢ X/B2

Wie viele andere Orte an der holländischen Küste ist Katwijk im Ursprung ein Fischerdorf. In römischer Zeit befand sich hier die **Ur-Mündung des Rheins.** Längst ist sie versandet, aber ein Entwässerungskanal führt noch durchs alte Flussbett.

### Katwijk aan Zee

Von der Fischereivergangenheit ist in Katwijk aan Zee außer einigen alten, weiß gestrichenen Fischerkaten direkt hinter der Kirche kaum noch etwas zu bemerken. Als die Fischerboote noch klein waren, wurden sie nach dem Fang auf den Strand gezogen. Die modernen Fangschiffe haben ihren Heimathafen in Ijmuiden. Reiche Reeder und Kapitäne bauten sich ihre Häuser in der Voorstraat, die einst die Hauptstraße des Ortes war. In einem dieser Häuser ist heute das **Heimatmuseum** (s.u.) von Katwijk untergebracht, mit Exponaten zum Leben der Fischer und Kapitäne, Schiffsmodellen und Trachten.

In der Saison spielt sich das Leben auf dem Strandboulevard ab. Hier liegen die Hotels, Pensionen, Appartementhäuser, Restaurants und Eisstände. Die meisten dieser Häuser wurden erst nach dem Zweiten Weltkrieg errichtet, denn auch hier hatten die Deutschen während der Besatzungszeit aus Angst vor einer Alliierten Invasion die Häuser geschliffen. Einzig zwei Villen, der Leuchtturm und die Kirche blieben stehen. Der **Leuchtturm** aus dem Jahr 1605 stand einst allein auf einer Düne, heute ist er von Häusern umgeben.

Der Standort der Kirche ist bemerkenswert – nirgendwo sonst steht ein Gotteshaus in Holland so nahe an der Wasserlinie. Die dem Schutzpatron der Fischer geweihte **Sint Andreaskerk** wurde zu Beginn der zweiten Hälfte des 15. Jh. errichtet. 1572 ging sie beim Einmarsch der Spanier zusammen mit dem gesamten Ort in Flammen auf, danach baute man sie wieder auf. Sie erhielt einen neuen Turm, wurde aber später auch zweckentfremdet genutzt. Die Turmspitze brachen die Deutschen während der Besatzungszeit ab. Doch 1953 richtete man die Kirche in ihrem ursprünglichen Zustand wieder her – seitdem bietet sie das beliebteste Fotomotiv von Katwijk aan Zee.

Der **Katwijks Kanaal** nördlich des Ortes stellt – mit zwei Schleusen – die Verbindung zum Oude Rijn her. Der in das Ortszentrum mit seinen Geschäf-

**Zuid-Holland**

ten hineinreichende Seitenarm dieses Kanals, der Prins-Hendrik-Kanaal, dient heute als **Yachthafen.**

● **Katwijks Museum:** Voorstraat 46, Tel. 401 30 47, www.katwijksmuseum.nl, Di–Sa 10–17 Uhr, feiertags geschlossen, Eintritt 3,50 €, Kinder und Senioren 1,80 €.

## Katwijk aan de Rijn

Katwijk aan Zee hat sich längst nördlich über den Kanal ausgedehnt und erstreckt sich weit in die Dünen hinein. Es bildet inzwischen eine fast geschlossene Ortschaft mit dem landeinwärts gelegenen Katwijk aan de Rijn. Der Turm der **Ortskirche** und ihr Chor wurden um 1300 errichtet, das Schiff um 1460. Ihre Taufkapelle hat ein schönes Sterngewölbe. Im nördlichen Seitenchor steht ein *Rombout Verhulst* zugeschriebenes Grabmal aus dem 17. Jh. Die großartige Rokoko-Orgel kam 1765 in die Kirche.

## Rijnsburg

An Katwijk aan de Rijn schließt sich östlich Rijnsburg an, ein Ort mit romanischer und merowingisch-karolingischer Vergangenheit, der heute inmitten des Blumenzwiebelanbaugebietes liegt. Die reformierte Ortskirche wurde im späten 16. Jh. gebaut. Ihr **Tuffsteinturm,** der noch aus dem 12. Jh. stammt, war Teil einer einstigen Abteikirche, die 1573 von den Spaniern zerstört wurde. Im Turm ist ein römisches Trachitkapitell eingearbeitet, in der Kirche findet man noch Fragmente römischer Säulen. An der Chorwand sieht man Überreste von Grabsteinen, so diejenigen von Graf *Wilhelm I.* (gest.

1223) und seiner Gemahlin *Aleida.* Im Chor der ausgegrabenen Abteikirche fand man Grabreste der holländischen Grafen *Floris IV., Wilhelm I.* und *Jan I.*

Im Ort steht das **Spinoza-Haus,** ein Bau aus dem 17. Jh. Hier hat Spinoza von 1661 bis 1663 gewohnt und gewirkt. Schöne Wohnhäuser stehen entlang der Vliet-Gracht.

## Info

● **Tel.-Vorwahl:** 071
● **VVV Katwijk:** 2225 LB, Vuurbaakplein 11, Tel. (0900) 528 99 58 (0,45 €/Min.), Reservierungen 407 54 44, Fax 407 63 42, www.hollandrijnland.nl.

## Strand

● 4,5 km lang, qualitativ einwandfrei (blaue Flagge für Katwijk Noord und Katwijk Zuid), Hundeverbot April bis Sept. 9–19 Uhr, Pferdeverbot zwischen Pfahl 74.5 und 75, Strandrollstühle am Zeepaviljoen beim Leuchtturm, kein FKK-Strandabschnitt.
● **Strandpavillons:** Het Wantveld, Strandabschnitt 17, Tel. 408 23 80, www.hetwant veld.nl, bietet sich für Feste und Barbecues an, vermietet Strandkabinen; Zeepaviljoen, Strandweg 2, Tel. 407 41 98, www.zeepavil joen.nl, ganzjährig geöffnet, vermietet Sonnenschirme, Strandstühle und Strandkabinen; Zee end Zon Strandpaviljoen, Strandabschnitt 10, Abgang Voorstraat, Tel. 407 15 09, kleines Restaurant mit großer Sonnenterrasse, Fisch- und Fleischspezialitäten; Benny's Beach Inn, Boulevard Zuid, Strandabschnitt 1, Tel. 407 22 78, www.bennysbeachinn.nl, ganzjährig geöffnet, große Fischkarte; Het Strand, Strandabschnitt 8, Tel. 401 20 48, www.het-strand.nl, bis Ende Okt. täglich geöffnet, vermietet Schirme, Strandkabinen, Strandstühle etc.

## Essen und Trinken

● **Brittenburg** €€€: Boulevard 70, Tel. 407 76 24, www.restaurantbrittenburg.nl, Restaurant

im Stil einer Brasserie, mit Terrasse, Mitte Dez. bis Mitte Jan. und So geschlossen.
- **De Zwan** €€: Boulevard 111, Tel. 401 20 64, www.restaurantdezwan.nl, schöne Aussicht, mit Terrasse, holländische und französische Küche, Fischspezialitäten.

### Unterkunft

- **Noordzee** €€€: 2225 JB, Boulevard 72, Tel. 401 57 42, Fax 407 51 65, www.hotelnoord zee.nl, Hotel mit Garten, neuer Flügel mit modernen Zimmern, traditionelle Zimmer zum Boulevard und mit Ausblick, Restaurant €€€ mit italienischer Küche, im Sommer Bistro-Pizzeria mit Terrasse vor dem Haus; Mitte Dez. bis Mitte Jan. geschlossen.
- **Camping De Norddduinen:** 2221 EW, Campingweg 1, Tel. 402 52 95, Fax 403 39 77, www.norddduinen.nl, unmittelbar hinter den Dünen, auch Wohnwagenvermietung.
- **Recreatiecentrum Koningshof:** 2231 NW Rijnsburg, Elstgeesterweg 8, Tel. 40 26 051, Fax 402 13 36, www.koningshofholland.nl, mit Hallenbad und 25 Chalets, ganzjährig.

### Einkaufen

- **Wochenmarkt:** freitags in der Admiraal de Ruyterlaan.

# Leiden     ♪ X/B2

Bis 1512 stand der über hundert Meter hohe Turm der Leidener Pieterskerk noch und diente den Fischern von Katwijk als Orientierungspunkt für ihre Heimfahrten – so dicht liegt Leiden an der Küste. Leiden ist die **älteste Universitätsstadt der Niederlande.** Hier bestand schon die römische Grenzsiedlung *Lugdunum Batavorum.* Die Anfänge der heutigen Stadt gehen auf eine Burg am Oude Rijn zu Zeiten *Karls des Großen* zurück. Der Fluss spielte im frühen Mittelalter eine gro-

ße Rolle für die wirtschaftliche Entwicklung der Ansiedlung an der Burg, doch mit der Verlagerung der Rheinmündung nach Süden ging es bergab, hätten nicht Weber aus Brabant im 14. Jh. die Textilindustrie nach Leiden gebracht. Zu Beginn des Achtzigjährigen Krieges musste die Stadt 1573 und 1574 zwei schreckliche Belagerungen durch spanische Truppen bestehen. In Anerkennung der Tapferkeit ihrer Bürger gründete *Wilhelm von Oranien* in Leiden die Universität. Studenten prägen bis heute das Erscheinungsbild dieser Stadt mit ihren schönen Grachten und *Hofjes* – von diesen Wohnhöfen mit ihrem idyllischen Flair sind über dreißig vorhanden.

Die Universität von Leiden genoss von Anfang an den Ruf einer toleranten Hochschule. Sie zog Gelehrte aus vielen Ländern an, aber auch aus religiösen Gründen verfolgte flämische, englische und französische Protestanten. In dieser freiheitlichen Atmosphäre konnten sich auch die Künste entwickeln, in Leiden vor allem die Malerei. Die **Leidener Schule** hat von der Spätgotik bis in die Renaissance viele berühmte Maler hervorgebracht, so *Jan Davidszoon de Heem, Jan van Goyen* und vor allem *Willem van de Velde* (Vater und Sohn), die später in London wirkten. Für das 18. Jh. sind noch *Gerard Dou, Frans van Mierls* und *Gabriel Metsu* zu nennen. *Rembrandt van Rijn* wurde 1606 in Leiden geboren.

### Rundgang

Ein Rundgang durch die Stadt beginnt an der **Morspoort,** einem der

*Zuid-Holland*

beiden verbliebenen Stadttore. Über die Morsstraat gelangt man zum Beestemarkt, dem ehemaligen Viehmarkt, um den es – wie früher auch – eine Vielzahl von Kneipen gibt. Nahe bei der Oude Singel steht noch das alte Gewandhaus, die **Lakenhal,** Sitz der Herren der Tuchindustrie. In Richtung Aalmarkt kommt man an der **Hartebrugkerk** vorbei, einem klassizistischen Sakralbau aus dem Jahre 1825. Überquert man die Brücke am Aalmarkt, geht man direkt auf die **Alte Waage** von 1659 zu, deren Fassade bildhauerisch von *Rombout Verhulst* gestaltet wurde.

Von der Fischbrücke über die Nieuwe-Rijn-Gracht fällt der Blick auf die 1443 errichtete **Korenburg,** den einstigen Kornhandelsplatz der Stadt. Die Brücke erhielt 1834 ihre Bedachung. Im Häuserviertel dahinter steht die **Burcht,** die auf einer Wurt errichtete alte Festung. Sie war schon im Goldenen Jahrhundert von den Häusern der sich ausbreitenden Altstadt umringt und daher ihrer Funktion beraubt worden – daher diente ihr Gelände schon im 17. Jh. als Stadtpark.

Über die **Hooglands Kerk** aus dem 14. Jh. mit den bemerkenswerten Seitenportalen im Flamboyant-Stil der Spätgotik gelangt man über die Korenburg über den Nieuwe Rijn zum **Stadthaus.** Nach einem Brand im Jahre 1929 blieb von dem Gebäude nur die prächtige Fassade aus dem 17. Jh. erhalten. Nun führt der Weg zur **Pieterskerk,** der ersten, dem Apostel Petrus gewidmeten Kirche der Stadt. Mit dem Bau der imposanten, fünfschiffi-

gen Pietersbasilika wurde im 14. Jh. begonnen. An der Stelle des 1512 eingestürzten Turms befindet sich nun der Kirchplatz.

Der Rückweg zum Ausgangspunkt führt über den von Patrizierhäusern gesäumten **Rapenburg-Stadtgraben,** der sich im 17. Jh. zur vornehmsten Gracht der Stadt entwickelte. An dieser Gracht steht auch das **Academiegebouw,** die frühere Kapelle eines ehemaligen Dominikanerinnenklosters, heute Sitz der Universität. Nicht weit von der Rapenburg liegt der reizvolle Botanische Garten **Hortus Botanikus,** 1590 von der Universität angelegt. Der vorher in Wien und in Frankfurt tätige Botaniker *Clusius* ließ hier die ersten Tulpen anpflanzen.

● **Pieterskerk:** Pieterskerkhof 1a, Tel. 512 43 19, www.pieterskerk.com, täglich geöffnet 13.30–16 Uhr, bei starkem Frost und bei Vermietung geschlossen.
● **Hortus Botanicus Leiden:** Rapenburg 73, Tel. 527 72 49, www.hortus.leidenuniv.nl, April–Okt. Mo–So 10–18 Uhr, Nov.–März Mo–Fr und So 10–16 Uhr, 1.1., 3.10. und 25.12. geschlossen, Eintritt 4 €, Senioren 3 €, Kinder 4–12 Jahre 2 €.

### Museen

Groß ist das Angebot an Museen in Leiden. Das **Stadtmuseum** ist im Gewandhaus untergebracht. Die Exponate des weltweit berühmten **Völkerkundemuseums** gehen im Ursprung auf eine Schenkung König *Wilhelms I.* zurück. Das **Medizinmuseum,** nach dem Arzt *Boerhaave* benannt, der zu Beginn des 18. Jh. lehrte, ist in dem ehemaligen Caeciliengasthaus untergebracht. Das **Archäologische Muse-**

**um** (Rijksmueum van Oudheden) an der Rapenburg zeigt Exponate aus dem Vorderen Orient sowie aus der Geschichte der Niederlande. Wertvollstes Ausstellungsstück ist der Isis-Tempel von Taffeeh in Nubien, ein Geschenk Ägyptens an die Niederlande. Außergewöhnlich ist **Naturalis** – hier kann man die Natur hautnah anhand von lebensechten Tiermodellen, Pflanzen, Mineralien etc. entdecken.

● **Stedelijk Museum De Lakenhal:** Oude Singel 32, Tel. 516 53 60, www.lakenhal.nl, Di–So 10–17 Uhr, 1.1. und 25.12. geschlossen, Eintritt 10 €, Senioren 8,50 €, Kinder und Jugendliche unter 18 Jahren 6 €.

● **Rijksmuseum van Volkenkunde:** Steenstraat 1, Tel. 516 88 00, www.rmv.nl, Di–So und feiertags 10–17 Uhr, 1.1., 3.10. und

---

**Leiden**

Zuid-Holland

★ 1 Naturalis
❶ 2 Information
Ⓜ 3 Mühlen-
 museum
 De Valk
Ⓜ 4 Rijksmuseum
 v. Oudheden
★ 5 Morspoort
Ⓜ 6 De Lakenhal
Ⓜ 7 Museum
 Boerhaave
ⅱ 8 Hartebrugkerk
★ 9 Alte Waage
★ 10 Stadthaus
★ 11 Burcht
ⅱ 12 Hooglands
 Kerk
ⅱ 13 Pieterskerk
Ⓜ 14 Rijksmuseum
 van Volken-
 kunde
★ 15 Academie-
 gebouw
★ 16 Hortus
 Botanicus

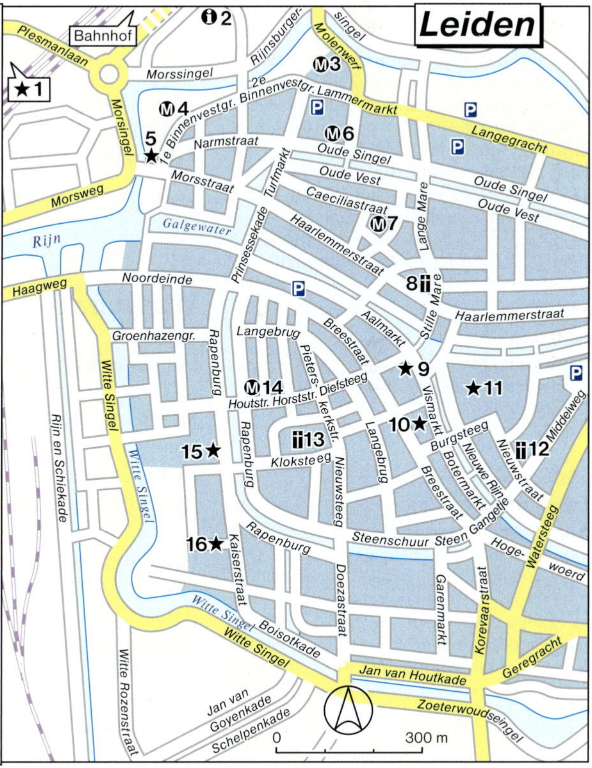

0      300 m

25.12. geschlossen, Eintritt 7,50 €, Senioren
und Kinder 4–12 Jahre 4 €, Mi frei.

●**Museum Boerhaave:** Lange St. Agnietenstraat 10, Tel. 521 42 24, www.museumboer
haave.nl, Di–Sa 10–17 Uhr, So und feiertags
12–17 Uhr, 1.1. geschlossen, Eintritt 6 €, Senioren und Jugendliche bis 19 Jahre 3 €.

●**Rijksmuseum van Oudheden:** Rapenburg
28, Tel. 516 31 63, www.rmo.nl, Di–Fr 10–17
Uhr, Sa, So und feiertags 12–17 Uhr, 1.1.,
3.10. und 25.12. geschlossen, Eintritt 7,50 €,
Kinder und Jugendliche 6–18 Jahre sowie Senioren 5,50 €.

●**Naturalis:** Darwinweg, Tel. 568 76 00,
www.naturalis.nl, Di–Fr 10–17 Uhr, Sa/So
10–18 Uhr, in den Schulferien und an Feiertagen Mo–So 10–18 Uhr, 25.12. und 1.1. geschlossen, Eintritt 11 €, Kinder 4–13 Jahre
7 €.

●**Städtisches Mühlenmuseum De Valk:** 2e
Binnenvestgracht 1, Tel. 516 53 53, www.mo
lenmuseum.myweb.nl. 1743 gebauter Galerieholländer, die letzte der auf den Stadtmauern aufgesetzten Mühlen, in der bis 1925
Korn gemahlen wurde. Geöffnet Di–Sa 10–
17 Uhr, feiertags 13–17 Uhr, 1.1. und 25.12.
geschlossen, Gruppenführungen auf Anfrage, Eintritt 4 €, Senioren und Kinder 6–16
Jahre 2,50 €, nicht behindertengerecht.

## Info

●**Tel.-Vorwahl:** 071

●**VVV Winkel Leiden:** 2312 AV, Stationsweg
2d, Tel. (0900) 222 23 33 (0,45 €/Min.), Fax
516 12 27, www.hollandrijnland.nl.

## Essen und Trinken

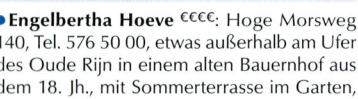

●**Engelbertha Hoeve** €€€€: Hoge Morsweg
140, Tel. 576 50 00, etwas außerhalb am Ufer
des Oude Rijn in einem alten Bauernhof aus
dem 18. Jh., mit Sommerterrasse im Garten,
vielseitige Speisekarte, Sa und So mittags
und Mo geschlossen.

●**Het Prentenkabinet** €€€: Klocksteeg 25,
Tel. 512 66 66, www.prentenkabinet.nl, in einer alten Bibliothek aus dem 17. Jh., der Gastraum diente früher als Kupferkabinett (prentenkabinet), mit Gartenterrasse.

## Unterkunft

●**Nieuw Minerva** €€€: 2311 EA, Boommarkt
23, Tel. 512 63 58, Fax 514 26 74, www.ho
telnieuwminerva.nl, familiäres Hotel am Gal-
gewater in unmittelbarer Nähe der Hauptgeschäftsstraße Breestraat, Blick auf die Gracht
mit der typischen Brücke, die schönsten Zimmer sind thematisch unterschiedlich dekoriert, angeschlossenes Restaurant-Café, geschlossen 24.12.–2.1.

●**De Doelen** €€: 2311 EV, Tel. 512 05 27, Fax
512 84 53, www.hoteldedoelen.nl, kleines,
stadtnahes Hotel mit zauberhaftem Blick auf
eine Gracht, schöner Frühstücksraum, 20.12.–
4.1. geschlossen.

## Veranstaltung

●**Tiermarkt:** Mo und Di 7–11 Uhr, Groe-
noordhallen.

## Einkaufen

●**Wochenmarkt:** Mi und Sa 9–17 Uhr, Me-
renwijk.

# Wassenaar
∂ X/B2

Von Katwijk aus erstreckt sich der breite Dünengürtel weiter südwärts. Die
Straße nach Wassenaar führt hinter
den Dünen entlang, vorbei am großen
Militärflugfeld von Valkenburg. Nach
fünf Kilometern erreicht man Wassenaar, den gediegenen **Wohnvorort
von Den Haag.** Seine schmucken
Häuser und prächtigen Villen sind
parkartig angelegt. Von hier pendeln
die Regierungsangestellten täglich zu
den Ministerien im Zentrum von Den
Haag.

Zwischen Wassenaar und dem
Strand breiten sich die **Dünengelände**

der **Berkheide** und von **Meijendel** aus. Dazwischen führt der Wassenaarse Slag vorbei am Hotel Duinoord durch eine ursprüngliche, von kleinen Wäldern durchsetzte Dünenlandschaft zum fünf Kilometer langen Strand von Wassenaar. Die beiden Parkplätze dort sind in der Saison schon früh besetzt. Weiter südlich gibt es noch den Meijendelse Slag, dessen Parkplätze auf halbem Weg zum Meer liegen. Von da geht es nur noch zu Fuß oder mit dem Fahrrad weiter.

Am Innenrand der Dünen erstreckt sich auf dem Gelände des ehemaligen Landgutes Duinrell, dessen Landwirtschaftsflächen in dem Maße austrockneten wie die Dünenlandschaft zur Wassergewinnung für Den Haag genutzt wurde, der **Vergnügungs- und Ferienpark Duinrell,** die größte touristische Attraktion Wassenaars. Zwischen Wassenaar und Den Haag liegt die **Pferderennbahn Duindigt.** Hier finden von März bis in den Dezember hinein Galopp- und Trabrennen statt.

## Info

- **Tel.-Vorwahl:** 070
- **VVV:** siehe Den Haag
- **Besucherzentrum Meijendel:** Meijendelweg, Tel. 511 72 76.

## Strand

- Breit, feinsandig, nicht überlaufen, FKK zwischen Pfahl 96.5 und Pfahl 88.1 mit direktem Anschluss an den FKK-Strand von Scheveningen, von Mitte Mai bis Aug. Hundeverbot zwischen 7 und 19 Uhr, Mitte Mai bis Mitte Juni sowie Mitte Aug. bis Mitte Sept. Sa und So Reitverbot, Mitte Juni bis Mitte August. Reitverbot täglich 10–18 Uhr; fünf Strandpavillons.

## Unterkunft, Essen und Trinken

- **De Markiezen van Wassenaar** €€€: Langstraat 10, Tel. 514 34 18, www.demarkiezen.nl, kleine – aber ausgewogene – saisonale Küche, mit Gartenterrasse und Außencafé vor dem Haus, geschlossen 24.12.–3.1.
- **Hotel Duinoord** €€€: 2242 PJ, Wassenaarseslag 26, Tel. 511 93 32, www.hotelduinoord.nl, freundliches Haus, allein stehend in den herrlichen Dünen mit rustikalem Restaurant.
- **Camping Duinhorst:** 2244 BH, Buurtweg 135, Tel. 324 22 70, Fax 324 60 53, www.duinhorst.nl, geöffnet April bis Sept., komfortabler Platz bei der Pferderennbahn.
- **Duinrell:** 2242 JP, Duinrell 1, Tel. 515 52 56, Reservierungen Tel. 515 52 55, Fax 515 53 71, www.duinrell.nl. Erlebnispark, tropisches Hallenbad, Rutschpartie, Animation, Bungalowpark, Campingplatz, Stellfläche für Wohnmobile, Gruppenunterkünfte. Attraktionspark geöffnet April bis Okt. 10–17 Uhr (Hochsaison bis 18 Uhr), Hallenbad Tikibad 10–22 Uhr, Eintritt 15 €, Senioren 11,50 € (1 € Hochsaisonaufschlag), Kinder bis 3 Jahre frei, zusätzlich 2 Std. Tikibad 3,50 €, je zusätzliche Std. 0,75 €, Tikibad im Winter 11,75 €, Kinder bis 4 Jahre frei.

## Aktivitäten

- **Pferderennbahn Duindigt:** Waalsdorperlaan 29, Tel. 314 87 40, www.renbaanduindigt.nl, Programm und Eintrittspreise auf Anfrage.
- **Golfclub Rozenstein:** Dr. Mansfeldkade 15, Tel. 517 88 99, 18-Loch-Platz.
- **Fledermauswanderung:** Durch die Bunker des Atlantikwalls, Start: 19 Uhr, Dauer 1 Std., Teilnahmegebühr 3,50 €, Kinder bis 12 Jahre 2,50 €, Termin-Info und Anmeldung: Tel. (030) 602 86 02. Startpunkt: Rotonde am Ende vom Wassenaarseslag, allgemeine Information bei der Landesforstverwaltung (Staatsbosbeheer Beheerseenheid Hollands Duin), Duinweg 81, 2204 AT Noordwijk, Tel. (071) 361 38 09.

Zuid-Holland

# Den Haag ('s Gravenhage)

↗ X/A2

Den Haag heißt amtlich 's Gravenhage, ist **königliche Residenz und Regierungssitz** der Niederlande. Außerdem hat hier der Internationale Gerichtshof seinen Sitz. Mit den vielen Botschaften und Vertretungen, ruhigen Villenvierteln, zahlreichen Parks und Grachten ist Den Haag zweifelsohne die vornehmste Stadt der Niederlande, die gleichzeitig mit ihrer modernen Architektur den Weg in die Zukunft weist.

Der „Grafenhaag" war im Mittelalter bevorzugtes Jagdgebiet der holländischen Grafen. Im Jahr 1248 baute hier Graf *Wilhelm II.* das von seinem Vater *Floris IV.* errichtete Jagdschloss zu einer Burg aus, in deren Innenhof *Floris V.* den heute noch dort befindlichen Rittersaal errichten ließ. Die ganze Anlage war von einem Weiher umgeben, von dem noch der Hofvijver besteht. Um die Burg entwickelte sich eine Siedlung, die ab dem 15. Jh. vor allem durch die Tuchindustrie wuchs und zu Reichtum gelangte. Inzwischen hatten die Burgunderherzöge weitgehenden Besitz von den Niederlanden erlangt. Herzog *Philipp der Gute* ließ hier sogar die Versammlungen des von ihm gestifteten Ordens vom Goldenen Vlies abhalten. Verheerend wirkte sich im 16. Jh. die Tatsache aus, dass die Stadt keine Verteidigungsanlagen hatte.

Vom Goldenen Jahrhundert profitierte Den Haag noch mehr als andere Städte des Landes. Am Rittersaal wurde 1581 die Proklamation zur Unabhängigkeit von der spanischen Oberherrschaft angeschlagen. Daran zeigt sich, welche internationale Bedeutung die Stadt inzwischen erlangt hatte. Ab Mitte des 17. und im 18. Jh. entstanden die vielen **Stadtpaläste,** die noch heute das Flair der Stadt ausmachen – und nun großteils als Dienstsitz diplomatischer Vertretungen dienen. In dieser Zeit ließ *Moritz von Oranien-Nassau* den **Grachtengürtel** der Stadt anlegen. Als *Napoleon* in den Niederlanden einmarschierte, machte er Amsterdam zur Hauptstadt. Unter seiner Herrschaft erhielt Den Haag – erst – 1811 Stadtrechte.

Im 19. Jh. ließen sich viele Kolonialbeamte und durch die Kolonien reich gewordene Niederländer in Den Haag und seinen Vororten nieder. Eine Vielzahl von **Gründerzeitvillen** verdankt sich diesem Umstand. Aber auch der Jugendstil hat seine Spuren im Stadtbild hinterlassen. Der 1913 fertiggestellte Friedenspalast, ein historisierender Prachtbau, in dem heute der **Internationale Gerichtshof** tagt, zeugt von dem großen Renommee niederländischer Neutralität, die ihre Wurzeln bereits in der Staats- und Völkerrechtslehre des im 17. Jh. an der Delfter Universität lehrenden *Hugo de Groot* (*Grotius* genannt) hat. Heute bietet Den Haag nicht nur das Bild eines Regierungszentrums, sondern einer lebendigen Stadt mit quirligem Einkaufszentrum.

## Binnenhof

Unter den Sehenswürdigkeiten ist in erster Linie der Binnenhof zu nennen. Seit Jahrhunderten bildet dieser Haager Hof den Mittelpunkt des staatlichen Lebens der Niederlande. Mehrere Zugänge führen in den Binnenhof, in dessen Gebäudekomplex die beiden Kammern des niederländischen **Parlaments** sowie **Ministerien** untergebracht sind – die erste Kammer hat ihren Sitz in dem sich zum Hofvijver erstreckenden Nordflügel, die zweite im Südflügel. Im **Bezoerkerscentrum** steht ein Modell des Binnenhofs, das einen Überblick über die Baugeschichte des Komplexes vermittelt.

In der Mitte des Binnenhofs liegt der **Rittersaal** vom Ende des 13. Jh. Die Gebäudefront vermittelt einen sakralen Eindruck mit ihrem von zwei Türmen flankierten Giebel. Die einzelnen Säle des Gebäudekomplexes sind reich ausgestattet. Die Front des Nordflügels zeigt zum **Hofvijver,** dem Hofsee, über den man einen schönen Blick bis hin zu den modernen Hochhäusern der Innenstadt hat. Im See spiegeln sich die Fenster des Trêvesaals des Nordflügels, in dem 1608 der zwölfjährige Waffenstillstand mit den Spaniern ausgehandelt wurde, sowie linker Hand das **Mauritshuis** und das achteckige Torentje, Arbeitssitz des Ministerpräsidenten. Das Mauritshuis, ein architektonisch meisterhaft gelungener klassizistischer Bau, wurde unmittelbar neben dem Binnenhof am Hofvijver für Prinz *Moritz von Oranien-Nassau* als Wohngebäude errichtet. Seit 1822 beherbergt das Haus die Kunstsammlung des niederländischen Königshauses. Hier sind Bilder der großen Meister der flämischen und niederländischen Schule zu sehen. Zwei Säle sind Rubens gewidmet. Im ersten Stock hängt das berühmte, 1660 von *Johannes Vermeer van Delft* gemalte Bild „Mädchen mit der Perle".

## Buitenhof

Auf dem Buitenhof (Außenhof) steht das Standbild des niederländischen Königs *Wilhelm II.* Zum Gebäudekomplex zählt auch die **Gevangenenpoort,** das alte Kerkertor der gräflichen Burg aus dem 14. Jh. Es diente bis ins 19. Jh. als Gefängnis. Hier war unter anderem auch *Cornelis de Witt* eingekerkert. 1773 ließ Prinz *Wilhelm V.,* Statthalter der Vereinigten Niederlande, im benachbarten Gebäude eine Gemäldegalerie einrichten, in der er seine private Bildersammlung ausstellte – das erste Museum der Niederlande! Noch heute ist dieser Gebäudetrakt im Stil des 18. Jh. eingerichtet, die Bilder hängen bis zur Decke an den Wänden. Die eigentliche Sammlung wurde aber längst ins Mauritshuis überführt.

● **Bezoekerscentrum Binnenhof:** Binnenhof 8a, Tel. 364 46 44, www.binnenhofbezoek. nl, Mo-Sa 10–16 Uhr, So und feiertags geschlossen, Eintritt Rittersaal: 6 €, Film, Rittersaal und Zweite Kammer 6 €, 1 € Nachlass für Kinder und Senioren.
● **Mauritshuis:** Korte Vijverberg 8, Tel. 302 34 35, www. mauritshuis.nl, Di–Sa 10–17 Uhr (April bis Aug. auch Mo), So und feiertags 11–17 Uhr, Eintritt 12,50 €, Kinder bis 18 Jahren frei.

Zuid-Holland

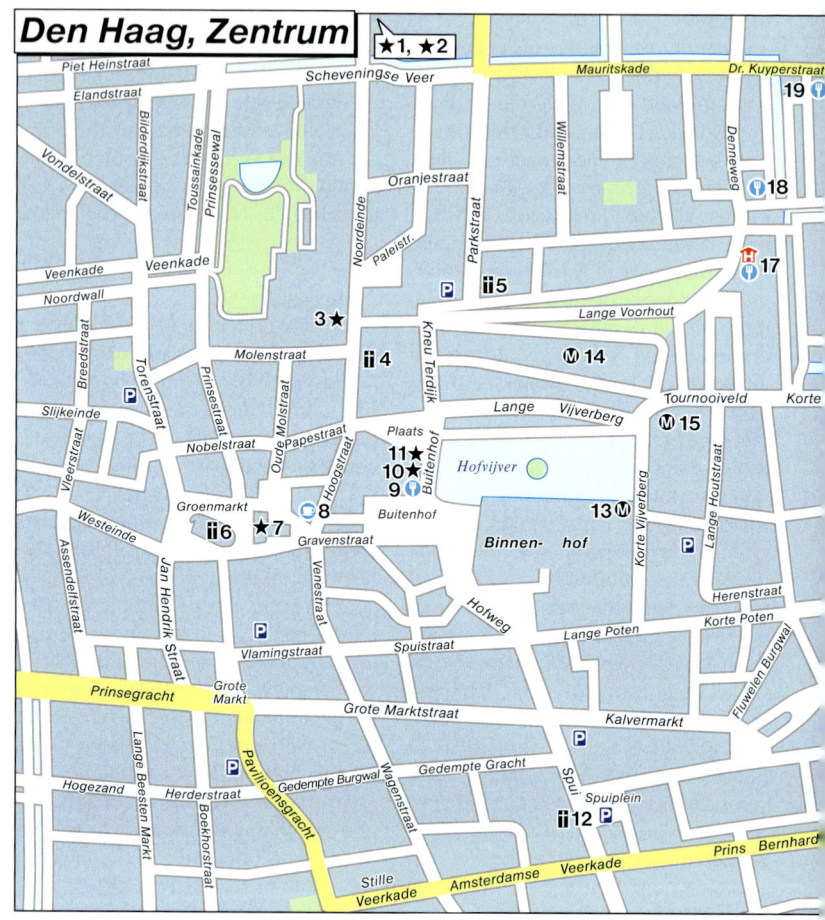

Den Haag, Zentrum ★1, ★2

● **Galerij Prins Wilhelm V.:** Buitenhof 35, Tel. 362 44 44, www.mauritshuis.nl, Di–So 11–16 Uhr, Eintritt 1,50 €, bis 18 Jahre 0,75 €.

● **Gevangenpoort:** Buitenhof 33, Tel. 346 08 61, www.gevangenpoort.nl, Di–Fr 10–17 Uhr, Sa und So 12–17 Uhr, 1.1. und 25.12. geschlossen, nur mit Führung (alle halbe Stunde) zu besichtigen, Eintritt 4 €, Kinder bis 12

Jahren sowie Senioren 3,50 €. Exponate und Film zum Gefängnis und seiner Geschichte.

### Historisches Museum

Am Kopfende des Hofvijver steht das Historische Museum Den Haags. Es ist im Gebäude der ehemaligen

rischmuseum.nl, Di–Fr 10–17 Uhr, Sa und So 12–17 Uhr, Eintritt 4 €, Senioren 3,50 €, Kinder bis 18 Jahren frei.

## Museum Bredius

Auf der dem Nordflügel des Binnenhofs gegenüber liegenden Seite des Hofvijver steht das Museum Bredius. Es ist in einem Patrizierhaus aus dem 18. Jh. untergebracht. Das Gebäude wurde hervorragend renoviert und zeigt alte **holländische Meister** aus der Sammlung Bredius. *Bredius* (1855–1946) stammte aus reichem Elternhaus und war Autodidakt, er hat es immerhin bis zum Direktor des Maurits-Museums gebracht. Im Testament vermachte er seine Bildersammlung der Stadt Den Haag.

● **Museum Bredius:** Lange Vijverberg 14, Tel. 362 07 29, www.museumbredius.nl, Di–So 12–17 Uhr, Eintritt 4,50 €.

## Am Groenmarkt

Zwischen dem Buitenhof und dem Groenmarkt mit der Grote Kerk und dem Rathaus erstreckt sich Den Haags Fußgängerzone. Die spätgotische **Grote Kerk** entstammt der ersten Hälfte des 15. Jh. Kunstvoll ist die Kanzel aus dem Jahre 1550, die stark an die Kanzel in der Oude Kerk in Delft erinnert. Sehenswert sind einige Grabmäler in der Kirche sowie zwei Fenster im Chorumgang, eines davon Kaiser *Karl V.* darstellend. Das **Rathaus** (*Oude Raadhuis*) ist das erste, das in Holland im Stil der Renaissance errichtet wurde. Die Hauptfassade ziert ein Treppengiebel, die Seitenfassade ist reich ausgestaltet.

Schützengilde St. Sebastian untergebracht, dessen Grundsteinlegung 1636 erfolgte. Hier werden Exponate zur **Geschichte Den Haags** gezeigt.

● **Haags Historisch Museum:** Korte Vijverberg 7, Tel. 364 69 40, www.haagshisto

*Zuid-Holland*

● **Grote Kerk:** Tel. 302 86 3, Besichtigung im Juli/Aug. wochentags 11–16 Uhr, ansonsten auf Anfrage.

## Weitere Kirchen

Zu den Kirchen der Innenstadt zählen noch die **Kloosterkerk** an der Prachtstraße Lange Voorhout, eine ehemalige Dominikanerklosterkapelle aus dem 15. bzw. 16. Jh., die heute als Konzertsaal dient, die **Nieuwe Kerk** an der Spui, ein langgezogener, achteckiger Bau mit Apsiden, und die **Waals-Hervormde Kerk,** eine wallonisch-reformierte Kirche, die an der Hoogstraat während der napoleonischen Besatzungszeit für die frankophonen Protestanten aus dem südlichen Teil der Niederlande (heute Belgien) erbaut wurde.

## Paleis Noordeinde

Die Verlängerung der Hoogstraat bildet das Noordeinde. Hier steht das Paleis Noordeinde mit dem anschließenden Paleistuin, Wohnsitz der Witwe *Wilhelms von Oranien,* genannt „Der Schweiger". Mit dem Bau des in einem schönen **Park** gelegenen ehemaligen Landhauses wurde im 16. Jh. begonnen. Der Ausbau mit den beiden vorstehenden Seitenflügeln erfolgte ab 1640.

## Museum Het Paleis

Quer zum Noordeinde erstreckt sich die breite Allee Lange Voorhout. Hier stehen viele der alten Herrenhäuser Den Haags, von denen einige heute als Botschaften genutzt werden. Am Kopfende steht das Museum Het Pa-

leis, der ehemalige Palast von Königin *Emma,* der Ehefrau *Wilhelm III.,* mit seiner eleganten klassizistischen Fassade. Dieses Museum ist dem Werk des bedeutenden niederländischen Grafikers **Maurits Cornelis Escher** (1898–1972) gewidmet.

● **Museum Het Paleis:** Lange Voorhout 74, Tel. 427 77 30, www.escherinhetpaleis.nl, Di–So 11–17 Uhr, 1.1. und 25.12. geschlossen, Eintritt 7,50 €, Kinder 7–15 Jahre 5 €, darunter frei, Familienkarte 20 €, behindertengerecht.

## Weitere Museen

Außerhalb der eigentlichen Innenstadt von Den Haag ist unter den Museen vor allem das **Gemeindemuseum** (*Gemeentemuseum*) zu erwähnen. Es zählt weltweit zu den grandiosen Museumsbauten, ein 1935 von dem Architekten *H.P. Berlage* errichteter, verklinkerter Betonbau. Zu den Schätzen des Museums zählt eine umfangreiche Bildsammlung von *Piet Mondrian* (1872–1944), so „Victory Boogie Woogie" als eines seiner Hauptwerke. Im Gebäudekomplex des Gemeentemuseum befindet sich auch das populärwissenschaftliche **Museon,** ein Museum zu verschiedenen naturwissenschaftlichen Themen. An den Gebäudekomplex des Gemeentemuse-

Moderne Architektur in Den Haag

um schließt sich das **Omniversum** an, ein IMEX-Kino, in dem auf eine riesige, kuppelförmige Leinwand die Meere und Kontinente mit ihrer faszinierenden Natur projiziert werden. Relativ neu ist das **Museum für Aktuelle Kunst.** Hier sieht man Exponate aus den Bereichen Bildhauerei, Multimedia, Performance, Film, Fotografie, Design und Digitale Kunst. Angeschlossen ist das **Fotomuseum Den Haag.**

● **Gemeentemuseum:** Stadhouderslaan 41, Tel. 338 11 11, www.gemeentemuseum.nl, Di–So 11–17 Uhr, 1.1. und 25.12. geschlossen, Eintritt 9 €, Senioren 7 €, Kinder bis 18 Jahren frei.
● **Museon:** Stadhouderslaan 37, Tel. 338 13 38, www.museon.nl, Di–So 11–17 Uhr, in den Schulferien auch Mo, 1.1. und 25.12. ge-

schlossen, Eintritt 7,50 €, Studenten 6 €, Kinder bis 14 Jahre 4 €, unter 4 Jahren frei, behindertengerecht.
● **Omniversum:** Pres. Kennedylaan 5, Reservierungen Tel. (0900) 6664837 (0,35 €/Min.), www.omniversum.nl, Eintritt 9 €, Kinder 4–11 Jahre 7,50 €.
● **GEM Museum voor Actuele Kunst:** Stadhouderslaan 43, Tel. 338 11 33 (GEM), 338 11 44 (Fotomuseum), www.gem-online.nl, Di–So 12–18 Uhr, Eintritt 5 €, Studenten 3 €, bis 18 Jahre frei, Führungen Tel. 338 11 20, behindertengerecht.

## Madurodam

Zu den weiteren Attraktionen Den Haags zählt Madurodam, jene weltberühmte **Miniaturstadt,** in der holländische Gebäude, Plätze und Grachten im Maßstab 1 : 25 aufgebaut sind. Hier drehen Windmühlen ihre

Zuid-Holland

Räder, Ziehbrücken werden hochgezogen, Flugzeuge bewegen sich auf dem Amsterdamer Flughafen Schiphol und Boote fahren in den Kanälen – insgesamt der größte Miniaturpark der Welt!

● **Madurodam:** George Maduroplein 1, Tel. 416 24 00, www.madurodam.nl, Sept.–Mitte März 9–18 Uhr, Ende März–Juni 9–20 Uhr, Juli/Aug. 9–22 Uhr, Eintritt 13,75 €, Kinder 3–11 Jahre 6,75 €, Senioren 9,75 €.

### Friedenspalast

Weiterhin von Interesse ist der Friedenspalast (*Vredespaleis)*, jenes 1913 fertiggestellte Monumentalgebäude des **Internationalen Gerichtshofs,** dessen Bau der amerikanische Multimillionär *Andrew Carnegie* stiftete. Bereits 1899 hatte in Den Haag auf Initiative des russischen Zaren *Nikolaus II.* eine erste Friedenskonferenz stattgefunden. Die zweite Friedenskonferenz tagte 1907 im Rittersaal des Binnenhofs. Nach dem Zweiten Weltkrieg wurde der Friedenspalast dann Sitz des Ständigen Gerichtshofs, 1949 in „Internationaler Gerichtshof" umbenannt.

● **Vredespaleis:** Carnegieplein 2, Tel. 302 41 37, Mo–Fr 10–16 Uhr (im Winter bis 15 Uhr), Führungen 10, 11, 14, 15 und 16 Uhr, Eintritt 5 €, Kinder bis 12 Jahren 3 €.

### Panorama Mesdag

Anschaulich ist das Panorama Mesdag, ein zylindrisches Abbild der Stadt **Scheveningen** gegen Ende des 19. Jh. mit einem Umfang von 120 m, gemalt von dem Hauptvertreter der Haager Schule *Hendrik Wilhelm Mesdag.*

● **Panorama Mesdag:** Zeestraat 65, Tel. 364 45 44, www. panorama-mesdag.nl, Mo–Sa 10–17 Uhr, So und feiertags 12–17 Uhr, Eintritt 5 €, Kinder 4–13 Jahre und Senioren 3 €.

### Huis ten Bosch

Im Osten schließt sich an die Haager Innenstadt der **Haagse Bos** an, der ausgedehnte Stadtwald von Den Haag, in dem das Huis ten Bosch steht. Hierbei handelt es sich um den **Wohnsitz des niederländischen Königshauses,** durch einen hohen Zaun von der Außenwelt abgeschirmt. Das Schloss wurde ab 1645 für *Amalia von Solms* errichtet, später immer wieder umgebaut und erweitert. Berühmtester Saal ist der Oranjesaal, den Amalia in Gedenken an ihren verstorbenen Mann ausmalen ließ. Obwohl *Louis Bonaparte* nur kurz auf Schloss Huis ten Bosch wohnte, hatte er großen Einfluss auf dessen Inneneinrichtung und Äußeres. Mit den von ihm in Auftrag gegebenen Erweiterungen und Verzierungen hielt der Empirestil Einzug in den Niederlanden. Viele seiner Empiremöbel befinden sich noch heute im Schloss. Seit der Ausrufung *Wilhelms I.* zum König der Niederlande im Jahre 1815 wohnen Mitglieder der königlichen Familie in dem Schloss – heute Königin *Beatrix.*

### Kasteel Duivenvoorde

Etwas außerhalb von Den Haag steht in einem kleinen Wald zwischen Voorschoten und Leidschendam das Kasteel Duivenvoorde. Im Kern stammt die **Burg** aus dem 13. Jh. Der Bau erhielt ab 1625 seine heutige Gestalt. Die museale Einrichtung stammt noch aus dieser Zeit.

●**Kasteel Duivenvoorde:** Voorschoten, Laan van Duivenvoord, Tel. 561 37 52, www.kasteelduivenvoorde.nl, Führungen Mai–Okt. Di–Sa 14 und 15.30 Uhr, Eintritt 5 €, Kinder bis 16 Jahren 2,50 €, Park tägl. ab 9 Uhr.

## Info

●**Tel.-Vorwahl:** 070
●**VVV Den Haag:** 2512 AW, Kon. Julianaplein 30 (im Einkaufszentrum Babylon), Tourist-Info Tel. (0900) 340 35 05 (0,45 €/Min.), Hotelreservierungen Tel. 338 58 15, info@denhaag.com, www.denhaag.com.
●**VVV City Mondial:** 2512 AW, Wagestraat 193 (nahe dem Bahnhof Hollands Spoor).

## Anfahrt und Parken

Mit dem Fahrzeug – aus allen Richtungen kommend –, gelangt der Besucher in Den Haag zunächst auf den als **CentrumRing** gut ausgeschilderten Innenstadtring. Auf vielen Plätzen und Straßen in der Stadt gibt es **Parkplätze**. Der überwiegende Teil davon ist werktags 10–22 Uhr und sonntags 12–22 Uhr gebührenpflichtig – und trotzdem meist belegt. Die Geldbuße für einen nicht (ausreichend) bezahlten Parkplatz beträgt 45 €! Außerdem kann das Auto mit einer Radkralle versehen werden.

Günstiger und praktischer ist es, das Fahrzeug in einem der vielen **Parkhäuser** unterzustellen. Die Beschilderung ist klar erkenntlich. Vom CentrumRing weist die ebenfalls ausgeschilderte **Parkeerroute** mit P-Symbolen den Weg zu den Parkhäusern.

## Essen und Trinken

●**Calla's** €€€: Tel. 345 58 66, www.restaurantcallas.nl, Spezialitätenrestaurant in einem modern umgebauten, alten Packhaus, offene Küche, Ende Juli bis Mitte August sowie 21.12.–1.1. geschlossen.
●**Les Ombrelles** €€€: Hooistraat 4a, Tel. 365 87 89, www.lesombrelles.nl, Fischrestaurant am Buitenhof mit Gartenterrasse, von Weihnachten bis Anfang Jan. geschlossen.

●**Wox** €€€: Buitenhof 36, Tel. 365 37 54, www.wox.nl, aktuelle Küche auf hohem Niveau, für seine Weinkarte ausgezeichnet, So und Mo geschlossen.
●**'t Goude Hooft** €: Dagelijkse Groenmarkt 13, Tel. 346 97 13, www.tgoudehooft.nl, großes, gefälliges Café im Zentrum mit Außenterrasse.

## Unterkunft

●**Des Indes** €€€€: 2514 EG, Lange Voorhout 54, Tel. 361 23 45, Fax 361 23 50, www.desindes.com, erstes Haus am Platz im Regierungsviertel in einem Stadtpalais aus dem 19. Jh., angeschlossenes Restaurant €€€€, luxuriös eingerichteter Speisesaal, Restaurant So geschlossen.
●**Bel Air** €€€€: 2517 JR, Johann de Wittlaan 30, Tel. 352 53 54, Fax 352 53 53, www.belairhotel.nl, großer Hotelkomplex mit allen erdenklichen Einrichtungen, mit Restaurant.
●**Sebel** €€€: 2518 GR, Zoutmanstraat 40, Tel. 345 92 00, Fax 345 58 55, www.hotelsebel.nl, in der Innenstadt an einer Durchgangsstraße mit Straßenbahn, einfache Zimmer mit Doppelverglasung, ohne Restaurant, 24.12.–1.1. geschlossen.
●**Stayokay Den Haag** (Jugendherberge): 2515 VA, Scheepmakersstraat 27, Tel. 315 78 88, Fax 315 78 77, www.stayokay.com/denhaag.

## Nachtleben

●**Buddha Bar:** Dagelijkse Groenmarkt 6, Tel. 302 30 63.
●**Asta:** Tanzbar, Spui 27, Tel. 364 42 22.
●**Cocoon:** Tanzbar, Spui 6, Tel. 364 55 89.
●**Frenz:** Gaybar, Kazernenstraat 106, Tel. 363 66 57.
●**Rockcafé De Franse Bulldog:** Dr. Lelykade 38 a, Tel. 306 32 92.
●**Pannonica:** Jazz-Club, Prinsegracht 14, Tel. 360 00 69.
●**Diane's Secret:** Relaxbar, Laan van N.O. Indië 200 a, Tel. 347 63 18.
●**Club Mayfair Den Haag:** Relaxbar, Elandstraat 26, Tel. 360 79 96.
●**Paradise:** Relaxbar, Thomsonlaan 107, Tel. 360 26 42.

Zuid-Holland

●**Haagse Jazz Club:** Hammarskjöldlaan 609, Tel. 393 98 02, www.haagsejazzclub.nl, hier wird traditioneller Jazz gespielt, ältester Jazzclub des Landes. „Heimat" der Dutch Swing College Band. Offene Konzerte im Partycentrum Zichtenburg, Zichtenburglaan 23a, Sa 15–18 Uhr, Eintritt 7 €, Studenten 3,50 €.

### Aktivitäten

●**Stadtführungen:** Den Haag Marketing & Events, Tel. 338 58 16, www.denhaag.com, Tagestouren, Royal Tour (Führung durch das königliche Den Haag, pro Peson 27 €).
●**Hallenbad:** Zwembad Zuiderpark, Mr. P. Droogleever Fortuijnweg 59, Tel. 367 94 63, Eintritt 2,80 €, Kinder bis 15 Jahre und Senioren 2,30 €.

### Veranstaltungen

●**North Sea Jazz Festival:** Drei Tage Mitte Juli, Auftritt von Jazz-Größen aus aller Welt, größtes Jazz-Festival Europas, Wochen vorher eine zunehmende Zahl von Einstimmungskonzerten, Tageseintritt 50 €, 3-Tages-Karte 125 €, www.northseajazz.nl.
●**Holland Dance Festival:** Okt./Nov. in ungeraden Jahren (2-Jahres-Rhythmus), Musik und Tanz in Hollands berühmtester Ballett-Stadt, www.hollanddancefestival.nl.
●**Prinsjedag:** 3. Dienstag im September, Tag der Thronrede der Königin zur Eröffnung des Parlamentarischen Jahres. Prunkvolle Fahrt der Königin in goldener Kutsche, begleitet von G234 Gaderegimentern, über die Lange Voorhout zum Rittersaal im Binnenhof. Informationen: www.koninklijkhuis.nl.
●**De Haagse Markt:** Offener Multi-Kulti-Markt, Herman Costerstraat, Mo, Mi und Fr 8–17 Uhr.

# Scheveningen  ♫ X/A2

Scheveningen hat wie viele der anderen holländischen Badeorte seinen Ursprung in einer **Fischersiedlung.** Von hier aus wurde ab dem 16. Jh. Heringfang in kleinen Booten mit flachem Boden, die man an den Strand ziehen konnte, getrieben. Doch schon im 18. Jh. wurde mit dem Fortschritt im Schiffbau immer deutlicher, dass Scheveningens Zukunft vom Bau eines Hafens abhing, in dem mit einem Kiel ausgerüstete und deswegen seetüchtigere, größere Fangschiffe anlegen konnten. Pläne für den Bau eines Hafens wurden dann Mitte des 19. Jh. konkret, doch erst als 1894 ein Sturm großen Schaden an den 150 auf den Strand gezogenen Fischerbooten anrichtete, begann man, die Pläne in die Tat umzusetzen. 1904 nahm der mit zwei Einfahrtsmolen geschützte Hafen seinen Betrieb auf.

Doch heute sind Meer und Strand die Haupteinnahmequelle des **beliebtesten Badeortes** an der niederländischen Küste. Das erste Badehaus wurde 1818 errichtet. Es bestand aus vier Badekammern, einem Wartezimmer und zwei Badewagen, mit denen die Gäste in die See gezogen wurden. Durch den Erfolg ermutigt, gab es bald ein zweites Badehaus, eine Promenade wurde angelegt und erste Hotelbauten entstanden. Wichtig für die weitere Entwicklung von Scheveningen war die Verlegung eines Schienenstrangs aus Den Haag – bis heute können die Badegäste bis vor das Kurhaus mit der **Straßenbahn** fahren.

Waren es bis vor hundert Jahren vor allem gesundheitliche Gründe wie Rheuma oder Blutarmut, die die Menschen an die See zogen, so stehen heute Erholung und Vergnügen im Vordergrund. Früher wurde streng darauf geachtet, dass keine sittenlosen Zustände am Strand herrschten. So badeten zunächst Frauen getrennt von Männern im Meer – bekleidet. Erst um 1880 kamen einteilige Badeanzüge auf. Diese bestanden aus einem Oberteil mit angenähtem, langem Beinkleid, dezent dunkelgrau, schwarz oder gestreift.

Heute stellt sich Scheveningen als Ort mit zwei Gesichtern dar. Im Süden liegt der **Hafen** mit dem alten Ortskern. Von hier führt der Strandweg an der Küste entlang zum Seebad und geht dort in eine **elegante Strandpromenade** über.

## Hafen

Vom Hafen gibt es eine Fährverbindung nach England, sein Erscheinungsbild wird jedoch durch den Fischfang geprägt. Die Becken sind von Fischereilagerhallen gesäumt. Jährlich findet zur Eröffnung der Heringssaison Anfang Juni der Flottentag statt. Das letzte hölzerne Kriegsschiff der niederländischen Marine, ein ausgedienter Minensucher, ist als **Museumsschiff** zu besichtigen. Wenig nördlich der Hafenzufahrt erhebt sich der 49 Meter hohe **Leuchtturm** auf den Dünen.

●**Leuchtturm:** Tel. 350 08 30, www.museumscheveningen.nl/vuurtoren1.html, Füh-

rungen Mi und Sa 14 Uhr, Reservierungen über das Muzee Scheveningen (siehe unten).

## Pier

Zentrum des Seebades ist das **Kurhaus** an der Promenade, schräg gegenüber dem Pier. Rundum liegen die mächtigen Geschäfts-, Hotel- und Appartementbauten in der ersten und zweiten Zeile am Strand. Auch wenn das Kurhaus inzwischen von höheren Bauten umringt ist, glänzt es immer noch als das Wahrzeichen des Seebades. Der Jugendstilpalast wurde 1885 mit einem Casino eröffnet. Das wunderschön restaurierte Gebäude beherbergt heute das mondänste Hotel des Ortes. Der 400 m lange Pier entstand 1901. Im zweiten Weltkrieg wurde er stark beschädigt, danach erneuert. Inzwischen ist er um „Satelliten" erweitert, die wie der Pier selbst auf Pfählen gebaut sind. Hier gibt es Geschäfte, Restaurants, ein Familienspielparadies und ein Casino. Ein 45 m hoher **Aussichtsturm** ragt von dem Pier auf. Von einem Kran auf dem Turm ist **Bungeespringen** möglich.

●**Information:** www.pier.nl; Eintritt 1 € (wird im Restaurant beim Verzehr gutgeschrieben).
●**Casino** (über dem Restaurant): Roulette, Bingo, Automaten etc., Zugang ab 18 Jahre, geöffnet 10–24 Uhr.
●**Van der Valk Restaurant De Pier:** geöffnet ab 10 Uhr, herrliche Aussicht.
●**Bungee Jump:** April Sa und So 12–18 Uhr, Mai/Juni Di–So 12–20 Uhr, Juli/Aug. Mi–So 12–24 Uhr, Sept./Okt. Sa und So 12–20 Uhr, bei schlechtem Wetter geschlossen, 1. Sprung 50 €, 2. Sprung 40 €, Sondertarife.
●**Familienspielparadies Schateiland:** geöffnet Mo–Fr ab 12 Uhr, Sa und So ab 11 Uhr.

Zuid-Holland

## Promenade

Landseitig der breiten Strandpromenade findet man Geschäfte, Boutiquen und Restaurants, seeseitig **Strandpavillons** aneinandergereiht. Kein anderes Seebad an der niederländischen Küste verfügt über eine so große Zahl von Pavillons wie Scheveningen. Manche haben sich schon zu „Kult"-Etablissements entwickelt, andere bieten gehobene Gastronomie – ansonsten ist hier Geselligkeit angesagt.

Besondere Anziehungskraft übt das im Frühjahr stattfindende **Skulpturenfestival** am Strand aus. So schön feinsandig und gepflegt der Strand auch ist, in der Hochsaison wird es hier doch eng.

## Museen

Scheveningen hat mehrere hochinteressante Museen zu bieten. Das Museum **Beelden aan Zee** geht auf das Jahr 1826 zurück, als hier König *Wilhelm I.* für seine Frau einen Wohnpavillon errichten ließ. Heute ist dieser Pavillon von einem Skulpturenmuseum umgeben. Seit 2004 zieren Arbeiten des amerikanischen Bildhauers *Tom Otterness* die Boulevardseite des Pavillons.

Das Aquarium **Sea Life Scheveningen** zeigt die ganze Lebenswelt nördlicher Meere in 35 großen Becken. Spektakulär ist der Unterwassertunnel – hier kann man unter Haien hindurchlaufen! Das **Muzee Scheveningen** ist aus der Zusammenlegung des Zeemuseums und des Museums Scheveningen entstanden. Es zeigt die Geschichte des Ortes und des Strand-

lebens und organisiert Besteigungen des Leuchtturms.

● **Beelden aan Zee:** Harteveltstraat 1, Tel. 358 58 57, www.beeldenaanzee.nl, Di–So 11–17 Uhr, Eintritt 7 €, Kinder 5–18 Jahre 3,50 €, 25.12. und 1.1. geschlossen.

● **Sea Life Scheveningen:** Strandweg 13 (Boulevard), Tel. 354 21 00, www.sealifeeurope.com, täglich 10–19 Uhr, Juli/Aug. bis 20 Uhr, Dez./Jan. bis 18 Uhr, Eintritt 9,50 €, Kinder 3–11 Jahre 6 €, Senioren 8,50 €.

● **Muzee Scheveningen:** Neptunusstraat 90–92, Tel. 350 08 30, www.zeemuseum.nl, Di–Sa 10–17 Uhr, So 12–17 Uhr, 25.12. und 1.1. geschlossen, Eintritt frei.

## Info

- **Tel.-Vorwahl:** 070
- **VVV Scheveningen:** 2586 BX, Gevers Deynootweg 1134, im Einkaufszentrum Palace (Promenade), Tourist-Info Tel. (0900) 340 35 05 (0,45 €/Min.), Hotelreservierungen Tel. 338 58 15, www.denhaag.com.

## Strand

- Breit, feinsandig, gepflegt, im Sommer sehr voll, FKK zwischen Strandpfahl 104 und 105 (Eingang Laan van Poot) sowie 96,5 und 98 (zwischen dem Zwarte Pad und dem Meyendelse Slag); im Sommer sind Hunde am Strand nicht zugelassen, von Mitte Mai bis Sept. können Hunde nördlich des Carlton Beach Hotel bzw. südlich vom Hafen bis zur Höhe des Westduinpark angeleint mitgenommen werden; Grillen am Strand verboten; Strandrollstühle beim Carlton Beach Hotel, Tel. 394 22 11.

**Strandpavillons:**
Der Strand ist im Bereich der Promenade weitgehend von einer geschlossenen Reihe von Strandpavillons gesäumt, darunter:
- **The Twins:** Strandweg 23–24, Tel. 350 28 36, www.twins.nl, Frühstücksbuffet, Tapasbar.
- **Blue Lagoon:** Strandweg 25–27, Tel. 350 12 25, www.bluelagoon.nl, Restaurant-Charakter, bis Okt. bis 0 Uhr geöffnet.

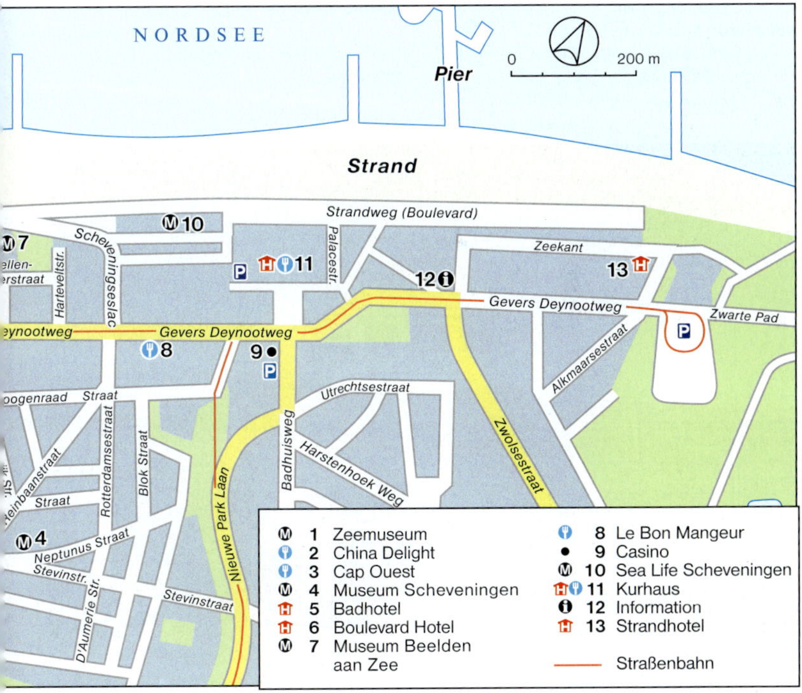

Zuid-Holland

NORDSEE

*Pier*

0 · 200 m

**Strand**

Strandweg (Boulevard)

M 10

P · H · 11

Scheveningseslag

Hartelnstr.

ellen-
erstraat

Zeekant

Palacestr.

12 i

13 H

Gevers Deynootweg

Zwarte Pad

eynootweg · Gevers Deynootweg

i 8 · 9 P

Alkmaarsestraat

P

oogenraad · Straat

Utrechtsestraat

Rotterdamsestraat

Blok Straat

Nieuwe Park Laan

Badhuisweg

Harstenhoek Weg

Zwolsestraat

Str.

aanstraat

Straat

M 4

Neptunus Straat

Stevinstr.

D'Aumerie Str.

Stevinstraat

| | | | |
|---|---|---|---|
| M | 1 | Zeemuseum | |
| i | 2 | China Delight | |
| i | 3 | Cap Ouest | |
| M | 4 | Museum Scheveningen | |
| H | 5 | Badhotel | |
| H | 6 | Boulevard Hotel | |
| M | 7 | Museum Beelden aan Zee | |

| | | |
|---|---|---|
| i | 8 | Le Bon Mangeur |
| i | 9 | Casino |
| M | 10 | Sea Life Scheveningen |
| H | 11 | Kurhaus |
| i | 12 | Information |
| H | 13 | Strandhotel |
| — | | Straßenbahn |

●**Copacabana:** Strandweg 12, Tel. 354 55 45, www.beachclub-copacabana.nl, bequem bestuhltes Café-Restaurant.

●**Peukie Steakhouse:** Strandweg 36–37, Tel. 354 18 77, www.peukie.nl, bekannt für seine Fleisch-Marinade, geöffnet Ende März bis Ende Okt.; Brasserie Peukie, Tel. 355 89 59.

●**Brunotti back 2 the Beach:** Strandweg 2, Tel. 355 87 83, mit Drachenfliegen, Beach Volleyball, Kayakfahren etc.

●**De Ark Van Noach:** Strandweg 6, Tel. 354 10 55, www.dearkvannoach.nl, gemütliches Restaurant.

●**17 Escubelle:** Strandweg 17, Tel. 352 14 49, www.escubelle.nl, à la carte, mit Strandterrasse, vermietet Strandrollstühle, Wind- und Sonnenschirme.

●**Boonoonoonoos:** Strandweg 15, Tel. 352 48 48, www.boonoonoonoos.nl, bis 1 Uhr geöffnet (an Wochenenden bis 1.30 Uhr), vermietet Strandliegen.

●**El Nino:** Strandweg 31, Tel. 322 91 07, www.elnino.nl, gegenüber dem Casino, Barbecue, kaltes Buffet.

●**De Karavan:** Strandweg 64, Tel. (0626) 19 21 41, www.club karavan.nl, familiäre Atmosphäre, Live-Musik, Tanzabende, DJ-Café.

●**Buiten:** Strandweg 67, Tel. 358 64 67, www.ganaarbuiten.nl, Live-Musik.

●**La Cantina:** Zuiderstrand 1, Tel. 352 22 28, www.lacantina.nl, direkt südlich der Hafeneinfahrt, spanisch-mexikanisches Ambiente, verwendet Bio-Fleisch.

## Essen und Trinken

●**Restaurant Kandinsky** €€€€: im Kurhaus (s.u.), klassische Küche unter der Jugendstil-Kuppel (vormals Musiksaal), Spezialitäten Austern und Fisch, Di (Juli/Aug. nur Abendessen) sowie Sa und nachmittags geschl.

●**Cap Ouest** €€€: Schokkerweg 37, Tel. 306 09 35, www.capouest.com, Fischrestaurant am Scheveninger Hafen, mit Terrasse.

●**China Delight** €€: Dr. Lelykade 116, Tel. 355 54 50, Fax 354 66 52, in einem alten Packhaus am Hafen, umfangreiche chinesische Karte.

## Unterkunft

● **Kurhaus** €€€€: 2586 CK, Gevers Dijnoot-plein 30, Tel. 416 26 36, Fax 416 26 46, www.kurhaus.nl, luxuriös, stilvolle Zimmer mit modernem Komfort, bietet auch günstige 2-Tages-Arrangements an.
● **Boulevard Hotel Scheveningen** €€€: 2586 EA, Seinpostduin 1, Tel. 354 00 67, Fax 355 25 74, www.boulevardhotel.nl, Jugendstilvilla am Strandboulevard.
● **Badhotel Scheveningen** €€€€: 2586 BB, Gevers Dynoodweg 15, Tel. 351 22 21, Fax 355 58 70, www.badhotelscheveningen.nl, in der Parallelstraße zum Boulevard, komfortable Zimmer.

## Nachtleben

● **Het Brouwcafé:** Bar, Dr. Lelykade 28, Tel. 354 09 97.
● **Club Fly:** Tanzcafé, Westduinweg 232, Tel. 354 33 56.
● **Jazzclub Pannonica:** Musikcafé, Prinsegracht 14, Tel. 360 00 69.
● **Crazy Pianos:** Strandweg 21–29, Tel. 322 75 25, www.crazypianos.com, Rock 'n' Roll auf mehreren Klavieren, täglich ab 19 Uhr.

## Aktivitäten

● **Holland Casino Scheveningen:** Kurhausweg 1, Tel. 306 77 77, www.hollandcasino.nl, mit Spitzenrestaurant, tägl. 13.30–3 Uhr, 1.1. 16–3 Uhr, „Low Limit Area" tägl. ab 10 Uhr, 4.5. und 31.12. geschlossen, Eintritt (Mindestalter 18 Jahre) 3,50 €.
● **Hochseeangeln:** Rederij Groen, Dr. Lelykade 1d, Tel. 355 35 88, www.rederijgroen.nl; Redrij Trip, Dr. Lelykade 3, Tel. 354 11 22; Rederij Vrolijk, Dr. Lelykade 22 a, Tel. 351 40 21, www.rederijvrolijk.nl.

Das mondäne Kurhaus an der Strandpromenade von Scheveningen, heute ein Luxushotel

● **Go-Kart:** Coronel Entertainment De Uithof, In- & Outdoor Sport Center, Jaap Edenweg 10, Tel. 359 85 64.
● **Hallenbad:** De Blinkerd, Seinpoststraat 150, Tel. 352 12 22.

## Veranstaltungen

● **Skulpturenfestival:** Im Frühjahr errichten Künstler Sandskulpturen am Strand von Scheveningen: Burgen, Tiere, Fabelwesen etc. Der Sand wird dazu so verdichtet, dass die Figuren lange halten. Im Mai wird die schönste Skulptur prämiiert. www.inaxi.com.
● **Vlaggetjesdag (Flottentag):** Anfang Juni rund um den Hafen zur Eröffnung der neuen Heringssaison, mit Flottenbesuch, Matjes-Ständen. www.vlaggetjesdag.com.

# Delft     ⚓ X/B2

Delft (= altholländisch: „Wassergraben"), nur wenige Kilometer landeinwärts von Den Haag gelegen, ist mit seinen schönen Bauwerken, den schattigen Grachten, verträumten Gassen und berühmten blauen Fayencen die vielleicht reizvollste holländische Stadt.

Delft wurde im 11. Jh. gegründet und erhielt 1246 von Graf *Wilhelm II.* die Stadtrechte. Reich wurde Delft im 14. Jh. durch die Tuchindustrie. Ein Kanal zur Maas sorgte für den Warentransport. Seit dem 16. Jh. entwickelte sich hier die **Keramikherstellung** – Delfts Blauw ist bis heute das Aushängeschild der Stadt.

Ein Großbrand und die Explosion des Pulverturms zerstörten im 16. Jh. große Teile der Stadt, die wieder aufgebaut wurde und ihren Baubestand

**Zuid-Holland**

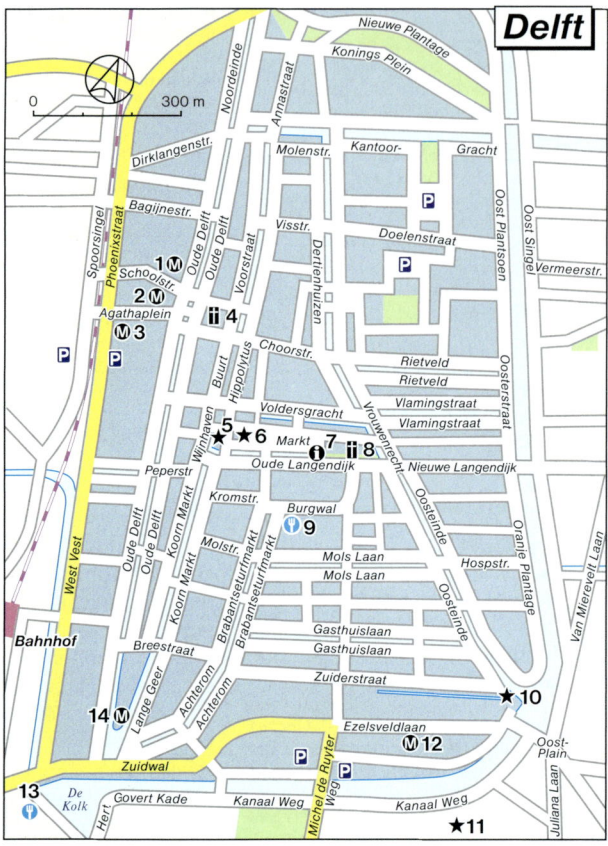

Delft

| | |  | | |  |
|---|---|---|---|---|---|
| Ⓜ | 1 | Museum Lambert van Meerten | ⅱ | 8 | Nieuwe Kerk |
| Ⓜ | 2 | Prinsenhof | ❶ | 9 | De kleine Uitspanning |
| Ⓜ | 3 | Völkerkundemuseum | ★ | 10 | Oostport |
| ⅱ | 4 | Oude Kerk | ★ | 11 | Botanischer Garten |
| ★ | 5 | Stadtwaage | Ⓜ | 12 | Technikmuseum |
| ★ | 6 | Rathaus | ❶ | 13 | De Zwethheul |
| ❶ | 7 | Information | Ⓜ | 14 | Militärgeschichtliches Museum |

aus dieser Zeit weitgehend geschlossen erhalten konnte. Besonders elegant sind die Häuser an der Oude Delft, einer von Linden gesäumten Gracht mit gewölbten Brücken, und an der Voldersgracht mit ihren malerischen Erkern. Heute ist Delft neben Leiden die bedeutendste **Universitätsstadt** der Niederlande. Zu den großen Persönlichkeiten, die die Stadt hervorgebracht hat, zählen *Hugo de Groot* (1583–1645), genannt *Grotius,* Begründer der modernen Staatsrechtslehre, und *Jan Vermeer van Delft* (1632–75), der für seine Genreszenen berühmte Maler.

Heute zieht Delft seine Besucher vor allem wegen seiner schönen Altstadt an, aber auch die Silhouette moderner bauten, insbesondere wenn man sich von Den Haag aus nähert, ist beeindruckend.

### Sehenswertes

Ein Bummel durch die Altstadt ist sonnabends besonders reizvoll, wenn die Blumenhändler an der Hippolytusbuurt beiderseits der Gracht ihre Stände aufgebaut haben. Von hier geht es zur **Oude Kerk** mit ihrem schiefen Turm und dem Grabmal von *Piet Hein,* dem berühmten niederländischen Seeräuber. Gegenüber steht an der Oude Delft der **Prinsenhof,** der Gebäudekomplex des ehemaligen Sint-Agathaklooster, das sich *Wilhelm von Oranien* zu Beginn des Achtzigjährigen Krieges als Residenz ausgewählt hatte und in dem er am 10. Juli 1584 ermordet wurde. Im Prinsenhof ist heute das **Stadtmuseum** untergebracht, das vor allem Exponate im Zusammenhang mit dem 80-jährigen Krieg zeigt (s.u.).

Am Markt, dem Hauptplatz von Delft, steht als bedeutendstes Gebäude der Stadt die **Nieuwe Kerk** aus dem Jahre 1381. Sie birgt die Gruft der Mitglieder des Hauses Oranien, beeindruckend ist vor allem das Prunkgrab *Wilhelms von Oranien.* In dieser Kirche wurde 2004 die Königinmutter *Juliana* begraben. Gegenüber erhebt sich das **Stadthaus,** 1620 nach dem großen Brand im Renaissance-Stil prunkvoll neu errichtet. Hinter dem Stadthaus steht die **Stadtwaage** von 1770, von wo man auf die über hundert Jahre ältere Fleischhalle mit ihren Ochsenköpfen sieht. Von der alten Stadtbefestigung steht noch die **Oostpoort,** ein von zwei schlanken Türmen aus dem 15. und 16. Jh. flankierter schöner Backsteinbau.

● **Oude Kerk:** Tel. 212 30 15, www.oudekerk-delft.nl, April–Okt. Mo–Sa 11–18 Uhr, Nov.–März Mo–Sa 11–17 Uhr, Eintritt 3 €, Senioren 2,50 €, Kinder 1,50 €.
● **Nieuwe Kerk:** Tel. 212 30 25, www.nieuwekerk-delft.nl, April–Okt. 9–18 Uhr, im Winter 11–16 Uhr, Eintritt (Kirche) 3 €, Senioren 2,50 €, Kinder 1,50 €, Eintritt (Turm) 2,50 €, Senioren 2 €, Kinder 1 €.

### Museen

Neben dem Stadtmuseum sind vor allem das **Völkerkundemuseum,** das sich schwerpunktmäßig dem indonesischen Archipel widmet, das **Militärgeschichtliche Museum,** die Industriellenvilla **Lambert van Meerten** mit ihrem Interieur aus dem frühen 20. Jh. und der **Botanische Garten** der Uni-

Zuid-Holland

versität sehenswert, ein 1917 angelegter, wissenschaftlicher Nutzpflanzengarten.

● **Stedelijk Museum Het Prinsenhof** (Stadtmuseum): Sint Agathaplein 1, Tel. 260 23 58, www.prinsenhof-delft.nl, Di–Sa 10–17 Uhr, So und feiertags 13–17 Uhr, 1.1. und 25.12. geschlossen, Eintritt 5 €, Senioren und Kinder 12–16 Jahre 4 €.

● **Nusantara Volkenkundig Museum** (Völkerkundemuseum): Sint Agathaplein 4, Tel. 260 23 58, www.nusantara-delft.nl, Di–Sa 10–17 Uhr, So und feiertags 13–17 Uhr, 1.1. und 25.12. geschlossen; Eintritt 3,50 €, Senioren und Kinder 12–16 Jahre 3 €.

● **Legermuseum** (Heeres- und Waffenmuseum): Korte Geer 1, Tel. 215 05 00, www.legermuseum.nl, Di– Fr 10–17 Uhr, Sa, So und feiertags (auch Mo) 12–17 Uhr, 1.1. und Ostersonntag geschlossen, Eintritt 7,50 €, Kinder 4–17 Jahre und Senioren 3 €, niederländische Veteranen frei, behindertengerecht.

● **Museum Lambert van Meerten:** Oude Delft 199, Tel. 260 23 58, Di–Sa 10–17 Uhr, So und feiertags 13–17 Uhr, 1.1. und 25.12. geschlossen, Eintritt 6 €, Senioren und Kinder 12–16 Jahren 5 €.

● **Botanische Tuin TU Delft:** Julianalaan 67, Tel. 278 23 56, www.botanischetuin.tudelft.nl, Botanischer Garten der TU Delft, Mo–Fr 8.30–17 Uhr, Sa und So (Mai–Sept.) 10–16 Uhr, Eintritt 2 €, Kinder 5–14 Jahre und Senioren 1 €, rollstuhlgerecht.

## Info

● **Tel.-Vorwahl:** 015
● **Stadt Delft:** Hippolytusbuurt 4, Tel. 215 40 51, info@tipdelft.nl, www.delft.nl.
● **Stadtführung:** Gidsenservice Delft, Tel. (0652) 31 11 74, www.guidsenservice.nl, pro Std. 55 € für Gruppen bis 25 Personen.

## Essen und Trinken

● **De Zwethheul** €€€€: Rotteramse Weg 480, Tel. 470 41 66, www.zethheul.nl, im südlichen Vorort Schipluiden, 6 km südöstlich am Kanal, hervorragendes Restaurant mit einfallsreicher Küche, wechselnde Spezialitä-

ten, herrlicher Blick auf die Schiffe auf dem Kanal, 25.12.–5.1. geschlossen, Mo Ruhetag.

● **Van der Dussen:** Begijnhof 118, Tel. 214 72 12, charmantes Restaurant mit alten Holzdielen und alter Treppe in einem Beginenhof, der auf das 13. Jh. zurückgeht, Abendessen bei Kerzenlicht, geschlossen 1.–12. Aug. und 3. Dez.–5. Jan.

● **De kleine Uitspanning** €€: Burgwall 1, täglich geöffnet, kleines, rustikales Restaurant mit Terrasse im Zentrum, vorzügliche Küche zu gemäßigten Preisen.

## Unterkunft

● **Johannes Vermeer** €€€€: 2611 RM, Molstaan 18, Tel. 212 64 66, Fax 213 48 35, www.hotelvermeer.nl, Hotel in einem Komplex von Patrizierhäusern, ausgestattet mit Kopien der Bilder von Vermeer, geschmackvolle Zimmer, ohne Restaurant.

● **Juliana** €€: 2628 RC, Maerten Trompstraat 33, Tel. 256 76 12, Fax 256 57 07, www.hoteljuliana.nl, außerhalb des Stadtzentrums im Universitätsbereich in einer Villa eingerichtetes Hotel mit einfachen Zimmern.

## Einkaufen

● **Koninklijke Porceleyne Fles** (Königliche Porzellanmanufaktur): Rotterdameseweg 196, Tel. 251 20 30, www.royaldelft.com, mit Demonstration der Fayence-Bemalung, Ende März–Okt. tägl. 9–17 Uhr, Nov.–Ende März Mo–Sa 9–17 Uhr, zwischen Weihnachten und Neujahr geschlossen, Eintritt Erwachsene 2,50 €, dazu Geschäft Royal Delftware: Markt 45, Tel. 212 37 24, ganzjährig 9–17.30 Uhr geöffnet.

● **De Delftse Pauw:** Delftweg 133, Tel. 212 49 20, www.delftsepauw.nl, Porzellanfabrik mit Demonstration von Fayence-Bemalung, April bis Okt. tägl. 9–16.30 Uhr, Nov. bis März Mo–Fr 9–16.30 Uhr, Sa und So 11–13 Uhr, Eintritt frei.

● **De Candelaer:** Kerkstraat 14, Tel. 213 18 48, www.candelaer.nl, Ausstellungsraum mit Demonstration von Fayence-Bemalung, Mo–Fr 9–18 Uhr, Sa 9–17 Uhr, im Sommer auch So 9–18 Uhr.

# Kijkduin

⚓ X/A2

Während der Dünenabschnitt von Scheveningen vollkommen zugebaut ist, wird das Landschaftsbild **südlich des Scheveninger Hafens** wieder natürlicher. Das nächste Seebad ist Kijkduin, noch zu Den Haag gehörig, aber im Charakter völlig unterschiedlich zu Scheveningen. So mondän Scheveningen ist, so familiär ist Kijkduin. Die Promenade ist kurz, an einem Ende befindet sich ein Spielboot für Kinder, am anderen ein kleiner Aussichtsturm. Das Leuchtfeuer ist auf einem Gitterturm aufgesetzt. Nahebei stehen die Hotels und gibt es Geschäfte.

Vom „Vulkan", der höchsten Düne im Westduinpark, der sich nördlich bis Scheveningen erstreckt, hat man eine wunderbare Aussicht auf das Meer, die Dünen und das Hinterland. Vogelfreunde nutzen diesen Aussichtspunkt, um **Zugvögel** zu beobachten. Sowohl von Scheveningen als auch von Kijkduin aus werden Vogelexkursionen angeboten. Über 400 Vogelarten wurden hier schon im Laufe der Jahre gezählt, darunter so exotische wie die Nilgans. Zu Tausenden überfliegen Gänse, Enten, Kiebitze, Ammern und Tauben das Land, zu Zehntausenden beispielsweise Schwalben, zu Hunderttausenden Graspieper, Stare oder auch Finken.

### Strand

● Breit, feinsandig, weniger überfüllt als in Scheveningen, flach und daher besonders kinderfreundlich, Hundeverbot von Mitte Mai bis Sept., FKK beim Strandaufgang Kijkduin, Pfahl 108 Richtung Ter Heijde, Grillverbot, Strandrollstühle bei Biesieklette am Deltaplein, Tel. (070) 394 22 11. Sechs Strandpavillons, darunter:

● **De Kwartel Strandpaviljoen:** Strandweg 7, Tel. (070) 355 56 15, www.dekwartel.nl, ganzjährig geöffnet, kostenlos parken, mediterrane Küche, wechselnde Kunstausstellungen.

● **Beachclub Friends:** Strandweg 9, Tel. (070) 323 38 64, www.beachclubfriends.nl, Di Jam Sessions, kinderfreundlich mit Spielplatz.

● **Flamengo's Strandpaviljoen:** Strandweg 21, Tel. (0624) 72 36 04, www.flamengos.nl, Restaurant, Disco, kostenloser Parkplatz.

● **Moby Dick:** Zuiderstrand, Tel. (070) 323 79 79, www.mobydick.nl, FKK-Pavillon.

### Unterkunft, Essen und Trinken

● **Klein Seinpost** €: Deltaplein 600, Tel. (070) 368 13 88, www.kleinseinpost.nl, Pfannkuchenhaus.

● **Atlantic Hotel** €€€€: 2554 EJ, Deltaplein 200, Tel. (070) 448 24 82, Fax 368 67 21, www.atlantichotel.nl, dominierendes Hotel am Strand mit Garten, Hallenbad, Restaurant €€€€, von fast allen Zimmern Blick auf Dünen und/oder Meer.

● **Kijkduin Park:** 2555 NW, Machiel Vrijenhoeklaan 450, Tel. (070) 448 21 00, Fax 323 24 57, www.kijkduinpark.nl, Roompot-Ferienzentrum im Süden von Kijkduin mit Bungalowpark, Campingplatz, Restaurant, Supermarkt, Sportangebot, Kinderbetreuung, Hallenbad.

# Monster

⚓ X/A2

**Ter Heijde,** ein Ortsteil von Monster, ist der nächste Badeort südlich von Kijkduin. Hier gibt es eine Reihe von Strandübergängen, einige Pavillons im Sommer, landeinwärts einen Campingplatz, ein Hotel und Restaurants.

Zuid-Holland

Der Strand von Ter Heijde ist noch ursprünglich geblieben, hier findet naturnaher Badebetrieb statt. Er bietet die Möglichkeit, mit dem **Katamaran** zu segeln.

### Strand

●Feinsandig, schmal, nicht überlaufen, Hundeverbot von Mitte Mai bis Mitte Sept. 10–18 Uhr zwischen den Übergängen Strandweg u. Molenslag, dahinter frei für angeleinte Hunde, Surfen zwischen Buhne 10a und 11, FKK zwischen Schelpenpad und Watertoren.

### Unterkunft, Essen und Trinken

●**Elzenduin** €€€: 2684 VT Ter Heijde, Strandweg 18, Tel. (0174) 21 42 00, Fax 21 42 04, www.elzenduin.nl, modernes Hotel unmittelbar hinter den Dünen mit Garten und Restaurant, ruhige Zimmer.

### Aktivitäten

●**Katamaran-Vermietung:** Kustzeilvereniging Monster, Strand Ter-Heijde, Sekretariat: 2595 SM Den Haag, 2e Louise de Colignystraat 87, www.kzvm.nl.

# Hoek van Holland ♐ X/A2-3

Der Ort Hoek van Holland entstand als Arbeitersiedlung im Zusammenhang mit dem Bau des **Nieuwe Waterweg,** der neuen Zufahrt zum Rotterdamer Hafen, mit dem im Jahre 1863 begonnen wurde. Eisenbahnanschluss und Bau des Fähr- und Fischereihafens ließen die Siedlung anwachsen. 1887 wurde das Kastell an der Landspitze von Hoek van Holland zur Verteidigung der neuen Wasserstraße fertiggestellt. Heute ist in diesem **Fort aan**

**den Hoek van Holland** ein Verteidigungsmuseum untergebracht.

Als mit dem Ausbau des Rotterdamer Außenhafens die Dünenfläche und der Strand von Hoek van Holland verbreitert wurden, entwickelte sich der Ort auch zum Seebad. Wenn es nach den Entwicklungsplanern geht, soll zum Strand hin ein schickes Urlaubszentrum mit großen Hotels, Casinos, Restaurants und Vergnügungsstätten entstehen.

### Museen

Doch Hoek van Holland hat weit mehr zu bieten als manch andere Seebäder an der holländischen Küste. Am Koningin Emmaweg, dem Boulevard am Nieuwe Waterweg, findet man einen futuristischen **Informationspavillon** mit Exponaten zur Geschichte des Ortes. In einem **deutschen Bunker** aus dem Jahre 1943 am Badweg, der vom Koningin Emmaweg abzweigt, sind zwei Museen untergebracht: das **Rettungsmuseum,** das dem Besucher ein eindrucksvolles Bild von der Entwicklung und Geschichte des an diesem Küstenabschnitt nicht ungefährlichen Rettungswesens vermittelt, und das **Fährmuseum,** in dem die Geschichte der in Hoek van Holland ansässigen Fährdienste dargestellt wird. Im 22 m hohen, gusseisernen Leuchtturm aus dem Jahre 1893, der bis 1974 in Betrieb war, ist ein **Leuchtfeuer-Museum** untergebracht. Von oben hat man einen wunderbaren Überblick über den gesamten südholländischen Küstenabschnitt. Das **Gewächshausmuseum** bietet Informationen über

diese spezielle Art, Gurken, Tomaten und anderes Gemüse anzupflanzen.

●**Küstenverteidigungs-Museum Fort aan den Hoek van Holland:** Stationsweg 82, Tel. 38 28 98, www.forthvh.nl, geöffnet jedes erste Wochenende in den Monaten Mai bis Nov. Sa 13–16 Uhr, So 12–16 Uhr, 1.1., Ostersonntag, 30.4., Himmelfahrtstag, Pfingstsonntag, Weihnachten und am 31.12. geschlossen, Eintritt 5 €, Kinder 4–12 Jahre und Senioren 3 €.

●**EXPO-INFO Pavillon Waterwegcentrum:** Koningin Emmaboulevard 5, Tel. 38 74 94, www.waterwegcentrum.nl, Eintritt frei.

●**Reddingsmuseum Jan Lels und National Veerdienstmuseum** (Fährdienste): Badweg 2a, Tel. 38 38 02, Jan. bis Nov. So und Mi 13–17 Uhr, Eintritt 2 €, Kinder 1 €.

●**Kustverlichtingsmuseum** (Leuchtfeuer-Museum): Willem van Houtenstraat 102, Tel. 38 35 71, Mai bis Sept. Sa und So 13–16 Uhr, Führung 1 €.

●**Kassenmuseum** (privates Gewächshaus-museum): Nieuw Oranjekanaal 89, Tel. 51 35 26, geöffnet nach Vereinbarung Mo, Mi und Sa 13–16 Uhr, Eintritt 1,50 € mit einer Tasse Kaffee.

## Sturmflutwehr

1997 wurde das riesige Sturmflut-wehr **De Maeslandkering** östlich von Hoek van Holland eingeweiht, das den Nieuwe Waterweg bei Extrem-hochwasser schützt. Dieses giganti-sche Bauwerk stellt den Abschluss der Arbeiten des Delta-Plans dar, der die südlichen Niederlande vor Über-schwemmungen bewahren soll (siehe auch Exkurs „Der Delta-Plan" im Kap. „Land und Leute").

## Info

●**Tel.-Vorwahl:** 0174
●**Stichting Promotie Hoek van Holland:** 3151 AK, Pr. Hendrikstraat 265, Tel. 31 00 80, Fax 31 00 83, www.hoekvanholland.nl.

## Strand

●Nach Süden immer breiter, feinsandig; Hunde von Mai bis Sept. 9–19 Uhr nicht zu-gelassen, ausgenommen im Bereich zwi-schen Radarmast und Waterweg, in den da-hinter liegenden Dünen müssen Hunde an-geleint sein; Grillen und Campen verboten; Surfen, Katamarane und Boote sind nur im Strandabschnitt an der Rechtestraat erlaubt; Reitverbot zwischen Mai und Sept. 9–21 Uhr; Strandrollstühle bei E.H.B.O., Posten 31; FKK im Strandabschnitt 50 m nördlich des Strandübergangs Stuifkensand, FKK in den Dünen nicht zugelassen.

## Unterkunft, Essen und Trinken

●**Het Jagershuis** €€: Badweg 1, Tel. 38 22 51, Bungalow nahe dem Strand, der sich landein-wärts öffnet, große Innenterrasse, Fischspe-zialitäten, geschlossen 27.12.–10.1., Mo Ru-hetag.

●**Sand** €€€: Zeekant 125, Tel. 38 25 03, www. waterlandestate.com, an den Dünen mit Aus-blick auf die Küste und den Schiffsverkehr, mediterran inspirierte Küche, geöffnet bis Mitternacht.

●**Hotel America** €€: 3151 GK, Rietdijkstraat 96, Tel. 38 22 90, www.hotelamerica.nl, nahe dem Fährhafen, mit gemütlichem Restaurant €€, Tanzveranstaltungen.

## Aktivitäten

●**Rundfahrten:** durch den Europort (Hafen) mit dem Rundfahrtboot Watergeus, Tel. 591 77 05, Abfahrt Mai bis Sept. So 12, 14 und 16 Uhr vom Bootssteg am Koningin Emmabou-levard, Fahrpreis 6,80 €, Kinder 4,50 €.

●**Naturwanderungen:** Strand- und Pierroute (rollstuhlgeeignet), kostenlose Wegbeschrei-bungen sind beim Restaurant De Lachende Zeerover, Hoekse Brink, erhältlich.

●**Strandwanderung:** Strand6Daagse, Sechs-Tage-Strandwanderung von Hoek van Holland bis Den Helder, jährlich Ende Juni / Anfang Juli, Unterkunft in mitgebrachten Zel-ten auf vorbereiteten Zeltplätzen, Privat-gepäck wird vom Veranstalter von Lager zu

# Der Nieuwe Waterweg
# und sein gigantisches Sturmflutwehr

Längst hat sich die Industrie- und Hafen-fläche Rotterdams über das Stadtgebiet bis zur Nordsee ausgedehnt – die Verbin-dungsachse stellt der Nieuwe Waterweg dar.

Als im Jahre 1830 Belgien von den Nie-derlanden abgetrennt wurde, gewann Rot-terdam als Hafenstadt zunehmend an Be-deutung für das Land. Der Wasserstand der Brielse Maas war jedoch zu schwankend für die größer werdenden Schiffe, sodass zunächst ein Zufahrtskanal durch die Insel Voorne (Voornsekanaal) angelegt wurde. Doch auch dieser war bald den Anforde-rungen des Schiffsverkehrs nicht mehr ge-wachsen. Ab 1863 wurde dann ein direkter Stichkanal im Bett der Nieuwe Maas zur Nordsee gegraben, der bei Ebbe elf Meter tief ist – denn dieser „Nieuwe Waterweg" ist im Gegensatz zum Amsterdamer Noordzee Kanaal nicht mit Schleusen ver-sehen. Für den Personenverkehr wurde ein eigener Fährhafen in Hoek van Holland an-gelegt.

Kurz vor dem östlichen Ortseingang von **Hoek van Holland** wird der Nieuwe Wa-terweg durch das Sturmflutwehr **De Maes-landkering** geschützt, das 1997 nach sechs-jähriger Bauzeit als letztes großes Projekt des Delta-Plans fertiggestellt wurde. Es be-steht aus zwei 15.000 Tonnen schweren Stahltoren, die an den Seiten des Kanals an-gebracht sind und auf Zahnrädern aus ihren Parkpositionen in den Kanal gefahren werden können, um diesen bei Orkan vor der hereinbrechenden Flut zu bewahren. Mit dieser **Verriegelung des Kanals** wer-den der Rotterdamer Binnenhafen ge-schützt und verheerende Überschwem-mungen des unter dem Meeresspiegel lie-genden Hinterlandes verhindert. Das am Sturmflutwehr gelegene **Informationszen-trum** erläutert anhand von Modellen des-sen Entstehungsgeschichte und Funktions-weise und zeigt eine sehenswerte Ausstel-lung zum Küstenschutz.

● **De Maeslandkering:** Nieuw Oranjeka-naal 139, Tel. 51 12 22, www.keringhuis.nl, Mo–Fr 10–16 Uhr (Mitte Juni bis Mitte Sep-tember 10–17 Uhr), am Wochenende 11–17 Uhr, 1.1. und 25.12. geschlossen, Eintritt frei. Führungen im Außenbereich für Grup-pen nach Absprache, Restaurant Het Ke-ringhuis.

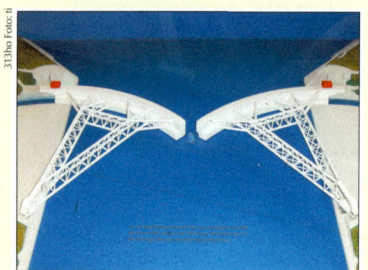 

Modell und Realität: Im Notfall können die Tore den Kanal komplett abriegeln

Lager gefahren, Information und Anmeldung: www.strand6daagse.nl.
- **Reiten:** Manege de Caepruiter, Dirk van de Burgweg 15, Tel. 38 47 15; Manege Hoek van Holland, Dirk van de Burgweg 45, Tel. 38 44 11; Manege de Nieuwe Oranjehoeve, Schekeldijk 50, Tel. 51 88 88.
- **Schwimmbad:** De Cordesstraat 160, Tel. 38 34 44, Mai bis Sept. tägl. 9–17 Uhr.

### Einkaufen

- **Markt:** Dienstagmorgens im Zentrum von Hoek van Holland 8–12 Uhr.

# Das Grüne Herz

Die Bevölkerung der ohnehin schon dicht besiedelten Niederlande konzentriert sich in den Provinzen Noord-Holland, Utrecht und Zuid-Holland. Hier bilden Haarlem, Amsterdam und Amstelveen, Utrecht, Rotterdam, Den Haag mit Delft und Leiden einen Städtekreis, der als **Randstad** bezeichnet wird, und in dessen Zentrum sich *Het Groene Hart*, das Grüne Herz, erstreckt. Die Niederländer bezeichnen diese allseits von Bebauung umgebene Region auch als den **Garten der Randstadt.**

Hier breiten sich **Wiesen, Obstplantagen und Wälder** aus, größere Ortschaften bilden nur die Städte **Alphen an de Rijn, Gouda** und **Zoetermeer,** heute ein Pendlervorort von Den Haag, eine lebendige Stadt mit 150.000 Einwohnern. Die großen Wasserflächen der Region, die ihren erholungswert steigern, gehen weitgehend auf früheren Torfabbau zurück. Insgesamt ist das Grüne Herz immer noch landwirtschaftlich geprägt, das Apfelanbaugebiet von Boskoop sogar weit über die Landesgrenzen hinaus bekannt.

# Alphen aan de Rijn   ↗ X/B2

Der Bevölkerungsdruck auf das Grüne Herz ist groß – auch Industrieansiedlungen waren hier nicht zu vermeiden. Eine dieser Industriestädte ist Alphen aan de Rijn. Die am Oude Rijn gelegene Stadt ist für den Vogelpark Avifauna und den archäologischen Themenpark Archaeon bekannt. Der **Vogelpark** bietet eine tropische Vogelhalle mit Wasserfall und Teichen mit Vögeln aller Kontinente, dazu ein großes Freigelände mit Spielplatz. Vom Park werden auch Fahrten ins nahe gelegene Brassemermeer angeboten. Der **archäologische Themenpark** lädt zu einer Zeitreise durch die Geschichte der Niederlande ein, mit den Schwerpunkten Prähistorie, Antike und Mittelalter.

- **Vogelpark Avifauna:** Hoorn 65, Tel. (0172) 48 75 75, www.avifauna.nl, täglich 9–18 Uhr (Spielplatz April–Sept.), Eintritt 9 €, Kinder 7,50 €, Senioren 8 €, mit Schiffsrundfahrt 13 € (11 bzw. 11,50 €), mit Hotel-Restaurant Avifauna, geräumige Zimmer in der Dependance.
- **Archaeon:** Archaeonlaan 1, Tel. (0172) 44 77 44, wwwarchaeon.nl, südlich von Alphen Mai bis Okt. Di–So 10–17 Uhr, Juli/Aug. täglich 10–17 Uhr, Eintritt 12,75 €, Kinder 9 €, Senioren 10 €, Parken 4 €.

### Unterkunft, Essen und Trinken

- **Golden Tulip** €€€: 2405 BK, Stationsplein 2, Tel. (0172) 49 01 00, Fax 49 37 81, www.gtalphenadrijn.nl, unmittelbar am Bahnhof, praktisch eingerichtete Zimmer, Seminareinrichtungen, angeschlossenes **Restaurant** €€ mit gutbürgerlicher Küche.

Zuid-Holland

# Gouda                    ♫ X/B2

Die bekannteste Stadt im Grünen Herz ist Gouda – neben Edam zweite große holländische **Käsestadt**. Die Geschichte dieser reizvollen, von Grachten durchzogenen Stadt am Zusammenfluss der Holländischen Ijssel mit der Gouwe reicht bis ins Mittelalter zurück. Die frühe Ansiedlung entwickelte sich um eine Burg, die schon 1577 abgerissen wurde. Wirtschaftlichen Aufschwung brachten Brauereien und Handel.

## Käsemuseum

Der Käsehandel kam im 17. Jh. auf. 1688 wurde das klassizistische Gebäude der **Stadtwaage** am Markt errichtet, um faire Geschäfte zu gewährleisten. Heute ist hier das Käsemuseum untergebracht.

●**Kaas- en Ambachtenmuseum** (Käse- und Handwerksmuseum): Markt 35–36, Tel. 52 99 96, April–Okt. Mi–Fr, So und feiertags 13–17 Uhr, 1.1., 25./26.12. und 31.12. geschlossen, Eintritt 2,50 €, Kinder und Senioren 1,50 €.

## Rathaus

Der Markt ist nach wie vor das Zentrum der Stadt. In seiner Mitte steht das märchenhaft wirkende Rathaus, ein gotischer Bau, dessen Fassade mit Ecktürmen verziert und mit Fialen bekrönt ist. Die elegante Freitreppe wurde in der Renaissancezeit vorgesetzt.

●**Rathaus:** Markt 1, Tel. 58 84 82, www.vvv gouda.nl, Mo–Fr 10–12 und 14–16 Uhr, Sa 11–15 Uhr.

## Jeruzalemstraat

Bemerkenswert sind die Bauten an der Jeruzalemstraat, so die **Jeruzalemkapel** an der Ecke zum Petersteg aus dem 15. Jh. sowie das gegenüber stehende **Waisenhaus** aus dem Jahr 1642 – das Portalrelief stellt Waisen dar.

## Weitere Museen

Nicht auslassen sollte man einen Besuch im Catharina Gasthuis, dem ehemaligen Krankenhaus von Gouda. Darin ist heute das **Stadtmuseum** untergebracht, zu dem man durch die Lazaruspoortje von Norden Zugang hat. Reizvoll ist auch das **Pfeifen- und Töpfermuseum De Moorian** in einem alten Tabakgeschäft am Westhaven, einer der schönsten Grachten der Stadt.

●**Museum Het Catharina Gasthuis:** Oosthaven 10, Tel. 58 84 40, Mi–So 10–17 Uhr, 1.1. und 25.12. geschlossen, Eintritt 4 €, Kinder bis 18 Jahre frei, nicht behindertengerecht.
●**Museum De Moorian:** Westhaven 29, Tel. 58 86 71, Mi–So 10–17 Uhr, 1.1., 25.12. und Ostersonntag geschlossen, Eintritt 4 €, Kinder bis 18 Jahre frei.

## Sint Janskerk

Prominentestes Gebäude von Gouda ist die Sint Janskerk mit ihren *Goudse Glazen*, den weithin berühmten **Glasmalereien.** Der Bau entstand im 13. Jh. und erhielt nach dem Brand von 1552 seine heutige Form als Kreuzbasilika. Die Kirche hat hölzerne Tonnengewölbe. Eine doppelte Reihe von Querdachstühlen steht rechtwinklig zum Langhaus, weshalb die Baumeister die Fenster fast bis zum Dach

hochführen und so den Kirchenraum in prächtige Lichtfülle tauchen konnte. Die Kirche ist Johannes dem Täufer, dem Schutzpatron der Stadt, geweiht, dessen ihm zugeordnete symbolische Farben Weiß (für Reinheit und Liebe) sowie Rot (für das Leiden) sich in den Glasmalereien widerspiegeln. Vierzig der siebzig Fenster mit ihren biblischen Motiven aus dem 16. Jh. sind erhalten. Sie werden auch als „katholische Fenster" bezeichnet, weil sie gestiftet und gefertigt wurden, bevor die Kirche den Reformierten übertragen wurde. Die Glasmalereien in der Kapelle am Chor stammen aus einem benachbarten Kloster. Der Boden der Sint Janskerk ist mit Grabplatten bedeckt. Hier wurden die wohlhabenden Bürger der Stadt beerdigt.

● **Sint Janskerk:** Achter de Kerk 2, Führungs-Info Tel. 126 84, geöffnet Mo–Sa 9–17 Uhr, im Winter 10–16 Uhr, Eintritt 2,50 €, Kinder 1,75 €.

## Info

● **Tel.-Vorwahl:** 0182
● **VVV Gouda:** 2801 JJ, Markt 27, Tel. (0900) 46 83 28 88, Fax 58 32 10, www.vvvgouda.nl.

## Essen und Trinken

● **Rôtisserie l'Étoile** €€€: Biekerssingel 1, Tel. 51 22 53, www.letoile.nl, Restaurant in einer Rotunde, gekonnte Küche, mit Sommerdachterrasse, geschlossen 1. Januarwoche, So und Mo Ruhetag.
● **Jean Marie** €€€€: Oudebrugweg 4, Tel. 51 62 62, www.jean-marie.nl, intimes kleines Restaurant in einem alten Giebelhaus, exklusive Atmosphäre, bietet klassische Küche, Di–Sa ab 18 Uhr.

## Einkaufen

● **Wochenmarkt:** Samstagvormittags auf dem Markt.
● **Kaaswinkeltje:** Lange Tiendeweg 30, Tel. 51 42 69, www.kaaswinkeltje.nl, Spezialgeschäft für Bauernkäse.
● **Käse- und Handwerkermarkt:** Donnerstagvormittags im Juli/Aug. auf dem Markt (Info: VVV).
● **Goudaer Vieh- und Käseausstellung:** letzter Mittwoch im August auf dem Markt (Info: VVV).

# Schoonhoven ⚓ XI/C3

Schoonhoven liegt östlich von Rotterdam am Nordufer des Lek, wo die Vlist einmündet – das Südufer ist mit einer Fähre zu erreichen. In der kleinen, aber sehr **reizvollen Altstadt** betreiben viele Silberschmiede ihr Handwerk, die damit eine alte Tradition der Stadt fortsetzen. Schoonhoven hat 20 **Silberschmiedewerkstätten** und Galerien, die an den sogenannten Kultursonntagen (Culturele Zondagen) im Frühjahr und im Herbst ganztägig ihre Werkstätten für Besucher zu Informationszwecken öffnen.

Bereits 1247 hatten die Bewohner das Recht erhalten, am Fluss einen Hafen anzulegen, später erhielt Schoonhoven auch Stadtrechte. Im Achtzigjährigen Krieg hatte der Ort viel unter Stellungswechsel zu leiden. Die Stadtbefestigung wurde dann bis 1601 ausgebaut, 1816 aber wieder abgerissen. Das **Stadttor** an der Lek-Fähre steht aber noch. Das **Rathaus** mit seinem Glockenturm stammt aus dem Jahr 1452, die **Grote Kerk** aus dem 14. Jh., ihr Turm aus dem 15. Jh. Sehenswert

**Zuid-Holland**

sind auch die **Stadtwaage** und das **Edelambachtshuys** mit seiner großen Kollektion historischer Silberarbeiten der Juwelierbetriebe Rikkoert in der ehemaligen Synagoge der Stadt – mit 700 Ausstellungsstücken die größte Sammlung der Niederlande an Schoonhovener Silber. Das **Gold-, Silber- und Uhrenmuseum** ist im eheamligen Arsenalgebäude untergebracht und zeigt eine beeindruckende historische Uhrensammlung aus den holländischen Provinzen.

● **Schoonhovens Edelambachtshuys:** Haven 13, Tel. 38 26 14, www.rikkoert.nl, Di–Sa 10–17 Uhr, auch Oster- und Pfingstmontag 11–17 Uhr, 1.1., 30.4. sowie 25./26.12. geschlossen, Eintritt 1 €.
● **Nederlands Goud-, Zilver- en Klokkenmuseum:** Kazerneplein 4, Tel. 38 56 12, www.ngzkm.nl, Di–So 12–17 Uhr, 1.1., 30.4. und 25.12. geschlossen, Eintritt 3,50 €, Kinder 4–13 Jahre 2,25 €.

## Info

● **Tel.-Vorwahl:** 0182
● **VVV Schoonhoven:** 2871 BR, Stadhuisstraat 1, Tel. 38 50 09, Fax 38 74 46, www.vvv.schoonhoven.nl.
● **Zilverwandeling:** Die vom VVV Schoonhoven ausgeschilderte Route führt in ca. 1 Std. zu den wichtigsten Sehenswürdigkeiten der Altstadt.

## Unterkunft, Essen und Trinken

● **Belvédère** €€: 2871 MK, Lekdijk West 2, Tel. 32 2 22, Fax 32 52 29, www.hotelbelvedere.nl, ehemaliges Clubhaus, Zimmer teilweise mit Blick auf den Fluss, dazu ein Hochzeitszimmer, angeschlossenes Restaurant mit Terrasse unter Schatten spendenden Bäumen.

# Nieuwpoort ⚓ XI/C3

Nieuwpoort auf der Schoonhoven gegenüber liegenden Seite des Lek erhielt 1283 Stadtrechte. Im Grenzbereich zu Utrecht gelegen, musste der Ort immer wieder unter Streitigkeiten leiden. Die Franzosenkriege im 17. Jh. gaben Anlass, Nieuwpoort zu einer **Festung** auszubauen. 1697 wurde das Rathaus errichtet, dessen Fundament gleichzeitig als Schleuse dient, und 1781 das Arsenal. In der napoleonischen Zeit verlor die Stadt als Festung an Bedeutung. Immerhin boten die Wälle später noch Schutz gegen das Hochwässer des Lek.

Inzwischen ist der Ort mit seinen reizvollen Giebelhäusern weitgehend restauriert und stellt als eine der **kleinsten Festungsstädte der Nieder-**

Im Festungsstädtchen Nieuwpoort

**lande** eine besondere Attraktion dar. Das Heimatmuseum im alten Rathaus der Stadt zeigt ein Modell der Festungsanlagen.

● **Het Stadhuis:** Hoogstraat 53, Tel. 60 12 00, Juni bis Aug. 13.30–17 Uhr, April bis Sept. 13.30–17 Uhr, Do ganzjährig 10–16 Uhr, Eintritt 1 €.

### Essen und Trinken

● **Eetafé De Dam** €€: Buitenhaven 1, Tel. (0184) 60 13 84, www.eetcafededam.nl, hübsches Café-Restaurant.

# Rotterdam     ⤢ X/B3

Rotterdam, die Geburtsstadt des größten Humanisten *Geert Geertsz* (1469–1536), genannt *Erasmus von Rotterdam,* ist die **zweitgrößte Stadt der Niederlande** und besitzt den **größten Hafen Europas,** der inzwischen durch seinen Ausbau bis in die Nordsee vorgedrungen ist.

Ursprünglich war Rotterdam eine Fischersiedlung an der Mündung der Rotte in die Nieuwe Maas. Es erhielt 1299 Stadtrechte. Die Anbindung durch einen Kanal an Delft wirkte sich belebend auf die Stadt aus. Nach der Plünderung Rotterdams durch spanische Truppen zu Beginn des Achtzigjährigen Krieges schloss sich die Stadt dem niederländischen Widerstand gegen die Spanier an. Nunmehr wurden Hafenbecken angelegt und die Entwicklung Rotterdams zum Seehafen an der Nieuwe Maas begann. Doch die nicht ausreichend tiefe Fahrrinne der Brielse Maas als Zufahrt in die offene Nordsee bremste die weitere Entwicklung, bis 1872 der Nieuwe Waterweg mit seiner damals schon elf Meter tiefen Rinne fertiggestellt wurde. Ende des 19. Jh. entstanden mit dem Rijnhaven und dem Maashaven immer größere Hafenbecken, die sich westlich der Stadt ausdehnten. Der schon im 14. Jh. angelegte Delfshaven wurde jetzt auch in den Rotterdamer Hafenbezirk mit einbezogen. Zu Beginn des 20. Jh. folgten der Waalhaven und der Mervehaven.

Einen großen Einschnitt brachte der Zweite Weltkrieg – deutsche Bomber legten am 14. Mai 1940 die Stadt in Schutt und Asche. Den Rest besorgten die Engländer 1943 durch weitere **Bombenangriffe** und dann die deutsche Besatzung bei ihrem Abzug 1945.

Nach dem Zweiten Weltkrieg wurde Rotterdam völlig neu angelegt. Heute bestimmt **moderne Architektur** das Stadtbild. Die Hauptgeschäftsstraße Lijnbaan wurde als erste Fußgängerzone überhaupt konzipiert. Der Hafen breitete sich immer weiter in Richtung Nordsee aus, so zunächst auf der Insel Rozenburg der Botlekhaven und dann der **Europoort.** Als auch dieser nicht mehr für die Großtanker ausreichte, baute man als modernsten Hafen **Maasvlakte** in die Nordsee hinein. Pläne zu einer Erweiterung (Maasvlakte II) stoßen zunehmend auf Einwände der Umweltschützer.

### Zentrum

Der Bereich um den Stationsplein mit dem 1957 erbauten **Hauptbahnhof** ist heute durch Bürohochhäuser

**Zuid-Holland**

gekennzeichnet, so vor allem durch die Türme der **Delfse Poort.** Unmittelbar südlich erhebt sich der **Millenium Toren** (Milleniumturm). Daneben steht **De Doelen,** ein gigantisches Kongress- und Konzertgebäude mit 2000 Plätzen am Schouwburgplein – dieser Platz ist städtebaulich interessant, er wurde wie ein Podium angelegt.

Das **Stadthaus** und das Börsengebäude an der Coolsingel blieben einzig von den Bomben verschont. Das ellipsenförmige Hochhaus des **World Trade Center** ist in das Börsengebäude integriert. Die nicht weit entfernte, durch Kriegsschäden arg in Mitleidenschaft gezogene **St.-Laurenskerk,** ein im 17. Jh. vollendeter spätgotischer Bau, wurde stilgerecht wieder aufgebaut.

● **St.-Laurenskerk:** Tel. 413 19 89, geöffnet im Sommer Di–Sa 10–16 Uhr, im Winter Do 12–14 Uhr.

### Oude Haven

Südlich des Zentrums erstrecken sich die Becken des Oude Haven, des ersten im Jahre 1325 an der Nieuwe Maas angelegten Hafens Rotterdams. Hier steht noch das **Witte Huis,** ein Ende des 19. Jh. im Stil seiner Zeit errichtetes, zehnstöckiges Hochhaus. Vom Kopfende des Oude Haven ziehen sich die **Kubuswohnungen,** auf der Spitze stehende „Wohnwürfel", deren Dachkonstruktion bemerkenswert ist, bis zur U-Bahnstation Blaak hin.

● **Kijk-Kubus:** Overblaak 70, Tel. 414 22 85, www.kubuswoning.nl, täglich 11–17 Uhr (Jan./Febr. nur Fr–So), Eintritt 1,75 €.

### Kop van Zuid

Südlich der Nieuwe Maas entsteht am Kop van Zuid ein hochmodernes Stadtviertel mit Wohnungen, Büros und Betrieben. Die 1996 gebaute **Erasmusbrücke** führt auf dieses ehemalige Hafengelände zu. Der Blick fällt genau auf den **Wilhelminahof,** ein eigenwillig konzipiertes Gerichtsgebäude mit hohem, oval zugespitztem Turm und großem Sichtdurchlass. Rechts steht der **Toren op Zuid,** daneben das neue Rotterdam-Gebäude, der **Cruiseterminal** (die ehemalige Ankunftshalle der Holland-Amerika-Linie) und das **World Port Center.** Dahinter liegt das Gebäude der **Ichthus Hogeschool,** der Pädagogischen Hochschule.

### Museumpark und Euromast

Rotterdam hat einen reichen Schatz an Museen zu bieten, sie konzentrieren sich im Bereich des **Museumparks.** Zur Nieuwe Maas schließt sich das Gelände **Het Park** an, wo die Stadtautobahn in den Maastunnel untertaucht und wo auch der **Euromast** steht, jener 185 m hohe Turm, von dessen Aussichtsplattform man einen weiten Blick über die Stadt und ihren Hafen bis zur Nordsee hat.

● **Euromast:** Parkhaven 20, Tel. 436 48 11, www.euromast.nl, April bis Sept. 9.30–23.30 Uhr, ansonsten 10–23 Uhr, letzter Lift 21.45 Uhr, mit Brasserie, Eintritt 7,75 €, Kinder 4–11 Jahre 5 €.

### Museum Boijmans van Beuningen

Das bedeutendste der Rotterdamer Museen ist das Museum Boijmans van

Beuingen direkt am Museumpark. Den Kern des Museumsbesitzes bildet die Sammlung **altniederländischer Meister** mit Bildern von *Hieronymus Bosch* und *Geertgen tot Sint Jans* sowie von holländischen Malern des 17. Jh. wie etwa *Frans Hals, Rembrandt* und *van Dyck.* Dazu kommen eine Kupferstichsammlung mit Werken aus mehreren Jahrhunderten, eine Sammlung **moderner Kunst** und **kunsthandwerkliche Exponate.**

●**Museum Boijmans van Beuningen:** Museumspark 18–20, Tel. 441 94 75, www.boijmans.nl, einzigartige Sammlung von Gemälden, Skulpturen und Kunstgegenständen, Di–So 11–17 Uhr, am Königinnentag, 1.1. und 25.12. geschlossen, Eintritt 8 €, Mi freier Eintritt.

## Niederländisches Architekturinstitut

An kaum einer anderen Stelle wird die herausragende Stellung der Niederlande in der modernen Architektur so deutlich wie im Nederlands Architektuurinstituut. Das in vier eigenständige Bereiche untergliederte Gebäude wurde von dem berühmten Architekten *Jo Coenen* entworfen, dominiert von einem hohen **Glaskubus** mit Büros, den Ausstellungsräumen und einer Bibliothek. Die Archive mit Unterlagen zu den letzten zwei Jahrhunderten niederländischer Architektur befinden sich im Collectievleugel.

●**Nederlands Architectuurinstituut:** Tel. 440 12 00, www.nai.nl, Di–Sa 10–17 Uhr, So 11–17 Uhr, Eintritt 8 €, Kinder 4–12 Jahre und Senioren 5 €.

## Chabot Museum

Das Chabot Museum ist in einer 1938 im neuen funktionalistischen Architekturstil errichteten Villa am Museumpark untergebracht. Beim sogenannten **Neuen Bauen** wurden erstmals Baustoffe wie Glas und Stahl verwendet – in diesem Rahmen werden die Werke des modernen Rotterdamer Künstlers *Henk Chabot* (1894–1949) präsentiert.

●**Chabotmuseum:** Museumpark 11, Tel. 01 04 36 37 13, www.chabotmuseum.nl, Di–Fr 11–16.30 Uhr, Sa 11–17 Uhr, So 12–17 Uhr, 1.1., Ostern, 30.4., Himmelfahrtstag, Pfingstsonntag, 25., 26. und 31.12. geschlossen, Eintritt 5 €, Kinder bis 12 Jahre gratis.

## Kunsthalle

Ein weiteres architktonisches Highlight im Museumpark am Westzeedijk ist die **Kunsthal,** entworfen für Wechselausstellungen vom Architekten *Rem Koolhaas.* Gekonnt ist der Höhenunterschied zwischen Deich und Park für die Gebäudekonstruktion genutzt worden.

●**Kunsthal:** Westzeedijk 341, Tel. 440 03 00, www.kunsthal.nl, Di–Sa 10–17 Uhr, So und feiertags 11–17 Uhr, 1.1., 30.4., 25.12. geschlossen, Eintritt 8,50 €, Kinder bis 6 Jahre gratis, 6–18 Jahre 2 €, Studenten und Senioren 5 €.

## Naturhistorisches Museum

Neben der Kunsthalle steht das Natuurhistorischmuseum im Museumpark in einer alten Villa aus dem Jahr 1852. Hier werden im Wesentlichen **ausgestopfte Tiere** ausgestellt, im angrenzenden Pavillon das riesige Skelett eines Pottwals. Dazu informiert die

Zuid-Holland

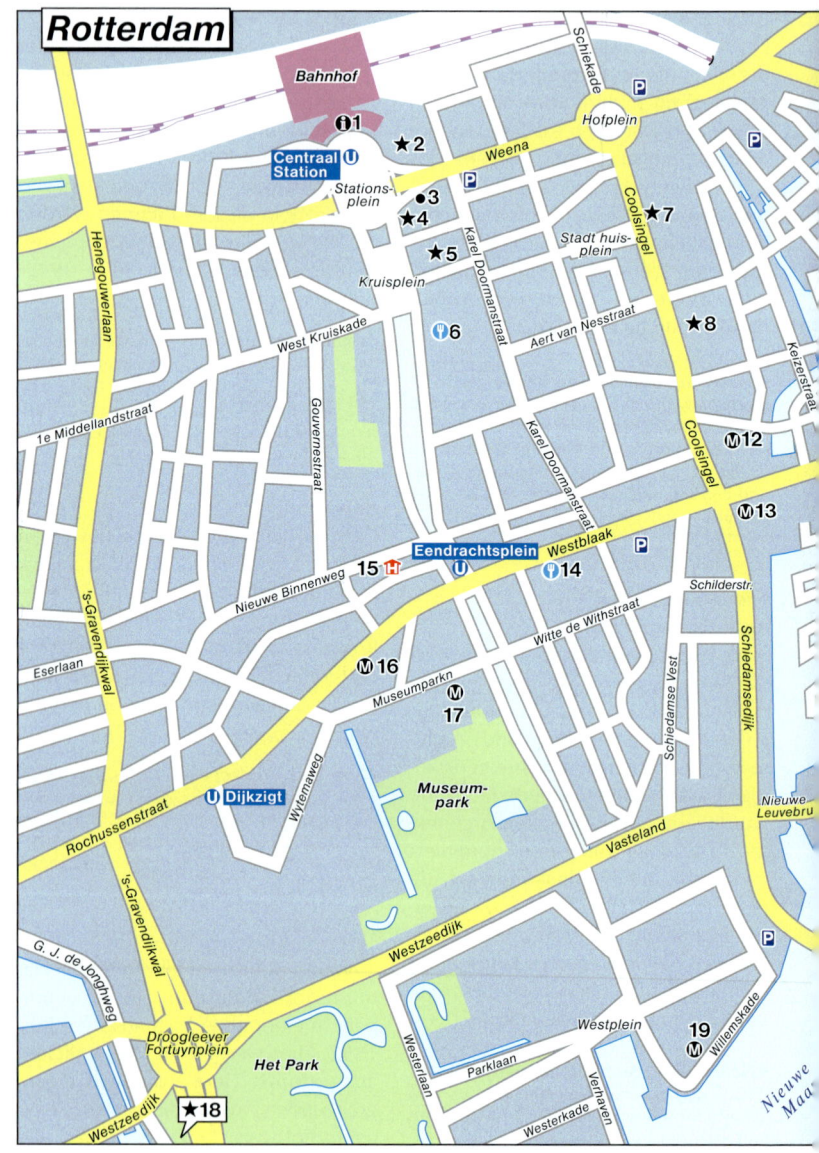

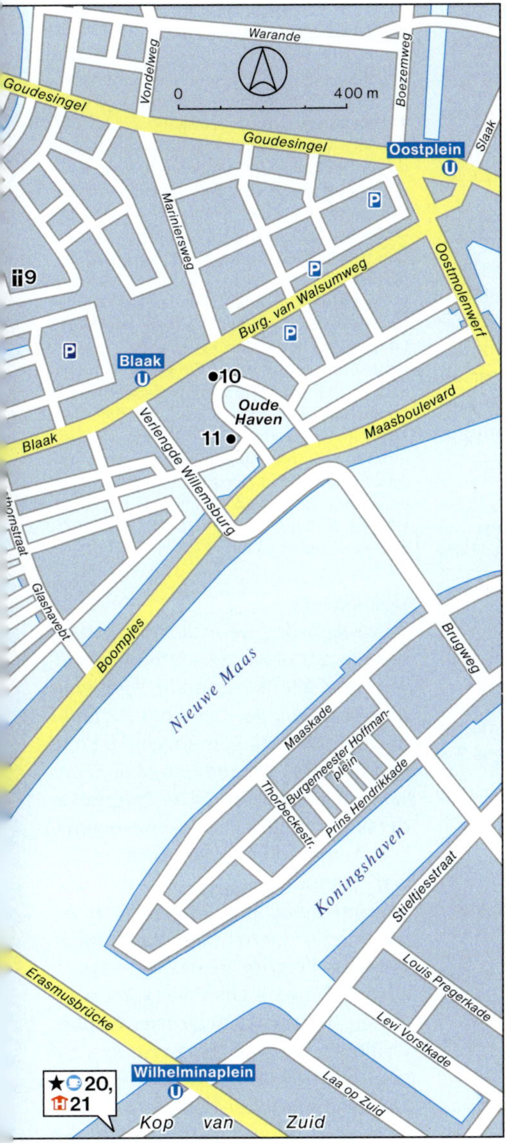

**Zuid-Holland**

- ❶ 1 Information
- ★ 2 Delfse Poort
- ● 3 De Engel
- ★ 4 Millenium Toren
- ★ 5 De Doelen
- ⊙ 6 Zeezout
- ★ 7 Stadthaus
- ★ 8 Börse mit World Trade Center
- �ii 9 St.-Laurenskerk
- ● 10 Kubuswohnungen
- ● 11 Witte Huis
- Ⓜ 12 Historisch Museum
- Ⓜ 13 Maritiem Museum
- ⊙ 14 La Vilette
- 🏨 15 Hotel Breitner
- Ⓜ 16 Nederlands Architectuur Instituut
- Ⓜ 17 Museum Boijmans van Beuningen
- ★ 18 Euromast
- Ⓜ 19 Wereldmuseum
- ★ 20 Cruiseterminal
- ⊙   mit Café Rotterdam
- 🏨 21 Hotel New York

- Ⓤ   Metro-Stationen

Map labels: Warande · Vondelweg · Boezemweg · Goudesingel · Oostplein Ⓤ · Slaak · Goudesingel · Mariniersweg · Burg. van Walsumweg · Oostmolenwerf · ii 9 · Blaak Ⓤ · ●10 · Oude Haven · 11● · Maasboulevard · Verlengde Willemsburg · Blaak · Glashaven · Boompjes · Brugweg · Nieuwe Maas · Maaskade · Burgemeester Hoffman-plein · Thorbeckestr. · Prins Hendrikkade · Koningshaven · Stieltjesstraat · Louis Pregerkade · Levi Vorstkade · Erasmusbrücke · ★⊙20, 🏨21 · Wilhelminaplein Ⓤ · Laan op Zuid · Kop van Zuid

0    400 m

Dauerausstellung **RegioNatuur** über die Flora und Fauna des Gebietes der Rheinmündung.

● **Natuurhistorischmuseum:** Westzeedijk 345, Tel. 436 42 22, ww.nmr.nl, Di–Sa 10–17 Uhr, So und feiertags 11–17 Uhr, 1.1., 30.4., 25.12. geschlossen, Eintritt 4 €, Kinder 5–15 Jahre 2 €.

## Steuer- und Zollmuseum

Das Belasting en Douane Museum zeigt Exponate zu 2000 Jahren Abgaben- und Zollgeschichte. Insbesondere beschäftigt sich das Museum mit **kuriosen Steuergeschichten.** Für Kinder gibt es einen attraktiven **Schmuggg-lerpfad.**

● **Belasting en Douane Museum:** Parklaan 14–16, Tel. 440 02 00, www.belasting-doua nemus.nl, Di–So 11–17 Uhr, 1.1., Ostersonn-tag, 30.4., Pfingstsonntag, 1. Weihnachtsfeiertag geschlossen, Eintritt frei.

## Weitere Museen

● **Maritiem Museum:** Leuvehaven 50–72, Tel. 413 26 80, www.maritiemmuseum.nl, Geschichte der Seefahrt und des Rotterdamer Hafens; im nahen Hafenbecken liegt das Museums-Rammpanzerschiff „Buffel" aus dem Jahr 1868. Geöffnet Di–Sa 10–17 Uhr, So und feiertags 11–17 Uhr, Königinnentag, 1.1. und 25.12. geschlossen, Juli/Aug. auch Mo 10–17 Uhr, Eintritt 5 €, Kinder bis 15 Jahre 3 €.

● **Museum de Dubbelde Palmboom:** Voorhaven 12, Tel. 476 13 33, www.hmr.rotter dam.nl, Exponate zum Leben und Arbeiten in einem alten Lagerhaus am Delfshaven. Geöffnet Di–Fr 10–17 Uhr, Sa, So und feiertags 11–17 Uhr, Königinnentag, 1.1. und 25.12. geschlossen, Eintritt 3 €, Kinder bis 15 Jahre und Senioren 1,50 €.

● **Historisch Museum:** Korte Hoogstraat 31, Tel. 217 67 67, www.hmr.rotterdam.nl, im Schielandhuis, einem erhaltenen Haus vom Ende des 17. Jh. mit klassizistischer Fassade, Museum zur Stadtgeschichte. Geöffnet Di–Fr 10–17 Uhr, Sa, So und feiertags 11–17 Uhr, 1.1., 30.4. und 25.12. geschlossen, Eintritt 3 €, Kinder 4–15 Jahre sowie Senioren 1,50 €.

● **Wereldmuseum:** Willemskade 25, Tel. 270 71 72, www.wereldmuseum.rotterdam.nl, das in „Weltmuseum" umgetaufte Völkerkundemuseum bietet vor allem auch Sonderausstellungen. Geöffnet Di–So 10–17 Uhr, geschlossen 5.12., 25.12., 1.1. und Königinnentag, Eintritt 8 €, Kinder 5–18 Jahre 4 €, Senioren und Studenten 6 €. Zum Museum gehört **Het Reispaleis,** wo speziell Kinder fremde Völker erleben können, Mi 13–17 Uhr, an Wochenenden 10–17 Uhr.

● **Museumsschiffswerft De Delft:** Schieha-ven 15, Tel. 276 01 15, www.dedelft.nl, originalgetreuer Nachbau des in der Seeschlacht gegen die Engländer am 15. September 1795 untergegangenen niederländischen Kriegsschiffs „De Delft" im Schiehaven nahe dem Delfshaven. Geöffnet Di–Fr 10–16 Uhr, Sa, So und feiertags 11–17 Uhr, Eintritt 6 €, Kinder bis 13 Jahre 3 €.

## Delfshaven

Westlich der Kernstadt Rotterdam besteht am eingemeindeten Delfshaven noch alte Bausubstanz. Hier wurden *Piet Hein,* der berühmteste unter holländischer Flagge segelnde Pirat, und der 1983 verstorbene Maler *Kees van Dongen* geboren. Die **Pelgrimva-derskerk** am Delfshaven, eine ehemalige Antoniuskirche aus dem 15. Jh., war Treffpunkt unter anderem aus England geflüchteter Protestanten. An die Kirche grenzt das traditionelle **Bierhaus Pelgrim** an, das sechs Spezialbiere anbietet. Die Pilgerväter wanderten 1620 aus dem Delfshaven über Plymouth, dann als *Pilgrim Fathers,* auf der „Mayflower" nach Amerika aus. Neben der Schleuse befindet sich heute in dem alten Sackträgerhaus aus

Zuid-Holland

dem Jahr 1653 eine **historische Zinngießerei.** Die alten Speicher am Hafen sind längst renoviert und in Luxuswohnungen umgewandelt worden.

● **Het Zakkendragershuisje** (Sackträgerhaus): Voorstrat 13, Tel. 477 70 77, www.zak kendragershuisje.nl, Di–Fr 10–17 Uhr, Sa 12–17 Uhr.
● **Pelgrim:** Aelbrechtskolk 12, Tel. 477 11 89, www.pelgrimbier.nl, traditionelle Brauereigaststätte neben der Pelgrimvaderskerk, ab 12 Uhr geöffnet, Mo geschlossen.

## Info

● **Tel.-Vorwahl:** 010
● **VVV Rotterdam:** 3012 AC, Stationsplein 1, Tel. (0900) 403 40 65, Fax 413 01 24, info@ rotterdam.nl, www.rotterdam.nl.
● **Amphibienbus-Rundfahrt:** Splashtours, Parkhaven 11, Tel. 436 94 91, www.splash tours.nl. Einmalig – mit dem Amphibienbus durch Rotterdam, vom Startpunkt der Splashtour am VVV Rotterdam Store, Coolsingel 5, zum Leuvehaven und über die ErasmusBrücke Richtung Katendrecht, dann weiter in der Maas bis an das Noordereiland, zur Willems-Brücke, zum Laurensturm, zu den Kubuswoningen und dem Witte Huis zurück zum Ausgangspunkt. Abfahrt April, Mai, Juni, Sept. und Okt. Mi–So, Juli und Aug. Di–So, März, Nov. und Dez. Sa und So 11, 12.30, 14, 15.30, 17, 18.30, und 20 Uhr, zusätzliche Abfahrten in den Monaten Juli und Aug. Fahrpreis 17,50 €, Kinder bis 12 Jahre 12,50 €.

## Anfahrt und Parken

Die Parksituation ist wie in allen anderen Großstädten der Niederlande auch in Rotterdam nicht einfach. So empfiehlt es sich, bei der Ankunft das Fahrzeug auf einem der gut ausgeschilderten, kostenlosen **P&R-Parkplätze** am Stadtrand abzustellen und für den

Weg in die Innenstadt die U-Bahn zu benutzen. Dazu nimmt man von der A20 die Abfahrt 16 und parkt das Auto am P&R Alexander oder P&R Schenkel und nimmt die **U-Bahn Calandijn** Richtung Marconiplein bis zur **Station Beurs** (Börse). Von der A16 nimmt man die Abfahrt 26 und parkt am P&R Schenkel (s.o.). Von der A16 kann man auch die Abfahrt 25 nehmen und am P&R Capelsebrug parken. Auch hier fährt man mit der U-Bahn Calandijn.

Zum Parken in der Innenstadt empfehlen sich die ausgeschilderten **Parkhäuser** Schouwburgplein oder Weena/Karel Doorman (bis 24 Uhr), Oudehaven/Burg, van Walsumweg (9–2 Uhr) sowie Kiphof und Erasmus (9–19 Uhr).

Das **Bußgeld** für nicht (ausreichend) entrichtete Parkgebühren beträgt 45 €. Außerdem muss der Fahrzeugbesitzer damit rechnen, dass eine Kralle befestigt wird. Bei besonders schweren Parkvergehen wird das Fahrzeug sogar abgeschleppt. Das Bußgeld beträgt dann 125 € plus Abschleppkosten.

## Essen und Trinken

●**La Vilette** €€€€: Westblaak 160, Tel. 414 86 92, www.lavilette.nl, Brasserie, kleine Karte im Stil der Zeit, Parkmöglichkeiten in der Nähe, Ende Juli bis Mitte Aug. sowie Ende Dez. bis Anfang Jan. geschl., So Ruhetag.
●**Zeezout** €€€: Westerkade 11b, Tel. 436 50 49, Fischrestaurant mit Terrasse, 25., 26. und 31.12., 1.1. sowie So und Mo geschlossen.
●**De Engel** €€€: Eendrachtsweg 19, Tel. 413 82 65, www.engelgroep.com, en vogue, frische Küche, nur abends geöffnet, So, 25., 26. und 31.12. geschlossen.
●**Kaat Mossel** €€€: Admiraliteitskade 85, Tel./Fax 411 71 07, www.kaatmossel.nl, beliebtes Fischlokal, Ende Juli/Anfang Aug. sowie Mi geschlossen.
●**Café Rotterdam:** Wilhelminakade 699, im ehemaligen Hauptkontor der Holland-Amerika-Linie, Tel. 290 84 42.

## Nachtleben

Neben Amsterdam hat Rotterdam das vielfältigste Nachtleben in den Niederlanden zu bieten. Die Szene bietet alles, was sich Nachtschwärmer nur wünschen können. Hauptschauplatz des Rotterdamer Nachtlebens ist dabei das Gebiet rund um den Oude Haven.

●**'t Bolwerk:** Geldersekade 1c, Tel. 414 73 03, traditionelles Tanzlokal, geöffnet bis 4 Uhr, Fr und Sa bis 5 Uhr.
●**Porter House:** Haringvliet 635, Tel. 411 84 84, Irish Pub, bis 1 Uhr, Fr und Sa bis 2 Uhr.
●**Gambrinus:** Blaak 4, Tel. 414 67 02, Bierlokal mit vielen Fassbiersorten, darunter das hauseigene Gambrinus Blond, schier unzählige Flaschenbiere.
●**De Consul:** Westersingel 28, Tel. 43 33 23, Filmcafé, benannt nach der Hauptfigur von „Under The Vulcano", ausgestattet mit Filmplakaten und (signierten) Abbildungen von Filmgrößen, geöffnet bis 2 Uhr, Fr und Sa bis 4 Uhr.
●**Dizzy:** 's Gravendijksvaal 127, Tel. 477 30 14, www.dizzy.nl, legendäres Jazzlokal mit Biergarten, bis 2 Uhr, Fr und Sa bis 3 Uhr.

## Unterkunft

●**The Westin** €€€€€: 3012 CN, Wena 686, Tel. 430 20 00, Fax 430 21 01, ww.westin.com, Wolkenkratzer vor dem Bahnhof in futuristischer Architektur, Zimmer mit allem Komfort, 4 Suiten, Seminareinrichtungen, **Restaurant Lighthouse** €€€ bietet moderne, internationale Küche.
●**Hotel New York** €€€: 3072 AD, Koninginnehoofd 1, Tel. 439 05 00, www.hotelnewyork.nl, exponiert auf dem Wilhelminapier gelegenes Hotel im historischen Hauptkontor der Holland-Amerika-Linie, fabelhafte Aussicht auf das Hafengeschehen, mit Café Rotterdam (s.o.).
●**Pax** €€€€: 3032 AK, Schiekade 658, Tel. 466 3 44, Fax 467 52 78, www.bestwestern.nl, in rückwärtiger Bahnhofnähe gelegenes Hotel, gut für Autofahrer und Bahnreisende zu erreichen, einfach eingerichtete Zimmer.
●**Breitner** €€: 3015 XA, Tel. 436 02 62, Fax 436 40 91, www.hotelbreitner.nl, drei Wohnhäuser in ruhiger Seitenstraße, zusammengefasst zu einem Hotel mit praktischen Zimmern, Restaurant für Hotelgäste.

## Aktivitäten

●**Tiergarten:** Diergaarde Blijdorp, Tel. 443 14 95, www.rotterdamzoo.nl, großzügig angelegter Tierpark mit Aquarium, Riesenbecken mit Besuchertunnel, täglich 9–17 Uhr, So und feiertags und in den Schulferien bis 18 Uhr, Eintritt 17,50 €, Senioren 16 €, Kinder 3–9 Jahre 14,50 €, Parken 3,50 €, behindertengerecht, Begleiter von Behinderten 8 €.
●**Stadtrundfahrt:** mit der Oldtimer-Straßenbahnlinie 10, Tel. (0653) 51 36 30, www.lijn10.nl.

**Bootsfahrten:**
●**Pannekokenboot:** vom Anleger Parkhaven am Euromast Mo–Fr 16.30 Uhr und 18 Uhr, Sa und So 13.30, 15, 16.30 und 18 Uhr, Fahrpreis 12 €, Kinder 3–12 Jahre 7 €, Pfannkuchen satt! Information: De Pannekokenboot, Tel. 436 72 95, www.pannekokenboot.nl.
●**Nach Kinderdijk:** Abfahrt vom Anleger Boompjeskade, April bis Sept. täglich 10.45 Uhr und 14.14 Uhr, Fahrpreis 12,50 €, Kinder bis 12 Jahre 10 €, Information: Rebus Varende Evenementen, Tel. 218 31 31, www.rebus-info.nl.
●**Abend-Hafenrundfahrt:** Abfahrt vom Anleger Boompjeskade, April bis Sept. täglich 18.30 Uhr, Fahrpreis 13,50 €, Information: Rebus Varende Evenementen, s.o.
●**Spido-Hafenrundfahrt:** 75-Minuten-Rundfahrten ab Willemsplein, ca. stündlich in der Saison zwischen 11 und 17 Uhr, Fahrpreis 8,20 €, Kinder 4–11 Jahre 5,10 €, behindertengerecht, Information: Spido, Willemsplein 85, Tel. 275 99 88, www.spido.nl.

## Veranstaltung

●**Sommerkarneval:** letztes Juliwochenende mit kilometerlangem Umzug auf Prunkwagen mit karibischem, brasilianischem, surinamischen etc. Gruppen durch die Rotterdamer Straßen.

# Schiedam ⚓ X/B3

Auf dem Weg von Rotterdam zur See ist der nächste Ort Schiedam bekannt für seine Mühlen und als **Genever-Stadt.** Den Ursprung der Stadt an der Schie kurz vor ihrer Mündung in die Nieuwe Maas bildet die 1260 erbaute **Burg,** von der noch ein Turm in der Nähe des heutigen Rathauses steht.

Hier entstanden im Goldenen Jahrhundert die größten **Mühlen** des Landes, insgesamt drehten sich neunzehn an die 40 m hohe Galerieholländer, die überwiegend Getreide für die Kornbrennereien verarbeiteten. Fünf dieser gewaltigen Mühlen stehen noch an der Noordvestgracht, die dem Verlauf der ehemaligen Stadtmauer folgt. Im ehemaligen **St. Jakobs Hospital** aus dem 18. Jh., in dem das Stadtmuseum Exponate zur Stadtgeschichte zeigt, ist heute auch das **Genever-Museum** untergebracht.

Schiedam konnte sich bis heute das Flair eines historischen Städtchens mit Grachtengürtel erhalten, das von den hohen Mühlen dominiert wird – den Wohlstand verdankte es der Geneverproduktion. Heute rührt der Wohlstand von den Industrie- und Hafenanlagen her, denn trotz der Nähe zu Rotterdam konnte sich hier ein eigenständiges Schiffsgewerbe entwickeln.

●**Stedelijk Museum:** Hoogatstraat 112, Tel. 426 36 66, im Keller das Branntweinmuseum **Nederlands Gedestilleerd Museum De Gekroonde Branderesketel,** Di–So 11–17 Uhr (So und feiertags ab 12.30 Uhr), 1.1. und 25.12. geschlossen, Eintritt 4 € (inkl. kleiner Genever-Probe).

**Zuid-Holland**

## Mühlen

Vier Getreidemühlen liegen an der Noordvestgracht: **De Drie Kornbloemen** aus dem Jahr 1770, **De Vrijheit** von 1785 (noch in touristischem Betrieb), **De Noord** aus dem Jahr 1804, 30 m hoch, 44 m Spannweite, mit der Probierstube einer gegenüber liegenden Brennerei, und **De Nieuwe Palmboom,** hier ist ein Getreidemühlenmuseum untergebracht. Die Mühle **De Valfisch** dem Jahr 1794 liegt weiter südlich.

● **Malend Korenmolenmuseum,** Di–So 11–17 Uhr (So und feiertags ab 12.30 Uhr), 1.1. und 25.12. geschlossen, Eintritt 2 €.

## Info

● **Tel.-Vorwahl:** 010
● **VVV Schiedam:** 3113 BC, Buitenhavenweg 9, Tel. 473 30 00, Fax 473 66 95, www.schiedam.nl.

## Essen und Trinken

● **Le Pêcheur** €€€: Nieuwe Haven 97, Tel. 473 33 41, www.le-pecheur.nl, in dem ehemaligen Lagerhaus einer Destillerie, bietet nicht nur Fischgerichte, mit Terrasse, Mo, Juli/Aug. und 31.12. geschlossen.
● **Hosman Frères** €€: Korte Dam 10, Tel. 426 40 96, Bistro in einem pittoresken Winkel der Altstadt, 31.12. und 1.1. geschlossen, Mo Ruhetag.
● **Gauwigheid** €€: Tel. 273 22 00, ein Spiegelbild des alten Schiedam, serviert wird auf blank gescheuerten Holztischen, Ende Dez., Sa und So mittags und Mo geschlossen.

## Genever

Der Genever ist das **Nationalgetränk** der Niederländer. Er wird heute im Wesentlichen als klarer Jonge Genever oder als dunkler und kräftiger schmeckender Oude Genever angeboten.

In Schiedam wurde um 1600 mit der Schnapsproduktion begonnen, indem man zunächst aus minderwertigen französischen Weinen Branntwein destillierte. Später wurde der Alkohol aus **Getreide** gewonnen. Doch die eigentliche Genever-Zeit begann mit der Destillation von **Wacholder** (Wacholderstrauch = geneverstruik). An die 400 Wacholderdestillen soll es in der besten Zeit in Schiedam gegeben haben. Die vornehmen Häuser in der Altstadt wie auch die Speicherbauten zeugen davon. Heute arbeiten noch fünf Genever-Häuser in Schiedam– sie alle hüten ihre Rezepte als Geheimnis des Hauses. Da gibt es nämlich so unterschiedliche Sorten wie Hassebasie, Neut, Pikketanissie und auch den Schiedammertje! Das **Branntweinmuseum** im Stedelijk Museum zeigt Exponate zur Genever-Herstellung ab dem 18. Jh.

## Maassluis

⤳ X/A3

Jahrhunderte lang verschaffte die See den Bewohnern von Maassluis ihren Lebensunterhalt – zunächst durch die Fischerei und später zusätzlich durch die Schleppfahrt. Die Stadt ist heute noch Heimathafen des **Museumsschleppers „Furie"** und hat aus diesem Grund ein **Schlepper-Museum** eingerichtet.

Seit dem 19. Jh. am damals gebauten Nieuwe Waterweg gelegen, hat sich Maassluis trotz seiner Nähe zur Industriestadt Rotterdam und zum großen Rotterdamer Hafen einen pittoresken Charakter erhalten können – die Altstadt ist durch schöne Grachten sowie viele sehenswerte Gebäude und kleine Geschäfte gekennzeichnet. Die schönsten Häuser stehen an der

 Atlas S. X

Verstraat, herausragend ist das **Patri-ciëhuis,** ein für den Kaufmann *Jan Valk* im Rokokostil errichtetes Herrenhaus. Am Kerkplein steht die **Groote Kerk** mit ihrem weithin sichtbaren Turm, nach dem Vorbild der Amsterdamer Norderkerk zu Beginn des 17. Jh. auf dem Schanseiland errichtet. Diese Schanze war von den Spaniern im Achtzigjährigen Krieg errichtet worden und wechselte mehrfach den Besitzer. Das 1676 errichtete **Rathaus** trägt schon klassizistische Züge.

Maassluis ist die Geburtsstadt des niederländischen Schriftstellers **Maarten 't Hart,** der durch seinen Roman „Die Netzflickerin" berühmt geworden ist. Viele Szenen dieses Buches und anderer seiner Werke spielen sich im und nach dem Zweiten Weltkrieg in Maassluis ab.

● **Schlepper-Museum (National Sleepvaart Museum):** Hoogstraat 1–3, Tel. 591 24 74, Di–So 14–17 Uhr, 1.1., Oster- und Pfingstsonntag, 25.12. geschlossen, Eintritt 3 €, Kinder 4–12 Jahre und Senioren 1,50 €, dazu kann der 1916 gebaute Museums-Dampfschlepper „Furie" besichtigt werden (Mo–Fr 14–17 Uhr, Sa 10–17 Uhr).

### Info

● **Tel.-Vorwahl:** 010
● **VVV Regio Nieuwe Waterweg/Westland:** 3142 CA, Goudsteen 4, Tel. 590 33 54, Fax 590 33 56, www.maassluis.de.

### Essen und Trinken

● **De Ridderhof** €€€: Spoortlaan 2, Tel. 591 12 11, www.restaurantderidderhof.nl, Restaurant in einem rustikalen Bauernhof aus der Zeit *Rembrandts,* mit Gartenterrasse, klassische Küche, international bestückter Weinkeller, in dem auch alte Whiskeys lagern, Mitte Juli geschlossen, Mo Ruhetag.

# Rotterdams Hafen Maasvlakte  ⤢ X/A3

### Von Rotterdam zur See
Rund 40 km sind von Rotterdam bis zur Spitze der Maasvlakte an der Küste zurückzulegen, gesäumt von Hafen- und Industrieanlagen. Heute trennt die Erasmusbrücke in Rotterdam das ehemalige Hafengelände am Kop van Zuid von den flussabwärts gelegenen Hafenbecken. Zu den modernen Rotterdamer Hafenbereichen gelangt man am besten durch den **Benelux-Tunnel,** von dem man entlang des **Petroleumhaven** auf die A15 in Richtung Maasvlakte einbiegt. Es folgt der **Botlektunnel** unter der Oude Maas, wonach man den **Botlekhaven** erreicht, wo Getreide, Öl und Schuttgut verladen wird.

Nun kommt man nach **Rozenburg,** heute ein reiner Industrieort südlich des Nieuwe Waterweg, der hier Het Schur heißt. Auf dem weiteren Weg zur Nordsee folgt der **Europoort,** der in den 1950er bis 1970er Jahren angelegte Ölhafen mit seinen ausgedehnten Raffinerieanlagen. Der rückwärtige Hertelkanal stellt die Verbindung zum Binnenwasserstraßennetz der Niederlande und des gesamten Rheinnetzes her.

Nun führt der Weg über die imposante Dintelhavenbrug, die den Weg in den **Dintelhaven,** den Binnen-Schüttguthafen freigibt. Von hier blickt man zum **Beneluxhaven,** der für den Fährverkehr nach Großbritannien gebaut wurde und in dem auch große

**Zuid-Holland**

Kreuzfahrtschiffe anlegen. Hier beginnend, wurde der neue Hafen Maasvlakte in die Nordsee hinausgebaut.

## Hafengelände

Das Hafengelände Maasvlakte wird seeseitig durch den zwölf Meter hohen Zuiderdam vor den Sturmfluten geschützt. Südlich schließt sich der Slufterdam an. In einem Bogen nach Osten wird durch den Brielse Gatdam die Verbindung zum nördlichen Teil der Küste von Voorne hergestellt. Im Inneren besteht Maasvlakte aus riesigen Hafenbecken, allen voran die **Petroleumhäfen,** in denen auch die allergrößten Schiffe anlegen können, sowie Raffinerien und anderen Industrieanlagen.

Am Südwestende des über 1600 ha großen Hafengeländes ist der **Slufter** ausgegraben worden, ein Becken, das das verunreinigte Hafenwasser aufnimmt. Der abgesetzte Grund wird zum Auffüllen von Deichen und als Bausand verwendet.

Doch die Zukunft verlangt nach einer nochmaligen Ausweitung des Rotterdamer Hafens. Die Pläne der Niederländischen Regierung, **Maasvlakte II** noch weiter in das offene Meer vor der Küste hinauszubauen, sind nicht unumstritten. Auf der einen Seite sehen die Naturschützer schon jetzt in Maasvlakte I einen nicht mehr rückgängig zu machenden Eingriff in die Natur, andererseits sind auch die wirtschaftlichen Überlegungen zu einem solch gigantischen Projekt noch nicht abgeschlossen.

Insgesamt bietet Maasvlakte keine traditionellen touristischen Anziehungspunkte, es sei denn, man ist am Anblick der vorbeiziehenden großen Schiffe und der Industrieanlagen interessiert. Dennoch gibt es hier im Zusammenhang mit dem Bau der Maasvlakte neu geschaffene **Strandabschnitte,** die zwar außer einigen Imbissbuden keine Infrastruktur bieten, aber gerade wegen ihrer Ungezwungenheit gern aufgesucht werden. Für **Surfer** sind diese Strandabschnitte wegen ihrer für die niederländische Küste hohen Wellen besonders reizvoll. Diese Strände sind alle über die N15, die die gesamten Hafenanlagen umrundet, zu erreichen. Hier gibt es genügend Parkplätze. Auch der Slufter-Strand, zu dem man über den von der N15 abzweigenden Noordzeeboulevard gelangt, zieht wegen seiner hohen Brandung viele Surfer an.

## Info

- **Tel.-Vorwahl:** 010
- **Rotterdam Marketing:** 3011 AA Rotterdam, Beursplein 37; Postbus 30235, 3001 DE Rotterdam, Tel. 205 15 00, Fax 010 205 15 99, www.rotterdam-marketing.nl.
- **Internet:** www.portofrotterdam.com

## Strand

- Aufgehäuft, Surf- und Seekajakrevier am Slufter-Strand, dort auch Drachensteigen, Paragliding (mit Startpunkten auf der Spitze der Dünenreihe), am Slag Maasmond Startplatz für Kleinflugzeuge; Geländewagen können sich in den Dünen am Nordwestrand der Maasvlakte austoben; FKK zwischen Strandübergang Dobbelsteen auf Höhe der Energiezentrale und Strandübergang Hinderplaat am Ende des Slufter-Strandes.

## Aktivitäten

●**Hafenrundfahrten:** Spido BV, Willemsplein 85, Abfahrt: Rotterdam Anleger Willemsplein 85, am Fuß der Erasmusbrücke (Zentrumseite), Tel. 275 99 88, www.spido.nl; spezielle Tagesfahrten im Juli/Aug. zum Europoort, mit Exkursion und Lunchbuffet, ca. 6½ Std.

# Südholländisches Polderland

Offiziell heißt das südholländische Polderland **Zuid-Holland Zuid** – zwischen den Flüssen Nieder Rijn und Lek im Norden sowie Waal, Merwede und Hollands Diep im Süden erstreckt sich dieser breite Poldergürtel, der im Wesentlichen vom Beijerland, der Hoekse Waard, der Ablasser Waard, den Vujf Heeren Landen sowie dem Eiland von Dordrecht in der Mitte gebildet wird. Mit **Waard** werden flache Landschaften zwischen Flüssen bezeichnet, die durch Deiche gesichert sind. Orts- und Lagebezeichnungen mit -waard gibt es in den Niederlanden seit dem 12. Jh., seit man angefangen hat, Land gegen Wasser zu schützen.

Das südholländische Polderland ist altes Kulturland. Hauptort ist **Dordrecht**, dessen Altstadt zu den schönsten der gesamten Niederlande zählt. Doch hier gibt es auch bezaubernde Kleinstädte, oft als Fischer- und Handelssiedlungen entstanden wie etwa Gorinchem oder Festungsstädte wie Nieuwpoort. Viele Orte des Polderlandes verfügen über sehenswerte Regionalmuseen, die Auskunft über die Geschichte von Städten und Landschaften geben. Und natürlich gibt es in diesem wasserreichen Landstrich der Niederlande besonders viele **Windmühlen**, die über Jahrhunderte das Land trocken halten mussten – die Wassermühlen von Kinderdijk stellen das bedeutendste Mühlenensemble des Landes dar, das bereits in die Welterbeliste der UNESCO aufgenommen wurde.

# Oud-Beijerland  ⚓ X/B3

Die große Sint Elisabethsvloed des Jahres 1421 hinterließ im Bereich des Hollands Diep nur noch große Kleibänke, die bei Hochwasser überfluteten. Mitte des 16. Jh. ließ *Lamoral Graf von Egmont* als Herr der Region diese sumpfigen Gebiete eindeichen. So entstanden der Hoekse Waard und Beijerland, Letzteres so benannt nach seiner Frau *Sabina van Beieren*.

Oud-Beijerland als Hauptort der Region wurde 1559 gegründet. Nachdem Graf Egmont 1567 in Brüssel enthauptet worden war, übernahm Sabina die Verwaltung der neu gewonnenen Landstriche. Sie stiftete 1604 den Kirchturm und 1622 das Rathaus von Oud-Beierland, das bis heute den reizvollen Ortsmittelpunkt bestimmt. Oud-Beijerland konnte sich schnell als Handelsort entwickeln, was auch die stattlichen **Herrenhäuser** am Hafen zeigen. Heute lebt Oud-Beijerland wirtschaftlich hauptsächlich vom nahe gelegenen Rotterdamer Hafen und ist mit seinen vielen Geschäften Einkaufszentrum der Region.

## Info

●**VVV Zuid-Holland Zuid Kantoor Oud-Beijerland:** 3262 JR Oud-Beijerland, Waterstal 1, Tel. (0900) 463 68 88, (0186) 632 24 40, Fax 613 17 83, www.vvvzhz.nl.

## Essen und Trinken

●**Heeren van Beijerland** €€: 3261 BZ Oud-Beijerland, Marktplein 2, Tel. (0186) 64 07 40, Fax 64 07 41, www.heerenvanbeijerland.nl, rustikales Café-Restaurant im Zentrum, angeschlossener Hotelbetrieb.

Zuid-Holland

## Museum

● **Archeologisch Museum Lokatie West:** Waterstal 1, Tel. (078) 674 21 41, Regionalmuseum, Archäologische Funde vor allem aus der Römerzeit, Mi–Sa 13–16 Uhr.

## Veranstaltung

● **Raadhuis Klassiek:** Jährlich am ersten Samstag im September stattfindendes klassisches Open Air Konzert mit Musikern des Rotterdams Philharmonisch Orkest, Tel. (0186) 64 65 44, www.raadhuisklassiek.nl, Eintritt frei.

# Puttershoek  ⤤ X/B3

Östlich an Beijerland schließt sich der Hoekse Waard bis zur Oude Maas an. Nahe dem kleinen Ort Puttershoek an der Oude Maas erstreckt sich ein Freizeitgebiet um die langgestreckte, schmale **Binnenmaas,** die bis 1270 ein Flussarm der Maas war.

## Balken-Wettlauf

Puttershoek ist vor allem durch das alljährlich im Sommer stattfindende **Sprietlopen** bekannt, ein Wettlauf auf einem Balken über die Zufahrt zum Hafen. Entstanden aus einer 1968 abgeschlossenen Wette in der Bar des Cafés 't Veerhuis in Puttershoek, wird seither alljährlich an einem Sonntag Mitte August der Wettkampf ausgetragen. Wer es am schnellsten auf einem glitschigen Balken über die Hafenzufahrt schafft, gewinnt. Information: www.sprietlopen.tk.

## Museum

● **Poldermuseum:** Puttershoek, Molendijk 1, Tel. (078) 676 43 41, Polderwerkzeuge und -maschinen seit 1800, geöffnet auf Anfrage, Eintritt frei.

## Veranstaltung

● **Ponymarkt:** Traditionell am 2. Samstag im November, mit Kirmes und Imbissbuden, 8–16 Uhr Markt von Puttershoek.

## Aktivitäten

● **Recreatieoord Binnenmaas:** Mijnsheerenland, Vrouwehuisjesweg 7a, Tel. (0186) 60 18 94, www.recreatieoordbinnenmaas.nl, großes Freizeitgelände in Mijnsheerenland an der Binnenmaas mit Freibad, Yachthafen, Spielgarten, Streichelzoo, Freibad, Mai bis Anfang Sept. Mo–Fr 10–19.45 Uhr (Mai bis Mitte Juni ab 13 Uhr), Sa und So 10–17 Uhr, Eintritt 5 €.

# Dordrecht  ⤤ X/B3

Dordrecht, von den Niederländern liebevoll Dordt genannt, bezeichnet sich gern als **älteste Stadt Hollands.** Die Ansiedlung erhielt 1220 von *Wilhelm I.* Graf von Holland die Stadtrechte. Ihre Lage an mehreren Flüssen, darunter der Oude Maas, förderte den Handel an diesem Platz – hier trafen sich Seeschifffahrt und Binnenschifffahrt.

Die aufstrebende Stadt wurde noch im 13. Jh. mit Befestigungsanlagen versehen. Das schon 1229 gewährte Stapelrecht ließ Dordrecht weiter aufblühen, sodass die Stadt sich im 14. Jh. zum wichtigsten Handelszentrum der Großregion entwickelte. Alle Waren, die Dordrecht passierten, mussten zuerst in der Stadt gelöscht und zum Kauf angeboten werden. So erwarb Dordrecht fast eine Monopol-Position

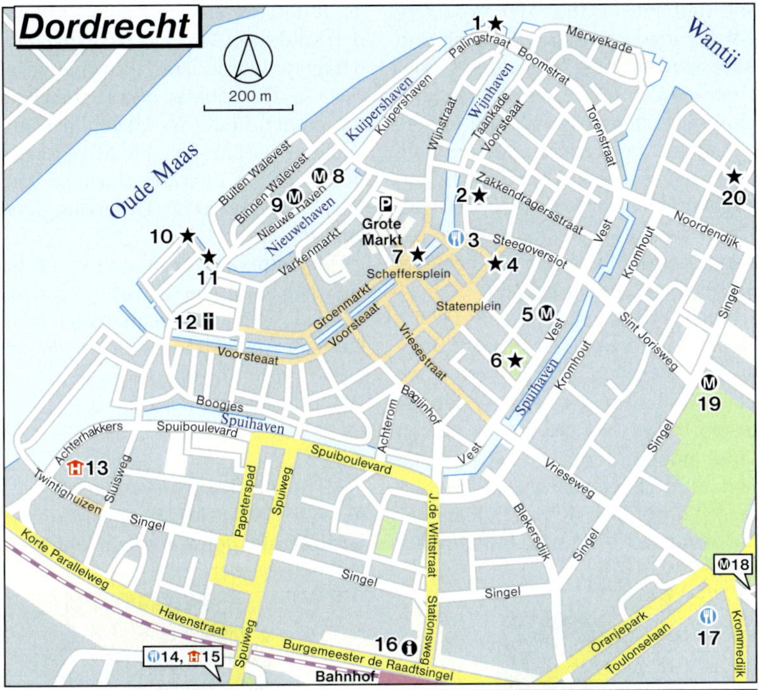

**Dordrecht**

*Zuid-Holland*

| | | | | |
|---|---|---|---|---|
| ★ | 1 | Groothoofdspoort | ★ | 11 | Beverschaep |

★   1   Groothoofdspoort
★   2   Muntpoort
🍷   3   De Stroper
★   4   Het Hof
Ⓜ   5   Dordrechts Museum
★   6   Arend Maartenszhof
★   7   Rathaus
Ⓜ   8   Museum 1940–1945 Regio Dordrecht
Ⓜ   9   Museum Simon van Gijn
★   10   Blauwpoort

★   11   Beverschaep
ii   12   Grote Kerk
🏠   13   Dordrecht
🍷   14   De Hoff'nar
🏠   15   Bastion
❶   16   Information
🍷   17   Hein en Hoogvliet
Ⓜ   18   Museum Telluris
Ⓜ   19   Nähmaschinenmuseum
★   20   Windmühle

für Erzeugnisse wie Wein, Salz, Holz oder Wolle. Auch entwickelte sich Dordrecht zu einem bedeutenden Zwischenglied im Handel mit Frank- reich, England und den an der Ostsee gelegenen Hansestädten.

Doch das 15. Jh. setzte Dordrecht arg zu. 1418 wurde es vom Herzog von Brabant im Zuge der Auseinandersetzungen zwischen Hoeken und Kabeljauwen besetzt (siehe Gorinchem). 1421 setzte die Elisabethflut Dordrecht unter Wasser und ließ es danach als Insel zurück. Nun musste der Handelsverkehr über das Festland abgewickelt werden, was sich auf Dauer als abträglich erwies. Dazu bereitete ein Stadtbrand 1457 erhebliche Schäden an der Bausubstanz.

Doch erholte sich die Stadt im 16. Jh. Dazu wurden die Häfen im Laufe der Zeit ständig vergrößert. Nach dem Wijnhaven (Weinhafen), dem ältesten Hafen von Dordrecht, kamen unter anderem der Nieuwe Haven und der Wolwevershaven (Wollweberhafen) dazu. Von den alten Handelshäfen nutzt die Berufsschifffahrt nur

noch den Bomhaven (Fasshafen) und den Kalkhaven, wo einst Holz treibend gelagert wurde, für kommerzielle Zwecke. Die anderen historischen Häfen dienen heute als Liegeplätze für Yachten – auch kann man von hier Bootsausflüge über die Grachten von Dordrecht und in die Umgebung unternehmen.

Der **historische Kern** von Dordrecht lässt sich am besten zu Fuß erkunden. Über tausend teils denkmalgeschützte Bauten verleihen der Stadt ein einmaliges Flair und zeugen vom einstigen Wohlstand seiner Bewohner.

### Häfen

Als Beginn der Entdeckungstour eignet sich die mit einer Kuppel bekrönte **Groothoofdspoort** aus dem Jahr 1618

ganz im Norden der Altstadt. Hier erkennt man die Lage Dordrechts zwischen den mächtigen Flüssen, wo Oude Maas, Noord und Merwede zusammenfließen – man blickt vom Kai auf einen der meistbefahrenen Flussknotenpunkte Europas. Der Weg führt am alten **Kuipershaven** entlang, in dem heute vor allem Wohnboote liegen, über die Brücke zum **Nieuwehaven** mit seinen Yachten.

## Museum Simon van Gijn

Auf halber Strecke erblickt man auf der gegenüber liegenden Seite das Museum Simon van Gijn. Der reiche Bankier *van Gijn* (1836–1922) hatte sein großzügiges **Wohnhaus aus dem Jahr 1729** mitsamt Einrichtung der Stadt als Museum vermacht. Zur kostbaren Ausstattung gehören Wohnräume mit zeitgenössischem Mobiliar, Gemälde, Porzellan und Gobelins, Schiffsmodelle, Küchenausstattung und als Besonderheit eine goldene Ledertapete aus dem Jahr 1686. Im Obergeschoss finden Wechselausstellungen statt.

● **Museum Simon van Gijn:** Nieuwe Haven 29–30, Tel. 639 82 00, www.simonvangijn.nl, Di–So 11–17 Uhr, 25.12. und 1.1. geschlossen, Eintritt 6 €, Senioren 4,50 €, Jugendliche 12–18 Jahre 3 €, Kinder bis 12 Jahre frei.

## Beverschaep

Über die Zugbrücke zum Nieuwehaven führt der Weg über die Korte Engelenburgerkade zur **Blauwpoort,**

*Blick in die Gracht von der Visbrug*

einem schlichten Stadttor aus dem Jahr 1652. Rechts steht auf halber Strecke das als Beverschaep bezeichnete **Patrizierhaus** aus dem 18. Jh. Im Giebel wird das Stadtwappen von einem Biber *(bever)* und einem Schaf *(schaep)* eingerahmt. Über der Freitreppe sieht man dazu die Reliefdarstellung des griechischen Meergottes Triton, wie er eine Meernymphe innigst umarmt.

## Grote Kerk

Längst befindet man sich in Sichtweite der Grote Kerk. Sie wurde nach dem großen Stadtbrand 1457 als spätgotischer Bau errichtet. Der mächtige quadratische Turm neigte sich schon in der Bauzeit und wurde deshalb nicht in voller Höhe aufgemauert. Großartig ist das von Säulen getragene Kirchenschiff mit Kapitellen ganz im Stil der **Brabanter Gotik.** Das schön geschnitzte Chorgestühl stammt aus der Renaissancezeit. Beachtenswert sind auch die Rokokokanzel, die Glasfenster des Chorumganges, die vielen Grabplatten und nicht zuletzt die Orgel, die im Kern aus dem Jahr 1671 stammt.

● **Grote Kerk:** Lange Geldersekade 2, Tel. 614 46 60, April bis Okt. Di–Sa 10.30–16.30 Uhr, So 12–16 Uhr, im Winter eingeschränkte Öffnungszeiten, Eintritt frei, Glockenspiel Fr 12–13 Uhr, Führungen Sa 14.30–15.30 Uhr, Turmbesteigung Tel. 631 04 13, Eintritt 1 €, Kinder 0,50 €.

## Voorstraat

Über die **Leuvebrug** wird nun die Gracht an der Kirche überquert und der Weg über die Voorstraat fortge-

**Zuid-Holland**

# Dordrecht und der Ursprung der Niederlande

Das Leben unter der Herrschaft des spanischen Königs *Philipp II.* und seines Statthalters *Herzog von Alba* wurde für die Niederländer immer unerträglicher. Seit dem Kompromiss von Breda (siehe dort) bekam die calvinistische Lehre immer mehr Auftrieb, der Konflikt mit dem katholischen Herrscher spitzte sich zu. Nach der Einnahme von Brielle durch die Geusen, die holländischen Widerstandskämpfer, fand im April 1572 im **Dordrechter Gerichtshof** (Het Hof) die erste Versammlung der holländischen Stände *(Staten)* statt. Städte und Adel beschlossen hier gemeinsam, sich von der spanischen Vorherrschaft loszusagen, und ernannten *Wilhelm von Oranien,* den von Philipp II. ernannten Statthalter der Provinzen Holland, Zeeland und Utrecht, zu ihrem Führer. Damit war der Grundstein der **Vereinigten Provinzen der Niederlande** gelegt.

Nicht minder bedeutend war die **Dordrechter Synode** (1618–19), auf der der Religionsstreit unter den holländischen Protestanten zugunsten der **Calvinisten** entschieden wurde. Die **Remonstranten,** eine protestantische Religionsgemeinschaft, lehnten die strenge Prädestinationslehre der Calvinisten ab, nach der sich eben nicht die Menschen für Gott entscheiden, sondern Gott seine Getreuen auswählt. Nicht zuletzt auch, weil *Moritz von Oranien-Nassau* die Calvinisten unterstützte, nahm die Auseinandersetzung politische Dimensionen an und die Remonstranten mussten als Verfolgte ihre niederländische Heimat verlassen. Teilweise wanderten sie nach **Schleswig-Holstein** aus und gründeten Friedrichstadt, wo noch heute eine Remonstrantenkirche steht.

Wenn Dordrecht auch im 17. Jh. in wirtschaftlicher Hinsicht von Amsterdam und Rotterdam überholt wurde, blieb die Stadt doch für die Niederlande weiterhin wichtig – vor allem durch die Tatsache, dass sie die Geburtsstadt der im Goldenen Jahrhundert politisch so bedeutenden **Gebrüder de Witt** war. 1653 wurde Johan de Witt (geb. 1625) Ratspensionär von Holland. In seiner Amtszeit erlebte das Land seine größte wirtschaftliche Blüte, doch sein administratives Geschick stand im Gegensatz zu seinem außenpolitischen Vermögen. Bereits 1654 erlitt Holland eine Niederlage im Seekrieg gegen England. Allerdings konnte er den zweiten holländisch-englischen Seekrieg (1655–67) siegreich beenden. Als entschiedener Gegner der Vorherrschaft des Hauses Oranien sah er nun seine Chance, noch 1667 im *Eeuwig Edict* (Jahrhunderterlass) die Abschaffung der Statthalterschaft und somit den Sturz des Hauses von Oranien zu betreiben.

Doch das Jahr 1672 wird in den Niederlanden als das **Rampjaar** (Jahr des Desasters) bezeichnet. England, Frankreich, Köln und Münster erklärten den Vereinigten Niederlanden den Krieg. Nach der französischen Invasion trat Johan de Witt aus allen Ämtern zurück, und man wählte *Wilhelm III. von Oranien* zum Generalstatthalter auf Lebenszeit. Sein Bruder *Cornelis de Witt* (geb. 1623), seit 1666 Bürgermeister von Dordrecht, wurde im gleichen Jahr verhaftet, weil man ihm eine Verschwörung gegen Wilhelm III. unterstellte. Bei einem Besuch seines Bruders in der Gevangenpoort in Den Haag, wo Cornelis de Witt eingekerkert war, wurden beide Brüder von Anhängern des Hauses Oranien ermordet.

setzt. Diese Einkaufsstraße gehört zur **Fußgängerzone,** sodass man viele der angrenzenden alten Häuser mit ihren schönen Giebeln betrachten kann, so auch die Muntpoort, das Tor der ehemaligen Münze. Doch vorher kommt man am **Stadhuis** (Rathaus) vorbei, das durch einen Freiplatz über eine Brücke über den Voorstraathaven sichtbar wird. Auf der dem Stadhuis gegenüber liegenden Seite des Stadhuisplein steht ein monumentales Denkmal der Gebrüder *Witt.* Das ehemalige Rathaus selbst geht im Kern auf das Jahr 1383 zurück und hat inzwischen eine klassizistische Fassade erhalten. Es diente als Markt- und Stoffhalle, ab dem 17. Jh. war es auch Stadtgefängnis. Die Zellen sind bis heute zu besichtigen.

Nun quert man die Visstraat (Fischstraße), an der gleich rechts Haus Nr. 7 besonders sehenswert ist. 1608 wurde dieses **De Crimpert Salm** (Lachs) genannte Haus mit wunderschönem Renaissancegiebel errichtet. Auf der anderen Seite geht es über die **Visbrug,** von der man einen schönen Blick über die Gracht hat.

Nun folgt der **Scheffersplein,** der über der Gracht angelegt ist und im Sommer Platz für viele Cafétische bietet. Auf dem Platz steht ein Denkmal des in Dordrecht geborenen Malers *Ary Scheffer* (1795–1858), der in Frankreich Karriere machte. Fast am Ende der Voorstraat angelangt, biegt man rechts ab und gelangt zum **Hof** (Het Hof), in dessen Statenzaal 1572 die erste Versammlung der Stände von Holland stattfand. Der Gebäudekom-

plex war zunächst als Augustinerkloster 1275–93 errichtet worden und erhielt 1512 seine heutige Renaissancegestalt.

● **Stadhuis:** Stadhuisplein 1, Tel. 639 61 10, geöffnet 1. So im Monat 12–17 Uhr, Eintritt 1 €.

## Wijnstraat

Auf dem Rückweg zur Groothoofdspoort geht man am besten durch die Wijnstraat, die mit ihrem Kopfsteinpflaster und den **Renaissancehäusern** noch den ursprünglichsten Eindruck von der Stadt vermittelt. Hier liegt eines der ältesten Wohnhäuser mit spätgotischem Treppengiebel aus dem Jahr 1495.

● **'t Zeepaert:** Wijnstraat 113, Tel. 639 60 50, Audiotour durch das Gebäude 1. So im Monat 12–17 Uhr, Eintritt 1 €.

## Dordrechts Museum

Etwas außerhalb des Altstadtzentrums befindet sich das Dordrechts Museum mit einem großen Bestand an **Gemälden Dordrechter Maler** vor allem des 17. Jh. Dazu werden Gemälde aus späteren Epochen gezeigt, so von *Ary Scheffer* und auch Bilder der CoBrA-Gruppe, jener Vereinigung von Künstlern aus Kopenhagen, Brüssel und Amsterdam, die Elemente des Expressionismus und Surrealismus mit der abstrakten Kunst zusammenführen wollten. Der Gebäudekomplex mit dem schönen Innenhof war ursprünglich ein 1326 errichtetes Nonnenkloster des Ordens Sint Agniet, im 16. Jh. Pesthaus, im 19. Jh. Krankenhaus und seit 1904 ist es ein Museum.

*Zuid-Holland*

●**Dordrechts Museum:** Museumstraat 40, Tel. 648 21 48, www.dordrechtsmuseum.nl, Di–So 11–17 Uhr, Bibliothek nach Absprache, 1.1. und 25.12. geschlossen, Eintritt 6 €, Kinder 6–12 Jahre 3,50 €, Senioren 4,50 €, Kombikarte mit Museum van Gijn 8,50/7 €.

## Arend Maartenszhof

Neben dem Dordrechts Museum steht der Arend Maartenszhof, eine Stiftung für Witwen und Waisen aus dem Jahre 1625 mit restaurierter Regentenkammer von 1700. Der Gebäudekomplex um einen Innenhof hat seinen ursprünglichen Charakter bewahrt.

●**Arend Maartenszhof:** Museumstraat 52, Außenbesichtigung möglich, bei Ausstellungen Sa und So 11–17 Uhr geöffnet.

## Windmühle

Am Noordenddijk steht eine Kappenwindmühle aus dem Jahr 1713. Sie wurde 2000/01 restauriert und als Besuchermühle hergerichtet. Bei geeignetem Wind dreht sich das Rad, ansonsten wird es elektrisch betrieben.

●**Molen Kyck over den Dyck:** Noordenddijk 144, Tel. 631 00 01, Sa 10–16 Uhr.

## Weitere Museen

●**Museum 1940–1945 Regio Dordrecht:** Nieuwe Haven 28, Tel. 613 01 72, Exponate zur Besatzungszeit deutscher Truppen. Geöffnet Febr. bis Dez. Di, Mi, Fr und Sa 11–17 Uhr, Eintritt 1,50 €, Kinder 0,50 €.
●**Nähmaschinenmuseum** (Naaimachinemuseum Dordrecht): Singel 66, Tel. 614 26 78, Exponate zur Geschichte der Nähmaschine anhand 350 historischer und moderner Maschinen. Geöffnet auf Anfrage, Eintritt 1,50 €, Kinder 0,50 €.
●**Nationaal Landschapskundig Museum en Documentatiecentrum Telluris:** Reeweg

Oost 145, Tel. 614 74 76, Darstellung der landschaftlichen Besonderheiten der Niederlande anhand von Fotos, Dokumentationen und Modellen. Geöffnet Sa 14–17 Uhr und auf Anfrage, Eintritt frei.
●**Bezoekerscentrum De Hollandse Biesbosch:** Baanhoekweg 53, Tel. 630 53 53, www.biesbosch.org, Ausstellung über den zur Provinz Zuid-Holland zählenden Teil des Biesbosch, mit Vogelpräparaten und Antiquariat zu Naturthemen. Von hier aus können Rundfahrten im Solarboot und Kanutouren unternommen werden. Geöffnet Mai bis Aug. täglich 9.30–17 Uhr, ansonsten Di–So 9.30–16 Uhr, Eintritt 2 €, Kinder 4–12 Jahre und Senioren 1,50 €.

## Info

●**Tel.-Vorwahl:** 078
●**VVV Dordrecht:** 3311 GN Spuiboulevard 99, Tel. (0900) 4636888, Fax 613 17 83, www.vvvdordrecht.nl.

## Stadtverkehr

●**Parken:** Im Innenstadtbereich wenige PKW-Abstellmöglichkeiten am Straßenrand, Parkgaragen ausgeschildert: Drievrienden-hof, Visstraat, Veemarkt und Spuihaven. Gratis-Parkplätze: Energiehuis, Noordenddijk und Weeskinderendijk (von hier Citybus in die Stadt), Information Tel. (0900) 555 83 33.
●**Grachtenrundfahrt:** Am Steg unterhalb des Restaurants De Stroper an der Wijnbrug ist der Anleger für eine Dordrechter Grachtenrundfahrt mit dem Elektroboot Dordtevaar. Juni bis Aug. stündliche Abfahrten zwischen 11 und 17 Uhr (ansonsten zwischen 14 und 17 Uhr).
●**Kutschen-Rundfahrt:** Stadtbesichtigung mit der Kutsche Mai bis Oktober, Abfahrt Scheffersplein, www.stapvoets.net, Tel. (0641) 55 93 30.
●**Fietstaxi:** Fahrradtaxen (mit Verdeck) für zwei Passagiere verkehren von Mai bis Sept. Mi–So 11–19 Uhr in der Innenstadt, auch für touristische Rundtouren geeignet, Standplätze: Merwekade, NS Station und Scheffersplein, Rundfahrt pro Person 7 €, Tel. 631 30 98.

●**Fährdienste:** Dordrecht – Werkendam, Tel. 622 22 33, www.stadsvervoerdordrecht.nl; Dordrecht – Papendrecht – Hollandse Biesbosch – Zwijndrecht, Tel. (0900) 266 63 99, www.waterbus.nl; Dordrecht – Ablasserdam – Rotterdam, Schnellfähre, Tel. 639 04 00, www.fastferry.nl; Dordrecht Bezoekercentrum – Museumpad: Fußgängerfähre, www.biesbosch.org.

## Essen und Trinken

●**Hein en Hoogvliet** €€€: Toulonselaan 12, Tel. 613 50 09, www.heinenhoogvliet.nl, am Rand der Innenstadt, komplett neu ausgestattet, Sommerterrasse, saisonale Küche mit frischen Kräutern und Gemüse aus eigenem Garten, Ende Aug. und 27.12.–7.1. geschlossen, Mo und Di Ruhetag.

●**De Hoff'nar** €€€: Talmaweg 10, Tel. 618 04 66, www.restaurantdehoffnar.nl, im ehemaligen Kutschenstall von Kasteel Crabbehoff, einem nach einem Brand 1808 historisierend wieder aufgebauten Herrenhaus, das heute als Kongress- und Veranstaltungsort genutzt wird. Charmantes Restaurant mit Glasveranda, saisonale Küche, Ende Juli / Anfang Aug. geschlossen, Mo und Di Ruhetag.

●**De Stroper** €€€: Wijnbrug 1, Tel. 613 00 94, www.destroper.nl, Fischrestaurant auf der Basis französischer Küche am Voorstraathaven, innen komplett neu eingerichtet.

## Unterkunft

●**Dordrecht** €€€: 3311 JA, Achterhakkers 72, Tel. 613 60 11, Fax 613 74 70, www.hoteldordrecht.nl, in einem alten Herrenhaus am historischen Kalkhaven im äußeren Innenstadtbereich. Komfortable, großzügige Zimmer, etwas kleinere Zimmer in der Dependance, mit Garten, geschlossen 25.12.–2.1., angeschlossenes seemännisch dekoriertes Restaurant €€€ bietet klassische holländische Küche.

●**Bastion** €€: 3318 LA, Laan der Verenigde Naties 363, Tel. 651 15 33, Fax 617 81 63, www.bastionhotels.nl, Systemhotel an der Abfahrt N3, funktionell eingerichtete Zimmer mit doppelt verglasten Fenstern, mit Garten, angeschlossenes Grillrestaurant €€.

●**Stayokay Dordrecht:** 3313 LA, Baanhoekweg 25, Tel. 621 21 67, Fax 621 21 63, www.stayokay.com, Jugendherberge am Rande des Nationalparks De Hollandse Biesbosch, Zimmer mit eigener Dusche und WC, große Terrasse mit Aussicht auf den Biesbosch, ganzjährig geöffnet, Doppelzimmer mit Frühstück 31–40 €.

## Aktivitäten

●**Yachthaven De Westergoot:** 3313 LA, Baanhoekweg 1/b, Tel. 616 52 01, www.westergoot.nl, zwischen Dordrecht und dem Biesbosch zentral für die ganzen Niederlande gelegen, gut mit dem Auto und öffentlichen Verkehrsmitteln zu erreichen, Restaurants und Geschäfte in der Nähe, ganzjährig täglich 9–18 Uhr geöffnet.

●**Golf:** Crayestein Golf, Baanhoekweg 50, Tel. 621 12 21, www.crayesteingolf.nl, 18-Loch-Platz im Nordosten der Stadt in Richtung Hollandse Biesbosch, mit Golfshop, Restaurant und Bar.

●**Skilaufen:** Ski- en Snowboardcentrum Drechtsteden, Vogelaarsweg 1, Tel. 621 03 55, www.ski-baan.nl, In-Door-Skiabfahrt, Sept. bis Dez. Mo, Mi und Fr 14–23 Uhr, Di und Do 18.30–23 Uhr, Sa und So 9.30–18 Uhr, Eintritt 15 €, 10er-Karte 120 €.

●**Sternwarte:** Sterrenwacht Mercurius, Baanhoekweg 75, Tel. (0184) 49 06 60, www.sterrenwacht-mercurius.nl, Sternbeobachtung, Informationen über Weltall und Wetter, gezeigt wird auch der größte in Holland niedergegangene Meteorit (240 kg). Geöffnet Di–Fr 9–17 Uhr, Sa 13–22 Uhr, So 13–18 Uhr, Eintritt 3 €, Kinder bis 12 Jahre 2 €.

## Einkaufen

●**Wochenmärkte:** Fr 8–16 Uhr Zentrum, Sa 8–17 Uhr Zentrum, Di Wijk Dubeldam 8–12.30 Uhr.

●**Destillerie:** Destillerij P. Rijneveen, Groenmarkt 4, Tel. 614 36 21, brennt Genever und andere Schnäpse und stellt Liköre her sowie typische Dordrechter Getränke wie Port of Dordt oder Dordtse Moutwijn, Slijterei Fr und Sa geöffnet, Proben nach Absprache, Führung mit Probe 15 € (bei 8 Personen).

Zuid-Holland

# Kinderdijk-Windmühlen ♂ X/B3

Eine der für die Niederlande typischen Sehenswürdigkeiten stellen die Mühlen von Kinderdijk, nördlich von Dordrecht, dar. Man errichtete sie zur **Entwässerung des Polders Nederwaard** am Zusammenfluss von Noord und Lek, die den Polder von zwei Seiten einschließen und sich hier zur Nieuwe Maas vereinigen. Diese Mühlen wurden 1997 in die UNESCO-Liste des **Weltkulturerbes** aufgenommen.

Der Name Kinderdijk (Kinderdeich) geht möglicherweise auf eine Legende zurück. Danach soll bei der St.-Elisabeth-Flut von 1421 eine Wiege mit einem Kind unversehrt auf den Deich gespült worden sein. Wahrscheinlicher ist aber, dass der Deich durch Kinderarbeit errichtet wurde.

Insgesamt stehen am Kinderdijk 19 Windmühlen, die das Wasser in den Nieuwe Waterschap pumpen, der in den Lek fließt. Die Wasserwege, die die einzelnen Polder der Nederwaard voneinander trennen, unterteilen die Mühlen in drei Gruppen:

Westlich des Nieuwe Waterschap stehen **acht runde Mühlen** aus roten Ziegelsteinen, die 1738 erbaut wurden. Im Osten des Overwaard-Polders stehen **acht hölzerne, achteckige Mühlen** direkt am Wasserweg sowie drei weitere etwas weiter im Inneren des Polders. Bis auf eine wurden sie alle 1740 erbaut, die letzte 1761. Südöstlich von Kinderdijk steht die **Blokweerse Molen,** die auch *De Blokker* ge-

nannt wird. Ihr Baujahr ist unbekannt, auch fiel sie des Öfteren Bränden zum Opfer, zuletzt 1997. Im Jahr 2001 wurde die Mühle, die auch die einzige mit einem außen angebrachten Schaufelrad ist, restauriert.

Die sich reizvoll zu einem Ensemble zusammenfügenden Kinderdijk-Mühlen taten bis 1950 ihren Dienst. Seither schöpfen Dieselaggregate das Wasser aus dem Polder. Aus besonderem Anlass, wie zum Beispiel zum landesweiten Mühlentag, werden sie wieder in Betrieb genommen. Eine der Mühlen des Nederwaard-Polders kann besichtigt werden, die meisten anderen sind in Privatbesitz.

● **Besucherwindmühle:** Bezoekmolen Nederwaard, Nederwaard 5, Tel. 691 51 79, täglich 9.30–17 Uhr, Eintritt 3 €, Kinder 6–16 Jahre 1,80 €, Senioren 2,50 €, Gruppenführung durch den Müller *C. van der Berg* Tel. (0652) 08 34 86.

● **Bootsfahrt** zu den Kinderdijk-Mühlen Mai bis Sept. 10–17 Uhr, halbstündige Fahrt ab Windmill Boulevard am Souvenirladen, Ticket 2,50 €, Kinder 4–9 Jahre 2 €.

● **Boots-Exkursion** ab Rotterdam mit dem Passagierschiff „Nehalennia", Ableger an der Boompjeskade (zwischen Erasmus- und Willemsbrücke) Mitte April bis Sept. täglich 10.45–14 Uhr und 14.15–17.30 Uhr, Ticket 12,50 €, Kinder bis 12 Jahre 10 €, Reservierungen unter REBUS, Tel. (010) 218 31 31.

## Essen und Trinken

● **Grand Café Buena Vista:** Molenstraat 230, Tel. (078) 691 24 85, www.grandcafebuena vista.nl, reizvolles Café-Restaurant in einem Haus von 1630 mit großer Terrasse.

# Gorinchem

↗ XI/C3

Gorinchem, das die Einwohner in Anlehnung an die römische Vergangenheit *Gorkum* (auch *Gorcum* geschrieben) nennen, entstand vor über tausend Jahren als Fischersiedlung am kleinen Fluss Linge an dessen Einmündung in die Merwede um den Hof eines Herrn *von Gorik*. Der Zusammenfluss von Waal und Maas ist nicht weit – nicht ohne Grund erhielt die Ansiedlung dadurch im 13. Jh. strategische und überörtliche wirtschaftliche Bedeutung unter den Herren *von Arkel*.

Im 14. Jh. war Gorinchem bereits ummauert und erhielt 1382 Stadtrechte, fiel aber 1412 an die Grafen von Holland. So wurde der aufstrebende Handelsort 1417 zum Streitpunkt zwischen den rivalisierenden Parteien der *Hoeken* (Haken) von *Jacoba van Beieren,* der Erbtochter des holländischen Grafen *Wilhelm,* Besitzer von Gorinchem, und den *Kabeljauwen* (Kabeljau), vertreten durch *Wilhelm van Arkel,* der das verloren gegangene Erbe an der Stadt zurückerobern wollte – natürlich ging es dabei um den lukrativen Fischfang. Aber Wilhelm starb bei den Kämpfen und so verblieb Gorinchem bei Holland.

1572 war der Ort eine der ersten befestigten Städte, die den Spaniern im beginnenden Achtzigjährigen Krieg wieder von den Geusen entrissen werden konnte. Allerdings war die Rache fürchterlich – mehrere Priester, derer die Geusen dabei habhaft werden konnten, ließ man später in Brielle hängen. Ihrer gedenkt man bis heute als *Gorkumer Martelaren* (Märtyrer von Gorkum).

## Wallanlagen

Die Stadtbefestigungen aus dem 15. Jh., die im 16. Jh. verstärkt und 1609 endgültig fertiggestellt worden waren, sind weitgehend erhalten. Von den Stadttoren ist allerdings nur noch die quadratische, 1597 gebaute **Dalempoort** vorhanden. Dahinter steht die weithin sichtbare **Molen de Hoop** auf den Wallanlagen, eine Mühle aus dem Jahr 1764. Innerhalb der Wälle mit den Bastionen erstreckt sich nördlich und südlich des Grote Markt die alte Fischer- und Handelsniederlassung, darum herum die mittelalterliche Stadt und am Rande, aber noch innerhalb der Wallanlagen, die Festungsstadt.

● **Molen de Hoop:** Dalemwal 6, Besichtigung nach Absprache mit dem VVV (s.u.).

## Grote Markt

Das Zentrum wird vom Grote Markt mit seinen Cafés und Restaurants gebildet, deren Tische und Stühle im Sommer den ganzen Platz einnehmen. Hier steht das klassizistische ehemalige **Rathaus** mit dem Fremdenverkehrsamt (VVV) und dem **Gorcum Museum,** dessen Vorgängerbau von 1437 mehr als 400 Jahre später für den Neubau abgerissen wurde. Das Heimat- und Regionalmuseum zeigt Exponate zur Geschichte und Lebenskultur sowie Gemälde moderner Gorcumer Künstler.

Vor dem Gebäude erhebt sich der **Wilhelminabrunnen,** 1898 aus Anlass

*Zuid-Holland*

der Thronbesteigung seiner Namens-
geberin aufgestellt. Gegenüber in der
**Hoofdwacht** (Hauptwache) bestand
1792 ein Hauptquartier französischer
Truppen. Heute ist hier ein Restaurant
untergebracht.

●**Gorcum Museum:** Grote Markt 17, Tel.
632 821, www.gorcummuseum.nl, Di–Sa
10–17 Uhr, So 13–17 Uhr (April–Sept. 11–17
Uhr), 1.1., 25.12., 31.12., Oster- und Pfingstmontag sowie am Königinnentag geschlossen, Eintritt 2,50 €, ermäßigt 1,50 €.

### Grote of St. Maartenskerk

Westlich schließt sich der Groenmarkt mit der Grote of St. Maartenskerk aus dem 15. Jh. an. Schon beim
Bau sackte der Turm ab, aber der Baumeister ließ ihn weiter senkrecht auf-
mauern, sodass er heute einen Knick
aufweist. Auf Anfrage beim VVV kann
der **Grote Toren** bestiegen werden.

### Alte Häuser

Einige der schönen alten Häuser Go-
rinchems findet man in der Burg- und
der Gasthuisstraat. Besonders beachtenswert ist in der Molenstraat das
**Burgerkinderenweeshuis,** das auch
*Huize Matthijs-Marijke* genannte Bürgerwaisenhaus, das 1557 durch *Mat-
thijs Aelbertz* und seine Frau *Marijken
Kolff* errichtet wurde. Ein Stück weiter
unten steht auf der anderen Seite der
Molenstraat **De Doelen** mit dem reizvollen eckigen Treppenturm, das
Schützengildehaus, dessen Mitglieder
die Stadt bewachten.

### Gracht

Die Linge durchquert die Stadt als
Gracht. Sie war gleichzeitig der Hafen,
der heute aber nur noch von Freizeit-
booten genutzt wird. An der Schleuse
zur Merwede stand die Waterpoort,
die einem verbreiterten Durchlass weichen musste, daneben das Tolhuis, an
dem jahrhundertelang die Schiffer auf
der Merwede Flusszoll entrichteten.

### Info

●**Tel.-Vorwahl:** 0183
●**VVV Zuid-Holland Zuid:** Kantoor Gorinchem, 4201 EB, Grote Markt 17, 63 15 25,
Fax 63 40 40, www.vvvgorinchem.nl.
●**Parken:** Durch die „Insellage" von Gorinchem ist es schwierig, einen Innenstadtpark-
platz für den PKW zu finden – auch Kurzzeit-
parken ist hier sehr teuer. Es gibt aber innerhalb der Wallanlagen Tagesparkplätze für eine Gebühr von 2 €, die ausgeschildert sind.

Molen de Hoop in Gorinchem

## Unterkunft, Essen und Trinken

- **Restaurant Solo** €€€: Zusterhuis 1–2, Tel. 63 77 90, www.restaurantsolo.nl, unmittelbar im Zentrum, Parken vor der Tür möglich, mediterrane Küche, spezielles Lunchmenü, Ende Juli/Anfang August geschlossen, Montag Ruhetag.
- **Kees:** Grote Markt 5, Tel. 63 12 22, typische holländische Kneipe, kleine Speisekarte, reizvolles Straßencafé.
- **Fort Vuren:** 4214 LB, Waaldijk 29, Tel. 66 09 50, www.wff.nl, Jausengastronomie, Herberge mit Schlafsälen für insgesamt 35 Personen, Führungen auf Anfrage, geöffnet Mai bis Mitte Sept.
- **'t Spinnewiel** €€€: 4201 CR, Eind 16–18, Tel. 63 10 57, Fax 66 00 95, www.hetspinne wiel.nl, Stadthotel am Eind in zauberhafter Lage an der Schleuse, einfache Zimmer, mit Dart- und Billardgaststätte, geschlossen 25.12.–2.1.

## Einkaufen

- **Wochenmarkt:** Sa 9–16 Uhr Groenmarkt.

# Leerdam

⤤ XI/C3

An sich ist Leerdam, ganz im Osten der südholländischen Polderlandschaft am Flüsschen Linge gelegen, durch seinen **Käse** sozusagen in aller Munde, aber eigentlich ist es eine Glasstadt. Die hier ansässige **Glasindustrie** stellt vor allem Flaschen und Kunstgegenstände aus Glas sowie Baumaterialien her – und natürlich gibt es viel Landwirtschaft.

Mitte des 12. Jh. herrschte hier das Adelsgeschlecht *van der Leede*. 1407 erhielt Leerdam die Stadtrechte durch *Otto van Arkel*. Im 15. Jh. war Leerdam im Besitz der Grafen von Egmond und

kam im 16. Jh. an das Haus Oranien. Im Achtzigjährigen Krieg wurde Leerdam durch die Spanier zerstört. 1765 kam dann die erste Glasbläserei nach Leerdam.

## Glasherstellung

Etwas außerhalb der Stadt befindet sich das **Glasmuseum.** Gezeigt wird die Glasproduktion seit dem 18. Jh., dazu Ausstellungsstücke von Glaskünstlern wie *Copier* und *Floris Meydam.* Außerdem gibt es eine touristische **Glasbläserei** (*Glascentrum Leerdam)* in der Stadt.

- **Nationaal Glasmuseum Leerdam:** Lingedijk 28, Tel. 61 27 14, www.nationaalglasmu seum.nl, Di–Sa 10–17 Uhr, So 12–17 Uhr, Eintritt 4,50 €, Kinder bis 18 Jahre und Senioren 3 €.
- **Royal Leerdam Crystal:** Lingedijk 8, Tel. 67 16 16, www.royalleerdamcrystal.com, Informationen zur Glasherstellung, Ladengeschäft KristalWinkel Di–Fr 10–17.30 Uhr, Sa 10–17 Uhr, im Sommer einen Monat geschlossen, Eintritt frei, Führungen durch die Glasproduktion auf Absprache, Information Tel. 67 16 58, Teilnahmegebühr 8,50 €.

## Hofje van Aerden

Sehenswert sind darüber hinaus die **spätgotische Kirche** und der Hofje van Aerden, ein **Vrouwenhofje** für allein stehende arme Frauen, der auf Initiative von *Maria Ponderus van Aerden* in der Ruine des früheren Kasteel van Arkel im 18. Jh. eingerichtet wurde. Im Regentensaal des Vrouwenhofje von 1770 mit schönem Innenhof werden **Gemälde holländischer Meister** des 17. Jh. wie *Pieter Claesz, Terborch* und *Koninck* gezeigt.

**Zuid-Holland**

- **Familie Vrouwenhofje / Hofje Van Aerden:** Kerkstraat 67a, Tel. 61 40 19, Di und Do 14–16 Uhr, feiertags geschlossen, Eintritt 2 €.

### De Blauwe Deel

In einem Landgut aus dem 18. Jh. werden Exponate zur **Art Nouveau** (Nieuwe Kunst) der Periode 1880–1940 mit Werken von *A.D. Copier, J.v.d. Bosch, 't Woonhuys* und aus der Haagse School gezeigt.

- **De Blauwe Deel:** Hoogeind 36, Tel. 59 99 41, www.deblauwedeel.nl, mit Internetgeschäft, die Angebote können Fr und Sa 10–17 Uhr betrachtet werden, geöffnet Do 14–17 Uhr und nach Absprache, Eintritt 3,50 €.

### Kasteel Merckenburg

Unmittelbar jenseits der Linge steht schon im gelderländischen Ort Heukelum das Kasteel Merckenburg. Dieses reizvolle **Schloss** geht in seinen Ursprüngen auf das 13. Jh. zurück und war der Sitz der kleinen Herrlichkeit Heukelum. Nach zweimaliger Zerstörung wurde der heutige in einem Park gelegene und von Wassergräben umgebene Bau im Jahre 1700 errichtet.

### Info

- **Tel.-Vorwahl:** 0345
- **VVV Zuid-Holland Zuid Kantoor Leerdam:** 4141 DA, Dr. Reilinghplein 3, Tel. 61 30 57, Fax 61 01 94, www.vvvleerdam.nl.

### Unterkunft

- **Lukullus** €: 4141 CM, Vlietskant 46, Tel. 61 25 32, Fax 61 06 91, hotellucullus@hotmail.com, einfach ausgestattetes Hotel im Zentrum am Fluss.
- **B&B Landhuis Loosdorp Leerdam** €€: 4143 LS, Loosdorp 7, Tel. 61 14 61, Fax 61 14 61, www.loorsdorp.nl, modernes Landhaus am Naturwanderweg, am Ortsrand, mit Sitzplätzen im Garten, behindertengerecht.

# Insel Voorne

## Südholländische Inseln

Die Inseln zwischen den Flussarmen des einst aus und Lek, Waal, Maas und Schelde gebildeten Deltas gehören verwaltungstechnisch zur Provinz Zuid-Holland. Es sind dies zwischen der Oude Maas und dem Haringvliet **Voorne, Putten** und **Oekserwaard** sowie zwischen dem Haringvliet und dem Grevelingermeer **Goeree** und **Overflakkee**. Längst haben diese Landesteile ihren Inselcharakter verloren, Dämme und Brücken stellen die Verbindungen her, die Wasserflächen landeinwärts haben als **Binnenseen** den Charakter neuer Freizeitreviere bekommen.

## Insel Voorne und Hoekse Waard

Die Insel Voorne entstand vor tausend Jahren im Mündungsgebiet von Maas und Waal. Durch Verlagerung der Flussläufe wurden Sandbänke angeschwemmt und Sandverwehungen aufgehäuft, deren Besiedlung im 12. Jh. begann. Ab 1140 sind die Herren *van Voorne* beurkundet, die in Oostvoorne ihren Herrensitz errichteten. Sie betrieben in Zusammenarbeit mit Klöstern Eindeichungen, sodass sich bis zum 16. Jh. ein geschlossenes Poldergebiet hinter den Dünen herausbildete: die heutigen Inseln Voorne und Putten. Ein völlig neues Erscheinungsgebiet erhielt der Nordwestteil der Insel Voorne durch die Anlage des Rotterdamer Außenhafens Maasvlakte in den Jahren 1968–74.

Weiter landeinwärts liegt der Hoekse Waard (auch Hoeksche Waard), eine Polderlandschaft aus 40 Eindeichungen. Er entstand durch die verheerende Elisabethflut des Jahres 1421, die große Teile der Maas-Schelde-Mündung unter Wasser setzte und ein völlig neues Landschaftsbild aus Wasserläufen und festem Land hinterließ. Bis heute ist das Gebiet landwirtschaftlich geprägt – hier überwiegt die Milchwirtschaft.

# Oostvoorne ⟋ X/A3

Der Hauptort hinter den zum Hafengebiet Maasvlakte gelegenen Dünen ist Oostvoorne. Der erstmals um 1100 genannte Ort bestand zunächst nur aus der Burg, einer Kapelle und wenigen Häusern. Ab 1350 entwickelte sich hier ein richtiges Dorf, das schon um 1500 im Kern seine heutige Größe erreichte. Um diese Zeit wurden vor allem Ackerbau und Viehzucht auf den inzwischen eingedeichten Poldern betrieben. Ab 1900 begann die Umstellung auf Gartenbau und Zwiebelzucht. Der Fremdenverkehr gewann nach dem Zweiten Weltkrieg an Bedeutung. Der große Urlaubspark Recreatiepark Kruininger am Brielse Meer besteht schon über 50 Jahre.

## Burg

Die Burg von Oostvoorne, deren Reste freigelegt sind, wurde in der zweiten Hälfte des 12. Jh. von den holländischen Grafen zur Verteidigung der damaligen Maasmündung als Motte (Turmhügelburg) errichtet. Der Bergfried stellt den Kern der runden, von einem Wassergraben umgebenen Anlage dar. Eine Kapelle wurde im Jahr 1277 errichtet, eine Vorburg diente als Wohnstätte. Hier hielt sich *Jacoba van Beieren* als letzte Vertreterin des holländischen Grafengeschlechts häufig auf, sodass die Anlage auch als Jacobaburcht bezeichnet wird. Die Kapelle erhielt um 1400 ihren Turm. Das Kapellenschiff brannte 1612 ab und wurde später in der heutigen Form wieder errichtet. Der Zugang zur Ruine ist frei (der Schlüssel ist beim VVV erhältlich).

## Leuchtturm

Interessant ist der steinerne Leuchtturm **Stenen Baak** am Brielse Meer, zu erreichen über den Fußweg vom Ende Heindijk über den Katteweg. 1674 anstelle eines hölzernen Vorgängerbaus errichtet, ist er der älteste in Holland noch erhaltene Leuchtturm, der mit einem Kohlefeuer betrieben wurde. Gleichzeitig diente der Turm zur Beobachtung, um Angriffe der englischen Flotte frühzeitig zu erkennen. Er war von einer Verteidigungsmauer umgeben, in die ein Kugelofen (*kogelgloeioven*) eingebaut war, der noch erhalten ist. Darin erhitzte man Kanonenkugeln, die man auf feindliche Schiffe abfeuerte, um sie in Brand zu stecken.

● **Stenen Baak:** April–Okt. Di–Fr 10–17 Uhr, Sa 10–16 Uhr, So 12–16 Uhr, im Winter Di–Sa 10–16 Uhr, Eintritt 2 €, Kinder 1 €, Informationen über das Historisch Museum Den Briel, Tel. (0181) 47 54 75.

## Dünengebiete und Seen

Nördlich von Oostvoorne erstreckt sich zum **Oostvoornse Meer** der sogenannte **Grüne Strand,** ein vogelreiches Dünengebiet, in dem sich auch Rehe aufhalten. Im Erscheinungsbild ähnelt diese Fläche dem Slufter auf Texel. Durch den Brielse Gatdam wurde das Oostvoornse Meer von der See abgetrennt. Den Sand im Untergrund brauchte man für den Bau der Hafenbecken der Maasvlakte – so ist dieser Brackwassersee teilweise 40 m tief

**Zuid-Holland**

und zum Surfen und Tauchen bestens geeignet.

Westlich von Oostvorne erstreckt sich das Gebiet der **Kaapduin,** ein offenes Dünengebiet mit reicher Tier- und Pflanzenwelt. Inmitten dieser Dünen findet man das **Breede Water,** einen der großen Dünenseen der niederländischen Küste, der sich als Rest der längst versandeten Mündung des kleinen Flusses Strijpe bildete. Dieser See ist ein wahres Vogelparadies, unter anderem mit vielen Kormoranen. Einige Aussichtspunkte ermöglichen die Vogelbeobachtung. Auch die Strandeidechse ist in diesem Dünengebiet häufig anzutreffen. Das **Informationszentrum Tenellaplas** im Süden informiert über alles Wissenswerte dieser Landschaft. Hinter dem Besucherzentrum findet man einen kleinen botanischen Garten mit den typischen Pflanzen.

Südlich des Brielse Gatdam hat sich das Schlick- und Sandbankgebiet **Slikken van Voorne** im Zuge der Anlage der Maasvlakte gebildet, wo gerade neue Dünen entstehen. Hier blüht die Seeaster, man sieht Schnepfen, Brachvögel, Löffelreiher und Austernfischer. Auf den Sandbänken tummeln sich **Seehunde** in der Sonne.

● **Dünen-Informationszentrum Tenellaplas:** Duinstraat 12a, Tel. (0181) 48 39 09, www.zuidhollandslandschap.nl, in den Schulferien Di–So 10–16.30 Uhr, ansonsten Sa und So 10–16.30 Uhr, Mi 13–16.30 Uhr, Eintritt frei.

*Am Strand von Rockanje*

## Info

● **Tel.-Vorwahl:** 0181
● **VVV Kantoor:** 3233 AN, Tel. 48 27 49, Fax 48 35 34, oostvoorne@vvvzhe.nl.

## Strand

● Unterschiedlich breit mit sehr schönen Abschnitten, qualitativ einwandfrei (blaue Flagge für beide Badestrände); Juni bis Sept. Hundeverbot zwischen 1. und 2. Strandaufgang, ansonsten Leinenzwang; Reitverbot von April bis Okt. 10–18 Uhr; mehrere behindertengerechte Strandaufgänge für Strandrollstühle; Surfen und Tauchen im Oostvoornse Meer, im Brielse Meer und auf offener See, Hanggleiten von den hohen Dünen. Zwei Strandpavillons.

## Unterkunft, Essen und Trinken

● **Parkzicht** €€€: Stationsweg 61, Tel. 48 22 84, www.restaurantpakzicht.nl, klassische Küche, große Menükarte, im Februar geschlossen, So und Mo Ruhetag.
● **'t Wapen van Marion** €€€: 3233 CV, Zeeweg 60, Tel. 48 93 99, Fax 48 47 15, www.wapenvanmarion.nl, großes Haus am Mildenburg-Wald mit unmittelbarem Zugang zum Surf-Strand von Oostvoorne.

## Museum

● **Oldtimermuseum De Rijke:** Im Industriegebiet, De Pinnepot 23, Tel. 48 38 76, www.derijke.com/museum, Privatmuseum mit 200 alten Fahrzeugen, April–Okt. Sa und So 12–17 Uhr, Juli–Mitte Okt. auch Mi, Eintritt 6,50 €, Senioren 5,50 €, Kinder 3,50 €.

## Aktivitäten

● **Kinderbauernhof:** Kinderboerderij Agathahoeve, Duinoordseweg 36, Tel. 48 80 45, www.agathahoeve.nl, Streichelzoo vor allem für behinderte Kinder, Di–So 10–17 Uhr, Spenden erwünscht.
● **Schwimmbad:** 't Leemerbad, Rialaan 51, Tel. 48 28 35, Eintritt 1,50 €, Kinder 0,75 €, Juli/Aug. geschlossen.

# Rockanje ⤢ X/A3

Der **Gruene Punt** am Südende des Strandes von Oostvoorne bildet den westlichen Kopf der Insel Voorne. Ab hier verläuft der Strand südostwärts, ist also stärker auf die Sonne ausgerichtet als die meisten anderen Nordseestrände. Hinter den Dünen liegt Rockanje, das zweite Seebad der Insel Voorne. Zwei gut ausgebaute Übergänge führen über eine fünf bis zehn Meter hohe, teils bewaldete Dünenreihe zum Strandabschnitt, der hier etwas schmaler ist und im Bereich der Strandpavillons im Sommer für Besucher eng werden kann. Aber in Richtung Haringvlietdam verbreitert sich der Strand wieder. Da sich vor der Küste Sandbänke erstrecken, ist das Meer ruhiger, wodurch sich dieser Strand gerade für Kinder gut eignet. Am Südende vor dem Haringvlietdam findet sich mit dem **Quackjeswater** ein weiterer vogelreicher Dünensee.

Ein kleines **Freilichtmuseum** zeigt das Leben der Menschen vor hundert Jahren anhand von drei wieder aufgerichteten traditionellen Dünenhäuschen. In der Nähe kann man den **Blommenhof** besichtigen (Zwartedijk 10, Tel. 40 21 98), einen 4000 m² großen Park mit Rosengarten.

## Info

● **Tel.-Vorwahl:** 0181
● **VVV Kantoor:** 3235 AA, Berberislaan 2a, Tel. 40 16 00, Fax 40 16 00, rockanje@vvvz he.nl, www.westvoorne.nl.

Zuid-Holland

05-4ho Foto: ot

## Strand

●Teilweise schmal (blaue Flagge für Strandaufgang 1 und 2), Juni bis Sept. Hundeverbot zwischen 1. und 2. Strandaufgang, ansonsten Leinenzwang; Reitverbot von April bis Okt. 10–18 Uhr; mehrere behindertengerechte Strandaufgänge für Strandrollstühle; Hanggleiten von den hohen Dünen; FKK am „Grünen Punkt" im Nordwesten von Rockanje zwischen Strandpfahl 10,6 und 11,4. Vier Strandpavillons.

## Unterkunft, Essen und Trinken

●**Badhotel** €€: 3235 CR, Tweede Slag 1 (West), Tel. 40 17 55, Fax 40 39 33, www.bad hotel.nl, Strandnähe, am inneren Dünenrand, mit Pool, praktisch eingerichtete Zimmer, dazu **Brasserie Lodgers** €€, ab 7 Uhr geöffnet, 27.12.–5.1. geschlossen.
●**Waterbos:** 3235 CC, Duinrand 11, Tel. 40 19 00, Fax 40 42 33, www.waterboscam ping.nl, ein Camping- und Caravanplatz der Molecaten-Ferienparks direkt an den Dünen.
●**Rondeweibos:** 3235 LA, Schapengorsedijk 19, Tel. 40 19 44, Fax 40 23 80, www.ronde weibos.nl, komfortabler Molecaten-Ferienpark mit Mietcaravans, Campingplatz, geheiztem Pool, Restaurant, wenige Gehminuten hinter dem Strand.

## Museum

●**Openluchtmuseum De Duinhuisjes:** Duinstraat 18, an der Ortsgrenze zu Oostvoorne, Tel. 40 21 98, www.westelijk-voorne.nl, Museum zum Kleinbauernleben in den Dünen, April–Okt. Sa, So und feiertags 13.30–16.30 Uhr, Juni–Aug. auch an Wochentagen, Eintritt 1,50 €.

## Aktivitäten

●**Kitesurf-Schule:** Kitesurf-Events, Noordzeestrand Brouwersdam, Strandtent de Kous, Tel. (0612) 33 56 67, www.kitesurf-events.nl.

## Einkaufen

●**Töpferwaren:** Pottenbakkers, Zeeweg 11–13, Tel. 40 34 27.

●**Bioprodukte:** De Doornhof, Tel. 40 70 18, Do–Sa 10–17 Uhr, angeschlossener Campingplatz.
●**Antik-Kuriosa:** Koeiesteyn, Molendijk 10, Tel. 40 31 59, www.koeiesteyn.nl, reichhaltiges Angebot an Trödel, Di–Fr 10–17 Uhr (Sa bis 16 Uhr), im Winter Di geschlossen.

# Brielle ♒ X/A3

Brielle ist einer der für die niederländische Geschichte wichtigsten Orte. Am 1. April 1572 gelang es den aufständischen Geusen, die Stadt von den Spaniern zu befreien. Dies war der Anfang der eigentlichen Kampfhandlungen des Achtzigjährigen Krieges der Niederländer gegen die Spanier.

Brielle – einst Den Briel genannt – war lange wegen seiner Lage an der einstigen Maasmündung von großer strategischer Bedeutung. Der Ort wird 1280 erstmals urkundlich erwähnt und erhielt bereits 1330 die Stadtrechte vom holländischen Grafen *Floris V.* Aus dieser Zeit stammt auch die Stadtbefestigung, die noch heute den Altstadtkern mit seiner historischen Bausubstanz umschließt. Seinen wirtschaftlichen Höhepunkt erlebte Brielle im 15. Jh. als Hafen- und Handelsplatz, doch als die Maas später versandete, verfiel die Stadt in weitgehende Bedeutungslosigkeit – mit der Folge, dass ihr pittoresker Altstadtkern erhalten blieb. Heute dient Brielle als einer der vielen Wohnorte für die im Rotterdamer Hafen Beschäftigten.

Die **Wälle der Stadtbefestigung** sind heute als Spazierwege begehbar.

Von einzelnen Punkten hat man schöne Blicke auf die historischen Bauten der Altstadt. Besonders an der Hauptstraße und am Wellerondom stehen hübsche **Giebelhäuser.** Das **Rathaus** am Markt stammt aus dem 14. Jh. Es hat einen im späten 18. Jh. vorgesetzten Giebel mit dem Stadtwappen, dessen Inschrift „Libertatis Primitiae" darauf verweist, dass Brielle als erste Stadt der Niederlande von den Spaniern befreit wurde.

### Historisches Museum

Das Historische Museum ist in der alten **Stadtwaage** aus dem 17. Jh. hinter dem Rathaus untergebracht, das auch als Gefängnis diente. Viele Exponate beziehen sich auf *Maarten Harpertszoon Tromp,* jenen berühmten niederländischen Admiral aus der Spätzeit des Achtzigjährigen Krieges, der die spanische Flotte so vernichtend schlagen konnte.

● **Historisch Museum Den Briel:** Markt 1, Tel. 47 54 75, www.historischmuseumden briel.nl, April bis Okt. Di–Fr 10–17 Uhr, Sa 10–16 Uhr, So 12–16 Uhr, ansonsten Di–Fr 12–16 Uhr, Sa 10–16 Uhr, 1.1., 30.4., Ostern, 1. Pfingsttag sowie 25., 26. und 31.12. geschlossen, Eintritt 2 €, Kinder 1 €.

### Sint Catharijnekerk

Überragendes Gebäude in der Altstadt ist die Grote oder Sint Catharijnekerk, eine Kreuzbasilika des 15. Jh. im Stil der Brabanter Gotik mit einem wuchtigen, unvollendeten Turm. Darin schlägt – zusammen mit einem Glockenspiel – die drei Tonnen schwere **Katharinenglocke.** Das einschließlich

der Orgel ganz in Weiß gehaltene Innere der Kirche birgt viele Kunstschätze.

### Brielse Meer

Nördlich und östlich von Brielle erstreckt sich das Brielse Meer, ein einstiger Mündungsarm der Maas, der durch Eindeichung zum Binnensee wurde und heute ein viel besuchtes und frei zugängliches Areal für **Segler, Naturisten und Camper** ist.

### Info

● **Tel.-Vorwahl:** 0181
● **VVV Brielle:** 3231 AH, Markt 1, Tel. 47 54 75, Fax 47 54 70, www.zuid-hollandse-eilanden.nl.

### Unterkunft, Essen und Trinken

● **Pablo** €€€: Voorstraat 89, Tel. 41 29 60, www.restaurantpablo.nl, lange bestehendes Restaurant mit indonesischer Küche, museale Inneneinrichtung, geschlossen Ende Sept. bis Ende Okt, Mo Ruhetag (nicht in den Ferien).
● **De Zalm** €: 3231 BJ, Voorstraat 6, Tel. 41 33 88, Fax 41 77 12, www.hoteldezalm.nl, zentral gelegenes Hotel, das vor allem von Geschäftsreisenden, die auf der Maasvlakte zu tun haben, aufgesucht wird, Weihnachten und Neujahr geschlossen, dazu **Restaurant** €€ mit bürgerlich-traditioneller Küche, So geschlossen.
● **Bastion** €: 3232 HA, Amer 1, Tel. 41 65 88, Fax 41 01 15, www.bastionhotels.nl, am Stadtrand gelegenes Kettenhotel mit funktional eingerichteten Zimmern, angeschlossenes **Grillrestaurant** €€.
● **Recreatiepark Kruiniger Gors:** 3233 XC, Gorsplein 2, Tel. 48 27 11, Fax 48 59 57, www.kruiningergors.nl, traditioneller Camping- und Caravanplatz der Molecaten-Ferienparks in den Dünen des Brielse Meer.
● **Camping De Meeuw:** 3231 CS, Batterijweg 1, Tel. 41 27 77, Fax 41 81 27, www.de

**Zuid-Holland**

meeuw.nl, von der Innenstadt von Brielle zu Fuß zu erreichender Platz am Brielse Meer.

## Aktivitäten

● **Golf:** Golfclub Kleiburg, Krabbeweg 9, Tel. 41 73 36, www.golfclub-kleiburg.nl, 18-Loch-Platz.

# Hellevoetsluis  ⤢ X/A3

Jenseits des Voorns Kanaal und schon auf der Insel Putten wurde ab Ende des 16. Jh. in strategisch günstiger Lage am **Haringvliet** ein neuer Hafen für die holländische Kriegsmarine an der Schleuse zum Nieuwe Helvoet Polder angelegt. Mitte des 17. Jh. erweiterte man den Kriegshafen. Im 17. und 18. Jh. erhielt die Stadt Hellevoetsluis, die inzwischen um den Hafen herum angewachsen war, **Befestigungsanlagen,** die bis heute das alte Hafenviertel charakterisieren.

Heute ist Hellevoetsluis nicht nur für Pendler zum Industrie- und Hafengebiet von Rotterdam attraktiv, sondern auch für Investoren, die im Umfeld des boomenden Nieuwe Waterweg neue Gewerbebetriebe errichteten.

## Dockmuseum

Das **Trockendock** ist das erste gemauerte Dock dieser Art in den Niederlanden. Es besteht aus zwei hintereinander liegenden Becken für Schiffsreparaturen und -neubauten, die durch ein Schleusentor vom Hafenbecken abgetrennt sind. Aquädukte sind um den Rand des Docks angebracht, die dem Auspumpen des Beckens dienen und deren Wasserreservoir gleichzeitig zum Löschen von Bränden bei den Zimmermannsarbeiten benutzt werden kann. Das Trockendock ist inzwischen renoviert worden und als Museum für Besucher zugänglich.

● **Droogdok Jan Blanken:** Industriehaven 50, Tel. 31 01 97, www.droogdok.nl, Führungen 1 Std., geöffnet Mo–Fr 9–17 Uhr, So 13–

Schönes altes Städtchen auf Voorne: Brielle

16.30 Uhr, April–Sept. auch Sa 13–16.30 Uhr, Eintritt 3 €, Kinder bis 12 Jahre 1 €; das Dock ist für Sportboote wieder funktionsfähig, Tagesgebühr für Boote bis 15 m Länge 16 €, bis 45 m Länge 47 €, darüber auf Anfrage.

### Weitere Museen

Interessant ist auch das **Feuerwehrmuseum,** das in einem ehemaligen Marinemagazin untergebracht ist. Das **Heimatmuseum** zeigt Exponate aus dem Leben der Stadtbewohner als Fischer, Seeleute und Bauern zu „Omas Zeiten". Das **Leuchtschiff Noord Hinder** ist ein 1963 gebautes Leuchtschiff im Hafen von Hellevoetsluis, das bis 1994 Dienst tat, heute ist es ein Museumsschiff. Außerdem kann die 1801 gebaute **Kornmühle De Hoop** besichtigt werden.

● **Brandweermuseum:** Eingang Industriehaven 8, Tel. 31 44 79, www.nationaalbrandweermuseum.nl, April bis Okt. Mo–Sa 10–16 Uhr, So 11–16 Uhr, ansonsten nach Absprache, Eintritt 3 €, Kinder und Senioren 2 €.
● **Heimatmuseum** (Oudheitkamer Hellevoetsluis): Industriehaven 8a, Tel. 31 10 84, Mai–Okt. Mi–So 13–16 Uhr, Eintritt 1,50 €, Kinder bis 13 Jahre und Senioren 1 €.
● **Leuchtschiff Noord Hinder:** www.noordhinder.nl, Besichtigung Juli/Aug. 10–17 Uhr, für Gruppen auf Anfrage, Eintritt 1 €, Kinder bis 12 Jahre frei.
● **De Hoop:** Molenstraat 23, Tel. 31 32 40; in der Sommersaison Sa 10–16 Uhr, So 12–16 Uhr, ansonsten nach Absprache.

### Strand

Vom Haringvlietdam in Richtung Hellevoetsluis setzt sich der Strand noch ein Stück fort, ein viel besuchter Abschnitt, der vor den Wellen und den Gezeiten der Nordsee geschützt ist. Große Parkplätze erleichtern den Zugang zum Wasser, das Surfer, Segler, Paddler und andere Wassersportler anzieht – auch, weil es hier **Süßwasser** ist. Es gibt drei Strandpavillons, darunter die Disco de Quack, ein bei der Jugend der Umgebung beliebtes Lokal.

### Info

● **Tel.-Vorwahl:** 0181
● **VVV Hellevoetsluis:** Oostzanddijk 12, Tel. 31 23 18, Fax 31 51 84, hellevoetsluis@vvvzhe.nl, www.vvvzhe.nl.

### Unterkunft, Essen und Trinken

● **Hazelbalg** €€€: 3222 KC, Rijksstraatweg 151, Tel. 31 22 10, Fax 31 26 77, im Stil antiker Architektur eingerichtetes Hotel, angeschlossenes Restaurant mit Gartenterrasse bietet geschmackvolle klassische Küche, im Februar geschlossen, Mo und Di Ruhetag.
● **Resort Città Romana:** Parkweg 1, 3221 LV, Tel. 33 44 44 Fax 33 44 33, www.cittaromana.nl, um den Haringvliet hinter dem Damm gelegener, luxuriöser Ferienpark mit großzügigen Häusern und Bungalows, Hallenschwimmbad, Minimarkt, Bar, Terrassenrestaurant, Wassersport.
● **Camping-Caravanpark 't Weergors:** 3221 LJ, Zuiddijk 2, Tel. 31 24 30, Fax 31 10 10, www.weergors.nl, großer, komfortabler Platz nahe dem Yachthafen, Wohnmobile zu mieten, geöffnet April bis Okt.

### Aktivitäten

● **Schwimmbad:** De Eendracht, Sportlaan 2, Tel. 34 14 55, geöffnet Mo–Fr 7–22.30 Uhr, Eintritt 2 €, Kinder bis 16 Jahre und Senioren 1,50 €.

### Veranstaltungen

● **Festungstage Hellevoetsluis:** am 3. Augustwochenende Vorführung alter Dampfschlepper und -traktoren, Kirmes, Feuerwerk, Schiffsparade etc.

Zuid-Holland

# Insel Goeree-Overflakkee

Erst im Jahre 1751 wurde die bis dahin dem Festland weit vorgelagerte Insel Goeree durch den Statendam mit dem ebenfalls noch vor dem Festland liegenden Bauerneiland Overflakkee verbunden. Durch Einpolderungen entlang des Stellendam erhielt die Doppelinsel Goeree-Overflakkee im Laufe der folgenden Jahrzehnte ihre heutige Form. Über den **Haringvlietdam** gelangt man von der Insel Voorne südwärts nach Goeree. Nach Overflakkee gelangt man von Rotterdam auf der Autobahn A29 über die Haringflietbrug, von der man vor der Volkerak-Schleuse westwärts auf die Insel abbiegt.

Goeree und Overflakkee gehören zwar noch zur Provinz Zuid-Holland, zeigen aber in ihrem Erscheinungsbild schon einen sehr zeeländischen Charakter. Bis zum ausgehenden 18. Jh. war die isolierte Lage der Inseln kennzeichnend für die Lebensumstände der Bewohner. Unnötige Wege aufs Festland mussten vermieden werden, insofern war man auf Selbstversorgung angewiesen. So konnten sich bis heute kleinstrukturierte Landwirtschaftsbetriebe erhalten.

Eine Besonderheit bilden die innerhalb des inneren Dünengürtels von Goeree liegenden kleinen, **von Sandwällen umgebenen Äcker,** deren Erscheinungsbild hier als Schurvevelingenlandschap bezeichnet wird. Die Bauern legten die Äcker tiefer, damit das Wurzelwerk der Ackerfrüchte besser an das süße Grundwasser gelangen konnte. Dazu trugen sie den Mutterboden ab, gruben den darunter liegenden Sand ab, türmten ihn am Rand zu Wällen auf und trugen dann den Mutterboden wieder auf. Die Wälle wurden mit Strauchwerk bepflanzt, sodass sich ein perfekter Windschutz für die Äcker ergab.

# Stellendam ⤢ XV/C1

Der erste Ort auf Goeree, den man nach dem Überqueren des Haringvlietdam und des Zuiderdiep erreicht, ist Stellendam. Am Ende des Dammes findet der Besucher mit der **Expo Haringvliet** ein großes **Informationszentrum** vor, das mit seinen Exponaten Auskunft über die Lebensbedingungen des Haringvliet auch unter den veränderten Voraussetzungen seit seiner Abtrennung von der Nordsee gibt.

● **Expo Haringvliet (Deltawerken):** Haringvlietplein 3, Tel. 49 49 99 13, www.expoharingvliet.nl, mit Fischerei- und Schiffsmotorenmuseum, Kinderspielplatz, Restaurant; Museum täglich 10–17 Uhr geöffnet (Restaurant 9–24 Uhr), Museumseintritt 5 €, Kinder bis 12 Jahre 3,85 €, Senioren 4,30 €; von der Anlegestelle Rundfahrten über den Haringvliet mit dem Motorsegler „Saartje", Schiffseigner J. Grinwis, Tel. 49 99 13.

# Goedereede ⤢ XV/C1

Der weitere Weg über die Insel Goeree führt über Goedereede – der Ursprung des Namens *Goede Reede* zeigt, dass der Ort einst ein wichtiger Handelsplatz war. Schifffahrt und Handel blühten hier im 14. und 15. Jh. Doch der Ort litt sehr unter den Sturmfluten der Folgezeit. Dann versandete der Hafen, sodass Goedereede an Bedeutung verlor – aber deshalb blieb das pittoreske ursprüngliche Ortsbild erhalten.

Der **Turmstumpf** der alten Pfarrkirche, deren Schiff um 1710 neu errichtet wurde, beherrscht weithin das

Zuid-Holland

Ortsbild. Ein kleines **Museum** im Turm zeigt Exponate aus der Geschichte des Ortes, seiner Landwirtschaft und Fischerei. Am pittoresken halbrunden **Markt** stammen die vorbildlich restaurierten Häuser aus dem 17. Jh., einzelne sogar aus dem 15. Jh.

●**Torenmuseum Goedereede:** Domtoren, Kerkpad 9, Tel. 49 37 96, www.museum land.nl, Mo–Mi, Fr 14–17 Uhr, in der Hochsaison Do und Sa schon ab 11 Uhr, für Gruppen auch nach Absprache, Eintritt 1,50 €, Kinder bis 12 Jahre 1 €.

## Naturschutzgebiet De Kwade Hoek

Unmittelbar nördlich von Goedereede breitet sich das Naturschutzgebiet

Am Marktplatz von Goedereede

De Kwade Hoek vor der Inselküste aus. Es erhielt seinen Namen von den Fischern, denen die sich hier immer wieder verändernden Strömungen des Prielsystems große Probleme bereiteten – weswegen sie diesen Küstenabschnitt als *de kwaaien hok* („die böse Ecke") bezeichneten.

●**Naturreservaat De Kwade Hoek:** Zugänglich 15. Juli bis 1. April durch Kauf einer Tageskarte bei den Zugängen zum Kwade Hoek (2 € p.P.), Führungen werden angeboten, Information VVV Kantoor Ouddorp (siehe dort).

### Info

●**Tel.-Vorwahl:** 0187
●**Gemeindebüro:** 3252 BR, Tramlijnweg 2, Tel. 49 15 00, Fax 49 29 24, gemeentehuis@ goedereede.nl, www.goedereede.nl.

## Strand

- Mehr oder weniger breit, feinsandig, qualitativ gut (blaue Flagge für Badestrand Westerduinpad), Hundeverbot von Mai bis Sept. 9–19 Uhr zwischen den Strandpfählen 9.5 und 13, ansonsten müssen Hunde angeleint sein; Reitverbot in der Badesaison 9–19 Uhr; kein FKK-Strand; Surfen zwischen den Strandpfählen 9.5 und 11.5 zugelassen, Kitesurfen, Buggykiting, Strandsegeln, Drachenfliegen von Mitte Mai bis Mitte Sept. verboten zwischen den Pfählen 9.50 und 23.

## Unterkunft, Essen und Trinken

- **De Gouden Leeuw** €€: Markt 11, Tel. 49 13 71, www.hoteldegoudenleeuw.com, in einem alten Haus am Markt aus dem Jahr 1480, mit Terrassencafé, anspruchsvolle Küche, drei Wochen im Januar geschlossen, Mo Ruhetag, Hotel angeschlossen.
- **Café Goeree:** Haven 1, Tel. 49 13 27, Billard-Café.
- **De Toekomst:** 3253 TA, Dijkstelweg 59, Tel. 68 41 58, Fax 68 47 49, www.bungalow parkdetoekomst.nl, großzügige Bungalows in einem schön begrünten Park.

# Ouddorp

♐ XIV/B1

Ouddorp ist heute das touristische Zentrum auf Goeree mit einem reizvollen Ortskern. Es ist das älteste Dorf der Insel. Erste Hinweise auf den Ort stammen aus dem Jahr 1100, als ein Grundherr einen Geldbetrag für Kirche und Kirchturm stiftete.

Heute spielt neben dem Tourismus die Blumenzwiebel- und Blumensamenzucht für Ouddorp eine große wirtschaftliche Rolle. Im Frühjahr und Sommer erstrahlt die Umgebung in einem farbenprächtigen Blütenmeer.

Im alten **Raads- en Polderhuis** ist heute das Heimatmuseum untergebracht. Der Ort kann darüber hinaus mit einer Reihe schöner, alter Bauernhäuser aus dem 16. und 17. Jh. aufwarten. In einem dieser Häuser ist das Fremdenverkehrsamt untergebracht. Am Westhoofd steht der 52 m hohe, im Jahre 1948 nach Kriegszerstörung neu errichtete **Leuchtturm** der Insel.

Südlich von Ouddorp findet man am Rand des Grevelingmeers noch Reste des alten **Forts De Schans,** das zur Zeit der England-Kriege in der zweiten Hälfte des 17. Jh. errichtet wurde. Ein Paar alte Kanonen stehen noch aus dieser Zeit.

- **Raads- en Polderhuis:** Raadhuisstraat 4, Tel. 68 44 19 (oder VVV), Mai/Juni/Sept. Do–Sa 14–17 Uhr, Juli/Aug. Mo–Sa 14–17 Uhr (Di geschlossen), Eintritt 1,80 €.

## Info

- **Tel.-Vorwahl:** 0187
- **VVV-Kantoor Ouddorp:** Bosweg 2, Tel. 68 17 89, Fax 68 37 83, www.vvv-ouddorp.nl.

## Strand

- Siehe unten: „De Punt van Goeree"

## Unterkunft, Essen und Trinken

- **Restaurant Hameeteman** €€: Hoge Pad 7, Tel. 68 12 63, Fischrestaurant, große Weinkarte, auch im Winter geöffnet.
- **Swingcafé De Kreek:** Boompjes 7, Tel. 68 14 01, www.kreek.nl, Swingdisco im Sommer geöffnet ab 20 Uhr (ansonsten Mi–So), dazu **Café 't Praethuus** (ab 11 Uhr).
- **RCN Toppershoedje:** 3253 LR, Strandweg 2–4, Tel. 68 26 00, Fax 68 36 59, www.top pershoedje.nl, 16 ha großer Camping- und Bungalowpark.

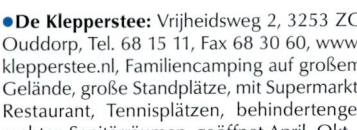
●**De Klepperstee:** Vrijheidsweg 2, 3253 ZG Ouddorp, Tel. 68 15 11, Fax 68 30 60, www.klepperstee.nl, Familiencamping auf großem Gelände, große Standplätze, mit Supermarkt, Restaurant, Tennisplätzen, behindertengerechten Sanitärräumen, geöffnet April–Okt.

## Aktivitäten

●**Reiten:** Manege De Goede Reede Ouddorp, Hofdijksweg 48, Tel. 68 91 56, www.tamerus.nl, Ausritte, Strandritte, Pferdepension, Reithalle und Außenreitplatz.
●**Planwagenfahrten:** Stalhouderij Westhil, Oudelandseweg 46, Tel. 68 46 06.

## Einkaufen

●**Ziegenkäse:** Ziegenbauernhof De Mekkerstee, Tel. 68 40 50, eine Einrichtung der Behindertenförderung, Di–Sa 9–17 Uhr.

# De Punt van Goeree ⊿ XIV/B1

Ganz im Südwesten der Insel Goeree hat sich das Landschaftsbild seit dem Bau des **Brouwersdam** weiter verändert. Hier wurden große Sandflächen angeschwemmt und angeweht, die heute unter anderem Platz für Strandsegler bieten. An der Landseite des Brouwersdam beginnt das Grevelingenmeer, das durch die Eindeichung zu einem großen Binnensee, einem Paradies für Wassersportler wurde. Ein großer **Yachthafen** bietet Platz für viele Segelboote. Hier an De Punt van Goeree entstand in dem sich vergrößernden Sand- und Dünengelände ein vielseitiges Freizeitgebiet.

Das **Besucherzentrum De Grevelingen** am Nordende des Brouwersdam bietet einen Einblick in die Entwicklungsgeschichte des ehemaligen Meeresarms mit seiner jungen Naturlandschaft, seiner Tier- und Pflanzenwelt.

Die Strände werden wegen guter Parkmöglichkeiten von Sonnenanbetern, Surfern und anderen Wassersportlern gern aufgesucht. Von einem Pier aus starten im Sommer Rundfahrtboote. Die größte Attraktion ist aber die **Museumseisenbahn,** deren verschiedene Dampf-, Elektro- und Dieselzüge in einem Schuppen gewartet werden. Von hier kann man eine kurze Fahrt entlang des Brouwersdam bis Port Zélande machen.

●**Besucherzentrum De Grevelingen:** De Punt 4, Tel. (0187) 68 23 46, www.grevelingen.nl, 10–17 Uhr, Eintritt frei.
●**St. RTM (Museumseisenbahn):** G.C. Schellingerweg 2, De Punt West, Tel. 68 99 11, www.rtm-ouddorp.nl, Museum Mi und Sa 13–16.30 Uhr, Fahrtzeiten siehe Fahrplan im Internet, Eintritt Museum 1 €, Fahrpreis Bahn (Hin- und Rückfahrt) 5 €, einfach 3,50 €, Kinderermäßigung.

## Strand

●Teilweise sehr breit, feinsandig, qualitativ gut (blaue Flagge für Strand am Brouwersdam), Hundeverbot von Mai bis Sept. 9–19 Uhr zwischen den Strandpfählen 9.5 und 13 sowie 21.2 und 23, ansonsten müssen Hunde angeleint sein; Reitverbot in der Badesaison 9–19 Uhr; kein FKK-Strand; Surfen zwischen den Pfählen 9.5 und 13.75 verboten, Kitesurfen, Buggykiting, Strandsegeln, Drachenfliegen zwischen den Strandpfählen 13 und 13.75 und an der äußeren Seite des Brouwersdam erlaubt; fünf Strandpavillons.

## Essen und Trinken

●**Beach Point:** De Punt 3, Tel. (0187) 68 35 50, www.beach-point.nl, Café und chinesisches Restaurant am Besucherzentrum, reichhaltige Speisekarte.

## Aktivitäten

- **Surfen:** Kite-Surfschule Natural High, Noordzeestrand Brouwersdam, Tel. (0612) 33 56 67.
- **Bootsrundfahrten:** Rederij Zeeland, www.rederijzeeland.nl, Rundfahrt durch das Grevelingenmeer, Abfahrt: De Punt, Abfahrtzeiten: April bis Mitte Juni und Nov. So und Mi 14.15 Uhr (in den Maiferien täglich), Mitte Juni bis Mitte Sept. täglich 14.15 Uhr, Mitte Sept. bis Ende Okt. So und Mi 14.15 Uhr, Tel. 64 14 80, behindertengerechte Einschiffung und WC, Fahrpreis 9,50 €, Kinder 3–12 Jahre 5,50 €.

## Grevelingenmeer

Der 1971 fertiggestellte Brouwersdam machte aus dem einstigen Meeresarm De Grevelingen das Grevelingenmeer, einen großen **Süßwassersee,** der inzwischen aus ökologischen Gründen immer wieder mit Nordseewasser aufgefrischt wird. Als Folge der Absperrung durch den Brouwersdam sind die Gezeiten aus dem Grevelingenmeer verschwunden. Heute liegt der Wasserpegel fest bei 0,20 m unter dem Meeresspiegel. Flachwasserbereiche, die vorher nur bei Niedrigwasser trockenfielen, bleiben seitdem trocken. Von der 11.000 ha umfassenden Wasserfläche sind 4000 ha mehr als 1,50 m tief.

Entlang der beiden Deiche wurden etwa 300 ha Landfläche als Naherholungsgebiet eingerichtet. Heute ist das Grevelingenmeer eines der größten **Wassersportgebiete** der Niederlande. An den Schlickküsten und den Inseln wurden frei zugängliche Anlegeplätze für Segler gebaut, deren Gebrauch gebührenpflichtig ist. Von diesen Gebühren werden unter anderem Maß-

nahmen des Naturschutzes finanziert. Kein Segler darf länger als drei Tage an einer Stelle bleiben, damit die Anleger nicht als feste Liegeplätze missbraucht werden. Geschwindigkeiten von mehr als 15 km/h sind auf dem Grevelingenmeer verboten.

- **Natuur- en Recreatieschap de Grevelingen:** 4316 PC Zonnemaire, Haven van Bommende 1, Tel. (0111) 69 15 53.
- **Bootsanleger:** Karten erhältlich in den Yachthäfen, bei den VVV-Kontoren und bei einzelnen Gastronomiebetrieben, Drei-Tage-Tarif 1 €, Saisonkarte 43,50 €.

# Port Zélande ♪ XIV/B1

Mitten durch den Brouwersdam verläuft die Grenze zwischen den niederländischen Provinzen Zuid-Holland und Zeeland. In der Mitte wurde die Kabbelaarsbank als Bauplattform für seine Errichtung verwendet. Nach Abschluss der Arbeiten im Jahre 1972 trocknete die Kabbelaarsbank aus. Die Insel wurde später zu einem großen **Freizeitgelände** ausgebaut. Hier entstand neben einer großen, mediterran anmutenden **Bungalowanlage** der große **Yachthafen** Port Zélande mit allen erforderlichen Einrichtungen. Über eine Fußgängerbrücke überquert man die über den Brouwersdam führende Straße und gelangt meerseitig zum Strand der Kabbelaarsbank, dessen feiner Sand Urlaubsfreuden verspricht.

- **Center Parc Port Zélande:** Ferienpark mit „Adventure Factory" (Indoor-Minigolf, virtuelles Bowling, Unterhaltung), Fahrradverleih, Reitstall, Sportmöglichkeiten, subtropisches

Schwimmbad, Einkaufsmöglichkeit, Buchung über Tel. (0111) 67 40 00.

- **Camping Port Zélande:** 3253 MG Ouddorp, Port Zélande 3, Tel. (0111) 67 20 83, Fax 67 16 16.
- **Zeil- en Surfcentrum Brouwersdam:** Ossenhoek 1, Tel. (0111) 67 14 80, www.brouwersdam.nl, mit Bootsverleih, Surfshop, Restaurant und Gruppenunterkünften.
- **Kitesurfschule:** Nordseestrand Brouwersdam, Tel. (0621) 52 44 47, www.kitesurfevents.nl, Unterricht im 2-Tages-Kurs (10 Std.) 200 €, dazu Kinderkurse, Aufbaukurse, Coaching etc.

# Middelharnis     ⌖ XV/C1

Middelharnis ist der Hauptort auf Overflakkee und wird im Allgemeinen zusammen mit **Sommelsdijk** genannt, das heute Ortsteil von Middelharnis ist – der eine Ort verdankt seinen Wohlstand der Landwirtschaft, der andere der Heringsfischerei, die im ausgehenden Mittelalter einer der wichtigsten Wirtschaftszweige der Niederlande war.

Das herausragende Gebäude von Middelharnis ist sein **Rathaus,** ein stattliches, dreiachsiges Giebelgebäude aus dem Jahr 1639, das heute als **Museum** dient. Hier werden Bilder des von der Insel stammenden Zeichners *Rien Poortvliet* gezeigt; im Gebäude finden darüber hinaus wechselnde Gemäldeausstellungen statt.

Die einst dem Erzengel Michael und dem Evangelisten Johannes geweihte **reformierte Kirche** wurde 1467 gebaut. Während der napoleonischen Zeit hat man auf ihren Turm eine optische Signalstation gesetzt.

Das **Regionalmuseum** (*Streekmuseum)* von Goeree-Overflakkee ist seit 1956 in der Kirchstraße im historischen Kern des Ortsteils Sommelsdijk untergebracht. Die Exponate befassen sich mit der Geschichte der Insel im Delta. Sehenswert ist auch das alte Haus **De Doele,** Stammsitz der Schützengilde, mit seinem charakteristischen Giebel aus dem 17. Jh.

- **Rien Poortvliet Museum:** Raadhuisstraat 1, Tel. 48 67 25, www.rienportvlietmuseum.nl, Wechselausstellungen im Rathaus, Di–Sa, 2. Oster- und Pfingsttag 10–17 Uhr, Eintritt 4 €, Kinder bis 13 Jahre und Senioren 2 €.
- **Streekmuseum:** Sommelsdijk, Kerkstraat 2–12, Tel. 48 37 78, Mai bis Okt. Di–Sa 14–17 Uhr, Do auch 10–12 Uhr, Eintritt 1,60 €, Kinder bis 12 Jahre 1 €.

## Info

- **Tel.-Vorwahl:** 0187
- **ANWB VVV Kantoor:** 3241 EB, Vingerling 3, Tel. 48 48 70, Fax 48 78 15, middelharnis@vvvzhe.nl, www.flakkee. net/vvv.

## Unterkunft, Essen und Trinken

- **De Hooge Heerlijkheid** €€€: 3241 EE Middelharnis, Voorstraat 21, Tel. 48 32 64, Fax 48 53 29, www.dehoogeheerlijkheid.nl, klassisches Restaurant mit Sommerterrasse, kleiner Hotelbetrieb, auch Appartements.
- **Brasserie 't Vingerling** €€: Vingerling 23, Tel./Fax 48 33 33, in einem Fischereischuppen aus dem 18. Jh., mit Terrasse, Ende Jan. bis Mitte Febr., 1.5., 15.10. sowie Mo und Di geschlossen.

## Aktivitäten

- **Golf:** Golfbaan Catharinenburg, Melissant, Bouwdijk 9, Tel. 60 50 60, www.catharinenburg.nl, 9-Loch-Platz des Golfclubs Roxenisse.

Zuid-Holland

# Zeeland Überblick

Die Provinz Zeeland, die südliche Küstenprovinz der Niederlande, war am stärksten von den Auswirkungen der Sturmflutkatastrophe des Jahres 1953 betroffen. Große Teile des Delta-Gebietes, das den Charakter dieser Provinz prägt, wurden überschwemmt, Menschen starben oder wurden obdachlos, Tiere ertranken in den Fluten, Arbeitsplätze gingen verloren. Glücklicherweise erinnert heute nichts mehr an diese schrecklichen Ereignisse. Deiche und Flutwehre sichern nunmehr das Hinterland. Weiterhin bezaubern die **langen Sandstrände** die Urlauber. Reizvolle Orte liegen im Hinterland, die die Geschichte dieser so ereignisreichen Provinz widerspiegeln. Vielseitige Ferienangebote machen dieses

## Insel Schouwen-Duiveland

Der Brouwersdam verbindet die Insel Goeree mit der heutigen Doppelinsel Schouwen-Duiveland. Die Siedlungsgeschichte der westlich gelegenen Insel Schouwen ist durch sogenannte **Kirchringdörfer** geprägt. Als im ausgehenden Mittelalter auch die tiefer liegenden Landflächen eingepoldert waren, errichtete man die Ansiedlungen auf kleinen Anhöhungen. In der Mitte solcher Erhebungen baute man die Kirche, die Häuser entstanden im Kreis darum herum. Das bekannteste Kirchringdorf ist Renesse, die ursprünglichsten Dörfer dieser Art sind die kleinen Orte Noordwelle und Serooskerke weiter landeinwärts auf der Insel.

Gebiet attraktiv, das abseits von den Großstädten des Landes liegt und dessen Strände daher auch in der Saison weniger überfüllt sind als die in Zuid-Holland.

# Scharendijke    ⤢ XIV/B1

Nach der beeindruckenden Fahrt über den Brouwersdam von der Insel Goeree gelangt man auf die Insel Schouwen-Duiveland. Der erste Ort, den man passiert, ist Scharendijke. Die kleine Hafenstadt hat einen hübschen Ortskern, einen Yachthafen und vielfältige Urlaubsangebote – jenseits des Brouwersdam beginnt der schöne Strand von Schouwen. In dem durch den Damm abgetrennten **Grevelingenmeer** wird vor allem Tauchsport betrieben, denn die Tauchreviere in diesem teilweise an die 40 m tiefen Gewässer gehören zu den besten der Niederlande (siehe voriges Kapitel).

## Info

- ●**Tel.-Vorwahl:** 0111
- ●**VVV:** 4322 AB, Dijkstraat 28, Fax 67 26 33, www.zeelandnet.nl/vvv.

## Essen und Trinken

- ●**Aqua Marine** €€: Haven Kloosternol 5, Tel. 67 19 81, Spezialität Fischgerichte.
- ●**De Zondebok:** Dorpstraat 19, Tel. 67 13 80, gemütliche Brasserie, Café und Restaurant im Zentrum, Spezialität gegrillter Fisch.

## Unterkunft

- ●**De Pepermolen** €€: 4322 ND, Kloosterweg 2/4, Tel. 67 19 36, www.hoteldepepermolen.nl, Hotel und Restaurant.

- ●**Camping Duin en Strand:** 4322 NL, Kuyerdamseweg 35, Tel. 67 12 16, Fax 67 60 10, www.duinenstrand.nl, nah am Grevelingenmeer und am Nordseestrand gelegener Platz, ideal für Wassersportler.

## Aktivitäten

- ●**Segelbootvermietung:** Jan Hardenbol, Baken 1 (gegenüber 44), Tel. 67 15 13, Mai bis Okt. 9.30–18 Uhr.
- ●**Tauchen:** Duikcentrum De Grevelingen, Elkeerzeeweg 34, Tel. 67 15 00, Fax 67 12 25, www.de-grevelingen.nl; Tauchschule The Scuba Experience, Tel. (0653) 33 73 34, Einführungskurs 45 €, Anfänger und Fortgeschrittenenkurse; Duikcentrum De Kabbelaar, Yachthaven Klostermol 3, Tel. 67 19 13, Fax 67 26 86, duiken@de-kabbelaar.nl, Tauchschule mit angeschlossenem Restaurant und Unterkunft, Einführungskurs 45 €, Open-Water-Kurs mit Theorie, Anlernen im Pool und vier Open-Water-Tauchgängen 399 €.

# Brouwershaven    ⤢ XIV/B1

Auf dem Weg von Scharendijke nach Brouwershaven passiert man **Den Osse,** einen Ferienort unmittelbar unterhalb des ehemaligen hohen Seedeichs zum Grevelingenmeer. Hier wurden ein Yachthafen und ein Wassersportzentrum eingerichtet, Unterkunft bieten mehrere Bungalowparks.

Brouwershaven blickt auf eine reiche maritime Geschichte zurück. Einerseits war der Ort Umschlaghafen für Waren und andererseits Heimathafen für die Fischfangflotte. Heute ist der Hafenkanal in einen **Yachthafen** umfunktioniert, an dessen Ende sich das imposante ehemalige **Renaissance-Rathaus** erhebt. Kleine Häuser säu-

**Zeeland**

men den Hafenkai und geben dem Ort sein gemütliches Gepräge.

Das **Brouws Museum** zeigt Exponate zur Seefahrtsgeschichte des Ortes anhand von authentischen Schiffsmodellen, eindrucksvollen maritimen Gemälden, topografischen Karten und auch Wasserkarten.

Südöstlich von Brouwershaven kann man in **Dreischor,** dem schönsten der Kirchringdörfer, ein Heimatmuseum besuchen, untergebracht in einem um 1700 gebauten Bauernhof namens **Goemanszorg.**

● **Brouws Museum:** Haven Zuidzijde 14–15, Tel. 69 13 42, www.brouwsmuseum.nl, Mo–Fr 11–17 Uhr, Eintritt 3,25 €, Kinder frei.
● **Streek- en Landbouwmuseum Goemanszorg:** Dreischor, Molenweg 3, Tel. 40 23 03, www.museaschouwenduiveland.nl, geöffnet Ostern–Okt. Di–Fr 10–17 Uhr, Sa 12–17 Uhr (August 10–17 Uhr), Eintritt 2,50 €, Kinder 1,50 €, behindertengerecht.

### Info

● **Tel.-Vorwahl:** 0111
● **VVV Servicepunt Brouwershaven:** c/o Dolhins Diving, 4318 AG Brouwershaven, Markt 24, Tel. (0900) 20 20 23, Fax 69 20 58, www.vvvzeeland.nl.

### Strand

● Künstlich angelegter, kleiner Strandabschnitt am Grevelingenmeer östlich des Yachthafens Den Osse, abgetrennt vom offenen Wasser, das für alle Wassersportarten frei ist. Ein Strandpavillon.

### Unterkunft, Essen und Trinken

● **De Brouwerie** €€: Molenstraat 31, Tel. 69 18 10, www.debrouwerie.nl, in einem alten Fischerwohnhaus zwischen Zentrum und Yachthafen, lokale Küche, geschlossen im

November, Mo im Winter und Mi (außer Juli/August).
● **'t Swarte Schaep** €: Haven Zuidzijde 16, Tel. 69 19 03, www.swarte-schaep.nl, urige Kneipe mit Außenterrasse am Hafen, Spezialität in der Saison: Miesmuscheln „bis zum Abwinken" in leckerem Sud zum Tagespreis.
● **Port Greve:** Landal-Bungalowpark, 4318 ZH, Heernisweg 1, Tel. 69 18 55, Fax 69 20 63, www.landal.de, großzügig angelegter Bungalowpark mit großem Hallen-Erlebnisbad, Supermarkt, Restaurants, Sportangeboten, unmittelbar am Yachthafen und am kleinen, aufgeschütteten Sandstrand von Den Osse.

### Einkaufen

● **Bauernkäse:** Kaasboerderij De Stolpe, Nieuwekerk, Tel. 64 71 50, südwestlich von Dreischor, reichhaltiges Sortiment an Kräuterkäse.

### Aktivitäten

● **Boots-Rundfahrten:** Rederij Zeeland, Rundfahrt durchs Grevelingenmeer, Abfahrt: Den Osse, Abfahrtszeiten: April bis Mitte Juni und Nov. So und Mi 13.30 Uhr (in den Maiferien täglich), Mitte Juni bis Mitte Sept. täglich 14.15 Uhr, Mitte Sept. bis Ende Okt. So und Mi 13.30 Uhr, Tel. 64 14 80, behindertengerechte Einschiffung und WC, Fahrpreis 9,50 €, Kinder 3–12 Jahre 5,50 €.
● **Bootsvermietung:** Be Boer Service, Blankersweg 4a, Tel. 69 25 00, täglich 8–18 Uhr.
● **Tauchen:** Taucher-Parkplatz am westlichen Ortseingang von Den Osse, mit Snack-Bude (in der Saison geöffnet), Deichübergang mit Tauchereinstieg ins Grevelingenmeer.

### Fähre

● **Fahrradfähre:** MS Leja, vom Hafen Den Osse nach Slikken van Flakkee, verkehrt Juli bis Sept. Mo–Sa 3x täglich, Tarif (einfach mit Fahrrad) 6,50 €, Kinder 4 €, Information Tel. 69 14 55.

# Zierikzee

♫ XIV/B1

Zweifelsohne zählt Zierikzee zu den sehenswertesten kleineren Städten der Niederlande. Seine Gründung geht auf das 9. Jh. zurück, den Reichtum verdankt es dem Meer, vor allem dem Heringsfang. Das **pittoreske Stadtbild,** das sich über mehrere Jahrhunderte entwickelte, ist weitgehend erhalten geblieben und vermittelt noch heute einen Eindruck vom früheren Wohlstand der Bürger.

Drei Türme der Stadtbefestigung stehen noch. Das älteste Stadttor ist die **Nobelpoort** aus dem 14. Jh. Seine beiden flankierenden Rundtürme mit ihren spitzen Kegeldächern erhielt er erst später. Der Innenplatz der aus dem 16. Jh. stammenden **Noordhavenpoort** als jüngstem Stadttor wird von Gebäuden in Hufeisenform umgeben. Stadtseitig zeigt der Bau eine schöne Renaissancefassade. Über eine Zugbrücke gelangt man zur **Zuidhavenpoort** mit quadratischem Torturm, der vier kleine Ecktürme aufgesetzt sind.

Das **Stadhuis,** die ehemalige Markthalle, trägt einen markanten, hohen

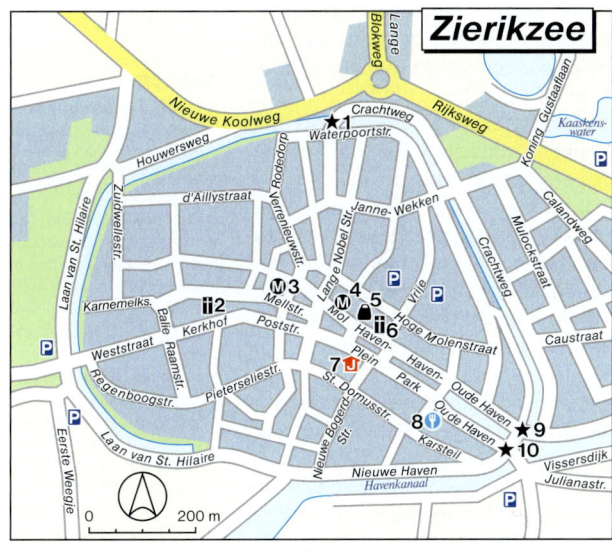

|  |  | | |  |  | |
|---|---|---|---|---|---|---|
| ★ | 1 | Nobelpoort | | 🔒 | 5 | Börse mit Markthalle |
| ⚄ | 2 | St.-Lievenmonster | | ⚄ | 6 | Gasthuiskerk |
| Ⓜ | 3 | Stadhuis | | 🔴 | 7 | De Zeenwiche Herberge |
|  |  | mit Stadtmuseum | | 🔵 | 8 | De Drie Morianen |
| Ⓜ | 4 | Haus Gravensteen | | ★ | 9 | Noordhavenpoort |
|  |  | mit Seefahrtsmuseum | | ★ | 10 | Zuidhavenpoort |

Holzturm aus dem 14. Jh. mit aufgesetzter Zwiebelhaube, in dem ein Glockenspiel untergebracht ist. Das Gebäude beherbergt heute das **Stadt- und Regionalmuseum** (s.u.). Gegenüber steht das gotische **Tempeliershuis,** das älteste Wohnhaus der Stadt. Das als Stadtgefängnis zu Beginn des 15. Jh. gebaute Haus **Gravensteen** weist eine schöne Treppengiebelfassade mit schmiedeeisernen Gittern an den Fenstern im ersten Stock auf, wo früher auch der Henker seinen Dienst tat. Die Zellen waren noch bis 1923 in Betrieb. Heute beherbergt das Haus das Seefahrtsmuseum.

Von der alten gotischen **Kathedrale St.-Lievenmonster** steht nur noch der mächtige Turm, der bestiegen werden kann. Das Kirchenschiff brannte 1832 ab, wenig später richtete man den heutigen klassizistischen Bau mit seiner imposanten Fassade auf.

Besonders schön ist die lange Häuserzeile am **Nieuwe Haven.** Der **Oude Haven,** die zwischen Noord- und Zuidhavenpoort in die Stadt hineinführende Gracht, wird von herrschaftlichen Patrizierhäusern gesäumt. Am Kopfende des sich als Havenpark fortsetzenden Oude Haven steht **De Witte Swan** (Der Weiße Schwan), ein prächtiges Gebäude mit Barockfassade. Seitlich davon befindet sich die ehemalige **Getreidebörse** *(Beurs)* mit der von Säulen getragenen Markthalle neben der **Gasthuiskerk,** der ehemaligen Kapelle des alten Elisabeth-Krankenhauses aus dem 14. Jh.

Von Zierikzee aus führt die **Zeelandbrug** über die Oosterschelde.

Lange galt diese Brücke mit ihren 54 Pfeilern als die längste Europas. Sie wurde 1962 fertiggestellt – lange vor der Errichtung des Oosterscheldedam.

## Info

●**Tel.-Vorwahl:** 0111
●**VVV Kantoor:** 4301 DJ, Nieuwe Haven, Tel. 41 24 50, Fax 41 72 73, www.schouwen duiveland.nl.

## Essen und Trinken

●**De Drie Morianen** €€: Kraanplein 14, Tel. 41 29 31, www.ibw.nl/dedriemorianen, einfallsreiche Küche, besonderer Anziehungspunkt in der Muschelsaison, Terrasse, Anfang Januar und Di außerhalb der Saison geschl.
●**De Zeeuwsche Herberghe** €€: Havenpark 2, Tel. 41 41 18, Fischrestaurant.

## Museen

●**Stadhuismuseum:** Meelstraat 6–8, Tel. 45 44 64, www.museaschouwenduiveland.nl/stadhuis.html, Mai bis Okt. Mo–Sa 10–17 Uhr, So 12–17 Uhr, Eintritt 2 €, Kinder und Senioren 1 €.
●**Maritiem Museum:** Mol 25, Tel. 45 44 64, www.museaschouwenduiveland.nl/maritiem.html, Seefahrtsgeschichte von Zierikzee, April bis Okt. und in den Schulferien Mo–Sa 10–17 Uhr, So und feiertags 12–17 Uhr, 25.12. und 1.1. geschlossen, Eintritt 2 €, Kinder und Senioren 1 €.
●**Museumhaven Zeeland:** mit den historischen Schonern „Mijn Genoegen" (1899), „De Vrouwe Adriana ARM-17" (1878), „Meeuw" (1895), dem Peilboot „Leendert Abraham-Polder" (1953), dem Fährschiff „Zuidvliet" (1913) im Oude Haven, Kontaktadresse Sekretariat, Oude Haven 10–12, Tel. (0652) 16 66 21, www.museumhavenzee land.nl, Anfang Juli–Anfang Sept. Di–Fr 13–17 Uhr, Eintritt 1 €, Kinder frei.

## Aktivitäten

●**Rundflüge:** Prince Helicopters, Gooikensweg 1, Tel. 41 57 03, www.prince-helicop

ter.nl, Hubschrauberrundflüge im ganzjähri-
gen Betrieb 8.30–17.30 Uhr.
● **Hafentage:** Drei Tage Rummel in der Altstadt Ende August.

## Einkaufen

● **Wochenmarkt:** donnerstags 9–16 Uhr.

# Bruinisse
↗ XV/C1

Bruinisse liegt ganz im Osten der Insel
Duiveland. Hier wird vor allem **Muschelzucht** betrieben, so steht auch
am Deich zum Grevelingenmeer das
Standbild einer geöffneten Miesmuschel. Einst lag Bruinisse abseits aller
Landverkehrswege, seit dem Bau der
Straße nach Rotterdam gibt es nunmehr eine direkte Verkehrsanbindung
an das holländische Zentrum. Wichtigstes Ereignis ist heute das **Fischerei-
fest** (www.visserijdagen-bruinisse.nl),
das an drei Tagen Mitte Juli das Ortsbild beherrscht. Gefeiert wird der Beginn der neuen Muschelsaison, wofür
jedes Jahr eine Muschelkönigin unter
den Töchern der Muschelfischer ausgewählt wird.

## Info

● **Tel.-Vorwahl:** 0111
● **VVV Bruinisse:** 4311 AV, Oudestraat 23,
Tel. 48 14 12, Fax 48 23 60, www.schouwen
duiveland.nl.

## Unterkunft, Essen und Trinken

● **De Vluchthaven** €€€: Zijpe 1, Tel. 48 12 28,
www.devluchthaven.nl, Brasserie und Restaurant an der Schleuse zur Oosterschelde, mediterran auf Fischgerichte ausgerichtet, mit

Sommerterrasse, jeweils zwei Wochen im Juli und Sept. geschlossen, Mo und Di Ruhetag.
● **VakantiePark Aquadelta:** 4310 AA, Hage-
weg 't Centrum 269, Tel. 48 19 40, Fax 48 27
62, www.aquadelta.nl, dreiteilige Ferienanla-
ge aus Bungalowpark, Campingplatz und
Apartmenthäusern mit Informationszentrum,
dazu Yachthafen mit ca. 600 Anlegestellen
und einer Segel- und Surferschule, Hallenbad
mit Planschbecken, Sauna, Solarium, Bowling, Squash, Minigolf, Angeln, Tennis, Fahr-
radvermietung, Trimmpfad, Restaurant, Supermarkt, Schnellbuffet, Abholrestaurant. Im
Zentrum der Anlage eine typisch holländische Kneipe, ferner eine Bar bei den Squash-
und Bowlingbahnen, Shoppingcenter am
Yachthafen, Bademöglichkeit am Badestrand
(ca. 20 Gehminuten) und am Grevelingenmeer (ca. 6 km).

# Renesse
↗ XIV/B1

**Bedeutendster Urlaubsort** auf Schouwen-Duiveland ist Renesse. Hier fühlen sich vor allem junge Leute wohl,
die den Ort und seine Strände in der
Saison und an den Wochenenden vor
und nach den Sommerferien bevöl-
kern. Das Leben spielt sich dann bis in
die Nacht hinein in den Bars, Restaurants, Snackbuden und Diskotheken ab – aber auch hier werden diese
um 2 Uhr nachts geschlossen.

Historisch gesehen gehört Renesse
zu den für Schouwen so typischen
**Kirchringdörfern.** Der Ort wurde
kreisförmig um seine Kirche gebaut.
Von diesem Ring zweigen die Straßen
in alle Richtungen ab, so auch zu den
Dünen, wo einst der im 19. Jh. gebaute eiserne Leuchtturm des Ortes
stand. Dort hatte der Leuchtturmwär-
ter seinen Dienstsitz im Haus Zeerust.

Zeeland

Viel älter ist **Schloss Moermond,** das Herrenhaus des Ortes. Es steht in einem 45 ha großen Gelände mit Wald und Park. Der erste Bau geht auf *Costijn van Zierikzee* Anfang des 13. Jh. zurück. Danach wurde es von *Jan van Renesse* bewohnt, der im Umfeld des holländischen Grafen *Floris V.* lebte. Durch kriegerische Einwirkungen wurde das Schlossgebäude zweimal zerstört. Zwei Jahre nach der großen Sturmflutkatastrophe renovierte man das Schloss 1955 gründlich. Heute dient es mit seinen großen und kleinen Sälen, mit Restaurant, Bar und Hotelbetrieb als Kongresszentrum (Besichtigungsmöglichkeiten Information beim VVV, deutschsprachige Führungen Juli/Aug. Mi 19 Uhr, Treffpunkt am Chor der Kirche, 3,50 €, Kinder 2,50 €, www.slot-moermond.nl).

Die sehenswerte **Jakobuskirche** im Zentrum ist ein spätgotischer Bau aus dem Jahr 1458. Das mit hölzerner Spitztonne eingewölbte Kirchenschiff wurde im 16. Jh. erneuert. In dem Gebäude finden heute Ausstellungen statt.

Die große Attraktion von Renesse ist sein **Strand,** der am Brouwersdam beginnt und nach Westen zu in Richtung auf die Verklikkerduinen immer breiter wird. Im Nordosten trennt ein schmaler Dünengürtel die dahinter liegende Weidefläche **Zouten en Zoeten Haard** – insgesamt eine Schwachstelle in der Abschirmung von Schouwen gegen die Nordsee. Nach der Flutkatastrophe von 1953 wurde hier ein Sanddeich aufgeworfen. Südlich davon hatte man schon im 16. Jh. einen Deich zwischen Renesse und Scharendijke angelegt, sodass die Weidefläche auch der Nordsee ausgesetzt war – daher ihre Bezeichnung als „salzig" und „süß". Bis heute zeigt sich an der Flora des schmalen Küstenstreifens diese Besonderheit des Untergrunds.

Renesse verfügt über mehrere Strandübergänge, durch die man auch westlich des Ortes durch die Oosterenban und die davor liegenden Dünen an den Strand gelangen kann. Am Oude Hoeve bestand bis ins 17. Jh. hinein ein Dünendurchbruch, das so genannte Palinxgat, das den Oosterenban vom Westerenban der Insel abtrennte. Der Austritt dieses Palinxgat war dort, wo sich heute die Verklikkerduinen erheben. Dieser Strandabschnitt ist weiterhin sumpfig und bleibt eine Schwachstelle im Dünengürtel.

Die Verwandlung des alten Polderdorfes Renesse zum heutigen Seebad setzte erst um die Wende zum 20. Jh. ein. Damals wurde ein erstes Strandzelt errichtet, wo man Erfrischungen kaufen und Schwimmkleidung ausleihen konnte. 1915 erhielt Renesse sogar einen Eisenbahnanschluss, den es heute allerdings nicht mehr gibt. Der große Durchbruch kam nach dem Zweiten Weltkrieg. Inzwischen hat Renesse alle für einen trubeligen Badeort erforderlichen Einrichtungen und ist von **Bungalow-Parks** wie auch **Campingplätzen** umringt.

Strandübergang De Zeeuwse Stromen

Damit Renesse in der Saison nicht im Verkehrschaos erstickt, wurde außerhalb ein großer **Parkplatz** angelegt, auf dem Besucher ihre Autos kostenlos parken können. Von hier aus bringen **Pendelbusse** („Transferium Renesse") die Urlauber ebenfalls kostenlos in den Ort sowie zu den Strandübergängen, Campingplätzen und Bungalowparks. Als „NightXPress" verkehren diese Busse zur Hochsaison auch nachts bis 3 Uhr, dann allerdings kostenpflichtig.

An diesem großen Parkplatz liegt das **Ecoscope,** ein interaktives Museum, in dem Erwachsene und Kinder sich mit den Themen Natur und Naturschutz generell und speziell auf Schouwen-Duiveland befassen können. Um das Ecoscope wurden vier kulturge-

schichtliche Gärten angelegt, die zum Nachdenken über die Zukunft von Raum und Landwirtschaft anregen.

● **Ecoscope:** Wilhelminaweg 2, Tel. 46 34 00, www.ecoscope.nl, beim Transferium, Sa/So 11–17 Uhr, Juli/Aug. Di–So 11–17 Uhr, im Winter nur Sa 11–17 Uhr, Eintritt 2,50 €, Kinder 6–12 Jahre 1 €.

## Info

● **Tel.-Vorwahl:** 0111
● **VVV Kantoor:** 4325 BZ, Zeeanemoonweg 4a, Tel. (0900) 202 02 33, Fax 46 14 36, www.recreatieschouwenduive land.nl, auch in der Hauptsaison So geschlossen, Außenstelle im Transferium (s.u.) auch So geöffnet.

## Strand

● Gesamtlänge des Strandes von Schouwen 17 km, Strand von Renesse feinsandig, breit bis sehr breit, qualitativ einwandfrei (blaue Flagge für Strände Kijkduin, Renesse und Wil-

062ho Foto: ot

helminahoeve); Wassersport- und Aktivitätenstrand von Kijkduin bis zum Brouwersdam und bei Wilhelminahoeve; Hunde nur angeleint zugelassen, Reiten nur beim Duinhoevepad; FKK an der Nordseite der Verklikkerduinen zwischen Strandpfahl 7 und 8; behindertengerechte Strandübergänge beim Hotel De Zeeuwse Stromen, beim Übergang Rampweg und beim Bungalowpark De Soeten Haert. Neun Strandpavillons.

## Unterkunft

●**Schloss Moermond** €€€€: 4325 BC, Stoofwekken 5, Tel. 46 17 88, Fax 46 17 54, www.slot-moermond.nl, Kongresshotel mit Park und Wald.
●**De Zeeuwse Stromen** €€€€: 4325 GL, Duinwekken 5, Tel. 46 20 40, Fax 46 20 56, www.zeeuwsestromen.nl, herrlich am Rand der Dünen gelegenes Hotel mit Hallenbad, Pool, Garten, Restaurant €€€.
●**Hotel Zoom-Oord** €€: 4325 BJ, Hagezoom 170, Tel. 46 18 60, Fax 46 27 14, www.zoomoord.nl, typische holländische familiengeführte Ferienpension in einem umgebauten Herrenhaus, mit großem Garten, Zimmer teilweise klimatisiert, Garni.
●**Hampshire Inn Renesse** €€€: 4325 DB, Hoogenboomlaan 5, Tel. 46 25 10, Fax 46 25 69, www.hampshirehotels.nl, Parterre-Zimmer mit Terrasse, Zimmer im 1. Stock mit Balkon, Garten, mit Restaurant „Brasserie Arc en Bleu" €€€.
●**Vakantiepark Schouwen:** 4325 DJ, Hogenboomlaan 28, Tel. 46 12 31, www.vakantieparkschouwen.nl, 6 ha großes Gelände, Bungalowpark Febr. bis Nov., Campingplatz März bis Okt.
●**Camping Julianahoeve:** 4325 DM, Hogenboomlaan 42, Tel. 46 14 14, Fax 46 27 69, www.julianahoeve.nl, Platz hinter den Dünen mit 200 m² großen Jahresstellplätzen, mit Supermarkt, Bar, Restaurant.

## Nachtleben

●**Diskotheek Pinky's:** Hogezoom 169, Tel. 46 13 02, www.pinky.nl, Urban, R'n'B.
●**Cabanaz:** Hogezoom 186, Tel. 46 19 02, www.cabanaz.nl, House, Techno und Electro.

●**Bar Disco Pigalle:** Hogezoom 186, Tel. 46 19 02, www.barpigalle.nl, Partymusik.
●**Diskotheek Trinity:** Hogezoom 181, Tel. 46 13 02, www.diskotheektrinity.nl, R'n'B, Urban.
●**Café de Zoom:** Hogezoom 169, Tel. 46 18 31, www.dezoom.nl, Party-Café.

## Aktivitäten

●**Surfen:** Windsurfing Renesse Pro Surf&Fashion Shop, De Zoom 15, Tel. 46 27 02, www.windsurfingrenesse.nl, April bis Okt. 10–17.30 Uhr, Weihnachtsferien und sonstige Samstage auch 10–17.30 Uhr.
●**Kirchturmbesteigung:** Weiter Ausblick über Schouwen, Juni–Aug. Mi 10–13 Uhr, Juli/Aug. zusätzlich So 10–13 Uhr, Eintritt 0,50 €.
●**Tennis- und Golfzentrum Paul Verspeek:** Jan van Renesseweg 23a, Tel. 46 21 16, Mitte März bis Okt., auch Minigolf.
●**Reiten:** Manege Grol, Stoofweg 10, Tel. 46 16 23, www.manegegrol.nl, ganzjährig 7.30–17.30 Uhr.
●**Tattoo und Piercing:** Bizar West, Lange Reke 21, Tel. (0633) 66 15 67, ganzjährig 10–23 Uhr.

## Veranstaltungen

●**Kirmes:** vier Tage in den Sommerferien um den 25. Juli.
●**Nachtmarkt:** Letzter Sa im Aug. 19–24 Uhr in der Lange und Kromme Reke mit über 100 Verkaufsständen.

## Einkaufen

●**Wochenmarkt:** mittwochs 8–13 Uhr.

# Burgh-Haamstede ⚓ XIV/B1

Im Zentrum von Schouwen liegt Haamstede, das durch die touristische Entwicklung längst mit dem benachbarten Ort Burgh eine Einheit bildet. Auch in den beiden Ortskernen von Burgh-Haamstede sind die **Kirchringe** noch deutlich auszumachen. Burgh entstand Ende des 9. Jh. aus einem mit Palisaden versehenen Ringwall, in den sich die Bewohner der Umgebung bei den damals häufigen Normannenüberfällen zurückziehen konnten. Dieser **Burgring** war nicht dauerhaft bewohnt und ist auch heute noch nicht bebaut. Nahebei findet man den traditionellen Kirchring. Inmitten dieses Häuserringes steht die aus dem 17. Jh. stammende reformierte Ortskirche, die in Form eines griechischen Kreuzes gebaut wurde.

Die heutige Kirche von Haamstede stammt ebenfalls aus dem 17. Jh., wurde aber anstelle eines abgebrannten Vorgängerbaus errichtet. Von dem Ring um die Kirche führen vier Straßen in die vier Himmelsrichtungen.

## Schloss Haamstede

Nicht weit vom Ring entfernt steht Schloss Haamstede. Den Kern der Anlage bildet der alte **Wehrturm** aus dem 13. Jh. Heute hat hier die niederländische Natuurmonumentenvereniging ihren Sitz. Da die früheren Besitzer noch im Gebäude wohnen, ist eine Besichtigung nur im Rahmen von Führungen möglich, bei denen man auch den Rittersaal sieht. Der Schlosspark ist im Stil des 18. Jh. angelegt.

● **Schloss Haamstede:** Führung durch den Schlosswald von Burgh-Haamstede und durch die Zeepeduinen, Juli bis Ende Aug. Mi 19 Uhr (2 Std.), Anmeldung beim VVV (s.u.).

## Nieuw-Haamstede

Nordwestlich von Burgh-Haamstede erhebt sich in Nieuw-Haamstede der 1840 gebaute, über 50 m hohe, spiralförmig rot-weiß gestrichene **Leuchtturm.** Bis dahin wies man der Schifffahrt mit einem offenen Feuer auf einer Bake den Weg. Heute dient der Turm auch dem nahe gelegenen Flugfeld als Radarwegweiser. Eine Rundstrecke aus Torenweg und Strandweg erschließt den Zugang zu den großartigen Villen von Nieuw-Haamstede, die sich teilweise in großen Grundstücksarealen verbergen. Vom Strandweg aus führen mehrere längere Dünenübergänge durch die **Verklikkerduinen** zum Strand, der hier – weitgehend naturbelassen – viel Platz bietet.

## Plompe Toren

Südlich von Haamstede an der Küste zur Oosterschelde steht mitten am Deich ein einsamer alter **Kirchturm,** der Plompe Toren. Im 16. Jh. stand ein ganzes Dorf um diesen Turm. Die See, die damals hier noch tief in die Oosterschelde eingriff, machte diesem Dorf und zwölf weiteren den Garaus. 1583 hörte Koudekerke auf zu existieren, die Bewohner zogen ab und rissen ihr Dorf Stein für Stein ab – übrig blieb nur der Plompe Toren. Er dient heute als **Informationszentrum des Naturschutzvereins,** der hier mit einer kleinen Ausstellung die mysteriöse Geschichte des Plompe Toren darlegt.

Zeeland

Der Turm kann bestiegen werden und bietet einen grandiosen Blick über Schouwen und die Oosterschelde.

●**Plompe Toren:** Plompetorenweg an der Oosterschelde bei Burghsluis, Tel. (0113) 64 40 44, in den Sommermonaten täglich außer Mo, sonst am Wochenende 10–17 Uhr, Eintritt frei.

## Info

●**Tel.-Vorwahl:** 0111
●**VVV Kantoor:** 4328 AK, Noordstraat 45a, Tel. (0900) 20 20 233, Fax 65 28 33, www.re creatieschouwenduive land.nl.

## Strand

●Feinsandig, breit bis sehr breit (blaue Flagge), Hunde nur angeleint zugelassen; FKK an der Nordseite der Verklikkerduinen zwischen Strandpfahl 7 und 8 sowie zwischen Oude Vuur und Zeventien Hectaren; drei Strandpavillons.

## Unterkunft, Essen und Trinken

●**Pannekokenmolen De Graanhalm** €: Burghseweg 53, Tel. 65 24 15, www.panne kokenmolen.nl, Pfannkuchenrestaurant in einer alten Mühle, in der das Mehl für das Restaurant gemahlen wird, mit Mühlenladen, in der Saison bis Okt. 12–20 Uhr, Besichtigung Mühle mit Laden in der Saison bis Okt. 11–18 Uhr (außer So), Eintritt 2,50 €, Kinder ab 4 Jahren 1,50 €, behindertengerecht (Parterre).
●**'t Oliegeultje:** Burghsluis, Havenplateau 1, Tel./Fax 65 28 75, „Strand"-Pavillon am nahe gelegenen Sporthafen von Burghsluis, Bar und kleines Restaurant mit Terrasse, Spezialität Muscheln.
●**Duinhotel** €€€€€: 4328 JC Nieuw-Haamstede, Torenweg 1, Tel. 88 77 66, Fax 88 77 55, www.duinhotel.nl, neuer Hotelkomplex am Ortseingang am Dünenrand beim Flugfeld, mit **Restaurant** €€€ und großer Gartenterrasse, bietet günstige 2-Tages-Arrangements an.

●**Hotel Bom** €€: 4328 AL Haamstede, Noordstraat 2–4, Tel. 65 22 29, Fax 65 38 80, www.hotel-bom.nl, im Zentrum gegenüber von Schloss Haamstede, mit **Restaurant De Regtkamer** €€ und Taverne mit vielen Außentischen in der Saison, am Seiteneingang gegenüber der Kirche.
●**Landal Villapark Livingstone:** 4328 PP, Daleboutsweg 4, Tel. 65 70 00, www.landal. de, großzügige Bungalowanlage neben dem Sportzentrum Westerschouwen, angeschlossen **Landal Resort Haamstede,** autofreier Park mit einfacheren Bungalows.

## Museum

●**Museum De Burghse Schoole:** Kerkstraat 3 (Burgh), Tel. 65 15 29, ww.museaschouwen duiveland.nl/schoole.html, Museumsklassenraum von 1920, April bis Juni, Sept./Okt. Di–Sa 13.30–16 Uhr, Juli/Aug. Di–Sa 12–17 Uhr, Eintritt 1 €, behindertengerecht.

## Aktivitäten

●**Sportzentrum Westerschouwen:** Daleboutsweg 9, Tel. 65 23 51, www.sportcen trumwesterschouwen.nl, Freizeitanlage mit breit gefächertem Sportangebot, Indoor-Spielparadies, geöffnet 9–22 Uhr.
●**Golf:** Golfclub Molenberg, Hogeweg 53, Tel. 65 44 00, 18-Loch-Platz, täglich geöffnet.
●**Planwagenfahrten:** Kutscherei Het Gareel, Dapperweg 23, Tel. 65 38 71, Kutschfahrten und Wild-West-Ponyreiten nach Absprache; Manege Lisiduna, Hogeweg 57–59, Tel. 65 18 20.
●**Rundflüge:** Vliegclub Haamstede, Tel. 63 35 57.
●**Hochseeangeln:** P.C. Bouwman, Haamstede, Noordstraat 17, Tel. 65 12 50, mit den Sportangelbooten „M.S. Neeltje Jans" und „M.S. Zeelandia" ab Burghsluis um 8 Uhr.

## Veranstaltungen

●**Burghse Dak:** Dorffest am zweiten Samstag im August mit Pferdewagen-Parade, Trachten, Ringstechen, Musik, Jahrmarkt etc.

## Fähre

●**Fahrradfähre:** „M.S. Breeveertien", vom Schiffsanleger Burghsluis nach Colijnsplaat (auf Noord-Beveland) und weiter nach Zierikzee und zurück, verkehrt Anfang Juli bis Ende Aug. Mo–Fr 2x täglich, So 1x täglich, Tarif (einfach mit Fahrrad) 7,50 €, Kinder 4,75 €, Fahrrad 1,50 €, Info Tel. 41 43 09.

# Oosterscheldedam ♫ XIV/B1

Das größte Projekt des Delta-Plans war die Errichtung des Oosterscheldedam. Die Baumaßnahmen verschlangen Milliarden. Entstanden ist ein Damm, der in bisher einmaliger Weise den Anforderungen an den Küstenschutz wie auch an den Naturschutz gerecht wurde. Seine Pfeilerdämme mit den imposanten Sturmflutschützen sichern das Hinterland und lassen gleichzeitig die Tide und damit auch den Wasseraustausch mit Meerwasser in der Oosterschelde zu.

## Besucherzentrum Neeltje Jans

Die ehemalige Sandbank und Arbeitsinsel Neeltje Jans, heute mit der südlicher gelegenen Sandbank Nordland zu einer lang gestreckten Insel verschmolzen, birgt heute die Schaltzentrale des Dammes und das technologische Besucherzentrum Waterland Neeltje Jans. Mit Filmen und einer großen Ausstellung werden die Deltawerke, eines der größten Wasserbauprojekte der Welt, den Besuchern nahe gebracht, wobei auch das **Innenleben des Sturmflutwehrs** besichtigt werden kann. Eine Ausstellung vermittelt

einen Eindruck von den Folgen der Sturmflutkatastrophe 1953. Ein „lebensechter" 3-D-Film führt den Zuschauern die Meeres- und Wasserwelt vor. In der futuristischen **„Walfischwelt"** kann man Wale und Delfine sehen. Speziell für Kinder wurde ein **Wasserspielplatz** eingerichtet. So ist Neeltje Jans heute eine interessante, aber noch weiter im Aufbau befindliche Mischung aus Technikmuseum, Tierpark und Vergnügungspark in der Welt des Wassers.

Die Schlickbänke der Oosterschelde im Umfeld von Neeltje Jans eignen sich besonders gut für die **Muschelzucht.** Es wurden eigens Miesmuschelstämme aus Spanien und Italien verpflanzt, die hier besonders gut gedeihen.

●**Delta Expo Neeltje Jans:** Tel. (0111) 65 56 55, www.neeltjejans.nl, April bis Anfang Nov. täglich 10–17.30 Uhr, ansonsten Mo/Di geschlossen (außer in den Schulferien), Eintritt 18 €, Senioren 15 €, Kinder bis 3 Jahre frei.
●**Klimcentrum De Pijler:** Klettern am Reservepfeiler des Oosterscheldedam, Info: Zeeland Buitensport/De Pijler, Zerookerke, Dorpsplein 2, Tel. (0111) 67 22 67, info@zeeland-buitensport.nl.
●**Sportvisserij Hoogerwerf:** Neeltje Jans, Tel. (0111) 48 15 05, www.sportvisserijhoogerwerf.nl, Hochsee-Angeltouren mit Makrelen- und Kabeljautrawlern, tägliche Abfahrten in der Sommersaison; 7.30 Uhr Makrelen, 25 €, 6.30 Uhr Kabeljau, 30 €.
●**Muscheln:** Hangkulturmuscheln bietet u.a. die Viskwekerij Neeltje Jans an, Tel. (0111) 65 34 51, www.viskwekerijneeltjejans.nl, Mo–Fr 8–16 Uhr, Sa 8–14 Uhr.

Zeeland

# Insel Noord-Beveland

Im Zuge der Erstellung der Sturmflutdämme des Delta-Plans wurden die Inseln Walcheren sowie Noord- und Zuidbeveland miteinander verbunden. Die nördliche Verbindung mit Schouwen stellt der 1968 fertiggestellte **Oosterscheldedam** dar, die südliche Verbindung von Noord-Beveland mit Walcheren wurde durch den schon 1961 gebauten **Veerse Dam** geschaffen. Das ursprüngliche Veerse Gat, jener Meeresarm, der Noord- und Zuidbeveland voneinander trennte, war schon ein Jahr zuvor durch den im Osten dieses Meeresarms errichteten Zandkreekdam zu einem Binnenmeer geworden, das seither als **Veerse Meer** bezeichnet wird.

Bevor man heute von Schouwen nach Walcheren gelangt, führt die Delta-Verbindungsstraße über den äußersten Zipfel der Insel Noord-Beveland. Mit dieser Nordwestecke ragt die Insel in die offene Nordsee hinein. Hier erstreckt sich vor der durch die Dämme geschaffenen Küstenbefestigung der **Banjaardstrand**, ein wunderschöner Strandabschnitt mit großem Dünenareal, der in früheren Zeiten als gefährliche Sandbank eine große Gefahr für Segelschiffe darstellte. In der weitläufigen Fläche zwischen den Dünen und dem weit ausholenden Bogen der Delta-Verbindungsstraße breitet sich der großzügig angelegte Bungalow- und Ferienpark De Banjaard aus (s.u.).

# Kamperland     ♪ XIV/B2

Kamperland ist der dem Dünengürtel am nächsten gelegene Ort auf Noord-Beveland. Der einst Campen genannte Ort hat römische Wurzeln – sein Name leitet sich vom lateinischen Wort *campus* (Feld) ab. Erst über hundert Jahre nach der Sturmflut 1530 entstand der neue Ort mit der Eindeichung des Heer Hanszpolder, der seither Kamperland heißt. Mit zwei Yachthäfen am Veerse Meer und an der Oosterschelde konzentriert sich das Dorf heute auf den Tourismus.

## Info

● **Tel.-Vorwahl:** 0113
● **VVV Kamperland:** 4493 As Kamperland, Veerweg 2, Tel. (0900) 202 02 80 (0,45 €/ Min.), Fax 37 31 30, info@vvvwnb.nl, www. vvvzeeland.nl.

## Strand

● Feinsandig, naturbelassen, geschützte Dünentäler, Vermietung von Strandkabinen, Windschirmen und Strandstühlen; mit Toiletten und Duschen; zwischen Mai und Sept. Hunde 8–18 Uhr nur angeleint zugelassen, Reiten 8–18 Uhr verboten; Drachenfliegen 10–19 Uhr verboten; Kitesurfen und Bananenboote nur 50 m ab Wasserlinie und nicht in den markierten Schwimmbereichen zugelassen. Strandpavillon: De Banjaard, Banjaardstrand, Tel. 37 10 60.

## Unterkunft, Essen und Trinken

● **d'Ouwe Veerstoep** €€: Havenweg 7, Tel. 37 29 64, www.ouweveerstoep.nl, Fischrestaurant am Yachthafen mit großer Terrasse am Wasser.
● **Hotel-Restaurant Kamperduin** €€: 4493 RA, Patrijzenlaan 1, Tel. 37 14 66, Fax 37 60 30, www.hotelkamperduin.nl, unmittelbar am Dünenrand des Banjaardstrandes gelegenes Haus mit großer Terrasse.
● **Noordzee Résidence De Banjaard:** Kamperland, Reservierungen Tel. (0900) 81 00 (0,20 €/Min.), www.roompot.nl, unmittelbar am Nordseestrand von Noord-Beveland gelegener luxuriöser Ferienpark mit allen denkbaren Einrichtungen (tropisches Hallenbad etc.) in einem im Strandstil erbauten Plaza-Gebäude in der Mitte des Parks; behindertengerecht.

Atlas S. XIV

● **Camping De Roompot:** Weitläufiger Park unmittelbar an der Oosterschelde hinter dem Oosterscheldedam, am kleinen Sandstrand mit Strandpavillon neben dem Yachthafen, mit tropischem Hallenbad, Reitstall, Minigolf, Restaurants, Supermarkt, ganzjährig geöffnet, Reservierungen Tel. (0190) 47 20 09 (0,41 €/Min.), www.roompot.nl.

## Aktivitäten

● **Surfen:** Roha Watersport, Havenweg 2, Tel. 37 15 40, größtes Surf- und Kitesurfzentrum der südwestlichen Niederlande, ganzjährig Mo–Fr 9–18 Uhr, Sa 9–17 Uhr; Zwemer Wassersport, Havenweg 4, Tel. 37 15 47, ganzjährig 8–18 Uhr.

## Einkaufen

● **Emelisse Abdijbier:** Dunkles, traditionelles Klosterbier, mild im Geschmack, das nach Original Noord-Bevelander Rezept gebraut wird, im Handel und in der Gastronomie von Noord-Beveland erhältlich, Information: Stichting Emelisse, Kamperland, Tel. 37 18 18, www.emelisse.nl.

## Fähre

● **Fahrradfähre:** „M.S. Frisia", vom Schiffsanleger Sophiahaven (nahe Roompot Marina) nach Zierikzee, Anfang Juli bis Ende Aug. Mi und Do 1x täglich, Tarif (einfach) 9 €, Kinder 6,50 €, Fahrrad 2,50 €, Informationen Tel. (0653) 47 03 30.

# Gemeinde Noord-Beveland ⚲ XIV/B2

**Wissenkerke** ist der Verwaltungssitz der Gemeinde Noord-Beveland. Der Ort wurde 1652 mit der Eindeichung des Wissenkerkepolder gegründet. Ein paar hübsche Häuser existieren noch aus dieser Zeit, so am Dorpsdijk und im Ort selbst.

**Colijnsplaat,** heute am Fuße der Zeelandbrücke gelegen, wurde 1598 durch Eindeichung des Vorlandes gegründet. Die planmäßige Anlage des Dorfes ist noch an den rechteckigen Straßenzügen zu erkennen. Nach der Eindeichung des Veerse Meer 1961 zog die Fischereiflotte von Veere nach Colijnsplaat um. Die Fischversteigerung von Colijnsplaat hat nach wie vor den größten Garnelenumsatz der Niederlande. Die *Colijnsplaatse Dagen* im August sind ein Volksfest rund um die Krabben (s.u.). Zwei Windmühlen stehen noch im Ort, besonders reizvoll ist die Oude Molen am östlichen Ortseingang.

Der kleine Ort **Kats** ganz im Osten der Insel hat schon früh Künstler angezogen. Hier gründeten Maler die „Gesellschaft der See". Die Dorfkirche wurde 1687 errichtet. Bei Kats gibt es den Landschaftsgarten **De Zeeuwse Rozentuin,** wo mehr als tausend Rosensorten blühen.

**Kortgene,** am Veerse Meer gelegen, besaß einst als einziger Ort auf Noord-Beveland Stadtrechte. Die Kirche der seit 1247 erwähnten Kirchengemeinde wurde während der großen Sturmflut zerstört, einzig der Turm blieb bis heute stehen. An die 150 Jahre hatte er im Wasser gestanden, bis der Ort nach der Einpolderung neu entstand.

● **De Zeeuwse Rozentuin:** Kats, Katse Groeneweg 3, Tel. 60 03 61, www.zeeuwserozentuin.nl, Di–Sa 10–17 Uhr, 25.12. bis Ende Jan. geschlossen, mit Besucherzentrum und Gartencenter, Eintritt während der Blüte 3 €.

Zeeland

### Unterkunft

●**Landgoed Rijckholt:** 4494 NA Geersdijk, Provincialeweg 2, Tel. (0113) 30 21 00, Fax (0847) 16 88 49, www.rijckholt.info, einfache Frühstückspension auf großem, ehemaligen Landwirtschaftsbetrieb, Seniorenresidenz, Bed&Breakfast-Zimmer in der ehemaligen Apfelscheune, Fr und Sa Restaurantbetrieb.

### Aktivitäten

●**Yachthaven Delta Marina:** 4484 ZG Kortgene, Veerdam 3, Tel. (0113) 30 71 71, Fax 30 71 72, www.deltamarina.nl, Hafenmeister Tel. 30 71 74, voll ausgestatteter Yachthafen, großes Wassersportfachgeschäft, Wintereinstellung.

### Veranstaltungen

●**Colijnsplaatse Dagen:** 2. Augustwochenende mit Wett-Krabbenfangen, Kirmes, Fisch- und Imbissbuden, Kinderprogramm, Festveranstaltungen und Festabend, Information: www.colijnsplaatsedagen.nl.

# Halbinsel Walcheren

Lange haben die Menschen auf Walcheren ein vom niederländischen Festland getrenntes Leben geführt. Die Besiedlung reicht zwei Jahrtausende zurück. Die Römer hatten bei Domburg einen Stützpunkt ausgebaut, von dem aus sie England-Fahrten unternahmen. Im 9. Jh. fielen die Normannen auch auf Walcheren ein. Zu dieser Zeit begann man mit der Anlage von **Warften,** die man zum Schutz umwehrte und mit einem Graben versah. Solche „Burgen" waren die Ausgangspunkte vieler Orte auf der Insel, so **Middelburg** und **Domburg.** Seit dem 12. Jh. deichten Mönche aus flämischen Klöstern erste Gebiete auf der Insel ein, um die Bauern vor den immer wieder eindringenden Nordseefluten zu schützen. Das 16. und 17. Jh. waren Blütejahre für Walcheren, als von hier die Schiffe der Ostindischen Kompanie in See stachen und mit reichem Handelsgut aus Asien zurückkehrten.

Jahrhundertelang war die Landschaft von Walcheren durch kleine Landwirtschaftsparzellen gekennzeichnet, wie sie mit der frühen Landgewinnung durch Eindeichung entstanden waren. Durch die Bombenangriffe der Alliierten im Herbst 1944, bei denen gezielt die Deiche zerstört wurden, um die deutsche Besatzung von der Insel zu vertreiben, die von Walcheren aus den Zugang zum Antwerpener Hafen empfindlich stören konnte, hat sich das Erscheinungsbild geändert. Im Zuge des Wiederaufbaus in den 1950er Jahren hat man die alten Wälle um die Felder eingeebnet, um größere Nutzflächen zu schaffen. So bietet das Inselinnere von Walcheren heute ein großflächigeres Bild als früher.

Schon 1871 hat Walcheren durch den Bau des Sloedam, des Verbindungsdammes nach Zuid-Beveland, seinen Inselcharakter verloren. Die gute Eisenbahn- und Straßenanbindung der heutigen Halbinsel macht die Badeorte auf Walcheren zu einem beliebten Reiseziel für holländische und vor allem deutsche Urlauber. Sie suchen die Strände auf, die fast die gesamte Kopfseite der einstigen Insel Walcheren einnehmen – sie sind feinsandig und mit einem rückwärtigen Dünengürtel versehen. Die doppelten Pfahlreihen, die als Buhnen den Strand gegen Sandabtragungen schützen, sind typisch für die Küste von Walcheren.

Traditionell wird auf Walcheren noch am **Ringstechen** festgehalten. Es handelt sich um einen Pferdesport, bei dem Reiter mit einer Lanze einen Ring von einer hohen Leine „herunterstechen" müssen. Der Reiter, der im Laufe eines Turniertages die meisten Ringe sticht, ist Sieger. Die Ursprünge dieses Sports gehen auf die Ritterturniere des ausgehenden Mittelalters zurück.

# Vrouwenpolder ↗ XIV/B2

Hat man den Veerse Dam hinter sich gelassen, der Noord-Beveland mit Walcheren verbindet, führt die erste Ausfahrt zum Strand von Vrouwenpolder. Der Ort selbst zählt zu den ältesten auf Walcheren – schon im 13. Jh. war hier das Schwemmland hinter den Dünen eingedeicht worden.

Die **Ortskirche** von Vrouwenpolder wurde im Achtzigjährigen Krieg durch die Spanier zerstört und 1622 unter Verwendung der alten Stützpfeiler wieder errichtet. Fundamente einer alten Klosterkirche konnten inzwischen nah bei dieser Kirche freigelegt werden. Im Jahre 1588 wurde nordöstlich von Vrouwenpolder die **Festung Den Haak** errichtet, die den Zugang zum Veerse Gat sichern sollte. Während der französischen Besatzungszeit zu Beginn des 19. Jh. fielen englische Truppen in Walcheren ein und zerstörten diese Festung. Heute sind nur noch ihre Wälle zu erkennen, in denen ein sehenswerter botanischer Garten angelegt wurde.

Nördlich von Vrouwenpolder breitet sich unterhalb der Dünen die Feriensiedlung **Breezand** aus, benannt nach der großen Ansandung, die sich im Nordosten von Walcheren erstreckt. Zwischen dieser Strandfläche und den Poldern liegt das **Dünengebiet Oranjezon** mit markierten Wanderwegen. In Richtung auf Westhove, das Dünengebiet vor Oostkapelle, breiten sich **Laub- und Nadelwälder** aus. Hier begann die Stadt Middelburg 1892 mit der Trinkwassergewinnung.

●**Fort den Haak:** Fort den Haakweg 38, Tel. 59 44 95, www.fortdenhaak.nl, subtropischer Garten mit großer Orangerie, April–Okt. Di-So 10–17 Uhr, Eintritt 5,50 €, Kinder 4–12 Jahre 2,50 €.
●**Duingebied Oranjezon:** nur mit Tageskarte auf drei markierten Wanderwegen zugänglich (1 €), erhältlich an der Pompstation Oranjezon.

## Info

●**Tel.-Vorwahl:** 0118
●**VVV Vrouwenpolder:** 4357 ZG Domburg, Postfach 8, Besuchsadresse Vrouwenpolder: Monikkendijk (im Supermarkt Corbijn), Tel. (0190) 68 68 86 (0,41 €/Min.), Fax 58 35 45, www.vvvwnb.nl.

## Strand

●Gepflegter, breiter Strand (blaue Flagge), Lagerfeuer und Kampieren verboten, Mitte Mai bis Mitte Sept. Hunde zwischen Übergang Zandput und Veerse Dam nur kurz angeleint zugelassen, Pferde überhaupt nicht; mit Motorbooten darf man nicht vom Strand ablegen; Kitesurfen ist vom Strandübergang Fort den Haakweg bis zur Gemeindegrenze von Veere zugelassen, Surfen ab Strandpfahl 10.58; Drachenfliegen zwischen Strandpfahl 10.9 und dem letzten Strandpfahl möglich, Behinderten-Strandrollstühle am Strandwachtposten Breezand (Tel. 58 62 75). Strandpavillon: Neptunus Strandpaviljoen, Kon. Emmaweg, Dünenübergang Oranjezon, Tel. (0113) 59 47 22 bzw. (0622) 90 36 87, am FKK-Strand, auch im Winter geöffnet.

## Unterkunft, Essen und Trinken

●**Vrouwe in den Polder** €€: Vrouwenpolderseweg 81, Tel. 59 19 00, www.vidp.nl, unterhalb des Deiches, der die Nordsee vom Veerse Meer trennt, mit großer Terrasse, auch Menüs.
●**De Boekanier** €€: 4354 AC, Dorpsdijk 22, Tel. 59 18 29, Fax 59 26 83, www.boekanier.nl, reizvolles Hotel mit schönem Café-Restaurant, seitliche Terrasse, auch Appartements.

Zeeland

●**Camping Oranjezon BV:** 4354 KD, Koningin Emmaweg 16a, Tel. 59 15 49, Fax 59 19 20, www.oranjezon.nl, an den Dünen gelegener, freundlicher Familienplatz nahe FKK-Strand, einige Plätze mit eigenen Sanitäranlagen, geöffnet April bis Okt.

●**Breezand-Park:** 4354 NS, Tel. 59 31 33, Fax 59 25 30, www.breezandbv.com, großzügig angelegter Park mit luxuriösen Villen, komfortable Bungalows, Appartements strandnah hinter den Dünen gelegen.

### Aktivitäten

●**Parasailing:** Bader Para Team Vereniging: Koningin Julianalaan 11, Tel. 59 24 90, Parasailing, Paragliding, Bananenbootfahrten am Banjaardstrand, geöffnet April bis Sept., 30 €, Kinder 25 €.

### Veranstaltungen

●**Touristenmarkt:** Ende Mai bis Mitte Sept. Mo 13–21 Uhr.

●**Wallfahrt:** 15. August Prozession mit dem Bild der Heiligen Jungfrau durch die Polder von Vrouwenpolder.

●**Vierspänner-Rennen:** Veranstalter Manege De Eintracht, jährlich Ende Juli, Eintritt 5 €, Kinder 2,50 €.

### Einkaufen

●**Wochenmarkt:** donnerstags 12–20 Uhr.

# Veere  ♫ XIV/B2

An der Nordküste von Walcheren entstand der Ort Campvere, dessen Name später zu Veere verkürzt wurde und der seine Blütezeit vom 14. bis 16. Jh. erlebte. Die Herren *von Borsele* herrschten im ausgehenden Mittelalter über Veere. Sie befestigten den Ort zu Beginn des 14. Jh. und konnten den Einwohnern Zollfreiheit für den Handel mit Holland und Zeeland gewähren. Sie verfügten über weitreichende Beziehungen zu europäischen Adelshäusern. *Wolfert van Borsele* heiratete die Tochter des schottischen Königs, ein Zeichen für die schon damals umfassenden Handelsbeziehungen der aufblühenden Stadt – eines der wichtigsten Handelsprodukte war schottische Wolle! Insgesamt standen zu jener Zeit an die 700 Häuser in Veere.

Zwischen 1570 und 1600 wurden die Bollwerke von Veere landseitig erweitert, doch dann setzte der wirtschaftliche Niedergang ein. Im 18. Jh. begann der Ort sogar zunehmend zu verfallen – doch vieles blieb erhalten, sodass der Ortskern von Veere immer noch den Charme der „guten alten Zeit" ausströmt.

### Schotse Huizen

Prächtige Kaufmannshäuser an der Kade und am Markt zeugen noch von der reichen Vergangenheit der Stadt. Besonders bemerkenswert sind die beiden spätgotischen, mit Flamboyant-Maßwerk verzierten **Kontorhäuser schottischer Wollhändler** (Kade 25/27), die deswegen auch als Schotse Huizen bezeichnet werden.

●**Museum De Schotse Huizen:** Kaai 25/27, Tel. 50 17 44, www.schotsehuizen.nl, Heimatmuseum, April–Okt. 13–17 Uhr, Eintritt 4 €, Kinder 4–12 Jahre 2 €.

### Rathaus

Das imposante Rathaus wurde 1474 fertiggestellt. Das zweigeschossige Sandsteingebäude im Stil **flämischer**

06Sho Foto: ot

**Zeeland**

**Spätgotik** trägt zwischen den Fenstern im Obergeschoss Statuen der Adeligen von Veere (heute sind es Kopien). Das hohe Dach wird von kleinen, achteckigen Türmen flankiert und vom großen Turm überragt, der später ein Glockenspiel erhielt und dem eine Zwiebelhaube aufgesetzt wurde.

● **Museum De Vierschaar:** Markt 5 (im Rathaus), Tel. 50 60 64, www.vierschaarveere.nl, Gerichtsmuseum, Mai–Okt. Mo–Sa 13–17 Uhr, Eintritt 3 €, Kinder bis 12 Jahre frei.

### Campveerse Toren
Der Campveerse Toren als einziger **Rest der alten Befestigungsanlagen**

Häuserzeile mit dem Rathaus in Veere

ist das Wahrzeichen der Stadt und von vielen Malern als Motiv verwendet worden. Das Bauwerk aus dem 15. Jh. ist zum ehemals offenen Veerse Gat rund gestaltet. Weiße Sandsteinreihen verzieren seine Mauern, die Fassade zur Stadt hin ist mit einem Treppengiebel versehen. Das Gebäude wird schon seit Jahrhunderten als Restaurant genutzt.

### Grote Kerk
Die heutige Grote Kerk entstand 1435 als Neubau eines Vorgängerbaus aus dem vorangegangenen Jahrhundert. Auch die Kirche blieb vom Verfall der Stadt nicht verschont. Bereits 1572 wurden alle Kirchenschätze zur Finanzierung des Krieges gegen die Spanier

verkauft. Später diente sie reformierten wallonischen und schottischen Gemeinden als Gotteshaus. Brände, Stürme und englischer Beschuss im Jahre 1809 richteten große Schäden an. Danach wurde die Kirche unter anderem als Krankenhaus genutzt, die dafür umgebauten gotischen Fenster zeugen davon.

Seitlich der Grote Kerk steht der als **Fontein** bezeichnete Stadtbrunnen mit gotischen Säulen aus dem Jahr 1542, der mit Regenwasser vom mächtigen Dach der Kirche gespeist wurde und zum Waschen der schottischen Wolle diente.

● **Grote Kerk:** Oudestraat 26, Tel. 50 18 29, www.grotekerk.nl, Mo–Sa 11–17 Uhr, So 13–17 Uhr, Eintritt 1,50 €, Kinder bis 16 Jahre 0,50 €; Veranstaltungsraum für moderne Kunst und Musik der Stichting Nieuwe Musiek, 4330 AA Middelburg, Tel. 62 36 50, www.nieuwe-musiek.nl, Turmbesteigung März bis Aug. täglich 11–17 Uhr, 1 €.

## Info

● **Tel.-Vorwahl:** 0118
● **VVV Veere:** 4351 AV, Oudestraat 28, Tel. (0900) 202 02 80.

## Strand

● Der Veerse Dam hat einen kleinen Teil der sich nach Osten ins Veerse Gat hineinziehenden Dünenreihe von Walcheren abgeschnitten, sodass das Veerse Meer noch über einen kleinen Strandabschnitt verfügt. Dieser Strand ist schmal, feinsandig, mit Umkleidekabinen versehen; Mitte Mai bis Mitte Sept. sind Hunde und Pferde nicht zugelassen; Lagerfeuer und Kampieren verboten. Er wird gern von Familien mit Kindern aufgesucht, ist er doch durch den Damm vor den Nordseewellen und ihren Gezeiten geschützt.

## Unterkunft, Essen und Trinken

● **De Campveerse Toren** €€€: 4351 AA, Kaai 2, Tel. 50 12 91, Fax 50 16 95, www.campveersetoren.nl, Traditionsrestaurant mit **Hotelbetrieb** €€€ im Seitentrakt.
● **'t Waepen van Veere** €€€: 4351 AG, Markt 23, Tel. 50 12 31, Fax 50 60 09, www.waepen.nl, Familienbetrieb, mit Terrasse vor dem Haus, angeschlossener **Hotelbetrieb** €€ mit einfachen Zimmern.
● **In de Struyskelder** €€: Kaai 25, Tel. 50 13 92, www.struyskelder.nl, Restaurant und Taverne im Kellergewölbe der Schotse Huisen mit Gartenterrasse.

## Aktivitäten

● **Segelschule:** De Zeeuwse Stromen, Nieuwe Bogerdstraat 7, Tel. 41 58 30, auch Bootsvermietung.
● **Reiten:** Stalhouderij Schroevers, Veerseweg 105, Tel. 63 47 51, Fax 63 35 50.

## Fähre

● **Fahrradfähre:** „MS Stadt Veere", vom Anleger am Campveerse Toren zum alten Anleger von Kamperland, verkehrt von Mai bis Sept. Di, Do, Sa so 3x täglich, Juli/Aug. täglich 3x, Tarif (einfach mit Fahrrad) 2,20 €, Information Tel. 41 93 67.

# Oostkapelle ⚓ XIV/A2

Oostkapelle zählt zu den alten Ortschaften auf Walcheren. Erste Siedlungsspuren lassen sich auf die Zeit um 400 n. Chr. zurückdatieren. Die Kirche des Ortes entstand in mehreren Bauphasen. Der Turm stammt noch aus dem 14. Jh., das Schiff aus dem frühen 15. Jh.

Im 17. Jh. profitierte auch Walcheren vom wirtschaftlichen Aufschwung, der

den Niederlanden das „Goldene Jahrhundert" bescherte. Adelige und reiche Kaufleute errichteten sich am inneren Dünenrand eine Vielzahl von **Landsitzen,** von denen später einige verfielen, andere aber erhalten werden konnten und heute, wie die Landhäuser Berkenbosch, Duinbeek, Duinvliet oder Hoogduin, wunderbar renoviert inmitten prächtiger Parkanlagen liegen.

Heute stellt sich Oostkapelle als reizvoller **Familienbadeort** dar. Das Dünengebiet selbst wird vom Landschaftsschutzgebiet De Manteling eingenommen. Dieses vom Seewind geformte, bewaldete Dünengebiet breitet sich bis zum Ortseingang von Domburg aus.

### Kasteel Westhove

Die bedeutendste Sehenswürdigkeit von Oostkapelle ist Kasteel Westhove. Das im 13. Jh. errichtete **Schloss** liegt westlich des Ortes auf halbem Weg nach Domburg. Ab dem 15. Jh. war es der Landsitz der Äbte von Middelburg. Hier waren der holländische Graf *Floris V., Karl der Kühne, Philipp der Schöne* und *Karl V.* zu Gast. Die Schlossgebäude erhielten im 18. Jh. eine neue Gestalt. Die Renovierungen nach den Beschädigungen durch den Zweiten Weltkrieg und im Jahre 2004 gaben den Gebäuden ihren heutigen Glanz. Der Schlosskomplex besteht aus einem Hauptgebäude und einer Vorburg, die von zwei Rundtürmen flankiert wird. Wassergräben umgeben beide Bauteile, die man über Brücken erreichen kann. In der ehemaligen

Orangerie des Schlosses ist **Terra Maris,** das „Zeeuwse Museum voor natuur en landschap", untergebracht – mit Exponaten zur Entstehung der seeländischen Landschaft, einem Seeaquarium und Landschaftsgarten.

●**Terra Maris:** Duinvlietweg 6, Tel. 58 26 20, www.terramaris.nl, mit Café und Museumsladen, Mai–Okt. 10–17 Uhr, ansonsten Mi–So 12–17 Uhr, Eintritt 5 €, Kinder 3 €.

### Info

●**Tel.-Vorwahl:** 0118
●**VVV Oostkapelle:** 4357 ZG Domburg, Postfach 8, Besuchsadresse: Duinweg 2a, Tel. (0190) 68 68 86 (0,41 €/Min.), Fax 58 35 45, www.vvvwnb.nl.

### Strand

●Gepflegter, breiter Strand (blaue Flagge), Lagerfeuer und Kampieren verboten; Hunde von Mitte Mai bis Mitte Sept. zwischen Übergang Berkenbosch Richtung Vrouwenpolder bis zum letzten Strandpfahl nur kurz angeleint zugelassen, Pferde überhaupt nicht; mit Motorbooten darf man nicht vom Strand ablegen; FKK-Gebiet zwischen Strandpfahl 10.9 und Übergang Oranjezon in Richtung Vrouwenpolder; Drachenfliegen zwischen Strandpfahl 14.2 am Ostrand von Domburg bis zum Übergang Berkenbosch möglich; Surfgebiet bei Strandpfahl 11.748 sowie zwischen Strandpfahl 12.25 und 14.485 zwischen Oostkapelle und Domburg; Strandrollstühle am Terra Maris sowie beim Strandpavillon Bos en Duin (Tel. 58 31 10); drei weitere Strandpavillons.

### Unterkunft, Essen und Trinken

●**The Boat House** €€€: Domburgseweg 85, Tel./Fax 58 02 07, www.boat-house.nl, Fischrestaurant im Zentrum von Oostkapelle.
●**Green White** €€€: 4356 EB, Noordweg 43, Buitenplaats Ipenoord, Tel. 59 12 23, www. greenwhite.nl, ehemaliges Landgut vor Oost-

kapelle mit Garten im englischen Landschaftsstil, Zimmer im Haupthaus unter historischer Balkendecke, Bungalowzimmer im Park.

● **Villa Magnolia** €€: 4356 CC, Tel. 58 19 80, Fax 58 40 58, www.villamagnolia.nl, Hotel-Villa aus dem Jahr 1900 mit großem Garten und Terrasse, Jan. und Dez. geschlossen.

● **Stayokay Domburg:** 4356 ND, Duinvlietweg 8, Tel. 58 12 54, Fax 58 33 42, www.stayokay.com/domburg, Jugendhotel und Gruppenunterkunft im Kasteel Westhove.

● **Zeeland Camping Ons Buiten:** 4356 RJ, Aagtekerkesweg 2a, Tel. 58 18 13, Fax 58 37 71, www.zeelandcamping.nl/onsbuiten.nl, Komfortplatz hinter den Dünen mit supergroßen Stellflächen, geöffnet April bis Okt.

● **Camping in de Bongerd:** 4356 AM, Brouwerijstraat 13, Tel./Fax 58 15 10, www.bongerdzeeland.nl, im Grünen gelegen, beheiztes Hallenbad, Vermietung von Standcaravans, private Sanitärräume zu mieten.

### Veranstaltungen

● **Ringstechen:** Mitte August in der J. van Pourkstraat.

● **Touristenmarkt:** Ende Mai bis Mitte Sept. Do 14–21 Uhr.

### Einkaufen

● **Wochenmarkt:** donnerstags 12–21 Uhr.

# Domburg ⚓ XIV/A2

Die Siedlung Domburg an der Nordwestküste von Walcheren hat weit zurückreichende Wurzeln. Aus der Römerzeit stammt ein im 17. Jh. wiedergefundener Gedenkstein der lokalen zeeländischen Gottheit Nehalennia, der die Händler nach der Rückkehr von England-Fahrten Opfer brachten. Im Mittelalter entstand die Ortschaft neu, 1223 erhielt sie Stadtrechte. Im

15. und 16. Jh. lebten die Einwohner überwiegend vom Heringsfang, von Ackerbau, Viehzucht und Jagd. Im 17. Jh. erschienen die ersten „Tagestouristen" aus Middelburg. Doch der eigentliche Badebetrieb setzte erst in der ersten Hälfte des 19. Jh. ein. 1837 wurde der erste Badepavillon in Betrieb genommen.

Zunächst waren es gesundheitliche Gründe, die die Menschen veranlassten, Domburg als Bade- und Kurort aufzusuchen. Es war eine vornehmlich begüterte Klientel, was sich auch in der bis zum Beginn des Ersten Weltkriegs entstandenen Bebauung widerspiegelt. Beispiele dieser großartigen Zeit bieten die eleganten Sommerhäuser in den Dünen, allen voran die **Villa Carmen Sylva** oder das Schlösschen **Villa Duinenburg.** Der alte **Badpavillon** auf den Dünen ist ebenfalls eines dieser Gebäude aus der Pionierzeit des Badelebens in Domburg. Aber insgesamt hat sich Domburg in den letzten Jahren zu einem gepflegten, nicht allzu überlaufenen Badeort entwickelt.

Die Atmosphäre und das Licht zogen auch **Künstler** nach Domburg. Die berühmtesten unter ihnen waren die Maler *Piet Mondrian, Jan Toorop* und *Jacoba van Heemskerk.* Die große Zahl der Galerien im Ort erinnert noch an diese Vergangenheit. Inzwischen hat man den ursprünglichen hölzernen Ausstellungspavillon an einem Standort an der Hauptstraße rekonstruiert. Hier finden zweimal jährlich Ausstellungen von Bildern der Maler statt, die Domburg als Künstlerkolonie berühmt gemacht haben. Das

**Marie Tak van Poortvliet Museum** zeigt Ausstellungen von Malern der Künstlerkolonie aus der Zeit um die Wende zum 20. Jh.

●**Marie Tak van Poortvliet Museum:** Ooststraat 10a, Tel. 58 46 18, www.marietakvan poortvlietmuseumdomburg.nl, behindertengerecht, Di–So 13–17 Uhr, feiertags 13–17 Uhr, Eintritt 2,50 €, Senioren 2 €, Kinder bis 12 Jahre frei.

## Info

●**Tel.-Vorwahl:** 0118
●**VVV Domburg:** 4357 ZG, Postfach 8, Besuchsadresse: Schuitvlootstraat 32, Tel. (0900) 202 02 80 (0,45 €/Min.), Fax 58 35 45, www.vvvwnb.nl.

## Strand

●Gepflegter, nach Osten breiter werdender Strand (blaue Flagge), Lagerfeuer und Kampieren verboten; Hunde von Mitte Mai bis Mitte Sept. zwischen Übergang Hoge Hil West und Hoogduin nur kurz angeleint zugelassen, Pferde überhaupt nicht; mit Motorbooten darf man nicht vom Strand ablegen; FKK-Gebiet am Westerstrand zwischen Strandpfahl 16.4 und 16.9 (auf Höhe des Golfplatzes); Drachenfliegen zwischen Strandpfahl 14.2 am Ostrand von Domburg bis zum Übergang Berkenbosch in Oostkapelle sowie am Westerstrand zwischen Strandpfahl 16.94 bis Übergang Hoge Hil West; Surfgebiet am Strandpfahl 15.2, zwischen Strandpfahl 12.25 und Strandpfahl 14.485 zwischen Domburg und Oostkapelle sowie ab Strandpfahl 15.998 in Richtung Westkapelle; Strandrollstühle bei der Stichting Strandexploitatie (Tel. 58 62 75); drei Strandpavillons.

## Unterkunft, Essen und Trinken

●**Mondrian** €€€: Oostraat 6, Tel. 58 44 34, mit Terrasse.
●**Bommelje** €€: 4357 AL, Herenstraat 24, Tel. 58 16 84, Fax 58 22 18, www.bommelje.nl, in

ruhiger Seitenstraße nahe den Dünen, mit Garten, Zimmer mit Balkon und Suiten mit Kitchenette, angeschlossenes **Restaurant** €€€, Mo und Di sowie Nov. bis April geschlossen.
●**The Wigwam** €€€: 4357 AL, Herenstraat 12, Tel. 58 12 75, Fax 58 25 25, www.wigwam hotel.nl, ruhig gelegenes Hotel mit komfortablen Zimmern, teilweise mit Balkon, Studios, Familien-Suiten, Wintergarten-Lounge, Lift, Dez. und Jan. geschlossen, angeschlossenes **Restaurant** €€€.
●**Hotel Zonneduin** €€: 4357 AW, Nehalenniaweg 1, Tel. 58 13 29, Fax 58 22 67, www. hotelzonneduin.nl, unmittelbar am Strandübergang in den Dünen gelegenes, moderneres Hotel, Terrasse nach Süden, Frühstückslounge zum Meer.
●**Stayokay Domburg:** siehe Oostkapelle.
●**Roompot Campingpark Hof Domburg:** Weitläufiger Komfort-Park nahe dem Strand, mit tropischem Hallenbad, Reitstall, Minigolf, Restaurants, Supermarkt, Kur- und Beautyzentrum De Parel, ganzjährig geöffnet, Reservierungen Tel. (0190) 47 20 09 (0,41 €/Min.), www.roompot.nl.

## Aktivitäten

●**Golf:** Domburgsche Golfclub, Schelpweg 26, Tel. 58 61 06, in den Sommermonaten 9–20 Uhr, im Winter 9–17 Uhr, Dünenanlage mit echten Golf-Links.
●**Schwimmen:** Vrijetijdcentrum De Parel, Babelweg 2, Tel. 58 82 60, ganzjährig geöffnet 11–19.30 Uhr, 1.1. geschlossen, Eintritt 6 €, Kinder 5–15 Jahre 3,60 €.
●**Beautyzentrum:** Kur- und Beautycentrum De Parel, Babelweg 2, Tel. 58 82 99, exklusiv, gehört zum Roompot Campingpark Hof Domburg, ganzjährig 10–17 Uhr, Di und Mi bis 21 Uhr.

## Veranstaltungen

●**Ringstechen:** Mitte Juli und Anfang August samstags.

## Einkaufen

●**Wochenmarkt:** montags 12–21 Uhr.

Zeeland

# Westkapelle

↗ XIV/A2

Westkapelle liegt an der Westspitze Walcherens und war einst durch Dünen gegen die Nordsee geschützt. Doch der Dünengürtel zog sich im Laufe der Jahrhunderte zurück, sodass sich heute die Häuser hinter einem **hohen Deich** ducken. Der Ursprung des Ortes liegt in einer dem heiligen *Willibrordus* geweihten „Kapelle im Westen" (der Insel Walcheren), deren erste Erwähnung auf das Jahr 1067 zurückgeht.

Über Jahrhunderte lebten die Bewohner vom Fischfang, der ihnen einigen Wohlstand bereitete. Sie bauten eine neue, dreischiffige Kirche, von der nach einem Brand im 19. Jh. nur der Turm verblieb, der heute als **Leuchtturm** fungiert. Durch das vordringende Meer verlagerte sich die Handels- und Schifffahrtstätigkeit nach Vlissingen, Westkapelle verarmte. Als eine Haupteinnahmequelle der Bewohner verblieb vor allem die Arbeit am Deich, der aufgrund der exponierten Lage von Westkapelle ständiger Reparaturen bedurfte.

Ende 1944 bombardierten die Alliierten Westkapelle, sodass vom Ort fast nichts übrig blieb. Die Deiche brachen, halb Walcheren wurde überflutet. Kurz darauf, am 1. November 1944, landeten alliierte Truppen auf Walcheren. Die deutschen Truppen zogen sich unter großen Verlusten auf beiden Seiten langsam zurück. Die 1999 gegründete **Stichting Polderhaus** hat ein **Museum** eingerichtet, das an diese Ereignisse erinnert – die Stiftung erhielt ihren Namen nach dem Polderhaus, dem früheren Gebäude der Wassergenossenschaft *Polder Walcheren,* die einst der größte Arbeitgeber in Westkapelle für die Arbeiten am Deich war.

Südlich des Ortskerns erstreckt sich ein kleiner Strandabschnitt bis zur **Bucht De Kreek,** die noch von der Überschwemmung des Jahres 1944 herrührt. Der Zuiderhoofd schützt die Bucht zur Westerschelde hin, der dann in den langen Strandabschnitt bis Vlissingen übergeht.

● **Stichting Polderhuis:** Kon. Julianastraat 19, www.polderhuiswestkapelle.nl, April–Okt. 10–18 Uhr, im Winter Mi und Do 13–17 Uhr, Fr–So 11–17 Uhr, Eintritt 5 €, Kinder 6–14 Jahre 2,50 €.

## Info

● **Tel.-Vorwahl:** 0118
● **VVV Westkapelle:** Postadresse: 4357 ZG Domburg, Postfach 8, Besucheradresse: Zuidstraat 134 (in der Rabobank), Tel. (0190) 68 68 86 (0,41 €/Min.), Fax 58 35 45, www.vvvwnb.nl.

## Strand

● Strandabschnitte unmittelbar südlich des Ortes, schmal im Osten (blaue Flagge), Lagerfeuer und Kampieren verboten; Hunde von Mitte Mai bis Mitte Sept. nicht zugelassen, Pferde überhaupt nicht; mit Motorboo-

Dicht an der Küste von Walcheren vorbei fahren die großen Schiffe auf dem Weg durch die Westerschelde nach Antwerpen

ten darf man nicht vom Strand ablegen, abgesehen vom Dünenübergang Erica; Strandrollstühle am Strandwachtposten Zuiderstrand (Tel. 56 16 98); fünf Strandpavillons, darunter A. van Rooijen, Koudorpstr. 39, Tel. 57 12 67, Vermietung von Strandhäuschen.

## Unterkunft, Essen und Trinken

●**De Westkap** €: Westkapelse Zeedijk 7, Tel. 57 25 57, www.westkap.nl, auf dem Seedeich von Westkapelle liegt der Deichpavillon mit grandiosem Blick über die Nordsee. Köstliches aus dem Meer: Austern, Muscheln, Hummer und Seezunge.

●**Batavia:** Zuidstraat 143, Tel. 57 13 71, www.kasteelvanbatavia.nl, Café und Kneipe direkt unterhalb des Deiches an der äußersten „Ecke" von Westkapelle, mit Terrasse vor dem Haus, 1944 durch Bomben zerstört, 1955 neu errichtet.

●**Zuiderduin** €€€: 4361 SM, De Bucksweg 2, Tel. 56 18 10, Fax 56 22 61, www.zuiderduin beachhotel.nl, mit Hallenbad, großem Garten, alle Zimmer zu den Dünen mit Terrasse oder Balkon, teilweise mit Küchenzeile; Restaurant und Brasserie, Anfang Januar geschlossen, zugehörig Strandpavillon Zuiderduin Beachclub, kostenloses Parken.

●**Badmotel** €€: 4361 JG, Grindweg 2, Tel. 57 13 58, Fax 57 13 59, www.badmotel.nl, mit großem Garten, angeschlossenes **Restaurant** €€€ Mo und Di geschlossen.

## Nachtleben

●**Discotheek de Hooizolder:** Grindweg 6, Tel. 56 16 32, www.dehooizolder.nl.

## Veranstaltungen

●**Touristenmarkt:** Ende Mai bis Mitte Sept. Fr 12–20 Uhr.

●**Ringstechen:** Ende August auf dem Markt.

Zeeland

Ököho Foto: ot

# Zoutelande

♫ XIV/A2

Südöstlich von Westkapelle liegt Zoutelande unmittelbar hinter den Dünen, die diesen Küstenabschnitt gegen die Westerschelde sichern. Doch unmittelbar vor dem Ortskern reichte dieser Schutz nicht mehr aus – hier wurde ein Deich angelegt, der den Strandabschnitt zwischen Westkapelle und Vlissingen kurz unterbricht. Bei Zoutelande erheben sich die **höchsten Dünen der Niederlande** mit bis zu 54 m Höhe!

Der Legende nach soll der Missionar *St. Willibrordus* im 8. Jh. in Zoutelande einen Brunnen gegraben haben, der heilkräftiges Wasser lieferte. Der Willibrordus-Brunnen aus dem 16. Jh. ging durch die Dünenverschiebung verloren, ein späterer durch den Deichbau. In Erinnerung an die Legende wurde auf dem Deich ein **Brunnen** nachgebaut. Auch die **Kirche** des Ortes hat unter der Dünenverschiebung gelitten. Der Turm zeigt noch Fragmente der Gotik, das Gotteshaus selbst wurde um 1500 zu einer Hallenkirche umgebaut. Deutlich ist zu sehen, dass der untere Teil des Turms durch Dünenverwehungen unter dem Sand verschwunden ist.

Genau wie Domburg zog Zoutelande Künstler an, unter anderem den Maler *Hart Nibbrig*. Sie suchten hier ihre Motive im leuchtenden Sonnenlicht. So wurde viel über Zoutelande berichtet und erste neugierige Urlauber suchten den Ort auf. Heute hat sich Zoutelande ganz dem Fremdenverkehr gewidmet und preist seinen Strand als „Zeeländische Riviera" an – der Strand ist hier nach Süden ausgerichtet, was ansonsten an der niederländischen Küste kaum der Fall ist. Der Ort ist lebhaft, aber in erster Linie familienfreundlich.

## Dishoek

Die Dünenreihe an der Westerschelde setzt sich südöstlich von Zoutelande über Groot und Klein Valkenisse fort. Hier ist eine Düne knapp 50 Meter hoch: 128 Stufen führen hinauf, oben steht ein Kreuz. Hinter den Dünen erstreckt sich ein lang gezogener Wald bis Dishoek, ein kleiner Ort, der sich ganz dem Fremdenverkehr widmet. Wer seine Ferien in Ruhe, fernab vom Trubel der großen Badeorte genießen will, ist hier gut aufgehoben.

## Info

● **Tel.-Vorwahl:** 0118
● **VVV Zoutelande:** Postadresse: 4357 ZG Domburg, Postfach 8, Besucheradresse: Bosweg 2, Tel. (0190) 68 68 86 (0,41 €/Min.), Fax 58 35 45, www.vvvwnb.nl.

## Strand

● Schmaler, südwärts ausgerichteter Strand (blaue Flagge), Lagerfeuer und Kampieren verboten; Hunde von Mitte Mai bis Mitte Sept. nicht zugelassen; Pferde überhaupt nicht; mit Motorbooten darf man nicht vom Strand ablegen; Drachenfliegen und Surfen in Höhe des Boulevards möglich; Strandrollstühle gibt es beim VVV (s.o.), Behinderten-Strandkabinen Info-Tel. 56 18 18; drei Strandpavillons, sechs weitere bei Dishoek.

## Unterkunft, Essen und Trinken

● **'t Streefkerkse Huis** €€: 4374 EG, Duinweg 48, Tel. 56 15 21, Fax 56 32 12, www.streef

kerksehuis.nl, ansprechendes Haus mit kleinem Hotelbetrieb €€.

● **Beach** €€: 4374 EC, Duinweg 97, Tel. 56 12 55, Fax 56 12 69, www.beachhotel.nl, ruhig hinter den Dünen gelegen, Zimmer teilweise mit Balkon/Terrasse, bietet auch Familienzimmer an, Jan. geschlossen, angeschlossenes Restaurant €€ ab Ostern geöffnet.

● **Hotel-Restaurant Willebrord** €€€: 4374 AT, Smidsstraat 17, Tel. 56 12 15, Fax 56 26 86, www.willebrord.nl, gemütliches Hotel in Strandnähe, Restaurant mit Gartenterrasse.

● **Golden Tulip Westduin** €€€: 4371 PE Koudekerke, Tel. 55 25 10, Fax 55 27 76, www.goldentulipwestduin.nl, am Fuß der Dünen von Dishoek gelegen, mit Garten, kleine komfortable Zimmer mit Terrasse oder Balkon, Hallenbad, angeschlossenes Restaurant €€€.

● **Camping Valkenisse:** 4373 RR Groot Valkenisse, Valkenisseweg 64, Tel. 56 13 14, www.campingvalkenisse.nl, direkt hinter den Dünen gelegen, grenzt der Platz an den Wald, Vermietung von Bungalows und Standcaravans, geöffnet April bis Okt.

## Aktivitäten

● **Golf:** Paradise Golf, Melsenweg 2 (zwischen Zoutelande und Westkapelle, Tel. 56 14 13, www.paradisegolf.nl, 18-Loch-Fungolf-Platz und 9-Loch-PAR-3-Platz, mit kleinem Restaurant.

## Einkaufen

● **Touristenmarkt:** Ende Mai bis Mitte Sept. Di 13–21 Uhr.

● **World of Silk:** Seidenshop in Meliskerke, 2 km von Zoutelande in der Dorpstraat 3, mit Galerie, virtuellem Seidenmuseum und Café, Di–Sa 12–17 Uhr, www.worldofsilk.nl, Tel. 59 33 05.

# Vlissingen ♫ XIV/A-B2

Bis Vlissingen im Süden der Halbinsel zieht sich der Strand von Walcheren hin. Diese geschichtsträchtige Stadt ist stolz auf die Seehelden, die sie hervorgebracht hat. So wurde der lange Küstenboulevard nach dem großen niederländischen Admiral *Michiel de Ruyter* (1607–76) benannt, dessen Standbild am Ende des Boulevards steht.

Durch die strategisch günstige Lage an der **Scheldemündung** konnte sich Vlissingen schon ab dem 14. Jh. zu einer bedeutenden **Hafenstadt** entwickeln. Dies gilt bis heute – in den 1960er Jahren entstand weit östlich der Stadt ein großes, modernes Hafenterrain. Der alte Hafen ist inzwischen in einen Freizeithafen umfunktioniert worden und dient gleichzeitig als Fährhafen für Schiffe nach England. Der **Fährbetrieb nach Zeeuws-Vlaanderen** (Breskens) ist seit dem Bau des weiter östlich gelegenen Autotunnels nach Terneuzen auf den Fußgänger- und Fahrradverkehr beschränkt.

Der Ortsname von Vlissingen ist seit dem 7. Jh. bekannt, 1315 erhielt es Stadtrechte. Der Hafen florierte, man fuhr zum Heringsfang aus, hier kamen und gingen die Ostindienfahrer und es wurde Sklavenhandel betrieben. Im 18. Jh. ging es wirtschaftlich abwärts. Vor allem die napoleonische Zeit raubte der Stadt ihre Geschäftsbasis. Ende des 19. Jh. führten der Bau des Walcherenkanaal und der Eisenbahnanschluss zu einem erneuten Aufschwung. Doch der Zweite Weltkrieg richtete schwere Schäden an. Zunächst bombardierten die Deutschen die Stadt, dann jahrelang die Alliierten. Kaum ein Haus blieb unbeschädigt. Heute zählt Vlissingen fast 50.000 Einwohner und bietet ein großartiges Flair als Hafen- und Industriestadt, aber auch als Urlaubsstadt mit urbaner Infrastruktur.

### Gevangenentoren

Am mondänen Boulevard De Ruyter findet man mit dem Gevangenentoren aus dem 15. Jh. noch ein Relikt aus Vlissingens stolzer Vergangenheit. In diesem Überrest eines alten Stadttors ist heute ein Restaurant untergebracht.

### St. Jacobskerk und Börse

Im Zentrum am Oude Markt steht die St. Jacobskerk, die nach einem Brand im Jahre 1911 nach Originalplänen mit schönem Turm wieder errichtet wurde. Der Bau entstand zu Beginn des 14. Jh. und wurde 1500 zu einer Kreuzkirche erweitert. Heute werden hier nicht nur Gottesdienste abgehalten, sondern auch klassische Konzerte gegeben. Im Sommer kann der Turm bestiegen werden.

Das Börsengebäude am Beursplein stammt aus dem Jahr 1635. Der Renaissancebau erhielt 1880 eine offene Galerie.

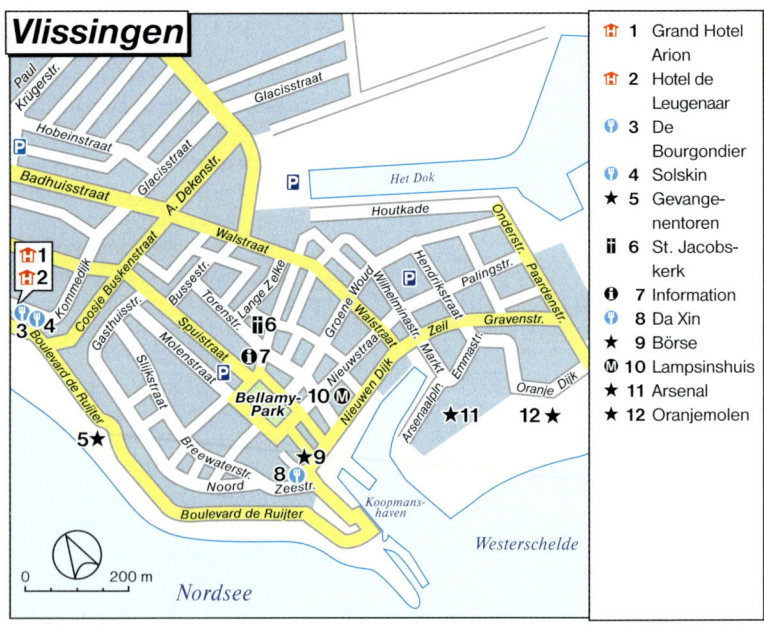

**Vlissingen**

1 Grand Hotel Arion
2 Hotel de Leugenaar
3 De Bourgondier
4 Solskin
5 Gevangenentoren
6 St. Jacobskerk
7 Information
8 Da Xin
9 Börse
10 Lampsinshuis
11 Arsenal
12 Oranjemolen

## Seefahrtsmuseum

Das **Lampsinshuis** am Nieuwen Dijk gegenüber dem alten Fischereihafen und heutigen Yachthafen ist ein typisches Reederhaus aus dem 17. Jh. *Cornelis Lampsins* war der bedeutendste Reeder der Stadt und hatte große Besitztümer in den niederländisch-westindischen Kolonien. Heute ist das Seefahrtsmuseum der Stadt im Haus von Lampsins untergebracht.

●**Zeeuws Maritiem MuZEEum:** Nieuwendijk 11, Tel. 41 24 98, www.muzeeum.nl, Mo–Fr 10–17 Uhr, Sa und So 13–17 Uhr, Eintritt 7 €, Senioren 6 €, Kinder 3–12 Jahre 4 €, behindertengerecht, 1.1. geschlossen.

## Reptilienzoo Iguana

Reizvoll ist das Ambiente des **Bellamy-Parks,** der Ende des 19. Jh. auf dem zugeschütteten Ende des Koopmanshaven angelegt wurde. Hier befindet sich auch der Reptilienzoo Iguana mit einer großen Sammlung an **Amphibien, Reptilien und Insekten.**

●**Reptilienzoo Iguana:** Bellamypark 35, Tel. 41 72 19, www.iguana.nl, 14–17 Uhr, Juni bis Sept. zusätzlich 10–12.30 Uhr, 25.12. und 1.1. geschl., Eintritt 6 €, Kinder bis 4 Jahre frei.

## Arsenal

Auf der Ostseite des Yachthafens steht das ehemalige Arsenal, heute ein **maritimer Erlebnispark** mit allerhand Attraktionen für Groß und Klein. Es erscheinen Piraten, Geisterschiffe lehren das Gruseln, Haifische tauchen auf, Kapitän Einauge präsentiert eine Papageienschau.

●**Het Arsenaal Piratenpark en Zeeaquarium:** Arsenaalplein 1, Tel. 41 54 00, www.arse

nal.nl, 10–19 Uhr, im Sommer bis 20 Uhr, 25.12. sowie Anfang Jan. bis Anfang Febr. geschlossen, Eintritt 12 €, Kinder 3–12 Jahre 10 €, Senioren 11 €.

## Oranjemolen

Ein Stück weiter steht seit etwa 1650 auf dem Oranjebollwerk an der Westerschelde die Oranjemolen. Diese **Kornmühle** war bis 1957 in Betrieb und wurde 1971 restauriert. In der Mühlenwand steckt noch immer eine Kanonenkugel, die aus einer englischen Schiffsbeschießung während der napoleonischen Besatzungszeit herrührt.

Neben der Mühle landeten die alliierten Truppen am 1. November 1944, das **Landungsmonument** am nahe gelegenen Commandoweg erinnert an dieses Ereignis, das die Befreiung der Niederlande von der deutschen Besatzung einleitete.

## Strände

Die stadtnahen Strände machen Vlissingen zu einem besonders attraktiven Badeort. Wer die Abwechslung sucht, kann hier vom Strand aus die großen **Überseedampfer** bei ihrer Ein- und Ausfahrt auf der Schelde von und zum Hafen von Antwerpen aus unmittelbarer Nähe betrachten. Der Evertsen-Strand bietet rückwärtig den Blick auf die vielgeschossige Appartement- und Hotelkulisse am Boulevard von Vlissingen.

## Info

●**Tel.-Vorwahl:** 0118
●**VVV/ANWB Vlissingen:** Postadresse: 4357 ZG Domburg, Postfach 8, Besucher-

Zeeland

adresse: Oude Markt 3, Tel. (0190) 68 68 86 (0,41 €/Min.), Fax 58 35 45, www.vvvwnb.nl.

## Strand

● Gepflegte, schmale, nach Süden ausgerichtete Strandabschnitte (blaue Flagge), Lagerfeuer und Kampieren verboten; Hunde von Mitte Mai bis Sept. nicht an den Stränden vor den Boulevards Evertsen, Bankert und De Ruyter, am Nollenstrand sowie in den dazu gehörigen Umkleidekabinen zugelassen, Pferde überhaupt nicht; mit Motorbooten darf man nicht vom Strand ablegen; Strandrollstühle am Strandpavillon Panta-Rhei sowie am Badstrand Boulevard (Tel. 41 26 25).

● **Strandpavillons:** Panta-Rhei, Nieuwstraat 36, Tel. 41 93 46, www.strandpaviljoenpantarhei.nl, Strandfeste; Piet Hein VOF, Zwanenburg 9, Tel./Fax 55 13 27.

## Essen und Trinken

● **De Bourgondier** €€€€: Boulevard Bankert 280, Tel. 41 38 91, www.de-bourgondier.nl, Pavillon am Boulevard mit aussichtsreicher Sonnenterrasse, 25.12.–1.1. geschlossen, Mi Ruhetag.

● **Solskin** €€€€: Boulevard Bankert 58, Tel. 41 73 50, www.solskin.nl, Boulevardrestaurant mit klassischer Speisekarte, Fischspezialitäten, Ende Dez. geschlossen, Mo Ruhetag.

● **De Zeven Provinciën** €€: Smallekalde 13, Tel. 41 71 62, kleines, sympathisches Familienrestaurant im Zentrum, 1. und 12.2., Mitte Juli sowie Mi und Do geschlossen.

● **Da Xin** €€: Beursplein 5-9, Tel. 41 47 66, schön eingerichtetes Chinalokal mit großer Terrasse am alten Hafen.

## Unterkunft

● **Grand Hotel Arion** €€€€: 4382 AC, Boulevard Bankert 266, Tel. 41 05 02, Fax 42 21 91, www.hotelarion.nl, Vorderzimmer mit Balkon und Strandsicht, bietet ein günstige Arrangements an, angeschlossenes Restaurant mit Panoramablick und Terrasse.

● **De Leugenaar** €€€: 4382 AC, Boulevard Bankert 132, Tel. 41 25 00, Fax 41 25 58, www.hoteldeleugenaar.nl, kleines Hotel am Boulevard, angenehme Zimmer mit angeschlossenem Tavernen-Restaurant €€.

● **De Gulden Stroom:** 4382 AC, Boulevard Bankert 634, Tel. 44 07 91, www.deguldenstrom.nl, komfortable Appartements mit Balkon im Hochhaus am Boulevard mit weiter Aussicht über die Westerschelde.

## Aktivitäten

● **Hallenbad:** Vrijburgbad, Sportweg 2, Tel. 48 68 20, täglich geöffnet.

● **Vergnügungspavillon:** Familievermaakpaviljoen Carrousel, Arsenaalplein 3, beim Arsenal, Tel. 43 01 52, mit Spielautomaten, Karussell, Miniaturkirmes etc., geöffnet Mo–Fr 12–24 Uhr, Sa und So 11–24 Uhr, 1. und 2. Weihnachtsfeiertag sowie Sylvester bis 18 Uhr, Eintritt frei.

● **Segeltörn:** Mit der „Endeavour", dem nachgebauten Schiff von Captain Cook, von Vlissingen nach Antwerpen oder Maassluis und Rotterdam, Informationen unter Tel. 44 04 44 oder über das Maritiem Museum (s.o.), www.housebritain.com.

## Veranstaltungen

● **Midzomer-Nachtmarkt:** 1. Freitag im August auf Boulevards 19–1 Uhr, mit 400 Marktständen, Musikeinlagen etc. Informationen: www.midzomernachtmarkt.nl.

## Einkaufen

● **Wochenmarkt:** freitags 8–16 Uhr.

## Fähre

● **Fußgänger- und Fahrradschnellfähre:** von Vlissingen (Anleger am Bahnhof) nach Breskens, Fahrtzeit 20 Min., Tarif (einfach) 2,35 €, Kinder 1,40 €, Fahrrad 0,70 €, Information: BBA Connex Group, Tel. (0900) 92 92 (0,50 €/Min.), Service-Tel. 46 59 05, www.bba.nl.

# Middelburg    ↗ XIV/B2

Middelburg ist die größte Stadt auf Walcheren und **Hauptstadt der Provinz Zeeland.** Einst hatte Middelburg große Bedeutung als Hafen. Tuch- und Weinhandel machten die Stadt reich. Im Achtzigjährigen Krieg kam sie 1574 an die Geusen. Noch am Ende des Jahrhunderts erhielt die Stadt einen mächtigen **Verteidigungsring,** der bis 1692 um **Bastionen** verstärkt wurde, die bis heute erhalten sind. Bis auf die Koepoort stehen aber keine Stadttore mehr.

Neuen Aufschwung erlebte die Stadt im 18. Jh. durch die Niederlassung der Ostindischen Kompanie, deren Schiffe auch von hier aus ihre Ostasienreisen unternahmen. Doch mit der Versandung des Flusses Arne verlor der Hafen an Bedeutung. Anfang Mai 1940 bombardierten deutsche Flugzeuge und während des Kriegs englische Flugzeuge die Stadt und zerstörten ihren Kern fast vollständig. Doch der Wiederaufbau ist meisterhaft gelungen, die meisten Sehenswürdigkeiten konnten stilgerecht wieder hergestellt werden. So stehen schöne Häuser nicht nur im Altstadtkern, sondern vor allem auch an den **Kais** des Binnenhaven sowie am Rouaanskai, Bierkai, Londensekai und am Turf- und Houtkai.

## Rathaus

Das prächtige **Stadhuis** am Marktplatz zeugt bis heute vom einstigen Reichtum der Stadt. Das im Stil der **Brabanter Spätgotik** errichtete Gebäu-

de zeigt reichen Fensterschmuck an der Fassade mit einem linksseitig aufgesetzten Schmuckgiebel. Der 55 m hohe Turm trägt vier kleine Ziertürmchen.

● **Stadhuis:** Markt, Tel. 67 54 50, Führungen April bis Okt. Mo–Sa 11–17 Uhr, So 12–17 Uhr, Eintritt 2,75 €, Kinder und Senioren 2,25 €.

## Schützenhöfe

Die **Kloveniersdoelen Achter de Houttuinen** ist der Schützenhof einer Schützengilde der Stadt, Anfang des 17. Jh. als Renaissancebau mit Schweifgiebel und weißen Steinreihen in der Backsteinfassade errichtet. Dieses Gebäude, in dem später die Oostindische Compagnie ihren Sitz hatte, verlor 1735 seinen Turm durch Blitzeinschlag. Der Nachkriegswiederaufbau wurde dann wieder mit Turm vorgenommen. Eine weitere Schützenhalle, die **St. Jorisdoelen** aus dem späten 16. Jh., steht nahe der Abtei.

## Abtei

Zentrales Gebäude in der Stadt ist die Abtei. Sie ging aus einer karolingischen Burg hervor, auf deren Gelände sich im 12. Jh. Prämonstratenser niederließen. Der Komplex besteht aus den eigentlichen Klosterbauten, in denen heute das **Zeeuws Museum** untergebracht ist, dem Kreuzgang und mehreren Kirchen. Da gibt es einmal die einschiffige Chorkirche aus dem 14. Jh. und die zweischiffige Nieuwe Kerk aus dem 16. Jh., dazwischen die Wandelkerk. Der 95 m hohe **Abteiturm** kann bestiegen werden und bie-

**Zeeland**

tet einen weiten Überblick über die Stadt und die Insel Walcheren. Die naturwissenschaftliche Sammlung des Heimatmuseums zeigt auch wertvolle alte Teppiche.

●**Abdij:** Abdij 9, www.theagenda.nl/v1258_historama-abdij-middelburg.html, Tel. 62 66 55, mit Historama in den Kirchenkrypten, April bis Okt. Mo–Sa 11–17 Uhr, So 12–17 Uhr, Eintritt 1,80 €, Kinder 0,50 €, **Turmbesteigung:** Abdijtoren de Lange Jan, Onder de Toren 1, Tel. 61 25 25, www.langejanmiddelburg.nl, Mitte März bis Ende Okt. Mo 13–16 Uhr, Di–So 10–16 Uhr, im Sommer bis 17 Uhr, Eintritt 3,50 €.
●**Zeeuws Museum:** Abdij 3, Tel. 62 66 55, www.zeeuws museum.nl, Di–So 10–17 Uhr, Fr bis 21 Uhr, Nov. bis Feb. nur Mi–So, Eintritt 8 €, Kinder 13–18 Jahre 4 €, darunter frei, 25. und 26.12. und 1.1. geschlossen.

## Miniatuur Walcheren

Im Norden des Stadtkerns dehnt sich an der Koepoort das Gelände von Miniatuur Walcheren aus. Das sehenswerte **Freilichtmuseum** zeigt die Region Walcheren im Maßstab 1: 20.

●**Miniatuur Walcheren:** Molenwater, Tel. 61 25 25, www.miniatuurwalcheren.nl, Spielplatz, Minigolf, Restauration, Mitte März bis Anf. Nov. 10–19 Uhr, Eintritt 9 €, Senioren 8 €, Kinder von 3–12 Jahren 7 €.

## Info

●**Tel.-Vorwahl:** 0118
●**VVV/ANWB Middelburg:** 4331 AH, Tel. 65 99 00, Fax 65 99 10, www.middelburg.nl.

## Essen und Trinken

●**Het Groot Paradys** €€€€: Damplein 13, Tel. 65 12 00, www.grootparadys.nl, klassisches Restaurant im Herzen der Stadt, mit Terrasse, 2. Hälfte März, Mitte Nov., zur Jahreswende sowie So und Mo geschlossen.

●**Nummer 7** €€: Rotterdamsekaai 7, Tel. 62 70 77, www.restaurantje.nl, legeres Restaurant am Binnenhaven, nur abends geöffnet, 3. Januarwoche und Mo geschlossen.
●**Surabaya** €: Stationsstraat 20, Tel./Fax 63 59 14, www.surabaya.orientalrestaurants.nl, indonesisches Abendrestaurant mit Reistafel- und Buffetspezialitäten, Mo und Di im Winter geschlossen.

**Middelburg** (Stadtplan)

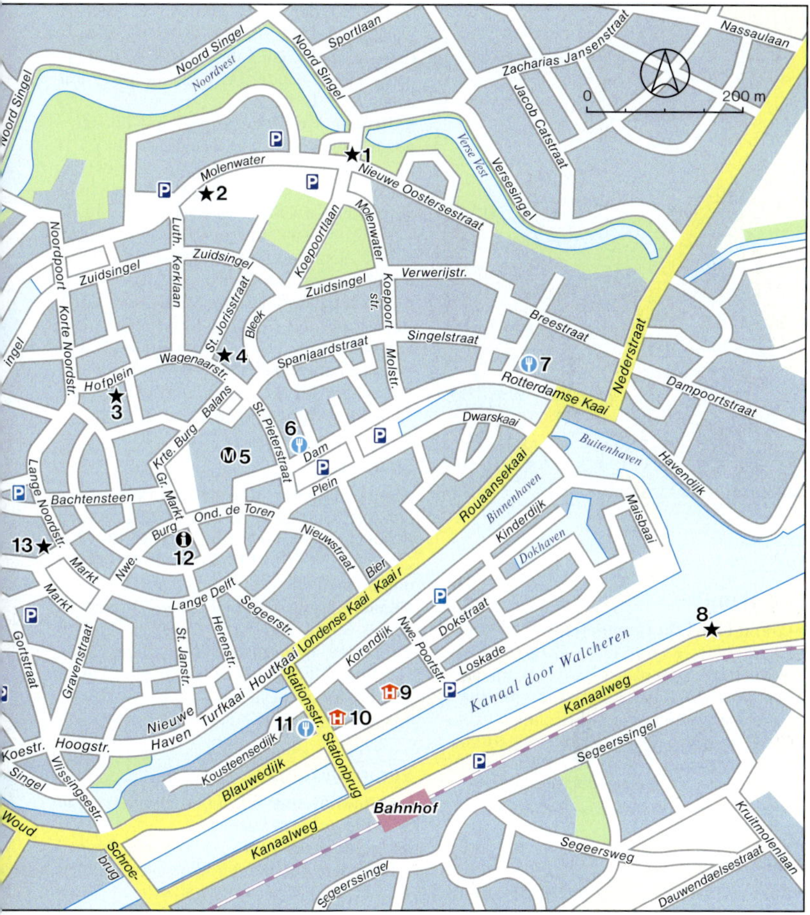

Zeeland

| | | |
|---|---|---|
| ★ | 1 | Koeport |
| ★ | 2 | Miniatur Walcheren |
| ★ | 3 | Zeeuws Archief |
| ★ | 4 | St. Jorisdoelen |
| Ⓜ | 5 | Abtei mit dem Zeeuws Museum |
| ⊕ | 6 | Het Groot Paradys |
| ⊕ | 7 | Nummer 7 |
| ★ | 8 | Utropia |
| ♨ | 9 | Le Beau Rivage |
| ♨ | 10 | Grand Hotel du Commerce |
| ⊕ | 11 | Surabaya |
| ❶ | 12 | Information |
| ★ | 13 | Rathaus |
| ★ | 14 | Kloveniersdoelen |

5,50 €, Kinder bis 12 Jahren 3 €; Rederei Dijkhuizen, Loskade, Tel. 41 93 67, www.re dereij-dijkhuizen.nl, Fahrten April–Okt., Fahrpreis 5,50 €, Kinder bis 12 Jahre 3 €, Familienkarte 15 €.

● **Utropia:** Tropische Vogel- und Pflanzenausstellung, Kleverskerkseweg 3–5, Tel. 65 11 99, www.utropia.nl, 1000 m² großes Gewächshaus am Kanaal door Walcheren nahe dem Bahnhof, Di–So 10–17 Uhr, Mo 13–17 Uhr (im Winter Mo geschlossen), Eintritt 5,50 €, Senioren über 65 Jahre 5 €, Kinder bis 3 Jahre frei, Familienkarte 17,50 €.

● **Go-Kart:** Indoor Karting Middelburg, Arnesteinweg 19, Tel. 61 74 75, Mo–Fr 16–22 Uhr, Sa und So 14–22 Uhr, 12-Min.-Runde 13 €.

● **Kinderbauernhof:** De Klepperhoeve, Meivelpad 55, Tel. 62 71 42, Di–Fr 10–12 und 13.30–17 Uhr, Sa und So 13.30–17 Uhr.

## Einkaufen

● **Bauernladen:** Obstanbau Weststrate, Sandberglaan 10, Tel. 64 00 22, Regionalprodukte und Geschenkkörbe, Mo–Mi 13–17.30 Uhr, Do und Fr 9–12 und 13–17.30 Uhr, Sa und So 9–18 Uhr.

● **Käse:** Käserei Schellach, Prooyensweg 26, Tel. 61 39 84, Mo–Sa 9–17.30 Uhr (Laden), 25 Sorten Bauernkäse, Regionalprodukte, Führungen Juli/Aug. Di 19.30 Uhr, Eintritt 3 €, Kinder bis 12 Jahren 1,50 €.

● **Wochenmarkt:** Fr auf dem Marktplatz.

## Veranstaltungen

● **Antiquitätenmarkt:** Jeden Donnerstag im Sommer auf dem Vismarkt.

● **Ringstechen:** Mitte August in folkloristischer Tracht auf dem Middenwater.

## Unterkunft

● **Grand Hotel du Commerce** €€€: 4331 HV, Loskade 1, Tel. 63 60 51, Fax 62 64 00, www. hoteilducommerce.nl, ältestes Haus am Platz, in einem alten Gasthausgebäude mit roten Fenstermarkisen, angeschlossenes Restaurant €€€ im Bistro-Stil bis 20.30 Uhr geöffnet.

● **Le Beau Rivage** €€€: 4331 HW, Tel. 63 80 60, Fax 62 96 73, familiäre Atmosphäre in einem alten Herrenhaus, ohne Restaurant.

## Museum

● **Zeeuws Archief:** Hofplein 16, Tel. 67 88 00, www.zeeuwsarchief.nl, Wechselausstellungen im Stadtpalast, Schatzkammer, Mo–Fr 9–17 Uhr, Eintritt frei.

## Aktivitäten

● **Stadtrundfahrten:** Reederei Rondvaart Middelburg, Achter de Houttuinen 39, Tel. 64 32 72, www.rondvaartmiddelburg.nl, 40-minütige Rundfahrten durch das historische Zentrum von April bis Okt., Fahrpreis

Das imposante Rathaus von Middelburg

# Halbinsel Zuid-Beveland

Zuid-Beveland liegt als ehemalige Insel in-mitten der Provinz Zeeland und ist heute durch eine Landbrücke, über die die Auto-bahn und Eisenbahn nach Walcheren führt, mit dem Festland südlich von Bergen op Zoom verbunden. Zwei große Kanäle que-ren diesen Verbindungsabschnitt, der Ka-naal door Zuid-Beveland im Westen und der Schelde-Rijn-Kanaal im Osten.

Das Gebiet des heutigen Zuid-Beveland wurde im 3. und 4. Jh. n. Chr. weitgehend überschwemmt und blieb deswegen unbe-wohnt. Im 11. Jh. begannen die Eindei-chungsarbeiten in Zeeland, wodurch man die Überflutungen eindämmen konnte. Auf den fruchtbaren Schlickböden lohnte sich der Ackerbau und langsam zog der Wohl-stand in das Gebiet ein. Ab dem 13. Jh. er-scheint eine wachsende Zahl von Dörfern und Städten in den Urkunden. Auch wird die Fischerei zu einem immer einträgliche-ren Wirtschaftszweig.

Als Zentrum von Zuid-Beveland ent-wickelte sich **Goes**, auch Reimerswaal wur-de bedeutender. Doch in der Folge der Sankt-Felixflut des Jahres 1530 versanken wieder Teile von Zuid-Beveland, so auch Reimerswaal. Weiteren Schaden richtete die Allerheiligenflut des Jahres 1570 an. Und im Achtzigjährigen Krieg blieb Zuid-Beveland nicht verschont. Im 18. und 19. Jh. ging es dann wirtschaftlich aufwärts. Der Zweite Weltkrieg hinterließ kaum Schäden.

Dagegen traf die Sturmflutkatastrophe des Jahres 1953 die Region umso nachhal-tiger. Zwar blieben die etwas höher gelege-nen Gebiete wie Goes und Umgebung ver-schont, doch stand der Ostteil noch lange unter Wasser. Seit dem Bau der Deltawerke kann sich Zuid-Beveland aber sicher fühlen. Gleichzeitig verbesserte sich die verkehrs-technische Anbindung der Region. Den-noch ist Zuid-Beveland eine landwirtschaft-lich geprägte Halbinsel zwischen den Bal-lungsgebieten der Randstad, Brabants und Flanderns geblieben, die sogar einen eigen-ständigen Dialekt aufweist. Besondere tou-ristische Attraktion bieten neben den histo-rischen Orten das Obstbaugebiet De Zak van Zuid-Beveland zur Blütezeit, die Mu-seumsdampfbahn Goes-Borsele und vor al-lem die Wassersportmöglichkeit auf der Ooster- und Westerschelde sowie auf dem Verse Meer.

# Goes  ⇗ XIV/B2

Goes ist nicht nur das historische, son-dern heute auch das wirtschaftliche Zentrum von Zuid-Beveland. Die Stadt entwickelte sich aus einer im 10. Jh. entstandenen Siedlung an einer *de Korte Gos* genannten Wasserzufahrt zur Oosterschelde. Die bis heute be-rühmten Wochenmärkte haben eine bis ins 12. Jh. zurückreichende Tradi-tion. *Jacoba van Beieren,* die von Kai-ser *Sigismund* das Erbe der Grafschaft Holland zugewiesen bekommen hatte, räumte Goes 1417 das Recht auf Er-richtung einer Stadtbefestigung ein. Der Verlauf dieser Befestigungsanla-gen kann bis heute an den Grachten nachvollzogen werden. Jacoba ver-hielt sich in innerholländischen Auseinandersetzungen taktisch unklug, zog sich nach Goes zurück, unterlag dann aber dem machthungrigen Burgunderherzog *Philipp dem Guten,* der seine Besitzungen in den Niederlanden auszudehnen suchte. Im Verlauf des Achtzigjährigen Krieges konnte Goes schon 1577 von den spanischen Truppen befreit werden. Von weiteren Kriegshandlungen blieb es weitgehend verschont. Die eigentliche Entwicklung zu einem kleinen industriellen Zentrum setzte erst nach dem Zweiten Weltkrieg ein, auch dank verbesserter Verkehrsanbindungen ans Festland, zuletzt durch den Straßentunnel nach Terneuzen auf der anderen Schelde-Seite.

### Sehenswertes

Das Zentrum der Stadt bildet der **Korenmarkt,** auch Grote Markt genannt, wo die Fußgängerzone beginnt. Hier steht das **Stadhuis** mit seinem mächtigen Turm aus dem 15. Jh., dessen Fassade im 18. Jh. umgestaltet wurde. Heute säumen Cafés in den alten Häusern den Markt. Eines dieser Häuser ist **'t Huis van Borsele,** benannt nach *Frank van Borsele,* dem vierten Ehemann von Jacoba van Beieren. Der Giebel des Haues stammt aus dem Jahr 1675.

Die Innenstadt weist noch viele historische Bauten aus dem 16. bis 19. Jh. auf, besonders sehenswert das **Gotische Haus** in der Turfkade. Reizvoll ist das Bauensemble um den alten Hafen, der heute als Yachthafen dient.

An einem Platz hinter dem Markt erhebt sich die dreischiffige **Grote of** **Maria Magdalenakerk** aus dem Jahr 1470. Nach einem Brand 1618 wurde die Kirche immer noch spätgotisch mit schönem Nordportal und einem großen Fenster mit Flamboyant-Maßwerk erneuert. Im 17. Jh. erhielt sie auf der Vierung einen Dachreiter, in dem heute ein Glockenspiel untergebracht ist. Die prächtige Orgel erstellte 1643 der Orgelbauer *Willem Diaken.* Sehenswert sind auch die Kanzel und verschiedene Grabmonumente. Heute dient die Kirche unter anderem als Ausstellungshalle.

Gegenüber auf dem Kirchplatz wurde die „neue" **neugotische Maria Magdalenenkirche** mit einem eigenwilligen Turm als katholische Kirche errichtet, denn die alte Magdalenenkirche war längst reformierte Kirche geworden.

Ein weiterer interessanter Bau ist die **Gezeitenwassermühle** in der Kleinen Kade, die ungefähr seit 1800 in Betrieb ist, ihr Kuppeltürmchen stammt aber schon aus dem Jahr 1624.

### Info

● **Tel.-Vorwahl:** 0113
● **VVV Goes:** 4461 HZ, Singelstraat 13, Tel. 23 59 90, Fax 25 13 50, www.vvvgoes.nl.

### Anfahrt

● **Transferium-Bus-Pendelverkehr** ganzjährg kostenlos ins Zentrum der Stadt vom Industriegelände neben den Zeelandhallen, Zufahrtsweg beschildert, Sa und Di und Juli/Aug. Mo–Sa frei parken.

### Essen und Trinken

● **De Stadsschuur** €€€: Schuttershof 32–34, Tel. 21 23 32, www.stadsschuur.nl, in einer al-

•**Lunchcafe Stadhuis** <sup>€</sup>: Lange Kerkstraat 1, Tel. 22 87 95, www.lunchcafestadhuis.nl, in der Fleischhalle des Rathauses *(stadhuis),* preiswertes Tagesgericht, Di–Sa ab 9 Uhr.

## Unterkunft

•**Hotel Grand Café Bolsjoi** <sup>€€€</sup>: 4461AJ, Grote Markt 28, Tel. 23 23 23, Fax 25 17 55, kleines familiäres Hotel im Stadtzentrum hinter alter Fassade, modern eingerichtete Zimmer nach hinten, angeschlossenes Lunchrestaurant, im Sommer Bestuhlung auf dem Platz, 25. und 26.12. und 1.1. geschlossen.

## Museum

•**Historisch Museum De Bevelanden:** Heimat- und Geschichtsmuseum von Beveland in einem ehemaligen Klostergebäude, das später Waisenhaus wurde, vor allem Trachten, dazu Silberwerk, Gemälde, archäologische Fundstücke und alte Bücher. Singelstraat 13, Tel. 22 88 83, www.hmdb.nl, Mo-Fr 13–17 Uhr, Sa 12-16 Uhr, Eintritt 5 €, Kinder bis 18 Jahre frei.

ten Scheune mit Portal von 1645, gehobene internationale Küche, saisonal wechselnde Menüs, schattige Sommerterrasse, mittags und abends geöffnet, So und feiertags geschlossen.
•**Het Binnenhof** <sup>€€</sup>: Bocht van Guinea 4/6, Tel. 22 74 05, www.restauranthetbinnenhof.nl, sympathisches familiäres Restaurant mit gutem Preis-Leistungsverhältnis in einem Innenhof, Zugang über St.-Jacobstraat, frische Küche, Spezialität hausgeräucherter Fisch, Mi Ruhetag.

## Aktivitäten

•**Museumseisenbahn** *(Stoomtrein)* **Goes-Borsele:** Fahrt mit dem Dampfzug aus den 1930er Jahren, verkehrt März bis Okt. an Wochenenden, Juli/Aug. täglich 10 und 14 Uhr ab Goes. Stephensonweg 9, Tel. 27 07 05, www.destoomtrein.nl, Tarif Goes – Hoedekenskerke: 1. und 2. Klasse 10 €, Hin- und Rückfahrt 14 €, 3. Klasse 7/10 €, Kinder halber Preis.
•**Yachthafen:** Prinses Beatrixhaven und Prins Willem Alexanderhaven, für Segelboote, Motorboote und Sportfischer, betrieben durch Watersportvereniging Yerseke, 4400 AA Yerseke, Postbus 29, www.wvy.nl, Tel. Hafenmeister (0622) 55 67 44.

## Einkaufen

•**Wochenmarkt:** Dienstags auf dem Marktplatz, hier kann man noch Händler und Kunden in Trachten kommen sehen.

Ausstellung in der Grote Kerk in Goes

# Inseln Tholen und Sint Philipsland

Nach den mittelalterlichen Sturmfluten verblieben Tholen und Sint Philipsland als Inseln im Schelde-Delta, einzig eine ältere Brücke in Tholen führte zur Provinz Noord-Brabant. Der Krabbenkreek trennte die Inseln Tholen und Sint-Philipsland, der Mastgat Tholen und Schouwen-Duiveland. Seit der Realisierung der Wasserschutzmaßnahmen des Delta-Planes verbindet der Krabbenkreekdam die beiden ehemaligen Inseln, zwei moderne Brücken führen über den Schelde-Rijnkanaal und der Oesterdam verbindet Tholen mit Zuid-Beveland.

Immer noch bietet Tholen mit seinen **pittoresken Städtchen und Dörfern** ein ganz besonderes Bild. Hier blühen im Frühjahr die Büsche an den Deichen, der Weißdorn verzaubert die Landschaft. Schmale Polderwege führen durch Blumenfelder, ein Paradies für Radfahrer, Wanderer und Inlineskater, für die mehr als 40 km Seedeich, die das Land vor Sturmfluten schützen, offen stehen.

## Insel Tholen     ↗ XV/C2

Das kleine **Städtchen Tholen** weist einen reizvollen Altstadtkern mit mittelalterlichem Straßenmuster und einem historischen Rathaus auf. Einen der schönsten Teile stellt das Häuser-Ensemble an der Venkelstraße dar. Hoch erhebt sich der Turm der reformierten Kirche aus dem 14. Jh. Die Mühle De Hoop wurde auf dem Stadtwall erbaut.

Eine Rundreise durch Tholen führt zunächst über **Poortvliet,** den ältesten Ort auf Tholen, im größten Polder der Insel gelegen. Erstmals erwähnt wurde er 1203 mit dem Kasteel van Portvliete. Monumental erhebt sich die aus der Mitte des 15. Jh. stammende reformierte Kirche, deren Turm sogar hundert Jahre älter ist – auch an ihrer Mächtigkeit lässt sich die frühere Bedeutung des Ortes erkennen.

Weiter geht es nach **Scherpenisse** mit einem Rathaus aus dem 16. Jh., errichtet durch *Maria van Nassau,* die älteste Tochter *Wilhelm des Schweigers.* In einem alten Haus am Markt befand sich früher die Poststation, wo die Kutschen aus Walcheren auf dem Weg nach Holland Rast machten. Die Ortsmühle De Korenbloem stammt aus dem Jahr 1852. Wuchtig steht am Ortsrand die Kirche, deren massiver Tumunterbau noch gotischen Charakter trägt.

Der Nachbarort **Sint-Maartensdijk** erhielt 1485 Stadtrechte, erworben von *Alienora van Borssele.* Damals versah man die Stadt mit Grachten, Stadttoren und Wällen. Jahrhunderte lang haben diese Verteidigungswerke den Anblick der Stadt bestimmt. Da aber Sint-Maartensdijk keinen Sitz in den Staten van Zeeland hatte, konnte der Ort nicht mehr an Bedeutung gewinnen. Bereits Anfang der 30er Jahre des 15. Jh. hatte Jacoba van Beieren *Frank van Borssele* geehelicht, von ihrem 1819 abgerissenen Schloss gibt es nur noch die Wassergräben. Später kam Sint-Maartensdijk in die Hand der Oranier, noch heute trägt Königin

*Beatrix* den Titel *Vrouwe van Sint Maar-
tensdijk.* Das älteste Gebäude ist die
gotische Sint Maartenskirche. Das
dreischiffige Gotteshaus, gebaut am
Platz einer Vorgängerkirche, von der
noch die Turmfundamente stammen,
birgt eine schöne Kanzel und mehrere
Grabmäler. Im alten Rathaus aus dem
Jahr 1628 hängen noch Bilder von einigen Oraniern.

Über **Stavenisse** ganz im Westen
der Insel mit schönen Häusern aus
dem 17., 18. und 19. Jh. in der Voort-
straat, wo die Sturmflut 1953 besonders schlimm wütete, geht es zum
Norden von Tholen nach **Sint Annaland.** Der Ort mit Yachthafen am
Krabbenkreek verdankt seinen Namen
der Schutzheiligen von *Anna van
Bourgondie.* Im ehemaligen Rathaus
ist jetzt das **Heimatmuseum De
Meestoof** untergebracht. Am Molendijk steht die älteste Mühle der Insel
Tholen, eine hölzerne Standardmühle
aus dem 17. Jh.

●**Streekmuseum De Meestoof:** St Anna-
land, Bierenstraat 6, Tel. (0622) 82 61 92,
Pfingsten bis Okt. Di–Sa 14–17 Uhr, Juli/Aug.
Ab 13.30 Uhr, Eintritt 2 €, ermäßigt 1 €.

Zurück führt der Weg über **Oud-Vos-
semeer.** Aus diesem Ort stammen die
Vorfahren der *Roosevelts,* die im
17. Jh. von hier auswanderten und immerhin zwei amerikanische Präsiden-
ten stellten.

## Info

●**VVV Kantoor Sint Maartensdijk:** 4695 CP
Sint Maartensdijk, Haven 10, Fax (01 66) 66
42 66, info@vvvtholen.nl.

## Unterkunft, Essen und Trinken

●**De Gouden Leeuw** €€€: 4694 CG Scherpenisse, Hoge Markt 8–10, Tel. 66 39 01, Fax
66 74 73, www.degouden-leeuw.nl, tradi-
tionsreiches Haus an einer Stelle, wo sich
schon im 16. Jh. ein Gasthaus befand, sechs
gemütliche Zimmer, angeschlossenes A-la-
carte-Restaurant, Di–Sa abends geöffnet.

●**Hotel Oosterschelde / Restaurant 't Veerhuis** €€: 4675 Sint Philipsland, Rijksweg 7, Tel.
(0167) 57 60 46, www.hoteloosterschelde.nl,
unmittelbar am Wasser im Ortsteil De Sluis
von Anna Jacobapolder. Von hier fuhr die
1988 stillgelegte Fähre über die Oosterschelde ab, das Restaurant befindet sich im umgebauten ehemaligen Fährhaus, heute ein weithin bekanntes Fischlokal. Angeschlossenes
Hotel mit modern eingerichteten Zimmern.

Zeeland

034ni Foto: ot

Renaissance-Giebelhaus in Sint Annaland

# Zeeuws-Vlaanderen

Die Küste von Zeeuws-Vlaanderen, dem **südwestlichsten Teil der Niederlande,** geht in die belgische Küste über. Zwischen Breskens und Cadzand-Bad erstreckt sich ein langer Strandabschnitt mit besonders feinem Sand, der nur an wenigen Stellen, wo die Dünen zum Schutz des Hinterlandes nicht ausreichen, durch Deichbauten unterbrochen ist. Küste und Hinterland scheinen so gar nicht ins Bild der Niederlande zu passen, was sicherlich daran liegt, dass dieses Gebiet früher schwer zugänglich war – heute bietet der neue Westerscheldetunnel nach Terneuzen aus Amsterdam oder Rotterdam einen viel einfacheren und schnelleren Zugang zu diesem südlichsten Küstenabschnitt.

Im Achtzigjährigen Krieg tobten im Westen von Zeeuws-Vlaanderen heftige Auseinandersetzungen mit den Spaniern. Die vielen kleinen Festungsstädtchen, die sich zur Abwehr der Spanier mit Mauern oder Wällen umgaben, sind Zeugen dieser Zeit.

Der viel besuchte **Strand** der Küste von Zeeuws-Vlaanderen birgt eine Überraschung – hier kann man nach jahrhundertealten **Haizähnen** suchen. Die besten Fundorte der uralten Zähne liegen am Radarturm in Nieuwvliet und im Zwingeul bei Cadzand. Bei jeder Umschichtung des Sandes kommen wieder Zähne an die Oberfläche. Wer mehr über die Haizähne wissen möchte, sollte das Besucherzentrum des Naturschutzgebietes Het Zwin (zwischen Cadzand und Retranchement) aufsuchen, wo es Auskunft über diese Fossilienfunde gibt.

Das **Hinterland** von Zeeuws-Vlaanderen erstreckt sich weit über Terneuzen hinaus ostwärts bis fast nach Antwerpen in Belgien und ist stark landwirtschaftlich geprägt. Hier ist der Landschafts- und Ortscharakter schon weitgehend belgisch. Eine **flämisch-burgundische Atmosphäre** durchzieht den gesamten Landstrich, die Stadt Hulst zeigt am besten diese Nähe zum Nachbarland.

# Breskens  ♫ XIV/A3

Von Vlissingen aus legt die **Fahrrad- und Personenfähre** in Breskens an. Das Leben dieses Ortes an der **Westerscheldemündung** spielt sich rund um seine vier **Häfen** ab. Da gibt es den Handelshafen, den Fischereihafen und den Yachthafen, in einer Entfernung von ungefähr einem Kilometer liegt der Fährhafen. Schiffe haben immer freien Zugang – trotz des Gezeitenunterschieds von ungefähr vier Metern sind die Häfen ohne Schleusen direkt von der Nordsee aus erreichbar.

Breskens war aufgrund seines strategisch wichtigen Standortes an der Westerschelde im Zweiten Weltkrieg Ziel alliierter Bomber, die den Ort bis 1944 zerstörten. Danach entstand alles neu.

Westlich von Breskens lohnt ein Spaziergang auf dem Panoramaweg zum schwarz-weiß gestrichenen **Leuchtturm,** der als Miniatur in Madurodam in Den Haag (s. dort) steht. Vom Panoramaweg aus hat man einen weiten Blick auf den Schiffsverkehr der Westerschelde und Vlissingen. Nicht weit vom Leuchtturm befindet sich ein Vogelzählposten – dieser markante Landpunkt am Kopf der Westerschelde wird von **Zugvögeln** zur Orientierung benutzt.

Der **Strand** von Breskens erstreckt sich zwischen dem Fährhafen und dem Handelshafen sowie vom Fährhafen westlich bis über den Leuchtturm hinaus – hier wird er immer breiter. Hinter dem Dünengebiet Groese Duintjes breitet sich das Zwarte Gat

aus, eine Schlickfläche. Über den **Deltadeich,** der hier dünenartigen Charakter hat, kann man mit dem Auto fahren – der Strand ist aber autofrei. Bei **Nieuwvliet-Bad** ist er am breitesten. Hier entstehen bei Ebbe Wasserflächen, die für Kinder paradiesische Spieloasen darstellen. Hinter dem von Dünen umringten Strand breiten sich Familiencampingplätze, Campingbauernhöfe und Ferienparks aus.

### Verdronken Zwarte Polder

Beim Verdronken Zwarte Polder handelt es sich um einen ehemaligen, inzwischen versandeten Meeresarm von besonderem naturkundlichem Reiz. Der Verdronken Zwarte Polder teilt den Strand von Nieuwvliet etwa auf halbem Weg von Breskens. Nach dem Versanden des Zwarte Gat wurde das Gebiet zunächst eingepoldert, aber ab Beginn des 20. Jh. wieder regelmäßig überflutet. Heute besteht diese 55 ha große Meereseinbuchtung aus **Schlick-, Watt- und Dünenflächen.** Hier sind die typischen Salz liebenden Pflanzen vertreten, in den Dünen auch die so seltene Stranddistel und Strandwinde. Ebenso wie Het Zwin bei Cadzand ist der Zwarte Polder Rast- und Futterplatz für viele Wasservögel.

●**Verdronken Zwarte Polder:** Führung Juli/Aug. Mi 19.30 Uhr, Start am Parkplatz des Abwasser-Schöpfwerkes, Information Tel. 56 91 28.

### Info

●**Tel.-Vorwahl:** 0117
●**VVV Breskens:** 4511 RC, Kaai 1, Tel. 38 18 88, Fax 38 61 45, breskens@vvvzvl.nl, Postan-

schrift: VVV Zeeuws-Vlaanderen, Markt 11, Terneuzen, Tel. (0115) 62 10 22, www.vvv-zeeland.nl.

### Strand

●Feinsandig, nach Westen breiter werdend (blaue Flagge für mehrere Strandabschnitte), Hunde von Juni bis Aug. 10–19 Uhr nur angeleint zugelassen; Surfen und Segeln nur außerhalb der durch Bojen abgegrenzten Schwimmbereiche zugelassen, Wasserscooter verboten; Drachen mit zwei oder mehr Leinen dürfen von Juni bis Aug. 10–19 Uhr nicht steigen; Reiten Juni bis Aug. 10–18 Uhr nicht zugelassen, außerhalb dieser Zeit nur an der Wasserkante; FKK westlich von Nieuwesluis am Dünenübergang 24 bis zum Ende des Zandertje; für Behinderte im Bereich des Deltadeichs erleichterter Strandzugang mit dem Auto, Behindertenrollstühle können beim Camping Napoleonhoeve, Tel. 38 35 00, gemietet werden; vier Strandpavillons.

### Unterkunft, Essen und Trinken

●**Restaurant de Milliano** €€€: Tel. 38 18 12, Scheldekade 27, nahe am Yachthafen, innenarchitektonisch als authentischer Muschelkahn aus der ersten Hälfte des 20. Jh. eingerichtet, klassisches kleines Fischrestaurant, Anfang Jan. bis Mitte Febr., Mo und Do nach 20.30 Uhr geschlossen.
●**Hotel de Milliano** €€€€: 4511 RB, Promenade 4, Tel. 38 18 55, Fax 38 35 92, www.milliano.nl, Zimmer mit Balkon und Kitchenette, Blick auf die Westerschelde.
●**Strandpark Breskens:** Tel. (0800) 081 77 77, www.hogenboom.com, ein Hogenboom-Ferienpark, 1 km vom Strand nahe Ortszentrum, großzügige Bungalows, Hallenbad.
●**Camping Napoleonhoeve:** 4511 RH, Zandertje 30, Tel. 38 38 38, Fax 38 35 50, www.napoleonhoeve.nl, ein Campingplatz der Molecaten-Ferienparks mit Hallenbad.
●**Camping Schippers:** 4504 PT Nieuwvliet-Bad, Baabstpoldersedijk 6, Tel. 37 12 50, Fax 37 62 42, www.campingschippers.nl, ruhiger, strandnaher Platz.

**Zeeland**

## Museen

● **Fischereimuseum:** Kaai 1, Tel. 38 36 56, www.visserijmuseumbreskens.nl, Exponate zur Fischerei, Sammlung von See- und Hafenansichten, Fossilienkollektion, eindrucksvolle Schiffsmodelle, Hafenmodell und Seeaquarium. Geöffnet Ostern bis Ende Juni sowie Sept./Okt. Di und Sa 10–12.30 Uhr und 13.30–16.30 Uhr, Juli/Aug. täglich 10–17 Uhr, Ostermontag und Himmelfahrt geschlossen, Pfingstmontag 14–17 Uhr, Eintritt 3 €, Kinder und Senioren 2,50 €.

● **Steinerne Kornmühle Nieuwvliet:** Molenweg, Tel. 37 13 86, Kornmühle vom Typ „Grondzeiler", ganzjährig Mi und Sa 13–17 Uhr, Eintritt frei.

## Aktivitäten

● **Bootsverleih:** CBI, Kaai, Tel. 38 06 85, Vermietung eines Sportfischerbootes für 12 Personen mit Skipper zum Angeln auf der Nordsee.

● **Go-Kart:** Raceland, Deltahoek 44, Tel. 38 00 53, 400-Meter-Bahn, Fahrpreis 13 €, Kinder 8 €, in der Saison ganztägig geöffnet, ansonsten Di–Sa ab 18 Uhr, So ab 14 Uhr.

● **Indoor- und Outdoor-Spielplatz:** De Afslag, Kieweg 2, Tel. 38 02 30.

● **Landschaftsführungen** zu Geologie, Archäologie, Geschichte, Flora und Fauna, in den Sommermonaten Mi und Do 19 Uhr, Information Tel. 45 30 21.

## Veranstaltung

● **Fischereitage:** Wochenende Anfang August, Infos unter www.visserijfeesten.nl.

## Fähre

● **Fußgänger- und Fahrradschnellfähre:** vom Anleger Breskens nach Vlissingen (Anleger am Bahnhof), Fahrtzeit 20 Min., Tarif (einfach) 2,35 €, Kinder 1,40 €, Fahrrad 0,70 €, Information: BBA Connex Group, Tel. (0900) 92 92 (0,50 €/Min.), Service-Tel. 46 59 05, www.bba.nl.

# Cadzand  ♒ XIV/A3

Kurz vor der **belgischen Grenze** hat sich der Cadzand vorgelagerte Badeort **Cadzand-Bad** zu einem viel besuchten Ferienort entwickelt. Der einst auf einer Insel gelegene Ort Cadzand taucht erstmals in einer Urkunde aus den Jahren 1111–15 unter dem Namen *Cadesant* auf. In dieser Urkunde wird dem Grafen *Boudewijn VII.* der Zehnte (Kirchensteuer) von Cadesant zugestanden, der eigentlich der Kirche von Rodenburg (Aardenburg) gehörte. Der Name *Cadesant* deutet darauf hin, dass hier um diese Zeit bereits ein ansehnliches System von Ländereien vorhanden war. In den folgenden Jahren vergrößerte sich die Insel, weil man ein Wattgebiet nach dem anderen mit Deichen versah und zum Poldergebiet machte. So gehören die Deichanlagen auf dem „Landje van Cadzand" zu den ältesten von Westeuropa – aus dem Jahre 1177 datieren die ersten bekannten Aufzeichnungen über Polder auf der Insel Cadzand.

Im Zentrum von **Cadzand-Dorf** steht noch die zu Beginn des 14. Jh. errichtete gotische Pfarrkirche. Die reizvollen Häuser des alten Dorfkerns sind ringförmig um die Kirche gebaut – Cadzand ist das einzige Kirchringdorf in Zeeuws-Vlaanderen. Die **Mühle** am Dorfeingang wurde 1977 restauriert und kann besichtigt werden.

● **Nooitgedacht Cadzand:** Zuidzandseweg 3, Tel. 46 17 44, runde, steinerne Mühle mit drehbarer Haube, in Betrieb zu besichtigen, ganzjährig So 14–18 Uhr sowie Mitte Juni bis Aug. zusätzlich Mi 14–18 Uhr, abends be-

Zeeland

leuchtet, Eintritt 1 €, Kinder 0,50 €, Mehl-verkauf.

## Het Zwin

Der Zwin, der Zufluss westlich von Cadzand, der einst Brügge mit dem of-fenen Meer verband, ist zum toten Meeresarm versandet und wurde bis über die belgische Grenze hinaus zum **Naturschutzgebiet** erklärt. Über ein Drittel der 150 ha großen Fläche liegt auf niederländischem Gebiet. Der Zwin ist heute ein typischer **Priel mit Marschland,** das hinter den Dünen

Die Dünen von Cadzand

liegt und über eine Flussrinne mit dem Meer verbunden ist. So gibt es hier viele Übergänge, von süß zu salzig, von Lehm zu Sand, von niedrig zu hoch und von nass zu trocken. Bei Sturm wird das gesamte Gebiet über-schwemmt, die niedrigeren Gebiete bei jeder Flut. Das eindringende Was-ser gibt einer Salz liebenden Flora Le-bensraum.

● **Besucherzentrum 't Zwin:** Retranche-ment, Gerrit van Hoekestraat 2, Tel. 39 22 21, www.gemeentesluis.nl, April, Mai, Sept. und Okt. Di–So 12–17 Uhr, Juni bis Aug. Di–Sa 10–17 Uhr, So 12–17 Uhr, Eintritt 2 €, Kinder bis 16 Jahren und Senioren 1 €, Führungen Juli/Aug. an einem Vormittag pro Woche um 10 Uhr, Start am Besucherzentrum, Informa-tion Tel. 56 91 28.

## Retranchement

Heute erheben sich am südlichen Ende des Naturschutzgebietes Het Zwin die Wälle von Retranchement – der Name ist die französische Bezeichnung für **Verschanzung**. Hier wurde 1612 eine Festung zur Verteidigung des Meeresarms Het Zwin gebaut. Denn das heute westlichste Dorf der Niederlande wurde 1604 von Prinz *Moritz von Nassau-Oranien* von den Spaniern zurückerobert, nachdem auch die Festungsstadt Sluis eingenommen war. Auf den gut erhaltenen Wällen des **Forts Nassau** kann man heute spazieren gehen. Sehenswert sind im Ort noch die **Bockwindmühle** aus dem Jahr 1634, die einzige Mühle der Region, die sich um die eigene Achse dreht, und die schlichte **Saalkirche** aus dem 17. Jh.

- **Bockwindmühle Retranchement:** Molenstraat 3, Tel. 39 13 59, regelmäßig in Betrieb Juli/Aug. Sa 13–17 Uhr, 14.7. bis 25.8. zusätzlich 13–17 Uhr.

### Info

- **Tel.-Vorwahl:** 0117
- **VVV Cadzand:** 4506 JK Cadzand-Bad, Boulevard de Wielingen 44d, Tel. 39 12 98, Fax 39 25 60, cadzand@vvvzvl.nl, Postanschrift: s. Breskens.

### Strand

- Teilweise schmal, am Zwin sehr breit, feinsandig; westlich der Gemeindegrenze von Cadzand Hunde von Juni bis Aug. nur angeleint zugelassen, am Strand von Retranchement in dieser Zeit ganz verboten; Surfen, Segeln, Drachenfliegen, Kanufahren beim Strandpavillon De Zeemeeuw zugelassen; FKK im Naturschutzgebiet Het Zwin geduldet; Rollstühle können unter Tel. 39 12 35 gemietet werden; vier Strandpavillons.

### Unterkunft, Essen und Trinken

- **De Blanke Top** €€€: 4506 JH, Boulevard de Wielingen 1, Tel. 39 20 40, Fax 39 14 27, www.blanketop.nl, einzigartige Lage auf den Dünen, Zimmer mit Balkon, mit Hallenbad und Terrasse, angeschlossenes Restaurant €€€.
- **Strandhotel** €€€€ 4506 KM, Boulevard de Wielingen 49, Tel. 39 21 10, Fax 39 15 35, www.strandhotel-cadzand.nl, auf den Dünen, Hallenbad, beheizter Wintergarten, Restaurant €€€€ à la carte.
- **Noordzee** €€: 4506 KM, Noordzeestraat 2, Tel. 39 18 10, Fax 39 14 16, www.hotelnoordzee.nl, auf den Dünen, Zimmer und Suiten mit Möbeln aus exotischen Hölzern eingerichtet, mit Terrasse oder Balkon, dazu **Restaurant De Duinpan** €€€ und **Kaffeebar De Koffiemolen.**
- **De Wildhof:** 4525 NB Retranchement, Kanaalweg 5, Tel. 39 14 06, Fax 39 25 89, www.campingdewildhof.nl, nahe am Naturschutzgebiet Het Zwin gelegener Familiencampingplatz, Standplätze mit eigenen Sanitäranlagen, April bis Okt.
- **Camping de Sandt Plaet:** 4525 NB Retranchement, Kanaalweg 5, Tel. 39 63 96, Fax 39 25 89, www.sandtplaet.com, ganzjährig geöffneter Familienplatz am Zwin.
- **De Zwinhoeve:** 4525 LX Retranchement, Duinweg 1, Tel. 39 21 20, Fax 39 22 48, www.zwinhoeve.net, in Strandnähe gelegener Campingplatz am Zwin.

### Nachtleben

- **Diskothek Joy Cadzand,** Boulevard de Wielingen 4/8, Tel. 39 60 73, www.discojoy.nl, im Winter geschlossen.

### Aktivitäten

- **Flugfeld:** Vliegterrein Nieuwvliet, St. Jansdijk 1, Tel. 37 14 27, www.vliegterrein-nieuwvliet.nl, Deltafliegen, Paragleiten, Modellflugplatz.

Im Zentrum von Sluis

●**Kutschfahrten:** J.A. Dekker, Retranchement, Platteweg 4a, Tel. 39 13 47.

## Veranstaltungen

●**Drachenflieger-Feste:** am Strand im Frühjahr und im Sommer.
●**Dorffest:** August in Cadzand.
●**Touristenmarkt:** im Sommer montags in Cadzand-Bad.

# Sluis  ♫ XIV/A3

Im Hinterland der Küste von Zeeuws-Vlaanderen ist das kleine Städtchen Sluis kulturhistorisch interessant. Sluis war im 14. Jh. ein Vorhafen von Brügge an dem später versandeten Zwin. Auf den **Wallanlagen** dieser einst so bedeutenden Stadt ist heute ein Spazierweg angelegt. Von den Stadttoren wurden das Süd- und Osttor vollständig restauriert, das Westtor teilweise in seinen ursprünglichen Zustand zurückversetzt.

Das **Rathaus** aus dem 14. Jh. ist rechteckig angelegt, in seiner Mitte erhebt sich ein eingebauter, viereckiger, mit pittoresken Türmchen versehener Belfried mit einem schönen Glockenspiel. Der Ratssaal mit herrlichen Holzschnitzereien, Wandteppichen und Gemälden aus dem 17. und 18. Jh. gilt als einer der schönsten der Niederlande. Von den Türmen aus hat man eine prächtige Aussicht auf das Städtchen und die Zeeuws-Vlaamse Landschaft. Heute ist Sluis vor allem als gemütliche Einkaufsstadt bekannt, die viele Tagestouristen anzieht.

●**Belfried und Ratssaal Sluis:** Groote Markt 1, Tel. 47 55 00, www.visitsluis.nl, www.gemeentesluis.nl, archäologische Sammlung und Ratssaal Anfang April bis Okt. und an Feiertagen 14–17 Uhr, Juli/Aug. 13–17 Uhr, Eintritt 2 €, Kinder 1 €, Turmbesteigung Mai, Juni, Sept., Okt. So 14–17 Uhr, Juli/Aug. täglich 13–17 Uhr.

## Info

●**Tel.-Vorwahl:** 0117
●**VVV Sluis:** 4524, St. Annastraat 15, Tel. 46 17 00, Fax 46 26 84, sluis@vvvzvl.nl, Postanschrift: s. Breskens.

## Essen und Trinken

●**Oud Sluis** €€€€: Beestenmarkt 2, Tel. 46 12 69, www.oudsluis.nl, kleines Spitzenrestaurant mit raffinierter Küche, Fisch- und Meeresfrüchtespezialitäten, 1. Aprilwoche, 2. Juniwoche, zwei Wochen im Oktober, Mo und Di geschlossen.
●**Gasterij Balmoral** €€: Kaai 16, Tel. 46 14 98, mit Terrasse, französische Küche, Mitte Jan. bis Mitte Febr. sowie Do geschlossen.

073ho Foto: ot

Zeeland

Zeeuws-Vlaanderen

## Nachtleben

● **Jopie Café-Bar-Discotheek:** Kaai 3, Tel. 46 12 31.

## Museum

● **De Brak:** Nieuwestraat 26, Tel. 46 12 50, schwere, runde, steinerne Stellungsmühle mit drehbarer Haube (Baujahr 1739), erste steinerne Mühle der Region, gebaut als Festungsmühle an der Südostgrenze von Fort Sluis, regelmäßig in Betrieb, Ostern bis Ende Okt. täglich 10–17 Uhr, außerhalb der Saison Do und Fr geschlossen, mit Souvenirshop und Café, Brasserie und Restaurant.

## Aktivitäten

● **Tover Sluis:** Nieuwestraat 83a, Tel. 46 11 11, www.toversluis.nl, überdachtes Spielparadies für Groß und Klein, geöffnet Mo, Di und So 14–23 Uhr, Mi und So 11–23 Uhr, Fr/Sa 11–1 Uhr, Eintritt frei.
● **Holzschuhherstellung:** L&B Sluis Klompenhuis, St. Annastraat 51, Tel. 46 24 74, gezeigt wird die Holzschuhherstellung, Souvenirladen, Kaffeehaus.

# Aardenburg  ⤷ XIV/A3

Von Sluis lohnt die Weiterfahrt ins nahe gelegene Aardenburg. Hier siedelten schon vor 8000 Jahren Menschen. Im Jahr 170 n. Chr. errichtete der römische Feldherr *Marcus Didius Julianus* das **Castellum Radanum,** sodass Aardenburg sich zu Recht als älteste Stadt Zeelands bezeichnen kann; in der Burchstraat wurde das Fundament des West-Tores dieses Kastells rekonstruiert. Hauptbauwerk des Ortes ist die **St. Bavokerk,** die zu den bedeutendsten Denkmälern der flämischen Gotik in den Niederlanden zählt. Mönche der St. Baafsabtei deichten das Gebiet

um Aardenburg im 10. Jh. ein und stifteten 959 die St. Bavokerk. Die damalige Kapelle diente als Basis für die heutige Kirche. Während der Restaurierungsarbeiten nach dem Zweiten Weltkrieg kamen Sarkophage mit Grabmalereien aus dem 14. und 15. Jh. zum Vorschein.

Reizvoll ist ein Spaziergang durch die alte Stadt mit ihren vornehmen **Patrizierhäusern** innerhalb der „Wallanlagen" mit dem mittelalterlichen **Kaitor.** Einst lag dieses Tor am Hafen. Seine Entstehung geht auf das 13. Jh. zurück, die heutige Form erhielt es um 1650.

## Museum

● **Archäologisches Regionalmuseum Aardenburg:** Marktstraat 18, Tel. 49 28 88, www.gementesluis.nl, Exponate aus Römerzeit und Mittelalter, Anfang April bis Okt. Di–Fr 10–12 Uhr und 13.30–17 Uhr, Sa und So 13–17 Uhr, Eintritt 2 €, Kinder 1 €.

# Terneuzen  ⤷ XIV/B3

Terneuzen ist heute mit über 50.000 Einwohnern die größte Gemeinde im Südwesten der Niederlande. Die Stadt liegt an der Westerschelde, wo der 1827 gebaute, 43 km lange Zeekanaal Gent-Terneuzen mündet. Heute ist Terneuzen eine Industrie- und Hafenstadt mit dem drittgrößten Überseehafen der Niederlande. Da die Westerschelde ganz Zeeuws-Vlaanderen vom niederländischen Festland abtrennt, hat der 2003 eröffnete, 6,6 km lange **Westerscheldetunnel** eine ver-

O36ni Foto: ot

Muschelfischer

Zeeland

besserte Anbindung an die übrigen Teile der Niederlande bewirkt.

● **Westerscheldetunnel:** ganzjährig Tag und Nacht geöffnet, Durchfahrt für PKW 4,10 €, PKW mit Wohnwagen 6 €, Kundenservice Tel. (0900) 235 88 66 (0,05 €/Min.), www.westerscheldetunnel.nl.

## Info

● **Tel.-Vorwahl:** 0115
● **VVV Terneuzen:** 4531 EP, Markt 11–13, Tel. 61 79 60, Fax 64 87 70, terneuzen@vvvzvl.nl., Postanschrift: VVV Zeeuws-Vlaanderen, Markt 11, Terneuzen, Tel. (0115) 62 10 22, www.vvvzeeland.nl.

## Unterkunft, Essen und Trinken

● **Restaurant 't Arsenaal** €€€: Nieuwstraat 27–29, Tel. 61 30 00, www.hetarsenaal.com, unter den Gewölben der alten Festung von 1840 eingerichtetes Restaurant im Stil einer Brasserie, mit Terrasse, geöffnet Di–Fr, Sa und So nur abends.
● **L'Escaut** €€€€: 4531 EJ, Scheldekade 65, Tel. 69 48 55, Fax 62 09 81, www.goldentulip-lescaut.nl, neues Hotel der Golden-Tulip-Gruppe am Scheldeufer, mit ausreichend bemessenen Zimmern praktisch möbliert, 24., 25., 31.12. und 1.1. geschlossen, angeschlossenes **Restaurant** mit Uferterrasse und täglich wechselnder Karte.
● **Hotel Triniteit** €€: 4537 TR, Kastanjelaan 2, Tel. 61 41 50, Fax 61 44 69, www.hoteltriniteit.nl, an der Straße nach Zelzate gelegen, einfache Zimmer, bei schönem Wetter wird das Frühstück im Garten serviert, 25.12.–7.1. geschlossen.

## Museum

● **Schulmuseum Schooltijd:** Vissteeg 2–6, Tel. 69 42 70, http://people.zeelandnet.nl, Exponate zum historischen Schulwesen wie Wandtafeln, Griffel, Schulbänke aus der Zeit um 1900. Geöffnet April bis Sept. Mi–Sa 14–16.45 Uhr, Okt. bis März nur Mi und Sa, Eintritt 1,25 €, ermäßigt 0,75 €.

## Aktivitäten

● **Golf:** Golfvereniging De Woeste Kop: 4571 NB Axel, Justaasweg 4, Tel. (0115) 56 44 67, www.dewoestekop.nl, 18-Loch-Platz im Südosten von Terneuzen bei Axel, mit Lagen, Gastronomie etc.

## Veranstaltungen

● **Schelde-Jazz:** Größtes Jazz-Festival im Süden der Niederlande, mehrtägig Mitte Mai bzw. Juni, organisiert vom Jazzclub Porgy & Bess (Noordstraat 52, Tel. 613293, www.por gyenbess.eu), einem der ältesten Jazzclubs in Holland. Konzerte finden am Wochende statt.

# Hulst ♫ XV/C3

Hulst ganz im Osten von Zeeuws-Vlaanderen gilt als die „belgischste" Stadt der Niederlande. Der flämische Graf *Philipp von Elsass* verlieh Hulst 1180 Stadtrechte. Hier lebte man zunächst von der Torfgewinnung, bei der in Meeresnähe Salz als Nebenprodukt abfiel. Später kam der Flachsanbau hinzu und die Stadt, die damals noch über einen Hafen verfügte, entwickelte sich zu einem Tuchproduktions- und Handelszentrum. Im Achtzigjährigen Krieg blieb Hulst mit kurzer Unterbrechung in spanischer Hand, bis die Holländer 1645 einmarschierten. So konnte die Zufahrt über die Schelde nach Antwerpen blockiert werden. Doch damit fielen auch die traditionellen Tuchabsatzgebiete für Hulst weg. 1795 musste der Hafen geschlossen werden, weil der Zufluss zur Schelde versandet war. So kam die Stadt ins wirtschaftliche Abseits, wodurch jedoch ihr historischer Chararakter als Festungsstadt erhalten blieb.

## Stadtbefestigung

Die Stadtbefestigung stammt aus der Zeit des Achtzigjährigen Krieges. Die **Bastionen** sind noch ganz und vier Stadttore teilweise erhalten, die inzwischen begrünten **Stadtwälle** dienen als Spazierwege. Von den 3,5 km langen Wällen hat man den besten Blick in die historische Innenstadt mit den vielen alten Häusern und schönen Giebeln. Die **Stadttore** zeugen von der Vergangenheit von Hulst – übrigens wurden sie bis 1845 abends geschlossen. Die Graauwse oder Bagijnepoort wurde 1704 gebaut. Die Dubbele Poort stammt aus dem Jahr 1771. Die Keldermanspoort wird auch Dobbele Poort genannt, weil sie in doppelter Funktion sowohl Land- als auch Wassertor war und den Zugang zum alten Hafen schützte. An der Gentse Poort an der Südseite der Stadt steht das Reynaertmonument, das das Andenken an die Fabel von Reineke Fuchs bewahrt, deren Szenen ursprünglich im Umkreis von Hulst im 13. Jh. spielen.

## St.-Willibrordus-Basilika

Das Stadtbild wird von der großen St. Willibrordus Basilika beherrscht,

die in den Jahren 1200 bis 1534 als Kreuzbasilika im Stil der Brabanter Gotik entstand. Ihr Turm wurde nach einem Brand im Jahr 1562 wiederaufgebaut, dann nach einem weiteren Brand 1663, wegen Baufälligkeit nach dem Jahr 1724 und letztmalig im Jahr 1957 nach Kriegsschäden. Lange nutzten Protestanten und Katholiken gleichermaßen diese Kirche, 1935 wurde sie zur Basilika erhoben. Die Kirche selbst wurde zwischen 1996 und 1999 restauriert.

## Rathaus

Das gotische **Stadhuis** steht mit seiner großen Freitreppe am Grote Markt. Es wurde 1528 auf den Grundmauern der 1485 errichteten Stadthalle errichtet. Der 1547 fertiggestellte quadratische Turm trägt den kaiserlichen Adler, den Kaiser *Maximilian von Österreich* schon 1492 der Stadt geschenkt hatte. Im Rathaus werden viele alte Karten, Stiche und Gemälde, darunter Werke von *Jacob Jordaens* und *Cornelis de Vos,* ausgestellt.

## Klöster

In Hulst findet man auch noch Dependancen ehemaliger Klöster aus der Umgebung, die sich große Verdienste um die Einpolderung der Region erworben haben. Da ist zunächst das **Refugium von Baudeloo,** von dem noch der Turm aus dem 13. Jh. hinter dem Grote Markt steht. In der Sternstraße findet man das **Refugium der Abtei Ter Duinen** mit einem Kellergewölbe aus dem Jahr 1302. Der Rest des Gebäudes datiert aus dem 16. Jh.,

das von Zisterziensern genutzt wurde, nachdem die Geusen ihren Hof te Zande zerstört hatten. 1645 wurde es dann durch Prinz *Moritz* in Beschlag genommen, deshalb auch sein Name Prinsenhuis. Hier ist heute das **Streekmuseum De Vier Ambachten** untergebracht. Es beherbergt ein Regionalmuseum mit archäologischer Sammlung, Gebrauchsgegenständen, Trachten und Exponaten u.a. zur Sage von Reineke Fuchs.

● **Streekmuseum De Vier Ambachten:** Steenstraat 28, Tel. 32 06 92, www.devierambach ten.com, Ostern bis Herbstferien täglich 14–17 Uhr, Eintritt 2,50 €, reduziert 1,50 €.

## Stadtmühle

Die Stadtmühle wurde 1792 errichtet und dreht sich bis heute. Darin ist ein kleiner Mühlenladen.

● **De Stadsmolen:** Sa nachmittags von April bis 1. Okt. in Betrieb, Tel. 38 92 20.

## Info

● **Tel.-Vorwahl:** 0114
● **VVV Hulst** €€€: 4561 AR, Steenstraat 37, Tel. 31 52 21, Fax 31 62 08, hulst@vvvzvl.nl, Postanschrift: s. Terneuzen.

## Unterkunft, Essen und Trinken

● **Restaurant Napoleon:** Stationsplein 10, Tel. 31 37 91, www.restaurantnapoleon.nl, traditionelles Haus, spezialisiert auf Krustentiere und Fisch, mit Gartenterrasse, geschlossen Anfang März und 2. Hälfte Juli, Di abends und Mi Ruhetag.
● **L'Aubergerie** €€: 4561GT, Van der Maelstedeweg 4a–6, Tel. 31 98 30, Fax 31 14 31, www.hotel-laubergerie.nl, familiär geführtes Hotel, angeschlossenes Restaurant.

Zeeland

# Noord-Brabant Überblick

Die niederländische Provinz Noord-Brabant mit den wichtigsten Städten 's-Hertogenbosch, Eindhoven, Tilburg, Breda und Bergen op Zoom grenzt im Süden an **Belgien** (das südliche Brabant gehört heute zu Belgien). Abgeleitet wird der Name der Provinz von *brac bant*, womit eine wüste, morastige Landschaft beschrieben wird. Längst ist die Region kultiviert, aber viele der schönen Nordbrabanter Landschaftsgebiete zeugen noch von ihrer einstigen natürlichen Beschaffenheit.

Brabant ist eine der besonders geschichtsträchtigen Provinzen der Niederlande. Schon *Cäsar* kam 51 v. Chr. in dieses Gebiet. Aber die eigentliche Blütezeit Brabants, die goldenen Jahrhunderte der Provinz, lag im 14. und 15. Jh. Damals war Brabant ein kultureller Mittelpunkt Europas, die wichtigsten Städte Brüssel, Antwerpen, Leuven, Breda und 's-Hertogenbosch erlebten ihre größte Blüte.

Dabei hat Brabant selten als eine Einheit bestanden. Die eigentliche Geschichte der Provinz beginnt zur Zeit des **Frankenreichs,** als sich die Herzöge von Brabant von *Karl dem Großen* lossagten. Im Hochmittelalter bestand Brabant aus der Region Leuven-Ukkel-Brüssel. Während des Achtzigjährigen Krieges, als der südliche Teil Brabants den Spaniern unterstand, flüchteten viele Menschen, vor allem Künstler und Gelehrte, in den Norden der Provinz. Mit dem Frieden von Münster kam 1648 der südliche Teil endgültig an **Spanien,** der nördliche wurde zu einem Teil der Niederlande. Nach der französischen Besetzung und der nachnapoleonischen Neuordnung Europas wurde Brabant Teil des neuen **Vereinigten Königreiches der Niederlande,** das bis 1830 auch Belgien umfasste. Mit dem Auseinanderfallen dieses Reiches wurde Brabant wieder geteilt, der Süden verblieb bei Belgien, der Norden wurde endgültig **Provinz der Niederlande.**

Mit der Industrialisierung in der zweiten Hälfte des 19. Jh. zog der wirtschaftliche Fortschritt auch im niederländischen Noord-Brabant ein, was bis dahin unter seiner Randlage zu Belgien gelitten hatte. Längst ist Brabant ein attraktiver moderner Dienstleistungsstandort, der weit mehr zu bieten hat, als gemeinhin angenommen wird, auch wenn er nicht zu den eigentlichen touristischen Zentren des Landes zählt. Hier ist noch der burgundische Einfluss spürbar, was Brabant zu einer **kulinarischen Hochburg** der Niederlande gemacht hat. Der stark vertretene **katholische Glaube** hat Brabant des Weiteren auch – neben Limburg – zu einer Karnevalshochburg des Landes gemacht. Die Eigenständigkeit der Brabanter kommt auch in ihrem unverwechselbaren Dialekt zum Ausdruck.

# Westbrabant

Die Region Westbrabant erstreckt sich zwischen **Bergen op Zoom** und **Breda.** Das landschaftliche Erscheinungsbild ist sehr unterschiedlich und beinhaltet den wasserreichen Nordwesten, trockene Sander (Schotterebenen) im Zentrum und größere Waldareale im Süden. Begrenzt wird Westbrabant im Norden durch das Hollands Diep und die weiter landeinwärts gelegene Wasserwelt des Biesbosch, im Westen geht es in die seeländische Delta-Region und im Süden nach Belgien über. Weitere Naturgebiete der Region sind die Booswachterij Dorst, die Wouwse Plantage und der Liesbos als größtes Eichenwaldareal der Niederlande.

Der äußerste Westen Brabants wird auch als **De Brabantse Wal** bezeichnet – eine hochinteressante Landschaft. Hier breiten sich Wälder auf den Sandböden aus, die in die tiefer gelegenen Schlickpolder zur Oosterschelde hin übergehen. Dieser Übergang wird von einem erkennbaren Rand gebildet, der sich von Ossendrecht entlang der Hoogerheide, Woensdrecht über Bergen op Zoom bis Steenbergen entlang zieht. Von der Höhe dieser abfallenden Kante, an der früher die Oosterschelde entlangfloss, haben Radfahrer und Fußgänger einen weiten Blick über die angrenzenden Polder.

Noord-Brabant

# Bergen op Zoom  ⚓ XV/C2

Bergen op Zoom war bis 1287 Lehen der Herren von Breda. Die Stadt war zu dieser Zeit mit der Oosterschelde verbunden. 1533 wurde sie zur Markgrafschaft erhoben. Gut befestigt konnte die Stadt spanischen Belagerungen in den Jahren 1588 und 1622 widerstehen. Ende des 17. Jh. wurden die Befestigungsanlagen noch verstärkt, die Stadt galt als uneinnehmbar, doch eroberten französische Truppen sie im österreichischen Erbfolgekrieg 1747. Während der napoleonischen Zeit war Bergen op Zoom wieder von französischen Truppen besetzt. Die Festungsanlagen wurden 1867 geschleift, sind aber am Verlauf der Ringstraße noch zu erkennen.

Bergen op Zoom liegt im Westbrabanter Sandgürtel. Hier wächst der **Spargel,** für den die Stadt berühmt ist. Sie ist aber auch eine **Karnevalshochburg.** Hier hat der *Vastenavend* einen eigenen Stil. Man trägt keine Kostüme, sondern verkleidet sich mit alten Klamotten, vor allem Bauernkitteln – eine Sitte, die aus der Notzeit nach dem Zweiten Weltkrieg stammt. In der Karnevalszeit nennt sich Bergen op Zoom *Krabbegat,* nach der hier früher angebauten Krapppflanze *(meekrap),* die als Färberröte ein wichtiger Grundstoff für rote Farbstoffe war.

## Grote Markt

Das städtische Zentrum von Bergen op Zoom bildet der Grote Markt. Hier steht das **Rathaus** mit großer Freitreppe vor dem mittleren und rechten Gebäudetrakt. Seit 1611 verbindet eine steinerne Renaissancefassade mit dem markgräflichen Wappen alle drei Trakte zu einem einheitlichen Ganzen.

Am Marktplatz befindet sich auch das **Stadttheater De Maagd,** das in dem 1825–29 entstandenen neoklassizistischen Bau der ehemaligen katholischen Pfarrkirche H. Maagd Maria ten Hemelopneming untergebracht ist. Der Architekt *Onno Greiner* hat die Kirche für diesen Zweck geschickt umgebaut.

Überragt wird der Marktplatz von der Peperbus (Pfefferbüchse), dem Turm der nahen **Sint Gertrudiskerk,** die 1474 von französischen Truppen zerstört und wieder aufgebaut wurde und 1972 bis auf die Außenmauern aus dem 15.–16. Jh. abbrannte.

● **Rathaus:** Grote Markt, Tel. 25 18 59, Mai bis Sept. Di–Sa 13–16.30 Uhr, Eintritt 1 €.

## Stadtbefestigung

Von der alten Stadtbefestigung steht noch die **Gevangenpoort** als westliches doppeltürmiges Stadttor, das auch Lievevrouwenpoort genannt wird. Dem Ausbau der Stadtbefestigung entstammt die im Nordosten der Kernstadt gelegene **Bastion Ravelijn.**

## Markiezenhof

Herausragendes Gebäude der Stadt ist der Markiezenhof, der **Stadtpalast** der Herren und späteren Markgrafen von Bergen op Zoom. Das Gebäude wurde 1458 durch die berühmten Mechelner Baumeister *Anthonie* und *Rombout Keldermans* errichtet. Auffal-

## Bergen op Zoom

*(Karte mit Straßennamen: Ravelijn, A. van Dunkerken Park, Noordsingel, Weverskat, Minderbroederstraat, Korenmarkt, Lange Parkstraat, Noordsingel, Sint Antoniusstr., Steenbergsestraat, Hofstraat, Blauwehandstraat, V.d. Rijtstraat, Williamstraat, Bredasestraat, Moeregrebstraat, Kortemeestr., Kremerstraat, Wouwsestraat, Stationstraat, Lievevrouwestraat, Zuivelstraat, Stationsplein, Potterstraat, Grote Markt, Kerkstraat, Sint Josephstraat, Bahnhof, Zuid Molenstraat, Westersingel, Hoogstraat, Wassenaarstraat, Koepelstraat, Lindebaan, Bosstraat, Schoolstraat, Burg. van Hasseltstraat, Boutershemstraat, Koepelstraat, Kloosterstraat, Zuid-Oostsingel, Zuid-Westsingel, Van Dedemstraat, Kijk in de Pot, Coehoornstraat, Zuidsingel, Antwerpsestraat)*

200 m

| | | |
|---|---|---|
| ★ | 1 | Gevangenpoort |
| ★ | 2 | Markiezenhof |
| ❶ | 3 | Information im Rathaus |
| ♺ | 4 | Stadttheater De Maagd |
| ♻ | 5 | Sint Gertrudiskerk |
| ⓰ | 6 | De Boschpoort |
| ⌂ | 7 | Tulip Inn De Schelde |

**Noord-Brabant**

lend ist die mit Natursteinstreifen abgesetzte Backsteinfassade. Die fünfachsige Fassade weist eine Tordurchfahrt und Fenstergiebel oberhalb des Obergeschosses auf. Durch das Tor betritt man den hübschen Innenhof mit hohem Treppenturm. Im Hofzaal mit feinen Steinmetzarbeiten empfingen die Markgrafen ihre Gäste. Heute ist hier ein **Kulturzentrum und Museum** mit Galerie, Bibliothek und Café

eingerichtet. Es beherbergt Exponate zur Stadtgeschichte und vor allem zu den Jahrmärkten, die Bergen op Zoom im Mittelalter zum Anziehungspunkt machten.

● **Markiezenhof:** Steenbergsestraat 8, Tel. 27 70 77, www.markiezenhof.nl, Di–So 11–17 Uhr, geschlossen 25.12., 1.1., Karnevalsdienstag und Ostersonntag, Eintritt 5 €, ermäßigt 3,50 € (Senioren), 2,50 € (Kinder), Führungen auf Anfrage.

## Info

- **Tel.-Vorwahl:** 0164
- **Toerisme Bergen op Zoom:** 4611 NR, Grote Markt 1, Tel. 27 74 82, Fax 24 01 76, www.bergenopzoom.nl, im mittelalterlichen Keller des Rathauses.

## Unterkunft, Essen und Trinken

- **De Boschpoort:** €€ Boosstraat 9, Tel. 23 03 04, zum Restaurant umgebautes, altes Haus im Zentrum mit kleinem Terrassengarten, schönes Ambiente und gute Küche.
- **Tulip Inn De Schelde** €€€: 4611 AK, Antwerpsestraat 56, Tel. 26 52 26, Fax 26 65 24, www.tulipinndeschelde.nl, angenehmes Hotel am Rande der Innenstadt.
- **Jugendherberge:** Stayokay Bergen op Zoom, 4624 RB, Boslustweg 1, Tel. 23 32 61, Fax 23 91 33, www.stayokay.com, wie ein Dorf in einem großen Waldgelände angelegt, Hauptgebäude mit Bar, Lesetischen, Spielecke für Kinder; die Zimmer sind in separaten Gebäuden mit Dusche/WC, 12 Ferienwohnungen, Restaurant; Übernachtung mit Frühstück ab 21 €.

## Veranstaltungen

- **Jazzfestival:** Weithin bekannt, Ende Mai/Anfang Juni im Zentrum.
- **Karneval:** *Vastenavend*, 4-tägiger Straßenkarneval mit dem typischen Kostüm des *Kiele Gat*, dem traditionellen blauen Bauernkittel mit rotem Halstuch und großen Knöpfen.

## Aktivitäten

- **Golf:** Golfbaan Wouwse Plantage, 4624 RP Bergen op Zoom, Zoomvlietweg 66, Tel. (0165) 37 71 00, www.golfwouwseplantage.nl, 18-Loch-Platz auf einem ehemaligen Landgut am Rande des großen, gleichnamigen Waldgebietes im Osten von Bergen op Zoom, mit Restaurant und Golfshop.
- **Schwimmen:** Zwembad De Schelp: De Boulevard 45, Tel. 23 07 99, www.zwembaddeschelp.nl, subtropisches Hallenbad, Freizeitbad mit vier Becken, Rutsche, Di–Fr 12–

21.30 Uhr, Sa und So 10–17 Uhr, Eintritt 3,90 €, div. Ermäßigungen.

## Einkaufen

- **Wochenmarkt:** Do 8–16 Uhr Nord- und Südseite Hafen, Sa 8–17 Uhr Sint Catharinaplein (überwiegend Obst und Gemüse).

# Willemstad    ⚓ XV/D1

Das Festungsstädtchen Willemstad liegt ganz im Nordwesten von Noord-Brabant am Übergang des Volkerak zum Hollands Diep, einem Gelände, das unter Markgraf *Jan IV. von Bergen op Zoom* eingedeicht wurde. Doch Siedlungsspuren weisen bis in die Steinzeit zurück. Beim Bau der nahe gelegenen Volkerakschleuse fand man eine aus Eichenholz geschnitzte, 12,5 cm große Figur aus der Zeit um 5300 v. Chr., die unter der Bezeichnung *Het Mannetje van Willemstad* bekannt ist.

Um 1565 entwickelte sich hier im Polder das Dorf Ruigenhil, das *Wilhelm von Oranien,* nachdem die Spanier das nahe gelegene Zevenbergen 1583 eingenommen hatten, zur Festung ausbauen ließ. Sein Nachfolger *Moritz von Nassau-Oranien* ließ Ruigenhil verstärken und gab der Festung mit sieben Bastionen ihre heutige Gestalt, die dann offiziell den Namen Willemstad erhielt – jede Bastion bekam den Namen einer der sieben Provinzen, die sich im Kampf gegen Spanien geeint hatten.

Bis heute zählt Willemstad zu den schönsten Festungsstädten der Niederlande mit einem erhaltenen **historischen Ortskern,** der komplett unter Denkmalschutz steht. In Willemstad wurde die erste protestantische Kirche der Niederlande errichtet. Der Kuppelbau auf achteckigem Grundriss konnte 1607 geweiht werden.

1623 ließ Prinz Moritz den Prinsenhof inmitten von Willemstad in einem Park als sein Jagdschloss errichten, das heute **Mauritshuis** heißt. Das zweigiebelige, doppelschiffige Haus ist in Ziegelbauweise mit abgesetzten Natursteinstreifen errichtet. Es diente nach der napoleonischen Zeit als Hospital und Kaserne und dann als Rathaus der Gemeinde Willemstad, bis diese im Zuge der Gebietsreform in die Großgemeinde Moerdijk einging. Heute ist hier das Fremdenverkehrsamt untergebracht.

Das **Renaissance-Rathaus** mit Glockenturm in Hafennähe stammt aus dem Jahr 1588, die steinerne **Windmühle** aus dem Jahr 1734. Der Hafen von Willemstad ist heute ein beliebter Freizeitanziehungspunkt.

### Info

- **Tel.-Vorwahl:** 0168
- **VVV Willemstad:** 4797 AC, Hofstraat 1, Tel. 47 22 22, Fax 47 60 54, www.willemstad toerisme.nl.

### Unterkunft, Essen und Trinken

- **Het Wapen van Willemstad** €€: 4797 AV, Benedenkade 12, Tel. 47 34 50, Fax 47 37 05, www.wapenvanwillemstad.nl, nostalgisches Restaurant am Hafen, Admiralskammer für besondere Anlässe, mit Außengastronomie, täglich ab 7.30 Uhr (So ab 8 Uhr), angeschlossenes **Hotel** €€.

- **Restaurant Bellevue:** Bovenkade 1, Tel. 47 11 08, www.restaurantbellevue.nl, A-la-carte-Restaurant mit Blick auf den Hafen, mit Außengastronomie, täglich ab 11 Uhr.

# Breda ⚓ XVI/A2

Die alte **Festungsstadt** Breda, am Zusammenfluss von Mark und Aa of Weerijs gelegen, kann auf eine glorreiche Vergangenheit zurückblicken, die eng mit dem Haus Oranien verknüpft ist. Der Name der erstmals 1125 urkundlich erwähnten Stadt leitet sich von *Brede Aa* (breite Aa) ab. Hier herrschten zunächst die Herren von Breda, die an diesem damals strategisch wichtigen Grenzposten gegen Holland auf einem Geestrücken Ende des 12. Jh. eine Burg errichteten. Auch richteten sie einen Hafen ein, denn die Gezeiten reichten im Tal der Mark bis zur Stadt.

1252 erhielt Breda Stadtrechte. 1403 kam die inzwischen zur Baronie erhobene Stadt durch Einheirat in den Besitz des Hauses Nassau. In den 30er Jahren des 16. Jh. ließ Graf *Heinrich III. von Nassau* die inzwischen zweihundert Jahre alte Stadtbefestigung ausbauen. 1544 erbte *Wilhelm I. von Oranien* Breda von seinem Vetter und blieb Herr von Breda bis zu seiner Ermordung im Jahre 1584.

In den beginnenden Kämpfen des Achtzigjährigen Krieges wurde Breda 1581 von spanischen Truppen erobert, die die Stadt und die Burg Wilhelms von Oranien in Mitleidenschaft zogen. Doch 1590 konnte Wilhelm die Stadt

**Noord-Brabant**

zurückerobern – die Legende sagt, indem er 70 seiner Kämpfer unter einer Schiffsladung Torf unbemerkt in die Stadt eindringen ließ, die dann seinen Truppen den Weg ebneten. 1625 musste sich Breda nach langer Belagerung erneut spanischen Truppen ergeben. Erst 1637 gelang die Rückeroberung.

1667 stand Breda wieder im Mittelpunkt des Interesses. Hier wurde mit dem **Friedensvertrag von Breda** der zweite holländisch-englische Krieg beendet, in dessen Verlauf die Niederlande unter anderem Neu-Amsterdam (New York) abtreten mussten, dafür aber Guayana (Surinam) erhielten. In der Franzosenzeit erlitt Breda wieder mehrfach Schaden. Im Zweiten Weltkrieg versuchten französische Truppen im Mai 1940 die Eroberung durch deutsche Truppen vergeblich abzuwenden. Erst im Oktober 1944 wurde Breda von den Alliierten befreit.

Heute ist Breda eine moderne Industriestadt mit schöner Fußgängerzone, deren Geschäfte viele Besucher auch von außerhalb anziehen. Fußballfans ist der Fußballclub der Stadt ein Begriff.

### Grote Markt

Breda hat eine sehenswerte Altstadt mit vielen historischen Gebäuden. Das Zentrum wird vom großzügigen Grote Markt mit schönen Cafés und Restaurants gebildet, an dem das **Rathaus** steht. Darin hängt eine Kopie des berühmten Gemäldes von *Velasquez* „Die Übergabe von Breda" (Original im Prado Madrid).

### Liebfrauenkirche

Neben dem Rathaus steht die Liebfrauenkirche als markantestes Gebäude der Stadt. Am deutlichsten zeigt sich an ihr, dass Breda die Hochburg der Nassauer ist. Die Kirche entstand im Wesentlichen in den Jahren 1410 bis 1520 anstelle eines Vorgängerbaus im Stil der **Brabanter Gotik.** Der dreischiffige Bau wurde später um Seitenkapellen erweitert. Der an der Basis quadratische Glockenturm verjüngt sich achteckig und trägt eine Zwiebel als Spitze. Besonders sehenswert ist die Ausstattung mit ihren vielen **Sarkophagen,** die teilweise noch aus dem Vorgängerbau stammen. Das bedeutendste Grabmal ist das des Grafen *Engelbert II. von Nassau,* der 1504 verstarb, und seiner Gemahlin in der Liebfrauenkapelle. Weitere Grabmäler der Nassauer befinden sich in der Gruft und in den Seitenkapellen. Darüber hinaus gilt es, die Kapitelle zu beachten und einen Blick auf die Orgel, das Chorgestühl, das Triptychon im nördlichen Querschiff und auch das Taufbecken zu werfen.

● **Grote of Onze Lieve Vrouwekerk:** Kerkplein 2, Tel. 5 21 82 67, www.grotekerkbreda. nl, Mo–Sa 10–17 Uhr, So 13–17 Uhr, Eintritt 3 €, Kinder 6–14 Jahre 1,75 €, Führungen durch den VVV Breda, Tel. (0900) 52 22 44.

### Kasteel Breda

Nördlich der heutigen Altstadt befand sich schon im 12. Jh. eine Burganlage. Das mehrfach veränderte Kasteel Breda wurde Mitte des 16. Jh. in ein **Schloss** umgewandelt, das die bevorzugte Residenz *Wilhelms von Oranien*

(„Der Schweiger") war. Hier wurde der „Kompromiss von Breda" unterzeichnet. Das heutige Aussehen erhielt der Bau 1686–95 unter *Wilhelm III. von Oranien*. Seit 1826 ist hier die **Königliche Militärakademie** untergebracht.

Den Zugang zum Schloss bildet das **Spanjaardsgat** – die 1509 gebaute doppeltürmige Spanische Pforte stellt einen Rest der ehemaligen Verteidigungsanlagen der Stadt dar. Es wurde als Wassertor zwischen dem Granattoren und dem Duiventoren angelegt.

### Beginenhof

Das Gelände der Militärakademie setzt sich im **Valkenbergpark** als ehemaligem Schlosspark fort. An den Park grenzt der Begijnhof an, ein 1553 errichteter Gebäudekomplex mit Innenhof und kleiner Kapelle. In einem der Gebäude ist ein Beginenmuseum untergebracht. Exponate und audiovisuelle Programme beleuchten die Geschichte der Beginen und des Beginenhofes.

● **Breda's Begijnhof Museum:** Catharinastraat 29, Tel. 522 26 09, www.breda-museum.org, geöffnet Di–So 12–17 Uhr, Eintritt 1 €, Kinder frei.

### Sint-Joostkapel

Die 1436 gestiftete Sint-Joostkapel an der Ginnekenstraat ist die älteste Kapelle der Stadt. Sie erhielt 1517 ihre

Die Liebfrauenkirche

Noord-Brabant

# Breda

Bahnhof

Stationsplein · Stationsweg

Spoorstraat

Academiesingel · Academiesingel · Delpratsingel · Oranjesingel

Aa of Weerijs

Valkenbergpark

Belcrumweg · Mark

Nieuwe Prinsenkade

Middellaan

Willemstraat · Meerten Verhoffstr. · Willemstraat

Sophiastraat

J.F. Kennedylaan

Boschstraat

Cingelstraat

Vismarktstr.

Gedempte Haven · Visserstraat · Nieuwstraat · Markendaalseweg

Haver-markt · Reigerstraat · Catharinastraat

St. Annastraat · Veenmarktstraat · Vlaszak · Pasbaan · Kloosterlaan

Torenstraat · Grote Markt · Karrestraat

Lange Brugstraat · St. Janstraat · Moldenstraat · Kloosterplein · C. Prinsenlaan

Visserstraat · Eindstraat · Oude Vest

Odilia van Salmstr. · Karnemelkstraat · Houtmarkt

2 ★
3 🏰
4 Ⓜ
6 ⅱ  5 ❶
13 ⅱ  ❼ 7  Ⓒ 8
Ⓜ14
🔴🔵1

100 m

---

| 🔴🔵 **1** Bastion | Ⓒ **8** Chassé Theater |
|---|---|
| ★ **2** Spanjaardsgat | Ⓜ **9** Breda's Museum |
| 🏰 **3** Kasteel Breda | 🔴🔵**10** Keyser |
| Ⓜ **4** Beginenhof mit Museum | 🔵 **11** Wolfslaar |
| ❶ **5** Information | 🔵 **12** De Stadstuin |
| ⅱ **6** Liebfrauenkirche | ⅱ **13** Sint-Joostkapel |
| ● **7** Holland Casino | Ⓜ **14** Bierreclamemuseum Breda |

heutige Gestalt. 1637 wurde sie durch die Protestanten geschlossen und dann als Lagerhaus genutzt, später als Wohnung. Seit 1947 dient sie wieder als Gotteshaus.

### Chassé Theater

Zu den außergewöhnlichen modernen Objekten der Stadt zählt das Chassé Theater. Das Gebäude mit mehreren Theater- und Kinosälen wurde 1995 nach Plänen des Amsterdamer Architekten *Herman Hertzberger* gebaut.

### Kasteel Bouvigne

Einige Kilometer südlich von Breda steht Kasteel Bouvigne am Mastbos, einem Naherholunsgebiet, das gern von Spaziergängern und Fahrradfahrern aufgesucht wird. Das hübsche **Wasserschloss** aus dem Jahre 1612 gehört heute der Wassergenossenschaft Brabantse Delta. Sehenswert sind die **Gärten,** die Anfang des vorigen Jahrhunderts angelegt wurden, so ein englischer, ein französischer und ein deutscher Garten.

●**Kasteel Bouvigne:** Bouvignelaan 5, Tel. 564 10 00, www.brabantsedelta.nl/info_edu catie/kasteel_bouvigne, das Schloss ist nicht zu besichtigen, es dient der Genossenschaft als Tagungs- und Informationszentrum, die Gärten sind werktags 9–16 Uhr geöffnet.

### Liesbos

Gleichfalls südlich von Breda erstreckt sich die 220 ha große Liesbos, ein herrlicher **Buchen- und Eichenwald,** der früher als herrschaftliches Jagdgebiet diente. Hier können Spaziergänger ihre Hunde mitnehmen, allerdings angeleint.

### Info

●**Tel.-Vorwahl:** 076
●**VVV Breda:** 4811 XS, Grote Markt 38, Tel. 521 85 30, Fax 521 85 30, www.vvvbreda.nl

### Essen und Trinken

●**Wolfslaar** €€€: 4803 EV, Wolfslaardreef 100, Tel. 560 80 80, www.wolfslaar.com, modernes Restaurant, außerhalb in einem öffentlichen Park in einem alten Landgut, einfallsreiche Küche, große Weinkarte, Ende Juli/Anfang Aug. und nach Weihnachten geschlossen, So und Mo Ruhetag.
●**De Stadstuin** €€€: Tel. 530 96 36, Fax 530 97 77, www.destadstuin.nl, freundlicher Empfang, harmonisches Interieur, aktuelle Küche, aufmerksamer Service, mit Gartenterrasse, Ende Juli / Anfang Aug., 31.12., 1.1. geschlossen, Mi Ruhetag.
●**Boschlust** €€: Oosterhoutseweg 139, Tel. 571 33 83, große Brasserie in waldreicher Umgebung im Nordosten, aktuelle Tageskarte wird auf einer Tafel angezeigt, mit Gartenterrasse, die ersten beiden Augustwochen geschlossen, So und Mo Ruhetag.

### Unterkunft

●**Keyser** €€: 4811 HL, Keizerstraat 5, Tel. 520 51 73, Fax 520 52 25, www.hotel-keyser.nl, im Zentrum, renovierte Zimmer, angeschlossenes **Restaurant** €€ mit Terrasse, So geschl.
●**Bastion** €€: 4822 NJ, Lage Mosten 4, Tel. 542 04 03, Fax 542 06 03, www.bastionho tels.nl, kleines Kettenhotel mit gut eingerichteten Standardzimmern am Stadtrand in Autobahnnähe, mit angeschlossenem **Restaurant** €€, mit Terrasse.

### Weitere Museen

●**Breda's Museum:** Parade Chassépark 12–14, Tel. 529 93 00, Exponate zur Geschichte Bredas, der Grafschaft, des Bistums, Bildersammlung, Skulpturensammlung, Kunsthandwerk. Geöffnet Di–So 10–17 Uhr, 1.1. und 25.12. geschlossen, Eintritt 3,50 €, Kinder 4–13 Jahre und Senioren 2,30 €.

**Noord-Brabant**

- **Bierreclamemuseum Breda:** Haagweg 375, Tel. 522 09 75, www.bierreclamemuseum.nl, in der Nähe des Zentrums, die nach eigenen Angaben größte Sammlung alter Bierwerbungen Europas, mit Gaststube, 40 Sorten Bier im Angebot. Geöffnet So 11–23 Uhr, Eintritt frei.

## Aktivitäten

- **Holland Casino:** Kloosterplein 20, Tel. 525 11 00, www.hollandcasino.nl/breda, Amerikanisches Roulette, Black Jack, Caribbean Stud Poker, Poker, Spielautomaten, täglich 12–3 Uhr, Restaurant ab 13.30 Uhr.

## Veranstaltungen

- **Breda Ballon Fiësta:** 1. Augustwochenende, Startplatz am Rietdijk beim Asterdplas nahe dem Bredaer Vorort Haagse Beemden. Drei Tage lang nehmen die Ballonfahrer am Abend Besitz vom Himmel über Breda, danach buntes Unterhaltungs- und Musikprogramm, Zugang zum Startplatz gegeben, Parken 2 €, www.ballonfiesta.nl.

## Einkaufen

- **Wochenmarkt:** Di und Fr vormittags auf dem Grote Markt.
- **Trödelmarkt:** Sa auf dem Ginnekenmarkt.

# Der Bredaer Kompromiss

*Wilhelm von Oranien,* geboren am 25. April 1533, erhielt ab 1549 am Brüsseler Hof von Kaiser *Karl V.* eine umfassende katholisch geprägte Bildung. 1552 war er zum Befehlshaber der spanischen Truppen in den Niederlanden ernannt worden, später auch Statthalter der wichtigsten niederländischen Provinzen. Als *Philipp II. von Spanien* gegen die sich in den Niederlanden ausbreitende Reformation mit den Mitteln der Inquisition ankämpfte, forderte Wilhelm mehr religiöse Toleranz ein. Am 16. Februar 1566 unterzeichneten in Breda sechzehn niederländische Edelleute den „Bredaer Kompromiss", in dem um Abstellung der von König Philipp II. verschärften Religionsedikte und um mehr Rechte für den niederländischen Adel nachgesucht werden sollte. Dieses Aktenstück unterschrieben nach und nach 400 niederländische Edelleute.

Eine große Delegation der Niederländer zog daraufhin nach Brüssel an den Hof der spanischen Statthalterin der Niederlande, *Margarethe von Parma,* um die Einberufung der Generalstaaten und die Aufhebung der Edikte zu erbitten. Die Statthalterin brach ob dieses Ansinnens in Tränen aus und ihr Berater *Barlaymont* soll ihr daraufhin ins Ohr geflüstert haben „Haben Madame etwa Angst vor diesen Bettlern?". Barleymont hatte dafür das französische Wort *gueux* verwandt – und die Niederländer griffen dieses Wort als *Geusen* für die Bezeichnung ihres Bundes auf.

Margarete versprach, das Ansinnen der niederländischen Edelleute an Philipp weiterzureichen. Doch die Lage spitzte sich zu, denn die Niederländer begannen nun im sogenannten Bildersturm Kirchen zu plündern und Heiligtümer zu zerstören. Wilhelm musste in seine nassauische Heimat fliehen, Philipp setzte Margarethe als Statthalterin ab und ernannte den Herzog von Alba zum neuen Statthalter und Truppenbefehlshaber. Dank seiner Vollmachten führte Philipp nun eine Art Terrorregime gegen die Calvinisten, deren Anhänger vor allem im Norden der Niederlande an Zahl zunahmen. Es kam zum Aufstand gegen den Herzog von Alba – mit der Schlacht bei Heiligerlee begann 1568 der Kampf der protestantischen Niederlande gegen die spanische Oberhoheit, der 80 Jahre währen sollte.

# Oosterhout    ⟋ XVI/A2

Der acht Kilometer nördlich von Breda gelegene Ort Oosterhout wurde 1213 erstmals erwähnt. Ein Herr *von Strijen* ließ hier 1288 ein Schloss bauen, das später *Willem van Duvenvoorde* kaufte, der auch große Ländereien im Umkreis erwerben konnte. Die Elisabethflut 1421 versumpfte aber das Land nördlich von Oosterhout. Als sich die Region von diesem Schlag erholt hatte, wurden von vielen Adelsgeschlechtern hier vom 17. bis 19. Jh. **Herrenhäuser,** sogenannte Slotjes, gebaut.

Trotz aller Industrialisierung weist Oosterhout immer noch eine reizvolle Altstadt mit hübschen Häusern auf. Am Markt dominiert die **St. Jansbasiliek** und am Rand des Stadtparks stehen einige der Slotjes.

In den ausgedehnten **Wäldern der Umgebung,** so der Vrachelse Heide und der Boswachterij Dorst, kann man spazierengehen, radfahren, reiten und picknicken.

## Nationalpark De Biesbosch

Knapp zehn Kilometer nördlich von Oosterhoud erstreckt sich die Polder-Wasserlandschaft Biesbosch, jener ausgedehnte Nationalpark, der durch die Elisabethflut 1421 entstand. De Biesbosch ist eines der interessantesten Naturschutzgebiete der Niederlande. Im Mittelalter war die Gegend fruchtbares Weidegebiet, doch mit der Elisabethflut vom 18. auf den 19. November 1421 ging das Land unter – die Deiche waren zu schwach und zu schlecht gepflegt worden. Dörfer verschwanden, viele Menschen kamen um. Damals entstand neben dem Sumpfgebiet Biesbosch auch das breite Hollands Diep. Nunmehr reichte die Tide mit einem Tidenhub von zwei Metern auch bis hier heran. So entwickelte sich Brackwasser mit einer angepassten Tier- und Pflanzenwelt mit Binsen und Schilf. Im 16. und 17. Jh. wurde der östliche Teil dieses Gebiets eingedeicht. Später geplante Eindeichungen unterblieben aus Naturschutzgründen. Als nach der Sturmflut vom 1. Februar 1953 das Deltawerk errichtet wurde, gelangte kein Salzwasser mehr zum Biesbosch.

Auch wenn sich nun der Charakter des Gebietes änderte, blieb es doch ein weiterhin interessantes Naturgebiet. 1994 wurde der Biesbosch zum Nationalpark erklärt und ein **Besucherzentrum** mit Museum (Biesboschmuseum) eröffnet.

● **Biesbosch Informationszentrum:** Drimmelen, Biesboschweg 4, Tel. (0162) 68 22 33, www.biesbosch.org, Di–So 10–17 Uhr, Eintritt frei.

## Kloster Sankt Catharina im Tal

Hier in Oosterhout, im Süden der Niederlande, konnten sich trotz des Übergangs zum Protestantismus eine Reihe von Klöstern behaupten, so beispielsweise die der Benediktiner, der Benediktinerinnen und der Norbertinerinnen. Die Norbertinerinnen ließen sich 1647 in der **Blauwe Camer,** einem der Slotjes am Ostrand der Stadt, nieder. Ihre Sint-Catharinadal-Abtei ist

*Noord-Brabant*

noch heute tätig, unter anderem befasst man sich mit der Restaurierung von alten Büchern.

- **Norbertinessenpriorij Sint-Catharinadal:** Kloosterdreef 3, Tel. 45 55 56, www.sintca tharinadal.nl, 1x monatl. Besuchstag 14.30–17.30 Uhr, Führung mit der Möglichkeit der Teilnahme am Abendgottesdienst 18 Uhr, Beitrag 7 €.

### Info

- **Tel.-Vorwahl:** 0162
- **VVV/ANWB Oosterhout-Dorst:** 4901 KZ Bouwlingplein 1, Tel. (0900) 202 25 50, Fax 43 10 48, www.vvvoosterhout.nl.

### Essen und Trinken

- **De Vrijheid** €€: Heuvel 11, Tel. 43 32 43, Tavernen-Restaurant im Zentrum, mit Sommerterrasse, erste Januarwoche geschlossen.

### Museen

- **Brabants Museum Oud Oosterhout:** Bredaseweg 129, Tel. 42 68 15, www.museum oudoosterhout.nl, Exponate zum Leben und Arbeiten in Oosterhout 1900–1950, mit einem Miniaturpark, Wohnzimmer, handwerklichen Einrichtungen wie z.B. einer alte Druckerei. Jeden letzten So im Monat Vorführung, mit Restaurant, geöffnet April bis Okt. Di, Mi, Sa und So 12–17 Uhr, 1.1., Karneval, Ostersonntag geschlossen, Eintritt 3 €, Senioren 2,50 €, Kinder 1,50 €.
- **Automobilmuseum Raamsdonksveer:** Raamsdonksveer, Steurweg 8, Tel. (0162) 58 54 00, www.louwmancollection.nl, wenige Kilometer nördlich von Oosterhout in Raamdonksveer gelegenes Oldtimermuseum mit einer der schönsten Limousinen- und Rennwagensammlungen, so z.B. Panhard, Duesenberg, Bugatti. Geöffnet von Karfreitag bis letzten So im Okt. Di–Sa 10–17 Uhr, So und feiertags 11–17 Uhr, Eintritt 10 €, Kinder und Senioren 7,50 €, Führung 45 €.

## Zentralbrabant

Inmitten der niederländischen Provinz Noord-Brabant erstreckt sich *Het groene Hart van Brabant* (Das Grüne Herz von Brabant), eine ausgedehnte **Wald-, Dünen- und Heidelandschaft** – heute beliebt bei Wanderern und Radfahrern. Früher weideten hier die Schafe, deren Wolle die Textilindustrie von Tilburg begründeten. Am bekanntesten sind die Naturgebiete Loonse en Drunense Duinen im Norden und die Oisterwijkse Vennen im Südosten.

## Tilburg ⚓ XVI/A-B2

Längst hat sich Tilburg zu einer modernen Industriestadt entwickelt, die den inzwischen eingetretenen Niedergang des früheren Haupterwerbszweiges in Tilburg, der Textilindustrie, gut überwunden hat. Außerdem wird der Charakter der Stadt durch die Universität geprägt.

Den Mittelpunkt Tilburgs bildet der Stadhuisplein mit dem schlichten Rathaus aus dem Jahr 1961 und dem modernen Theater *(Stadschouwburg)* in der Nähe. Das Stadtbild wird aber von den Hochhäusern an der Bahnlinie geprägt. Sehenswert sind die **Museen** der Stadt, so das Textilmuseum, das Museum für zeitgenössische Kunst, das Naturmuseum und das Scryption, das Museum für schriftliche Kommunikation.

## Textilmuseum

Das Textilmuseum ist eingerichtet in einer alten Textilfabrik. Es gibt Vorführungen auf intakten **historischen Maschinen,** darunter eine Dampfmaschine aus dem Jahr 1906, und Exponate zur Geschichte der niederländischen Textilindustrie, weiterhin eine Abteilung für Textildesign und Textilkunst.

- **Textielmuseum:** Goirkestraat 96, Tel. 536 74 75, www.textielmuseum.nl, Di–Fr 10–17 Uhr, Sa und So 12–17 Uhr, Eintritt 6 €, Jugendliche 13–18 Jahre 3 €.

## Museum für zeitgenössische Kunst

Die „De Pont Stiftung für zeitgenössische Kunst" wurde 1988 vom Tilburger Kaufmann *De Pont* begründet, das Museum ist seit 1992 in einer ehemaligen Spinnerei untergebracht. Es werden Werke von *Christian Boltanski, Tacita Dean, Jan Dibbets, Marlene Dumas, Anish Kapoor, Wolfgang Laib, Richard Long, Sigmar Polke, Gerhard Richter, Thomas Schütte, Richard Serra, Luc Tuymans, Bill Viola, Jeff Wall* und *Robert Zandvliet* gezeigt.

- **De Pont:** Wilhelminapark 1, Tel. 543 83 00, www.depont.nl, Di–So 11–17 Uhr, Eintritt 6 €, Senioren 3 €, Kinder bis 17 Jahre gratis.

## Weitere Museen

- **Natuurmuseum Brabant:** Spoorlaan 434, Tel. 535 39 35, www.natuurmuseumbrabant. nl, Exponate zur Flora und Fauna Nordbrabants, Di–Fr 10–17 Uhr, Sa und So 12–17 Uhr, feiertags 13–17 Uhr, 17.–24.10. 10–17 Uhr, 1.1., 30.4. und 25.12. geschlossen, Eintritt 5,50 €, Kinder und Jugendliche 4–17 Jahre und Senioren 4 €.
- **Museum Scryption:** Spoorlaan 434 A, Tel. 580 08 21, www.scryption.nl, Exponate zur Entwicklung der Schrift und zum Schreiben:

Schreibwerkzeug, Büromaschinen und Computer. Geöffnet Di–Fr 10–17 Uhr, Sa und So 13–17 Uhr, Eintritt 4 €, Kinder bis 13 Jahre und Senioren 2 €.

## Info

- **Tel.-Vorwahl:** 013
- **Stads-VVV Tilburg:** 5038 CD, Spoorlaan 364, Tel. (0900) 202 08 15 (0,35 €/Min.), Fax 545 36 63, www.vvvtilburg.nl.

## Unterkunft, Essen und Trinken

- **Schouwburg** €€€: Schouwburgring, Tel. 543 25 15, Restaurant im Theater im zeitgenössischen Stil, tagesaktuelle Küche, stilvoller Service, mit Terrasse, Ende Juli/Anfang Aug. geschlossen, Mo Ruhetag.
- **Sprakeloos** €€: St. Josephstraat 138, Tel. 580 08 11, www.sprakeloos.nl, frisch renoviertes Bistro mit schönem Gästeraum, interessante Menükarte, Terrasse, Mi–So ab 17 Uhr, 24.12. und 31.12. geschlossen.
- **De Postelse Hoeve** €€€: 5042 AD, Dr. Deelenlaan 10, Tel. 463 63 35, Fax 463 93 90, www.depostelsehoeve.nl, Hotel aus den 1960er Jahren mit funktionalen Zimmern, Konferenzeinrichtungen, angeschlossenes modernes **Restaurant** €€.

## Veranstaltungen

- **Kermis:** 10 Tage größter Kirmesrummel Europas nach Angabe des Veranstalters, an die 1000 Schausteller und Budenbetreiber, zweite Hälfte Juli, www.tilburgsekermis.nl.

# Umgebung von Tilburg

## Freizeitpark De Efteling

15 Kilometer nördlich von Tilburg bietet der Freizeitpark De Efteling Attraktionen für die ganze Familie: Bobbahn, Spukschloss, Märchendarstellungen, Traumwelt und eine Achterbahn.

**Noord-Brabant**

● **Freizeitpark De Efteling:** Kaatsheuvel, Europalaan 1, Tel. (0900) 01 61 (0,25 €/Min.), www.efteling.nl, April bis Okt. 10–18 Uhr, Anfang Juli bis Ende Aug. 10–21 Uhr, Eintritt Erwachsene und Kinder ab 4 Jahre 28 €, Senioren 26 €, Winterermäßigung.

### Heusden ⚓ XVI/B1

Ähnlich wie Willemstad in Westbrabant gehörte das Festungsstädtchen Heusden an der Bergse Maas, nördlich von Tilburg, zunächst zur Provinz Holland und wurde im Achtzigjährigen Krieg als Grenzfestung gegen die Spanier ausgebaut. Die **Festungsanlagen** wurden weitgehend rekonstruiert. Reizvoll ist die historische Altstadt um den Vismarkt.

● **Heusdens Buro voor Toerisme:** Pelsestraat 17, Tel. (0416) 66 21 00, www.hbtheusden.nl.

### Woudrichem ⚓ XVI/A1

Das Land van Heusden en Altena im Norden Zentralbrabants bildet die östliche Fortsetzung des Biesbosch. Woudrichem, nördlich von Tilburg, ist ein weiteres der vielen Festungsstädtchen der Region, die im Mittelalter Grenzgebiet zwischen Holland und Brabant war und im Achtzigjährigen Krieg sehr unter den Spaniern gelitten hat. Die **Koepoort** ist das südliche Stadttor, des Weiteren gibt es noch die **Gevangenpoort.** Sehenswert sind darüber hinaus die spätgotische Kirche und das frühere Rathaus.

Vom Yachthafen des Ortes erreicht man mit einer Fähre **Schloss Loevenstein** am Zusammenfluss von Maas und Waal, eine Backsteinburg mit vier

039nj Foto: ot

massiven Ecktürmen, von Gräben und einer Außenmauer umgeben.

● **Slot Loevenstein:** Poederoijen, Loevenstein 1, Tel. (0183) 44 71 71, www.slotloevenstein.nl, Mai–Sept. Di–Fr 10–17 Uhr, Sa, So und Mo 13–17 Uhr, im Winter Sa, So und Mi 13–16 Uhr, Eintritt 6,50 €, Senioren und Jugendliche bis 18 Jahre 5 €, Kinder 4–12 Jahre 4 €.

## Safaripark Beekse Bergen

Auf dem über 100 ha großen Gelände des Safariparks Beekse Bergen, 4 km südlich von Tilburg, sind über 1000 Tiere zuhause, darunter Löwen, Nashörner und Elefanten.

● **Safaripark Beekse Bergen:** Hilvarenbeek, Beekse Bergen 31, Tel. (0900) 233 57 32 (0,15 €/Min.), www.safaripark.nl, 10–16 Uhr, im Sommer je nach Tageslänge bis 19 Uhr, dazu Abendsafaris an Sonntagen um im Juli/Aug., Eintritt 16,25 €, Kinder 3–11 Jahre 14,25 €, im Winter Ermäßigung. Außerdem Kinderspielland Speelland Beekse Bergen mit vielseitigen Attraktionen für Jung und Alt, Eintritt 6,50 €, Kleinkinder frei, ermäßigte Kombi-Tickets.

# Nordostbrabant

Im Nordosten Brabants liegt 's-Hertogenbosch, die Hauptstadt der niederländischen Provinz Noord-Brabant. Das gesamte Gebiet wurde durch die Vögte der Herzöge von Brabant, im fränkischen Sprachgebrauch auch *Meiereij* genannt, verwaltet. Bis heute hat sich diese Bezeichnung für den nordöstlichen Teil von Brabant als *De Meierij* erhalten.

Verschiedene Landschaftsformen kennzeichnen den Nordosten Brabants, der ganz von der Maas eingefasst wird. Der Bereich De Cuijk erstreckt sich zwischen Boxmeer und Grave, überwiegend durch Weideland in der Maasniederung gekennzeichnet, ansonsten breiten sich Moor- und Heidelandschaften aus, die sich bis zum Gebiet De Peel im Osten erstrecken.

Das Gebiet der Meierij umfasst den gesamten ländlichen Raum um 's Hertogenbosch, der sich nach Gelderland und Limburg hin erstreckt. Hier breiten sich Polderflächen an der Maas aus, das ganze Gebiet ist von Kanälen durchzogen. Die Hauptorte sind Oss im Inneren sowie Grave, Cuijk und Boxmeer an der Maas.

# 's-Hertogenbosch   ⌂ XVI/B1

's-Hertogenbosch wird im Allgemeinen holländischen Sprachgebrauch auch *Den Bosch* genannt (deutsch *Herzogenbusch*). Berühmtester Sohn der Stadt ist der Maler *Hieronymus Bosch* (1450–1516).

Der westgermanische Stamm der Bataver siedelte um die Zeitenwende im Gebiet der heutigen Meierij. Im Laufe der Zeit gingen die Bataver im Römischen Reich auf und errichteten im heutigen Stadtteil Empel einen

Woudrichem

Noord-Brabant

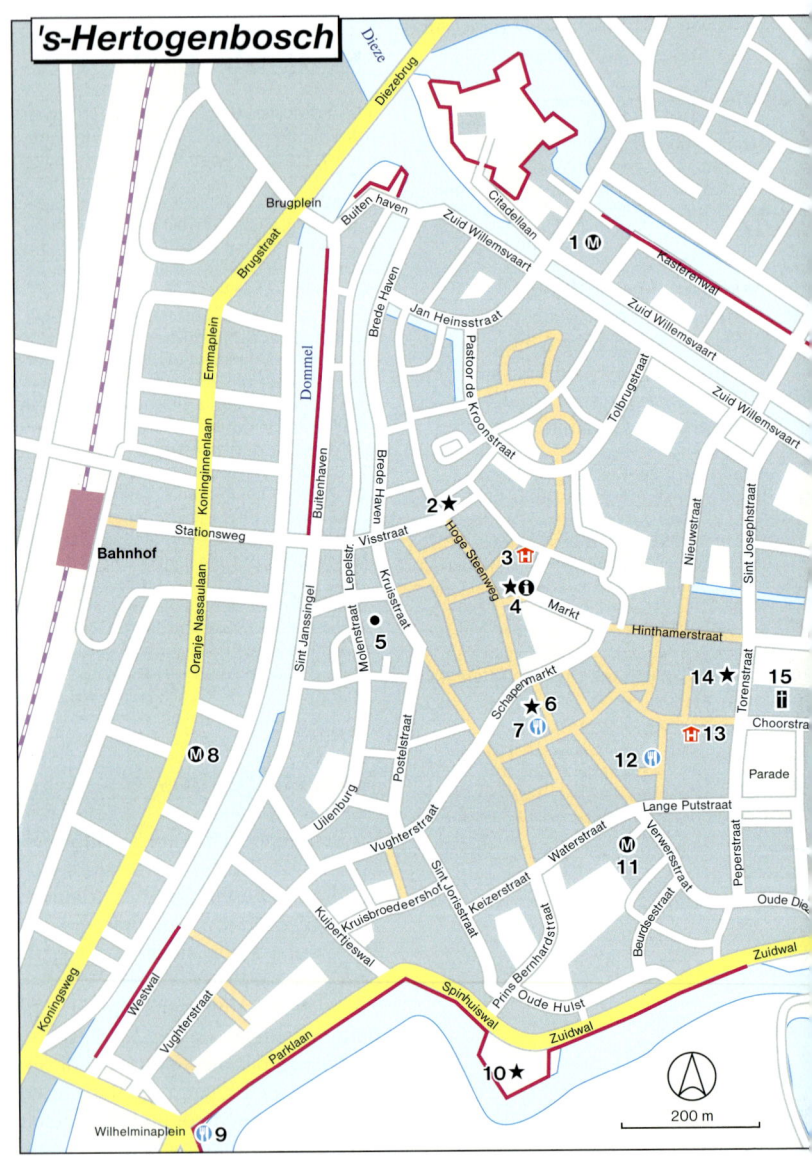

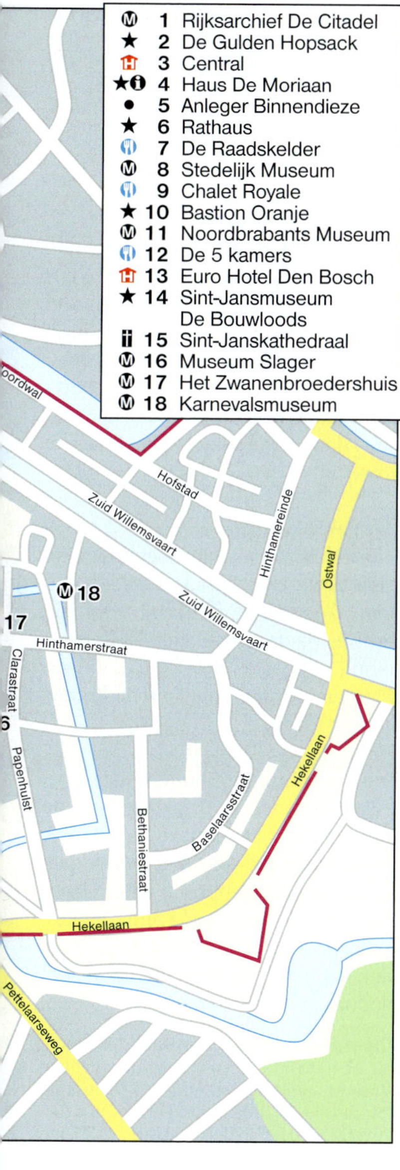

| Ⓜ | 1 | Rijksarchief De Citadel |
|---|---|---|
| ★ | 2 | De Gulden Hopsack |
| 🏨 | 3 | Central |
| ★❶ | 4 | Haus De Moriaan |
| ● | 5 | Anleger Binnendieze |
| ★ | 6 | Rathaus |
| 🎭 | 7 | De Raadskelder |
| Ⓜ | 8 | Stedelijk Museum |
| 🎭 | 9 | Chalet Royale |
| ★ | 10 | Bastion Oranje |
| Ⓜ | 11 | Noordbrabants Museum |
| 🎭 | 12 | De 5 kamers |
| 🏨 | 13 | Euro Hotel Den Bosch |
| ★ | 14 | Sint-Jansmuseum De Bouwloods |
| ⅱ | 15 | Sint-Janskathedraal |
| Ⓜ | 16 | Museum Slager |
| Ⓜ | 17 | Het Zwanenbroedershuis |
| Ⓜ | 18 | Karnevalsmuseum |

Tempel für ihren Gott Hercules Magusanus. Herzog *Heinrich I. von Brabant* verlieh 's-Hertogenbosch im Jahre 1185 die Stadtrechte. Die Festung an diesem strategisch so bedeutenden Standort galt als nahezu uneinnehmbar. Im Schutz der Festung entwickelte sich 's-Hertogenbosch zu einem wichtigen Handelsplatz.

Doch der Achtzigjährige Krieg bereitete der wirtschaftlichen Blüte ein Ende. 's-Hertogenbosch war 1561 von den Spaniern zum Bistum ernannt worden, und so hielt die Stadt lange die Treue zu den Spaniern. Erst nach langer Belagerungszeit gelang es 1629 den Truppen von Prinz *Friedrich Heinrich,* dem Sohn von *Wilhelm I. von Oranien,* die Stadt für die Protestanten zu erobern. Im Zuge der Schaffung des Königreiches der Niederlande wurde 's-Hertogenbosch dann zur Provinzhauptstadt von Noord-Brabant ernannt.

Heute ist 's-Hertogenbosch eine moderne Dienstleistungs- und Industriestadt, die sich ihre Geschichte im historischen Altstadtkern mit mittelalterlichen Gassen und schönen alten Häusern bewahrt hat.

## Rund um den Markt

Das älteste Haus **De Moriaan** am Markt stammt noch aus dem 13. Jh. Es ist sogar das älteste Backsteinhaus der Niederlande und beherbergt heute das Fremdenverkehrsamt. Am Markt steht auch das **Rathaus** aus dem 17. Jh., errichtet im niederländisch-klassizistischen Barockstil mit sehenswertem Hochzeitssaal *(Trouwkamer)*

Noord-Brabant

und gotischem Ratskeller. Als Beispiel unter den vielen schönen Häusern der Stadt sei **De Gulden Hopsack,** das Renaissance-Giebelhaus der Bankierfamilie *Van Lanschot* im Hoge Steenweg, erwähnt.

● **Rathaus:** Markt 1, Tel. 615 51 55, Führungen werden angeboten, werktags 15 Uhr, Sa 13 Uhr.

### Sint-Janskathedraal

Kulturhistorisch wichtigstes Gebäude von 's-Hertogenbosch ist die St.-Johannes-Kathedrale im Zentrum, ein Hauptwerk der Brabanter Gotik und eine der schönsten Kirchen der Niederlande. Die Kathedrale imponiert durch Ihre Länge von 115 Metern. Sie wurde im romanischen Stil begonnen, erhalten ist noch der Portalturm aus dem 13. Jh. Der eigentliche, bis 1530 errichtete Kirchenbau ist reich mit hochgotischer Ornamentierung und mit Skulpturen geschmückt. Besonders beeindruckend ist der Kapellenkranz um den Chor. Die Vierung krönt ein mit einer Kuppel gedeckter Turm. 1559 wurde die St.-Johannes-Pfarrkirche zur Kathedrale erhoben. Von der Innenausstattung seien vor allem das Chorgestühl, das Taufbecken aus dem Jahr 1492 und die Orgel aus der ersten Hälfte des 17. Jh. erwähnt.

Neben der Kathedrale befindet sich die Dombauhütte. Hier sind im **Sint-Jansmuseum De Bouwloods** die ursprünglichen und heute ersetzten Steinmetzausstattungsstücke aus der Kathedrale zu sehen.

● **Sint-Janskathedraal:** Mo–Sa 10–11.30 Uhr und 13.30–16 Uhr, außer Jan., Mai und Dez.

sowie bei Veranstaltungen, Information durch „Kring vrienden van 's-Hertogenbosch", Tel. 613 50 98, zugänglich für Rollstuhlfahrer.

● **De Bouwloods:** Torenstraat 16, Tel. 612 68 79, www.sint-jan.nl, Mai bis Sept. Di–So 13–16.30 Uhr, April und Okt. Mi, Sa und So 13–16.30 Uhr.

### Bastionen

Dass 's Hertogenbosch eine alte Festungsstadt ist, sieht man an den aus dem 17. Jh. erhaltenen Bastionen und Rondellen im Süden der Innenstadt, so die **Bastion Oranje** mit der riesigen Kanone *Boze Griet*, die Bastion Baselaar und die Bastion Vught. Es schließt sich das Naturgebiet De Bossche Broek an.

### Het Paleiskwartier

Moderne Architektur bietet Het Paleiskwartier zwischen der Altstadt und dem Hauptbahnhof. Hier gibt es inmitten der Bauten freie, offene Räume, neben Appartements auch Büros, Kneipen, Restaurants und kulturelle Einrichtungen.

### Bootsfahrt auf der Binnendieze

Eine besondere Attraktion ist eine Fahrt auf der Binnendieze. Wer mit einem Boot auf diesem Wasserlauf durch 's-Hertogenbosch fährt, kann die Stadt aus einer ganz anderen Perspektive betrachten – so fährt man nämlich teilweise unter den Häusern hindurch!

● **Bootsfahrt mit dem VVV-Boot,** Tel. (0900) 112 23 34 (0,50 €/Min.), www.kringvrienden vanshertogenbosch.nl, Abfahrt Molenstraat Mo 14 und 17.20 Uhr, Di–So 12 und 17.40 Uhr, Abfahrt Het Voldersgat Di–So 11.15 und

16.15 Uhr, Ticket 5 €, Kinder bis 12 Jahre 2,50 €, Kleinkinder gratis.

## Noordbrabants Museum

Neben dem Sint-Jansmuseum De Bouwloods ist vor allem das Museum der Provinz Nordbrabant im ehemaligen Gouvernementspalast von überregionaler Bedeutung. Hier werden Exponate zur Geschichte der Provinz, Altarbilder, Kopien von Bildern des **Hieronymus Bosch,** auch einige Werke von **Vincent van Gogh** gezeigt. Dazu gibt es Wechselausstellungen alter und moderner Kunst.

● **Noordbrabants Museum:** Verwersstraat 41, Tel. 687 78 77, www.noordbrabantsmu seu m.nl, Di–Fr 10–17 Uhr, Sa, So und feiertags 12–17 Uhr, 25.12., 1.1. und Karneval geschlossen, Eintritt 7 €, Senioren 4,50 €, Jugendliche und Studenten frei.

## Karnevalsmueum

Karneval heißt in der Stadt Oeteldonk und ist seit 120 Jahren Tradition, allerdings stark abweichend von der deutschen. Das **Oeteldonksgemintemuzejum** ist das einzige Museum der Niederlande über (inter)nationalen Karneval. Es zeigt eine Sammlung von Karnevalsartikeln, Masken und Kostümen.

● **Oeteldonksgemintemuzejum:** Zusters van Orthenpoort 20–27, Tel. 613 01 99, www.ge mintemuzejum.org, Di–So 13.11–17.11 Uhr, Ostersonntag, Pfingstsonntag, 1.1. und an Karneval geschlossen, Eintritt 3 €.

## Weitere Museen

● **Stedelijk Museum:** Magistratenlaan 100, Tel. 627 36 80, www.sm-s.nl (vormals *Museum voor Hedendaagse Kunst / Het Kruithuis*), ein Museum für moderne Keramik und Zierat), früher untergebracht im sechseckigen Gebäude des Pulvermagazins aus dem Jahr 1621 bei der Zitadelle, heute ein Neubau im Viertel der modernen Architektur Het Paleiskwartier. Gezeigt wird eine Sammlung moderner Kunst. Geöffnet Di–So 13–17 Uhr, Di und Do bis 21 Uhr, Eintritt 4 €, Studenten 2 €, Jugendliche unter 18 Jahren frei.

● **Museum Slager:** Choorstraat 16, Tel. 613 32 16, www.museum-slager.nl, das Museum in zwei alten Häusern im Zentrum zeigt Werke der Mitglieder der Künstlerfamilie *Slager* aus dem 19. und 20. Jh., Gemälde, Zeichnungen, Stadtansichten etc. Geöffnet Di–So 14–17 Uhr, Eintritt 6 €, ermäßigt 2,75 €.

● **Het Zwanenbroedershuis:** Hinthamerstraat 94, Tel. 613 73 83, untergebracht im neugotischen Bau der seit dem 14. Jh. bestehenden Schwanenbruderschaft, Kollektion wertvoller Notenhefte, Holzschnitzereien.

040ni Foto: ot

Die Sint-Janskathedraal

Noord-Brabant

Geöffnet Di und Do 13.30–15 Uhr, Eintritt 5 €, Kinder bis 12 Jahre 1,50 €.

●**Archeologisch en Paleontologisch Museum Hertogsgemaal:** Rosmalensedijk, 's-Hertogenbosch-Gewande, Tel. (073) 641 52 66, www.museumhertogsgemaal.nl, das Museum im Nordosten von 's Hertogenbosch zeigt Funde aus der Eiszeit (Mammutskelett), der keltisch-römischen Zeit und aus dem Mittelalter. Geöffnet April bis Okt. 13–17 Uhr, Eintritt frei, Gruppenführung 75 €.

●**Rijksarchief Noord-Brabant De Citadel:** Zuid-Willemsvaart 2, Tel. 681 85 00, untergebracht in der Zitadelle der Stadt aus dem 17. Jh., geöffnet Febr. bis Dez. Di–Fr 9–17 Uhr, Sa bis 13 Uhr, Eintritt Frei, Führungen (auch in Englisch) werden angeboten.

### Info

●**Tel.-Vorwahl:** 073
●**VVV 's-Hertogenbosch, Regio-VVV Meierij & Noordoost-Brabant:** 5211 JX, Markt 77, Tel. (0900) 112 23 34 (0,50 €/Min.), Fax (073) 612 89 30, www.vvvs-hertogenbosch.nl, www.regio-vvv.nl.
●**Happen & Stappen:** Kulinarische Spaziergänge durch 's-Hertogenbosch, 19 Uhr ab VVV, begleitet durch einen Fremdenführer, Vor-, Haupt- und Nachspeise jeweils in einem anderen Restaurant, Information VVV.

### Parken

Alle Innenstadtparkplätze sind mit Parkuhren ausgestattet. Außerhalb der Innenstadt gibt es **drei zentrale Parkplätze,** von denen aus die Innenstadt per **Bus** zu erreichen ist. Die Parkplätze sind ausgeschildert als „Transferium Vlijmenseweg", als „Transferium De Vlier" oder als „Transferium Provinciehuis" (Parkgebühr einschl. Busticket für bis zu 4 Personen 2 €), werktags 7–19 Uhr, Sa ab 8 Uhr, bei langen Ladenöffnungszeiten bis 22 Uhr, an verkaufsoffenen Sonntagen 11.30–18 Uhr.

### Essen und Trinken

●**Chalet Royale** €€€: Wilhelminaplein 1, Tel. 613 57 71, www.chaletroyale.nl, Restaurant in luxuriöser Villa mit Panorama-Sommerterrasse, klassische Küche der Jahreszeiten, Spezialität Hummergerichte.

●**De Raadskelder** €€: Markt 1a, Tel. 613 69 19, www.raadskelder.info, Café-Restaurant im Ratskeller des Stadhuis (Rathaus) mit mehreren Räumlichkeiten und einer Bar, bekannt für seine Brabanter Kaffeetafel (Brabantse Koffietafel), Ende Juli/Anfang Aug. und 22.12.–2.1. So und Mo geschlossen.

●**De 5 kamers** €€€: Korte Putstraat 23, Tel. 613 27 79, www.de5kamers.nl, elegantes Restaurant in einem alten Herrenhaus in der Altstadt, im Sommer Gartenterrasse, saisonale Küche, So Ruhetag.

### Unterkunft

●**Central** €€€€: Burgemeester Loeffplein 98, 5211 RX, Tel. 692 69 26, Fax 614 56 99, www.hotel-central.nl, komfortables Hotel der Tulip-Gruppe am Rand der Fußgängerzone, mit Fresken dekoriertes **Restaurant Leeuwenburgh** €€€, moderne Küche.

●**Euro Hotel Den Bosch** €€: 5211 KH, Kerkstraat 56, Tel. 613 77 77, Fax 612 87 95, www.eurohotel-denbosch.com/contact.htm, Familienhotel in unmittelbarer Nähe der Kathedrale, auch Deluxe-Zimmer €€€, 23.12.–1.1. geschlossen, ohne Restaurant.

### Einkaufen

●**Wochenmarkt:** Di–Fr vormittags, Pensmarkt; **Viehmarkt:** Mi vormittags, Brabanthallen; **Pferdemarkt:** Do vormittags, Brabanthallen.

●**Galerie Jan van Hoof:** Vughterweg 58–60, Tel. 614 23 43, www.janvanhoofgalerie.nl, Galerie für Gegenwartskunst, wechselnde Ausstellungen, Do–So 10–18 Uhr.

## Oss     ♫ XVII/C1

Als Oss nach Zerstörungen 1399 Stadtrechte erhielt, konnten Wälle und Tore wiederaufgebaut werden. 1751 und 1831 brannte die Stadt zum großen Teil aus. Heute ist Oss, nordöstlich von 's-Hertogenbosch, eine moderne Industriestadt, die sich einen historischen Altstadtkern erhalten hat.

Bemerkenswert ist, dass der alte Wasserturm aus dem Jahr 1935 heute als Moschee genutzt wird. Sehenswert sind die **Grote Kerk** und das alte Rathaus mit dem darin befindlichen **Museum Jan Cunen.** Die Sammlung an Bildern der Haagse School wurde von dem Stadtarchivar *Jan Cunen* zusammengetragen, dazu Exponate zur Regionalgeschichte.

●**Museum Jan Cunen:** Molenstraat 65, Tel. (0412) 62 93 28, www.museumjancunen.nl, Mo–Fr 9–17.30 Uhr, Sa 9–14 Uhr.

### Info

●**VVV Oss:** 5348 KB, Spoorlaan 24, Tel. (0412) 63 36 04, Fax 65 20 93, www.regio-vvv.nl.

## Umgebung von Oss

### Ravenstein und
### Megen an der Maas ◿ XVII/C1

Interessant ist die Geschichte der heutigen, nordöstlich an der Maas gelegenen Ortsteile Ravenstein und Megen an der Maas. Die Siedlung Ravenstein entwickelte sich um ein seit 1380 bestehendes **Schloss.** Der Ort fiel nach dem Jülisch-Klevischen Erbfolgestreit 1614 an Brandenburg, dann 1629 an Pfalz-Neuburg und 1742 an Pfalz-Sulzbach. Bereits 1357 hatte Megen das Stadtrecht bekommen. Auch hier blieb man katholisch. So prägen die immer noch aktiven **Klöster** der Franziskaner und der Klarissen das Stadtbild.

### Grave ◿ XVII/C1

Grave ist ein weiteres der alten **Festungsstädtchen** an der Maas. Die Stadt wurde mit Wällen umgeben, die französischen Angriffen standhielten. Im 19. Jh. wurden die Festungsanlagen weitgehend geschleift. Geblieben sind eine Kanonenstellung an der Maas, das Arsenal an der Stelle der alten Burg sowie das alte Festungstor Haamport.

Sehenswert ist die **St. Elisabethkirche,** im Ursprung romanisch, um 1350 neu gestiftet mit schönem Kreuzgewölbe, das nach einem Brand 1415 nur noch teilweise erhalten blieb. Bemerkenswert im Inneren sind die flämischen Holzschnitzereien, jahrhundertealte Gemälde wie z.B. von *Walter Pompe* und *Petrus Verhoeven,* Ornamente und alte Messgewänder.

Heute ist Grave vor allem Ausgangspunkt für Wassersport auf der Maas.

### Unterkunft,
### Essen und Trinken

●**De Ravenshoeve** €€€: Ravenstein, Mgr. Zwijsenstraat 5, Tel./Fax (0486) 41 08 23, Rotisserie in einem alten Bauernhaus, täglich außer Mo abends geöffnet, 31.12. und erste Hälfte Aug. geschlossen.
●**Het Wapen van Grave** €€: Arnoud van Gelderweg 61–63, Tel. 47 59 75, Tavernen-Restaurant mit Terrasse, einfache und geschmackvolle Küche, saisonale Menüs, 26.12.–2.1. geschlossen, Mo Ruhetag.
●**Camping Bruinsbergen:** 5375 JB Reek, Driehuizerweg 17, Tel. (0486) 47 33 66, www.bruinsbergen.nl, kleiner, 12 ha großer Familiencampingplatz, entstanden aus einem kleinbäuerlichen Mischbetrieb am Rande des Reekse Bossen bei Grave inmitten der Natur, April bis Oktober geöffnet.

**Noord-Brabant**

# Cuijk

♫ XVII/C1

Cuijk an der Maas, südlich von Nijmegen, war römische Grenzstadt – hier stand die *Castra Ceuclum*. Nach der Völkerwanderung siedelten hier Franken. Im 11. Jh. tauchten die Ritter von Cuijk auf. Das Land van Cuijk bildete zwischen 1400 und 1550 ein selbstständiges Gebiet zwischen den verfeindeten Herzogtümern Geldern und Brabant, das schließlich Brabant zufiel und nach dem Dreißigjährigen Krieg an die Niederlande kam. Vom schweren Brand im Jahre 1712 hat sich die Stadt nie mehr richtig erholt – bis heute hat sie fast dörflichen Charakter.

Sehenswert ist das **archäologische Museum** im alten Stadtturm aus dem 15. Jh., das römische und mittelalterliche Funde zeigt. Das Stadtbild prägt die St. Martinskirche aus dem Jahr 1911, deren Orgel aus dem 17. Jh. stammt. Im Ortsteil Linden steht eine schöne, um 1500 erbaute Kirche.

● **Museum Ceuclum:** Castellum 1, Tel. 32 22 80, Mai bis Okt. Di–Fr 11–16 Uhr, So 13–17 Uhr, ansonsten nur So 13–17 Uhr, Führungen nach Absprache, Eintritt 1,50 €, Kinder und Senioren ermäßigt.

### Getreidemühle

Am Weg von Beers nach Vianen steht eine 1860 gebaute Getreidemühle. Die **Korenmole Jan van Cuijk** ist auch an regionalen und nationalen Mühlentagen (blaue Flagge) geöffnet und hat verschiedene Mehlsorten im Verkauf.

● **Korenmole Jan van Cuijk,** www.molenjanvancuijk.nl, Sa 9.30–13 Uhr.

### Seengebiet

Wie in allen Orten in der Meierij an der Maas wird auch in Cuijk Wassersport betrieben. Der **Yachthafen** liegt in den Kraaijenbergse Plassen, einem Seengebiet bei Cuijk an der Maas mit freiem Zugang zum Fluss. In den Seen kann man auch **Baden und Surfen.**

● **Yachthafen Cuijk:** Watersportvereniging De Kraaijenbergse Plassen, Postbus 353, 5430 AJ Cuijk, Tel. 32 02 60, www.wsvdekraaijenbergseplassen.nl.

### Info

● **Tel.-Vorwahl:** 0485
● **VVV-Kantoor Cuijk:** 5431 DL, Grotestraat 62–64, Tel. 31 76 44, www.regio-vvv.nl.

### Unterkunft, Essen und Trinken

● **Carpe Diem** €€: Kerkstraat 1, Tel. 31 88 90, www.restaurantcarpediem.nl, stilvolles Restaurant, französisch-belgische Küche, mit Terrasse; Karneval, Ende Mai/Anfang Juli, Sa und So mittags, Mo und Di geschlossen.
● **Van der Valk Hotel Cuijk** €€: 5431 NH, Raamweg 10, Tel. 33 51 23, www.hotelcuijk.nl, komfortables Hotel, angenehme, gut ausgestattete Zimmer, angeschlossenes Restaurant, mit Terrasse.
● **Landgoed de Barendonk:** 5437 NB, Millseweg 13, Tel. 32 15 51, Fax 33 00 27, www.barendonk.nl, von den Inhabern des 1796 gebauten Landgutes in waldreicher Umgebung im Hinterland von Cuijk eingerichteter Naturcampingplatz mit Blockhüttenvermietung und Heuhotel, veranstaltet Kutschfahrten, ganzjährig geöffnet.

# Boxmeer    ♫ XVII/D2

Das Maasgebiet um Boxmeer, etwas südlich von Cuijk, war schon in römischer Zeit besiedelt. Im Mittelalter verlieh der Graf von Geldern einem Herrn Boc van Meere grundherrliche Rechte – davon leitet sich der heutige Name der Stadt ab, die nur zehn Kilometer von der deutschen Grenze entfernt liegt. Boxmeer wurde nicht nach dem Dreißigjährigen Krieg, sondern erst in napoleonischer Zeit den Niederlanden einverleibt, sodass sich hier wie auch andernorts an der Maas der katholische Glaube hielt.

An der Südseite des Ortsteils Sambeek steht die **älteste Linde der Niederlande** – sie soll mindestens 500 Jahre, wenn nicht 1000 Jahre alt sein.

## Kasteel Boxmeer

Kasteel Boxmeer, auf einer ehemaligen Insel in der Maas gelegen, blickt auf eine lange Geschichte zurück. Die Festung wurde oft belagert und auch zerstört, immer wieder aufgebaut, bis sie im 18. Jh. einem adeligen Landhaus wich. Geblieben ist aber der Flügel mit dem alten Rittersaal aus dem Anfang des 17. Jh. mit schöner Stuckdecke. Ende des 19. Jh. zogen Nonnen in das Gebäude ein. Das **Museum** im Keller zeigt Exponate zur Geschichte sowie der früheren adeligen und heutigen religiösen Bewohner des Kastells, dazu religiösen Silberschmuck von Juwelieren aus Boxmeer aus der Zeit der Grafen.

● **Kasteelmuseum Boxmeer:** Veerstraat 49, Tel. 57 15 41, www.juliepostel.org, März bis Okt. Mi, Sa und So 14–17 Uhr, im Winter nur So, an Feiertagen geschlossen, Eintritt 2,50 €, Kinder 0,25 €.

## Kriegs- und Widerstandsmuseum

Das Kriegs- und Widerstandsmuseum in Overloon südlich von Boxmeer erinnert an die **Panzerschlacht von Overloon** und die Niederlage der deutschen Truppen 1944/45. Neben der Sammlung von Objekten und Gegenständen aus dem Zweiten Weltkrieg ist es das Ziel des Museums, den Frieden zu fördern.

● **Nationaal Oorlogs- en Verzetsmuseum:** Overloon, Museumpark 1, Tel. (0478) 64 12 50, www.oorlogsmuseum.nl, 10–18 Uhr, Sept. bis Juni bis 17 Uhr), Eintritt 9,50 €, Jugendliche bis 18 Jahre 6,50 €, Veteranen 4,50 €, Kinder unter 12 Jahren nur in Begleitung Erwachsener, 24., 25., 31.12. und 1.1. geschl.

## Info

● **Tel.-Vorwahl:** 0485
● **VVV Boxmeer:** 5831 KC, De Raetsingel 1, Tel. 57 66 65, Fax 57 72 76, www.regio-vvv.nl.

## Unterkunft, Essen und Trinken

● **'t Wapen van Boxmeer** €€€: 5831 CR, Stationsweg 12, Tel. 57 70 17, Fax 52 21 05, gutbürgerliches Restaurant im Dekor einer Brasserie, angeschlossenes **Hotel** €€ mit praktisch eingerichteten Zimmern, Karneval, 30. und 31.12. geschlossen.
● **Van Diepen** €€€: 5831 CM, Spoorstraat 74, Tel. 47 13 45, Fax 57 62 13, www.hotelvandiepen.nl, komfortables Hotel in Nähe der Eisenbahnlinie, Zimmer mit Doppelfenstern, 24.12.–2.1. geschlossen, angeschlossenes **Restaurant** €€, Sa Ruhetag.

## Aktivitäten

● **Zoo Parc Overloon:** Stevensbeekseweg 19–21, www.overloonzoo.nl, Tel. (0478) 64

00 46, der Park bezeichnet sich selbst als natürlichster Zoo der Niederlande, exotische und heimische Tiere sind frei zu betrachten. Der Zoo beteiligt sich auch an Zuchtprogrammen bedrohter Arten. Spezielle Kinderanimation, 9–18 Uhr (Mai/Juni und Sept. ab 9.30 Uhr), Okt. bis April 10–17 Uhr, Eintritt 13,50 €, Rentner 13 €, Kinder 3–11 Jahre 11,50 €, darunter frei, behindertengerecht, Parken frei.

### Veranstaltungen

● **Karneval:** Im Nachbarort Vortum-Mullem wird am Rosenmontag ein spezieller Karnevalsbrauch gepflegt, der auf vorchristliche Fruchtbarkeitsriten zurückgeht: das „Mettwurstrennen" – ein traditionelles Pferderennen, das seit dem 18. Jh. zwischen den Dörfern Sambeek und Vortum-Mullem sattfindet und Tausende von Besuchern anzieht, die zu Fuß von Boxmeer kommen, um zu sehen, wer neuer „König" wird.
● **Wallfahrt:** Prozession mit der Heiligblutreliquie aus der St. Petruskirche in Boxmeer am zweiten Sonntag nach Pfingsten.

## Südostbrabant

Die Region Südostbrabant wird durch die Landschaftsformen der Kempen, die sich weit nach Belgien hinein erstrecken, und der Peel, die nach Limburg übergreift, gekennzeichnet. Hier machten einst Sümpfe und Sandgebiete den Menschen das Überleben schwer. Erst mit den modernen Methoden der Landaufbereitung konnten diese Gebiete stärker besiedelt werden. Heute bestimmt ein ausgewogenes Verhältnis von Natur- und Nutzgebieten mit aufgeforsteten Wäldern, Feuchtgebieten, Heide und Weiden das landschaftliche Erscheinungsbild, dessen Ortschaften großteils erst im 19. Jh. entstanden. Größte und bedeutendste Stadt der Region ist Eindhoven, daneben sind Helmond, Nuenen, Asten und Bergeijk von Interesse.

## Eindhoven ⌕ XVI/B2-3

Eindhoven ist eine junge Großstadt, die 1900 noch nicht einmal 5000 Einwohner hatte und durch die **Firmen Philips und DAF** – und durch Fußball – groß geworden ist. Eindhoven liegt am Zusammenfluss der Dommel und der Gender. Im 14. Jh. bekam es eine Stadtmauer, das Schloss wurde im 15. Jh. gebaut. Ab Ende des 15. Jh. setzte ein langer Niedergang durch kriegerische Ereignisse ein, die die Stadt schwer trafen, denn aus finanziellen Gründen waren die Befestigungsanlagen in schlechtem Zustand.

Die Glühlampenfabrik Philips und die Automobilfabrik DAF machten die Stadt zu einem alliierten Ziel im Zweiten Weltkrieg, nur wenig historische Bausubstanz konnte im Zuge des Wiederaufbaus erhalten werden. Heute hat Eindhoven als **fünftgrößte Stadt der Niederlande** 200.000 Einwohner, die Silhouette ihrer Hochhäuser ist schon von Weitem zu erkennen. Die Stadt profiliert sich mit moderner Architektur als **Technologiezentrum** im Süden des Landes, dessen Technische Universität weltweiten Ruf hat. Junge Leute bestimmen das Stadtbild, hier liegen **Restaurants, Theater, Kneipen, Cafés, Discos und Clubs** dicht beieinander – Eindhoven gilt auch als Stadt mit der offensten **Gay-Szene.** Die attraktivsten Treffpunkte der quirligen Stadt liegen am Markt, im Stationskwartier, am Stratumseind, in de Bergen und auf der Wilhelminaplein.

## Sehenswerte Gebäude

Zu den architektonisch herausragenden Gebäuden zählt in erster Linie das **Evoluon** am westlichen Stadtrand, das 1966 zum 75-jährigen Bestehen der Firma Philips durch die Architekten *Kalff* und *de Bever* in Form einer fliegenden Untertasse erbaut wurde. Heute ist es eines der modernsten Konferenzzentren der Welt.

Am Ende der Kennedylaan steht als Blickfänger die neun Meter hohe Skulptur **Flying Pins** der Künstler *Claes Oldenbourg* und *Coosje van Bruggen,* einen gelungenen Kegelwurf darstellend. Der **Bahnhof** von Eindhoven (Centraal Station) ist als Philips-Transistorradio gebaut. Die doppeltürmige **Sint Catharinakerk** wurde vom Architekten *P.J.H. Cuypers* im neugotischen Stil errichtet.

Heute präsentiert sich Eindhoven vor allem im Winter als **Lichterstadt.** Gebäude, Plätze und auch Kunstwerke werden angeleuchtet und aufregende Lichtinstallationen durchgeführt.

## Museen

Eindhoven ist vor allem auch Stadt der Museen. Das bedeutendste ist das **van Abbemuseum,** die städtische Sammlung moderner Kunst, untergebracht in einem vom Tabakfabrikanten *H. van Abbe* der Stadt geschenkten Gebäude, das der Architekt *Kropholler* 1936 baute. Im Jahre 2002 kam ein exzeptioneller Neubau des Architekten *Abel Cohen* dazu, der vor allem für die Schwerpunktexponate der Zeit nach 1945 vorgesehen ist.

Das **Museum Kempenland** zeigt als Regionalmuseum vor allem Brabanter Malerei und niederländische Skulpturen aus dem 19. und 20. Jh.

In der alten Philips-Glühlampenfabrik im Zentrum, wo 1891 mit der Produktion begonnen worden war, ist heute das **Centrum Kunstlicht in de Kunst** untergebracht. Hier werden Objekte gezeigt, deren zentrale Ausdrucksform durch Kunstlicht herbeigeführt wird.

Das **DAF Museum** ist in dem Gebäude der Gebrüder *Hub* und *Wim van Doorne* untergebracht, wo 1928 die Produktion der Van Doorne's Aanhangwagen Fabriek (DAF) begonnen hatte. Hier werden Oldtimer-Fahrzeuge wie Lastwagen, Anhänger und Personenwagen aus der frühen Produktion gezeigt, unter anderem der legendäre, als *rijdende regenjas* bezeichnete Dreirad-PKW, den es auch als Cabriolet gegeben hat.

Im Süden Eindhovens, im weitläufigen Genneper Park, befindet sich das **Milieu Educatie Centrum,** eine Einrichtung, die sich schon früh darum bemüht hat, den Gedanken des Naturschutzes in der Bevölkerung zu verankern. In diesem Zentrum nahe der Dommel und der Genneper Wassermühle befindet sich ein naturhistorisches Museum mit vielen Exponaten zu Umweltfragen, in dem vor allem Kinder spielerisch den Umgang mit der Natur erlernen können.

Das **Historisch Openlucht Museum** zeigt ein sorgfältig nach historischen Befunden errichtetes, eisenzeitliches Dorf, wo prähistorisches Leben ge-

Noord-Brabant

zeigt wird, vom Feuer machen über Eisen schmieden und Brot backen bis zum Boote bauen. Darüber hinaus präsentiert eine mittelalterliche Abteilung in nachgebauten Häusern Ausschnitte aus dem Leben im 12. Jh. anhand eines Gasthauses, von Kirmesveranstaltungen, Wollbearbeitung, Lebensmittel- und Bierherstellung – alles wird von Laienschauspielern in historischen Kostümen gezeigt.

Im **Philips Museum** wird die Entwicklung des Unternehmens anhand von Apparaten und Gerätschaften der Jahre 1890–1970 dargestellt, darunter Exponate zum elektrischen Licht, Plattenspieler, Rundfunk- und Fernsehgeräte, Elektronenmikroskope, Röntgenapparate und Haushaltsgeräte.

Das **Ton Smits Huis** ist den Bildern und Zeichnungen des bekannten Malers und Karikaturisten *Ton Smits* (1921–81) gewidmet, die in seiner ehemaligen Atelierwohnung ausgestellt werden.

● **Van Abbemuseum:** Bilderdijklaan 10, Tel. 238 10 00, www.vanabbemuseum.nl, Di–So 11–17 Uhr, Do bis 21 Uhr, 1.1., Karneval und 1. Weihnachtstag geschlossen, Café Di–So 11–20 Uhr, Zugang über die Brücke Stratumsedijk 2, Eintritt 8,50 €, Senioren 6 €, Studenten 4 €, Kinder bis 12 Jahre frei.
● **Museum Kempenland:** Steentjeskerk, St. Antoniusstraat 5–7, Tel. 252 90 93, www.museumkempenland.nl, Di–So 13–17 Uhr, 1.1., 1. Oster- und 1. Weihnachtstag geschlossen, Eintritt 2,50 €, Kinder bis 16 Jahre und Senioren 1,25 €.
● **Centrum Kunstlicht in de Kunst:** Emmasingel 31, Tel. 275 51 83, www.kunstlichtkunst.nl, Di–So 12–16 Uhr, Eintritt 4 €, Kinder 5–16 Jahre 2 €, Senioren 3,50 €.
● **DAF Museum:** Tongelresestraat 27, Tel. 244 43 64, www.daf-museum.nl, Di–So 10–17

Uhr, Eintritt 6 €, Senioren und Studenten 5 €, Kinder bis 15 Jahre 2,50 €.
● **Milieu Educatie Centrum:** Genneperweg 145, Tel. 259 47 00, www.genneperparken.nl, Di–Fr 9–17 Uhr, Sa und Mo 13–17 Uhr, Eintritt frei.
● **Historisch Openlucht Museum Eindhoven:** Boutenslaan 161b, Tel. 252 22 81, www.historisch-openluchtmuseum-eindhoven.nl, täglich 10–17 Uhr, im Winter 12–17 Uhr, Zutritt für Kinder unter 16 Jahren nur in Begleitung eines Erwachsenen, Eintritt 6,50 €, Kinder 4–11 Jahre 3 €, Senioren 5 €.
● **Philips Museum:** Looyenbeemd 14 (Industrieterrein De Hurk), Tel. 272 33 08, www.philipsmuseumeindhoven.nl, Mo–Mi 10–15 Uhr, Eintritt 3 €.
● **Ton Smits Huis:** Jacob Reviuslaan 25, Tel. 211 47 86, www.tonsmitshuis.nl, geöffnet Mi 11–17 Uhr, Eintritt 1,50 €, Kinder unter 12 Jahre frei.

## Info

● **Tel.-Vorwahl:** 040
● **VVV Eindhoven:** 5611 AC, Stationsplein 17, Tel. (0900) 112 23 63 (0,45 €/Min.), Fax 243 31 35, www.vvveindhoven.nl.

## Anfahrt und Parken

Eindhoven ist von einem zu drei Vierteln geschlossenen **Autobahnring** umgeben. Wenn man ins Zentrum fährt, sind die Parkhäuser und Parkplätze ausgeschildert. In der Innenstadt kostet ein **Parkplatz** 0,50 € pro 12 Min., im innenstadtnahen Bereich 0,50 € pro 16 Min., ansonsten 0,50 € pro 30 Min. **Innenstadtparkhäuser** kosten 1 € pro 30 Min. in den ersten 5 Std., danach 0,50 € pro 30 Min., der Höchstpreis beträgt 14 €.

## Essen und Trinken

● **De Karpendonske Hoeve** €€€€: Sumatralaan 3, Tel. 281 36 63, www.karpendonksehoeve.nl, Spitzenrestaurant mit elegantem Saal, raffinierte Aufmachung der Gerichte, schöne Sommerterrasse, Anfang März, Sa mittags und So geschlossen.
● **The Old Valley** €€€: Sint Antoniusstraat 18, Tel. 257 39 39, www.theoldvalley.nl, Abend-

# Eindhoven

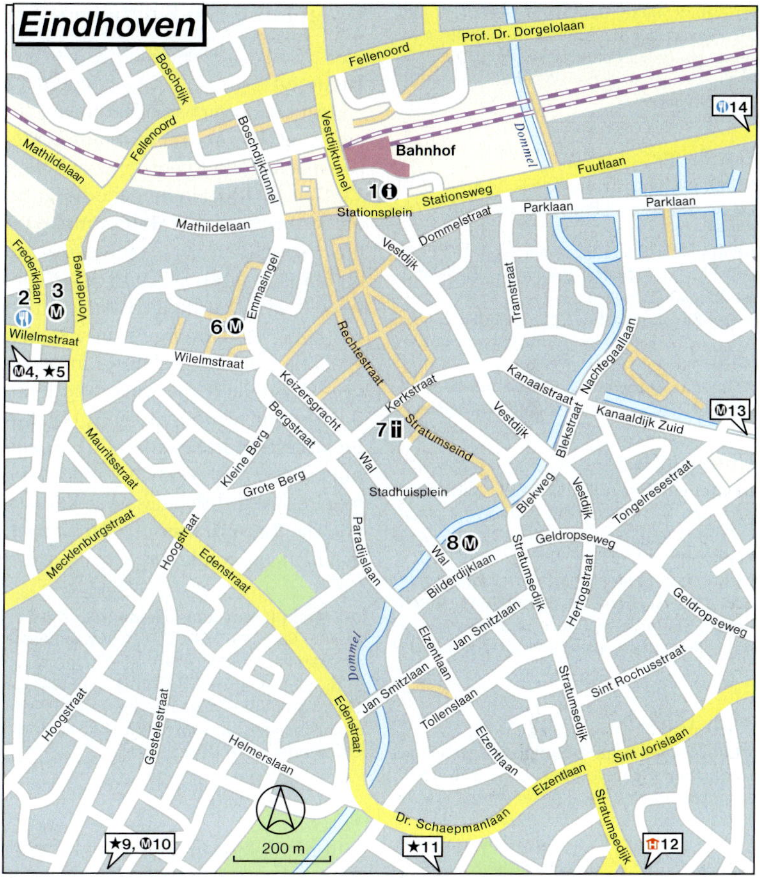

Map labels:

Fellenoord · Prof. Dr. Dorgelolaan · Boschdijk · Fellenoord · Vestdijktunnel · Boschdijktunnel · Mathildelaan · **Bahnhof** · Dommel · ⓘ14 · Fuutlaan · 1 ⓘ · Stationsweg · Parklaan · Parklaan · Mathildelaan · Stationsplein · Dommelstraat · Vestdijk · Frederiklaan · Emmasingel · Vonderweg · 2 · 3 Ⓜ · Wilelmstraat · 6 Ⓜ · Rechtestraat · Tramstraat · Kanaalstraat · Nachtegaallaan · Ⓜ4, ★5 · Wilelmstraat · Keizersgracht · Kerkstraat · Vestdijk · Blekerstraat · Kanaaldijk Zuid · Ⓜ13 · Mauritsstraat · Bergstraat · 7 ⓘ Stratumseind · Kleine Berg · Wal · Vestdijk · Tongelresestraat · Mecklenburgstraat · Grote Berg · Stadhuisplein · Blekweg · Hoogstraat · Paradijslaan · Wal · 8 Ⓜ · Geldropseweg · Stratumsedijk · Hertogstraat · Geldropseweg · Edenstraat · Bilderdijklaan · Jan Smitzlaan · Elzentlaan · Sint Rochusstraat · Hoogstraat · Gestelestraat · Helmerslaan · Dommel · Jan Smitzlaan · Tollenslaan · Elzentlaan · Stratumsedijk · Sint Jorislaan · Edenstraat · Elzentlaan · ★9, Ⓜ10 · 200 m · Dr. Schaepmanlaan · ★11 · 🏠12 · Stratumsedijk

Noord-Brabant

| | | | | | |
|---|---|---|---|---|---|
| ⓘ | 1 | Information | ★ | 9 | Milieu Educatie Centrum |
| Ⓜ | 2 | The Old Valley | Ⓜ | 10 | Historisch Openlucht Museum |
| Ⓜ | 3 | Museum Kempenland | | | |
| Ⓜ | 4 | Philips Museum | ★ | 11 | Ton Smits Huis |
| ★ | 5 | Evoluon | 🏠 | 12 | Hotel Eindhoven |
| Ⓜ | 6 | Centrum Kunstlicht in de Kunst | Ⓜ | 13 | DAF Museum |
| ⓘ | 7 | Sint Catharinakerk | ⓘ | 14 | De Karpendonkse Hoeve |
| Ⓜ | 8 | Van Abbemuseum | | | |

restaurant nahe dem Fußballstadion und dem Kempenland Museum, in der Saison für seine Spargelgerichte bekannt, 27.12.–1.1., Anfang März und drei Wochen im August geschlossen.

### Gay-Szene

● **Club Pecheur:** Stratumsedijk 37, Tel. 211 44 40, für das jüngere Publikum, bietet viele Aktionen.

● **Pallaz Club:** Stratumsedijk 14, Tel. 295 47 943, für das breite Publikum, viele Programmaktivitäten.

● **Gay-Bar Genestho:** Stratumsedijk 21, Tel. 212 26 37, junge moderne Bar, modernes Ambiente.

● **Gay-Bar Queens:** St. Lambertusstraat 42, Tel. 244 25 06, viel niederländische Musik.

### Unterkunft

● **Hotel Eindhoven** €€: 5644 RL, Aalsterweg 322, Tel. 211 60 33, Fax 212 07 74, www.valk.com, im Genneperpark gelegenes, großes Kongresshotel der Van-der-Valk-Gruppe, praktisch eingerichtete Zimmer, ruhig gelegen und trotzdem relativ stadtnah, Innen- und Außenterrasse, Sport- und Fitnessangebote, Restaurant, praktisch für einen Kurzbesuch.

### Aktivitäten

● **Kinderspielparadies:** Indoor Speelparadijs Eindhoven, Vijfkamplaan 6B, Tel. 256 82 57, www.speelparadijs-eindhoven.nl, mit großen Klimmgeräten, verschiedenen Luftkissen, Rutschen, Trampolin, Sumo-Matten und Kinder-Disco, 10–18 Uhr, Mi, Fr und So bis 19 Uhr, Di und Do ab 15.30 Uhr, Kinder bis 12 Jahre 5,50 €, Erwachsene 2,50 €.

## Umgebung von Eindhoven

### Helmond                              ⊿ XVII/C2

Helmond, östlich von Eindhoven gelegen, erhielt im 13. Jh. Stadtrechte. Die mächtige Burg entstand zwischen 1350 und 1400. Heute beherbergt sie unter anderem das **Heimatmuseum** mit Exponaten zur Stadtgeschichte und moderner Kunst. Ende des 20. Jh. siedelte sich Textilindustrie in der Stadt an. Nach Zerstörungen im Zweiten Weltkrieg bekam Helmond im Zuge des Wiederaufbaus viele moderne Bauten und wurde als Stadt der **Kubusarchitektur** bekannt – 't Speelhuis sollte man gesehen haben. Weitere Beispiele stellen das neue Rathaus und die **Baumhäuser** des Architekten *Piet Blom* am Markt dar.

● **Gemeindemuseum Helmond:** Kasteelplein 1, Tel. (0492) 58 77 16, www.gemeentemuseumhelmond.nl, Di–Fr 10–17 Uhr, Sa, So und feiertags 13–17 Uhr, 1.1., Karneval, Ostersonntag, Königinnentag und 1. Weihnachtstag geschlossen, Eintritt 4 €, Senioren 2 €, Kinder 6–16 Jahre 1,50 €.

### Nuenen                              ⊿ XVII/C2

Von Eindhoven auf halbem Weg nach Helmond ist Nuenen dadurch bekannt, dass hier **Vincent van Gogh** zwei Jahre lang bis 1885 lebte und in seinem Elternhaus unter anderem sein berühmtes Bild „Die Kartoffelesser" *(De Aaardappeleters)* malte. Im Van Gogh Dokumentationszentrum wird an den berühmten Sohn der Stadt, der ihr allerdings den Rücken kehrte, um nach Arles zu ziehen, mit Exponaten,

Fotos, persönlichen Utensilien und Bildkopien gedacht.

● **Van Gogh Dokumentationszentrum:** Markt 33, www.vangoghvillagenuenen.nl/nl/documentatiecentrum/, Di–So 11–16 Uhr, Anmeldung für Gruppen Tel. (040) 283 96 15, Eintritt 2 €, ermäßigt 1 €.

## Asten      ⚹ XVII/C3

An der A67 in östlicher Richtung von Eindhoven zum Nationalpark De Groote Peel liegt Asten, bekannt durch die **Königliche Glockengießerei Eijsbouts,** in der zunächst 1993 und dann 2006 die jeweils größte Glocke der Welt gegossen wurde – letztere wiegt 36 Tonnen, der Klöppel 1,5 Tonnen. Im **Nationaal Beiaardmuseum** wird die Geschichte der Glocken und Glockenspiele dargestellt.

Über das Landschaftsbild Peel gibt das **Natuurhistorisch Museum de Peel** Auskunft. Hier werden die Entstehung und Maßnahmen zum Erhalt dieses außergewöhnlichen Naturgebietes dargestellt.

● **Nationaal Beiaardmuseum:** Ostaderstraat 23, Di–Fr 9.30–17 Uhr, Sa–Mo 13–17 Uhr, 25.12., 1.1. und Karneval geschlossen, Eintritt (inkl. Natuurhistorisch Museum) 5,50 €, Senioren 4,70 €, Kinder 4–15 Jahre 2,70 €.
● **Natuurhistorisch Museum de Peel:** Ostaderstraat 23, Tel. (0493) 69 18 65, www.museumdepeel.nl, Mo–Fr 9.30–17 Uhr, Sa–Mo 13–17 Uhr, Eintritt 5 €, behindertengerecht.

## Kasteel Heeze      ⚹ XVII/C3

Heeze südöstlich von Eindhoven ist für sein **Schloss** bekannt. Kasteel Heeze, inmitten herrlicher Natur bei der Strabrechtse Heide gelegen, war im 12. Jh. Lehen der Herzöge von Brabant. Die von Wasser umwehrte Anlage ist zweiteilig und besteht aus dem mittelalterlichen Slot Eymerick im hinteren Teil sowie dem Kasteel aus dem 17. Jh., jeweils mit eigenem Innenhof. Das Kasteel wird seit 1760 von der Familie *Tuyll van Serooskerken* bewohnt und ist eines der letzten dauerhaft bewohnten großartigen Schlösser der Niederlande. Die Einrichtung ist noch fast vollständug erhalten. Teile des Schlosses können besichtigt, die alte Burg kann für Veranstaltungen gemietet werden.

● **Kasteel Heeze:** Kapelstraat 25, Tel. (040) 226 44 35, www.kasteelheeze.nl, Führungen März bis 1.11. So 14 und 15 Uhr, Mi 14 Uhr, Juli bis 1.9. So auch 15 Uhr, für Gruppen nach Absprache, Eintritt 8 €, für Gruppen 6 € (mind. 90 €).

## Essen und Trinken

● **De Hoefslag** €€€: Helmond, Warande 2, Tel. (0492) 53 63 61, www.hoefslag.nl, stilvolles Restaurant mit renommierter klassischer Küche, die modern vorgetragen wird, Veranda und Terrasse, herrlicher Blick.
● **De Zonnewende** €€€: Nuenen, Park 63, Tel. (040) 284 00 60, www.dezonnewende.nl, in einem alten herrschaftlichen Haus am Marktplatz, ehemaliges Brauhaus, moderne Küche, einige Tische im Sommer im rückwärtigen Garten, 1. Januarwoche, Karneval und 2 Wochen im Juli geschlossen.
● **In 't Eeuwig Leven** €€€: Asten, Prins Bernhardstraat 22–24, Tel. (0493) 69 35 62, www.heteeuwigleven.nl, familiärer Empfang in einer alten Herberge in der Nähe des Glockenmuseums, saisonale Küche, traditionelle Menüs, Mi Ruhetag.

**Noord-Brabant**

# Limburg Überblick

Bewegt und vielseitig ist die Geschichte Limburgs. Nach dem Ende der Römerzeit und der Neuordnung Mitteleuropas unter den Franken herrschten hier die **Grafen von Limburg,** deren Stammburg im Vesdre-Tal bei Eupen auf Gütern liegt, die ihnen durch eine Heirat mit der Tochter des Herzogs von Niederlothringen im Jahre 1064 zufielen. Der letzte Limburger Herzog *Walram IV., Bruder Adolfs IV. von Berg* aus dem „Bergischen Land", starb 1280 kinderlos. Dies war der Anlass für den Limburger Erbfolgestreit, der in der Schlacht von Worringen 1288 gipfelte. Über die Herzöge von Brabant kam Limburg schließlich an **Burgund** und in der Folge an **Habsburg.**

Im westfälischen Frieden von 1648 wurde Limburg unter **Spanien** und den Vereinigten Niederlanden aufgeteilt. Als 1713 der Spanische Erbfolgekrieg im Frieden von Utrecht ein Ende fand, bekam Österreich die vormaligen Spanischen Niederlande und damit auch das Herzogtum Limburg zugesprochen. *Napoleon* annektierte es dann wie die übrigen Rheinlande. Nach dem Wiener Kongress wurde Limburg – von kleinen Gebieten östlich der Maas abgesehen, die zur preußischen Rheinprovinz kamen – als neu geschaffene Provinz Limburg Teil des Vereinigten Königreichs der Niederlande. Nach 1830 beanspruchte **Belgien,** das sich aus den Niederlanden losgelöst hatte, Limburg. 1839 erfolgte die Teilung der Provinz in einen belgischen und einen niederländischen Teil – und dabei ist es bis heute geblieben.

Die vielseitige Geschichte der Provinz an der **Maas** im äußersten Südosten der Niederlande spiegelt sich bis heute in ihren historischen Städten mit Kirchen im maas-romanischen oder -gotischen Stil, in ihren Fachwerkhäusern, ihren Wassermühlen und ihren vielen Schlössern und Landsitzen im Stil der maasländischen Renaissance wider. So hat sich Limburg, das im Laufe seiner Geschichte so vielen Herren zu dienen hatte, ein Selbstbewusstsein geschaffen, das die Tradition wahrt, aber in einer spezifischen Eigenständigkeit zum Ausdruck kommt. Man ist hier besonders stolz auf den eigenen **Dialekt** der Region – und darauf, eine kulinarische Hochburg des Landes zu sein. Hier vermischen sich burgundische, französische und deutsche Elemente zur **limburgischen Küche,** die auch von vielen Besuchern geschätzt wird.

## Maasdünen

Im Gegensatz zum flachen Norden Limburgs erkennt man im Zentrum der langgestreckten Provinz den allmählichen Übergang zum hügeligen Süden. Charakteristisch für das Landschaftsbild der ganzen Region ist die **Maas.** Der nördliche Zipfel der Provinz Limburg zieht sich als schmaler Streifen östlich der Maas entlang. Wasserläufe durchziehen das Gebiet, wo eiszeitliche Sandanwehungen die **Maasdünen** (Maasduinen) bilden. Die für niederländische Verhältnisse dünn besiedelte Region ist ein Paradies für **Wanderer und Radfahrer.** Die Gemeinden der Region haben hierfür ein speziell gekennzeichnetes Radwege- und Wanderwegenetz eingerichtet. Die Fremdenverkehrsämter bieten dazu sogenannte Wandel-Boxen mit ausgearbeiteten Wanderrouten an. Im Einzugsgebiet der Gemeinde Bergen zwischen Venlo und Nijmegen bewahrt der Nationalpark De Maasduinen zwischen dem Maas-Tal und der deutschen Grenze mit seinen typischen Tal-, Sand- und Plateaubiotopen dieses so vielfältige Landschaftsbild.

## Venlo ⤢ XVII/C3

Zentraler Ort der Maasduinen ist Venlo, inmitten eines weiträumigen Gartenbaugebietes mit Gewächshäusern gelegen. Dieser alte Siedlungsplatz hatte schon frühzeitliche Bewohner. Römer siedelten hier beiderseits der Maas. Erste mittelalterliche Quellen aus Köln nennen Venlo im 8. Jh. Schnell entwickelte sich der Ort zu einem wichtigen Handelsplatz der Region. 1343 erteilte ihm Graf *Rainald von Geldern* Stadtrechte. Pestepidemien und der Achtzigjährige Krieg setzten der Stadt arg zu. Bis 1700 gab es dann eine Zeit wirtschaftlicher Blüte, in der viel von der heutigen Bausubstanz errichtet wurde – sofern sie nicht im Zweiten Weltkrieg zerstört wurde.

Heute ist Venlo einer der Hauptdurchlaufpunkte für den enorm gewachsenen deutsch-niederländischen Handel und gleichzeitig eine **beliebte Einkaufsstadt** vor allem für grenznahe deutsche Kunden. Jedes Jahr im Som-

**Limburg**

mer findet das **Zomerparkfeest** statt, ein Festival für Musik, Straßentheater, Film und Kunst. Venlo ist auch eine der großen limburgischen **Karnevalshochburgen.**

### Sehenswertes

Von den verbliebenen historischen Bauwerken ist vor allem das **Rathaus** am Markt zu erwähnen, ein monumentaler Renaissancebau mit doppelläufiger Freitreppe und achteckigen Ecktürmen. Ebenfalls aus der Renaissancezeit stammen das 1512 mit Treppengiebel errichtete spätgotische **Romerhuis** am Kwartelenmarkt und das **Huize Schreurs** in der Groote Kerkstraat mit schöner Fassade und Schweifgiebel.

Die **Sint Martinuskerk** in der Grote Kerkstraat wurde als dreischiffige Hallenkirche zwischen 1410 und 1610 errichtet. Der Turm stürzte infolge der Kriegsbombardements noch 1945 ein. In den 1953 wieder errichteten Turm kam im gleichen Jahr ein Glockenspiel mit 48 Glocken. Die Kirche beherbergt wertvolle Kunstschätze, so die barocke Kanzel von 1701, das noch gotische Chorgestühl mit reich geschnitzten Miserikorden und nicht zuletzt den Hochaltar mit dem Gemälde „De Boodschap des Engels" von Jan van Cleef. Gegenüber der Kirche steht noch das alte Waisenhaus.

Zu den kulturellen Einrichtungen Venlos zählen das Museum van Bommel van Dam (Museum für moderne Kunst), das Limburgs Museum (Museum für Geschichte und Kultur), De Maaspoort (Theater und Kongresszentrum) und das Theater de Doolhof (Theater unter freiem Himmel).

● **Limburgs Museum:** Keulsepoort 5 (schräg gegenüber dem Bahnhof), Tel. 352 21 12, www.limburgsmuseum.nl, Exponate zur Geschichte, der Landschaft, dem Brauchtum Limburgs in modernem Museumsgebäude. Geöffnet Di–So 11–17 Uhr, Eintritt 5,50 €, Jugendliche 4–17 Jahre 3,50 €, Senioren 4,50 €, Fr Happy Hour: ab 16 Uhr verbilligter Eintritt.

● **Museum van Bommel van Dam:** Deken van Oppensingel 6, Tel. 351 34 57, www.van bommelvandam.nl, Wechselausstellungen moderner Malerei, Bildhauerei, Fotografie, der Museumsbestand wird in der jährlichen Sammelausstellung Aan de Hand van Museum gezeigt. Geöffnet Di–So 11–17 Uhr, 1.1., Karneval und 25.12. geschlossen, Eintritt 2 €, ermäßigt 1 €.

### Tegelen

Der unmittelbar südlich von Venlo liegende Ort Tegelen ist nicht nur durch sein **Schloss,** sondern auch durch seine **Passionsspiele** bekannt. Gespielt wird alle fünf Jahre auf der komplett überdachten Freilichtbühne De Doolhof, Inhalt der Spiele ist das Leben von Jesus Christus.

Im Tegelener Ortsteil **Steyl** steht das Mutterhaus der **Steyler Missionare,** von Arnold Janssen 1875 als Ausbildungsstätte für künftige Ordensmissionare gegründet. Eine Gründung in Deutschland war wegen des Kulturkampfes damals nicht möglich. Heute lebt in Steyl eine internationale Gemeinschaft mit verschiedenen ordensmissionarischen Aufgaben und einem Seniorenheim für heimkehrende Missionare. Von größtem Interesse ist das **Missionsmuseum** im Klosterkomplex, das völkerkundliche und naturhistorische Exponate der Missionare zeigt – seit 1931 wurde hier nichts mehr verändert!

●**Passionsspiele:** Stichting Passiespelen Tegelen, Venlo-Tegelen, www.passiespelen.nl, nächste Aufführungen 2010 und 2015.
●**Museum der Steyler Mission:** Venlo-Steyl, Missionshaus St. Michael, St. Michaelstraat 7, Tel. 26 13 26, www.steyler.nl, geöffnet 21.3. bis Ende Okt. Di–Sa 11–17 Uhr, So und feiertags 13–17 Uhr, Nov. bis 20. März Di–So und feiertags 13–17 Uhr, 25.12., 1.1. und Karfreitag geschlossen, Eintritt 3 €, Senioren 2,50 €, Kinder 4–12 Jahre 1,50 €.

## Info

●**Tel.-Vorwahl:** 077
●**VVV Venlo:** 5911 KK, Koninginneplein 2, Tel. 354 38 00, Fax 320 77 70, www.lekkergenieten.nl.
●**Kulinarische Stadtführungen:** Führung durch das Zentrum von Venlo, in drei verschiedenen Restaurants werden Vorspeise, Hauptgericht und Dessert serviert, Dauer ca. 4 Stunden für Gruppen von 8 bis 15 Personen. Informationen und Reservierung beim VVV Venlo (siehe oben).
●**Nationalpark Maasduinen:** VVV Bergen, 5854 CZ Bergen, Jeroen Bosschstraat 4, Tel. (048) 534 19 22, www.nationaal-parkde maasduinen.nl.

## Essen und Trinken

●**Valuas** €€€: 5914 CA St. Urbanusweg 11, Tel. 354 11 41, Fax 354 70 22, www.valuashr.nl, Spitzenrestaurant, Brasserie und Hotel mit Panoramaterrasse an der Maas, gekonnte Menüs im stimmungsvollen Restaurant, Snacks in der Brasserie, So geschlossen, dazu geräumige **Zimmer** €€€.
●**Chez Philippe** €€: Parade 61, Tel. 354 89 01, ungezwungene Atmosphäre, französische Küche, in der Fußgängerzone, So und Mo geschlossen, Sa kein Lunch.
●**Die Alde Heerlickheijt** €€€€: 5932 AG Venlo-Tegelen, Kasteellaan 10, Tel. 373 88 00, Fax 373 88 00, www.bilderberg.nl/hotels/holtmuehle, Restaurant im Bilderberg Châ-

teau Holtmühle aus dem 14. Jh. mit Wassergräben, umgeben von einem Englischen Garten, stimmungsvolles Spitzenrestaurant im Schlosskeller, große Karte mit gekonnt zubereiteten Gerichten, schöne Sommerterrasse, antik eingerichtete **Zimmer** €€€€.
●**Grand Café Dante:** Parade 5e, Tel. 321 16 51, www.grandcafedante.nl, Szenekneipe mit Biergarten und italienischer Küche im Zentrum von Venlo, täglich geöffnet.

## Veranstaltungen

●**Karneval:** 11.11. Eröffnung der Session *(vastelaovesseizoen)* am Markt vor dem Rathaus.

Huize Schreurs in Venlo

## Aktivitäten

- **Ballonfahrten:** Über Mittel-Limburg, Voucher beim VVV in Venlo, verschiedene Startplätze möglich.
- **Landgut Roepaen:** 6595 NK Ottersum, Kleefseweg 9, Tel. (0485) 51 60 70, Fax (0485) 51 79 24, www.roepaen.nl. Direkt an der Niers (Nebenfluss der Maas) im Norden Limburgs gelegenes ehemaliges Kloster, heute als Event-Location genutzt, mit Sitzungssaal, Café, Kapelle, Terrassen, Westernstadt, veranstaltet Themenfeste, Tanzfeste, Betriebstrainings, sportliche Outdoor-Aktivitäten, Workshops, Kulturpodien, Kanu- und Kajakverleih.
- **Speelpark Klein Zwitserland:** Venlo-Tegelen, Trappistenweg 35, Tel. 373 15 65, www.skz.nl, Familienpark mit Abenteuerspielplatz zwischen Venlo und Tegelen, mit Kletterplatz, Schwimmbad, Naturlehrpfad, Gastronomie, Mitte März bis Okt. 10–18 Uhr, Okt. bis 17 Uhr, Eintritt 5,50 €, Hochsaison Juli/Aug. 6,60 €, dazu Minigolfbahn 3 €, Kombiticket mit Speelpark 1,50 €.
- **Golf:** Golfdome, Beesel (Reuver), Rijksweg 1, Tel. 476 22 33, info@golfodome.nl, südlich von Venlo gelegener 18-Loch-Platz auch für Anfänger, Gastronomie mit kleiner Lunchkarte.
- **Bauerngolf:** Hoeve de Middelt, Kessel, Ondersteweg 8, Tel. 47 12 47, www.boerengolflimburg.nl, südlich von Limburg unmittelbar an der Maas, mit kleinem Café.
- **Holland Casino Venlo:** Magalhaesweg 4, Tel. 750 26 00, Spielcasino im ehemaligen Carpet Palace, einem weißen Gebäude an der A67, Ausfahrt 39, mit zwei Elefanten am Portal, Amerikanisches Roulette, Black Jack, Carebbean Stud Poker, Automaten, täglich 12–3 Uhr, ab 18 Jahre, Eintritt 3,50 €.

## Einkaufen

- **Wochenmarkt:** mittwochs und sonnabends bis 14 Uhr.
- **Kunstgalerie:** Galerie Sjer, Tegelen, Grotestraat 65a, Tel./Fax 373 7879, www.sjerjacobs.com, Ausstellungen des Künstlers *Sjer Jacobs*, Wechselausstellungen, Do 17–20 Uhr, Fr und Sa 14–17 Uhr.

# Arcen ♫ XVII/D2

Zauberhaft ist die Fahrt durch die Maasdünen nördlich von Venlo, bis man zu dem idyllischen Ort Arcen gelangt, der bis 1814 ein Jahrhundert lang zu Deutschland gehörte. Der Garten des **Schlosses** von Arcen ist eine besondere Sehenswürdigkeit. Das aus dem 17. Jh. stammende Schloss wurde im Auftrag der Herzöge von Geldern erbaut, kam 1917 in private Hand und dient heute Ausstellungszwecken. Der **Park** bietet auf einer Fläche von 32 ha vielfältigste Gartenpracht, allein das **Rosarium** weist über 20.000 Rosen auf, dazu Hunderte von Rhododendren und ein großes gläsernes Gewächshaus. Neben einem **Streichelzoo** gibt es im Park noch zahlreiche andere Tierarten wie Nilgauantilopen, Ringelschwanz-, Kapuziner- und Totenkopfäffchen, Aras und Wallabys.

- **Schlössgärten (Kasteeltuinen) Arcen:** Lingsforterweg 26, Tel. 473 60 20, www.kasteeltuinen.nl, April, Okt. und Nov. 10–17 Uhr, Mai bis Sept. 10–17 Uhr, Eintritt 12,50 €, Senioren 11,50 €, Kinder 4–14 Jahre 6 €, behindertengerecht.

## Unterkunft, Essen und Trinken

- **Hotel-Restaurant De Maasparel** €€€: 5944 AE, Schans 3–5, Tel. (077) 473 12 96, Fax 47 313 35, www.maasparel.nl, regionale Küche, mit Gartenterrasse, angeschlossener Hotelbetrieb.
- **Roompot Bungalowpark Klein Vink:** 5944 EX Arcen, Klein Vink 4, Tel. (077) 473 25 25, Fax 473 23 96, www.roompotparken.nl, Bungalowpark und Campingplatz, gut ausgestattet mit Gastronomie, Supermarkt, Tennis-

platz, Minigolf, Animierprogramm, Thermalbad auf dem Gelände (s.u.).

## Aktivitäten

● **Thermaalbad Arcen:** Klein Vink 11, Tel. (077) 473 24 24, www.thermalbad.nl, Solebad gespeist von Thermalquellen in fast 1000 m Tiefe, mit Beautyzentrum, Physiotherapie, Saunalandschaft, Gastronomie, Eintritt 10,50 € (bis 2½ Std.), 15,50 € (4 Std.), täglich 8–23 Uhr.

## Maas-Seenplatte

Im Zentrum von Limburg mit Roermond als Hauptort erstreckt sich das weitläufige Seengebiet der **Maasplassen,** entstanden durch Kiesabbau im Maas-Tal. Die Maasplassen sind heute ein beliebtes Urlaubs- und Freizeitgebiet für Freunde des Wassersports und ursprünglicher Natur. Hier gibt es **Yachthäfen, Surf- und Badestrände,** hervorragende **Angel-** und **Ufercampingplätze.** Neben Roermond ziehen zudem die traditionsreichen kleinen Orte mit historischer Bausubstanz, Schlösser, Landsitze, Mühlen und Burgruinen Besucher an. Eine weitere Attraktion bietet der Nationalpark Meinweg östlich von Roermond, besonders seit der Einrichtung eines **grenzüberschreitenden Radwegenetzes.**

# Roermond

↗ XVIII/B1

Roermond (gesprochen Rurmond) liegt an der Mündung der Rur in die Maas, wenn sich die zweite Silbe des Stadtnamens auch eigentlich von *mond/monte* für eine Festungserhebung (Motte) ableitet. Erst im 18. Jh. wurde die Maas um etwa sieben Kilometer künstlich an die Stadt herangelegt.

Hier siedelten bereits die Römer, 1130 wird der Ort erstmals als zum Herzogtum Geldern gehörig urkundlich erwähnt. 1232 erhielt Roermond Stadtrechte, 1441 wurde es Mitglied der Hanse. Stadtbrände ereigneten sich 1554 und 1665. Nach dem Spanischen Erbfolgekrieg gehörte Roermond zu Österreich, dann wieder zu Frankreich, von 1815 bis 1830 zum neuen Königreich der Niederlande, bis 1839 zu Belgien und seitdem zu den Niederlanden. Die Zerstörungen aus dem Zweiten Weltkrieg konnten nur teilweise restauriert werden.

Vor nicht allzu langer Zeit machte Roermond durch das **Erdbeben von 1992** auf sich aufmerksam – mit einer Stärke von 5,9 auf der Richter-Skala war es das stärkste in Mitteleuropa seit annähernd eineinhalb Jahrhunderten. Neue Bedeutung erlangte Roermond durch das 2001 eröffnete **Designer Outlet Centre,** das jährlich zweieinhalb Millionen Besucher anzieht. Hier gibt es an die 100 Geschäfte, die Markenwaren zu erheblichen Preisnachlässen anbieten (s.u.).

Limburg

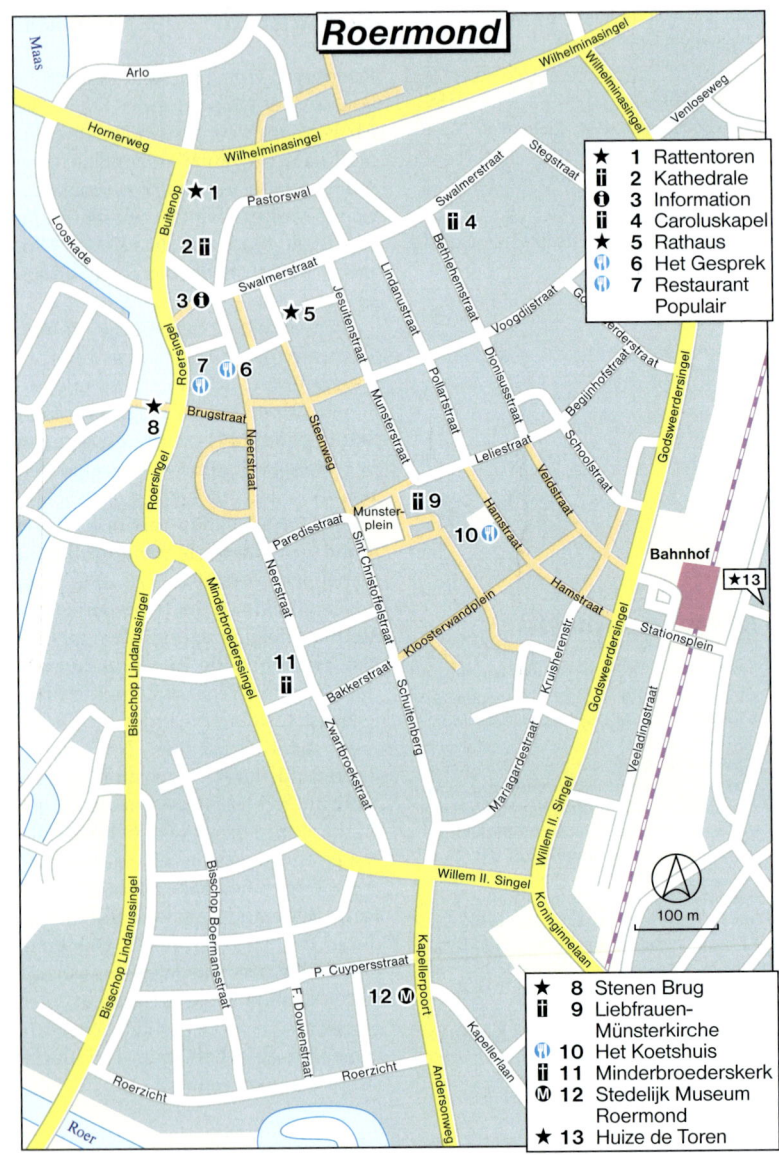

# Roermond

★ 1 Rattentoren
ⅱ 2 Kathedrale
❶ 3 Information
ⅱ 4 Caroluskapel
★ 5 Rathaus
🕅 6 Het Gesprek
🕅 7 Restaurant Populair

★ 8 Stenen Brug
ⅱ 9 Liebfrauen-Münsterkirche
🕅 10 Het Koetshuis
ⅱ 11 Minderbroederskerk
Ⓜ 12 Stedelijk Museum Roermond
★ 13 Huize de Toren

100 m

## Liebfrauen-Münsterkirche

Wichtigste Sehenswürdigkeit der Stadt ist die im 13. Jh. errichtete **Onze-re Lieve Frouwe Munsterkerk,** gestiftet von *Gerhard IV.,* Graf von Geldern, zu einem längst nicht mehr existierenden Zisterzienserkloster – sein Grab befindet sich in der Kirche. Die im rheinischen Übergangsstil zur Gotik errichtete Kirche hat im Westen einen Portalvorbau mit zwei mächtigen Türmen, dazu einen überkuppelten Vierungsturm, einen Dreikonchenchor, Chorflankentürme und im Halbkreis endende Querhausarme. Die Kirche wurde im 19. Jh. durch den in Roermond geborenen Architekten *Pierre Cuypers* (1827–1921) restauriert. Wichtigstes Ausstattungsstück ist neben dem Grafengrab das Antwerpener Altarretabel aus dem Jahr 1520. Des Weiteren birgt die Kirche eine bedeutende Grablegungsgruppe, eine Holzschnitzarbeit aus dem frühen 16. Jh. sowie verschiedene Skulpturen aus dem 15. und 16. Jh.

● **OLV Munsterkerk:** Munsterplein, April bis Okt. täglich 14–17 Uhr (So bis 16 Uhr).

## Weitere Kirchen

Anfang des 15. Jh. entstand die gotische **Sint Christoffelkathedraal.** Im Inneren birgt sie das Dahlemer Kreuz aus dem 13. Jh., das Dahlheimer Nonnen im Zuge der Säkularisation nach Roermond retteten, sowie einige wertvolle Gemälde, u.a. von *Rubens.* Des Weiteren gibt es die **Caroluskapel,** eine spätgotische Kapelle mit einer reich gestalteten Rokoko-Stuckdecke und

wunderschöner Orgel. Im zugehörigen Kartäuserkloster töteten die Geusen 1572 zwölf Mönche auf grausame Weise, die seither als Märtyrer von Roermond gelten.

Die heute protestantische **Minderbroederskerk,** eine dreischiffige Hallenkirche aus dem 15. Jh., gehörte früher zu einem Franziskanerkloster. Beachtenswert ist auch der **Friedhof** von Roermond am Herkenboschweg mit schönen Grabmonumenten, auf dem 1785 die ersten Bestattungen stattfanden – er ist damit einer der ältesten Friedhöfe der Niederlande. Sein katholischer und protestantischer Teil waren durch eine Mauer getrennt, es gibt auch einen jüdischen Teil.

● **Sint Christoffelkathedraal:** Grote Kerkstraat, www.kathedraal-roermond.nl, April bis Okt. täglich 14–17 Uhr, Turmbesteigung an Wochenenden im August, Eintritt 2 €.
● **Caroluskapel:** Swalmerstraat 100, April bis Okt. Sa 14–17 Uhr, Führungen auf Anfrage beim VVV.
● **Minderbroederskerk:** Minderbroederssingel, 24. Juni bis 30. September Sa 14–17 Uhr, August auch So.

## Weitere Sehenswürdigkeiten

Unter den Profanbauten Roermonds ist in erster Linie das **Rathaus** zu nennen, das auf Kellergewölben des 13. Jh. im Jahre 1700 errichtet wurde. Im Rathausturm befindet sich das städtische Glockenspiel, das jeden Tag um 12 Uhr aufspielt.

Das **Huize de Toren** am Eiermarkt war einst ein Wachturm. Der Kern des Baus stammt aus dem 14. Jh., der Eckturm aus dem 16. Jh.

**Limburg**

Der **Rattentoren** aus dem 14. Jh. ist ein letzter Rest der einstigen Stadtbefestigung von Roermond. Ein Stück Stadtmauer steht noch am Pastoorswall.

Anstelle der 1764 von einem Rurhochwasser zerstörten **Stenen Brug** zum hübschen Ortsteil Sint-Jacob wurde 1771 unter österreichischer Regie zu Zeiten *Maria Theresias* eine neue Brücke errichtet.

●**Rattentoren:** Grotekerkstraat, Tel. (0900) 202 55 88, April bis September So 14–17 Uhr, hier spielt das Puppentheater De Klaproos für Kinder ab 4 Jahre auf, Beginn jeweils 14 Uhr, Eintritt 4 €, Information und Programm: Poppentheater De Klaproos, Swalmerstraat 69a, Tel. 33 45 64.

## Museen

Das **Stedelijk Museum Roermond** befindet sich im ehemaligen Wohnhaus und Atelier des berühmten Roermonder Architekten *Pierre Cuypers*. Es umfasst Werke von Cuypers, *Joep Nicolas* und *Henry Luyten*, hat eine archäologische Abteilung und zeigt Exponate zur Geschichte der Stadt.

Nur wenige Kilometer die Rur aufwärts liegt in dem kleinen Ort Sint Odiliënberg das **Roerstreektmuseum,** ein Heimatmuseum mit Exponaten zur Geschichte und Landschaft der Rur-Region in Limburg.

●**Stedelijk Museum Roermond:** Andersonweg 4, Tel. 33 34 96, www.roermond.com/museum, Di–Fr 11–17 Uhr, Sa und So 14–17 Uhr, Eintritt 2 €.
●**Roerstreekmuseum:** St. Odiliënberg, Kerkplein 10, Tel. 53 28 95, www.roerstreekmuseum.nl, Di–Fr nach Absprache, So 13.30–17.30 Uhr, Mo 20–22 Uhr offenes Haus, Eintritt 2 €, ermäßigt 1 €.

## Info

●**Tel.-Vorwahl:** 0475
●**VVV Roermond:** 6041 EG, Kraanpoort 1, Tel. 33 58 47, Fax 33 50 68, www.vvvroermond.nl.

## Unterkunft, Essen und Trinken

●**Het Gesprek** €€€: Hoek Koolstraat-Luifelstraat 1–3, Tel. 42 08 40, www.hetgesprek.info, in einem alten Stadthaus aus dem Jahr 1660, sechswöchentlich wechselnde Menükarte, drei Speiseräume, Innenhofterrasse.
●**Restaurant Populair** €€€: Roerkade 4, Tel. 316 574, www.restaurant-populair.nl, französisch-mediterrane Küche, hier wird burgundischer Küchenstil praktiziert, täglich ab 17 Uhr, Mo–Fr Lunch 12–14 Uhr.
●**Het Koetshuis** €: Hamstraat 32, Tel. 31 90 87, Pfannkuchenhaus.
●**Golden Tulip Landhotel Cox** €€: 6042 KN, Maalbroek 102, Tel. 34 88 99, www.goldentuliplandhotelcox.nl, komfortables Hotel am Stadtrand von Roermond, direkt an der Grenze zu Deutschland und neben dem Nationalpark De Meinweg gelegen.

## Aktivitäten

●**Euro Indoorkarting Swalmen:** Swalmen, Bosstraat 99, Tel. 50 78 78, www.euroindoorkarting.nl, große Halle nordöstlich von Roermond, 200-ccm-Karts mit 5 PS, auch spezielle Kinderkarts (7–14 Jahre), Gastronomie, 12,50 € für 13 Min., 6 € für 7 Min.
●**Golf:** Golf & Country Club Herkenbosch, Herkenbosch, Stationsweg 100, Tel. 52 95 29, www.gccherkenbosch.nl, einer der schönsten 18-Loch-Plätze im Land.
●**Angeln:** Angelkarte erforderlich, Wochenkarten für Maas und Maasplassen verkauft der VVV Roermond.

## Einkaufen

●**Wochenmarkt:** Mittwoch Markt speziell für Käse und Fisch auf dem Munsterplein. Samstag allgemeiner Wochenmarkt 9.30–15.30 Uhr auf dem Marktplatz.

Maas-Seenplatte

● **Designer Outlet Roermond:** Stadsweide 2, Tel. 35 17 77, www.designer-outlet-roermond.nl, Markenwaren der Bereiche Kleidung, Kinderartikel, Wäsche etc. 30–70 % günstiger, täglich 10–18 Uhr, 25.12. und 1.1. geschlossen.

## Umgebung von Roermond

### Nationalpark De Meinweg ⚓ XVIII/B1

Südöstlich von Roermond erstreckt sich bis zur deutschen Grenze der 1600 ha große Nationalpark De Meinweg. Das Gebiet fasziniert durch seine abwechslungsreichen Landschaftsbilder im Schwalmtal, Leutal und Rurtal mit dem Munnichswald, den Echter Houtwallen, dem Park Koningssteen sowie dem Isabellengrün. Alle genann-

ten Parkteile sind über ein Netz **markierter Wanderwege** erschlossen.

● **Nationaal Park De Meinweg:** Herkenbosch, Meinweg 2, Tel. (0475) 52 85 00, www.nationaal-parkdemeinweg.nl, Besucherzentrum täglich 10–17 Uhr geöffnet, im Winter nur So.

### Kasteel Horn

Auf der Roermond gegenüber liegenden Flussseite der Maas erhebt sich im kleinen Ort Horn das Kasteel Horn, eine monumentale Burg, deren erste Bauteile im 13. Jh. errichtet wur-

Im Nationalpark De Meinweg

Limburg

den. Es entstand ein annähernd rundes Kastell mit vier Rundtürmen. Im 15. Jh. wurde ein neues Torhaus als Wohngebäude dazu gebaut, das im 17. und 18. Jh. noch Erweiterungen und Veränderungen erfuhr.

●**Kasteel Horn:** Horn, Kasteelstraat 6, der Privatbesitz ist nur auf vorherige Anfrage zu besichtigen.

# Thorn ⇗ XVIII/A1

Auf dem Weg von Roermond nach Thorn passiert man **Wessem,** einen historischen Ort mit schönen alten Häusern.

Thorn, nahe der belgischen Grenze südwestlich von Roermond gelegen, ist die wohl **reizvollste Kleinstadt Limburgs.** Hier, wo alle Häuser weiß gestrichen und die Straßen kunstvoll gepflastert sind, fühlt man sich ins Mittelalter zurückversetzt. Ausgangspunkt der Stadt war eine um 975 von Graf *Ansfried van Utrecht* gegründete Benediktinerinnenabtei, die im 12. Jh. in ein Stift umgewandelt wurde. Die adeligen Stiftsdamen bildeten einen Konvent, der auch über den Ort bestimmte, die Äbtissin hatte die Rechte einer Fürstin im Heiligen Römischen Reich Deutscher Nation mit eigener Rechtsprechung und Münzprägung.

So konnte sich Thorn als kleinster selbstständiger Herrschaftsbereich bis zur französischen Revolutionszeit behaupten und es blieb trotz aller kriegerischen Ereignisse der alte Ortskern erhalten. **Über 100 denkmalgeschützte**

**Häuser,** deren weißer Anstrich pflichtmäßig gepflegt wird, geben ihm sein besonderes Gepräge. Hier hatten die Kanonissen ihre Wohnstätten.

## De Grote Hegge

Der mit Wassergräben umgebene **Herrensitz** De Grote Hegge zeugt noch von der Wehrhaftigkeit des Ortes. Erstmals 1379 wurde dieser Adeligensitz erwähnt, dessen heutiges Haupthaus aus dem 15. Jh. und dessen Wirtschaftsgebäude aus dem 17. bzw. 18. Jh. stammen.

●**Kasteelhoeve De Grote Hegge:** 6017 AJ Thorn, Waterstraat 9, Tel. 56 33 99, Fax (0475) 56 32 67, www.grotehegge.nl, Veranstaltungsort für Feste, Hochzeiten etc., Rittersaal, Kellerbar, Scheune.

## Sint-Catharinakerk

Die Sint-Catharinakerk ist die ehemalige **Abteikirche,** die im Zuge der Säkularisation die Funktion als Pfarrkirche übernahm und deswegen erhalten blieb, von den Abteigebäuden ist allerdings nichts mehr übrig. Die gotische Kreuzbasilika mit Ostkrypta unter dem Chor entstand im 13. Jh. anstelle des romanischen Vorgängerbaus. Die Fundamente des Westwerks mit dem mit weißen Natursteinreihen durchbrochenen Backsteinturm stammen noch vom romanischen Bau. Im 15. Jh. wurden Erweiterungen vorgenommen, im

In der Sint-Catharinakerk von Thorn

18. Jh. erfolgte die Barockisierung der Kirche. Hierzu gehört der 1769 entstandene Altar, der vormals im ehemaligen Karthäuserkloster von Roermond stand und 1786 hierher verbracht wurde. Der neogotische Architekt *Cuypers* restaurierte die Kirche grundlegend im 19. Jh. Er ließ beispielsweise die östlichen Kapellen anbauen und erhöhte den Turm.

## Info

● **Tel.-Vorwahl:** 0475
● **VVV Thorn:** 6017 AG Thorn, Wijngaard 14, Tel. 56 27 61, www.lekker-genieten.nl.

## Essen und Trinken

● **De Witte Dame** €€€: 6017 AR, Hoogstraat 2, Tel. 56 23 41, Fax 56 28 28, www.villeblanche.nl, Restaurant in der Hostellerie La Ville Blanche im Zentrum von Thorn, Sommerterrasse, klassische Küche im Restaurant, mit Tapas-Bar, **Hotelbetrieb** €€€ mit komfortablen Zimmern.
● **De Pannekoekenbakker:** Bogenstraat 2, Tel. 56 33 27, www.pannekoekenbakker.nl, gegenüber dem Friedhof und der Abteikirche in einem der alten, weiß gestrichenen Stadthäuser, umfangreiches Pfannkuchenangebot herzhaft und süß, bietet Kinderarrangements an, im Keller zwei Kinderspielzimmer.

## Museum

● **Gemeentemuseum Het Land van Thorn:** Wijngaard 14, Tel. 56 27 61, www.museumhetlandvanthorn.nl, Darstellung der Geschichte der Herrschaft und Gemeinde Thorn anhand von Exponaten und Fotos, April bis Okt. Di–So 10–17 Uhr, Mo 12–17 Uhr, im Winter Di–So 11–16 Uhr, Eintritt 2 €.

## Aktivitäten

● **Bauerngolf:** Geelenhof, Kelpen, Grathemerweg 16, Tel. (0495) 65 18 58, www.gee

Limburg

lenhoof.nl, 10-Loch-Platz nördlich von Thorn, 2 km lang, Dauer ca. 1½ Std., 6 € pro Person, dazu Campingplatz, Ferienwohnungen.
● **Passagierschiff-Ausflugsfahrten:** Rederij Cascade, Wessem, Markt 8, Tel. (0475) 46 15 74, www.rederijcascade.nl, Fahrten Wessem – Stevensweert – Thorn, Abfahrt Mitte April bis Mitte Sept. an Wochenenden und Feiertagen 10.30, 12.45, 15 und 17.15 Uhr unter Vorbehalt, Juli/Aug. täglich, Fahrpreis 6,50 €, Kinder 2 €.

# Peel

Im Nordwesten Limburgs erstrecken sich weite Landschaftsflächen mit kleinen Dörfern, manch sehenswerter alter Kirche sowie Burgen und Schlössern. Hauptorte dieses Teils von Limburg sind Horst im Norden und Weert im Süden. Dazwischen erstreckt sich der große Nationalpark De Grote Peel, der wie die gesamte Region von **Moorflächen** gekennzeichnet ist. Hier befinden sich in geringer Tiefe wasserundurchlässige Schichten, auf denen sich Regenwasser staut, sodass sich Moose und Gräser entwickeln können, aus denen sich Torf bildet.

Dazu ist das Landschaftsbild durch Sanddünen und große Wälder wie etwa die Heldense Bossen mit den typischen Wanderdünen gekennzeichnet. Reizvoll ist das Leudal mit seinen tief eingeschnittenen Bachläufen. Früher stach man in dieser Region den Torf großflächig, was aber mit zunehmendem Kohleabbau im Süden Limburgs immer unwirtschaftlicher wurde. Auf den großen Sandflächen herrscht heute neben Erdbeer-, Blaubeer- und Rosenkulturen der **Spargelanbau** vor – dieses königliche Gemüse trägt ganz entscheidend zum hervorragenden Ruf der limburgischen Küche bei.

# Nationalpark De Groote Peel ♫ XVII/C3

Der Nationalpark De Groote Peel erstreckt sich auf Limburger und Brabanter Gebiet auf einer Fläche von 1500 ha im Städtedreieck von Meijel, Asten und Nederweert – keine Verkehrsader durchschneidet ihn. Die Landschaftsgestaltung verdankt das Gebiet eiszeitlicher Moor- und Sandflächenbildung. Der Torfabbau seit dem Mittelalter hat entscheidend zum heutigen Erscheinungsbild mit seinen vielen Wasserflächen beigetragen. Neben seltenen **Moorpflanzen** wie etwa dem Sonnentau fühlen sich hier vor allem viele **Wasservogelarten** heimisch, dazu wird dieses unberührte Gebiet auch als Rastplatz von Zugvögeln aufgesucht. Seit 1933 ist De Groote Peel als Nationalpark geschützt. Durch weitere Verwässerungen und Schaffung ökologischer Verbindungszonen sowie durch Beweidung mit Pferden und Schafen wird ständig am Naturerhalt dieses Gebietes gearbeitet.

● **Bezoekerscentrum Mijl op Zeven:** Besucherzentrum des Nationalparks De Groote Peel, Ospel-Nederweert, Moostdijk 15, Tel. (0495) 64 14 97, www.nationaal-parkdegrootepeel.nl, Di–So 10–17 Uhr, Juli/August auch Mo, außerhalb der Wanderwege Mitte März bis Mitte Juli und Mitte Okt. bis Nov. wegen Brutsaison und Vogelzug geschlossen, 1.1. und 1. Weihnachtstag ganz geschlossen. Der Park ist weitgehend behindertengerecht, Peelkiosk geöffnet 11–18 Uhr, Nov. bis Febr. nur an Wochenenden.

# Weert

♫ XVII/C3

Weert ist der südliche Hauptort im Peel, worauf auch die Ortsbezeichnung hinweist – der Name stammt von *waard* ab, was ein Stück Land inmitten von Wasser und Morast bedeutet. Auf solchen Trockeninseln im früher viel weitflächigeren Moor siedelten schon Kelten und Römer.

Der heutige Ort Weert wurde erstmals 1062 urkundlich als *Wertha* erwähnt. In der Herrlichkeit Weert fungierten die Herren von Horn und späteren Grafen als Vögte. Graf *Jacob I.* baute 1455 das **Kasteel De Nijenborgh** dicht an der Stadtmauer von Weert. Schon bald danach begannen die Grafen mit dem Bau der **St. Martinuskerk** im Stil der späten Kempense Gotik, einer Abart der spätgotischen Brabanter Gotik, die vor allem durch einen massiven Turm mit sogenannten Specklagen *(speklagen),* horizontal abwechselnden Naturstein- und Backsteinlagen, gekennzeichnet ist. Vor allem die Gewölbefresken dieser dreischiffigen Hallenkirche sind bedeutsam. 1703 zerstörten die Franzosen im Spanischen Erbfolgekrieg die Burg, die bis heute Ruine geblieben ist.

## Info

- **Tel.-Vorwahl:** 0495
- **VVV-ANWB Weert:** 6001 EC, Maasstraat 18, Tel. 53 68 00, www.lekker-genieten.nl.
- **Stadtführung** mit Kulinarischen Zwischenstopps, Information und Buchung beim VVV.

## Essen und Trinken

- **Bretelli** €€€: Hoogstraat 8, Tel. 45 20 28, www.bretelli.nl, Limburger Küche mit mediterranem Einfluss im Herzen der Stadt, Di–Fr mittags, Di–Sa ab 18 Uhr geöffnet, Karneval und Ende Dez. geschlossen.

## Unterkunft

- **Bungalowferienpark Weerterbergen:** 6002 ST, Trancheeweg 7, Information und Buchung über www.roompotparken.nl/parken, komfortabler Roompot-Park an den Weerter und Budeler Bergen mit weiten Wäldern, Sand- und Heideflächen, mit Restaurants, subtropischem Schwimmparadies, ganzjährig geöffnet.

## Museen

- **Gemeentemuseum De Tiendschuur:** Recollectenstraat 5, Tel. 52 56 10, www.museumweert.nl, Exponate zur Geschichte der Region von der Steinzeit bis in die Gegenwart, vor allem auch zur Geschichte des Torfstechens, Di–So 14–17 Uhr, Eintritt frei.
- **Limburgs Openluchtmuseum Eynderhoof:** Niederweert-Eind, Milderspaat 1, Tel. 46 06 55, Buchungen Tel. 62 64 21, www.eynderhoof.nl, Museumsdorf im Ortsteil Eind von Niederweert bei Weert mit Schmiede, Sägerei, Schuhmacherwerkstadt, Küferei, Backhaus; Leben und Arbeiten um 1900 in der Region Peel. Geöffnet April bis Okt. Di, Mi, Fr und So 13–17 Uhr, Eintritt 3,50 €, Kinder 2–12 Jahre 1,50 €.

## Aktivitäten

- **Freizeitbauernhof:** Van Horne Hoeve, 6002 ST, Trancheeweg 22, Tel. 53 13 12, Fax 54 69 95, www.vanhornehoeve.nl, gegenüber dem Bungalowferienpark Weerterbergen, Reiterhof mit Manege, bietet Ausritte und Wochenkurse für Kutscherschein, Reiterzeugnis und sogar Kurse für Zweispänner, spezielle Angebote für Kinder mit Spielplatz, Sprungkissen, Karussell.

Limburg

# Südlimburg

Der Südosten der Niederlande bietet ein abwechslungsreiches Landschaftsbild, das so gar nicht in das Vorstellungsbild vom flachen Holland passt. Nach Süden zu wird das Land immer hügeliger und geht in das touristisch attraktive **Südlimburgische Hügelland** (Zuid-Limburgse Heuvelland) über. Hier erstreckt sich zur deutschen Grenze hin das geologisch alte Steinkohlenrevier (Mijnstreek) zwischen Sittard und Kerkrade.

Im Süden der Provinz herrscht Mergel vor, ein geologisch ebenfalls altes Sandgestein, das schon immer als bevorzugtes Baumaterial der Limburger gewonnen wurde. So finden sich bis heute in dieser Region zahlreiche **Grotten** als Überbleibsel der vielen Mergelminen. Im Westen beherrscht das **Tal der Maas** das Landschaftsbild. **Maastricht** ist die Hauptstadt der Provinz Limburg und gleichzeitig mit ihren römischen Wurzeln die älteste Stadt der Niederlande.

# Maastricht     ⚓ XVIII/A2

Die **älteste Stadt der Niederlande** hat sich so jung gehalten, wie kaum eine andere. Das Erscheinungsbild der Innenstadt von Maastricht ist von Straßencafés geprägt. Der historische Baubestand ist erhalten, weil die Stadt am Ende des Zweiten Weltkrieges weitgehend von Zerstörungen verschont blieb. Ein studentisches, fast **mediterranes Flair** empfängt den Besucher, wenn er durch die Altstadtgassen bummelt, die Stadt strahlt eine ansteckende Lebenslust aus. Große Lebenslust strahlt auch das Orchester des aus

Maastricht stammenden Dirigenten *André Rieu* aus, der mit seinen Walzerklängen schon weltweit Furore gemacht hat.

Die Ursprünge Maastrichts gehen auf die **Römer** zurück, die hier ihren unter Kaiser *Augustus* errichteten, *Mosae Trajectum* genannten Flussübergang nutzten. Im 3. Jh. entstand eine Siedlung an einem ummauerten Kastell. Diese strategisch wichtige Lage war es allerdings auch, die Maastricht später viele Belagerungen einbrachte. In der Sicherheit des befestigten Kastells entstand eine christliche Gemeinschaft. Der wegen Germanenüberfällen aus Tongern zugezogene Bischof *Servatius* gründete hier ein **Bistum,** das im 8. Jh. allerdings nach Lüttich verlegt wurde. So teilten sich der Herzog von Brabant und der Bischof von Lüttich die Herrschaft über die Stadt.

Die erste Stadtbefestigung entstand ab 1229, nachdem der Herzog Maastricht die Stadtrechte erteilt hatte. Aus dieser Zeit stammt auch die St. Servatiusbrücke. Weitere Stadterweiterungen, verbunden mit dem Bau neuer Tore und Stadtmauern, erfolgten um 1350 hauptsächlich im Norden und Westen und um 1516 im Süden. 1632 ging die Herrschaft der Herzöge von Brabant auf die niederländischen Generalstaaten über, nachdem die Stadt von spanischen Truppen befreit worden war – aber die Doppelherrschaft blieb bis zum Beginn der Franzosenzeit 1794 bestehen.

Doch schon 1673 hatten Truppen *Ludwigs XIV.* die Stadt belagert. Dabei wurde das Jekerquartier, benannt nach dem kleinen Nebenfluss der Maas, das ein eigenes „Wassertor" (Waterpoort De Reek) als Passage durch die Stadtmauer hatte, im Zuge der Einnahme durch die Franzosen völlig zerstört. Als neue Sicherung dieser Flanke wurde 1701/1702 das Fort Sint Pieter auf dem Sint Pietersberg gebaut. 1748, kaum ein halbes Jahrhundert später, gelang es französischen Truppen erneut, die Stadt einzunehmen.

Nach der napoleonischen Zeit wurde Maastricht 1815 Teil des Vereinigten Königreichs der Niederlande. Als sich 1830 die südlichen Provinzen des Landes unabhängig erklärten und den Staat Belgien gründeten, blieb der östliche Teil des Herzogtums Limburg niederländisch.

Die heutige Lage der Stadt im Südzipfel der Niederlande, unmittelbar an Belgien und Deutschland angrenzend, macht Maastricht zu einer ausgeprägt **europäischen Stadt.** So profiliert sich auch die 1976 gegründete Maastrichter Universität als internationale Hochschule mit vielen Studiengängen, die sich überwiegend an ausländische, meist deutsche Studenten richten. Nicht zuletzt wurde 1992 im „Gouvernement", dem Sitz der Provinzialregierung von Limburg, der **Vertrag von Maastricht** unterzeichnet, der zur Gründung der Europäischen Union führte.

## St. Servatiusbasilika

Ausgangspunkt eines Stadtrundganges ist der **Vrijthof** als großzügigster Platz der Stadt, mit der St. Servaasbasilik und daneben der St. Janskirche auf der einen Seite und der geschlossenen Reihe von Cafés auf der anderen, sonnigen Seite des Platzes.

An der Stelle der heutigen Servatiuskirche stand bereits eine frühe Grabkapelle. Um das Jahr 1000 wurde hier eine große, dreischiffige Wallfahrtskirche zum Grab des heiligen Servatius errichtet, deren Weihe 1039 in Anwesenheit von Kaiser *Heinrich III.* erfolgte. Umbauten und Erweiterungen der Kirche begannen ab 1160 mit dem Bau des mächtigen Westwerks, das mit schweren Mauerstreben mit der heute nicht mehr existierenden Propstei verbunden war. Zwei mit Lisenen und Zwillingsfenstern versehene quadratische Türme überragen dieses wichtigste Bauwerk der **rheinisch-maasländischen Romanik.** In ihrem Südturm hängt die mit sieben Tonnen schwerste Glocke des Landes. Das Bergportal an der Südseite mit wunderschönen, farblich gefassten Reliefs aus dem Leben der Maria entstand bis 1250 nach französischem Vorbild.

Heute betritt man die Kirche durch ein reich verziertes gotisches Portal, durch das man durch den Kreuzgang gelangt – das Tympanonrelief aus dem 12. Jh. stellt Christus in der Mandorla dar. Im Übergang zum Westwerk steht ein romanisches Relief mit der Szene der Krönung von Petrus und Servatius. In der 1050 entstandenen Krypta befindet sich der Sarg des 384 bestatteten heiligen *Servatius*. Sehenswert ist noch die Schatzkammer mit ihren liturgischen Gold- und Silberschmiedearbeiten.

Limburg

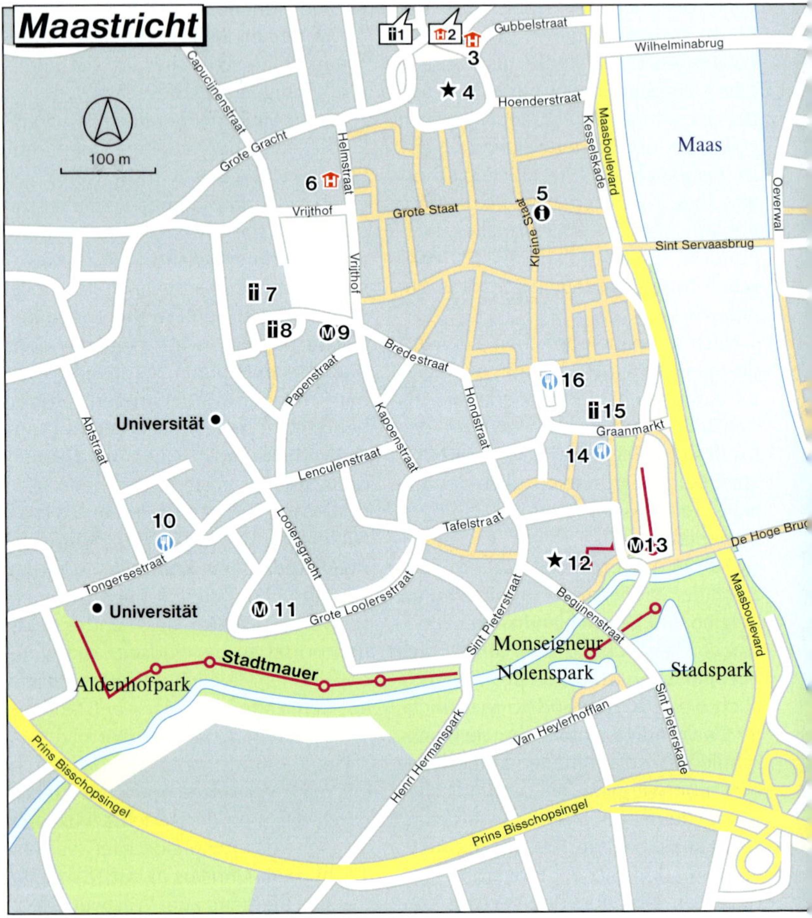

## Maastricht

Capucijnenstraat

Grote Gracht

100 m

Helmstraat

Vrijthof

Gubbelstraat

Wilhelminabrug

**ii 1** **H 2** **H 3**

★ 4

Hoenderstraat

Kesselskade

Maasboulevard

Maas

6 **H**

Grote Staat

5 **i**

Kleine Staat

Sint Servaasbrug

Oeverwal

Vrijthof

**ii 7**

**ii 8** **M 9**

Pagenstraat

Kapoenstraat

Bredestraat

Hondstraat

16

**ii 15**

Graanmarkt

14

Universität ●

Lenculenstraat

Ahlstraat

10

Tongersestraat

Loolersgracht

Grote Loolersstraat

Tafelstraat

Sint Pieterstraat

Begijnenstraat

★ 12 **M 13**

De Hoge Brug

Maasboulevard

● Universität

**M 11**

Stadtmauer

Aldenhofpark

Monseigneur

Nolenspark

Stadspark

Prins Bisschopsingel

Henri Hermanspark

Van Heylerhofflan

Sint Pieterskade

Prins Bisschopsingel

---

● **St. Servaasbasiliek:** Keizer Karelplein 3, Tel. 321 20 82, www.sintservaas.nl, Kirche und Schatzkammer Mo, Di, Do und Fr 10–16 Uhr, Mi 10–16.30 Uhr, Führungen über VVV, Tel. 350 62 62, von Mai bis Okt. sind an Werktagen um 13 und 15 Uhr sogenannte „Gastfrauen" für Erläuterungen anwesend, Schatzkammer 1.1., Karneval, Ostersonntag, Pfingstsonntag sowie 1. und 2. Weihnachtstag geschlossen, Eintritt 3,50 €, Studenten und Senioren 2,10 €, Kinder 6–12 Jahre 1 €.

### St. Janskerk

Unmittelbar neben der Servatiusbasilika steht die von den Domherren

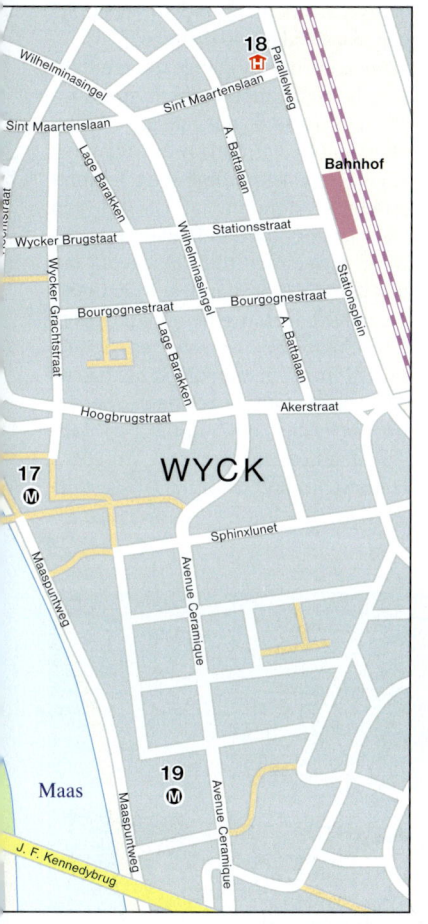

| | | |
|---|---|---|
| ii | 1 | St. Mathiaskerk |
| 🏨 | 2 | Hotel d'Orangerie |
| 🏨 | 3 | Hotel de la Bourse |
| ★ | 4 | Rathaus |
| ❶ | 5 | Information im Dinghaus |
| 🏨 | 6 | Du Casque |
| ii | 7 | St. Servatiusbasilika |
| ii | 8 | St. Janskerk |
| Ⓜ | 9 | Spaans Gouvernement mit Museum |
| 🚰 | 10 | Sukhothai |
| Ⓜ | 11 | Naturhistorisches Museum |
| ★ | 12 | Pater Vincktoren |
| Ⓜ | 13 | Höllentor |
| 🚰 | 14 | Toine Hermsen |
| ii | 15 | Liebfrauenkirche |
| 🚰 | 16 | Sagittarius |
| Ⓜ | 17 | Centre Céramique |
| 🏨 | 18 | Hip Hotel St.-Martenslane |
| Ⓜ | 19 | Bonnefantenmuseum |

der Basilika als Tauf- und Pfarrkirche errichtete St. Janskerk, die im 14. Jh. um einen gotischen Chor und einen 70 m hohen roten Turm erweitert wurde. Heute gehört sie der protestantischen Kirche. Vom Vrijthof aus gesehen, steht neben dem Chor der Servatiusbasilika die 1773 errichtete Hauptwache.

● **St. Janskerk:** Turmbesteigung Ostern bis Ende Okt. 1,25 €, Kinder 0,50 €.

### Rund um den Markt

Über den Markt mit dem imposanten, zwischen 1659 und 1665 gebauten **Stadhuis** (Rathaus), von dem man seitlich in der Boschstraat den massiven viereckigen Turm der **Sint Matthiaskerk** aus dem 14. Jh. aufragen sieht, kommt man über die Muntstraat zum Fremdenverkehrsamt VVV, das im **Dinghaus,** dem gotischen Gerichtsgebäude der Stadt, untergebracht ist. Hier erstreckt sich im Kern der Altstadt die **Fußgängerzone** auf den Fundamenten der Römersiedlung mit vielen exklusiven Geschäften – nicht umsonst zählt Maastricht zu den eleganten Einkaufsstädten der Niederlande. Man findet viele gut restaurierte Häuser aus dem 17. und 18. Jh. im Stil der Maasländer Renaissance.

Am Ende der Fußgängerzone erhebt sich die **Liebfrauenkirche** *(Onze Lieve Vrouwebasiliek),* die älteste Kirche Maastrichts, vermutlich am Standort eines ehemaligen römischen Tempels errichtet. Monumental ist das von zwei Treppentürmen flankierte Westwerk, zusammen mit der Krypta um das Jahr 1000 entstanden. Man betritt die Kirche durch ein mit gotischem Giebelmaßwerk versehenes Seitenportal, von dem man direkt auf das als Stern des Meeres bezeichnete Marienbildnis blickt, eine deutsche Holzschnitzarbeit aus der Zeit um 1500. Hauptschiff und Chor mit Apsis stam-

men aus dem 12. Jh. Reich verziert sind die Kapitelle der doppelten Säulenreihe im Chor. Sehenswert ist auch hier die Schatzkammer mit vielen sakralen Kunstwerken.

● **St. Mathiaskerk:** Boschstraat, täglich zu besichtigen außerhalb der Gottesdienste.
● **Basiliek van Onze Lieve Vrouw:** Onze Lieve Vrouweplein 7, Tel. 325 31 35, www.sterre-der-zee.nl, 11–17 Uhr (So 13–17 Uhr), Eintritt Schatzkammer 3 €, Senioren 2 €, Kinder bis 12 Jahre 1 €, Führungen Ostern bis Allerheiligen Di–Sa 13 Uhr, 3 €.

## Höllentor

Der Weg führt weiter entlang dem Liebfrauenwall, einem Teil der Stadtbefestigung von 1229, zum Höllentor (Helpoort) mit einem kleinen **Museum** zur Geschichte Maastrichts. Das mit zwei Rundtürmen versehene Stadttor ist das älteste der Niederlande und war früher mit einem Fallgitter versehen, dessen Halterungen noch zu erkennen sind. Gegenüber steht das **Pesthaus** (Pesthuis), eine fälschlich so bezeichnete Wassermühle aus dem Jahr 1775 – früher befanden sich die Siechenhäuser daneben.

● **Helpoort:** St. Bernardusstraat 25 B, Tel. 325 78 33, geöffnet Ostern bis zu den Herbstferien 13.30–16.30 Uhr, freiwilliger Beitrag als Eintritt.

*Stadtteil Wyck am rechten Maasufer*

## Stadtbefestigung

An den alten Wall schließt sich der **Pater Vincktoren** an, der schon der zweiten Stadtbefestigung ab 1294 zuzurechen ist. Weiter westlich zieht sich die **Walmuur,** die Befestigungsanlagen der zweiten Ausbaustufe, am Ufer der Jeker entlang, jenem linken Nebenfluss der Maas, an dem sich weiter südlich Weinberge erstrecken. Auf der gegenüber liegenden Seite der Jeker, mit einem Bollwerk der dritten Ausbaustufe vom beginnenden 16. Jh., erstrecken sich Grünanlagen und der **Monseigneur Nolenspark** mit Tiergehegen. Die vierte Ausbaustufe der Stadtbefestigung durch *General du Moulin* mit Bastionen und dem **unterirdischen Gängesystem Linie van DuMoulin** erfolgte ab 1773 am Statensingel und Cabergerweg.

● **Linie van DuMoulin:** Treffpunkt zur Führung Cabergerweg neben Meubelboulevard, So 15 Uhr (Juli/Aug. auch Mi und Fr), nicht behindertengerecht, Teilnahme 3,95 €, Kinder bis 12 Jahre 2,95 €.

## Museum Spaans Gouvernement

Der Rückweg führt durch das **Universitätsgelände** und durch Straßen mit vielen beachtenswerten Fassaden und Giebeln zum Vrijthof. Hier am Kopfende sollte man noch das ehemalige **Kapitelhaus** aus dem 16. Jh. mit Arkadenhof im Lütticher Renaissance-Stil beachten, in dem heute das Museum Spaans Gouvernement untergebracht ist. Es beherbergt eine Kollektion von Möbeln, Bildern, Skulpturen und Gegenständen aus Glas, Silber und Keramik aus dem 17. und 18. Jh.,

Limburg

in einigen Räumen mit Betonung auf dem regionalen Régence-Stil aus der Mitte des 18. Jh.

● **Museum Spaans Gouvernement:** Vrijthof 18, Tel. 321 13 27, www.museumspaansgouvernement.nl, Mi–So 13–17 Uhr, Eintritt 2,50 €, Kinder bis 16 Jahre frei.

## Stadtteil Wyck

Die 1280–98 als Verbindung zum rechten Maasufer gebaute, mittelalterliche **Sint Servaasbrug** führt zum Maastrichter Stadtteil Wyck, dem historischen Kaufmannsviertel. Hier sind noch Reste der ersten Stadtbefestigung zu sehen, so das Wassertor, der Steinwall entlang der Maas und der Maaseckturm am Maaspuntweg. Schöne Patrizierhäuser aus dem 17. und 18. Jh. vor allem in der Rechtstraat erinnern noch an diese Zeit.

Hier erstreckte sich auch das große Gelände einer Keramikfabrik. Die Gebäude wurden abgerissen und es entstand ein hochmoderner Stadtteil nach dem Masterplan des berühmten niederländschen Architekten *Jo Coenen*. Unter den Neubauten sind beispielsweise das Kulturzentrum **Centre Céramique,** das **Bonnefantenmuseum,** das Congres Centrum sowie nicht zuletzt das durch die Maastrichter Verträge bekannt gewordene, **Gouvernement** genannte Provinzhaus *(Provinciehuis).*

● **Centre Céramique:** Avenue Céramique 50, Tel. 350 56 00, www.centreceramique.nl, bietet eine Bibliothek, veranstaltet Ausstellungen und ist archäologisches Museum, Di und Do 10.30–20.30 Uhr, Mi und Fr 10.30–17 Uhr, Sa 10–15 Uhr, So 13–17 Uhr (außer Juli und August), 1.1., Karneval, Ostern, Königinnentag, Himmelfahrtstag, Pfingsten, 24., 25., 26. und 31.12. geschlossen.

● **Bonnefantenmuseum:** Avenue Céramique 250, Tel. 329 01 90, www.bonnefanten.nl, Museum für alte und zeitgenössische Kunst der Provinz Limburg. Die Sammlung zeitgenössischer Kunst ist international mit Projektionen und raumgreifenden Installationen, dazu Nachdruck der Sammlung alter Meister. Geöffnet Di–So 11–17 Uhr, 1.1., Karneval und 25.12. geschlossen, Eintritt 7 €, Jugendliche 13–18 Jahre 3,50 €, Kinder frei.

## Naturhistorisches Museum

Das Naturhistorische Museum stellt das Naturbild von Südlimburg in Vergangenheit und Gegenwart dar. Zu den Spitzenstücken der Sammlung gehören die Überreste der gewaltigen **Mosasaurier** und **Riesenschildkröten** aus den Mergellagen des St. Pietersbergs.

● **Natuurhistorisch Museum Maastricht,** De Bosquetplein 7, Tel. 350 54 90, www.nhmmaastricht.nl, Mo–Fr 10–17 Uhr, Sa und So 14–17 Uh, Ostermontag, Pfingstmontag, 26.12. 14–17 Uhr, Eintritt 3,50 €, Kinder 4–11 Jahre und Senioren 2,60 €.

## Info

● **Tel.-Vorwahl:** 043
● **VVV Maastricht:** 6211 ED, Het Dinghuis, Kleine Straat 1, Tel. 325 21 21, Fax 321 37 46, vvv.maastricht.nl
● **Stadtführungen:** ab 7.1. täglich 14.30 Uhr, im Sommer und in den Ferien auch 12 Uhr, spezielle Führungen durch die Festungsanlagen, durch Wyck, zum Thema Hausgiebel, mit dem Oldtimerbus ins Jekertal. Ab VVV, (s.o.), Teilnahmegebühr 3,95 €, Kinder bis 12 Jahre 2,95 €, Stadtrundfahrten ab Vrijthof, stündlich 11–16 Uhr, So und Mo 13–16 Uhr.

## Anfahrt und Parken

● Anreisende Besucher auf der A2 bzw. A79 werden automatisch auf den **Innenstadtring**

von Maastricht geführt. Hinweisschilder weisen den Weg in die Innenstadt. Nach dem Passieren der sogenannten **Parkzonengrenze** gibt es keine unbezahlten Parkplätze mehr. Wer ohne Ticket parkt oder wessen Ticket abgelaufen ist, muss mit hohen Bußgeldern bzw. in schweren Fällen sogar mit einer „Kralle" rechnen. Ein Parkleitsystem führt zu den PKW-Unterstellmöglichkeiten in der Altstadt, die Zahl der freien Plätze wird angezeigt. Für Inhaber einer Innenstadt-Parkerlaubnis sind Plätze mit dem Text „parkeren alleen voor vergunninghouders" reserviert, die nicht in Anspruch genommen werden dürfen (auch wenn sie frei sind).

## Essen und Trinken

●**Toine Hermsen** €€€€: St. Bernardusstraat 2, Tel. 325 84 00, www.toinehermsen.com, zählt zu den besten Restaurants Limburgs, an der Ecke zum Liebfrauenplatz, klassische Küche auf höchstem Niveau. Karnevalswoche, um Weihnachten/Neujahr und Ende Juli/Anfang Aug. geschlossen.
●**Sagittarius** €€€: Tel. 321 14 92, Bredestraat 7, Grillrestaurant (Fleisch und Fisch), mit Wintergarten, am Liebfrauenplatz, nur abends geöffnet, So, Mo und Di geschlossen.
●**Sukhothai** €€: Tongersestraat 54, Tel. 321 79 46, www.sukhothai.nl, thailändische Küche auf hohem Niveau, große Speisekarte, großes Menüangebot, Innenterrasse.

**Cafés am Vrijthof:**
●**Brasserie Britannique Maastricht:** Vrijthof 6, Tel. 321 86 91, www.britannique.nl, Jugendstilcafé mit Außenterrasse, belgisch-französische Küche.
●**Grand Café D'n Ingel:** Vrijthof 13, Tel. 321 72 26, www.ingel.nl, schmales Haus am Platz, schön eingerichtet, wie alle Cafés hier mit Außenterrasse.

## Unterkunft

●**Hotel d'Orangerie** €€€: 6211 CB, Kleine Gracht 4, Tel. 326 11 11, Fax 326 12 87, www.hotel-orangerie.nl, kleines Hotel in einem Patrizierhaus des 18. Jh. im Norden der Altstadt.
●**Du Casque** €€€€: 6211 TA, Helmstraat 14, Tel. 321 43 43, www.bestwestern.nl, Hotel der Best-Western-Gruppe in unmittelbarer Nähe des Vrijthof.
●**Hotel de la Bourse** €€€: 6211 CK, Markt 37, Tel. 321 81 12, www.hoteldelabourse.nl, ältester Hotelbetrieb am Platz, direkt am Geschäftszentrum Mosae Forum, Parkmöglichkeit, mit **Restaurant Diner Pub** im Bistro-Stil.
●**Hip Hotel St.-Martenslane:** 6221 AX Sint Maartenslaan 6, Tel. 321 11 11, Fax 328 25 26, www.st-martenslane.com, 200 m vom Bahnhof, ab 29 € pro Nacht (2 Personen), Frühstücksbox 7,50 € p.P., moderne Nichtraucherzimmer, buchbar übers Internet.

## Nachtleben

●**Night Life Maastricht:** Kesselskade 43, Tel. 362 82 78, www.nightlife.nl, Diskothek, Fr und Sa 23–5 Uhr.

04 Sni Foto: ol

Limburg

Das Rathaus am Marktplatz

## Veranstaltungen

● **Preuvenemint:** Kulinarischer Höhepunkt in Maastricht, viertägiges Gastronomie-Fest auf dem Vrijthof, alljährlich am letzten vollen Wochenende im August, mit den Starköchen der Provinz und etwa 40 Ständen zum Essen und Trinken, dazu ein bunt gemischtes Musikprogramm, www.preuvenemint.nl.

● **Karneval:** Volkstümliches Kostümfest *Vasteloavand,* Karnevalssonntag bis Karnevalsdienstag wird fast so wie in Köln gefeiert.

● **L'Europe et l'Orgue:** Europäisches Orgelfestival der Stiftung Pro Organo, Konzerte Juli/Aug. in Maastrichter Kirchen, Info und Programm: www.pro-organo.nl.

● **André Rieu Productions B.V.:** 6201 HA, Postbus 2244, Veranstaltungsprogramm unter www.andrerieu.com.

## Aktivitäten

● **Bootsrundfahrten:** Reederij Stiphout, Abfahrt Maaspromenade 58, Tel. 351 53 00, vvv.stiphout.nl, Mitte April bis Mitte Sept. täglich 12–15 Uhr, sonst Sa und So 10–14 Uhr, Fahrpreis 9,95 €, Kinder bis 12 Jahre 6,70 €.

● **Kinderfarm Maastricht:** Daalhof, Romeinsebaan 200, Tel. 347 47 86, www.cnme.nl, typisch limburgischer Bauernhof mit Landwirtschaftstieren, Di–Fr 10–12.30 Uhr und 14–17 Uhr, Sa und So 14–17 Uhr (außer an gesetzlichen Feiertagen).

## Einkaufen

● **Märkte:** Wochenmarkt Mi und Fr auf dem Markt, 8–13 Uhr; Bauernmarkt Do Stationsstraat, 14–18.30 Uhr; Trödelmarkt Sa Stationsstraaat 10–16 Uhr (gegenüber Hauptbahnhof); Weihnachtsmarkt 4 Wochen auf dem Vrijthof tagsüber.

**Kunst:**

● **Van der Aa & de Boer:** Rechtstraat 19, Tel./Fax 325 97 79, www.kunsthandelgalerie.nl, spezialisiert auf Malerei der klassischen Moderne, Fr und Sa 13–17 Uhr und nach Vereinbarung.

● **Tizia Jewels and Art:** Kesselskade 51, Tel. 409 14 70, Designschmuck, geöffnet Di–So ab 11 Uhr.

● **Tefaf:** The European Fine Art Fair, führende Kunst- und Antiquitätenmesse jeweils im März, im MECC (Maastricht Exhibition & Congress Centre), Forum 100, Tel. 383 83 83, www.tefaf.com.

# Umgebung von Maastricht

## Sint-Pietersberg  ♫ XVIII/A2

Das Mergelgestein des südlimburgischen Hügellandes zieht sich bis Maastricht hin. Auch hier wurde Mergel als Baumaterial aus **Grotten** gewonnen, die heute teilweise zugänglich sind. Über die Jahrhunderte entstand so ein Labyrinth aus 20.000 Gängen. Inschriften und Zeichnungen von Künstlern wie auch von Menschen, die hier in Kriegszeiten Zuflucht gesucht hatten, sind Zeitzeugnisse. Im großen **Van Schaiktunnel** im St. Pietersberg hat man im Zweiten Weltkrieg im **Rijksbewaarplaats Nr. 9** ab 1942 Kunstschätze aus den Museen an der Küste eingelagert, wo die Nazis aus Furcht vor einer alliierten Invasion mit dem Bau des Westwalls begonnen hatten.

Das mächtigste Bauwerk im Süden von Maastricht ist das **Fort St. Pieter** am Nordhang des St. Pietersberges. Zwischen 1701 und 1702 entstand diese fünfeckige Wehranlage mit Galerien und bombensicheren Gängen.

Am Osthang des St. Pietersberges steht die **Ruine Lichtenberg,** die älteste Burgruine der Niederlande, deren Fundamente auf das 10. Jh. zurückgehen. Bis zum 15. Jh. wurde die Burg ausgebaut. Vom höchsten Punkt hat man einen schönen Ausblick auf das Maas-Tal.

In den Stallungen des nahe gelegenen Landgutes Lichtenberg hat die St. Pietersstiftung eine **Ausstellung** über die Geschichte des früheren Dorfes St. Pieter, seit 1920 ein Stadtteil von Maastricht, mit Darstellungen des Stollensystems im St. Pietersberg, dem Kanal von Lüttich, dem Fort St. Pieter und dem Landgut Lichtenberg eingerichtet.

● **Rijksbewaarplaats:** Im Van Schaiktunnel im Sint Pietersberg, zur Führung Abfahrt am Buitengoed Slavante, sonntags 1, Sa 12.30 Uhr und letzten So im Monat 12.30 Uhr, Teilnahmepreis 50 €, Kinder bis 12 Jahre 3,50 €.
● **Grotten Nord:** Eingang am Chalet Bergrust, Luikerweg 71, Führungen Juli/Aug. stündlich 11–16 Uhr, April, Mai, Juni, Sept., Okt. täglich 12.30, 14 und 15.30 Uhr, ansonsten Mi, Fr, Sa, So 14 Uhr, So auch 12.30 Uhr.
● **Grotten Zonneberg:** Eingang am Buitengoed Slavante, Slavante 1 (zu erreichen über den schmalen Weg bergauf am ENCI-Werk), Führungen Mitte April bis Sept. stündlich 10.55–15.55 Uhr, So ab 12.55 Uhr, ansonsten Mo–Sa 12.55, 13.55 und 15.55 Uhr, So nur 13.55 und 14.55 Uhr, Eintritt je 3,95 €, Kinder bis 12 Jahre 2,95 €.
● **Fort St. Pieter:** Luikerweg 80, Führungen So 12.30 Uhr, April bis Okt. täglich 12.30 Uhr, Juli/Aug. zusätzlich 14.30 Uhr, nicht behindertengerecht, Eintritt 3,95 €, Kinder bis 12 Jahre 2,95 €.
● **Museum auf dem Lichtenberg:** Hoeve Lichtenberg, Lichtenbergweg 2, Tel. 325 09 74, geöffnet ersten So im Mai bis einschließlich ersten So im Nov. 12–16.30 Uhr, Eintritt frei, für Gruppen werden Führungen durchgeführt, ab 15 Personen pro Teilnehmer € 2,50. **Ruine Lichtenberg** geöffnet ersten So im Mai bis ersten So im Nov. 12–16.30 Uhr, Eintritt frei.

### Tal der Jeker

Reizvoll ist das Tal der Jeker, das sich zwischen Maastricht und der belgischen Grenze vor Kanne erstreckt.

Hier gibt es nicht nur Weinbau, hier liegt auch der Cannerwald, ein typisch Limburgischer Hangwald, dessen Wege frei zugänglich sind.

### Schlösser nördlich von Maastricht

Nördlich von Maastricht bildet die Maas mit ihren Mäandern die Grenze zu Belgien. Alte Siedlungen mit hübschen Ortskernen und eine Vielzahl von Schlössern und Herrensitzen kennzeichnen auch hier das von Weiden geprägte Landschaftsbild.

Nördlich des Stadtkerns ist **Kasteel Vaeshartelt** aus dem 18. Jh. mit seinem Torhaus sehenswert – hier ist ein Konferenzhotel eingerichtet. Das in einem zauberhaften Englischen Garten gelegene Schloss diente König *Wilhelm II.* zeitweise als Jagdschloss.

**Kasteel Elsloo,** einst Mittelpunkt eines reichsunmittelbaren Territoriums, wurde vom Maashochwasser überflutet, die Reste von spanischen Truppen zerstört. Das heutige Herrenhaus wurde an sicherem Ort mit Wirtschaftsgebäuden neu errichtet, von denen die Mühle heute der älteste Teil ist. Seit den 1980er Jahren ist hier ein Hotel-Restaurant eingerichtet.

Flussabwärts steht die Ruine des **Kasteel Stein** an der Maas. Um das Jahr 1200 wurde hier ursprünglich ein Bergfried errichtet, dieser Witte Toren steht noch. Im 15. Jh. wurde die Burg mit einem Torhaus aus einem großen Rundturm, dem noch existenten Rode Toren, und zwei flankierenden Türmen ausgebaut. Die im 18. Jh. errichtete Vorburg diente bald den Burgbesitzern als Wohnstatt – die eigentliche

**Limburg**

# Weinbau in den Niederlanden

Kaum zu glauben: Früher hat es in den Niederlanden große Rebkulturen gegeben. Das Auftreten der Reblaus in der zweiten Hälfte des 19. Jh. bereitete jedoch dem Weinbau hier wie in vielen anderen Teilen Europas das Ende. Nur kleinere Restflächen verblieben, die aber sorgsam gepflegt werden. Meist handelt es sich um Hobby-Winzer, aber vor allem im Süden der Niederlande profilieren sich eine Reihe richtiger Weingüter. Insgesamt werden zurzeit in den Niederlanden auf einer Fläche von 90 ha über 500.000 Flaschen Wein jährlich erzeugt. Bis zum Jahr 2010 soll es an die 100 Winzer mit Flächen von über einem Hektar geben, überwiegend dem **ökologischen Anbau** verschrieben.

Das Hauptanbaugebiet niederländischen Weins befindet sich im **Tal der Jeker** im Süden Limburgs bei Maastricht. Hier gedeihen an den zur Sonne exponierten Hängen Rebsorten wie **Pinot Noir, Riesling** und **Müller-Thurgau.** Auf drei allerdings (noch) nicht gekennzeichnet Wegen kann man diese schöne Region erwandern.

●**Wanderkarte:** Die Karte „Wijnspaziergang" (mit drei verschiedene Routen) bietet der VVV für 2 € an.

## Weingüter

●**Apostelhoeve:** Fam. Hulst, Maastricht, Susserweg 201, Tel. (043) 343 22 64, www.apostelhoeve.nl, 6 ha bepflanzt mit Auxerrois, Müller-Thurgau, Riesling, Pinot Gris, Besuch nach Absprache.

●**Hoeve Nekum:** Fam. Bollen, Maastricht, Nekummerweg 31, Tel. (043) 321 51 85, www.hoevenekum.nl, 2 ha bepflanzt mit Auxerrois, Müller-Thurgau, Riesling, Pinot Noir, Besuch nach Absprache.

●**Château Neercanne** €€€€: Peter Harkema, Maastricht, Cannerweg 800, Tel. (043) 325 13 59, 2000 m² bepflanzt mit Pinot Noir, www.neercanne.com, unmittelbar an der belgischen Grenze gelegenes Schloss aus dem 17. Jh. Einziges Terrassenschloss der Niederlande, von *Daniël Wolf von Dopff* 1698 erbaut, mit barocken Terrassengärten auf vier verschiedenen Ebenen, 1997 neu nach altem Vorbild angelegt, Spitzenrestaurant mit französischer Küche, Terrasse mit Blick ins Jeker-Tal, Restaurant Mo und Sa mittags geschlossen, Gärten frei zugänglich, Di–So 10–18 Uhr, Eintritt frei.

Château Neercanne

Foto: ot 04fnl

Burg war längst unbewohnbar geworden. Seit 1921 hat die *Congregatie van Missionarissen van het Heilig Hart* Kasteel Stein in Besitz und hier ein Studienhaus eingerichtet.

## Unterkunft

● **Kasteel Vaeshartelt** €€€: 6222 PG Maastricht, Weert 9, Tel. (043) 369 02 00, Fax 362 60 60, www.vaeshartelt.nl, zauberhaft in einem Englischen Garten gelegen, moderne Zimmer antik eingerichtet im Anbau, Restaurant für Hotelgäste.

● **Kasteel Elsloo** €€€: 6181 GV Elsloo, Maasberg 1, Tel. (046) 437 76 66, Fax 437 75 70, www.kasteelelsloo.nl, Hotel und Restaurant in einem alten Herrensitz an der Maas mit imposanten Türmen, die alte Wassermühle aus dem 16. Jh. ist restauriert, mit Botanischem Garten.

## Aktivitäten

● **Golf:** Golf Course Backerbosch, 6267 AL Cadier en Keer, Bemelerweg 99, Tel. (043) 356 99 99, www.backerbosch.nl, 18-Loch-Turnieranlage, 9-Loch-Pitch and Putt, 3-Loch-Übungsplatz.

● **Kanu/Kajak:** Touren auf den nicht für den Schiffsverkehr frei gegebenen Abschnitten der Maas bieten Kajak Tour Limburg, www.kajaktourlimburg.nl, Startpunkt Borgharen; Kanoverhuur Maastricht, Helene en Wiel Sijstermans, Bemelen, Tel. (043) 407 19 54, www.kanoverhuur-maastricht.nl, Startpunkt Café Witte Börstel in Meers.

● **Freizeitpark Tagesstrand Oost-Maarland:** Oost-Maarland, Tel. (043) 409 44 41, www.dagstrand.nl, südlich von Maastricht gelegenes, 27 ha großes Freizeitgelände mit herrlichem Strand und schönen Liegewiesen, geöffnet Vorsaison Mi, Sa und So 12.30–17.30, ansonsten täglich 10–17.30, Juni/Juli bis 19 Uhr, bei schönem Wetter bis 20 Uhr, Eintritt 6,50 € einschl. der Benutzung aller Attraktionen und des Spielplatzes, Naturistenstrand, 7 €, Kinder bis 2 Jahre frei, Parken am Eingang 2,80 €, am Strand 5,50 €.

# Südlimburgisches Hügelland

Eine **Rundfahrt** durch das südlimburgische Hügelland beginnt man am besten am **Drielandenpunt** bei Vaals, der höchsten Erhebung der Niederlande, mit schönem Blick auf Aachen vom Aussichtsturm. 321 m hoch ist dieser Grenzpunkt im **Dreiländereck** der Niederlande mit Deutschland und Belgien. Hier breitet sich die für die Niederlande so atypische südlimburgische Hügellandschaft mit ihren **Eichenwäldern** aus – eine der schönsten Wandergegenden des ganzen Landes! Die Täler der Gulp und der Geul bilden reizvolle Einschnitte. Zur Maas hin wird das Land eben, Obstgärten bereichern das Bild.

Es ist das Land der **kulinarischen Genüsse,** stolz ist man hier auf die vielen Restaurants der Region. Neben der französischen und belgischen Küche gibt es lokale Gerichte mit Spargel oder Pilzen und natürlich „Rommedoeke", den intensiven Limburger Weichkäse mit seinem speziellen aromatischen Geruch – und zu allem gehört ein guter Limburger Weißwein!

● **Drielandenpunt:** täglich geöffnet, Zugang frei. Raffiniertes Labyrinth am Drielandenpunt: täglich bis Nov. 10–18 Uhr, Eintritt 3 €, Kinder bis 12 Jahre 2,50 €. Taverne de Grenssteen: Viergrenzenweg 97, Tel. (043) 306 52 00, www.drielandenpunt.nl, Ausflugslokal und Wandererjause mit Kinderspielplatz.

## Rund um Vaals       ♫ XVIII/B3

Die Fahrt von Vaals über Valkenburg in Richtung Maastricht führt durch das reizvolle südlimburgische Hügelland. Vereinzelt stehen die für die Region so typischen geschlossenen **Limburger Bauernhäuser,** teilweise noch in Fachwerkbauweise, wie sie vor allem in dem unter Denkmalschutz stehenden Ortsteil 't Höfke von Mechelen zu sehen sind. Dazu bereichern Burgen und Schlösser die Landschaft.

Schon in Vaals steht das großzügige klassizistische Stadtpalais **Kasteel Bloemendaal,** errichtet 1791–95 von einem Aachener Tuchfabrikanten. Später diente es als Mädchenpensionat, heute ist es ein Hotel (s.u.).

Eine wunderschöne Dreiflügelanlage findet man in Vaalsbroek. **Kasteel Vaalsbroek** geht auf das Jahr 1420 zurück. Im 18. Jh. erhielt es sein heutiges Aussehen. Ende des 18. Jh. war es im Besitz des gleichen Aachener Tuchfabrikanten, dem auch Kasteel Bloemendaal gehörte und der den Park mit einem Mausoleum für seine Familie anlegte. Heute dient der Gebäudekomplex als Veranstaltungszentrum des nebenan gelegenen Hotels (s.u.). Die Wassermühle am Schloss stammt aus dem Jahr 1765.

### Rund um Gulpen  ⚓ XVIII/A-B2

In Wittem steht das **Kasteel Wittem,** ein mächtiger Bau, im Kern aus dem 13. Jh., Anfang des 17. Jh. zum Renaissanceschloss erweitert und im 19. Jh. gotisierend erneuert, heute ein luxuriöser Hotel- und Restaurantbetrieb (s.u.).

Auf der Weiterfahrt über Gulpen kommt man am **Kasteel Neubourg** vorbei. Das in Privatbesitz befindliche Schloss stammt aus dem 14. Jh., wurde im 18. Jh. vergrößert und 1950 bzw. 2004 restauriert. Imposant ist sein Turm, die barocke Dreiflügelanlage erhielt Mitte des 19. Jh. noch einen Frontflügel. Der dadurch entstandene Innenhof wurde mit einer Glasüberdachung zum Speisesaal verwandelt. Die weitläufigen Wirtschaftsgebäude sind von Ecktürmen flankiert.

Zwischen Wittem und Oud-Valkenburg stehen mehrere Schlösser. Zunächst passiert man **Kasteel Cartils,** Sitz einer kleinen Reichsherrlichkeit und heute in Privatbesitz. Der ursprüngliche Bau entstand um 1100 und wurde 1500 zum Renaissanceschloss mit mächtigem Rundturm umgebaut. Der Portalbau entstand Mitte des 17. Jh.

Im Ortsteil Wijlre der Gesamtgemeinde Gulpen-Wittem steht inmitten eines schönen Parks das ursprünglich im 12. Jh. erbaute **Kasteel Wijlre.** Die heutige Anlage entstand 1652, die Nebengebäude sind 100 Jahre jünger. Die Eigentümer errichteten im Jahr 2001 im Park ein kleines privates Museum für moderne Kunst.

●**Hedge House Kasteel Wijlre:** Wijlre, Kasteel Wijlreweg 1, Tel. 450 26 16, www.hedge house.nl, Museum für moderne Kunst, Zugang durch den Seiteneingang, 15.2.–15.11. 11–17 Uhr, Eintritt 5 €.

### Rund um Valkenburg  ⚓ XVIII/A2

Erste Nachrichten über **Kasteel Genhoes** auf dem Weg nach Oud-Valkenburg gehen auf das Jahr 1041 zurück. Der heutige Wohnflügel mit einem mächtigen viereckigen Wohnturm stammt aus dem Jahr 1500, im 18. Jh. wurde noch ein Seitenflügel angebaut. Der Torbau ist mittelalterlich. Das Schloss wird heute als Wohngebäude eines großen Landwirtschaftsbetriebes genutzt.

In Oud-Valkenburg steht das 1381 errichtete **Kasteel Schaloen,** das 1575 abbrannte und auf dessen Fundamenten ab 1656 der heutige, mit Ziertürmen versehene Bau entstand. Teilweise wird das Hauptgebäude privat bewohnt, in den Nebengebäuden ist ein Hotel-Restaurant untergebracht. Im Park steht die restaurierte Schaloenmolen, eine Mühle aus dem Jahr 1699.

## Info

- **Tel.-Vorwahl:** 043
- **VVV Süd-Limburg:** 6300 AV Valkenburg, Walramplein 6, Tel. (0900) 97 98 (pro Anruf 1 €), Fax 609 85 10, www.vvvzuidlimburg.nl.

## Essen und Trinken

- **Restaurant L'Atelier** €€€: Gulpen, Markt 9, Tel. 450 44 90, www.restaurantatelier.nl, familiär-rustikales Restaurant in einem Haus im Zentrum aus dem 15. Jh., Sommerterrasse.
- **Bie de Tantes** €€: Mechelen, Hoofdstraat 21, Tel. 455 39 20, gegenüber der Kirche in einem Fachwerkhaus mit Außenterrasse, regionale Küche, burgundische Wochen.
- **De Pannekoekenmolen:** Gulpen, Molenweg 2a, Tel. 450 39 63, www.depannekoekenmolen.nl, 60 verschiedene Pfannkuchen im Angebot in einer Wassermühle aus dem Jahr 1712, Di–So 11–20 Uhr, Winter Fr–So 11–19.30 Uhr, in den Schulferien täglich. Zu besichtigen täglich 11–17 Uhr, Eintritt 1 €, Kinder 0,70 €, Führungen So und Mi (in der Saison) 2 €, Kinder 1 €.

## Unterkunft

- **Kasteel Wittem** €€€€€: 6286 AA Wittem, Wittemer Allee 3, Tel. 450 12 08, Fax 450 12

60, www.kasteel-wittem.nl, Schlosshotel inmitten eines großen Parks, großzügige Zimmer und Appartements, stilvolle Restauranträume, mit Terrasse, Di–So geöffnet.
- **Dolce Kasteel Vaalsbroek** €€€€€: 6291 NH Vaals, Vaalsbroek 1, Tel. 308 93 08, Fax 308 93 33, www.kasteel-vaalsbroek.nl, luxuriöses Hotel am Schloss, das für Veranstaltungen genutzt werden kann, angeschlossen **Café In de Oude Watermolen** €€: Tel. 308 93 08, in der alten Wassermühle, Terrasse mit Blick über den Schlossweiher, regionale Küche.
- **Hotel Kasteel Bloemendal** €€€: 6291 CM Vaals, Bloemendalstraat 150, Tel. 365 98 00, Fax 306 66 12, www.hotelbloemendal.nl, Herrenhaus aus dem späten 18. Jh. in großem Park, Hotelzimmer in modernen Seitenflügeln, angeschlossenes **Restaurant** €€€€.
- **Ferienpark Landal Revallis:** 6294 AM Vijlen, Oude Akerweg 40, Tel. 306 25 73, www.landal.nl, einer der Landal-Ferienparks in Südlimburg, im Hügelland auf 3,5 ha Fläche, 59 attraktive Ferienhäuser, mit entsprechenden touristischen Einrichtungen.

## Aktivitäten

- **Karting:** Karting Vaals, Selzerbeeklaan 23, Tel. 306 18 66, www.kartingvaals.nl, 614-m-Rundstrecke, Erwachsene 200-ccm-Kart, 10 Min. 11,50 €, Kinder 125-ccm-Kart, 5 Min. 5,50 €.
- **Museumseisenbahn:** Zuid-Limburgse Stroomtrein Matschappij (ZLSM): Simpelveld, Stationsstraat 20–22, Tel. (045) 544 00 18, www.miljoenenlijn.nl, nostalgische Eisenbahnfahrt mit dem Schienenbus oder einer Dampflok und im 1.-Klasse-Wagen durch das südlimburgische Hügelland, Haltestellen in Schin op Geul, Wijlre, Eys, im historischen Bahnhof Simpelveld und in Kerkrade, Fahrtzeiten April bis Okt. So und Mi, Juli/Aug. auch Do, einfache Fahrt 5 €, reduziert 3 €.
- **Schwimmen:** Mosaqua, Gulpen, Landsraderweg 11, Tel. 450 74 00, www.mosaqua.nl, subtropisches Schwimmparadies mit Außenbadelandschaft, Wildwasserbahn, Whirlpool, Solarium, Türkischem Dampfbad, in den Ferien täglich ab 10 Uhr bis 22 Uhr (Fr 21 Uhr, Sa und So 18 Uhr), ansonsten verkürzt, Außenbecken in der Saison bei gutem Wetter

047ni Foto: wk

10–18 Uhr. Eintritt 7 €, Juli/Aug. 7,50 €, Kinder bis 2 Jahre 2,50 €, Senioren 6 €.

### Einkaufen

● **Keramiek Galerie Groot Welsden:** Margraten, Groot Welsden 48, Tel. 458 27 51, www.keramiek-grootwelsden.nl, Atelier der Keramikkünstler *Natascha Rieter* und *Siegfried Gorinskat*, Mi–So 13–17 Uhr und nach Absprache.

● **Bioprodukte:** Kasteel Puth, Voerendaal, Steinweg 3, Tel. 575 19 31, www.kasteelhoeveputh.nl, ökologisch wirtschaftender Ackerbau- und Gemüsebetrieb mit eigenem Hofladen, veranstaltet im Spätsommer Tag der offenen Tür.

Die höchsten Erhebungen der Niederlande liegen im äußersten Süden Limburgs

# Valkenburg                ⌀ XVIII/A2

Zentrum des südlimburgischen Hügellandes ist Valkenburg an der Geul. Der Ort inmitten der reizvoll gewellten Landschaft, in dem 1885 der erste niederländische Fremdenverkehrsverein gegründet wurde, hat sich zu einem touristischen Magneten entwickelt.

Wo sich die Geul teilt, entstand einst die Stadt, überragt von den Ruinen ihrer alten Burg, der einzigen Höhenburg der Niederlande. Hier ist auch mergeliger Untergrund, der in Stollen als Baumaterial abgebaut wurde, die teilweise zugänglich sind. Es gibt ein Kasino, einen Park mit einer Therme, viele Cafés, Hotels und Pensionen.

Die umgebende Natur zieht Urlauber, Wanderer und Radfahrer an. Reizvoll ist das **Geul-Tal,** das sich durch die Hügel Südlimburgs zieht. Nach Osten, in Richtung Schin op Geul, kaum 1000 m vom Zentrum entfernt, erstreckt sich das Naturgebiet Gerendal, in dem im Mai und Juni über 20 einheimische Orchideenarten blühen. Westlich gelangt man zur Naturlandschaft Ingendael.

## Burg und Stadtmauern

Südöstlich der Stadt erhebt sich der Heunsberg mit der Burgruine und etwas weiter dem **Wilhelminatoren,** einem Aussichtsturm, zu dem ein **Sessellift** empor führt.

Von den Valkenburger **Stadttoren** stehen noch die Grendelpoort aus dem 14. Jh. und die Berkelpoort aus dem 15. Jh. mit einer Fußgängerbrücke. Neben den beiden Stadttoren sind noch Reste der Stadtmauer von Valkenburg erhalten.

Die Burg entstand um 1050. Ihre erste urkundliche Erwähnung geht auf das Jahr 1121 zurück, als kaiserliche Truppen den Bergfried zerstörten. Über Jahrhunderte wurde die Burg immer wieder von fremden Truppen erobert, bis Statthalter *Wilhelm III.* sie 1672 sprengen ließ. Seither steht sie als Ruine, deren **Rittersaal und Kapelle** noch gut zu erkennen sind, über der Stadt. Von hier bietet sich ein wunderbarer Blick weit in die Hügellandschaft hinein.

● **Wilhelminatoren:** Neerhem 44, Tel. 609 06 09, www.kabelbaan.nl, Aussichtsturm, Café und Restaurant, Turmaufstieg frei für Sesselliftbenutzer, März bis Okt. Sessellift 3,50 €, Kinder bis 11 Jahre 2,50 €, Rodelbahn abwärts 2,50 € für 2 Touren, Kinder bis 7 Jahre mit 1 Erw. 3,50 €.

● **Ruïne Kasteel van Valkenburg,** Grendelplein 13, Tel. 609 01 10, www.kasteelvalkenburg.nl, 10 Uhr (Winter 11 Uhr) bis 17.30 Uhr (Winter 13.45 Uhr), Eintritt 3,10 €, Kombiticket mit Fluwelengrot 6.30 € (Kinder- und Seniorenermäßigung), Raubvogelflugschauen sonntags und in den Sommerferien, Himmelfahrt und Pfingsten 10.30 und 16 Uhr, 0,50 € extra.

## Fluweelengrotte

Über unterirdische Gänge ist die Burg mit der Fluweelengrot verbunden, den Gängen einer einstigen **Mergelgrube,** die den Rittern als Fluchtweg und in Kriegszeiten bis in den Zweiten Weltkrieg hinein auch als **Notunterkunft** dienten. Eine im 18. Jh. in der Grotte eingerichtete Kapelle bot sich als Zufluchtsort für Priester an. Ab dem 19. Jh. wurde die Grotte mit Holzkohlezeichnungen und eigenwilligen Skulpturen und Reliefs ausgeschmückt. Im Winter findet in der Grotte ein viel besuchter Weihnachtsmarkt statt.

● **Fluweelengrot:** geöffnet wie Burg, Führungen ab 10 Uhr (Winter 11 Uhr) stündlich, in der Saison halbstündlich, Eintritt 4,75 € (Kinder- und Seniorenermäßigung, Kombiticket mit der Burg), Weihnachtsmarkt in der Grotte 17.11.–19.12. ab 12 Uhr, an Wochenenden ab 10 Uhr. Burgruine und Fluweelengrot sind am 25.12.,1.1., Karnevalssonntag, -montag und -dienstag geschlossen.

## Römischer Steinbruch

Mergel wurde schon in der Antike in Valkenburg abgebaut, der römische Steinbruch, der ab dem 4. Jh. auch als christliche Gebetsstätte diente, erinnert daran. Im 19. Jh. rekonstruierte der Architekt *Cuypers* hier **14 Katakomben**. Auch seine Gänge dienten in Notzeiten als Fluchtunterkunft.

●**Romeinse Katakomben:** Plenkertstraat 55, Tel. 601 25 54, www.katakomben.nl, Führungen April bis Aug. täglich 11 und 16 Uhr, ansonsten Sa und So 14 Uhr, Eintritt 6 €, Kinder bis 12 Jahre 3 €.

### Gemeindegrotte

Auch in der **Gemeentegrot,** einem Labyrinth aus Gängen unter der Stadt, wurde seit der Römerzeit Mergel abgebaut. Hier fertigten Generationen von Grubenarbeitern **Flachreliefs** an den Wänden an, teilweise hoch über dem Kopf, weil der Abbau in den Gängen nach unten erfolgte. Motive der Zeichnungen und Reliefs sind u.a. hier gefundene Fossilien.

●**Gemeentegrot:** Cauberg 4, Tel. 601 22 71, www.gemeentegrot.nl, Besichtigung auch mit Bummelzug möglich, Führungen je nach Saison zwischen 11 Uhr und 16 Uhr zu Fuß oder per Zug, 25.12., 1.1., Karnevalssonntag, -montag und -dienstag geschlossen, Eintritt 4,50 €, Kinder 4–11 Jahre 3,50 €, Senioren 4 €, behindertengerecht.

### Bergbaumuseum

Auch das Bergbaumuseum führt unter die Stadt. Der **Stollen** der längst stillgelegten Kohlezeche Daalhemergroeve ist als Industriemuseum zu besichtigen. Im **Fossilienmuseum** der Grube werden Tierreste aus der Kreidezeit und dem Karbon gezeigt, so auch der größte Unterkiefer eines Mosasaurus (Maasechse), der jemals gefunden wurde.

●**Steenkolenmijn Valkenburg:** Daalhemerweg 31, Tel. 601 24 91, www.steenkolenmijn. nl, mit unterirdischem Café, in dem Valkenburger Grottenbier ausgeschenkt wird, Führungen mit Filmvorführung Ende März bis 1. Nov. täglich 10–17 Uhr, ansonsten 12, 13 und 15 Uhr, Eintritt 6,75 €, Senioren 5,90 €, Kinder 4–12 Jahre 3,50 €.

### Historische Gebäude

An historischen Gebäuden ist der **Spaanse Lenhof** aus dem Jahr 1661 von besonderem Interesse. Er stammt aus der Zeit der spanisch-niederländischen Auseinandersetzungen, als das Limburger Land südlich der Geul Spanien zugeschlagen wurde.

Außergewöhnlich ist der 1853 aus lokalem Mergelgestein gebaute **Bahnhof** von Valkenburg, der durch seine mit Zinnen bewehrten Türmchen festungsartigen Charakter hat.

### Streekmuseum

Das Streekmuseum, das Regionalmuseum des Valkenburger Landes, ist im ehemaligen Rathaus der Stadt aus dem Jahr 1900 untergebracht und zeigt Exponate zur Stadtgeschichte, Geologie und Landschaft, dazu kommen Ausstellungen moderner Künstler aus der Region.

●**Streekmuseum Land van Valkenburg:** Grotestraat Centrum 31, Tel. 601 63 94, www.streekmuseumvalkenburg.nl, Di–Fr 10– 17 Uhr, Sa und So 13–17 Uhr, Eintritt 2,70 €, Kinder bis 12 Jahre 2 €, Senioren 2,50 €.

### Kasteel Oost

Ein Fußweg führt durch die Gartenanlagen des **Kasteel Oost** am Schaelsberg mit seinen jahrhundertealten Buchen. Der Bau erhielt 1830 seine heutige klassizistische Gestalt. Die erste Erwähnung erfolgte 1563 als Hof. Erhalten ist noch der Westflügel aus dem Jahr 1757 mit einem Verbindungsbau. Heute dient der Komplex als Kongresszentrum, Restaurant (s.u.) und Standesamt.

## Info

- **Tel.-Vorwahl:** 043
- **VVV Süd-Limburg:** 6300 AV Valkenburg, Walramplein 6, Tel. (0900) 97 98 (pro Anruf 1 €), Fax 609 85 10, www.vvvzuidlimburg.nl.

## Unterkunft, Essen und Trinken

- **Prinses Juliana** €€€€€: 6301 HD, Broekhem 11, Tel. 601 22 44, www.juliana.nl, Luxusrestaurant in einem Englischen Garten, angeschlossener **Hotelbetrieb** €€€€€ mit Suiten, das Frühstück gilt als herausragend.
- **De Gouden Leeuw** €€: Grotestraat-Centrum 49, Tel. 601 25 79, www.restaurantgoudenleeuw.nl, Familienrestaurant mit großer Karte, südlimburgische Spezialitäten, gutes Preis-Leistungs-Verhältnis, im Sommer ab 12 Uhr, ansonsten ab 17 Uhr geöffnet.
- **Restaurant La Diva** €€€€: Im Kasteel Oost, Oosterweg 36, Tel. 609 00 99, www.kasteeloost.nl, im historischen Ambiente, es werden auch Kochworkshops angeboten, Restaurantgäste können das Schloss besichtigen, das teilweise privat bewohnt wird. Schlossgarten täglich 9–18 Uhr geöffnet.
- **Hotel Heineken Hoek** €: 6301 CV, Grotestraat Centrum 5–13, Tel. 601 27 95, Fax 601 27 80, www.hotelheinekenhoek.nl, lebhaftes Hotel in der Innenstadt, mit Musik-Café, Außenterrasse, angeschlossenes **Restaurant** €€, Spezialität Steaks und Spareribs vom Steingrill.

## Veranstaltungen

- **Openluchttheater Valkenburg:** Plenkertstraat 51a, Tel. 601 25 81, www.theatervalken

burg.nl, Kindervorstellungen Juli/Aug. im Valkenburger Freilichttheater, bei Regen finden die Vorführungen überdacht statt, Beginn 14 Uhr, Eintritt 7,50 €.

## Aktivitäten

- **Holland Casino:** Kuurpark Cauberg 28, Tel. 609 96 00, www.hollandcasino.nl, Französisches und Amerikanisches Roulette, Blackjack, Caribbean Stud, Punto Banco, Big Wheel und Spielautomaten, täglich 13.30–3 Uhr, 4.5. und 25.12. geschl., Eintritt ab 18 Jahre.
- **Thermae 2000:** Kuurpark Cauberg 27, Tel. 609 20 00, Thermalbad auf dem Cauberg mit warmem Thermalwasser aus eigenem Brunnen, Innen- und Außenschwimmbad, Sauna, Massage, Beauty- und Vitalzentrum, täglich 9–23 Uhr, 2 Std. 16,50 €, Tag 28 €.

# Kerkrade ⇗ XVIII/B2

Das von den Niederländern als **Mijnstreek** bezeichnete ehemalige Kohlerevier des Landes erstreckt sich zwischen Kerkrade und Sittard weitgehend entlang der deutschen Grenze. Das eigentliche Kohlerevier zieht sich bis nach Deutschland und Belgien hinein.

Kerkrade ist der südlichste der alten Kohlenstandorte, hier wurde schon im Mittelalter das „Schwarze Gold" gewonnen. Längst hat Kerkrade diese Epoche überwunden, einzig die ehemalige Schachtanlage der 1969 geschlossenen Zeche Nulland zeugt noch davon. Im **Industrion** gegenüber dem Bahnhof wird die Zeit der Kohleförderung dargestellt, ein interaktives Museum mit 18 Abteilungen als Zeitreise durch das Leben der letzten 150 Jahre in Kerkrade.

**Limburg**

Heute ist Kerkrade eine bekannte Musikstadt, in der alle vier Jahre das Orlando-Festival stattfindet. Eine neue Attraktion ist der **Tierpark Gaiapark,** ein moderner Erlebniszoo, der die Zusammenhänge zwischen Flora und Fauna einerseits und den Menschen andererseits verdeutlicht.

● **Industrion:** Museumplein 2, Tel. 567 08 09, www.industrion.nl, Beschriftungen auch in deutsch, Di–So 10–17 Uhr, Juli/Aug. auch Mo, 25.12., 1.1. und am Karnevalssonntag geschlossen, behindertengerecht, Eintritt 8 €, Kinder 5–12 Jahre 4,50 €, Senioren ab 55 Jahre 6 €.
● **Gaiapark:** Dentgenbachweg 105, Tel. 567 60 70, www.gaiapark.nl, April–Sept. 10–18 Uhr, Okt./Nov. und März 10–17 Uhr, Dez. bis Febr. 10–16 Uhr, Eintritt 15 €, Kinder 3–16 Jahre und Senioren 12 €, behindertengerecht.

### Abtei Rolduc

Die Geschichte des Ortes setzte mit der Stiftung des Klosters Rolduc im Jahre 1104 ein. Die Abtei zwischen Kerkrade und dem auf deutscher Seite gelegenen Herzogenrath stellt den ältesten erhaltenen Klosterkomplex der Niederlande dar. Der Mönch *Ailbertus von Antoing* erhielt im Jahre 1104 vom Grafen von Saffenberg aus Mayschoss an der Ahr, dem Eigentümer der Burg von Herzogenrath, Land zur Rodung, um darauf ein Kloster zu gründen – daher der frühere Name des Klosters *Kloosterrade.* Im 18. Jh. erhielt es dann die französische Bezeichnung Rode-le-Duc – heute Rolduc.

Die Mönche des sich dank umfangreicher Stiftungen schnell entwickelnden Klosters schlossen sich der Ordensregel der Augustiner-Chorherren an. So konnte 1106 mit dem Bau der schon zwei Jahre später fertiggestellten Krypta und der Errichtung der Fundamente der zukünftigen Klosterkirche begonnen werden. 1136 geriet Rolduc unter die weltliche Schirmherrschaft der Herzöge von Limburg, von denen einige sogar in der Krypta der Abteikirche beigesetzt wurden. Diese erste Blütezeit dauerte bis etwa 1250. In dieser Zeit entwickelte sich die **Bibliothek** des Klosters zu einer der bedeutendsten der Region und es wurden mehrere Tochterklöster gegründet.

Danach setzte langsamer Verfall ein. Nach der Zerstörung im Achtzigjährigen Krieg konnten die Klostergebäude neu errichtet werden. Kohlefunde auf dem Abteigelände leiteten eine erneute Periode des wirtschaftlichen Aufstiegs der Abtei ein, hier entstand die erste **Kohlezeche** der Niederlande – 1775 beschäftigte die Abtei 350 Grubenarbeiter! So wurde es auch möglich, der Klosterbibliothek angemessene Räumlichkeiten im Rokoko-Stil einzurichten.

1796 wurde die Abtei aufgelöst. Nach langem Leerstand fand hier ein Priesterseminar Einzug. Heute dient der größte Teil des Klosterkomplexes als **Hotel und Kongresszentrum,** dazu sind ein Priesterseminar und der altsprachliche Zweig des Klosterader Gymnasiums hier untergebracht.

Der heutige Klosterkomplex besteht aus der im Laufe des 12. Jh. fertiggestellten **Abteikirche** mit wuchtigem

*Die Abteikirche von Kloster Rolduc*

Portalturm im Geviert von Barockbauten aus dem 17. und 18. Jh. Besonders sehenswert sind die Kapitelle der Kirche. Im 19. Jh. wurde die Abteikirche durch den Architekten *Peter Cuypers* renoviert, von Anbauten befreit und der Chor neoromanisch erneuert. An das Geviert grenzt das Geviert der barocken **Wirtschaftsgebäude** des Klosterader Hofes an, die inzwischen weitgehend zu Wohnzwecken umgebaut wurden. Quer am Platz steht der ehemalige **Zehnthof,** dessen Räumlichkeiten zu Kongresszwecken und für die Abiturklausuren genutzt werden.

● **Conferentieoord en Hotel Rolduc:** 6464 EP Kerkrade, Heyendallaan 82, Tel. 54 66 888, Fax 54 66 920, www.rolduc.com. Zur Besichtigung der Klosterkirche am Empfang melden, die Bibliothek kann nach vorheriger Vereinbarung für wissenschaftliche Zwecke aufgesucht werden. Das Hotel der Abtei bietet 175 Zimmer.

## Info

● **Tel.-Vorwahl:** 045
● **VVV Kerkrade:** 6461 EH, Kapellaan 13-a, Tel. 535 48 45, Fax 535 51 91, www.zuidlimburg.nl.

## Unterkunft, Essen und Trinken

● **Kasteel Erenstein** €€€€: 6468 PC, Oud Erensteinweg 6, Tel. 546 13 33, Fax 546 07 48, www.www.chateauhotels.nl, stilvolles Restaurant innerhalb des im 13. Jh. erbauten Schlosses mit Wassergräben und herrlichem Park, bei schönem Wetter Dinner im Innenhof, So geschlossen, **Hotel Brughof** €€€€ im ehemaligen Wirtschaftshof des Schlosses.

## Einkaufen

● **Kunstgalerie Schacht Nulland:** Domaniale Mijnstraat 30, Tel. 567 07 83, Öffnungszeiten zu Ausstellungen Sa und So 10–17 Uhr, Eintritt 2 €.

# Heerlen ♪ XVIII/B2

Heerlen bildete einst das Zentrum des niederländischen Bergbaus. Hier an der Kreuzung antiker Heer- und Handelsstraßen hatte sich schon die römische Kaufmannsstadt Coriovallum entwickeln können. Reste eines **Badehauses** (s.u.) erinnern noch an diese Zeit.

Längst hat Heerlen sein Image als „Kohlestadt" ablegen und sich zu einer modernen Industriestadt entwickeln können, die noch Bürgerhäuser aus der Jugendstilzeit neben architektonisch höchst interessanten Bauwerken und große Grünflächen aufweist. Zu den zukunftweisenden Bauten der Stadt zählt **Het Glaspaleis** des Architekten *Frits P.J. Peutz* (1896–1974), ge-

**Limburg**

baut Mitte der 1930er Jahre als Modehaus. Heute dient es nach Renovierung als Ausstellungsgebäude des Städtischen Museums und Stadtarchiv.

Der Turm der dreischiffigen romanischen Pfeilerbasilika **St. Pankratius,** die in der ersten Hälfte des 12. Jh. errichtet wurde, stammt als Bergfried von der Burg des burgundischen Herzogs *Philipp dem Kühnen* aus dem Jahr 1389.

### Kasteel Hoensbroek

Nicht minder mächtig ist das nahe gelegene Kasteel Hoensbroek, eines der Hauptwerke der maasländischen Renaissance und eine der größten und schönsten Schlossanlagen der Niederlande. Der älteste Teil dieses **Wasserschlosses** stammt aus dem Jahr 1250. Der Rundturm wurde im 14. Jh. errichtet und bietet einen weiten Blick über das Kohlerevier. Heute gruppieren sich die teils früher einmal eingestürzten, wieder aufgebauten, erweiterten und restaurierten Gebäudeteile des 17. und 18. Jh. um drei Innenhöfe. Mehr als 40 Räume, der großartige Ballsaal, der Kerker und der Turm können besichtigt werden.

●**Kasteel Hoensbroek:** Heerlen-Hoensbroek, Klinkertstraat 118, Tel. 522 72 72, www.kasteelhoensbroek.nl, täglich 10–17.30 Uhr, 1.1., Karneval, 24., 25. und 31.12. geschlossen, Eintritt 4,95 €, Senioren 4,50 €, Kinder 4–12 Jahre 3,25 €, Zuschlag bei Veranstaltungen 1 €, kostenloser Parkplatz.

### Info

●**Tel.-Vorwahl:** 045
●**VVV Heerlen:** 6411 LH, Oranje Nassaustraat 16, Tel. (0900) 97 98 (1 € pro Gespräch), Fax 601 66 40, www.vvvzuidlimburg.nl.

### Essen und Trinken

●**De Boterbloem** €€€€: Laanderstraat 27, Tel. 571 42 41, Glaskunst-Dekor im Restaurant des Spitzenkochs *Léon Winthaegen,* saisonale Küche mit regionalen Produkten, So, Mo, je 2 Wochen um Karneval und im August geschlossen.
●**Restaurant Geleenhof** €€: Valkenburgerweg 54, Tel. 571 80 00, www.geleenhof.nl, ehemalige Poststation, kreative Küche in einem alten Bauernhauscarré aus dem 18. Jh., antike Einrichtung, moderne Bilder, mit Hofterrasse, Mo, Di und Karneval geschlossen.

### Museen

●**Thermenmuseum:** Coriovallumstraat 9, Tel. 560 51 00, www.thermenmuseum.nl, speziell zur Besichtigung des römischen Badehauses errichtetes modernes Museumsgebäude, Di–Fr 10–17 Uhr, Sa, So und feiertags 12–17 Uhr, 1.1., Karneval, 25., 26. und 31.12. geschlossen.
●**Stadsgalerij Heerlen:** Bongerd 18, Tel. 577 22 10, www.stadsgalerijheerlen.nl, städtisches Kunstmuseum für moderne Malerei und Gebrauchskunst mit Schwerpunkt auf Limburger Künstlern wie vor allem *Aad de Haas.* Im Bestand Bilder von *Karel Appel, Marlene Dumas, Machiel van Soest* und *Robert Zandvliet.* Di–Fr 11–17 Uhr, Do bis 20 Uhr, Sa, So und feiertags 13–17 Uhr, Eintritt 3,50 €, Senioren 2 €, Jugendliche 12–17 Jahre 1,50 €, Do nachmittags frei.
●**Nationaal Mijncentrum:** Kloosterweg 1, www.nationaalmijncentrum.eu, 30 Jahre nach der letzten Grubenschließung bemüht sich die Stiftung „Carbon", überwiegend von Bergarbeitern gegründet, um den Erhalt der letzten Industriedenkmale, vormalige Oranje Nassaumijn, Schacht 2, 1899–1974 in Betrieb, Mi und Fr 12–15 Uhr, jedes 3. Wochenende als Serviceweekend 12–15 Uhr geöffnet, Eintritt 2 €, Kinder 1 €.

# Sittard

♫ XVIII/A2

Sittard liegt am Nordrand des Hügellandes, eine Stadt mit einer ins 7. Jh. zurückreichenden Geschichte. Heute ist Sittard eine der **karnevalistischen Hochburgen Limburgs.** Die Stadt ist noch weitgehend von einem irdenen Wall umgeben, in ihrer Mitte erhebt sich die **Festung Sanderbout,** im 16. Jh. nach dem Vorbild der Jülicher Burg errichtet. Das Fort ist inzwischen restauriert und kann begangen werden.

Der Marktplatz bildet das Zentrum der Stadt. Hier erhebt sich die barocke **St. Michaelskerk,** am Platz steht auch noch ein Fachwerkhaus aus dem 17. Jh. Beachtenswert ist das 1620 errichtete **Kritzraedthuis,** ein schöner Renaissancebau, der für die Reformierte Kirche errichtet wurde, aber durch Repression des Herzogs von Gulik konnten hier nie Gottesdienste abgehalten werden. Dann zogen Jesuiten unter der Leitung von *Jacob Kritzreadt van Gangelt* in das Haus ein. Heute ist hier das Fremdenverkehrsamt untergebracht.

Am Kerkplein erhebt sich der 80 m hohe Kirchturm der **Grote St. Petruskerk** als Wahrzeichen der Stadt. Das geschnitzte Chorgestühl gilt nicht nur als das älteste, sondern zählt mit seinen reichen Verzierungen auch zu den schönsten der Niederlande.

## Kasteel Limbricht

Nordwestlich steht im Sittarder Ortsteil Limbricht Kasteel Limbricht, dessen Ursprünge auf das 13. Jh. zurückgehen. Der heutige, von Wassergrä-

ben umgebene Bau stammt aus dem Jahr 1613. Das vierflügelige, auf einer Warft errichtete Schloss ist über Brücken und nur durch die U-förmige Vorburg zu erreichen. Der Komplex wird heute als **Bowling- und Partyzentrum** genutzt. In der St.-Salviuskerkje aus dem frühen 11. Jh. neben dem Schloss findet man in der Apsis die ältesten romanischen Fresken der Niederlande.

● **Kasteel Limbricht:** Limbricht, Allee 1, Tel. 451 44 44, www.kasteellimbricht.nl, Bowling- und Partyzentrum mit Restaurant und Festsälen in der Vorburg.

## Info

● **Tel.-Vorwahl:** 046
● **VVV Sittard:** 6131 HX, Rosmolenstraat 2, Tel. (0900) 97 98 (1 € pro Gespräch), www.vvvzuidlimburg.nl.

## Essen und Trinken

● **Zelissen** €€€: Sittard-Munstergeleen, Houbeneindstraat 4, Tel. 451 90 27, www.restaurantzelissen.nl, seit 30 Jahren bestehender Familienbetrieb, klassische Gerichte und Menüs, Di, Mi und die 2 letzten Juliwochen geschlossen.

## Museum

● **Museum Het Domein:** Kapittelstraat 6, Tel. 451 34 60, www.hetdomein.nl, junges, kleines und eigenwilliges Museum für Gegenwartskunst und neue Entwicklungen in der Region, dazu Wechselausstellungen, Di–So 11–17 Uhr, 1.1., Oster- und Pfingstsonntag und 1. Weihnachtstag geschlossen, Eintritt 4 €, reduziert 2 €.

Limburg

# Provinz Utrecht   Überblick

Die Provinz Utrecht liegt im Zentrum der Niederlande. Mit ihrer gleichnamigen Hauptstadt bildet sie den östlichen Teil des Ballungsgebietes der Randstad. Im Westen der Provinz breiten sich Polder aus, im Osten wird das Landschaftsbild vom **Utrechter Hügelrücken** (Utrechtse Heuvelrug) bestimmt, einem bewaldeten Sandgebiet mit Hügeln, die bis etwa 70 m hoch sind. Nördlich der Stadt Utrecht setzt sich die große **Seenplatte** der Loosdrechtse Plassen in der Vechtstreek fort. Westlich breitet sich der ländlich geprägte Lopikerwaard aus, dessen intensive **Milchwirtschaft** eine ausgedehnte Käseproduktion ermöglicht. Östlich der Stadt liegt das ebenfalls eher landwirtschaftliche Kromme-Rijn-Gebiet.

Die Provinz Utrecht hat ihren Ursprung in einer römischen Siedlung namens Traiectum („Flussübergang"). Im frühen Mittelalter wirkte hier der Missionar *Willibrord* (658–739), dem man später den Beinamen „Apostel der Friesen" gab. Aus seiner Missionsstation, die teilweise noch aus römischen Bauresten errichtet wurde, ging das **Bistum Utrecht** hervor, dessen Bischof er auch war. Unter den deutschen Kaisern und Königen konnte das inzwischen reichsunmittelbare Bistum sein Territorium bis auf Teile der heutigen Nachbarprovinzen ausdehnen – die Utrechter Reichsbischöfe regierten nunmehr über einen großen, *Sticht* (Stift) genannten Herrschaftsbereich.

Aber gegen die mächtiger werdende Provinz Holland blieb das Bistum auf Dauer im Hintertreffen. Letztlich kam das Stichtgebiet 1528 unter die Herrschaft *Karls V.,* wodurch der letzte Erzbischof *Hendrik II. van Baieren* seine weltliche Herrschaft über den Sticht verlor. Karls Sohn *Philipp II.* erhob den Utrechter Bischof zum Erzbischof. Mit zunehmender Verlagerung der wirtschaftlichen Schwerpunkte der Niederlande an die Küste und ihre Hafenstädte verlor das Gebiet von Utrecht an Bedeutung. Die heutige Struktur der Provinz Utrecht wurde am Ende der napoleonischen Zeit 1814 geschaffen.

# Utrecht      ⤢ XI/C-D2

Die günstige Lage an einem Rheinarm, dem heutigen **Kromme Rijn,** veranlasste die Römer, hier einen Übergang zu errichten. Bis heute profitiert die Stadt von ihrem zentralen Standort in den Niederlanden als Straßen-, Eisenbahn- und Wasserstraßenknotenpunkt – nicht zuletzt deshalb ist Utrecht auch die wichtigste Konferenzstadt im Lande.

Das **römische Kastell** am Rhein bildet den Ausgangspunkt der mittelalterlichen Utrechter Domstadt. Insgesamt fand man Überreste von fünf solcher nacheinander gebauten Kastelle aus der Zeit zwischen dem 1. und 3. Jh., von denen nur das letzte aus dem Jahr 275 aus Stein errichtet war. Mauerreste dieses Kastells sind noch unter dem **Domplein,** unter der Muziek- en Dansschool und im Keller des Restaurants Het Weeshuis zu sehen. Um das Kastell breitete sich nach Westen (um die heutige Boterstraat) und nach Osten (um die Pieterskerk) eine Ansiedlung aus, deren Reste durch Ausgrabungen belegt sind. Nach dem Abzug der Römer im Jahr 270 wurde auch diese Siedlung aufgegeben.

Erst im 5. Jh. drangen heidnische Friesen und aus dem Süden in der Folgezeit christliche Franken in das Gebiet ein. Nach dem Tod des Frankenkönigs *Dagobert* im Jahre 639 eroberten **Friesen** die Frankensiedlung am Kromme Rijn und zerstörten ihre Kirche. Nachdem der fränkische Hofmeier *Pippin II.* den Friesenkönig *Radboud* 688 bei Dorestad geschlagen hatte, kam Utrecht wieder in fränkische Hand. Nun begann der aus Irland angereiste Missionar *Willibrord* ab 690 mit der **Christianisierung** der Friesen. Nachdem Willibrord zum Bischof der Friesen ernannt worden war, ließ er sich 695 in Utrecht nieder. Innerhalb der Mauern des alten Kastells stiftete Willibrord die Sint Salvatorkerk, an die ein **Kloster** angeschlossen war. Danach errichtete er die Dagobertkirche. Nach einem nochmaligen Frieseneinfall vertrieb der fränkische Hofmeier *Karl Martell* 719 die Friesen endgültig. 723 schenkte er das Kastell samt umliegendem Land der Utrechter Kirche, womit die Grundlage für das weltliche Hoheitsgebiet des **Bistums Utrecht** gelegt worden war.

Das **Frankenreich** expandierte unter den Karolingern immer weiter nach

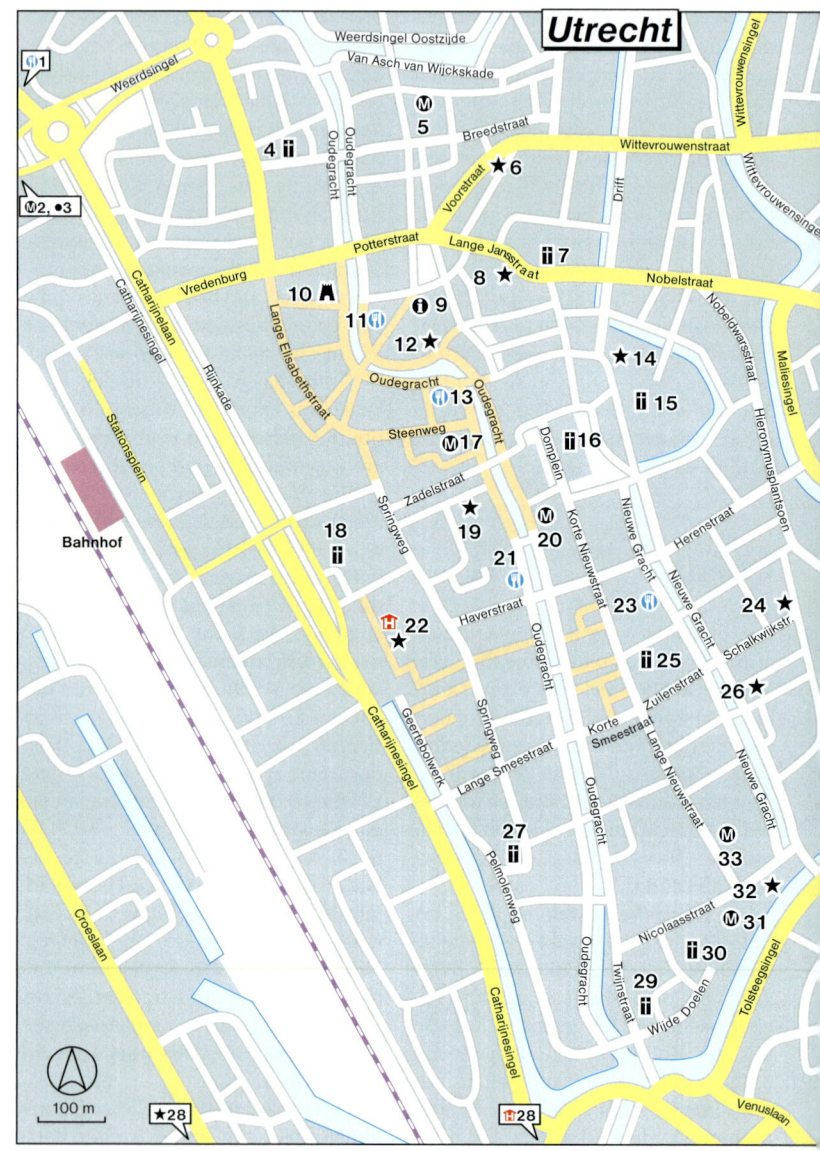

| | | |
|---|---|---|
| | 1 | Lemonia |
| | 2 | Geldmuseum |
| ● | 3 | Holland Casino Utrecht |
| | 4 | Jacobikerk |
| | 5 | Wasserleitungsmuseum |
| ★ | 6 | Vleeshuis |
| | 7 | Janskerk |
| ★ | 8 | Statenkamer |
| ❶ | 9 | Information |
| | 10 | Stadskasteel Oudaen |
| | 11 | Den Draeck |
| ★ | 12 | De Winkel van Sinkel |
| | 13 | Aal Restaurant en Wijnlokaal |
| ★ | 14 | De Krakeling |
| | 15 | Pieterskerk |
| | 16 | Dom |
| | 17 | Buurkerk mit Musik-instrumentenmuseum |
| | 18 | Ste. Gertrudiskathedraal |
| ★ | 19 | Sint Eloyen Gasthuis |
| | 20 | Aboriginal Art Museum |
| | 21 | Le Bibelot |
| ★ | 22 | Deutsches Haus mit Grand Hotel Karel V. |
| | 23 | Restaurant Het Grachtenhuys |
| ★ | 24 | Leeuwenbergh Gasthuis |
| | 25 | Sint-Catharinakathedraal mit Museum Catharijneconvent |
| ★ | 26 | Huis Zoudenbalch |
| | 27 | Geertekerk |
| | 28 | Bastion |
| | 29 | Nicolaasklooster |
| | 30 | Nicolaïkerk |
| | 31 | Centraal Museum |
| ★ | 32 | Fundatie van Renswoude |
| | 33 | Universitätsmuseum |
| | 34 | Museums-Sternwarte Sonnenborgh |
| ★ | 35 | Rietveld-Schröder Huis |
| | 36 | Anatomisch Museum Utrecht |
| ★ | 37 | Botanischer Garten |
| | 38 | Kaatje's |
| | 39 | Eisenbahnmuseum |
| | 40 | Moluks Historisch Museum |
| | 41 | Mitland |

Norden, sodass auch das Bistum Utrecht unter die Herrschaft *Karls des Großen* kam. Unter den Ottonen konnten die Reichsbischöfe weiter an Bedeutung gewinnen – Bischof *Balderik* (918–76) dehnte im Zuge dieser Entwicklung sein weltliches Hoheitsgebiet weiter aus zu einem *Sticht*, das wesentliche Teile der heutigen Provinzen Overijssel, Drenthe, Groningen als *Oversticht* und Utrecht selbst als *Ondersticht* umfasste. Dieses zerrissene Gebiet war auf Dauer für die Kirchenfürsten nur schwer zu verwalten, so übertrug *Karl V.* 1528 die Utrechter Reichsherrlichkeit an sich – und damit an die **Habsburger.** Danach lebte das Bistum Utrecht als Kirchenprovinz weiter. 1559 ernannt Karls Sohn *Philipp II.* das Bistum zum **Erzbistum,** das nun die kirchliche Oberhoheit über weite Teile der Spanischen Niederlande bekam.

Im Zuge der sich zuspitzenden kriegerischen Ereignisse im Achtzigjährigen Krieg konnte Utrecht 1577 von spanischen Truppen befreit werden. Am 23. Januar 1579 unterzeichneten die protestantischen Nordprovinzen Holland, Zeeland, Utrecht, Gelderland, Overijssel, Groningen und Friesland sowie einige Städte des Südens, wie etwa Antwerpen, die **Utrechter Union,** die als Gründung der „Republik der Sieben Vereinigten Niederlande" gilt, die allerdings bis zum Westfälischen Frieden im Jahr 1648 international nicht anerkannt wurde. Ihr Zusammenschluss verstand sich als Reaktion auf die katholischen Südprovinzen, deren größter Teil heute zu Belgien gehört. Diese hatten sich in der Union von Arras am 6. Januar 1579 ausdrücklich zum katholischen Spanien bekannt.

Utrecht ist auch in anderer Hinsicht kirchenpolitisch von Interesse. Ein erstes Schisma hatte es bereits 1423 gegeben. Das Domkapitel hatte sich nämlich das Recht bewahrt, den Bischof selbst zu wählen – nun wurde ein von Rom benannter Bischof nicht akzeptiert. Bis 1448 kämpften die Parteien um die Vorherrschaft im Bistum. Ein weiteres Problem entstand Ende des 17. Jh., als der damalige Utrechter Bischof *Petrus Codde* des Jansenismus beschuldigt und 1702 vom Papst abgesetzt wurde. Als Nachfolger benannte Rom das Kapitelmitglied *Theodorus de Kock* zum Apostolischen Vicarius, wurde vom Kapitel aber nicht anerkannt und musste sogar fliehen. Nachfolgenden Vicarien erging es nicht besser. 1723 wählte das Domkapitel eigenständig *Cornelius Steenoven* zum neuen Bischof, der aber in Rom keine Anerkennung fand. So entstand 1724 in Utrecht die **Altkatholische Kirche** als von Rom unabhängige Glaubensgemeinschaft jansenistischer Prägung, die bis heute Bestand hat und 1870 sogar noch deutsche Altkatholiken aufnahm, die sich dem Unfehlbarkeitsdogma des Papstes widersetzten.

Der Grachtengürtel von Utrecht zeigt bis heute den **Festungscharkter** der Stadt, den sie in der zweiten Hälfte des 17. Jh. erhielt. 1713 wurde dann im **Frieden von Utrecht** der Spanische Erbfolgekrieg besiegelt.

Seit dem 19. Jh. erweiterte sich die Stadt in alle Richtungen. Moderne, **richtungsweisende Architektur** prägt seit dem 20. Jh. die neuen Stadtviertel, so vor allem das 1924 von dem Architekten *Rietveld* gebaute Rietveld-Schröder-Haus. Die bereits 1636 gegründete **Universität** prägt mit ihren Studenten bis heute das Stadtbild – Utrecht zeigt sich gleichermaßen lebendig wie altertümlich, geprägt vom Gegensatz zwischen der reizvollen historischen Altstadt und den hübschen Grachten einerseits und der nicht nur architektonisch modernen Stadt andererseits.

## Das Utrechter Kirchenkreuz

Auf der Fläche des alten Römerkastells entstand das Utrechter **Domviertel** als historischer Ausgangspunkt der heutigen Stadt. Die Ende des 7. Jh. von *Willibrord* errichtete Sint-Salvatorkerk wurde 1587 geschleift. In der Pflasterung des Domplein sind die Konturen ihres Grundrisses noch zu erkennen. Auch hatte Willibrord mit dem Bau der Sint-Maartenskerk die Basis für die spätere Domkirche gelegt. Bischof *Bernhold* (1027–54) hatte dann die Idee, **vier Kirchen in Form eines Kreuzes** um den Dom zu bauen – so entstand das Utrechter Kirchenkreuz. Von der Sint-Mariakerk als Westpunkt des Utrechter Kirchenkreuzes ist nur der Kreuzgang erhalten. Die Kloster-

Der Dom: Turm und Kreuzgang

kirche wurde im 19. Jh. abgerissen. Den Südpunkt bildete die Sint-Paulus-abdei, die nicht mehr existent ist.

## Dom

Der romanische Utrechter Dom wurde 1023 von Bischof *Adelbold* geweiht. Bei einem Stadtbrand wurde die einstige Kathedrale 1253 so stark beschädigt, dass 1254 der Grundstein für die neue **gotische Kathedrale** gelegt wurde. Jahrhundertelang wurde an der Kirche und am Kirchturm gebaut, bis 1674 ein Orkan das Kirchenschiff wegfegte. Seither stehen Vierung und Turm getrennt voneinander. Aus Anlass des 750-jährigen Domjubiläums hat man 2004 das Mittelschiff aus Gerüstmaterial wieder hergestellt. Querschiff und Chor mit Chorumgang und Kapellenkranz stellen aber nach wie vor ein bauliches Meisterwerk dar.

Die **Innenausstattung** hatte schon unter dem Bildersturm 1580 gelitten. So sind verschiedene Grabdenkmäler beschädigt. Von besonderem Wert ist das des 1317 gestorbenen Bischofs *Guy de Avennes*. Auch sind noch Fresken vorhanden, so die Darstellung von Christus am Kreuz aus dem Jahr 1430. Beschädigt ist das Heilige Grab im Chorumgang von 1501–07. Teile des geschnitzten Renaissance-Chorgestühls sind noch im nördlichen Querschiff zu finden. Anstelle des Hochaltars findet man das Prunkgrab des Admirals *van Ghent*, 1676 geschaffen von *Rombout Verhulst*. Die Kanzel stammt von *Penaat* (1926), die Glasfenster in den Querschiffen von *Roland Holst* (1926–36) und die Bronzetüren von *Theo van de Vathorst* (1996).

Der **Kirchturm** ist mit 112 m Höhe der höchste in den Niederlanden. Auf

elf Metern Höhe befindet sich im Turm die monumentale **Michaelskapelle,** die einst die Privatkapelle des Bischofs war. Vom Turm hat man einen schönen Blick über die Altstadt. An den Dom schließen sich der **Kreuzgang** aus dem 15. Jh. mit spätgotischem Maßwerk und daran die Gebäude der Utrechter Universität an. Im ehemaligen, 1409 errichteten, großartigen **Kapitelsaal** wurde 1579 die Utrechter Union unterzeichnet. Heute dient der Raum als Aula der Universität, auch werden hier Ausstellungen gezeigt. Unmittelbar daran schließt sich das 1891 im Stil der Neorenaissance errichtete **Academiegebouw** als Hauptgebäude der Universität an.

● **Domkerk:** Achter de Dom 1, Tel. 231 04 03, www.domkerk.nl, Mai bis Sept. Mo–Fr 10–17 Uhr, Sa 10–15.30 Uhr, So 14–16 Uhr, ansonsten Mo–Fr 11–16 Uhr, Sa 11–15.30 Uhr und So 14–16 Uhr, Sa 15.30 Konzert, Eintritt frei.
● **Domtoren** (Turm): Domplein 9, Tel. 236 00 10, www.domtoren.nl, Führungen So und Mo 12–17 Uhr, Di–Fr 10–18 Uhr, Sa 10–17 Uhr, Eintritt 7,50 €, Kinder 4–12 Jahre 4,50 €, Senioren 6,50 €.

### Pieterskerk

Die Pieterskerk bildet den östlichen Teil des Utrechter Kirchenkreuzes. Diese **frühromanische Kirche** wurde 1040–48 errichtet. Bei dem Orkan des Jahres 1674 verlor sie ihre Türme. Das Mittelschiff trägt ein hölzernes Tonnengewölbe auf roten Sandsteinsäulen, das Querschiff ein gotisches Gewölbe. Die nördliche Seitenkapelle besteht noch in der ursprünglichen romanischen Form. In der südlichen go-tischen Kapelle, etwa aus dem Jahr 1310, existiert noch der ursprüngliche Ziegelboden. An den Stufen zum Hochchor wurden bei Restaurierungsarbeiten vier Reliefs aus der Zeit um 1170 wiederentdeckt. In der Krypta befindet sich das steinerne Grabmal von Bischof *Bernold.*

● **Pieterskerk:** Pieterskerkhof 5, Tel. 231 14 85, jeden 1. und 3. Sa im Monat 11–15 Uhr.

### Janskerk

Die Janskerk bildet den nördlichen Punkt des Utrechter Kirchenkreuzes. Der **romanische Tuffsteinbau** stammt aus dem 11. Jh. Der spätgotische Chor entstand im 16. Jh. Wichtigstes Ausstattungsstück der Kirche ist das Grabmal des Propstes *Dirk van Wassenaar* (1465) des Sint-Janskapitel. Die Janskerk dient heute als Kirche des ökumenischen Studentenwerks der Universität Utrecht. Die alten Häuser am Janskerkhof bilden die malerische Kulisse für den samstäglich hier stattfindenden **Blumenmarkt.**

● **Janskerk:** Janskerkhof 26, Tel. 232 16 16, Di–Fr 13–17 Uhr.

## Weitere Sakralgebäude

### Buurkerk

Die Buurkerk ist die älteste der ehemals vier Pfarrkirchen Utrechts. Im Ursprung stammt sie aus dem 10. Jh. Der gotische Hallenbau mit dem stattlichen Turm entstand anstelle dieses Vorgängerbaus zwischen dem 14. und 16. Jh. Heute ist darin das populäre

**Museum für mechanische Musikinstrumente** untergebracht.

- **Nationaal Museum van Speelklok tot Pierement:** Steenweg 6, Tel. 231 27 89, www. museumspeelklok.nl, Di–So und feiertags 10–17 Uhr, 1.1., 30.4. und 25.12. geschlossen, Eintritt 7 €, Kinder 4–12 Jahre 4 €, Senioren 6 €.

## Jacobikerk

Die Jacobikerk ist eine weitere mittelalterliche Pfarrkirche, die im 12. Jh. gestiftet wurde. Die heutige gotische Kirche entstand im 14. und 15. Jh. und wurde noch mehrfach um- und angebaut. Weil sie nach Westen vergrößert wurde, kam der Turm im Mittelschiff zu stehen. Besonders sehenswert ist die Chorschranke im Inneren.

- **Jacobikerk:** St. Jacobsstraat 171, Tel. 231 78 62, wwwjacobikerk.nl, Di–Sa 11–16.30 Uhr, bekannt sind die Jacobi-Kirchenkonzerte.

## Nicolaïkerk

Die Nicolaïkerk als ehemalige Pfarrkirche entstand mit ihrer ungewöhnlichen Zwei-Türme-Front im 12. Jh. Das romanische Chorgewölbe trägt Bemalungen aus dem 14. Jh. Auch die Kirchenpfeiler sind noch romanisch. Später wurde das Kirchenschiff in eine Halle umgewandelt. Der südliche Turm wurde 1586 in Backstein aufgemauert. Die Kuppel trägt ein schönes Glockenspiel aus dem Jahr 1649.

- **Nicolaïkerk:** Nicolaaskerkhof 9, Tel. 231 57 34, geöffnet nach Absprache.

## Geertekerk

Die um 1255 gebaute, schlichte Geertekerk war ebenfalls ursprünglich Pfarrkirche. Der Rest des romanischen Bogenfrieses ist noch sichtbar. Im 14. Jh. wurden der Chor und das Querschiff dazugebaut. Das Portal stammt aus dem 15. Jh. wie auch die Kapellen und die Sakristei. Die Kirche steht heute der Remonstranten-Gemeinde Utrecht zur Verfügung.

- **Geertekerk:** Geertekerkhof 22, Tel. 234 01 98, www.geertekerk.nl, Di–Sa 11–16.30 Uhr.

## Sint-Catharinakathedraal

Die Sint-Catharinakathedraal gehörte einst zum Karmelitenkloster, das 1465 gestiftet und im 16. Jh. von den Johannitern übernommen wurde. 1580 kam die Kirche in protestantische Hände, 1815 wurde sie zur katholischen Garnisonskirche, 1583 ging sie auch formell an die Katholiken zurück und wurde zur Kathedrale des römisch-katholischen Erzbistums Utrecht erhoben. Der Giebel ist eine Kopie des alten Giebels aus dem 16. Jh., der der Kirchenerweiterung im 19. Jh. weichen musste. Die neugotische Ausstattung wurde bei der Renovierung in den ursprünglichen Bauzustand zurückversetzt.

In den Klostergebäuden ist heute das **Museum Catharijneconvent** untergebracht, dessen Exponate die Geschichte des Christentums in den Niederlanden darlegen. Vor allem die sakralen Kunstschätze machen dieses Museum berühmt.

- **St. Catharinakathedraal:** Lange Nieuwstraat 38, Tel. 231 04 90, www.dekathedraal. com, Di–Sa 11–16.30 Uhr.
- **Museum Catharijneconvent:** Tel. 231 38 35, www.catharijneconvent.nl., Di–Fr 10–17

**Provinz Utrecht**

Uhr, Sa und So 11–17 Uhr, Bibliothek nach Absprache, 1.1. und 30.4. geschlossen, Eintritt 8,50 €, Kinder 6–17 Jahre 4,50 €, Senioren 7,50 €.

### Ste. Gertrudiskathedraal

Die Ste. Gertrudiskathedraal ist die **Bischofskirche der Altkatholiken,** einer religiösen Gruppierung, die sich 1723 von der römisch-katholischen Kirche abspaltete. Ihr ursprüngliches Gotteshaus war die ein wenig versteckt dahinter in einem mittelalterlichen Haus untergebrachte katholische **Gertrudiskapel,** die im 17. Jh. hier als sogenannte *Schuilkapel* eingerichtet wurde – das sind Hauskapellen, die abseits, fast im Untergrund in der für die Katholiken so schwierigen Zeit betrieben wurden. Die Kapelle wurde inzwischen wunderbar restauriert. Die Ste. Gertrudiskathedraal entstand 1912 im neoromanischen Stil in Anlehnung an die früher dahinter befindliche Kirche des Mariaklosters, einem richtungsweisenden romanischen Bau, von dem nur noch Teile des Kreuzgangs erhalten sind.

● **Kathedrale Kerk van Ste. Gertrudis:** Willemsplantsoen 2, Tel. 231 50 18, www.utrecht.okkn.nl, Führungen (mehrsprachig) Juli bis Sept. Di–Sa 11–16 Uhr, ansonsten Sa 13–16 Uhr.

### Deutsches Haus

Das **Duitse Huis** am Springweg aus dem Jahr 1350, das monumentale Hauptquertier des Deutschen Ordens der Ballei Utrecht, ist der am besten erhaltene **Klosterkomplex** der Niederlande. Die Kirche stürzte durch den Orkan des Jahres 1674 ein. Später diente das Haus als Unterkunft für Kaiser *Karl V.* In der napoleonischen Zeit wurde es in ein Militärkrankenhaus umgewandelt, verblieb danach weiter in öffentlicher Hand und verkam, was 1989 zu einer Hausbesetzung führte. 1995 wurde ein Teil des Gebäudes von den früheren Eigentümern zurückgekauft – im Wesentlichen ist hier nunmehr das **Grand Hotel Karel V** untergebracht.

### Nicolaasklooster

Das Nicolaasklooster in der Doelenstraat wurde im 14. Jh. gestiftet. Von besonderem architektonischen Interesse ist die Galerie auf Spitzbögen im Inneren. Heute ist das Gebäude Sitz einer Übersetzungsgesellschaft.

## An den Grachten

Die Grachten machen den eigentlichen Charme der Utrechter Altstadt aus. Sie sind „zweigeschossig" angelegt. Die untere Ebene öffnet den Zugang zu den Gewölbekellern der Häuser, wo sich Geschäfte, vor allem Antiqitätenläden, und Restaurants etabliert haben – im Sommer stellen die Cafés ihre Tische und Stühle heraus. Die obere Ebene mit ihren Schatten spendenden Bäumen ist Anliegerstraße zu den vielen alten und gepflegten Häusern, die im Laufe der Jahrhunderte errichtet wurden und die beiden Grachten säumen.

### Oudegracht

Die Oudegracht folgt vermutlich dem alten Rheinlauf. Durch Anlage einer Schleuse im Jahre 1275 hielt man ihren Wasserstand unter Kontrolle. Seither konnten die Keller als Bootsunterstand und zum Bootsbau benutzt werden. Für Pferdefuhrwerke wurde die obere Ebene als Fahrweg angelegt. Von allen Häusern an der Gracht hat **Stadskasteel Oudaen** (Oudegracht Nr. 99) am besten sein mittelalterliches Gepräge bewahrt. Dieses Patrizierhaus aus dem 14. Jh. sieht noch bis heute eher wie eine Burg aus.

Nicht minder interessant sind die Häuser Cranestijn (Nr. 55), Drakenburg (Nr. 114), Fresenburch (Nr. 113), Blankenburch (Nr. 121) und Groenewoude (Nr. 151). Auffallend ist das monumentale Haus **De Winkel van Sinkel,** 1839 als ältestes Warenhaus der Stadt errichtet. Wenig daneben steht das **Rathaus** mit klassizistischer Fassade, die 1826 vor den mittelalterlichen Bau gesetzt wurde. Samstags ist **Blumenmarkt** auf der Bakkerbrug im Grachtenbogen und in den angrenzenden Grachtenabschnitten.

● **Stadskasteel Oudaen:** Oudegracht 99, Tel. 231 18 64, www.oudaen.de, heute Brauerei, Bistro mit Außenterrasse, Restaurant, Theater für Vorführungen und Veranstaltungen und Bankettsäle, Brauereiführungen auf Anfrage.
● **De Winkel van Sinkel:** Oudegracht 158, Tel. 230 30 30, www.dewinkelvansinkel.nl, heute Cultureel Culinais Warenhuis mit Nachtcafé, Nachtrestaurant und Nachtgeschäften.

### Nieuwegracht

Auch an der Nieuwegracht findet man Gewölbekeller in der unteren Ebene, aber kaum Geschäfte darin. Besonders beachtenswert ist das ba-

rocke Tor der **Hofpoort,** des Justizpalastes aus dem 17. Jh. Am Pausdam geht die Nieuwe Gracht in die Kromme Nieuwegracht über, wo nur noch einseitig ein Fahrweg angebracht ist und so zu jedem Haus eine eigene Brücke führt.

Am Pausdam steht das **Paushuisje,** das für Papst *Hadrian VI.,* den einzigen niederländischen Papst, in seinem Todesjahr 1523 errichtet wurde. Das Mauerwerk des Renaissancegebäudes, das noch gotische Elemente aufweist, ist abwechselnd aus rotem Backstein und hellem Naturstein geschichtet. An dem zur Kromme Nieuwegracht ausgerichteten Giebel ist eine Statue des Christus Salvator angebracht – Hadrian war nämlich Kanoniker des Utrechter Oudmunsterkapitels, das offiziell Salvatorkapitel hieß. Am Südende der Nieuwe Gracht befindet sich in der Bastion Sonnenborgh die **Museums-Sternwarte Sonnenborgh.**

● **Sonnenborgh – Museum & Sterrenwacht:** Zonnenburg 2, Tel. 230 28 18, www.sonnenborgh.nl, Di–Fr, So und feiertags 13–17 Uhr, dazu Fr und So 20–21.30 Uhr, Eintritt 5 €, Studenten und Senioren 3,50 €, Kinder 4–17 Jahre 3 €.

## Weitere Sehenswürdigkeiten

### Huis Zoudenbalch

Huis Zoudenbalch in der Nieuwegracht 98 wurde 1468 für *Evert van Zoudenbalch,* einen mächtigen Kanoniker des Utrechter Domkapitels, erbaut. Ihm gehörte der gesamte Wohnkomplex zwischen Donkerstraat und Mariastraat. Sein Haus entstand im

*Provinz Utrecht*

spätgotischen Stil mit auffälligem Natursteingiebel. Nach einem Brand im Jahr 1903 wurde das Haus restauriert.

## Sint Eloyen Gasthuis

Das Sint Eloyen Gasthuis in der Boterstraat 22 entstand 1440 als Krankenhaus der Gilde der Schmiede Sint-Eloy. Das Portal des Hauses stammt aus dem Jahr 1644. Die Gilde kaufte 1730 das Nachbarhaus, ein *Koffiehuis* mit einer Kolfbahn, auf – Kolf ist eine Art In-Door-Golf, das heute in- und aushäusig auf einer Bahn von 17,5 x 5 m gespielt wird. Anläßlich des *Open Monumentendag* (Tag des offenen Denkmals) im September kann das Gasthuis besichtigt werden und man kann dann im Haus Kolf spielen.

## Leeuwenbergh Gasthuis

Das Leeuwenbergh Gasthuis wurde 1567 als Pesthaus östlich der Stadtmauer als zweischiffiger Saal errichtet. Anfang des 19. Jh. diente dieses ehemalige Krankenhaus der Universität als Laboratorium, dann als Gotteshaus der Reformierten Kirche. Heute gehört es der *Stichting Vrienden van het Leeuwenbergh Gasthuis*, die hier Veranstaltungen durchführt.

●**Leeuwenbergh:** Servaasbolwerk 1a, Tel. 236 72 32, www.leeuwenbergh.org, Di–Sa 11–16.30 Uhr.

## Vleeshuis und Apotheek

Das Vleeshuis in der Voorstraat Nr. 19 aus dem Jahr 1637 war das Gildehaus der Fleischer Utrechts. Heute ist hier ein Geschäft der Textilkette

# De Stijl

Eine Gruppe niederländischer **Maler, Architekten und Designer** gründete 1917 in Leiden die Kunstzeitschrift „De Stijl". Gründungsmitglieder waren unter anderem der Maler und Kunsttheoretiker *Theo van Doesburg*, die Maler *Piet Mondriaan* und *Georges Vantongerloo* sowie der Dichter *Antony Kok*. 1918 stieß der Architekt *Gerrit Rietveld* dazu. Unter dem kubistischen Einfluss *Wassily Kandinskys* wollten sie sich von der Darstellungsweise traditioneller Kunst abwenden, um eine neue, völlig **abstrakte Formensprache** zu erarbeiten, die auf der Variation von wenigen elementaren Prinzipien der bildnerischen Gestaltung (waagerecht/ senkrecht, groß/klein, hell/dunkel und den Grundfarben) beruhte. Wenn auch die Zeitschrift nur bis 1928 erschien und die Gruppe allmählich auseinanderbrach, gilt sie doch als richtungsweisend für die moderne abstrakte Kunst. Ideen- und kunstgeschichtlich bestanden enge Beziehungen zum deutschen Bauhaus.

Winkel America Today untergebracht. Die 1904 errichtete Apotheek in der Voorstraat Nr. 6 ist das schönste Jugendstilhaus von Utrecht.

## Statenkamer

Auf dem Janskerkhof mit seinen schönen Häusern aus dem 17. und 18. Jh. findet auch ein **Blumenmarkt** statt. Hier an der Südseite steht die Statenkamer, früher Teil des Minoritenklosters mit einem eindrucksvollen Portal aus dem Jahr 1643. In dem

Gebäude ist heute eine Fakultät der Universität untergebracht.

### De Krakeling

De Krakeling an der Straße Achter Sint-Pieter ist das 1663 errichtete Wohnhaus des exzentrischen Junkers und Dichters *Everard Meyster.* Es trägt fremdartige Ornamente an der Front. Nach der Besetzung Utrechts durch die Franzosen 1672 wurde er von diesen als Katholik mit der Stadtverwaltung betraut. Er setzte sich so nachhaltig für die Belange der Bürger ein, dass man ihn später im Dom beerdigte.

### Fundatie van Renswoude

Die Fundatie van Renswoude wurde 1757 im Rokokostil als Kinderwaisenhaus errichtet. Das Gebäude beinhaltet die Verwalterwohnung und Schlafsäle für die *eleven,* wie die Lehrlinge als Bewohner des Hauses genannt wurden. Die Portrettenkamer als Verwalterzimmer, der Kollegensaal und der Regentensaal sind noch ursprünglich erhalten wie auch die bildhauerisch gestaltete Treppe. Im Keller befanden sich die Vorratsräume und die Küche sowie Räume für das Personal.

● **Fundatie van Renswoude:** Agnietenstraat 5, Tel. 231 03 51, www.fundatievanrenswoude-utrecht.nl.

### Rietveld-Schröder Huis

Trotz aller kunsthistorisch so wertvollen alten Bauten in Utrecht ist vielleicht ein modernes Gebäude das bekannteste der Stadt – das Rietveld-Schröderhaus im Vorort **Wilhelminapark.** Der bahnbrechende niederländische Künstler und Architekt *Gerrit Rietveld* entwarf es für *Truus Schröder-Schräder,* die 1924–85 darin wohnte. Seit dem Jahr 2000 steht es sogar auf der **Welterbeliste der UNESCO.** Diese Ikone der modernen Baukunst wurde von Rietveld ganzheitlich einschließlich der Einrichtung für die Anwaltswitwe und ihre drei Kinder geschaffen – ganz im Sinne der von ihm beeinflussten neuen **Kunstrichtung De Stijl** (siehe Exkurs). Auch hier spielen als wesentliche Merkmale die strenge Geometrie sowie die Reduktion der Farbgebung auf die Primärfarben Gelb, Rot und Blau die entscheidende Rolle und konkretisieren seine Vorstellung, Bildende Kunst, Design und Architektur zusammenzuführen.

● **Rietveld-Schröder Huis:** Prins Hendriklaan 50 im Vorort Wilhelminapark, nur zusammen mit der Modellwohnung Erasmuslaan 9 im Rahmen einer Führung, organisiert durch das Centraal Museum, zu besichtigen, Tel. 302 36 23 10, rhreserveringen@centraalmuseum.nl, Karte für die Centraal Museum Rietveldroute 16 €, Schüler/Studenten 13–16 Jahre 13 €, Do–So ab Museum 11.45, 12.45, 13.45 und 14.45 Uhr, Eintreffen ½ Std. vorher am Centraal Museum, Nicolaaskerhof.

## Weitere Museen

### Aboriginal Art Museum

Das neue Museum, das die zeitgenössische **Kunst der Ureinwohner Australiens** zeigt, befindet sich wie die oben bereits erwähnten Museen im unmittelbaren Altstadtbereich.

● **Aboriginal Art Museum:** Oudegracht 176, Tel. 238 01 00, www.aamu.nl, auch Wechselausstellungen und Kunstverkauf, Di–Fr 10–17

**Provinz Utrecht**

Uhr, Sa und So 11–17 Uhr, 1.1., 30.4. und 25.12. geschlossen, Eintritt 8 €, Kinder 4–12 Jahre und Senioren 5 €.

## Anatomisch Museum Utrecht

Die Sammlungen des Anatomisch Museum Utrecht gehen auf *Jan Bleuland* (1756–1838) zurück, der 1795 durch Beschluss der Academie te Utrecht als Lehrer für Anatomie und Geburtskunde bestellt wurde.

●**Anatomisch Museum Utrecht:** Universiteitsweg 100, Tel. 253 83 37, werktags nach Absprache, Eintritt 1,50 €, Führung 10 €.

## Botanischer Garten

Der Botanische Garten der Universität Utrecht hat zwei Standorte: Foort Hoofddijk in Utrecht und das Gimborn Arboretum in Doorn. An beiden Standorten stehen über 10.000 Pflanzenarten.

●**Botanische Tuinen Universiteit Utrecht:** Fort Hoofddijk, Budapestlaan 17, Mai bis Sept. 10–17 Uhr, ansonsten 10–16 Uhr, Eintritt 5 €, Kinder 4–12 Jahre 1,50 €, Senioren 4 €.

## Centraal Museum

Das Centraal Museum Utrecht zählt zu den ältesten Museen des Landes. Es besteht seit 1838 und ist seit 1921 im ehemaligen Agnietenkloster untergebracht. Die fünf Grundkollektionen sind alte Kunst, moderne Kunst, Design und Formgebung, Mode und Stadtgeschichte. Höhepunkte der **alten Kunst** sind Werke von *Saenredam, Van Scorel, Ter Brugghen* und *van Honthorst*. Die Sammlung **moderner Kunst** gibt einen Überblick über die niederländische Malerei des 20. und beginnenden 21. Jh. vor allem mit Werken von *van Doesburg, van der Leck* und den magischen Realisten wie *Koch, Willink* und *Moesman*. Dazu kommt in einem Flügel gegenüber eine große Rietveld-Kollektion. Vom Centraal Museum aus werden auch Besichtigungsfahrten zum Rietveld-Schröderhaus unternommen (siehe dort).

●**Centraal Museum:** Nicolaaskerkhof 10, Tel. 236 23 62, www.centraalmuseum.nl, Di-So 11–17 Uhr, Fr bis 21 Uhr, 1.1., 29.4. und 25.12. geschlossen, Eintritt 8 €, Senioren 5 €, Kinder bis 12 Jahre frei.

## Geldmuseum

Im Geldmuseum wird der Frage nachgegangen: Was tun die Menschen mit dem Geld, was macht das Geld mit den Menschen?

●**Geldmuseum:** Leidseweg 90, Tel. 291 04 92, www.geldmuseum.nl, Di-Fr 10–17 Uhr, Sa und So und feiertags 12–17 Uhr, 1.1. und 25.12. geschlossen, Eintritt 7 €, Kinder bis 18 Jahre frei, Senioren 5 €.

## Moluks Historisch Museum

Das Moluks Historisch Museum erinnert an den vergeblichen Freiheitskampf der **Bewohner der Molukken,** der durch das indonesische Militär niedergeschlagen wurde. Viele Moluken haben sich seither in den Niederlanden angesiedelt.

●**Moluks Historisch Museum:** Kruisstraat 313, Tel. 236 71 16, www.museum-maluku.nl, Di-So 13–17 Uhr, 1.1., Ostersonntag, 25.4. und 25.12. geschlossen, Eintritt 2,50 €, Kinder bis 12 Jahre 1,50 €, Führungen auf Anfrage.

## Wasserleitungsmuseum

Das Wasserleitungsmuseum befindet sich im über hundert Jahre alten **Wasserturm** mit weitem Blick über die Stadt. Hier wird gezeigt, wie die Wasserversorgung funktioniert, wie sie vor hundert Jahren war – und wie man früher mit Wasser umging.

●**Nederlands Waterleidingmuseum:** Lauwerhof 29, Tel. 248 73 78, www.waterleidingmuseum.nl, Di–Fr 13.30–17 Uhr, Sa 11–16 Uhr, feiertags geschlossen, Eintritt 2 €, Kinder und Senioren 1 €.

## Eisenbahnmuseum

Das **Nederlands Spoorwegmuseum** ist im ehemaligen Maliebaan-Bahnhof eingerichtet. Es zeigt die Geschichte des Transports vom Mittelalter über die erste Dampfbahn bis zur modernen Eisenbahn. Dazu sind Bahnmodelle und im Außenbereich **über 60 Loks und Waggons** zu sehen – und es gibt eine Kindereisenbahn.

●**Nederlands Spoorwegmuseum:** Maliebaanstation, Tel. 230 62 06, www.spoorwegmuseum.nl, Di–So 10–17 Uhr, 1.1., 30.4., Ostersonntag geschlossen, Eintritt 13,50 €, Kinder 3–12 Jahre 10,50 €, Senioren 12 €, Parkplatz 4,50 €.

## Universitätsmuseum

Das Universitätsmuseum befindet sich im vormaligen botanischen Labor im Zentrum nahe dem Dom. Es besteht aus einer interessanten, zusammengewürfelten Sammlung, die anschaulich die **Geschichte der Univer-**

**sität** präsentiert. Es geht um das Hochschul- und Studentenwesen, gezeigt werden vor allem auch alte und neue medizinische und botanische Experimentierexponate.

●**Universiteitsmuseum:** Lange Nieuwstraat 106, Tel. 253 80 08, www.uu.nl/uupublish/4192main.html, Di–So 11–17 Uhr, 1.1., 30.4. und 25.12. geschlossen, Eintritt 7 €, Kinder 4–17 Jahre und Senioren 3,50 €.

## Praktische Tipps

### Info

●**Tel.-Vorwahl:** 030
●**VVV Utrecht:** 3512 JC, Domplein 9, Tel. (0900) 128 87 32, Fax 236 00 37, www.utrechtyourway.nl.

### Parken

Freies Parken gibt es in der Innenstadt von Utrecht nicht. Gebühren auf öffentlichen **Parkplätzen** sind in drei Kategorien je nach

Die Oudegracht

**Provinz Utrecht**

Nähe zum Zentrum unterteilt, zwischen 2,10 € und 3,85 €/Std. Das Parkkleitsystem weist in die 11 **Parkhäuser**. Der **Winkelexpress** ist ein Pendeldienst vom P&R Galgenwaard zum Zentrum, Ticket 3,50 € beim Fahrer für 5 Personen, **Transferium** im Süden Utrechts vom Ringweg A12, Abfahrt 16 nach P&R Westraven, Pendelbus 3,50 € für 5 Personen.

## Essen und Trinken

● **Restaurant Het Grachtenhuys** €€€: Nieuwegracht 33, Tel. 231 74 94, klassische Küche modern präsentiert, nur abends geöffnet, 27.12.–5.1. geschlossen.
● **Kaatje's** €€: A. van Oosterlaan 67a, toskanisches Ambiente mit Bistro-Charakter, regelmäßig wechselnde Karte, Ende Febr. und zwei Wochen im Juli geschlossen, So und Mo Ruhetag.
● **Lemonia:** Amsterdamsestraatweg 701/E, Tel. 243 99 99, www.lemonia.nl, griechische Küche, griechisch angehauchtes, hypermodernes Interieur, mit Taverne, verschiedenen Bars, im Sommer mittags geschlossen.

**An der Oudegracht:**
● **Aal Restaurant en Wijnlokaal** €€: Oudegracht aan de Werf 159, Tel. 233 48 26, www.aalrestaurant.nl, typisches Restaurant in altem Gewölbekeller an der Gracht, „burgundische" Atmosphäre, interessante Fischmenüs, gute Weinkarte.
● **Den Draeck** €€: Oudegracht aan de Werf 114/122, Tel. 23 21 999, www.den-draeck.nl, romantische Stimmung wie in einer mittelalterlichen Burg im Gewölbekeller an der Gracht, besonders bei Studenten beliebt, ab nachmittags geöffnet, Terrasse ab 12 Uhr.
● **Le Bibelot** €€: Oudegracht 181, Tel. 231 33 53, www.lebibelot, bezahlbare französische Küche an der Gracht, ab nachmittags geöffnet, Mo Ruhetag.

## Nachtleben

● **City Hall:** Stadhuisbrug (unter dem Stadhuis), Tel. (0620) 84 62 09, www.city-hall.nl, Diskothek mit mehreren Räumen, große und kleine Bars, Fr bis 4 Uhr, Sa bis 5 Uhr.

● **Nieuwe Dikke Dries:** Oudkerkhof 36, Tel. 231 91 12, www.dikkedries.nl, Studentenlokal, Hockey- und Fußballfreunde werden ihre Freude haben. Tagsüber Kaffee und Kuchen und Lunch, abends Do–Sa DJ-Musik.
● **Stairway:** Mariaplaats 11–12, Tel. 232 22 88, www.stairway.nl, Rockcafé in Bahnhofsnähe, entspannte Atmosphäre, Do–Sa ab 20 Uhr geöffnet.

## Unterkunft

● **Grand Hotel Karel V** €€€€€: Geertebolwerk 1, 3511 XA, Tel. 233 75 55, Fax 233 75 00, www.karelv.nl, Spitzenhotel in der ehemaligen Kommende des Deutschritterordens, stadtnah mit schönem Garten, Suiten und Zimmer in historischen und modernen Gebäudeteilen, mit **Brasserie Goeie Louisa.**
● **Mitland** €€€€: Ariënslaan 1, 3573 PT, Tel. 271 58 24, Fax 271 90 03, www.mitland.nl, moderner Bau am Stadtrand in einem Park, von Wasser umgeben, mit Restaurant, Brasserie, Schwimmbad, Wellnessbereich und mit Gartenterrasse.
● **Bastion** €€€: 3526 LD, Mauritiuslaan 1, Tel. 287 14 00, Fax 287 10 12, www.bastionho tels.nl, an der A12, Abfahrt 17, am Stadtrand, gute öffentliche Verkehrsmittel zur Innenstadt, 80 Standardzimmer.
● **Jugendherberge:** Stayokay Utrecht-Bunnik, 3981 HH Bunnik, Rhijnauwenselaan 14, Tel. 656 12 77, Fax 657 10 65, www.stayokay.nl, für Gruppen ganzjährig geöffnet, für Einzelreisende im Winter nur an Wochenenden, Doppelzimmer mit Frühstück 29–40 €.
● **Camping:** De Berekuil, 3573 AP, Arienslaan 5, Tel. 271 38 70, Stadtcamping, ganzjährig geöffnet.

## Veranstaltungen

So vielfältig die Sehenswürdigkeiten von Utrecht sind, so vielfältig ist auch das Kulturangebot. Die Palette beinhaltet Konzerte, Theater, Ausstellungen, Märkte, Festivals, Straßenaktivitäten etc. Bekannt ist Utrecht beispielsweise für seine Festivals, so z.B. das **Blues-Festival** am dritten Wochenende im April mit Straßenkonzerten in der Innenstadt, das **Fijfdaags Jazzfestival** Ende Juni, das große **Straßenfest** Ende Juni, die **Museumsnacht** Anfang Juli, das Tanzfestival **Springdance** zweijährig im April, das berühmte **Festival Oude Musiek** Anfang September und das nicht minder berühmte **Filmfestival** Ende September.

## Aktivitäten

● **Bootsrundfahrten:** Rederij Lovers, Weerdsingel WZ, Tel. 231 64 68, www.loversutrecht.nl, Abfahrten an der Oudegracht a/d Weerf 67, Fahrten durch das Museumsquartier, Themenfahrten, Arrangement „Burgondisch Tafelen", Fahrten März bis Dez., spezielles Angebot: Running Dinner, Juni bis Dezember Bootstouren durch Utrecht mit Aperitif, Vorspeise, Hauptgang, Nachspeise in unterschiedlichen Lokalen und an Bord, pro Person 74,50 €.

● **Holland Casino Utrecht:** Overste den Oudenlaan 2, Tel. 750 47 50, www.hollandcasino.nl/utrecht, Amerikanisches Roulette, Black Jack, Punto Banco, 700 Spielautomaten, täglich 12.30–3 Uhr, 4.5. und 31.12. geschlossen, Mindestalter 18 Jahre.

● **Kidzcity:** Vlampijpstraat 79, Tel. 242 00 42, www.kidzcity.nl, größtes In-Door-Kinderspielparadies im Randstad-Bereich mit 5000 m$^2$ Attraktions- und Spielfläche für Kinder bis 12 Jahre, Di 10–19 Uhr, Mi–So 10–18 Uhr, in den Schulferien auch Mo, Eintritt für Kinder ab 4 Jahre und Erwachsene 9 €, unter 4 Jahre frei, Senioren 8 €.

● **Golf:** Golfbaan Amelisweerd, 3585 LH, Mereveldseweg 7, Tel. 25466 48, www.amelisweerd.nl, 18-Loch-Bahn, 9-Loch-Bahn, Gastronomie, Golfschule, Golfshop.

## Einkaufen

● **Allgemeiner Warenmarkt:** Di 9–15 Uhr Smaragdplein, Mi 9–13 Uhr Oppenheimplein, Mi 9–17 Uhr, Fr 9–17 Uhr und Sa 8–17 Uhr Vredenburg (Zentrum).

● **Blumenmarkt:** Sa 7–16 Uhr Jankerkerkhof, Sa 8–17 Uhr Oudegracht.

● **Bauernmarkt:** Fr 12–18 Uhr Vredenburg.

● **Schnäppchenmarkt:** Sa 8–13 Uhr Breedstraat.

● **Keramik:** Mobach Keramiek b.v., Kanaalweg 24, Tel. 288 02 90, www.mobach-kera

miek.nl, traditionelle Keramikherstellung seit 5 Generationen, nur Unikate, angeschlossenes Keramikmuseum, Schauraum Mo–Fr 9–17 Uhr, Sa 13–17 Uhr, So 13–17 Uhr (Museum geöffnet).

● **Krämereien:** Historischer Laden Betje Boerhave, Hoogt 6, Tel. 231 66 28, 5 Min. vom Dom entfernt. Hier gibt es vor allem noch die alten Süßigkeiten, abgewogen auf einer Schalenwaage, in spitzen Tüten verpackt. Im Obergeschoss befindet sich ein kleines Krämermuseum. Geöffnet Di–Sa 12.30–16.30 Uhr, feiertags geschlossen.

# Umgebung von Utrecht

## Seengebiete

Der Westteil der Provinz Utrecht ist flach, weitläufig landwirtschaftlich geprägt und von Flüssen durchzogen. Im Norden dehnt sich das Seengebiet an der Vecht mit den **Loosdrechtse Plassen** im Osten und den **Vinkeveense Plassen** im Westen aus. Sie entstanden durch Torfabbau seit dem 16. Jh. Heute ist diese Seenplatte ein **Erholungsgebiet,** im Norden befindet sich ein Yachthafen. In einigem Abstand südlich der Loosdrechtse Plassen schließen sich die **Maarsseveense Plassen** an, die zum Teil Wassersportgebiet, zum Teil Vogelreservat sind.

## Maarssen      ♪ XI/C2

Der Ort Maarssen, in dessen Kern noch mehrere schöne alte Häuser und das heute als Heimatmuseum genutzte Schloss Goudestein stehen, ist praktisch schon Vorort von Utrecht.

Nahe dem Ort Maarssen erhebt sich am rechten, gegenüber liegenden Vecht-Ufer **Slot Zuylen,** eine Wasserburg aus dem 16. bis 18. Jh., die 1952 dem Staat mit seiner Einrichtung im Stil des 18. Jh. als Museum übergeben wurde. Zu sehen sind schönes altes Mobiliar, ein alter Wandteppich, Porzellan, Bücher und historische Einrichtung, auch eine Schlangenmauer, in deren Windungen schon im 18. Jh. Feigen und andere mediterrane Pflanzen erhalten wurden.

Des Weiteren steht westlich von Maarssen **Kasteel De Haar,** die größte Burg der Niederlande inmitten eines ausgedehnten Parks, ein vom Architekten *P.J.H. Cuypers* 1892 im neugotischen Stil errichteter Bau. einzelne Räume des Schlosses mit schönem Mobiliar, Gemälden und interessanten sanitären Einrichtungen können besichtigt werden, besonders interessant sind die angebotenen Cuypers-Lesungen und die Kinderführungen.

● **Slot Zuylen:** Oud-Zuilen, Tournooiveld 1, Tel. (030) 244 02 55, www.slotzuylen.nl, mit Museumsladen und Teecafé, Führungen Di und Do 11–16 Uhr stündlich, Sa 14, 15 und 16 Uhr, So 13–16 Uhr stündlich, Mitte März bis Mitte Mai und Mitte Sept. bis Mitte Nov. Sa 14, 15 und 16 Uhr, So 13–16 Uhr stündlich, ansonsten geschlossen, Eintritt 7 €, Senioren und Studenten 6 €, Kinder 4–16 Jahre 4 €.
● **Kasteel De Haar:** Haarzuilens, Kasteellaan 1, Tel. (030) 677 85 15, www.kasteeldehaar. nl, wechselnde Öffnungszeiten, im Sommer stündlich Führungen um die Mittagszeit, Führung (bzw. Kinderführung) 8 €, Kinder 5 €, Eintritt nur Park 3 €, Kinder 2 €, Parken 3 €.

## Lopikerwaard

Im Süden des Utrechter Poldergebietes erstreckt sich beiderseits der Hollandse IJssel der Lopikerwaard bis zum Lek, ein ehemaliges Sumpfgebiet, mit dessen Trockenlegung im 11. Jh. begonnen wurde. Hierzu zog man Entwässerungsgräben und legte Schleusen an, das Land wurde in Landwirtschaftsparzellen aufgeteilt. Heute ist der Lopikerwaard ein großes Weidegebiet mit intensiver Milchwirtschaft und umfänglicher Käseproduktion – Gouda ist nicht weit! Viele schöne Bauernhöfe zeugen davon, dass hier schon lange erfolgreich Landwirtschaft betrieben wird. Vier große Pumpwerke halten das Gebiet trocken.

## Woerden ⚓ XI/C2

Woerden liegt am Nordrand des Lopikerwaard. Hier hatten die Römer 40 n. Chr. ein Kastell errichtet, denn in der Antike floss hier der Rhein (heute der Oude Rijn) als Grenze des Römischen Reiches entlang. Im 12. Jh. wurde die Siedlung befestigt, erhielt Wälle, ein Schloss und Grachten. Um 1410 begann der Bau des Kastells, 1501 wurden das Rathaus und 1755 die **Getreidemühle De Windhond** als Galeriehölländer errichtet. Im dazugehörigen Gebäude ist der VVV untergebracht.

Die **Befestigungsanlagen,** die heute noch am Wallgrabenverlauf der Singel zu erkennen sind, waren so stark, dass die Stadt im Achtzigjährigen Krieg der Belagerung durch spanische Truppen widerstehen konnte, allerdings wurde sie 1672 von französischen Truppen eingenommen. Weitere sehenswerte Bauten sind die katholische Petruskirche und die protestantische Kirche aus dem 17. Jh. sowie das Arsenaal aus dem Jahr 1762. Dem Kastell gegenüber steht das alte **Kloster,** dessen neugotische Klosterkirche eine wunderschöne Innenraumgestaltung aufweist.

Das **Heimatmuseum** im alten Rathaus mit seinen hübschen Ecktürmen, der großen Fensterfront und dem authentischen Ratssaal im ersten Stock aus dem 17. Jh. zeigt Bilder von Malern aus Woerden, wie *Herman van Swanevelt* (1600–55), *Cornelis Vreedenburgh* (1880–1946) und *Leo Gestel* (1881–1941), darüber hinaus Funde aus römischer Zeit.

Von Woerden führt ein hübscher **Fahrradweg** entlang der mit Weiden gesäumten Kromme Mijdrecht über Linschoten nach Oudewater.

● **De Windhond:** Wilhelminaweg 1, Tel. 41 73 32, Mi 10–12 Uhr und 13–16.30 Uhr.
● **Stadsmuseum Woerden:** Kerkplein 6, Tel. 43 10 08, www.stadsmuseumwoerden.nl, Di–So 13–17 Uhr, Oster- und Pfingstsonntag, 25.12. und 1.1. geschlossen, Eintritt 1,40 €, Kinder bis 16 Jahre gratis.

## Info

● **Tel.-Vorwahl:** 0348
● **VVV Het Groene Hart Kantoor Woerden:** 3441 BA, Molenstraat 40, Tel. 41 44 74, Fax 41 78 43, www.vvvwoerden.nl.

## Unterkunft, Essen und Trinken

● **Beuren** €€: Groenendaal 28, Tel. 41 53 00, www.beuren.nl, modern eingerichtetes Lokal mit Terrasse, ab 10 Uhr, Mo Ruhetag.

● **Grand Kasteel Woerden** €€€€: 3441 BZ, Kasteel 3, Tel. 43 10 00, Fax 46 50 50, www.grandkasteelwoerden.nl, im alten Kastell mit großzügigem Saal, mit Brasserie für Lunch, Kaffee und Dinner, ganztägig 8–24 Uhr, Sa 14–24 Uhr.
● **Woerden** €€€: 345 AL, Utrechtsstraatweg 25, Tel. (0900) 522 52 25, www.bwwoerden.nl, ein Hotel der Best-Western-Kette am Stadtrand, funktional eingerichtete Zimmer, 19.12.–1.1. geschlossen.

## Veranstaltungen

● **Zapfenstreich:** im September, ältester niederländischer „Bürger-Zapfenstreich", gespielt vom Orchester „Harmonie de Vriendschap".
● **Konzerte:** Stichting Concerten Huis te Linschoten, www.huistelinschoten.nl, Sommerkonzerte im 90 Personen fassenden Saal von Huis te Linschoten, einem 1637 errichteten Herrenhaus in schönem Park beim Dorf Linschoten südlich von Woerden.

## Einkaufen

● **Wochenmarkt:** Sa 9–14 Uhr Hoogwoerd, im Zentrum, mit Streichelzoo.
● **Rindermarkt:** Woerdener Jahrmarkt jeweils an einem Mi im Okt. – hier gibt es traditionell *snert,* eine besonders dicke Erbsensuppe.

# Oudewater   ↗ XI/C2

Das durch seine reizvolle Altstadt – aber vor allem durch seine Hexenwaage – weithin bekannte Oudewater liegt an der Hollandse Ijssel nahe der Grenze zur Provinz Zuid-Holland. Die über tausendjährige Stadt erhielt 1265 durch den holländischen Graf *Floris V.* Stadtrechte und wurde als Grenzfeste gegen die Utrechter Bischöfe ausgebaut.

Berühmtheit erlangte Oudewater durch die hier seit dem Ende des 15. Jh. durchgeführten **Hexenprozesse,** die aber weniger grausam als beispielsweise im Deutschen Reich waren. Eigens zu diesem Zweck baute man die **Hexenwaage,** denn man ging davon aus, dass die zum Flug fähigen Hexen kaum mehr als etwa fünf Kilogramm wiegen konnten. Wogen als Hexen angeklagte Frauen mehr, unterstellte man ihnen, die Waage mit dem Teufel manipuliert zu haben – das führte dann zur Verurteilung. Als der Achtzigjährige Krieg ausbrach und Oudewater sich den niederländischen Aufständischen anschloss, blieb man in der Stadt Katholiken gegenüber tolerant. Hier konnten sich Beschuldigte durch Wiegeproben ein Gutachten über ihr tatsächliches Gewicht anfertigen lassen, das vom Gericht anerkannt wurde. An dieser Praxis wurde bis zum Beginn des 18. Jh. festgehalten. Die Wiegeproben fanden zunächst im Rathaus und dann ab 1595 in der eigens hierfür gebauten **Stadtwaage** statt, die man mit einem geschmückten Renaissancegiebel versah.

Exponiert am Rande der Altstadt erhebt sich die **St. Michaëlskerk,** eine Hallenkirche aus dem 15. Jh., deren mit einem Satteldach eingedeckter Turm noch aus dem 13. Jh. stammt. Ab dem beginnenden 17. Jh. profitierte Oudewater vom neuen Wohlstand der Niederlande. Seither säumen viele hübsche Renaissancehäuser die Gassen der Altstadt. Sehenswert sind besonders die spätgotische **Reformierte Hallenkirche** aus dem 15. Jh. mit dem mit einem Satteldach versehenen Turm aus der Zeit um 1300 sowie das 1588 gebaute **Rathaus** mit Freitreppe und seitlichem Treppengiebel.

● **Heksenwaag:** Leeuweringerstraat 1, Tel. (0348) 56 34 00, www.heksenwaag.nl, Touristinnen können sich wiegen lassen und eine Bescheinigung erhalten, nach der sie „die normalen Proportionen des Körpers" haben, April bis Nov. Di–So 11–17 Uhr, Eintritt 4,25 €, Kinder 4–12 Jahre 2 €.

### Essen und Trinken

● **Joia** €€: Havenstraat 2, Tel. (0348) 56 71 50, www.brasseriejoia.nl, gesellige Brasserie im Herzen von Oudewater in Sichtweite der Hexenwaage, Anfang Jan. geschlossen, Mo und Di (im Winter) Ruhetag.

Renaissance-Haus in Oudewater

# Zeist
⤴ XI/D2

# Utrechter Hügelrücken

De Utrechtse Heuvelrug durchzieht von Baarn bis Rhenen als lang gestreckte Sandablagerung mit weitläufigen **Wald- und Heideflächen** den gesamten Osten der Provinz Utrecht. Die höchste Erhebung ist der Amerongse Berg mit 69 m. Das westliche Vorland des Hügelrückens wird vom Kromme Rijn durchflossen, das östliche Vorland von der Eem.

Bis zum Mittelalter durchfloss ein Hauptarm des Rheins das westliche Vorland des Utrechter Hügelrückens. Verblieben ist der **Kromme Rijn** (Krummer Rhein) als Abschnitt seines alten Flussbetts, der heute bei Wijk bij Duurstede vom Nederrijn (Niederrhein) abzweigt und sich unter Windungen nach Utrecht wendet – ab Woerden heißt er dann Oude Rijn. An seinen Ufern gibt es viele Schlösser und Herrensitze.

Der Utrechter Hügelrücken verdankt seine Entstehung der vorletzten Eiszeit. Vor dieser Zeit flossen Maas und Rhein nach Norden und setzten dicke Sedimentschichten ab. Während der Riss-Eiszeit waren die heutigen nördlichen Niederlande mit Gletschereis bedeckt, das die Sedimente zu Wällen aufhäufte – so auch den Utrechste Heuvelrug. In der letzten Würm-Eiszeit drangen die Gletscher nicht mehr so weit vor, aber der Boden blieb durch Permafrost vegetationsarm. So setzten sich auf den Wällen angewehte Sandschichten ab, die sich nach dem Ende der Eiszeit bewaldeten. Erst im Mittelalter setzten dann Rodungen ein, um Weideflächen für Vieh zu schaffen. So bildeten sich auf dem sandigen Hügelrücken **Heide- und Wanderdünenflächen.** Im 19. und 20. Jh. wurde dann wieder großflächig aufgeforstet.

Unmittelbar östlich von Utrecht liegt Zeist inmitten des Hügelrückens – eine Stadt, die vor allem von Parks und Gärten der **Villen und Landhäuser,** die sich hier wohlhabende Utrechter Bürger im 19. Jh. bauten, gekennzeichnet ist. Entstanden ist die Siedlung um Schloss Zeist, in seiner heutigen Form 1686 durch den Architekten *Jacob Roman* gebaut. Im 18. Jh. siedelte sich hier die Herrenhuter Brüdergemeinde an, Anhänger des 1415 auf dem Scheiterhaufen verbrannten tschechischen Reformators *Jan Hus.*

## Schloss Zeist

Vom Ortszentrum führt eine Allee zum Schloss, die Gebäude zu beiden Seiten dieser Allee wurden ab 1748 von den Herrenhutern gebaut. Schloss Zeist, ein reich dekoriertes und ausgestattetes Bauwerk, ist eines der sehenswertesten Schlösser in den Niederlanden und von schönen Parkanlagen umgeben. Es wurde anstelle eines verfallenen Vorgängerbaus von *Willem Adriaan,* Graf von Nassau-Odijk, ab 1677 errichtet. Sein Vorbild war Schloss Versailles – entsprechend prächtig fiel der Bau aus. Das **klassische Interieur** wurde von *Daniël Marot* geschaffen. Seit den 1920er Jahren ist das Schloss im Besitz der Stadt Zeist, die darin ein **Kulturzentrum** eröffnet hat.

● **Slot Zeist:** Zinzendorflaan 1, Tel. 69 21 704, www.slotzeist.nl, Mo–Fr 9–18 Uhr, Sa und So 13–18 Uhr, Ostersonntag, Weihnachten, 31.12. und 1.1. geschlossen, Führung 4,50 €, Kinder und Senioren 3,50 €.

**Provinz Utrecht**

## Pyramide von Austerlitz

Inmitten der waldreichen Umgebung im Südosten von Zeist steht auf einem künstlichen Hügel die Pyramide von Austerlitz. Hier hatten sich *Napoleons* Truppen 1804 vor der Schlacht gesammelt, die ihm 1805 in der Dreikaiserschlacht im heutigen slovakischen Austerlitz den Sieg über Österreich und Russland erbrachte. Napoleons Bruder, seit 1806 König der Niederlande, beschloss daraufhin, dem Sammelplatz und dem kleinen Ort anbei den Namen des Schlachtortes zu geben und ließ eine Pyramide errichten. Der hölzerne Aufsatz wurde 1898 durch eine Steinpyramide ersetzt, von der man einen weiten Blick über den Utrechter Hügelrücken hat. Bei der 2004 restaurierten Pyramide befindet sich ein kleiner Freizeitpark.

### Info

● **Tel.-Vorwahl:** 030
● **VVV Zeist:** 3701 GL, Slotlaan 24, Tel. (0900) 109 10 13, Fax 692 00 17, www.vvvzeist.nl.

### Unterkunft, Essen und Trinken

● **Beyerick** €€€: Jagerlaan 1, Tel. 692 34 05, www.beyerick.nl, familiäres Restaurant im Zentrum, gekonnte moderne Küche, erste Februarwoche und Ende Juli/Anfang August geschlossen, Mo und Di Ruhetag.
● **Kasteel 't Kerckebosch** €€€€: Arnhemse Bovenweg 31, 3708 AA, Tel. 692 66 66, Fax 692 66 00, www.bilderberg.nl/hotels/kasteel-kerckebosch, 1904 gebautes neugotisches Herrenhaus in waldreicher Lage inmitten eines großen Parks, ein Hotel der Bilderberg-Gruppe, luxuriöse Einrichtung, 31.12.–2.1. geschlossen, angeschlossenes Restaurant **De Kamer van Lintelo** €€€€ mit Gartenterrasse, 27.12.–3.1. geschlossen, Sa mittags und So Ruhetag.

# Doorn

🖉 XI/D2

Wie viele andere Orte im waldreichen Hügelrücken ist auch Doorn beliebter Wohnsitz von Begüterten und Reichen aus den städtischen Zentren. Ende des 9. Jh. wurde an dieser Stelle erstmals ein Hof namens *Thorhem* erwähnt – am Sitz des Donnergottes Thor. Um 1200 gehörte dieser Hof dem Dompropst von Utrecht. Einer seiner Nachfolger ließ im 14. Jh. Huis Doorn und eine Kirche, die heutige reformierte Kirche, errichten. Dieses **Kasteel Huis Doorn** ist als letzter Wohnsitz des deutschen Kaisers *Wilhelm II.* berühmt geworden. Zu sehen sind alte Kunstschätze und umfangreiche Einrichtungsgegenstände vom Ende des 19. Jh. und viele persönliche Habseligkeiten Wilhelms – Gegenstände, die er aufgrund einer Vereinbarung mit dem deutschen Staat 1920 aus seinem früheren Besitz in Deutschland in die Niederlande bringen durfte.

Außerdem steht nordöstlich von Doorn **Kasteel Moersbergen,** 1435 errichtet und seit dem 17. Jh. mehrfach umgebaut. Das großartige Schloss ist von einem Wassergraben umgeben.

● **Kasteel Huis Doorn:** Langbroekerweg 10, Tel. 42 10 20, www.huisdoorn.nl, Mitte Mai bis Mitte Sept. Di-Sa 10–17 Uhr, So 13–17 Uhr, ansonsten Fr, Sa und So 11–17 Uhr, im Winter ab 13 Uhr, Eintritt 5,50 €, Kinder 6–15 Jahre 1 €.
● **Kasteel Moersbergen:** Moersbergselaan 17, www.shopsell.nl, im Besitz der Großhandelsgesellschaft Shopsell, nur Außenbesichtigung möglich.

# Kaiser Wilhelm II. in Doorn

*Friedrich Wilhelm Viktor Albert von Preußen,* geboren 1859, deutscher Kaiser 1888–1918, verstarb am 4. Juni 1941 in Doorn. Nach dem verlorenen Ersten Weltkrieg musste Wilhelm abdanken, ging ins **Exil** zunächst nach Amerongen und erwarb dann **Haus Doorn.** Nach dem Tod seiner Frau *Auguste Viktoria von Schleswig-Holstein-Sonderburg-Augustenburg* heiratete er erneut die verwitwete Prinzessin *Hermine von Schönaich-Carolath.* In Doorn verfasste Wilhelm seine Memoiren und hoffte auf die Wiederherstellung der Monarchie – aber *Hitler* hielt ihn hin. Über Ausschreitungen gegen Juden in der Kristallnacht im

November 1938 äußerte sich Wilhelm entsetzt. Nach der Besetzung der Niederlande durch deutsche Truppen 1940 ließ Hitler Haus Doorn durch die Geheime Feldpolizei abriegeln.

Nach dem Zweiten Weltkrieg ging Haus Doorn mit all seinen Einrichtungsgegenständen in niederländischen Staatsbesitz über. Wilhelm hatte es mit Möbeln und Bildern aus seinen drei Schlössern in Berlin und Potsdam ausgestattet. Hierzu wurde eigens ein Zug mit 69 Waggons aus Deutschland benötigt. Da Vorfahren von Kaiser Wilhelm vom Haus Oranien-Nassau abstammten, war er auch ein Prinz von Oranien. Er berücksichtigte diese Tatsache, als er sein neues Domizil in Doorn einrichtete, z.B. mit Porträts von Mitgliedern des niederländischen Königshauses.

Huis Doorn beherbergt Original-Einrichtungsgegenstände des Kaisers

098ni Foto: ot

## Info

- **Tel.-Vorwahl:** 0343
- **VVV Utrechtse Heuvelrug Locatie Doorn:** 3941 HV, Tel. 41 20 15, www.vvvheuvelrug.nl.

## Aktivitäten

- **Reiten:** Lis Hartel, Oude Arnhemse Bovenweg 3, Tel. 52 18 07, www.lishartel.nl, Reitstall auch für Behinderte.

## Einkaufen

- **Kaasboerderij Doornvoort:** Langbroekerweg 15, Tel./Fax 415974 www.doornvoort.nl, Milchbetrieb auf dem Hügelrücken, bietet Bauernkäse in verschiedenen Variationen, Di–Fr 9–12.30 Uhr, Sa 9–16 Uhr.

# Amerongen  ♫ XI/D2

Amerongen liegt im südlichsten Teil des Utrechter Hügelrückens schon dicht am Nederrijn. Früher war der Ort vom Tabakanbau geprägt – man kann noch manche Scheune zum Trocknen der Blätter entdecken. Im **Amerongs Historisch Museum,** das in einer solchen Scheune untergebracht ist, werden Exponate zur Geschichte des Tabakanbaus im Ort gezeigt. Heute spielt hier der Tourismus eine große Rolle. Reizvoll ist der Dorfplatz mit seiner historischen Bebauung und der gotischen **Andrieskerk** aus dem 15. Jh. mit erhöhtem Chor und einem Turm aus dem 16. Jh. nach dem Vorbild des Utrechter Doms.

Doch eigentlich bekannt ist der Ort durch **Kasteel Amerongen,** in dem Kaiser *Wilhelm II.* zunächst sein Domizil aufgeschlagen hatte, nachdem er nach dem Ersten Weltkrieg Deutschland verlassen musste. Kasteel Amerongen wurde 1286 durch die Gebrüder *Henric* und *Diesderic Borre* mit Zustimmung des holländischen Grafen *Floris V.* erbaut. 1672 zerstörten französische Truppen die Burg, die dann 1680 als stattliches Herrenhaus im klassisch-barocken Stil neu errichtet wurde. 1879 ließ es der damalige Besitzer Graf *Godard van Aldenburg Bentinck* einer gründlichen Innenrenovierung durch den Architekten *Cuypers* unterziehen. Seine Familie war es auch, die den deutschen Kaiser hier wohnen ließ, bis er Haus Doorn gekauft hatte. Seit 1977 befindet sich Schloss Amerongen im Besitz der Stichting Utrechtse Kasteelen, die den Bau bis 2010 renovieren möchte. Die Parkanlage aus dem 18. Jh. hat Sichtachsen, einen Blumengarten und ein Rosarium.

- **Amerongs Historisch Museum:** Burgemeester H. van de Boschstraat 46, Tel. 45 65 00, April bis Okt. Di–So 13–17 Uhr, Gruppen nach Absprache, Eintritt 1,50 €, Kinder 5–13 Jahre 1 €.
- **Andrieskerk:** Hof 16, Tel. 45 45 47, www.andrieskerk.nl, Juli/Aug. Di–Sa 14–16.30 Uhr.
- **Kasteel Amerongen:** Drostestraat 20, Tel. 45 42 12, www.kasteel-amerongen.nl, teilweise bewohnt, nach der Renovierung wieder geöffnet April bis Okt. Di–Fr 9–17 Uhr, Parkeintritt 2 €.

## Info

- **Tel.-Vorwahl:** 0343
- **VVV Amerongen:** 3958 BK, Drostestraat 20, Tel. 452 020.

Kasteel Amerongen

## Essen und Trinken

●**Herberg den Rooden Leeuw** €€€: Drostestraat 35, Tel. 45 40 55, www.denrooden leeuw.nl, Restaurant mit skanidanvischer Einrichtung in Anlehnung an die Herkunft der Besitzer, holländische Küche, Di und Mi Ruhetag.

# Wijk bij Duurstede ⚓ XI/D2-3

Wijk bij Duurstede liegt dort, wo der Amsterdam-Rijnkanaal den Nederrijn quert – hier wird aus dem Nederrijn der Lek. Im Mittelalter lag etwas nördlich an der damaligen Gabelung des Niederrheins und des Kromme Rijn die bedeutende Handelsstadt **Dorestad,** deren Blüte vom 7. bis 9. Jh. reichte. Ein Wikingerüberfall im Jahre 863 und anschließende Flussverlagerungen bedeuteten das Ende der Stadt. Am heutigen Platz Wijk bij Duurstede ließ *Zweder van Abcoude* im 13. Jh. einen Wohnturm erbauen, den er in Anlehnung an Dorestad nunmehr Duurstede nannte. Die Siedlung erhielt 1300 Stadtrechte.

Im 15. Jh. wurde **Kasteel Duurstede** vom Utrechter Bischof bewohnt. Nach der Reformation fiel es an die Staaten van Utrecht. 1672 wurde es von französischen Truppen zerstört und von den Bewohnern Wijks bis auf zwei Türme geschleift – das Steinmaterial nutzten sie als Baustoff. Die Burgruinen gehören zu den ältesten der Niederlande. Sie sind umgeben von ei-

**Provinz Utrecht**

nem Burggraben, der nur über eine Zugbrücke Zugang gewährt. Erhalten ist auch der Donjon aus dem Jahre 1270 sowie der viereckige Burgunder Turm. Der Burgpark, 1852 vom berühmten Landschaftsarchitekten *Jan David Zocher* angelegt, hat einen über 150-jährigen Baumbestand.

Abseits großer Industrieanlagen zeigt Wijk bij Duurstede heute den Charakter eines ansehnlichen Provinzstädtchens. Der Markt in der Altstadt mit ihren alten Häusern wird von der Grote Kerk aus dem 14. bis 15. Jh. beherrscht. Reizvoll ist die Windmühle auf dem Deich, von der es ein berühmtes Bild von *Jacob Izaaksoon van Ruisdael* (1628–82) gibt – die Mühle wurde jedoch im 19. Jh. durch die heutige ersetzt. Sehenswert ist auch das **Museum Dorestad,** das Exponate aus den Ruinen von Dorestad und ein Modell der alten Anlage zeigt.

- **Kasteel Duurstede:** Langs de Wal 6–7, Tel. 57 13 03, www.kasteelduurstede.nl, Besichtigung nach Absprache mit dem VVV.
- **Museum Dorestad:** Muntstraat 42, Tel. 57 14 48, www.museumdorestad.nl, mit Café und Museumsladen, Di–So 13.30–17 Uhr, Eintritt 2,50 €.

## Info

- **Tel.-Vorwahl:** 0343
- **VVV Wijk bij Duurstede:** 3961 BC, Markt 24, im alten Stadthaus, Tel. 57 59 95, Fax 57 10 67, www.wijkbijduurstede.nl.

## Unterkunft, Essen und Trinken

- **Pippijn** €€€: Markt 1–2, Tel. 57 13 72, Fax 57 37 96, www.pippijn.nl, frühere Poststation, französisch-italienische Küche, behag-

licher Gästeraum, mit Terrasse, Mo Ruhetag, angeschlossenes **Hotel** €€, 27.12.–9.1. geschlossen.

## Aktivitäten

- **Rundfahrt über den Lek:** Rederij Cunera, ca. 1½ Std., Mai bis Sept. Mi und So 14 Uhr, Abfahrt an der Mühle, Voranmeldung und Kartenbestellung beim VVV.
- **Boerengolf:** Boerderij Boerenstee, Rijndijk 6, Tel. 57 13 87, www.koeienvlaaien.nl, mit Bed & Breakfast.

# Im Land der Eem

Ostwärts neigt sich der Utrechter Hügelrücken zum **Tal der Eem** (Eemvallei) herab – in dessen südlicher Fortsetzung stellt der Valleikanaal die Verbindung zum Nederrijn her. Die Eem ist nur 19 km lang und mündet ins Eemmeer, einen Arm des Ijsselmeeres. Im Zuge der Bodenabsenkung durch Entwässerung des Tals der Eem fließt der kleine Fluss über dem Niveau seiner Umgebung. Bei niedrigen Wasserständen im Sommer wird Wasser aus dem Nederrijn durch den Valleikanaal in die Eem gepumpt. Die Eempolder gehören landschaftlich zu den schönsten der Region. Der Valleikanaal geht zurück auf einen im Mittelalter angelegten Entwässerungsgraben, der Ende der 1930er Jahre den Erfordernissen der Gegenwart angepasst wurde.

In Spakenburg wird noch viel Tracht getragen

# Bunschoten-Spakenburg ⚓ XI/D1

Bunschoten liegt ganz im Norden der Provinz Utrecht und mit dem heutigen Ortsteil Spakenburg am **Eemmeer.** Hier lebt man überwiegend von der Landwirtschaft, während Spakenburg schon immer ein **Fischerdorf** war. Der alte Ort mit seinen malerischen Gassen erinnert noch an das frühere Leben der Fischer an der Zuiderzee. Im alten Hafen, heute **Museumhaven** genannt, findet man eine alte Schiffshelling, die noch in Betrieb ist, und viele renovierte Fischerboote, die heute teilweise für Ausflugsfahrten genutzt werden. Am Ende des Havendijk in der ehemaligen Versteigerungshalle werden **Versteigerungsdemonstrationen** durchgeführt, altes Werkzeug erklärt

und Auskunft über die Fischereigeschichte des Dorfes gegeben.

In Bunschoten-Spakenberg hat sich bis heute eine streng reformierte Gemeinde erhalten – insofern werden hier zum Kirchgang und besonders zu den Spakenburger Festtagen noch die alten **Trachten** getragen. Schwarze Röcke mit blauer Schürze und Mieder mit Blumenmustern und kariertem Mittelstreifen kennzeichnen diese Tracht mit Häkel- und Schulterhaube, Witwen tragen über der Bluse ein dunkles Plastron, eine Art Krawatte.

●**Fischversteigerung:** Info: VVV, Eintritt für Gruppen bis 20 Personen 45 €, danach 2,25 € pro Person (Fisch nicht inbegriffen).

## Info

●**Tel.-Vorwahl:** 033
●**VVV Spakenburg:** 3752 AH Spakenburg, Oude Schans 90, Tel. 298 21 56, Fax 299 62 35, www.vvvspakenburg.nl.

## Essen und Trinken

●**De Mandemaaker** €€: Spakenburg, Kerkstraat 103, Tel. 298 02 55, www.demande maaker.nl, touristischer Anziehungspunkt im Ort, hell und freundlich eingerichtetes Restaurant mit traditioneller (Fisch-)Küche, So Ruhetag.

## Museen

●**Spakenburgs Museum 't Vurhuus:** Oude Schans 47–56, Tel. 298 33 19, www.vurhuus. nl, Trachten- und Heimatmuseum mit Heringsräucherei, Ostern bis Okt. Mo–Sa 10–17 Uhr, Gruppen auf Anfrage auch im Winter, Eintritt 2,50 €, Kinder 1,50 €, Senioren 2 €.
●**Klederdracht & Visserijmuseum:** Spakenburg, Kerkstraat 20, Tel. 299 67 82, www. kenvmuseum.nl, Trachten- und Fischereimuseum, über 120 Puppen in Tracht gekleidet, Mitte April bis Mitte Sept. Mo–Sa 10–17 Uhr, Trachtenvorführung auf Anfrage, Eintritt 2 €.

100m Foto: ot

**Provinz Utrecht**

● **Getreidemühle De Hoop:** Bunschoten, Tel. 299 14 78, nach Abriss der letzten Mühle in Bunschoten wurde eine komplette Originalmühle errichtet, mit der wieder Getreide gemahlen wird.

### Einkaufen

● **Wochenmarkt:** Jeden Sa in Spakenburg 10–17 Uhr, über 100 Stände und Buden, hier sind viele Trachten zu sehen.
● **Bunschoter Boeren en Beesten Boel:** Bauern- und Tiermarkt am 1. Sa im Juni 10–17 Uhr, mit einer großen Auswahl an agrarischen Produkten wie hausgemachtem Honig, Ziegenkäse, Obst und Gemüse, Senf und Marmelade, auch Pflanzen, es werden die holländischen *Poffertjes* gebacken.

### Veranstaltung

● **Spakenburger Tage:** Jeweils 4x mittwochs im Juli/Aug. 10–17 Uhr, Präsentation neuer und alter Formen der Tracht, Demonstration von Netzflickern, es werden Schiffsmodelle gezeigt und Fischversteigerungen organisiert; Musik, Puppentheater, Clownvorführungen, auf dem Marktplatz großer Warenmarkt. Höhepunkt während des ersten Tages ist die historische Parade mit Trachten aus allen Teilen der Niederlande.

# Amersfoort ⤢ XI/D2

Amersfoort liegt am Zusammenfluss der Barneveldse und Luntersche Beek, die ab hier die Eem bilden. Der Ortsname bedeutet „Furt am Amer". Der Ort wurde erstmals 1028 als bäuerliche Niederlassung erwähnt. Im 12. Jh. entstand eine Burg, die es heute nicht mehr gibt, aber Reste der damals gebauten Wallanlagen stehen noch. Schon um 1380 wurde anstelle der bisherigen Wallanlagen mit dem Neubau einer erweiterten steinernen

**Stadtbefestigung** mit Grabenanlage begonnen, die um 1450 fertiggestellt war. Der Verlauf dieser Mauer und Gracht ist heute noch im Grundriss der Stadt zu erkennen. In Teilabschnitten führt der Stadtring darauf entlang.

Das 15. und 16. Jh. brachte Amersfoort eine enorme wirtschaftliche Blüte durch die Textilindustrie und Brauereien. Im 18. Jh. kam der Tabakhandel hinzu. Amersfoort ist Geburtsort des Politikers *Johan van Oldenbarnevelt,* des Malers *Piet Mondrian* und des Entertainers *Johannes Heesters.*

Insgesamt konnte sich Amersfoort sein historisches Stadtbild bewahren. Kleine **Grachten,** die durch die Stadt fließende **Eem** und viele hübsche alte Häuser ergeben zusammen mit den sehenswerten, großartigen Bauten ein geschlossenes Stadtbild – heute steht der gesamte Altstadtkern unter **Denkmalschutz.** Die Tatsache, dass Amersfoort eine Auszeichnung als grünste Stadt der Niederlande erhalten hat, zeigt, dass im Umland viele freie Landschaftsräume als Naherholungsgebiete vorhanden sind.

### Stadftbefestigung

Beindruckend sind die erhaltenen Anlagen der Stadftbefestigung, vor allem die Stadttore. Die **Koppelpoort** im Nordwesten ist ein um 1425 errichtetes Doppeltor der äußeren Befestigungsmauer aus einer Wehrbrücke als Wassertor mit Durchgang für die Eem, einer Walkmühle dazwischen und dem mit kleinen Türmen flankierten eigentlichen Stadttor. Mittels einer Tretmühle kann das Tor geschlossen werden. Das heutige Aussehen erhielt die Koppelpoort durch den Architekten *Cuypers,* der 1885/86 unter anderem das Zwischenstück zwischen den beiden Toren mit Zinnen versah.

Die **Kamperbinnenpoort** im Nordosten ist noch Teil der ersten, inneren Stadtbefestigung und wurde schon im 13. Jh. errichtet. Das Tor entstand in Backsteinbauweise mit achteckigen, kleinen Flankentürmen. Zum inneren Ring gehört ebenfalls **'t Latintje,** auch Dieventoren genannt, aus dem 13. Jh. Die doppeltürmige **Waterpoort Monnikendam** entstand im Südosten wiederum als Durchlass der äußeren Stadtbefestigung um 1430.

### In der Altstadt

Eine außergewöhnliche Besonderheit stellen die **Muurhuizen** (Mauerhäuser) dar, an oder auf den inneren Stadtwällen errichtete Häuser, die entscheidend zum malerischen Bild von Amersfoort beitragen. Dies tun neben den Grachten gleichermaßen die Plätze der Stadt, allen voran der Hof mit der St. Joriskerk, der Lieve Vrouwekerkhof, der Varkensmarkt, wo früher der Schweinemarkt stattfand, und auch der Groenmarkt, an dem man viele alte Häuser mit schönen Giebeln findet. Besonders reizvoll ist der alte **Hafen Havik,** der an einer Furt über den Fluss angelegt worden war.

### Liebfrauenkirchturm

Die gesamte Stadt überragt der **Onze Lieve Vrouwe Toren.** Die Kirche zum Turm gibt es nicht mehr, das Kirchenschiff stürzte bei einer Explosion eines Munitionslagers 1787 ein. Mit 98 m Höhe und der Zwiebelhaube ist der Turm das Wahrzeichen der Stadt. Man kann ihn besteigen.

### St.-Joriskerk

Sehenswert ist auch die St.-Joriskerk, deren Kirchenschiff unmittelbar an den Hof angrenzt. Sie war romanischen Ursprungs, wurde durch einen Brand zerstört, wieder aufgebaut und 1534 zu einer spätgotischen Hallenkirche erweitert. So verblieb der Turm des stehengebliebenen romanischen Vorgängerbaus innerhalb der „neuen" Hallenkirche. Den Chor trennt ein reich verzierter gotischer Sandsteinlettner aus dem 15. Jh. vom Kirchenschiff ab.

### Mondriaanhuis

Das Geburtshaus des 1872 in Amersfoort geborenen und bedeutendsten Sohnes der Stadt *Pieter Cornelis Mondriaan,* der sich **Piet Mondrian** nannte und 1944 in New York starb, ist heute Museum, Bibliothek und Dokumentationszentrum. In diesem Haus in der Altstadt befand sich gleichzeitig die Grundschule, deren Leiter Mondriaans Vater war. Mondriaan gilt als einer der Wegbereiter der abstrakten Kunst, er selbst nannte seinen Stil Neoplastizismus. Die Sammlung zeigt auch Bilder zeitgenössischer abstrakter Maler und das nachgebaute Pariser Atelier des Künstlers.

● **Mondriaanhuis** – Museum voor Constructieve en Concrete Kunst: Kortegracht 11, Tel. 462 01 80, www.mondriaanhuis.nl, Di–Fr 10–17 Uhr, Sa und So 13–17 Uhr, Himmel-

Kanzel und Orgel der St.-Joriskerk

fahrt und Pfingstsonntag geschlossen, Führungen nach Absprache, Eintritt 3 €, Kinder bis 13 Jahre gratis.

## Armando Museum

Der 1929 in Amsterdam geborene Künstler *Armando* (eigentlich *Herman Dirk van Dodeweerd*) gilt als der bedeutendste niederländische Maler, Grafiker und Bildhauer der Gegenwart. Er gründete 1958 die Niederländische Informellen Gruppe, 1960 die Null-Gruppe. 1982 war Armando teilnehmender Künstler auf der Documenta 7 in Kassel, 1996 wurde er zum Mitglied der Akademie der Künste in Berlin berufen. Armando lebt und arbeitet in Berlin.

● **Armando Museum:** Langegracht 36, Tel. 461 40 88, www.armandomuseum.nl, Di–Fr 11–17 Uhr, Sa, So und feiertags 12–17 Uhr, 1.1. geschlossen, Eintritt 3,50 €, Kinder 1,75 €, Senioren 1,75 €, Führungen auf Anfrage, Ostern gratis.

## De Zonnehof

Das Gebäude De Zonnehof wurde von *Gerrit Rietveld* (1888–1964), dem berühmtesten niederländischen Architekten der Moderne, entworfen, der auch der Künstlergruppe De Stijl angehörte. Das 1959 in diesem Gebäude eingerichtete **Museum für Moderne Kunst** bietet ein abwechslungsreiches Ausstellungsprogramm.

●**De Zonnehof:** Zonnehof 8, Tel. 463 30 34, www.dezonnehof.nl, Di–Fr 11–17 Uhr, Sa und So 12–17 Uhr, Ostersonntag, Königinnentag, Pfingstsonntag, 1. Weihnachtstag und 1.1. geschlossen, Eintritt 2,30 €, Jugendliche bis 18 Jahre 1,15 €.

## Museum Flehite

Stadtgeschichtliche Sammlungen sowie archäologische Funde und kunstgewerbliche Gegenstände aus Amersfoort und Umgebung gibt es im Museum Flehite zu sehen. Untergebracht in drei nebeneinander liegenden Mauerhäusern aus dem 16. Jh., zeigt es Exponate vom Mammutskelett über Gemälde des 17. Jh. bis zu alten Puppenhäusern. Zum Museum gehört der Mannenzaal hinter der Kapelle des gegenüberliegenden St.-Pieters en Bloklandsgasthuis (altes städtisches Armenkrankenhaus) aus dem Jahr 1530.

●**Museum Flehite:** Westsingel 50, Tel. 247 11 00, www.museumflehite.nl, Di–Fr 10–17 Uhr, Sa und So 13–17 Uhr, Eintritt 6 €, Kinder frei.

## Weitere Museen

Das private, intime **Museum Jacobs van den Hof** in der Altstadt zeigt Skulpturen und Zeichnungen des in den Niederlanden sehr bekannten Künstlers (1889–1965).

Die Geschichte der Ernährung von der prähistorischen Zeit bis in die Gegenwart zeigt das **Nederlands Culinair Museum,** untergebracht im Mariënhof, einem ehemaligen Kloster aus dem 16. Jh., das zwei bäuerliche Klostergärten, die alte Kapelle und zwei Restaurants für private und geschäftliche Veranstaltungen bietet.

Die Geschichte der niederländischen Kavallerie zeigt das **Museum Nederlandse Cavalarie** anhand alter Ausrüstungsgegenstände sowie historischer Gefechtsfahrzeuge.

●**Museum Jacobs van den Hof:** Zuidsingel 14, Tel. 462 57 55, www.jacobsvandenhof. com, Fr, Sa und So 12–17 Uhr, Eintritt 2,30 €, Jugendliche bis 18 Jahre 1,15 €.
●**Nederlands Culinair Museum:** Kleine Haag 2, Tel. 463 10 25, www.marienhof.de, geöffnet auf Anfrage.
●**Museum Nederlandse Cavalarie:** Barchman Wuytierslaan 198, Tel. 466 19 96, www. cavaleriemuseum.nl, Di–Fr 10–16 Uhr, 31.12. und an Feiertagen geschlossen, Eintritt 4 €, Veteranen und Soldaten 3 €, Kinder 4–10 Jahre 2 €.
●**Brouwerij De Drie Ringen:** Kleine Spui 18, Tel. 465 65 75, www.dedrieringen.nl, handwerkliche Brauerei mit Probierstube, beruft sich auf die Tradition eines Familienbetriebes aus dem 16. Jh., geöffnet Do 13–18 Uhr, Fr und Sa 13–19 Uhr.

## Kamp Amersfoort

Im Zweiten Weltkrieg erlangte Amersfoort traurige Berühmtheit durch das als „Durchgangslager" bezeichnetes NS-Polizeigefängnis und **Konzentrationslager** De Booskamp, welches die nationalsozialistische Besatzungsmacht hier 1941–45 eingerichtet hatte.

●**Kamp Amersfoort:** Leusden, südlich von Amersfoort, Appelweg 3, Tel. 461 31 29, www.kampamersfoort.nl, Besucherzentrum geöffnet Mo–Fr 10–17 Uhr.

## Paleis Soestdijk

Westlich von Amersfoort, im nördlichen Utrechter Hügelrücken zwischen den Gemeinden Baarn und Soest, steht Paleis Soestdijk, 1674 erbaut von

**Provinz Utrecht**

*Wilhelm III.* und 1816 um zwei Seitenflügel erweitert. Diesen Palast bewohnte die niederländische **Königin Juliana** von 1937 bis 2004 mit ihrem Ehemann *Bernhard zur Lippe-Biesterfeld.* Königin Juliana starb dort am 20. März 2004. Der Palast ist von einem wunderschönen **Park** umgeben mit altem Bestand an Kastanien, Azaleen und Rhododendren. Im alten Wasserturm befindet sich ein kleiner Laden mit Souvenirs und Büchern.

●**Paleis Soestdijk:** Baarn, www.paleissoestdijk.nl, Di–So 9.15–17.30 Uhr, behindertengerecht, Führung (nach Absprache) Schloss und Park 12,50 €, Kinder und Senioren 10 €, Eintritt Park 5 €, Parken 3 €.

## Info

●**Tel.-Vorwahl:** 033
●**VVV Amersfoort:** 3818 LE, Stationsplein 9–11, Tel. (0900) 112 23 64, Fax 465 01 08, www.amersfoortyourway.nl.

## Unterkunft, Essen und Trinken

●**'t Bloemendaeltje** €€€: 3811 EP, Bloemendalsestraat 3, Tel. 475 00 01, www.bloemendaeltje.com, intimes Restaurant zwischen Koppelpoort und Zentrum, Ende Febr./Anfang März und Ende Juli/Anfang Aug. geschlossen, So Ruhetag.
●**Dorloté** €€€: 3811 ES, Bloemendalsestraat 24, Tel. 472 04 44, www.dorlote.nl, internationale Küche, auf Fischgerichte und Krustentiere spezialisiert, mit Gartenterrasse, ausgewogene Weinkarte, So und Mo nur auf Absprache geöffnet.
●**Campanile Hotel Amersfoort:** €€: 3823 LM, De Brand 50, Tel. 455 87 57, Fax 456 26 20, www.campanile.com, praktisch eingerichtet und preiswert, mit Buffet-Restaurant und Gartenterrasse.

## Aktivitäten

●**Bootsfahrten:** Mit dem „Eemlihn Fietsboot" (Fahrradboot) langsam die Eem abwärts nach Spaakenburg und Huizen, längere Zwischenstopps in Soest, Baarn und Eemdijk ermöglichen Fahrradausflüge, Di, Do und So nach Huizen, Mi und Sa nach Spaakenburg, Mitte Juni bis Mitte Sept. Mo und Fr nach Spaakenburg, mit Kiosk, Info: Deliliaplein 6, Tel. 461 23 93, www.vvvamersfoort.nl.
●**Tierpark:** Dieren Park Amersfoort, Barchman Wuytierslaan 224, Tel. 422 71 00, www.dierenparkamersfoort.nl, interessant angelegter Zoo, 9–18 Uhr, Ende März bis Ende Okt. 10–17 Uhr, Eintritt 16,50 €, Kinder 3–12 Jahre 13,50 €, Senioren 14,50 €.
●**Yachthafen:** WSV de Eemkruisers Amersfoort, 3813 TW, Schans 18, Tel. 480 76 83, www.eemkruisers.nl, 85 Liegeplätze, ganzjährig geöffnet.

## Veranstaltungen

●**Jazz Festival:** 3 Tage Anfang Mai in der Innenstadt von Amersfoort: Hof, Lieve Vrouwekerkhof, Groenmarkt, alle Konzerte frei.
●**Badewannenrennen:** Amersfoortse Badkuiprace, So Mitte Juni, 200-Meter-Strecke auf der Eem zwischen Fietsbrug und Koppelpoort.

## Einkaufen

●**Ziegenkäse:** Breevoort Geitenboerderij, Hoogland bei Amersfoort, Slaagseweg 4, Tel. 489 08 82, www.boerderijbreevoort.nl, verschiedene Sorten Ziegenkäse und Ziegenmilch im Angebot, veranstaltet Käse- und Weinproben, Kochkurse.

# Gelderland  Überblick

Die landschaftlich abwechslungsreiche Provinz Gelderland im östlichen Zentrum der Niederlande kann auf eine vielseitige Geschichte zurückblicken. Historisch umfasste das **Hertogdom Gelre** ein größeres Gebiet als die heutige Provinz. Es erstreckte sich ins heutige Noord-Limburg und in deutsche Gebiete am Niederrhein – von der deutschen Stadt Geldern hat das Gebiet seinen Namen.

Hier siedelte zunächst der germanische Stamm der **Bataver,** dann kamen die Franken. Später wurde Geldern Teil des Ostfränkischen Reichs, dann des Deutschen Reichs. In Wassenberg an der Rur erhielt *Gerard von Antoing* aus dem Hennegau im Jahre 1021 durch Kaiser *Heinrich II.* das Land von Gelre. *Gerhard III. von Wassenberg* (1060–1129) trat ab 1096 als erster Graf von Geldern auf. 1339 wurde die Grafschaft zum Herzogtum erhoben. Nachdem das Haus Geldern 1361 im männlichen Stamm ausgestorben war, begannen Erbauseinandersetzungen, in deren Folge das Herzogtum 1473 an Burgund und 1543 an Habsburg unter Kaiser *Karl V.* kam. Infolge des Achtzigjährigen Krieges wurde Geldern geteilt – der nördliche Teil schloss sich als Gelderland der *Republiek der Zeven Verenigde Nederlanden* an. Die heutige Provinz Gelderland umfasst noch etwa drei Viertel des Gebiets des alten Herzogtums.

Geografisch setzt sich das von den Flüssen Rhein, Waal, Maas und Ijssel durchflossene Gelderland aus den drei Landesteilen **Rivierengebied** mit seinem intensiven Obst- und Gemüsebau einschließlich des Rijk van Nijmegen, dem vorwiegend landwirtschaftlich geprägten **Achterhoek** und der waldreichen **Veluwe** zusammen.

## Gelderländisches Flussgebiet

Das Gelderländische Flussgebiet (Gelders Rivierengebied) erstreckt sich zwischen Gorinchem im Westen und Nijmegen im Osten zwischen dem Nederrijn bzw. Lek und der Maas – in der Mitte von der Waal durchflossen. Im Kern geht es um die Landschaft der **Betuwe**, deren Böden zu den fruchtbarsten in Europa zählen, weshalb hier der Obst- und Gemüseanbau so verbreitet ist. Der Name Betuwe leitet sich von den Batavern ab, jenem germanischen Volksstamm, der hier einst ansässig war. Dieses *Land van Maas en Waal* wurde durch seine problematische Lage zwischen den Flüssen erst spät erschlossen, grundlegend erst Mitte des 19. Jh. durch den Eisenbahnbau.

## An der Linge

Der kleine Fluss Linge entspringt in der Betuwe bei Doornenburg und schlängelt sich westwärts durch das Land. In Gorinchem, wo er als Gracht den Lingehaven bildet, mündet er in die Waal, die ab hier die Merwede bildet. Idyllisch ist insbesondere der **Flussabschnitt zwischen Geldermalsen und Gorinchem** – der ländliche Charakter der Landschaft, der von Weiden gesäumte Flusslauf sowie gepflegte Wohn- und Bauernhäuser beidseits des Flusses machen den Reiz dieses Landstrichs aus.

### Asperen                    ⏎ XI/C3

Von Gorinchem bis Leerdam verläuft die Linge als Grenze zwischen den Provinzen Zuid-Holland und Gelderland. Weiter flussaufwärts folgt Asperen mit weithin sichtbarem Kirchturm, ein alter Ort, der schon 1314 Stadtrechte bekommen hatte. Auf dem Weg zum nächsten Ort Acquoy steht das im 19. Jh. errichtete, mächtige **Fort Asperen** – seine Mauern sind einen halben Meter dick. Hier findet jedes Jahr eine große Kunstausstellung statt. Der Turm der Kirche steht schief – er hat nie seine volle Höhe errichtet.

Daneben steht das **Polderhuisje,** ein weiß verputzter Bau aus dem Jahr 1619. Hier sprachen einst Schultheiß und Schöffen Recht, doch seit 1830 ist hier die Polderverwaltung untergebracht.

● **Fort Asperen:** Acquoy, Langendijk 60, Tel. (0345) 61 99 92, www.fortasperen.nl., Mai

**Gelderland**

bis 1.10. 11–18 Uhr, Mo geschlossen, mit Taverne Tel. (0345) 61 99 92, Eintritt 2,50 €, Kinder 1,50 €.

### Beesd     ⤢ XI/D3

Weiter geht es an der Linge entlang über Rhenoy mit seiner mächtigen Kirche nach Beesd, wo auch eine alte Kirche mit massivem Turm steht. In der Nähe findet man den **Eulen- und Kleintierpark De Paay,** einen besonders kinderfreundlichen Tierpark an der Linge mit Eulen, Kranichen, Papageien und kleineren Säugetieren.

Etwas oberhalb entstand 1129 eine von den Herren von Cuyk gestiftete Norbertiner-Abtei, die seit ihrer Aufhebung und Plünderung 1567 zunächst wüst war. 1734 wurde das 900 ha große Landgut durch Graf *van Bijlandt* gekauft, dem Vorfahr der heutigen Besitzer. 1790 hat man auf den Gewölben des ehemaligen Klostergebäudes **Haus Mariënwaerdt** gebaut. Heute werden im hofeigenen Laden die Produkte des Gutes aus biologischem Acker- und Obstbau sowie aus der Viehhaltung vermarktet.

● **Uilen- en Dierenpark De Paay:** Beesd, Dr. A. Kuyperweg 120, Tel. (0613) 96 35 47, www.depaay.nl, Mi 12–17 Uhr, Sa und So 10–17 Uhr, Juli/Aug. täglich 10–17 Uhr, Eintritt 4 €, Kinder 3–9 Jahre 3,50 €.
● **Huis Mariënwaerdt:** Beesd, Oude Waag 21, Tel. (0345) 68 44 49, www.marienwaerdt. nl, Biohof mit Hofladen, Reiterhof, Pfannkuchenhaus, Pension, veranstaltet einen großen Sommer- und einen Weihnachtsmarkt, Info Tel. (0345) 68 70 10.

### Geldermalsen     ⤢ XI/D3

Im Zentrum von Geldermalsen steht die **gotische Kirche,** die um 1450 er-baut wurde. Sowohl die Kirchenglocke als auch der Taufstein stammen aus dieser Zeit. Einen besonderen Anziehungspunkt bilden im Frühjahr die blühenden Obstbäume am gewundenen Lingedeich.

## Zaltbommel     ⤢ XI/D3

Inmitten des Gelderländischen Flussgebietes liegt Zaltbommel, eine der vielen alten, reizvollen Kleinstädte der Region mit noch weitgehend intakter Stadtbefestigung. Erste urkundliche Hinweise dieses Ortes an der Waal reichen in die Mitte des 9. Jh. zurück. Die reich gewordene Handelsstadt besaß im 13. Jh. schon Stadtrechte.

Die **Grote of Sint-Maartenskerk** wurde im 15. Jh. im Stil der niederrheinischen Gotik errichtet, ihr 63 m hoher, stumpfer Turm prägt das Stadtbild. Beeindruckend ist das hell gehaltene Innere der Kirche mit der großen Barockorgel. Das **Rathaus** am Marktplatz stammt aus dem Jahr 1763. Gleich links führt der Weg zur **Waterpoort,** einem der alten Stadttore. In den Seitenstraßen sind noch eine Reihe schöner Renaissancehäuser zu sehen. Darunter ist auch das Haus des Heerführers *Maarten van Rossum* aus dem Jahr 1535, in dem das **Maarten van Rossummuseum** untergebracht ist. Hier findet man viele Exponate zur Geschichte der Region.

● **Maarten van Rossummuseum:** Nonnenstraat 5, Tel. (0418) 51 26 17, www.maarten vanrossummuseum.nl, Di–Fr 10–12.30 und

13.30–16.30 Uhr, Sa und So 14–16.30 Uhr, im Winter Sa geschlossen, 1.1., Ostersonntag, Pfingstsonntag und 25.12. geschlossen, Eintritt 2,30 €, Kinder bis 16 Jahre 1,15 €.

## Kasteel Ammersoyen

Zehn Kilometer südlich von Zaltbommel steht am Ortsrand von Ammerzoden mit der Ruine einer gotischen Kirche Kasteel Ammersoyen, eine der am besten erhaltenen **Wasserschlossanlagen** der Niederlande. Die vierflügelige, von Türmen flankierte Backsteinanlage umschließt einen Innenhof, der Zugang von der Vorburg mit Wirtschaftsgebäuden erfolgt über eine Brücke. Seit der Restaurierung von Kriegsschäden 1957 kann das Schloss mit Rittersaal, Kemenaten und Turmzimmer besichtigt werden.

● **Kasteel Ammersoyen:** Ammerzoden, Kasteellaan 1, Tel. (0413) 36 66 33, www.kasteel-ammersoyen.nl, geöffnet für Führungen April bis Okt. Di–Fr 11–17 Uhr (letzter Einlass 16 Uhr), Nov. bis März Mi 13–17 Uhr, 30.4. geschlossen, Eintritt 4 €, Kinder bis 13 Jahre 2 €, bei Veranstaltungen geänderte Eintrittspreise.

## Essen und Trinken

● **De Eetgelegenheid:** Waterstraat 31, Tel. (0418) 51 50 18, www.deeetgelegenheid.nl, kleines, familiäres Restaurant in drei Räumen im Zentrum mit Außentischen, täglich wechselnde Gerichte, Karneval sowie Ende Aug./Anfang Sept. geschlossen, Sa und So nur abends geöffnet, Di Ruhetag.

## Veranstaltung

● **Bommels Gildefeest:** Historisches Fest am 1. Sa im Juni, die ganze Stadt in mittelalterlichen Kostümen, Jahrmarktstimmung um den Marktplatz.

# Culemborg  ⤢ XI/D3

Culemborg liegt im Norden des Gelderländischen Flussgebietes am Südufer des Lek. Ursprung der Stadt und späteren Herrschaft war das im 12. Jh. auf einer Sanddüne am Flussufer entstandene Dorf, das sich als Handelsplatz gut entwickelte, 1318 die Stadtrechte erhielt und 1555 zur Residenz der Heerlikhijd Culemborg erhoben wurde. Diese kleine Grafschaft konnte bis 1714 ihre Selbständigkeit bewahren. Als die letzte Herrin von Culemborg 1555 kinderlos verstarb, ernannte Kaiser *Karl V.* den Enkel ihrer Schwester, *Floris van Pallandt,* zum neuen Grafen – dieser spielte später eine wichtige Rolle im niederländischen Aufstand gegen die Spanier und ließ im nicht mehr existenten Stadtschloss den ersten protestantischen Gottesdienst zu. 1639 fiel die Grafschaft auf dem Erbweg an das deutsche Herrschaftsgeschlecht *Waldeck-Pyrmont* und danach an *Sachsen-Hildburghausen.* Letztere verkauften die Grafschaft an das Kwartier van Nijmegen, das sie 1748 Prinz *Willem IV.* schenkte. Seither tragen die Oranier auch den Titel *Graaf* oder *Gravin van Culemborg.*

Im Zentrum von Culemborg

**Gelderland**

Culemborgs Eigenschaft als Freistadt bedeutete auch, dass Menschen, die andernorts verfolgt wurden, hier Asylrecht bekommen konnten – wobei man penibel darauf achtete, dass die Stadt nicht zum Zufluchtsort von Kriminellen wurde. Trotzdem konnten hier Schuldner und Bankrotteure weiterleben, ohne von ihren Gläubigern verfolgt zu werden.

Das historische Stadtbild mit dem großen **Marktplatz** von Culemborg ist allein einen Ausflug wert. Am Kopfende steht das 1533 vom flämischen Architekten *Rombout Keldermans* im Stil der Flamboyant-Spätgotik errichtete **Rathaus,** das jetzt als Ausstellungs- und Festgebäude genutzt wird. Weiterhin sehenswert sind die vom Markt-

platz etwas zurückversetzte spätgotische **St. Barbarakerk,** das **Elisabeth Weeshuis** aus dem Jahr 1560, in dem das Heimatmuseum untergebracht ist, sowie die **Binnenpoort,** das östliche Stadttor aus dem Jahr 1557. Vom Schloss sind nur Grundmauern in einer Parkanlage verblieben.

● **Museum Elisabeth Weeshuis:** Herenstraat 29, www.igem.nl, Tel. 51 39 12, Exponate zur Geschichte des Hauses, der Stadt und der Grafen von Culemborg, Di–Fr 13–17 Uhr, Sa, So und feiertags 14–17 Uhr, Eintritt 2 €, Kinder bis 13 Jahre gratis.

### Info

● **Tel.-Vorwahl:** 0345
● **Gemeinde Culemborg:** 4101 BK, Ridderstraat 250, Tel. 47 77 00, www.culemborg.nl.

102/nl Foto: ot

## Unterkunft

● **SVR Camping De Hoge Kuil:** Achterweg 4, www.dehogekuil.nl, nahe am Fluss, knapp einen Kilometer von der Stadt entfernt, April bis Okt., Platzzugang 9–21 Uhr.

## Aktivitäten

● **Yachthaven Culemborg:** 4100 AC, Helling 6, Tel. 51 64 93, gemütlicher Yachthafen am Lek nahe der Stadt und dem Campingplatz, betrieben von der Watersportvereniging de Helling, www.wvdehelling.nl.

## Einkaufen

● **Lebensmittelspezialitäten:** Willemien Eetwaar, Markt 12, Tel. 54 80 84, www.willemien-eetwaar.nl, Delikatessen aller Art, hausgemachte Leckereien; kleine Küche bietet Saisongerichte, 9–17 Uhr, Fr bis 18 Uhr, Di–Do bis 17.30 geöffnet, Sa und So Ruhetag, eine Woche Mitte Juni geschlossen.

## Veranstaltung

● **Pferde- und Ponymarkt:** Im Culemburger Ortsteil Beusichem mit historisch erhaltenem Dorfbild und einer Kirche aus dem 12. Jh., 500-jährige Tradition mit Kirmes, 3. Sa im Juni auf dem Markt, Info Tel. 50 29 34.

# Buren ⤢ XI/D3

Zwischen Culemborg und Tiel inmitten des Gelderländischen Flussgebietes liegt Buren, eine der reizvollsten kleinen **Festungsstädte** des Landes. Die Stadtrechte hatte Buren 1395 durch den Ritter *Allard,* den Herrn von Buren und Beusichem, erhalten. Wie Culemborg war die Grafschaft Buren selbständig geblieben, also auch nicht Gebietsteil der Verenigde Provinciën, aber genauso abhängig davon. 1551 kam Buren durch Heirat *Wilhelms von Oranien* mit *Anna van Buren* in die Hände der Oranier.

## Sehenswertes

Mittelpunkt der nach wie vor mit Mauern und Wallgraben umgebenen Altstadt ist der **Markt.** Die alte Pumpe versorgte bis 1953 die Bürger der Stadt mit Wasser – sie wurde 1732 anstelle einer vorhandenen hölzernen Pumpe erneuert. Hier steht auch das bronzene Standbild von Prinz *Wilhelm von Oranien* mit seiner Frau und ihren Kindern *Wilhelm* und *Maria von Oranien-Nassau.*

Am Markt erhebt sich auch die **Sint Lambertuskerk,** im Ursprung eine kleine Kapelle aus dem 13. Jh. Ihr quadratischer Turm erhielt 1540–65 einen achteckigen Renaissanceaufbau, der später bekrönt wurde. Im 14. Jh. hat man einen Doppelchor angefügt, dessen zweiter Teil 1733 abgerissen wurde – das zweite Schiff blieb aber erhalten. Im Chor befindet sich das Grab der Grafen von Buren.

Ebenfalls am Markt steht das alte Stadhuis, in dem heute das **Museum Buren en Oranje** untergebracht ist. Der Bau stammt aus dem 16. Jh. und hat ein wunderschönes Rokoko-Portal. Das Museum beherbergt vielerlei Exponate (Bilder, Stammbäume, Modelle, Wappen) zur Dynastie der Herren van Buren und der Oranier.

Vom Markt fällt der Blick über die Voorstraat auf die **Culemborgspoort,** das verbliebene Stadttor aus dem 14. Jh. Folgt man dem Moolenwal, kommt man an die **Korenmolen Prins**

**Gelderland**

**van Oranje,** eine Mühle aus dem Jahr 1776, die erhöht auf dem Wall steht.

Der Weg auf der Wallumrundung führt zum ehemaligen Waisenhaus, das 1613 von *Maria von Nassau* gestiftet worden war und an die 350 Jahre auch so genutzt wurde. Der schöne Renaissancebacksteinbau, unterbrochen von Natursteinschichten, mit farbigen Fensterläden und verziertem Portalvorbau beherbergt heute das **Museum der Koninklijke Marechaussee,** das älteste Polizeimuseum des Landes.

- **Sint Lambertuskerk:** Markt 4, Tel. 57 25 19, Mai–Sept. Di–Sa tagsüber, Eintritt frei.
- **Museum Buren en Oranje:** Markt 1, Tel. 57 16 57, www.buren-toeristeninfo.nl/musea _e_d.htm, Oster- bis Herbstferien Mo–Sa 10–16.30 Uhr, Gruppen nach Absprache, Eintritt 2,50 €, Kinder und Senioren 2 €.
- **Korenmolen Prins van Oranje:** Molenwal 6, Tel. 57 13 84, Di, Do und Sa, Eintritt frei.
- **Museum der Koninklijke Marechaussee:** Weeshuiswal 9, Tel. 57 12 56, www.marechausseemuseum.nl, Anfang April bis Okt. 12.30–16.30 Uhr, Weihnachten, 31.12. und 1.1. geschlossen, Gruppen auf Anfrage, Eintritt 3 €, Kinder 6–13 Jahre 2 €.

### Info

- **Tel.-Vorwahl:** 0334
- **Toeristen Informatie Buren:** 4116 BE, Markt 1, Tel. 57 19 22, www.buren-toeristeninfo.nl.

### Essen und Trinken

- **Gravin van Buren** €€€€: Kerkstraat 4, Tel. 57 16 63, www.alliance.nl/gravin-van-buren, an der Kirche im alten Pfarrhaus untergebrachtes Spitzenrestaurant, bietet verfeinerte internationale Küche, 30.4., Mitte Juli bis Anfang Aug. und 14 Tage vor Weihnachten geschlossen, Sa mittags, So und Mo Ruhetag.

- **Brasserie Floris** €€: Kerkstraat 5, Tel. 57 27 70, zweigeschossiges Abendlokal in einem der alten Häuser der Stadt, 30.4. sowie Ende Juli/Anfang Aug. geschlossen, So und Mo Ruhetag.

## Tiel     ⤢ XI/D3

Die alte **Hansestadt** Tiel an der Waal hat römische Wurzeln. Hier soll sich schon im 5. Jh. ein Hafen befunden haben. Ab dem 8. Jh. war Tiel eine bedeutende Handelsstadt. Heute bildet die im Zweiten Weltkrieg schwer getroffene Stadt den Mittelpunkt der Gelderländischen Flusslandschaft. Von den alten **Wallanlagen** aus der Mitte des 17. Jh. sind noch 70 m Mauer am Tolhuiswal erhalten. Einst standen Signalkanonen auf dem Wall, mit denen die Bevölkerung gewarnt wurde, wenn sich das Eis auf der Waal zu stauen begann. Inzwischen hat man den Wall als Hochwasserschutz verstärkt.

### Sehenswertes

Das Zentrum von Tiel bildet der **Markt** mit der alten Pumpe. Auf dem Weg zur Waterpoort, dem alten Wassertor an der südlichen Flussseite, passiert man an der Ecke Weerstraat / Klei Bergsestraat das **Gotische Haus** aus dem 15. Jh. In diesem schönen Haus mit Treppengiebel hat einst ein Gildemeister gewohnt. Die 1647 gebaute **Waterpoort** bildete das Vortor zur einstigen Kleibergse Poort. Ein Jahr zuvor war der alte Binnenhafen, der durch die Waterpoort zu erreichen war, zugeschüttet worden, und es entstand **Het Plein,** einer der schönsten Plätze der Stadt. Heute ist in der Waterpoort und in den Nachbargebäuden das **Heimatmuseum** mit Exponaten aus der Römerzeit bis zur Gegenwart untergebracht (s.u.). Am Ende von Het Plein befand sich der Fischmarkt mit einer halbrunden Säulengalerie aus dem Jahr 1789. Unter ihren dorischen Säulen verkauften die Fischer ihre frisch gefangenen Fische aus der Waal.

Die 1938 durch Unachtsamkeit abgebrannte **Sint Dominicuskerk,** einstige Klosterkirche, wurde 1940 in Backsteinarchitektur neu errichtet – ihr Inneres bietet einen eigenwilligen, aber beeindruckenden Raumeindruck. In der Ambtmanstraat steht das klassizistische **Oud Burger Mannen- en Vrouwenhuis** aus dem Jahr 1804 – das Altenstift fällt durch seinen Dreiecksgiebel auf.

Die mittelalterliche **Sint Caeciliakapel** in der Kerkstraat war die Kirche des gleichnamigen Klosters, dessen Gebäude nicht mehr existieren. Dieses spätgotische Gotteshaus steht kontrastreich zu dem fast futuristischen **Theater Agnietenhof,** im Jahre 2000 von *Caes Dam* entworfen.

Architektonisch bedeutendstes Gebäude der Stadt ist die um 1440 gebaute **Sint Maartenskeerk.** Es gab bereits im 8. Jh. einen Vorgängerbau. Der spätgotische Tuffsteinturm wurde 1551 vollendet. Der Teil, der einst Chor war, diente zeitweise als Pferdestall und wurde dann abgebrochen. Das Glockenspiel besteht aus 48 bronzenen Glocken, die zusammen etwa vierzehn Tonnen wiegen. Heute getrennt vom Kirchenschiff steht noch die spätgotische Gerfkamer, der im 14. Jh. in den Mittelniederlanden übliche Kirchenraum, in dem sich die Priester für den Gottesdienst vorbereiteten (von mittelniederländisch *gerwen* = bereit machen).

●**Streekmuseum De Groote Sociëteit:** Plein 48, Tel. 61 44 16, www.streekmuseumtiel.nl, Di–Fr 13.30–17 Uhr, Sa und So 13.30–16.30 Uhr, Oster- und Pfingstsonntag, 25. und 26.12., 31.12. und 1.1. geschlossen, Eintritt 3 €, Kinder 4–16 Jahre 1,50 €.

## Info

●**Tel.-Vorwahl:** 0344
●**VVV Tiel:** 4001 KX, Korenbeursplein 4, Tel. 61 64 41, Fax 61 56 49, www.rivierenland.nl.

## Unterkunft, Essen und Trinken

●**Lunchcafé Royaal** €: Markt 13, Tel. 61 24 52, Bistro mit großer Außenbewirtung (beheizbar), Blick auf den Markt, So Ruhetag.
●**Hotel Tiel** €€€: 4003 AZ, Laan van Westroyen 10, Tel. 62 20 20, Fax 61 21 28, www.valk. com, großes Hotel an der A15 mit Pyramiddach, komfortable Zimmer und Suiten, angeschlossenes Restaurant, große Konferenzräume.

## Veranstaltungen

●**Fruitcorso:** Seit über 40 Jahren großer Erntedank-Umzug mit Festwagen, die mit Obst bestückt sind, zweiter Samstag im September, www.fruitcorso.nl.

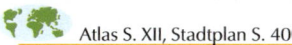

NIJMEGEN

# Nijmegen (Nimwegen)

♫ XII/A3

Die am Südufer der Waal nahe der deutschen Grenze gelegene Stadt Nijmegen (deutsch: Nimwegen) hat **römische Wurzeln** – im Jahre 2005 konnte sie ihr 2000-jähriges Bestehen feiern. Die Römer nannten ihren Militärstützpunkt *Ulpia Noviomagus Batavorum*, wovon sich der Name Nijmegen ableitet.

In dem auf einer Anhöhe über dem Fluss gelegenen und längst verlassenen römischen Kastell errichtete *Karl der Große* im Jahr 777 eine Pfalz. Kaiser *Otto II.* stiftete darin eine achteckige byzantinische Kapelle für seine Frau *Theophanu,* deren Überreste noch zu sehen sind. Kaiser *Friedrich Barbarossa* erweiterte die Pfalz 1150 zu einer gewaltigen Burganlage, dem Valkhof, von dem inzwischen nur noch ein kleiner Teil verblieb. Unter *Heinrich VII.* wurde Nijmegen 1230 freie Reichsstadt. Schon 1247 kam der Ort allerdings als nicht eingelöstes Pfand an Graf *Otto II. von Gelderland.* 1402 trat er der Hanse bei. Im Achtzigjährigen Krieg geriet Nijmegen zunächst in spanische Hände, konnte aber durch Prinz *Moritz* 1591 für die Niederlande zurückerobert werden. 1678 wurde in der Stadt der Frieden zu Nimwegen mit Frankreich geschlossen, der die Niederlande von der Hegemonialpolitik *Ludwigs XIV.* ausnahm.

Am Ende des Zweiten Weltkrieges war Nijmegen Frontstadt, die Altstadt wurde durch Bombardements und Kriegshandlungen schwer in Mitleidenschaft gezogen. Nach dem Krieg musste die Innenstadt neu aufgebaut werden, der Rathausplatz wurde sogar völlig neu gestaltet – aber eine Vielzahl einzelner historischer Gebäude ist restauriert worden. Im Zuge der Ausbreitung der Stadt nach dem Zweiten Weltkrieg erweiterte sie sich auch über die Waal hinaus auf das nördliche Ufer. Dieses Waalsprong genannte Neubaugebiet ist qualitativ so hochwertig, dass es zu den fünf umweltfreundlichsten Neubaugebieten in den Niederlanden zählt.

Heute ist Nijmegen vor allem **Einkaufsstadt.** Vor allem kleine Läden mit besonderem Sortiment, wie etwa Briefmarken, Mode, Schuhe, Bücher, Musik, Reiseutensilien oder Kosmetik findet man in den Ringstraßen des Zentrums, so in der Moenenstraat oder der Marikenstraat, hier sogar auf zwei Ebenen.

## Valkhof

Ein Rundgang durch die Stadt beginnt am Valkhof, heute eine weitläufige Grünanlage, die der Ausgangspunkt der Stadt Nijmegen war – benannt als „Falkenhof", weil Karls Sohn *Ludwig* hier gern Falkenjagden veranstaltete. Die Barbarossa-Pfalz wurde Ende des 18. Jh. geschleift. Auf dem Gelände sind noch Fundamente eines Turms der Barbarossafestung sowie Mauerreste der Festungsanlagen aus dem 14. Jh. zu sehen, dazu gibt es zwei Kapellen.

Die **Sint Nicolaaskapel** ist als karolingische Hofkapelle nach dem Vor-

Gelderland

bild des Aachener Doms als Zentralbau mit achteckigem Grundriss und sechzehneckigem Umgang um 1130 errichtet und in gotischer Zeit teilweise eingewölbt worden. An der Westseite befindet sich ein ausgebautes Portal, an der Ostseite ist eine Altarnische ausgebaut. Die auch als Barba-

rossaruine bezeichnete romanische **Sint Maartenhofkapel** war Teil der Barbarossaburg. Heute besteht noch die Rundapsis mit Andeutungen der Seitenmauern. Das Untergeschoss ist mit gekoppelten Rundbögen verziert, das Obergeschoss hat Rundbogenfenster.

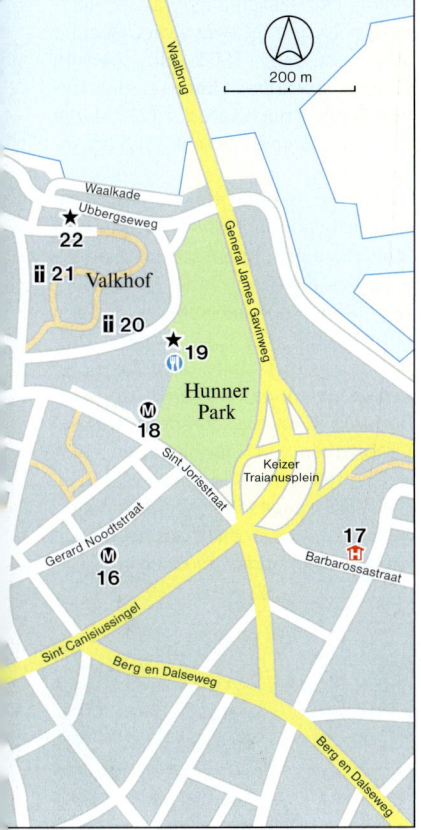

Ⓜ **1** muZIEum

Ⓜ **2** Kruittoren mit Küchenmuseum

🏛 **3** De Schat

★🏛 **4** Commanderie van St.-Jan und Stadsbrouwerij De Hemel

★ **5** Besiendershuis

★ **6** Waag

ⅱ **7** Sint Stevenskerk

★ **8** Rathaus

🏛 **9** Claudius

🛈 **10** Information

Ⓜ **11** Van 't Lindenhoutmuseum

🏰 **12** Bastion

★ **13** FiftyTwoDegrees

Ⓜ **14** Anatomisch Museum

Ⓜ **15** Museum R-evolutie

Ⓜ **16** Naturmuseum

🏰 **17** Belvoir

Ⓜ **18** Museum Het Valkhof

★🏛 **19** Belvédère

ⅱ **20** Sint Maartenhofkapel

ⅱ **21** Sint Nicolaaskapel

★ **22** Stratemakerstoren

Der **Belvédère** auf dem Gelände ist ein ehemaliger Wachturm der Stadtbefestigung aus dem Jahr 1640, der heute gastronomisch genutzt wird.

Am Rand der Grünanlage wurde das vom Architekten *Ben van Berkel* entworfene **Museum Het Valkhof** errichtet, das bedeutendste Museum der Stadt. Hier wird den Besuchern vor allem die antike Welt von Nijmegen nahe gebracht, aber auch das Mittelalter und heutiges Leben in der Stadt, Kunst und Handwerk sind Museumsthemen.

● **Museum Het Valkhof:** Kelfkensbos 59, Tel. 360 88 05, www.museumhetvalkhof.nl, Di–Fr 10–17 Uhr, Sa, So und feiertags 12–17 Uhr,

25.12., Fr vor den *Vierdaagse* (siehe Veranstaltungen) geschlossen, Eintritt 6 €, Kinder 4–17 Jahre und Studenten 3 €, Zuschlag Besuch Herculaneum 4 €.

## Rund um den Grote Markt

Hauptplatz der Stadt ist der Grote Markt mit dem Standbild der *Mariken van Niemeghen,* einer legendenhaften Stadtfigur, die im 15. Jh. dem Teufel verfallen sein soll. Hier steht die 1612 erbaute **Waag** (Stadtwaage), ein sehr schönes, zweigeschossiges Renaissancehaus mit großer Freitreppe, hohem Satteldach und Treppengiebeln an den Seiten. Im Inneren weist der Raum im Westen über der Fleischhalle auf drei Säulen ruhende Kreuzrippengewölbe auf.

Am Markt stehen noch vier Wohnhäuser aus dem 17. Jh. – durch eines führt ein übergiebelter Kerkboog (Durchgang) aus dem Jahr 1605 zur Stephanskirche. Nur durch die eine Häuserzeile getrennt, erhebt sich die **Sint Stevenskerk** nahe dem Markt. Der im 13. Jh. begonnene und großteils spätgotisch erweiterte Bau wurde zwar im Krieg beschädigt, ist aber vollständig renoviert. Kern der Kirche ist eine dreischiffige Halle, von der einige frei stehende Pfeiler noch vom romanischen Vorgängerbau stammen. Der Chor hat einen Umgang, das Querschiff, dessen Seitenschiffe Netzgewölbe haben, ist dreischiffig, das Hauptschiff hat ein Eichen-Tonnengewölbe. Der seitlich angebrachte, achteckige Turm trägt eine Zwiebelhaube aus dem Jahr 1605 mit großem Glockenspiel. Der Unterbau des Turmes stammt noch von der 1273 durch *Albertus Magnus* geweihten Vorgängerkirche.

Von der reichen Innenausstattung sind insbesondere die Gemälde und Statuen zu erwähnen, so eine Darstellung des jüngsten Gerichts aus dem Jahr 1484, ein Reliefstein der Heiligen Drei Könige von 1517 an der Nordwand des Querschiffs, dazu das Grabgelege der *Anna Catharina von Bourbon* von 1512, verschiedene weitere Grabplatten von Kanonikern und Bürgermeistern, die Renaissance-Kanzel, die Renaissance-Herrenbank von *Cornelis Hermansz. Schaeff* aus Nijmegen, Kronleuchter und nicht zuletzt das Or-

103ni Foto: ot

Die romanische Sint Nicolaaskapel

gelprospekt aus dem 18. Jh. Unter der Kirche hat das Grab der heiligen Anna Catharina von Bourbon in der Krypta alle Zeiten und Zerstörungen überdauert. Neben der Kirche stehen einige alte Kanonikerhäuser. An der Chorseite befindet sich die Latijnse School (Lateinschule) aus dem Jahr 1554.

● **Sint Stevenskerk:** St. Stevenskerkhof 62, Tel. 360 47 10, www.stevenskerk.nl, April bis Nov. täglich 10.30–16 Uhr, So ab 13 Uhr, ansonsten nur Sa und So, Jan./Febr. geschlossen, kein Eintritt.

### Rathaus

Das weitgehend wieder aufgebaute Rathaus wurde 1554/55 anstelle eines älteren Vorgängerbaus errichtet. Im Trêveszaal wurden 1678/79 die Verträge von Nijmegen unterzeichnet. Der mit Satteldach und Treppengiebeln versehene, prächtige Renaissancebau wird von einem Turm mit Zwiebelhaube flankiert. 1879–82 wurde die Anlage vom Architekten *P.J.H. Cuypers* erweitert. Prächtig wurden auch die Räume des Rathauses restauriert, so der Schöffensaal und der Trauungssaal. Die Fassadenfiguren der Kaiser stammen vom Bildhauer *Albert Termote* (1887–1978). Besonders wertvoll ist der Bestand des Rathauses an Tapisserien im Trêveszaal, im Ratssaal und im Großen Saal.

● **Stadhuis:** Korte Nieuwstraat 6, Tel. 329 91 11, nur mit Führung Mo–Sa zu besichtigen, zwei Wochen vorher anmelden.

### Commanderie van St.-Jan

Die Commanderie van St.-Jan zählt zu den ältesten steinernen Profange-
bäuden von Nijmegen. Erste urkundliche Hinweise gehen auf das Jahr 1196 zurück, in dem es als Pilgerunterkunft errichtet wurde. 1214 ging das Gebäude in den Johanniterorden über. Die spätere Form erhielt das Gebäude im 15. und 16. Jh. Im Krieg stark zerstört, wurde es 1969 in ursprünglicher Form wieder errichtet und dient heute als Brau- und Geschäftshaus mit Gastronomie.

### Weitere Sehenswürdigkeiten

Das **Besiendershuis** in der Steenstraat aus dem Jahr 1525 diente als Wohnsitz des Aufsehers über den Flusszoll an der Waal. Der spätgotische Bau wurde im niederrheinischen Stil erbaut, erkennbar an dem hohen Satteldach und an den Korbbögen, in denen sich die Fenster befinden.

Der **Kruittoren** im Kronenburger Park ist ein Teil der ehemaligen Stadtbefestigung. Der Turm wurde 1426 errichtet. Heute ist hier ein kleines Küchenmuseum eingerichtet: **Grootmoeders Keukenmuseum** mit einer Sammlung von Eierbechern, alten Öfen und einem kleinen Grützen- und Graupenladen.

Unter den modernen Gebäuden der Stadt sei auf das von *Francine Houben* entworfene Bürohaus **FiftyTwoDegrees** am Oranjesingel verwiesen, ein Hochhaus mit Knick, das fast auf dem 52. Breitengrad steht.

● **Grootmoeders Keukenmuseum:** Kruittoren, Parkweg 99, Tel. (0653) 41 01 07, Mitte März bis Aug. Mo–Fr 10–12 und 14–16 Uhr, So 14–16 Uhr, Eintritt 2 €, Kinder 1 €.

## Fahrradmuseum Velorama

Das Velorama ist ein außergewöhnliches Museum, das sich dem in den Niederlanden so beliebten Fahrrad widmet. Hier wird eine Vielzahl historischer Fahrräder aus der Anfangszeit des Radelns gezeigt, aber auch moderne Räder und Zubehör aus allen Zeiten des Fahrrades

● **Nationaal Fietsmuseum Velorama:** Waalkade 107, Tel. 322 58 51, www.velorama.nl, Mo–Sa 10–17 Uhr, So und feiertags 11–17 Uhr, Bibliothek auf Anfrage, besondere Kinderausstellungen und -angebote, 1.1. und 25.12. geschlossen, Eintritt 4,60 €, Kinder bis 14 Jahre und Senioren 3,40 €.

## Naturkundemuseum

Das Natuurmuseum von Nijmegen ist in der alten Synagoge der Stadt untergebracht. Hier stellt man vor allem die Natur und den Naturschutz im Rijk van Nijmegen dar, dazu Exponate zur Entstehung der gelderländischen Flusslandschaft und Tierpräparationen.

● **Natuurmuseum Nijmegen:** Gerard Noodtstraat 121, Tel. 329 70 70, www.natuurmuseum.nl, Mo–Fr 10–17 Uhr, So 13–17 Uhr, 1.1., Ostersonntag, während der *Vierdaagse* und 25./26.12. geschlossen, Eintritt 3 €, Kinder 4–13 Jahre und Senioren 1,50 €.

## Anatomisches Museum

Das Museum für Anatomie und Pathologie zeigt den Aufbau des menschlichen Körpers anhand von Präparaten von Anfang bis zum Ende – Zeugung, Geburt und Tod. Der Studiensaal der Pathologie ist nur für Besucher mit medizinischer Vorbildung offen.

● **Anatomisch Museum Nijmegen:** Geert Grooteplein 21, Tel. 361 33 01, www.umcn.

nl/overhetumc, Mo–Do 9–17 Uhr, Fr 10–17 Uhr, feiertags geschlossen, Eintritt frei, Führungen auf Anfrage.

## R-evolutie

Ein Museum der ganz anderen Art ist R-evolutie, eine **Modellflugzeugausstellung.** Hier wird die Geschichte der Luftfahrt anhand von 250 Modellen im Maßstab 1:72 dargestellt. Insbesondere widmet sich das Museum der alliierten Luftlandeoperation „Market Garden" Ende 1944, mit der die letztendliche Befreiung der Niederlande von den deutschen Besatzungstruppen eingeleitet wurde.

● **Museum R-evolutie:** Griegstraat, Tel. 360 00 36, http://home.wanadoo.nl/revolutie, 2. So im Monat 11–16 Uhr, Sept. geschlossen, Eintritt auf freiwilliger Basis.

## Waisenhausmuseum

Im Waisenhausmuseum **Van 't Lindenhoutmuseum** wird dargestellt, wie elternlose Kinder Ende des 19. Jh. bis weit ins 20. Jh. hinein untergebracht wurden. 1863 hatte das Ehepaar *van 't Lindenhout* ein Haus in der Innenstadt von Nijmegen als Waisenhaus gegründet, das aber schon bald zu klein wurde. So fanden sie außerhalb in der Kirche am Neerbosscheweg eine neue Bleibe. Hier werden die alten Einrichtungen dieses Waisenhauses gezeigt.

● **Van 't Lindenhoutmuseum:** Scherpenkampweg 58, Tel. 379 03 29, 1. So im Monat 12–16 Uhr und nach Absprache, Eintritt frei.

## muZIEum

Das muZIEum („Mu-seh-um") ist kein Blindenmuseum, sondern ein Mu-

**Gelderland**

seum für Menschen, die sehen können – hier kann man das **Wunder des Sehens** und die **unbekannte Welt des Nichtsehens** entdecken. Zusätzlich bietet das Museum ein Dinner im Dunkeln an.

● **muZIEum:** Nieuwe Marktstraat 54a, Tel. 382 81 81, www.muzieum.nl, Di–Fr 13.45–17 Uhr (in den Schulferien ab 11 Uhr), Sa und So 12–18 Uhr, Eintritt 8 €, Kinder bis 12 Jahre 4 €. Dinner im Dunkeln jeden zweiten Fr im Monat, telefonische Anmeldung.

## Stratemakerstoren

In dem erst 1987 wiederentdeckten ehemaligen **Festungsturm** Stratemakerstoren aus dem 16. Jh. mit seinen **Katakomben** nahe dem Hollandcasino waren Kanonen zur Verteidigung des städtischen Hafens Veerpoort untergestellt. Heute werden hier Wechselausstellungen zur Stadtgeschichte gezeigt.

● **Stratemakerstoren:** Waalkade 83–84, Tel. 323 86 90, www.stratemakerstoren.nl, Di–Fr 12–17 Uhr, Sa und So 13–17 Uhr, Eintritt 3,20 €, Kinder 1,80 €, behindertengerecht mit Fahrstuhl.

## Info

● **Tel.-Vorwahl:** 024
● **VVV Nijmegen:** 6511 NH, Keizer Karelplein 32h (Schouwburg), Tel. (0900) 11 22 344, www.uitburo.nl, vvvnijmegen.nl.

## Essen und Trinken

● **Belvédère** €€€€: Kelfkensbos 60, Tel. 322 68 61, www.restaurantbelvedere.nl, eine Wendeltreppe führt zum Spitzenrestaurant im ersten und zweiten Stock des alten Stadtturms, französische Küche, Lunch und Dinner, mit Terrasse, Karneval, Juli und Ende Dez. geschlossen, So Ruhetag.

● **De Schat** €€€: Waalkade 1, Tel. 322 40 60, www.deschat.nl, klassische Küche, besondere Spezialität: Marktmenüs, gute Weinkarte zu den Gerichten, Lunch Mo, Di und Fr, Abendessen Mo, Di, Fr und Sa.

● **Claudius** €€: Busschop Hammerstraat 12, Tel./Fax 322 14 56, www.restaurantclaudius.nl, Rôtisserie, seit 30 Jahren eingeführter Gastronomiebetrieb, Terrasse hinter dem Haus, nur abends geöffnet, Mo Ruhetag.

● **Stadsbrouwerij De Hemel:** Franseplaats 1, Tel. 365 63 94, www.brouwerijdehemel.nl, gemütlicher Biertreff im historischen Ambiente der Commanderie, auch Café, Do und Fr 14–21 Uhr, Sa und So 12–21 Uhr, Weihnachten und Neujahr geschlossen.

An der Stadtwaage

## Unterkunft

● **Belvoir** €€€€: 6522 AX, Graadt van Roggen-str. 101, Tel. 323 23 44, Fax 323 99 60, www.belvoir.nl, Hotel der Best-Western-Gruppe, große Zimmer und Suiten, zentral gelegen, mit Terrasse, angeschlossenes Abendrestaurant €€€, kleines Lunchrestaurant.

● **Bastion** €€€: 6544 LL, Neerbosscheweg 614, Tel. 373 01 00, Fax 373 03 73, www.bastionhotels.nl, Hotel der Bastion-Gruppe nahe der A73, praktisch eingerichtete Zimmer, mit Grillrestaurant.

## Veranstaltungen

● **Nijmeegse Vierdaagse:** große, traditionelle Viertagewanderung rund um Nijmegen mit einer größer werdenden Anzahl ausländischer Teilnehmer, dritte Woche im Juli. Mit großer Stadtkirmes **Vierdaagsefeesten,** ein Sommerfest mit Musik, Theater, Artisten. Info: www.nijmeegsevierdaagsefeesten.nl. Eine Woche danach finden die **Fietsvierdaagse** statt – 4-Tages-Radtour rund um Nijmegen, kein Rennen, sondern erholsames Radeln, Info: www.fietsvierdaagse.com.

● **Batavierenrace:** Ende April, Studentenstafettenlauf über 185 km in 25 Etappen vom Universitätssportzentrum der Radboud Universiteit Nijmegen über Deutschland und den Achterhoek zum Campus der Universität Twente, 7500 Teilnehmer. Information: www.batavierenrace.nl.

● **Zevenheuvelenloop:** jährlich an einem Sonntag Mitte November ausgetragenes „Sieben-Hügel-Rennen" über 15 km, über 20.000 Teilnehmer. Information: www.zevenheuvelenloop.nl.

## Aktivitäten

● **De Pannenkoekenboot Nijmegen:** Rundfahrten auf der Waal vom Ableger Waalkade gegenüber dem Casino, Tel. 360 12 62, www.pannenkoekenboot.nl, einstündige Fahrt, Abfahrt Mi und Sa 16.30 und 18 Uhr, Fahrpreis 13,50 €, Kinder 3–12 Jahre 8,50 €, dazu werden 2½-stündige Fahrten angeboten und im Sommer abendliche Pannenkoeken-Fahrten.

● **Kinderspielpark De Leemkuil:** Luciaweg 2, Tel. 360 51 98, mit Kindereisenbahn, Mo–Fr 9.30–17.30 Uhr, Wochenende 10–18 Uhr, Eintritt 3,70 €, Senioren 3,30 €, Kinder frei.

● **Kinderspielpark Speeltuin Brakke Fort:** Kan. Mijllinckstraat 72, Tel. 355 72 83, www.brakkefort.nl, Juli bis Sept. Mo–Fr 9.30-17.30 Uhr, Sa und So 10–18 Uhr, außerhalb der Hochsaison Mi und Fr 12.30–17.30 Uhr, Sa und So 10–18 Uhr, Eintritt 3,30 €, Kinder 2–15 Jahre 2,90 €, Senioren 0,65 €.

● **The Matrixx:** Wijchenseweg 204, Tel. 344 99 48, www.matrixx.nl, „die" Mega-Disco von Nijmegen, mit Showtänzen, Artistik, Zirkusnummern, Perfomances, Eintritt je nach Programm 10–15 €.

● **Holland Casino Nijmegen:** Tel. 381 63 81, www.hollandcasino.nl, Amerikanisches Roulette, Black Jack, Poker, Caribbean Stud, Punto Banco, Money Wheel und Spielautomaten, 11–3 Uhr, Eintritt ab 18 Jahre.

● **Scandic Sanadome Nijmegen:** Weg door Jonkerbos 90, Tel. 359 72 80, www.sanadome.nl, Thermenlandschaft mit Thermalbad, Pool, Whirl-Pool, Massagen, Sauna, Hamam, Beauty-Behandlung, ganzjährig geöffnet.

## Einkaufen

● **Markt:** Mo Grote Markt 10–16 Uhr.

● **Lusemert:** Flohmarkt Mo um die St. Stevenskerk 9–13 Uhr.

● **Gemüse- und Biomarkt:** Sa Kelfkenbos 9–15 Uhr.

● **Büchermarkt:** Plein 1944 10–17 Uhr, mit Kunst- und Kuriositätenmarkt.

● **Grün- und Geranienmarkt:** So Anfang Mai Kelfkenbos 10–17 Uhr.

# Umgebung von Nijmegen

## Zweistromland                    ♫ XII/A3

Hauptort im „Zweistromland" zwischen Waal und Maas ist **Beneden-Leeuwen.** Die Landschaft der Region wird von Viehzucht und Obstanbau bestimmt. Zunehmend spielt der Tourismus eine Rolle, vor allem das idylli-

**Gelderland**

sche Dorf **Appeltern** wird wegen seiner Modellgärten gern aufgesucht: Auf 13 ha Fläche gibt es Teichgärten, Terrassengärten, Architekturgärten und Pflanzenverkauf. Das Heimatmuseum von Beneden-Leeuwen zeigt Exponate aus der Region wie z.B. historische Kleidung und Textilien, Haushaltsgegenstände, Werkzeuge, Fossilien und archäologische Objekte, dazu eine Sammlung alter Bilder von Dörfern, Gebäuden und Menschen.

**Batenburg** an der Maas ist seit über tausend Jahren besiedelt. 1349 erhielt die Stadt durch die Herren von Batenburg, die weder den Herzögen von Geldern noch denen von Brabant, sondern nur dem deutschen Kaiser untertan waren, Stadtrechte. Die Herren von Batenburg waren so selbständig, dass sie eigene Münzen prägten – diese waren allerdings von schlechter Qualität. Ihre 1250 auf einer vormaligen Motte gebaute Burg wurde in der Franzosenzeit 1794 geschleift, seither verwalteten die Herren von Bentheim-Steinfurt als letzte Batenburger den Besitz für Gelderland.

Reizvoll ist heute das unter Denkmalschutz stehende Stadtbild von Batenburg mit seiner Burgruine. Von dieser sind nur Teile der Vorburg, eine Turmruine und Mauerreste verblieben. Sehenswert ist auch die im 14. Jh. errichtete, frühere katholische Pfarrkirche, heute reformierte Kirche. Seit 1612 ist sie nach einem Brand mit einem Tonnengewölbe versehen. Zu den wertvollen Ausstattungsstücken gehören die barocke Kanzel, die Orgel und verschiedene Grabmäler.

● **De Tuinen van Appeltern:** Walstraat 2/A, Tel. (0487) 54 17 32, www.appeltern.nl, Modellgärten, März bis 1.12. 10–18 Uhr (im Winter bis 17 Uhr), Eintritt 10 €, Kinder 6–12 Jahre 5 €, Senioren 8,50 €.

● **Museum Tweestroomland:** Beneden-Leeuwen, Pastoor Zijlmansstraat 3 Tel. (0487) 59 50 02, www.museumtweestromenland.nl, mit Museumsladen für Regionalprodukte, Café, Di–So 13.30–16.30 Uhr, im Winter nur Di, Mi und So, Oster- und Pfingstsonntag, Weihnachten, sowie Sylvester geschlossen, Eintritt 3 €, Kinder bis 6 Jahre 1,50 €.

● **De Twee Linden** €€€: 6658 CX Beneden-Leeuwen, Zandstraat 100, Tel. (0487) 59 12 34, Fax 59 42 24, www.detweelinden.nl, verkehrsgünstig gelegenes Geschäfts- und Privathotel, ausgezeichnete Hotelausstattung mit festlichen Sälen, dem A-la-carte-Restaurant **De Gelagkamer** €€€ und einer **Gaststätte** €€, 24.12.–5.1. geschlossen.

● **Wassersportzentrum De Gouden Ham**: Grosses Wassersport- und Naturgebiet an der Maas zwischen Megen und Appeltern; hier hat man dem Fluss durch modernen Hochwasserschutz mehr Raum gegeben. Yachthafen, Segeln, Wasserski, Surfen, Geschäfte, Gastronomie, www.degoudenham.nl.

### Kasteel Doornenburg    ⚓ XII/B3

Großartig ist die Anlage von Kasteel Doornenburg auf der Landspitze zwischen Rhein und Waal. Die von Wassergräben umgebene Anlage besteht aus der mittelalterlichen Hauptburg, die über eine Brücke mit dem Geviert der großen Vorburg aus Portalgebäude, Kapelle, Wirtschaftsgebäuden und mit Türmen und Wehrgang verbunden ist. Heute hat die Burg musealen Charakter, einzelne Räume können für Veranstaltungen, die Kapelle für Hochzeiten genutzt werden.

● **Kasteel Doornenburg:** Doornenburg, Kerkstraat 27, Tel. (0481) 42 14 56, www.kasteeldoornenburg.nl, mit Terrassencafé, Führungen April, Mai, Juni, Sept. und Okt. So 13.30, 14.30 und 15.30 Uhr, Juli/Aug. täglich außer Mo, spezielle Kinderführungen, Eintritt 4 €, Kinder bis 12 Jahre 2,50 €.

## Kasteel Wijchen ♫ XII/A3

In Wijchen westlich von Nijmegen sieht Kasteel Wijchen auf eine lange Geschichte zurück – erste Aufzeichnungen gehen auf das 14. Jh. zurück. 1609 kamen *Emilia van Nassau* und ihr Ehemann *Don Emanuel van Portugal* in den Besitz von Kasteel Wijchen und errichteten es auf den Fundamenten neu. 1930 übernahm die Gemeinde ihr Schloss. Das Geviert umschließt einen Binnenhof mit Kolonnaden. In einer Ecke erhebt sich der Schlossturm. Der gesamte Bau ist unterkellert, die Mauerstärke beträgt teilweise 1,50 m. Ein Graben umgibt die Anlage, die über eine Zugbrücke betreten wird.

Das Schloss wird heute als Heimatmuseum genutzt. Gezeigt werden prähistorische, römische und mittelalterliche Funde der Region, dazu gibt es Wechselausstellungen und eine Ausstellung der Burgen in Gelderland. Der Schlossgarten ist als prähistorischer Garten mit für die damalige Zeit typischen Pflanzen angelegt.

● **Museum Kasteel Wijchen:** Wijchen, Kasteellaan 9, Tel. (024) 642 47 44, http://wijchen.nu/tweestromenland/kasteel.html, Fr 11–17 Uhr, Sa und So 13–17 Uhr, Führungen nach Absprache, Eintritt 1,50 €, Kinder bis 13 Jahre frei.

## Kasteel Hernen

Nicht weit nordwestlich von Wijchen steht in Hernen ein weiteres bedeutendes Schloss: Kasteel Hernen geht ebenfalls auf das 14. Jh. zurück. Es zählt zu den bedeutendsten Festungsbauten des Landes. Einzigartig ist der noch vorhandene verdeckte Wehrgang. Seit dem 17. Jh. war das Schloss kaum bewohnt, insofern hat die Anlage noch viel von ihrer Ursprünglichkeit bewahren können. Ein Teil kann besichtigt werden.

● **Kasteel Hernen:** Dorpsstraat 40, Tel. (0487) 53 19 76, www.geldersekastelen.nl, Führungen April bis Okt. Mi, Do und Sa 13, 14, 15, 16 Uhr, Pfingsten und 30.4. geschlossen, Eintritt 3 €, Kinder bis 13 Jahre 1,50 €.

## Weingüter

● **Wijnhoeve De Colonjes:** Groesbeek, 2e Colonjes 4, Tel. (024) 397 37 54, www.wijnhoevedecolonjes.nl, biologischer Weinbau, veranstaltet Weinfeste.

● **De Kleine Heerlijkheid:** Horssen, Aspert 1, Tel. (0487) 45 17 21, www.kleineheerlijkheid.nl, Familie Fransen, 1996 angelegter Weinberg, teilweise unter Folie, Rundführungen mit dem Treckerwagen, Ab-Hof-Weinverkauf, Schneckenverkauf.

● **Imkerei und Weinbau Immenhof:** Molenhoek/Heumen, Rijksweg 224, Tel./Fax (024) 358 45 43, www.imkerij-immenhof.nl, neben der Imkerei wird ein Weinbaubetrieb entwickelt, Besucherzentrum, Besuchergärten, Ausstellung, kleiner Laden, Mai bis Sept. 1. und 3. Wochenende Führungen 13–15 Uhr, Okt. nur Sa, Laden Mi–Sa 9–18 Uhr, Führung 8,50 € inkl. Kaffee/Tee, Honig, ein Gläschen Met und Ambrosia, Kinder 2,50 €.

# Achterhoek

Der Achterhoek, der „hinterste Winkel" der Niederlande ist ein überwiegend landwirtschaftlich geprägtes Teilgebiet im Osten der Provinz Gelderland, das im Westen durch die Ijssel, im Südwesten durch die alte Ijssel, im Südosten und Osten durch Deutschland und im Norden durch die Provinz Overijssel begrenzt ist. Das Gebiet entspricht in etwa der früheren **Grafschaft Zutphen,** einschließlich einiger weiterer kleinerer Herrschaften, die hier lange ihre Selbständigkeit wahren konnten. So hat sich auch der Begriff De Graafschap für die Region Achterhoek eingebürgert.

Der ländliche Raum der Achterhoek hat noch lange feudale Spuren getragen. Insofern gibt es hier eine große Zahl von **Burgen und Schlössern,** Herrenhäusern und großen Bauernhöfen. Zusammen mit den Wasserläufen, ihren Weiden, Äckern und Wäldern machen sie den ganzen Reiz dieser Landschaft aus, die heute zunehmend Touristen zum **Wandern und Radeln** anzieht. Sehenswert sind vor allem **Doesburg und Doetinchem,** besonders interessant die Buchmärkte im Aaltener Ortsteil Bredevoort.

# Zutphen ⚓ XII/B2

Historisches Zentrum des Achterhoek ist Zutphen an der Mündung der Berkel in die Ijssel. Hier hatten schon die Römer eine Niederlassung, im frühen Mittelalter siedelten Franken. Im Jahre 882 plünderten Wikinger die Siedlung, sodass nach deren Abzug eine Ringwallburg angelegt wurde. In einer Urkunde aus dem Jahr 1059 wird *Godschalk* als *Domini Sutphaniensis*

*Oppidi* (Herr der Stadt Zutphen) genannt, womit er als Stammvater der Grafen von Zutphen gilt. Ab 1127 war die Grafschaft Zutphen Teil der Grafschaft Geldern.

Zutphen entwickelte sich unter gelderländischer Herrschaft gut, hatte seit 1190 Stadtrechte mit eigener Münzprägung und war seit dem 13. Jh. Mitglied der **Hanse.** Noch in diesem Jahrhundert wurde die Stadt ummauert und im 14. Jh. um die Neustadt erweitert. Doch im Achtzigjährigen Krieg musste Zutphen unter den Kampfhandlungen leiden. Die überwiegend katholische Stadt wurde 1572 von den Protestanten erobert, acht Monate später wurde sie wieder von spanischen Truppen eingenommen, die hier ein Massaker anrichteten. 1591 eroberte *Moritz von Nassau* schließlich Zutphen für die Protestanten zurück.

Auch im Zweiten Weltkrieg war Zutphen Ziel von Kampfhandlungen, vor allem 1944 bei der alliierten Rückeroberung. Doch immer noch zeugen 300 alte Kaufmannshäuser aus dem 15. bis 18. Jh., die Tore, Türme, Kirchen und Klöster vom alten Reichtum der Stadt.

## Sint Walburgiskerk

Den Ursprung der Stadt bildet **'s Gravenhof,** der Platz, an dem einst die Burg der Grafen von Zutphen stand, von der nur noch Grundmauern gefunden wurden. Am Platz erhebt sich die Sint Walburgiskerk, deren Errichtung auf Reichsbischof *Bernold von Utrecht,* den Lehensherrn der

Stadt, zurückgeht. Sie wurde 1200–70 im Stil der rheinischen Romanik errichtet, danach vom 14. bis zum frühen 16. Jh. zur gotischen Hallenkirche vergrößert.

Großartig ist die Ausstrahlung dieses Sakralbaus. Zum Chorumgang mit seinen Chorkapellen kam 1395 die Mariakapelle hinzu. Sehr schön ist das Mariaportal aus dem 15. Jh. Wände und Gewölbe der Chorkapellen sind reich mit Fresken geschmückt. Besonderes Augenmerk verdienen der gotische Kerzenkronleuchter im Chor, das Taufbecken aus dem Jahr 1527, die Kanzel aus dem 17. Jh. sowie die Bader-Orgel von 1639–43, eine der schönsten Renaissanceorgeln des Landes.

Zur Kirche gehört die **Librije,** eine öffentliche Kettenbibliothek, in der die Bücher mit Ketten an den Lesebänken festgebunden sind. Der Lesesaal wurde 1563 errichtet. Alle 400 Bücher stammen aus der Zeit vor 1750, viele sogar von vor 1500.

● **Sint Walburgiskerk:** Kerkhof 3, Tel. 51 41 78, www.walburgiskerk.nl, Juni bis Anfang Sept. Mo 13.30–16.30 Uhr (im Juni nicht Mo), Di–Sa 10–16.30 Uhr, Sa nachmittags, ansonsten eingeschränkte Öffnungszeiten, Eintritt 1,20 €, Bücherei nur mit Führer zu besichtigen, Führung 3 €, kleiner Buchladen in der Kirche.

### Stadtmuseum

Das **Stedelijk Museum** ist in dem 1980 von der Stadt angekauften Gebäudekomplex des ehemaligen Dominikanerklosters mit der **Broederenkerk** untergebracht. Die Kirche stammt aus dem frühen 14. Jh. Ihr Dachreiterturm, in dem die Glocken hängen,

wurde 1771 aufgesetzt. Sie ist als **Bibliothek** eingerichtet. Die Exponate zur Geschichte der Stadt, Kunstwerke, Handwerksgüter und mittelalterliche Gegenstände findet man in verschiedenen Räumen des Klosters, so auch im Refektorium aus der Zeit um 1500.

● **Stedelijk Museum Zutphen:** Rozengracht 3, Tel. 51 68 78, www.stedelijkmuseumzut phenpaktuit.nl, Di–So 11–17 Uhr, Karfreitag, 30.4., 5. und 31.12. 11–16 Uhr, Pfingstsonntag und 25.12. geschlossen, Eintritt 3,50 €, Jugendliche 13–18 Jahre 2 €.

### Nieuwstadskerk

Die Nieuwstadskerk, heute die katholische Kirche Sint Johannes de Doper, war im Mittelalter als Pfarrkirche um 1250 gestiftet worden. Ihre ältesten Teile sind das untere Mauerwerk des Mittelschiffs und der Turm aus dem späten 13. Jh. Erweiterungen fanden zwischen 1439 und 1442 (Erhöhung des Turms und Aufsetzen einer Spitze), 1455–59 (Chor) sowie 1480–1530 (Umbau zur Hallenkirche mit Seitenschiffen) statt. Die Kirche verfügt noch über vier originale mittelalterliche Glocken.

### Stadtbefestigung

Wenn auch im 19. Jh. große Teile der Stadtmauern geschleift wurden, um der wachsenden Stadt Platz zu verschaffen, sind doch noch einige Teile dieser mittelalterlichen Befestigungsanlagen zu sehen. Der **Drogenapstoren** von 1444 ist ein kleiner, von Wachtürmen flankierter, quadratischer Torbau mit achteckigem Turm. Weiterhin gibt es den Bourgonjetoren

Gelderland

von 1457, den Kruittoren aus dem beginnenden 14. Jh., die Spaanse Poort, ein Vortor der Oude Nieuwstadspoort von 1537, verschiedene Walltürme an der Bornhovestraat und am Armenhage aus dem 13. Jh. Darüber hinaus sind noch Abschnitte der **Mauer** erhalten, darunter ein Stück am Drogenapstoren und an der Berkelpoort vom Anfang des 14. Jh. Diese von Wachtürmen flankierte **Berkelpoort,** das alte Wassertor, liegt etwas außerhalb der Altstadt und überspannt mit drei Bögen die Berkel.

### Weitere sehenswerte Gebäude

Das **Oude Stadhuis** von Zutphen am Gravenhof stammt aus dem 15. Jh., wurde Anfang des 18. Jh. umgebaut und ist frisch renoviert. Beachtenswert ist die Stuckdecke im Bürgersaal, der ehemaligen, an das Alte Rathaus angebauten mittelalterlichen Fleischhalle der Stadt.

Ebenfalls am Gravenhof steht die **Schelpenkoepel,** eine Kapelle, die vollständig mit Muscheln, vor allem aus den niederländischen Kolonien, ausgekleidet ist. Sie wurde 1697 errichtet, als die Errichtung von Muschelpavillons Mode war – heute gibt es noch drei solcher Bauten in den Niederlanden.

Besonderes Augenmerk verdienen die **Hofjes,** mittelalterliche Gebäudekomplexe, gestiftet als Unterkunft für arme, ältere oder allein stehende Bewohner. Mit ihren Innenhöfen bieten sie heute Ruhepunkte in der Stadt. Der Agnietenhof wurde als Frauenkonvent 1397 gestiftet. Der kleine Luthershofje am Ende der Beekstraat hat nur einen winzigen, aber sehr gepflegten Innenhof. Großzügig ist dagegen der Oude Bornhof. Der Ruiterhofje steht in der Neustadt, gestiftet im 16. Jh. vom Bierbrauer *Henrick Ruyter.*

Unter den vielen sehenswerten Bauten der Stadt sei auf das gotische Haus **Het Bolwerk** am Zaadmarkt aus dem Jahr 1549 verwiesen. Daneben steht die Wache **Ruiter Kortegaard** aus dem Jahr 1639 mit Treppengiebel, heute ist hier eine Weinhandlung untergebracht. Am Houdmarkt steht der **Wijndragerstoren,** ein Turm aus der Renaissancezeit. Reizvoll ist das **Leeuwenhuisje** an der Berkel mit seinem vorkragenden breiten Erker am Fluss.

### Druckereimuseum

Im **Grafisch Museum Zutphen** wird die frühere Kunst des Druckens aufrecht erhalten. Eine Druckerei aus der Zeit zwischen den Weltkriegen mit ihren Maschinen und Gerätschaften steht noch so da wie früher, einzelne Maschinen werden während der Öffnungszeiten in Betrieb genommen.

●**Grafisch Museum Zutphen:** Kerkhof 16, Tel. 54 23 29, Mi–Fr 13–16.30, Sa 11–15 Uhr, Eintritt 2,50 €, Kinder bis 16 Jahre und Senioren 2 €.

### Museum Henriette Polak

Das Museum Henriette Polak zeigt **gegenständliche Kunst des 20. Jh.** Die Sammlung in dem Gebäudekomplex aus einem Herrenhaus des 19. Jh. am Zaadmarkt mit einem mittelalterlichen Lagerhaus als Hinterhaus und mit einer *Schuilkapel* (in der frühen

Zeit der Reformation von Katholiken benutzte „versteckte" Kapelle) im zweiten Stock, die aber nicht für Ausstellunszwecke genutzt wird, wurde von der Kunstmäzenin *Henriette Polak Schwarz* (1893–1974) zusammengetragen, die sie der Stadt Zutphen vermachte.

● **Museum Henriette Polak:** Zaadmarkt 88, Tel. 51 68 78, www.museumhenriettepolak. nl, Di–So 11–17 Uhr, Karfreitag, 30.4., 5. und 31.12., 1.1., Ostersonntag und Weihnachten geschlossen, Eintritt 3,50 €, Jugendliche 13–18 Jahre 2 €.

## Info

● **Tel.-Vorwahl:** 0575
● **VVV Zutphen:** 7201 MH, Stationsplein 39, Tel. (0900) 269 28 88, Fax 51 79 28, www.vvvzutphen.nl.

## Essen und Trinken

● **Galantijn** €€: Stationsstraat 9, Tel. 51 72 86, Restaurant in Bahnhofsnähe mit hoher Reputation, gleichzeitig Galerie, offene Küche, nur abends geöffnet, So und Mo Ruhetag.
● **Jan van de Krent** €€€: Burg Dijckmeesterweg 27B, Tel. 54 30 98, Fischrestaurant, angeschlossener Fischgroßhandel, Hummerspezialitäten, Ende Juli bis Anfang Aug. und Ende Dez. bis Anfang Jan. geschlossen, Di Ruhetag.
● **Chapeau** €€: Turfstraat 7, Tel. 54 77 68, www.grandcafechapeau.nl, renoviertes Lokal im Zentrum, im Sommer Außengastronomie, klassisch-moderne Bistro-Einrichtung, Lunch und Dinner, gute Weinkarte.

## Unterkunft

● **Eden Hotel Zutphen** €€€: 7201 DN, 's Gravenhof 6, Tel. 59 68 68, Fax 59 68 69, www.edenhotelzutphen.com, in einem Gebäude aus dem 17. Jh., das als Huize van de Kasteele bekannt und modernisiert ist, im ganzen Hotel findet man Kunst aus dem 17. und 18. Jh. sowie zeitgenössische Objekte und Bilder, 24.12.–2.2. geschlossen.

●**Berkhotel** €€€: Marspoortstraat 19, Tel. 51 11 35, www.berkhotel.nl, im Zentrum, komfortable Zimmer, mit dem bekannten vegetarischen **Restaurant De Kloostertuin** €€€.

## Veranstaltungen

●**Nationaler Bockbiertag:** Der Nationale *Bokbierdag* wird am 2. Sonntag im Oktober in der Innenstadt mit einem Umzug gefeiert. Auf dem Groen-, Hout- und Zaadmarkt präsentieren Brauereien und Gaststätten ihre Bockbiere.

## Aktivitäten

●**Yachthaven Gelre:** Vispoorthaven, Tel. 51 95 80, alle erforderlichen Einrichtungen, Café, ganzjährig geöffnet.

## Einkaufen

●**Wochenmarkt:** Groen-, Hout- und Zaadmarkt, Do 8–12.30 Uhr.
●**Blumen- und Gemüsemarkt:** Zaadmarkt, Sa 8–17 Uhr.
●**Biologischer Bauernmarkt** *(Biologische Boerenmarkt):* Lange Hofstraat, Do 8–13 Uhr.

*Zutphen mit der Sint Walburgiskerk*

# Doesburg  ⤢ XII/B2

Östlich von Arnhem, am Zusammenfluss der Oude Ijssel mit der Ijssel, einem im Mittelalter stark befahrenen Fluss, liegt Doesburg, eine einst blühende Handelsstadt. Doesburg erhielt 1237 Stadtrechte und wurde in der Folge stark befestigt. Die Martinikerk zeugt mit ihrem 94 m hohen Turm noch von dem einstigen Reichtum der Stadt. Doch in dem Maße, wie die Ijssel versandete, verlor der Ort an Bedeutung. Erst nach dem Zweiten Weltkrieg setzte neuer Aufschwung ein, der dann auch zur Stadterweiterung führte.

Der Turm der gotischen **Martinikerk** wurde von deutschen Truppen beim Abzug am 15. April 1945 gesprengt. Teile der alten Malereien auf den Säulen blieben unversehrt, andere, auf anderen Säulen, die durch den Einsturz zusammenbrachen, wurden nach alten Vorlagen wieder hergestellt.

In der Verlängerung des Kerkplein sieht man auf der linken Seite den Turm der **Gasthuiskerk.** Das Gasthuis (Hospital) war 1337 gegründet worden und konnte sich vergrößern, als es allmählich in ein Heim für „betuchte" Witwen umgewandelt wurde. Die Kirche, die zunächst als Krankensaal diente, wurde dem heiligen Antonius geweiht.

**De Waag** ist das älteste Restaurant der Niederlande – in dem Bau von 1478 mit hohem Fenster- und Treppengiebel war schon immer eine Herberge untergebracht. Gegenüber steht das **Schöffenhaus** als Teil des alten

**Gelderland**

Rathauskomplexes, ebenfalls ein spätgotischer Bau mit Treppengiebel. Daneben kann man im Museum **De Rode Toren** Exponate aus dem Mesolithikum, so einen der ältesten in den Niederlanden gefundenen Schädel, alte Münzen, sakrale Kunst und einen kleinen Kramladen aus dem Jahr 1894 sehen. Weitere schöne Häuser stehen in den Seitenstraßen.

Die **Doesburgsche Mosterdfabrik** in der von der Kerkstraat abzweigenden Boekholtstraat ist als Senf- und Essigmuseum hergerichtet. Hier sind die alten Senfmühlen noch in Betrieb und es wird der berühmte Bauernsenf hergestellt. Das **Fotografica Museum** zeigt alte Kameras und einen Fotosalon aus dem Jahr 1900.

●**Martinikerk:** Kerkstraat 4, www.martinikerk doesburg.nl, Besichtigung Mai bis Sept. Di–Sa 13–17 Uhr.
●**Streekmuseum De Roode Tooren:** Roggestraat 9–13, Tel. 47 42 65, Di–Fr 10–12 und 13.30–16.30 Uhr, Sa 13.30–16.30 Uhr, Gruppen nach Absprache, 1.1., Oster- und Pfingstsonntag sowie 25.12. geschlossen, Eintritt frei.
●**Doesburgsch Mosterd- en Azijnmuseum;** Boekholtstraat 22–26, Tel. 47 22 30, www. doesburgschemosterd.nl, Öffnungszeiten und Verkauf Di–Fr 10–17 Uhr, Sa 11–16 Uhr, 25.12.–7.1. geschlossen, Eintritt 1,50 €, Kinder bis 12 Jahre 1 €.
●**Fotografica Museum Doesburg:** Huize Optenoord/Meipoortstraat 59, Tel. 47 44 98, wwwfotograficamuseumdoesberg.nl, Di, Mi und Fr–So 13.30–16.30 Uhr, Gruppen nach Absprache, Eintritt 3 €, Kinder bis 15 Jahre 1,50 €.

### Info

●**Tel.-Vorwahl:** 0313
●**VVV Doesburg:** 6981 CM, Kerkstraat 6, Tel. 47 90 88, Fax 47 19 86, www.vvvdoesburg.nl.

### Essen und Trinken

●**Stadsbierhuys De Waag:** Koepoortstraat 2–4, Tel. 47 96 17, www.waagdoesburg.nl, historisches Ambiente, täglich ab 10 Uhr.
●**Kings Palace Elvis Café-Museum:** Markt 13, Tel. 43 73 95, www.kings-place.nl, eingerichtet im Stil der 1950er Jahre, bietet das Etablissement eine einmalige Sammlung von Gegenständen aus der Elvis-Zeit, so alle offiziellen Alben von 1956 bis 1977, eine Kopie seines Testaments, eine Single aus der Privatkollektion von Colonel *Tom Parker* (Manager von Elvis), Goldene Platten etc. Mo, Mi und Do 11–20 Uhr, Fr, Sa und So 11–2 Uhr.

### Veranstaltungen

●**Doesburg Binnenste Buiten:** Mitte Juli, Straßentheater, Artisten, Musik und Show, jährlich kommen 150.000 Besucher, Information www.doesburgbb.nl.

# Doetinchem ⤢ XIII/C3

Die Stadt Doetinchem an der Oude Ijssel östlich von Arnhem ist heute die wirtschaftlich wichtigste Stadt im Achterhoek. 838 erstmalig urkundlich erwähnt, wurde sie zu Beginn des 12. Jh. mit einer Befestigung versehen. Ein Bombardement Ende März 1945, bei dem britische Bomber Doetinchem mit Kleve verwechselten, traf die Altstadt schwer. Die Catharinakerk am Simonsplein, eine Hallenkirche aus dem 16. Jh. mit Chor aus dem 14. Jh., wurde nach dem Krieg wieder aufgebaut.

In Doetinchem gibt es mit dem **VBV De Graafschap Voetbal** sogar einen Profifussballclub, dessen Spieler gern die *Superboeren* (Superbauern) genannt werden und dessen Stadion De Vijverberg 13.000 Zuschauer fasst.

Im **Huis van Poll** aus dem 18. Jh. mit Vorgiebel aus dem 19. Jh. werden Exponate zur Geschichte der Stadt, archäologische Funde, Erinnerungen an die gelderländische Straßenbahn sowie Modelle der Stadt um 1830 und 1940 gezeigt.

● **Stadsmuseum Doetinchem:** Grutstraat 27, Tel. (0314) 33 55 57, www.stadsmuseumdoetinchem.nl, Di–So 13–17 Uhr, 1.1. und 25.12. geschlossen, Eintritt frei.

### Kloster Slangenburg

In der Umgebung hat Doetinchem mit Kasteel Slangenburg ein besonderes Bauwerk zu bieten, das auf der UNESCO-Liste der hundert bedeutendsten Gebäude der Niederlande steht. Die Anlage geht im Kern auf das 14. Jh. zurück und wurde im 17. Jh. barockisiert. In deutschem Besitz wurde es nach dem Zweiten Weltkrieg konfisziert und an den Orden der **Benediktiner** verkauft. Hier kann man heute abgeschiedene Klostertage verbringen – insofern ist die Anlage nicht zu besichtigen. Der umliegende Wald ist jedoch frei zugänglich.

● **Kasteel Slangenburg:** 7004 JK, Kasteellaan 6, Tel. (0315) 29 82 00, Fax 34 28 77, www.kasteelslangenburg.nl, Klosterunterkunft „Zu Gast im Kloster mit Mönchen", Unterkunft pro Person 51 € (Vollpension).

### Kasteel Huis Bergh

Gleichermaßen sehenswert ist Kasteel Huis Bergh bei 's-Heerenberg nahe der deutschen Grenze (bei Emmerich), eines der **größten Schlösser der Niederlande.** Der Bau geht im Kern auf das 13. Jh. zurück, Veränderungen

und Erweiterungen wurden im 14., 15. und 17. Jh. vorgenommen. Sehenswert ist die Sammlung **alter europäischer Meister.** Im Kutschenhaus der Vorburg aus dem 17. Jh. ist die sogenannte Teestube eingerichtet, deren Räumlichkeiten für Veranstaltungen gemietet werden können.

● **Huis Bergh:** 's-Heerenberg, Hof van Bergh 8, Tel. (0314) 66 12 81, www.huisbergh.nl, Mai bis Okt. Di–So 12.30–16.30 Uhr, ansonsten Führungen 14 und 15 Uhr, 24., 25., 31.12. und 1.5. geschlossen, Eintritt 7,50 €, Kinder 5–13 Jahre 4,50 €.

### Unterkunft

● **De Graafschap** €€: 7001 BM, Simonsplein 12, Tel. (0314) 32 45 41, stadshotel-de-graafschap@hetnet.nl, Hotel im Zentrum mit funktional eingerichteten Zimmern.

### Einkaufen

● **Markt:** Di morgens auf dem Maktplein mit Milchprodukten, Obst/Gemüse, Fisch und Textilien.

# Aalten ⤳ XIII/C3

Die Gesamtgemeinde Aalten liegt ganz im Osten der Niederlande und grenzt in Deutschland an **Bocholt.** Die Grenze verläuft genau durch den Aaltener Ortsteil **Dinxperlo,** sodass man in einzelnen Straßen allenfalls noch an den Autokennzeichen sehen kann, ob man sich in den Niederlanden oder im Bocholter Ortsteil Suderwick befindet. Dinxperlo hat die einzige deutsch-niederländische Polizeistation. Sie liegt auf niederländischem Gebiet, direkt am Rathaus.

Die **Helenakerk** in Aalten wurde in drei Phasen zwischen 1475 und 1550 ganz in Tuffstein erbaut. Ihr Turm vom Vorgängerbau stammt aus dem 12. Jh. Besonders schön sind ihre spätgotischen Gewölbeausmalungen.

Interessant sind die **Aaltener Museen** am Markt, das Heimatmuseum im alten Frerikhuis, die Freriksschure (Scheune) mit landwirtschaftlichen Exponaten, sowie in Haus Nr. 12 ein Museum über die Besatzungszeit während des Zweiten Weltkriegs.

Hingewiesen sei auf die **Buchmärkte** im Aaltener Ortsteil Bredevoort, einem Festungsstädtchen, das über viele Antiquariate, eine Buchbinderei und Galerien verfügt. Bredevoort ist auch für seine **Gondelfahrten** bekannt. Am letzten Wochenende im August und am ersten Septemberwochenende finden diese Fahrten statt, bei denen Boote mit „Lichtbildern", Motiven aus Glühbirnen, geschmückt sind.

● **Aaltense Musea:** Markt 14, Tel. (0543) 47 17 97, www.aaltensemusea.nl, Di–Sa 10–17 Uhr, So 14–17 Uhr, Nov. bis Febr. nur Sa 14–17 Uhr, 25.12. und 1.1. geschlossen, Eintritt 5 €, Kinder 5–15 Jahre und Senioren 3 €.
● **Gondelvaart Bredevoort:** letzter Freitag- und Samstagabend sowie erster Freitag- und Samstagabend im September 20–22.45 Uhr, Zutritt 10 €, Kinder bis 12 Jahre 2 €, Tribüne 2 € extra. Parken kostenlos, Info www.gondel vaart-bredevoort.nl.

## Veluwe

Das **Waldgebiet** der Veluwe ist die größte geschlossene Waldfläche der Niederlande, sie zieht sich durch den gesamten Nordwesten der Provinz Gelderland. Auf dem sandigen Geestboden erstrecken sich auf Höhen zwischen 10 und 100 m hauptsächlich Kiefernmischwälder, die überwiegend im 18. und 19. Jh. angepflanzt wurden, da ständige Sandverwehungen der Landwirtschaft schadeten und zunehmender Holzbedarf vorhanden war. Große **Heideflächen** werden heute geschützt – sie machen den Reiz dieser eigentlich für die Niederlande so untypischen Landschaft aus.

# Nationalpark Hoge Veluwe ⤢ XII/A2

Der Nationalpark Hoge Veluwe erstreckt sich mit einer Fläche von annähernd 5500 ha zwischen Arnhem und Otterlo, wo auch der Haupteingang ist. In seinen Nadelgehölzen, Sanddünen sowie Heide- und Grasflächen leben viele, teilweise unter Artenschutz stehende Pflanzen und Tiere, darunter vor allem Rot- und Schwarzwild. Hier blühen im Frühjahr die Rhododendren, im August die Heideflächen und zur Brunftzeit im Herbst ist das Röhren der Hirsche zu hören. Das herrliche Parkgelände ist mit einem weit verzweigten **Wander- und Radwegenetz** durchzogen. Um den Park zu erkunden, kann man sich kostenlos Fahrräder ausleihen.

**Gelderland**

● **Nationaal Park De Hoge Veluwe:** Eingang Otterlo (Haupteingang): Houtkampweg 9; Eingang Hoenderloo: Houtkampweg 13; Eingang Schaarsbergen: Koningsweg 17; Nov. und März 9–18 Uhr, Oktober 9–19 Uhr, April 8–20 Uhr, Mai und Aug. 8–21 Uhr, Juni/Juli 8–21 Uhr, Sept. 9–20 Uhr, Eintritt 7 €, Kinder 6–12 Jahre 3,50 €, Auto/Motorrad 6 €, Wohnwagen 24 €, Pferd 3 €, Fahrräder frei, Abendtarif 50% Nachlass. Kostenloser **Verleih weißer Fahrräder** *(witte Fietsen)* im Park am Marchantplein, beim Kröller-Müller Museum, beim Jagdhaus und an den drei Eingängen, auch Kinderfahrräder, Tandems, behindertengerechte Fahrräder.

## Besucherzentrum

Im Besucherzentrum erhält man Informationen über den Park, über Natur, Landschaft, Geschichte und Kultur, auch mit interaktiven Medien und Filmen. Unter dem Besucherzentrum findet sich das **Museonder,** das originell das Leben unter der Erde aufzeigt, ein auch für Kinder interessantes Museum.

● **Besucherzentrum:** Otterlo, Houtkampweg 9c, Tel. (0900) 464 38 35, www.hogeveluwe. nl, täglich 10–17 Uhr, Eintritt mit Museonder 6 €, Kinder 6–12 Jahre 3 €.

## Kröller-Müller Museum

Im Nationalpark befindet sich eines der bedeutendsten Museen moderner Kunst der Niederlande. Der Großkaufmann *A. Kröller* und seine deutsche Ehefrau *Helene Kröller-Müller* erwarben das Gelände 1909 als Jagdrevier. Sie umzäunten das Gelände und setzten Mufflons und Hirsche aus. Der Architekt *H. P. Berlage* entwarf für die Familie das Jagdhaus St. Hubertus. Die kunstsinnige Helene Kröller-Müller war eine große Sammlerin zeitgenössischer Bilder und Skulpturen. 1935 kaufte der niederländische Staat diese **Kunstsammlung** auf. Seither ist der Park, von Frau Kröller-Müller in Harmonie zwischen Kunst und Natur mit Plastiken und Denkmälern gestaltet, für das Publikum geöffnet. Der Beeldentuin besteht aus dem Skulpturengarten, Skulpturenpark und Skulpturenwald mit Werken von *Pan, Permeke, Bourdelle, Maillol, Fontana, Oldenbourg, Dubuffet* und *Serra.* Der Pavillon wurde 1953 von *Rietveld* entworfen. Die Kunstsammlung mit Werken von *Vincent van Gogh, Pablo Picasso, Piet Mondrian* und namhaften Bildhauern ist im Kröller-Müller Museum im nördlichen Teil des Parks untergebracht.

● **Kröller-Müller Museum:** Otterlo, Houtkampweg 6, Tel. (0318) 59 12 41, www.kmm. nl, mit Museumsladen für Literatur, Plakate, Geschenkartikel, Di–So 10–17 Uhr, 1.1. geschlossen, Eintritt 12 €, Kinder 6–12 Jahre 6 €; Beeldentuin: 10–16.30 Uhr, 1.1. geschlossen, Zugang durch das Museum.

## Jagdhaus St. Hubertus

Das Jagdhaus St. Hubertus wurde vom Architekten *Berlage* im Stil der Neuen Sachlichkeit entworfen, mit einem Grundriss in Form eines Hirschgeweihs. Der Turm und angrenzende Weiher zeigen geometrische Formen.

● **Yachthuis St. Hubertus:** Hoenderloo, Apeldoornseweg 258, Tel. (055) 378 81 16, www.hogeveluwe.nl, Führungen im Sommer halbstündlich Sa, So und feiertags 12–16.30 Uhr, Di–Fr 12.30–14.30 Uhr, im Winter Sa, So und feiertags 13–14.30 Uhr, Mo–Fr 13 und 14 Uhr, Januar nur 13 Uhr, Zugang 8 €, Kinder 4 €.

# Arnhem (Arnheim) ↗ XII/A-B3

Der Name der Stadt Arnhem (deutsch Arnheim) leitet sich von der römischen Bezeichnung *Arenacum* ab. Heute ist es die **Hauptstadt der Provinz Gelderland** und damit die wichtigste Stadt der Veluwe. Zahlreiche **Parks** im Einzugsbereich der Stadt und die Nähe zur Veluwe geben Arnhem einen hohen Freizeitwert. Viele dieser Grünflächen verdankt sie dem Großbürgertum und heimgekehrten Kolonialherren, die sich in dieser Landschaft ihre Herrenhäuser in großen Parklandschaften errichten ließen – daher bezeichnet sich Arnhem gern als Gartenstadt. Die weitläufige **Fußgängerzone** lädt zum Verweilen und Einkaufen ein, was auch von vielen Besuchern aus dem nahen Deutschland genutzt wird. Als einzige Stadt der Niederlande besitzt Arnhem ein **Trolleybusnetz**, was der Stadt heute den Beinamen „Trolleystad" verleiht.

Und was wäre Arnhem ohne Fußball? Hier spielt der Profi-Fußballclub *Voetbalclub Vitesse*. Dafür steht das 1998 im Süden der Stadt errichtete **Stadion Gelredom** zur Verfügung, in dem auch Popkonzerte, Zirkusveranstaltungen und Rummel- und Antikmärkte stattfinden.

Die Stadt entstand auf einer Anhöhe in der Nähe der Ijssel am Schnittpunkt alter Handelswege nach Utrecht, Nijmegen und Zutphen. Erst seit der durch *Karl von Geldern* 1530 herbeigeführten Veränderung des Flusslaufs des Rheins liegt die Stadt auch am Nederrijn. Arnhem hatte bereits 1233 durch *Otto von Geldern* die Stadtrechte erhalten, im 15. Jh. war die damals schon 4000 Einwohner zählende Stadt mit mehrfach verstärkten Mauern und Türmen umwehrt. Im Zuge der Erbauseinandersetzungen um das Herzogtum Geldern fiel auch Arnhem 1473 an Burgund, 1505 an Kaiser *Maximilian* und dann 1543 endgültig an Kaiser *Karl V.* Bereits 1585 hatten die Protestanten die Stadt den Spaniern abgerungen. Zu Zeiten *Ludwigs XIV.* fiel Arnhem zweimal in französische Hände und dann erneut unter *Napoleon,* bis preußische Truppen 1813 Arnhem befreiten.

Am schlimmsten aber traf es Arnhem am Ende des Zweiten Weltkriegs. Der britische Versuch, die Stadt mit Fallschirmjägern zu befreien, misslang in der **Schlacht von Arnhem** vom 17. bis 27. September 1944. Die Stadt hatte viele Tote zu beklagen und große Schäden an der Bausubstanz. Letztlich konnte sie erst am 8. April 1945, also einen Monat vor der deutschen Kapitulation, befreit werden.

## Sint Eusebiuskerk

Der **Markt** im östlichen Teil der Altstadt öffnet sich zum großen Platz mit der Sint Eusebiuskerk. Der spätgotische Bau aus dem 15. Jh. musste nach dem Zweiten Weltkrieg weitgehend neu aufgebaut werden. Der 96 m hohe, mächtige Turm mit einem großartigen Glockenspiel überragt das Bild der Altstadt. Vom Turm hat man einen weiten Blick über die Stadt und das Umland. Sehenswert im Inneren ist das Grabmal *Karls von Egmont,* dem letzten Grafen von Geldern.

● **Sint Eusebiuskerk:** Kerkplein 1, Tel. 443 50 68, www.eusebius.nl, April bis Oktober Di–Sa 10–17 Uhr, So 12–17 Uhr, Nov. bis März Di–Sa 11–16 Uhr, So 12–16 Uhr.

## Teufelshaus

Auf dem Kirchplatz steht das Huis Maarten van Rossum, auch allgemein als Duivelshuis bezeichnet. Der 1545 errichtete Bau diente dem General *Maarten van Rossum,* Truppenführer des Herzogs *Karl von Egmond,* im Kampf gegen die Truppen von Kaiser *Karl V.* als Sitz. Er ließ die Fassadenfiguren an dem Haus anbringen. Es sind drei Teufelsdarstellungen – die Stadt wollte ihm Privilegien verweigern. Der Bau überstand den Krieg, nicht dagegen das rückwärtig angebaute Rathaus, das in den 1960er Jahren durch den Architekten *J.J. Konijnenburg* neu gebaut wurde. Im Zuge der Renovierung des Duivelshuis 1965–67 wurde dieses in Wohneinheiten umgebaut und teilweise an das Rathaus angeschlossen.

## Sint Walburgiskerk

Dahinter erhebt sich die zweitürmige Sint Walburgiskerk. Sie wurde 1583 der katholischen Kirche entzogen und diente dann als Arsenal, bis sie König Ludwig Napoleon 1808 an die katholische Kirche zurückgab. Der verwahrloste Bau wurde vorläufig renoviert, sodass hier ab 1813 wieder Gottesdienste abgehalten werden konnten. Mit der Einrichtung der St.-Walburgis-Pfarre wurde die Kirche in neogoti-

schem Stil wieder hergerichtet. Nach der Zerstörung erfolgte der Wiederaufbau als dreischiffige Basilika.

## Weitere Sehenswürdigkeiten in der Altstadt

Jenseits des Marktes zum Nederrijn hin steht noch die doppeltürmige **Sabelpoort** als letztes erhaltenes Stadttor der alten Stadtbefestigung.

In der weitgehend als Fußgängerzone ausgebauten Altstadt stehen einige erhaltene Häuser, so der Renaissancebau des **Sint Pieter Gasthuis** in der Rijnstraat, dessen Ursprünge auf das Jahr 1380 zurückgehen, und das **Presickhaeffs Huys** in der Kerkstraat aus dem 14. Jh., dessen Treppengiebel aus dem 15. Jh. stammt. Auf dem Jansplein erhebt sich seit 1837 die **Koepelkerk**, ein achteckiger Bau, der innen rund ist. Die **Bakkerstraat,** einst eine Wohnstraße der Begüterten, ist heute die Einkaufsstraße der Stadt. Am **Korenmarkt** trifft sich nicht nur die Jugend – bis zum Ersten Weltkrieg hatte Arnhem das Image einer vornehmen Altenstadt, doch seit den 1960er Jahren hat sich dies zunehmend gewandelt.

## Gewölbekeller

An der Rijnstraat sind 39 historische Gewölbekeller aus dem 13. bis 15. Jh. durch archäologische Grabungen wiederentdeckt und für die Öffentlichkeit zugänglich gemacht worden.

● **Historische Kelders:** Information: Oude Oeverstraat 4a, Tel. (0616) 19 60 02, www.keldersarnhem.nl, Mi–Sa und an Kaufsonntagen 14–17 Uhr, Eintritt 3,50 €, Kinder bis 16 Jahre 1,50 €, Führungen Mi und Fr 14 Uhr.

**Gelderland**

## Historisches Museum

Das Historische Museum befindet sich in einem Herrenhaus aus dem 18. Jh. Von 1844 bis 1920 wurde es als Bürgerwaisenhaus genutzt, bestehend aus acht Räumen, einem geräumigen Dachboden, Waschhaus, Bügelkammer und Wasserauffangeinrichtungen. Den Backsteinbau ziert ein Rokokogiebel mit Darstellungen der vier Jahreszeiten. Das Museum zeigt Exponate der **Handwerkskunst** wie etwa Silberschmiedearbeiten, archäologische Funde und Gemälde aus dem 17. Jh.

● **Historisch Museum Arnhem:** Bovenbeekstraat 21, Tel. 377 53 00, www.hmarnhem.nl, mit Museumsladen, Di–Sa 10–17 Uhr, So und feiertags 11–17 Uhr, Führungen auf Anfrage, Eintritt 3,40 €, reduziert 2,25 €.

## Museum für Moderne Kunst

Das Museum für Moderne Kunst befindet sich westlich des Stadtzentrums in dem Herrenhaus eines aus den Kolonien zurückgekehrten Zuckerpflanzers des 19. Jh. mit herrlichem Ausblick über den Fluss. Gezeigt werden überwiegend Werke **niederländischer Künstler des 19. und 20. Jh.,** wie z.B. der Magischen Realisten, der Neuen Figuration und der Postmoderne.

● **Museum voor Moderne Kunst Arnhem:** Utrechtseweg 87, Tel. 377 53 00, www.mmk arnhem.nl, mit Museumsladen und Café, Di–Fr 10–17 Uhr, Sa, So und feiertags 11–17 Uhr, 1.1., 30.4. und Weihnachten geschlossen, Eintritt 5,75 €, Studenten und Senioren 4 €, bis 18 Jahre frei.

## Weinmuseum

Das Nederlands Wijnmuseum, untergebracht in den Kellern einer alten Weinhandlung, zeigt das Herstellen des Weins von der Lese und Kelterung bis zur Abfüllung.

● **Nederlands Wijnmuseum:** Velperweg 23, Tel. 442 40 42, www.wijnmuseum.nl, Di–Fr 14–17 Uhr, Sa 11–17 Uhr, Öffnungen für Gruppen und Führungen nach Absprache, Eintritt 3 €, Kinder in Begleitung Erwachsener 1,50 €, Weinproben möglich.

## Wassermuseum

Das Watermuseum ist ein interaktives Museum zu allen Aspekten des Süßwassers – **Grundwasser, Trinkwasser, Wasserverbrauch** in den Niederlanden und der Welt und **Deichbau** sind die Themen. Es ist auf dem Gelände der Oude Begijnenmolen aus dem 16. bzw. 17. Jh. am Sint Jansbach im Park Sonsbeek eingerichtet.

● **Watermuseum:** Zijpendaalseweg 26–28, Tel. 445 25 48, www.watermuseum.nl, Di–So 10–17 Uhr, 1.1., Ostersonntag und Weihnachten geschlossen, für Rollstuhlfahrer zugänglich, Eintritt 7,50 €, Senioren 6,50 €, Kinder bis 12 Jahre 4 €.

## Kolonialmuseum

Die alte Kolonialmacht Niederlande und das ostindische Militär beleuchtet das *Koninklijk Tehuis voor Oud-Militairen en Museum (KTOMM)* am Autobahnkreuz Velperbroek der A12 im Osten der Stadt, untergebracht im **Landhaus Bronbeek,** das für Invalide der niederländischen Kolonialtruppen 1863 errichtet wurde. Die Exponate, überwiegend mitgebrachte Gegenstände der Soldaten, geben auch einen Einblick in die Kultur der Kolonialvölker.

**Gelderland**

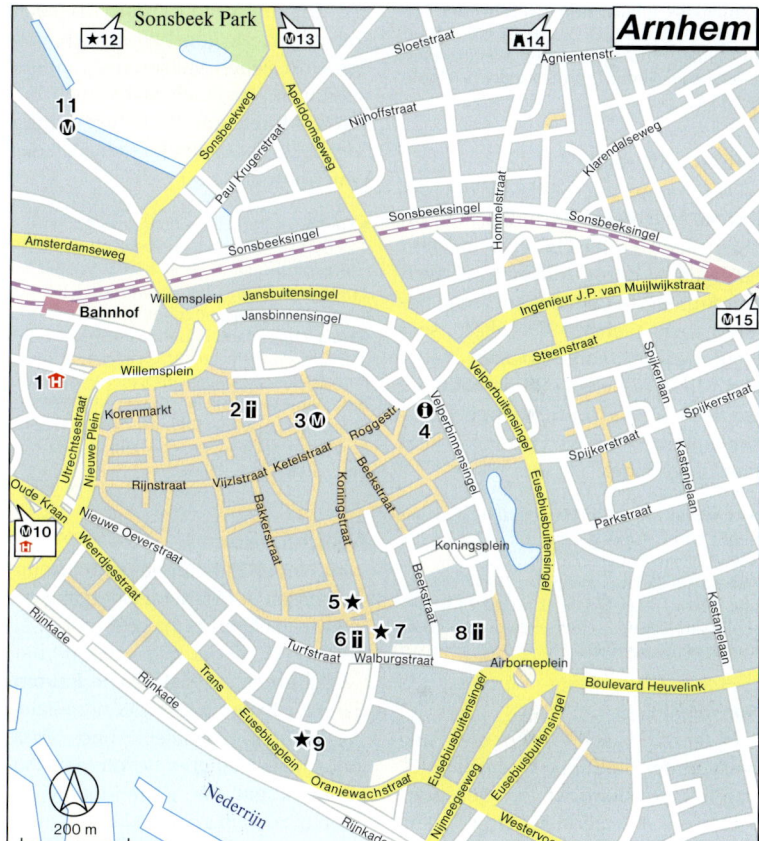

| | | | |
|---|---|---|---|
| 🏠 | **1** Old Dutch | Ⓜ | **10** Museum für Moderne Kunst, |
| ⛪ | **2** Koepelkerk | | NH Rijnhotel |
| Ⓜ | **3** Historisches Museum | Ⓜ | **11** Wassermuseum |
| ❶ | **4** Information | ★ | **12** Huis Zijpendaal |
| ★ | **5** Presickhaeffs Huys | Ⓜ | **13** Nederlands |
| ⛪ | **6** Sint Eusebiuskerk | | Openluchtmuseum |
| ★ | **7** Teufelshaus | ▲ | **14** Kasteel Rosendael |
| ⛪ | **8** Sint Walburgiskerk | Ⓜ | **15** Weinmuseum |
| ★ | **9** Sabelpoort | | |

● **Koninklijk Tehuis:** Velperweg 147, Tel. 376 35 55, www.cdc.nl, Di–So 10–17 Uhr, Oster- und Pfingstmontag, 1.1., und Weihnachten geschlossen, Eintritt 2,30 €, Kinder 6–12 Jahre 1,15 €.

## Airborne Museum

Dokumente zur Schlacht um die **Brücke von Arnheim** findet man im ehemaligen Hotel Hartenstein, dem heutigen Airborne Museum westlich von Arnhem, in dem der englische Befehlshaber General *Urquhart* sein Hauptquartier aufgeschlagen hatte. Das Museum beleuchtet die Kämpfe, die vom 17. bis 26. September 1944 stattfanden, sowie die Folgen für Stadt und Umgebung.

● **Airborne Museum Hartenstein:** Oosterbeek, Utrechtseweg 232, Tel. 333 77 10, www.airbornemuseum.com, April bis 1.1. Mo–Sa 10–17 Uhr, ansonsten 11–17 Uhr, So und feiertags 12–17 Uhr, 1.1. und 25.12. geschlossen, Eintritt 5,50 €, Senioren 3,50 €, Kinder bis 16 Jahre € 3,50.

## Sonsbeek Park

Unter den vielen Garten- und Parkanlagen der Stadt und ihrer unmittelbaren Umgebung ist der Sonsbeek Park wohl der schönste. Er bildet mit den Anlagen von Zijpendaal und Gulden Bloem eine gestalterische Einheit. Es handelt sich um drei frühere Landhäuser vor den Toren der Stadt, die von der Bebauung eingeholt worden wären, wenn die Stadt nicht die Flächen übernommen hätte. Heute stellen diese 200 ha großen Anlagen im Stil **englischer Landschaftsgartenarchitektur** ein großes Naherholungsgebiet mit Spazierwegen, Liegewiesen

und Joggingparcours dar, wo auch Freiluftkonzerte gegeben werden. Von den einst sieben Mühlen des Landgutes am St. Jansbach steht noch die **Witte Molen** am Besucherzentrum Sonsbeek. Hier befindet sich auch das Watermuseum (s.o.).

● **Sonsbeek Park:** Zijpendaalseweg 24a, Tel. 445 06 60, www.parksonsbeek.nl, mit Besucherzentrum, Di–Fr 10–17 Uhr, Sa und So 11–17 Uhr, Eintritt frei, es werden auch geführte Rundgänge angeboten.
● **Huis Zijpendaal:** Zijpendaalseweg 44, Tel. 355 25 55, www.geldersekastelen.nl/terreinenkastelen/zypendaal.php, Herrenhaus aus dem Jahr 1762 mit kostbarer Möblierung, Führungen April bis Okt. Mi–So 13–17 Uhr, im Winter nach Absprache, Eintritt 3 €, Kinder 1,50 €.

## Freilichtmuseum

Im Nederlands Openluchtmuseum im Norden der Stadt im Übergang zur Veluwe in einem 44 ha großen, bewaldeten Park, findet man etwa 80 hier wieder errichtete **historische Bauten,** darunter Bauernhäuser, Windmühlen, Werkstätten, Schulen und frühindustrielle Betriebe. Besonderes Augenmerk gilt der Zaan-Region mit ihren hübschen grünen Häusern. Man erhält Einblick in das tägliche Leben der Bevölkerung in den letzten 350 Jahren. Freiwillige Helfer, Bäuerinnen, ein Stellmacher, ein Schmied, ein Fischer und ein Müller demonstrieren das Handwerk früherer Tage. Es fahren **alte und nachgebaute Straßenbahnen** der Baujahre 1913 bis 1969 Besucher zu den einzelnen Stationen des Geländes. In einem Museum sind Dauerausstellungen, im HollandRama

Filme und Animationen zu sehen. Das Museum verfügt unter anderem über die größte Trachtensammlung der Niederlande.

●**Nederlands Openluchtmuseum:** Schelmseweg 89, Tel. 357 61 11, www.openlucht museum.nl, April bis Okt. täglich 10–17 Uhr, Dez. bis Mitte Jan. 12–20 Uhr, 24. und 31.12. bis 17 Uhr, 25.12. und 1.1. geschlossen. Vorstellungen HollandRama 14, 15, 16, 16.30 und 18.30 Uhr, Eintritt 13,30 €, Kinder 4–12 Jahre 9,30 €, Senioren 6,50 €, Parken pro PKW 4,50 €, Kombiticket mit Burger's Zoo 25,85/20,50/24,45 €.

### Info

●**Tel.-Vorwahl:** 026
●**Arnhem Tourist Info:** 6828 CV, Velperbuitensingel 25 (Musis Sacrum), www.vvvarn hem.nl.

### Anfahrt

Im Zentrum von Arnhem gibt es sechs große **Parkhäuser** mit 2300 Stellplätzen. Sie sind vom Cityring aus als „Centrumring" und „P" ausgeschildert. Dazu gibt es am Stadion Gelredom in Arnhem-Süd ein **Transferium,** zu erreichen von der A325 und N325. Für 2,50 € kann man den PKW hier abstellen und mit bis zu vier Personen in die Innenstadt fahren.

### Essen und Trinken

●**De Steenen Tafel** €€€: Weg achter het Bosch 1, Tel. 443 53 13, www.desteenentafel. nl, im Wasserturm, sorgfältige klassische Küche mit französischem Einschlag, mit Terrasse, Mo, Sa und So mittags geschlossen.
●**Smaak** €€: Rijnkade 39 und 41, Tel. 442 66 64, www.smaakarnhem.nl, modernes Café und Restaurant am Rheinufer, mit Aussichtsterrasse.

### Unterkunft

●**Landgoed Groot Warnsborn** €€€€: 6816 VP, Bakenbergsweg 277, außerhalb im

Nordwesten gelegen, Tel. 44 557 51, Fax 26 44 310 10, www.grootwarnsborn.nl, charmantes Landhaus im Wald mit Terrassengarten, Hotel und **Restaurant** €€€€ (So mittags geschlossen), die schönsten Zimmer befinden sich in der Dependance, aktuelle Küche, dazu Orangerie für Trauungen, Veranstaltungen etc.
●**NH Rijnhotel** €€€€: Onderlangs 10, 6812 CG, www.nh-rijnhotel.com, Tel. 443 46 42, Fax 445 48 47, modernes Haus am Rheinufer in Fußnähe zum Bahnhof und Stadtzentrum, sachlich eingerichtete Zimmer, teilweise mit Balkon, angeschlossenes **Restaurant Le Saumon** €€€ (Sa und So mittags geschlossen), mit Terrasse.
●**Old Dutch** €€€: 6811 KG, Stationsplein 8, Tel. 442 07 92, Fax 445 78 30, www.old-dutch.nl, für Bahnreisende günstig gelegenes, modern ausgestattetes Hotel mit Bar.

### Einkaufen

●**Märkte:** Di Jansplein 7.30–15 Uhr, Mi Winkelcentrum De Drieslag 7.30–15 Uhr, Fr und Sa Kerkplein 7.30–15 Uhr.

## Umgebung von Arnhem

### Nationalpark Veluwezoom    ⊿ XII/B2

Im Nordosten von Arnhem erstreckt sich der Nationaal Park Veluwezoom als einer der beiden großen Nationalparks der Veluwe. Hier steht eine hügelige Landschaft aus Wäldern und Heideflächen unter Schutz, die von vielen **Wander- und Fahrradwegen** durchzogen ist.

### Kasteel Rosendael    ⊿ XII/B2

An der Grenze zum Nationalpark, am Stadtrand von Arnhem beim Ort **Rozendaal,** steht Kasteel Rosendael inmitten einer großartigen Parkanlage. Das Schloss, 1314 erstmals erwähnt, diente zunächst den Herzögen von

Geldern als Residenz, ging dann im 16. Jh. in andere Hände über, bis der letzte Besitzer es nach dem Zweiten Weltkrieg an die Stiftung Geldersche Kasteelen abgab. Vom Ursprungsbau ist noch der runde Bergfried vorhanden, an den im 19. Jh. ein viereckiger **Schlossneubau** mit vier Wohneinheiten unter Verwendung von Baumaterialien der Vorgängeranlage angebaut wurde. Die großartige Parkanlage mit Schlossweihe, Fontäne, der 1730 angelegten Schelpengalerij (Muschelgalerie), weitläufigem englischen Garten und Orangerie steht Besuchern offen. Eine großartige Kollektion zeigt **Möbel, Silber und Einrichtungsgegenstände** des 18. und 19. Jh.

● **Kasteel Rosendael:** Rozendaal, Rosendael 1, Tel. (026) 364 46 45, Führungen Mitte April bis Okt. Di–So 11–16 Uhr stündlich, Parkführungen 11.30, 13, 14, 15 und 16 Uhr, Eintritt 5,50 €, Park allein 3 €, Kinder bis 12 Jahre 2,75/1,50 €.

● **Hunting Lodge** €€€: Rozendaal, Beekhuizenseweg 1, Tel. 361 15 97, Jagdhaus am Parkrand eines Landgutes in der Nähe von Kasteel Rosendael, das von der Terrasse zu sehen ist, A-la-carte-Restaurant mit frischer saisonaler Küche.

## Kasteel Middachten ⚓ XII/B2

Am Südostende des Nationalparks steht bei dem Ort **De Steeg** inmitten eines herrlichen Barockgartens Kasteel Middachten, ein **Wasserschloss** aus dem 17. Jh. Das Hauptgebäude mit prächtigem Portal ist nur über eine Brücke von der zweiseitigen Vorburg aus zu erreichen, zu der selbst wiederum eine Brücke führt. Das ovale Treppenhaus in der Mitte des viereckigen Hauptbaus ist nach oben hin offen

und wird durch eine Kuppel mit Laternenaufsatz abgeschlossen. Das Schloss ist in 24. Generation in Besitz der Grafenfamilie *Ortenburg,* deshalb ist auch die Inneneinrichtung über die Jahrhunderte erhalten geblieben.

Die **Gartenkonzerte** sind als *Koffieconcerten* weithin bekannt. Die **Gartenanlage** ist weitgehend nach den barocken Plänen mit West-, Süd- und Ostparterre, wunderschönem Rosarium, Kräutergarten und Orangeriegarten wieder hergerichtet worden. Die zum Schloss gehörigen Bauernhöfe in Richtung Ellecom sind im Stil wie der Hauptbau errichtet.

● **Kasteel en Tuinen Middachten:** De Steeg, Landgoed Middachten 3, Tel. (026) 495 49 98, www.middachten.nl, Juli So–Di 13–16 Uhr, Orangerie (Teehaus) im Garten 11.30–16 Uhr, zum Weihnachtsmarkt auch 3. Dezemberwoche, Garten Mitte Mai bis Sept. So–Do 10.30–16.30 Uhr, im dazu gehörigen Landgut finden im Juni Reiterspiele statt (Dressur und Springen), Eintritt 8 €, Kinder 4–12 Jahre 4 €, Garten 5 €, Kinder 2,50 €.

Kasteel Middachten

Gelderland

# Apeldoorn

⚓ XII/B2

Apeldoorn liegt am Ostrand der Veluwe und besticht durch seine großartigen **Alleen und Parks.** Am Stadtrand im Wald der Veluwe ließ *Wilhelm III.,* Statthalter der Niederlande und späterer englischer König, 1685–89 das **Lustschloss Het Loo** errichten, in dem immer Mitglieder des Hauses Oranien gelebt haben, bis es nach dem Tode von Königin *Wilhelmina* nach langer Renovierung in ein Museum umgewandelt wurde. Die Nähe des niederländischen Königshauses, die Wälder und die reine Luft der Umgebung veranlassten viele reiche Niederländer, sich hier ihre Villen und Herrenhäuser zu errichten. Vom Zweiten Weltkrieg blieb Apeldoorn, das während der deutschen Besatzungszeit ein Zentrum des niederländischen Untergrundwiderstands war, auch nicht verschont.

Die Innenstadt wurde großräumig und mit einem weitläufigen Rathauskomplex im Zentrum neu gestaltet. Am Kopfende steht noch das **Alte Rathaus,** in dem das Historisch Museum Apeldoorn untergebracht ist. Reizvoll ist der ehemalige Apeldoorns Kanaal, der seit 1973 nur noch für Kanuten und Ruderer genutzt werden kann.

Interessant ist auch der Besuch im **Coda Museum** für moderne Kunst, Stadtgeschichte und Genealogie. Das Gebäude wurde vom Architekten *Herman Hertzberger* entworfen.

Im **Tierpark Apenheul** leben die meisten der 400 Affen (30 Arten) zwi-

106ni Foto: ot

schen den Besuchern in weitläufigen Waldgebieten, die großen Arten wie Gorillas und Bonobos sind in großen Gruppen auf Inseln im Naturpark Berg en Bos untergebracht. Dazu gibt es einen tropischen Streichelzoo.

Eine Fahrt mit der **Museumseisenbahn Veluwsche Stoomtrein** von Apeldoorn bis Dieren, überwiegend gezogen von ehemals deutschen Dampflokomotiven, bereitet Jung und Alt große Freude.

● **Coda Museum:** Vosselmanstraat 299, Tel. 526 84 00, www.coda-apeldoorn.nl, auch Archiv und Bibliothek, dazu Wechselausstellungen, Di, Mi, Fr 10–17.30 Uhr, Sa 10–17 Uhr, So 13–17 Uhr, 1.1., Oster- und Pfingstsonntag sowie 25.12. geschlossen, Eintritt 5 €, Kinder bis 16 Jahre frei.
● **Apenheul:** Berg en Bos, J.C. Wislaan 21–31, Tel. 357 57 57, www.apenheul.nl, April/Mai und Sept./Okt. 9.30–17 Uhr, Juni bis Aug. 9.30–18 Uhr, Eintritt 14 €, Kinder 9–13 Jahre 11,50 €, Senioren 12,50 €.
● **Veluwsche Stoomtrein Maatschappij:** Beekbergen, Dorpstraat 140, Tel. 506 19 89, www.stoomtrein.org, Strecke Apeldoorn – Beekbergen – Immenbergweg – Loenen – Eerbeek – Dieren, Fahrtage Ostern, Himmelfahrt, Pfingsten, So im Juni, Sept. und Okt. sowie 26.–28.12., Rückfahrkarte 11 €, Kinder 4–11 Jahre 4 €.

### Königliches Schloss Het Loo

Der Architekt *Jacob Roman* begann 1685 mit der Errichtung des Palais Het Loo, einem mehrflügeligen **Barockbau** neben dem im 14. und 15. Jh. entstandenen Schloss Het Oude Loo, das Statthalter *Wilhelm* zuvor erworben hatte. Hier sollte der jagdbegeisterte Wilhelm mit seiner Frau *Mary*, Tochter des Stuartkönigs *Jakob II.*, und seinem Jagdgefolge Unterkunft finden.

Als Wilhelm nach dem Sturz Jakobs englischer König wurde, musste Het Loo repräsentativ erweitert werden. Die Kolonnaden, die die Verbindung des Haupttraktes mit den Seitentrakten herstellten, wurden nun durch Pavillons um den Ehrenhof ersetzt und die Gartenanlage großzügig neu gestaltet.

Het Loo ist heute **Museum der Geschichte des niederländischen Königshauses** und bietet zudem einen Blick auf 300 Jahre fürstliche Wohnkultur. Nach dem Tod Wilhelms verfiel Het Loo, wurde wieder hergerichtet und später durch König *Ludwig Napoleon* bewohnt. Für die niederländischen Könige *Wilhelm I., II.* und *III.* war Het Loo vornehmlich Sommerresidenz. Neu belebt wurde Het Loo, als *Wilhelmina* hier einzog und Het Oude Loo restaurieren ließ.

Heute können Besucher 35 Zimmer im Schloss besuchen, in denen die Oranier drei Jahrhunderte wohnten und arbeiteten. Hinter dem Schloss erstrecken sich die **Gärten,** die königlichen Stallungen mit alten Kutschen, Schlitten, Automobilen und Wilhelminas berühmter Karosse. Zum Wald hin geht der Park in einen 640 ha großen Landschaftsgarten über, durch den auch die kerzengerade Königsallee führt. Den Mittelpunkt der vier voneinander abgegrenzten Gartenanlagen bildet der **Venusbrunnen,** die Figur der Venus ist ein Abguss des Originals aus dem Versailler Schlossgarten. Von

*Der Venusbrunnen im königlichen Schlosspark*

diesem Brunnen führt der Blick über die große Fontäne auf die **Kolonnaden,** die den Abschluss des Oberen Gartens bilden.

● **Paleis Het Loo Nationaal Museum:** Koninklijk Park 1, Tel. 577 24 00, www.paleishet loo.nl, für den Park www.kroondomeinhet loo.nl, mit **Restaurants De Balzaal** im Westflügel und **Het Theehuis** beim Besuchereingang, Museumsladen, Di–So 10–17 Uhr, 1.1. geschlossen, das Museum van de Kanselarij der Nederlandse Orden im Ostflügel ab 13 Uhr, Eintritt für Schloss und Park 9 €, Kinder 6–17 Jahre 3 €, großteils behindertengerecht, Parken 3 €.

## Info

● **Tel.-Vorwahl:** 055

● **VVV Apeldoorn:** 7311 LS, Deventerstraat 18, Tel. 526 02 00, Fax 526 02 09, www.vvv apeldoorn.nl.

## Essen und Trinken

● **Auberge Navet** €€€: Arnhemseweg 350, Tel. 541 86 64, www.auberge-navet.nl, Gastraum im provenzalischen Stil, geschackvolle Gerichte, freundliche Bedienung, Dienstag Ruhetag.

● **Poppe** €€: Paslaan 7, Tel. 522 32 86, www. poppe-apeldoorn.nl, sympathisches Restaurant im Zentrum mit Terrasse, klassische bürgerliche Küche.

● **Het Yachthuis** €€€: Hoog Soeren (6 km östlich von Apeldoorn), Hoog Soeren 55, Tel. (055) 519 13 97, www.jachthuishoogsoeren. nl, Restaurant mitten im Wald in einem alten, reetgedeckten Bauernhaus, frische kreative Küche, Mi Ruhetag.

### Unterkunft

● **Bilderberg Hotel de Keizerskroon** €€€€: 7315 HR, Koningstraat 7, Tel. 521 77 44, Fax 055 521 47 37, www.keizerskroon.nl, luxuriöses Hotel vor den Toren der Stadt in der Nähe von Paleis Het Loo, Zimmer mit allem Komfort, geschmackvoll eingerichtetes **Restaurant** €€€, Sa und So mittags geschlossen.
● **Astra** €€: 7316 DZ, Bas Backerlaan 12–14, Tel. 522 30 22, Fax 52 23 02 10, www.hotel astra.nl, gastfreundliche Atmosphäre in zwei Herrenhäusern, standardmäßig eingerichtete Zimmer, Abendrestaurant für Hausgäste, Mitte Dez. bis Anfang Jan. geschlossen.

### Aktivitäten

● **Koningin Julianatoren:** Amersfoortse Weg 35, Tel. 355 22 65, www.julianatoren.nl, kleiner Familienpark mit vielen Attraktionen am Westrand von Apeldoorn für Kinder (3–12 Jahre). Der für den Freizeitpark namensgebende Turm entstand bereits 1910, später kamen kleinere Spielstätten wie Labyrinthe, Picknick- und Spielplätze dazu, seit den 1980er Jahren wurde der Park kontinuierlich mit Achterbahn, Rund- und Märchenfahrten, Spuk- und Geisterhaus ausgebaut. Geöffnet Juni bis Aug. 10–17.30 Uhr, ansonsten bis 17 Uhr, Eintritt Hauptsaison 17,25 €, sonst 15,75 €, Parken frei.

### Veranstaltungen

● **Drachenbootrennen:** 1. Sonntag im Juli auf dem Apeldoornse Kanaal vor der Kulisse der Stadt, www.drakenbootfestival.com.
● **Antikmarkt:** Krammarkt, Flohmarkt, Rummelmarkt und Kuriositäten, Do Juli/Aug., Marktplein.

## Umgebung von Apeldoorn

### Kasteel de Cannenburgh ⚲ XII/B1

In der Umgebung von Apeldoorn sind eine Reihe weiterer Herrenhäuser und prächtiger Bauernhäuser zu finden. Kasteel de Cannenburgh bei **Vaassen** wurde 1543 auf den Fundamentresten einer mittelalterlichen Vorgängerburg durch den gelderländischen Marschall *Marten van Rossen* im frühen niederländischen Renaissancestil errichtet. Ein Jahrhundert später wurde der Bau vergrößert und 1750 erhielt die Anlage seitlich am Vorhof zwei identische Wirtschaftsgebäude mit großen mittigen Toreinfahrten. Die erhaltene und teilweise ergänzte historische Inneneinrichtung aus **Möbeln, Porzellan und Gemälden** erweckt den Anschein, als könnten die einstigen Bewohner noch jeden Moment eintreten. Das Schloss ist im Rahmen von Führungen zu besichtigen.

● **Kasteel de Cannenburgh:** Vaassen, Maarten van Rossumplein 4, Tel. (0578) 57 12 92, www.geldersekastelen.nl/terreinenkastelen/cannenburch.php, mit Restaurant und Museumsladen, Führungen Juli/Aug. 10–16 Uhr stündlich, Sa und So halbstündlich, Mitte April bis Juni und Sept./Okt. Di–Do 10–16 Uhr stündlich, Sa und So 13–16 Uhr halbstündlich, Eintritt 4 €, Kinder bis 12 Jahre 2 €.

### Hagedoorns Plaatse ⚲ XII/B1

Hagedoorns Plaatse liegt ein Stück weiter nördlich von Vaassen im Weiler Zuuk der Gemeinde **Epe.** Hier ist ein **Heimatmuseum** in einem Hallenbauernhaus aus dem Jahr 1715 untergebracht, in dem der Besucher einen Eindruck vom bäuerlichen Leben um das Jahr 1920 erhält.

● **Museumsboerderij Hagedoorns Plaatse:** Epe, Ledderweg 11, Tel. (0578) 62 71 62, www.hagedoornsplaatse.nl, Mai bis Okt. Di–Fr 13.30–16.30 Uhr, Juni bis Aug. Di–Fr 10–16.30 Uhr, Sa 13.30–16.30 Uhr, Juli/Aug. auch So 13.30–16.30 Uhr, Eintritt 3,50 €, Kinder 4–12 Jahre 2 €.

**Gelderland**

# Veluwemeer

Das Veluwemeer ist mit einer Fläche von 3250 ha einer der Arme des Isselmeeres, das durch die Einpolderung von Flevoland entstand und heute diese Provinz von der Veluwe trennt. Hauptorte am Ostufer des Veluwemeeres sind Harderwijk, Nunspeet und etwas landeinwärts Elburg. Im Südwesten setzt sich das Veluwemeer hinter dem Aquädukt von Harderwijk im Wolderwijd fort, im Nordosten hinter der Brücke bei Elburg grenzt es ans Drontermeer.

# Harderwijk     ⬈ XII/A1

Harderwijk erhielt bereits 1231 durch Graf *Otto II. von Geldern* Stadtrechte. Damit entwickelte es sich zu einem wichtigen Fischer- und Hafenstädtchen an der damaligen Zuiderzee und trat im 15. Jh. der Hanse bei. 1584 folgte das Recht zur eigenen Münzprägung. Bis zur napoleonischen Zeit hatte Harderwijk sogar eine eigene Universität, an der unter anderem *Carl von Linné* promovierte. Ab Mitte des 19. Jh. war Harderwijk Garnisonsstadt, wo Soldaten für die Kolonialarmee gedrillt wurden. Als die Zuiderzee 1932 eingedeicht wurde, fiel die Hochseefischerei weg. Nach dem Zweiten Weltkrieg siedelte sich Kleinindustrie an und der Tourismus schuf neue wirtschaftliche Belebung.

Das malerische Stadtbild von Harderwijk hat sich mit seinen alten Gassen, den Patrizierhäusern mit den schönen Rokokogiebeln, den Resten der Stadtmauer und dem Hafen bis heute erhalten. Die **Grote Kerk** am Kerkplein zeugt mit ihren Ausmaßen noch vom früheren Reichtum der Stadt. Um 1400 errichtet, hat sie mehrfach Schaden genommen, so durch einen Brand 1503, durch den Bildersturm und einen Einsturz 1797 – dennoch bleibt sie vor allem durch ihre Gewölbefresken sehenswert.

Am Markt steht das alte, 1837 umgebaute Rathaus. Nicht weit entfernt befindet sich der ehemalige botanische Universitätsgarten mit dem **Linnaeusturm** aus dem 16. Jh. Im Süden der Altstadt steht noch die Catharinakapel, eine Doppelkapelle des ehemaligen Katharinenklosters aus dem 14./15. Jh. Die **Vispoort** aus dem 14. bis 16. Jh. führt zum vormaligen Fischmarkt.

Das **Stadtmuseum** in der Donkerstraat ist in einem Herrenhaus aus dem 18. Jh. untergebracht. Es beherbergt Exponate zur Hansezeit, zur Universität, zum Militär und zur Zuiderzeefischerei, dazu Trachten (im Nachbardorf Hierden werden noch gelegentlich Trachten getragen).

Das **Dolfinarium,** der größte Meerestierpark Europas zwischen Industriehafen und Altstadt, ist die größte Attraktion der Stadt. Delfine, Seelöwen, Walrösser und Seehunde sind in regelmäßigen Tiershows zu erleben, dazu vielfältigste Attraktionen.

● **Grote Kerk:** Kerkplein, Tel. 41 23 95, Mai bis Aug. Mo–Do 13.30–16.30 Uhr.
● **Stadsmuseum Harderwijk:** Donkerstraat 4, Tel. 41 44 68, www.stadsmuseum-harder

wijk.nl, Mo–Fr 10–17 Uhr, Sa 13–16 Uhr, Eintritt 2 €, ermäßigt 1,50 €.

●**Dolfinarium:** Strandboulevard Oost 1, Tel. 46 74 67, www.dolfinarium.nl, März bis Okt. 10–17 Uhr, Juli/Aug. bis 18 Uhr, Eintritt 15 €, Parken 6 €.

## Info

●**Tel.-Vorwahl:** 0341
●**VVV-ANWB Harderwijk:** 3841 GC, Bleek 102, Tel. 42 66 66, Fax 46 04 76, www.vvv harderwijk.nl.

## Essen und Trinken

●**Bistro Ratatouille** €€€: Vischmarkt 6, Tel. 43 12 56, www.bistroratatouille.nl, Fischrestaurant mit offener Küche, modernes Ambiente am historischen Fischmarkt, abends geöffnet, Fr, Sa und So ab 12 Uhr.
●**'t Nonnetje** €€€: Vischmarkt 38, Tel. 41 58 48, www.hetnonnetje.nl, kleines Restaurant in zwei Geschossen, stimmungsvolles Ambiente mit kleiner Veranda, Di–Sa abends geöffnet, Anfang Februar und Anfang Okt. sowie 31.12. und 1.1. geschlossen.

## Veranstaltungen

●**Visserijdag Harderwijk:** Maritimes Spektakel rund um den Boulevard und den Hafen mit Segelwettbewerb, Aalräucherei, alten Handwerken, Krambuden, Musik, letzter Sa im August.

## Aktivitäten

●**Yachthafen:** Haven van Harderwijk, 3841 AB, Strandboulevard Oost 3, Tel. 28 81 99, www.hmsboten.nl, kleiner Hafen am Boulevard beim Dolfinarium.
●**Rundfahrten:** Reederij Flevo führt in der Hochsaison Rundfahrten durch das Veluwemeer durch, Abfahrt Hafendamm, Tel. 41 25 98, www.reederijflevo.nl, Fahrt einschl. Kaffee und Kuchen 10 €, Kinder 5 €.

# Elburg ⚓ XII/A1

Elburg hat eine Brückenverbindung über das Veluwemeer zur Provinz Flevoland. Der Ort, 796 erstmals erwähnt, entwickelte sich mit dem Fischfang und Getreidehandel und wurde im 14. Jh. unter den Herzögen von Geldern als eine viereckige **Festungsstadt** mit Vierteln im Schachbrettmuster ausgebaut. Der vom Gelderner Herzog damit beauftragte Baumeister *Arent thoe Boecop* bezog 1393 ein großes, immer noch vorhandenes Haus in der Stadt. Durch den Beitritt zur Hanse nahm Elburg weiter an Bedeutung zu, doch wurde die Stadt schon bald von den holländischen Hafenstädten überflügelt. Da Elburg zu-

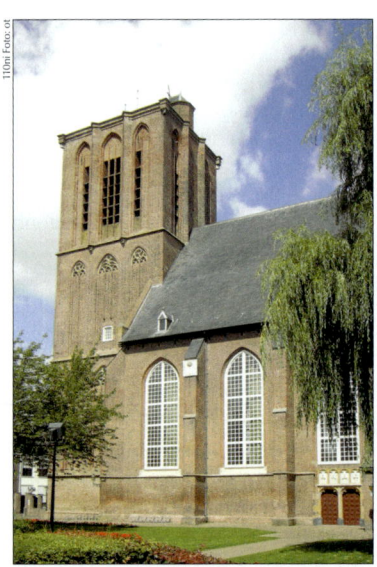

Sint Nicolaaskerk und Hauptplatz von Elburg

nächst keinen Bahnanschluss erhielt, kam ein neuer wirtschaftlicher Aufschwung erst mit dem Tourismus nach dem Zweiten Weltkrieg – doch war auf diese Weise das mittelalterliche Stadtbild erhalten geblieben.

## Sehenswertes

Das Bild der Altstadt von Elburg steht komplett unter **Denkmalschutz.** Viele prächtige Häuser aus dem 16. und 17. Jh. säumen die schachbrettartig angelegten Straßen, so sind vor allem in der Beekstraat und am Schapsteeg noch schöne Treppengiebel zu sehen. Zu den Haustüren führen kleine, bunte und oft sehr alte Aufstiege, *keitjesstoepen* genannt.

Eines der ältesten Häuser ist das **Arent thoe Boecophuis** am Schapsteeg, ein gotischer Bau, der dem Rentmeister der Stadt vom gelderländischen Herzog zur Verfügung gestellt wurde. Es diente später als Rathaus, im Keller befanden sich Gefängniszellen.

Der Eingang zum **Feitenhof** befindet sich gegenüber dem VVV-Gebäude. Der Blick durch den Bogen des Vorbaus gibt den Blick auf dieses vielleicht schönste Haus von Elburg frei, ein Barockbau aus dem Jahr 1740, der aus dem testamentarischen Nachlass der Witwe *Catharina Feith* als Altersheim errichtet worden war.

Als Besonderheit waren in der Altstadt sogenannte *Stadsboerderijen* (Stadtbauernhöfe) angesiedelt, im Jahre 1526 148 an der Zahl, 1950 immer noch acht. Große Scheunentore weisen auf die frühere Verwendung der Bauten hin. In der Mitte der Altstadt führt die **Myddelbrogge** über die Stadtgracht – hier verlasen im ausgehenden Mittelalter die *Schepenen* (Schöffen) als Stadträte ihre Beschlüsse, auch wurden hier Richtersprüche bekanntgegeben. Der **Grachtenring** der alten Befestigung aus dem 14. Jh. ist noch zu sehen.

Die Stadtwälle mit Bastionen machten 1592 der alten Stadtmauer Platz, von der aber noch Reste an der Hafenseite und an der **Vischpoort** zu sehen sind. Die Wälle stellen heute eine beliebte Grünanlage dar. Von den Stadttoren steht noch diese Vischpoort als Nordtor der Altstadt.

Im 1418 erbauten **Agnietenkloster** und seiner gotischen Doppelkapelle ist das **Gemeindemuseum** untergebracht. Der Klostergarten ist während der Museumsöffnungszeiten frei zugänglich. Gezeigt werden Exponate zur Geschichte der Stadt, so z.B. Gebrauchsgegenstände und Gemälde. Zum Museum können auch die Kasematten in der Vischpoortstraat 33 besichtigt werden.

Die Vischpoort, das Tor zum Hafen

Die **Sint Nicolaaskerk** stammt etwa aus dem Jahr 1400. Seit dem Bildersturm sind die Holzskulpturen der Kirche nicht mehr existent, aber die Gewölbemalereien sind erhalten. Imposant ist die Orgel aus dem Jahr 1825. Unmittelbar um die Ecke steht das prachtvolle Haus der **Lateinschule,** 1585 als Waisenhaus eingerichtet.

Für die Niederlande einmalig ist das **Orgelmuseum** mit einer einzigartigen Orgelsammlung sowie Exponaten zur Geschichte der Orgel und zu berühmten Organisten und Kompositionen.

●**Gemeentemuseum Elburg:** Jufferenstraat 6–8, Tel. 68 13 41, www.museumelburg.nl, Di–Fr 10–17 Uhr, an Feiertagen geschlossen, Eintritt 3 €, Kinder ab 5 Jahre und Senioren 1,50 €.
●**Sint Nicolaaskerk:** Zuiderkerkstraat 1, Tel. 68 12 38, Mo, Mi, Do und Fr 13.30–16.30 Uhr, Di 10.30–12 und 13.30–16.30 Uhr.
●**Nationaal Historisch Orgelmuseum:** Rozemarijnsteeg 9–11, Tel. 68 42 20, Sommer und Herbstferien Di–Sa 10–12 und 13.30–17 Uhr, Mo 14–17 Uhr, ansonsten Di 10–12 Uhr und Sa 14–17 Uhr, Eintritt 1,50 €, ermäßigt 0,75 €.

## Info

●**Tel.-Vorwahl:** 0525
●**VVV Elburg:** 8081 CS, Ledige Stede 31, Tel. 68 15 20, www.vvvelburg.nl.

## Unterkunft, Essen und Trinken

●**Café Restaurant 't Olde Regthuys** €€: Beekstraat 33, Tel. 68 48 30, www.olderegthuys-elburg.nl, geselliges Restaurant mit Außengastronomie mitten im Zentrum, mittags und abends geöffnet.
●**Hotel Elburg** €€€: 8081 EG, Smedestraat 5–7, Tel. 68 38 77, Fax 68 32 32, www.hotelelburg.nl, in einem historischen Gebäude von 1765, renoviert 1979 und zum Hotel mit 13 Zimmern ausgebaut, mit Brautstube im Parterre, dazu **Eetcafé De Tapperij.**

## Aktivitäten

●**Yachthafen:** Gemeentelijk Havenkantoor: 8081 GP, Havenkade 1, Tel. 68 21 00, gute Ausstattung.
●**Rundfahrten:** Rederij Randmeer, Lemmerpad 12, Tel. (0651) 41 62 10, www.rederijrandmeer.nl, Abfahrt Havenkade Elburg, in der Saison 100-Minuten-Rundfahrten auf dem Veluwemeer.

# Overijssel Überblick

Die Provinz Overijssel grenzt im Norden an Drenthe und Friesland, im Westen an Flevoland, im Süden an den Gelderse Achterhoek und im Osten an Deutschland. Die Landschaft ist überwiegend von sandigen Geestflächen geprägt, durchschnitten von Flüssen und Bächen. Die wichtigsten davon sind IJssel, Zwartewater und Overijsselse Vecht. In der Mitte gibt es bewaldete Hügel von 40 bis 70 m Höhe, nur im Nordwesten erstrecken sich Polder.

Overijssel besteht aus den drei Landesteilen Kop van Overijssel, Salland und Twente, die einst zum Utrechter Oversticht gehörten. Die Bezeichnung Overijssel tauchte erstmals 1528 auf, als Kaiser *Karl V.* das Fürstbistum Utrecht übernahm und der Kaiser damit Herr in Overijssel wurde. Die Staaten von Overijssel wurden durch die **Hansestädte Deventer, Kampen und Zwolle** sowie durch die Ritterschaften von Salland, Twente und Vollenhove gebildet. Mit dem Aufstand gegen die spanische Vorherrschaft unter *Philipp II.* schloss sich die Herrschaft Overijssel der *Republiek der Zeven Verenigde Nederlanden* an.

Auch an Overijssel ging der Zweite Weltkrieg nicht spurlos vorbei. Vor allem **Enschede** traf es als Aufmarschgebiet alliierter Truppen zur deutschen Grenze schwer – aber heute profitiert die Stadt von der Nähe zu dieser Grenze, sie zieht immer mehr Besucher – und Käufer – aus dem Nachbarland an.

# Salland

Im Südwesten der Provinz Overijssel erstreckt sich die Region Salland, begrenzt durch die Flüsse Regge im Osten und Ijssel im Westen, von vielen als der schönste Fluss der Niederlande beschrieben. So stellt denn auch die Bezeichnung Salland wohl eine Verballhornisierung von „Ijsselland" dar. Die Region ist hügelig, teils mit Wald bedeckt und landwirtschaftlich geprägt. Hauptort ist die ehemalige Hansestadt Deventer an der Ijssel.

# Deventer     ♫ XII/B1

Der angelsächsische Missionar *Lebuin* gründete 768/69 in Deventer auf einer Anhöhe an der Ijssel eine Kirche. Der Ort entwickelte sich rasch zu einem Warenumschlagplatz, den die Wikinger 882 zerstörten. Danach wurde Deventer wieder aufgebaut und erhielt eine Umwallung. Die Utrechter Bischöfe nahmen im 9. und 10. Jh. Zuflucht in Deventer vor den marodierenden Wikingern. Stetig entwickelte sich die Stadt zu einem immer wichtigeren Warenumschlagplatz und wurde Mitglied der **Hanse.** Jahrmärkte brachten weiteren Wohlstand.

Auch kulturell hatte Deventer schon in dieser Zeit viel zu bieten. So ging von dem in Deventer geborenen Theologen *Geert Groote* (1340–84) die neue religiöse Bewegung *Devotio Moderna* aus und seine Nachfolger gründeten hier in Deventer die „Vereinigung der Brüder vom Gemeinsamen Leben", die zu ihrer Zeit weite Verbreitung fand. Es war eine Kleriker- und Laienbewegung, die in mönchischer Gemeinsamkeit ohne Ablegung eines Gelübdes lebte und sich vor allem der Jugenderziehung widmete – 1975 fand sie eine Erneuerung im Schwarzwald und verfügt wieder über fünf Niederlassungen. Die Deventer **Klosterschule** wurde im Übrigen vom Mystiker *Thomas von Kempen,* dem späteren und einzigen holländischen Papst *Hadrian VI.* und von *Ersamus von Rotterdam* besucht. Auch hatte sich im 16. und 17. Jh. die **Buchdruckkunst** schwerpunktmäßig in Deventer niedergelassen, wovon die Stadt bis heute profitiert – alljährlich im August findet hier der größte Buchmarkt Europas statt.

Als dann im Spätmittelalter die Ijssel zu versanden begann und sich die holländischen Wirtschaftsinteressen zunehmend nach Übersee verlagerten, nahm die Bedeutung von Deventer ab. Doch das 19. Jh. brachte Industrie und damit die Erweiterung der Stadt, die auch Garnisonsstadt war, was ihr am Ende des Zweiten Weltkrieges noch größeren Schaden einbrachte. Seither hat Deventer viel unternommen, um sein historisches Stadtbild, vor allem auch den Ortsteil Bergkwartier, zu sanieren und zu erhalten. Gleichermaßen sind neue Viertel entstanden, die mit moderner Architektur und ihrem hohen Wohnwert immer mehr Menschen anziehen.

Die Altstadt von Deventer mit ihrem schönen alten Baubestand erstreckt sich am rechten Ufer der **Ijssel.** Vom

**Overijssel**

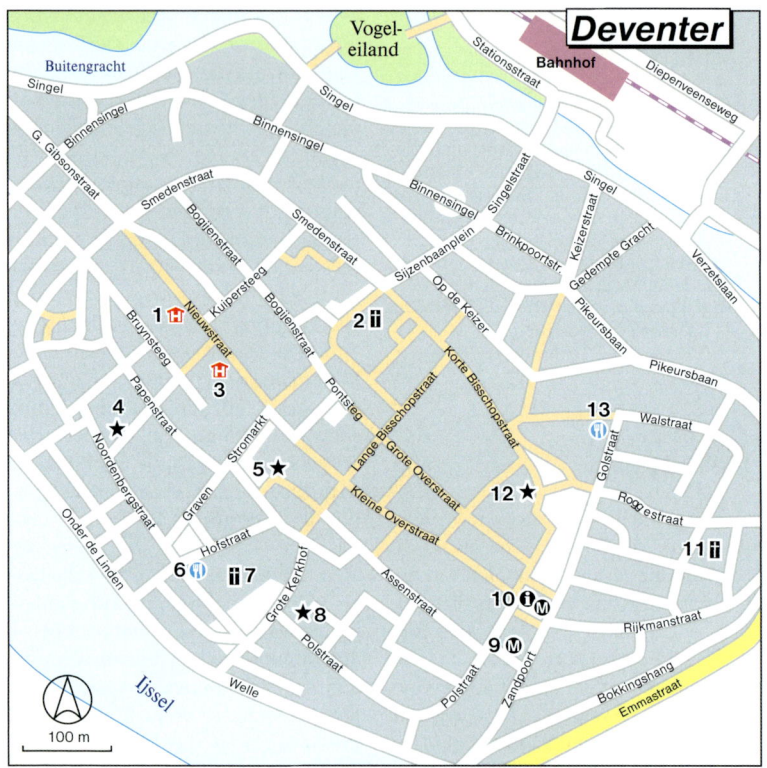

| | | | | |
|---|---|---|---|---|
| 🏠 | 1 | Gilde Hotel | ★ | 8 Rathaus |
| ⛪ | 2 | Broederenkerk | Ⓜ | 9 Spielzeugmuseum |
| 🏠 | 3 | Hotel de Leeuw | ⓘⓂ | 10 Information in der |
| ★ | 4 | Stadtarchiv | | Waag mit Museum |
| ★ | 5 | De Buveburcht | ⛪ | 11 St. Nicolaaskerk |
| ⓘ | 6 | Restaurant 't Arsenaal | ★ | 12 Penninckhuis |
| ⛪ | 7 | St. Lebuïnuskerk | ⓘ | 13 Le Bistro Navet |

Vispoort führt eine Personenfähre ans andere Ufer mitten in die **Naturgebiete** Het Worpplantsoen und de Ossenwaard, von wo man einen prächtigen Blick auf die Stadt hat.

## St. Lebuïnuskerk

Überragt wir die Altstadt von der St. Lebuïnuskerk. Sie wurde zwischen 1450 und 1525 als dreischiffige Hallenkirche mit Chorumgang und hohen gotischen Fenstern auf den Fundamenten einer ausgebrannten romanischen Basilika aus dem 11. Jh. errichtet. Ihre Krypta mit rippenlosem Kreuzgewölbe, die noch vom romanischen Vorgängerbau stammt, befindet sich unter dem erhöhten Chor. Das Kirchenschiff hat Stern-, Kreuz-, und Netzgewölbe. Die alten Wand- und Gewölbefresken konnten restauriert werden.

Der große **Turm,** von dem man eine weite Aussicht über Deventer genießt, kann über 220 Stufen erklommen werden. Er wurde Ende des 16. Jh. gebaut und erhielt Anfang des 17. Jh. eine Laterne aufgesetzt, in der das älteste noch bestehende Hemony-Glockenspiel hängt. Im Inneren des Gotteshauses fällt der Blick auf die Kanzel im frühen Empirestil. Die große **Orgel** wurde 1836–38 unter Wiederverwendung vieler Teile der früheren Orgel im klassizistischen Stil eingebaut.

An die Lebuïnuskerk, vom Typ her eine Kapitelkirche, war die **Mariakerk** angebaut, die alte Pfarrkirche der Gemeinde Deventer. Sie wurde Mitte des 17. Jh. als Arsenal benutzt und teilweise abgerissen. Heute befindet sich hier der Gästehof des Restaurants 't Arsenaal.

● **St. Lebuïnuskerk:** Grote Kerkhof, Eingang Kleine Poot, Tel. 61 25 48, www.vbmk.nl/le buinuskerk/, Mo–Sa 11–17 Uhr, Eintritt frei, Turmbesteigung Ende Juni bis Mitte Sept. Mo–Sa 13–17 Uhr, Zugang durch die Kirche.

## Rathaus

Am Grote Kerkhof, der Kirche gegenüber, steht das Stadhuis. Der Komplex besteht aus drei Haupt- und mehreren Nebengebäuden. Bei den Hauptgebäuden handelt es sich um das ehemalige Landshuis, das ursprüngliche Rathaus und das mittelalterliche Wanthuis – die beiden Letzteren wurden 1693 mit einer von *Jacob Roman* entworfenen, durchgehenden Fassade versehen. Hier breitet sich die mit großen Gemälden geschmückte Halle aus, einst Ratssaal, heute Empfangsraum und Konzerthalle. Auch die anderen Zimmer zeigen viel Sehenswertes und wertvolle Einrichtungsgegenstände. Interessant sind auch die Gewölbekeller aus der zweiten Hälfte des 12. und aus dem 13. Jh., in denen heute die Kantine untergebracht ist.

● **Stadhuis:** Grote Kerkhof 4, Tel. 64 99 59, www.deventer.nl/Stadhuis/, Führungen während der Bürostunden möglich.

## Rund um den Brink

Vom Grote Kerkhof gelangt man über die Poststraat zum Brink. Hier und in den Seitenstraßen sind viele schöne Häuser zu sehen. Am Brink, wie der Markt im Nordosten der Niederlande heißt, steht unter anderem das reich verzierte, mit Skulpturen und geschwungenem Giebel versehene **Penninckhuis** aus dem Jahre 1600 – überhaupt sollte man hier und an anderen Häusern auf die reich skulptierten Giebelsteine achten. Am Brink mit den vielen Cafés steht auch die alte Stadtwaage mit dem darin untergebrachten **Historisch Museum De Waag,** das auf drei Etagen Exponate zur Stadtgeschichte zeigt. Es ist die älteste Stadtwaage der Niederlande, spätgotisch 1528 gebaut und 1643 mit einem manieristischen Treppenvorbau versehen.

Am Brink steht auch das **Spielzeugmuseum,** untergebracht in zwei mittelalterlichen Häusern, in dem Spielzeug vom Mittelalter bis heute gezeigt wird. Der Schwerpunkt der Exponate stammt aus dem 19. Jh.

Vom Brink biegt die Bergsgaat durch das **Bergkwartier** mit seinen vielen reizvollen alten Häusern zum Bergkerkplein ab, wo sich die quadratischen Ecktürme des romanischen Westwerks der **St. Nicolaaskerk** erheben. Ihr Kirchenschiff ist spätgotisch im 15. Jh. angebaut worden. Besondere Aufmerksamkeit verdienen die Wand- und Gewölbemalereien. Die prächtige Holtgräve-Orgel stammt aus den Jahren 1841–43.

- **Historisch Museum De Waag:** Brink 56, Tel. 69 37 80, www.deventer.nl/Toerisme/MuseaListing/HistorischMuseum/, Di–Sa 10–17 Uhr, So und feiertags 13–17 Uhr, 1.1., Karfreitag, Oster- und Pfingstsonntag und 25.12. geschlossen, Eintritt 2,95 €, Kinder 2–18 Jahre 1 €, 0,50 € extra für den Besuch des Speelgoedmuseum.
- **Speelgoed- en Blikmuseum:** Brink 47, Tel. 69 37 86, www.deventer.nl/Toerisme/MuseaListing/Speelgoedmuseum, Öffnungszeiten wie oben, Eintritt 3 €, Kinder 2–18 Jahre 1 €, 0,50 € extra für für das Historisch Museum, für Rollstuhlfahrer nicht zugänglich.
- **St. Nicolaas- of Bergkerk:** Bergkerkplein 1, home.wanadoo.nl/lebuinus, in der Kirche fin-

den unter anderem Kunstausstellungen statt, Di–So 11–17 Uhr, Eintritt frei.

## Weitere Sehenswürdigkeiten

Im Sandrasteeg steht **De Buveburcht,** das aus dem Jahr 1130 stammende, älteste niederländische Wohnhaus, das einst als Torhaus zwischen dem weltlichen und kirchlichen Teil von Deventer gebaut wurde. Heute sind hier Büros der Geert Grote Universität und Wohnungen untergebracht.

Ein Stück weiter findet man das **Stadtarchiv** in einem ehemaligen Klostergebäude. Hier sind Unterlagen über die Stadt, ihre Bewohner und ihre Geschichte seit dem 12. Jh. archiviert.

In der Mitte der Altstadt steht in der Broederenstraat die **Broederenkerk,** eine Hallenkirche aus dem 14. Jh.

- **De Buveburcht:** Sandrasteeg 8, Tel. 64 14 49, www.buveburcht.nl, Führungen unter Tel. 64 99 59 bzw. groepsarrangementen.deventer@hetnet.nl.
- **Stadsarchief en Athenaeumbibliotheek:** Klooster 12, Tel. 69 37 40, www.sabdeventer.nl, Mo 13–17 Uhr, Di und Do 11–20 Uhr, Mi und Fr 11–17 Uhr, Sa 11–15 Uhr.
- **Broederenkerk:** im Sommer Sa 12–16 Uhr, die Betkapelle ist das ganze Jahr über offen.

## Info

- **Tel.-Vorwahl:** 0570
- **VVV Deventer:** 7411 BV, Brink 56 (De Waag), Tel. (0900) 35 35 355 (0,35 €/Min.), Fax 67 15 44, www.vvvdeventer.nl.

## Anfahrt

Die Fahrt zur Innenstadt führt zum Altstadtring. Hier sind die **Parkhäuser** am Ring bzw. in der Innenstadt ausgeschildert. Ansonsten muss man die relativ hohen Parkge-

Die Stadtwaage mit dem Historischen Museum

bühren an den **Parkautomaten** entrichten, Mo–Fr 9–20 Uhr, Kaufabende bis 21 Uhr, Sa 9–19 Uhr, Kaufsonntage 12–17.30 Uhr.

## Essen und Trinken

● **Le Bistro Navet** €€€: Golstraat 6, Tel. 61 95 08, www.bistronavet.nl, burgundische Tafelfreuden im Landgutdekor, großartige Weinkarte, mit Terrasse, abends geöffnet, Mi Ruhetag.

● **Restaurant 't Arsenaal** €€: Nieuwe Markt 33–34, Tel. 61 64 95, www.restaurantarsenaal.nl, in einem Teilgebäude der ehemaligen Mariakerk untergebracht, mit Innenterrassengarten, Bar, Bistro und Restaurant im ersten Stock, So Ruhetag.

## Unterkunft

● **Gilde Hotel** €€€: 7411 LG, Nieuwstraat 41, Tel. 64 18 46, Fax 64 18 19, www.gildehotel.nl, im Zentrum im ehemaligen St. Josephziekenhuis vom Ende des 19. Jh. im neogotischen Stil errichtet, großartige Eingangshalle, großzügige Zimmer, 24., 25., 26. und 31.12. sowie 1.1. geschlossen.

● **Hotel de Leeuw** €€€: 7411 LG, Nieuwstraat 25, www.hoteldeleeuw.nl, Tel. 61 02 90. Renaissancefront aus dem Jahr 1645, zum Hotel gehört das **Hanzemuseum.** Hier werden alte Kochgeräte, Kaffeemühlen, Kuchenformen, Küchenblechbüchsen etc. gezeigt, Do und Sa 11–17 Uhr. Hinter dem Museum befindet sich der **Oud Hollandse Winkel De Leeuw** für Gegenstände aus Großmutters Zeiten, Do und Sa 11–17 Uhr und nach Absprache, mit Kaffee- und Teestube. 25.12. bis Mitte Jan. geschlossen.

● **Camping De Worp:** De Worp 12, Tel. 61 36 01, www.stadscamping.eu, stadtnaher Platz am anderen Ufer der Ijssel, 60 Plätze, April bis Sept. geöffnet.

## Veranstaltungen

● **Karfreitagmarkt** (Goede Vrijdag Markt: großer Warenmarkt mit 350 Ständen auf dem historischen Marktplatz Brink und dem angrenzenden Zandpoort sowie in der Keizerstraat 8–16 Uhr.

● **Deventer op Stelten:** Drei-Tages-Veranstaltung am ersten Wochenende (Fr–So) im Juli in der Innenstadt, Straßentheater, Theater auf Stelzen, Tanzgruppen.

● **Buchmarkt:** 1. So im August 10–18 Uhr entlang der Ijsselkade und in der Altstadt mit 850 Händlern und 125.000 Besuchern.

## Einkaufen

● **Wochenmarkt:** Brink, Fr 8–13, Sa 9–17 Uhr.

**Overijssel**

049ni Foto: ot

## Umgebung von Deventer

### Salländer Hügelrücken

Der **Nationaal Park Sallandse Heuvelrug** erstreckt sich auf ebendiesem Salländer Hügelrücken zwischen Hellendoorn und Holten und umfasst den Haarlerberg, den Holterberg, den Noetselerberg und den Koningsbelt, mit 75 m Höhe die höchste Erhebung des Hügelrückens. Durch intensive Beweidung mit Schafen sind große Teile der ursprünglichen Wälder in **Heidegebiete** umgewandelt, was den Reiz dieser Landschaft ausmacht. Hier hat im Übrigen die letzte Birkhuhnpopulation der Niederlande ein Rückzugsgebiet gefunden.

●**Bezoekerscentrum Sallandse Heuvelrug:** Nijverdal, Grotestraat 281, Tel. (0548) 61 27 11, März bis Okt. Di–So 10–17 Uhr, im Winter bis 16 Uhr, 25.12., 31.12., 1.1. geschlossen.

### Holten      ⤢ XIII/C1

Im Südwesten des Hügelrückens liegt Holten, von wo aus Wander- und Radtouren in die Wälder und Heiden unternommen werden können. Am Holterberg kann man sich anhand einiger Dioramen über die regionalen Tierarten informieren. Holten feiert den **Karneval,** der hier *Keunedarp*, heißt, auf seine Weise. Seine Wurzeln findet er in den Schweinezüchtern, die in Holten reich geworden waren – ihre Karnevalsvereinigung heißt *De Fienpreuvers.*

### Rijssen      ⤢ XIII/C1

In Rijssen auf der anderen, östlichen Seite des Hügelrückens am Flüsschen Regge, der hier im Mittellauf Midden Regge genannt wird, ist im Schloss Havezate de Oosterhof ein **Heimatmuseum** untergebracht. Von hier aus hat Prinz *Moritz* gern Jagdausflüge unternommen.

●**Rijssens Museum:** Kasteellaan 1, Tel. (0548) 51 42 61, www.rijssensmuseum.nl, Di–Sa 11–17 Uhr, feiertags geschlossen, Eintritt 2 €, ermäßigt 1 €.

### Nijverdal      ⤢ XIII/C1

Nijverdal, nördlich von Rijssen ebenfalls am Ostrand des Hügelrückens gelegen, entstand als Siedlung um die 1835 hier gegründete Textilfabrik und wächst fast schon mit dem nördlicher gelegenen Ort Hellendoorn zusammen. Von Nijverdal führt eine sehr schöne **Landstraße nach Holten** mitten durch die Wälder des Hügelrückens. Hellendoorn ist weit über seine Grenzen hinaus durch den Freizeitpark **Avonturenpark Hellendoorn** bekannt, der als Märchenpark Kinder zwischen 5 und 12 Jahren begeistert.

●**Avonturenpark Hellendoorn:** Luttenbergerweg 22, Tel. (0900) 123 65 55 (0,25 €/Min.), www.avonturenpark.nl, Anfang April bis Ende Okt. 10–17 bzw. 18 oder 19 Uhr, Eintritt Juli/Aug. 18,50 €, ansonsten 17,50 €, Senioren und Behinderte 50% Nachlass, Kinder unter 2 Jahren frei.

# Twente

Die Region Twente ist der östlichste Teil der Provinz Overijssel. Der Name leitet sich von einer lateinischen Bezeichnung *Tuihanti* oder *Tubanten* für die in diesem Gebiet im frühen Mittelalter lebenden Germanen ab. Auch hier kämpfte *Karl der Große* gegen die Sachsen und die Christianisierung setzte ein.

Im 10. Jh. kam Twente unter die Oberhoheit der Utrechter Bischöfe und wurde Teil des Oversticht. Zurzeit des Achtzigjährigen Krieges wurde die gesamte Region protestantisch, dann aber 1672–1674 von Truppen des Münsteraner Bischofs besetzt. Erst im 19. Jh. verbesserte sich die Situation der Katholiken wieder. Auch ging es mit der Industrialisierung, vor allem durch Ansiedlung von Textilbetrieben, die auf der langen Tradition der Flachsherstellung in der Region aufbauen konnten, und durch Schwerindustrie wirtschaftlich aufwärts. Im Zweiten Weltkrieg litt Twente als Grenzregion zu Deutschland schwer, doch die Schäden sind längst behoben.

Nach wie vor ist Twente stark landwirtschaftlich geprägt. Eine Reihe erhaltener Landhäuser wie Singraven, Weldam und Twickel zeugen davon. Dazu gibt es einige Naturgebiete, so das Lutterzand am Flüsschen Dinkel und Friezenberg bei Markelo. Das Gebiet wird von einem Hügelzug durchschnitten, von dem der Tankelberg bei Oldenzaal der höchste Punkt ist.

# Enschede  ♫ XIII/D1-2

Die größte Stadt der Region Twente ist Enschede, dicht an der deutschen Grenze gelegen. Hinlänglich bekannt wurde die Stadt durch die Explosion in einer Feuerwerkshalle im Jahr 2000, die durch Missachtung der Lagervorschriften zu einer wahren Katastrophe führte.

Dabei hatte schon ein Stadtbrand im Jahre 1862 großen Schaden angerichtet. Gegründet wurde die Stadt im 14. Jh. Durch die Ergebnisse des Achtzigjährigen Krieges wurde Enschede von den östlich gelegenen niedersächsischen Gebieten durch eine Grenze abgetrennt und daher niederländisch. Der Name der Stadt leitet sich wahrscheinlich vom deutschen Ausdruck „an der Scheidung" (*an die schede*) ab, womit die Trennung zwischen den Regionen gemeint ist – immerhin wird auf beiden Seiten der gleiche niedersächsische Dialekt *(nedersaksisch)* gesprochen. Im Zweiten Weltkrieg wurde Enschede am 22. Februar irrtümlich von alliierten Fliegern im Glauben, eine deutsche Stadt vor sich zu haben, bombardiert.

Wie überall im niederrheinisch-niederländischen Bereich hat die moderne Textilindustrie der Stadt großen Aufschwung gebracht, die am Ende des 20. Jh. aber Billigimpoorten aus Übersee nicht mehr gewachsen war. So hat sich die Stadt im Laufe der Zeit auf den Dienstleistungssektor konzentriert, was neue Arbeitsplätze schuf. Zusätzliche Bedeutung erhielt die Stadt als Sitz der Universität Twente.

**Overijssel**

## In der Altstadt

Die **Grote Kerk** am Marktplatz, heute ein reformiertes Gotteshaus, ist ein Sandsteinbau aus dem 12. Jh., der 1480 süd- und ostwärts zu einer zweischiffigen Hallenkirche mit dreiseitig geschlossenem Chor erweitert wurde. Nach dem Sadtbrand von 1862 wurden die Fenster der Kirche teilweise erneuert. Auffällig ist der Turm aus dem 13. Jh. mit seinen Zwillingsfenstern, die Turmspitze ist neueren Datums.

Das 1930–33 erbaute **Stadhuis** wurde von *G. Friedhoff,* einem Anhänger der *Delftse School,* nach dem Vorbild des Stockholmer Rathauses entworfen, der Turm ist sogar ein genaues Abbild. Im Inneren sind eine Reihe von Mosaiken zu sehen.

Der kleine Saal des Theaters **Twentse Schouwburg** wurde 1889 erbaut, der große Saal kam 1953 dazu. Das **Elderinkshuis** aus dem Jahr 1783, damals außerhalb der Stadt gelegen, ist eines der wenigen alten Gebäude, die den Brand 1862 überstanden. Es beherbergte früher das Gasthaus De Lindenboom, vor allem für Händler, die abends zu spät ankamen und vor den verschlossenen Stadttoren standen. Die **Synagoge** von Enschede in der Prinsenstraat wurde von *Karel de Bazel* entworfen und 1927–28 errichtet. Im **Abraham Ledeboerpark** in der Hengelosestraat steht der größte Mammutbaum der Niederlande.

## Musiekkwartier

Als Studentenstadt hat Enschede ein reichhaltiges Kulturprogramm zu bieten. Dazu gehört **Atak** (Stichting Atak, Podium voor Moderne Muziek). Hier werden Konzerte (von Rock bis Techno und Reggae) sowie Partys und Festivals veranstaltet. Im Jahr 2008 fand Atak im neuen Musiekkwartier eine neue Bleibe. Hier im Musiekkwartier findet man auch die **Musikhochschule.** Angeschlossen ist das Rock 'n' Popmuseum im nahen Gronau jenseits der deutsch-niederländischen Grenze.

## Rijksmuseum Twente

Das Rijksmuseum Twente ist ein überregional bedeutendes **Kunstmuseum** mit Wechselausstellungen. Es zeigt altes Kunsthandwerk, eine spätmittelalterliche Gemäldesammlung, Landschaftsmalereien aus dem Goldenen Jahrhundert und Gemälde späterer Epochen sowie zeitgenössische Kunst und einen Skulpturengarten.

● **Rijksmuseum Twenthe:** Lasondersingel 129–131, Tel. 435 86 75, www.rijksmuseum twenthe.nl, Di–So 11–17 Uhr, 25.12. und 1.1. geschlossen, Eintritt 4 €, Senioren 2,50 €, Kinder bis 18 Jahre frei, Zuschlag bei Wechselausstellungen.

## Twentse Welle

Die wichtigsten städtischen Museen von Enschede eröffneten im Jahre 2008 als Twentse Welle unter einem neuen Dach. Dazu gehören das **Museum Jannink,** das Gerätschaften einer alten Textilfabrik beherbergt und den einst wichtigsten Industriezweig von Enschede repräsentiert. Der Betrieb lief bis 1960, alte Maschinen und Geräte werden anschaulich präsentiert. Es wird vor allem auch die Arbeits- und Wohnwelt der Beschäftigten dargestellt.

Zur Twentse Welle gehört des Weiteren das **Natuurmuseum** mit Exponaten zu Flora und Fauna der Region und Fossilien. In Dioramen werden die wichtigsten niederländischen Säugetiere gezeigt. Integriert wurde das im Elderinkshuis untergebrachte **Van Deinse Institut,** das sich mit dem Leben der Menschen in Twente von der Eiszeit bis in die Gegenwart und auch mit der Landwirtschaft der Region beschäftigt.

●**Twentse Welle:** M.H. Tromplaan 19, Tel. 480 76 80, www.twentsewelle.nl, Di–So 11–17 Uhr, Eintritt 7,50 €, Kinder und Jugendliche 4–18 Jahre und Senioren 5 €.

## Luftfahrtmuseum

Die Luftfahrtausstellung auf dem **Fluggelände** von Enschede, das Luchtvaart Museum Twenthe, konzentriert sich auf die Luftkriegsereignisse am Ende des Zweiten Weltkriegs. Eine abgeschossene Me-109, die 1997 geborgen wurde, ist hier ausgestellt.

●**Luchtvaart Museum Twenthe:** Vliegbasis Twenthe, Zuidkamp 54, Tel. 480 82 30, www. a1.nl/nfla/lmt.html, werktags 13.30–16 Uhr.

## Info

●**Tel.-Vorwahl:** 053
●**VVV Enschede:** 7511 JD, Stationsplein 1a, Tel. 432 32 00, Fax 430 41 62, www.vvvenschede.nl.

## Anfahrt

Die Innenstadt von Enschede umgibt ein äußerer Ring (Singel) und ein innerer. Hier sind die Parkmöglichkeiten im Zentrum ausgeschildert. Bezahltes **Straßenparken** gilt Mo–Sa 9–20 Uhr, an Kaufabenden bis 21 Uhr, an Kaufsonntagen 12–17 Uhr.

## Essen und Trinken

●**Het Koetshuis Schuttersveld** €€€€: Hengelosestraat 111, Tel. 432 28 66, im historischen Kutschenhaus der Villa Schuttersveld aus dem Jahr 1823 am Rand der Innenstadt, kreative französische Küche, mit Gartenterrasse, Di–Fr mittags und abends, Sa nur abends, So und Mo Ruhetag, 2. Hälfte Juli sowie Ende Dez./Anfang Januar geschlossen.
●**La Petite Bouffe** €€€: Deurningerstraat 11, Tel. 430 30 40, www.lapetitebouffe.nl, modern eingerichtetes Lokal, französische und internationale Küche, mit Sommerterrasse, Mi–So abends geöffnet, 2. Hälfte Febr. und Juli geschlossen.

## Unterkunft

●**De Broeierd** €€€: 7521 PA, Hengelosestraat 725, Tel. 850 65 00, Fax 850 65 10, www. broeierd.nl, ein Hotel der Eden-Gruppe in einem ehemaligen, von Bäumen umgebenen Bauernhof mit angeschlossenem Neubau, **Restaurant** €€€ unter alter Balkendecke (So Ruhetag) mit Terrasse.
●**Dish** €€€: 7511 AE, Boulevard 1945 Nr. 2, Tel. 850 66 00, Fax 850 66 10, www.dish.nl, ein weiteres Hotel der Eden-Gruppe in der obersten Etage des 15-stöckigen Hochhauses am Boulevard, angeschlossenes **Restaurant** €€ im Brasserie-Stil.

## Aktivitäten

●**Go Planet Enschede:** Colosseum 70, Tel. 852 70 00, www.go-planet.nl, Freizeitpark mit Kartbahn, Konzerten, Kinderspielplatz Kidzvalley, Billard, Kino, Bowling Bistro.
●**Holland Casino Enschede:** Boulevard 1945 Nr. 105, Tel. 750 27 50, www.hollandcasino.nl, Amerikanisches Roulette, Black Jack, Carribean Stud Poker, Multi Roulette, Spielautomaten, 13.30–3 Uhr geöffnet.

## Einkaufen

●**Märkte:** Warenmarkt, Stadtzentrum, H.J. van Heekplein, Di und Sa 8–17 Uhr; Wesselbrink, Do 8–13 Uhr.

## Umgebung von Enschede

### Hengelo                    ♫ XIII/D1

Auch in Hengelo, unmittelbar nordwestlich von Enschede gelegen, hat moderne Architektur viel von der Vorkriegsbausubstanz ersetzt. Herausragend ist das 1963 vom Architekten *Berghoef* errichtete **Stadhuis,** das einen Turm erhielt, der an das toskanische Siena erinnert. Die **Kasbah** ist eine moderne Stadtsiedlung von *Piet Blom,* der von den Kubushäusern in Rotterdam und Helmond her bekannt ist. Auch die drei Museen sind interessant: Das **Historische Museum** zeigt archäologische Funde, historische Gebrauchsgegenstände, Möbel und Bilder, das **Technikmuseum** erläutert die technisch-industrielle Entwicklung in Twente und das **Achterhoeks Museum 1940–1945** gibt auf realistische Weise ein Bild von den Kriegsjahren, der Eroberung und Befreiung.

● **Historisch Museum Oald Hengel:** Beekstraat 51, Tel. (074) 259 42 16, www.oaldhen gel.nl, Di–Fr 10–17 Uhr, Sa 14–17 Uhr, 1. So im Monat 13–17 Uhr, feiertags geschlossen, Eintritt 2 €, Kinder frei.
● **Techniekmuseum Heim:** Industriestraat 9, Tel. (074) 243 00 54, www.techniekmuseum heim.nl, Di–Fr 11–17 Uhr, Sa und So 14–17 Uhr, feiertags geschlossen, Eintritt 2 €, ermäßigt 1,20 €.
● **Achterhoeks Museum 1940–1945:** Marktstraat 6, Tel. (0575) 46 51 70, www.museum 40-45.com, April bis Okt. Mi–So 13–17 Uhr, Juli/Aug. auch Di 13–17 Uhr, ansonsten Mi, Sa und So 13–17 Uhr, Eintritt 3,50 €, Kinder 2,50 €.

### Oldenzaal                  ♫ XIII/D1

Im Mittelpunkt von Oldenzaal nördlich von Enschede steht die spätroma-

nische **Sint-Plechelmusbasiliek,** um das Jahr 1150 in Bechtheimer Sandstein errichtet. Der Turm kam 1240 dazu. 1480 wurde das romanische Seitenschiff in gotischem Stil erweitert. Sehenswert im Inneren dieser von wuchtigen Pfeilern getragenen Kirche ist ein Triptychon, eine wohl flämische Arbeit.

Wenig ist von den alten Häusern der ehemaligen Festungsstadt Oldenzaal geblieben, so das **Palthe Huis** aus der Mitte des 17. Jh. mit einer Apothekeneinrichtung aus dem frühen 19. Jh. und Mobiliar der Familie *Palthe* im Zustand des 18. Jh. Früher wurde hauptsächlich Weißkohl um Oldenzaal angebaut, in der lokalen Mundart *boeskool* genannt. So heißt denn auch das große Sommerfest von Oldenzaal *De Boeskool is Lös.* Auch ist Oldenzaal **Karnevalshochburg** mit dem Höhepunkt des *Kapellenfestival Toeten en Bloazen,* das zwei Wochen vor Karneval gefeiert wird.

● **Sint Plechelmusbasiliek:** Plechelmusplein 4, www.plechelmusbasiliek.nl, mit Schatzkammer, Juni–Aug. 10–16 Uhr, Eintritt frei.
● **Historisch Museum het Palthe Huis:** Marktstraat 13, Tel. (0541) 51 34 82, www.palthehuis.nl, Di–Fr 10–17 Uhr, Sa und So 14–17 Uhr, 1.1., Karnevalssonntag, Oster- und Pfingstsonntag, 30.4., Himmelfahrtstag und 25.12. geschlossen, Eintritt 2,45 €, Kinder 4–12 Jahre 2,25 €, Senioren 1,30 €.

Die Wassermühle von Kasteel Singraven

## Kasteel Singraven      ⤴ XIII/D1

Nordöstlich von Oldenzaal steht bei **Denekamp** Kasteel Singraven. Der Schlossbau datiert aus dem Jahr 1415. Hier waren unter anderem die Grafen von Bentheim die Besitzer. Der Neubau erfolgte Mitte des 17. Jh., 1661 wurde ein Treppenturm, später ein neoklassizistischer Vorgiebel angefügt. Sehenswert sind die Zimmereinrichtungen im Stil *Ludwigs XV.* und *Ludwigs XVI.* wie auch Park und Arboretum. Singraven wird heute als 345 ha große Domäne betrieben. Dazu gibt es die biologische **Landgutsgärtnerei De Witte Raaf** (Der weiße Rabe). In der zum Komplex gehörigen **Wassermühle** aus dem 15. Jh. ist ein Restaurant untergebracht.

● **Landgoed Singraven:** Tel. (0541) 35 19 06, www.singraven.nl, Führungen April bis Nov. Di und Mi 11, 14 und 15 Uhr, Eintritt 6 €, Jugendliche bis 18 Jahre 2 €, Kinder unter 10 Jahren haben keinen Zutritt.
● **Groentetuin De Witte Raaf:** Singraven, Ellenweg 7, Tel. (0541) 55 30 20, www.dewitteraafgroente.nl.
● **Restaurant De Watermolen:** Landgoed Singraven, Denekamp, Schiphorstdijk 4, Tel. (0541) 35 13 72, www.watermolen-singraven.nl, Spezialitätenrestaurant im rustikalen Ambiente der Wassermühle, mit Sommerterrasse, geöffnet bis 20 Uhr.

## Ootmarsum      ⤴ XIII/D1

Die schönste Strecke durch die grüne Twente führt **von Denekamp nach Ootmarsum.** Die Straße ist von Bäumen gesäumt, Wälder, hügelige Felder und Wiesen wechseln sich ab. Inmit-

Overijssel

050ni Foto: ot

ten der reizvollen Altstadt vom Ootmarsum, in der sich viele Galerien angesiedelt haben, erhebt sich auf einem Hügel die gotische Kirche. Wuchtig ist ihr Westturm, wertvoll die Innenausstattung.

## Tubbergen      ⟋ XIII/D1

Eine weitere interessante Kirche steht im nahe gelegenen Ort Tubbergen. Der massive Turm ist gotisch, das Kirchenschiff neogotisch. Der Innenraum besticht durch seine ausgewogene Architektur.

## Almelo      ⟋ XIII/C1

Almelo im Norden der Twente weist wie die anderen Städte der Region eine lange Tradition der Hausweberei auf, welche die Grundlage für die Textilindustrie bildete. Dieser Wirtschaftszweig starb in den 1950er und 1960er Jahren aus. Im **Wevershuisje,** einem alten Bauernhof aus dem 17. Jh., wird die **Handwebertradition** jedoch wieder lebendig gemacht.

Entstanden war Almelo um das Schloss **Huize Almelo,** das 1318 erstmals urkundlich erwähnt und 1662 in der heutigen Form neu errichtet wurde. Als privater Wohnsitz ist es nicht zu besichtigen, der Park ist aber öffentlich. Das **Stadtmuseum** wurde eingerichtet, um die Erinnerung an die alte Herrlichkeit Almelo wach zu halten, Schirmherr ist *Graaf van Rechteren Limpurg* als Besitzer von Huize Almelo. Die Sammlung ist im Rectorshuis, der vormaligen Lateinschule aus dem Jahr 1783, untergebracht.

Wie die anderen Städte der Region erlitt Almelo am Ende des Zweiten Weltkriegs großen schaden. Aber inmitten der Altstadt erhebt sich noch die Grote Kerk, als reformierte Kirche eigens zu diesem Zweck im 15. Jh. gebaut, mit ihrem hohen Turm.

● **Stadsboerderij Het Wevershuisje:** Kerkengang 5, Tel. (0546) 85 27 01, www.wevershuisje.nl, Di–Sa 10.30–17 Uhr, Zugang und Führung gratis.
● **Stadsmuseum Almelo:** Korte Prinsenstraat, Tel. (0546) 81 60 71, www.stadsmuseumalmelo.nl, Di–Sa 12.30–17 Uhr, 1.1. sowie 25./26.12. geschlossen, Eintritt frei.

# Kop van Overijssel

Die Region Kop van Overijssel ist der Norden der Provinz Overijssel. Sie umfasst das Polderland nördlich der Overijsselse Vecht, deren Lauf die Region vom südlicher gelegenen Hügelland trennt. Jahrhundertelanger Torfabbau hat Seenlandschaften hinterlassen, die heute Wassersportfreunde anziehen. Die alten Moorgebiete sind im Nationaal Park Weerribben-Wieden zusammengefasst und stehen unter strengem Schutz.

Westlich erstreckte sich vor der Schaffung des Noordoostpolders die Zuiderzee. Kleine Hafenstädte wie Blokzijl, Vollenhove und Zwartsluis haben noch Hochwasserkanonen, die einst die Bevölkerung vor Sturmfluten warnten. Weiter südlich zeugen die Hansestädte Hasselt, Kampen und Zwolle am Zwartewater und an der Ijssel noch von der spätmittelalterlichen Bedeutung dieser Region.

# Zwolle

⤢ VIII/A3

Die alte Hansestadt Zwolle liegt im Mündungsgebiet von Vecht und Ijssel in die **ehemalige Zuiderzee**. Im 11. Jh. begann man mit dem Bau der Grote of St.-Michaëlskerk. Als Mitglied der **Hanse** mit starken Beziehungen zu Lübeck spielte die Stadt eine große Rolle im Handel mit Nordeuropa – ihre Blütezeit war im 15. Jh. Wie in Deventer hatten sich in Zwolle Buchdrucker niedergelassen, Mitglieder der „Brüder vom gemeinsamen Leben" (*Devotio moderna*, siehe Deventer) beeinflussten von Zwolle und Deventer aus das kirchliche Leben in Nordwesteuropa.

Nachdem die Spanier 1572 vertrieben worden waren, wurde die Stadtbefestigung von Zwolle ausgebaut, die **sternförmigen Grachten** mit ihren Bastionen zeugen noch davon. Als dann annähernd hundert Jahre später französische Truppen *Ludwigs XIV.* die Stadt eroberten, rissen sie die meisten Verteidigungsanlagen nieder. Einzig die Sassenpoort im Süden und ein Teil der Stadtmauer im Norden verblieben. Zu dieser Zeit hatte Zwolle schon an Bedeutung verloren, waren doch die alten Zuflüsse zur Zuiderzee immer weiter versandet. Aber die großen Viehmärkte und der Buchdruck blieben wichtige Wirtschaftszweige.

Die Wirren und Probleme der deutschen Besatzungszeit sind längst überwunden, und als Zwolle im Jahr 2000 sein 770-jähriges Stadtjubiläum feierte, war der gesamte Altstadtkern längst restauriert und hergerichtet.

Die **Altstadt** von Zwolle weist einen außergewöhnlich umfangreichen und gut erhaltenen Bestand an alten Häusern auf. Überall findet man sie in den überwiegend als Fußgängerzone ausgebauten Straßen des Zentrums, so vor allem an der Thorbeckegracht und am Melkmarkt. Herausragendes Gebäude ist das Karel-V-Huis mit einem Giebelstein, der den Kaiser darstellen soll. Das Haus wurde aus Anlass der Übernahme der Herrschaft des Kaisers über Overijssel 1528 mit seiner reizvollen Renaissancefassade gebaut.

## Grote Kerk

Am Platz der Grote of St. Michaëlskerk soll der Missionar *Lebuin* im Jahre 765 ein erstes Kirchengebäude errichtet haben. 1040 wird beurkundet, dass sich der Utrechter Bischof für den Bau einer romanischen Kirche einsetzte. Dieser Bau wurde 1440–46 durch eine dreischiffige gotische Hallenkirche mit einem an die 120 m hohen Turm ersetzt. Der Turm wurde 1548 vom Blitz getroffen, brannte aus und stürzte 1683 bei einem Sturm ein. Einige Jahre später wurde an seiner Stelle ein achteckiger Raum für das Konsistorium errichtet. Auf der Spitze des Nordportals ist die Figur des Erzengels Michael, Schutzpatron von Zwolle, angebracht.

Im hell gestalteten Innenraum fällt die große Schnittgerorgel der Hamburger Orgelbauer aus dem Jahre 1721 auf. Die aus Eichenholz geschnitzte Kanzel trägt einen turmartigen Aufbau. Neben dem Nordportal steht an der Michaelskirche die

*Overijssel*

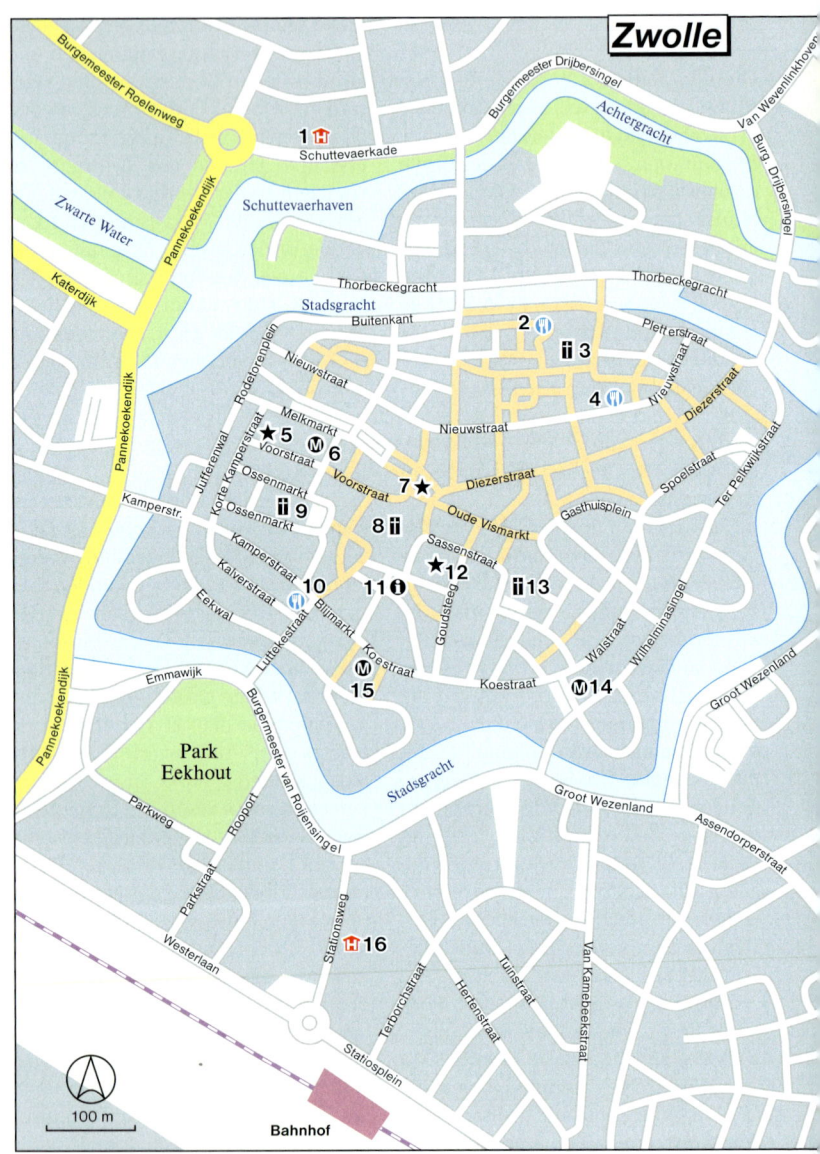

# Zwolle

Luttenbergstraat

Assendorperstraat

Overijssel

**Hauptwache** *(Hoofdwacht)* aus dem 16. Jh. mit schönem Giebel.

● **Grote of St. Michaëlskerk:** Grote Kerkplein, Tel. 422 22 99, Anfang Mai bis Ende Okt. Di–Fr 11–16.30 Uhr, Sa 13.30–16.30 Uhr, Eintritt 5 €.

### Rathaus

Das alte, gelblich verputzte **Stadhuis** am Grote Kerkplein geht auf das 15. und 16. Jh. zurück. 1976 schloss man an das räumlich viel zu klein gewordene Gebäude ein neues Rathaus an. Im alten Bau sind der Ratssaal und der 1448 kostbar ausgestattete **Schepenzaal** (Schöffensaal) besonders sehenswert. Er wurde nach dem Entwurf der Meister *Bartholomeus* und *Berend van Coblenz* mit Porträts von Vertertern des Hauses Nassau-Oranien ausgestattet. Seine hölzerne Decke ruht auf skulptierten Kragsteinen.

● **Schepenzaal Stadhuis:** Grote Kerkplein 15, Tel. 498 91 11, Mo–Fr 9–15 Uhr (nicht während Trauungen).

### Sassenpoort

Die Sassenpoort (Sachsentor) aus dem Jahr 1406 ist als viereckiges **Stadttor** mit Pechnase und achteckigen Ecktürmen versehen. Den aufgesetzten Glockenturm erhielt das Tor im 19. Jh. Darin ist ein **Museum** zur Stadtgeschichte eingerichtet.

● **Sassenpoort:** Sassenstraat 53, Tel. 421 66 26, Fr 14–17 Uhr, Sa und So 12–17 Uhr, Eintritt 1 €.

### Liebfrauenkirche

Die zweite große Kirche von Zwolle ist die **Onze Lieve Vrouwe-ten-Heme-**

## Thomas à Kempis

**Thomas von Kempen** wurde um 1380 als *Thomas Hemerken* in Kempen geboren. Als Augustinermönch wurde er der berühmteste Mystiker seiner Zeit. Ab 1399 lebte er im **Agnietenbergklooster** der „Brüder vom gemeinsamen Leben" nordöstlich von Zwolle, wo er am 25. Juli 1471 als Subprior des Klosters starb. Neben anderen Schriften wie einer Lebensbeschreibung über *Geert Groote* und einer Chronik des Klosters Agnietenberg verfasste er das nach der Bibel im Spätmittelalter am weitesten verbreitete Buch „De imitatione Christi" („Nachfolge Christi"). Eine kritische Gesamtausgabe seiner Werke wurde von *M.J. Pohl* in sieben Bänden 1902–22 herausgegeben.

Zunächst wurde Thomas à Kempis auf dem Friedhof des Klosters an der Agnietenkapel beigesetzt, der nach Aufhebung des Klosters 1561 und Abriss der Klostergebäude zwischen 1581 und 1591 bis heute weiter als Bergkloosterfriedhof benutzt wird. Später überführte man seine Gebeine in einem vom Kölner Kurfürsten gestifteten Reliquienschrein in die Michaelskirche von Zwolle, dann 2006 in die **Liebfrauenkirche**. Dort wurde für ihn ein neues Grabmal gebaut.

**Iopnemingskerk** am Ossenmarkt. Sie wurde ab 1399 nach dem Entwurf des Stadtbaumeisters *Berend van Coblenz* im spätgotischen Stil als gewölbte, einschiffige Kreuzkirche errichtet. Als besondere Ausstattung verfügt sie über Gemälde aus dem 17. Jh., die **Thomas à Kempis** (1380–1471), Mitglied der in Deventer gegründeten *Devotio mo-*

derna (siehe Exkurs) und großer Mystiker seiner Zeit, abbilden. Sein Reliquienschrein wurde 2006 von der Michaelskirche in die Liebfrauenkirche überführt. Im Chor befindet sich ein sehenswerter Ziborienaltar. Im 1463–81 errichteten Turm der Kirche, wegen seiner eigenwilligen Form auch Peperbus (Pfefferbüchse) genannt, hängt ein Glockenspiel aus vier Glocken.

●**Onze Lieve Vrouwe-ten-Hemelopneming:** Ossenmarkt, Tel. 421 48 94, www.olvbasiliek-zwolle.org, Mo 13.30–16.30 Uhr, Di–Sa 11–16.30 Uhr, Nov. bis April Mo–Sa 13.30–15.30 Uhr, Eintritt 2 €.

### Broerenkerk

Ein weiteres sehenswertes Sakralgebäude von Zwolle ist die Broerenkerk im Norden der Altstadt. Es handelt sich um die Kirche des 1465 gestifteten Dominikanerklosters. Darin sind **Gewölbemalereien** aus der Zeit vor 1500 und **Renaissancewandmalereien** zu sehen. Heute ist im Komplex das Konservatorium der Stadt untergebracht, die Kirche dient multikulturellen Zwecken.

●**Broerenkerk:** Broerenkerkplein, Tel. (0900) 112 23 75, Besichtigung nach Absprache, Eintritt frei.

### Betlehemkerk

Mitten im Zentrum steht die gotische Betlehemkerk am Betlehemkerkplein. Der zweischiffige Sakralbau überstand mit nur wenigen Bürgerhäusern den Stadtbrand von 1324. Das am Betlehemkerkplein quer dazu gebaute Gebäude war früher Teil des Klosters. Insofern zählt diese Kirche, die heute für Veranstaltungszwecke genutzt wird, zu den ältesten Gebäuden von Zwolle.

### Stadtmuseum

Das Stedelijk Museum ist im Drostenhuis, einem Patrizierhaus aus dem 16. Jh. untergebracht, dem geschickt ein neuer Flügel angebaut wurde. Neben Exponaten zur Stadtgeschichte wird eine wertvolle Silbersammlung und eine Gemäldesammlung u.a. mit Bildern von *Gerard Terborch* (1617–81), einem in Zwolle geborenen Porträtmaler, gezeigt. Des Weiteren sind ein Renaissancezimmer und eine historisch eingerichtete Küche zu sehen.

●**Stedelijk Museum Zwolle:** Melkmarkt 41, Tel. 421 46 50, www.stedelijkmuseumzwolle.nl, Di–Sa 10–17 Uhr, So und feiertags 13–17 Uhr, 1.1., Oster- und Pfingstsonntag und 25.12. geschlossen, Eintritt 4 €, Kinder bis 18 Jahre 2 €, Senioren 2,50 €.

### Vrouwenhuis

Das Vrouwenhuis im Altstadtkern, ein altes Patrizierhaus, wurde ab 1742 durch Testament der wohlhabenden Zwoller Bürgerin *Aleida Greze* (1670–1742) als Heim für *oude vrouwen en vrijsters* (alte Frauen und Jungfrauen) eingerichtet – aber sie mussten protestantischen Glaubens sein. Das alte Herrenzimmer wurde zum Regentenzimmer und ist bis heute authentisch eingerichtet, genauso wie die Wohnkammern der Damen.

●**Het Vrouwenhuis:** Voorstraat 46, Tel. 422 48 23, www.vrouwenhuiszwolle.nl, geöffnet im Rahmen von Gruppenführungen nach Absprache, feiertags geschlossen, Eintritt 3 €.

### Museum De Fundatie

Im Museum De Fundatie wird die Sammlung **alter, moderner und zeitgenössischer Kunst** des Mäzens *Dr. Dirk Hannema* (1895–1984) gezeigt, die er 1957 in die Stiftung Hannema-de Stuers Fundatie eingebracht hat. Das Museum hat neben dem Standort im Patrizierhaus am Blijmarkt noch einen weiteren Standort im Kasteel Het Nijenhuis bei Heino.

●**Museum de Fundatie:** Blijmarkt 18–20, Tel. (0572) 38 81 88, www.museumdefundatie.nl, Di–So 11–17 Uhr, Eintritt 7,50 €, Studenten/Senioren 5 €, Kinder bis 18 Jahre gratis.

### Ecodrome

Eine besondere Attraktion bietet das Ecodrome, ein **Themenpark,** der sich mit naturkundlichen Fragestellungen vom Urknall bis heute befasst. Er bietet darüber hinaus eine Entdeckungsreise durch den tropischen Regenwald und eine Zeitreise durch die Eiszeit, dazu einen **Tierpark** mit Uhus, Ottern und Pirhanas.

●**Ecodrome:** Willemsvaart 19, Tel. 421 50 50, www.ecodrome.nl, am südlichen Stadtrand, April bis Okt. täglich 10–17 Uhr, Sa bis 21.30 Uhr, ansonsten Mi, Sa und So 10–17 Uhr (während der Ferien in der Wintersaison täglich), Eintritt 10,95 €, Senioren und Kinder 3–11 Jahre 9,25 €.

### Info

●**Tel.-Vorwahl:** 038
●**VVV Zwolle:** 8011 PK, Grote Kerkplein 15, Eingang Sassenstraat, Tel. (0900) 112 23 75, Fax 421 45 53, www.vvvzwolle.nl.
●**Stadtrundfahrt:** 45-Min.-Tour durch Zwolle mit dem Tuk-Tuk, einem ostasiatischen, überdachten, offenen Mopedtaxi, pro Person 6 €, Anmietung über VVV Zwolle.

Overijssel

## Essen und Trinken

● **De Librije** €€€€: Broerenkerkplein 13, Tel. 421 20 83, www.delibrije.nl, Restaurant in einem modern eingerichteten Flügel eines ehemaligen Klosters aus dem 15. Jh., ausgezeichnete Küche, Spezialitätengeschäft gegenüber, Ende Febr./Anfang März, Ende Juli/Anfang August, Ende Dez./Anf. Jan. geschlossen, Di und Sa mittags, So und Mo Ruhetag.

● **Poppe** €€: Luttekestraat 66, Tel. 421 30 50, www.restaurant-poppe.nl, familiäres Restaurant in einer alten Hufschmiede nahe den Bastionen, rustikal eingerichtet, offenes Grillfeuer, große Weinkarte, erste Woche Jan. geschlossen, Sa und So nur abends geöffnet, Mo Ruhetag.

● **'t Pestengasthuys** €€€: Weversgildeplein 1 (Nieuwstraat 101–103), Tel. 423 39 86, www.pestengasthuys.nl, in der 1450 von der Stadt errichteten Unterkunft für Pestkranke, mit hohem Gastraum, Galerie und Holzbalkendecke, saisonal wechselnde Menükarte, große Weinkarte, Ende Dez./Anfang Jan. geschlossen, Mo Ruhetag.

## Unterkunft

● **Grand Hotel Wientjes** €€€€: 8011 CZ, Stationsweg 7, Tel. 425 42 54, Fax 425 42 60, www.bilderberg.nl/hotels/wientjes, nahe dem Bahnhof in einem großen Herrenhaus, zu erkennen an den auffälligen roten Markisen, geschmackvoll eingerichtete Zimmer, angeschlossenes **Restaurant Bon Aparte** €€€, Ende Dezember/Anfang Januar geschlossen, So Ruhetag.

● **Campanile** €€: 8021 DB, Schuttevaerkade 40, Tel. 455 94 44, Fax 455 07 50, www.campanilezwolle.com, praktisch eingerichtete Zimmer in diesem Kettenhotel, mit **Buffet-Restaurant** €€, Gartenterrasse.

## Aktivitäten

● **Recreatiecentrum Karba:** Heinoseweg 10, südöstlich von Zwolle, Tel. (0529) 40 12 03, www.karba.nl, 500-Meter-Kartbahn, 18-Loch-Minigolf, Minimotorräder, täglich 10–18 Uhr, So 13–18 Uhr, Mo außerhalb der Ferien geschlossen, Karten 5 € für 5 Runden, 8 € für 10 Runden, Minigolf 3 €.

# Hasselt ⚓ VIII/A3

Auf dem Weg von Zwolle zum **Zwarte Meer,** heute ein Randsee des Ijsselmeeres, liegt Hasselt am Zwartewater, einem Mündungsarm der Ijssel. Der Ort trat 1350 der **Hanse** bei und konnte sein mittelalterliches Flair bewahren. Er hat reizvolle alte Häuser aus dem 17. bis 19. Jh. und von Linden bestandene **Grachten** zu bieten, deren schönste die Heerengracht ist. Das ehemalige **Rathaus** wurde 1550 bis 1615 gebaut, der westliche Flügel ist noch spätgotisch. Im alten Raatssaal wird eine kleine Ausstellung zur Geschichte der Stadt als Mitglied der Hanse gezeigt. Herausragendes Bauwerk ist die spätgotische **Grote of Sint-Stephanuskerk,** eine dreischiffige Hallenkirche mit schönen Gewölbemalereien und einer bemerkenswerten Orgel. Hasselt ist mit seinem großen Yachthafen auch bei **Segelfreunden** beliebt.

● **Oude Stadhuis:** Markt 1, Tel./Fax 477 16 00, Mo 13–17 Uhr, Di–Fr 9.30–12.30 und 13.30–17 Uhr, Sa 11–13 Uhr, Eintritt frei.

## Info

● **Tel.-Vorwahl:** 038
● **VVV Hasselt:** 8061 GG Hasselt, Markt 1 (im ehemaligen Rathaus), Tel. (0900) 567 46 37, Fax 477 23 82, www.vvvhasselt.nl.

## Essen und Trinken

● **De Herderin** €€€: Hoogstraat 1, Tel. 477 33 00, www.herderin.nl, Brasserie und Spezialitätenrestaurant im Zentrum, schmackhafte Küche, mit Teakholzmöbeln bestückte Terrasse, Ende Juli bis Ende August sowie Ende Dez./Anfang Jan. geschlossen, Di und Mi Ruhetag, bietet auch Kochkurse an.

Kop van Overijssel

Overijssel

## Aktivitäten

● **Yachthaven De Molenwaard:** 8061 EZ, Van Nahuysweg 151, Tel. 477 16 51, Fax 477 42 31, www.molenwaard.nl, am offenen Fahrwasser des Zwartewater unmittelbar nördlich der Stadt gelegener, großer Yachthafen, 300 Liegeplätze, angeschlossener **Campingplatz.**

## Essen und Trinken

● **Het Boerengerecht** €€€: Middenwolderweg 2, Tel. (0522) 46 19 67, Restaurant in einem alten Bauernhaus aus dem 17. Jh., in dem noch die alten Kacheln vorhanden sind, schmackhafte Küche, mit Gartenterrasse, Mitte Juli bis Mitte Aug. sowie Anfang Jan. geschlossen, So Ruhetag.

# Staphorst ⚘ VIII/A2

In Staphorst, auch nördlich von Zwolle aber etwas landeinwärts in Richtung auf das Moorgebiet des Steenwijkerland gelegen, siedelten im 13. Jh. Bauern an, um Torf zu stechen. Heute geht die Gemeinde entlang des acht Kilometer langen Gemeenteweg in die Ortschaft Rouveen über. Rechts und links dieser „Hauptstraße" (Oude Rijksstraat) liegen schöne, strohgedeckte Bauernhäuser aus den Jahren 1800 bis 1920 auf schmalen, schier endlos langen Parzellen. Es sind Hallenhäuser, überwiegend in Grün, die Fensterrahmen in Blau gehalten. Eines dieser Häuser ist als **Museumsbauernhaus** zu besichtigen. Darin werden Kunsthandwerk und die örtlichen Trachten ausgestellt.

Staphorst ist eine **streng calvinistische Gemeinde.** Hier besucht man sonntags in Tracht den Gottesdienst. Fotografieren ist unerwünscht, sonntags gilt Fahrverbot. Durch Erlass wurde in der Gemeinde sogar das Fluchen verboten.

● **Gemeentelijke Museumboerderij:** Gemeenteweg 67, Tel. (0522) 46 25 26, April bis Okt. 10–17 Uhr, an Festtagen geschlossen, Eintritt 2 €, Kinder 1 €.

# Hattem ⚘ VIII/A3

Am linken Ufer der Ijssel gegenüber von Zwolle liegt Hattem, eine weitere Hansestadt, erstmals im 9. Jh. als Hattheim urkundlich erwähnt. Es erhielt 1299 Stadtrechte und war dann einige Zeit Mitglied der deutschen Hanse. In der **malerischen Altstadt** machen neben alten Häusern aus dem 16. bis 18. Jh. die Dijkpoort aus dem 15. Jh., das Rathaus aus dem frühen 17. Jh. und die gotische Pfarrkirche den Reiz dieser Stadt aus.

Am Platz dieser **Grote of Andreas Kerk** auf dem Hügel Gaedsbergh (Godesberg oder auch Wotansberg) stand bereits eine frühmittelalterliche Holzkirche, die im 13. Jh. durch eine romanische Kirche ersetzt wurde. Der heutige Bau ist eine gewölbte gotische Pfeilerbasilika, die 1895–96 von *P.J.H. Cuypers* renoviert wurde. Von der reichen Innenausstattung fallen vor allem die beiden Orgeln auf, von denen die kleine Orgel im nördlichen Seitenschiff aus dem 16. Jh. stammt. Besonders schön sind die Gewölbemalereien im Haupt- wie auch in den Seitenschiffen.

Im **Bäckereimuseum** wird noch Brot im alten Steinofen aus dem 18. Jh. gebacken. Außerdem hält Hattem das Andenken an den Maler und Zeichner **Anton Pieck** (1895–1987) wach, dessen Bilder aus der „guten alten Zeit" nirgendwo besser aufgestellt sein könnten als in diesem mittelalterlichen Städtchen.

Im **Voerman-Museum** werden Werke des „Ijssel-Malers" *Jan Voermann* und seines Sohnes *Jan Voermann Jr.* ausgestellt. Das Museum befindet sich in zwei denkmalgeschützten Häusern aus dem 17. Jh. und ist das Heimatmuseum des Ortes.

●**Nederlands Bakkerijmuseum Het Warme Land:** Kerkhofstraat 13, Tel. (038) 444 17 15, www.bakkerijmuseum.nl, Di–Sa 10–17 Uhr, in den Schulferien auch Mo 13–17 Uhr, Brotbackvorführungen Mi und Sa nachmittags, Eintritt 6 €, Kinder 4–14 Jahre 3 €.
●**Huis voor Anton Pieck:** Achterstraat 46–48, Tel. (038) 444 21 92, www.antonpieck museum-hattem.nl, Nov. bis Mai Di–Sa 10–17 Uhr, Mai bis Nov. Mo 13–17 Uhr, Di–Sa 10–17 Uhr, Juli/Aug. und Schulferien So und Mo 13–17 Uhr, Di–Sa 10–17 Uhr, 13.–31.1., 30.4., Oster- und Pfingstsonntag, 25.12. und 1.1. geschlossen, Eintritt 5,50 €, Kinder 4–15 Jahre und Senioren 2,75 €.
●**Voerman Museum Hattem:** Achterstraat 46–48, Tel. (038) 444 28 97, www.voerman museumhattem.nl, Öffnungszeiten und Preise wie Anton-Pieck-Museum (Eintritt gilt für beide Museen).

# Kampen

↗ VIII/A3

Kampen liegt an der Mündung der Ijssel in die ehemalige Zuiderzee, heute ein Arm des Ijsselmeeres, das Ketelmeer. Die Ansiedlung entstand etwa ab dem Jahr 1000. 1236 erhielt Kampen Stadtrechte und trat 1441 der **Hanse** bei. Vor allem durch den Heringshandel blühte die Stadt auf. Seit dem 15. Jh. setzte mit dem Rückgang des Wasserstandes und der zunehmenden Konkurrenz der holländischen Seehäfen der Niedergang ein. Die im 19. Jh. gegrabene Fahrrinne in die Zuiderzee wurde mit der Eindeichung wertlos.

Zwischenzeitlich hatte sich Kampen zu einem Zentrum der **Tabakverarbeitung** entwickelt. Heute bieten vor allem die Landwirtschaft, verschiedene kleinere Industriebetriebe und Werf-

Die Dijkpoort im Zentrum von Hattem

ten sowie der Tourismus Beschäftigungsmöglichkeiten.

### In der Altstadt

Das Stadtbild aus der Blütezeit Kampens ist weitgehend erhalten geblieben – die gesamte Altstadt steht unter **Denkmalschutz.** Die wirtschaftliche Stagnation bis in das 20. Jh. hinein hat größere Veränderungen der alten Bausubstanz verhindert, sodass sich Kampen sein mittelalterliches Flair erhalten konnte. Die Restaurierungen setzten schon in den 1920er Jahren ein und begannen im Keizerskwartier rund um die Buitenkerk. Zu dieser Zeit wurde auch der Bethlehemsvergadering (Buitennieuwestraat 62) als letztes der vielen alten *hofjes* (Altersheimstiftungen) restauriert. Das **Kleinste Huisje van Kampen,** nur ein Fenster breit, steht am Burgwall und kann besichtigt werden. Es ist eingerichtet wie zu Großmutters Zeiten.

Neben der Broederkerk am Nieuwe Markt steht die **Latijnse School** aus dem Jahr 1650. Ende des 19. Jh. erhielt das Gebäude sein heutiges neoklassizistisches Äußeres. Unmittelbar neben dem alten Rathaus erhebt sich der **Nieuwe Toren,** gebaut in den Jahren 1649–54 für das städtische Glockenspiel. Im ersten Stock des Turms wird eine Ausstellung über seine Geschichte gezeigt.

Das **Olde Vleyshuis** in der Oudestraat diente als Schlachthaus und zum Fleischverkauf. Erst Ende des 17. Jh. wurde ein neues Schlachthaus gebaut. Der Altbau erhielt einen neuen Renaissancegiebel mit dem Stadtwappen.

In der Burgwalstraat steht noch ein **Packhaus** aus dem Jahr 1530. Der **Stadtbauernhof** (De Stadsboerderij) in der Groenestraat 94 erinnert an die lange agrarische Tradition Kampens – früher gab es hier eine Vielzahl von Milchwirtschaftsbetrieben. Die **IJsselfront,** die Häuserzeile am Fluss, datiert aus der Mitte des 19. Jh.

●**Het kleinste Huisje van Kampen:** Burgwal 98, Besichtigung nach telefonischer Absprache, Tel. 331 35 00.
●**De Nieuwe Toren:** Oudestraat 146, Tel. 331 73 61, www.stedelijkemuseakampen.nl/toren/toren.htm, Anfang Mai bis Mitte Sept. Mi und Sa 14–17 Uhr, Juli/Aug. auch Fr 14–17 Uhr.

### Rathaus

Das **Oude Raadhaus** entstand im Kern im 14. Jh. Die prachtvolle Fassade mit Ballustraden und – inzwischen erneuerten – Statuen erhielt das Gebäude 1543 nach einem Brand. Angebaut wurde im 17. Jh. an der Oudestraat das **Nieuwe Stadhuis** als Oranjegalerij mit dem Ratssaal, wo die berühmten Bildnisse der Herrscher aus dem niederländischen Königshaus hängen, sowie dem Trausaal. Die Fassade des neuen Rathauses stammt aus dem 19. Jh. Im ältesten Teil des alten Rathauses befindet sich der eichengetäfelte **Schepenzaal** (Schöffensaal) mit reich geschnitztem Schöffengestühl sowie einem großartigen Kamin. Diese Einrichtung wurde nach dem Brand 1543–45 in den Saal eingebracht.

●**Schepenzaal en Oranje-Galerij:** Oudestraat 133, Tel. 331 73 61, Mo–Do 10–12 und

14–16 Uhr, Fr 10–12 Uhr, April bis Okt. auch Sa 11–17 Uhr, Eintritt 0,75 €.

### Stadttore

Die **Koornmarktspoort** aus dem 14. Jh. am Ijsselkai nahe dem Getreidemarkt ist das älteste der erhaltenen Stadttore. Der Torbau wurde im 15. Jh. mit zwei mächtigen runden Ecktürmen versehen. Heute finden in dem Tor Wechselausstellungen statt. Die **Broederpoort** wurde 1456 als rechteckiger Torbau mit schlanken Ecktürmen errichtet und erhielt später einen geschwungenen Giebel. Auch sie wird als Ausstellungsraum genutzt.

Die **Cellebroederspoort** ist gleichfalls ein rechteckiger, von zwei runden Ecktürmen flankierter Torbau aus dem Jahre 1565 und erhielt 1617 ihr Äußeres im Stil der Renaissance. Einst war das Tor bewohnt, heute werden die Räume von einer Studentenvereinigung genutzt und sind der Öffentlichkeit nicht zugänglich.

### Kirchen

Die **Broederkerk** gehörte früher zum Franziskanerkloster. Die Kirche aus dem 15. Jh. 1472–90 erhielt nach einem Brand ihr heutiges Aussehen – das Kloster war schon 1627 aufgelöst worden. 1842 wurde ihr ein kleiner Glockenturm aufgesetzt.

Mit dem Bau einer Kapelle an der Stelle, wo heute die am äußersten Ende der Altstadt gelegene **Buitenkerk** steht, wurde 1369 begonnen. Später wurde sie zur Hallenkirche ausgebaut. 1609 stürzte ihr Turm auf dem sandigen Untergrund ein und blieb verkürzt, mit einem Spitzdach versehen. Im 18. Jh. diente sie als Pferdestall, verfiel zusehends und erst seit der Renovierung nach dem Zweiten Weltkrieg dient sie wieder als Gotteshaus.

Die **Bovenkerk** ist in Kampen unter dem Namen St. Nicolaaskerk bekannt. Hier stand schon 1250 eine frühgotische Kirche, an der bis ins 15. Jh. gebaut wurde. Im Ergebnis ist eine Kirche von großen Ausmaßen mit wunderbarer Akustik entstanden. Ihr 70 m hoher Turm überragt die gesamte Altstadt. Das fünfschiffige Langhaus mit breitem Querschiff setzt sich über die Chorschranke im geräumigen Chor fort, der von einem breiten Kapellenkranz umgeben ist. In der Kirche gibt es zwei Orgeln. Die große Orgel mit 3200 Pfeifen stammt von *Albertus Anthoni Hinsz* aus den Jahren 1742–1743.

Auf dem Turm der klassizistischen **Lutherse Kerk** am Burgwall steht nicht ein Hahn, sondern ein Schwan. Die Kirche wird deshalb im Volksmund Schwanenkirche genannt. Der Schwan steht als Symbol für Luther.

### Stadtmuseum

Neben dem Nieuwe Toren ist im Vorhaus des **Gotische Huis** das Stedelijk Museum untergebracht. Es ist ein Kaufmannshaus aus dem Jahr 1500 mit großen Fenstern und einem von Fialen bekrönten Treppengiebel. Bis 1900 bestand hier ein Kolonialwarenhandel, danach wurde das Haus als Museum hergerichtet. Im Hinterhof ist noch die letzte **Pferdemühle** der Niederlande zu sehen. Ausgestellt werden Exponate zur Geschichte Kampens,

Oudestraat in Kampen

am wertvollsten sind Gegenstände der alten Schiffergilde (Humpen, Tafelsilber etc.)

●**Stedelijk Museum Kampen:** Oudestraat 158, Tel. 331 73 61, www.stedelijkemusea kampen.nl/stedelijk/index.htm, Febr. bis Mitte Juni und Mitte Sept. bis Dez. Di–Sa 11–12.30 und 13.30–17 Uhr, Mitte Juni bis Mitte Sept. Di–Sa 11–17 Uhr, So 13–17 Uhr, Oster- und Pfingstsonntag sowie 25., 26. und 31.12. geschlossen, Eintritt 2 €, Kinder und Senioren 1 €.

### Frans Walkate Archief

Im Frans Walkate Archief wird die Entwicklung von Kampen im 19. und 20. Jh. anhand von **Fotos der Stadt** gezeigt. Das Museum ist nach dem ehemaligen Sparkassendirektor benannt, der die Ausstellung zusammengetragen hat.

●**Frans Walkate Archief/SNS Bank:** Burgwal 43, Tel. 339 22 66, www.walkatearchief. nl, 2.1. bis 22.12. Mi und Do 14–17 Uhr, Eintritt frei.

### Tabakmuseum

Das Tabakmuseum knüpft an die Tradition der Tabakverarbeitung in der Stadt an, die einmal größter Arbeitgeber war. Es werden alte Gerätschaften und Maschinen sowie Exponate rund um den Tabak gezeigt.

●**Kamper Tabaksmuseum:** Botermarkt 3, Tel. 332 53 53, April bis Dez. Do–Sa 11–12.30 und 13.30–17 Uhr, Eintritt 1,25 €, Kinder 0,75 €.

### Info

- **Tel.-Vorwahl:** 038
- **VVV-ANWB Kampen:** 8261 CL, Oudestraat 151, Tel. (0900) 112 23 75, Fax 332 89 00, www.vvvkampen.nl.

### Unterkunft, Essen und Trinken

- **De Bottermarck** €€€: Broederstraat 23, Tel. 331 95 42, www.debottermarck.nl, in einer Altstadtgasse gelegenes Restaurant in einem Haus aus dem Jahr 1553, einfallsreiche Küche, Di–Sa geöffnet, Mo auf Anfrage.
- **Van Dijk** €€: 8261AC, Ijsselkade 30–31, Tel. 331 49 25, Fax 331 65 08, familiäres Hotel garni, einfach, aber propper eingerichtete Zimmer, zentral an der Ijssel gelegen, 24.–31.12. geschlossen.

# Giethoorn    ⚓ VIII/A2

Der Nordwesten der Provinz Overijssel wird ganz von der Gemeinde Steenwijkerland eingenommen. Der Hauptort ist **Steenwijk,** viele kleinere Orte sind reizvoll und lohnen einen Besuch.

Um das Jahr 1200 ließen sich Mitglieder der kirchlichen Sekte der Flagellanten, einer Laienbewegung der öffentlichen Selbstgeißelung, im Moorgebiet am südöstlichen Ausgang der Zuiderzee nieder und gründeten Giethoorn und die erste **Torfkolonie** der Niederlande. Im 14. Jh. wurde die Dorfkirche gebaut. In der zweiten Hälfte des 16. Jh. gründete sich in Giethoorn eine Gemeinde der Doopsgezinden, eine niederländische Form der Mennoniten. Zu dieser Zeit wurden auch die Kanäle im Moorgebiet ausgehoben, um den Torf besser ab-

transportieren zu können. So entstand die acht Kilometer lange **Dorpsgracht,** der sich windende Dorfkanal mit seinen vielen Seitenkanälen, an denen die Menschen auf Anhöhen ihre Häuser mit geschwungenen Schilfdächern errichteten, deren Buckel an Kamele erinnern – diese und die typischen Holzbrücken über die Kanäle machen den Charme des Ortes aus, der auch gern „Venetië van het Noorden" (Venedig des Nordens) genannt wird. Ein **Bauernhausmuseum** in einem typischen Torfbauernhaus aus dem Jahr 1800 ist eingerichtet wie vor 100 Jahren, dazu gibt es alte Gerätschaften und Fortbewegungsmittel.

- **Museumboerderij 't Olde Maat Uus:** Binnenpad 52, Tel. 36 22 44, www.oldemaatuus.nl, Ostern bis zu den Herbstferien Mo–Sa 11–17 Uhr, So 12–17 Uhr, im Winter während der Ferien 11–17 Uhr und So immer 12–17 Uhr, Eintritt 3 €, Kinder 1 €.

### Info

- **Tel.-Vorwahl:** 0521
- **VVV Giethoorn:** 8355 DL, Eendrachtsplein 1, Tel. (0900) 567 46 37, Fax 36 05 65, vvv giethoorn.nl.

### Unterkunft, Essen und Trinken

- **De Lindehof** €€€€: 8355 AC, Beulakerweg 77, Tel. 36 14 44, Fax 36 05 95, ausgezeichnetes Restaurant in einem zauberhaften, alten, reetgedeckten Bauernhaus unter Linden, aktuelle frische Küche, mit Terrasse, 1. Hälfte März und 2. Hälfte Oktober geschlossen, Di Ruhetag, angeschlossener **Hotelbetrieb** mit Suiten.

Blokzijl mit seinem kleinen Hafen

●**De Harmonie** €€: 8355 AB, Beulakerweg 55, Tel. 36 13 72, Fax 36 10 82, www.harmonie-giethorn.nl, familiäres Hotel am Wasser, Zimmer im Anbau, mit Kanu- und Fahrradverleih, angeschlossenes **Restaurant** €€ mit Terrasse.

# Blokzijl  ⤢ VIII/A2

Blokzijl war einst ein blühendes Handelsstädtchen an der Zuiderzee. 1581 wurde der Ort befestigt und erhielt um 1600 allerlei Privilegien, so auch einen eigenen Bürgermeister. 1672 wurden sogar die Stadtrechte erteilt. Blokzijl hat immer noch einen eigenen Hafen, dieser dient aber nur noch Freizeitkapitänen als Anlegeplatz. Am Kai steht eine Kanone als beliebtes Fotomotiv. Es sind noch Häusergruppen aus dem 17. Jh. erhalten. Die Ortskirche wurde 1609 erichtet, ihr Turm überragt den Ort. Sehenswert im Inneren sind die Holzdecke und die Kanzel. In einem alten Haus in der malerischen Kirchgasse ist ein **Museum** zur Geschichte von Blokzijl als Zuiderzeehafen eingerichtet.

●**Museum Het Gildenhuys:** Kerkstraat 7, Tel. (0527) 29 13 81, www.blokzijl.net/gilden.htm, Mai/Juni/Sept. und Herbstferien Mo–Sa 14–16 Uhr, Juli/Aug. Mo–Sa 13.30–16.30 Uhr und 19–21 Uhr, Eintritt 2 €, Senioren 1,75 €, Kinder 0,50 €.

## Essen und Trinken

●**Kaatje bij de Sluis** €€€€: Brouwerstraat 20, Tel. (0527) 29 18 33, www.kaatje.nl, ausgezeichnetes Restaurant, malerisch zwischen

Schleuse und Zugbrücke gelegen, schöne Tierfresken im Gastraum, eine Woche nach Weihnachten sowie Mo, Di und Sa mittags geschlossen.

● **Hof van Sonoy** €€€: Kerkstraat 9, Tel. (0527) 29 17 08, www.hofvansonoy.nl, großes Restaurant in der ehemaligen Volksschule aus dem 19. Jh. an der Kirche, mit Außenterrasse, 2 Wochen im März und 1. Oktoberwoche sowie im Winter Mo und Sa mittags geschlossen.

# Vollenhove   ♫ VIII/A2

Vollenhove wird erstmals 936 als *Fulnaho* erwähnt. Im Jahr 1010 schenkte Kaiser *Otto der Große* das Gebiet dem Bistum Utrecht. 1354 erhielt Vollenhove Stadtrechte. Im 15. Jh. blühte es durch den Heringsfang auf und trat der Hanse bei. Als später *Joris Schenk van Teutenburg* Vorsteher in Vollenhove und Statthalter *Karls V.* in Overijssel wurde, ließ er in Vollenhove **Kasteel Teutenburg** errichten. Wie Blokzijl kam Vollenhove im 17. Jh. durch die Torfschifffahrt über die Zuiderzee zu erneuter Blüte.

Vollenhove verfügt bis heute über mehrere schöne alte Häuser, vor allem am Markt. Sehenswert sind die 1627 erbaute Lateinschule, das ehemalige Herrenhaus Old Ruitenborg, jetzt Veranstaltungszentrum, und das ehemalige Rathaus aus dem Jahr 1621.

Zwei Kirchen beherrschen das Ortsbild: die **Mariakerk** aus dem Jahr 1434 mit dem sie umgebenden historischen Garten und am Hafen die **St. Nicolaaskerk of Grote Kerk,** eine spätgotische Kirche aus dem 15. Jh. Die prächtige Orgel aus dem Jahr 1686 ist bemerkenswert, ebenso wie die Grabstellen einiger adeliger Familien.

Von der Burg ist nur noch eine Ruine geblieben – im Sommer wird im Burggarten Freilichttheater gespielt. Traditionell findet am letzten Samstag im August im Ort ein **Blumencorso** statt, zwischen 100.000 und 300.000 Dahlien werden für jeden Prunkwagen benötigt. Das Heimatmuseum **Oudheidkamer Brederwiede** zeigt viele Exponate zum historischen Schiffbau.

● **Oudheidkamer Brederwiede:** Bisschopstraat 24, Tel. (0527) 24 21 44, Ende Mai bis Mitte Sept. Mo–Sa 13.30–16.30 Uhr, feiertags geschlossen, Eintritt 1 €.

## Info

● **VVV Vollenhove:** 8325 BV, Aan Zee 4, Tel. (0900) 567 46 37, www.vvvvollenhove.nl.

## Essen und Trinken

● **Seidel** €€€: Kerkplein 1–3, Tel. (0527) 24 12 62, www.seidel.nl, A-la-carte-Restaurant im historischen Ambiente des ehemaligen Rathauses aus dem Jahr 1621, mit Terrasse, im Februar geschlossen, Mo Ruhetag.

# Flevoland Überblick

Flevoland, seit 1986 eine eigenständige und damit die jüngste Provinz der Niederlande, entstand durch Landgewinnung im Zuge der **Eindeichung der ehemaligen Zuiderzee.** Ihren Namen erhielt die Provinz nach der römischen Bezeichnung *Flevo* für die Wasserflächen, aus denen sich später die Zuiderzee entwickelte.

Die Provinz liegt im Durchschnitt **fünf Meter unter dem Meeresspiegel.** Sie besteht aus drei Teilgebieten im Südosten der ehemaligen Zuiderzee. Zuidelijk Flevoland wurde 1959–67, Oostelijk Flevoland 1950–57 und der Noordoostpolder schon 1937–42 trockengelegt. Ausnahmen stellen die **ehemaligen Inseln Urk und Schokland** dar, die seit den Einpolderungen vom heutigen Noordoostpolder umgeben werden.

Auf die Trockenlegung des im Südwesten der ehemaligen Zuiderzee gelegenen Markermeeres wurde verzichtet. Einzig der Markerwaarddijk wurde fertiggestellt und dient heute als **Trasse der N302 zwischen Enkhuizen und Lelystad.** Dieser Damm verläuft somit quer über das Ijsselmeer.

Zwischen Ostflevoland und Südflevoland einerseits und dem ursprünglichen, südwärts gelegenen Festland andererseits beließ man Wasserstreifen der ehemaligen Zuiderzee, die sogenannten **Randseen.** Die größten davon sind das Gooimeer, das Eemmeer, das Veluwemeer und das Ketelmeer, welches sich ostwärts in das Zwarte Meer verlängert.

# Wie die Zuidersee zum Ijsselmeer wurde

Die Zuiderzee war eine tiefe **Einbuchtung der Nordsee** in die Niederlande. Diese flache Meeresbucht mit einer Tiefe von zwei bis vier Metern ragte an die 100 km ins Land hinein und war bis zu 50 km breit. Mit der Fertigstellung des großen **Abschlussdeiches** (*Afsluitdijk*) im Jahre 1932 wurde die Zuiderzee von der Nordsee abgetrennt – das dadurch entstandene Binnenmeer wird seither Ijsselmeer genannt.

Die Entstehung der Zuiderzee geht wohl auf das 7. Jh. v. Chr. zurück, als Sturmfluten durch den Dünengürtel der Nordsee in das sich seit der Eiszeit leicht absenkende, flache Moorgebiet im Norden der heutigen Niederlande einbrachen. Das sich landeinwärts bildende Seengebiet wurde vor allem durch die Ijssel als Nebenarm des Rheins (Nederrijn) und durch weitere kleine Zuflüsse aus dem heutigen Veluwe-Gebiet mit Wasser aufgefüllt. Die immer noch nach der römischen Bezeichnung *lacus flevo* als Flavosee bezeichnete Meeresbucht wurde größer und erhielt im Mittelalter den Namen *Almere* (Aalmeer), wonach auch die neue große Stadt im Südwesten der Provinz Flevoland benannt ist.

Durch Sturmfluten im 12. und 13. Jh. brachen erneut große Mengen Nordseewasser ein und erweiterten die Bucht in außerordentlichem Maße. So entstand neben der Zuiderzee auch die **Waddenzee** zwischen den Westfriesischen Inseln und der nordniederländischen Küste. Bereits im 1360 war mit dem **Deichbau** an der Südküste der Zuiderzee begonnen worden, sodass die Fischersiedlungen hier besser vor der Unbill der Nordsee geschützt werden konnten. Schon innerhalb weniger Jahrzehnte wurden aus diesen Siedlungen am Südrand der Zuiderzee beachtliche **Handels- und Stapelplätze,** die – wie Harderwijk, Elburg oder Kampen – der **Hanse** beitraten und nun aufstrebend am Nord- und Ostseehandel teilnehmen konnten. Doch in dem Maße, wie sich im Übergang vom Mittelalter zur Neuzeit vor allem die holländischen Interessen nach Übersee verlagerten und mit dem Gewürzhandel noch mehr als mit dem Nord- und Ostseehandel zu verdienen war, verloren diese Plätze an Bedeutung. So blieben die Altstadtkerne dieser reizvollen Städte erhalten, ohne später verbaut zu werden.

Pläne, die Zuiderzee durch einen Damm von der Nordsee zu trennen und so die Städte vor Sturmfluten zu bewahren, reichen bis ins 17. Jh. zurück. Doch damals

reichten die Mittel für ein so umfassendes Bauwerk noch nicht aus. Erst mit der Planvorlage des Wasserbauingenieurs *Cornelis Lely* (1854–1929), die 1918 vom niederländischen Parlament genehmigt wurde, konnte mit den Arbeiten begonnen werden – neben dem Küstenschutz ging es vor allem um **Landgewinnung** und Schaffung eines großen **Süßwasserreservoirs**, um der Bodenversalzung vorzubeugen.

Die unter der Bezeichnung **Zuiderzeewerke** laufenden Arbeiten setzten mit dem Bau der Deiche für den Wieringermeerpolder in Noord-Holland ein. Mit dem Amsteldiepdeich wurde die Insel Wieringen ans Festland angeschlossen und die Landfläche des Wieringermeers trockengelegt. Das Hauptbauwerk der Zuiderzeewerke ist der 1932 fertiggestellte **Abschlussdeich**. Er ist 32 km lang und 90 m breit. Über den Deich führt die Autobahn A7 von Sneek nach Amsterdam mit einer Halte-, Tank- und Wendemöglichkeit bei Breezanddijk. An den beiden Enden des Deiches befinden sich die Schleusen von Den Oever und Kornwerderzand.

Die Zuiderzeewerke stellen eine der großartigsten wasserbaulichen Maßnahmen dar, die auch neue Freizeit- und Erholungsräume geschaffen haben. Das Ijsselmeer ist ein **Paradies für Segler und Surfer.** Neue Radwege wurden am Ufer angelegt. Es gibt eine Vielzahl von **Stränden,** meist aus angeschüttetem Sand, die flach abfallen und daher besonders kinderfreundlich sind und auch über Serviceeinrichtungen verfügen, vor allem Duschen und Toiletten. Der schönste dieser Strände erstreckt sich in einem Bogen unterhalb des Leuchtturms auf der ehemaligen Insel Urk.

●**Information:** Waterschap Zuiderzeeland, Broschüre „Ijsselmeergebied met Zwemwaterkaart", www.flevoland.nl.

Der Abschlussdeich trennt das Ijsselmeer von der Nordsee ab

Flevoland wird hauptsächlich landwirtschaftlich genutzt. Als großes Naturschutzgebiet beließ man den Oostvaardersplassen in Südflevoland. Im Südwesten dient die neue Stadt Almere als Wohngebiet für Pendler zu den großen Ballungsräumen der Randstad.

## Südflevoland

Zuidelijk Flevoland ist mit einer Fläche von 430 km$^2$ der größte der Ijsselmeerpolder. Da es mit Ostflevoland eine wasserwirtschaftliche Einheit bildete, brauchte nur noch eine zusätzliche Pumpstation gebaut werden. Der größte Ort des Gebietes ist Almere.

## Naturschutzgebiet Oostvaardersplassen ⚲ VII/C3

Das Naturschutzgebiet Oostvaardersplassen breitet sich zwischen Lelystad und Almere aus. Es besteht aus verschiedenen Vegetationszonen, so Feucht- und Morastgebieten sowie Trockenflächen, die teilweise zugänglich sind und ein wichtiges Überwinterungs-, Brut- und Jagdgebiet für Wasservögel darstellen.

Als man nach der Einpolderung der ehemaligen Zuiderzee erkannte, dass wegen der damaligen Überproduktion in der Europäischen Gemeinschaft weitere Ackerflächen nicht benötigt werden, überließ man diese Fläche weitgehend sich selbst. Sie entwickelte

Flevoland

sich daraufhin als Sumpfgebiet zu einem **Paradies für seltene Vögel.** Schnell siedelten sich auf den trockenen Teilen Buschwerk und kleine Wälder an, Weiden säumen die Ufer der Wasserstellen. Um eine zumindest teilweise offene Graslandschaft zu erhalten, siedelte man im Gebiet nachgezüchtete **Auerochsen, Wildpferde** (Koniks) und **Hirsche** an. Bei der Nachzucht der Auerochsen arbeitet die Parkverwaltung eng mit dem Kölner Zoo zusammen.

Vom Oostvaardersdijk und vom Knardijk ist das Gelände gut zu übersehen. Am Knardijk stehen zwei zugängliche **Aussichtshütten,** von wo man je nach Jahreszeit Tausende von Stand- und Zugvögeln beobachten kann. Am Oostvaardersdijk ist ein **Rundweg** mit zwei weiteren Aussichtspunkten ausgeschildert, ein weiterer Rundweg hat seinen Ausgangspunkt am **Besucherzentrum.** Hier gibt es Informationen über die Entstehung der Landschaftsformen sowie über Flora und Fauna im Oostvaardersplassen.

● **Bezoekerscentrum Oostvaardersplassen:** Lelystad, Kitsweg 1 (beim Knardijk/Spoorwegviaduct) Tel. (0320) 25 45 85, www. staatsbosbeheer.nl, April bis Oktober Di–So 10–17 Uhr, ansonsten 10–16 Uhr, 25., 26. und 31.12. und 1.1. geschlossen.

# Almere ⚓ VII/C3

Die Nähe zu Amsterdam und den nahe gelegenen Ballungszentren hat die **1975 neu gegründete Stadt** zu einem attraktiven Wohnort nicht nur für Pendler gemacht. Die Stadt besteht heute schon aus den Stadtteilen Almere Buiten, Almere Stad und Almere Haven. Neu dazu kommen sollen noch Almere Poort, Almere Pampus und Almere Hout.

Almere ist ganz von der **postmodernen niederländischen Architektur** geprägt. Hier wurden den Bauherren größere gestalterische Freiheiten gelassen als andernorts üblich. So hat der Architekt *Cees Dam* mit dem **Stadhuis** einen Palast aus Glas und Marmor geschaffen. Besonders interessant ist das avantgardistische **Architekturprojekt De Realiteit** zwischen Almere-Stad und Almere-Buiten. Hier wurden 17 fantasievolle Wohnprojekte realisiert. Doch hat all diese Architektur mit der Trennung der Verkehrswege und den speziellen Einfamilienhauswünschen der Bewohner die Entstehung urbaner Stadträume erschwert. So wird das Zentrum von Almere Stad zurzeit „nachverdichtet", wie dies in der Architektursprache heißt, und mit neuen Funktionen belebt – dies ist allerdings ein langwieriger und schwieriger Prozess.

In der unmittelbaren Umgebung von Almere sind eine Reihe von **Schiffswracks** gefunden worden. 22 dieser Wracks sind auf dem Stadtgebiet inzwischen konserviert, meist handelt es sich um Fischerboote aus

Flevoland

dem 17. bis 19. Jh., die der morastige Untergrund gut erhalten hat.

## Info

- **Tel.-Vorwahl:** 036
- **VVV Almere:** 1315 HR, Stadhuisplein 1, Tel. 548 50 41, www.vvvalmere.nl.
- **Architekturführungen:** Centrum voor Architectuur, Stedebouw en Landschap Almere, Almere Stad, Weerwaterplein 3, Tel. 538 68 42, www.casla.nl, 50 €/Std. zuzüglich 100 € Organisationskosten, Zeiten nach Vereinbarung.

## Strand

- **Almeerderstrand,** am Westende von Flevoland, auch Veranstaltungsort für Festivals, Sommerfeste, großes Veranstaltungszelt mit Gastronomie, Hunde teilweise am Strand zugelassen.

## Essen und Trinken

- **Brasserie Bakbord** €€€: Almere Haven, Veerkade 10, Tel. 540 40 40, www.brasserie bakboord.nl, modernes Restaurant im Brasseriestil am Yachthafen, drei Sommerterrassen am Wasser, Ende Dez. bis Anfang Jan. geschlossen.
- **Bestevaer** €€€: Sluiskade 16–20, Tel. 531 15 57, am Yachthafen, klassische Küche, Außenterrasse am Wasser, im Winter nur Abendrestaurant, Mo (und im Winter Di) Ruhetag.

## Unterkunft

- **Bastion Hotel Almere** €€€: 1322 AT, Audioweg 1, Tel. 536 77 55, Fax 536 70 09, www. bastionhotels.nl, an der Ausfahrt Almere-Stad-West (S101) der A6, nur wenige Kilometer von Amsterdam entfernt (ca. 10 Min. Fahrzeit), praktische Zimmer und De-luxe-Zimmer, angeschlossenes **Grillrestaurant.**
- **Hausboote:** Vakantiehuis Prins Homeship, außergewöhnliche, fahrende Urlaubsunterkunft mit mehreren Schlafräumen, Küche, Bad, Wohnraum, Außenloggia, vermietet durch Den Daas Group, ab Marina Muiderzand, Almere, Tel. 536 91 51, www.varendva

kantiehuis.nl, Wochenmiete je nach Saison zwischen 960 € und 1360 €.

## Museen

- **Museum De Paviljoens:** Odeonstraat 3, Tel. 545 04 00, www.depaviljoens.nl/basis/ MuseumDePaviljoens.asp, zeitgenössische bildende Kunst, Mi, Sa und So 11–17 Uhr, Do und Fr 12–21 Uhr, sonst nach Absprache, Eintritt 4 €, Jugendliche 13–17 Jahre 1 €.
- **Energie en Scheepvaartmuseum Almere:** Almere Buiten, Vlotbrugweg Ecke Johnsonpad, Tel. 533 81 10, im Kanal De-Vaat liegt das 1906 gebaute, älteste Dampfschiff der Zuiderzee, hier werden alte Elektro- und Dampfmaschinen aus dem 20. Jh. gezeigt. Geöffnet Sa 12–16 Uhr, ansonsten nach Absprache, freiwilliger Beitrag als Eintritt.
- **Stadslandgoed de Kemphaan:** Kemphaanstraat 1, Tel. 547 50 50, www.kemphaan.nl, mitten im Wald von Almeerderhout gelegener Musterbauernhof der Stadt mit Forstverwaltung, Baumlehrpfad, Schafstall, Ausstellungsraum, Restaurant, Hofladen, Sa Biomarkt 9.30–13 Uhr

## Veranstaltung

- **Kirmes:** Kermis Stadshart, Mi–So letzte Septemberwoche.

## Aktivitäten

- **Skatepark Almere Buiten:** Der Skatepark mit einer Fläche von 90x23 m liegt an der Evenaar nahe der Bahnstation Oostvaarders, für BMX, Inlineskater und Skateboarder, mit Rampen, Treppen etc., dazu für die Kleinen ein „kiddie park".
- **Dooworld:** Almere Stad, Schippersplein 4–8, Tel. (Bowling) 54 80 800, (Casino) 54 80 808, www.dooworld.nl, im Stadshart von Almere am Weerwater, großes Entertainment-Center mit Bowlingbahn, Grand Café, Casino und verschiedensten Räumen für Veranstaltungen, täglich 10–24 Uhr, Casino bis 2 Uhr.

# Ostflevoland

Der Polder Oostelijk Flevoland umfasst eine Fläche von 540 km². Hier entstand **Lelystad,** die Hauptstadt der neuen Provinz, benannt nach dem Wasserbauingenieur, der die Pläne für die Eindeichung der Zuiderzee entwickelt hatte. Neben landwirtschaftlichen und bebauten Flächen sind auch größere **Wälder** angelegt worden. Hoher Baumbestand zeigt die Bauernhöfe an, die sich so gegen den Wind schützen. Weitere Orte im Polder sind Dronten im Zentrum sowie Biddinghuizen und Bremerberg im Süden.

# Lelystad ⚓ VII/D3

Lelystad sollte von Anfang an die Zentralfunktion der neuen Provinz Flevoland innehaben. Als dann das Markermeer doch nicht trocken gelegt wurde, verblieb Lelystad in Randlage, Almere konnte sich mit seiner Nähe zum Zentrum der Niederlande weit besser entwickeln. Dennoch hat Lelysatd einiges zu bieten. Am Markermeer wurde das große Outletcenter **Bataviastad** errichtet, in dem sich gehobene Läden der Bereiche Textil und Wohnaccessoires mit Cafés, Restaurants und Bistros befinden (s.u.).

## Batavia-Werft

Im angrenzenden Hafengelände liegt der Nachbau des 1628 für die Ostindienfahrt gebauten **Schiffes Batavia,** das auf der Batavia-Werft als Sozialisierungsprojekt für Jugendliche unter historischen Bedingungen ge-

zimmert wurde. Neben dem eindrucksvollen Segelschiff können die Werft, zwei weitere in Bau befindliche Schiffe sowie die Halle mit einem bei Lelystad im Boden gefundenen und nunmehr konservierten Zuiderzeeschiff etwa aus dem Jahr 1600 angesehen werden.

Auf dem Gelände befindet sich auch das **Nieuw Land Poldermuseum.** Hier findet man eine hochinteressante Darstellung der Zuiderzeewerke. Das Museum mit der eigenwilligen Form eines Fernrohres auf dem Dach zeigt anschaulich die Entstehung von Flevoland, des größten Polders der Welt, multimediale Präsentationen, Rekonstruktionen früherer Lebensumstände und historische Objekte.

● **Bataviawerf, Nationaal Scheepshistorisch Centrum:** Oostvaardersdijk 1–9, Tel. 26 14 09, www.bataviawerf.nl, 10–17 Uhr, 1.1. und 25.12. geschlossen, Eintritt 9 €, Kinder 6–12 Jahre 4,50 €, Senioren 7 €.
● **Nieuw Land:** Oostvaardersdijk 1–13, Tel. 26 07 99, www.nieuwlanderfgoedcentrum.nl, Di–So 10–17 Uhr, Juli/Aug. täglich 10–17 Uhr, 1.1. und 25.12. geschlossen, Eintritt 7 €, Kinder 6–12 Jahre 3,50 €, Senioren 6,50 €.

## Aviodrome

Auf dem **Flughafen** von Lelystad steht unter anderem als Teil des Luftfahrtthemenparks Aviodrome die letzte flugfähige **Douglas DC-2** der Welt, mit der die KLM 1934 das London-

Der Batavia-Nachbau

Melbourne-Rennen gewann. Der Themenpark zeigt viele weitere Oldtimer-Flugzeuge und eine Ausstellung zu einem Jahrhundert der Fliegerei.

● **Nationaal Luchtvaart-Themapark Aviodrome:** Pelikaanweg 50, Tel. 28 98 40, www.aviodrome.nl, Di–So 10–17 Uhr, in den Schulferien auch Mo, 1.1. und 25.12. geschlossen, Eintritt 14,90 €, Senioren 13,90 €, Kinder 4–12 Jahre 12,90 €.

## Info

● **Tel.-Vorwahl:** 0320
● **Tourist Info Lelystad:** 8200 AB, Stadhuisplein 2, Lelystad, Tel. 27 82 22, www.flevoland.nl.

## Strand

● **Strand Houtribhoek** im Norden von Lelystad am Ijsselmeer, großflächig im leichten Bogen angelegt, mit Strandpavillon Aalscholver, Strand Houtribhoek 1/3, Tel. 26 17 53.

## Essen und Trinken

● **De Raedtskelder** €€€: Maerlant 14, Tel. 22 23 25, intimes Restaurant am Centre Commercial im Bistro-Stil, geschlossen Ende Juli bis Anfang Sept. und feiertags, So Ruhetag.
● **Herbergbrouwerij Klokbier:** Bataviaplein 150, Tel. 26 34 95, www.klokbier.nl, Brauereigaststätte in Yachthafennähe, die Sudkessel stehen im Gastraum, gebraut werden drei Biere nach Kölner, Düsseldorfer und bayerischer Art, Mo Ruhetag.

## Unterkunft

● **Mercure** €€€€: 8224 BZ, Agoraweg 11, Tel. 24 24 24, Fax 22 75 69, www.accor.nl, direkt im Stadtzentrum, Hotel mit großzügigen Zimmern, angeschlossenes Restaurant, mit Terrasse.
● **Camping 't Oppertje:** 8245 AB, Uilenweg 11, Tel. 25 36 93, Fax 25 08 73, www.oppertje.nl, am Bovenwater südlich von Lelystad, am Yachthafen, großzügig angelegte Plätze, es werden auch Blockhütten vermietet.

05eni Foto: ot

## Einkaufen

● **Bataviastad:** Bataviaplein 60, gut ausge-
schildertes Einkaufszentrum nördlich von Lelystad mit weit über 100 Geschäften internationaler Markenanbieter, großer Parkplatz,
Hunde nicht zugelassen (Hundeboxen vorhanden), verschiedene Gastronomiebetriebe, täglich 10–18 Uhr.

## Aktivitäten

● **Hanzestad Compagnie:** 8200 AH, Batavia-
haven 1, Tel. 29 21 00, Fax 29 21 30, www.
hanzestad.com, großer Ferienbootanbieter,
Schiffe für jede Gelegenheit geschäftlich und
privat, besonders spezialisiert auf Schulaus-
flüge und Jugendfreizeiten.
● **Flevomarina:** 8221 RC, Ijsselmeerdijk 1–
13, Tel. 27 98 00, www.skipsmaritiem.nl,
größter Yachthafen von Lelystad mit 1100
Liegeplätzen, in der Nähe der Houtrib-
Schleuse, alle erdenklichen Serviceeinrichtungen, mehrere Sanitärgebäude, Restaurant.
● **Golf:** Golfclub Flevoland, Boosweg 98, Tel.
23 00 77, www.golfflevo.nl, 18- und 9-Loch-
Bahn, mit Gastronomie im Clubhaus.
● **Walibi World:** Biddinghuizen, Spijkweg 30,
Tel. (0321) 32 99 99, www.walibiworld.nl,
großer Vergnügungspark mit Riesenachter-
bahn, Riesenrad, Shows, Wildwasserfahrten,
Kinderkarting, angeschlossener Ferienpark,
verschiedenste Gastronomiebetriebe. Geöffnet April bis Okt. 10–18 Uhr, an manchen
Wochentagen bis 20/21 Uhr, an einigen Sa
bis 24 Uhr, Eintritt 27 €, Kinder 3–11 Jahre,
Senioren und Behinderte 24,50 €, Parken
7 €.
● **Riviera Snow Village:** Biddinghuizen,
Spijkweg 15, Tel. (0321) 33 04 41, www.
snowvillage.nl, ganzjährige Hallen-Sommer-
rodelbahn mit Kunstschnee nicht nur für Kinder, 12–19 Uhr, teilweise auch länger, im
Winter Mo und Di geschlossen, 25 Min. 5 €,
50 Min. 8,50 €.

# Noordoostpolder

Im 480 km² großen Noordoostpolder begann man nach seiner Trockenlegung
1942 sofort mit der Urbarmachung. In den
**Kriegsjahren** wurden hierfür viele Hilfs-
kräfte benötigt, der Treibstoff für Maschinen war zu knapp. Wer sich als Niederländer freiwillig zum **Arbeitseinsatz** im
Noordoostpolder meldete, wurde nicht
zum deutschen Arbeitsdienst eingezogen.
So entstand im Noordoostpolder ein Un-
terschlupf für *Onderduikers* (Untergrund-
kämpfer). Insgesamt waren im Noordoostpolder an die 20.000 Mann eingesetzt, die die Abkürzung NOP (Noord-
OostPolder) gern in „Nederlands Onderduikers Paradijs" umdeuteten. Doch machten die deutschen Besatzungstruppen
dem „Paradies" mit einer Razzia im November 1944 ein Ende – sie transportier-
ten 1800 Mann ab.

# Emmeloord     ↗ VII/D2

Emmeloord liegt in der Mitte des
Noordoostpolders, ist wirtschaftlicher
Mittelpunkt dieses neu geschaffenen
Landstriches und seine Hauptstadt.
Sternförmig gehen die Verbindungs-
wege ab. Ihren Namen erhielt die
Stadt nach einer einstigen Ansiedlung
auf der ehemaligen Insel Schokland,
die 1650 als *Emeloirt* und 1478 als
*Emelwerth* urkundlich genannt wurde.
Genau im Mittelpunkt des neuen Pol-
ders erhebt sich der 1957 gebaute **Pol-
dertoren,** der für die Trinkwasserver-
sorgung des Gebietes gebaut wurde.
Von diesem 65 m hohen Wasserturm

mit seinem schönen Glockenspiel hat man einen weiten Blick über den gesamten Noordoostpolder.

●**De Poldertoren:** De Deel 25, Di–So 11–17 Uhr (So bis 16 Uhr), Eintritt 1,50 €.

## Info

●**Tel.-Vorwahl:** 0527
●**VVV Noordoostpolder:** 8302 EK, De Deel 21a, Tel. 61 20 00, www.vvvnoordoostpolder.nl.

## Essen und Trinken

●**Le Mirage** €€€: Beursstraat 2, Tel. 69 91 04 www.lemirage.nl, sympathisches Abendrestaurant im Zentrum im 2. Stock am Markt, mit Lift, rustikal eingerichtet, Aperitif wird im Vorraum gereicht, Mo Ruhetag.

## Unterkunft

●**Emmeloord** €€: 8302 AE, Het Hooiveld 9, Tel. 61 23 45, www.valk.com/emmeloord, Kettenhotel der Valk-Gruppe an einem kleinen Yachthafen, zusätzlicher neuer Flügel mit komfortablen Zimmern, dazu Pub im englischen Stil, **Restaurant** €, Gesundheitscenter, mit Gartenterrasse, 31.12. und 1.1. geschl.
●**'t Voorhuys** €€: 8302 EK, De Deel 20, Tel. 61 28 70, Fax 61 79 03, www.voorhuys.nl, Best-Western-Hotel im Zentrum, helle, freundliche Zimmer, standardmäßige Einrichtung, mit **Tavernenrestaurant** €€€ im Stil eines Grand-Café, mit Terrasse, 31.12. und 1.1. geschlossen.
●**Camping Het Bosbad:** 8302 AC, Banterweg, Tel. 61 61 00, www.campinghetbosbad.nl, stadtnaher Camping- und Blockhüttenplatz im Emmelerbos, in der Nähe städtisches Hallen- und Freizeitbad.
●**Recreatiepark De Voorst:** 8317 RD Kraggenburg, Leemringweg 33, Tel. 25 25 24, Fax 25 97 26, www.vdbrecreatie.nl, Camping- und Bungalowplatz mit Minigolf im Voorsterbos, einem Waldgebiet bei Kraggenburg östlich von Emmeloord mit 30 km Wander- und Fahrradwegen am reizvollen Kanal Zwolse Vaart mit reichhaltiger Vogelwelt.

## Einkaufen

●**Orchideeën Hoeve:** Luttelgeest (wenige Kilometer nordöstlich von Emmeloord), Oosterringweg 34, Tel. 20 28 75, www.orchideenhoeve.nl, Orchideenzucht, professioneller Betrieb mit vier Besucher-Orchideengärten, Laden in großer Verkaufshalle, ganzjährig Mo–Sa 9–18 Uhr, So 11–18 Uhr, 1.1. geschlossen, Eintritt Gärten 5,50 €, Senioren 5 €, Kinder bis 10 Jahre frei.

Flevoland

# Urk　　　　　　　⌕ VII/D2

Urk war über Jahrhunderte als **Insel** in der Zuiderzee vom Festland abgeschnitten. Die auf der kleinen Insel lebende Fischergemeinde zeichnet sich bis heute durch ihren großen Zusammenhalt, durch ihr Festhalten an **Traditionen** und durch ihren strenggläubigen Calvinismus aus. Am sonntäglichen Kirchgang, teilweise noch in der alten **Tracht** der Inselbewohner, wird nach wie vor festgehalten. Seit 1942 der Noordoostpolder im Rahmen der Zuiderzeewerke endgültig trocken gelegt wurde, womit Urk sein Inseldasein verlor, hat sich vieles verändert. Doch besitzt das alte Fischerdorf weiterhin sein reizvolles Zentrum mit dem **Hafen,** dem **Heimatmuseum** im Alten Rathaus (s.u.) und vielen alten Fischerhäusern. Der **Leuchtturm** (Vuurtoren Urk), gebaut 1844–45, ist 31 m hoch, sein Leuchtradius beträgt 18 Seemeilen (33 km). Er kann bestiegen werden, der Eintritt ist frei.

Die urkundlich belegte Geschichte des Fischerdorfes reicht bis ins frühe

Mittelalter zurück. Danach schenkte Kaiser *Otto der Große* 966 eine Hälfte der Insel dem Pantaleonskloster in Köln und die andere der St.-Vitus-Abtei in Hoog-Elten. Später kam Urk wieder in adeligen Besitz. 1660 erhielt Amsterdam die Rechte über die Insel. Die Amsterdamer richteten hier ein Leuchtfeuer ein, das den Schiffen den Weg in die Nordsee und zurück in den Amsterdamer Hafen wies. Auch investierten sie in die Deiche der an der Westseite immer bedrohten Insel und in den Fischereihafen.

Nach wie vor ist die Fischerei der wichtigste Wirtschaftszweig in Urk. Lebten die Fischer früher überwiegend vom Aalfang, so sind es heute auch Schollen und andere Fische. Über den Fang im fischreichen Ijsselmeer hinaus fahren die Boote aus dem Hafen von Urk auch auf die Nordsee hinaus. So zählt Urk heute zu den größten Fischvermarktungsstellen der Niederlande. Im Ort gibt es zwei Unternehmen, die **Fischauktionen** durchführen.

Mindestens genauso wichtig ist der Tourismus – die Fremden zieht das malerische Ortsbild von Urk und ebenso der geschwungene **Strand** zwischen Leuchtturm und Hafeneinfahrt an.

● **Cultuurhistorisch Museum Het Oude Raadhuis:** Exponate zur Geschichte von Urk im malerischen Alten Rathaus, April bis Sept. Mo–Fr 10–17 Uhr, April/Mai/Sept. Sa 10–13 Uhr, Juli/Aug. So 10–17 Uhr, Eintritt 2,50 €, ermäßigt 1,25 €.
● **Fischauktion:** Ijsselmeer Visafslag, Tel. 68 99 70, Information über Gruppenbesichtigung Tel. 68 98 68.

## Museum Nagele

Im nahe gelegenen Ort Nagele zeigt das Museum Nagele in der ehemaligen römisch-katholischen Kirche moderne Kunst und Architektur. Die Exponate sind ganz dem „Modernen Bauen" verbunden.

● **Museum Nagele:** Nagele, Ring 23, Tel. (0527) 65 30 77, www.museumnagele.nl, Do–So 13–17 Uhr, 1.1. geschlossen, Eintritt 2,75 €, ermäßigt 1,50 €.

## Info

● **Tel.-Vorwahl:** 0527
● **Touristinfo Urk:** 8321 EP Urk, Raadhuisstraat 2, Tel. 68 40 40, www.touristinfourk.nl.

## Essen und Trinken

● **Mes Amis** €€: Bootsstraat 65, Tel. 68 87 36, www.mes-amis.nl, charmanter Gastraum im zweiten Stock mit Blick auf den Hafen, nostalgisch illustrierte Menükarte, erste Hälfte März und Okt. geschlossen, So Ruhetag.
● **Het Achterhuis,** Burgemeester J. Schipperskade 2, Tel. 65 20 92, www.hetachterhuis.nl, Fischrestaurant über der Auktionshalle im 1. Stock.

## Fähre

● **Fährdienst Urk – Enkhuizen:** Mit dem Salonboot „Prins Claus" der Reederei Van Wijk BV, Enkhuizen, Zuider Havendijk 43, Tel. (0343) 57 71 11, www.salonbootprinsclaus.nl, Abfahrtszeiten ab Hafenmole Urk Mitte Juni bis Ende Sept. 9.30, 13.50 und 17 Uhr, einfache Fahrt 9 €, Hin- und Rückfahrt 13 €, Kinder 4–11 Jahre 5,50 bzw. 7,20 €. Das Schiff kann auch für Ausflugsfahrten gechartert werden.

# Schokland – eine ehemalige Insel auf dem Festland

Einige Erhebungen im Bereich der Zuiderzee wurden vom Nordseewasser nicht überflutet, so auch die Insel Schokland. Dennoch waren ihre Bewohner ständig der Unbill der Nordsee ausgesetzt. Das Leben auf Schokland war hart, die wichtigste Erwerbsquelle war die Fischerei, dazu kam die Schafhaltung. Doch dies waren unsichere Nahrungsquellen, die See war rau und die Futtergrundlage für die Tiere begrenzt. Der Meeresspiegel stieg, weil das Land im Laufe der Jahrhunderte weiter absackte. Überschwemmungen mehrten sich, die Insel wurde kleiner, denn das Land bröckelte ab. Als man nicht länger die Sicherheit der Bewohner von Schokland garantieren konnte, beschloss die niederländische Regierung 1859, die Insel zu räumen. Die verbliebenen 700 Schokländer wurden auf die umliegenden Orte an der Zuiderzee verteilt, wo sie weiter Fischerei betrieben.

Seit der Eindeichung und Trockenlegung des Noordoostpolders zur Gründung der heutigen Provinz Flevoland ist Schokland keine Insel mehr. Dennoch ist sie eindeutig aus dem umliegenden Land auszumachen. Es ist ein **lang gezogener Landstreifen in Nord-Süd-Ausrichtung,** der aus drei ineinander übergehenden Warften besteht. Auf dem Middelbuurt, der mittleren der Warften, befindet sich das **Museum Schokland** mit der historischen Kirche und einigen Holzhäusern. Dahinter sind Palisaden als Schutz gegen das Meer nachgebildet. Im Norden steht der alte Leuchtturm mit dem Wärterhaus, dazu sind die alten Hafenkais mit hölzernen Stegen nachgebaut worden – ein Hafen auf Land!

Geologisch besteht Schokland aus morastigem Untergrund, während die früher überflutete und heute wieder trocken gelegte Umgebung tonigen Untergrund hat. Seit der Entwässerung 1942 sackt Schokland wie ein ausgetrockneter Schwamm in sich zusammen – die Insel ist inzwischen um 1,80 m abgesunken. Vielleicht wird Schokland in 100 Jahren zu einer Bodensenke inmitten des umliegenden Landes!

Schokland ist ein Musterbeispiel des Jahrhunderte währenden Kampfes der Niederlande gegen die Sturmfluten der Nordsee. Wegen dieses „außergewöhnlich universellen Wertes" wurde es 1995 als erstes niederländisches Kulturdenkmal in die **Welterbeliste der UNESCO** aufgenommen.

Der **Schokkerbos,** das Waldstück im Nordteil der „Insel", weist eine Vielzahl von Findlingen auf, die aus der letzten Eiszeit stammen und aus Skandinavien mit dem Eis hierher transportiert wurden. Im Besucherinformationszentrum am Wald wird die Herkunft der Steine erklärt.

● **Museum Schokland:** Ens, Middelbuurt 3, Tel. (0527) 25 13 96, www.schokland.nl, mit Café, Fr–So 11–17 Uhr, April bis Okt. auch Do 11–17 Uhr, Juli/Aug. zusätzlich Mo 11–17 Uhr, 1.1. und 25.12. geschlossen, Eintritt 3 €, ermäßigt 2,50 €.

Flevoland

057ni Foto: ot

# Drenthe Überblick

Die Drenthe im Nordosten der Niederlande ist eine stark landwirtschaftlich geprägte Region an der Grenze zu Deutschland. Es ist kein touristisch besonders ausgeprägtes Gebiet, hat aber vielleicht deswegen seinen ganz besonderen Reiz.

Sandige und kieshaltige Böden prägen das Drents Plateau, den Kern der Provinz, der von kleineren Flüssen durchzogen ist. Quer durch das Gebiet verläuft von Südosten bis nach Groningen in Friesland der **Hondsrug** (Hunderücken), ein kaum mehr als 30 m hoher Höhenzug. Am Rand dieses Rückens im Nord- und Südwesten erstrecken sich Polder und Morastgebiete, die teilweise unter dem Meeresspiegel liegen. Der Hondsrug ist durch Heidelandschaften geprägt. Dazu kommt Weide- und Ackerland, wobei Letzteres insbesondere für den Kartoffelanbau geeignet ist. Viele Auengebiete längs der Flussläufe sind hier trocken gelegt worden.

Im Osten prägen **Moore** die Landschaft der Drenthe. Das einstige Kanalsystem, das zum Abtransport des Torfes aus der Drenthe angelegt worden war, hat seine wirtschaftliche Bedeutung längst verloren, es macht aber den besonderen Reiz dieser Region aus.

Die Drenthe hat eine lange Besiedlungsgeschichte, die weit in die prähistorische Zeit zurückreicht. Die meisten der in den Niederlanden vorhandenen **Hünengräber** aus der Steinzeit findet man hier. Sie wurden zwischen

3000 und 2000 v. Chr. aus Findlingen errichtet, die die Eiszeit auf dem Hondsrug hinterließ. Auch Grabhügel aus späterer Zeit hat man in der Drenthe gefunden.

Die erste urkundliche Erwähnung der Drenthe als *Pago Treanth* geht auf das Jahr 820 zurück. 944 schenkte Kaiser *Otto I.* das Jagdrecht in dieser Region dem Bischof von Utrecht, der damit hier an Einfluss gewann. In Unterlagen aus dem Jahr 1024 wird bereits von der Grafschaft Drenthe gesprochen, die dann 1046 durch Kaiser *Heinrich III.* endgültig dem Erzbistum Utrecht geschenkt und damit Teil des Oberstiftes wurde. Mit der Übergabe des Bistums Utrecht an Kaiser *Karl V.* 1536 kam auch die Drenthe ans Habsburgische Reich. Zu Beginn des Achtzigjährigen Krieges schloss sich die Drenthe der sich von Spanien unabhängig erklärenden *Republiek der Zeven Verenigde Nederlanden* an.

# Meppel ↗ VIII/A2

Meppel ist das westliche Eingangstor in die Drenthe. Im 16. Jh. wurde die Stadt durch den Torfabbau im Hinterland zu einem wichtigen Durchfuhrhafen für dieses Brennmaterial, war sie doch durch Kanäle an die östlich gelegenen Abbaugebiete und über den Meppelerdiep westlich an die Zuiderzee angebunden, über die der Torf in die großen Städte des Landes transportiert werden konnte.

Im 20. Jh. wurden einige Grachten im Zentrum zugeschüttet, ehemalige Zugbrücken wurden durch feste Brücken ersetzt. Dennoch hat sich die Stadt durch die Nähe zur Seenplatte der Wieden zwischen Giethoorn und Zwartsluis zu einem Wassersportort entwickelt, so verfügt die Stadt über mehrere **Yachthäfen.**

Reizvoll sind die Gassen der Stadt mit ihren alten Häusern. Hoch erhebt sich der Turm der Grote Kerk aus dem 15. und 16. Jh. mit einer schönen Orgel. In der Innenstadt stehen noch zwei **Mühlen,** die 1807 gebaute Getreidemühle De Weert (Weerdstraat 80, Sa 13–18 Uhr Mehlverkauf) und die 2002 auf einem Unterbau von 1859 errichtete Getreidemühle De Vlijt, die nicht mehr in Betrieb ist.

### Druckereimuseum

Ein Druckereimuseum zeigt Exponate zur Geschichte des Buchdrucks und zur Entwicklung der Schrift bis zum Maschinensatz.

●**Drukkerijmuseum Meppel:** Kleine Oever 11, Tel. 24 25 65, www.drukkerijmuseummeppel.nl, Di–Sa 13–17 Uhr, feiertags geschlossen, Eintritt 4,50 €, Kinder bis 12 Jahre und Senioren 3 €.

### Drehorgelmuseum

Im nahe gelegenen Ort **De Wijk** östlich von Meppel gibt es ein kleines Museum mit einer Ausstellung von traditionellen holländischen Drehorgeln: Tanzorgeln, Kirmesorgeln und Straßenorgeln.

●**Draaiorgelmuseum De Wijk:** Luchtenstein 42, Tel. 44 21 55, Mi Führung 12.30 Uhr, Eintritt 2,50 €.

Drenthe

## Info

- **Tel.-Vorwahl:** 0522
- **VVV-ANWB Meppel:** 7941 KC, Kromme Elleboog 2, Tel. 25 28 88, Fax 25 96 88, www.vvvmeppel.nl.

## Unterkunft, Essen und Trinken

- **De Havixhorst** €€€€: 7966 AC De Schiphorst (7 km östlich von Meppel), Schiphorsterweg 34–36, Tel. 44 14 87, Fax 44 14 89, www.dehavixhorst.nl, Châteauhotel und reizvolles Restaurant in einem Herrenhaus aus dem 18. Jh. inmitten eines Parks, ausgezeichnete, frische Küche mit Produkten der Region, Hotelbetrieb mit zauberhaft eingerichteten Suiten, 31.12. und 1.1. geschlossen, So Ruhetag.
- **De Reisiger** €€: 7941 KJ, Dirk Jakobsstraat 6, Tel. 25 66 49, Fax 25 55 14, www.hoteldereisiger.nl, kleines, bürgerliches Hotel etwas außerhalb des Zentrums, ruhig gelegen, praktisch eingerichtete Zimmer.

## Aktivitäten

- **Yachthaven:** Pro Aqua BV, Steenwijkerstraatweg 86, Tel. 25 40 07, www.proaqua.nl, am Kanal nahe der N 375.

## Veranstaltung

- **Meppeldagen:** Donnerstags im Juli/Aug. großes Straßenfest mit Veranstaltungsprogramm wie Kinderkrammarkt, Puppenvorstellungen, Hundeeisenbahn, Musikgruppen, Orgelkonzerte in der Kirche, Grachtenkonzerte.

## Einkaufen

- **Wochenmarkt:** Kerkplein, Do 8–13 Uhr.

Altes Bauernhaus im Westerveld

## Havelte ⚓ VIII/A-B2

Nördlich an Meppel schließt sich die Region **Westerveld** an, ein großes Wald- und Heidegebiet. Hauptorte sind Havelte und Vledder. In den Turm der 1310 geweihten, etwas außerhalb des Ortskerns stehenden Ortskirche von Havelte wurde 1988 ein **Chamadrom,** ein orgelähnliches Instrument mit 50 Kupferpfeifen, eingebaut. Die Pfeifen ragen aus den Schallöffnungen der Turmfenster hinaus. Gespielt wird das Instrument von Pfingsten bis September samstags von 16 bis 17 Uhr.

Die noch größere Attraktion von Havelte stellt der **Schmetterlingszoo Vlinderparadijs Papiliorama** am nahe gelegenen Naturgebiet Havelterberg dar, einer der größten seiner Art in Europa.

Ganz in der Nähe, am Fuße des Havelterberges, finden sich zwei große **Hünengräber.** Links des Hunbeddenweges steht das größte der Region mit einer Länge von 80 m. Es weist 21 Tragsteine, zwei Schlusssteine und neun Decksteine auf. Auch der Torbau mit vier Tragsteinen und einem Deckstein ist noch komplett.

- **Vlinderparadijs Papiliorama:** Havelte, Van Helomaweg 14, Tel. (0521) 34 21 55, www.vlinderparadijs.nl, täglich 9–17 Uhr, 25.12. und 1.1. geschlossen, Eintritt 4 €, Kinder 3–12 Jahre 2,50 €.

## Aktivitäten

- **Golfbaan Havelte:** Kolonieweg 2, Tel. (0521) 34 22 00, www.golfclubhavelte.nl, 18-Loch-Bahn, in der Golfsaison Mo 9–17 Uhr, Di–So 9 Uhr bis Sonnenuntergang, mit Restaurant.

# Hoogeveen      ♫ VIII/B2

Auch Hoogeveen ist ganz vom früheren Torfabbau geprägt, der hier im 17. Jh. begann. Die Abfuhr erfolgte über den Hoogeveense Vaart. Quer zu diesem Kanal wurden im Abstand von 160 m kleine Seitenkanäle, die *Wijken,* in den Untergrund gegraben, sodass die Arbeiter den gestochenen Torf noch gut mit der Schubkarre zum Kanal transportieren konnten. So entstand ein das Landschaftsbild charakterisierendes **Raster sich kreuzender Kanäle.** Einzelne Straßen des Ortes tragen die Namen solcher Kanäle.

Im Zentrum von Hoogeveen stehen noch einige alte Häuser mit schönen Giebeln, so vor allem das **Huis met de Duivengaten,** in dem heute ein Restaurant untergebracht ist. Mit dem Bau der **Grote Kerk** wurde 1651 begonnen, abgeschlossen wurde er 1664. Das schöne **Rathaus** von Hoogeveen wurde 1939 bezogen. *Vincent van Gogh* hat 1883 einige Monate in einem Haus in Hoogeveen gewohnt. Hier entstand im August unter anderem sein Bild „Kartoffelacker in den Dünen".

Im **Museum De 5000 Morgen** wird die Geschichte von Hoogeveen in Wort und Bild dokumentiert.

● **Museum de 5000 Morgen:** Hoofdstraat 9, Tel. 23 15 30, www.hoogeveen.nl, Di–So 13–17 Uhr, 25./26.12., 1.1. geschlossen, Eintritt 2 €, ermäßigt 1 €.

Drenthe

## Flugplatz

Der kleine Flugplatz von Hoogeveen wird hauptsächlich von Sportfliegern genutzt, so vor allem von **Segelfliegern und Fallschirmspringern.** Es werden auch Rundflüge angeboten.

● **Vliegveld Hoogeveen:** Plesmanstraat 2, Tel. 26 66 40, www.vliegveldhoogeveen.nl, mit Restaurant.

## Nationalpark Dwingelderveld

Nordwestlich von Hoogeveen wurde die Wald-, Heide- und Seenlandschaft, die teilweise durch Torfabbau entstanden ist, zum Nationalpark Dwingelderveld erklärt.

● **Bezoekerscentrum Dwingelderveld:** Ruinen, Benderse 22, Tel. 47 29 51, April bis 1. Nov. täglich 10–17 Uhr, sonst nur Mi–So 10–17 Uhr.

## Info

● **Tel.-Vorwahl:** 0528
● **ANWB-VVV Hoogeveen:** 7902 EA, Hoofdstraat 13, Tel. 26 83 73, Fax 22 11 35, www. vvvhoogeveen.nl.

## Essen und Trinken

● **Duivengaten** €€€: Alteveerstraat 1, Tel. 27 82 66, Fax 27 82 66, www.duivengaten.nl, klassisch französische Küche in einem Restaurant in einem der ältesten, einst als Wohnhaus gebauten Häuser der Stadt, Mo–Sa, Lunch nur Mo–Fr.
● **De Herberg** €€€: Hoogeveenseweg 27, Tel. 27 59 83, www.deherberg.nl, kleines Restaurant im Norden der Stadt, kleine, attraktive Menükarte, Ende Juli bis Mitte August geschlossen, So Ruhetag, Sa nur Lunch.

# Coevorden        ⤢ IX/C2

Coevorden nahe der deutschen Grenze bei Lingen ist eine ruhige Landstadt in reizvoller Umgebung, die kulturhistorisch einiges zu bieten hat.

Erstmals 1148 wird eine Kuhfurt an der Stelle erwähnt, wo sich heute der Ort Coevorden ausbreitet. Die Herren von Coevorden, unterstützt von aufgebrachten Bauern, brachten den Rittern des Utrechter Bischofs 1227 eine bittere Niederlage bei – bei dem Gefecht wurde sogar der Bischof selbst getötet. Im Achtzigjährigen Krieg wurde die Stadt zunächst von den Spaniern besetzt, dann aber 1592 durch Truppen von *Moritz von Oranien* zurückgewonnen. Daraufhin baute Festungsbaumeister *Menno van Coehoorn* die Stadt, die von den Spaniern beim Rückzug gänzlich zerstört worden war, zu einer der stärksten niederländischen Festungen aus.

Nicht weit von der Burg steht das **Arsenaal** mit dreigiebeliger Front. Darin ist das **Museum Drenthe's Veste** untergebracht, das ein sehr informatives Modell der alten Festung Coevorden zeigt. Am Rand der Altstadt erhebt sich die reformierte Kirche, 1641–45 als eine der ersten in den Niederlanden gebaut. Auf dem Weg zum Markt kommt man am alten **Stadthaus** aus dem Jahr 1817 vorbei, in dem heute das Fremdenverkehrsbüro untergebracht ist. Auf dem Marktplatz steht ein schöner **Gänseliesel-Brunnen.** Vom Marktplatz zweigt die Friese Staat ab, an deren linker Seite ein auffallendes Haus mit reichem

Renaissancegiebel und einer niederdeutschen Inschrift steht.

- **Stedelijk Museum Drenthe's Veste:** Haven 4–6, Tel. 51 62 25, www.museumcoevorden.nl, Di–Fr 10–17 Uhr, Sa 10–15 Uhr, feiertags geschlossen, Eintritt 2,50 €, ermäßigt 1,25 €.

## Kasteel Coevorden

Kasteel Coevorden geht ursprünglich auf das Jahr 1200 zurück. Die erste Abbildung der Burg stammt aus dem Jahr 1550 – im 16. Jh. waren die Herzöge von Geldern Herren auf der Burg. 1795, als es längst ruhig um Coevorden geworden war, wurde die Burg an private Besitzer verkauft. Als der Verfall der Anlage nach dem Zweiten Weltkrieg fast nicht mehr aufzuhalten war, ging sie in städtischen Besitz über, wurde bis 1972 restauriert und kann seither besichtigt werden. Eine Kopie der Burg steht in der kanadischen Stadt **Vancouver,** die ihren Namen einem Herrn *Van Coevorden* verdankt.

- **Kasteel Coevorden:** Kasteel 29, Tel. 59 85 98, Anfang Mai bis Okt. Di–Sa 10–16 Uhr.

## Naturgebiete

Nördlich von Coevorden breiten sich Acker-, Weide-, Moor- und Waldlandschaften aus. Die zwei Naturschutzgebiete De Hooge Stoep in **Gees** und De Klencke mit einem Landgut aus dem 17. Jh. in **Oosterhesselen** laden zum Besuch ein. Der östlich von Coevorden gelegene Ort **Weyerswold** wartet mit sehr schönen, reetgedeckten Bauernhäusern auf.

## Info

- **Tel.-Vorwahl:** 0524
- **VVV Coevorden:** 7741 JV Coevorden, Haven 2, Tel. 52 51 50, Fax 51 19 23, www.vvv coevorden.nl.

## Unterkunft, Essen und Trinken

- **Gasterie Het Kasteel** €€€: Kasteel 29, Tel. 51 21 70, www.gasterie.hetkasteel.nl, im Gewölbekeller des Schlosses, französische und regionale Küche, separates Turmzimmer, Sommerterrasse an der Rückseite des Schlosses, Karneval und zwei Wochen im Juli geschlossen, Di Ruhetag.
- **Center Parcs De Huttenheugte:** 7751 SH Dalen, De Huttenheugte, Reindersdijk 55, nordöstlich der Stadtgrenze von Coevorden, Tel. (052) 45 94 666, mit der Action Factory, einer Spielwelt für Groß und Klein, Billard, Abenteuer-Bowling, Kletterwand, Workout-Room, Badminton und Squash, Abenteuerinsel und Factory Café, House of Games, Sauna im japanischen Stil, Sternwarte; ganzjährig geöffnet.

## Veranstaltungen

- **Gänsemarkt:** Mitte November wie in alten Zeiten, es werden Gänse für den Weihnachtstisch verhandelt und vor Ort geschlachtet, daraus ist ein großes Volksfest geworden, wobei u.a. eine „Miss Gänsehüterin" gekürt wird.

# Emmen ⚷ IX/C2

Emmen, inmitten einer reizvollen Landschaft gelegen, die seit der mittleren Steinzeit von Menschen besiedelt ist, wurde im 12. Jh. erstmals als *curtis emme* (Hof Emmen) urkundlich erwähnt. In der Jungsteinzeit errichteten die Menschen hier **Grabhügel und Hünengräber** *(hunebedden).* Im Frühmittelalter entstanden *brinkdorpen* (Angerdörfer) rings um eine Wiese mit Teich als gemeinschaftlicher Tränke für das Vieh.

Die Dorfkirche war lange Zeit das einzige Gebäude im Dorf, das aus Stein gebaut war. Später errichteten die Bauern **reetgedeckte Höfe,** die noch heute den Reiz der Landschaft und ihrer Dörfer ausmachen. Die Landwirtschaft war über Jahrhunderte der Haupterwerbszweig, sodass Emmen bis nach dem Zweiten Weltkrieg seinen dörflichen Charakter beibehielt. Aus dieser Zeit steht noch das alte Kantonsgericht mit seinen würdigen Säulen am Haus. Erst durch Wirtschaftsförderung in diesem vom niederländischen Zentrum weit entlegenen Grenzgebiet konnte sich Emmen entfalten, es wurde so zum größten Ort in der Drenthe.

### Tierpark

Ein großer Anziehungspunkt des Ortes ist der **Noorder Dierenpark,** in dessen weitläufigem Freigelände sich Großtiere der **Savanne** wohlfühlen und der durch seinen **Schmetterlingsgarten** weithin berühmt ist. Es gibt mehrere Tierhäuser, dazu vielfältige Kinderattraktionen, vor allem die fantastische **Spielwelt Yucatán,** eine 4700 m² große, überdachte Welt der legendären Maya mit Tempeln, Baumhäusern, Dörfern und einem riesigen Schiffswrack.

●**Noorder Dierenpark:** Hoofdstraat 18, Tel. 85 08 50, www.dierenpark-emmen.nl, täglich ab 10 Uhr, März bis Mai und Okt. bis 17 Uhr, Sept. bis 17.30 Uhr, Juni bis Aug. bis 18 Uhr, Nov. bis Febr. bis 16.30 Uhr, Eintritt 16,50 €, Kinder 3–9 Jahre, Senioren und Behinderte 13,50 €.

### Info

●**Tel.-Vorwahl:** 0591
●**VVV Emmen:** 7811 EP Emmen, Hoofdstraat 22, Tel. (0900) 2022393, Fax 64 41 06, www.vvvemmen.nl.

### Unterkunft, Essen und Trinken

●**De Giraf** €€€: 7811 HN, Van Schaikweg 55, Tel. 64 20 02, Fax 64 96 54, www.giraf.de, Sport- und Kongresshotel außerhalb des Zentrums, Zimmer verschiedener Kategorien, das angeschlossene **Restaurant** €€ bietet internationale und regionale Küche, mit Gartenterrasse.

## Umgebung von Emmen

Auch in unmittelbarer Umgebung von Emmen weisen die Dörfer reetgedeckte Drenthiner Bauernhäuser auf. Ein schönes Beispiel bietet **Zweeloo** westlich von Emmen, wo eine alte Ortspfarrkirche aus dem 13. Jh. und eine Schmiede aus dem Jahr 1896, die noch in Betrieb ist, stehen. Im Nachbardorf **Aalden,** einem der schönsten der gesamten Region, gibt es einen 18-Loch-Golfplatz. Unmittelbar vor **Noordsleen** findet man zwei wieder hergerichtete **Hünengräber.**

# Hünengräber – Relikte aus der Steinzeit

Hünengräber *(Hunebedden)* leiten ihre Bezeichnung vom altgermanischen Wort *huyne* (Riese) ab. Die in der Drenthe in den westlichen Ausläufern des Gebietes der nördlichen Megalith-Kultur aufgefundenen Hünengräber wurden zwischen 3000 und 2000 v. Chr. als Massengräber errichtet. Diese Grabkultur weist große Ähnlichkeit mit vergleichbaren Gräbern vom Emsland bis Schleswig-Holstein auf. Als Baumaterial wurden **Findlinge** benutzt, die den Endmoränen der Eiszeit entstammten. Die massiven Findlinge wurden zu **Tragsteinen** aufgerichtet, auf die **Decksteine** aufgelegt wurden und so längliche oder rechteckige Gräber von 7 bis 25 m Ausmaß bildeten. Es wurden auch **Rundgräber** auf Hügeln ohne Decksteine errichtet, wie etwa das Langgrab bei Emmen. Bis heute ist es bewundernswert, wie die Menschen vor Tausenden von Jahren diese gewaltige Kraftleistung, die bis zu 20 Tonnen schweren Steine aufzurichten, vollbracht haben!

Von den 54 in den Niederlanden gefundenen Hünengräbern befinden sich 52 in der Drenthe, konzentriert um **Borger** im Hondsrug, nördlich von Emmen. Das letzte wurde in den 1980er Jahren bei Haveskesklooster gefunden und restauriert, eines der größten steht bei Borger, wo sich auch das **Hunebed-Centrum** befindet, eine Ausstellung über das Leben, Wohnen und Arbeiten in der Jungsteinzeit im Raum Drenthe. Eher scherzhaft ist die Bezeichnung eines Hünengrabes bei Schoonoord als „papeloze kerk" (priesterlose Kirche).

● **Hunebed-Centrum:** Borger, Bronnegerstraat 12, Tel. (0599) 23 63 74, www.hune bedcentrum.nl, Mo–Fr 10–17 Uhr, Sa, So und feiertags 11–17 Uhr, 26. und 31.12. sowie 1.1. geschlossen, Eintritt 4,75 €, Kinder bis 12 Jahre 3 €.

Drenthe

059m Foto: hd

Hünengrab am Havelterberg

## Van-Gogh-Haus     ⤢ IX/C2

Der große niederländische Maler *van Gogh* hat im Jahre 1883 nach seinem Aufenthalt in Hoogeveen auch einige Zeit in dem kleinen Ort **Veenord** südlich von Emmen gewohnt. Das Haus ist zu einem Museum mit Café hergerichtet worden. Zu besichtigen ist die wieder hergerichtete Wohn- und Arbeitskammer, in der der Maler lebte, darüber hinaus gibt es Informationen über seine Drentse Periode. Das Museumscafé ist im Stil des Jahres 1880 eingerichtet.

● **Van Gogh Huis:** Veenoord/Nieuw-Amsterdam, Van Goghstraat 1, Tel. (0591) 55 56 00, www.vangogh-drenthe.nl, Führungen Di–So 13–17 Uhr, Eintritt 4,50 €, Kinder bis 12 Jahre 3,50 €.

## Veenpark

Der Veenpark im nahe gelegenen Barger-Compascuum an der deutschen Grenze informiert über das Leben im ehemaligen Hochmoor östlich von Emmen. Man begibt sich auf eine Zeitreise in die Welt des **Torfabbaus** zwischen 1850 und 1920, gezeigt werden ein Dorf mit Mühle, Schule, Holzschuhmacherei und Schmiede, verschiedene Wohnhäuser und Betriebe sowie eine Kartoffelmehlfabrik und ein Harmoniummuseum. Mit einer **Museumsbahn** geht es durch 120 ha Torfabbaugebiet mit einer Demonstration des Torfstechens.

● **Veenpark:** Barger-Compascuum, Berkenrode 4, Tel. (0591) 32 44 44, www.veenpark.nl, täglich 10–18 Uhr (im Winter bis 17 Uhr), Eintritt 9,80 €, Kinder bis 5 Jahre und Senioren 8,80 €.

## Freilichtmuseum     ⤢ IX/C1-2

Das Freilichtmuseum in **Schoonoord** nordwestlich von Emmen mit seiner Sammlung reetgedeckter Bauernhäuser ist benannt nach den legendären Riesen Ellert und Brammert. Hier in dieser Region der Hünengräber, der gut erhaltenen prähistorischen Grabmäler und des Torfstichs wird die Vergangenheit des Moordorfes Schoonoord veranschaulicht. Es wird gezeigt, wie die Arbeiter und Kleinbauern in vergangenen Jahrhunderten gewohnt, gearbeitet und gelebt haben. Das Zentrum bildet ein Torffeld, dazu

Die Pfarrkirche in Zweeloo bei Emmen

gibt es regionaltypische Bauernhäuser, ein Zollhaus, eine Dorfschule, sogar ein Gefängnis, eine gemütliche Bauerngaststätte und eine umfangreiche Ausstellung, dazu einen Spielplatz und einen Zoo mit Kleintieren.

● **Openluchtmuseum Ellert en Brammert;** Schoonoord, Tramstraat 73, Tel. (0591) 38 27 46, www.ellertenbrammert.nl, April bis Okt. täglich 9–18 Uhr, Eintritt 4 €, Kinder 4–12 Jahre und Senioren 3 €.

### Monumentendorp Orvelte

Das Monumentendorp Orvelte etwas westlich von Schoonoord ist ein lebendiges, typisches **Museumsdorf** in der Drenthe, das zeigt, wie hier die Menschen um 1900 lebten und arbeiteten. Man findet reetgedeckte Bauernhäuser und andere ländliche Gebäude der Zeit wie eine Sägerei, Zinngießerei, Schmiede, Holzschuhmacherei und eine Biokäse-Molkerei. Dazu gibt es Ateliers, Galerien und kleine Geschäfte.

● **Monumentendorp Orvelte:** Orvelte, Dorpsstraat 1a, Tel. (0593) 32 23 35, www.orvelte.nl, Kombieintrittskarte für alle Attraktionen 8 €, Kinder 5–14 Jahre 2 €.

### Lager Westerbork  ♫ VIII/B1

Im nahe gelegenen Westerbork kann man eine schreckliche Hinterlassenschaft aus der Zeit der deutschen Besatzung während des Zweiten Weltkriegs sehen. Vom Lager Westerbork aus wurden Deportationen nach Deutschland vorgenommen. Eine der Deportierten war *Anne Frank*. Die **Erinnerunsgstätte** zeigt Dokumente und Unterlagen aus dieser Zeit.

● **Herinnerinsgscentrum Kamp Westerbork** (Mahnmal Westerbork): Hooghalen, Tel. (0593) 59 26 00, www.kampwesterbork.nl, Museum Mo–Fr 10–17 Uhr, Sa und So 13–17 Uhr (Juli/Aug. ab 11 Uhr), 25. und 31.12., 1.1. und 8.–27.1. geschlossen, das ehemalige Lagergelände ist immer frei zugänglich.

# Assen  ♫ VIII/B1

Das **Noordenveld** umfasst den nördlichen Teil der Provinz Drenthe und wird deshalb auch als Kop van Drenthe bezeichnet. Es war bis zum ausgehenden Mittelalter ein *dingspel* (Thingspiel), also eines der sechs Rechtsgebiete der Drenthe, in dem Volks- und Gerichtsversammlungen nach altem germanischen Recht abgehalten wurden. Hauptort des *dingspel* war Vries, größte Stadt und Provinzhauptstadt ist heute Assen.

Der Ursprung von Assen, auf einem Sandrücken im Norden der Provinz Drenthe gelegen, geht auf das 1285 errichtete **Zisterzienserinnenkloster** Sancta Maria de Campe, auch Mariënkampe genannt, zurück. Im Zuge der Reformation wurde das Kloster 1602 aufgelöst. Innerhalb der damals noch bestehenden Klostergräben entwickelte sich eine kleine Ortschaft. Unter König *Louis Bonaparte* erhielt Assen 1809 die Stadtrechte und wurde 1814 zur Hauptstadt der Provinz erhoben.

Der Turm der **Klosterkirche** am Brink war bereits 1601 eingestürzt und hatte die ganze Kirche in Mitleidenschaft gezogen. Die wenigen Bewoh-

Drenthe

ner von Assen suchten ohnehin den Gottesdienst im nahe gelegenen Rolde auf. 1662 wurde die Klosterkirche, wenn auch verkleinert, für die wachsende reformierte Gemeinde wieder aufgebaut, dabei blieb eine Seitenmauer des alten Baus erhalten. 1810 erhielt die Kirche im Inneren eine Galerie, 1817 wurde sie an der Ostseite erweitert und erhielt einen Chorabschluss. Mit der Fertigstellung der neuen Grote Kerk am Kerkplein 1848 wurde die Klosterkirche an die Stadt verkauft und diente als Gemeindehaus. Seit der Renovierung 1982 ist in der Kirche ein Teil des Drents Museum untergebracht.

### Drents Museum

Zum interessanten Drents Museum gehören außer der Kirche das ehemalige **Provinzhaus** von 1885, das **Ontvangerhuis** mit Kellergewölben aus dem 15. Jh. – das früher als Teil der Klostergebäude eine Priesterwohnung war –, das Gebäude des **Drents Archiv** mit einem Rest des Klosterkreuzgangs und auch das **Drostenhaus** von 1774–77. Eines der interessantesten Ausstellungststücke ist die zweitausend Jahre alte **Moorleiche** des *Meisje van Yde* (Mädchen von Yde). In den vielfältigen Ausstellungsteilen sind Kunst der Art Nouveau und Art Déco zu sehen, ein Bild von *van Gogh*, „Turfschuit" aus seiner Zeit in Nieuw-Amsterdam, archäologische Funde aus Drenthe, eine „Entdeckungskammer" für Kinder, eine Textil- und Trachtenabteilung, ländliche Wohnkultur, dazu Wechselausstellungen.

Ebenfalls an der Brink steht das **Huize Tetrode** aus dem Jahr 1822, eines von mehreren Herrenhäusern in Assen, in dessen vormaligem Salon noch Wandmalereien aus der Bauzeit, auch als Teil des Drents Museum, zu sehen sind. Diese „Paläste" aus dem 19. Jh. haben Assen den Beinamen *Stad der Paleizen* eingebracht und sind am Brink, längs der Vaart, in der Beilerstraat, der Dr. Nassaulaan, am Hertenkamp, an der Oostersingel und am Van der Feltzpark zu finden.

●**Drents Museum:** Brink 1 Tel. 37 77 73, www.drentsmuseum.nl, Di–So 11–17 Uhr, 1.1. und 25.12. geschlossen, Eintritt 6 €, Kinder 5–13 Jahre 3 €, Senioren 4 €.

### Drehorgelmuseum

Die Tradition der Drehorgeln ist in den Niederlanden weit verbreitet. Auf Marktplätzen und bei Kirmesveranstaltungen sind sie immer noch häufig zu sehen und zu hören. An die 20 Kirmes-, Tanz- und Konzertorgeln unterschiedlicher Firmen zeigt das Draaiorgelmuseum. Jede Drehorgel verfügt über zwei bis drei Spielbücher.

●**Draaiorgelmuseum:** Rode Heklaan 3, Tel. 35 67 18, www.draaiorgelmuseum.nl, 2. und 4. So im Monat 13–17.30 Uhr, Dez. 2. und 3. So 13–17.30 Uhr, Ostermontag 10–17.30 Uhr, Gruppen nach Absprache, Eintritt frei.

### TT Circuit

Motorradfans ist Assen nicht unbekannt. Auf der **Motorradrennstrecke** TT Circuit wird der Grand Prix der Niederlande ausgetragen. Das erste Rennen fand 1925 auf öffentlichen Straßen zwischen den Ortschaften Borger,

Schoonloo und Grolloo statt. Seit 1955 gibt es eine permanente Rennstrecke mit einer Länge von gut viereinhalb Kilometern, ihre längste Gerade misst 970 m, ihre Kurven sind traditionell leicht überhöht. Der **Motorrad Grand Prix** der Niederlande findet traditionell am letzten Samstag im Juni auf dem TT Circuit statt.

### Info

- **Tel.-Vorwahl:** 0592
- **VVV Assen:** 9401 JH, Markstraat 8–10, Tel. (0900) 202 23 93, Fax 24 18 52, www.vvv assen.nl.

### Unterkunft, Essen und Trinken

- **Assen** €€€: 9405 CC, Balkenweg 1, Tel. 85 15 15, Fax 85 15 16, www.valk.com, großes, komfortables Hotel der Van-der-Valk-Gruppe nahe der Autobahn, gleichzeitig relativ stadtnah, schallisolierte Zimmer, angeschlossenes **Restaurant** €€ mit Gartenterrasse.

## Umgebung von Assen

Rund um Assen gibt es eine Reihe von Sehenswürdigkeiten, neben Hünengräbern auch reizvolle kleine Orte, eingebettet in eine beschauliche Landschaft mit vielen alten, reetgedeckten Bauernhäusern.

### Norg      ⌔ IV/B3

Ein solches Dorf mit zwei Windmühlen und den typischen Bauernhäusern um den Brink ist Norg, nordwestlich von Assen. Der ländliche Charakter wird noch durch den viermal im Jahr abgehaltenen **Pferdemarkt** auf dem Brink verstärkt – obwohl hier längst mehr Waren als Pferde angeboten werden.

### Roden      ⌔ IV/B3

Am Brink des weiter nördlich gelegenen Ortes Roden steht eine alte Kirche, deren Schiff noch aus dem 13. Jh. stammt. Auch hier wird traditionell ein Viehmarkt abgehalten, doch der ist längst in eine **Kirmes** mit vielseitigem Veranstaltungsprogramm umgewandelt.

### Eelde      ⌔ IV/B3

In Eelde, weiter östlich, ebenfalls mit einer alten Kirche, gibt es ein sehenswertes **Holzschuhmuseum** mit Exponaten zur Geschichte der industriellen Holzschuhfertigung in den Niederlanden und über 1200 verschiedenen Holzschuhen aus aller Welt. Ein **Musikinstrumentenmuseum** in der Villa Vosbergen zeigt Musikinstrumente von der Antike bis zur Moderne.

Das **Museum voor Figuratieve Kunst** ist spezialisiert auf neoexpressionistische Kunst aus den Niederlanden seit 1945, untergebracht im Nijsinghhuis aus dem 17. Jh., mit Museumsgarten und Pavillon.

Bekannt ist Eelde für seinen jährlich Anfang September stattfindenden **Blumencorso,** aber ebenso durch den Flughafen der Stadt Groningen, die nur wenige Kilometer nördlich liegt.

- **Klompenmuseum Gebr. Wietzes:** Eelde, Wolfhorn 1a, Tel. (050) 309 11 81, www. klompenmuseum.nl, April bis Sept. Di–So 14–17 Uhr, Eintritt 2 €, ermäßigt 1 €.
- **Museum Vosbergen:** Eelde, Vosbergerlaan 35, Tel. (050) 308 12 91, www.vosbergen.

**Drenthe**

waarnaartoe.nl, Fr–So, Oster- und Pfingstmontag, 25. und 26.12. 10.30–17 Uhr, Eintritt
4 €, Kinder bis 12 Jahre 2 €.
● **Museum voor Figuratieve Kunst,** De Buitenplaats te Eelde, Hoofdweg 76, Tel. (050)
309 58 18, www.museumdebuitenplaats.nl,
Di–So, Oster- und Pfingstmontag 11–17 Uhr,
Museumsgarten April bis Okt., 1.1. sowie 25.
und 26.12. geschlossen, Eintritt 7 €, Kinder
bis 11 Jahre und Behinderte 3,50 €, im Winter Eintrittsreduzierung.

## Rolde                                    ⤢ IX/C1

Bei Rolde östlich von Assen steht
das **Landgoed Kampsheide,** das möglicherweise im Jahr 1227 erster Ausgangspunkt des Asser Zisterzienserin-
nenklosters war. Die heutige **Boerderij Kamp** mit tief heruntergezogenem
Reetdach geht auf das Jahr 1588 zurück. Bei der Renovierung mit Umbau
zu einer Bed&Breakfast-Unterkunft
sind die ursprünglichen Elemente bewahrt worden (s.u.).

## Zuidlaren                                ⤢ V/C3

Zuidlaren nordöstlich von Assen
liegt an der Spitze des Hünengräber-
streifens, der sich von Emmen nordwestlich erstreckt. Zwei solcher **Stein-
kistengräber** findet man im Ortsteil
Midlaren, ein weiteres Grab in Noord-
laren befindet sich schon in der Provinz Groningen. Zuidlaren ist vor allem durch seinen **Zuidlaardermarkt,**
historisch ein Pferdemarkt, bekannt.
Jährlich am dritten Dienstag im Oktober wird dieser Markt von 150.000 Besuchern aufgesucht. Am Vorabend
dieses zur Kirmes erweiterten Marktes
finden in der Zuidlaardernacht Musikveranstaltungen statt.

## Info

● **VVV Noordenveld,** Büro Norg: 9331 AA
Norg, Brink 1, Tel. (0592) 61 31 28, Büro Roden: 9301 JL Roden, Brink 14, Tel. (050) 501
90 00, www.vvvdrentheplus.nl.

## Unterkunft, Essen und Trinken

● **De Jufferen Lunsingh** €€€: 9337 PA Wes-
tervelde, bei Norg, Hoofdweg 13, Tel. (0592)
61 26 18, www.de.jufferen.lunsingh.nl, freundliches Landhaus aus dem 18. Jh. inmitten von
Weiden und Wald, **Hotel** €€ und Restaurant
mit hervorragender regionaler Küche, gutes
Preis-Leistungsverhältnis, Gastraum im englischen Stil mit Gartenterrasse, 1.–10.1. geschlossen.
● **De Vlindertuin** €€€€: Zuidlaren, Stationsweg 41, Tel. (050) 409 45 31, www.restau
rant-devlindertuin.nl, Spitzenrestaurant in einem ehemaligen reetgedeckten Bauernhaus
inmitten waldreicher Landschaft, tagesfrische
holländisch-französische Küche, geschmackvoll eingerichtet, Terrasse zum Brink, Ende Juli bis Anfang Aug. und Ende Dez./Anfang
Jan. geschlossen, So und Mo Ruhetag.
● **B&B Boerderij Kamps:** 9451 TB Rolde,
Kamps 1, Tel. (0592) 85 31 91, www.boerde
rijkamps.nl, zwei Ferienwohnungen mit ge-
meinsamem Bad in einem historischen Bauernhof.

## Veranstaltungen

● **Rodermarkt:** Kirmes drittes Wochenende
September in Roden mit Umzug (Roder-
marktparade).
● **Zuidlaardermarkt:** Dienstag der dritten
Oktoberwoche in Zuidlaren, Pferde- und
Warenmarkt mit Kirmes und Vortragspro-
grammen ab Samstagabend.
● **Vriezermarkt:** Tier- und Warenmarkt in
Vries am Samstag nach dem Zuidlaarder-
markt, klein und eher gesellig, Rinder werden
nicht mehr aufgetrieben.
● **Flohmarkt:** Sa 9–15 Uhr in den Bloemen-
veilinghallen (Versteigerungshallen) von Eel-
de mit 500 Ständen, www.groningen-info.de,
Tel. (0591) 61 14 11 (Veranstalter Viatlis).

# Provinz Groningen   ## Überblick

Die nordöstlichste Provinz der Niederlande mit ihrer gleichnamigen Hauptstadt Groningen liegt touristisch ein
wenig im Abseits – zu Unrecht, denn
in diesem **friesischen Teil des Landes**
gibt es viel zu entdecken. Im Osten
grenzt die Provinz Groningen an das
deutsche Emsland, ansonsten an die
Nachbarprovinzen Drenthe und Friesland. Charakteristisch ist *Gronings*, der
**eigenständige Dialekt** der Stadt. Genauso charakteristisch ist, dass man
diese Provinz auch *Stad en Ommelanden* (Stadt und Umland) nennt, womit
man auf den historischen Gegensatz
zwischen der ursprünglich sächsisch
geprägten Stadt Groningen und ihrem
friesischen Umland eingeht. Sprach-
lich wurde das Friesische in den Ommelanden durch den niedersächsischen Groninger Dialekt verdrängt.

Das heutige Landschaftsbild der
Provinz verdankt sich der klimatischen
Erwärmung der Nacheiszeit. Vor etwa
10.000 Jahren begann der Meeresspiegel bis auf die heutige Höhe zu
steigen. Auf dem Land bildete die
Staunässe **Sümpfe und Moore** aus,
nur der Hondsrug, der höher gelegene Sandrücken, der sich von der Stadt
Groningen südwärts bis Emmen erstreckt, ragt aus dem Flachland heraus.
Dieser Höhenzug war schon in der
Steinzeit besiedelt. Erst einige Jahrhunderte vor der Zeitenwende drangen
die Menschen auch ins Flachland vor
– hier etablierte sich der **Stamm der
Friesen,** der im gesamten Küstenraum
von Noord-Holland bis Dänemark an-

**Provinz Groningen**

sässig wurde. Schon vor der Römerzeit errichteten die Friesen Wälle und Warften, um sich gegen das Nordseewasser zu schützen. Die Römer konnten sich aber im heidnischen Friesland auf Dauer nicht durchsetzen.

Die **Christianisierung** begann im 8. Jh. Unter *Karl dem Großen* konnten die erstarkten **Franken** Friesland unterwerfen. Im 11. Jh. erfolgte die erste urkundliche Erwähnung der heutigen Stadt Groningen als *Villa Cruoninga*, die dann unter die Oberhoheit des Bischofs von Utrecht kam. Das umliegende Land blieb noch weitgehend unabhängig. Doch in dem Maße, wie die Stadt an wirtschaftlicher Bedeutung gewann, war das Umland zunehmend auf sie angewiesen. Vor allem das Stapelrecht Groningens war dem Umland ein Dorn im Auge, und so nahmen die Konflikte zu. Andererseits war Groningen am weiteren wirtschaftlichen Aufschwung interessiert, sodass ab dem 15. Jh. vertragliche Verhandlungen das Zusammenleben von Groningen und dem Umland regelten. Doch als Kaiser *Karl V.* den Sticht, die Außengebiete des Bistums Utrecht, unterwarf, wurde auch Groningen in das Reich einverleibt. Damit wurde auch der politische Spielraum des Umlandes eingeengt – zu diesem Zeitpunkt bestanden die Ommelanden aus den Gauen Westerkwartier im Westen der Provinz, Hunsingo im Norden, Fivelingo und dem Oldambt im Osten sowie Westerwolde im Süden. Das Gorecht umfasste den Gerichtsbarkeitsbezirk von Groningen im Zentrum der Provinz.

Im Achtzigjährigen Krieg schloss sich Groningen 1594 als siebte Provinz den Vereinigten Niederlanden an. Während der napoleonischen Zeit entstand die verwaltungstechnische Untergliederung, die heute noch gilt.

# Groningen    ⤢ IV-V/B-C3

Groningen, die **Hauptstadt** der gleichnamigen Provinz, ist mit 180.000 Einwohnern die zehntgößte Stadt des Landes, im Erscheinungsbild geprägt von ihren 40.000 Studenten. Groningen entstand als Siedlung einzelner Bauernhäuser an den zwei kleinen Flüssen Hunze und Aa, die nördlich der Stadt zusammenfließen. Die älteste Verbindung zur Nordsee stellt der Reitdiep über die vormalige Lauwerszee dar, auf dem heute nur noch Freizeitboote verkehren. Richtung Appingedam und Delfzijl wurde im Mittelalter der Damsterdiep gegraben, dessen Kapazität im 19. Jh. nicht mehr ausreichte, sodass man den **Eemskanaal** anlegte. Der Torfabfuhr dienten der Winschoterdiep und der Stadskanaal, die Verbindung zum Nordosten erfolgte über den Botterdiep, der – wie der Name sagt – der Zulieferung von Milchprodukten diente.

Dauerhaft bewohnt ist die Gegend seit dem 3. Jh. n. Chr. Im Zuge der Unterwerfung der Friesen durch die Franken begann die Christianisierung der Region durch *Liudger*, der später erster Bischof des durch *Karl den Großen* gegründeten Bistums Münster war. Inso-

Provinz Groningen

fern kam das Groninger Gebiet zunächst unter **Münsteraner Herrschaft.**

Die erste hölzerne Kirche in Groningen soll dann auch von Liudger mitgestiftet worden sein. Die Sint Maartenskerk, heute **Martinikerk,** entstand als steinerner Bau zwischen 925 und 950. Im Jahr 1040 erfolgte die erste urkundliche Erwähnung der Ansiedlung. In einem innerstädtischen Aufstand im 12. Jh. kam Groningen unter die Herrschaft des Bischofs von Utrecht. 1251 erhielt Groningen das Vorrecht zum einzigen Getreidehandelsplatz in der

Region. Gegen den Willen des weit entfernten Bischofs von Utrecht errichteten die Bürger von Groningen im 13. Jh. eine **Stadtbefestigung.** Die Stadt trat auch der **Hanse** bei. Der Handel mit England und den Ostseeregionen blühte auf, auch weil Groningen das Stapelrecht erhielt. Die größte Blüte erlebte Groningen im 15. Jh.

Doch die Selbstständigkeit ging verloren, als es 1515 unter die Herrschaft des Herzogs von Geldern und 1536 an Kaiser *Karl V.* kam. Nach Ausbruch des Achtzigjährigen Krieges blieb Groningen zunächst auf der Seite Spaniens, schloss sich dann aber 1594 nach der Belagerung durch die Truppen von Prins *Moritz von Oranien* der Utrechter Union an. 1614 wurde die

Die gesamte Altstadt Groningens ist von Grachten umgeben

# *Groningen*

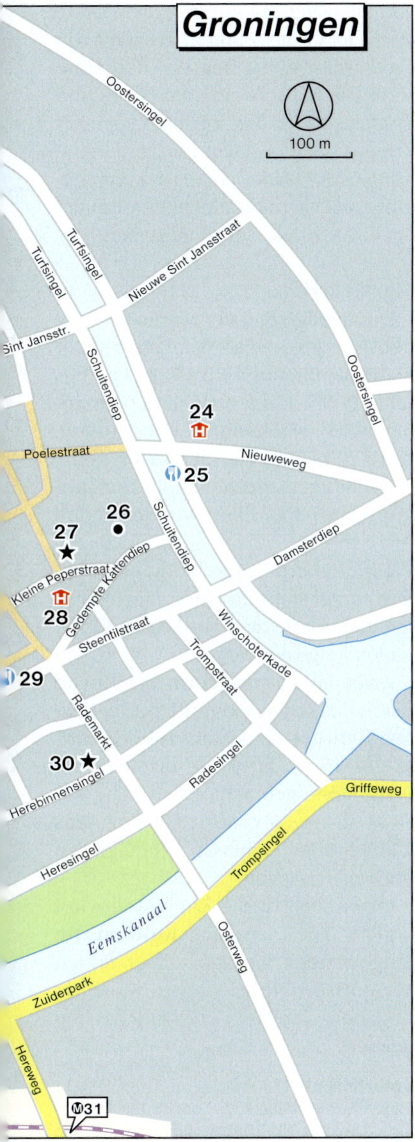

100 m

Oostersingel

Turfsingel

Turfsingel

Nieuwe Sint Jansstraat

Sint Jansstr.

Schuitendiep

Oostersingel

Poelestraat

Nieuweweg

**24**

**25**

**26**

**27**

Schuitendiep

Kleine Peperstraat

Gedempte Katterdiep

Damsterdiep

**28**

Steentilstraat

Winschoterkade

Trompstraat

**29**

Rademarkt

Radesingel

**30**

Griffeweg

Herebinnensingel

Heresingel

Trompsingel

Osterweg

*Eemskanaal*

Zuiderpark

Hereweg

**31**

| | | |
|---|---|---|
| ♦♦ | **1** | Nieuwe Kerk |
| ♦ | **2** | Hotel Auberge Corps de Garde |
| Ⓜ | **3** | Universitätsmuseum |
| ♦ | **4** | Restaurant Muller |
| ♦♦ | **5** | Akerk |
| Ⓜ | **6** | Schifffahrts- und Tabakmuseum |
| Ⓜ | **7** | Comicmuseum |
| ★ | **8** | Gasuniegebouw |
| ● | **9** | Grachtenrundfahrt |
| Ⓜ | **10** | Groninger Museum |
| Ⓜ | **11** | Minimuseum |
| ★ | **12** | Pelstergasthuis |
| ♦ | **13** | De Pauw |
| ♦ | **14** | Schimmelpenninck Huys |
| ♦ | **15** | Café Restaurant Goudkantoor |
| ★ | **16** | Goudkantoor |
| ★ | **17** | Stadhuis |
| ❶ | **18** | Information |
| ♦♦ | **19** | Martinikerk |
| ★ | **20** | Provinciehuis |
| ★ | **21** | Huis Cardinal |
| ★ | **22** | Prinsenhof |
| ★ | **23** | Sonnenuhr |
| ♦ | **24** | City Apartements |
| ♦ | **25** | Restaurant Pannekoekschip |
| ● | **26** | Casino |
| ★ | **27** | Pepergasthuis |
| ♦ | **28** | Cityhotel |
| ♦ | **29** | Eetcafé Roezemoes |
| ★ | **30** | Sint-Anthoniegasthuis |
| Ⓜ | **31** | Grafisches Museum |

**Provinz Groningen**

Universität gegründet, zunächst, um Prediger auszubilden.

Im 16. Jh. wurden die Befestigungsanlagen ausgeweitet, neue Stadtmauern errichtet. 1627 konnte im *Rampjaar*, dem Jahr der großen Bedrängnis der Niederlande, die neue Stadtbefestigung der Belagerung durch *Bernhard von Galen*, den Bischof von Münster, standhalten. Bis heute feiert die Stadt am 28. August die Niederlage des *Bommen Berend (Bomben-Bernhard)*, der den Spitznamen wegen seiner Vorliebe zum Artilleriebeschuss erhielt.

1698 verstärkte man die Stadtbefestigung nochmals. 1874 wurden dann die Befestigungsanlagen geschleift und im Nordwesten der Innenstadt der **Noorderplantsoen** angelegt, ein wunderschöner Park, der die Lebensqualität außerordentlich anhebt. 1945 ging im Zuge der Befreiung der Stadt von den deutschen Truppen ein großer Teil der innerstädtischen Bausubstanz in Flammen auf, die Martinikirche samt ihrem Turm blieb aber weitgehend unbeschädigt. Der Wiederaufbau der Innenstadt ist allerdings nicht ohne Kritik geblieben. Dennoch hat Groningen nicht zuletzt durch seine Universität ein besonderes Flair vorzuweisen.

## Rund um den Grote Markt

Den historischen Mittelpunkt und das heutige Zentrum Groningens nimmt der Grote Markt ein, dominiert von der Martinikerk und dem Stadhuis. Hier pulsiert das Leben, hier finden von Dienstag bis Samstag die Märkte statt. Der Grote Markt ist gesäumt von Cafés mit Tischreihen vor den Häusern. Die Bausubstanz der Nord- und Ostseite hat in den letzten Tagen des Krieges gelitten. Die Bürgervereinigung *Grote-Marktberaad* ist darum bemüht, vor allem die Nachkriegsbauten am Grote Markt neu zu gestalten.

## Martinikerk

Der heutige Bau der Martinikerk mit dem Martinitoren als Wahrzeichen der Stadt stammt aus dem 15. Jh. Um das Jahr 1000 war der erste einschiffig romanische Kirchenbau fertiggestellt. Um 1220 stand hier dann eine neue, dreischiffige Kreuzkirche im romanogotischen Stil. Eine wunderschöne Arp-Schnitger-Orgel schmückt die Westwand des Langschiffes, eine weitere Orgel steht im Chor. Dort konnten auch Reste alter Fresken im Obergaden freigelegt werden.

Zweimal war der **Turm** der Kirche durch Blitzschlag eingestürzt. Der heutige Turm entstand in der zweiten Hälfte des 15. Jh. Er wurde bis 1627 auf 96 m Höhe gebracht. Das Geläut besteht aus zwölf großen Glocken, das Glockenspiel umfasst 49 Glocken über vier Oktaven.

Inzwischen ist die Kirche renoviert und in eine vielseitige **Kulturstätte** umgewandelt worden – hier finden Kongresse statt, es werden Konzerte gegeben, Jubiläen und Hochzeiten gefeiert.

● **Martinikerk:** Martinikerkhof 3, Tel. 311 12 77, www.martinikerk.nl, Ende März bis Anfang Nov. Sa 12–17 Uhr, Juli/Aug. Mo–Sa

11–17 Uhr, Führung jeweils 13.30 Uhr, So und an vermieteten Tagen geschlossen.

## Stadhuis

Das Rathaus ist ein klassizistischer Bau des Architekten *Jacob Otten Husly*, der 1793–95 und 1802–10 anstelle des mittelalterlichen Rat- und Weinhauses errichtet wurde. 1962 erfolgte der Anbau des Nieuwe Stadhuis, der durch einen verglasten Durchgang mit dem Altbau verbunden ist.

## Goudkantoor

Das Goudkantoor ist ein weiteres markantes Gebäude am Grote Markt. Der 1635 entandene Renaissancebau mit reich verzierter Fassade war ursprünglich das „Finanzamt" der Stadt, was noch unschwer an der Aufschrift *Date Caesari quae sunt Caesaris* („Gib dem Kaiser was des Kaisers ist") zu erkennen ist.

## Martinikerkhof

Auf der anderen Seite des Grote Markt findet man hinter der Martinikerk den Martinikerkhof. Das Gelände des ehemaligen Friedhofs ist heute von reizvollen Häusern des 19. Jh. gesäumt. An der Nordseite erhebt sich das 1916 im Neorenaissancestil errichtete **Provinciehuis.** Am Kopfende an der Nordkante steht das **Huis Cardinal,** dessen restaurierter Giebel aus dem Jahr 1559 die Köpfe dreier Herrscher trägt: *Alexander der Große, König David* und *Karl der Große.*

In der Nordostecke des Martinikerkhof führt der Weg durch einen Torbogen der Gardepoort aus dem Jahr 1639 zum **Prinsenhof,** so genannt, weil das Gebäude den Prinzen von Oranien als Statthaltersitz diente. Früher stand hier das 1436 errichtete Gebäude der „Vereinigung der Brüder vom Gemeinsamen Leben", das später Sitz des ersten Bischofs von Groningen und Drenthe wurde.

An der rückwärtigen Seite schließt sich der **Prinsentuin** an, eine kleine, zauberhafte Gartenanlage mit einer **Sonnenuhr** aus dem 18. Jh.

## Im Nordwesten der Altstadt

An der anderen Seite des Grote Markt schließt sich der **Vismarkt** an. An seiner Südseite stehen ein paar schöne historische Gebäude. Die Westseite

Der Goudkantoor am Grote Markt

*Provinz Groningen*

wird durch die prächtige Korenbeurs aus dem 19. Jh. begrenzt. Dahinter erhebt sich die **Akerk,** die zweite mittelalterliche Kirche der Stadt. 1710 stürzte ihr Turm ein, ein Jahr später wurde er wieder aufgebaut. Die Kirche verfügt über zwei Orgeln, die nicht mehr funktionierende Bolswarder Orgel aus dem Jahr 1635 und die nach der Franzosenzeit aus der ehemaligen Broerkerk herübergebrachte Schnitgerorgel aus dem Jahr 1710.

Folgt man dem Vismarkt über den Akerkhof hinaus, gelangt man an den im Volksmund **Amsterdamse Gracht** genannten Kanal, an dessen Ostseite **Hoge der A** noch alte Lager- und Wohnhäuser stehen. In der Verlängerung zeigen sich auch am Noorderhaven und an der Spilsluizen schöne alte Häuser. Auch der **Ossenmarkt** davor weist noch Patrizierhäuser aus dem 17. und 18. Jh. auf.

Im Nordteil der Altstadt steht die **Nieuwe Kerk,** 1660 als erste protestantische Kirche der Stadt errichtet. Beachtenswert ist auch noch das **Academiegebouw** in der Broerstraat, das imposante Universitätsgebäude, 1909 im Neorenaissancestil errichtet.

## Hofjes

Die Stadt Groningen verfügt noch über 30 *Hofjes,* die diesen Namen wegen ihrer Innenhöfe erhielten. Ursprünglich boten die kleinen Häuser Pilgern, Armen, Kranken und Alten Obdach. Die bekanntesten unter ihnen sind das **Pelstergasthuis,** dessen Kapelle eine Hinsz-Orgel aus dem Jahr 1775 besitzt, und das 1405 gestiftete **Pepergasthuis.** Letzteres war früher Pilgerunterkunft für die Wallfahrer zur Martinikerk, die eine Reliquie *Johannes des Täufers* besaß. Auch das **Sint-Anthoniegasthuis** am Rademarkt gegenüber vom Polizeihauptquartier zählt dazu. Der Bau wurde 1517 gestiftet, lag damals am Rande der Stadt und diente lange als Pesthaus.

## Moderne Bauten

Zu den modernen Bauten zählt, neben dem Groninger Museum (s.u.), dem Universitair Medisch Centrum Groningen (Universitätsklinik) und der Zernikeborg, dem Universiätszentrum für Informationstechnologie, vor allem das große **Gasuniegebouw,** Verwaltungsgebäude der Gasunie, die die Gaslagerstätten in Groningen ausbeutet. Die Gebäudekonstruktion ist ganz der Stilrichtung der organischen Architektur verpflichtet – unter diesem Begriff werden Richtungen der Architektur seit der Wende zum 20. Jh. zusammengefasst, die die Harmonie von Gebäude und Landschaft anstreben, modern ergänzt um das Konzept des ökologischen Bauens und der organischen Farbigkeit.

Im Süden Groningens findet sich mit dem **Wall House,** geplant von dem amerikanischen Architekten *Quentin Hejduk* (1929–2000), ein Höhepunkt moderner Architektur, vergleichbar dem Rietveld-Schröderhuis in Utrecht, das die Mauer als architektonisches Element herausstellt.

●**Wall House:** A.J. Lutulistraat 17, Hoornse Meerwijk, Tel. 525 09 80 und (0652) 06 52 13, www.wallhouse.nl, letzter So im Monat 12–18 Uhr, Eintritt 4,50 €, Kinder und Senioren 2 €.

## Museen

### Groninger Museum

Das Groninger Museum ist das bedeutendste Museum der Stadt. Ursprünglich ein traditionelles Provinz- und Heimatmuseum, hat es sich zu einem modernen Museum mit umfassenden Sammlungen alter und neuer Kunst, Exponaten zur Archäologie und Geschichte sowie mit einer Porzellan- und Münzensammlung entwickelt. Der 1994 eröffnete, postmoderne Bau auf einer künstlichen Insel im Verbindungskanal gegenüber dem Hauptbahnhof besteht aus drei Teilen. Der Pavillon mit dem Turm des Architekten *Allessandro Mendini* beherbergt die **Sammlung moderner Kunst,** im Westpavillon von *Michele de Lucchi* findet man vor allem **historische Objekte,** darüber im Rundbau von *Philippe Starck* die Sammlung der 1918 in Groningen gebildeten Künstlergruppe De Ploog sowie ostasiatisches **Porzellan** und **kunstgewerbliche Objekte.** Durch das Hauptgebäude, als goldener Turm gestaltet, betritt man das Museum – hier befindet sich sein Depot.

●**Groninger Museum:** Museumeiland 1, Tel. 366 65 55, www.groningermuseum.nl, Di–So und feiertags 10–17 Uhr, Fr bis 22 Uhr, 1.1. und 25.12. geschl., Eintritt 8 €, Kinder 6–11 Jahre 2 €, Studenten und Senioren 7 €.

### Grafisches Museum

Das Grafische Museum ist der grafischen Kunst und Druckereitechniken gewidmet.

●**Grafisch Museum:** Rabenhauptstraat 65, Tel. 525 64 97, www.grafischmuseum.nl, Di–So 13–17 Uhr, ansonsten nach Absprache, Eintritt 3,50 €, Kinder bis 12 Jahre und Senioren 2,50 €.

### Universitätsmuseum

Das Universitätsmuseum zeigt Ausstellungen über die Geschichte der Universität und **neueste Forschungsergebnisse.** Dazu werden medizinische, botanische, zoologische, astronomische und ethnologische Sammlungen präsentiert.

●**Universiteitsmuseum:** Oude Kijk in 't Jatstraat 7a, Tel. 363 50 83, Di–So 13–17 Uhr, 28.8. und feiertags geschlossen, Eintritt 2,50 €, Kinder frei.

### Comicmuseum

Von besonderem Reiz ist das Niederländische Comicmuseum, untergebracht im Einkaufszentrum Westerhaven. Hier macht man Bekanntschaft mit den Helden Eric de Normann, Agent 327 und Olie B. Bommel.

●**Nederlands Stripmuseum:** Westerhaven 71, Tel. 317 84 70, www.stripmuseumgronin gen.nl, April bis Okt. und in den Schulferien Di–So 10–17 Uhr, ansonsten Mi, Sa und So 10–17 Uhr, 1.1. und 25.12. geschlossen, Eintritt 7 €, Kinder 4–12 Jahre 5,75 €.

### Schifffahrts- und Tabakmuseum

Das Schifffahrtsmuseum ist zusammen mit dem Tabakmuseum in zwei schönen, nebeneinander liegenden Patrizierhäusern, dem Canterhuis und

**Provinz Groningen**

dem Gotisch Huis – zwischen Akerkhof und Lage der A – untergebracht.
Hier werden Exponate zur **Geschichte der Seefahrt** im Norden der Niederlande und zur Hanse gezeigt. Ein
Teil der Sammlungen ist im Goudkantoor untergebracht. Im Hinterhaus des
Gotisch Huis zeigt das **Rokersmuse-
um** alte Tabakdosen und Pfeifen.

● **Noordelijk Scheepvaartmuseum en Nie-
meyer Tabaksmuseum:** Brugstraat 24–26,
Tel. 312 22 02, www.noordelijkscheepvaart
museum.nl, Di–Sa 10–17 Uhr, So und feiertags 13–17 Uhr, 24.–31.12., 1.1., 28.8. und
25.12. geschlossen, Eintritt 3 €, Kinder und
Senioren 1,60 €.

### Minimuseum

Das Minimuseum zeigt **Fotos von
Alt-Groningen** und dem alten jüdischen Groningen. Dazu gibt es Unterlagen über die künstlerische Entwicklung von *H.N. Werkman, Piet Mondrian, Vincent van Gogh* und *M.C.
Escher* im Kleinformat.

● **Minimuseum:** Ubbo Emmiusstraat 34a, Tel.
314 63 65, täglich 11–18 Uhr, 1.1. und 25.12.
geschlossen, Eintritt 1 €.

Das Groninger Museum

# Praktische Tipps

## Info

- **Tel.-Vorwahl:** 050
- **VVV Groningen:** 9712 HS, Grote Markt 25, Tel. (0900) 202 30 50 (0,45 €/Min.), Fax 311 38 55, www.vvvgroningen.nl.

## Anfahrt und Parken

In der Innenstadt gibt es **11 Parkhäuser** mit ca. 3300 Stellplätzen, Preis pro Stunde ca. 1,50 €. Am Cityring gibt es **Parkplätze** mit Parkuhren, Preis pro Stunde ca. 1,60 € (8–22 Uhr). Am einfachsten ist es, den P&R-Schildern zu einem der City-Parkplätze zu folgen (2 €) und von hier mit dem **City-Bus** in die Innenstadt zu fahren (kostenlos).

## Essen und Trinken

- **Muller** €€€€: Grote Kromme Elleboog 13, Tel. 318 32 08, mit Michelin-Stern versehenes, elegantes Spitzenrestaurant im Typ einer friesischen Herberge in der Fußgängerzone, klassische Küche, 13.7.–5.8. geschlossen, So und Mo Ruhetag.
- **De Pauw** €€€: Gelkingestraat 52, Tel. 318 13 32, www.depauw.nl, sympathisches Restaurant der gehobenen Klasse, täglich frisch zubereitete Gerichte, interessante Wahlmenüs, täglich ab 18 Uhr, 28.12.–8.1. geschlossen, Juli/Aug. Mo und Di Ruhetag.
- **Café Restaurant Goudkantoor** €€: Waagplein 1, Tel. 589 18 88, www.goudkantoor.nl, im historischen Gebäude, Restaurant im 1. Stock, Mo ab 12 Uhr, Di–Sa ab 10 Uhr, So 12–18 Uhr.
- **Restaurant Pannekoekschip:** Schuitendiep 1017, Tel. 312 00 45, www.pannekoekschip.nl, zweimastiger, in seiner ursprünglichen Takelage erhaltener Segelklipper, der 1908 gebaut wurde, bietet 100 verschiedene Sorten traditionell zubereiteter Pfannkuchen, täglich 12–21 Uhr.
- **Eetcafé Roezemoes:** Gedempte Zuiderdiep 15, Tel. 314 88 54, www.eetcafe-roezemoes.nl, Bistro, bietet *Stamppot* mit geräucherter Wurst oder Groninger Reistafel, regelmäßig Livemusik von niederländischem

Pop bis zu 40er-Jahre-Blues, So und Mo ab 15 Uhr, Di–Sa ab 11 Uhr.
- **De Belg Waterloo:** Flämische Fritten von den Gebrüdern Waterloo, die bekannteste Frittenbude im Norden der Niederlande, Di, Mi, Fr und Sa auf dem Vismarkt gegenüber der Kornbörse, www.debelgwaterloo.nl.

## Nachtleben

- **De Spieghel:** Peperstraat 11, www.jazzcafedespieghel.nl, Jazzcafé, fast jeden Abend Livemusik, nicht nur Jazz, Kneipe geöffnet ab 20 Uhr, die Bar oben („Bovenbar") ab 21 Uhr, der Saal ab 22.30 Uhr.
- **Café Buckshot:** Gedempte Zuiderdiep 58, Tel. 589 27 58, Do Auftritt der Hausband Mo'Music; So nachmittags Livemusik, geöffnet Mo–Mi ab 16 Uhr, Do–So ab 14 Uhr.
- **Kroeg van Klaas:** Oosterweg 26, Sa abends Livemusik, ersten Sa im Monat offene Session unter Mitwirkung der Hausband, 20–3 Uhr, Fr ab 16 Uhr.
- **The Palace:** Gelkingestraat 1, Diskothek, ab 21 Uhr, Eintritt 5 €, Do Studentenabend (11 Drinks 10 €).
- **Het Parlement:** Poelestraat 29, Tel. (0611) 32 69 67, www.het-parlement.nl, Diskothek, Do und Sa Musikabende klassisch, Club, Urban, Do Studentenabend (Eintritt frei).

## Unterkunft

- **Schimmelpenninck Huys** €€€€: 9711 NR, Oosterstraat 53, Tel. 318 95 02, www.schimmelpenninckhuys.nl, Hotel, Café und Restaurant in einem restaurierten Patrizierhaus, dessen Ursprünge auf das Jahr 1100 zurückgehen, Zimmer in sechs unterschiedlichen Kategorien, angeschlossenes Restaurant De Parelvisser bietet vor allem Fischgerichte.
- **Cityhotel** €€€€: 9711 PM, Gedempte Kattendiep 26, Tel. 588 65 65, www.edenhotelgroup.com, zwischen Casino und Yachthafen, praktisch eingerichtete Zimmer.
- **Hotel Auberge Corps de Garde** €€€: 9712 GN, Oude Boteringestraat 74, Tel. 314 54 37, Fax 313 63 20, www.corpsdegarde.nl, an der Gracht in der Altstadt in einem ehemaligen Wachhaus aus dem 17. Jh., komfortable

Zimmer, angeschlossenes Restaurant, So Ruhetag.

● **City Apartements:** 9711 TD, Nieuweweg 4, Tel. 316 88 50, www.cityapartements.nl, Studios, 2–4-Personen-Apartements, renoviert, teilweise im Art-Déco-Stil, ab 283 € pro Woche.

● **Camping Stadspark:** 9727 KH, Campinglan 6, Tel. 525 16 24, www.campingstadspark.nl, in einem Parkgelände südlich von Groningen, 30 Saisonplätze, 2 Blockhütten, 10 Min. Radfahrt in die City, Mitte März bis Mitte Okt.

## Aktivitäten
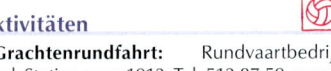

● **Grachtenrundfahrt:** Rundvaartbedrijf Kool, Stationsweg 1012, Tel. 512 87 59, www.rondvaartbedrijfkool.nl, Abfahrt am Anleger Centraal Station, Preis 8,50 €, Kinder 4–12 Jahre 5,50 €; Reitdieptour – Rundfahrt durch die Groninger Landschaft, Tagestour 27,50 €.

● **Holland Casino Groningen:** Gedempte Kattendiep 150, Tel. 317 23 17, www.hollandcasino.nl, Roulette, Black Jack, Spielautomaten, Restaurant, täglich 13.30–3 Uhr.

● **Euro Karting:** Kardingerweg 50, Tel. 547 47 47, www.kartbaangroningen.nl, Mo–Do 16–0 Uhr, Fr 16–1 Uhr, Sa 14–1 Uhr, So 14–23 Uhr, 12-Min.-Runden 13 €, angeschlossenes Bowling-Center, mit Restaurant.

## Veranstaltungen

● **Swingin' Groningen:** Jazzfestival im Juli, Open-Air-Konzerte, Open-Air-Dance-Event, www.swingingroningen.nl.

● **Blumenjahrmarkt:** Größter Blumenmarkt im Norden der Niederlande, traditionell Karfreitag in der gesamten Innenstadt, www.bloemenjaarmarkt.nl.

## Einkaufen

● **Distilleerderij Hooghoudt B.V:** Hooghoudtstraat 1, Tel. 542 00 00, www.hooghoudt.nl, breites Spirituosensortiment, Verköstigungen Di, Mi und Fr.

# Umgebung von Groningen

## Paterswoldse Meer

Das sich zwischen Eelde und Groningen erstreckende Paterswoldse Meer bietet vielerlei **Wassersportmöglichkeiten.** Der große See südlich des Groninger Stadtgebietes entstand im 16./17. Jh. durch Torfabbau. An der Nordseite des Sees steht das **Landgoed de Braak,** dessen 29 ha großer Park für Besucher offen ist. Dieser Park wurde im 19. Jh. als Landschaftsgarten angelegt. Heute beherbergt er ein Rudel Damhirsche und eine Fischreiherkolonie.

● **Yachthaven Zuidwesthoek,** Meerweg 247, Haren, Tel. (050) 309 44 4, www.jachthavenzuidwesthoek.nl,

● **Vereniging Watersport De Twee Provinciën,** Meerweg 227, Haren, Tel. (050) 309 13 66, www.vwdtp.nl.

● **Restaurant Villa Sasso,** Meerweg 221, Haren, Tel. (050) 309 13 65, www.villasasso.nl.

## Hortus Haren

Südlich von Groningen findet sich der mit 20 ha Fläche **größte botanische Garten der Niederlande,** mit chinesischem Garten, Pavillons, Wasserfall und Karpfenteich, Naturgarten Laarmantuin mit Wildkräutern, Laub- und Nadelbäumen und wuchtigen Sequoias (Riesenmammutbäumen), seltenen Orchideen und farbenfrohen Zwiebelgewächsen, weiterhin englischer Garten, Landwirtschaftsgarten, Bambus- und Gräsergarten, subtropisches Gewächshaus und keltischer Garten, Insektarium, Bienenstand und Papageien.

 Atlas S. IV

• **Hortus Haren:** Haren, Kerklaan 34, Tel. (050) 537 00 53, www.hortusharen.nl, Di–So 9.30–17 Uhr.

# Leek  ↗ IV/B3

Leek ist der Hauptort des **Westerkwartiers,** des westlichen Teils der Provinz Groningen. Am nördlichen Ortsrand findet man das 1887 wieder errichtete **Kasteel Nienoord,** von Wassergräben umgeben inmitten eines wunderschönen Gartengeländes. Hier befinden sich das weithin bekannte **Kutschenmuseum** und auch der **Familienpark Nienoord** mit einem attraktiven Spaßbad. Im Park werden alljährlich Anfang Mai Vorführungen dampfbetriebener Eisenbahnmodelle und Fahrzeuge durchgeführt.

In der Samuel Leviestraat findet man noch eine alte **Judenschule** aus dem Jahr 1855, die heute als Ausstellungsraum dient, und am Hauptplatz die eher unscheinbare Ortskirche.

Die **romanische Ortskirche** im Ortsteil Midwolde verdankt ihre wertvolle Einrichtung den adeligen Bewohnern von Nienoord. Vor allem *Ann von Ewsum* scheute keine Kosten und ließ 1665 den berühmten Bildhauer *Rombout Verhulst* das eindrucksvolle Grab ihres bereits gestorbenen Gatten *Carel Hieronymus van In- en Kniphuisen* gestalten.

• **Nationaal Rijtuigmuseum** (Kutschenmuseum): Nienoord 1, Tel. (0594) 51 22 60, www.rijtuigmuseum.nl, April bis Okt. Di–Fr 10–17 Uhr, Sa und So 13–17 Uhr, Jan./Dez. auf Absprache, Eintritt 10 €, Sa und So 13 €.

## Info

• **VVV Leek:** 9351 BC Leek, Tolberterstraat 39, Tel. (0594) 51 21 00, Fax 51 22 80, www. vvvwesterkwartier.de.

## Essen und Trinken

• **Het Witte Paard** €€€: 9828 PB Oostwold, Paard, Hoofdstraat 217, Tel. (050) 551 52 82, Fax 551 52 97, www.wittepaard.com, gelegen zwischen Leek und Groningen, ursprünglich eine Station für Handlungsreisende der Umgebung, heute gemütliches Restaurant, angeschlossener Übernachtungsbetrieb mit 7 Gästezimmern.
• **Restaurant/Brasserie Delisjeu** €€€: Nienoord 1, Museumsrestaurant im Kasteel Nienoord, Tel. (050) 311 44 77, www.kasteelnienoord.nl, mit Ritter-, Garten- und Ballsaal.

## Aktivitäten

• **Familiepark Nienoord:** Nienoord 10, Tel. (0594) 51 22 30, www.familieparknienoord. nl, Ende März bis Ende Okt. 9.30–17.30 Uhr, im Sommer bis 18 Uhr, Eintritt 4,75 €, dazu Freizeitbad Zwemkasteel mit Außenbecken und tropischem Becken.

## Umgebung von Leek  ↗ IV/B2-3

Die reformierte Kirche in **Niekerk,** nördlich von Leek, geht auf das 13. Jh. zurück. Ihr aus Backstein mit Sandsteineinlagen gemauerter Turm trägt ein Satteldach. Die Kanzel ist barock.

Das nahe **Zuidhorn** kann mit einer alten Dorfkirche mit hohem Turm aufwarten. Westlich von Zuidhorn findet man in **Grijpskerk** nahe der stilvollen Kirche aus dem 19. Jh. eine großartig renovierte Windmühle.

Zwischen Zuidhorn und Groningen findet sich im kleinen Ort **Aduard** das **Klostermuseum St. Bernardushof,** dessen Besuch jeweils mit der Besich-

**Provinz Groningen**

tigung des noch erhaltenen Ziekenhuis (Krankenhaus), das heute als
Ortskirche genutzt wird, abschließt.
Die Anlage geht auf ein 1192 gegrün-
detes Zisterzienserkloster zurück.

● **Museum Sint Bernardushof:** Aduard, Hofstraat 45, Tel./Fax (050) 403 21 09, www.
kloostermuseumaduard.nl, April bis Okt.
Di-Sa 10–17 Uhr, So 13–17 Uhr, ansonsten
nur So 13–17 Uhr, Oster- und Pfingstsonntag, 24.12 und 1.1. geschlossen, Eintritt freiwillig.

# Hunsingo

Der alte friesische Gau Hunsingo erstreckt sich an der gesamten **Wattküste** von Lauwersoog bis Eemshaven
und reicht mit einem mittleren Keil bis
an die Stadt Groningen heran. Es ist
ein weites Polderland, wo die Menschen schon vor der Zeitenwende
Warften bauten, um dort ihre Häuser
und Orte zu errichten. Im Westen wurde viel Land durch Einpolderung aus
dem Lauwersmeer gewonnen.

## Lauwersoog                      ⤳ IV/B2

Lauwersoog wurde nach der Eindeichung des Lauwersmeer 1969 als Fi-
scherei- und Fährhafen errichtet. Hier
legen die **Fähren nach Schiermonnikoog** ab. Das Lauwersmeer bietet großartige Erholungsmöglichkeiten mit
Wassersport, Angeln, Waldwanderun-
gen oder Fahrradfahren. Die Fischversteigerungen finden freitags statt.

● **Yachthaven Lauwersoog:** Hafenmeister
Noordergat 1, Tel. (0519) 34 90 40, www.no
ordergat.nl, gute Versorgungseinrichtungen,

mit Bootskran, Slipanlage für kleinere Boote,
Vereinsgebäude Het Roode Hooft.
● **Restaurant Wadden Zeezicht** €€€: Zeedijk
1, Tel. (0519) 34 90 52, www.waddenzee
zicht.nl, am Hafen, das schlichte Äußere verbirgt ein interessantes Fischrestaurant mit ni-
veauvoller Küche, Panoramasicht über das
Wattenmeer bis zu den Inseln, 11–20 Uhr.

## Zoutkamp

Zoutkamp, auf Gronings *Soltkamp*,
am Übergang der Reitdiep in das heutige Lauwersmeer gelegen, verdankt
seinen Namen früherer Salzgewinnung.
Der Ort war lange Festungsstadt, aber
auch Fischerei wurde betrieben – deshalb wurden die Bewohner auch spöttisch *Schelleviskoppen* (Schellfischköp-
pe) genannt. Seit der Fertigstellung
des Abschlussdeiches zum Lauwersmeer hat man sich auf den **Krabbenfang** spezialisiert, aber die Fangflotte
liegt nun in Lauwersoog. Der Hafen
dient als Ankerplatz für die *Bruine
Vloot*, jene alten niederländischen
Segelschiffe mit braunen Segeln.

Das **Fischereimuseum** erinnert noch
an die lange Fischfangtradition des Ortes. Im historischen Rijksbetonning-
sloods, einem ehemals staatlichen
Schuppen zur Lagerung von Material
für den Bau von Baken, werden Exponate zur Geschichte der Fischerei in
Zoutkamp gezeigt. Außerdem gibt es
ein kleines **Fahrrad- und Mopedmu-
seum** mit Modellen aus dem 19. Jh.
bis 1960.

● **Visserijmuseum:** Reitdiepskade 11, Tel.
(0595) 40 19 57, www.visserijmuseum.com,
April bis 1. Nov. Mo–Fr 9–17 Uhr, Sa 10–16
Uhr, So 13–17 Uhr, Eintritt 2 €, ermäßigt 1 €.
● **Rijwiel- en Bromfietsmuseum:** School-
straat 2, Tel. (0595) 40 13 20, während der

**Provinz Groningen**

Sommerferien 13–18 Uhr, So geschlossen, ansonsten nach Vereinbarung, Eintritt 2 €.

### Leens      ⟋ IV/B2

Bei Leens findet man das **Landgoed Verhildersum,** das auf das 14. Jh. zurückgeht und heute als Museum fungiert. Es ist ein museal eingerichtetes Herrenhaus mit Remise, Museumsladen, Restaurant und Museumsbauernhof sowie Rosengarten mit Skulpturen von *Eddy Roos.*

Von Lauwersoog fahren die Fähren nach Schiermonnikoog

Inmitten des malerischen Ortskerns verfügt die **Petruskerk** aus dem 12. Jh. über eine schöne Barockausstattung mit Hinsz-Orgel, Kanzel und Herrenbänken. Ein **Insektenzoo** versammelt nicht nur ebendiese Tiere, sondern darüber hinaus allerlei Kleingetier.

● **Landgoed Verhildersum:** Wierde 40, Tel. (0595) 57 14 30, www.verhildersum. nl, April bis Okt. Di–So 10.30–17 Uhr, Eintritt 4,50 €, Kinder 6–12 Jahre 2,50 €, Senioren 3,50 €.
● **Het Schathoes Verhildersum** €€€: Wierde 42, Tel. (0595) 57 22 04, www.schathoes.nl, Restaurant, auf regionale Küche spezialisiert in der großen, alten Scheune des Landhauses, Mi–So abends geöffnet.
● **Insektenwereld:** Wierde 17, Tel. (0595) 57 26 59, www.insektenwereld.nl, Mo–Sa 10–17 Uhr, Führung (1 € Aufschlag) 14 Uhr, Eintritt ab 3 Jahre 3,50 €.

## Pieterburen        ♪ IV/B2

In Pieterburen, auf Gronings *Paiderboeren*, schon dicht am Außendeich gelegen, erhebt sich eine **gotische Kirche** aus dem 15. Jh. mit einer Arp-Schnittger-Orgel. Der ehemalige Pfarrgarten ist heute als **Domies Toen** ein sehenswerter botanischer Garten mit einem schönen Teehaus. Im Ort steht auch die Getreidemühle De Vier Winden aus dem Jahr 1846. Bekannt ist Pieterburen vornehmlich durch die **Seehundaufzuchtstation** von *Lenie 't Hart*. Das Wattzentrum Pieterburen wird von der Stichting Het Groninger Landschap für das Gebiet der Nordküste unterhalten. Von hier aus werden auch **geführte Wattwanderungen** unternommen.

● **Domies Toen:** Hoofdstraat 76, Tel. (0595) 52 86 36, www.domiestoen.nl, ganzjährig geöffnet, Teestube 13–17 Uhr, im Winter geschlossen, Eintritt 2,50 €.
● **Zeehondencrèche Lenie 't Hart:** Hoofdstraat 94a, Tel. (0595) 52 65 26, www.seehondencreche.nl, mit Kiosk, ganzjährig täglich 9–17 Uhr, Eintritt 3 €.
● **Waddencentrum Pieterburen:** Hoofdstraat 83, Anfang April bis Anfang Nov. 13–17 Uhr, Juli/Aug. 11–17 Uhr, für Wattexkursionen Tel. (0595) 52 85 22.

## Eenrum        ♪ IV/B2

Eenrum, auf Gronings *Ainrom*, ist ein weiteres typisches Warftendorf mit einem reizvollen Ortsbild. Hier hat man die alte Tradition der Senfherstellung wiederbelebt und ein **Senfmuseum** eingerichtet. Neben der alten Senfmühle steht das Grand Hotel de Kromme Rake, das als **kleinstes Hotel der Welt** gilt – es hat nur ein Zimmer.

Hoch ragt die Ortskirche aus dem 13. Jh. auf. Einen weiteren Blickfang bietet die 1862 errichtete **Kornmühle De Lelie** neben der Senfmühle, die seit 2007 im Besitz der Stichting Groninger Landschap ist und von Freiwilligen betreut wird. Auch gibt es im Ort eine letzte **Klompenmakerij** (Holzschuhfabrikation), die noch die *tripjes*, eine mit einem Lederband versehene spezielle Form der Klompen, herstellt. Im Eenrumerbos, einem kleinen Waldstück am Ortsrand, ist ein **Arboretum** eingerichtet. Hier gibt es Orchideen und auch Eisvögel.

● **Abraham's Mosterdmakerij:** Molenstraat 5, Tel. (0595) 49 16 00, www.abrahamsmosterdmakerij.nl, mit Laden, angeschlossenes Restaurant geöffnet Di–So 12–14 und 17–21 Uhr, Nov. bis März Sa und So ab 12 Uhr mit der Möglichkeit der Besichtigung der Senffabrik, Eintritt 1,50 €.
● **Molen de Lelie:** Molenstraat 3, Tel. (0595) 49 12 72, www.molendelelie.nl, die Mühlräder werden samstags in Bewegung gesetzt, Besichtigung auf Anfrage.

## Ezinge        ♪ IV/B2

In Ezinge, etwas südöstlich von Winsum, steht die **Allersmaborg,** ein dreiflügeliger Backsteinbau, der auf das Jahr 1400 zurückgeht. Der älteste Teil ist der Südflügel mit Keller. Der Nordflügel stammt aus dem 16. Jh., der Ostflügel aus dem Jahr 1720, auf den 1817 ein weiteres Geschoss aufgesetzt wurde. 2004 wurde die Burg von der Stichting Groninger Borgen erworben, die sie der Universität Groningen zur Verfügung stellte.

Der Ort selbst entstand auf einer Warft auf der ehemaligen Insel Middag in der Lauwerszee, wobei der Name von Mid-Oog (Insel in der Mitte) abgeleitet ist. Die kleine Backsteinkirche auf der Warft stammt aus dem 13. Jh.

## Uithuizen                              ⌕ V/C2

In Uithuizen, Gronings *Oethoezen*, endet der im 17. Jh. angelegte Boterdiep, ein 25 km langer Kanal nach Groningen, der seinen Namen dem Transport von Milchprodukten verdankt. Dass die Landwirtschaft hier schon immer Wohlstand gebracht hat, kann man an den vielen herrschaftlichen Bauernhäusern erkennen.

In der reformierten Kirche des Ortes befindet sich eine Arp-Schnitger-Orgel aus dem Jahr 1700. Die Kornmühle De Liefde ist zu besichtigen. Der Ort bietet auch ein **Eddy-Roos-Museum.** Dieser 1949 in Amsterdam geborene Bildhauer, der sich selbst der dritten Generation der *Groep van de figuratieve abstractie* zurechnet, hat viele seiner Werke in der Provinz Groningen hinterlassen.

Die größte Attraktion von Uithuizen ist die nahe gelegene **Menkemaborg.** Die Anlage geht auf das 14./15. Jh. zurück und erhielt 1700 ihr heutiges Aussehen. Das Schloss ist als Museum zu besichtigen und zeigt die Lebensweise der Groninger Junker im 17. und 18. Jh. Sehenswert sind die alte Einrichtung, eine Orgel aus dem 18. Jh., die chinesische Porzellansammlung und der Renaissancegarten.

In **Oldenzijl,** südlicher Nachbarort von Uithuizen, steht eine der schönsten romanischen Dorfkirchen Gronin-

gens. Die Sint Nicolaas geweihte Kirche wurde zu Beginn des 13. Jh. auf einer Warft errichtet. Der einschiffige Backsteinbau schließt mit einer runden Chorapsis ab, die mit Blendarkaden versehen ist.

● **Museum Eddy Roos:** Emmaweg 50, Tel. (0595) 43 10 67, www.eddyroos.nl, Sa und So 13–17 Uhr und nach Absprache.
● **Museum Menkemaborg:** Menkemaweg 2, Tel. (0595) 43 19 70, www.menkemaborg.nl, mit Café und Pfannkuchenhaus in der Scheune, März bis Sept. Di–So 10–17 Uhr (Juni bis Sept. auch Mo), Okt. bis Dez. täglich 10–16 Uhr, Eintritt 6 € (nur Garten 4 €), Kinder 6–12 Jahre 2 € (1 €).

## Uithuizermeeden                        ⌕ V/C2

Auf dem Weg zum Endpunkt der Tour durch Hunsinga kommt man vor Eemshaven nach Uithuizermeeden, ebenfalls mit einer Kirche im Ursprung aus dem 13. Jh., die in der Barockzeit ein Seitenschiff und eine mit reichen Schnitzereien versehene Kanzel sowie eine Orgel vom Orgelbauer *Hinsz* erhielt. Der Turm bekam Ende des 20. Jh. nach einem Blitzeinschlag seine heutige weiße Gestalt.

Von den Burgen der Umgebung ist noch die **Rensumaborg** erhalten. Die Anlage wurde um 1500 erstmals erwähnt. 1695 kam sie in den Besitz der Familie *van Menkema,* die 1710 die alte Burg abriss und das heutige Herrenhaus errichten ließ.

## Eemshaven                              ⌕ V/C1-2

Eemshaven ist der nördlichste Ort der Niederlande. Er liegt an der **Emsmündung** unterhalb des Dollart in der Wattenmeerregion gegenüber dem

**Provinz Groningen**

Der Name der Region Fivelingo bezeichnet den friesischen Gau der Fivel, benannt nach einem ehemaligen Fluss in diesem Gebiet. Fivelingo (oder auch Fivelgo) war eines der Mitglieder der Ommlanden. Erst war Garrelsweer der wichtigste Ort, später nach Versandung der Fivel übernahm Appingedam diese Funktion und behielt sie, obwohl die Hafenstadt Delfzijl immer bedeutender wurde.

Heute bilden die N46 von Groningen nach Eemshaven und die N360 von Groningen nach Delfzijl die Hauptverkehrsadern von Fivelingo.

Die Landschaftlich reizvolle Region mit ihren Warftendörfern ist insbesondere für ihre **spätromanischen Kirchen** berühmt. Der Baustil speziell hier in Ostgroningen wird als romano-gotisch bezeichnet, bei dem am Ende der Hochromanik schon erste gotische Stilelemente sichtbar werden, am besten an den oft schon leicht spitzbogigen Fenstern zu erkennen.

ostfriesischen Krummhörn, südlich der Insel Borkum. Hier wurde in den 1960er Jahren ein neuer **Tiefseehafen** eröffnet, der den Bedürfnissen des modernen Schiffsverkehrs entspricht. Die großen Schiffe finden selbst mit ihrem enormen Tiefgang über den Doekegat auch bei Ebbe Zugang zum Hafen. Vor allem die **Mineralölindustrie** hat sich in der Folge in Eemshaven angesiedelt. Von hier fahren Fähren zu den deutschen Nordseeinseln Borkum und Helgoland.

● **Restaurant Eemshaven:** Losdorp, Schafferweg 29, Tel. (0596) 59 14 08, www.restauranteemshaven.nl, südlich von Eemshaven an der N33, rustikales Ambiente, gemütlich eingerichtet, Clubhaus des Golfclubs Eemshaven.

## Garmerwolde   ⤢V/C2

Eine Rundfahrt durch Fivelingo beginnt man am besten in Groningen. Erste Station ist Garmerwolde nahe der N360. Der Ort wurde um 1200 besiedelt, die spätromanische Dorfkirche stammt aus der Zeit um 1250. Durch den Einsturz des Mittelschiffs im 19. Jh. blieb nur die mächtige Vierung erhalten, der Turm mit Satteldach und Dachreiter steht abseits. Sehenswert sind die Fresken in der Kirche.

Kirche in Uithuizermeeden

## Ten Boer　　　　　　　⚲ V/C2

Weiter nordöstlich nahe der N360 liegt Ten Boer, eine Warftensiedlung, in der 1301 ein Benediktinerinnenkloster gestiftet wurde. Die **Klosterkirche** ist verblieben und dient heute mit aufgesetztem Turm als reformierte Kirche. Am Damsterdiep, der alten Kanalverbindung von Groningen nach Delfzijl, stehen noch zwei **Mühlen.** Die Sägemühle aus dem Jahr 1902 wurde 1985 restauriert, die Kornmühle De Widde Meuln von 1839 wurde 2006 wieder komplettiert.

● **Stichting Widde Meuln:** Gerichtstraat 4, Sa und Mi 13–17 Uhr auf Absprache, ansonsten immer, wenn sich das Mühlrad dreht.

## Stedum　　　　　　　⚲ V/C2

Der **Dorfkern** auf einer Warft von Stedum auf halbem Weg zur Küste ist unter **Denkmalschutz** gestellt. Die spätromanische **Dorfkirche** entstammt dem 13. Jh., der Turm dem 14. Jh., der gotische Chor dem 15. Jh. Erst im 19. Jh. wurden Turm und Kirche im Rahmen einer Restauriung durch den Architekten *P.J.H. Cuypers* miteinander verbunden. In der Kirche befindet sich das Prachtgrab von *Adriaan Clant,* 1672 gefertigt vom berühmten Bildhauer *Rombout Verhulst.* Clant war der Deputierte der Ommelanden bei den Friedensvertragsverhandlungen von Münster im Jahre 1648.

## Loppersum　　　　　　⚲ V/C2

Fast schon monumental ist die **Dorfkirche** im nahe gelegenen Loppersum, dessen Ortskern auf einer Warft gleichfalls unter Denkmalschutz steht. Der Ort entstand schon im Frühmittelalter und wurde erstmals 945 in einem Urbar des Klosters Fulda als *Loppesheim* erwähnt. Mit dem Bau der Ortskirche wurde im Jahr 1217 begonnen. Es entstand zunächst ein einschiffiger romanischer Bau mit rechteckigem Chor. Später wurde das Mittelschiff erhöht. In der zweiten Hälfte des 14. Jh. entstand der Turm mit seinen bis zu drei Meter dicken Mauern an der Basis. 1480–93 wurden ein Querschiff und der heutige spätgotische Chor angefügt, 1520–53 ein zusätzliches Querschiff. Interessant sind die unterschiedlichen Gewölbeausführungen der Kirche. In der Maria geweihten Kapelle befinden sich Fresken aus dem späten 15. Jh. Darüber hinaus gibt es Fresken aus dem folgenden Jahrhundert. Zur barocken Ausstattung gehören die Kanzel, die Herrenbank und der Orgelprospekt, die Orgel selbst wurde durch den Orgelbauer *Hinsz* erneuert.

Auch die Dorfkirche im nördlichen Nachbarort Ort **Zeerijp** ist spätromanischen Ursprungs, in der Ausführung schon gotisch. Der Turm steht seitlich und hat einen offenen Durchgang. Die Gewölbe weisen unterschiedliche Backsteinmuster auf. Die örtliche Kornmühle De Leeuw de Zeerijp wurde restauriert und zeigt sich in neuem Glanz.

● **Hotel Spoorzicht** €€€: 9919 AE Loppersum, Molenweg 11, Tel. (0596) 57 15 92, Fax 57 31 40, www.spoorzichtloppersum.nl, repräsentativer Bau mit verschiedenen Restaurationssälen, gediegenes Ambiente.

Provinz Groningen

●**'t Regthuys** €€€: Wirdum (3 km östlich von Loppersum), Fromaweg 1, Tel. (0596) 57 18 90, regthuys@wxs.nl, familiäre Atmosphäre, mit Sommerterrasse, abends geöffnet, 31.12.–10.1. geschlossen, Mo Ruhetag.

# Appingedam ↗ V/C2

Die Geschichte von Appingedam, dem einstigen Hauptort von Fivelingo am früher Delf genannten Damsterdiep, reicht wahrscheinlich bis vor das Jahr 800 zurück. Der Delf bot die Verbindung zur Nordsee und der Handel mit Norddeutschland und dem Ostseeraum blühte. So entwickelte sich Appingedam zu einem wichtigen Marktzentrum, das 1327 Stadtrechte erhielt.

Doch als durch veränderte Wasserstände der Bau einer Schleuse erforderlich wurde, konnte sich die in der Nähe, jedoch an der Küste gelegene Hafenstadt Delfzijl besser entwickeln. In lokalen Auseinandersetzungen erlitt Appingedam nur allzu oft Niederlagen, um 1500 musste sogar die Stadtmauer geschleift werden. Erst mit dem Bau der Bahnstrecke von Groningen nach Defzijl siedelten sich Industriebetriebe an. Der historische Charakter der Stadt mit seinen denkmalgeschützten Gassen blieb erhalten.

Erhalten hat sich auch die Tradition der Jahrmärkte, die im April und Oktober stattfinden. Besonders reizvoll sind die **hängenden Küchen** über dem Damsterdiep, die man am besten von der Vlintersbrug sehen kann. Die Häuser am Damsterdiep waren so schmal, dass die Hausherren ihre Küchen über dem Kanal hängend anbauten. Impo-

sant ist das **Rathaus** aus dem Jahr 1630 mit seinem schönen Renaissancegiebel. Ebenerdig war früher die Waage untergebracht, die noch bis 1825 für Ferkelverkäufe genutzt wurde. Die 1801 errichtete Synagoge steht in der Broerstraat. Sie dient heute der reformierten Gemeinde als Kirche.

Gleich beim Rathaus erhebt sich die **Nicolaikirche,** deren älteste Teile aus dem Jahr 1225 stammen. Seit 1408 ist sie dem heiligen Nicolaus, dem Schutzheiligen reisender Kauf- und Seeleute, gewidmet. In ihrer heutigen Gestalt besteht sie als gotische, überwölbte Hallenkirche, seit 1835 hat der Turm ein Glockenspiel. Zur barocken Ausstattung zählen die Kanzel und die Herrenbank.

Im **Stadtmuseum** von Appingedam wird die Geschichte der Stadt und des einst so bedeutenden friesischen Gaus Fivelingo dargestellt. Das Museum befindet sich in einem Doppelhaus, einem ehemaligen Wohngebäude aus dem 19. Jh. sowie einem restaurierten Haus aus dem 13. Jh.

●**Gewestelijk Historisch Museum:** Wijkstraat 25, Tel. 68 01 68, Di–Fr 11–17 Uhr, Sa, So und feiertags 13–17 Uhr, 1.1. und 25.12. geschlossen, Eintritt 2,50 €, ermäßigt 1,75 €.

## Info

●**Tel.-Vorwahl:** Tel. 0596
●**VVV-ANWB Appingedam:** 9901 AS, Dikstraat 26, Tel. 62 03 00, Fax 62 82 51.

## Unterkunft, Essen und Trinken

●**Landgoed Ekenstein** €€€: 9901 TA, Alberdaweg 70 (3 km westlich von Appingedam), Tel. 62 85 28, Fax 62 06 61, www.ekenstein.

com, Herrenhaus im Ursprung aus dem 17. Jh., Hotelzimmer im Altbau und im neuen Flügel, alle modern eingerichtet, Restaurant im neogotischen Saal bietet saisonale Küche, Dinner-Buffet in der Scheune, Gartenterrasse, 31.12.–2.1. geschlossen.

● **Het Wapen van Leiden** €€: 9901 AJ, Wijkstraat 44, Tel. 62 29 63, Fax 62 48 53, www.wapenvanleiden.nl, zentral gelegenes, traditionelles Haus, dessen Geschichte bis in die Postkutschenzeit zurückreicht, kleine, funktional eingerichtet Zimmer, Restaurant, Bar, 31.12. und 1.1. geschlossen.

Die Vlintersbrug in Appingedam

# Delfzijl    ⤢ V/C2

Die Region von Delfzijl ist seit dem 4. Jh. v. Chr. besiedelt. Durch die günstige Lage an der Flussmündung in die Nordsee war hier im Mittelalter ein Warenumschlagplatz entstanden, der sich aber erst so richtig entwickeln konnte, als die Konkurrenz von Appingedam durch den Bau der Schleuse wegfiel. Nachdem Prinz *Moritz von Oranien* 1591 die Spanier hier besiegen konnte, ließ er ein Fort errichten, dessen Wassertore bei Hochwasser geschlossen werden konnten, sodass sie nicht nur Schutz vor Feinden, sondern auch vor den Fluten bot. 1665 lief der berühmte Admiral *de Ruyter* mit seiner Flotte und gekaperten Schiffen in Delfzijl ein. 1876 wurde der Eemskanal nach Groningen fertiggestellt. Nachdem es am Ende des Zweiten Weltkriegs schwer Schaden genommen hatte, weil die deutschen Truppen den Rückzug über die Ems offen halten wollten, ist Defzijl heute mit seinem neuen **Tiefseehaven** in den Außenbezirken von Kränen, Fabriken und Raffinerien geprägt.

Historisch interessant ist der 1831 errichtete **Waterpoort** am Ende der Havenstraat. Im **Seeaquarium** findet man Fauna der Nordsee und Informationen zur Seefahrt. Auf dem Museumsgelände befindet sich ein **deutscher Bunker** aus dem Zweiten Weltkrieg, außerdem ist hier ein erst kürzlich entdecktes Hünengrab aus der Umgebung aufgestellt worden.

● **Muzeeaquarium Delfzijl:** Zeebadweg 7a, Tel. 63 54 55, www.muzeeaquaeium.nl, 10–

**Provinz Groningen**

16.30 Uhr, Pfingsten geschlossen, Eintritt 4,50 €, Kinder 4–12 Jahre 2,75 €.

## Info

- **Tel.-Vorwahl:** 0596
- **VVV Delfzijl:** 9934 EA, Johan van den Kornputplein 1a, Tel. 61 81 04, Fax 61 65 50.

## Unterkunft, Essen und Trinken

- **Eemshotel** €€€: 9933 AV, Zeebadweg 2, Tel. 61 26 36, Fax 61 96 54 , www.eemshotel.nl, außergewöhnliches Hotel vor dem Außendeich, auf mächtigen Stelzen gebaut, 20 luxuriöse Zimmer, Restaurant mit prachtvoller Aussicht auf die deutschen Küste, bietet vor allem Fischgerichte.
- **Du Bastion** €€: 9934 AX, Waterstraat 78, Tel. 61 87 71, Fax 61 71 47, www.dubastion.nl, im Zentrum nahe dem Yachthaven, einfache Zimmer, angeschlossenes Restaurant bietet traditionelle niederländische Küche.
- **De Kakebrug:** 9934 AV, Waterstraat 8, Tel. 617122, bekannte Restaurantadresse am Eingang der Fußgängerzone, saisonale Küche.

## Veranstaltungen

- **Delfsail:** Großartiges maritimes Spektakel, bei dem viele historische Windjammer anlegen, letztes Augustwochenende.

# Oldambt

Das Oldambt (das *Oude Ambt*) ist der östliche friesische Gau Groningens. Das sich östlich von Groningen erstreckende Gebiet gehört zu den am dünnsten besiedelten Räumen der Niederlande und wird großteils durch Moorböden charakterisiert. Lange stand das Gebiet unter der Herrschaft des Bischofs von Münster, dann war die Vorherrschaft Groningens zu übermächtig. So konnte sich hier kein Adel durchsetzen, insofern weist das Oldambt auch keine Burgen auf – mit der Ausnahme der Fraeylamaborg in Slochteren.

## Zuidlardermeer ⟋ V/C3

Südöstlich von Groningen erstreckt sich das Zuidlardermeer, eines der großen Naherholungs- und **Wassersportgebiete** der Stadt. Hier kann man baden, surfen, wandern, Fahrrad fahren und Vögel beobachten.

- www.zuidlaardermeer.nl.
- **Yachthafen:** Kropswolde, Watersportbedrijf De Rietzoom, Meerweg 60, Tel. (0598) 32 25 20, www.rietzoom.nl.

## Slochteren ⟋ V/C3

In Slochteren, östlich von Groningen, ist eine Burg zu besichtigen. Die Ursprünge der **Fraeylemaborg** gehen auf ein Fraeylemaheerd genanntes Gehöft in Slochteren zurück. Im Jahr 1446 wird *Remmert Fraeylema* erwähnt, sein Enkel schon als Herr von Slochteren bezeichnet. Durch Einheirat kommt das Gehöft, das inzwischen mit einem Stins (steinernes Haus) versehen ist, in die Familie *Rengers*. Im 17. Jh. werden die beiden Seitenflügel angebaut und im 18. Jh. bekommt die Anlage ihr heutiges Aussehen. Seit 1975 ist die Fraeylemaborg der Öffentlichkeit zugänglich. Zu besichtigen sind Räume mit Einrichtungen des 18. und 19. Jh. und eine Sammlung asiatischer Keramik.

- **Fraeylemaborg:** Hoofdweg 30, Tel. (0598) 42 15 68, www.fraeylemaborg.nl, März bis

Dez. Di–Fr 10–17 Uhr, Sa, So und feiertags 13–17 Uhr, Eintritt 4,50 €, Kinder 6–12 Jahre und Senioren 3,50 €.

### Woldendorp                    ↗ V/D2

Einen interessanten Punkt im Oldambt bildet der kleine Ort Woldendorp nahe der Dollart-Küste mit seiner spätromanischen Dorfkirche aus dem 13. Jh. Bei Restaurierungsarbeiten sind alte Gewölbefresken freigelegt worden.

### Winschoten                    ↗ V/D3

Winschoten im Zentrum des Oldambt entwickelte sich als Siedlung an der Handelsstraße von Groningen nach Münster. Die spätromanische Ortskirche stammt aus dem 13. Jh. Heute ist Winschoten vor allem als Zentrum der Rosenzucht bekannt. Das **Rosarium** im Stadtpark bietet im Sommer bis zu 320 unterschiedlich blühende Rosensorten.

Nach wie vor leidet das Oldambt unter seiner Randlage. Das 2005 gebaute Wohn- und Erholungsgebiet **Blauwestad** am nördlichen Ortsrand von Winschoten soll wirtschaftlichen Aufschwung bringen.

Im nahe gelegenen Midwolda hat die Malerin *Maya Wildevuur* ihr Atelier in dem Herrenhaus **Ennemaborg** aus dem 18. Jh. ausgebaut.

- **Rosarium Winschoten:** Tel. (0597) 43 35 12, www.winschoten.nl, Mai bis Sept. Mo und Di 10–18 Uhr, Mi–So 10–21 Uhr, Okt. bis April Do–So 11–21 Uhr.
- **Informationszentrum Blauwestad:** Blauwestad, Elfenbank 100, Tel. (0597) 47 10 10, www.blauwestad.nl, Mo–Fr 9–16 Uhr, Sa und So 12–16 Uhr.
- **Ennemaborg:** Midwolda, Hoofdweg 100, Tel. (0597) 55 29 50, www.mayawildevuur.nl,

# Erdgasfunde in Groningen

1959 wurde in der Provinz Groningen rund um Slochteren Erdgas entdeckt, noch im gleichen Jahr begann die Förderung aus 2659 m Tiefe unter einem Acker. Die Erdgasblase ist enorm groß und umfasst 2700 Milliarden Kubikmeter. Seither konnten die Niederlande ihre Energieversorgung zunehmend auf Erdgas umstellen und sich mit ihren umfangreichen Funden weitgehend selbst versorgen.

Insgesamt wird noch mit einer Ausbeutungszeit von weiteren Jahrzehnten gerechnet, jedenfalls ist die Erdgasversorgung bis 2050 gesichert. Zu überprüfen bleibt die Absenkung des Gebietes. Seit Beginn der Ausbeutung sank das Gelände im Zentrum um über 20 cm ab und über 10 cm am Rand. Man rechnet mit einer Absenkung von insgesamt bis zu 45 cm – auf Dauer wird es beträchtliche Schäden an Häusern geben.

Im benachbarten Deutschland ließ man überprüfen, ob sich das Erdgasfeld auch auf deutsches Gebiet ausbreitet – erfolglos!

**Provinz Groningen**

Restaurant im Kutschenhaus, Galerie Fr–So 14–17 Uhr und nach Absprache.

### Unterkunft

- **Jugendherberge:** Stayokay Scheemda, 9679 BT Scheemda, nordwestlich von Winschoten, Esbörgstraat 16, Tel. (0597) 59 12 55, Fax 59 11 32, www.satyokay.com, 80 Betten, Sporteinrichtungen, Übernachtung ab 21 € pro Person.

## Einkaufen

●**Brodie Country Shop:** Midwolda, nordwestlich von Winschoten, Hoofdweg 169, Tel. (0597) 55 24 55, www.brodie.nl, britischer Laden, schottische Wollartikel, englische Textilien, Delikatessen, Keramik, Geschenke, mit Tearoom, Mi–So 11–17 Uhr, 24.12.–11.1. geschlossen.

# Westerwolde

Ganz im Osten der Provinz Groningen erstreckt sich der friesische Gau Westerwolde, bis zum 16. Jh. eine selbstständige Herrlichkeit. Ausgedehnte **Moore** kennzeichnen das Gebiet als westliche Fortsetzung des Bourtanger Moores auf der deutschen Seite. In reizvollen Windungen durchfließt die Ruiten-Aa das Moorgebiet.

Grabhügel lassen auf eine Besiedlung seit dem 2. Jh. v. Chr. schließen. Die Christianisierung des isoliert gelegenen Bourtanger Moores erfolgte durch Mönche des Klosters Corvey bei Höxter, das eine Niederlassung in Meppen hatte – daher der Name Westerwolde, weil das Gebiet westlich von Meppen liegt. Später gehörte Westerwolde zum Bistum Osnabrück unter der Oberherrschaft des Bistums Münster. Lange verblieb es in der isolierten Lage, heute versucht man der Region durch Tourismus neue wirtschaftliche Impulse zu vermitteln.

### Nieuweschans      🚶 V/D3

Als sich der **Dollart,** das Mündungsgebiet der Ems, im 14. Jh. immer weiter ausbreitete, versuchte man dem Landverlust durch Einpolderungen Einhalt zu gebieten. Dadurch wurde das Grenzgebiet strategisch wichtig. Im Achtzigjährigen Krieg wurde hier, als der Platz noch am Dollart lag, deshalb 1628 die **Festung** Nieuwe Schans als Fünfeck mit Bastionen angelegt. Innerhalb des Kastells entstanden rechtwinkelige Straßenzüge. Durch laufende Eindeichungen lag der Ort Nieuweschans immer weiter landeinwärts. Im 19. Jh. wurde die Festung aufgegeben, die Festungswerke wurden geschleift und die Grachten verfüllt.

Heute erinnert vieles im Ort an den alten Festungscharakter, so die Hauptwache aus dem Jahr 1631 in der Voorstraat, die reformierte Kirche von 1751, die auch als Garnisonskirche diente, und das **Festungsmuseum.** Gezeigt werden ein Modell der alten Anlagen, Landkarten und alte Fotos. Sehenswert ist die **Glasbläserei Old Ambt,** die vom Glaskünstler *Johan de Vries* betrieben wird.

●**Vestingmuseum:** 1e Kanonniersstraat 2, Tel. (0597) 54 22 49, Di–Fr 14–16 Uhr, Eintritt 1 €.
●**Old Ambt Glasblazerij & Glasgalerie:** Hamdijk 21, Tel. (0597) 65 52 13, www.artglass.nl, Do–So 13.30–17.30 Uhr.

### Bourtange      🚶 V/D3

Der niederländisch-deutschen Grenze durch das Bourtanger Moor nach Süden folgend, erreicht man die alte Festungsstadt Bourtange, die dem Moor seinen Namen gab. Die im Laufe der Zeit verfallene **Festung** wurde inzwischen komplett restauriert und in den früheren Zustand zurückversetzt.

Ursprünglich errichtet wurde die Festung im Achtzigjährigen Krieg durch Prinz *Wilhelm von Oranien,* der hoffte, von hier aus Groningen von spanischen Truppen befreien zu können. Doch erst 1593 konnte die Festung als Fünfeck mit Bastionen und Wassergräben fertiggestellt und ein Jahr später Groningen erobert werden. Wegen seiner strategisch wichtigen Lage am Weg von Groningen nach Münster wurde die Festung bis zur Mitte des 18. Jh. immer wieder erweitert und tat bis 1851 ihren Dienst als Bollwerk.

In kriegsfreien Zeiten ließen sich immer mehr Bewohner in Bourtange nieder, sodass mit der Zeit eine Festungsstadt entstand. Doch die Randlage setzte dem Wachstum ein Ende, nach dem Zweiten Weltkrieg wanderten viele Bewohner ab. Dann wurde zur Wiederbelebung des Gebietes beschlossen, die alten Anlagen in ihrem umfangreichsten Bestand von 1742 wieder aufzubauen und in ein **Museums- und Freizeitgelände** umzuwandeln. Zusätzlich will man das Gelände im Rahmen des Projektes *De Natte Horizon* (Der nasse Horizont) ökologisch durch Wiedervernässung aufwerten und einen Naturschutzpark mit Wander- und Radwegen sowie Grachten für Ausflugsboote einrichten. Das Museumsdorf zeigt die Verteidigungs-

anlagen, Wassergräben, das Pulvermagazin, das Brückenwärterhaus, Wohnhäuser, Soldatenunterkünfte, eine Kirche, Mühlen und eine 1842 gebaute Synagoge.

● **Vesting Bourtange:** W.Lodewijkstraat 33, Tel. (0599) 35 46 00, www.bourtange.nl, Mitte März bis Mitte Sept. täglich 10–17 Uhr, im Winter Sa und So 12–17 Uhr, mit Bistro und Restaurant, Eintritt 4 €, Kinder bis 12 Jahre 2 €. Angeschlossene Übernachtungsmöglichkeiten in ehemaligen **Soldatenunterkünften** €€, in der **Kommandantenwohnung** €€€, dazu **Hochzeitssuite** €€€€.

### Ter Apel     ⚑ IX/D1

Im südlichsten Winkel der Provinz Groningen steht in Ter Apel an einem kleinen Waldstück nahe der deutschen Grenze das älteste erhaltene **Kloster** der Ommelanden. Der heutige Ort Ter Apel entwickelte sich am Kloster, das im 13. Jh. durch Prämons-

**Provinz Groningen**

070hii Foto: ot

Typisches Landschaftsbild in Groningen

tratensermönche begründet und ab Mitte des 15. Jh. vom Orden zum Heiligen Kreuz weitergeführt wurde. In den 1930er Jahren renovierte man die noch erhaltenen Gebäude des in der Reformation aufgelösten Klosters, so die Kirche, den Kreuzgang und das Refektorium. In den 1970er Jahren wurde der vierte Flügel des Kreuzgangs zugebaut, der heute eine beachtenswerte Sammlung von alten Heiligenfiguren beherbergt. Sehenswert sind auch der Lettner in der Klosterkirche, der die Mönchskirche von der Laienkirche trennt, und das geschnitzte Chorgestühl. Dem **Museum für Kloster- und Kirchengeschichte** sind eine Galerie für zeitgenössische Kunst und ein Konzertsaal angeschlossen.

● **Klooster Ter Apel:** Boslaan 3–5, Tel. (0599) 58 13 70, www.kloosterterapel.nl, Di–Sa 10–17 Uhr, So und feiertags 13–17 Uhr, in den Sommerferien bis 18 Uhr, 31.12. und 1.1. geschlossen.

● **Yachthaven Ter Apel:** Oosterkade 5, www.jachthaventerapel.nl, 100 Liegeplätze, Bootshebeanlage, Sanitäranlagen, Liegewiese.

## Stadskanaal ⟋ IX/C1

Der Ort Stadskanaal zieht sich als lang gestreckte Moorsiedlung an einem Torfabfuhrkanal an der gesamten Südwestgrenze Groningens zu Drenthe von Veendam bis Musselkanaal entlang. 1815 war der Kanal als wichtige Verkehrsverbindung nach Groningen fertiggestellt. Heute wird dieser Kanal nur noch von Freizeitkapitänen genutzt. Das **Heimatmuseum** erläutert die Entwicklung der Moorregion, dazu gibt es Sonderausstellungen.

Auf einer 26 km langen Strecke fährt die längste **Museumseisenbahn** der Niederlande von Veendam nach Musselkanaal.

● **Streekhistorisch Centrum Stadskanaal:** Stationsstraat 3, Tel. (0599) 65 18 90, www.stadskanaalrail.nl, Di–Fr 10–17 Uhr, zusätzlich 1. So im Monat 14–17 Uhr (im Sommer jeden So), 25.12., 1.1. und feiertags geschlossen, Eintritt 1,50 €.

● **Museumseisenbahn Veendam – Musselkanaal:** verkehrt April bis Dez. an ausgewählten Tagen bis zu dreimal, Fahrpreis Gesamtstrecke einfach 12 €, Kinder 4–12 Jahre 4,50 €. Information: Museumsspoorlijn, Stationsstraat 3, Tel. (0599) 65 18 90, www.stadskanaalrail.nl.

## Unterkunft

● **Fontana Bad Nieuweschans** €€€: 9693 GA Nieuweschans, Weg naar de Bron 3–9, Tel. (0597) 52 77 77, Fax 52 85 85, www.fontana nieuweschans.nl, Wellness-Tempel unmittelbar an der deutschen Grenze, Kurbehandlungen mit Thermalbad, Massagen, Thalassotherapie, Solarium, Bewegungsstudio, funktional eingerichtete Zimmer, angeschlossene **Brasserie**.

● **Hotel Bourtange** €€€: 9545 TC Bourtange, Vlagtwedderstraat 10, Tel. (0599) 35 46 74, Fax 35 46 44, www.hotelbourtange.nl, in herrlicher Umgebung außerhalb der Festung gelegen, praktisch eingerichtete Zimmer, großer Garten, angeschlossenes **Restaurant** €€ bietet Menüs.

● **Parc Eemslandermeer:** 9541 ZA Vlagtwedde, Laan van Westerwolde 15, Tel. (0599) 31 34 44, Fax 31 34 55, ww.eemslandermeer.nl, ein Ferienpark der Hogenboom-Gruppe, inmitten der Veenlandschaft Westerwoldes zwischen Winschoten und Ter Appel gelegen, diverse Bungalows, mit Segelboothafen, See, Strand, Hallenbad, Animation, Sauna, Sport- und Spielfeldern.

# Friesland  Überblick

Die niederländische Provinz Friesland (friesisch: **Fryslân**) hat knapp 650.000 Einwohner, ihre Hauptstadt ist Leeuwarden (friesisch: Ljouwert). Sie grenzt im Osten an die Provinzen Groningen und Drenthe, im Süden an Overijssel und Flevoland, im Südwesten ans IJsselmeer und im Norden ans Wattenmeer. Durch den Abschlussdeich ist Friesland mit Noord-Holland verbunden. Zur Provinz gehören auch die Westfriesischen Inseln *(Friese Waddeneilanden)* Vlieland, Terschelling, Ameland und Schiermonnikoog (Texel gehört zur Provinz Noord-Holland). Der nördliche Teil Frieslands ist eher an der Nordsee und den Inseln orientiert, der südliche Teil ist durch die vielen Binnenseen charakteriesiert, die heute Paradiese für Wassersportler darstellen.

Friesland

## Nordfriesland

Nordfriesland erstreckt sich zwischen dem IJsselmeer im Westen und der Lauwers als „Grenzfluss" zur Provinz Groningen im Osten. Hauptort ist Leeuwarden als Hauptstadt der gesamten Provinz. Auf dem Weg nach Harlingen nahe dem Abschlussdeich, wo die Fähren nach Vlieland und Terschelling ablegen, liegt Franeker als interessanter friesischer Ort. Nach Nordosten auf das Lauwersmeer zu breitet sich das Terpenland aus, wo die friesischen Bauern ihre Höfe und Orte samt Kirchen auf Warften (Terpen) errichteten, weil das sie umgebende, tief liegende Land immer der Gefahr von Sturmfluten ausgesetzt war.

# Die Friesen

Die Friesen sind ein germanischer Volksstamm, deren Wohngebiet sich in einem breiten Streifen von der dänischen über die deutsche bis zur niederländischen Nordseeküste erstreckte. Sie sind bereits aus der Zeit der griechischen Antike bekannt und konnten sich erfolgreich gegen die Römer zur Wehr setzen. *Karl dem Großen* war es dann gelungen, das Gebiet der Friesen für das Frankenreich zu erobern und sie zu christianisieren. Doch die Friesen konnten sich der von den Frankenkönigen eingesetzten Gaugrafen entledigen und lebten fortan zwischen der Zuiderzee und der Weser in genossenschaftlich organisierten Gemeinden, sodass sich kein feudales System herausbilden konnte. Sie waren sogar von der königlichen Heerfolge befreit, nur dem König oder Kaiser untertan. Doch den kirchlichen Zehnt mussten sie entrichten.

Die sogenannte Friesische Freiheit währte bis ins 14. Jh. Die Friesen lebten von der Landwirtschaft, der Fischerei und dem Torfabbau, sie fertigten wertvolle Textilien sowie Silber- und Bernsteinschmuck. Ihre Handelsbeziehungen reichten bis Byzanz und nach Arabien. Sie lebten in *Wik* genannten Dörfern auf Wurten. Das größte Wik war Dorestad an der Gabelung von Rhein und Lek. In ihrer Funktion als überregionale Händler wurden sie später von der Hanse abgelöst.

Heute leben die niederländischen Friesen, die sich ihre eigene Sprache und Kultur erhalten haben, zwischen dem Ijsselmeer und der Lauwers, einem 40 km langen Fluss, der in der Nähe des Dorfes Surhuisterveen (friesisch: Surhústerfean) in der niederländischen Provinz Friesland entspringt. Die Lauwers folgt weitgehend dem Grenzverlauf zwischen den Provinzen Friesland und Groningen nach Norden und fließt ins Lauwersmeer. Ihr Flusslauf setzt sich zwischen den westfriesischen Inseln Schiermonnikoog und Rottumeroog/Rottumerplaat in der Nordsee fort und trägt als Wasserrinne zwischen diesen Inseln den gleichen Namen. Die Lauwers gilt als traditionelle Grenze zwischen den Westfriesen und den Ostfriesen.

Die in den Niederlanden lebenden Friesen werden im deutschen Sprachgebrauch als Westfriesen bezeichnet. Ihre Selbstbezeichnung lautet aber Westlauwers'sche Friesen, da das niederländische Westfriesland in der Provinz Noord-Holland liegt. Die Westlauwers'schen Friesen leben zum größten Teil in der Provinz Friesland. Heute sprechen noch etwa 400.000 Menschen auf dem Festland und auf Terschelling und Schiermonnikoog Westfriesisch *(frysk)*.

# Leeuwarden    ⤢ III/C2-3

Leeuwarden (Friesisch: Ljouwert) ist mit 100.000 Einwohnern die größte Stadt Frieslands, ihr wirtschaftliches und Verwaltungszentrum. Die Stadt hat römische Wurzeln, die Menschen wohnten damals an der Stelle, wo das alte Terpendorf Oldevove steht. Die Ursprünge der heutigen Stadt liegen eben an jener Stelle auf drei Terpen, die an der Middelzee aufgehäuft wurden, einem mittelalterlichen Meeresarm, der sich durch Friesland an Leeuwarden vorbei in einem Bogen bis Sneek erstreckte und später trockengelegt wurde. Die Bewohner lebten von Landwirtschaft, Fischerei und Seehandel mit Beziehungen bis hin zu den Hansestädten an der Nord- und Ostsee. Damals im 15. Jh. erlebte Leeuwarden seinen ersten wirtschaftlichen Aufschwung.

Machtkämpfe zwischen den Grafen von Holland und den friesischen Freiheitsinteressen führten um 1500 zum Ausbau der Stadtbefestigungen. Schon Ende des 15. Jh. war auch Friesland an das Haus Habsburg gekommen. Kaiser *Maximilian I.* setzte den Herzog von Sachsen als Statthalter ein, der sich in Leeuwarden niederließ. Als Kaiser *Karl V.* unmittelbarer Herrscher über Friesland wurde, hörten die internen Zwistigkeiten auf. Zu Beginn des Achtzigjährigen Krieges schloss sich Friesland der Republik der Vereinigten Niederlande an. Ab 1559 wurde Leeuwarden sogar Bischofssitz – bis zur Reformation. Von 1584 an residierte hier der Statthalter *Wilhelm Ludwig von Nassau,* Neffe *Wilhelms des Schweigers,* über Friesland und Groningen.

Die schon 1580 errichtete neue Stadtmauer wurde zu Beginn des 17. Jh. durch **Bastionen** erweitert, die später geschleift wurden, aber noch heute den Grundriss der Innenstadt bestimmen. Als Sitz des Statthalters der nördlichen Regionen der Niederlande erlebte Leeuwarden in dieser Zeit erneut einen wirtschaftlichen Aufschwung und die Stadt weitete sich erheblich aus. Aus dieser Epoche stammen auch einige ihrer schönen Bauwerke wie die Kanselarij, der Stadhouderlijk Hof, die Waage und der schiefe Turm Oldehove.

## Sehenswertes

Die Innenstadt von Leeuwarden umgibt immer noch der **Grachtengürtel**, der im Zuge der Erweiterung der Stadtbefestigung um Bastionen angelegt wurde. Das Bild der Altstadt innerhalb dieses Grachtengürtels mit dem sie durchquerenden Stadtgraben ist als Ganzes sehenswert. Neben eher monumentalen Bauten stehen allein 375 Gebäude mit ihren Giebeln, dazu Straßenbilder, Plätze, Grachten und Grünanlagen unter Denkmalschutz.

Ein besonders reizvolles Stadtbild zeigt sich längs des Eewal, der repräsentativen Straße vom Hofplein in Richtung Turfplein, die von eleganten Häusern aus dem 18. Jh. gesäumt ist. In die andere Richtung führt vom Hofplein die Weerd, eine enge Geschäftsgasse zur **Waag,** der 1598 mit üppig

*Friesland*

verzierter Front errichteten Stadtwaage. Auf dem Weg dorthin überquert man den **Stadtgraben,** der im
Abschnitt Over de Kelders auf einer
Seite doppelstöckig mit Kellergewölben im Untergeschoss angelegt worden ist. Hier wurden in der ersten Blüte der Stadt die Waren für die Kaufleute und Händler angeliefert. Heute sind
in den Gewölben kleine Geschäfte
und Restaurants untergebracht.

An der Grote Kerkstraat steht eine
Reihe sehenswerter Häuser, unter anderem auch das Haus, in dem die Tänzerin und angebliche Spionin **Mata
Hari** gelebt haben soll. Die Stadt ließ
1976 der Mata Hari zu ihrem 100. Geburtstag ein kleines Denkmal auf der
Korfmakerspijp, einer Brücke über den
Stadtgraben, errichten.

### Kirchturm De Oldehove

Ganz im Westen der Altstadt steht
De Oldehove, der Turm der St.-Vitus-
Kirche, die einige Zeit als Dom des
Bistums Friesland fungierte. 1529 wurde der Auftrag zum Neubau dieser
Kirche anstelle eines Vorgängerbaus
an *Jacob van Aaken* vergeben. Drei
Jahre später verstarb der Baumeister,
der viel zur Stabilität des Untergrun-
des unternommen hatte. Doch schon
1532 begann sich der Turm schief zu
stellen, sodass man in der Folge ganz
auf den Bau des Kirchenschiffes verzichtete. Im Pflaster des Oldehoofsterkerkhof ist der Grundriss des Kirchenschiffes kenntlich gemacht. Der nur
auf 40 m Höhe aufgemauerte **schiefe
Turm** ist seither ein **Wahrzeichen** der
Stadt. Von seiner Plattform hat man ei-

nen schönen Blick, der bei gutem
Wetter bis zu den Inseln reicht.

●**De Oldehove:** Oldehoofsterkerkhof 1, Tel.
(0900) 202 40 60 (VVV), Besteigung Mai bis
Sept. Di–Sa 14–17 Uhr, Eintritt 2,50 €.

### Princessehof

Auf dem Weg ins Zentrum kommt
man zunächst am Princessehof vorbei,
in dem das Niederländische Keramikmuseum untergebracht ist. Dieser im
18. Jh. errichtete Bau war der **Stadtpalast** von *Maria Louise von Hessen-Kas-
sel,* Prinzessin von Nassau-Oranien,
Witwe des *Statthalters Johann Wilhelm
Frieso,* Prinz von Oranien, und Vorfah-
rin der jetzigen Königin der Niederlande. Die Repräsentationsräume im Parterre sind mit viel Stuck prunkvoll ausgestattet.

Das Museum Het Princessehof ist
das **Nationale Keramikmuseum.** In
30 Räumen wird Keramik und Porzellan aus Ostasien, Mittelost, Spanien,
Portugal, Frankreich und den Niederlanden selbst gezeigt, dazu Fayencen
und Objekte des Jugendstil sowie moderne Werke.

●**Museum Het Princessehof:** Grote Kerkstraat 11, Tel. 294 89 58, www.princessehof.
nl, Di–So 11–17 Uhr und nach Absprache,
25.12. und 1.1. geschlossen, Eintritt 6 €, Jugendliche 13–18 Jahre 3 €, Kinder frei, Zuschlag Sonderausstellungen 1,50 €, Kombi-
karte Princessehof und Fries Museum 9 €.

### Am Hofplein

Auf der Grote Kerkstraat gelangt
man zur Jacobijnerkerk, heute auch
Grote Kerk genannt. Ein Abzweig führt

# Mata Hari

Über die als Nacktänzerin und vermutliche Spionin in die Geschichte eingegangene Mata Hari ist viel geschrieben worden – mehr Unwahres als Wahres. Richtig ist, dass sie als *Margaretha Geertruida „Grietje" Zelle* am 7. August 1876 als Tochter eines Hutmachers in Leeuwarden geboren wurde. Ihre Kindheit verlebte sie im Haus in der Grote Kerkstraat 28, das die Familie 1883 bezogen hatte. 1895 heiratete sie den Kolonialbeamten *McLeod*, mit dem sie nach Niederländisch Indien zog. Nach dem Scheitern dieser Ehe – eines ihrer beiden Kinder war inzwischen verstorben – ging sie nach Paris, hatte wenig Erfolg als Malermodell, kehrte zurück und ging wieder nach Paris, um sich als Tänzerin zu versuchen. Schon bald führte sie dort selbst erdachte indische Tänze vor und begeisterte mit ihren frivolen Bewegungen das Pariser Publikum.

Nun trug Grietje zielgerichtet zu ihrer eigenen Legendenbildung bei, indem sie sich als Malayin ausgab und ihren Künstlernamen *Mata Hari* (Auge des Tages) annahm. Mit ihrer exotischen Ausstrahlung konnte sie sich in höchste Pariser Kreise emportanzen. Es begann die Zeit ihrer großen Auftritte, die sie unter anderem nach Berlin

führten, wo sie vor Kaiser *Wilhelm* auftrat. Auch tanzte sie auf den großen europäischen Bühnen, doch ihr Stern begann zu sinken, weil ihre Tanzbegabung für höhere Ansprüche zu schwach war.

Bei Ausbruch des Ersten Weltkriegs war sie in Geldnot, Engagements blieben aus, sie flüchtete vor Gläubigern in die Niederlande. Später kehrte sie nach Paris zurück, um ihren viel zu teuren Haushalt aufzulösen. Sie setzte sich dann nach Madrid ab, fiel aber auf der Reise wegen ihres falschen Passes bei einer Kontrolle in Southampton auf. Seither wurde sie, die ja früher so viele internationale Kontakte gehabt hatte, vor allem von der französischen Geheimpolizei beobachtet. Man stellte ihr eine Falle und am 13. Februar 1917 wurde sie in Paris verhaftet. Der Prozess, der nach fünf Monaten begann, verlief für sie unglücklich, auch wurde sie schlecht verteidigt. Sie war vermutlich viel zu dilettantisch, um überhaupt für Spionage in Betracht zu kommen – aber es gab großes Interesse aus den sogenannten Pariser Kreisen an ihrem Schuldspruch, der das Todesurteil bedeutete. Am 15. Oktober wurde sie in Paris hingerichtet – ihre Lebensgeschichte wurde zum Stoff für unzählige Bücher und Filme.

zum Hofplein, dem Mittelpunkt der Stadt. Hier an der Seite steht das klassizistische **Stadhuis** (Rathaus) aus dem Jahr 1715 mit dem großen Glockenturm. 1760 wurde der Rokoko-Flügel mit dem Löwen als Stadtwappen im Giebel und dem Raatssaal angebaut.

Gegenüber steht der **Stadhouderlijk Hof,** der 1881 auf der Basis eines mittelalterlichen Vorgängerbaus als Sitz der Statthalter errichtet wurde. Auf dem Platz steht das Denkmal des ersten Erbstatthalters *Wilhelm Lodewijk,* der im friesischen Volksmund *Us Heit* (Unser Vater) genannt wird.

### Jacobijnerkerk

Zurück auf der Grote Kerkstraat gelangt man zur Jacobijnerkerk. Der

# Leeuwarden

Ⓜ **1** Pier Pander Museum
im Prinsentuin

Ⓜ **2** Friesisches Literaturmuseum

★ **3** De Oldehove

Ⓜ **4** Princessehof mit Museum und
Restaurant De Koperen Tuin

🍴 **5** Kostelijk

Ⓜ **6** Museum De
Grutterswinkel

ℹ **7** Information

🍴 **8** Restaurant De
Nieuwe Mulderij

★ **9** Waag

Friesland

Sakralbau mit seinem fünfseitig geschlossenen Chor stammt größtenteils aus dem 15. Jh. Seit 1588 wird die Kirche als Grabstätte des friesischen Zweiges des Hauses Nassau-Oranien genutzt. Das Oranjepoortje an der Südseite stammt aus dem Jahr 1663, über dem Eingangsportal ist das einzigartige Oranjeboompje (Orangenbzw. Oranierbaum) zu sehen. Berühmt ist die **Müller-Orgel** aus den Jahren 1724–27. Die Konzerte auf der Orgel sind ein einmaliges Erlebnis. Heute wird die Kirche mit ihrem geschmackvollen, modernen Interieur nicht nur für Konzerte, sondern auch für Kongresse, Lesungen und andere Veranstaltungen genutzt.

Der **Kirchplatz** stellt eine Oase der Ruhe inmitten der Stadt dar. Am Platz mit seiner Grünanlage stehen noch das Boshuisengasthuis, ein alter Hof aus dem 17. Jh., und die ehemalige jüdische Schule.

● **Jacobijnerkerk:** Bredeplaats 4, Tel. 212 83 13, www.grotekerkleeuwarden.nl, Juli/Aug. Sa, Di, Mi, Do und Sa 11–16 Uhr, Fr 13–16 Uhr, Juni Sa 11–16 Uhr.

### Sint Bonifatiuskerk

Die katholische Sint Bonifatiuskerk am östlichen Rand der Altstadt wurde 1882–84 durch den Architekten *P.J.H. Cuypers* im neogotischen Stil errichtet und ist wohl eines seiner bedeutendsten Bauwerke. Im Dezember 1947 stürzte ein Flugzeug der KLM bei dichtem Nebel in den Turm der Kirche, der dann 1976 bei einem Orkan einstürzte. Nach langem Tauziehen um die Zukunft der Kirche wurde der Turm

1979–80 nach alten Plänen original-getreu wieder aufgebaut.

● **Sint Bonifatiuskerk:** Bonifatiusplein 20, Tel. 267 54 15, Mitte Juni bis Anf. Sept. Mi und Sa 14–16 Uhr, Turmbesteigung 1 €, während der Öffnungszeiten Broschürenverkauf.

## Friesisches Museum

Nicht weit ist von hier der Weg zum Fries Museum am Turfmarkt. Das Museum besteht aus zwei Gebäuden. Eines davon ist die **Kanselarij**, ein Renaissancegebäude mit großartiger Freitreppe, der ehemalige Sitz des Gerichtshofes. Das andere Gebäude ist das **Eysingahuis,** der Sitz des gleichnamigen Adelsgeschlechts aus dem 18. Jh. Die Häuser sind durch einen Tunnel miteinander verbundenen.

Das Museum besitzt eine vielseitige Kollektion friesischer Kulturgüter. Die Exponate beinhalten **Silberarbeiten** und sonstiges historisches Kunsthandwerk sowie **Gemälde** des 17. Jh. Dazu gibt es im Dachgeschoss der Kanselarij ein **Widerstandsmuseum** (Versetsmuseum). Das Prunkzimmer des Eysingahuis ist ein Museumsstück an sich, darüber hinaus werden hier friesische Malerei des 19. Jh., Einrichtungsgegenstände aus dieser Zeit sowie **archäologische Funde** gezeigt. Ein Raum ist ganz dem Leben der **Mata Hari** gewidmet.

● **Fries Museum:** Turfmarkt 11, Tel. 255 55 00, www.friesmuseum.nl, Di–So 11–17 Uhr, 25.12. und 1.1. geschlossen, Eintritt 6 €, Jugendliche 13–18 Jahre 3 €, Kinder frei, Zuschlag Sonderausstellungen 1,50 €, Kombikarte Fries Museum/Princessehof 9 €, Info Führungen Tel. 255 55 17.

## Prinsentuin

Der nördliche Teil der Bastionen von Leeuwarden ist als **Park** ausgebaut. Er wird als Prinsentuin bezeichnet, wurde er doch durch Graf *Willem Frederik van Nassau-Dietz,* den Statthalter von Friesland, im Jahr 1684 angelegt. Sein Sohn ließ hier 1692 ein Sommerhaus bauen, das heute ein Café-Restaurant beherbergt. Der Name des Cafés *De Koperen Tuin* entstammt einem Roman von *Simon Vestdijk* (1889–1971), dessen Handlung großteils im Prinsentuin spielt. Im Park steht das **Pier Pander Museum,** das sich den Werken dieses friesischen Bildhauers (1864–1919), der später den größten Teil seines Lebens in Rom verbrachte, widmet.

● **Pier Pander Museum:** Prinsentuin 1, Tel. 294 89 58, www.pierpander.nl, Di–So 11–17 Uhr und nach Absprache, 25.12. und 1.1. geschlossen, Eintritt frei.

## Moderne Bauten

Zu den modernen Gebäuden der Stadt zählen das vom Architekten *Abe Bonnema* entworfene **Postbankgebäude,** der 2001 errichtete, 114 m hohe **Achmeatoren** sowie das hypermoderne Geschäftszentrum **Crystalic** aus dem Jahr 2002 von *Gunnaar Daan.*

## Friesisches Naturmuseum

Das Friesische Naturmuseum ist in einem ehemaligen Waisenhaus aus dem 17. Jh. an der Jacobijnerkerk untergebracht. Hier werden friesische Natur, Landschaft, Menschen, Tiere und Pflanzen auf lebendige Weise für alle Altersklassen dargestellt – vom Mammut über den Neandertaler, von den Seefahrern zu den Torfstechern. Ein Raum widmet sich dem **Walfang,** ein Raum im Keller beinhaltet **Friesland unter Wasser** – hier geht man trockenen Fußes durch einen Poldergraben und erkennt tauchende Kormorane, Fische und Pflanzen.

●**Natuurmuseum Fryslân:** Schoenmakersperk 2, Tel. 233 22 44, www.natuurmuseum fryslan.nl, Di–So 11–17 Uhr, 25.12. und 1.1. geschlossen, Eintritt 5 €, Kinder bis 16 Jahre 4 €.

## Museum De Grutterswinkel

Das reizvolle Museum De Grutterswinkel befindet sich in der Altstadt in einem 1596 gebauten Herrenhaus, das Ende des 18. Jh. erweitert wurde. 1901 eröffneten neue Besitzer hier einen **Kolonialwarenladen,** der bis 1973 mit zwei Ladentheken als solcher geführt wurde und seither Museum ist. Die Schubladen und Regale sind mit originellen Produkten gefüllt. Zu besichtigen sind auch das vormalige Wohnzimmer, das Café, der Weinkeller und das Hinterhaus.

●**Museum De Grutterswinkel:** Nieuwesteeg 5, Tel. 215 34 27, www.museum-degrutterswinkel.nl, Juni bis August Mo 13–17 Uhr, Sept. bis Mai Di–So 10–17 Uhr, ansonsten nach Absprache, feiertags geschlossen, Eintritt 1 €.

## Friesisches Literaturmuseum

Das **Tresoar Frysk Histoarysk & Letterkundich Sintrum** gibt eine Übersicht über das Leben und Wirken friesischer Schriftsteller seit etwa 1800 anhand von Manuskripten, Fotos, Briefen und Porträts. Ein besonderer Abschnitt widmet sich dem Werk von *P.J. Troelstra* (1860–1930), ein in Friesland bekannter Dichter und Sozialist, und der neuesten friesischen Literaturgeschichte. Das Museum ist in einem eher unscheinbaren Haus untergebracht, in dem Mata Hari einige Jahre lebte.

●**Tresoar Frysk Histoarysk & Letterkundich Sintrum:** Boterhoek 1, Tel. 789 07 89, www. tresoar.nl, Mo 13–17 Uhr, Di–Fr 9–17 Uhr, Eintritt 0,50 €.

## Aqua Zoo Friesland

Am östlichen Ortsrand von Leeuwarden werden im Aqua Zoo Friesland die Tierwelt der Gewässer und Feuchtgebiete Frieslands, aber auch andere Tiere gezeigt, dazu gibt es jede Menge Kinderattraktionen. Entstanden ist der Park aus einem Otterpark, nachdem der letzte Otter der Region gestorben war.

●**Aqua Zoo Friesland:** De Groene Ster 2, Tel. (0511) 43 12 14, www.aquazoo.nl, Mai/ Juni und Sept. 9.30–18 Uhr, Juli/Aug. 9–18 Uhr, im Winter 10–17 Uhr, Fütterungszeiten stündlich je nach Tierart, Eintritt 12,50 €, Kinder 3–11 Jahre 11 €, Senioren 12 €.

## Schloss Poptaslot

In dem um 1300 entstandenen Ort **Marssum,** wenige Kilometer westlich von Leeuwarden, steht das Poptaslot, auf friesisch *Heringastate* genannt. Die Adelsfamilie *Heringa* ließ das Schloss im 15. Jh. errichten, 1603 kam es in den Besitz des Geschlechtes *Van Eysinga,* die es 1631 grundlegend umbauen ließen. 1687 erwarb *Henricus Popta* das Anwesen, das er nach sei-

Friesland

nem Tod 1712 durch Testament als **Frauenaltersheim** weiterführen ließ. Anfang des 20. Jh. wurde es wiederum restauriert. Heute ist es als **Museum** zugänglich und immer noch im Stil des 17. und 18. Jh. eingerichtet. Auch ist der 1735 angelegte **Schlosspark** geöffnet.

● **Poptaslot:** Marssum, Slotleane 1, Tel. (058) 254 12 31, www.poptaslot.nl, Führungen Mai/Juni/Sept. 14.30 Uhr, April/Okt. nach Absprache, Juli/Aug. Mo–Sa stündlich 11–16 Uhr, Eintritt 3,50 €, Kinder bis 15 Jahre und Senioren 2,50 €.

## Info

● **Tel.-Vorwahl:** 058
● **VVV Stichting Promotie Leeuwarden:** 8911 AE, Sophialaan 4, Tel. (0900) 202 40 60, www.vvvleeuwarden.nl.

## Essen und Trinken

● **De Nieuwe Mulderij** €€€: Baljeestraat 19, Tel. 213 48 02, www.denieuwemulderij.com, Restaurant in der Innenstadt mit friesischer Küche, aktuell dargeboten, es lohnt, auf die Vorschläge des Küchenchefs zu achten, drei Wochen in den Sommerferien geschlossen, So Ruhetag.
● **Kostelijk** €€€: Kleine Kerkstraat 41, Tel. 216 52 52, www.grotekleinekerkstraat.nl, nahe Princessehof und Oldehove gelegenes, sympathisches Restaurant, im skandinavischen Stil eingerichtet, Küche mit mediterranem Einfluss, geschlossen Ende April bis Anfang Mai und 25.12.–5.1., So und Mo Ruhetag.
● **De Koperen Tuin:** Prinsentuin 1, Tel. 21 31 100, www.dekoperentuin.nl, Café-Restaurant

im Sommerhaus des Prinsentuin, romantisches Ambiente, täglich ab 9 Uhr geöffnet, hier kann man sich trauen lassen. Es wird auch Theater gespielt: Die Acta-Theatergruppe führt hier Dinner-Komödien auf.

## Nachtleben
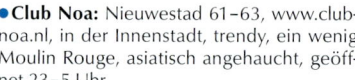

● **Club Noa:** Nieuwestad 61–63, www.club-noa.nl, in der Innenstadt, trendy, ein wenig Moulin Rouge, asiatisch angehaucht, geöffnet 23–5 Uhr.
● **Fire Palace:** Nieuwestad 47–49, Tel. 212 08 71, www.fire-palace.nl, Diskothekenkomplex in einem alten Gebäude aus dem Jahr 1802, das entsprechend umgebaut wurde. Darin drei Diskotheken, dazu die Kneipe Pub Fire und das Fire Café, Eintritt 2 €, Fr und Sa 5 €.
● **Rumours:** Ruiterskwartier 91, www.rumours.nl, jede Nacht ein anderes Thema, täglich 23–6 Uhr, Do Studentenabend, Eintritt 5 €.

## Unterkunft

● **Oranje** €€€€: 8911 AG, Stationsweg 4, Tel. 212 62 41, Fax 212 14 41, www.edenhotelgroup.nl, nahe der Innenstadt gegenüber vom Bahnhof, komfortable Zimmer, Ende

Blick auf die Sint Bonifatiuskerk

Dez./Anf. Jan. geschlossen, angeschlossenes **Restaurant** €€€ Sa und So mittags geschlossen, Bar im Stil eines Pub, mit Terrasse.

● **Paleis Het Stadhouderlijk Hof** €€€€: 8911 HJ, Hofplein 29, Tel. (0347) 75 04 24, www.hotelstadhouderlijkhof.nl, ehemaliger Sitz des friesischen Statthalters im Zentrum der Altstadt, bis 1971 im Besitz der königlichen Familie, die Ausstattung der großzügigen Zimmer ist entsprechend, angeschlossenes **Restaurant** €€€€ mit verschiedenen Sälen im Dekorstil des 18. Jh., mit Terrasse, 24.12.– 2.1. geschlossen.

● **Bastion Hotel Leeuwarden:** 8935 DG, Legedijk 6, Tel. 289 01 12, Fax 289 05 12, www.bastionhotels.nl, verkehrsgünstig im Süden des Zentrums am Außenstadtring gelegen, praktisch eingerichtete Zimmer, angeschlossenes Grillrestaurant, großer Gesellschaftsraum mit Billard und Dart.

## Veranstaltungen

● **Blumenmarkt:** Der größte Blumenmarkt der Niederlande findet am Himmelfahrtstag 9–18 Uhr statt.

● **Elfstedentocht:** Leeuwarden ist Ausgangspunkt der Elfstedentocht, eines Eislaufwettrennens über die zugefrorenen Kanäle Frieslands. Es geht über 200 km Kanäle bei entsprechender Wetterlage im Januar bzw. Februar. Seit 1909 hat das Rennen insgesamt 15x stattgefunden. Start- und Zielpunkt ist Leeuwarden, die Strecke führt durch alle elf friesischen Städte mit Stadtrecht. Information: www.elfstedentocht.nl.

● **Viehmärkte:** Die größten Viehmärkte der Niederlande finden im Veemarkt Frisian Expo Center statt, Di Schlachtschafe ab 7 Uhr, Mi Kälber ab 7 Uhr, Do Schlachtrinder ab 7.30 Uhr.

# Franeker     ⤢ III/C3

Die Stadt Franeker (friesisch: Frjentsjer) zwischen Leeuwarden und Harlingen zählt zu den reizvollsten Orten im Norden der Niederlande. Im 11. Jh. gegründet, war sie ab 1585 Sitz der zweiten Universität der jungen Republik der Niederlande. Hier war auch *Descartes* als Student eingeschrieben. Zwischen dem 16. und 18. Jh. war Franeker ein wichtiges Wirtschafts-, Kultur- und Verwaltungszentrum. Die vielen historischen Bauten sind bis heute Beleg für diese herausragende Stellung der Stadt. Allerdings wurde die Universität 1811 von König *Louis Napoleon* geschlossen.

## Planetarium

*Eise Eisinga*, ein wohlhabender Wollkämmerer aus Dornrijp, der sich als gelehriger Amateurastronom einen Namen gemacht hatte, gab der Stadt neue wissenschaftliche Impulse. Sein Planetarium, mit dem er die Bewegungen der Himmelskörper an die Decke seines Wohnraumes unter dem Dachboden projizieren konnte, arbeitet bis heute präzise und ist das älteste noch funktionstüchtige seiner Art. Das Ende des 18. Jh. gebaute Planetarium besteht aus einem eindrucksvolles Räderwerk aus hölzernen Reifen und Scheiben mit 10.000 handgeschmiedeten Nägeln als Zähnen – eine Penduluhr und neun Gewichte steuern dieses Räderwerk.

● **Eise Eisinga Planetarium:** Eise Eisingastraat 3, Tel. 39 30 70, www.planetarium-fries

Friesland

land.nl, Di–Sa 10–17 Uhr, So 13–17 Uhr, April bis Okt. auch Mo 13–17 Uhr, 25.12. und 1.1. geschlossen, Eintritt 3,50 €, Kinder bis 14 Jahre 2,75 €, Senioren 3 €.

## In der Altstadt

Inmitten der historischen Altstadt erhebt sich die **Martinikerk,** die im 15. Jh. mit Chorumgang gebaut wurde. Das **Rathaus** wurde 1591–94 mit einem achteckigen Turm im Renaissancestil geschaffen. Der sogenannte Neubauflügel stammt aus dem Jahr 1760. Die einzigartige Goldledertapete im Ratssaal und im Hochzeitssaal ist im Stil des Rokoko ausgeführt.

Auch gibt es noch einige alte, in Friesland *Stins* genannte Herrenhäuser. **De Bogt fen Guné** ist das älteste Studentencafé der Niederlande. Seinen Namen erhielt das Gebäude, in dem sich das Café befindet, durch den Kapitän *Jan Alesz,* der sich hier um 1664 niederließ, nachdem er mit dem Sklavenhandel an der Goldküste reich geworden war (*De bocht van Guinee* = Die Bucht von Guinea). Die Universität lag genau gegenüber dem Studentencafé.

Das **Korendragershuisje** am Ende der Eisingastraat wurde 1634 für die Gilde der Sackträger errichtet. Hier wog man Hülsenfrüchte, Getreide und Bier, um damit die Abgabe an die Gilde zu ermitteln. Es ist während der üblichen Geschäftszeiten zur Besichtigung offen.

## Museum Martena

Das ehemalige Museum Coopmanshuis, das sich in der Waage an der Voorstraat 49–51 und den angrenzenden Gebäuden aus dem 17. und 18. Jh. befand, hat eine neue Bleibe im **Martenahuis** gefunden. Dieses Haus wurde 1498 durch den Edelmann *Hessel van Martena* errichtet. Um 1700 wurde seine Bel-Etage grundlegend erneuert. Hier gibt es Ausstellungsstücke über die auf Insekten spezialisierte Biologin *Anna Maria van Schurmann* (1606–78), über die Entwicklung der Stadt und ihrer Universität, Porträts der Professoren, dazu Silber-, Porzellan- und Glasarbeiten.

● **Museum Martena** (vorher Museum 't Coopmanshuis): Voorstraat 35, Tel. 39 21 92, www.museummartena.nl, Di–Fr 10–17 Uhr, Sa, So und feiertags 13–17 Uhr, Eintritt 4 €, Kinder bis 12 Jahre 2 €.

## Kaatsmuseum

Dem *Kaatsspeel,* dem **friesischen Volkssport,** ist in Franeker ein eigenes Museum gewidmet – das Kaatsmuseum ist im Camminghastins, einem Bau aus dem 15./16. Jh. untergebracht. Im Museum Martena steht ein Kaatsspeel aus dem Jahr 1550. Kaatsen ist eine Art **Schlagballspiel,** das seit dem Mittelalter bekannt ist. In Friesland werden jährlich bis zu 2000 Wettbewerbe ausgetragen.

● **Kaatsmuseum:** Voorstraat 2, Tel. 39 39 10, www.kaatsmuseum.nl, in der Saison Di–Sa 13–17 Uhr, Eintritt 2 €, ermäßigt 1 €.

## Dronrijp

Wenige Kilometer östlich in Richtung Leeuwarden erhebt sich in Dronrijp (friesisch: Dronryp) die einst dem heiligen Salvius geweihte **Dorfkirche.**

## Essen und Trinken

● **De Bogt fen Guné:** Vijverstraat 1, Tel. 39 24 16, www.debogtfengune.nl, täglich geöffnet.

## Unterkunft

● **Tulip Inn Franeker** €€: 8802 PP, Hertog Van Saxenlaan 78, Tel. 39 80 00, www.tulipinnfra neker.nl, modernes Hotel am Rand der Altstadt mit drei verschiedenen Zimmerkategorien, mit Bar, Restaurant, Terrasse.

Der Bau geht auf das 12. Jh. zurück, wurde im 14. Jh. verlängert, im 16. Jh. bekam er seinen spätgotischen Charakter und der Turm wurde 1544 erbaut. Durch den weißen Anstrich des Kirchenschiffes, das 2007/08 renoviert wurde, wird die Kirche im Ort auch *d'Alde Wite van Dronrijp* genannt.

## Harlingen     ⤢ III/C3

Harlingen ist der **Fährhafen für Vlieland und Terschelling.** Der Name der Stadt geht auf den mittelalterlichen Herrensitz Harlinga zurück. Doch reicht die Geschichte der Stadt bis in die Zeit um 70 v. Chr. zurück, als hier drei Terpen (Warften) aufgeschüttet wurden. Um 1200 entstand auf dieser Erhöhung das Dorf Almenum, wo 1157 ein Kloster gestiftet worden war. Die Mönche hoben Grachten aus und gruben Kanäle, damit Schifffahrt betrieben werden konnte.

## Info

● **Tel.-Vorwahl:** 0517
● **VVV Franeker:** 8801 LV, Dijkstraat 26, Tel. (0900) 540 00 01 (0,45 €/Min.), www.friese kust.nl.

Schon 1234 erhielt diese Ansiedlung Stadtrechte durch den Bischof von Utrecht. Bis ins 16. Jh. konnte Harlingen das bis dahin bedeutendere Franeker durch seine günstigere Lage zur See wirtschaftlich überholen. In der Folge breitete sich Harlingen noch weiter in nördlicher Richtung aus, sodass aus dem Noorderhaven ein Binnenhafen wurde, der er auch heute noch ist. Der spanische Gouverneur *Caspar de Robles* ließ 1574 die Deiche erhöhen, trotzdem trat Harlingen der

Das Rathaus in Franeker

Friesland

Republik der Vereinigten Niederlande bei – zum Vorteil der Stadt, denn nun kamen viele Flamen als Glaubensflüchtlinge aus dem spanisch beherrschten Süden nach Harlingen.

1644 wurde der Sitz der friesischen Admiralität von Dokkum nach Harlingen verlegt, wodurch der Zuiderhaven zunehmend von der Marine mit Beschlag belegt wurde. Dennoch blieben Gewerbe, Handel und Fisch- und Walfang wichtig für die Stadt. Bis 1850 wurde von hier aus der Walfang vor Grönland betrieben.

Noch heute ist Harlingen der bedeutendste Hafen von Friesland. Hier wird neben dem **Krabbenfang** auch noch Fischerei auf Plattfische und Kabeljau betrieben. Die Fischauktion befindet sich zwischen dem alten und dem neuen Fischereihafen. Vor Harlingen breitet sich bis zu den Inseln das 8000 km² große **Watt** aus, das größte geschlossene Naturschutzgebiet der Niederlande.

Reizvoll ist das historische Stadtbild mit seinen engen Gassen und den vielen alten Häusern. Man sollte das Augenmerk auf ihre Giebel lenken, deren Schmuck und Figuren besonders vielfältig sind. Der gesamte Ortsteil **Zoutsloot** nördlich des Noorderhaven steht unter Denkmalschutz. Großzügig sind die Patrizier- und Lagerhäuser am **Noorderhaven** selbst – der gesamte Hafen steht gleichfalls unter Denkmalschutz. Besonders interessant ist die alte **Seeschleuse** mit der Doppelkammer für Ebbe und Flut.

Das **Stadhuis** an der Südseite stammt aus dem Jahr 1730. Ein schlanker Turm mit schönem Glockenspiel und ein Flachrelief des Erzengels Michael zieren das Renaissancegebäude. Der Turm der **Grote Kerk** am Kerkpad datiert noch aus dem Jahr 1200, das Kirchenschiff wurde 1775 anstelle des Vorgängerbaus, den man wegen Baufälligkeit abreißen musste, errichtet. Weithin berühmt ist die Hinsz-Orgel wegen ihres einmalig schönen Klangs.

### Gemeindemuseum

Das Gemeindemuseum ist im **Hannemahuis** aus dem 18. Jh. untergebracht. Es beschäftigt sich mit der Geschichte von Harlingen, insbesondere der Seefahrt. Dazu gibt es Silberschmuck, Möbel und Gemälde aus dem 17. bis 19. Jh., so vor allem des Harlinger Malers *Nicolas Baur* (1767–1820), Schiffsmodelle und Exponate zum Walfang, Keramik sowie Gegenstände, die sich mit Leben und Werk des friesischen Dichters *Simon Vestdijk* befassen.

● **Gemeentemuseum Het Hannemahuis:** Voorstraat 56, Tel. 41 36 58, www.oud-harlingen.nl/hannema.htm, April bis Juni und Mitte Sept. bis Okt. Di–Sa 13.30–17 Uhr, Juli bis Mitte Sept. 10–17 Uhr, So 13.30–17 Uhr, ansonsten nach Absprache, feiertags geschlossen, Eintritt 1,55 €, ermäßigt 1,10 €.
● **Gemeentehuis:** Voorstraat 35, Tel. 49 22 22, Besichtigung werktags außer Fr nachmittags, Anfrage am Eingang Noorderhaven 86.

### Keramik

Eine kleine **Ton- und Porzellanwarenfabrik** setzt die Tradition friesischer Geschirr- und Kachelherstellung im musealen Sinne fort. Das kleine priva-

te **Harlinger Aardewerkmuseum** zeigt Keramikwaren wie Fayencen und Majolika.

- **Harlinger Aardewerk en Tegelfabriek:** Voorstraat 84, Tel. 41 53 62, www.fries-aardewerk.nl/harlingen.html, Mo–Sa zu den üblichen Geschäftszeiten, Führungen vermittelt der VVV.
- **Harlinger Aardewerk Museum:** Zoutsloot 43, Tel. 41 33 41, www.harlinger-aardewerkmuseum.nl, geöffnet auf Anfrage, behindertengerecht, Eintritt frei.

## Info

- **Tel.-Vorwahl:** 0517
- **VVV Harlingen:** 8861 BL, Voorstraat 34, Tel. (0900) 540 00 01, www.vvv-harlingen.nl.

## Strand

- Am Westerzeedijk gibt es seit 1997 ein Erholungsgebiet mit einem aufgeschütteten Strandabschnitt, Gastronomie und Toiletten vorhanden.

## Unterkunft, Essen und Trinken

- **De Gastronoom** €€€: Voorstraat 38, Tel. 41 21 72, www.de-gastronoom.nl, familiäres Restaurant im Geschäftsviertel, täglich wechselnde Gerichte, der Chef räuchert selbst, mit Terrasse, im Winter Mo Ruhetag.
- **Eesterburen** €€€: 8822 WJ Arum (6 km im Südosten), Allengaweg 12, Tel. 53 13 77, Fax 53 20 80, www.hoteleesterburen.nl, Hotel-Pension und Restaurant in einem alten Bauernhof aus dem 18. Jh., schöner Blumengarten, Restaurant abends nur für Hotelgäste offen, Nov. geschlossen.
- **Zeezicht** €€€: 8861 CJ, Zuiderhaven 1, Tel. 41 25 36, www.hollandhotels.nl/zeezicht, familiäres Hotel unmittelbar am historischen Fährhafen gelegen, praktisch eingerichtete Zimmer, angeschlossenes **Restaurant** €€€ mit saisonaler Küche und überdachter Terrasse, 22.12.–2.1. geschlossen.

## Aktivitäten

- **Fahrradverleih:** Fietsverhuur Station Harlingen Haven, Noorderhaven 61, Tel. 41 80 45.
- **Aeolus:** Sexbierum (nordöstlich von Harlingen), Hearewei 24a, Tel. (0517) 59 11 44, www.aeolusfriesland.nl, Kinderthemenpark und -spielzentrum, Innenterrain in einer großen Glaspyramide mit Technogolf, Multimedia, Musikstudio, Spielhalle und Observatorium, Außenterrain mit künstlichen Leuchttürmen, Spielparadies, Bungee-Trampolin, Klimmwand und als große Attraktion eine ausgediente Mig-21, dazu Café und Restaurant, täglich 10–19 Uhr, 25.12. und 1.1. geschlossen.
- **Naturgebiet Wunseradiel:** 126 ha großes, zweiteiliges Naturreservat im Süden von Harlingen mit reicher Tier- und Pflanzenwelt. Das Hegiefenewiersterfjild liegt direkt hinter dem Deich um einen 30 m tiefen See, der durch Kleiegewinnung entstand, der Wasserstand wird hier künstlich hochgehalten, um das Moorgebiet zu erhalten. Ein großartiges Ruhegebiet für Zugvögel, nicht zugänglich, kann aber vom Harlingerweg aus beobachtet werden (mit Informationstafel). Der Flietskerbosk ist als zweiter Teil frei zugänglich, 1980 als Erholungsgebiet angelegt.

## Veranstaltungen

- **Visserijdagen:** 4-Tages-Großereignis Ende August mit Flottenschau, Angelwettbewerb, Musik und Kirmes, Information: www.visserijdagenharlingen.nl.

## Fähre

- **Fährverbindungen** nach Vlieland und Terschelling (siehe dort).

**Friesland**

# Dokkum

⌁ IV/A2

Traurige Berühmtheit kann Dokkum, ursprünglich Dockinga, nordöstlich von Leeuwarden, durch die Vermutung für sich in Anspruch nehmen, dass der Missionar *Bonifatius* hier ermordet wurde – dadurch entwickelte sich der Ort aber zu einem Wallfahrtszentrum, was im Mittelalter meist auch mit großer wirtschaftlicher Bedeutung verbunden war. Die Wallfahrt wurde nach der Reformation eingestellt, 1991 aber wieder aufgenommen.

Im Jahre 1214 predigte *Olivier van Keulen* hier den Kreuzzug, an dem sich viele Dokkumer Bürger beteiligten (der Halbmond im Stadtwappen erinnert noch heute daran). Später konnte sich Dokkum durch seine damalige Lage mit Verbindung zur Nordsee gut entwickeln und auch der Handelsverkehr mit Spanien blühte. Die Errichtung der Stadtmauer 1581/82 sicherte die Stadt weiter ab und sie gewann zusätzliche Bedeutung, als die Friesische Admiralität in Dokkum ihr Hauptquartier aufschlug – die dann aber 1644 nach Harlingen verlegt wurde. Inzwischen hatte die Stadt umfangreiche Landgewinnungsmaßnahmen begonnen und 1654–56 den Kanal Stroobosser trekvaart gebaut. Im Rahmen der Stadterweiterung im 19. Jh. wurde manch historische Bausubstanz zeitgemäßen Bauten geopfert.

Doch ist in den letzten Jahren viel restauriert worden, vorbildlich sind dabei vor allem die **Koffiebranderij**, in der nun ein Restaurant untergebracht ist, und das alte Treppengiebelhaus De Gouden Hand am Fleischmarkt. **Dokkumer Kaffee** (friesisch: *Dokkumer Kofje*) ist eine Spezialität, ein Kaffee mit einem Schuss Berenburg, einem friesischen Kräuterlikör, der mit Schlagsahne abgedeckt wird. Damit ähnelt dieses Getränk dem Pharisäer aus Nordfriesland. Die Sahne wird nicht eingerührt, sondern der Kaffee darunter weggetrunken und dann die Sahne genüsslich gelöffelt.

## Sehenswertes

Im Laufe der Geschichte hat Dokkum mehrere **Stadtmauern** mit Bollwerken und einen **Grachtengürtel** erhalten. Vier Tore führten in die Stadt. Auf zwei Bollwerken stehen noch die **Mühlen** Zeldenrust und De Hoop. Der Altstadtkern innerhalb der alten Umwallung hat sein historisches Gesicht bewahrt – Wälle und Altstadt stehen unter Denkmalschutz. An den Grachten Klein Diep und Groot Diep stehen prächtige **Patrizierhäuser.** Leichte Höhenunterschiede zwischen den Plätzen der Stadt zeigen, dass Dokkum einmal auf zwei großen Terpen angelegt worden war.

Das von einem Turm bekrönte **Stadhuis** am Zijl, der ehmaligen Tidenschleuse zum Meeresarm, der früher die Dokkumer Verbindung zur Nordsee darstellte, wurde 1610 errichtet. Der im Rokokostil ausgeschmückte Raatssaal weist Wandgemälde von *D. Reynes* auf.

Auf der anderen Seite der Zijl, die die beiden ineinander übergehenden Grachten Klein Diep mit der Windmühle im Hintergrund und Groet Diep voneinander trennt, stehen gegenüber vom Rathaus anstelle des alten Blokhuis, der vormaligen Festung der Stadt, drei schön restaurierte Giebelhäuser aus dem 17. Jh. Das 1618 gebaute **Admiraliteitshuis** war Sitz der friesischen und Groninger Admiralität. Heute ist hier und in den beiden Nachbargebäuden aus dem 18. Jh. das **Streekmuseum** untergebracht. Es zeigt friesische Schmuck- und Handwerksarbeiten, Trachten sowie archäologische Funde aus friesischen Warften.

In unmittelbarer Nähe wird im **Naturmuseum** die friesische Landschaft, vor allem die Terpenkultur, anhand verschiedener Dioramen erläutert. Kinderprogramme und Exkursionen ergänzen das Angebot.

**De Waag** wurde 1754 mit vier ionischen Pilastern und dem Stadtwappen an der Glockenkuppel errichtet. Das Gebäude diente gleichzeitig als Stadtwaage und Stadtwache.

Auf der großen Warft von Dokkum steht die **St. Martinuskerk,** ein zweischiffiger, gotischer Bau mit einem Chor aus dem 15. Jh. Der Orgelprospekt stammt aus dem Jahr 1688, die Kanzel von 1751. Die katholische **St. Bonifatiuskerk** wurde 1871 nach Entwürfen von *P.J.H. Cuypers* errichtet. Der 47 m hohe Turm stürzte noch während der Bauarbeiten ein, wurde jedoch wieder aufgebaut. In der Kirche befinden sich Reliquien des Missionars Bonifatius.

● **Streekmuseum het Admiraliteitshuis:** Diepswal 27, Tel. 29 31 34, www.museum dokkum.nl, Di–Sa 13–17 Uhr, Eintritt 2,50 €, Kinder 6–16 Jahre 1,25 €.

● **Natuurmuseum Dokkum:** Kleine Oosterstraat 12, Tel. 29 73 18, www.natuurmuseum dokkum.nl, Mo 13–17 Uhr, Di–Fr 10–12 und 13–17 Uhr, Juni bis Sept. auch Sa 14–16.30 Uhr, Eintritt 2,50 €, Senioren 2 €, Kinder 6–16 Jahre 1,25 €.
● **St. Martinuskerk:** Markt, Juni bis Mitte Sept. Mi und Sa 14–17 Uhr, Fr 19–21 Uhr bei Orgelspiel.

## Info

● **Tel.-Vorwahl:** 0519
● **VVV/ANWB Dokkum:** 9101 LE, Op de Fetze 13, Tel. 29 38 00, Fax 29 80 15, www. vvvlauwersland.nl.

## Unterkunft, Essen und Trinken

● **Posthoorn** €€: 9101 LA, Diepswal 21, Tel. 29 35 00, Fax 29 73 29, www.hotel-depost hoorn.nl, A-la-carte-Restaurant im Zentrum an der Gracht, Terrasse am Wasser, benachbart angeschlossenes **Restaurant Olive** mit mediterraner Küche, angeschlossener Hotelbetrieb mit freundlicher Atmosphäre, zweckmäßig eingerichtete Zimmer.
● **Camping Harddraverspark,** 9101 XA, Harddraversdijk 1a, stadtnah, Tel. 29 44 45 oder (0650) 60 63 90, www.campingdok kum.nl.

## Aktivitäten

● **Yachthafen:** Havenrecreatie Dokkum, Harddraversdijk 1a, Tel. (0651) 16 90 54.
● **Trekschuit „De Herinnering":** Rundfahrt (30 Min.) auf den Grachten durch Dokkum mit einem alten Treidelschiff, Mi in der Sommersaison, Abfahrt am Zijl gegenüber dem Stadhuis 13.30 und bei Bedarf 15.30 Uhr, Fahrt 1,75 €, Kinder bis 12 Jahre 1 €, Info über das Streekmuseum, Tel. 29 31 34.

## Einkaufen

● **Wochenmarkt:** Mi 11–17 Uhr am Markt.

Friesland

# Terpenland

↗ IV/A2-3

Das Terpenland, das **Land der Warften,** breitet sich im niederländischen Nordfriesland zwischen Leeuwarden und dem Lauwersmeer aus. Hier siedelten die Friesen ab dem 5. Jh. Angesichts des absinkenden Landes und der Zunahme der Sturmfluten begannen sie für ihre Häuser und später auch für Kirchen **Erhebungen,** die sogenannten Terpen, anzuhäufen. Diese meist kleineren, aber für die Orte auch bis zu zehn Hektar großen, mit Bäumen bestandenen Anhebungen sind charakteristisch für die Weite der friesischen Weidelandschaft mit ihren **Kühen** und typischen **schwarzen Pferden** – und dazu den reetgedeckten Bauernhäusern und kleinen alten **Backsteinkirchen,** deren Türme mit Satteldächern gedeckt sind. Überall sieht man **Mühlen,** die das tief liegende Land entwässern. Der Terpenbau endete in den nordniederländischen Regionen von Friesland, Groningen und Drenthe um 1200, als hier mit dem wesentlich effektiveren Deichbau begonnen wurde.

Der zentrale Ort des Terpenlandes ist Dokkum. Eine **Rundfahrt** beginnt man am besten in Leeuwarden, von wo aus man zunächst die südlicher gelegenen Orte besucht, die teilweise noch auf sandigem Untergrund liegen.

## Oenkerk

↗ IV/A2-3

So hat Oenkerk (friesisch: Oentsjerk) den schönen Park des **Landgutes Stania State** zu bieten, einen der vielen friesischen Adelssitze, von denen einige erhalten sind. Das Landhaus aus dem 17. Jh. wurde 1734 neu errichtet und nach einem Brand 1843 restauriert, es ist heute im Besitz der Gemeinde und beherbergt ein Restaurant (s.u.). Ein Stück weiter nordöstlich findet man bei Oudkerk (friesisch: Aldtsjerk) **De Klinze** als weiteres Landgut, das ein Hotel-Restaurant beherbergt (s.u.).

## Rinsumageest

↗ IV/A2

Rinsumageest (friesisch: Rinsumageast) weist ein besonders schönes Dorfbild mit hoher Brücke über der Gracht auf. Die Kirche stammt im Ursprung aus dem 11. Jh. und ist damit eine der ältesten in Friesland. Das heutige romanische Schiff wurde 1175 gebaut, das zweite parallele spätgotische Schiff 1475, der Satteldachturm 1610. Unter dem Chor befindet sich eine Krypta, die einzige in der ganzen Umgebung. Außerdem gibt es im Dorf noch einige schöne Herrenhäuser.

## Twizel

↗ IV/A3

Ganz im Südosten des Terpenlandes liegt Twizel (friesisch: Twizel) an der N355, Geburtsort der friesischen Dichterin *Simke Kloostermann.* Ein kleines Museum erinnert an die 1867 geborene Frau, die in ihrem Testament eine Stiftung ausschrieb, die alljährlich einen Preis für friesische Jugendliteratur vergibt. Der Ort selbst ist ein reiz-

Trocknen von Fischernetzen im Terpenland

volles Straßendorf, dessen Hauptstraße von schönen, reetgedeckten Bauernhäusern und Scheunen gesäumt ist.

● **Simke Kloostermanhûs:** Twijzel, Tsjerkebuorren 27, geöffnet nur nach Absprache, Tel. (0511) 54 29 02, Eintritt 1 €.

## Veenklooster

In Richtung Lauwersmeer, des eingedeichten Meeresarms, liegt Veenklooster (friesisch: Feankleaster), wie der Name sagt, einst Standort einer Klosteranlage. Die reetgedeckten Häuser des kleinen Ortes sind um den typischen Brink gebaut, den Platz im Zentrum. Das Gebiet war im 11. Jh. in Kultur genommen worden. Im 13. Jh. wurde hier ein Prämonstratenserkloster, später mit Namen Olijfberg, gegründet, das erstmals 1287 Erwähnung fand. Der relativ große Landwirtschaftsbetrieb ging 1579 unter, die Reste der Anlage kamen 1644 in Besitz der Familie *van Fogelsangh,* die 1648 ihr Herrenhaus aus Baumaterialien des ruinösen Klosters Olijfberg errichtete. Heute ist das Haus ein **Museum des adeligen Lebens** im 19. Jh. mit Pferdestall und Kutschenhaus. Die Zimmer sind noch authentisch eingerichtet, so eine Küche, eine Kupferblechwerkstatt, ein Jagdzimmer, ein Schlafzimmer, dazu eine Porzellansammlung und Kinderspielzeug. Der Park wurde durch den Gartenarchitekten *Roodbaard* angelegt.

Des Weiteren gibt es in Veenklooster das **Landwirtschaftsmuseum De**

075ni Foto: ot

Friesland

**Brink** in einem alten Bauernhaus mit Werkzeugen, Gerätschaften und Gegenständen des täglichen Lebens für Bauer und Bäuerin sowie das **Informationszentrum De Munnik** über das Dorf und seine Umgebung. Im Herrenhaus **It Lytse Slot** ist eine reizvolle Trockenblumenausstellung untergebracht, dazu findet man ein Café seitlich neben dem Schloss.

● **Fogelsangh-State:** Kloosterweg 1, Tel. (0511) 44 19 70, www.fogelsangh-state.nl, Mai bis Nov. Di–So 10–17 Uhr, ab 15. Juni auch So 13–17 Uhr, Eintritt 4 €, Kinder 6–12 Jahre 2 €, Park 1 €.
● **Agrarisch Bedrijfsmuseum de Brink:** Kleasterwei 2, Tel. (0511) 44 54 21, www.landbouwmuseum.nl, April bis Okt. Di–Sa 13.15–17.30 Uhr, ansonsten nach Absprache, Eintritt 2 €, ermäßigt 1 €.
● **Informatiecentrum De Munnik:** Muntsewei 1, Tel. (0511) 44 39 41, März bis Mai, Okt. und Nov. Di–Fr 13–16 Uhr, Mai bis Sept. Di–Fr 10–12 und 13–16 Uhr.
● **It Lytse Slot:** Veenklooster, Kleasterwei 7, Tel. (0511) 44 52 14, Mitte März bis Nov. Mo–Sa 13–17 Uhr, im Winter nur Sa 13–17 Uhr, Eintritt 2 €.

### Kollum      ⚲ IV/A2

Die gotische **Maartenskerk** aus dem 15. Jh. im nahe gelegenen Kollum weist einen älteren Turm und interessante Gewölbefresken im Kirchenschiff auf. Das Dorf mit kleinstädtischem Charakter entstand auf einem Sandplateau am Rande eines Dwarsried genannten Wasserlaufes mit direkter Verbindung zum Meer. Deshalb wurden hier vor allem landwirtschaftliche Produkte verschifft, insbesondere Käse. Die **Kollumer Kaasdagen** in der letzten Aprilwoche erinnern als

Kirmes und Veranstaltungstage an diese Vergangenheit. Dass der Ort einst wohlhabend war, zeigt sich an einer Reihe sehenswerter, denkmalgeschützter Bauten wie etwa dem Rathaus im Empirestil aus dem Jahr 1808.

### Hogebeintum      ⚲ IV/A2

Auch der Norden des Terpenlandes weist eine Reihe sehenswerter Örtlichkeiten auf. So befindet sich der kleine Ort Hogebeintum (friesisch: Hegebeintum) nördlich von Leeuwarden auf der mit neun Metern Höhe höchsten Warft Frieslands. Der Turm der typisch friesischen Kirche aus dem 13. Jh. ist mit einem Satteldach eingedeckt. Ein Informationspunkt unterhalb der Warft zeigt die Geschichte der Terpen in Friesland auf. Im Osten des Ortes steht das **Landhaus Harsta State.** Die erste Erwähnung geht auf das Jahr 1511 zurück, der heutige Bau stammt von 1840. Ein schöner Park umgibt das Gebäude.

### Holwerd      ⚲ IV/A2

Weiter nördlich liegt Holwerd (friesisch: Holwert) mit der **Sint Willibrorduskerk** aus dem Jahr 1775, deren frei stehender Turm noch aus dem 13. Jh. stammt. Sehenswert sind die barocken Totentafeln im Inneren. In dem Ort mit vielen restaurierten Häusern steht das Wohnhaus der friesischen Dichterin *Waling Dijkstra* (1821–1914). An der sich zwei Kilometer ins Wattenmeer

Landhaus Harsta State in Hogebeintum

070ni Foto: ot

Friesland

erstreckenden Pier legen die **Fähren nach Ameland** an.

## Wierum ⤢ IV/A2

Vom alten Fischerdorf Wierum auf halbem Weg an der Küste zum Lauwersmeer kann man **Wattausflüge** zur Sandbank Engelsmanplaat zwischen den Inseln Ameland und Schiermonnikoog unternehmen. Die Ortskirche steht unmittelbar hinter dem Deich auf einer Warft, damit die Fischer vom Turm aus die See beobachten konnten. Am Dorfplatz daneben befindet sich das alte Gemeindehaus.

## Moddergat ⤢ IV/A2

Auch in Moddergat, weiter im Osten, gibt es eine hübsche, kleine Dorf-

kirche. Den Ort traf am 5./6. März 1883 ein schwerer Schicksalsschlag, als eine Sturmflut viele Boote zerstörte und 83 Menschen zu Tode kamen. Auch heute noch ist die Fischerei von großer Bedeutung für den Ort, die Boote liegen allerdings inzwischen in Lauwersoog. Ein Fischerdenkmal auf dem Seedeich weist darauf hin. Reizvoll ist das unter Denkmalschutz stehende Ortsbild mit vielen restaurierten Fischerhäusern aus dem 18. Jh.

Sehenswert ist das kleine **Fischereimuseum 't Fiskershúske.** Untergebracht in vier kleinen Häusern und einem Ausstellungsgebäude, zeigt es Gebrauchsgegenstände aus der Küstenfischerei. Das eigentliche Fiskershúske zeigt die Einrichtung eines Fischerhauses der Küste im Jahre 1850, das Haus de Aek beherbergt die Ausstellung Fischer vom Watt und der Küste wie auch die Erinnerung an die Rettungsstation mit dem Rettungsboot. Das Klaske's Húske ist im Stil der 1920er und 1950er Jahre eingerichtet.

Auf einer kleinen Werft außerhalb des Ortes in Richtung Wierum hat man ein Wierumer Aek, eines der typischen Fischerbote, nachgebaut. Auf der Pier steht die **Molen de Hond, eine** Korn- und Schälmühle aus dem Jahr 1861.

● **Museum 't Fiskershúske:** Fiskerspaad 4–8a, Tel. (0519) 58 94 54, www.museummodergat.nl, dazu kleiner Laden und Café, März bis Nov. Mo-Sa 10–17 Uhr, Eintritt 2 €, ermäßigt 1,25 €.
● **Molen De Hond:** Tel. (0519) 58 93 68, Mai bis Sept. Sa 13–16 Uhr.

## Anjum ⤢ IV/A2

Auf dem Weg zum Lauwersmeer passiert man Anjum (friesisch: Eanjum), ebenfalls auf einer Warft gebaut. Die **Michaelskerk** mit dem Tuffsteinturm aus dem 12. Jh. weist einen Chor mit spätgotischem Sakramentshaus auf. Das Ortsbild bestimmt die mächtige **Windmühle De Eendracht.**

● **Molen De Eendracht:** Mounebuorren 18, Tel. (0519) 32 19 26, April bis Okt. Di–Sa 10–17 Uhr, Nov. bis März Sa 10–17 Uhr, Eintritt 3,50 €, Kinder 4–12 Jahre 2 €, Senioren 2,50 €.

## Oostmahorn ⤢ IV/A2

Nur wenig weiter ist man in Oostmahorn (friesisch: De Skâns), einem Wassersport- und Ferienort am Lauwersmeer. Hier gibt es ein **Wasser-**

**sportzentrum,** ein großes Surfgebiet, Yachthafen, Bootsvermietung und Rundfahrtmöglichkeiten.

● **Yachthafen Oostmahorn:** Anjum, Oostmahorn 31, Tel. (0519) 32 14 45, www.jachthavenoostmahorn.nl, 450 Liegeplätze, kurzer Weg ins Wattenmeer, mit Café-Restaurant.

## Info

● www.lauwersland.nl

## Unterkunft, Essen und Trinken

● **Landgoed Stania State** €€€: 9062 EJ Oenkerk, Rengersweg 98b, Tel. (058) 256 28 11, www.staniastate.nl, Restaurant mit Brasserie und kleinem Hotelbetrieb (Bed&Breakfast).
● **Landgoed de Klinze** €€€€: 9064 KC Oudkerk (Aldtsjerk), Van Sminiaweg 32–36, Tel. (058) 256 10 50, Fax 256 10 60, www.klinze.nl, Luxusherberge der Hampshire Classic Group mit Wellnessbereich und Kosmetikabteilung, Hallenbad, inmitten eines großen Parks, mit Spitzenrestaurant, Bistro und schöner Gartenterrasse, angeschlossenes **Restaurant** mit stilvollem Speiseraum.
● **De Roskam** €€€: Kollum, Voorstraat 63, Tel. (0511) 45 33 78, www.restaurantderoskam.nl, im Zentrum in einem alten Herrenhaus, frische, regionale Küche, friesische Spezialitäten, nur abends geöffnet, Mo und Di Ruhetag.
● **Herberg de Hoeke:** Moddergat-Paezens, Eastein 2, Tel. (0519) 58 96 31, familiäres Gasthaus am Ortseingang von Paezens gleich hinter der Windmühle mit ein paar Tischen vor der Haustür in der Sonne, rustikaler Gastraum, kleine Karte.

# Das Lauwersmeer

Eine tiefe Meereseinbuchtung trennt die Provinzen Friesland und Groningen im Küstenbereich. Die Arme dieser Bucht reichten einst bis Dokkum und Leeuwarden, sodass diese Städte am Seehandel partizipieren konnten. Die Besiedlung hatte bereits im 5. Jh. begonnen, die Menschen bauten ihre Behausungen auf Terpen (Warften). An der Kultivierung des Landes waren vor allem auch Klöster beteiligt. Die Landgewinnung vollzog sich meist nach der sogenannten Boerenmethode, bei der man Gräben zur Entwässerung in den Schlick grub und den Aushub zwischen den Gräben aufwarf. Die Gräben mussten jährlich nach den Herbst- und Winterstumfluten neu ausgehoben werden. Solche erhöhten und abgetrockneten Schlickflächen waren besonders fruchtbar. Diese Arbeiten wurden vor allem von den Landarbeitern der umliegenden Höfe in der Vegetationspause durchgeführt. Aufgrund des 1601 verabschiedeten Ommelander Landrechts bekamen dann die Arbeiter Besitzrechte an dem von ihnen gewonnenen Land.

Problematisch blieb die Situation am Lauwersmeer aber für die angrenzenden Bewohner. Immer wieder entrissen ihnen Sturmfluten das Land. So wurden schon im ausgehenden Mittelalter Überlegungen angestellt, das Lauwersmeer abzudämmen, doch die Seefahrts- und Fischereiinteressen standen dem entgegen. Die Weihnachtsflut 1717 kostete dann Hunderte von Menschen das Leben, sodass einzelne Städte Tidenschleusen bauten, wie etwa die Dokkumer Nieuwe Zijlen. 1877 schloss man das Rietdiep, einen vier Kilometer breiten Seitenarm, vom Lauwersmeer ab, sodass seither die Flut in Groningen nicht mehr zu spüren war.

Im Jahr 1969 wurde das Lauwersmeer endgültig durch einen Damm vom Wattenmeer abgetrennt. Eine 4617 ha große Fläche, davon 2000 ha Wasserfläche, wird nunmehr als **Nationalpark** ausgewiesen. Dieses Gebiet aus Wasser, Naturweiden und Schlickflächen ist ein wichtiges Biotop für eine vielfältige Pflanzen- und Tierwelt und bietet vor allem Zugvögeln Rast- und Futterplätze. Ausreichend Flächen sind auch für touristische Zwecke vorgesehen, sodass das Lauwersmeer heute ein von vielen Menschen besuchtes **Erholungsgebiet** ist. Für die Fischereiinteresen wurde Lauwersoog am Ostende des Lauwersdammes zum Fischereihafen ausgebaut.

● **Information:** www.lauwersmeer.org.

Friesland

# Friesische Seen

Im Süden der Provinz Friesland breiten sich die **Friese Meren** aus, ein großes Seengebiet zwischen der Küste der Waddenzee bzw. des Ijsselmeeres im Westen und den Ausläufern des sandigen Heidegebietes der Veluwe im Osten. **Sneek** ist der Hauptort der Region.

Die vielen großen und noch mehr kleinen Gewässer sind durch Kanäle miteinander verbunden. Entstanden sind die meisten im Mittelalter durch Torfabbau. In der Regel sind sie kaum mehr als einen Meter tief. Das **Sneekermeer** (friesisch: Snitser Mar) erstreckt sich östlich von Sneek. Ganz im Osten von Leeuwarden liegt bei Burgum (friesisch: Bergum) das **Bergumermeer.** Das **Tjeukemeer** (Friesisch: Tsjûkemar) ist das größte Gewässer der friesischen Seenplatte. Es erstreckt sich ganz im Süden Frieslands, südwestlich liegt Lemmer am Ijsselmeer. Die Autobahn A6 durchschneidet den See an seiner Westseite. Das **Slotermeer** (friesisch: Sleattemer Mar) liegt westlich des Tjeukermeeres. Die **Oudegaasterbrekken** erstrecken sich südwestlich von Sneek. Der **Fluessen** (friesisch: De Fluezen) ist ein lang gestrecktes Seengebiet, das den Übergang vom Heegermeer im Norden zum De Holken im Süden bildet. Im See befinden sich einige teilweise künstliche Inseln, von denen Langehoekspôlle die größte ist. Durch das Gewässer führt der Johann Frisokanal, der bei Stavoren am Südwestzipfel Frieslands ins Ijsselmeer mündet. Die Wassertiefe liegt zwischen einem und 1,80 Meter, trotzdem ist diese Seenkette auch im Sommer nicht überlaufen, weil sie etwas abseits liegt.

In einem großen Bogen rund um Sneek und die friesischen Seen gibt es eine ganze Reihe **reizvoller Orte,** die es lohnt aufzusuchen und die für **Wassersportler** interessante kulturhistorische Ergänzungen darstellen.

# Sneek
↗ III/C3

Die Ursprünge der Stadt Sneek (friesisch: Snits) reichen weit ins frühe Mittelalter hinein. Hier häufte man auf einer Landzunge in der Middelzee, einem einstigen Binnenmeer, eine Warft auf, auf der die Sint Martinskerk errichtet wurde. Um diese Kirchenwarft herum entwickelte sich die Stadt, die im 13. Jh. erste Stadtrechte erhielt, die 1456 endgültig festgelegt wurden. Zu diesem Zeitpunkt war Sneek schon eine reiche Handelsstadt, die 1492 mit einer wehrfähigen Mauer umgeben wurde, von der noch die Waterpoort erhalten ist. Im Spätmittelalter erlitt Sneek mehrfach schweren Schaden durch Feuersbrünste.

Heute ist Sneek einer der wichtigsten **Wassersportorte** der Niederlande. Jedes Jahr Anfang August findet hier die Sneekweek, die bedeutendste **Segelregatta** des Landes, statt (s.u.).

## Sehenswertes

Der **Grachtengürtel** ist immer noch charakteristisch für das Stadtbild. Viele mit klassizistischen Giebeln versehene Herren- und Lagerhäuser säumen die Grachten. Und immer noch kann man am Grootzand und am Kleinzand kleine Frachtschiffe durch das Wassertor kommen sehen, die dann im Zentrum be- und entladen werden.

Die **Waterpoort** aus dem Jahr 1613 ist das bekannteste Bauwerk und Wahrzeichen von Sneek. Von je einem Rundturm flankiert, sichert dieser prächtige Renaissancebau die mit Arkaden überspannte Durchfahrt zum

Hafen. Es ist das einzige verbliebene Tor der Stadt. Da solche Tore schon Ende des 16. Jh. ihre militärische Funktion verloren hatten, bekam die Waterpoort ihren repräsentativen Charakter und wurde zum Symbol für den Reichtum der Stadt.

Das **Stadhuis** von Sneek wurde 1478 am langen Markt erbaut und erhielt im 18. Jh. seine Rokokofassade mit den hohen Fenstern, wobei die barocke Freitreppe aus dem Jahr 1745 erhalten blieb. Im Versammlungssaal des Rathauses ist eine Waffensammlung untergebracht. Hier befindet sich auch der Helm des sagenhaften friesischen Freiheitshelden *Grutte Pier*.

Am Kopfende des Marktes steht das **Gerechtsgebouw,** 1839 gestiftet und im Empirestil errichtet. Der Gerichtssaal ist mit schönem Stuckwerk verziert. Rückwärtig schließt sich das alte Gefängnisgebäude an, das heute eine Diskothek beherbergt.

Die **Martinikerk** wurde ursprünglich im 11. Jh. aus Tuffstein erbaut. Um 1300 vergrößerte man die Kirche. Der heutige Bau stammt aus dem Jahr 1498. Der Überlieferung nach ruhen in der Kirche die sterblichen Überreste von Grutte Pier, der am 28. Oktober 1510 verstorben ist. Die Kirchenorgel wurde 1710 von dem berühmten Orgelbauer Schnitger eingebaut.

Das **Friesische Schifffahrtsmuseum** widmet sich zusammen mit der Sneker Oudheidkamer der Binnen- und Hochseeschifffahrt und zeigt dazu eine Sammlung von Antiquitäten, vor allem friesisches Silber und Mobiliar. Gezeigt werden Schiffsmodelle,

Schiffseinrichtungen, Werkstätten und Navigationsgeräte vom 17. Jh. bis heute. Untergebracht ist das Museum in vier historischen Gebäuden an der Gracht mit Galerien um einen Innenhof, insgesamt 32 Ausstellungsräume.

Eisenbahnfreunde begeistert das **Modelleisenbahnmuseum** mit der größten niederländischen Modelleisenbahnsammlung von über 5000 Ausstellungsstücken.

● **Schutterskamer Stadhuis:** Marktstraat 11, Tel. 48 55 55, www.sneek.nl, Juli/Aug. Mo–Do 14–16 Uhr, ansonsten nach Absprache, Eintritt frei.
● **Martinikerk:** Grote Kerkstraat 9, Mitte Juni bis Mitte Sept. Sa 14.30–17 Uhr, Mitte Juli bis Mitte Aug. auch Di–Do 19.30–21 Uhr.
● **Fries Scheepvaart Museum / Sneker Oudheidkamer:** Kleinzand 14, Tel. 41 40 57, www.friesscheepvaartmuseum.nl, Mo–Sa 10–17 Uhr, So 12–17 Uhr, Oster- und Pfingstsonntag, Himmelfahrtstag und 1.1. geschlossen, Eintritt 3 €, Kinder 6–12 Jahre 1 €.
● **Het Nationaal Modelspoor Museum:** NS Station, Dr. Boumaweg 17a, Tel. 43 00 21, www.modelspoormuseum.nl, Di–Sa 10–17 Uhr, So 12–17 Uhr, 1.1., Ostern, 30.4., Himmelfahrtstag, Pfingsten und 25./26.12. geschlossen, Eintritt 5 €, Senioren 4 €, Kinder 4–12 Jahre 2,50 €.

### Info

● **Tel.-Vorwahl:** 0515
● **VVV Sneek:** 8601 CV, Marktstraat 18, Tel. 4140 96, Fax 42 37 03, www.vvvsneek.nl.

### Unterkunft, Essen und Trinken

● **Onder de Linden** €€: Marktstraat 30, Tel. 41 26 54, www.restaurantonderdelinden.nl, empfehlenswertes Restaurant in einem alten Gebäude am Markt, mit Außenterrasse unter den Linden, Ende Dezember bis Mitte Januar geschlossen.

Friesland

●**Hanenburg** €€: 8601 EB, Wijde Norderhorne 2, Tel. 41 25 70, www.hollandhotels.nl, Hotel der Holland-Gruppe, familiär geführt seit vier Generationen, angeschlossenes **Restaurant Piccolo** €€€ mit regionaler wie auch internationaler Küche, 31.12. und 1.1. geschlossen.

## Veranstaltungen

●**Sneekweek:** Jährlich stattfindendes Segelereignis auf dem Sneekermeer, beginnt am Freitag vor dem ersten Sonntag im August mit einer Flottenschau, Segelwettbewerbe bis Donnerstag, Mittwoch gilt als „Hartsegeltag", dazu Kirmes mit Ständen, Information: Konninklijke Watersportvereniging Sneek, De Kajuit, Jachthaven de Domp 1, Tel. 43 25 03, www.sneekweek.nl, mit Restaurant und Minigolfanlage.
●**Open Friese Kampioenschappen Skutsjezeilen:** Parallel zur Sneekweek werden am letzten Julisonntag bzw. am 1. und 2. Augustsonntag Segelwettbewerbe mit den alten friesischen Flachbooten ausgetragen, sie finden auf vielen der friesischen Gewässer statt, Information: www.ifks.nl.

# Lemmer   ♫ VII/D1

Lemmer ist ein altes **Fischerdorf am Ijsselmeer.** Im Zentrum ist dieser Charakter noch erhalten geblieben. Hier liegen viele Boote, es gibt Fischbuden, Cafés und Restaurants mit gemütlichen Terrassen. Die Zufahrt zum alten Hafen ist eng, am Kopfende erhebt sich der Turm der klassizistischen Kirche. Doch längst hat der **Wassersport** hier das Sagen. Lemmer ist das Tor zu den friesischen Seen – spöttisch auch als „Kölner Bucht" bezeichnet, weil hier so viele Freizeitkapitäne aus Nordrhein-Westfalen anzutreffen sind. Aber auch **Eislaufen** ist in Lemmer

Volkssport. Wenn sich strenge Fröste ankündigen, werden die großen Parkplätze geflutet und bilden dann – zusammen mit den zugefrorenen Grachten – ausgedehnte Eislaufbahnen.

Im Zusammenhang mit den Zuiderzeewerken wurde in Lemmer eine große Pumpanlage gebaut, das einzige noch heute funktionierende **Dampfpumpwerk** (Fertigstellung 1920) der Welt, das inzwischen in die Welterbeliste der UNESCO aufgenommen worden ist.

Im **Streekmuseum** kann man die Geschichte der alten Hafen- und Fischereistadt erleben. Im alten Gemeindehaus aus dem Jahr 1898 im Zentrum wird vor allem Keramik der Region gezeigt.

●**D.F. Woudagemaal:** Gemaalweg 1, Tel. (0513) 41 60 30, www.woudagemaal.nl, Führungen März, April und Okt. Di–So 13.30 und 15 Uhr, Mai bis Sept. Di–Sa 10, 11.30, 13.30 und 15 Uhr, So 13.30 und 15 Uhr, 30.4., Ostern, Himmelfahrt, Pfingsten und Nov. bis Feb. geschlossen, Teilnahme 4 €, Kinder 7–16 Jahre und Senioren 3 €.
●**Streekmuseum „Lemster Fiifgea":** Nieuwburen 1, Tel. 56 75 95, www.fries-aardewerk.nl, Di–Fr 10–17 Uhr, April bis Okt. auch Sa 13–17 Uhr, feiertags geschlossen, Eintritt 1,50 €, ermäßigt 0,50 €.

## Info

●**Tel.-Vorwahl:** 0514
●**VVV Lemmer:** 8531 EE Lemmer, Nieuwburen 1, Tel. 56 75 95, www.vvvlemmer.nl.

## Strand

●Breiter, aufgeschütteter und erneuerter Strand zwischen Buitengats und dem Bungalowpark Plattedijk, Hundeverbot April bis Okt., am Rand Strandpaviljoen De Lange, Plattedijk 1, Tel. 56 18 87, Saisonbetrieb.

## Essen und Trinken

●**De Connoisseur** €€€: Vuurtorenweg 15, Tel. 56 55 59, www.connoisseur.nl, intimes Restaurant mit hervorragender Küche, schöne Sommerterrasse mit Aussicht auf den Hafen, im Bootshaus nebenan ist ein originelles Grand Café eingerichtet, 30.12.–5.1. geschlossen, Mo und Di Ruhetag.

# Sloten  ⌗ VII/D1

Sloten (friesisch: Sleat), nördlich von Lemmer zwischen dem Slotermeer und dem Grote Brekken gelegen, ist eine **kleine Festungsstadt** an der Kreuzung mittelalterlicher Handelswege aus Sneek beziehungsweise aus Deutschland zur alten Zuiderzee. 1426 hatte Sloten Stadtrechte erhalten und wurde mit fünf Bastionen, zwei landwärtigen Stadttoren und zwei Wassertoren befestigt. Im historischen Stadtbild sind die Verteidigungslinien noch erkennbar.

Heute spielt in Sloten mit seinen nur noch tausend Einwohnern der **Wassersport** in so seenreicher Umgebung eine große Rolle – und dazu bietet das Städtchen mit seinen alten Häusern an der von Linden gesäumten Gracht, die durch die alte Lemsterpoort abgeschlossen wird, einen reizvollen Anziehungspunkt. Wohnhäuser aus dem 17. und 18. Jh. säumen das Ufer der Gracht.

Im alten Stadthaus von 1759 ist das Heimatmuseum untergebracht. Hier findet man eine großartige **Laterna-Magica-Sammlung.** Solche Projektionsgeräte hatten bis ins 19. Jh. hinein

weite Verbreitung, erfunden hatte die Laterna Magica wahrscheinlich der niederländische Physiker *Christiaan Huygens* (1629–95) aus Den Haag im Jahr 1656. Die reformierte Kirche wurde 1647, die große Kornmühle 1755 errichtet. Traditionell findet in Sloten Ende Juni der Jahrmarkt Sipelsneon statt.

●**Museum Stedhûs Sleat:** Heerenwal 48, Tel. (0514) 53 15 41, www.museumsloten.nl, April bis Okt. Di–Fr 11–17 Uhr, Sa und So 13–17 Uhr, sonst nach Absprache, Eintritt 3 €, Kinder 6–12 Jahre 1,60 €, Senioren 2,25 €.

## Info

●**Info-Agentschap Sloten:** 8556XW Sloten, Heerenwal 48, Tel. (0514) 53 15 41, www.gaasterlandpromotion.nl.

# Stavoren  ⌗ VII/C1

Von Sloten gelangt man über Balk, einen am Butterhandel reich gewordenen friesischen Ort entlang einer hübschen Gracht, nach Stavoren (friesisch: Starum) am **Ijsselmeer.** Stavoren ist die älteste der elf friesischen Städte und liegt am Wasserlauf Vlie, der sich später zur Zuiderzee erweiterte.

Um das Jahr 900 soll der Ort als Handelsplatz an dem hier gegründeten St. Odulphus Klooster entstanden sein. Stavoren erhielt 1118 Stadtrechte durch Kaiser *Heinrich IV.* Vor allem lief der Getreidehandel von den Ostseeländern zu den schnell wachsenden holländischen Städten über das mit Stapelrechten versehene Stavoren, sodass die Stadt 1385 der **Hanse** bei-

Friesland

trat. So hielt dann auch Stavoren bei den holländischen-friesischen Auseinandersetzungen zu Holland.

Im späten Mittelalter geriet die Stadt in Verfall, versandete doch ihr Hafen zunehmend. Hiervon handelt auch eine der berühmtesten **Legenden** der Niederlande, wonach die reiche Witwe *Het Vrouwtje van Stavoren* einem ihrer Schiffskapitäne auftrug, eine besonders wertvolle Ladung beizubringen – er kam mit Getreide aus Danzig zurück, denn kein Gold könne bei Hungersnot Getreide aufwiegen. Wutentbrannt ließ die Witwe das Getreide in den Hafen kippen. 1969 stellte man in der Stadt ein Standbild der reichen Witwe auf, um die Legende in Erinnerung zu halten.

Stavoren eignet sich mit seinem **Yachthafen** als Ausgangspunkt für Fahrten auf dem Ijsselmeer oder über den hier einmündenden Johan Friso Kanaal, der die Verbindung zu den friesischen Seen und Städten herstellt. Dazu verfügt Stavoren über eine **Fährverbindung** über das Ijsselmeer nach Enkhuizen – diese verbindet die Bahnlinie von Leeuwarden mit der Bahnlinie von Enkhuizen nach Amsterdam.

## Info

●**Tel.-Vorwahl:** 0514
●**VVV Stavoren:** 8715 ES, Stationsweg 7, Tel. 68 24 24, www.stavoren.nl.

## Museum

●**Toankamer 't Ponthús:** Hellingspad 10–12, Tel. 68 20 80, www.ponthuus.nl, neues, kleines Stadtmuseum, eingerichtet in zwei Mitarbeiterwohnhäusern der Firma Koppe, die früher die dampfbetriebene Fähre nach Enk-

huizen unterhielt, Juli/Aug. Di–So 13–17 Uhr, Sept./Okt. Sa 13.30–17 Uhr, Eintritt 2,50 €, ermäßigt 1,50 €.

## Aktivitäten

●**Yachthafen:** Marina Stavoren Binnen en Buitenhaven, Havenkantoor Tel. 68 46 74, www.skipsmaritiem.nl, zentral am Bahnhof und Fährterminal gelegen, getrennte Liegeplätze für Segel- und Motorboote, gut ausgestattet, Hauptgebäude mit Hallenbad und Gastronomie.

## Fähre

●**Veerdienst Stavoren (Spoorhaven) – Enkhuizen:** Rederij V&O b.v., Enkhuizen, Oosterhavenstraat 13, Tel. (0228) 32 66 67, www.veerboot.nl, Bord-Tel. (0610) 56 01 22, saisongebundene Abfahrten 10, 14.15 und 18 Uhr, einfache Fahrt 8,80 €, Hin- und Rückfahrt 11,90 €, Kinder 4–11 Jahre 5,20 € (Hin- und Rückfahrt 6,90 €).

# Hindeloopen ♫ VII/C1

Von Stavoren gelangt man über Koudum mit seiner schlichten reformierten Kirche aus dem 18. Jh. zum alten Zuiderzeehafen Hindeloopen (friesisch: Hylpen), der einst am Seehandel mit Nordeuropa reich geworden war. Heute liegt der Ort, der 1225 Stadtrechte erhalten hatte, mit seinen weniger als tausend Einwohnern einsam und idyllisch jenseits der Hauptverkehrswege auf einer kleinen Landzunge, die ins **Ijsselmeer** hineinragt.

Aus der Blütezeit der Stadt im 17. und 18. Jh. stehen noch einige Kapitänshäuser – immerhin wies Hindeloopen einst eine Flotte von an die 80 Handelsschiffen auf. Auch kann

*In Hindeloopen am Ijsselmeer*

Friesland

der Ort eine eigenständige kulturhistorische Tradition aufweisen. Hier gab es eine eigene **Tracht,** für die man unter anderem wertvolle Stoffe aus Asien verwendete, und das **Kunsthandwerk** hatte angesichts der wohlhabenden Kundschaft „goldenen Boden". Vor allem Möbel hat man hier mit Blumen- und Blattmotiven, aber auch mit Motiven aus der Seefahrt bemalt. **Galerien und Andenkengeschäfte** in den wenigen, engen Gassen des Ortes knüpfen an diese Tradition an.

Zu den Sehenswürdigkeiten von Hindeloopen zählen die reformierte Kirche aus dem Jahr 1632 mit dem massiven, aber schiefen Westertoren, der schon aus dem Jahr 1593 stammt, das an der Kirche stehende Rathaus aus dem späten 17. Jh., in dem heute das sehenswerte Heimatmuseum untergebracht ist, das hübsche Schleusenhaus mit dem Turm und das Schlittschuhmuseum.

Doch das Hauptziel vieler Touristen sind die **guten Surfbedingungen** um Hindeloopen auf dem Ijsselmeer, das hier kaum mehr als einen Meter tief ist. Die zwei großen Campingplätze des Ortes werden so auch vor allem von Wassersportlern aufgesucht.

Trödelmarkt in Hindeloopen

## Info

● **Tel.-Vorwahl:** 0514
● **VVV Hindeloopen:** 8713 JL, Nieuwstad 26, Tel. 85 12 23, www.vvvhindeloopen.

## Essen und Trinken

● **De Gasterie** €€: Kalverstraat 13, Tel. 52 19 86, www.gasterie.nl, nahe am Yachthafen, Abendrestaurant mit großer Karte mit wechselnden saisonalen Gerichten, gutes Preis-Leistungsverhältnis, Ende Dez./Anf. Jan. geschlossen, Mo Ruhetag.

# Workum ⤢ VII/C-D1

Workum (friesisch: Warkum) liegt nördlich von Hindeloopen, aber etwas landeinwärts. Mit dem Ijsselmeer ist die kleine Stadt durch den Soal, einen Kanal von zwei Kilometern Länge, verbunden. Traditionell lebte Workum vom Seehandel, von der Fischerei vor allem nach Aalen und von der **Töpferei.** Heute ist der Hauptarbeitgeber eine große Molkerei und natürlich hat der Tourismus mit der Sportschifffahrt an Bedeutung gewonnen. Workum erhielt bereits 1399 Stadtrechte und hatte zeitweise eine eigene Münze und eine eigene Gilde. Städtischen Charakter zeigt bis heute der Merk, der von historischen Bauten gesäumte Marktplatz.

Seit 1974 wird in Workum in den Schulherbstferien das Strontrace ausgetragen, ein **Segelwettbewerb** mit historischen Segelschiffen über das Ijsselmeer. Das Rennen beginnt damit, dass die Zuschauer zunächst die Boote durch den Soal ins offene Ijsselmeer ziehen müssen. Gleichzeitig mit dem Strontrace finden die **Fischereitage** statt; der Veranstaltungsreigen wird durch ein **Shantyfestival** eingeleitet. Schon jeweils im September zuvor wird der Marktplatz mit Sand abgedeckt, sodass vor allem Rinder zur jährlichen **Tierschau** (Veekeuring) vorgeführt werden können.

### Sehenswertes

Auf dem Merk steht die prächtige **Stadtwaage** aus dem Jahr 1650 mit gestuften Dachgauben, die 2007 restauriert wurde und seither Sitz des Fremdenverkehrsamtes und des **Museums Warkums Erfskip** ist, das sich der Workumer Seefahrt und der traditionellen Workumer Gebrauchskeramik widmet.

Auffallend ist die hohe Fassade des ebenfalls am Merk platzierten **Rathauses.** Links davon steht das alte Rathaus aus der Renaissancezeit. Am anderen Platzende erhebt sich die **Grote of Sint-Gertrudiskerk,** eine großartige, aber nie fertig gestellte Kreuzbasilika – es fehlte das Geld für die Joche des Langhauses, sodass bis heute der wuchtige Turm, der noch vom Vorgängerbau stammt, allein steht. Der Neubau wurde erforderlich, nachdem das

Kirchenschiff des ersten Kirchenbaus 1515 bei kriegerischen Handlungen in Schutt und Asche gelegt worden war. Wichtigste Ausstattungsstücke sind die in der Kirche ausgestellten, schön bemalten Totenbahren (Gildebaren), in denen die Zunftmitglieder ihre letzte Reise zum Friedhof antraten. Darüber hinaus weist die Kirche eine reich geschnitzte Kanzel und eine großartige Kamp-Orgel von 1697 auf.

Im **Jopie Huisman Museum** seitlich des Platzes in der Hauptstraße werden die Gemälde und Zeichnungen des gleichnamigen, in Workum geborenen Künstlers (1922–2000) ausgestellt. Er war im nahe gelegenen Herbijum als Lumpen- und Altmetallhändler tätig und bildete als Autodidakt die von ihm gesammelten Gegenstände in übernatürlicher Genauigkeit ab.

An der Einfahrt des Kanals ins Ijsselmeer steht der alte **Leuchtturm** von Workum mit dem Leuchtturmwärterhäuschen daneben. Auch verfügt der Ort noch über drei **Windmühlen.** Die Nijlânnermolen, eine 1770 gebaute Poldermühle, kann besichtigt werden.

Im Pfarrhaus der römisch-katholischen **Sint Werenfriduskerk** im Norden der Stadt ist ein Museum mit einer Kollektion liturgischer Geräte, kirchlichem Silber und Gemälden untergebracht.

● **Museum Warkums Erfskip:** Merk 4, Tel. 54 31 55, www.warkumserfskip.nl, Di–Fr 11–17 Uhr, Sa und So 13–17 Uhr, Eintritt 2 €.
● **Jopie Huisman Museum:** Noard 6, Tel. 54 31 31, www.jopiehuismanmuseum.nl, April bis Okt. Mo–Sa 10–17 Uhr, So 13–17 Uhr, ansonsten täglich 13–17 Uhr, Eintritt 4 €, Kinder 4–12 Jahre 1,50 €.

Friesland

● **De Nijlânnermolen:** Hylperdijk 3, Tel. (0642) 01 28 65, zu besichtigen, wenn sich die Flügel drehen bzw. auf Anfrage.
● **Museum voor Kerkelijke Kunst:** Noard 173, Tel. 54 31 59, Mitte Mai bis Mitte Sept. Mo–Sa 11–17 Uhr, Eintritt 2 €, Kinder 12–18 Jahre 1 €.

## Info

● **Tel.-Vorwahl:** 0515
● **VVV Workum:** 8711 AW, Balkfinne 9, Tel. 85 21 26, www.friesekust.nl.

## Essen und Trinken

● **Séburch** €€€: Séburch 9, Tel. 54 13 74, www.seburch.nl, Abendrestaurant in einer alten Seemannsherberge aus dem Jahr 1850, die ehemalige Gaststube auf der 1. Etage ist stilvoll umgebaut worden, klassische Küche, Mo und Di Ruhetag, Juli und Aug. nur Mo.

## Einkaufen

● **Töpferwaren:** It Potterbakkershûs, Merk 18, Tel. 54 19 00, tägliche Töpferdemonstrationen, großes Sortiment Workumer Keramik, mit Café und kleinem Restaurant, täglich ab 9.30 Uhr Demonstration 1,50 € pro Person.

# Makkum ♫ III/B-C3

Makkum hat wie viele andere friesische Orte am Ijsselmeer eine weit zurückreichende **Keramiktradition.** Hier kommt vor allem zinnhaltige Glasur auf Kacheln zum Einsatz, sodass die Stücke fast der Delfter Fayence ähneln.

Die Entstehung des Ortes geht auf ein Kloster zurück, das hier zwei Schleusen betrieb, sodass Makkum im Mittelalter auch die Bezeichnung „Tor zur Zuiderzee" trug. Aufgrund dieser Voraussetzungen konnte sich Makkum zu einem wichtigen Handelsort entwickeln mit der Blütezeit im 17. und 18. Jh. Von großer wirtschaftlicher Bedeutung war die Muschelkalkbrennerei. Dieser hochwertige Kalk wurde vor allem in Amsterdam zum Bau der Häuser eingesetzt. Bis zu hundert Kalkbrennereien waren in bester Zeit in Makkum in Betrieb. Die zum Transport der Ware erforderlichen Schiffe wurden zunehmend auch im Ort selbst gebaut. Zusätzlich wurde hier Fischfang betrieben.

Der Schiffbau und die Keramikproduktion blieben bis heute erhalten. Die „Koninklijke Tichelaar Makkum" ist als älteste **Steingutfabrik** der Niederlande ein beliebtes Ausflugsziel. 1572 erstmals erwähnt als Kalksteinfabrik, war sie von Anfang an ein Familienbetrieb. 1670 gabe es eine Umstellung von der Backstein- zur Keramikproduktion.

Die vierhundertjährige Tradition der Zinnglasur wird im **Fries Aardenwerkmuseum De Waag** aufrechterhalten. Das Museum in der alten Stadtwaage aus dem Jahr 1689 zeigt Keramik mit Zinnglasur aus Friesland, dazu Silberschmuck, alte Haushaltswaren und Möbel.

Die **Werft** von Makkum hat sich vor allem auf den Bau von Luxusyachten spezialisiert – leider verwehrt die große Werftanlage der Firma De Vries den Blick auf das Ijsselmeer.

● **Fries Aardewerkmuseum De Waag:** Pruikmakershoek 2, Tel. 23 13 41, www.fries-aardewerk.nl/de_waag.html, April bis Okt. Mo–

Sa 10–17 Uhr, So 13.30–17 Uhr, ansonsten Mo–Fr 10–12 und 13–16 Uhr.

●**Koninklijke Tichelaar Makkum:** Turfmarkt 65, Tel. 23 13 41, www.tichelaar.nl, Führungen Mo–Do 10–12 und 13–16 Uhr, Fr bis 15 Uhr, Sa als Video, Öffnungszeiten Fabrikladen Mo–Fr 9–17.30 Uhr, Sa 10–17 Uhr.

## Allingawier

Der nahe gelegene Ort Allingawier stellt sich fast wie ein **Museumsdorf** dar. Um die alte Dorfkirche aus dem Jahr 1633, deren Turm noch vom Vorgängerbau stammt, breitet sich der Kirchhof aus. Hier findet man in einem alten Bauernhof die **Museumsboerdrij De Izeren Kou** mit Scheune und Stallungen, dazu gibt es eine **Blechkuchenbäckerei** (*Drabbelkoeken* sind eine Sneeker Spezialität) mit Kaffeehaus, eine Schmiede, eine Malerwerkstatt und eine kleine Molkerei – alles aus alten Zeiten.

●**Bauernhausmuseum Allingawier:** Kanaalweg 4, Tel. 23 16 31, www.aldfaerserf.nl, April bis Okt. 10–17 Uhr, Mo geschlossen, Eintritt 4,50 €, ermäßigt 2,50 €.

## Kazemattenmuseum

Ein Kazemattenmuseum auf dem **Abschlussdeich,** 4 km von der Küste entfernt, erläutert die vormalige Verteidigungslinie, die 1940 deutschen Truppen nachhaltig Widerstand leistete (zu erreichen von der A7, Abfahrt **Kornwerderzand**).

●**Kazemattenmuseum Kornwerderzand:** Kornwerderzand, Afsluitdijk 5, Tel. 54 19 84 oder 54 25 65, www.kazemattenmuseum.nl, Mai bis Okt. Mi und Sa 10–17 Uhr, Juli/Aug. Auch So 13–17 Uhr, Eintritt 3 €, Senioren 2 €, Kinder bis 15 Jahre 1,50 €, Veteranen frei.

## Info

●**Tel.-Vorwahl:** 0515
●**VVV Makkum:** 8754 ET, Pruikmakershoek 2, Tel. (0900) 540 00 01 (Gebühr), Fax (0515) 23 29 20, www.friesekust.nl.

## Essen und Trinken

●**It Posthûs** €€€: Plein 15, Tel. 23 11 53, www.itposthus.nl, im ehemaligen Post- und Telegrafenamt am Kopfende des Marktplatzes, kreative internationale Küche mit französischem Einschlag, im Winter nur abends geöffnet, Mo Ruhetag.

## Aktivitäten

●**Yachthafen:** Marina Makkum, Suderseewei 6–8, Tel. 23 28 28, www.marinamakkum.nl, direkt am IJsselmeer, eine Viertelstunde Fahrt zu den Schleusen zum Wattenmeer, 600 Liegeplätze, gut ausgestattet.

## Einkaufen

●**Kaasboerderij De Mar:** Idsegahuizum, Carl Fellingerweg 3, Tel. 23 12 27, Hofladen wenig östlich von Makkum, handwerkliche Käseproduktion, dazu Butter, Frischmilch und Buttermilch, werktags geöffnet.

# Bolsward ⤢ III/C3

Die Gründung der Stadt Bolsward (friesisch: Boalsert), zwischen Sneek und dem Abschlussdeich gelegen, geht auf das Jahr 713 zurück, wie eine Inschrift am Rathaus verkündet. Gebaut wurde der Ort auf Warften, denn er war von Wasser umgeben und lange Zeit mit der Zuiderzee verbunden. Auf der ältesten dieser Warften, in der bei archäologischen Ausgrabungen sogar Siedlungsspuren aus vorgeschichtlicher Zeit gefunden wurden, steht die Sint Martinikerk. 1455 erhielt Bolsward, inzwischen eine reiche Handels- und Hafenstadt und Mitglied der Hanse, Stadtrechte. Vor allem Butter und Käse wurden hier zur Versorgung der Region verschifft. Bis heute ist der Wohlstand am alten Baubestand in der Altstadt sichtbar.

Ältestes Gebäude ist die im 13. Jh. errichtete **Broerekerk,** eine Franziskanerklosterkirche, die 1980 ausbrannte, dann aber mit einer Glasdachkonstruktion restauriert wurde und heute als Veranstaltungs-, Konzert- und Theatersaal genutzt wird.

Monumentalstes Bauwerk ist die gotische **Martinikerk,** entstanden in den Jahren 1445–66. Der dreischiffige Bau mit Satteldach und wuchtigem Turm, ganz in friesischer Tradition ebenfalls mit Satteldach gedeckt, birgt verschiedene Kostbarkeiten. Hierzu zählen das mit figürlichen Schnitzereien versehene Chorgestühl, die reich geschnitzte Kanzel und die Hinsz-Orgel aus dem Jahr 1781 mit hervorragendem Klang. Beachtenswert sind auch die Grabplatten friesischer Adeliger im Fußboden der Kirche.

Das großartige **Rathaus** stammt aus dem Jahr 1615 und ist Sinnbild der Blüte der Stadt zu dieser Zeit. Der Bau wurde 1765 im Rokokostil erweitert. Im großen Saal unter der Kuppel ist das **Stadtmuseum** eingerichtet, mit viel Bolswarder Silber, Kupfergegenständen, Keramik und Trachten.

● **Martinikerk:** Grote Kerkhof 1, Tel. 57 22 74, www.vbmk.nl/martinikerk/, Mai bis Okt. Mo–Fr 10–12 und 14–16 Uhr, sonst 14–16 Uhr, Eintritt 1,20 €, Kinder bis 12 Jahre frei.

● **Oudheidkamer Bolsward:** Jongemastraat 2, Tel. 57 20 28, www.bolsward.nl, April bis Nov. Mo 14–16 Uhr, Di–Fr 9–12 und 14–16 Uhr, Eintritt frei.

## Info

● **Tel.-Vorwahl:** 0515
● **VVV Bolsward:** 8701 KG, Marktplein 1, Tel. 57 77 01, Fax 57 77 12, www.bolsward.nl.

## Unterkunft, Essen und Trinken

● **De Lavendelhof** €€: Nieuwmarkt 22, Tel. 57 79 88, www.delavendelhof.nl, im Zentrum gelegenes Restaurant mit provencalisch beeinflusster Küche mit frischen Produkten der Region, Menüs besonders zu empfehlen, in 10. Generation in Familienbesitz, freundliche Bedienung, drei Wochen in den Sommerferien geschlossen, So Ruhetag.
● **Hid Hero Hiem** €€€: 8701 HR, Kerkstraat 51–53, Tel. 57 52 99, www.hotelhidhero hiem.nl, in einem ehemaligen Waisenhaus aus dem Jahr 1553 mit schönem Innenhof und Gartenterrasse, Studios mit Kitchenette, das angeschlossene A-la-carte-Restaurant **Het Weeshuys** €€€ bietet empfehlenswerte Menüs.

## Veranstaltung

● **Elfstedentocht op de Fiets:** Die friesische Elf-Städte-Fahrradtour – in Anlehnung an den Elfstedentocht mit Schlittschuhen – wird seit 1912 organisiert und findet seit 1947 ununterbrochen mit einer Ausnahme statt. Der Bauer *Corry de Groot* aus Bolsward fuhr 1996 als Erster den Elfstedentocht zum fünfzigsten Mal. Für die 240-km-Strecke durch die elf Städte Frieslands sind 15.000 Teilnehmer zugelassen, sie starten in Bolsward in Gruppen von 625 Personen ab 5 Uhr morgens und dann alle 8 Minuten eine neue Gruppe, bis 24 Uhr ist die Finishkontrolle in Bolsward besetzt.

Bolsward mit der Martinikerk

# Joure

⚓ VII/D1

In seenreicher Umgebung kann Joure (friesisch: De Jouwer), südöstlich von Sneek, auf eine reiche Vergangenheit zurückblicken. Bereits 1466 erhielt der Ort, der nie eine richtige Stadt, sondern ein *Vlecke* war, das Recht, einen Wochenmarkt abzuhalten. Dieser erweiterte sich 1492 zu einem Jahrmarkt, dem Jouster Merke, ein Fest, das noch heute gefeiert wird (s.u.).

Außerdem werden in Joure seit 1986 jeweils in der letzten Juliwoche die jährlichen **Friese Ballonfeesten** abgehalten (s.u.). Dabei steigen etwa **35 Heißluftballons** vom Startplatz auf, ein Spektakel, das viele Touristen anzieht.

Auf dem Friedhof des Ortsteils Westermeer erhebt sich etwas schief der Turm der romanischen Ortskirche, deren Schiff 1695 wegen Verfalls abgerissen werden musste. Der Turm der reformierten Kirche mit breiter Ballustrade und Laternenkuppel wurde 1628 an der Midstraat errichtet. Die zweischiffige Kirche entstand 1644 hinter dem Turm. Die beiden ungleichen, von innen durch fünf Säulen und einen Trennbogen unterteilten Schiffe sind von einem mehrseitigen Chor umschlossen.

In Joure hat sich ab dem 17. Jh. **Uhrmacherhandwerk** angesiedelt, das bis heute die typischen friesischen Uhren herstellt – Pendeluhren wie *stoelklokken, staartklokken* und *stoeltjesklok-*

Friesland

080ni Foto: ot

ken. Des Weiteren ist Joure Geburtsort von **Douwe Egberts,** der 1753 in der Midstraat einen Kolonialwarenhandel eröffnete, der sich bis heute zu einem internationalen Unternehmen entwickelt hat, das unter der Marke „DE" nicht nur Kaffee und Tee vertreibt. Das im alten Fabrikgebäude von Douwe Egberts untergebrachte **Heimatmuseum** zeigt die Traditionshandwerke der Stadt wie Uhrenherstellung, die Produktion von Kaffee, Tee und Tabak, die friesische Holzschuhherstellung, Kupfergießerei, Silberschmiedekunst und grafische Industrie. Zum Museum gehört der **Krämerladen de Witte Os** in der Midstraat 97, eingerichtet wie zu Großmutters Zeiten.

● **Museum Joure:** Geelgietersstraat 1–11, Tel. 41 22 83, www.museumjoure.nl, Di–Fr 10–17 Uhr, Mo 14–17 Uhr, 25. und 31.12., 1.1., Oster- und Pfingstsonntag und letzter Do im Sept. geschlossen, Eintritt 3,50 €, Kinder bis 16 Jahre 1,50 €, Senioren 2,50 €.

## Info

● **Tel.-Vorwahl:** 0513
● **VVV Joure:** 8501 AH, Midstraat 99, Tel. 41 60 30, Fax 41 52 82, www.joure.nl.

## Essen und Trinken

● **'t Plein** €€: Douwe Egbertsplein 1a, Tel. 41 70 70, www.proefdesfeer.nl, an einem kleinen Platz in der Innenstadt in einem modern eingerichteten Gebäude aus dem Jahr 1799, die Küche bietet vor allem gut zusammengestellte Menüs, Mo–Sa ab 18 Uhr, Ende Oktober und Anf. Jan. geschlossen.

## Veranstaltungen

● **Jouster Merke:** Seit 1492 abgehaltener Jahrmarkt am vierten Donnerstag im September, früher großer Viehmarkt, von dem nur noch eine kleine Pferdeversteigerung mit Manege am Ortsrand verbleiben ist, heute Krammarkt in der Midstraat, der Geschäftsstraße von Joure, mit angeschlossener Kirmes, dazu Landwirtschaftsausstellung *Agrarische Schouw* auf dem Parkplatz hinter der Midstraat.

● **Wereldkampioenschappen Solexrace:** Die Solex-Weltmeisterschaften (Fahrräder mit Hilfsmotor) werden alljährlich am ersten Samstag im September auf dem asphaltierten Gelände der Firma „De Woudfennen" ausgetragen. An die 150 Teilnehmer werden in verschiedene Klassen eingeteilt, es gibt auch ein Ladyrace. Information: Tel. 41 66 22 bzw. www.solexclubaow.nl/_sgg/m4_1.htm.

● **Friese Ballonfeesten Joure:** letztes Wochenende im Juli, Kinderprogramm, Abendveranstaltungen, Sa Aufstieg der Ballons in allen Formen, angefangen von der Lokomotive über den Fuchskopf, die Apfelsine bis hin zur Kuh, So Abschluss mit Oldtimershow. Am Mittwoch, dem Beginn des Ballonfestes, findet die *Boerebrulloft* (Bauernhochzeit) statt, ein öffentliches Traufest mit Trabrennen und Ringstechen. Info: www.ballonfeesten.nl, während der Veranstaltung Infostand Haupteingang Harddraversweg, Tel. 41 85 60, Ballonfahrtbuchung Tel. (0612) 93 65 02.

# Südostfriesland

Friesland hat im Südosten noch Anteil am Hügelgebiet, das sich aus Drenthe in seinen Ausläufern bis hierher erstreckt. Es ist eine Übergangslandschaft zwischen dem tief liegenden Moorgebiet im Norden und Wald-, Heide-, Acker- und Weideflächen weiter südlich. Diese auch Friese Wouden genannte Landschaft ist durch Sandböden gekennzeichnet. Die Äcker werden häufig mit hölzernen Palisaden gegen Flugsand geschützt.

# Drachten    ⤢ IV/A3

Drachten, südöstlich von Leeuwarden, entstand im 17. Jh. aus den Dörfern Noorder und Zuider Drachten. Hier erstreckten sich nordwärts Hochmoore, wo sich der Torfabbau lohnte. Da Drachten nie historische Stadtrechte erhalten hat, ist es immer ein „Dorf" geblieben, hat aber längst durch Industrieansiedlung, unter anderem ein Philipswerk, städtischen Charakter.

Im **Museum Smallingerland,** untergebracht in einem ehemaligen Franziskanerkloster, werden die Kunstströmungen De Stijl und Dada mit Werken von *Theo van Doesburg, Kurt Schwitters* und *Thijs Rinsema* beleuchtet, darüber hinaus zählen zu den Exponaten Werke der friesischen Künstler *Pier Pander, Ids Wiersma* und *Sjoerd H. de Roos.* Es gibt in Drachten einen Wohnvorort, der 1921 nach einem Entwurf von Doesburg bemalt wurde und deswegen auch als **Papegaaienbuurt** (Papageienvorort) bezeichnet wird. Die Philips-Rasierappartekollektion ist eine kulturhistorische Abteilung des Museums.

• **Museum Smallingerland Drachten:** Museumplein 2, Tel. 51 56 47, www.museum drachten.nl, Di–Sa 11–17 Uhr, So und feiertags 13–17 Uhr, 25.12., 1.1., Oster- und Pfingstsonntag sowie während des Elfstedentocht geschlossen, Eintritt 3,40 €, Kinder bis 18 Jahre und Senioren 1,15 €.

## Info

• **Tel.-Vorwahl:** 0512
• **VVV Drachten:** 9203DD, Museumplein 4, Tel. 51 77 71, Fax 53 24 13, info@nnbt.nl.

## Essen und Trinken

• **Koriander** €€€€: Burgemeester Wuiteweg 18, Tel. 54 88 50, www.restaurantkorian der.nl, Restaurant im Zentrum mit saisonaler Kräuterküche aus regionalen Produkten, Spezialität Krustentiere, Mitte Juli bis Anf. Aug. sowie Ende Dez. bis Mitte Jan. geschlossen, Mo und Di Ruhetag.
• **De Wilgenhoeve** €€€: De Warren 2, Tel. 51 25 10, www.restaurantdewilgenhoeve.nl, klassische Gerichte, modern zubereitet, in einem ehemaligen Bauernhof, Sommerterrasse vor dem Haus, 29.12. bis 2.1. geschlossen, Sa und So mittags sowie Mo Ruhetag.

## Aktivitäten

• **Iduna Poppodium:** Oliemolenstraat 16, Tel. 52 26 50, www.iduna.nl, 1983 als Jugendzentrum in einem Bauernhaus gegründet, heute ein Kulturzentrum, das über Popkultur hinaus alle Altersklassen mit Film, Disco, Theater und Musikveranstaltungen anspricht.
• **Zwem- en Recreatiecentrum De Welle:** Reidingweg 6, Tel. 51 35 26, www.dewelle.nl, subtropisches Hallen-Schwimmparadies mit 50-Meter-Bahn, Rutsche, Wildwasserlauf, Whirlpool, Sauna, Außenbecken, Gastronomie, ganzjährig, Eintritt 3,60 €, Jugendliche 3,10 €, verschiedene Ermäßigungen.
• **Vliegveld Drachten:** De Knobben 102, Tel. 51 32 45, www.ulv-fryslan.nl, entstanden als Firmenflughafen der Fa. Philips, heute Sportflughafen für Ultraleichtflugzeuge.

# Appelscha    ⤢ VIII/B1

Appelscha (friesisch: Appelsche) im äußersten Südosten der Provinz wurde erstmals 1247 als Appels in den Büchern des Erzbistums Utrecht vermerkt. Über Jahrhunderte bestand der Ort nur aus einigen Bauernhäusern im Übergang der sandigen Heide zur Moorlandschaft. Um 1450 wurden hier erste Deiche angelegt, um die

Moore und Äcker vor dem Eindringen von Salzwasser zu schützen. Im 19. Jh. bewirkte der Torfabbau die Ansiedlung von Arbeitern. Große Armut kennzeichnete die Region. 1888 brach ein großer Streik aus, weil die Arbeiter wegen der aufkommenden wirtschaftlicheren Steinkohle ihren Lohn verloren – übrigens der erste organisierte Streik in den Niederlanden.

Heute ist der Ort durch den **Miniatuurpark Appelscha** bekannt, mit einer Miniaturdarstellung der drei Nordprovinzen der Niederlande, historischen Gebäuden aus Friesland, Drenthe und Groningen im Maßstab 1:25, einer Kindereisenbahn im Gelände, Gastronomie, Spielplätzen und Streichelzoo.

Auf dem Kirchhof erhebt sich das für südfriesische Dörfer so typische **hölzerne Glockengestell** – solche *Klokkenstoelen* wurden vor allem errichtet, weil sich die armen Heidedörfer keine teuren steinernen Kirchtürme leisten konnten.

●**De Tuin van Appelscha:** Boerestreek 7a, Tel. (0516) 43 22 00, (0651) 91 36 20, www.miniatuurparkappelscha.nl, April bis Okt. 9.30–17 Uhr, Juli/Aug. bis 18 Uhr, behindertengercht, Eintritt 6 €, Kinder unter 3 Jahren frei, Senioren 5 €.

### Unterkunft, Essen und Trinken

●**Hotel Appelscha** €: 8426 BP, Boerestreek 2, Tel. 43 15 93, www.hotelappelscha.nl, am Rand des Nationalparks inmitten einer schönen Erholungslandschaft gelegen, einfach eingerichtete Zimmer, das angeschlossene **Restaurant** €€ bietet traditionelle Küche bis 20 Uhr, Jan./Feb. geschlossen.

# Nationalpark
# Drents-Friese Wold ⚓ VIII/B1

Der Nationalpark Drents-Friese Wold ist ein 6.100 ha großes Naturgebiet, das sich „grenzüberschreitend" über die Provinzen Drenthe und Friesland erstreckt. Das Gelände besteht aus **Wäldern, Heide und Flugsand.** Vielfältig ist die Tierwelt, der Park ist vor allem ein großer Rastplatz für **Zugvögel.** Am Rande liegen die Dörfer Appelscha, wo sich das Besucherzentrum befindet, Doldersum, Diever, Hoogersmilde und Wapse in Friesland sowie Vledder in Drenthe. In dieser Landschaft hat die sogenannte Esdorp-Kultur (auch Brinkdorp-Kultur) im hohen Mittelalter ihren Anfang genommen. Es sind typische **Dörfer der Heidelandschaften** an kleinen Flüssen, mit der gemeinschaftlichen *Es,* einem Acker, der sich später, als die Orte größer wurden, zum Brink (Marktplatz) entwickelte. Auf den Weiden im Flusstal wurden die Rinder gehalten, die Schafe in die nahe gelegenen Heiden getrieben. Durch Abstechen von Soden für die Stallhaltung entstanden die großen Flugsandflächen im Nationalpark. **Grabhügel und Hünengräber** zeigen, dass die Besiedlung hier schon viel früher eingesetzt hat.

●**Bezoekerscentrum Drents-Friese Wold:** Appelscha, Terwisscha 6A, Tel. (0516) 46 40 20, www.nationaalpark-drents-friese-wold.nl, April bis Okt. und in den Schulferien Di–So 10–17 Uhr, Juni bis August auch Mo 10–17 Uhr, Nov. bis März Sa und So 10–17 Uhr, Eintritt frei.

# Westfriesische Inseln

## Überblick

Die Westfriesischen Inseln, von den Niederländern **Waddeneilanden** genannt, sind der Nordküste als sogenannte Barriereinseln vorgelagert. Es handelt sich, von West nach Ost gesehen, um **Texel** (162 km²), **Vlieland** (40 km²), **Terschelling** (88 km²), **Ameland** (58 km²) und **Schiermonnikoog** (40 km²). Texel ist verwaltungsmäßig der Provinz Noord-Holland zugehörig, alle anderen gehören zu Friesland.

Zwischen den Inseln eingebettet liegen die unbewohnten **Sandbänke und Vogelinseln** Noorderhaaks südlich von Texel, Richel vor der Ostspitze von Vlieland, Grind zwischen dem Festland und Richel, Engelsmanplaat zwischen Ameland und Schiermonnikoog, Simonszand als bevorzugter Ruheplatz von Seehunden östlich von Schiermonnikoog sowie als östlichem Abschluss die Inselkette Rottum-Inseln mit Rottumerplaat, Rottumeroog und Zuiderduintjes. Insgesamt weisen die Waddeneilanden eine Bevölkerung von 24.000 Einwohnern auf.

Westfriesische Inseln

0811si Foto: ot

Die Fähre von Holwerd nach Ameland

# Texel

*⤳* II/A3

Texel (Aussprache: Tessel) ist die südlichste und mit 24 km Länge und 9 km Breite **größte der westfriesischen Inseln.** Texel entstand, nachdem der durchgehende Strandwall im Norden der Niederlande zu Beginn der Zeitrechnung durchbrach. Dadurch, dass Texel einen Geestkern mit dem 15 m hohen **Hoge Berg** bei Den Burg aufweist, „wandert" die Insel nicht wie die anderen Waddeneilanden ostwärts ab. Erste Eindeichungen erfolgten ab dem 12. Jh.

Bis ins hohe Mittelalter hinein war die Insel viel kleiner als heute und bestand nur aus dem weiteren Umkreis um den Hoge Berg. Abgetrennt im Norden lag die Insel Eierland, nachdem die Sturmflut von 1237 die Dünenkette von Callantsoog bis Terschelling durchbrochen hatte.

Mit nachhaltigem **Deichbau** wurde im 16. Jh. auf Texel begonnen. Zwischen 1532 und 1617 waren dann die Orte Den Burg, De Koog und De Waal gesichert. Ab 1629/30 erfolgte die Anlage eines Deiches zwischen den Dünen bei De Koog und der Insel Eierland, in deren Folge sich die Dünenkette schloss. 1851 brach diese Dünenkette während einer Sturmflut an drei Stellen ein, wodurch die Einbuchtungen De Muy und De Slufter entstanden.

Am Ende des **Zweiten Weltkriegs** fanden auf Texel Kampfhandlungen statt, die die bis dahin von Zerstörungen nicht betroffene Insel schwer trafen – es war ein Aufstand georgischer Hilfstruppen der deutschen Wehrmacht gegen die deutschen Soldaten, der viele Menschenleben kostete.

Westküste, Ostküste und Binnenland stellen die drei Landschaftszonen Texels dar. Am Westrand bildet ein sich von der Nord- bis zur Südspitze entlangziehender, ca. 30 km langer **Sandstrand** mit einem mehrkettigen Dünengürtel dahinter die Küstenlinie zur Nordsee. Dieser Strand ist im Norden recht breit und durch die Dünendurchbrüche De Muy und De Slufter gekennzeichnet. In der Mitte ist die Dünenkette deutlich schmaler und im Süden wieder sehr breit. Rückwärtig gehen die Dünen in Heide und Wald über. Die Südspitze der Insel ist durch das mehrere Kilometer breite Sand- und Dünengebiet De Hors geprägt. Der Dünengürtel gehört seit 2002 zum Nationalpark Duinen van Texel.

Das **Binnenland** ist bis auf die Region um den Hoge Berg sehr flach und entstand weitgehend aus Einpolderungen, die heute als Weiden und Felder genutzt werden. Im Zentrum liegt das Feuchtgebiet Rommelpot. Die Ostküste erstreckt sich zum **Wattenmeer.** Wenn diese Küstenlinie auch weniger der Unbill des Meeres ausgesetzt ist, so ist sie doch großteils mit Deichen gesichert.

**Schafe** sind die charakteristischen Tiere auf Texel. Für sie bauten die Bauern die für die Insel so typischen Schafscheunen, mit Reet gedeckte „halbe Schuppen" als Futterspeicher. Noch eindrucksvoller sind die **Vogelschwärme,** die auf der Insel heimisch sind. Mehr als 300 Vogelarten zählt

An der Wattküste von Texel

**Westfriesische Inseln**

man, teilweise sind sie als Zugvögel auf der Durchreise. Der besondere Stolz der Inselbewohner sind die **Löffelreiher,** die im Dünenbereich ihr Sommerquartier aufschlagen.

Hier trifft man auch eine spezifische Pflanzenwelt an: Da gibt es einerseits **Orchideen** (Knabenkräuter) und andererseits eine **ans Salzwasser angepasste Flora,** wie sie beispielsweise durch die Salzaster, die Stranddistel oder die Strandwolfsmilch vertreten wird.

## Den Burg

Hauptort und Verwaltungssitz von Texel ist Den Burg im Inselinneren mit einem reizvollen Ortskern. Hier gibt es gemütliche Cafés, Restaurants und kleine Geschäfte. In einem der ältesten Häuser ist der Sitz des **Heimatmuseums.** Im 7. Jh. bestand hier schon eine friesische Burg, die aber wahrscheinlich die Franken zerstörten. Erneut befestigt mit Burgwall und Burggracht wurde der Platz dann 1345/46 durch Graf *Jan van Beaumont,* der den hier bestehenden Klosterhof zu seinem Sitz machte. Die Straßenzüge zeugen noch heute vom **Burgcharakter** des Ortes. Die das Ortsbild bestimmende Kirche wurde im 14. Jh. mit einem steinernen Turm errichtet.

## Oudeschild

Oudeschild liegt an der Ostküste Texels. Im 17. Jh. lagen die Schiffe der Vereinigten Ostindischen Kompanie hier auf Reede, um sich für die Fahrten zu sammeln. Die Häuser mit den schönen Giebeln an der langen Ruyterstraat zeugen noch von dieser Periode. Zusammen mit der weißen Kirche und der Mühle gibt der Ort ein stimmungsvolles Bild ab. Heute liegen im Fischereihafen von Oudeschild die Nordseekutter Texels. Im **Maritiemen Juttersmuseum** findet man viele Exponate aus der Blütezeit des Ortes, darunter Objekte geborgener Schiffe.

Südlich von Oudeschild kann man die Reste des **Forts De Schans** erkennen, das ab 1572 zum Schutz der holländischen Schiffe, die hier vor Reede lagen, gebaut wurde. Später fielen Teile des Forts Küstenbaumaßnahmen und Naturgewalten zum Opfer, doch inzwischen wurden die Ruinen restauriert.

● **Maritiem en Juttersmuseum,** Oudeschild, Barentszeestraat 21, Tel. 31 49 56, www.texelsmaritiem.nl, Di–Sa 10–17 Uhr, Juli/Aug. Mo–Sa sowie 2. Oster- und Pfingsttag 10–17 Uhr, Eintritt 4,75 €, Kinder bis 14 Jahre 3,25 €.

## Oosterend

Oosterend liegt im Ostteil Texels und hatte bis zum 19. Jh. noch einen Hafen, der allerdings versandet ist. Die einst dem heiligen Martin geweihte Dorfkirche stammt aus dem frühen Mittelalter und bestimmt bis heute das Dorfbild. Nach der Reformation gab es hier viele Neukirchen, die alle ihr eigenes Kirchengebäude hatten, weshalb der Ort auch ein wenig spöttisch „Jerusalem des Nordens" genannt wird. Insgesamt lebt Oosterend von seiner dörflichen Atmosphäre mit kleinen, teilweise alten Häusern und Häuserzeilen in schmalen Gassen.

## De Cocksdorp

De Cocksdorp ist der nördlichste Ort von Texel und entstand auf einer Warft zwischen den damaligen Inseln Eierland und Texel, als sie 1610 miteinander verbunden wurden. 1835 gründete der Antwerpener Kaufmann *Nicolas Joseph de Cock* zusammen mit anderen Investoren eine Gesellschaft zur Einpolderung des Landes zwischen den Inseln. Im neu angelegten Polder wurde ein Ort gegründet, der anfänglich Nieuwdorp hieß und später De Cocksdorp genannt wurde. Von hier gelangt man zu den **Eierlandse Duinen,** dem Nordzipfel der Insel mit dem weithin sichtbaren **Leuchtturm,** und nach Westen zum Deicheinbruch De Slufter.

Südlich von De Cocksdorp erstreckt sich das Flugfeld von Texel mit dem **Luftfahrtmuseum,** das sich vor allem mit den Ereignissen während und kurz nach dem Zweiten Weltkrieg und dem Aufstand georgischer Hilfstruppen der deutschen Wehrmacht 1945 befasst, dazu Exponate zur Luftfahrtgeschichte Texels.

●**Luchtvaart- & Oorlogsmuseum Texel:** De Cocksdorp, Vliegveld Texel, Tel. 31 16 89, www.luchtvaartmuseumtexel.nl, ab zwei Wochen vor Ostern bis zu den Herbstferien Di–So 11–17 Uhr, Eintritt 3 €, Kinder 6–14 Jahre 1,85 €.

## De Koog

De Koog ist der **Hauptbadeort** mit entsprechender Infrastruktur: Hotels, Läden, Ferienparks und Campingplätze. Der Ort liegt unmittelbar an den Dünen, nur zwei Dünenreihen trennen ihn vom Strand. Früher war De Koog ein Fischerdorf. Mitten im Ort erhebt sich die Kirche aus dem Jahr 1415. In den Dünen findet man das **EcoMare,** ein hochinteressantes Nordseemuseum mit einer **Seehundaufzuchtstation.**

●**EcoMare:** Zentrum für Wattenmeer und Nordsee, De Koog, Ruyslaan 92, Tel. 31 77 41, www.ecomare.nl, täglich 9–17 Uhr, Ostersonntag, 25.12. und und 1.1. geschlossen, Seehundfütterung täglich 11 und 15 Uhr, Eintritt 7,75 €, Kinder 4–13 Jahre 4,75 €.

## De Waal

De Waal ist das kleinste Dorf Texels. Es entstand im 12. Jh. und lag bis zum 17. Jh. an der Küste – bis 1613 der Polder Waalenburg trocken gelegt wurde, seither liegt De Waal mitten auf der Insel.

Aus dem Reich der Fabeln stammen die **Sommeltjes,** eine Art Erdmännchen, die nachts im Mondlicht auf dem nahe gelegenen Sommeltjesberg, einem längst abgegrabenen prähistorischen Grabhügel, tanzen – kommen sie ins Sonnenlicht, erstarren sie zu Stein. Die Forstverwaltung hat im Nationalpark Duinen van Texel am Pelikanweg einen **Sommeltjespad** angelegt, wo einzelne zu Stein erstarrte Sommeltjes aufgestellt sind – die Fremdenverkehrsindustrie macht dankbar von diesen Figuren Gebrauch – jedenfalls kann man sie überall auf der Insel erwerben.

Im Ort befindet sich auch das **Cultuur Museum Texel,** ein kleines Museum, das über die Landwirtschaftsgeschichte der Insel Auskunft gibt – hier sieht man alte Pferdewagen, Kutschen, Landmaschinen und bäuerliches Gerät. Es gibt auch eine vollständig eingerichtete **Schmiede,** die noch in Gebrauch genommen wird, dazu inselbezogene Wechselausstellungen.

●**Cultuurhistorisch Museum Texel:** De Waal, Hogereind 6, Tel. 31 29 51, www.cultuurmuseumtexel.nl, Mo 13.30–17 Uhr, Di–Fr 10–17 Uhr, Sa 10–16 Uhr, So und feiertags 14–16 Uhr, Vorführung der Schmiede Di und Mi mittags, Eintritt 3,50 €, Kinder 2 €.

## De Slufter und De Muy

Mit den Durchbrüchen der Dünenkette von Texel im Jahre 1851 entstanden die Einbuchtungen De Slufter und De Muy. Das südlichere De Muy konnte später wieder geschlossen werden und besteht jetzt als wertvolles Naturgebiet aus **Feuchttälern zwischen den Dünenketten.** Die Versuche, den Durchbruch des Slufter zu schließen,

**Westfriesische Inseln**

blieben erfolglos. Die Dünenkette ist hier also zum Meer hin weiter offen. Dadurch blieb ein nicht minder interessantes Naturgebiet erhalten – eine dauerhaft mit Wasser gefüllte Talebene in den Dünen mit vielen Nebenprielen. Der Wasserstand ist von den Gezeiten und Sturmfluten abhängig. Bei extremem Hochwasser wird der ganze Slufter überschwemmt. Der Dünendurchbruch verschiebt sich durch die einwirkenden Naturkräfte immer weiter nach Norden. Damit dadurch kein Schaden an den Norddünen entsteht, wird seit 2004 an einem neuen Zu- und Abfluss weiter im Süden des Slufter gearbeitet – der alte, nördlichere Durchbruch wird dann dicht gemacht.

Eindringendes Salzwasser sorgt für eine vielfältige Flora und Fauna im Slufter. Deshalb hat sich hier eine Salz-Schlickwiesenvegetation entwickelt. Typische Vertreter dieser **Salz tolerierenden Pflanzengesellschaft** sind Strandnelke, Gemeine Grasnelke sowie Strand-Beifuß, Strand-Sode und Queller. Vor allem wächst hier viel **Strandflieder,** der im Juli und August den Slufter rotviolett färbt. Unter den **Zugvögeln** sind Pfeif- und Spießenten, Stelzläufer, Regenpfeiferarten, Drosselarten, Mönchsgrasmücken sowie die seltenen Zwergseeschwalben und Sumpfohreulen und als **Brutvögel** Löffler, Kiebitz und auch Uferschnepfen zu erwähnen.

## Praktische Tipps

### Info

- **Tel.-Vorwahl:** 0222
- **VVV Texel:** 1791 AV Den Burg, Emmalaan 66, Tel. 31 47 41, Fax 31 00 54, www.texel.net.
- **Besucherzentrum Nationaal Park Duinen van Texel:** c/o EcoMare (s.o.).

### Strand

- Meerseitig durchgehend, beste Qualität, großteils mit der blauen Flagge versehen; Strandbewachung Juni bis 1. Sept.-Woche bei Pfahl 9, 12, 15, 17, 19–21 und 28; Badeverbot zwischen Pfahl 31 und 33 (Strömung zwischen Texel und der Nachbarinsel Vlieland); für Hunde Leinenzwang am bewachten Strand, im Winter entfällt in einem ausgewiesenen Dünenteil der Leinenzwang; Drachensteigen nur in ausgeschilderten Arealen, FKK 1 km südlich von Pfahl 28 (De Cocksdorp) und südlich von Pfahl 9 (De Hoorn), 6 Strandpavillons.

### Essen und Trinken

- **Het Vierspan** €€€: Den Burg, Gravenstraat 3, Tel. 31 31 76, im Herzen von Den Burg, familiäre Atmosphäre, französische Küche mit Käsebuffet, im März geschlossen, Mo und Di Ruhetag.
- **Bij Jef** €€€: 1797 AJ Den Hoorn, Herenstraat 34, Tel. 31 96 23, www.bijjef.nl, in einem sechs Jahrhunderte alten Haus, hell gehaltener, moderner Speiseraum, Gartenterrasse, angeschlossener Hotelbetrieb mit praktisch eingerichteten Zimmern, die letzten drei Januarwochen geschlossen.
- **Rotisserie 't Kerckeplein** €€€: Oosterend, Oesterstraat 6, Tel. 31 89 50, www.rotisserie-texel.nl, typisches Oosterender Haus an einer Kirche, rustikale Atmosphäre, sorgfältig zubereitete Gerichte, Mitte Jan. bis Mitte Feb. geschlossen, Mo und Di Ruhetag.
- **'t Pakhuus** €€€€: Oudeschild, Haven 8, Tel. 31 35 81, www.texelsuites.com, Fischrestaurant im Charakter einer Taverne in einer alten Lagerhalle aus dem 17. Jh. am Hafen, nostalgisches Ambiente, mit Veranda.

## Unterkunft

●**Den Burg** €€€ 1791 AV Den Burg, Emmalaan 2–4, Tel. 31 21 06, Fax 32 20 53, www. hoteldenburg.nl, in der Nähe des Naturgebietes, 70 Jahre altes, sympathisches Hotel mit charakteristischem Neubau, familiäre Atmosphäre, komfortable Zimmer verschiedener Kategorien mit Fußbodenheizung im Bad, Restaurant für Hotelgäste, mit Brasserie.

●**Nieuw Breda** €€: 1795 JS De Cocksdorp, Postweg 134, Tel. 31 12 37, Fax 31 16 01, www.hoteltexel.com, Sporthotel südlich des Ortes nahe dem Flugfeld, funktionell eingerichtete Zimmer in zwei Chalet-Gebäuden, angeschlossenes Restaurant für Hotelgäste, Gartenterrasse.

●**Alpha** €€: 1796 BG De Koog, Boodtlaan 84, Tel. 31 76 77, Fax 31 72 75, ruhig, einfache Zimmer, Mitte Nov. bis Mitte Feb. geschl.

●**Rebecca** €€€: 1793 AE, De Waal, Hogereind 39, Tel. 31 27 45, Fax 31 58 47, www.hotel.re becca.nl, kleines, familiäres Hotel mit Boulespielbahnen, großem Garten mit sonniger Terrasse, funktionalen Zimmern, Restaurant für Hotelgäste.

●**Stayokay Texel:** 1791 AS Den Burg, Haffelderweg 29, Tel. 31 54 41, Fax 31 38 89, www. staokay.com, moderne, neue Jugendherberge, 2-, 4- und 6-Personenzimmer mit Sanitäreinrichtungen, Terrasse, Bar, Restaurant, Spielplatz, Fahrradverleih, Preis mit Frühstück pro Person ab 21 €.

## Camping

●**Roompot Ferienpark:** 1796 NM De Koog, Schumakersweg 3, www.roompotparken.nl, mit Laden, Eetcafé, Brötchenservice, subtropischem Schwimmbad, Sauna, Dampfbad, Tennisplatz, Animation, Minigolf, Kinderspielplätzen, Streichelzoo.

●**Landal Beach Park:** 1796 BS De Koog, Stappeland 12, Tel. 31 70 07, www.landal.nl, 144 ha großes Gelände in Strandnähe, 144 Bungalows mit je 1 PKW-Stellplatz, mit Sportplatz, Tischtennis, Kinderspielplätzen.

●**Vakantiepark de Krim:** 1795 JV, De Cocksdorp, Tel. 39 01 11, www.krim.nl, bezeichnet sich als ruhigster Ferienpark der Insel, nahe dem Leuchtturm, Bungalows, Chalets und Camping mit guten Versorgungseinrichtungen, ganzjährig geöffnet.

●**Dünencamping Kogerstrand:** 1796 AA De Koog, Badweg 33, Tel. 31 72 08, Fax 31 70 18, www.rsttexel.nl, in den Dünen bei De Koog, für Jugendliche separater Teil des Geländes, umfangreiche Sanitäranlagen, Kabel-TV-Anschluss, Restaurant, Imbiss, Waschsalon, Animation.

●**De Bremakker:** 1791 NS Den Burg, Tempelierweg 40, Tel. 31 28 63, Fax 31 37 78, www. bremakker.com, zentral am Rand der Dennebossen gelegener Campingplatz mit Privatsanitäreinrichtungen und Chaletvermietung, Imbiss, Kantine, Spielplätze, geöffnet von den Oster- bis in die Herbstferien.

083:ni Foto: sd

De Slufter wird immer wieder von Salzwasser überflutet

Westfriesische Inseln

## Veranstaltungen

● **Texel Airshow:** große Flugdemonstration mit Luftverkehrs-, Privat- und Militärmaschinen, viele Oldtimer, alle drei Jahre, nächste Veranstaltung 2010, Info: Texel Airport (s.u.)

● **Ringstechen:** Do Juli/Aug., De Cocksdorp.

## Aktivitäten

● **Robbentouren:** Mit dem Fährboot „Vriendschap" in der Sommersaison, Abfahrt am Ableger Strandpfahl 33, Abfahrtzeiten gezeitenabhängig, 1½-Std.-Tour 9,50 €, Kinder 4–11 Jahre 6 €, Hunde 2 €, Kleinkinder 1,50 €, Information www.waddenveer.nl.

● **Garnelentouren:** Mit dem Kutter TX-10 „Emmie" täglich 2-Std.-Touren ins Wattenmeer, Abfahrt Hafen Oudeschild, Info: Loodsingel 42, Tel. 31 36 39, www.garnalenvissen.nl.

● **Golf:** Golfbaan De Texelse, De Cocksdorp, Roggeslootweg 3, Tel. 31 65 39, www.texelse.nl, Par 3-Bahn und Par 72-Bahn, Clubhaus, Golfschule, Golfladen.

● **Planwagenfahrten:** Durch die Dünen mit dem Pferdewagen, Start: Bushaltestelle Nikadel De Koog hinter dem Lidl-Supermarkt, Di–Sa 10 und 14 Uhr, Mo nur 14 Uhr, 3-Std.-Fahrt 6 €, Kinder 2–12 Jahre 3 €, Information *Jan Plezier Huifkartochten*, Tel. 31 28 25, www.tx.nl/janplezier.

● **Yachthafen:** Oudeschild, Haven 26, Tel. 32 12 27, Fax 32 15 99, www.waddenhaventexel.nl, modern ausgestatteter Hafen mit 250 Liegeplätzen, Anlegeplätze für Passanten.

● **Rundflüge:** Texel International Airport, De Cocksdorp, Tel. 31 12 67, www.texelairport.nl., Paracentrum Texel und Blue Side Up (BSU) bieten Kurse im Fallschirmspringen an.

● **Schwimmen:** Zwemparadijs Calluna: De Koog, Schumakersweg 3, Tel. 31 78 88, tropisches Hallenbad im Roompotpark.

## Einkaufen

● **Kaasboerderij Wezenspyk** mit Schäferei „de Waddel": Den Burg (zwischen Den Burg und Den Hoorn), Hoornderweg 29, Tel. 31 50 90, www.wezenspyk.nl, Bauernladen mit Käsesortiment, Di und Fr 9.30–12.15 Uhr, Mi, Do und Sa 9.30–18 Uhr, im Sommer Führun-gen durch den Betrieb Do und Fr 14 Uhr, 5 €, Kinder 4–10 Jahre 2,50 €.

● **Wochenmarkt:** Den Burg: April–Nov. Mo 8–13.30 Uhr, Juli/Aug. Mi 9.30–16 Uhr, De Cocksdorp: Juli/Aug. 16.30–20.30 Uhr.

● **Vispaleis en Rokerij van de Star:** Oudeschild, Heemskerkstraat 15, Tel. 31 24 41, www.vispaleistexel.nl, großes Angebot an Räucherfisch, dazu Imbiss mit Fischgerichten und -brötchen, Mo–Sa 9–18 Uhr.

## Fähre

● **Den Helder:** Teso-Bootdienst, Den Hoorn, Hoofdkantoor: Pontweg 1, Tel. 36 96 00, www.teso.nl, Abfahrt täglich 6–21 Uhr alle volle Stunde, So und feiertags je nach Saison morgens 1 oder 2 Std. später, in der Saison zusätzliche Abfahrten alle halbe Stunde, Hin- und Rückfahrt Person 3 €, Kinder bis 12 Jahre 1,50 €, Fahrrad oder Moped 2,50 €, Pkw 24 €, Wochenendtarif 35 €, PKW mit Wohnwagen 5,75 € (bzw. 7,50 €) pro Meter.

● **Vlieland/Vliehors:** Rederij de Vriendschap, De Cocksdorp, Vuurtorenweg 100, Tel. 31 64 51, (0613) 52 47 34, www.waddenveer.nl, Abfahrzeiten Cocksdorp für Tageshin- und Rückfahrt Mai, Juni und Sept. 10.45 Uhr, Anschluss an Vliehors Expres (siehe Vlieland) zum Posthuys Vlieland, Rückfahrt 17.15 Uhr ab Posthuys dann mit dem Vliehorsexpress zum Bootsanleger, Juli/Aug. ab 9.30 Uhr und 10.45 Uhr, Rückfahrt ab Posthuys 16 und 17.15 Uhr, Fahrradmitnahme bei Tagestouren nicht möglich, Tarif Hin- und Rückfahrt 20 €, Kinder 4–11 Jahre 11,50 €, darunter 1,50 €, Hunde 2 €.

# Vlieland     ⚓ II-III/A-B2

Vlieland weist unter den westfriesischen Inseln ein ganz besonderes Gepräge auf. Ihre Insel- und Strandlänge macht 20 km aus, die größte Breite beträgt 2,5 km. Die gesamte Westhälfte besteht aus einer ausgedehnten, Vliehors genannten **Sandbank.** Im Osten prägt der hohe **Dünengürtel** das Landschaftsbild, von dem 300 ha bewaldet sind und der nach Süden in einen schmalen Poldergürtel am Wattenmeer übergeht. PKW sind auf Vlieland nur für Ortsansässige zugelassen.

Der Entstehungszeitraum der Insel geht auf die Sturmflut von 1237 zurück, die die zusammenhängende Dünenkette von Callantsoog bis Terschelling durchbrochen hatte und Texel von dem heutigen Vlieland abtrennte. Schuld an diesem Durchbruch sollen Mönche gewesen sein, die an dieser Stelle Entwässerungskanäle wohl ohne ausreichende Sicherung gegen die Nordsee gegraben haben sollen. Der Platz war erst kurz zuvor von Graf *Wilhelm II.* an das Kloster Ludingakerke van Harlingen übergeben worden.

Im Osten stehen die Häuser von Oost-Vlieland, dem einzigen Ort der Insel, wo ihre knapp über tausend Bewohner leben. West-Vlieland, einstiger zweiter Ort, lag seewärts ein paar Hundert Meter vor der Sandbank und ging langsam im Meer unter. 1736 wurden nach vielen Überflutungen die letzten Häuser geräumt.

Im Übergang der Dünen zur Sandbank steht das **Posthuys,** die einzige Straße der Insel führt von Oost-Vlie-

land reizvoll durch Wiesen und kleine Wälder dorthin. Das Posthuys war eine alte Station zum Wechseln des Pferdes für den Postreiter auf der Route nach Amsterdam. Post von den Seglern auf der Reede vor Vlieland wurde früher über Vlieland, Texel und Nordholland nach Amsterdam gebracht. Heute ist das Posthuys ein attraktives Ausflugslokal.

Südlich schließen sich die **Kronpolders** an. Das Gebiet war einst Teil des Vliehors, das durch wasserbauliche Maßnahmen in Weideland überführt werden sollte, das Projekt scheiterte jedoch. Inzwischen sind die Kronpolders als Vogelreservat ausgewiesen. Der **Vliehors** selbst ist militärisches Sperrgebiet, wo die niederländische Luftwaffe Übungen abhält, dies aber nur außerhalb der Ferienzeiten. Inmitten des Vliehors steht das **Rettungshaus,** eine vor hundert Jahren errichtete Hütte als Notunterkunft für Schiffbrüchige.

Vor Oost-Vlieland breitet sich nahe der Fahrrinne des Vliestrooms die Sandbank Richel aus, die gern von **Seehunden** zum Sonnenbaden genutzt wird.

## Oost-Vlieland

Die als breite Allee angelegte Hauptstraße von Oost-Vlieland mit ihren hübschen Giebelhäusern auf beiden Seiten zeugt noch von der früheren Bedeutung des Ortes. Damals bildete der Vliestroom zwischen Vlieland und Terschelling den Hauptaustritt aus der Zuiderzee, den die Kauffahrteischiffe

**Westfriesische Inseln**

aus Medemblik, Hoorn, Enkhuizen, Edam und Amsterdam für ihre Fahrten nach Ostasien und Westindien nutzten. Auf der Reede von Vlieland sammelten sich die Schiffe, um günstige Winde abzuwarten und sich im Konvoi auf die lange Reise zu begeben. Die Versorgung dieser Schiffe war von großer Bedeutung für die Bewohner Oost-Vlielands. Dazu kam seit Beginn des 17. Jh. der Walfang – manch reich gewordener Walfängerkapitän baute sich hier seinen Altersruhesitz.

Ältestes Haus der Insel ist **Tromp's Huys** in der Mitte der Hauptstraße. Gebaut wurde es 1575 zunächst ohne Diele, aber mit Keller und Speicher. 1595 erwarben die holländischen Admiralitäten von Amsterdam, Hoorn und Enkhuizen das Haus – damals befanden sich die jungen Niederlande im Krieg mit Spanien und nur allzu oft mussten die Kauffahrteischiffe auch aus Sicherheitsgründen und dann unter dem Befehl eines Admirals auf Reede liegen. An der Wende zum 19. Jh. war das Haus im Besitz der Malerin *Betzy-Berg-Akerslot*. Einige Zeit nach ihrem Tod und dem ihres Mannes ging das Haus in Gemeindebesitz über und wurde zum **Museum,** noch eingerichtet mit den Antiquitäten und Gemälden wie zu Betzys Zeiten.

Im **Besucherzentrum De Noordwester** am Kirchplatz wird die Entstehungsgeschichte, Flora und Fauna der Insel anhand von Präparaten, Filmen und Dioramen gezeigt. Neben naturkundlichen Exponaten steht das Skelett eines 2004 an Vlielands Küste gestrandeten Wals.

Am hinteren Ende des Platzes steht die **Dorfkirche.** Der heutige Bau stammt aus dem Jahr 1605 und hat die zu klein gewordene Vorgängerkirche von 1245 ersetzt. Daran schließt sich der Dorffriedhof mit seinen alten Grabsteinen an. Gegenüber steht die **Diakonie,** ein im 17. Jh. als Armenhaus errichter Bau.

Am Südende der Insel erhebt sich die 40 m hohe Vuurboetsduin, die Leuchtturmdüne, auf der der markante **Leuchtturm** steht. Dieser stand früher in Ijmuiden, 1909 wurde das Oberteil auf Vlieland aufgebaut. Inzwischen befindet sich eine Aussichtsplattform neben dem Leuchtturm.

● **Museum Tromp's Huys:** Oost-Vlieland, Dorpsstraat 99, Tel. 45 16 00, www.vlieland-info.nl/trompshuys/, Mai bis September Di–Fr 11–17 Uhr, Sa 14–17 Uhr, sonst Di–Sa 14–17 Uhr, Eintritt 2,75 €, Kinder 2 €, Senioren 2,50 €.

● **Bezoekerscentrum De Noordwester:** Oost-Vlieland, Dorpsstraat 150, Tel. 45 17 00, www.denoordwester.nl, Juli/Aug. Mo–Fr 10–17 Uhr, Sa 14–17 Uhr, So 13–16 Uhr, außerhalb der Hochsaison kürzere Öffnungszeiten, Eintritt 3 €, Senioren 2,75 €, Kinder 4–12 Jahre 2 €.

In der Schnellfähre von Harlingen nach Vlieland sitzt man fast wie im Flugzeug

## Praktische Tipps

### Info

- **Tel.-Vorwahl:** 0562
- **VVV Vlieland:** 8899 BB, Havenweg 10, Tel. 45 11 11, Fax 45 13 61, www.vlieland.net.

### Strand

- 12 km langer, breiter feinsandiger Strand vor der Dünenkette, bewachter Badestrand auf der Höhe von Strandpfahl 50, wo auch der einzige Strandpavillon steht, Surfen, Drachen steigen (8–20 Uhr) und Kanu fahren nicht zugelassen beim Yachthafen, auf der Höhe des Campingplatzes und am bewachten Strand; Hunde nur angeleint im Bereich der Bebauung und westlich der Vuurboetsduin, für Behinderte Strand am Strandpfahl 50 zugänglich, Strandrollstühle zu mieten bei Fietsverhuurder Jan van Vlieland, www.janvanvlieland.nl; FKK nur an den von den Zu-gängen nicht einsehbaren Strandabschnitten und Dünen, bei Strandpfahl 50 nicht zugelassen.
- **Strandpavillon 't Badhuys:** Badweg 6, Tel. 45 19 92, zu Strandhotel Zeeduyn, veranstaltet Swinging Nights, Beachpartys, Mo und Di im Winter geschlossen.

### Essen und Trinken

- **Eetcafé de Lutine** €€: Dorpsstraat 114–116, Tel. 45 14 77, www.de-lutine.nl, rustikal im Ortszentrum, mittags Lunchkarte, abends große Karte, täglich ab 10 Uhr geöffnet.
- **De Lickebaert** €: Dorpstraat 4–6, Tel. 45 18 88, gemütliches Pfannkuchenhaus am Ortseingang mit schöner Sommerterrasse, kleine Speisekarte.
- **Het Posthuys Vlieland** €€: Postweg 4, Tel. 45 12 82, www.posthuysvlieland.nl, elegantes Restaurant-Café mit großer Außenterrasse in der ehemaligen Pferdewechselstation, Anfang April bis Anfang Nov. 10–17 Uhr.

Westfriesische Inseln

## Unterkunft

●**Strandhotel Zeeduyn** €€€€: 8899 BV Vlieland, Badweg 3, Tel. 45 15 60, Fax 45 11 15 www.westcordhotels.de, in den Dünen unmittelbar am Strand gelegenes Golden Tulip Resort Hotel mit prächtiger Aussicht, Zimmer und Appartements mit Balkon, Hallenbad, Brasserie, Beautycenter und Strandpavillon, dazu Restaurant **Entre Deux Mers** €€€, klassische regionale Küche aus frischen Zutaten, Mitte Jan. bis Mitte Feb. geschlossen.

●**De Wadden** €€: 8899 AD Oost-Vlieland, Dorpsstraat 61, Tel. 45 26 26, Fax 45 26 23, www.westcordhotels.nl, kleines Hotel der Westcord-Gruppe im historischen Zentrum in der ehemaligen Seefahrtsschule, mit Gästegarten in Südlage, Zimmer mit Balkon oder Terrasse, angeschlossen Eetcafé 't Praethuys, Fischrestaurant De Wadden, Bierstube De Zeevaert, beheizbare Terrasse.

## Camping

●**Kampeerterrein Stortemelk:** 8899 BX Vlieland, Kampweg 1, Tel. 45 12 25, www.storte melk.nl, Naturcamping in den Dünen am Wald – nur eine Dünenreihe vom Strand entfernt, bietet Urlaubsplätze, Saisonplätze, vermietet eingerichtete Zelte, separater Platz für Jugendliche, mit Grand Café De Bolder und kleinem Laden.

## Aktivitäten

●**Vliehors Expres:** Dorpsstraat 125, Tel. 45 19 71, www.vliehorsexpres.nl, Rundfahrten über den Vliehors in umgebauten Gelände-LKW, im Sommer Abfahrt 14 Uhr ab Posthuys, im Winter 13 Uhr ab Hotel Zeeduyn, sommerliche Abendtouren zum Rettungshaus mit der Vlieländer Folkloregruppe Drijfhout, Abfahrt Di, Mi und Do 20 Uhr am Strand von Hotel Zeeduyn. Zubringerdienst zur Personenfähre nach Texel Mai/Juni/Sept. Di–Do und So, Juli/Aug. täglich ab Posthuys (siehe Fähre), Information und Kartenverkauf im firmeneigenen Geschäft 't Zeepaardje, Dorpsstraat 138.

●**Geführte Wanderungen:** Nachtwanderungen, Wattwanderungen, Dünenexkursionen, Dorfwanderungen, Staatsboosbeheer, Mai bis Sept., für Gruppen das ganze Jahr, Teilnahme 5 €, Kinder bis 12 Jahre 2,50 €, Anmeldung beim Informatiecentrum De Noordwester (s.o.).

●**Yachthafen:** St. Aanloophaven Vlieland, 8899 BV Vlieland, Tel. 45 17 29, Fax 45 34 29, www.waddenhavenvlieland.nl, 800 m von Oost-Vlieland entfernt, kommerzieller und Freizeit-Hafen, bietet individuelle Boxen mit Stromanschluss.

## Fähre

PKW sind auf Vlieland nur für Ortsansässige zugelassen. Es gibt eine **Buslinie,** die den Hafen mit Oostvlieland, dem Badweg und dem Posthuys verbindet, Busverkehr in der Saison tagsüber ca. stündlich, Anschluss an die Fähre aus Harlingen.

●**Harlingen:** Rederij Doeksen, 8861 NT Harlingen, Waddenpromenade 5, Tel. (0900) 363 57 36, aus dem Ausland (0031) 562 44 20 02, www.rederij-doeksen.nl, Personen-Schnellfähre 3x täglich, während der Saison 5x täglich, Hin- und Rückfahrt 20,36 €, Kinder 4–12 Jahre 10,14 €, Senioren 18,74 €, Hund 8,92 €, Fahrrad 11,18 €.

●**Terschelling:** Rederij Doeksen, 8899 BB Oost-Vlieland, Havenweg 8, Tel. (0900) 363 57 36, www.rederij-doeksen.nl, die Personen-Schnellfähre von Harlingen steuert Terschelling über Vlieland an, 2x täglich morgens und abends, Hin- und Rücktarif 11,44 €, Kinder 4–12 Jahre 5,72 €, Senioren 10,30 €, Zuschlag Fahrrad 6,70 € (Fahrräder können auf der Schnellfähre nur von Vlieland nach Terschelling mitgenommen werden).

●**Texel:** siehe dort.

# Terschelling ♫ III/B-C2

Terschelling (friesisch: Schylge) ist die mittlere der fünf Waddeneilanden. Mit einer Länge von 28 km und einer Breite von 4,5 km ist es die zweitgrößte der Inseln. Der **breite Strand** zieht sich an der gesamten Nordseite entlang. Dazu machen ausgedehnte **Wander- und Fahrradwege** durch die Insellandschaft mit ihren Dünen, Wäldern und Poldern in der erfrischenden Seeluft die Insel zum Ferienparadies.

Erste Siedler drangen in die Region der heutigen Insel Terschelling um das Jahr 500 n. Chr. vor, um hier im Sommer ihr Vieh zu weiden. Erst durch die hochmittelalterlichen Sturmfluten wurde Terschelling aus einer Sandbank namens De Schelling zur Insel, die durch Sandanspülungen mit der weiter östlich gelegenen Insel Wexalia zusammenwuchs. Erste friesische Niederlassungen entstanden *op de hogere gronden*, die von alten Dünen geformt wurden. So gab es schon bald fünf steinerne Kirchen und drei Stins genannte Verteidigungstürme auf Terschelling.

Im 16. und 17. Jh. spielte die Insel aufgrund ihrer Lage am Vliestroom eine wichtige Ausgangsrolle für den Handel mit den Nord- und Ostseestädten und später für die West- und Ostindienfahrt. Der **Leuchtturm** Brandaris in West-Terschelling, dem Hauptort der Insel, stammt aus dieser Zeit.

Längst hatten die holländischen Grafen, die sich hier im Norden der Niederlande schon ab dem 13. und 14. Jh. etabliert hatten, auch den Wert der Inseln vor dem Festland erkannt. So fiel auch das einst freie Terschelling 1417 als Lehen der holländischen Gräfin *Jacoba van Beieren* an *Gerrit van Heemskerk*, der aber wie sein Nachfolger in Ungnade fiel. 1398 ernannte Graf *Albrecht von Bayern Ziwaert Popama* zum Inselvogt – für hundert Jahre herrschte nun die Familie Popama über die Insel. Sie schloss sogar 1482 einen Handelsvertrag mit England. Doch ab 1500, als *Philipp der Schöne* auch über Holland herrschte, machte er seinen brabantischen Gefolgsmann *Cornelis I. van Bergen* zum neuen Vogt. Sein Sohn *Cornelis II.* baute sich sogar ein Stins auf der Insel, das auf alten Karten verzeichnet ist.

Schon frühzeitig nach Beginn des Achtzigjährigen Krieges machten die Wassergeusen Terschelling zu einer Ausgangsbasis. So blieb die Insel von weiteren Kampfhandlungen verschont. Schlimm traf es sie aber im zweiten niederländisch-englischen Seekrieg (1665–67). Nachdem die Niederländer in der *Tweedaagse Zeeslag* (Zweitägigen Seeschlacht) am 5. und 6. August 1666 bei Dünkirchen eine schwere Niederlage erlitten hatten, überfielen die Engländer mit ihrer Flotte Terschelling, brannten West-Terschelling fast gänzlich nieder und im Hafen gingen über 100 Schiffe in Flammen auf.

Die folgenden Jahrhunderte blieben ruhig. Die Bewohner arbeiteten in der Schifffahrt, als Lotsen, Fischer, Walfänger und Fährleute, und betrieben Landwirtschaft. 1907 tauchten die ersten Badegäste auf. Der **Tourismus** hat das Leben auf der Insel völlig neu ge-

**Westfriesische Inseln**

staltet und ihren Bewohnern neuen Wohlstand gebracht.

## Natur auf Terschelling

Der größte Teil der Inselfläche ist mit Dünen und eingebetteten Salzwiesen bedeckt. Noordsvaarder heißt der westliche Teil Terschellings, ehemals eine vorgelagerte Sandbank, die ab Mitte des 19. Jh. mit der Insel zusammenwuchs. Im Nordwesten wurde die Dünenbildung durch Anlage von Sandwällen vorangetrieben – so entstanden hier Anfang des 20. Jh. die Kroonpolders. Der Groene Strand zwischen dem Noordsvaarder und den Kroonpolders stellte eine Vertiefung zwischen Terschelling und der vorgelagerten Sandbank dar, die mit verlandete. Der Landstreifen wurde dann landwirtschaftlich genutzt, ist aber inzwischen renaturiert und auch wieder dem Einfluss des Salzwassers ausgesetzt worden.

Die mit Buschwerk gegen Flugsand, Wäldern und Heide bewachsene Dünenlandschaft setzt sich ostwärts bis zum Boschplaat, dem großen Naturschutzgebiet, fort. Eingebettet in die westliche Dünenlandschaft sind einige **Seen,** die sich aus Süßwasserblasen unter den Dünen speisen. Südlich der Dünen breitet sich die **Polderlandschaft** in einem breiten Streifen bis zum **Watt** aus.

Am Dünenrand wurden früher auch Äcker bewirtschaftet. Dazu pflanzte man einen breiten Erlenstreifen am Dünenrand an. Getreide wird heute nicht mehr angebaut, aber die **Erlen-** **forste** sind nach wie vor kennzeichnend für die Insel. In den Poldern wird Weidewirtschaft von den 20 Landwirtschaftsbetrieben auf der Insel betrieben. Hier reihen sich die **Ortschaften** aneinander, miteinander verbunden durch den Hoofdweg, die Hauptstraße der Insel – es sind von West nach Ost West-Terschelling als größter Ort, Midsland, Formerum, Lies, Hoorn und Oosterend. Östlich an Oosterend schließt sich der Boschplaat an, das großartige Naturschutzgebiet, das den gesamten, zehn Kilometer langen Osten der Insel einnimmt. An der Dünenkante und in den Dünen selbst sind **Feriensiedlungen** entstanden wie Midsland Noord, West aan Zee oder Midsland an Zee.

## Praktische Tipps

### Info

● **Tel.-Vorwahl:** 0562
● **VVV Terschelling:** 8880 AA West-Terschelling, Willem Barentszkade 19a, Tel. 44 30 00, www.vvvterschelling.nl.

### Strand

● Feinsandig, breit bis sehr breit, die Strände am Übergang West aan Zee bei Strandpfahl 8 und beim Strandpavillon Midsland aan Zee sind bewacht, an allen Strandübergängen befinden sich EHBO-Stationen (Erste Hilfe), an allen fünf Strandübergängen sind Parkplätze, Toiletten und Strandpavillons vorhanden; Drachen steigen erlaubt, so lange Strandbesucher nicht belästigt werden, Hunde auf Wegen anleinen, Surfen um die Insel mit spezieller Genehmigung (bei den Gemeinden und beim Surf-Club Terschelling erhältlich) erlaubt, Kitesurfen auf dem Wattenmeer erlaubt, auf der See mit spezieller Genehmigung, Kanu fahren um die ganze Insel er-

# Naturreservat De Boschplaat

Das 4400 ha große und seit 1970 als Europäisches Naturreservat ausgewiese Naturschutzgebiet De Boschplaat nimmt den gesamten Ostteil Terschellings ein. Jahrhundertelang war es eine durch das Koggediep von der ursprünglichen Insel abgetrennte Sandbank. Im 19. Jh. versandete dieser Priel, sodass hier die flachen Koggegronden entstanden. Die Dünen im Norden der Sandbank wurden Anfang des 20. Jh. durch einen neun Kilometer langen, hohen Sandwall verstärkt. Dahinter breitet sich die Salzwiesenvegetation (Kwelder) immer weiter aus. Fünf Gezeitengräben (Slenk) entwässern dieses Dünenhinterland, wobei der westlichste und größte Eerste Slenk noch an das Koggediep erinnert.

Im Südwesten stellt De Groede eine Übergangslandschaft zwischen den Kwelders und Dünen dar, entstanden durch Bewuchsbildung auf einer Sandbank. Zwischen De Groede und Schylge zieht sich noch der 400 m breite Polderstreifen De Grië am Watt entlang, der vor allem durch seine vier Entenkojen (Vorrichtung, um Enten zu fangen) interessant ist.

Reichhaltig ist die **Vogelpopulation,** die die Boschplaat als Brutplatz oder auf dem Durchzug als Ruhe- und Futterplatz nutzt. Hier gibt es Strandflieder, Strandbeifuß, Salzmelde und andere an den Lebensraum der Boschplaat, der immer wieder vom Salzwasser beeinflusst wird, angepasste Pflanzen. Zu den Dünen hin gibt es auch **Orchideenbestände,** vor allem Mücken-Händelwurz. Hier brüten Löffler, Brandseeschwalben, Küstenseeschwalben, Flussseeschwalben, Zwergseeschwalben, verschiedene Möwenarten, Kormorane und Blaukehlchen, auch der seltene Karmingimpel und andere Vogelarten wie Austernfischer, Uferschnepfen, Kiebitze und Eiderenten.

Während der Vogelbrutsaison vom 15. März bis 15. August ist der Zugang zu großen Teilen der Boschplaat für Besucher gesperrt. Lediglich **Exkursionen** unter Führung ausgebildeter Vogelwarte sind möglich.

● **Information:** Staatsbosbeheer Terschelling, Terschelling West, Longway 28, Tel. 44 21 16, www.staatsbosbeheerterschelling.nl.

laubt; Strandrollstühle für Behinderte beim Pavillon De Zilvermeeuw in West aan Zee, beim Pavillon De Branding in Midsland aan Zee und bei Zeelen Rijwielverhuur in West-Terschelling, FKK westlich von Strandpfahl 18, zwischen Pfahl 12 und 14, 15 und 17,5 sowie östlich vom Strandpavillon Hartbreak Hotel.

**Strandpavillons:**
- **De Walvis:** West-Terschelling, Willem Barentszkade 1, Tel. 44 20 71, am Groene Strand von West-Terschelling angesichts der Hoge Duin West, 1967 eröffnet, www.walvis.org, 10–22 Uhr, im Sommer bis Mitternacht,
- **West aan Zee:** Paal 8, Tel. 44 83 83, www.westaanzee.nl/paviljoen/.
- **De Zilvermeeuw:** Terschelling West, West aan Zee 100, Paal 8, Tel. 44 83 83.
- **De Branding:** Midsland aan Zee 499, Paal 11, Tel. 44 93 70, www.strandpaviljoende branding.nl.
- **Kaap Hoorn:** Hoorn, Badweg, Dorpsstraat 103, Tel. 44 83 67, www.kaphoorn.com, hinter den Dünen geschützt gelegen, nur zu Fuß oder per Rad zu erreichen. Strand hinter dem Strandübergang weniger besucht.
- **Zandzeebar:** Formerum aan Zee 13d, Tel. 44 51 72.
- **Hartbreak Hotel:** Oosterend, Badweg, Tel. 44 86 34, www.hartbreakhotel.nl, hier hat sich ein Fan von *Elvis Presley* mit der Ausstattung dieses Pavillons einen Herzenswunsch erfüllt, Anf. März bis Ende Okt.

## Veranstaltung

- **Oerol:** Kleinkunstfestival eine Woche Mitte Juni unter jährlich wechselndem Thema, Plattform für Theatermacher, Musikanten, Tänzer, bildende Künstler, verteilt auf der ganzen Insel. *Oerol* (Terschellinger Dialekt = überall) war der Ruf der Bauern, wenn sie zum Sommeranfang das Vieh wieder auf die Weide trieben und die Viecher dann „oerol" waren. Inzwischen zieht das Festival über 50.000 Besucher an. Info: www.oerol.nl.

## Fähre

- **Harlingen:** Rederij Doeksen, 8861 NT Harlingen, Waddenpromenade 5, Tel. (0900)

363 57 36, aus dem Ausland (0031) 562 44 20 02, www.rederij-doeksen.nl. Neben der Autofähre nach Terschelling gibt es eine Personen-Schnellfähre, die Terschelling über **Vlieland** ansteuert und so auch die Verbindung zwischen Terschelling und Vlieland herstellt. Schnellfähre und Autofähre verkehren mindestens 3x täglich, zu Saisonzeiten (Ferien, Oerol etc.) Zusatzfahrten. Tarif Hin- und Rückfahrt pro Person 20,86 €, Senioren 18,74 €, Kinder 4–11 Jahre 10,40 €, Kleinkinder frei, Mehrpreis Schnellfähre 5,60 € (auch für Kleinkinder), Hund 4,50 €, Fahrrad 6,80 €, PKW 3–5 m lang 118 € (alles zuzüglich Kurtaxe).

# West-Terschelling

West-Terschelling liegt als größter Ort der Insel im Süden an einer natürlichen Meeresbucht, die zum Hafen ausgebaut wurde. Hier kommen die **Fährschiffe** an und hier liegt die Fischfangflotte von Terschelling, die ganz auf den Krabbenfang spezialisiert ist. Viele der historischen Segelschiffe wie *Botters* und *Blazers* liegen hier im Hafen, jene flachen Kähne, auf denen inzwischen Touristen Ausflugsfahrten unternehmen.

Im kleinen Ortskern fallen die alten **Kapitänshäuser** *(Commandeurshuizen)* mit ihren charakteristischen Giebeln auf, die aus der Blütezeit der Insel stammen – im Goldenen Jahrhundert blühte hier die Handelsschifffahrt und im Jahrhundert darauf der Walfang. Im westlichen Ortsteil Westerburen findet man noch einige authentische **Fischerhäuser** aus dem 17. bis 19. Jh. Heute sind die Torenstraat und die Boomstraat die Geschäftsstraßen von West-Terschelling, wo man auch Restaurants und Hotels findet.

Überragt wird Terschelling vom **Leuchtturm Brandaris,** 1594 errichtet. Er ist 55 m hoch, viereckig aus Ziegeln aufgemauert und hat die Brandschatzung von West-Terschelling durch die Engländer 1666 überstanden. Er ist immer noch „im Dienst" und überwacht durch Radar den regionalen Schiffsverkehr, weswegen er nicht für Besichtigungen offensteht.

In der Commandeurstraat findet man das **kulturhistorische Museum Het Behouden Huis,** untergebracht in zwei alten Kapitänshäusern von 1668 mit reichhaltigem zeitgenössischen Interieur sowie Exponaten zur Geschichte Terschellings und der Seefahrt.

Weiterhin gibt es das **Zentrum für Natur und Landschaft,** wo man über Flora und Fauna sowie die Schutzmaßnahmen der Insel informiert wird. Auch ein Seeaquarium ist vorhanden.

Ein kleines **Fischereimuseum** in einem alten Haus, eingerichtet von den Nachfahren des Fischers *Aike van Stien,* zeigt Muscheln, Fische, Schiffsmodelle, Netze, Gebrauchsgegenstände und alte Fotos.

West-Terschelling ist der Sitz des **Maritiem Instituut Willem Barentsz,** der Seefahrtsfakultät der Hochschule Leeuwarden. Hier kann man Hydrografie studieren und Offizierspatente erwerben.

● **Terschelling Museum 't Behouden Huys:** Commandeurstraat 30–32, Tel. 44 23 89, www.behouden-huys.nl, April bis Okt. Di–Fr 10–17 Uhr, Sa 13–17 Uhr, Mitte Juni bis Sept. auch So 13–17 Uhr, auch in den Frühjahrs- und Herbstferien geöffnet, Eintritt 3 €, Kinder 5–12 Jahre 2 €.

● **Centrum voor Natuur en Landschap:** Burgemeester Reedekkerstraat 11, Tel. 44 23 90, www.natuurmuseumterschelling.nl, April bis Okt. Mo–Fr 9–17 Uhr, Sa, So und feiertags 14–17 Uhr, Eintritt 5 €, Kinder 4–12 Jahre und Senioren 3,50 €.

● **Visserijmuseum Aike van Stien:** Raadhuisstraat 4, Tel. 44 33 88, www.visserijmuseumaikevanstien.nl, mit Museumsladen, Kinderaktivitäten wie Segel hissen, Spurensuche, Mai bis Nov. 10–12.30 und 14–17.30 Uhr (Sa bis 17 Uhr), ansonsten Do–Sa 14–17 Uhr, feiertags geschlossen, Eintritt 2 €, Kinder 1 €.

## Essen und Trinken

● **Steakhouse Brasserie de Brandaris:** Boomstraat 3, Tel. 44 25 54, www.brasserie-brandaris.nl, im Zentrum fast am Fuß des Leuchtturms, mit überdeckbarer, beheizter Terrasse, Fisch-, Fleisch- und Grillgerichte, ab 10 Uhr.

● **Grand Café Restaurant Zeezicht:** Willem Barentszkade 20, Tel./Fax 44 22 68, www.zeezicht-terschelling.nl, unübersehbar am Hafen, herrliche Aussicht von der Terrasse, Mittags- und Abendkarte.

● **Koffiehuis 't Wakend Oog:** Willem Barentszkade 1, Tel. 44 23 71, früheres Wachhaus am Hafen, wo die Bootsbesitzer ihre Schiffe auf der Reede bei Sturm bewachten, als es noch keine Hafenanlage gab. Die ehemalige Holzhütte wurde im 19. Jh. durch den heutigen steinernen Bau ersetzt.

● **De Braskoer:** Torenstraat 32, Tel. 44 21 97, www.braskoer.nl, Café und Diskothek mit Lichtinstallation im Zentrum, an Wochenenden in der Saison auch Live-Musik.

## Unterkunft

● **Golden Tulip Resort-Hotel Schylge** €€€€: 8881 ED, Burg. van Heusdenweg 37, Tel. 44 21 11, Fax 44 28 00, www.westcordhotels.nl, an der Bucht gelegenes Hotel am Rande des Ortes mit Blick aufs Wattenmeer, komfortable Zimmer mit Balkon, mit Restaurant-Veranda und herrlicher Aussicht.

● **Nap** €€€: 8881 BH, Torenstraat 55, Tel. 44 32 10, Fax 44 33 15, www.hotelnap.nl, am Fuß des Leuchtturms gelegenes Hotel mit Gartenterrasse, bis 1880 Amsterdams Koffij-

**Westfriesische Inseln**

huys, familiäre Atmosphäre, mit stimmungsvollem Restaurant (bis 20.30 Uhr, günstige Lunchangebote), und Café mit Terrasse.

● **Paal 8 Hotel aan Zee** €€€€: 8881 HB Westaan-Zee, Badweg 4, Tel. 44 90 90, www.paal8.nl, entstanden aus dem Strandpavillon Paal 8, heute renoviertes, komfortables Hotel in den Dünen, einzigartige Lage, Zimmer, Suiten und Appartements, dazu Spitzenrestaurant **De Grië van Scheppingen** €€€€.

● **Stayokay Terschelling:** 8881 EE, Burg. van Heusdenweg 39, Tel. 44 23 38, Fax 44 33 12, www.stayokay.nl, Jugendherberge in 20 Min. Fußentfernung westlich des Hafens mit Blick aufs Wattenmeer, alle Zimmer mit eigenen Sanitäreinrichtungen, Restaurant mit Terrasse zum Watt, großzügige Spiel- und Sportmöglichkeiten, Übernachtung ab 24,20 € pro Person mit Frühstück, offen für Gruppen das ganze Jahr, für individuelle Gäste März bis Nov., im Winter nur an Wochenenden.

## Camping

● **Camping Cnossen:** 8881 HA, Hoofdweg 8, Tel. 44 23 21, www.campingcnossen.nl, am westlichen Ortsrand gelegener idyllischer Platz am Waldrand, separater Familien- und Jugendtrakt, mit Laden (in der Hauptsaison), Gastronomie, großzügige Einrichtungen.

● **Camping Cupido:** 8881 HA, Hoofdweg 14a, Tel. 44 20 56, www.campingcupido.nl, über 50 Jahre alter, großzügiger Platz zwischen West-Terschelling und Midsland mit modernen Sanitäranlagen, direkt an Waldrand und Dünensee mit Strand zum Baden, Platz als Spielfeld, Snackbar und Laden.

## Aktivitäten

● **Zwemparadijs De Dobe:** Sportlaan 5, Tel. 44 22 57, subtropisches Hallenbad.

● **Seehundfahrten:** Sportvisserij Talisman, Cornelis Douwesstraat 14, Tel. 44 33 62,

(0653) 30 88 25; Ms IJmond, Burg. Mentz-straat 41, Tel. 44 40 85; Rondvaartbedrijf Rijf, Willem Barentszkade 18, Tel. 44 31 44; TS 1, Commandeurstraat 24, Tel. 44 31 50; TS 9, West Aletalaan 8, Tel. 44 25 67.

●**Tauchen:** Duikteam Ecuador, Verlengde Boomstraat 5, Tel. 44 29 44, unübersehbares Vereinshaus am Fischereihafen, das Team beschäftigt sich vor allem mit Wracktauchen.

●**Yachthafen:** Tel. 44 33 37, Fax 44 20 33, ausgezeichnet mit der Blauwe Vlag (Blauen Flagge) für Sicherheit und Sauberkeit.

### Einkaufen

●**Antiquariat:** Stichting Zeeschuim/De Kraak, Burgemeester Reedekerstraat 56b, Tel. 44 36 75, www.zeeschuim.nl/kraak, alte Schiffsbücher und Gerätschaften aus der Seefahrt, Tafelservice, Menükarten, Schiffsmodelle.

●**Schapenkaasboerderij Halfweg:** Kooipad 7 (hinter Pizzeria Isola Bella) Tel. 44 37 38, www.schapenkaasvanterschelling.nl, Käse aus der Milch von Terschellinger Schafen, 13.30–17.30 Uhr, sonn- und feiertags geschl.

## Midsland

Auf dem Weg von West-Terschelling nach Midsland kommt man durch den Weiler Baaiduinen und dann zum **Stryper Kerkhof.** Hier stand schon im 9. Jh. eine hölzerne Kirche, die später durch einen steinernen Bau ersetzt und dann Jahrhunderte später von Wassergeusen niedergebrannt wurde. Ein paar alte Grabsteine erinnern noch daran.

Midsland liegt in der Mitte des bewohnten Teils von Terschelling. Bis Anfang des 17. Jh. war es Verwaltungs-zentrum, dann wurde die Insel in zwei Dorfgemeinschaften unterteilt. Midsland wurde für Oost-Terschelling zuständig, die Verwaltung führte ein Drost, der seinen Sitz im Drosthuis hatte. Im Zuge des aufkommenden Tourismus wurden nahe dem Badestrand die **Feriensiedlungen Midsland-Noord und Midsland aan Zee** gebaut. Ein **Bügeleisenmuseum** zeigt viele alte Bügeleisen und Mangelutensilien.

●**Strijkijzermuseum „Bouten van Boudje":** Kaart (westlicher Vorort von Midsland), Hoeve Stortum, Kaart 3, Tel. 44 88 94, www.ter schelling.net/strijkijzermuseum/, Do und Fr 14–17 Uhr.

### Unterkunft
### Essen und Trinken  

●**Pannekoekhuis Hans en Grietje,** Westerburen 4, Tel. 44 84 82.

●**Eetcafé / Bar Onder de Pannen:** Heereweg 22, Tel. 44 83 90, www.onderdepannen. eu, stimmungsvolle, lebhafte Gaststätte und Bar, samstags Live-Musik vom „Chef".

●**Danscafé de Stoep:** Oosterburen 3, 44 91 45, www.destoep.com, mit Außenterrasse, Swing und Oldies, spezielle Sommerpartys, ganzjährig geöffnet.

●**Claes Compaen** €€€: 8891 HT, Heereweg 36, Tel. 44 80 10, www.claescompaen.nl, in Midsland-Noord gelegenes Hotel ohne Restaurant, ruhig, große Zimmer mit eigener Terrasse, Ende Nov. geschl.

●**Het Wappen van Terschelling** €€: 8891 GA, Oosterburen 25, Tel. 44 88 01, Fax 44 95 93, www.terschelling.net, gut ausgestattete Zimmer, schöner Frühstücksraum, angeschlossenes Eetcafé, mittäglich wechselnde Tagesmenüs.

### Camping  

●**Camping Terpstra:** 8891 GB, Oosterburen 81, Tel. 44 90 91, www.campingterpstra.nl,

Der Strand von Oosterend

neuerer Campingplatz nahe dem Dünen-
wald, gute Sanitäreinrichtungen, Cafeteria,
auch Zeltverleih, Mai bis Mitte Sept.

## Veranstaltung

●**Sonderum:** Jährlich am 6. Dezember ziehen verkleidete Bewohner des Dorfes durch
die Straßen und spuken in den Häusern.
Frauen dürfen dann nicht auf die Straße. Dieser Brauch, der auch in den Nachbardörfern
üblich ist, hat vermutlich vorchristliche
Wurzeln.

## Formerum

Das Terschellinger Dorf Formerum,
erstmals 1270 urkundlich als eigenständige Pfarrei erwähnt, liegt zwischen den Weilern Landerum und
Lies. Die Bauweise ist durch weit aus-
einander stehende Bauernhöfe gekennzeichnet, die zu den ältesten der
Insel gehören. Der charakteristischste
Bauernhof ist das **Spylske Huus** am
Südrand des Dorfes aus dem Jahr
1759 mit einem durchhängenden
Dachfirst.

Das Dorfbild wird von der aus
Wrackholz errichteten **Kornwindmüh-
le** geprägt. Ursprünglich stand sie in
Dellewal bei West-Terschelling, doch
1875 erwarb sie ein Müller aus Formerum und verpflanzte sie hierher.
Heute ist in der Mühle ein Restaurant
untergebracht.

In einem weiteren authentischen
Bauernhof, der aus Wrackteilen der
1905 vor Terschelling gesunkenen nor-
wegischen Bark „Cyprian" gebaut
wurde, ist das **Wrackmuseum** untergebracht, betrieben durch einen
Wracktaucher. In Formerum befindet

087ni Foto: ot

# Die Cranberry –
# per Schiffbruch
# nach Terschelling

Die deutsche Bezeichnung der Cranberry ist Kraanbeere oder Kranbeere, abgeleitet von *kraan* (Kranich) – es handelt
sich um die großfrüchtige Moosbeere
(Vaccinium macrocarpon). Ihre Heimat
ist Nordamerika, in Europa wurde sie eingebürgert. Schon die Indianer nutzten sie
gegen Entzündungen durch Pfeilwunden,
bei Blasenschwäche und zum Färben ihrer Kleidung.

Der Legende nach sollen um das Jahr
1839 bei einem Schiffbruch Fässer an
den Terschellinger Strand getrieben worden sein – die Inselbewohner freuten sich
schon auf einen schönen Wein, doch der
Inhalt bestand aus roten Beeren, die sie
nicht kannten. Die Fässer ließen sie in einem Dünental liegen. Schon 1869 blühten dann in allen Tälern der Insel Cran-
berrypflanzen.

Aber erst um die Jahrhundertwende
wurde ihr wahrer Wert erkannt und wie
vielseitig die Beeren zu verarbeiten sind:
zu **Saft** und **Marmelade, Likör** und
**Schnaps,** getrocknet und als **Würze** für
Essig und Öl. Ab 1910 erfolgte die kommerzielle Nutzung und die Bauern pach-
teten Flächen in den Dünen, um Cran-
berrys zu kultivieren. Heute sind Cran-
berry-Produkte eine Spezialität von Terschelling und seiner Nachbarinseln.

sich auch die **Cranberry Fabriek,** ein Betrieb, der diese Beeren verabeitet.

Formerum ist der **Geburtsort von Willem Barents,** einem der bedeutendsten Seefahrer der Niederlande. Er war auf der Suche nach der Nordostpassage nach China, sein Schiff wurde aber im Packeis zerdrückt, sodass er mit seiner Mannschaft den Winter 1596/97 auf Nowaja Semlja verbringen musste – und nicht überlebte. Ihm zu Ehren wurde ein Teil des Nördlichen Eismeers später Barentssee genannt.

● **Wrakkenmuseum De Boerderij:** Formerum Zuid 13a, Tel. 44 93 05, April bis Okt. täglich 10–18 Uhr, Eintritt für Menschen unter 100 und über 200 cm gratis, 100–140 cm 1 €, 140–200 cm 2 €.

## Essen und Trinken

● **Eetcafe De Rustende Jager:** Formerum 23, Tel. 44 85 89, www.rustendejager.com, Terrassencafé an der Windmühle, auch Live-Musik, täglich 10–23 Uhr.

## Camping

● **Camping Appelhof:** 8894 KH, Formerum Zuid 12a, Tel. 44 86 99, www.campingappelhof.nl, Campingplatz gegenüber dem Wrackmuseum mit preisgünstigem Restaurant, vor allem für jüngere Urlauber geeignet, Zeltverleih, Snackbar, Billard.

## Einkaufen

● **Cranberry Cultuur Skylge B.V. van Urk:** Formerum 51a, Tel. 44 88 00, www.terschellingercranberry.nl, breites Sortiment an Cranberry-Produkten, Mai bis Sept. täglich 13.30 Uhr Präsentation mit Proben, Laden in dieser Zeit Mo–Fr 10.30–12.30 und 13.30–17 Uhr geöffnet, Sa 10.30–16 Uhr.

# Hoorn

Weiter ostwärts kommt man über Lies nach Hoorn. Das lang gestreckte Dorf war früher ein typisches Bauerndorf, in dem vor allem Viehzucht betrieben wurde. Die **Backsteinkirche** stammt noch aus dem 13. Jh. Auf dem Friedhof stehen Grabsteine aus dem 19. Jh. mit eingemeißelten Schifffahrtsmotiven. Von Interesse ist noch das **Landwirtschaftsmuseum,** das in einem Bauernhof aus dem Jahr 1889 untergebracht ist, mit Exponaten zur Geschichte der Landwirtschaft auf Terschelling, alten Ackergeräten und einem Streichelzoo.

Heute ist Hoorn stark vom Tourismus geprägt. Der schönste **Waldweg** auf der Insel führt vom Parkplatz am Fietspad in Hoorn durch den Hoornsebos zum Strandpavillon Kap Hoorn.

● **Landbouwmuseum Het Hooivak:** 8896 JL, Kooiweg 3, Tel. 44 81 07. www.hooivak.nl, Di und Fr 14–17 Uhr, Eintritt 3 €, Kinder von 3–12 Jahre 2,50 €.

## Essen und Trinken

● **De Groene Weide:** Dorpsstraat 79/81, Tel. 44 84 59, www.greoneweide.nl, Eetcafé mit kleiner Lunchkarte, größerer Abendkarte, auch Musikcafé, Außenterrasse, ab 10 Uhr.
● **De Walvisvaarder** €€€: 8895 KP Lies (westlicher Vorort von Hoorn), Lies 23, Tel. 44 90 00, Fax 44 86 77, www.walvisvaarder.nl, ehemaliger Bauernhof aus dem Jahr 1760, den sich ein Kapitän als Ruhesitz errichtet hat, im alten Voorhuis ist inzwischen die Bar und in den Ställen ein Restaurant (für Hotelgäste) untergebracht. Großer Anbau mit modern und großzügig eingerichteten Zimmern mit Balkon, Garten, Buffet-Restaurant, Bungalows, Schönheitssalon, Jan./Feb. geschlossen.

**Westfriesische Inseln**

## Camping

● **Camping Dennedune:** 8896 JD, Tel. 44 81 96, kleiner Platz am Dünenrand von Hoorn, ruhig und etwas abseits, aber nahe dem Badweg, ausreichende Sanitäranlagen, Kinderspielfeld, geöffnet April bis Sept.

## Aktivitäten

● **Pferdewagenfahrten:** 8896 JE, Dorpsstraat 20, Tel. 44 88 37, Fax 44 93 39, www.huifkar bedrijf-terpstra.nl, Touren durch die Dünen, die Polder und über den Strand, auch Ausritte, dazu Appartements.

## Einkaufen

● **Pieter Peits Hoeve:** Lies 24A, Tel. 44 85 01, www.pieterpeitshoeve.nl, Milchviehbetrieb mit Hofladen, breites Käsesortiment, Führungen durch den Betrieb Mo–Sa 10.30 Uhr, Hofladen Mo–Sa ab 10 Uhr.
● **Imkerij De Bijenworf:** Lies 36, Tel. 44 84 00, Bienenmuseum und Bienengarten, Ausstellung über das Leben von Bienen, Verkauf von Honigprodukten.

selspitze mit dem **Heartbreak Hotel,** dem eigenwilligsten der Terschellinger Strandpavillons – eine Hommage an *Elvis Presley.*

## Essen und Trinken

● **Restaurant De Heeren van Der Schelling:** Oosterend 43, Tel. 44 87 80, www.deheeren vanderschelling.nl, A-la-carte-Restaurant mit hervorragender Küche, jeweils zwei Menüs, ab 10.30 Uhr geöffnet.
● **Eetcafé de Boschplaat** €: Oosterend 14, Tel. 44 88 21, www.eetcafedeboschplaat.nl, inmitten des Dorfes mit großer Außenterrasse und Kinderspielplatz, Frühstück, Lunch, Zwischenmahlzeiten, Abendgerichte, vor allem Lammfleisch.

# Oosterend

Oosterend ist das östlichste Dorf auf Terschelling mit wenig mehr als hundert Einwohnern. Hier wohnte zwischen 1330 und 1523 die Terschellinger Häuptlingsfamilie *Popma.* Im Süden des Dorfes erinnert noch ein kleiner Hügel im Grasland an ihr ehemaliges *Stins* (Steinhaus). Nordöstlich vom Dorf geht es über den Badweg zur In-

Haus der Schiffervereinigung am Hafen von West-Terschelling

# Ameland    ⚓ III/C1, IV/A2

Ameland zählt bei einer Größe von 5800 ha 3500 Einwohner. Wie die anderen Waddeneilanden ist die Insel ein Relikt der letzten Eiszeit. Es hatte sich vor der niederländischen Küste ein Dünenwall gebildet, der einige Jahrhunderte nach der Zeitenwende zerbrach. Das Wasser drang vor und überflutete das heutige Wattenmeer. So entstand auch die lang gezogene Insel Ameland, die sich heute acht Kilometer vor der Küste erstreckt.

Die jüngere Dünenbildung erfolgte im 12. Jh., wobei drei halbkreisförmige Dünenzirkel entstanden, die heute noch landschaftsbestimmend sind. Die zwischen den Dünengruppen gelegenen Flächen wurden regelmäßig bei Hochwasser überflutet. So konnte es geschehen, dass die Inselbewohner durch Wasser waten mussten, um von Dorf zu Dorf zu gelangen. Erst um 1850 begann man mit der Befestigung gegen das Meer. Die Dünengruppen wurden untereinander verbunden und aus den drei Inseln entstand endgültig Ameland.

Die **Nordküste** besteht aus einem 23 km langen, unterschiedlich breiten **Sandstrand** mit einer weit ins Meer ragenden Zunge im Nordwesten vor einem reizvollen Dünengürtel. Hinter den Dünen erstrecken sich Heide- und einzelne Waldgebiete. Die größten Naturgebiete Het Oerd und De Hon liegen am Ostende der Insel, wo die Dünen in ausgedehnte Sand-, Salzwiesen- und Wattflächen übergehen. An dieser Stelle dehnt sich die Insel laufend weiter nach Osten aus, weil hier der durch Wind, Wellen und Tiden von der Nordwestküste abgetriebene Sand abgelagert wird. Durch diese Verlagerung der Insel gingen unter anderem die einstigen Dörfer Sier und Oerd unter.

Um 800 soll es eine erste Kirche auf der Insel gegeben haben. Die Kirche in Hollum steht auf Fundamenten des frühen 12. Jh. Die erste schriftliche Urkunde datiert aus dem Jahr 1398, in der *Albrecht van Beieren,* Graf von Holland, als Herr über Ameland anerkannt wird. Die Insel ging dann als Lehen an *Arend van Egmond.* Doch konnte sich Ameland schon bald der Oberherrschaft der holländischen Grafen entziehen. Faktisch wurde die Insel dadurch unabhängig, was durch einen 1405 geschlossenen Vertrag zwischen dem friesischen Landtag in Hartwerd beim heutigen Bolsward noch schriftlich besiegelt wurde. Diese Übereinkunft wurde 1428 von *Philipp dem Guten* und 1469 von *Karl dem Kühnen,* beide als Herzöge von Burgund auch Herren über Friesland, bestätigt. Sowohl im Achtzigjährigen Krieg als auch in den Kriegen gegen England konnte sich Ameland neutral halten, was die Insel bis auf einen Überfall der Wassergeusen von Kriegseinwirkungen verschonte, wie sie Vlieland und Terschelling so hart getroffen hatten.

Schon ab dem 15. Jh. hatten friesische Häuptlinge das eigentliche Sagen auf Ameland. Zuerst entstammten sie der Familie *Jelmera.* Um 1400 ließ *Ritske Jelmera* in Ballum ein *Stins* (Stein-

Westfriesische Inseln

haus) errichten. Danach entstammten die Häuptlinge der Familie *Donia* und ab 1463 der Familie *Heringa,* die später den Namen *Cammingha* annahm. 1474 wurde ihnen der *Stins* von Ballum gerichtlich zugesprochen, verbunden mit verschiedenen erblichen Rechten. 1494 erkannte Kaiser *Maximilian Pieter Cammingha* als Erbherren von Ameland an. Die Camminghas herrschten zwei Jahrhunderte auf der Insel und konnten ihre Unabhängigkeit gegenüber allen Ansprüchen der Generalstaaten aufrecht erhalten. 1680 verstarb *Frans Duco van Cammingha* kinderlos, die Inselherrschaft ging 1681 auf seine drei Nichten aus der Familie *Theo Schwartsenberg-Hohenlandsberg* über. 1704 verkauften sie die Insel für 170.000 Gulden an *Johan Friso von Oranien-Nassau,* Erbstatthalter von Friesland und Groningen.

Inzwischen hatte sich die bis dahin landwirtschaftlich geprägte Insel zum **Walfangstützpunkt** entwickelt. Es zog Wohlstand ein, was bis heute an einigen Kapitänshäusern aus jener Zeit zu erkennen ist. Doch mit der napoleonischen Ära war es mit der Selbstständigkeit Amelands vorbei. 1795 wurde die Insel der Provinz Friesland zugeschlagen. Im 19. Jh. blieb das Leben auf der noch weitgehend unbefestigten Insel hart, die Einwohnerzahlen sanken. Erst der im 20. Jh. einsetzende **Tourismus** änderte die Situation. Zunächst waren es vor allem Jugendgruppen auch aus Deutschland, die die Insel besuchten. Schon nach dem Ersten Weltkrieg hatte die **Kinderlandverschickung** Ameland zum Ziel.

Auch nach dem Zweiten Weltkrieg blieb Ameland vor allem für deutsche Jugendgruppen ein preiswertes Ziel.

Doch längst hat auch der Hotel- und Bungalowtourismus Einzug gehalten. Heute gibt es neben **Campingplätzen und Jugendlagern** ein großes Angebot an Unterkünften aller Kategorien sowie eine breite Palette preiswerter und hochwertiger Gastronomiebetriebe. **Vier Dörfer** liegen heute über die Insel verstreut, von Westen nach Osten sind dies Hollum, Ballkum, Nes und Buren.

## Natur auf Ameland

Der westliche Teil Amelands wird vom Dünenbogen der **Hollumerduinen** bis zu den **Ballumerduinen** eingenommen. An der äußersten Westspitze hat man im 19. Jh. die Westausläufer bewaldet, um Sandverwehungen entgegenzuwirken. Nach Südosten schließen sich die schmalen **Tonneduinen** an, die ins Watt übergehen. Der Innenteil des Dünenbogens ist die Hollumer Heide. Das Verbindungsstück zwischen Hollumerduinen und Ballumerduinen wird von den **Lange Duinen** eingenommen. 1824 drohte dieses Verbindungsstück bei einer Sturmflut durchbrochen zu werden. Zur Absicherung legte man einen Flugsanddeich an und es entstand ein sumpfiges Dünengebiet, das immer noch im Einfluss des Meerwassers steht und deshalb eine besondere Flora mit Helmkraut und Studentenröschen aufweist. Längst stehen die Lange Duinen unter **Naturschutz.** Südlich der Ballumerduinen erstrecken sich die **Roos-duinen** als Teil der ältesten Dünen auf Ameland.

An der Nordwestküste kann man Zeuge eines Naturschauspiels werden. Hier wächst die vorgelagerte **Sandbank Bornrif**, jene auch Sandhaken genannte Sandzunge, allmählich mit der Küstelinie zusammen. Der dazwischen liegende **Priel Finnegat** wird verschwinden. Dahinter hat sich ein **Tidensee** mit einer interessanten Pionierflora gebildet. Nur ein **Fahrradweg** verläuft durch dieses neue Naturgebiet, das als Vogelschutzgebiet ansonsten nicht betreten werden darf.

Östlich schließen sich die **Zwanenwaterduinen** an, die im Wesentlichen ihre heutige Gestalt der Anlage des Zwanenwaterflugsanddeiches Ende des 19. Jh. verdanken. Dieser Deich wurde nördlich vom Môchdijk angelegt, mit dem man bereits 1568 das Auseinanderbrechen des westlichen und mittleren Teils der Insel zu verhindern suchte. Heute ist dieses Gebiet durch mehrere aufeinanderfolgende Dünentäler gekennzeichnet.

Die **Nesser- und Buurderduinen** stellen den mittleren Teil des Ameländer Dünengürtels dar. Zusammen mit den sich südlich bis zum Wattenmeer erstreckenden **Kooiduinen** bilden sie den mittleren der drei alten Dünenbögen der Insel. In diesem Dünenteil sind kleine Waldparzellen eingebettet.

Östlich der Nesser- und Buurderduinen beginnt die unbewohnte Hälfte Amelands. Ihr Erscheinungsbild ähnelt dem der Boschplaat auf Terschelling. An der Nordseite der Insel setzt sich

der Strang der Küstendünen bis De Hon fort, wo die Dünen in die große **Sandfläche am Inselende** auslaufen.

Zum Watt hin bestimmt zunächst der Nieuwlandsrij die Landschaft. Hier breiten sich **Seegraswiesen** aus, die von drei Prielen entwässert werden. Zwischen diesen Prielen haben sich bereits erste kleinere Dünen gebildet. Nach Norden wird das Gebiet durch den Kooi-Oerderstuifdijk begrenzt, den 1882/83 angelegten Flugsanddeich, der die Verbindung zu den östlich gelegenen Oerderduinen herstellt.

Het Oerd und De Hon stellen wertvolle Naturgebiete am Ostende der Insel dar. **Het Oerd** besteht aus einem alten Dünengebiet mit eingebetteten Feuchtwiesen, das als dritter Dünenbogen im 16. Jh. entstanden ist. Ein Teil der Dünen wurde im Lauf der Zeit wieder abgetragen und auf die sich anschließende Sandfläche De Hon aufgetragen. Die Dünen reichen bis zum Watt. Ein **Aussichtspunkt** erlaubt einen weiten Rundlick.

Die **Sandfläche De Hon** hat sich im letzten Jahrhundert um zwei Kilometer nach Osten ausgedehnt. Hier hat sich schon Strandhafer angesiedelt, auf den Strandkuppen wachsen Schwingel, Sandgras und Sandnelken. Im Sommer blüht der Meerlavendel. Zum Watt hin breiten sich junge Salzwiesen aus.

Insgesamt ist dieses Gebiet eines der bedeutendsten **Brutvogelgebiete** des Wattenmeeres. Es dient als Ruheplatz für **Zugvögel**, auch versammeln sie sich hier bei Hochwasser. Großartig ist das Schauspiel, das die **Grau-**

gänse im Frühjahr auf der Insel bieten, wenn sie in großen Pulks auf ihrem Weg nach Norden Rast einlegen und sich auf den Weiden für den Weiterflug satt fressen.

## Praktische Tipps

### Info

- **Tel.-Vorwahl:** 0513
- **VVV Ameland:** 9163 ZL Nes, Bureweg 2, Tel. 54 65 47, Fax 54 65 47, www.vvvameland.nl.

### Strand

- Durchgehender, unterschiedlich breiter Sandstrand, versehen mit der Blauen Flagge für die Abschnitte von Buren, Hollum und Nes, bewachte Strände an allen Dorfabschnitten, Kitesurfen erlaubt zwischen Strandpfahl 17.4 und 19, 8.2 und 11, 3 und 4, nach Sonnenuntergang grundsätzlich verboten, Drachensteigen erlaubt, solange andere Strandbesucher nicht belästigt werden, reiten an ausgewiesenen Abschnitten erlaubt, FKK zwischen Aufgang Ballumer Strandweg und Oranjeweg von Hollum, Strandpfahl 4–6 sowie östlich des Strandaufgangs von Buren ab Strandpfahl 16; vier Strandpavillons.

### Fähre

- **Holwerd (Friesland):** täglich mehrere Fahrten nach Nes mit den Autofähren der Reederij Wagenborg, im Sommer zusätzliche Fahrten, Information Tel. (0900) 455 44 55 (0,35 €/Min.), Reservierungen Tel. (0519) 54 61 11, www.wpd.nl.

### Aktivitäten

- **Inselhüpfen:** Ameland – Terschelling und Ameland – Schiermonnikoog mit MPS Ameland Waddentravel, Tel. 54 21 66, MPS Boschwad, Tel. 52 83 90, oder MPS Zeehond (s.u.).
- **Wattfahrten:** vom Fähranleger am Wattenmeer bei Nes mit Ameland Waddentravel, Tel. 54 21 66, www.waddentravel.com; Rundfahrtbetrieb Zeehond, Tel. 55 46 00, www.robbentochten.com.
- **Strandfahrten:** Strandexpress P.S. van Tuinen, Tel. 55 41 16, www.strandexpress-ameland.nl; Strandfahrten Familie A.J. Kiewied, Tel. 54 29 41, a.j.kiewied@home.nl.

## Hollum

Hollum ist mit 1300 Einwohnern der größte Ort der Insel. Der alte Ortskern wird von den zwei fast parallel nordsüdwärts verlaufenden Straßen gebildet, der Oosterlaan und der Burenlaan. An den reizvollen, von Bäumen gesäumten Straßen stehen einige der schön restaurierten **Kapitänshäuser.** In einem dieser Häuser findet sich das **Cultuur-Historischmuseum Sorgdrager.** Hier lebte der Walfangkapitän *Pieter Cornelis Sorgdrager.* Die Einrichtung des Hauses zeigt die Lebensweise der Seeleute im 18. Jh., dazu Gebrauchsgegenstände, die Ameländer Tracht und Exponate zum Fischfang.

Oosterlaan und Burenlaan treffen sich dort, wo die heute reformierte **Kirche** aus dem 15. Jh. steht. Massiv erhebt sich der mit einem Satteldach eingedeckte Turm. Die Kirche wurde bei dem Wassergeusenüberfall in Mitleidenschaft gezogen – Häuptling Cammingha hatte seine Neutralität im Achtzigjährigen Krieg nur dadurch aufrecht erhalten können, dass er den Spaniern signalisierte, den katholi-

Der Leuchtturm von Hollum

schen Glauben auf der Insel nicht ganz abschaffen zu wollen. Die Kirche wurde dann 1678 wieder aufgebaut. Auf dem Friedhof findet man schöne alte Grabsteine mit Seefahrermotiven.

Des Weiteren gibt es in Hollum das **Reddingsmuseum Abraham Fock,** wo man das für die Insel so berühmte **Rettungsboot** besichtigen kann, das im Notfall mit zehn Pferden durch die Brandung gezogen wurde. Eine Demonstration des Zuwasserlassens des Rettungsbootes am Strand findet ca. 15-mal im Jahr statt. Das Museum zeigt Exponate zum Rettungsdienst auf der Insel seit 1824.

Wahrzeichen des Ortes ist der hohe, 1880 gebaute **Leuchtturm,** rot-weiß gestrichen. Sein starkes Leuchtfeuer reicht weit auf die See hinaus. 236 Stufen führen auf den Turm, von oben hat man den schönsten Blick über die Insel und das Meer. Am Ortsrand steht die **Senfmühle De Verwachting,** die vom Festland hierher gebracht und an der Stelle wieder aufgebaut wurde, an der von 1840 bis 1949 eine Inselmühle stand.

● **Cultuur-Historischmuseum Sorgdrager:** Herenweg 1, Tel. (0519) 55 44 77, www.ame landermusea.nl, mit benachbartem Ausstellungsbauernhof, im Sommer täglich geöffnet, im Winter reduzierte Öffnungszeiten.
● **Reddingsmuseum Abraham Fock:** Oranjeweg 18, Tel. 55 42 43, www.amelandermu sea.nl, im Sommer täglich geöffnet, im Winter reduzierte Öffnungszeiten.
● **Amelander Vuurtoren** (Leuchtturm): Tel. 54 27 37, Mitte März bis Ende Okt. täglich ab

Westfriesische Inseln

10 bzw. 13–17 Uhr, Abendöffnungen Mi–Sa bis 21 bzw. 22 Uhr, im Winter eingeschränkte Öffnungszeiten, Eintritt 3,50 €, Kinder 5–12 Jahre 2,50 €.

● **Senfmühle:** Koren- en Mosterdmolen De Verwachting, Molenweg, Tel. 54 27 37, www.amerlandermusea.nl, Museum und Laden Di–Fr 10–12 und 13–17 Uhr, Sa 13–17 Uhr.

## Unterkunft

● **d'Amelander Kaap** €€€€: 9161 CZ, Oosterhiemweg 1, Tel. 75 04 17, Fax 55 48 09, www.hotelamelanderkaap.nl, komfortabler Hotelkomplex am Strand, charmante Zimmer und Appartements, Café, Bar, Restaurant, Schönheitssalon, Hallenbad, Tennisplätze, 9-Loch-Golfplatz.

● **Jugendherberge:** Stayokay Ameland, 9161 CB, Oranjeweg 59, Tel. 55 53 53, Fax 55 53 55, www.stayokay.com, moderne 2-, 4- oder 6-Personen-Zimmer mit eigenem Bad; Sport- und Spielplatz, Terrasse, gemütliche Bar, Restaurant, Wintergarten mit Kamin, ab 21 € pro Person pro Nacht.

● **Zilverberkpark Boomhiemke:** 9161 CT, Jan Roepsepad 4, Tel. 55 40 52, Fax 55 43 33, www.boomhiemke.nl, Ferienpark direkt an den Hollumer Dünen unmittelbar neben dem Naturgebiet Jan Roepeheide, 200 Bungalows, dazu neue, reetgedeckte Ferienhäuser und 400 Wohnwagen, mit Bowling, Sauna, Schwimmbad, Disco, Laden.

## Einkaufen

● **Käsebauernhof:** Kaasboerderij Fam. Kanger, Pietje Miedeweg 6, Tel./Fax 55 44 59, im Poldergebiet zwischen Hollum und Ballum, Spezialität verschiedene Kräuterkäse, April bis Okt. Mo–Sa 10–17 Uhr, Nov. bis April Mi–Fr 10–17 Uhr, Sa 10–16 Uhr.

## Ballum

Ballum, ein beschauliches Bauerndorf mit noch nicht einmal 400 Einwohnern, war einst Sitz der Amelander Herren. Im Zentrum erhebt sich ein

Glockenturm, und wo heute das Rathaus von Ameland ist, stand früher das Schloss der Camminghas. Die von Bäumen gesäumte Camminghastraat erinnert noch an die Häuptlingsfamilie.

Alle wichtigen Beschlüsse des Inselrates werden immer noch in Ballum gefasst. Hinter dem Rathaus bzw. dem vormaligen Schloss stand früher die Schlosskapelle. Auf dem Friedhof findet man Gräber von Mitgliedern der Familie Cammingha, so auch die Gruft von *Witzjo van Cammingha*.

Nördlich von Ballum befindet sich der **Flugplatz** von Ameland, von dem aus man Rundflüge über die Insel machen oder zum Festland fliegen kann und wo auch Fallschirmsprünge angeboten werden.

## Unterkunft
## Essen und Trinken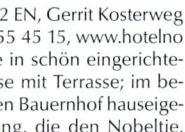

● **Hotel Nobel** €€: 9162 EN, Gerrit Kosterweg 16, Tel. 55 41 57, Fax 55 45 15, www.hotelnobel.nl, Insel-Ambiente in schön eingerichteten Zimmern, teilweise mit Terrasse; im benachbarten ehemaligen Bauernhof hauseigene Spirituosenhandlung, die den Nobeltje, den Ameländer Likör nach Familiengeheimrezept, anbietet.

● **Nobel** €€€: Hoofdweg 11, Tel. 54 41 57, hervorragendes Restaurant in einem 100 Jahre alten Haus, gemütliches Ambiente, vielseitige Karte, mit Terrasse.

## Aktivitäten

● **Rijstal De Blinkert:** Tel. 55 40 59, www.rijstaldeblinkert.nl, Ausritte, Reitunterricht, Ponyverleih, Ponywagen, Planwagen.

Nes, der Hauptort von Ameland

## Nes

Nes ist der zentrale Ort auf Ameland. Hier befinden sich der Fremdenverkehrsverein und die Polizeistation der Insel. Im Hafen kommen die **Fähren** vom Festland an. Um den frei stehenden Glockenturm aus dem Jahr 1664, der auch als Leuchtbake genutzt wurde, gruppiert sich der alte Ortskern, in dem noch prächtige Kapitänshäuser aus der goldenen Zeit Amelands stehen. Das älteste Haus stammt aus dem Jahr 1625. Auf dem **Alten Friedhof** an der Straße in Richtung Büren findet man bis zu zwei Meter hohe Grabstelen, auch die Gräber britischer Jagdflieger, die im Zweiten Weltkrieg über der Insel abgeschossen wurden.

Außerdem steht am Ort die große **Kornmühle De Phenix** aus dem Jahr 1880. Das Getreide für das typische

Amelander Roggenbrot wächst auf einem Feld an der Wattseite von Ballum und wird in der Korenmolen De Phenix gemahlen.

Eine große Attraktion bildet das **Naturzentrum** mit Nordseeausstellung (Schwerpunkt: Wale, mit Pottwalmodell vor dem Haus). Es werden die verschiedenen Landschaftstypen der Insel erklärt, ein **Aquarium** gibt Einblick in die Lebenswelt der Nordsee.

Das Museum in einem der vier 1913 gebauten **Feuerwehrhäuser** zeigt Exponate zur historischen Brandbekämpfung auf Ameland.

● **Korenmolen De Phenix:** Molenweg, Tel. 54 27 37, www.amelandermusea.nl, Mitte März bis 1.1. Mi–Sa 13–17 Uhr, im Winter Fr und Sa 13–17 Uhr, 7.12., Weihnachten und 1.1. geschlossen, Eintritt 1,50 €, ermäßigt 1 €.

● **Natuurcentrum Ameland:** Strandweg 38, Tel. 54 27 37, www.amelandermusea.nl, Mitte März bis 1.11. Mo–Fr 10–17 Uhr, Sa und So 13–17 Uhr, Eintritt 3,75 €, Kinder 5–12 Jahre 2 €.

● **Amelander Brandspuithuuske:** Kardinaal de Jongweg, Tel. 54 27 37, www.amelander musea.nl, geöffnet in der Saison, Eintritt frei.

### Essen und Trinken

● **De Klimop** €€€: Johannes Hofkerweg 2, Tel. 55 41 57, in zwei alten Kapitänshäusern, Gastraum eingerichtet wie zu Walfängers Zeiten, mit Terrasse.

● **Paal 13:** Strandweg 51, Tel. 54 31 78, www. paal13.nl, im Landal Ameland State am Strandübergang, Café und Restaurant, große Terrasse, täglich wechselnde Karte.

### Unterkunft

● **Hotel Ameland** €€€: 9163 GN, Strandweg 48, Tel. 54 21 50, www.hotelameland.nl, waldnahe Pension an den Dünen, große Zimmer, großer Garten, große Terrasse.

Westfriesische Inseln

090ni Foto: ot

●**Hotel Hofker** €€€: 9163 GW, J. Hofkerweg 1, Tel. 54 20 02, Fax 54 28 65, www.hotel-hofker.nl, komfortables Familienhotel an der Südseite des Ortes, bequeme Zimmer, Hotelappartements und Bungalows, mit Hallenbad, Sauna, Solarium, Allwetter-Tennisplatz, Restaurant (abends nur für Hotelgäste).

●**Hotel Noordsee** €€€€: 9163 GN, Strandweg 42, Tel. 54 66 54, Fax 54 67 00, www.golden tulipresortnoordsee.nl, neu errichtet am Ortsrand, mit Café, Bar und Restaurant, Gartenterrasse, großzügig ausgestattete Zimmer mit Balkon, Hallenbad, Solarium, Waschsalon.

# Entenkojen auf Ameland

Eine Entenkoje *(Eendenkooi)* ist eine alte Vorrichtung, um Enten zu fangen. An den Ecken eines oft zu diesem Zweck künstlich angelegten Teiches richtete man Reusen ein, in die die Enten bei der Nahrungsaufnahme im Teich getrieben wurden, damit sie sich dort verfingen.

Die Entenkoje **De Nassaukooi** stammt aus dem Jahr 1705, also aus der Zeit, als schon das Haus Oranien-Nassau in den Besitz Amelands gekommen war. *Amalia von Anhalt-Dessau,* die die Regierungsgeschäfte für ihren noch nicht volljährigen Sohn *Johan Willem Friso von Nassau-Oranien* führte, schätzte gebratene Enten auf ihrem Teller wie auch als Exportprodukt sehr. So ließ sie ein Jahr, nachdem die Insel in den Besitz der Familie gekommen war, hier diese Entenkoje anlegen, trafen doch die Zugvögel auf ihrem Weg südwärts zunächst auf die Wattinseln.

Dass die Arbeit eines Kooikers (Entenfängers, friesisch: *Koaiker*) ein außergewöhnlicher Beruf war, der viel Geschick erforderte, wird bei einer Führung durch den Nassaukooi erläutert.

●**Landal Ameland State:** 9163 GL, Strandweg 51, Tel. 54 62 00, www.landal.de, moderner Appartementkomplex in unmittelbarer Strandnähe hinter den Dünen, komfortable 2- und 4-Personen-Appartements, mit Waschsalon, Café und Restaurant.

## Camping

●**Vakantiepark Klein Vaarwater:** 9164 ME, Klein Vaarwaterweg 114, Tel. 54 21 56, Fax 54 26 55, www.kleinvaarwater.com, Ferienpark mit unterschiedlich großen und ausgerüsteten Bungalows, dazu Zeltmöglichkeit, diverse Sport- und Spielmöglichkeiten, Hallenbad, Laden, Restaurant mit überdachter Terrasse, ganzjährig geöffnet.

●**Camping Duinoord:** 9163 PB, Jan van Eijckweg 4, Tel. 54 20 70, Fax 54 21 46, www.duinoord.net, hinter der ersten Dünenreihe hinter dem Strand gelegen, separates Jugendgelände, mit Laden, Restaurant, Snackbar, Café, Waschsalon, Sportplätzen.

## Einkaufen

●**Insel-Roggenbrot:** Bakkerij de Jong, Van Heeckerenstraat 3, Tel. 54 20 15, www.ech tebakkerdejong.nl, Traditionsbäckerei seit 1725, Mo–Fr 8–18 Uhr, Sa 8–17 Uhr.

## Aktivitäten

●**Bauerngolf:** Auf Kiewit's Hoeve kann die neue Trendsportart betrieben werden, 9163 GA, Ballumerweg 25, Tel. 54 21 38, Fax 54 28 42, www.kiewitshoeve.nl, Gruppenunterkunft für 30 Personen auf einem Bauernhof von 5000 km$^2$ Fläche, dazu Apartment Kiewiet's Nest für Gruppen bis 20 Personen.

## Buren

Buren ist das östlichste Dorf auf Ameland, ein ursprüngliches Bauerndorf, dessen Einwohner ihr ärmliches Leben früher mit **Strandräubereien** aufbesserten. Auf dem Dorfplatz steht das Bronzestandbild der *Rixt van het Oerd,* der nachgesagt wird, dass sie Schiffe durch falsche Feuer in die Irre führte, sodass sie strandeten und sie die Schiffe ausrauben konnte.

Noch heute besteht Buren im Kern aus Bauernhöfen. Nicht umsonst ist hier das Landwirtschaftsmuseum der Insel in einem dieser ehemaligen Höfe eingerichtet. Offiziell heißt es aber **Landbau- und Strandraubmuseum.** Hier wird das Leben und Arbeiten vor 100 Jahren gezeigt, als Kühe, Hühner und Pferde den Tagesablauf bestimmten. Ackerbau und Viehzucht auf Ameland waren ein mühseliges Geschäft, Strandräuberei brachte ein Zubrot.

Heute ist Buren ein Urlaubsort mit Hotels, Ferienhäusern und Campingplätzen. Ein direkter Weg durch die Dünen führt zum Strand. Unterhalb der Kooiduinen liegt **Kooiplaats,** als Ortsteil von Buren die östlichste Ansiedlung auf Ameland. Hier stehen einige Bauernhäuser; eine alte Scheune wurde in ein reizvolles Café umgebaut (s.u.).

Unmittelbar vom Café aus zu erreichen ist der **Nassaukooi** in den Kooiduinen, eine der letzten erhaltenen **Entenkojen.** Früher soll es an die 1500 Entenkojen in den Niederlanden gegeben haben. Zutrittskarten zur Nassaukooi gibt es im Café 't Koaikershuis, von wo aus auch Führungen angeboten werden.

●**Landbouw en Juttersmuseum Swartwoude:** Hoofdweg 1, Tel. 54 28 45, www.amelandermusea.nl, Aktivitätenangebote, Juli/Aug. Mo–Fr 10–17 Uhr, Sa und So 13.30–17 Uhr, Mitte März bis Anf. Juli und Ende Aug. bis 1.11. Mo–Fr 10–12 und 13–17 Uhr, Sa und So

13.30–17 Uhr, 2.11. bis 5.1. Mi–Sa 13.30–17 Uhr, Eintritt 3 €, Kinder 5–12 Jahre 2,50 €.

## Essen und Trinken

●**'t Koaikershuis:** Kooiplaats 6, Tel. (0519) 54 38 64, www.koaikershuis.nl, Lunchrestaurent und Café mit großer Außenterrasse, rustikaler Gastraum, kleine Karte, Eintrittskarten zum Nassaukooi hier erhältlich.

## Unterkunft

●**Strandhotel Buren aan Zee** €€€: 9164 KA, Strandweg 85, Tel. 54 26 55, www.strandhotelburenaanzee.nl, auf den Dünen am Strand in herrlicher Lage, drei Zimmertypen: Standard, Studio mit Kochzeile und Suiten, mit Schönheitssalon, Lift, 25.12.–4.1. geschl.
●**Hotel De Klok:** 9164 KL, Hoofdweg 11, Tel. 54 21 81, Fax 54 24 97, www.klokhotel-buren.nl, modern eingerichtete Zimmer, im Ort, mit Bar, Restaurant und Terrasse, traditionelle holländische Küche.

## Einkaufen

●**Fischzucht:** Meervalkwekerij Gebroeders Metz, Koeveldsweg 2, Tel. 54 26 05, www.amelandermeerval.nl, Welszüchterei (Afrikanischer Waller Clarias lazera) mit angeschlossener Filetiererei und Räucherung, Do 17–18 Uhr (mit Führung) und Sa 11–12 Uhr, Juli/Aug. auch Mo und Sa 10–12 Uhr.

Westfriesische Inseln

# Schiermonnikoog    IV/A-B1

Schiermonnikoog (friesisch Skiermûnt-seach), ist mit 16 km Länge, gut 3 km Breite und weniger als 1000 Einwohnern die kleinste der bewohnten Waddeneilanden. Hinweise auf die Besiedlung gibt ihr Name selbst: *schier monnik oog* (Insel der grauen Mönche). Erste urkundliche Hinweise, die aus den Jahren 1440 und 1465 datieren, nennen das Zisterzienserkloster Claerkamp in Rinsumageest bei Dokkum in Friesland, dem Rechte auf die Insel gewährt werden. Schiermonnikoog fungierte mit seinen Ländereien als *uithof* des Klosters.

Im Achtzigjährigen Krieg zogen die Niederlande im Zuge der Reformation katholische Besitztümer ein und Schiermonnikoog wurde der Provinz Friesland übertragen. Am Ende des Krieges veräußerte die Provinz die Insel an den holländischen Kaufmann *Johan Stachouwer* aus Amsterdam, der seinen neuen Besitz durch einen Drosten bewirtschaften ließ. Die Eigentümerfamilie hatte adelige Herrschaftsrechte über die Insel erlangt. Durch Einheirat wechselte der Besitzername im 18. Jh. in *Tjarda van Starkenborgh Stachouwer.*

Während der napoleonischen Besatzung verlor die Familie ihre herrschaftlichen Rechte, blieb jedoch Besitzer des Grund und Bodens. 1859 wurde Schiermonnikoog an den Amsterdamer Kaufmann *John Eric Banck* verkauft, der sehr bemüht um die Insel und ihre Bewohner war, vor allem viel zur Befestigung der Dünen tat und

Eindeichungen vornehmen ließ. Durch Weiterverkauf gelangte Schiermonnikoog an den deutschen Grafen *Hartwig von Bernstorff-Wehningen,* der durch Anpflanzung von Fichtenwäldern Holzhandel betreiben wollte. Die Bäume wuchsen aber nicht so, wie es vor allem für Grubenholz erforderlich gewesen wäre. Doch heute erfreuen sich die Inselbesucher an den Wäldern, die sich durch natürliche Entwicklung immer mehr in Mischwälder verwandeln.

Am Ende des Zweiten Weltkriegs beschlagnahmte die niederländische Regierung allen ausländischen Feindbesitz und die Insel ging an den niederländischen Staat über.

Heute ist Schiermonnikoog mit seinen **endlosen Stränden,** die bis einen Kilometer breit sind, vielleicht die ursprünglichste der niederländischen Waddeneilanden – vielleicht auch, weil Urlaubern die Mitnahme von **Kraftfahrzeugen jeglicher Art nicht erlaubt** ist. Das erfreut Wanderer, Radfahrer und Naturliebhaber, die auch deshalb gern die Insel aufsuchen, weil ihre gesamte östliche Hälfte zum **Nationalpark und Vogelschutzgebiet** erklärt worden ist.

Natürlichkeit hat aber ihren Preis – Schiermonnikoog ist unter allen Westfriesischen Inseln diejenige, die am meisten von Wind und Wasser heimgesucht wird. Bereits im 14. Jh. wurde die Insel instabil, laufend nagten die Naturgewalten am ihrem Westrand, das abgetragene Material schwemmte im Osten an. So wurde Schiermonnikoog im Laufe der Jahrhunderte langsam in östliche Richtung versetzt. In den letzten 400 Jahren machte diese Verschiebung an die zweieinhalb Kilometer aus – kurioserweise war die Insel durch diese Sandanspülungen sogar so weit nach Osten gewachsen, dass ihre Ostseite auf Groninger Gebiet zu liegen kam, sogar bis dorthin, wo bis zur Weihnachtsflut des Jahres 1717 die einstige Insel Bosch lag.

Auf dem westlichen, inzwischen versunkenen Teil der Insel befand sich die Ortschaft Westerburen, auch das Haus Binnendijken der Stachouwers. Durch die Westwanderung der Dünen mussten 1715 zunächst die Kirche und einige Häuser vom Dorf aufgegeben

Auf Schiermonnikoog geht es ruhig zu

und weiter östlich wieder aufgebaut werden. Doch auch dieser Teil der Insel verschwand 1760 im Meer. Einen weiteren Eingriff in die natürliche Entwicklung bedeutete der Bau des Lauwersdammes, der 1969 die Lauwerszee abschloss. Dadurch veränderten sich die Wasser- und Sandbewegungen im Wattenmeer um Schiermonnikoog und es setzte sich mehr Sand an der Insel ab, was unter anderem zur Verbreiterung der großen Sandfläche Het Rif im Südwesten führte.

Die Familie *Benck* unternahm die ersten Bemühungen, Touristen auf die Insel zu locken. 1887 wurde auf ihre Initiative ein großes Prestigehotel gebaut, das 1923 allerdings Opfer der Fluten wurde. Der eigentliche Touris-

Westfriesische Inseln

tenstrom setzte nach dem Zweiten Weltkrieg ein. Heute ist der Fremdenverkehr die wichtigste Einnahmequelle Schiermonnikoogs.

Zwei **Leuchttürme** stehen auf der Insel. Der alte weiße Leuchtturm im Ort ist längst nicht mehr in Funktion, dafür arbeitet der neue, rot gestrichene in den Dünen nahe dem Badweg vollautomatisch.

## Natur auf Schiemonnikoog

Die 39 km² große Insel Schiermonnikoog besteht aus Strand, Sandflächen, Dünen, Salzwiesen, dem gleichnamigen Dorf und dem kleinen, nur 270 ha großen Banckspolder. Das gesamte Gebiet außer der Dorffläche und dem Banckspolder ist **Nationalpark.** Hier kommt die Hälfte aller Pflanzenarten vor, die die gesamten Niederlande aufzuweisen haben!

Den **Westerduinen** vorgelagert ist der Westerstrand, dem wiederum Sandbänke vorgelagert sind, die den Plaatgat, eine Art großer Lagune, entstehen ließen. Um ein weiteres Abtragen der Westerduinen zu verhindern, wurden diese befestigt. Durch Sandanwehungen sind sie mit bis zu 20 m Höhe die höchsten Dünen der Insel. Durch die Befestigungen bildeten sich auch Sekundärtäler heraus, die in Verbindung zum brackigen Grundwasser stehen und eine interessante Flora aufweisen.

Südlich der Westerduinen entstand durch Eindeichung der Vorlandsalzwiesen der Westerplas als **Süßwasser-**see. Hier brüten viele Wasservögel und vor allem gibt es einen großen Bestand an Schilfbewohnern wie etwa die Rohrdommel oder die Bartmeise. Ganz im Südwesten erstreckt sich die **Sandbank Het Rif,** die inzwischen 1,50 m hoch ist. Erste Dünenbildungen und ein beginnender Bewuchs mit Queller sind schon festzustellen. Auch die Sandbank ist Vogelbrutgebiet und **Ruheplatz für Seehunde,** sie darf deswegen von Mai bis August nicht betreten werden.

Der breite **Strand** zieht sich an der gesamten Nordküste von Schiermonnikoog entlang. Er nimmt an manchen Stellen so große Flächen ein, dass er gar nicht wie Strand aussieht, denn es gibt Schlammflächen mit Queller und auch kleine bewachsene Dünen darin. Die Dünenreihe hinter dem Strand ist breit und geht im Osten in die großen Sandflächen des Oosterstrandes und der Balg über. Die breite Dünenreihe ist von vielen kleinen Tälern durchsetzt, die oft feuchte Senken bilden. Durch Beweidung werden die Flächen offen gehalten.

Im westlichen Dünenteil stehen die **Nadelforste** des Grafen *Bernstorff*. Der salzige Seewind ließ die Bäume nicht optimal wachsen. Inzwischen werden die alten Fichten zunehmend durch **Birken** verdrängt. Der Mischwald ist Pilz- und Singvogelrevier. In der Osthälfte der Insel erstrecken sich zum Watt hin die Oosterkwelder,

*Der neue Leuchtturm*

**Salzwiesen,** die gelegentlich überflutet werden. Hier breitet sich eine an das Salz angepasste Flora aus und es finden verschiedene Vogelarten wie Möwen, Seeschwalben oder Löffler ihren Lebensraum.

## Praktische Tipps

### Info

- **Tel.-Vorwahl:** 0519
- **VVV Schermonnikoog:** 9166 PW, Reeweg 5, Tel. 53 12 33, www.vvvschiermonnikoog.nl.
- **Bezoekerscentrum Nationalpark Schiermonnikoog:** Torenstreek 20, Tel. 53 16 41, www.nationaalpark.nl/schiermonnikoog.
- **Dorpshuis Ons Centrum:** Torenstreek 18a, Tel. 53 14 56, Veranstaltungs- und Informationszentrum für Versammlungen, Vorführungen, Kongresse.

### Strand

- Breit, feinsandig, weitläufig, bewachter Strand bei Strandpfahl 7, FKK erlaubt außer

(092ni Foto: ot)

zwischen Strandpfahl 2 und 7, Surfen bei Strandpfahl 3, Strandsegeln am Yachthafen sowie zwischen Pfahl 2 und 3, Drachen steigen zwischen Strandpfahl 4 und 5, Hunde unangeleint erlaubt, Reiten nur auf ausgewiesenen Reitwegen zugelassen, Strandrollstühle am **Strandpaviljoen De Marlijn,** Prins Bernhardweg 2, Tel. 53 13 97, ww.demarlijn.com, auf den Dünen mit bester Aussicht, nördlichster Strandpavillon der Niederlande, in der Hochsaison zusätzliches Bewirtungszelt auf dem Strand.

### Fähre

Die Mitnahme von Kraftfahrzeugen jeglicher Art ist Touristen nicht erlaubt.

- **Lauwersoog:** Wagenborg Passagierdiensten B.V., Lauwersoog, Zeedijk 9, Tel. (0519) 934 90 79, Tel.-Information (0900) 455 44 55 (0,35 €/Min.), www.wpd.nl. Die Fähren verkehren ganzjährig, in der Saison bis zu fünfmal täglich.

**Inselbusse** verkehren zweistündlich vom Fähranleger zum Dorf, Strandhotel und Bungalowpark De Monnink, Tel. (0900) 92 92 (0,70 €/Min.), www.9292ov.nl.

**Taxi:** H. Drent, Burg.v.d. Bergstraat 1, Tel. 53 14 00; Taxibedrijf Boersma, Midenstreek 6, Tel. 53 10 10.

## Schiermonnikoog Dorf

Die einzige Ortschaft der Insel trägt heute auch ihren Namen. Doch früher wurde das ab 1720 entstandene Dorf *Oosterburen* genannt, weil es landeinwärts als Ersatz für das aufgegebene Dorf Westerburen errichtet wurde. Damals achtete der Inselherr *Stachouwer* auf eine geordnete Anlage des neuen Dorfes – die schmucken Häuser stehen parallel nebeneinander in vier Reihen mit Gärten dazwischen. Die schönsten Straßen sind Middenstreek und Langestreek.

Westfriesische Inseln

*In der Langestreek*

Im Ostteil steht das ehemalige Schloss Rijsbergen, das heute ein Hotel ist. Die **Dorfkirche** wurde 1866 anstelle des baufällig gewordenen Vorgängerbaus errichtet. Auf dem Friedhof an den Kooiduinen liegen neben den Dorfbewohnern angestrandete Schiffbrüchige und von den Deutschen abgeschossene alliierte Jagdflieger. Das **Standbild eines Mönchs** im Dorfzentrum erinnert an die Vergangenheit der Insel, die zwei gebogenen Walkieferknochen an die Arbeit mancher Insulaner als Walfänger.

Eine Hinterlassenschaft aus dem Zweiten Weltkrieg stellt der **Bunker Wassermann** dar, ein 27 m langer Betonklotz der deutschen Besatzer auf einer hohen Düne, zu erreichen über den Prins Bernhardweg. Von oben hat man einen schönen Blick über die Insel, das Meer und das Watt.

Der **Yachthafen** von Schiermonnikoog, südlich des Dorfes über den Reeweg zu erreichen, ist ein reiner Gezeitenhafen, befahrbar zwei Stunden vor und nach der Flut. Während der Ebbe liegen die Boote auf dem Watt. Der alte Fähranleger dient als Schutz der Boote im Yachthafen. Der neue Fähranleger wurde weiter östlich an den Priel Groote Siege herangebaut, sodass der Fährverkehr nunmehr tidenunabhängig verlaufen kann.

## Essen und Trinken

●**De Ware Jakob** €€: Langestreek 30, Tel. 53 16 87, www.dewarejakob.nl, typisches Badrestaurant und Café, bietet Fisch- und Fleischgerichte, Pizza, mit Terrasse, täglich ab 16 Uhr, April bis Juni und Sept./Okt. Mo Ruhetag, im Winter nur Do–So ab 17 Uhr.

●**Restaurant Brakzand** €€€: Langestreek 66, Ecke Badweg, Tel. 53 13 82, www.restaurant brakzand.nl, Fisch- und Fleischgerichte, vegetarische Kost, Menüs, mit Bar, täglich 16–21.30 Uhr, im Winter nur Do–So.

●**Tox-Bar:** Reeweg 7, Tel. 53 13 73, www.tox bar.nl, Café und Bar mit DJ, Terrasse im Sommer ab 10 Uhr, Bar-Dancing 22–2 Uhr, im Winter nur Do–So.

## Unterkunft

●**Graaf Bernstorff Hotel & Appartementen** €€€€: 9166 PW, Reeweg 1, Tel. 53 20 00, Fax 53 20 50, www.bernstorff.nl, Luxusunterkunft am Ortsrand, großzügige Zimmer und Appartements, angeschlossenes Menü-Restaurant.

●**Hotel Restaurant Café Duinzicht** €€€: 9166 ND, Badweg 17, Tel. 53 12 18, Fax 53 14 25, www.hotelduinzicht.nl, familiäres Hotel am Zentrum zu den Dünen hin gelegen, schöner Garten, Zimmer mit Terrasse im Garten, mit Café und Restaurant in altholländischer Tradition eingerichtet, große Terrasse vor dem Haus, ganzjährig geöffnet.

●**Hotel van der Werff** €€€: 9166 PX, Reeweg 2, Tel. 53 12 03, Fax 53 17 48, www.hotelvan derwerff.nl, historischer Bau, einst Rathaus, dann Café, dann Hotel, einfache, helle Zimmer, Restaurant im nostalgischen Speisesaal.

●**Rijsbergen:** 9166 NZ, Knuppeldam 2, Tel. 53 16 80, www.rijsbergen.biz, 5 Min. Fußweg östlich des Ortes, Gasthaus garni im ehemaligen Inselschloss, Zwei-, Drei- und Vierpersonenzimmer, mit Terrasse und großem Garten, April bis Okt., ansonsten nur Komplettvermietung.

## Camping

●**Camping Seedune:** 9166 RX, Seeduneweg 1, Tel. 53 13 98, Fax 53 12 80, www.schier monnikoog.net/seedune, einziger Campingplatz der Insel, am Nordrand des Dorfes in den Dünen, bietet komplett eingerichtete Zelte, einfache Einrichtungen, Kinderspielplatz, Ende März bis Ende Sept. geöffnet.

## Aktivitäten

●**Pferdewagentouren:** Harthoorn Huifkarttochten, Torenstreek 20, Tel. 53 16 41; Eilander Balgexpress, Touren bis zum Balg am Ostende, Tel. 53 16 86, www.eilanderbalgex press.nl.

●**Bootstouren:** M.S. Silverwind, wöchentlich mehrmals zur Engelsmanplaat (Sandbank vor Schiermonnikoog), auch Watttouren, Information: VVV Schiermonnikoog (s.o.).

●**Fahrradverleih:** Gebr. Soepboer, Paaslandweg, Tel. 53 16 36, an der ersten Bushaltestelle im Dorf, im Sommer auch Vermietung am Fähranleger; Schiermonniker Fietsenhandel, Noorderstreek 32, Tel. 53 17 00, ganzjährig geöffnet.

●**Yachthafen:** Jachthaven Schiermonnikoog, Tel. 53 15 44.

## Veranstaltungen

●**Kallemooifest** (Maibaumfest): In der Pfingstnacht wurde früher um Mitternacht ein 20 m langer Pfahl *(Kallemooi)* mit holländischer Fahne und einem Korb mit einem Hahn, der drei Tage dort eingesperrt blieb, aufgestellt. Gefüttert wurde der Gockel mit aufgeweichtem Weißbrot. Am dritten Tag holte man den Mast mit dem Hahn herunter – Anlass zu einer großen Fete. Das Fest ist geblieben, das Federvieh wird aus Tierschutzgründen geschont.

●**Klozum** (Nikolausfest): Kinder und Erwachsene verkleiden sich und zeigen an und in den Häusern Aufführungen aktueller Ereignisse.

**Westfriesische Inseln**

# Anhang

021ni Foto: ot

062ni Foto: hd

Landwirtschaft prägt die hügelige Drenthe

Weinbauern in Limburg

Zugbrücke über einen Entwässerungskanal

# Literaturtipps

### Romane

- *Harry Mulisch:* **Die Entdeckung des Himmels,** Rohwohlt Verlag 1995. Die Geschichte einer schicksalhaften Dreiecksbeziehung und eines ungewöhnlichen Auftrags rührt an große Menschheitsfragen.

- *Cees Nooteboom:* **Rituale,** Suhrkamp Verlag 1995. Als sich die Hauptfigur das Leben nehmen will, entdeckt sie es neu. Eine Schilderung der Sinnsuche vor dem Hintergrund der Lebensumstände im Amsterdam der 1960er Jahre.

- *Connie Palmen:* **Die Erbschaft,** Diogenes Verlag 2001. Eine unheilbar kranke Dichterin lässt ihren literarischen Nachlass von einem jungen Mann ordnen – eine dezente Liebesgeschichte.

- *Maarten 't Hart:* **Das ganze Wüten der Welt,** Piper Verlag 1999. Alexander, zwölfjähriger Sohn eines Lumpenhändlers aus einem Armenviertel an der Küste, lebt in der spießigen Enge der holländischen Provinz und wird Zeuge eines Mordes, dessen Hintergründe in die Deutsche Besatzungszeit zurück reichen. Die Lösung des Falls ist überraschend. Alexander ist einem Drama aus Schuld und Verrat auf die Spur gekommen – für sich selbst findet er nur Halt in der tröstlichen Kraft der Musik.

- ders.: **Die Netzflickerin,** Piper Verlag 2000. Die Lebensgeschichte des Apothekers Simon Minderhout und seiner Liebe zu einer Netzflickerin. Ein einmaliges Ereignis aus der Zeit des Widerstandes gegen die deutsche Besatzung, die ihn ein Leben lang in Bann hält. Jahrzehnte später gerät er durch diese Liebe in einen Teufelskreis aus Denunziation und Verrat.

- *Willem Frederik Hermans:* **Die Tränen der Akazien,** Gustav Kiepenheuer Verlag, Leipzig 2003. Der bereits 1949 erschienene Roman zeichnet ein Bild von Amsterdam am Ende der deutschen Besatzungszeit und der Nachkriegszeit. Die Hauptfigur, der sensible Student Arthur, vesucht verzweifelt zu vestehen, was um ihn herum geschieht. Nicht zu ergründen für ihn ist, ob sein sein bester Freund Oskar Widerstandskämpfer, Opportunist oder Kollaborateur ist. Und ob seine Halbschwester Carola eine Heldin der Resistance oder doch nur der Freund eines „Moffen-Soldaten" ist. In dieser Zeit des Überlebens, der Missverständnisse und Betrügereien kommt Arthur zu Tode.

- *Heere Heeresma:* **Ein Junge aus Amsterdam,** Ammann Verlag, Zürich 2008. Eine Kindheit in Amsterdam zur deutschen Besatzungszeit. Das Buch handelt von Deportationen, verlorenen jüdischen Schulkamaraden und Mitbewohnern, die sie verraten – alles ist ergreifend, aber ohne Pathos und ohne Ressentiments beschrieben. Sehr lesenswert.

### Landeskundliches

- *ANWB:* **Kustgids Nederland,** ANWB Verlag, Den Haag 2002. Ein hervorragender Führer (auf Niederländisch) des Niederländischen Automobilclubs durch die niederländischen Küsten-landschaften.

●**Deutschland – Niederlande:** Heiter bis wolkig, Bouvier Verlag, Bonn 2000. Begleitbuch zur gleichnamigen Ausstellung im Haus der Geschichte der Bundesrepublik Deutschland (Bonn, Nov. 2000 bis April 2001) und im Rijksmuseum Amsterdam (Mai bis Sept. 2001).

●*Bart Lootsma:* **Superdutch – Neue Niederländische Architektur,** Deutsche Verlagsanstalt, Stuttgart und München 2000. In Übersetzung erschienenes Buch zu den bedeutendsten Werken moderner niederländischer Architektur, geordnet nach Architekturbüros.

●*Thimo de Nijs* und *Eelco Beukers* (Hrsg.): **Geschiedenis van Holland,** Uijtgeverei Verloren 2002 ff. Umfassende Darstellung (auf Niederländisch) der holländischen Geschichte in vier Bänden.

●*Constance Eenschooten* und *Hélène Matze:* **De Hollandse Keuken,** Atrium Verlag, Alphen aan den Rijn 2003. Einführung in die holländische Küche mit gut bebildertem Rezeptteil, Text auch auf Englisch.

### Sprachhilfen

●**Niederländisch – Wort für Wort,** aus der Kauderwelsch-Reihe (Bd. 66), REISE KNOW-HOW Verlag, Bielefeld. Niederländisch zum Einsteigen, ermöglicht die schnelle Verständigung. Die handlichen Sprechführer bieten eine auf das Wesentliche reduzierte Grammatik und viele Beispielsätze für den Reisealltag.

●**Niederländisch Slang,** Kauderwelsch Band 159, REISE KNOW-HOW Verlag, Bielefeld. Die Alltagssprache für Fortgeschrittene.

Zu beiden Bänden gibt es eine begleitende Audio-CD, den **Aussprache-Trainer.** Ebenfalls erhältlich ist das komplette Buch Niederländisch – Wort für Wort auf CD-ROM: **Niederländisch digital.**

Anhang

# Kleine Sprachhilfe

## Aussprache

Bei den **Konsonanten** besteht im Niederländischen und Deutschen weitgehende Identität – hier die wichtigsten Abweichungen:

g: wie hartes ch in Bach (z.B. *groot* = groß, aber nicht in Fremdwörtern wie *gag*)
s: scharf wie in lassen (z.B. *sint* = Heiliger)
sj: wie sch in Schule (z.B. *meisje* = Mädchen)
ch: immer wie in acht, nicht wie in Küche (z.B. *achter* = hinter)
sch: getrennt gesprochene Konsonanten s + ch (z.B. *Scheveningen*)
z: stimmhaftes s wie in Rose (z.B. *zoon* = Sohn)

Bei den **Vokalen** gibt es große Abweichungen, vor allem bei den Vokalverbindungen:

ei: wie äi (z.B. *klein* = klein)
eu: wie ö (z.B. *deur* = Tür)
ij: wie äi (z.B. *Ijsselmeer*)
oe: wie u (z.B. *Hellevoetsluis*)
ou: wie au (z.B. *hout* = Holz)
u: wie ü (z.B. *Utrecht*)
ui: wie öi (z.B. *huis* = Haus)

## Wichtige Begriffe für unterwegs

*abdij:* Abtei
*apothek:* Apotheke
*arts:* Arzt
*bezienswaardigkeit:* Sehenswürdigkeit
*bezoekerscentrum:* Besucherzentrum
*boerderij:* Bauernhof
*bushalte:* Bushaltestelle
*dijk:* Deich
*doorgaandverkeer:* Durchgangsverkehr
*fiets:* Fahrrad
*gemeentehuis:* Rathaus
*gesloten:* geschlossen
*gestremd:* gesperrt
*hervormde kerk:* Reformierte Kirche
*Hollandse Nieuwe:* frischer Matjes
*huis:* Haus
*kaas:* Käse
*kasteel:* Burg
*knooppunt:* Kreuzung

*landbouw:* Landwirtschaft
*let op!:* Achtung!
*meer:* Binnensee
*moffen:* geringschätzige Bezeichnung für die Deutschen aus der Zeit des Zweiten Weltkriegs (*mof* = Muff)
*molen:* Mühle
*omleiding:* Umleitung
*open:* geöffnet
*oudheidkamer:* Archäologisches Museum
*paleis:* Palais, Schloss
*plas:* kleiner See
*parkeren:* parken (*niet parkeren:* Parkverbot, *betaald parkeren:* gebührenpflichtiger Parkplatz)
*plein:* Platz
*politie:* Polizei
*pompstation:* Tankstelle
*postkantoor:* Postamt
*postzegel:* Briefmarke
*rechtdoor:* geradeaus
*richting:* Richtung
*schilderij:* Gemälde
*schouwburg:* Theater
*slot:* Schloss
*sluis:* Schleuse
*stadhuis:* Rathaus
*station:* Bahnhof
*streek:* Landstrich
*tankstation:* Tankstelle
*tramhalte:* Straßenbahnhaltestelle
*tentoonstelling:* Ausstellung
*toegang:* Eingang
*toilet:* Toilette
*tuin:* Garten
*uitrit:* Ausfahrt
*veer:* Fähre
*verboden:* verboten
*voorang:* Vorfahrt
*vuurtoren:* Leuchtturm
*wandeling:* Wanderweg
*werk in uitvoering:* Bauarbeiten
*zachte berm:* Seitenstreifen unbefestigt
*zee:* Meer
*ziekenhuis:* Krankenhaus

## Redewendungen und Floskeln

ja – nein: *ja – nee*
bitte sehr: *alstublieft* (Sie), *alsjeblieft* (Du)
danke sehr: *dank u wel*

guten Morgen: *goedemorgen*
guten Tag: *goedendag*
guten Abend: *goedenavond*
auf Wiedersehen: *tot ziens*
Hallo – tschüss: *hallo/hoi – dag*
Entschuldigung: *pardon*
Wie bitte?: *Wat zegt u?*
Haben Sie...?: *Heeft u...?*
Haben Sie noch Zimmer frei?:
  *Heeft u nog kamers frij?*
  mit Dusche?: *met douche?*
Was kostet das Zimmer mit Frühstück?
  *Hoeveel kost logies met ontbijt*
  mit Halbpension?: *met halfpension?*
  für eine Nacht (Woche)?: *voor een nacht*
  *(week)?*
Können Sie mir ein gutes Hotel
  (eine Pension) empfehlen?
  *Kunt u mij een goed hotel (een pension)*
  *aanbevelen?*
Die Speisekarte, bitte!: *De Kart, graag!*
Guten Appetit!: *Eet smakelijk!*
Die Rechnung, bitte!: *De rekening,*
  *alstublieft!*
Bitte, wo ist? *Waar is?*
Volltanken bitte: *vol, alstublieft*
Ich habe hier Schmerzen: *Ik heb hier pijn*
Ich habe Fieber: *Ik heb koorts*
Können Sie mir bitte helfen?: *Kunt u mij*
  *alstublieft helpen?*
Bitte rufen Sie schnell einen Krankenwagen
  (Polizei, Feuerwehr)!: *Belt u direct een*
  *ziekenwagen (de politie, de brandweer)!*
Es war meine (Ihre) Schuld!: *Het was mijn*
  *(uw) schuld!*
Wieviel kostet es?: *Hoe duur is het?*
  *Hoeveel kost het?*
Wieviel Uhr ist es?: *Hoe laat is het?*
Wie geht es Ihnen (dir)?: *Hoe gaat het met*
  *u (jou)?*

9: negen
10: tien
11: elf
12: twaalf
13: dertien
14: veertien
15: vijftien
16: zestien
17: zeventien
18: achttien
19: negentien
20: twintig
21: eenentwintig
22: tweeëntwintig
23: drieëntwintig
30: dertig
40: veertig
50: vijftig
60: zestig
70: zeventig
80: tachtig
90: negentig
100: honderd
200: tweehonderd
500: fijfhonderd
1000: duizend
10000: tienduizend
1 Mio.: een miljoen

1/2: een half
1/3: een derde
1/4: een vierde, een kwart

## Zahlen

1: een
2: twee
3: drie
4: vier
5: vijf
6: zes
7: zeven
8: acht

Anhang

# *HILFE!*

***Dieses Reisehandbuch*** ist gespickt mit unzähligen Adressen, Preisen, Tipps und Infos. Nur vor Ort kann überprüft werden, was noch stimmt, was sich verändert hat, ob Preise gestiegen oder gefallen sind, ob ein Hotel, ein Restaurant immer noch empfehlenswert ist oder nicht mehr, ob ein Ziel noch oder jetzt erreichbar ist, ob es eine lohnende Alternative gibt usw.

Unsere Autoren sind zwar stetig unterwegs und versuchen, alle zwei Jahre eine komplette Aktualisierung zu erstellen, aber auf die Mithilfe von Reisenden können sie nicht verzichten.

***Darum: Schreiben Sie uns,*** was sich geändert hat, was besser sein könnte, was gestrichen bzw. ergänzt werden soll. Nur so bleibt dieses Buch immer aktuell und zuverlässig. Wenn sich die Infos direkt auf das Buch beziehen, würde die Seitenangabe uns die Arbeit sehr erleichtern. Gut verwertbare Informationen belohnt der Verlag mit einem Sprechführer Ihrer Wahl aus der über 220 Bände umfassenden Reihe „Kauderwelsch" (siehe unten).

Bitte schreiben Sie an:

REISE KNOW-HOW Verlag Peter Rump GmbH, Postfach 140666, D-33626 Bielefeld, oder per E-Mail an: info@reise-know-how.de

***Danke!***

### *Kauderwelsch-Sprechführer –*
### *sprechen und verstehen rund um den Globus*

Afrikaans ● Albanisch ● Amerikanisch – *American Slang, More American Slang,* Amerikanisch oder Britisch? ● Amharisch ● Arabisch – Hocharabisch, für Ägypten, Algerien, Golfstaaten, Irak, Jemen, Marokko, ● Palästina & Syrien, Sudan, Tunesien ● Armenisch ● *Bairisch* ● Balinesisch ● Baskisch ● Bengali ● *Berlinerisch* ● Brasilianisch ● Bulgarisch ● Burmesisch ● Cebuano ● Chinesisch – Hochchinesisch, kulinarisch ● Dänisch ● Deutsch – *Allemand, Almanca, Duits, German, Nemjetzkii, Tedesco* ● *Elsässisch* ● Englisch – *British Slang, Australian Slang, Canadian Slang, Neuseeland Slang,* für Australien, für Indien ● Färöisch ● Esperanto ● Estnisch ● Finnisch ● Französisch – kulinarisch, für den Senegal, für Tunesien, *Französisch Slang, Franko-Kanadisch* ● Galicisch ● Georgisch ● Griechisch ● Guarani ● Gujarati ● Hausa ● Hebräisch ● Hieroglyphisch ● Hindi ● Indonesisch ● Irisch-Gälisch ● Isländisch ● Italienisch – *Italienisch Slang,* für Opernfans, kulinarisch ● Japanisch ● Javanisch ● Jiddisch ● Kantonesisch ● Kasachisch ● Katalanisch ● Khmer ● Kirgisisch ● Kisuaheli ● Kinyarwanda ● *Kölsch* ● Koreanisch ● Kreol für Trinidad & Tobago ● Kroatisch ● Kurdisch ● Laotisch ● Lettisch ● Lëtzebuergesch ● Lingala ● Litauisch ● Madagassisch ● Mazedonisch ● Malaiisch ● Mallorquinisch ● Maltesisch ● Mandinka ● Marathi ● Modernes Latein ● Mongolisch ● Nepali ● Niederländisch – *Niederländisch Slang,* Flämisch ● Norwegisch ● Paschto ● Patois ● Persisch ● Pidgin-English ● *Plattdüütsch* ● Polnisch ● Portugiesisch ● Punjabi ● Quechua ● *Ruhrdeutsch* ● Rumänisch ● Russisch ● *Sächsisch* ● *Schwäbisch* ● Schwedisch ● *Schwiizertüütsch* ● *Scots* ● Serbisch ● Singhalesisch ● Sizilianisch ● Slowakisch ● Slowenisch ● Spanisch – *Spanisch Slang,* für Lateinamerika, für Argentinien, Chile, Costa Rica, Cuba, Dominikanische Republik, Ecuador, Guatemala, Honduras, Mexiko, Nicaragua, Panama, Peru, Venezuela, kulinarisch ● Tadschikisch ● Tagalog ● Tamil ● Tatarisch ● Thai ● Tibetisch ● Tschechisch ● Türkisch ● Twi ● Ukrainisch ● Ungarisch ● Urdu ● Usbekisch ● Vietnamesisch ● Walisisch ● Weißrussisch ● *Wienerisch* ● Wolof ● Xhosa

Anhang

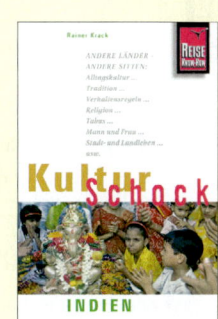

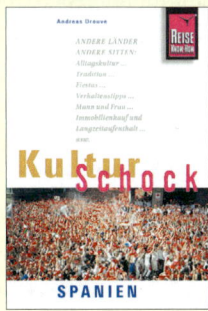

Anhang

# REISE KNOW-HOW
## das komplette Programm
## fürs Reisen und Entdecken

**Weit über 1000 Reiseführer, Landkarten, Sprachführer und Audio-CDs
liefern unverzichtbare Reiseinformationen und faszinierende Urlaubsideen
für die ganze Welt – *professionell, aktuell und unabhängig***

**Reiseführer:** komplette praktische Reisehandbücher für fast alle touristisch interessanten Länder und Gebiete **CityGuides:** umfassende, informative Führer durch die schönsten Metropolen **CityTrip:** kompakte Stadtführer für den individuellen Kurztrip **world mapping project:** moderne, aktuelle Landkarten für die ganze Welt **Edition Reise Know-How:** außergewöhnliche Geschichten, Reportagen und Abenteuerberichte **Kauderwelsch:** die umfangreichste Sprachführerreihe der Welt zum stressfreien Lernen selbst exotischster Sprachen **Kauderwelsch digital:** die Sprachführer als eBook mit Sprachausgabe **KulturSchock:** fundierte Kulturführer geben Orientierungshilfen im fremden Alltag **PANORAMA:** erstklassige Bildbände über spannende Regionen und fremde Kulturen **PRAXIS:** kompakte Ratgeber zu Sachfragen rund ums Thema Reisen **Rad & Bike:** praktische Infos für Radurlauber und packende Berichte außergewöhnlicher Touren **sound)))trip:** Musik-CDs mit aktueller Musik eines Landes oder einer Region **Wanderführer:** umfassende Begleiter durch die schönsten europäischen Wanderregionen **Wohnmobil-TourGuides:** die speziellen Bordbücher für Wohnmobilisten mit allen wichtigen Infos für unterwegs

**Erhältlich in jeder Buchhandlung und unter www.reise-know-how.de**

# www.reise-know-how.de

REISE Know-How online

Anhang

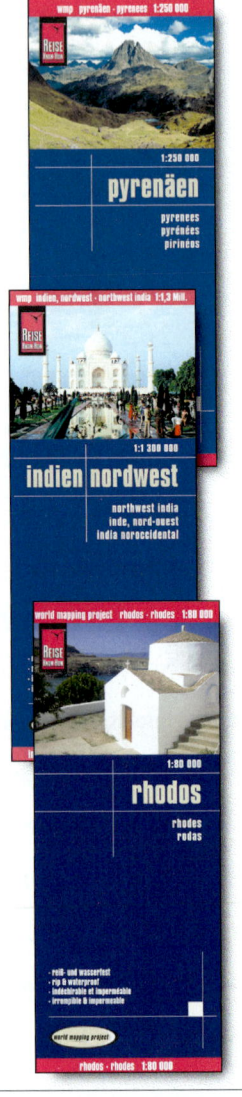

# Register

Anhang

Anhang

Anhang

320ho Fotos: fr

# Die Autoren

**Barbara und Hans Otzen** – ihr gemeinsames Leben ist von Anbeginn an durch seine Reiselust geprägt worden. Es hat ihn an den Amazonas, in die Anden und nach Ostafrika gezogen. Aus all diesen Reisen sind Reiseführer entstanden, die in renommierten Verlagen erschienen.

Inzwischen konzentrieren sich beider Interessen auf die europäischen Länder und Kulturen. Geschichte und Kunst wie gleichermaßen Essen und Trinken spielen dabei in den Reiseführern über Österreich, Deutschland, Frankreich, die Niederlande und in mehreren Kochbüchern sowie Wein-Reiseführern eine zentrale Rolle. Mit den Niederlanden fühlen sich die Autoren dabei besonders verbunden, sind sie doch schon als Kinder und auch mit ihren Kindern immer wieder dorthin in die Ferien gefahren.

Im REISE KNOW-HOW Verlag sind von Barbara und Hans Otzen bisher die Reiseführer „Normandie", „Hollands Westküste" und „Die Eifel" sowie die Wein-Reiseführer „Deutschland" und „Toskana" erschienen.

## Blattschnitt

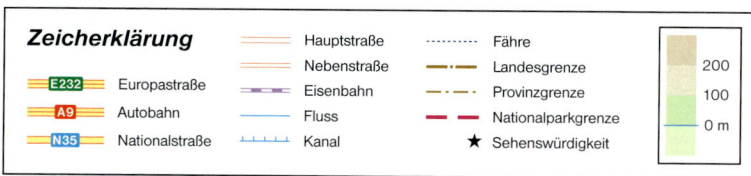

NORDSEE

Norderney
Juist
Borkum
Dornum
**Nationalpark Niedersächsisches Wattenmeer**
Schiermonnikoog
Ameland
Terschelling
Vlieland
Texel
**DEUTSCHLAND**
Emden
**GRONINGEN**
Leeuwarden
Groningen
*Waddenzee*
**FRIESLAND**
Assen
**DRENTHE**
Meppel
**NOORD**
*Ijsselmeer*
Alkmaar
Hoorn
**HOLLAND**
*Markermeer*
**FLEVOLAND**
Lelystad
Zwolle
**OVERIJSSEL**
Lingen (Ems)
Haarlem
Almelo
Amsterdam
Apeldoorn
Hengelo
Ochtrup
Enschede
Leiden
Amersfoort
's-Gravenhage (Den Haag)
Zoetermeer
Utrecht
**ZUID**
**UTRECHT**
**GELDERLAND**
Rotterdam
Arnhem (Arnheim)
**HOLLAND**
Dülmen
Dordrecht
Nijmegen (Nijmegen)
Wesel
**ZEELAND**
**NOORD**
's-Hertogenbosch
Middelburg
Tilburg
**BRABANT**
**DEUTSCHLAND**
Breda
Duisburg
Essen
Eindhoven
Venlo
Düsseldorf
Wuppertal
Turnhout
**LIMBURG**
Mönchengladbach
Brügge (Bruges)
Antwerpen (Anvers)
Maaseik
Köln
Tielt
Mechelen
Zolder
Maastricht
Gent (Gand)
Dendermonde
Hasselt
Aachen
Bonn
Kortrijk
Oudenaarde
**BELGIEN**
Tournai
Ath
Bruxelles (Brüssel)
Wavre
Liège (Lüttich)
Verviers
Nivelles

50 km

*(Blattschnitt-Felder: II, IV, VI, VIII, X, XII, XIV, XVI, XVIII)*

**Atlas**

### Zeicherklärung

| | | |
|---|---|---|
| **E232** Europastraße | Hauptstraße | ⋯⋯ Fähre |
| **A9** Autobahn | Nebenstraße | Landesgrenze |
| **N35** Nationalstraße | Eisenbahn | Provinzgrenze |
| | Fluss | Nationalparkgrenze |
| | Kanal | ★ Sehenswürdigkeit |

200
100
0 m

## Die Niederlande im Überblick

- **Name:** Königreich der Niederlande (Koninkrijk der Nederlanden)
- **Fläche:** 41.500 km²
- **Hauptstadt:** Amsterdam (724.000 Einwohnwer)
- **Regierungssitz:** Den Haag (441.000 Einwohner)
- **Staatsform:** Konstitutionelle Monarchie mit Zweikammerparlament
- **Staatsoberhaupt:** Königin Beatrix (seit 1980)
- **Regierungschef:** Jan Peter Balkenende (seit 2002)
- **Nationalfeiertag:** 30. April (Königinnentag)
- **Einwohner:** 16,1 Millionen
- **Bevölkerungsdichte:** 388 Einw./km²
- **Gliederung:** 12 Provinzen: Drenthe, Flevoland, Friesland, Gelderland, Groningen, Limburg, Noord-Brabant, Noord-Holland, Overijssel, Utrecht, Zeeland, Zuid-Holland
- **Ethnische Gruppen:** Niederländer (95 %), Türken (1,4 %), Sonstige (3,3 %)
- **Religionen:** Katholiken (34 %), Protestanten (25 %), Muslime (3 %)
- **Sprachen:** Niederländisch, Friesisch
- **Währung:** 1 Euro = 100 Cent
- **Kfz-Kennzeichen:** NL
- **Internet-TLD:** .nl
- **Telefon-Vorwahl:** +31
- **Zeitzone:** Mitteleuropäische Zeit (MEZ)

B C

Groningen
Amsterdam Enschede
Rotterdam Utrecht
Eindhoven
Brugge Essen
Antwerpen
Brüssel Maastricht Köln

1

(Westfriesische Inseln)

Borndiep

Nes

De Boschplaat

Duinen Terschelling

Hollum Ballum

Ameland

Formerum Oosterend
Landerum Hoorn
Midsland

Terschelling

West-
Terschelling

IV

Stortemelk

Friese Wad

Marrum

Richel

2

Oost-Vlieland

Hallum

St Annaparochie

St Jacobiparochie

Stiens

Tzummarum

Berlikum

Menaldum

A31 Leeuwarden

Van Harinxma Kanaal Dronrijp

Harlingen Franeker

N31 Winsum

FRIESLAND

Roordahuizum

Witmarsum Wommels

3

Irnsum

Kornwerderzand

E22

Makkum Bolsward Scharnegoutum

Sneeker-
meer

Afsluitdijk
(Abschlussdeich)

Sneek

A7 E22

B VII Ijlst

Workum C A7 E22

**A** **B**

NORDSEE

0    10 km

1:500.000

Rottumerplaat

**1**

**Schiermonnikoog**

Westgat

*Schiermonnikoog Nationaal Park*

Schiermonnikoog

**Ameland** De Hon

Engelsmanplaat

Buren ★ Het Oerd ★

Nes

Groninger Wad

Lanwersoog

Pieterburen

Wierum   Moddergat

**H U N S I N G O**

Warffum

Friese Wad

Oostmahorn
Anjum

*Lauwersmeer*

Eenrum

Ternaard

Leens

Baflo

Holwerd   Metslawier

*Nationaal Park*

Ulrum

Wehe-
den Hoorn

**2**

Hogebeintum
Ferwert

Zoutkamp

**Winsum**

Marrum

Dokkum

Ezinge

Sauwerd

Hallum

Dokkumer Ee

Rinsummageest

Oldehove

Damwoude   Driesum

Birdaard

Kollum

Grijpskerk   N355

Zwaagwesteinde

Buitenpost

Van Starkenborgh Kanaal

Aduard

⇦ III

Veenwouden

Zuidhorn

Oenkerk   Twijzel

Niekerk

Hardegarijp   Noorbergum

Surhuizum

Grootegast

Hoogkerk

Tietjerk   N355

*Bergumermeer*

Drogeham

**Leeuwarden**   Bergum

Opende   A7

*Paterswoltse Meer*

Goutum   N356

E22

Leek

Peize

Suameer

Niebert

Eelde-
Paterswolde

N31

Warga

Opeinde   Rottevalle

Marum

Zevenhuizen

Roden

**3**

Roordahuizum

Oudega

Drachten

**D R E N T H E**

*Pikmeer*

Grouw

Ureterp   Bakkeveen

Vries

A32   Oldeboorn

A7

Beetsterzwaag   Wijnjewoude

Haulerwijk

Norg

Akkrum

**F R I E S L A N D**

Veenhuizen

Tijnje

N381

**B**   VIII

Lippenhuizen   Donkerbroek

Assen

**A**

*Inset map:*

Groningen

Amsterdam   Enschede

Rotterdam   Utrecht

Eindhoven

Brugge   Essen

Antwerpen

Brüssel   Maastricht   Köln

C Juist *Juist* D Nesse

Borkum

Norddeich Arle (Größeheide)

Norden Hage
Berumbur

**Nationalpark**
**Niedersächsisches**
**Wattenmeer**

N O R D E R L A N D 1

Borkum

72 Osteel Rechtsupweg

*Rottumeroog* Maarienhafe Upgant-Schott

**DEUTSCHLAND**

Greetsiel Wirdumer (Wirdum) Georgsheil
(Krummhörn)

Moordorf
(Südbrookmerland)

*Eemshaven* 210

Pewsum Hinte
(Krummhörn)

Uithuizen Roodeschool

Uithuizermeeden Rysum Emden 2
Usquert Spijk (Krummhörn)

N33
Kantens Holwierde

Middelstum

Onderdendam Delfzijl

Stedum Loppersum Appingedam Dollart Jemgum

N46 N360

Bedum *Eemskanaal*
Ten boer *Schildmeer* Woldendorp

G R O N I N G E N Bunderhee E22

Garmerwolde Siddeburen Nieuwolda Bunde 31

Groningen Slochteren Midwolda Finsterwolde
Nieuweschans
A7 Scheemda Weener
E22 Kolham Beerta

A28 Haren A7 E22 Wymeer
E232 Meeden
Hoogezand- Muntendam Winschoten
Sappemeer
*Zuidlaardermeer* N33 Blijham Bellingwolde Rhede
(Ems)
Veendam Oude
Zuidlaren Pekela Wedde 70
N34 Nieuwe
Tynaarlo Pekela
Annen Onstwedde

Vlagtwedde
C Gieten IX Stadskanaal Bourtange D

*Atlas*

A

Groningen
Amsterdam Enschede
Rotterdam Utrecht
Eindhoven
Brugge Essen
Antwerpen
Brüssel Maastricht Köln

B Oudeschild

II

*Texel*
Den Hoorn

*Nooederhaaks*

Marsdiep *Waddenzee*

Den Helder

Den Oever

De Kooy
Hippolytushoer
N99
Julianadorp
Breezand
Groote Keeten
Anna Paulowna
Wieringerwerf
Slootdorp
Callantsoog
N9
**WIERINGERMEER**
A7
E22
Middenmeer

*Het Zwanenwater* ★
Schagerbrug
Sint Maartenszee
Schagen *POLDER*
Petten
Nieuwe-Niedorp

**NORDSEE**

Dirkshorn
Waarland
**NOORD-**

Opmeer

0 10 km
1:500.000

Camperduin
Schoorl
Langedijk
N9 N245 N242 Obdam Wognum
Bergen
Bergen aan Zee
St Pancras Heerhu-
gowaard Berkhout
*Noord-Hollands Duinreservaat*
Alkmaar Scharwoude
Egmond aan den Hoef Osterleek
Egmond aan Zee Avenhorn
Heiloo
Schermerhorn A7
Egmond-Binnen E22
Oosthuizen
Limmen **HOLLAND**
Castricum aan Zee
De Rijp Middenbeemster
Castricum Akersloot
N247
*Noord-Hollands Duinreservaat* Uitgeest *Alkmaardermeer* Purmerend
Heemskerk Krommenie
Wijk aan Zee Wormer
Beverwijk N246 Zaandijk Ilpendam
Velsen Assendelft Westzaan Monnickendam
Ijmuiden A27 Oostzaan
A208 Landsmeer N247
*Zuid-Kennemerland Nationaal Park* Santpoort Zaandam
Bloemendaal A9
N200 Overveen N203 **Amsterdam**
Haarlem
Zandvoort X Halfweg

A B

NORDSEE

Zuid-Kennemerland Nationaal Park
Santpoort
Bloemendaal
Overveen
Zandvoort
Haarlem

Amsterdamse Waterleidingduinen
Bennebroek
Heemstede
Vogelenzang
Hoofddorp
Hillegom
Nieuw-Vennep

Noordwijkerhout
Noordwijk aan Zee
Lisse
Noordwijk-Binnen
Sassenheim
Voorhout
Leimuiden
Katwijk aan Zee
Rijnsburg
Warmond
Rijnsaterwoude
Katwijk aan de Rijn
Oegstgeest
Valkenburg
Meijenden
Leiderdorp
Ter Aar
Leiden
Oude Rijn
Wassenaar
Alphen aan den Rijn
Voorschoten
Scheveningen
Leidschendam
Zoetenwoude
Boskoop

ZUID-

's-Gravenhage
(Den Haag)
Voorburg
Zoetermeer
Kijkduin
Waddinxveen
Rijswijk
Nootdorp
Reeuwijksebrug
Monster
Poeldijk
Wateringen
Delft
Pijnacker
Bleiswijk
Gouda
s'-Gravenzande
Naaldwijk
Berkel
Moordrecht
Hoek van Holland
De Lier
Nieuwerkerk ann de Ijssel
Sturmflutwehr ★
Maasvlakte

HOLLAND

Maasland
Rotterdam
Capelle aan de Ijssel
Maassluis
Vlaardingen
Krimpen aan de Ijssel
Duinen van Voorne
Brielle
Rozenburg
Schiedam
Kinderdijk-Mühlen ★
Ridderkerk
Rockanje
Alblasserdam
VOORNE
Heenvliet
Papendrecht
Goedereede
Spijkenisse
Hoogvliet
Rhoon
PUTTEN
Puttershoek
Hellevoetsluis
Zuidland
Oud-Beijerland
Dordrecht
Stellendam
Piershil
Maasdam
GOEREE-
Haringvliet
HOEKSE WAARD
s'-Gravndeel
Middelharnis
Klaaswaal
OVERFLAKKEE
Zwijndrecht

Groningen
Amsterdam
Enschede
Rotterdam
Utrecht
Eindhoven
Brugge
Essen
Antwerpen
Brüssel
Maastricht
Köln

0    10 km
1:500.000

XIV

XV

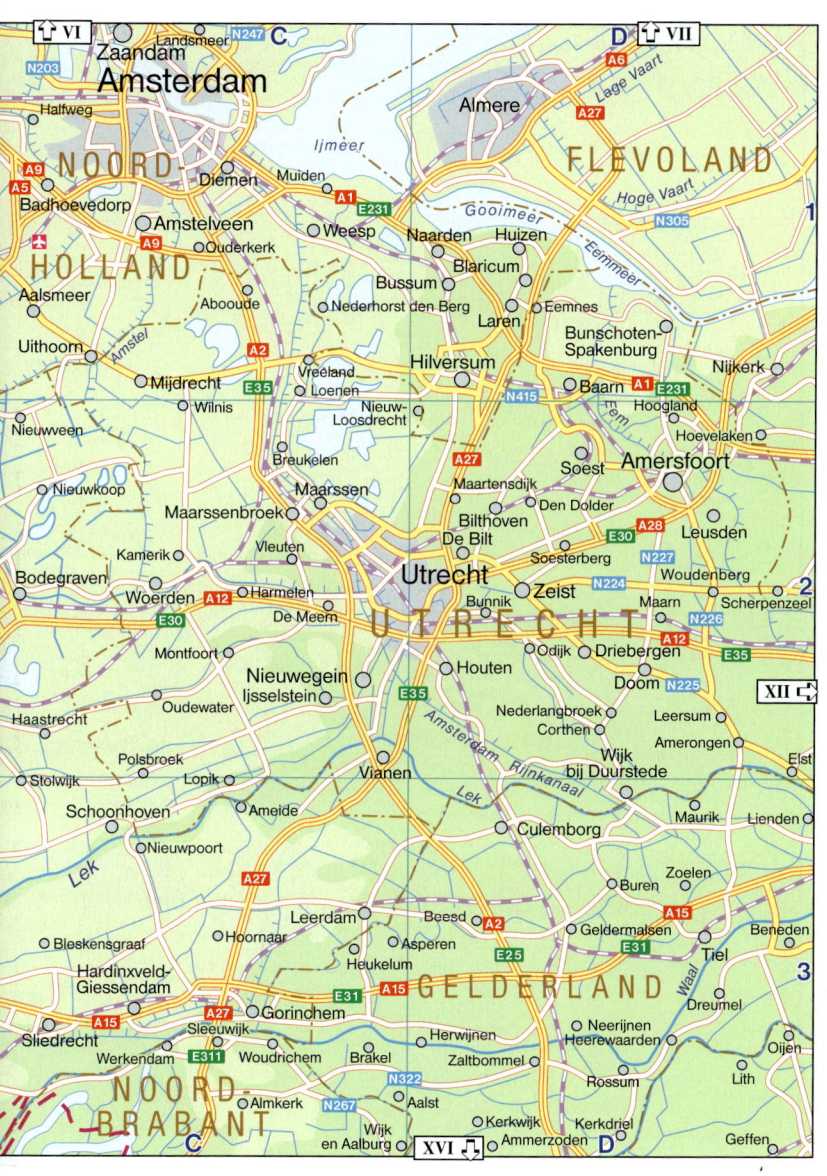

Zaandam
Landsmeer N247 C
VI
N203
Amsterdam
Halfweg
Almere
A6
Lage Vaart
FLEVOLAND
A27
D VII
IJmeer
N O O R D -
A9 Diemen Muiden
A5 Badhoevedorp
A1 E231
Gooimeer
Hoge Vaart
Amstelveen Weesp
Ouderkerk
Naarden Huizen
N305
Eemmeer
1
H O L L A N D
A9
Blaricum
Aalsmeer
Aboude
Bussum
Eemnes
Nederhorst den Berg
Laren
Bunschoten-
Uithoorn
Amstel
Spakenburg
Nijkerk
Mijdrecht
Vreeland
Hilversum
Baarn A1 E231
A2
Hoogland
E35 Loenen
N415
Wilnis
Nieuw-
Loosdrecht
Nieuwveen
Hoevelaken
Breukelen
Nieuwkoop
A27 Soest
Amersfoort
Maarssen
Maartensdijk
Maarssenbroek
Den Dolder
Leusden
Kamerik
Vleuten
Bilthoven
E30 A28
De Bilt
Bodegraven
Soesterberg N227
Woudenberg
Woerden A12 Harmelen
Utrecht
N224
Maarn
Scherpenzeel
E30
De Meern
Bunnik
Zeist
N226
U T R E C H T
A12 E35
Montfoort
Odijk Driebergen
Nieuwegein
Houten
Doorn N225
XII
IJsselstein
E35
Oudewater
Nederlangbroek
Leersum
Haastrecht
Corthen
Amerongen
Polsbroek
Wijk
Elst
Stolwijk
Lopik
Vianen
bij Duurstede
Lek
Ameide
Maurik
Lienden
Schoonhoven
Culemborg
Nieuwpoort
Lek
Zoelen
A27
Buren
Leerdam
Beesd A2
Geldermalsen A15
Bleskensgraaf
Hoornaar
Asperen
E31
Beneden
Hardinxveld-
Heukelum
E25
Tiel
Giessendam
A15
Waal
Dreumel
A27 Gorinchem
Herwijnen
GELDERLAND
A15 Sliedrecht Sleeuwijk
E31
Woudrichem
Brakel
Neerijnen
Oijen
Werkendam E311
Zaltbommel
Heerewaarden
Lith
N O O R D -
Almkerk
N322
Rossum
B R A B A N T
Aalst
N267
C
Kerkwijk
Kerkdriel
Wijk
XVI
Geffen
en Aalburg
Ammerzoden
D

A

B

Ouddorp

De Punt ★
Brouwersdam
Port Zélande ★

Scharendijke

Renesse  N57  Brouwershaven

SCHOUWEN-
DUIVELAND

1

N O R D S E E

Nieuw-Haamstede
Burgh-Haamstede ★

Plompe
Toren

Oosterscheldedam  N57  Oostersch

Zierikzee

Veerse
Dam

Vrouwenpolder  Kamperland  Wissenkerke  Colijnsplaat

Oostkapelle  N57  NOORD-BEVELAND  Kats

Domburg

Serooskerke  Veere  Kortgene  N256

Westkapelle  WALCHEREN

Meliskerke

Zoutelande  Middelburg  Z E E L A N D

Arnemuiden  E312  Goe

0        10 km

1:500.000

2

Dishoek  Oost-Souburg  ZUID-BEVELAND  Heinkenszand

Vlissingen

s'-Gravenpolder

Borssele  N62  Ovezande  Hoedekenskerke

Verdronken
Zwarte Polder ★  Breskens  W e s t e r s c h e l d e

Het Zwin ★  Cadzand-Bad

Knokke-
Heist  Niewvliet  Schoondijke  Z E E U W S - V L A A N D E R E N

Terneuzen

Oostburg  Zaamslag

Ijzendijke  N61  Hoek

Sluis  N58

3  N374  E34  N251  Waterland-
Oudeman  Philippine  Sluiskil  Axe

N371  Aardenburg  St Margriete

Damme  Leopold Kanaal  Boekhoute  Westdorpe

Oudzele  Moerkerke  St-Laurens  Assenede  Sas Van Gent

Brügge
(Bruges)  Maldegem  Kaprijke  E34 N49  Zelzate

Sijsele  B E L G I E N  Eeklo  Lembeke  A11

A  Ertvelde  B

XI
XIV
ZUID-HOLLAND
NOORD-
BELGIEN
Nationaal Park De Biesbosch
Loonse en Drunense Duinen
Dordrecht
Breda
Tilburg
's-Hertogenbosch
Eindhoven
Turnhout
Gorinchem
Leerdam
Oosterhout
Waalwijk
Kaatsheuvel
Drunen
Vught
Boxtel
Oisterwijk
Goirle
Dongen
Rijen
Made
Zaltbommel
Veldhoven
Valkenswaard
Lommel
Neerpelt
Arendonk
Oud-Turnhout
Kasterlee
Baarle-Nassau
Baarle-Hertog
Hoogstraten
Maas
Waal
Dommel
Reusel